브랜드네이밍 사전

Brand Naming Dictionary

데스크판

브랜드네이밍
사전 Brand Naming Dictionary

이서원

머리말

브랜드 네이밍 관련 서적의 완성판입니다.

CI·BI프로젝트 실무자로서 프로젝트를 수행하며 느꼈던 브랜드 네이밍의 여러 애로 사항을 책을 통해서 풀어내고자 하였습니다. 2006년 출판사를 시작하며 「브랜드 네이밍 개발법칙」, 「일본 대표 브랜드」 및 「중국어 브랜드 네이밍」을 연이어 출판하였습니다. 그리고 함께 기획하였던 책이 바로 『브랜드 네이밍 사전』입니다. 이제 긴 준비기간을 마치고 브랜드 네이밍 관련 서적의 라인업이 마무리되는 순간입니다.

이 책은 경영자, 크리에이터, 그 밖의 창업 계층과 정책 입안자를 위하여 개발된 키워드 사전으로 브랜드 네임의 창의적이며 선도적인 아이디어를 도출하기 위한 서적입니다. 우리말 약 5,150여 개의 키워드를 가로축으로 나열하고 세로축에는 영어, 프랑스어, 독일어, 포르투갈어, 스페인어, 이탈리아어, 그리스어, 라틴어, 러시아어, 중국어, 일본어 순으로 총 12개 국어 62,000여 개의 단어와 그에 따른 한글 발음을 각 언어별로 총 17명의 국내외 전문가에게 의뢰하여 진행하였습니다. 총 3단원 21장과 부록으로 국제상품분류표, 중국어 브랜드와 국·영문 찾아보기를 넣었습니다.

그리고 우리나라에 관한 키워드로 진돗개, 태권도, 무궁화, 막걸리 등을 넣었습니다. 사실 더 많은 단어를 채록하고 번역을 진행하였으나 각 언어별로 일관성 있게 그리고 현지인과 소통할 수 있는 단어를 찾아내기가 결코 쉽지 않은 일이어서 넣었다 뺐다를 반복하였습니다. 아쉬운 부분은 지속적으로 보완하고, 새로운 단어도 수록해 나갈 예정입니다. 또한 「브랜드 네이밍 사전」은 가독성을 위해 디자인 전문가와 함께 많은 연구를 하였으며 검색의 합리성을 위해서 우리말과 영어 찾아보기를 부록편에 싣고 있습니다. 이러한 일련의 진행과정에서 컴퓨터 환경이 여의치 않아서 특수문자를 개발하기도 하였습니다.

이 책은 많은 회사의 성공을 기대하며 만들었습니다.

「브랜드 네이밍 사전」을 만드는 일이 얼마나 무모하고 위험한 발상인지 몰랐습니다. 우리나라에도 그럴듯한 네이밍사전이 하나 있어야겠다는 일념 하나였습니다. 진행할수록 세계무역 대국과 문화강국으로서 기본이 되는 이 책에 대한 자존감이 솟구쳐 올랐습니다. 각 언어별로 전문가를 구성하는 데에도 많은 시간이 걸렸습니다. 5,150여 개의 키워드이니 하루에 하나의 단어씩 12개 국어를 검증하고 이어간다면 10년 이상은 족히 걸릴 일이었지만 서두르지 않았습니다.

1998년 IMF를 겪는 동안 경영환경은 더욱 생존적으로 바뀌었습니다. 안타깝게도 많은 기업들이 큰 어려움을 겪게 되어 경영주가 바뀌기도 하고 사멸되기도 했습니다. 그럼에도 불구하고 브랜드는 살아남은 경우가 많습니다. 그렇게 IMF가 수습국면으로 접어들자 부동산이 오르고 과도한 신용카드 발급이 문제가 되기도 하였으며 리먼사태와 직면하기도 하였습니다. 이러한 일련의 불안정성은 스와프 협정을 본격적으로 추진하는 계기가 되기도 하였습니다. 이제 자율주행차, 전자화폐, 바이오, 신재생에너지, 로봇, 양자컴퓨터, 나노 등 4차 산업혁명시대로 바뀌며 신사업과 신조어가 생겨나고 있습니다. 뿐만 아니라 플랫폼 사업은 전통적 사업 형태의 변화를 요구하고 있습니다.

세계의 네트워크는 더욱 통합적이며 조직적이고 단순화하고 있습니다. 한번의 광고로 수천만, 수억 명에게 자사의 브랜드를 각인시킬 수도 있습니다. 경영자는 기업을 사고팝니다. 기업의 보이지 않는 소프트한 자산에 부쩍 관심이 커지고 있는데 그중 특허와 브랜드는 대표적인 기업자산입니다. 특허와 브랜드가 취약하면 시장 접근조차 어렵게 되고 경영활동에도 끊임없이 제약을 받게 됩니다.

브랜드를 쉽게 알릴 수 있다는 것은 이 시대의 큰 장점일 수도 있지만, 반대로 외부의 영향에 취약할 수도 있다는 의미입니다. 바꿔 말하자면 정치·사회적인 문제나 SNS에 의해 브랜드가 쉽게 상처받는 시대이기도 합니다. 그것은 B to B, B to C에서 또 다르게 나타납니다. 또한 동일 상품군에서도 고가브랜드와 저가 브랜드가 공존해야 하기 때문에 장기적인 안목에서 위험에 대비한 다양한 브랜드전략이 필요합니다. 즉 브랜드는 유기체와 같아서 바람직한 방향으로 성장할 수 있도록 끊임없이 연구하고 관리해야 합니다.

이 책은 사고의 영역을 광범위하게 그리고 핵심적으로 들여다볼 기회를 제공하여 당신이 원하는 세상으로 안내해 줄 것입니다.

브랜드는 시장공략을 위한 공격적인 요소이기도 하며 반대로 경쟁브랜드에 대해서 방어적인 역할을 하기도 합니다. 브랜드의 역사는 산업사회 이후부터 지금까지 계속해서 쓰이고 있습니다. 아무리 새로운 경영기법이 생겨나도 브랜드는 굳건히 자리를 지키고 있습니다. 세상에 브랜드가 없는 제품은 없습니다. 노브랜드 전략도 결국은 브랜드입니다.

브랜드 시스템을 이해하게 되면 경쟁사 제품의 흐름이나 계획까지 예측할 수 있어서 충분한 대응도 가능합니다. 이제 해답과도 같은 네이밍을 만들 수도 있습니다. 그러나 중요한 것은 경쟁사와 시장을 포괄적으로 이해하고 전략적으로 접근해 나가야 할 것입니다.
좋은 브랜드 이미지는 성장을 지속가능하게 해주는 요소입니다. 브랜드 메커니즘을 이해하고 흔들림 없이 선도적인 위치를 점유해 나가며 내가 원하는 경영전략과 운영을 펼쳐나가시기 바랍니다.

10년이 넘는 제작기간 동안 많은 수고와 아낌없는 지원을 해주신 국내외 번역진과 스태프진, 제작 관계자와 기다려주고 응원해 주신 모든 분에게 진심으로 감사드립니다. 끝으로 기업가 및 벤처 창업가와 크리에이터 여러분의 성공을 기원하여 이 책을 바칩니다.

2018년 7월
도서출판 이 서 원 (利 書 園)

고 봉 석

네이밍 진행에 앞서

네이밍은 진행자에 따라 방법이 다를 수 있지만, 국제상품분류표와 진행 플로우에 대한 충분한 이해가 반드시 선행되어야 한다.

개발하고자 하는 상품의 소비자 타깃, 특징 등의 분석을 통해 콘셉트를 정하도록 한다. 네이밍의 본격적인 작업을 위해서 레이더 차트를 그리고 최소 다음의 8개 키워드를 각 꼭짓점에 적어 넣는다. 예를 들면 네이밍의 국제성, 등록성, 상품과의 이미지 일체성(동일성), 기억성, 차별성, 성장성, 발음성, 시각적 표현성 등이다. 제품에 따라서는 이러한 키워드의 재설정도 얼마든지 가능하다.

1. **국제성**이란 글로벌시대에 맞는 네이밍을 의미한다. 세계인과 공감하고 소통할 수 있는 네임이어야 한다. 언어가 다르기 때문에 지역별로 부정연상이 되거나 발음이 거북한 네임이 있을 수 있다. 우리나라의 국가 브랜드 위상이 해외에서 호의적이라는 점은 크게 유리한 점이어서 분야에 따라서는 한국적인 것도 고려해볼 만하다. 그러나 해외시장을 염두에 둔다면 반드시 전문가의 조언을 받도록 한다.

2. **등록성**은 특허청의 등록 가능성으로 유사성의 정도이다. 네이밍에 있어서 특허청 등록은 필수사항이며 우리나라는 등록 우선주의를 채용하고 있어 선등록한 브랜드 네임에 우선권을 주지만 나라에 따라서는 사용자 우선주의 국가도 많다. 그렇기 때문에 등록 후 일정기간 이상 사용하지 않거나 유사성에 의해 후등록자에게 네임을 빼앗길 가능성도 있다. 이밖에도 국문과 영문 모두 의미를 검색해보아야 하는 경우도 있다.

3. **연상성** 또는 **상품과의 이미지 일체성(동일성)**이다. 브랜드 네임의 상품이미지와의 일체성은 매우 중요하다. 예를 들면 소비자가 스마트폰의 브랜드 네임을 듣고 전혀 다른 상품을 연상하면 안 되는 이치이다. 가끔 엉뚱

한 브랜드 네임의 상품이나 광고를 볼 수 있는데 소비자에게 의외성으로 자극을 주는 목적으로 접근하는 경우이다. 그러나 네거티브 연상법으로 흥미를 끌 수는 있지만, 일반적으로 상품이미지와 괴리감이 있는 브랜드 네임은 대부분 오래가지 못한다. 브랜드는 품격이며 가치이다. 회사와 회사에 관계된 인적 물적 자원과 상품은 곧 하나의 이미지이기 때문이다.

4. **기억성**은 한 번 보고 뒤돌아서도 생각나게 만드는 네임을 의미한다. 네이밍을 스터디한 후 안이 좁혀지게 되면 일단 커피 한 잔의 시간이나 반나절 또는 하루 정도 시간을 가지고 기억해보자. 기억이 안 나거나 기억이 나더라도 엉뚱한 이미지가 연상되는 경우에는 재고의 여지가 있다고 보아야 한다.

5. **차별성**은 다른 경쟁 브랜드와 우위적 거리감의 정도이다. 예를 들면 '애플'의 등록류에 '바나나'라고 짓는다면 안 되는 이치이다. 물론 안 될 것은 없지만 소비자가 받아들이는 이미지를 생각해 봐야한다.

6. **성장성**이란 브랜드 네임은 생성, 성장, 발전, 파생과 소멸의 과정을 갖는 유기체적 성격을 갖고 있기 때문에 지속적인 관리를 통해 바람직하게 성장할 수 있도록 해야 한다. 무엇보다도 브랜드 하이어라키(hierarchy)를 고려한 시스템적인 접근을 염두에 두어야 한다.

7. **발음성**이다. 국내 소비자뿐만 아니라 세계인도 어렵지 않게 발음할 수 있어야 한다. 이것은 곧 소통이다. 기업과 소비자, 소비자와 소비자 간의 소통으로 브랜드에 내포되어있는 큰 기능 중에 하나이다.

8. **시각적 표현성**은 네이밍의 견고성에 큰 영향을 미치게 된다. 네이밍의 시작 단계부터 시각적 표현성을 바탕에 둔다면 인상적인 결과물을 얻을 수 있을 것이다. 시각적 표현성을 염두에 두지 못하고 졸속으로 네이밍 결과물을 냈다면 브랜드 이미지에 반영되어 그 퀄리티를 소비자들이 알아차릴 수 있기 때문이다. 여러 가지 조건을 갖춘 좋은 네임이라 할지라도 그에 합당한 CI나 BI의 개발을 통한 시각화는 반드시 필요하다.

이렇게 추출된 네이밍 안에 대해서 이미지맵을 만들어 위치시켜 보도록 한다. 또한 이미지맵을 층(layer)으로 만들어 입체적으로 분석한 후 조사와 검색을 하고 **최종적으로 등록**을 진행한다.

이 밖에도 자사 브랜드와의 상관관계와 브랜드 관리 즉, 만료 기간에 따른 재등록부터 유사 브랜드에 대한 방어, 도메인 등도 고려해야 한다. 이러한 조건 등을 염두에 두고 연구해 나간다면 훌륭한 결과가 있을 것으로 확신한다.

이 책의 표기법

이 책은 현재와 미래의 비즈니스, 크리에이티브 활동가, 언어에 관심이 있는 분들을 염두에 두고 한국어를 포함한 총 12개 국어(영어, 프랑스어, 독일어, 포르투갈어, 스페인어, 이탈리아어, 그리스어, 라틴어, 러시아어, 중국어, 일본어) 주요 키워드를 총 3단원 21장으로 나누어 배열하였다.

분류 방법은 1단원으로 신체, 감정, 가족, 의식주, 인생, 취미, 스포츠, 의료, 이동수단, 2단원으로 교육, 경제, 국가, 예술, 종교, 언어, 3단원으로는 자연, 우주, 과학, 시간 등으로 나누고 세부 단어들을 수록하였다. 즉 사람의 인체를 시작으로 5,150여 개의 한글 키워드를 풀어내고 있다. 영문의 경우 동의어와 참고 단어를 포함하여 5,250여 개이며 다른 언어와 중국어 네이밍 부록까지 포함하면 총 62,000여 개의 단어를 수록하고 있다.

이 책을 보는 방법으로는 위에서 언급한 것처럼 단원별 특징을 염두에 두고 보면서 집중이 느슨해질 때 쯤에는 **점핑(jumping)하면서 보는 것을 권한다. 즉 처음부터 보지 않아도 된다.** 아이디어의 확장성이 무한히 넓어지게 되고 나와 다른 생각과 생활을 하고 있는 사람(단어)들을 만나게 될 것이다.

예를 들면 사람으로 시작하여 생명공학, 바이오, 반도체, 드론, 복리후생, 교육, 환경, 애완동물 등으로 이동할 수 있다. 그뿐만 아니라 기독교, 불교 외에 이슬람 종교의 키워드도 수록하였으며, 정치권의 극우파, 극좌파와 우파, 좌파, 선동정치가 등의 키워드와 기타 네거티브 단어도 다수 수록하였다.
이것은 네이밍의 사용처가 상품뿐만 아니라 영화, 게임, 만화, 소설 등의 타이틀이나 주인공의 이름 등 등장 요소에 대한 이름을 짓는데도 유용하고 또한 부정적인 키워드를 검색하거나 걸러내는 역할을 하기 때문이다. 아울러 특정 언어권에서 피해야 할 단어와 뉘앙스를 느끼게 해줄 것이다.

또한 수록된 몇몇 책 제목은 언어별로 차이점을 이해하는 차원에서 약간의 팁이 될 것이다.

각 국가별 단어 분류

상단 가로행에 한국어를 표기하였으며, 단어별로 행이 내려 가는 세로타입 방식으로 편집디자인을 하였다. 이는 실질적으로 네이밍을 수행하며 국내외의 가로타입과 세로타입 서적을 참고하여 본 결과 세로타입이 검색과 가독성이 월등히 좋기 때문이다.

본문의 오른쪽 끝에는 우리말로 국가별 명칭의 첫 글자를 표기하였으며, 오른쪽 페이지에는 축약된 나라명을 영어로 표기하여 이해를 돕도록 하였다. 즉, 한국어는 한/KOR, 영어는 영/ENG, 프랑스어는 프/FRA, 독일어는 독/GER, 포르투갈어는 포/POR, 스페인어는 스/ESP, 이탈리아어는 이/ITA, 그리스어는 그/GRE, 라틴어는 라/LAT, 러시아어는 러/RUS, 중국어는 중/CHN, 일본어는 일/JPN 순으로 표기하였다. 이는 한글의 한 글자 중 '이'가 이탈리아인지 이스라엘인지 '스'가 스페인인지 스위스인지 모호하기 때문이다. 또한 한국어를 모국어로 사용하지 않는 외국인도 볼 수 있도록 한 것이다.

한글표기 및 각주

1. 각 언어의 발음은 해당 외국어의 원음에 최대한 가깝게 한글로 표기했다. 언어별 자세한 사항은 〈각 언어의 표기〉를 참조하기 바란다.

2. 가능한 한 외국어를 원음에 가깝게 표기했어도 발음을 한글로 정확하게 표기하는 것이 무리라는 것은 독자들도 이해하리라 믿는다. 소릿값에 따른 발음 표기와 네이밍에 따른 쓰기 표현에는 차이가 있을 수 있기 때문에 한글 표기시 변화를 주어도 된다. 실제 네이밍 작업에서 그 대상과 성격에 의해서 표기를 변형하여 사용할 수 있다. 필요하다면 전문가의 조언을 받아보길 권한다.

3. 한국어에 상응하는 외국어에 동의어가 있는 경우에 셀의 공간이 넉넉하면 2개의 단어를 같은 공간 안에 표기하였다. 여의치 못한 경우에는 '*1', '*2'와 같이 각주 처리하였다. 각주는 작게 처리되어 있지만, 본문과 같은 비중으로 봐주기 바란다. 또한 특정 단어만 길어서 공간이 협소한 경우에는 글자의 형태상 왜곡을 줄이고 가독성을 높이고자 각 칸의 공간을 조정하여 삽입하였다. 단어를 넣기 버거운 경우, 셀 안에 '*1'과 같이 표기만 하고 각주 처리한 경우도 있다.

각 언어의 표기

국어

표제어의 선택은 미디어나 일상생활에서 일상적으로 많이 사용하는 단어나 트렌드에 따른 키워드를 넣으려고 노력하였다. 그뿐만 아니라 약간의 문장이나 책의 제목 등도 넣었으며 순우리말 단어도 일부 수록하였다. 이때 우리말 표제어에 가급적 한자표현을 병기하지 않았다. 필요한 경우 중국어나 일본어 표제어의 한자를 참고하기 바란다.

영어

영어는 6개 나라에서 모국어로 사용되며 50여 개 나라에서 공용어로 사용된다. 세계 인구의 약 3분의 1인 20억여 명이 제2 언어로 사용하는 만큼 영어는 현재 세계적으로 다양한 영역에서 공용어의 위상을 갖고 있다. 국제회의, 항공과 해양관제, 국제경찰, 무역활동 등에서도 영어가 공용어로 지정되어 있다. 또한 많은 저술이 영어로 나오고 있어 그 영향력은 두말할 나위가 없다.

영어는 로마자로 표기되며, 로마자의 집합을 알파벳이라 하는데 자음과 모음을 합하여 26자가 각각 음가를 갖고 있다. 그러나 문자와 음가의 대응관계가 불규칙하다. 특히 모음은 각 글자가 나오는 환경에 따라 음가가 매우 복잡하다.

이 책에서는 우리가 현재 사용하고 있는 국제음성학회(International Phonetic Association)가 만든 발음 기호를 표기하지 않고 우리말로 표기하였다. 가능한 한 원음에 가깝게 표기하는 것을 원칙으로 했지만 오렌지(오륀지), 스킨(스낀)의 경우처럼 워낙 외래어 표기가 우리 귀에 익숙한 경우는 표준 외래어 표기법을 따랐다. 이와같이 어떤 정해진 규칙이 있는 것이 아니므로 상품의 이미지에 알맞게, 또 각자의 취향대로 적절한 표기를 사용하면 될 것이다.

프랑스어

프랑스어 모국어 화자수는 7천 7백만여 명 정도이다. 제2 외국어로서 프랑스어를 사용하고 있는 사람들을 포함해, 총 2억 7천 4백만 명 정도가 프랑스어를 사용하고 있다.

프랑스어의 알파벳은 라틴어 알파벳 26개의 자음과 모음을 쓰고 있다. 프랑스어 외에 대표적으로 영어와 스페인어에서도 라틴어 알파벳 26자를 사용한다. 이 중 자음은 20개, 모음은 6개 (A, E, I, O, U, Y)이다.

한국어와 프랑스어 두 언어의 모음체계가 달라 프랑스어 모음에 해당하는 한국어 발음을 정확하게 찾아내기 어렵다. 이에 따라 프랑스어 단어의 실제 발음과 한국어 발음 표기 사이에 차이가 있을 수 밖에 없음을 미리 밝혀두며 아래와 같은 기준으로 우리말로 발음을 붙였다.

1. Accent aigu(악상 떼귀): é

   Accent grave(악상 그라브): è, à, ù

   Accent circonflexe(악상 시르꽁플렉스): ê, â, î, ô, û

   Le tréma(르 트레마): ë, ï, ü

   La cédille(라 쎄디유 ç): ç는 '크'가 아닌 무조건 'ㅆ'로 발음한다.

2. 비음은 말 그대로 콧소리를 내는 것이다.

   AN = EN = AM = EM 'ɑ̃' 한국말의 '엉'에 가깝게 발음하고 표기한다. 그러나 '앙'으로 표기하는 경우도 있음을 참고하기 바란다.

   ON = 'ɔ̃' 한국말의 '옹'에 가깝게 발음

   UN = UM = YN = YM 'œ̃' 한국말의 '앵'에 가깝게 발음

   AIN = IN = IM = AIM = EIM 'ɛ̃' 한국말의 '앵'에 가깝게 발음

3. 프랑스어 단어의 마지막에 오는 자음은 발음이 안 되는 경우가 많다.

   몇 가지 예외를 제외하면 특히 끝 자음 p, d, s, x, z와 –er로 끝나는 단어의 r은 발음이 안 된다. 그리고 모음 중 마지막에 오는 –e도 발음이 되지 않는다.

4. 프랑스어 자음 가운데 뒤따라오는 모음의 종류에 따라 발음이 달라지는 경우가 있다.

   g : 뒤에 i나 e가 오면 'ㅈ'로 소리나고, 그 외의 모음이나 자음이 오면 'ㄱ'로 소리난다.

   s : 뒤에 모음이 오면 'ㅈ'로 소리나고 그 외의 경우에는 'ㅅ'로 소리난다. 단 –ss 다음에 모음이 올 때는 항상 'ㅅ'로 소리난다.

   c : 뒤에 i나 e가 오면 'ㅆ'로 소리나지만, 그 외의 모음이 오면 'ㄲ'나 'ㅋ'로 소리난다.

   복합모음 eau, au는 항상 '오'로 발음, ou는 항상 '우'로 발음한다.

   eu는 '으'나 '외'와 발음이 비슷하다.

   연음으로 발음되는 경우(복합명사로 하이픈으로 연결되어 연음되는 경우

포함)는 한글 발음 표기시 붙여서 표기 한다. 자동사(se+동사)의 경우와 연음되지 않는 복합명사(하이픈으로 연결되어 있는 경우 포함)는 모두 띄어쓰기를 원칙으로 한다

5. 프랑스어 자음 가운데 r의 실제 발음은 영어의 'r' 발음과 우리나라의 'ㅎ'발음의 중간에 가깝다. 그러나 이 책에서는 편의상 r의 발음을 'ㄹ'로 표기한다.

독일어

독일어는 유럽연합의 공용어로서 유럽연합 내에서 사용영역이 가장 광범위한 언어이며 전 세계적으로 약 1억 명 정도가 사용하고 있다.

독일어는 문법적으로 잘 정비되어있고 논리적으로 명확하며 다른 언어로는 표현하기 어려운 개념을 잘 표현할 수 있는 장점을 가지고 있다. 바로 이러한 언어적 특성은 독일에서 많은 철학자가 배출된 것과 무관하지 않다고 볼 수 있다.

독일어는 라틴어 알파벳으로 표기된다. A부터 Z까지 26개의 대소문자 모양과 순서는 영어와 똑같다. 여기에 '움라우트(Umlaut)'라고 하는 변모음의 문자 세 개를 더하고, 그리스 문자에서 온 ß를 더해 모두 30개로 이루어져 있다. 각각의 문자는 대소문자 구분이 있으며 ß는 그 구분이 없다.

대체로 독일어의 모든 문자는 로마자를 읽듯이 발음하면 된다. 한글 표기는 표준 외래어 표기법을 기본으로 했으며, 몇몇 경우에만 원음에 가까운 표기를 했다.

포르투갈어

포르투갈어는 세계에서 5번째로 많은 약 2억 8천만이 사용하는 언어로 포르투갈, 브라질에서는 모국어로, 앙골라, 모잠비크, 적도 기니, 마카오 등에서는 공용어로 사용하고 있다.

포르투갈어는 외래어 표기법에 따랐을 때 발음 표기와 원음이 다른 경우가 있다. 최근에는 원어의 발음을 살리는 방향으로 네이밍을 하는 경향이 많다고 판단되어 포르투갈어 발음을 원음에 최대한 가깝도록 표기하였다. 이 책에서는 인구가 2억 명이 넘는 브라질의 포르투갈어 발음을 표기하였다. 포르투갈을 염두에 두고 네이밍을 할 경우 다음을 참고하면 된다.

1. 발음이 '이'로 소리가 나는 모음 i 혹은 e 앞의 자음 d와 t는 브라질에서는 'ㅈ'과 'ㅉ'로 발음하는 반면 포르투갈에서는 'ㄷ'과 'ㄸ'로 발음한다.

2. 단어의 맨 앞에 오는 자음 r이나 단어 중간에 겹쳐 오는 rr의 경우 브라질에서는 'ㅎ'으로 발음하는 반면 포르투갈에서는 'ㄹ'로 발음한다.

3. 음절의 마지막에 오는 자음 l은 브라질에서는 '우'로 발음하는 반면 포르투갈에서는 'ㄹ'로 발음한다. 단어의 마지막에 오는 모음 e는 브라질에서는 '이'로 발음하는 반면 포르투갈에서는 '으'로 발음한다.

   참고로 네이밍 진행시 적합한 단어를 연구한 후에 원어 발음과 외래어 표기법을 고려하여 적절히 표기하는 방법을 권한다. 가장 좋은 방법은 포르투갈어 전공자의 의견을 들어보는 것이라고 본다.

스페인어

스페인어는 약 5억의 인구가 스페인 외에 라틴 아메리카 지역 등 약 20여 개국에서 사용하고 있으며 영어와 함께 미래에 살아남을 수 있는 언어로 꼽히고 있다.

스페인어는 까스띠야어를 기본으로 하고 발음 표기를 아래와 같이 원음 그대로 살리는 것으로 하였다.

1. c는 모음 a, o, u 앞에서는 'ㄲ'소리가, e, i 앞에서는 'ㅆ' 소리가 난다.
   (예: coreano 꼬레아노: 한국인, cerebro 씨레브로: 뇌)

2. f는 영어의 f 와 같이 우리말 'ㅍ'과 'ㅎ'의 중간발음이나 'ㅍ'으로 표기하였다.(예: febrero 페브레로: 2월)

3. g는 모음 a, o, u 앞에서는 'ㄱ'발음을, e, i 앞에서는 'ㅎ'발음을 한다.
   (예: gorda 고르다: 뚱보, gentileza 헨띨레싸: 친절)

4. h는 소리 나지 않는다.(예: hermoso 에르모소: 아름다운)

5. j는 우리말의 'ㅎ'과 비슷한 발음이다.(예: juego 후에고: 경기)

6. k는 우리말 'ㄲ'발음으로 표기하였다.(예: kilo 낄로:킬로미터)

7. p는 우리말 'ㅃ'발음으로 표기하였다.(예: padre 빠드레: 아버지)

8. r는 우리말 'ㄹ'을 혀로 3, 4회 진동하면서 내는 진동음이 포함되지만, 진동음은 한글로 표기가 어려우므로 본 표기에 반영되지 않았다.

9. ll와 y의 발음은 '야'로 표기하였다.(예: estrella 에스뜨레야: 별, yo 요: 나)
   스페인 외에도 브라질을 제외한 중남미와 지리적으로 많이 떨어진 탓에 발음에 일부 차이가 경우가 있다.
   참고로 ll의 경우 남미에서는 '쟈'로 발음한다.(예: estrella 에스뜨레쟈: 별)

y의 경우 아르헨티나에서는 '쟈'로 발음한다.(예: mayo 마죠: 5월)

이탈리아어

이탈리아어는 기본 알파벳 26자와 달리 J, K, W, X, Y의 5개가 빠진 21개만을 사용하고 있다.(단 외래어 표기에는 사용될 수 있다) 또한 뒤에 오는 모음에 따라 발음이 달라지는 케이스가 있는데 C와 G 두 글자는 모음 A, O, U와 만났을 때 각 'ㅋ'과 'ㄱ'으로 발음되며, 그 외 I, E와 만나면 각 'ㅊ'과 'ㅈ'으로 발음된다. 예) Carina(카리나)/ Cipolle(치폴레), Gatto(가또)/ Genova(제노바)

이외 발음상의 특이 사항은 아래와 같다.
1. 'C'의 경우는 뒤에 'H'와 함께 모음 따라올 경우, 모음 종류에 상관없이 된소리로 난다. 예) Che(께), Cha(까)
2. 'G'의 경우는 뒤에 'H'와 함께 모음 따라올 경우, 모음 종류에 상관없이 'ㄱ'발음으로 소리가 난다. 예) Ghe(게), Gha(가)
3. 'G'의 경우, 뒤에 'L'과 함께 쓰이면 음가가 사라지고, 묵음이 된다. 예) Migliore(미글리오레 X, 밀리오레 O)
4. 'G'의 경우, 뒤에 'N'과 함께 쓰이면, G의 음가가 사라지며, 이중모음으로 발음이 된다. 예) Gna(그나 X, 냐)

라틴어

프랑스·이탈리아·스페인·포르투갈 등 로망스 제어(諸語)의 근원이었던 라틴어는 근세기 초까지 지중해 세계의 공용어·공통어로서 정치, 경제, 문화, 학문 등 광범하게 통용되어 우수한 문학을 낳았다. 지금도 바티칸의 공식언어로 사용하고 있으며 유럽의 각급 학교와 미국의 고급 사립학교 등에서도 필수 과목으로 고전 라틴어를 가르치며 고전어 연구에 많은 관심을 기울이고 있다. 하지만 점차 그 영향력이 줄어들고 있는 추세라고 한다.

라틴어가 사어이기는 하지만 오랫동안 원본 그대로 보존될 가능성이 높으며 철학, 의학, 생물학, 법 분야 등에서 전문용어로 널리 쓰이고 있다. 특히 언어적 중립성이 필요한 분야에서 특히 생물체의 학명 등에 많이 쓰인다. 이러한 학문적 위상과 로망스 제어의 근원으로서 브랜드 네임 적용에 매우 유용하며 그 사례도 많다.

- 고대 라틴어 발음을 기준을 적용할 경우 주의해야 할 발음 규칙들:
    1. Magnus 〉 <u>망</u>유스/<u>만</u>유스

2. quantum 〉 쿠안탕/콴탕
3. caesar 〉 카이싸르

1번과 2번의 예시에서의 'gn'과 'm'의 경우 거의 프랑스어와 유사한 콧소리로 발음이 되며, 3번째 예시에서의 c는 'k(ㅋ)'로, 이중모음의 경우(ae)는 'ai(아이)'로, 또 s는 ss(ㅆ)로 발음한다.

- **타 언어권에서 불필요한 독일식 현대 라틴어 교육에 포함된 발음 규칙들:**
  1. vulgare〉 불가레 / 고대 라틴어 발음 〉 울가레
  2. quoque〉 크보크베(= kvokve)/ 고대 라틴어 발음 〉 쿠오쿠에
  3. lotio〉 로치오 또는 로찌오 / 고대 라틴어 발음 〉 로씨오 또는 로티오
  4. poena〉 푄나(한글표기 불가)/ 고대 라틴어 발음 〉
     포이나 또는 포에나

1번의 경우, 고대 및 교회 라틴어의 'v'는 현대 영어와 유사한 'w'발음이었으나 독일어에는 이 발음이 없으므로 독일식의 'v' 또는 'w'발음으로 (유성 순치 마찰음) 표기하였다.

2번의 경우에 표준독어에도 학교에서 오랫동안 권장하지 않았던 발음이지만, 2000년대부터 연방정부 교육부의 독어 맞춤법 및 발음수정을 거치게 되면서 표준 독어 및 라틴어 교육과정에서 허락을 한 경우이다. 원래 독일어 단어 중에 라틴어가 어원인 경우, 예를 들면 Qualità(qualitas) 또는 Quarantäne(quadraginta) 단어들은 '쿠알리태트'또는'쿠아란테네'와 비슷하게 발음하도록 정하였지만, 독일어 원어민에게는 이 단어들을 정확히 발음하는데 많이 불편함 있어서 일상적으로 'Kwalität(크발리태트)' 또는 'Karantäne(카란태네)/Kwanrantäne(크바란테네)'로 발음하고 있다. 이런 변질된 독일식 발음으로 생긴 유성 순치 마찰음뿐만 아니라 다른 무성 순치 마찰음은 한글 표기가 사실상 불가능하다.

3번째 역시 고대 라틴어의 'ti' 발음은 '씨오(영어의 th와 유사한 thio, 또는 스페인어의 c와 유사한 cio처럼)' 또는 '티오'로 발음되었으나 중세 라틴(Latinitas medii aevi)시절부터 'zio'또는 'tsio'로 발음되었다. 이 구개음화된 {tji} 발음은 독일어권의 현대 라틴어 교육과정에서 더 이상 권장하지 않고 있으나 독일어의 발음방식과 유사하기에 아직도 보편적으로 쓰여지고 있다.(예: Station 〉 스타치온)

4번의 경우에 독일어의 움라우트(ä, ö, ü)들을 이중음자(ae, oe, ue)로 표

기하는 경우가 있기에 라틴어 단어들의 이러한 이중음자들을 독일어의 움라우트로 발음한다. 다만 이런 움라우트 발음은 독일어권에서만 이해가 되며 또 'ae(ä)'외에는 한글로 표기가 불가능하다.

- **모음의 장단발음**
    1. ma̱lus 〉 말루스(= 나쁜)/ a를 짧게 발음
    2. mā̱lus 〉 마알루스 / 말루스(= 사과나무)/ ā를 길게 발음

한 단어의 뜻이 모음의 길이에 따라 달라지는데도 불구하고 고대 라틴어에는 모음의 길이는 별도로 표기하지 않았다. 긴 단어들의 경우 한두가지 규칙은 존재하나 너무 많은 예외가 존재하고 또 상당수의 단어들의 모음 길이를 더 이상 알아낼 수가 없다.

이 외에도 많은 여러가지 고려해야될 사항들이 많으나 실제로 고대 라틴어는 최소한 현대 프랑스어와 이탈리어에 능통하지 않으면 정확한 발음 구사가 어려우며 또 현재 각 나라별로 라틴어 발음 기준과 규칙이 각자의 언어적 특성에 맞추어져 있다. 그러므로 개인적인 견해는 고대 라틴어와 교회 라틴어의 발음기준들을 넘나들며 한국말의 발음 영역안에서 가능한 (즉, 최대한 라틴어를 쓰는 외국인과 회화소통이 될 수 있는) 방향으로 발음을 표기하는 것이 옳을 것이다.

위와 같은 이유로 새로운 가이드라인을 요약하자면:
- v: 고전 라틴어식 〉 영어의 w발음(viva = 위와)
    이 기준의 장점은 한글로 표기가 불가능하고 발음이 안 되는 모든 교회 라틴어의 유성 순치 마찰음은 한글로 표기할 수 있고, 또 국제적으로도 소통에 무리가 없다.
- -ti: 고전 라틴어식 〉'티'
    예외 없이 '티'로 통일시키면 간결하다.
- qu-: 고전 라틴어식 〉 '쿠'
    'q'를 독일식으로'kw(크브)'발음하게 되면 대부분 독일어권에서만 소통이 된다. 더군다나 여기서 독일 발음의 브(w)는 영어의 'v'와 유사한 유성 순치 마찰음이라서 한국어에는 없는 발음이다. 그렇기에 고전 라틴어식으로 발음하고 한글로 표기하는 것이 더 바람직하다.
- 이중음자(ae, oe, ue)의 경우 고대 라틴어 발음을 적용한다. ae = 아이,

oe = 오이/오에, ue = 우이/우에. 독일식 움라우트 발음은 ae를 제외하고 한국어에 없는 발음이며 주로 독일어권 나라에서만 사용된다.

(문서에 모든 oe와 ue는 일관성있게 '오에'와 '우에'로 수정되어 있으나, ae는 대부분 '애'로 표기하였다.)

- 이중음자(ia, ie, iu)의 경우 '이아', '이에' 그리고 '이우'로 발음이 되거나 '야', '예' 그리고 '유'로도 발음이 될수 있다. 간혹 ia, ie, iu 들이 독일어권에서 je, ja, ju로 쓰여지기도 한다. 하지만 이런 스펠링은 국제적으로는 보편적이지 않으며 특히 불필요한 발음의 오해를 일으킬수 있으니 가능한 정식으로 스펠링한다.

    1) etiam 〉 에티암 또는 에탐

    2) iactus 〉 이악투스 또는 약투스

    3) jactus = iactus(무조건 iactus로 고쳐 쓴다)

       (이 부분은 이 책에서 일관성있게 작성되어 있다.)

이중음자(au, ei, eu, ui)의 경우 '아우', '에이', '에우', '우이'로 발음하고 표기한다.

- 라틴어 단어들을 한글로 표기하였을때 주의해야 될 점들: R과 L 발음구별을 가능한 명백히 한다.

    1) ablatus 〉 아브라투스(abratus) X

    2) ablatus 〉 아블라투스(abllatus) O

위에서 보시다시피 단어에 따라 'ㄹ'을 한번더 추가를 하여 최대한 라틴어발음과 유사시키며 또 다른 한편으로는 자칫 일본식 외래어 발음으로 변질되는 것을 방지한다. 참고로 '울릉도'에 첫번째와 두번째 'ㄹ'은 라틴어/모든 유럽언어의 'L'과 유사/동일한 발음이며, '누룽지'에 'ㄹ'은 라틴어/모든 남유럽언어의 'R'과 일치하는 발음이다. 즉 한국말에는 라틴어와 동일한 치경 전동음(齒莖顫動音) 또는 치경탄음(齒莖彈音)인 'R'발음과 치경 설측 접근음인 'L'이 존재하기에 라틴어 번역시 어느 정도의 융통성을 발휘하여 한글로 라틴어 발음을 표기해야 한다. 아니면 국제 음성 기호를 사용한다.

    3) lotio 〉 로티오(rotio) X

    (참고. 한글표기는 로티오로 쓰지만, 소릿값은 'ro'가 아니다)

    4) ratio 〉 라티오(ratio) O

3번과 4번의 예시처럼 한국어 특정상 초성 'ㄹ'은 주로 치경탄음으로 즉 'R'로 발음이 되기에 이런 경우에는 절적한 발음표기가 한글로는 불가능하다.

- 한국어에는 무성 순치 마찰음(無聲脣齒摩擦音)인 'F'가 존재하지 않는다.

올바른 발음은 한국어 발음 영역안에서는 불가능하다.

예) Femur 〉페무르 〉pemur

- 명사가 없을 경우 동사를 그 대용으로 사용한 것은 무조건 피한다.
- 동식물 이름의 경우 적절한 라틴어 표현을 찾지 못했을 때는 학명을 제시하였다. 물론 명명자 이름은 제외한다.
- 원칙적으로 품사도 일치시키려 했으나 적절한 단어를 찾지 못한 경우 의미가 유사한 다른 품사를 넣었다.
- 모든 고전 라틴어식의 발음 구별 기호는 생략해도 된다. 또한 음절의 강, 약, 길이는 한국어의 음절 구성으로는 표기 및 발음이 불가능하다. 아직도 라틴어가 공식언어인 바티칸을 제외하고는 보편적으로 라틴어는 개개인의 모국어 기준으로 발음된다. 다만 라틴어로된 시의 운문(韻文)과 운율(韻律)을 파악하기 위해서는 절대적으로 필요하다.
- 현대적 표현이나 단어는 우선적으로 바티칸의 현대 라틴어 사전을(Opus Fundatum in Civitate Vaticana)이용하고 그 다음에는 기타 유럽권 출판사들의 현대라틴어 사전을 통해 보편적으로 합의가 된 단어들을 선택하였다. (몇 단어들만 제외하고는 일관성있게 수정되어 있다.)
- 전문용어일 경우 표면적인 단어번역이 아니라 뜻과 내용에 맞게 최대한 정확히 번역한다.

예) 유선형 〉〉 figura dynamica liquida

(= figura aerodynamica + figura hydrodynamica)

유선형은 유체(유체 분자)속에서 움직이는 물체에 작용하는 물리적 저항력을 줄이는 모양이며, 여기서 유체는 유체동역학(流體動力學)적으로 기체나 액체를 말한다. 즉 고체 또는 플라스마는 배제되어있다. 라틴어로 작성된 물리학 전문서적들을 조사해보면 liquidum은 우선적으로 액체상태를 뜻하지만 물질의 기체상태까지(gasus)포함하고 반면에 fluidum은 액체상태뿐만 아니라 기체와 플라스마상태까지 포함한다. 이런 경우 번역자는 figura dynamica liquida와 figura dynamica fluida 중에서 선택을 해야 되며 추가적인 부연설명을 해야만 한다.

참고로 현대 이탈리어에서는 유체동역학을 'fluidodinamica'라고 부르며 이 신조어를 그대로 라틴어로 '백트렌스레이션'하면 'fluidodynamica'가 된다. 이 합성어(合成語/compositus)에서 'fluid-(derivatio neologismi)'는 부연설명으로 기체역학과 액체역학만에만 적용된다고 명시해 놓았다. 번역자의 판단에 따라 2개의 옵션(figura dynamica liquida, figura dynamica fluida / figura fluidodynamica) 중 하나를 선택해야 되는 상황이며 부연설명은 필수다. 추후 제3자를 통한 재수정 여부에 관한 판단에도 많은 도움을 준다.

예) figura dynamica liquida

(= figura aerodynamica + figura hydrodynamica)

예) figura dynamica fluida

(= figura aerodynamica + figura hydrodynamica)

예) figura dynamica fluida = figura fluidodynamica

(= figura aerodynamica + figura hydrodynamica)

(이 부분은 이 책에서 일관성있게 작성되어 있다.)

그리스어

근대 그리스어는 '전통의 학술어[가싸레부사 혹은 뽈리또니끼(고전어 부호를 다 사용)]'와 '민중어[디모띠끼 혹은 (모노또니끼: 단순부호 사용)]'의 두 가지 언어를 병용하는 상태였으나, 1980년대에 들어서는 민중어를 공식 언어로 인정하여 보편화된다. 현재는 정부 공문서, 학교 교과서 등에서 전통 학술어는 거의 자취를 감추고 민중어가 주로 쓰인다.

본 사전은 현대 그리스어(Νέα Ελληνικά 또는 Νεοελληνική) 즉, 오늘날 쓰이는 민중 그리스어를 기준으로 번역되었으며, 상응하는 한글 부호가 없는 경우 소릿값에 가깝게 한글로 표기하였다.

그리스어의 발음법은 다소 복잡하다. 앞뒤의 글자에 따라 영향을 받기도 하고, 이중모음이나 이중자음의 경우 소릿값이 또 달라진다. 아래에 간단히 적어 놓은 표기법을 참고하고, 더 자세하게 알고 싶으면 전문가의 도움을 받도록 한다. (참고로 소릿값 그대로 영문 알파벳으로 표기하는 경우도 있다.)

1. αυ = [av] 모음과 유성 자음 앞에서 [af]

2. ευ = [ev] 모음과 유성 자음 앞에서 [ef]

3. ηυ = [iv] 모음과 유성 자음 앞에서 [if]

4. 단어 중간의 ντ = [nd], 처음에 나오면 [d]

5. 단어 중간의 μπ = [mb], 처음에 나오면 [b]

6. 단어 중간에 γγ & γκ = [ŋ g], 처음에 나오면 [g] [i] 또는 [e]가 다음 단어로 나오지 않는 단어의 중간에서는 [ŋɟ], 처음에는 [ɟ]

7. κ, τ 글자 앞에 ν, 'π' 글자 앞에 μ가 오면 경음이 아니라 부드러운 'ㄱ, ㄷ, ㅂ'으로 각각 바뀐다. 예) νκ는 'ㄱ', ντ는 'ㄷ'

8. Σ, σ, ς(σίγμα, 시그마)의 ς는 단어의 마지막에만 사용된다.

9. μ 앞의 σ(시그마)는 '즈'로 발음한다.

10. π, τ, κ 뒤에 모음이 오면 경음 'ㅃ, ㄸ, ㄲ'으로 발음

11. γ (감마, 대문자 Γ) 가 중간에 올 경우 'ㄱ(기억)'으로 발음 그러나 단어의
    제일 앞에 올 경우는 발음하지 않는다. 예) γίοργος 이오르고스

러시아어

러시아어는 유엔의 6개 공용어 가운데 하나로 독립국가연합 등에서 강한 위
상을 지닌 언어이다. 러시아어 알파벳은 총 33개로 자음 21개, 모음 10개,
그리고 음가를 가지지 않는 2개의 기호로 구성되어 있다.

러시아어의 발음은 기본적으로 철자의 소리를 그대로 발음한다. 그러나 모
음의 발음은 때때로 단어 내 강세의 위치에 따라 그리고 자음은 인접한 자음
의 소리에 따라 제 소리와 다르게 발음될 수 있다. 또한 러시아어 발음에 있
어서 강세(ударение)의 위치는 대단히 중요하므로 표기시 빠뜨려서는 안
된다. 형용사는 남성 단수형, 동사는 원형으로 표기하였다. 문법적으로 필요
가 있을 때는 어형을 변화시킬 필요가 있다.

발음의 한글 표기는 가능한 원음에 가깝게 표기했다. 한글로 발음을 표기
하기 어려운 ь(연음부호)의 경우 дь의 발음은 「즈」, ть의 발음은 「츠」,
бь의 경우 「피」, чь는 「취」로 표기했다. 또 영어의 v와 발음이 비슷한 в
는 대부분의 경우 「ㅂ」으로 표기하였으나 어말이나 무성자음 앞에서는 영어
의 f와 비슷해지므로 「ㅍ」으로 표기하기도 하였다. 러시아어의 특성상, 이 밖
에도 한글로 표기하기 힘든 경우 뉘앙스에 맞춰서 다른 말로 바꾸어 써야 하
는 경우도 있었다. 따라서 정확한 발음을 위해서는 러시아어 전공자나 원어
민과 상의할 것을 권한다.

중국어

중국어를 국가 공식어로 사용하는 국가는 중국대륙과 대만 그리고 홍콩으로
13억이 넘는 인구가 중국어를 사용하고, 기타 지역까지 포함하면 그 수는 약
17억 이상으로 지구 인구의 5명 중 1명은 중국어를 사용한다고 볼 수 있다.

중국어권 시장의 접근을 위해서는 중국어 브랜드명이 필수이다. 많은 사람
과의 소통은 특히 「명칭」에 의해서만 가능하다. 장벽이 높다 하더라도 브랜
드 인지도와 선호도를 높일 필요가 있는 매력적인 시장이 중국어권이다. 대

만에서는 우리나라 한자와 같은 번자(繁字)를 쓰고 대륙에서는 간자(簡字)를 사용하는데 이 책에서는 간자를 기준으로 진행하였다. 중국어의 발음은 4성이 있기 때문에 단순히 평성음으로 발음할 경우 커뮤니케이션이 어려울 수도 있어 병음을 표기한 후 우리말 소릿값을 함께 적었다.

이 책의 부록편 「중국어 브랜드」를 참고할 경우 「발음형」 네임인지 「의미형」 네임인지 이해할 수 있을 것이다. 좀 더 자세한 중국어 브랜드 네이밍을 위해서 본사에서 출간된 「중국어 브랜드 네이밍」을 참고하기 바란다.

일본어

일본 시장은 한국 상품의 난공불락으로 여겨진다. 일본 시장 진출을 위해서 일본인의 감성에 맞는 네이밍의 지속적인 연구가 필요하다. 본사에서 출시된 「일본 대표 브랜드」는 일본인에게 오랫동안 사랑받는 브랜드에 대한 이야기이다. 참고해 보기 바란다.

일본어는 히라가나를 먼저 표기하고 한자를 함께 적었으며, 외래어의 경우 가타카나로 적었다. 아울러 일본어 한자 단어가 한글 표제어와 같은 경우 될 수 있으면 최상단 타이틀과의 병기를 피하였다. 따라서 한글의 중의적 표현일 경우에는 일본어 표제어의 한자어나 중국어를 참고하면 도움이 될것이다.

일본어의 한글 표기는 발음에 가깝도록 하였다. 다음 몇 개의 일본어는 원칙적으로 통일하여 표기하였다. 「う」단의 발음은 모두 「ㅜ」로 표기하였다. 즉 '으'의 입모양에 가깝게 '우'라고 발음하기 때문이다. 예를 들면 「스시」의 경우 「수시」로 표기하였다.
「ん」은 [ㄴ]으로 표기하였으며 [ㄴ]이후의 특정 자음이 올 경우엔 [ㅇ]으로 바꾸었다. 탁음이 없는 발음은 [ㅋ, ㅌ, ㅍ, ㅊ] 로 표기하였으며 장음은 [-]로 표기하였다.
참고로 한글표기가 생경할 경우 전문가와 상의하거나 혹은 무시하고 일반적인 표현으로 사용해도 무방할 것이다.

부록

부록으로 국제상품분류표, 중국어 브랜드, 국문 찾아보기, 영문 찾아보기가 있다. 찾아보기에는 똑같은 단어가 들어 있다. 중의적인 키워드이다. 다른 언어와 비교하여 보면 많은 인사이트를 얻을 수 있을 것이다.

차례

1 단원

1-1. 신체, 감정

한	몸	머리	모발	비듬	얼굴
영	body 바디	head 헤드	hair 헤어	dandruff 덴드러프	face 페이스
프	corps 꼬르	tête 떼뜨	cheveux 슈브	pellicules 뻴리뀔	visage 비자쥬
독	Körper 쾨르퍼	Kopf 코프	Haar 하어	Schuppen 슈펜	Gesicht 게지히트
포	corpo 꼬르뿌	cabeça 까베싸	cabelo 까벨루	caspa 까스빠	rosto 호스뚜
스	cuerpo 꾸에르뽀	cabeza 까베사	cabello 까베요	caspa 까스빠	cara 까라
이	corpo 꼬르포	testa 떼스타	capello 까뻴로	forfora 포르포라	faccia 파챠
그	σώμα 솜마	κεφάλι 께팔리	μαλλιά 말리아	πιτυρίδα 삐삐리다	πρόσωπο 프로소뽀
라	corpus 코르푸스	caput 카푸트	coma 코마	furfures 푸르푸레스	vultus, facies 불투스, 파키에스
러	тело 쩰러	голова 걸라바	волосы 볼로씌	перхоть 뻬르허츠	лицо 리쪼
중	身体 / shēntǐ 션티	头 / tóu 터우	头发 / tóufa 터우파	头垢 / tóugòu 터우꺼우	脸 / liǎn 리엔
일	からだ / 体 카라다	あたま / 頭 아타마	かみ / 髪 카미	ふけ / 頭垢 후케	かお / 顔 카오

한	이마	눈썹	속눈썹	눈	눈꺼풀
영	forehead 포어헤드	eyebrow 아이브라우	eyelash 아이래쉬	eye 아이	eyelid 아이리드
프	front 프롱	sourcil 쑤르씰	cil 씰	yeux 이유	paupière 뽀피에르
독	Stirn 슈티언	Augenbraue 아우겐브라우에	Wimper 빔퍼	Auge 아우게	Augenlid 아우겐리트
포	testa 떼스따	sobrancelha 쏘브랑쎌야	pestanas 뻬스따나스	olho 올유	pálpebra 빠우뻬브라
스	frente 프렌떼	ceja 쎄하	pestañas 뻬스따냐스	ojos 오호스	párpado 빠르빠도
이	fronte 프론떼	sopracciglio 소쁘라칠리오	ciglio 칠리오	occhio 오끼오	palpebra 빨빼브라
그	μέτωπο 메또뽀	φρύδι 프리디	βλεφαρίδα 블레파리다	μάτι 마띠	βλέφαρο 블레파로
라	frons 프론스	supercilium 수페르킬리움	cilium 킬리움	oculus 오쿨루스	palpebra 팔페브라
러	лоб 롭	бровь 브로비	ресница 레스니짜	глаза 글라자	веко 볘꺼
중	额门 / émén 어먼	眉毛 / méimao 메이마오	眼睫毛 / yǎnjiémáo 앤지에마오	眼 / yǎn 앤	眼睑 / yǎnjiǎn 앤지엔
일	ひたい / 額 히타이	まゆ / 眉 마유	まつげ / 睫毛 마추게	め / 目 메	まぶた / 瞼 마부타

눈동자	귀	귓불	코	코딱지	KOR
pupil 퓨플	ear 이어	earlobe 이어로브	nose 노우즈	booger 부거	ENG
pupille 쀼삐으	oreille 오레이으	lobe de l'oreille 로브 드 로레이으	nez 네	crotte de nez 크로(뜨) 드 네	FRA
Pupille 푸필레	Ohr 오어	Ohrläppchen 오어랩헨	Nase 나제	Popel 포펠	GER
púpila 뿌삘라	orelha 오렐야	lobo da orelha 로부 다 오렐야	nariz 나리스	caca de nariz 까까 다 나리스	POR
pupila 뿌삘라	oreja 오레하	lóbulo de la oreja 로불로 델 라 오레하	nariz 나리스	moco 모꼬	ESP
pupillo 뿌삘로	orecchio 오레끼오	lobo auricolare 로보 아우리꼴라레	naso 나조	caccola 까콜라	ITA
κόρη οφθαλμού 꼬리 옵쌀무	αυτί 아프띠	λοβός του αυτιού 로보스 뚜 아프띠우	μύτη 미띠	μύξα 믹싸	GRE
pupilla 푸필라	auris 아우리스	oricilla 오리킬라	nares, nasus 나레스, 나수스	pituita nasi 피투이타 나시	LAT
зрачок 즈라쵹	ухо 우허	мочка уха 모취까 우하	нос 노스	козявка в носу 카쟈프까 브 나쑤	RUS
眸子 / móuzǐ 모우즈	耳朵 / ěrduo 얼두오	耳垂 / ěrchuí 얼춰이	鼻子 / bízi 비즈	鼻屎 / bíshi 비스	CHN
ひとみ / 瞳 히토미	みみ / 耳 미미	みみたぶ / 耳たぶ 미미타부	はな / 鼻 하나	はなくそ / 鼻くそ 하나쿠소	JPN

턱	입	입술	치아	잇몸	KOR
chin 친	mouth 마우쓰	lip 립	tooth 투쓰	gum 검	ENG
menton 멍똥	bouche 부슈	lèvre 레브르	dent 덩	gencive 졍씨브	FRA
Kinn 킨	Mund 문트	Lippe 리페	Zahn 찬	Zahnfleisch 찬플라이슈	GER
queixo 께이슈	boca 보까	lábio 라비우	dente 뎅찌	gengiva 졩쥐바	POR
mandíbula 만디불라	boca 보까	labios 라비오스	dientes 디엔떼스	encía 엔씨아	ESP
mento 멘또	bocca 보까	labbro 랍브로	dente 덴떼	gengiva 젠지바	ITA
πιγούνι 삐구니	στόμα 스또마	χείλος 힐로스	δόντι 돈디	ούλο 울로	GRE
mentum 멘뚬	os 오스	labrum 라브룸	dens 덴스	gingiva 긴기바(=깅기바)	LAT
подбородок 뻐드바로덕	рот 롯	губы 구븨	зуб 줍	десна 제스나	RUS
下巴 / xiàba 시아빠	嘴 / zuǐ 줴이	嘴唇 / zuǐchún 줴이춘	牙齿 / yáchǐ 야츠	牙根 / yágēn 야껀	CHN
あご / 顎 아고	くち / 口 쿠치	くちびる / 唇 쿠치비루	は / 歯 하	はぐき / 歯茎 하구키	JPN

한	혀	목	인후	콧수염	턱수염
영	tongue 텅	neck 네크	throat 쓰로우트	mustache 머스태쉬	beard 비어드
프	langue 렁그	cou 꾸	gorge 고르쥬	moustache 무스따슈	barbe 바르브
독	Zunge 충에	Hals 할스	Kehle 켈레	Schnurrbart 슈누어바트	Kinnbart 킨바트
포	língua 링구아	pescoço 뻬스꼬쑤	garganta 가르강따	bigode 비고지	barba 바르바
스	lengua 렝구아	cuello 꾸에요	garganta 가르간따	bigote 비고떼	barba 바르바
이	lingua 링구아	collo 꼴로	gola 골라	baffi 바피	barba 바르바
그	γλώσσα 글로싸	λαιμός 레모스	λαρύγγι, λαιμός 라링기, 레모스	μουστάκι 무스따키	γένι, μούσι 게니, 무시
라	lingua 링구아	collum 콜룸	iugulum 유굴룸	mystax 미스탁스	barba 바르바
러	язык 야직	шея 쉐야	горло 고를러	усы 우씌	борода 바라다
중	舌头 / shétou 셔터우	脖子 / bózi 버즈	喉咽 / hóuyān 허우앤	上胡 / shànghú 샹후	下胡 / xiàhú 시아후
일	した / 舌 시타	くび / 首 쿠비	いんこう / 咽喉 인코-	くちひげ / 口髭 쿠치히게	あごひげ / 顎鬚 아고히게

한	목젖	쇄골	가슴	배	배꼽
영	Adam's apple 아담스 애플	collarbone 콜라본	chest 체스트	belly 벨리	navel [3] 네이블
프	luette 뤼에뜨	clavicule 끌라비뀔	poitrine 뿌아트린	ventre 벙트르	nombril 농브릴
독	Adamsapfel 아담스아펠	Schlüsselbein 슐리셸바인	Brust 브루스트	Bauch 바우흐	Nabel 나벨
포	pomo-de-adão 뽀무-지-아더웅	clavícula 끌라비꿀라	peito 뻬이뚜	barriga 바히가	umbigo 웅비구
스	nuez de Adán [1] 누에스 데 아단	clavícula 끌라비꿀라	pecho 뻬쵸	vientre 비엔프레	ombligo 옴블리고
이	pomo d'Adamo 뽀모 다다모	clavicola 끌라비꼴라	petto 뻬또	pancia 빤치아	ombelico 옴벨리코
그	μήλο του Αδάμ 밀로 뚜 아담	κλείδα [2] 끌리다	στήθος 스띠쏘스	κοιλιά 낄리아	αφαλός 아팔로스
라	pomum Adami 포뭄 아다미	clavis 클라비스	pectus 펙투스	venter 벤테르	umbilicus 움빌리쿠스
러	кадык 까딕	ключица 클류취짜	грудь 그루즈	живот 쥐봇	пупок 뿌뽁
중	小舌儿 / xiǎoshér 샤오셔얼	锁骨 / suǒgǔ 쉬구	胸部 / xiōngbù 시옹부	肚子 / dùzi 뚜즈	肚脐 / dùqí 뚜치
일	のどちんこ / 喉ちんこ 노도친코	さこつ / 鎖骨 사코추	むね / 胸 무네	はら / 腹 하라	へそ / 臍 헤소

동의어: [1] manzana de Adán 만사나 데 아단, [2] κλειδοκόκαλο 끌리도꼬깔로, [3] belly botton 벨리 버튼

30

어깨	팔	팔꿈치	손	손목	KOR
shoulder 쇼울더	arm 암	elbow 엘보우	hand 핸드	wrist 리스트	ENG
épaule 에뽈	bras 브라	coude 꾸드	main 멩	poignet 뿌와녜	FRA
Schulter 슐터	Arm 아암	Ellbogen 엘보겐	Hand 한트	Handgelenk 한트겔렝크	GER
ombro 옹브루	braço 브라쑤	cotovelo 꼬또벨루	mão 머웅	pulso 뿌우쑤	POR
hombro 옴브로	brazo 브라소	codo 꼬도	mano 마노	muñeca 무녜까	ESP
spalla 스빨라	braccio 브라쬬	gomito 고미또	mano 마노	polso 뽈소	ITA
ώμος 오모스	μπράτσο, χέρι 브라초, 헤리	αγκώνας 앙꼬나스	χέρι 헤리	καρπός του χεριού 까르뽀스 뚜 헤리우	GRE
umerus 우메루스	bracchium 브라키움	cubitum 쿠비툼	manus 마누스	carpus 까르푸스	LAT
плечо 쁠레쵸	рука 루까	локоть 로꼬츠	рука 루까	запястье 자뺘스찌예	RUS
肩膀 / jiānbǎng 지엔빵	胳膊 / gēbo 꺼버	肘子 / zhǒuzi 저우즈	手 / shǒu 셔우	手腕子 / shǒuwànzi 셔우완즈	CHN
かた / 肩 카타	うで / 腕 우데	ひじ / 肘 히지	て / 手 테	てくび / 手首 테쿠비	JPN

주먹	손가락	손바닥	손금	엄지손가락	KOR
fist 피스트	finger 핑거	palm 팜	palm line 팜 라인	thumb 썸	ENG
poing 뿌엥	doigt 드와	paume 뽐므	ligne de la main 린(느) 드 라 멩	pouce 뿌스	FRA
Faust 파우스트	Finger 핑어	Handfläche 한트플래헤	Handlinien 한드리니엔	Daumen 다우멘	GER
punho 뿡유	dedo 데두	palma da mão 빠우마 다 머웅	linhas da palma 링야스 다 빠우마	polegar 뽈레가르	POR
puño 뿌뇨	dedo 데도	palma 빨마	líneas de palma 리네아스 데 빨마	pulgar 뿔가르	ESP
pugno 뿐뇨	dito 디또	palma 빨마	le linee di mano 레 리니 디 마노	pollice 뽈리체	ITA
μπουνιά 부니아	δάκτυλο 닥띨로	παλάμη 빨라미	γραμμή της ζωής 그람미 띠스 조이스	αντίχειρας 안디히라스	GRE
pugnus 푸그누스	digitus 디기투스	palma 빨마	incisúra [*1] 잉키수라	pollex 뽈렉스	LAT
кулак 꿀락	палец 빨레쯔	ладонь 라돈	линия на ладони 리니아 나 라도니	большой палец 발쑈이 빨레쯔	RUS
拳 / quán 츄엔	手指 / shǒuzhǐ 셔우즈	手掌 / shǒuzhǎng 셔우장	手纹 / shǒuwén 셔우웬	拇指 / mǔzhǐ 무즈	CHN
こぶし / 拳 코부시	ゆび / 指 유비	てのひら / 掌 테노히라	てすじ / 手筋 테수지	おやゆび / 親指 오야유비	JPN

동의어: [*1] linea manus 리네아 마누스

한	검지, 인지	중지	약지	새끼손가락
영	index finger *1 인덱스 핑거	middle finger 미들 핑거	ring finger *2 링 핑거	pinky *3 핑키
프	index 엥덱스	majeur 마줴르	annulaire 아뉠레르	auriculaire 오리뀔레르
독	Zeigefinger 차이게핑어	Mittelfinger 미텔핑어	Ringfinger 링핑어	kleiner Finger 클라이너 핑어
포	indicador 잉지까도르	médio 메지우	anular 아눌라르	mindinho 밍징유
스	índice 인디쎄	dedo medio 데도 메디오	dedo anular 데도 아눌라르	meñique 메니께
이	indice 인디체	medio 메디오	anulare 아눌라레	mignolo 미뇰로
그	δείκτης 딕띠스	μέσος 메소스	παράμεσος 빠라메소스	μικρός 미끄로스
라	digitus index 디기투스 인엑스	digitus medius 디기투스 메디우스	digitus anuli 디기투스 아눌리	digitus minimus 디기투스 미니무스
러	указательный палец 우까자쩰늬이 빨례쯔	средний палец 스례드니이 빨례쯔	безымянный палец 베즈이먄늬이 빨례쯔	мизинец 미지녜쯔
중	人指 / rénzhǐ 런즈	中指 / zhōngzhǐ 쫑즈	约指 / yuēzhǐ 위에즈	小拇指 / xiǎomǔzhǐ 샤오무즈
일	ひとさしゆび / 人差指 히토사시유비	なかゆび / 中指 나카유비	くすりゆび / 薬指 쿠수리유비	こゆび / 小指 코유비

동의어: *1 forefinger 포어핑거, *2 third finger 써드 핑거, *3 little finger 리틀 핑거

한	손톱	지문	옆구리	등
영	nail 네일	fingerprint 핑거프린트	side *1 사이드	back 백
프	ongle 옹글	empreinte digitale 엉프렝뜨 디지딸	côté 꼬떼	dos 도
독	Nagel 나겔	Fingerabdruck 핑어압드룩	Seite 자이테	Rücken 뤼켄
포	unha 웅야	impressão digital 잉쁘레써웅 지쥐따우	flancos 플랑꾸스	dorso 도르쑤
스	uña 우냐	huella digital 우에야 디히딸	costado 꼬스따도	espalda 에스빨다
이	unghia 웅기아	impronta digitale 임쁘론따 디지딸레	fianco 피앙꼬	dorso 도르소
그	νύχι 니히	δακτυλικό αποτύπωμα 닥띨리꼬 아뽀띠뽀마	πλευρό 쁠레브로	πλάτη, ράχη 쁠라띠, 라히
라	unguis 웅구이스	digiti signum 디기티 시그눔	latus 라투스	tergum 테르굼
러	ноготь 노거츠	отпечаток пальца 아트삐촤떡 빨짜	бок 복	спина 스삐나
중	指甲 / zhǐjiá 즈지아	指纹 / zhǐwén 즈원	肋 / lèi 레이	背部 / bèibù 뻬이뿌
일	つめ / 爪 추메	しもん / 指紋 시몬	わきばら / 脇腹 와키바라	せなか / 背中 세나카

참고: *1 옆구리 살: love handles 러브 핸들스, muffin top 머핀 탑(바지 위로 삐져 나온 살)

엉덩이	사지	다리	발	허벅지	KOR
hip 힙	limb 림	leg 레그	foot 풋	thigh 싸이	ENG
fesse 페스	quatre membres 꺄뜨르 멍브르	jambe 졍브	pied 삐에	cuisse 뀌스	FRA
Hüfte, Gesäß 휘프테, 게재스	Glieder 글리더	Bein 바인	Fuß 푸스	Oberschenkel 오버셍켈	GER
quadril 꽈드리우	membro 멩브루	perna 뻬르나	pé 뻬	coxa 꼬샤	POR
cadera 까데라	extremidad 엑쓰뜨레미닷	pierna 삐에르나	pie 삐에	muslo 무슬로	ESP
sedere 세데레	gambe e bracci 감베 에 브라치	gamba 감바	piede 삐에데	coscia 꼬샤	ITA
ισχίο, γοφός 이스히오, 고포스	μέλος 멜로스	πόδι 뽀디	πόδι, πατούσα 뽀디, 빠뚜사	μηρός, μπούτι 미로스, 부띠	GRE
coxa 콕사	membrum 맴브룸	femur, crus 페무르, 크루스	pes 페스	femur 페무르	LAT
бедра 뵤드라	конечность тела 까녜취너스츠 쩰라	нога 나가	ступня 스푸프냐	бедро 볘드로	RUS
屁股 / pìgu 피구	四肢 / sìzhī 쓰즈	腿 / tuǐ 퉤이	脚 / jiǎo 지아오	大腿 / dàtuǐ 따퉤이	CHN
しり / 尻 시리	しし / 四肢 시시	あし / 脚 아시	あし / 足 아시	ふともも / 太腿 후토모모	JPN

무릎	종아리, 장딴지	발목	발뒤꿈치	골격	KOR
knee 니이	calf 카프	ankle 앵클	heel 힐	skeleton 스켈르튼	ENG
genou 즈누	mollet 몰레	cheville 슈비으	talon 딸롱	squelette 스끄레프	FRA
knie 크니	Unterschenkel [1] 운터셍켈	Fußknöchel 푸쓰크뇌헬	Ferse 페어제	knochengerüst 크노헨게뤼스트	GER
joelho 죠엘유	barriga da perna 바히가 다 뻬르나	tornozelo 또르누젤루	calcanhar 까우깡야르	esqueleto 이스껠레뚜	POR
rodilla 로디야	pantorilla 빤또리야	tobillo 또비요	tacón 따꼰	esqueleto 에스껠레또	ESP
ginocchio 지녹끼오	polpaccio 뽈빠쵸	caviglia 까빌리아	tacco 타꼬	scheletro 스껠레드로	ITA
γόνατο 고나또	κνήμη, γάμπα 끄니미, 감바	αστράγαλος 아스프라갈로스	πτέρνα 쁘떼르나	σκελετός 스껠레또스	GRE
genu 게누	sura, crus 수라, 크루스	talus 탈루스	calx 칼륵스	skeletus 스켈레투스	LAT
колено 깔례너	икра ноги 이크라 노기	лодыжка 라듸쉬까	пятка 뺘트까	скелет 스낄레트	RUS
膝盖 / xīgài 시까이	小腿 / xiǎotuǐ 샤오퉤이	脚脖子 / jiǎobózi 지아오보즈	脚跟 / jiǎogēn 지아오껀	骨格 / gǔgé 구거	CHN
ひざ / 膝 히자	ふくらはぎ / 脹脛 후쿠라하기	あしくび / 足首 아시쿠비	かかと / 踵 카카토	こっかく / 骨格 콕까쿠	JPN

동의어: [1] Wade 바데

한	두개골	관절	뼈	광대뼈	근육
영	skull 스컬	joint 조인트	bone 본	cheekbone 칙본	muscle 머슬
프	crâne 크란느	articulation 아르띠뀔라씨옹	os 오스	pommette 뽀메뜨	muscle 뮈스끌
독	Schädel 셰델	Gelenk 겔렝크	Knochen 크노헨	Backenknochen 바켄크노헨	Muskel 무스켈
포	crânio 끄라니우	articulação 아르찌꿀라써옹	osso 오쑤	zigoma 지고마	músculo 무스꿀루
스	cráneo 끄라네오	articulación 아르띠꿀라씨온	hueso 우에소	pómulo 뽀물로	músculo 무스꿀로
이	cranio 크라니오	articolazione 아르띠꼴라찌오네	osso 옷쏘	zigomo 지고모	muscolo 무스꼴로
그	κρανίο 끄라니오	άρθρωση 알쓰로시	κόκκαλο 꼬깔로	μήλο *1 밀로	μυς 미스
라	calvaria 칼바리아	artus 아르투스	os 오스	os iugale *2 오스 유갈레	musculus 무스쿨루스
러	череп 췌렙	сустав 수스타브	кость 꼬스츠	скула 스꿀라	мышца 믜쉬짜
중	头盖骨 / tóugàigǔ 터우까이구	关节 / guānjié 꽌지에	骨 / gǔ 구	颧骨 / quángǔ 츄엔구	肌肉 / jīròu 지러우
일	ずがいこつ / 頭蓋骨 주가이코추	かんせつ / 関節 칸세추	ほね / 骨 호네	ほおぼね / 頬骨 호-보네	きんにく / 筋肉 킨니쿠

동의어: *1 ζυγωματικό 지고마띠꼬, *2 os zygomaticum 오스 지고마티쿰

한	혈소판	적혈구	백혈구
영	thrombocyte *1 뜨럼버사이트	red blood corpuscle(cell) 레드 블러드 커퍼슬(셀)	white blood corpuscle(cell) 화이트 블러드 커퍼슬(셀)
프	plaquettes sanguines 쁠라껫프 쌍긴느	globules rouges 글로뷜 루즈	globules blancs 글로뷜 블랑
독	rotes Blutkörperchen *2 로테스 블루트쾨르퍼헨	weißes Blutkörperchen *4 바이세스 블루트쾨르퍼헨	weißes Blutkörperchen 바이쎄스 블룻쾨어퍼헨
포	trombócito 뜨롱보씨뚜	eritrôcito 이리프로씨뚜	leucócito 레우꼬씨뚜
스	plaqueta 쁠라께따	glóbulo rojo 글로불로 로호	glóbulo blanco 글로불로 블랑꼬
이	piastrina del sangue 피아스트리나 델 상구에	eritrociti *5 에리트로치티	leucocito 레우코치토
그	θρομβοκύτταρο, αιμοπετάλιο 쓰롬보끼따로, 에모뻬딸리오	ερυθρό αιμοσφαίριο *6 에리쓰로 에모스페리오	λευκό αιμοσφαίριο *7 레프꼬 에모스페리오
라	grumosa cella *3 그루모사 켈라	cella rubra 루브라 켈라	cella alba 알바 켈라
러	Кровяные пластинки 크로볜늬예 쁠라스찐끼	эритроциты 애리드라찌픠	лейкоцит 레이까쩻트
중	血小板 / xuèxiǎobǎn 슈에샤오반	红血球 / hóngxuèqiú 홍슈에치우	白血球 / báixuèqiú 바이슈에치우
일	けっしょうばん / 血小板 켓쑈-반	せっけっきゅう / 赤血球 섹껙뀨-	はっけっきゅう / 白血球 학껙뀨-

동의어: *1 blood platelet 블러드 플레이틀릿, *2 Erythrozyt 에리트로치트, *3 grumosum folium 그루모숨 폴리움, *4 Leukozyt 로이코치트,
참고: *5 globuli rossi (구어)글로불리 로씨, *6 ερυθροκύτταρο 에리쓰로끼따로, *7 λευκοκύτταρο 레프꼬끼따로

34

신경, 신경상태	뉴우런, 신경단위	피, 혈액	정맥	KOR
nerve 너브	neuron 뉴런	blood 블러드	vein 베인	ENG
nerf 네르	neurone 뉴론느	sang 쌍	veine 벤느	FRA
Nerv 네어프	Nervenfaser 네어벤파저	Blut 블루트	Ader 아더	GER
nervo 네르부	neurônio 네우로니우	sangue 쌍기	veia 베이아	POR
nervio 네르비오	neurona 네우로나	sangre 상그레	vena 베나	ESP
nervo 네르보	neurone 네우로네	sangue 상구에	vena 베나	ITA
νεύρο 네브로	νευρώνας 네브로나스	αίμα 에마	φλέβα 플레바	GRE
nervus 네르부스	neuronum 네우로눔	sanguis 상구이스	vena 베나	LAT
нерв 녜르브	нейрон 녜이론	кровь 크로피	вена 베나	RUS
神经 / shénjīng 션징	神经元 / shénjīngyuán 션징위엔	血 / xuè, 血液 / xuèyè 슈에, 슈에예	静脉 / jìngmài 징마이	CHN
しんけい / 神経 신케-	ニューロン 뉴-론	ち / 血, けつえき / 血液 치, 케추에키	じょうみゃく / 静脈 죠-먀쿠	JPN

동맥	혈관	피부	뇌	폐	KOR
artery 아터리	blood vessel 블러드 베쎌	skin 스킨	brain 브레인	lung 렁	ENG
artère 아르떼르	vaisseau sanguin 베쏘 쌍귄	peau 뽀	cerveau 쎄르보	poumon 뿌몽	FRA
Arterie 아르테리	Blutgefäß 블루트게패스	Haut 하우트	Gehirn 게히언	Lunge 룽에	GER
arteria 아르떼리아	vaso sanguíneo 바주 쌍기네우	pele 뻴리	cérebro 쎄레브루	pulmão 뿌우머옹	POR
arteria 아르떼리아	vasos sanguíneos 바소스 상기네오스	piel 삐엘	cerebro 쎄레브로	pulmón 뿔몬	ESP
arteria 아르떼리아	vaso sanguigno 바소 상귀뇨	pelle 뻴레	cervello 체르벨로	polmone 뽈모네	ITA
αρτηρία 알띠리아	αιμοφόρο αγγείο 에모포로 앙게이오	δέρμα 델마	εγκέφαλος 엥께팔로스	πνεύμονας 쁘네브모나스	GRE
arteria 아르테리아	vas sanguineum 바스 상구이네움	pellis 펠리스	cerebrum 케레브룸	pulmo 풀모	LAT
артерия 아르때리야	кровеносный сосуд 크러볘노스느이 사수드	кожа 꼬좌	мозг 모즈그	легкое 료흐꺼예	RUS
动脉 / dòngmài 뚱마이	血管 / xuèguǎn 슈에관	皮肤 / pífū 피푸우	脑 / nǎo 나오	肺 / fèi 훼이	CHN
どうみゃく / 動脈 도-먀쿠	けっかん / 血管 켓깐	ひふ / 皮膚 히후	のう / 脳 노-	はい / 肺 하이	JPN

한	장기	십이지장	쓸개	위
영	internal organ 인터날 올갠	duodenum 듀어디넘	gallbladder 갤블래더	stomach 스터맥
프	viscères, organe 비쎄르, 오르간	duodénum 뒤오데눔	vésicule biliaire 베지뀔 빌리에르	estomac 에스토마
독	Eingeweide 아인게바이데	Zwölffingerdarm 츠뵐프핑어담	Galle 갈레	Magen 마겐
포	orgão 오르거웅	duodeno 두오데누	vesícula biliar 베지꿀라 빌리아르	estômago 이스또마구
스	organo Interno 오르가노 인떼르노	duodeno 두오데노	vesícula biliar 베시꿀라 빌리아르	estómago 에스또마고
이	intestino 인테스티노	duodeno 두오데노	cistifellea 치스티펠레아	stomaco 스토마코
그	εσωτερικά όργανα 에소떼리까 오르가나	δωδεκαδάκτυλο 도데까닥띨로	χοληδόχος κύστη 홀리도호스 끼스띠	στομάχι 스또마히
라	viscera 비스케라	intestinum duodenum *1 인테스티눔 두오데눔	vesica fellea 베시카 펠레아	stomachus 스토마쿠스
러	внутренние органы 브누뜨렌니예 오르가늬	двенадцатиперстная кишка 드비나짜찌뻬르슷트나야 끼쉬까	желчный пузырь 젤취느이 뿌즈리	желудок 쩰루덕
중	脏器 / zàngqi 짱치	十二指肠 / shí'èrzhǐcháng 스얼쯔창	胆囊 / dǎnnáng 딴낭	胃 /wèi 웨이
일	ぞうき / 臓器 조-키	じゅうにしちょう / 十二指腸 쥬-니시쵸-	たんのう / 胆嚢 탄노-	い / 胃 이

동의어: *1 intestinum summum 인테스티눔 숨뭄

한	소장	신장	직장	대장
영	small intestine 스몰 인테스틴	kidney 키드니	rectum 렉텀	large intestine 라지 인테스틴
프	intestin grêle 엥떼스땡 그렐	rein 렝	rectum 렉똠	gros intestin 그로젱떼스땡
독	Dünndarm 된담	Niere 니레	Mastdarm 마스트담	Dickdarm 디크담
포	intestino delgado 잉떼스찌누 데우가두	rim 힝	reto 헤뚜	intestino grosso 잉떼스찌누 그로쑤
스	intestino delgado 인떼스띠노 델가도	riñón 리뇬	recto 렉또	intestino grueso 잉떼스띠노 그루에소
이	intestino tenue 인테스티노 테누에	rene 레네	retto 레또	intestino crasso 인테스티노 크라쏘
그	λεπτό έντερο 렙또 엔데로	νεφρό 네프로	πρωκτός 쁘록또스	παχύ έντερο 빠히 엔데로
라	tenue intestinum 테누에 인테스티눔	renes(ren) 레네스(렌)	podex 포덱스	pingue intestinum 핀구에 인테스티눔
러	тонкая кишка 똔까야 끼쉬까	почка 뽀취까	прямая кишка 쁘리먀야 끼쉬까	толстая кишка 똘스따야 끼쉬까
중	小肠 / xiǎocháng 샤오창	肾脏 / shènzàng 션짱	直肠 / zhícháng 즈창	大肠 / dàcháng 따창
일	しょうちょう / 小腸 쇼-쵸-	じんぞう / 腎臓 진조-	ちょくちょう / 直腸 쵸쿠쵸-	だいちょう / 大腸 다이쵸-

간	척추	척수	심장	KOR
liver 리버	spine 스파인	spinal cord 스파이널 코드	heart 하트	ENG
foie 프와	colonne vertébrale 꼴론느 베르떼브랄	moelle épinière 무알 레삐니에르	cœur 꿰르	FRA
Leber 레버	Wirbelsäure 비어벨조이레	Rückenmark 뤼켄마크	Herz 헤르츠	GER
fígado 피가두	vértebra 베르떼브라	medula espinhal 메둘라 이스삥야우	coração 꼬라써웅	POR
hígado 이가도	columna 꼴룸나	médula 메둘라	corazón 꼬라쏜	ESP
fegato 페가토	spina 스삐나	midollo spinale 미돌로 스피날레	cuore 꾸오레	ITA
συκώτι 시꼬띠	σπονδυλική στήλη 스뽄딜리끼 스띨리	νωτιαίος μυελός 노띠에오스 미엘로스	καρδιά 까르디아	GRE
iecur 예쿠르	vertebra 베르테브라	dorsualis medulla 도르수알리스 메둘라	cor 코르	LAT
печень 뻬첸	спинной хребет 스삔노이 흐리볫	спинной мозг 스삔노이 모즈그	сердце 쎼르쩨	RUS
肝 / gān 깐	脊椎 / jǐzhuī 지줴이	脊髓 / jǐsuǐ 지줴이	心脏 / xīnzàng 씬짱	CHN
かんぞう / 肝臓 칸죠-	せきつい / 脊椎 세키추이	せきずい / 脊髄 세키주이	しんぞう / 心臓 신죠-	JPN

용모	옆얼굴	동안	쌍꺼풀	KOR
looks 룩스	profile 프로파일	baby face 베이비 페이스	double eyelid 더블 아이리드	ENG
apparence 아빠렁스	profil 프로필	figure d'enfant 피귀르 덩펑	pli sur la paupière 쁠리 쉬르 라 뽀삐에르	FRA
Aussehen 아우스제엔	Profil 프로필	Babygesicht *2 베이비게지히트	doppeltes Augenlid 도펠테스 아우겐리트	GER
aparência 아빠렝씨아	perfil 뻬르피우	rosto de criança 호스뚜 지 끄리앙싸	pálpebra dupla 빠우뻬브라 두쁠라	POR
fisonomía 피소노미아	perfil 뻬르필	cara infantil 까라 인판띨	doble párpado 도블레 빠르빠도	ESP
aspetto 아스뻬또	profilo 프로필로	viso infantile *3 비조 인판틸레	doppio palpebre 돕비오 팔페브레	ITA
παρουσιαστικό *1 빠루시아스띠꼬	προφίλ 프로필	παιδικό πρόσωπο 뻬디꼬 프로소뽀	διπλό βλέφαρο 디쁠로 블레파로	GRE
facies 파키에스	faciei catagraphum 파키에이 카타그라품	vultus puerilis 불투스 푸에릴리스	palpebra duplex 팔페브라 두플렉스	LAT
вид 비드	профиль 쁘로필	отроческое лицо 아프로쳬스꺼예 리쪼	двойны́е ве́ки 드바이늬예 볘키	RUS
容貌 / róngmào 룽마오	侧脸 / cèliǎn 처리엔	童颜 / tóngyán *4 퉁얜	双眼皮 / shuāngyǎnpí 슈왕앤피	CHN
ようぼう / 容貌 요-보-	よこがお / 横顔 요코가오	どうがん / 童顔 도-간	ふたえ / 二重 후타에	JPN

동의어: *1 φυσιογνωμία 피시오그노미아, *2 Kindergesicht 킨더게지히트, *3 viso da bambino 비조 다 밤비노, *4 娃娃脸儿 / wáwaliǎnr 와와리알

한	보조개	주름	새치	주근깨
영	dimple 딤플	wrinkle 링클	premature gray hair 프리머츄어 그레이 헤어	freckle 프렉클
프	fossette 포쎄뜨	ride 리드	cheveux blancs 슈브 블랑	taches de rousseur 따슈 드 루쒜르
독	Grübchen 그륍헨	Falte 팔테	graues Haar 그라우에스 하아	Sommersprosse 좀머스프로세
포	covinha 꼬빙야	ruga 후가	cabelo grisalho 까벨루 그리잘유	sarda 싸르다
스	hoyuelo 오유엘로	arruga 아루가	canas 까나스	peca 뻬까
이	fossetta 포쎄따	grinza *1 그린자	capelli grigi 카펠리 그리지	efelide 에펠리데
그	λακκάκι 락까끼	ρυτίδα 리띠다	πρόωρο γκριζάρισμα 쁘로오로 그리자리즈마	φακίδα 파끼다
라	gelasinus 겔라시누스	ruga 루가	praematurus canus capillus 프레마투루스 카누스 카필루스	lentigo 렌티고
러	ямочка 야머취까	морщина 마르쉬나	ранняя седина 란냐야 쩨지나	веснушка 베스누시까
중	酒窝 /jiǔwō 지우워	皱纹 /zhòuwén 쩌우원	蒜发 /suànfā 수완파	雀斑 /quèbān 취에빤
일	えくぼ /笑窪 에쿠보	しわ /皺 시와	わかしらが /若白髪 와카시라가	そばかす /雀斑 소바카수

동의어: *1 solco 솔코

한	여드름	사마귀(후자, 疣子)	점(피부의 점)	검버섯	맨발
영	acne 에크니	verruca *1 버루카	mole *2 몰	lentigo 렌타이고	barefoot 베어풋
프	acné 아크네	verrue 베뤼	grain de beauté *3 그렝 드 보떼	lentigo, plaque 렁띠고, 플라크	pieds nus 삐에 뉘
독	Akne, Pickel 아크네, 피켈	Warze 바르체	Tupfen, Mal *4 투펜, 말	Altersfleck 알터스플레크	nackter Fuß 나크터 푸스
포	acne, espinha 아끄니, 이스삥야	verruga 베후가	pinta, mancha 삥따, 망샤	lentigem 렝찌젱	descalço 지스까우쑤
스	acné, grano 아크네, 그라노	verruga, antojo 베루가, 안또호	nevus, lunar 네부스, 루나르	lentigo, mancha 렌티고, 만차	descalzo 데스깔소
이	acne, pustola 아크네, 푸스톨라	verruca 베루카	nevus, lunar 네부스, 루나르	macchia 마끼아	piedi nudi 피에디 누디
그	ακμή 아끄미	κρεατοελιά 끄레아또엘리아	ελιά δέρματος 엘리아 델마또스	καλοήθες μελάνωμα 깔로이쎄스 멜라노마	ξυπόλυτος 윽시뽈리또스
라	pápula, pustula 파풀라, 푸스툴라	verrúca 베루카	naevus 내부스	Lentigo 렌티고	pedes nudi 페데스 누디
러	прыщ 쁘릐쉬	бородавка 바라다프까	родинка 로진까	пятнистость 빠트니스또스츠	босиком 바씨꼼
중	粉刺 /fěncì 펀츠	疣肿 /yóuzhǒng 유종	痦子 /wùzi 우즈	老年斑 /lǎoniánbān 라오니엔빤	光脚 /guāngjiǎo 꽝지아오
일	にきび /痤(=面皰) 니키비	いぼ /疣 이보	ほくろ /黒子 호쿠로	しみ /染み 시미	はだし /裸足 하다시

동의어: *1 wart 워트, *2 spot 스팟, *3 tache 따슈, *4 Muttermal 무터말

체형	뚱보	홀쭉이	태도	KOR
figure 피겨	fatty *1 페티	thin person *4 씬 퍼슨	attitude 에티튜드	ENG
figure 피규르	gros, grosse(여성형) 그로, 그로스	maigre 매그르	attitude 아띠뛰드	FRA
Figur 피구어	der Dicke(남성) *2 데어 딕케	der Dünne(남성) *5 데어 뒨네	Haltung 할퉁	GER
figura 피구라	pessoa gorda 뻬쏘아 고르다	pessoa magra 뻬쏘아 마그라	atitude 아찌뚜지	POR
figura 피구라	gorda 고르다	flaca 플라까	actitud 악띠뚯	ESP
figura 피구라	ciccione 치쵸네	bastone 바스토네	atteggiamento 앗뗏지아멘토	ITA
σχήμα(φιγούρα)σώματος 스히마(피구라)소마또스	παχύς(άνθρωπος) 빠히스(안드로뽀스)	αδύνατος, λεπτός 아디나또스, 렙또스	στάση 스따시	GRE
corporis figura 코르포리스 피구라	crassus homo *3 크라수스 호모	exilis homo 엑실리스 호모	habitus 하비투스	LAT
фигура 피구라	толстый человек 똘스프이 췰라벡	худой человек 후도이 췰라벡	отношение 아트나쉐니예	RUS
体形 / tǐxíng 티싱	胖子 / pàngzi 팡즈	干瘦的人 / gānshòuderén 간쇼우데런	态度 / tàidu 타이뚜	CHN
たいけい / 体形, 体型 타이케-	でぶ, おでぶちゃん 데부, 오데부쨩	もやし *6 모야시	たいど / 態度 타이도	JPN

동의어: *1 fatty 패티, chubby 쳐비, chunker 청커, *2 die Dicke(여성)디 디케, *3 bacciballum(=굵은 국수=뚱보)박키발룸,
*4 skinny 스키니, bony 보니, *5 die Dünne(여성)디 뒨네, *6 がりがり 가리가리, やせっぽち 야셋뽀찌

행동	표정	미소	눈웃음	KOR
behavior 비헤이비어	look *1 룩	smile 스마일	smile with the eyes *3 스마일 위드 디 아이즈	ENG
comportement 꽁뽀르뜨망	expression 엑스프레씨옹	sourire 쑤리르	sourire des yeux 쑤리르 데지유	FRA
Benehmen 베네멘	Gesichtsausdruck 게지히츠아우스드루크	Lächeln 래헬른	Lächeln mit den Augen 래헬른 미트 덴 아우겐	GER
ação 아써웅	expressão facial 이스쁘레써웅 파씨아우	sorriso 쏘히주	sorriso nos olhos 쏘히주 누스 올류스	POR
conducta 꼰둑따	expresión 엑스쁘레시온	sonrisa 손리사	sonrisa con sus ojos 손리사 꼰 수스 오호스	ESP
azione 아지오네	espressione 에스프레씨오네	sorriso 소리조	sorridere con gli occhi 소리데레 꼰 리 오끼	ITA
συμπεριφορά 시베리포라	έκφραση προσώπου 엑프라시 쁘로소뿌	χαμόγελο 하모젤로	χαμόγελο με τα μάτια 하모젤로 메 따 마띠아	GRE
facta, actio 팍타, 악티오	vultus 불투스	subrísio *2 수브리시오	risus oculibus 리수스 오쿨리부스	LAT
поведение 뻐볘제니예	выражение лица 브라줴니예 리짜	улыбка 울릎까	улыбка глазами 울릎까 글라자미	RUS
行动 / xíngdòng 씽뚱	表情 / biǎoqíng 삐아오칭	微笑 / wēixiào 웨이샤오	笑眼 / xiàoyǎn 샤오얜	CHN
こうどう / 行動 코-도-	ひょうじょう / 表情 효-죠-	ほほえみ / 微笑 호호에미	もくしょう / 黙笑 모쿠쇼-	JPN

동의어: *1 expression 익스프레션, *2 renidéntia 레니덴티아, *3 smizing 스마이징

한	윙크	곁눈질	찡그림
영	wink 윙크	side eye(불찬성) [4] 사이드 아이	frown 프라운
프	clin d'œil [1] 끌링 뒈이으	regard de côté 르가르 드 꼬떼	froncement de sourcils 프롱스망 드 쑤르씨
독	Blinzeln 블린첼른	Seitenblick 자이텐블리크	Verzerrung 페어체어룽
포	piscada 삐스까다	relance 헬랑씨	careta 까레따
스	guiño 기뇨	mirada de soslayo 미라다 데 소슬라요	fruncimiento 프룬시미엔또
이	wink 윙크	strabico 스트라비코	cipiglio 치필리오
그	κλείσιμο του ματιού [2] 끄리시모 뚜 마띠우	λοξή ματιά 록시, 마띠아	συνοφρύωμα 시노프리오마
라	nutus oculorum [3] 누투스 오쿨로룸	oculi obliqui 오쿨리 오블리쿠이	cuncta supercilio motus 쿵타 수페르킬리오 모투스
러	подмигивание 빳미기바니예	взгляд искоса 브즈글럇 이스꼬싸	гримасничать 그리마스니챠츠
중	眨眼示意 / zhǎyǎnshìyì 자앤스이	眼风 / yǎnfēng 앤펑	紧蹙 / jǐncù 진추
일	ういんく / ウインク 우인쿠	よこめ / 横目 요코메	しかめつら / しかめ面 시카메추라

동의어: [1] clignement 클리뉴망, [2] νεύμα 네브마, [3] nictatio 닉타티오, [4] side glance 사이드 글랜스

한	놀람	꿈	수면, 잠	졸음
영	surprise 서프라이즈	dream 드림	slumber [2] 슬럼버	drowsiness [3] 드라우지니스
프	surprise 쒸르프리즈	rêve 레브	sommeil 소메이	assoupissement [4] 아스피수멍
독	Schrecken 슈레켄	Traum 트라움	Schlaf 슐라프	Schläfrigkeit 슐래프리히카이트
포	susto 쑤스뚜	sonho 쏭유	sono 쏘누	sonolência 쏘놀렝씨아
스	sorpresa 솔쁘레사	sueño 수에뇨	sueño 수에뇨	soñera 소녜라
이	sorpresa 소르프레자	sogno 손뇨	sonno 손노	sonnellino [5] 소넬리노
그	έκπληξη [1] 엑쁠릭시	όνειρο 오니로	ύπνος 이쁘노스	υπνηλία 이쁘닐리아
라	consternatio 콘스테르나티오	somnium 솜니움	somno 솜노	somnus 솜누스
러	удивление 우지블례니예	сон 쏜	сон 쏜	дремóта 드레모따
중	吃惊 / chījīng 츠찡	梦 / mèng 멍	睡眠 / Shuìmián 쉐이미엔	困意 / kùnyì 쿤이
일	おどろき / 驚き 오도로키	ゆめ / 夢 유메	すいみん / 睡眠, ねむり / 眠り 수이민, 네무리	ねむけ / 眠気 네무케

동의어: [1] αιφνιδιασμός 에프니디아즈모스, [2] sleep 슬립, [3] sleepiness 슬리프니스, [4] sommeil 소메이, [5] assopimento 앗소피멘토

낮잠	하품	코골기	방귀	KOR
nap 냅	yawn 욘	snore 스노어	fart 파트	ENG
sieste 씨에스뜨	bâillement 바이망	ronflement 롱플르망	pet 뻬	FRA
Mittagsschlaf 미탁스슐라프	Gähnen 개넨	Schnarchen 슈나헨	Blähung 블래웅	GER
sesta, soneca 쎄스따, 쏘네까	bocejo 보쎄쥬	ronco 홍꾸	peito 뻬이뚜	POR
siesta 시에스따	bostezo 보스떼소	ronquido 롱끼도	pedo 뻬도	ESP
siesta 시에스타	sbadiglio 스바딜리오	russare 루싸레	gas 가스	ITA
υπνάκος 이쁘나꼬스	χασμουρητό 하즈무리또	ροχάλισμα 로할리즈마	πορδή 뽀르디	GRE
meridiatio 메리디아티오	oscitatio 오스키타티오	rhonchus 론쿠스	crepitus ventris 크레피투스 벤트리스	LAT
короткий сон 까롯끼 쏜	зевота 졔보따	храпение 흐라뼤니예	пердёж 뼤르죠쉬	RUS
午睡 / wǔshuì 우쉐이	哈欠 / hāqian 하치엔	打鼾 / dǎhān 다한	屁 / pì 피	CHN
ひるね / 昼寝 히루네	あくび / 欠伸 아쿠비	いびき / 鼾 이비키	おなら, へ / 屁 오나라, 헤	JPN

재채기	콧물	호르몬	딸꾹질	KOR
sneeze 스니즈	nasal mucus *1 네이살 뮤커스	hormone 호르몬	hiccup 히컵	ENG
éternuement 에떼르뉘멍	morve 모르브	hormone 오르몬	hoquet 오케	FRA
Schnupfen 슈누펜	Nasentropfen 나젠트로펜	Hormon 호르몬	Schluckauf 슐루크아우프	GER
espirro 이스삐후	muco nasal 무꾸 나자우	hormônio 오르모니우	soluço 쏠루쑤	POR
estornudo 에스또르누도	moco 모꼬	hormona 오르모나	hipo 이뽀	ESP
starnuto 스타르누토	moccolo 모꼴로	ormone 오르모네	singhiozzo 싱기오쪼	ITA
φτάρνισμα 프따르니즈마	βλέννα μύτης, μύξα 블렌나 미띠스, 믹사	ορμόνη 오르모니	λόξυγγας 록싱가스	GRE
sternutamentum 스테르누타멘툼	mucus(naris) 무쿠스(나리스)	hormonum 호르모눔	SINGULTUS 싱글투스	LAT
чиханье 취하니예	сопли 소쁠리	Гормон 가르몬	икота 이코타	RUS
喷嚏 / pēntì 펀티	鼻涕 / bítì 비티	激素 / Jīsù 지수	嗝 / gé 거	CHN
くしゃみ 쿠샤미	はなみず / 鼻水 하나미주	ホルモン 호루몬	しゃっくり 샷쿠리	JPN

동의어: *1 snot 스낫

한	땀	피지	눈물	침	점액
영	sweat 스웨트	sebum 시범	tear 티어	saliva 설라이버	mucus 뮤커스
프	sueur 쒸웨르	sébum 세봄	larme 라름므	salive 쌀리브	mucosité 뮈꼬지떼
독	Schweiß 슈바이스	Talg 탈크	Träne 트래네	Speichel 슈파이헬	Schleim 슐라임
포	suor 쑤오르	sebum 쩨붕	lágrima 라그리마	saliva 쌀리바	muco 무꾸
스	sudor 수도르	sebo 세보	lágrima 라그리마	saliva 살리바	mucosidad 무소씨닷
이	sudore 수도레	sebo 세보	lacrima 라끄리마	saliva 살리바	muco 무코
그	ιδρώτας 이드로따스	σμήγμα 즈미그마	δάκρυ 다끄리	σάλιο 살리오	βλέννα 블렌나
라	sudor 수도르	sebum 시붐	lacrima 라크리마	saliva 살리바	mucus 무쿠스
러	пот 뽓	кожное сало 꼬쥬노예 살러	слёзы 슬료즤	слюни 슬류니	слизь 슬리지
중	汗水 / hànshuǐ 한쉐이	皮脂 / pízhī 피즈	眼泪 / yǎnlèi 앤레이	口沫 / kǒumò 커우모	粘液 / niányè 니엔예
일	あせ / 汗 아세	ひし / 皮脂 히지	なみだ / 涙 나미다	つば / 唾 추바	ねんえき / 粘液 넹에키

한	이상	정신1	정신2	마음
영	idea 아이디어	Psyche 사이키	spirit 스피리트	mind 마인드
프	idée 이데	psyché 시쉐	esprit 에스쁘리	esprit 에스쁘리
독	Ideal 이데알	Psyche 프쉬헤	Geist 가이스트	Gemüt *1 게뮈트
포	ideal 이데아우	psique 삐씨끼	espírito 이스삐리뚜	coração 꼬라쩌옹
스	idea 이데아	psique 시께	espírtu 에스삐리뚜	mente 멘떼
이	idea 이데아	mentale 멘탈레	spirito 스삐리또	cuore 꾸오레
그	ιδέα 이데아	ψυχή 읍시히	πνεύμα 쁘네브마	μυαλό, νους 미알로, 누스
라	idéa 이데아	psyche 시케(=프시케)	spiritus 스피리투스	mens 멘스
러	идея 이제야	психея 프씨혜야	дух 두흐	ум 움
중	理想 / lǐxiǎng 리샹	精神 / jīngshen 징션	精神 / jīngshen 징션	心 / xīn 씬
일	りそう / 理想 리소-	せいしん / 精神 세-신	せいしん / 精神 세-신	こころ / 心 코코로

동의어: *1 Herz 헤르츠

영혼	불멸	감성	이성	KOR
anima *1 애니마	immortality 이모타리티	sensitivity 쎈서티비티	reason 리즌	ENG
âme 암므	immortalité 이모르딸리떼	sensibilité 썽씨빌리떼	raison 레종	FRA
Seele 젤레	Immortalität *2 임모탈리테트	Gefühl 게퓔	Vernunft 페어눈프트	GER
alma 아우마	imortalidade 이모르딸리다지	sensibilidade 쎙씨빌리다지	razão 하저웅	POR
alma 알마	inmortalidad 인모르딸리닷	sensibilidad 센씨빌리닷	razón 라쏜	ESP
anima 아니마	immortalità 임모르탈리타	sensibilità 센시빌리타	ragióne 라죠네	ITA
ψυχή 읍시히	αθανασία 아싸나시아	εναισθησία 에베스씨시아	λόγος 로고스	GRE
animus 아니무스	immortálitas 임모르탈리타스	sensibílitas 센시빌리타스	ratio 라티오	LAT
душа 두샤	бессмéртие 베스메르찌예	чувствительность 츄스프비젤너스츠	разум 라줌	RUS
魂灵 / húnlíng 훈링	不灭 / búmiè 부미에	感性 / gǎnxing 간씽	理性 / lǐxìng 리씽	CHN
たましい / 魂 타마시-	ふめつ / 不滅 후메추	かんせい / 感性 칸세-	りせい / 理性 리세-	JPN

동의어: *1 soul 소울, *2 Unvergänglichkeit 운페어갱리히카이트, Unsterblichkeit 운슈테블리히카이트

심미	사고	의사, 의욕	인성	KOR
aesthetics 에스테틱스	thought 쏘우트	intention *1 인텐션	humanity 휴매니티	ENG
esthétique 에스떼띠끄	pensée 뻥쎄	volonté 볼롱떼	humanité 위마니떼	FRA
Ästhetik 에스테틱	Denken 덩켄	Wille 빌레	Humanität 후마니테트	GER
estética 이스떼찌까	pensamento 뻥싸멩뚜	vontade 봉따지	humanidade 우마니다지	POR
estética 에스떼띠카	pensamiento 뻰사미엔또	voluntad 볼룬땃	humanidad 우마니닷	ESP
estetica 에스테티카	pensiero 펜지에로	volontà 볼론따	umanita 우마니타	ITA
αισθητική 에스씨띠끼	σκέψη 스껩시	βούλησn, θέλησn 불리시, 쩰리시	ανθρωπότητα 안스로뽀띠따	GRE
aesthetica 아에스테티카	cogitatio 코기타티오	voluntas 볼룬타스	humanitas 후마니타스	LAT
эстетика 애스떼찌카	мысль 믜슬	воля 볼랴	гуманность 구만너스츠	RUS
审美 / shěnměi 션메이	思考 / sīkǎo 쓰카오	想法 / xiǎngfǎ 시앙파	人性 / rénxìng 런씽	CHN
しんび / 審美 신비	しこう / 思考 시코-	いし / 意思、いよく / 意欲 이시, 이요쿠	じんせい / 人性 진세-	JPN

동의어: *1 will 윌

한	성격	수동적	능동적	인격
영	character 캐릭터	passive 패씨브	active 액티브	personality 퍼스낼리티
프	caractère 꺄렉떼르	passif 빠씨프	actif 악띠프	personnalité 뻬르쏘날리떼
독	Charakter 카락터	passiv 파시프	aktiv 악티프	Persönlichkeit 페어쵠리히카이트
포	caráter 까라떼르	passivo 빠씨부	ativo 아찌부	personalidade 뻬르쏘날리다지
스	carácter 까락떼르	pasivo 빠시보	activo 악띠보	personalidad 뻬르소날리닷
이	carattere 카라떼레	passivo 파씨보	proattiva 프로아띠바	personalita 뻬르소날리따
그	χαρακτήρας 하락띠라스	παθητικός 빠씨띠꼬스	ενεργός *2 에넬고스	προσωπικότητα 쁘로소삐꼬띠따
라	mores *1 모레스	patibilis 파티빌리스	navus 나부스	persona *3 페르소나
러	характер 하락쪠르	пассивность 빠씨브너스츠	самопроизвольность 사마스따야쩰너스츠	личность 리취너스츠
중	性格 / xìnggé 씽거	被动 / bèidòng 뻬이똥	能动 / néngdòng 넝똥	人格 / réngé 런거
일	せいかく / 性格 세-카쿠	じゅどうてき / 受動的 쥬도-테키	のうどうてき / 能動的 노-도-테키	じんかく / 人格 진카쿠

동의어: *1 natura, qualitas(personae) 나투라, 쿠알리타스(페르소내), *2 ενεργητικός 에넬기띠꼬스
*3 personálitas 페르소날리타스, hominis natura 호미니스 나투라

한	개성	기질	본능	식욕
영	individuality 인디비쥬얼리티	nature 네이쳐	instinct 인스팅트	appetite 애퍼타이트
프	individualité 엥디비뒤알리떼	nature 나뛰르	instinct 엥스땡	appétit 아뻬띠
독	Individualität 인디비두알리테트	Eigenschaft 아이겐샤프트	Instinkt 인스팅크트	Appetit 아페티트
포	individualidade 잉지비두알리다지	temperamento 뗌뻬라멩뚜	instinto 잉스찡뚜	apetite 아뻬찌찌
스	individualidad 인디비쥬알리닷	temperamento 뗌뻬라멘또	instinto 인스띤또	apetito 아뻬띠또
이	individualità 인디비두알리타	temperamento 템페라멘토	istinto 이스틴토	appetito 아뻬티토
그	ατομικότητα 아또미꼬띠따	φύση 피시	ένστικτο 엔스띡또	όρεξη 오렉시
라	individuálitas 인디비듀알리타스	natura 나투라	natura 나투라	appetentia 아페텐티아
러	индивидуальность 인지비두알너스츠	натура 나뚜라	инстинкт 인스찡크트	аппетит 아뻬찟
중	个性 / gèxìng 꺼씽	气质 / qìzhì 치즈	本能 / běnnéng 번넝	食欲 / shíyù 스위
일	こせい / 個性 코세-	きしつ / 気質 키시추	ほんのう / 本能 혼노-	しょくよく / 食欲 쇼쿠요쿠

미식	충동	성욕	발기	KOR
gastronomy 게스트로노미	impulse 임펄스	sexual desire 쎅슈얼디자이어	erection 이렉션	ENG
gastronomie *1 가스트로노미	impulsion 엥쀨씨옹	désir sexuel 데지르 쎅쒸엘	érection 에렉씨옹	FRA
Leckerei 레커라이	Impuls 임풀스	Libido 리비도	Erektion 에렉치온	GER
gastronomia 가스프로노미아	impulso 잉뿌우쑤	desejo sexual 데제쥬 쎅쑤아우	ereção 이레써옹	POR
delicias 델리씨아스	impulso 임뿔소	deseo sexual 데세오 섹수알	erección 에렉시온	ESP
gastronomia 가스트로노미아	impulso 임풀소	desiderio sessuale 데지데리오 세쑤알레	erezione 에레지오네	ITA
γαστρονομία 가스트로노미아	ώθηση, παρόρμηση 오씨시, 빠로르미시	σεξουαλική επιθυμία 섹수알리끼 에삐씨미아	στύση 스띠시	GRE
gula 굴라	impulsus, impulsio 임풀수스, 임풀시오	cupiditas 쿠피디타스	erectio 에렉티오	LAT
вкусная пища 브쿠스냐 피샤	импульс 임뿔스	половое влечение 뻘라보예 블리췌니예	эрекция 애례크찌야	RUS
美食 / měishí 메이스	冲动 / chōngdòng 충동	情欲 / qíngyù 칭위	勃起 / bóqǐ 뿌치	CHN
びしょく/美食 비쇼쿠	しょうどう/衝動 쇼-도-	せいよく/性欲 세-요쿠	ぼっき/勃起 복끼	JPN

동의어: *1 bonne chère 본느 쉐르

기억	판단력	숙고, 사려	의도, 의향	KOR
memory 메모리	judgment 저지먼트	consideration 컨시더레이션	intention 인텐션	ENG
mémoire 메무와르	jugement 쥐쥬망	considération 꽁씨데라씨옹	intention 엥떵씨옹	FRA
Gedächtnis 게대히트니스	Urteilskraft 우어타일스크라프트	Überlegung 위버레궁	Absicht 압지히트	GER
memória 메모리아	raciocínio 하씨우씨니우	consideração 꽁씨데라써옹	intenção 잉뗑써옹	POR
memoria 메모리아	juicio 후이씨오	consideración 꼰시데라씨온	intención 인뗀씨온	ESP
memoria 메모리아	giudizio 쥬디찌오	considerazione 콘지데라지오네	intenzione 인텐지오네	ITA
μνήμη 므니미	κρίση 크리시	σκέψη, θεώρηση 스껩시, 쩨오리시	πρόθεση, σκοπός 쁘로쎄시, 스꼬뽀스	GRE
memoria 메모리아	iudicium 유디키움	consideratio 콘시데라티오	intentio 인텐티오	LAT
память 빠먀츠	суждение 수쥬제니예	обсуждение 압수쥬제니예	намерение 나몌례니예	RUS
记忆 / jìyì 지이	判断力 / pànduànlì 판뚜안리	思虑 / sīlǜ 쓰뤼	意图 / yìtú 이투	CHN
きおく/記憶 키오쿠	はんだんりょく/判断力 한단료쿠	じゅっこう/熟考、しりょ/思慮 죽꼬-, 시료	いと/意図、いこう/意向 이토, 이코-	JPN

한	결단력	목표	무모	평정, 냉정
영	decision 디시젼	goal 골	recklessness *1 레클리스니스	composure *3 컴포우져
프	détermination 데떼르미나씨옹	but 뷔	imprudence 엥프리덩스	tranquillité, calme 트랑낄리떼, 꺌므
독	Entschlußkraft 엔트슐루쓰크라프트	Ziel 칠	Tollkühnheit 톨퀸하이트	Ruhe, Stille *4 루에, 슈틸레
포	determinação 데떼르미나써옹	objetivo 오비줴찌부	atrevimento 아뜨레비멩뚜	tranquilidade 뜨랑뀔리다지
스	determinación 데떼르미나씨온	objetivo 오브헤띠보	temercidad *2 떼메르씨닷	calma 깔마
이	decisione 데치지오네	scopo 스꼬포	imprudente 임프루덴떼	tranquillita 트란뀔리따
그	απόφαση 아뽀파시	σκοπός 스꼬뽀스	απερισκεψία 아뻬리스껩시아	αυτοέλεγχος 아프또엘렝호스
라	diiudicatio 디유디카티오	meta, calx, intentio 메타, 칼륵스, 인텐티오	temeritas 테메리타스	tranquillitas 트란쿠일리타스
러	окончательность 아깐촤쪨너스츠	цель 쩰	опрометчивось 아쁘라몟취버스츠	спокойствие 스빠꼬이스프비예
중	断才／duàncái 두안차이	目标／mùbiāo 무비아오	猛张飞／měngzhāngfēi 멍짱페이	平情／píngqíng 핑칭
일	けつだんりょく／決断力 케추단료쿠	もくひょう／目標 모쿠효-	むぼう／無謀 무보-	へいせい／平静 *5 헤-세-

동의어: *1 imprudence 임프루든스, *2 imprudencia 임쁘루덴씨아, *3 calm 캄, *4 Gelassenheit 겔라쎈하이트(철학용어), *5 れいせい／冷静 레-세-

한	안심	기쁨, 환희	즐거움, 쾌락	화남, 분노
영	relief 리리프	joy 조이	pleasure 플레져	anger 엥거
프	apaisement 아뻬즈멍	joie 쥬아	plaisir 쁠레지르	colère 꼴레르
독	Entlastung *1 엔트라스퉁	Freude 프로이데	Vergnügen, Lust 페어그뉘겐, 루스트	Ärger 애르거
포	alívio 알리비우	alegria 알레그리아	prazer 쁘라제르	raiva 하이바
스	sosiego 소씨에고	alegría 알레그리아	placer 쁠라쎄르	enfado 엔파도
이	calma 깔마	gioia 죠이아	piacere 삐아체레	rabbia 랍비아
그	χαλάρωση *2 하랄로시	χαρά 하라	ευχαρίστηση *3 에브하리스띠시	θυμός 씨모스
라	levatio, sublevatio 레바티오, 수블레바티오	gaudium 가우디움	voluptas 볼룹타스	ira, iracundia 이라, 이라쿤디아
러	облегчение 아블리흐췌니예	радость 라더스츠	удовольствие 우다볼스뜨비예	гнев 그녜프
중	放心／fàngxīn 팡신	喜悦／xǐyuè 씨위에	乐趣／lèqù 러취	生气／shēngqì, 愤怒／fènnù 셩치, 펀누
일	あんしん／安心 안신	よろこび／喜び, かんき／歓喜 요로코비, 칸키	たのしみ／楽しみ *4 타노시미	いかり／怒り, ふんど／憤怒 이카리, 훈도

동의어: *1 Erleichterung 에어라이히터룽, *2 παρηγορία 빠리고리아, *3 απόλαυση 아뽈라브시, *4 かいらく／快楽 카이라쿠

불쾌	슬픔	행복	행운	KOR
displeasure 디스플레저	sorrow 써로우	happiness 해피니스	good luck 굿 럭	ENG
mécontentement 메꽁떵뜨멍	tristesse 트리스떼스	bonheur 보뇌르	chance 셩스	FRA
Mißvergnügen 미쓰페어그뉘겐	Trauer 트라우어	Glücklichkeit 글뤽리히카이트	Glück 글뤽	GER
indignação 잉지기나써웅	tristeza 뜨리스떼자	felicidade 펠리씨다지	sorte 쏘르찌	POR
furia 푸리아	triste 뜨리스떼	felicidad 펠리씨닷	buena suerte 부에나 수에르떼	ESP
spiace 스피아체	triste 트리스테	felicitá 펠리치타	fortuna 포르투나	ITA
δυσαρέσκεια 디사레스끼아	λύπη, θλίψη 리삐, 쏠립시	ευτυχία 에브띠히아	τύχη 띠히	GRE
displicentia 디스플리켄티아	dolor, compressio 돌로르, 콤프레시오	beatitudo 베아티투도	fortuna 포르투나	LAT
недовольство 녜다볼스트버	печаль 삐촬	счастье 샤스찌예	удача 우다촤	RUS
怒气 / nùqì 누치	哀感 / āigǎn 아이간	幸福 / xìngfú 씽푸	幸运 / xìngyùn 씽윈	CHN
ふかい / 不快 후카이	かなしみ / 悲しみ 카나시미	こうふく / 幸福、しあわせ / 幸せ 코-후쿠, 시아와세	こううん / 幸運 코-운	JPN

신뢰	기대	상상	몽상	KOR
confidence 칸피던스	expectation 익스펙테이션	imagination 이메지네이션	reverie *2 레버리	ENG
confiance 꽁피엉스	attente 아떵뜨	imagination 이마쥐나씨옹	rêverie 레브리	FRA
Vertrauen 페어트라우엔	Erwartung 에어바르퉁	Vorstellung 포아스텔룽	Träumerei 트로이메라이	GER
confiança 꽁피앙싸	expectativa 이스뻭따찌바	imaginação 이마쥐나써웅	devaneio 데바네이우	POR
confianza 꼰피안싸	expectativa 엑스뻭따띠바	imaginación 이마히나씨온	ensueño 엔수에뇨	ESP
fiducia 피두치아	aspettativa 아스페따티바	immaginazione 임마지나지오네	sogno 소뇨	ITA
εμπιστοσύνη 엠비스또시니	προσδοκία 프로스도끼아	φαντασία *1 판다시아	ονειροπόληση *3 오니로뽈리시	GRE
fides 피데스	spes 스페스	imaginatio 이마기나티오	somnium *4 솜니움	LAT
доверие 다볘리예	ожидание 아쥐다니예	воображение 바브라줴니예	мечтания 미춰따니예	RUS
信靠 / xìnkào 씬카오	期待 / qīdài 치따이	想像 / xiǎngxiàng 시앙시앙	梦想 / mèngxiǎng 멍시앙	CHN
しんらい / 信頼 신라이	きたい / 期待 키타이	そうぞう / 想像 소-조-	もうそう / 妄想 모-소-	JPN

동의어: *1 σκέψη 스껩시, απεικόνιση 아뻬꼬니시, *2 daydream 데이드림, *3 φαντασιοπληξία 판다시오쁠릭시아,
*4 somniatio 솜니아티오, cogitatio 코기타티오

한	고양	만족	감사	존경
영	boost *1 부스트	satisfaction 새티스펙션	gratitude *3 그래티튜드	respect 리스펙트
프	exaltation 에그잘따씨옹	satisfaction 사티쓰팍씨옹	gratitude 그라띠뛰드	respect 레스뻬
독	Aufregung *2 아우프레궁	Zufriedenheit 추프리덴하이트	Dank 당크	Respekt 레스펙트
포	exaltação 이자우따쎄웅	satisfação 싸찌스파써웅	agradecimento 아그라데씨멩뚜	respeito 헤스뻬이뚜
스	exaltación 엑쌀따씨온	satisfacción 사띠스팍씨온	agradecimiento 아그라데씨미엔또	respeto 레스뻬또
이	ascensione 아쉔지오네	soddisfazione 솟디스파찌오네	grazie 그라찌에	rispetto 리스뻬또
그	έξαψη, ώθηση 엑삾시, 오씨시	ικανοποίηση 이까노삐이시	ευγνωμοσύνη 에브그노모시니	σεβασμός 세바즈모스
라	elatio 엘라티오	satietas 사티에타스	gratia 그라티아	observantia *4 옵세르반티아
러	возбуждение 버즈부쥬제니예	удовлетворение 우더블례뜨바레니예	благодарность 블러가다르너스츠	уважение 우바줴니예
중	高扬 / gāoyáng 까오양	满足 / mǎnzú 만주	感谢 / gǎnxiè 간씨에	尊敬 / zūnjìng 쭌징
일	こうよう / 高揚 코-요-	まんぞく / 満足 만조쿠	かんしゃ / 感謝 칸샤	そんけい / 尊敬 손케-

동의어: *1 uplift 업리프트, *2 Auftrieb 아우프트립, *3 appreciation 어프리시에이션, *4 reverentia 레베렌티아

한	숭배, 경애	동경, 갈망	자유	매너
영	adoration 어도레이션	longing *2 롱잉	freedom 프리덤	manner(s) 매너
프	adoration 아도라씨옹	envie, désir 앙비, 데지르	liberté 리베르떼	manière 마니에르
독	Anbetung 안베퉁	Sehnsucht 젠주흐트	Freiheit 프라이하이트	Manieren 마니렌
포	reverência 헤베렝씨아	aspiração 아스삐라써웅	liberdade 리베르다지	modos 모두스
스	adoración 아도라씨온	anhelo 아넬로	libertad 리베르땃	modales 모달레스
이	adorazione 아도라지오네	desiderio 데지데리오	libertá 리베르타	maniera *5 마니에라
그	λατρεία 라트리아	λαχτάρα, επιθυμία 라흐따라, 에삐씨미아	ελευθερία 엘레브쎄리아	τρόπος 트로뽀스
라	adoratio 아도라티오	desiderium 데시데리움	libertas 리베르타스	mos 모스
러	обожание 아바좌니예	жажда 좌쥬다	свобода 스바보다	манера 마녜라
중	崇拜 / chóngbài 충빠이	憧憬 / chōngjǐng *3 충징	自由 / zìyóu 쯔요우	礼貌 / lǐmào 리마오
일	すうはい / 崇拜 *1 수-하이	あこがれ / 憧れ *4 아코가레	じゆう / 自由 지유-	マナー 마나-

동의어: *1 けいあい / 敬愛 케-아이, *2 desire 디자이어, *3 渴望 / kěwàng 커왕, *4 かつぼう / 渴望 카추보-,
*5 ben-educato(교육 잘 받은, 매너가 좋은)벤 에두까또

48

도덕, 윤리	덕, 미덕	정절	양심	KOR
moral 모럴	virtue 버츄	fidelity 피델리티	conscience 칸션스	ENG
morale 모랄	vertu 베르뛰	fidélité 피델리떼	conscience 꽁시엉스	FRA
Moral 모랄	Tugend 투겐트	Treue 트로이에	Gewissen 게비쎈	GER
moral 모라우	virtude 비르뚜지	fidelidade 피델리다지	consciência 꽁씨엥씨아	POR
moral 모랄	virtud 비르뚯	fidelidad 피델리닷	conciencia 꼰씨엔씨아	ESP
morale 모랄레	virtù 비르뚜	fedeltá 페델따	coscienza 코쉬엔짜	ITA
ηθικό 이씨꼬	αρετή 아레띠	πίστη, αφοσίωση 삐스띠, 아포시오시	συνείδηση 신이디시	GRE
mores 모레스	virtus 비르투스	fidelitas 피델리타스	conscientia 콘스키엔티아	LAT
мораль 마랄	добродетель 다브라지젤	верность 베르너스츠	совесть 소볘스츠	RUS
道德 / dàodé 따오더	芳德 / fāngdé 퐝더	贞节 / zhēnjié 쩐지에	良心 / liángxīn 량신	CHN
どうとく / 道徳、りんり / 倫理 도-토쿠, 링리	とく / 徳、びとく / 美徳 토쿠, 비토쿠	ていせつ / 貞節 테-세추	りょうしん / 良心 료-신	JPN

명예	긍지	자비	관용, 아량	KOR
honor 아너	pride 프라이드	compassion *1 컴패션	tolerance *2 톨러런스	ENG
honneur 오뇌르	fierté 피에르떼	compassion 꽁빠씨옹	tolérance 똘레랑스	FRA
Ehre 에레	Stolz 슈톨츠	Barmherzigkeit 바름헤어치히카이트	Toleranz 톨러란츠	GER
honra 옹하	orgulho 오르굴유	misercórdia 미제르꼬르지아	tolerância 똘레랑씨아	POR
honor 오노르	orgullo 오르구요	caridad 까리닷	tolerancia 똘레랑씨아	ESP
onore 오노레	orgoglio 오르골리오	caritá 까리따	tolleranza 똘레란짜	ITA
τιμή, σεβασμός 띠미, 세바즈모스	υπερηφάνεια, έπαρση 이뻬리파네아, 에빠르시	συμπόνια 심뽀니아	ευμένεια, συγνωμικός 에브메니아, 시그노미코스	GRE
honor 호노르	superbia 수페르비아	benignitas 베니그니타스	tolerantia 톨레란티아	LAT
честь 췌스츠	гордость 고르더스츠	милосердие 밀라셰르지예	толерантность 똘레랑니스츠	RUS
名誉 / míngyù 밍위	荣誉感 / róngyùgǎn 룽위간	慈悲 / cíbēi 츠뻬이	宽容 / kuānróng 콴룽	CHN
めいよ / 名誉 메-요	ほこり / 誇り 호코리	じひ / 慈悲 지히	かんよう / 寛容 *3 캉요-	JPN

동의어: *1 mercy 머시, *2 generosity 제네로서티, *3 がりょう / 雅量 가료-

한	죽음	의식, 자각	흥미, 관심	야심, 야망	욕망, 욕구
영	death 데쓰	consciousness 칸셔스니스	interest 인터레스트	ambition 앰비션	desire 디자이어
프	mort 모르	conscience 꽁시엉스	intérêt 엥떼레	ambition 앙비씨옹	désir 데지르
독	Tod 토트	Bewußtsein 베부쓰트자인	Interesse 인터레쎄	Ehrgeiz 에어가이츠	Begierde 베기어데
포	morte 모르찌	consciência 꽁씨엥씨아	interesse 잉떼레씨	ambição 앙비써웅	desejo 데제쥬
스	muerte 무에르떼	conciencia 꼰씨엔씨아	interés 인떼레스	ambición 암비씨온	deseo 데세오
이	morte 모르테	coscienza 꼬쉬엔자	interèsse 인테레쎄	ambizione 암비지오네	desiderio 데지데리오
그	θάνατος 싸나또스	συνείδησῃ 신이디시	ενδιαφέρον 엔디아페론	φιλοδοξία 필로독시아	επιτυμία 에삐씨미아
라	mors 모르스	conscientia 콘스키엔티아	studium 스투디움	ambitio 암비티오	cupiditas 쿠피디타스
러	смерть 스메르츠	сознание 서즈나니예	интнрес 인쩨레스	амбиция 암비찌야	требование 뜨레버바니예
중	死 / sǐ 쓰	意识 / yìshí 이쓰	兴趣 / xìngqù 씽취	野心 / yěxīn 예씬	欲望 / yùwàng 위왕
일	し / 死 시	いしき / 意識 *1 이시키	きょうみ / 興味 *2 쿄-미	やしん / 野心 *3 야신	よくぼう / 欲望 *4 요쿠보-

동의어: *1 じかく / 自覚 지카쿠, *2 かんしん / 関心 칸신, *3 やぼう / 野望 야보-, *4 よっきゅう / 欲求 욕뀨

한	호기심	주의, 주목	감수성	감정, 기분	부드러움
영	curiosity 큐리오서티	attention 어텐션	sensibility 센서빌리티	emotion *2 이모션	tenderness 텐데니스
프	curiosité 뀌리오지떼	attention 아땅씨옹	sensibilité 썽시빌리떼	humeur *3 위메르	tendresse 땅드레스
독	Neugier 노이기어	Achtung 아흐퉁	Empfänglichkeit 엠팡리히카이트	Gefühl, Emotion 게퓔, 에모치온	Zartheit 차트하이트
포	curiosidade 꾸리오지다지	atenção 아뗑써웅	sensibilidade 쎙씨빌리다지	sentimento 쎙찌멩뚜	ternura 떼르누라
스	curiosidad 꾸리오시닷	atención 아뗀씨온	sensibillidad 센시빌리닷	sentimiento 센띠미엔또	ternura 떼르누라
이	curiosità 쿠리오시타	attenzione 아뗀지오네	sensibilitá 센시빌리타	sentimento 센띠멘토	tenero *5 테네로
그	περιέργεια 뻬리에르기아	προσοχή 쁘로소히	ευαισθησία 에베스씨시아	συναίσθημα 시네스씨마	τρυφερότητα 뜨리페로띠따
라	curiositas 쿠리오시타스	attentio 아텐티오	sensuum vigor 센수움 비고르	sensus 센수스	teneritas 테네리타스
러	любопытство 류바삣스뜨버	внимание 브니마니예	чувствительность 츄스트비쩰너스츠	чувство 츄스뜨버	нежность 녜쥬너스츠
중	好奇心 / hàoqíxīn 하오치씬	注目 / zhùmù 쭈무	心感 / xīngǎn 씬간	感情 / gǎnqíng 깐칭	温柔 / wēnróu 원러우
일	こうきしん / 好奇心 코-키신	ちゅうい / 注意 *1 츄-이	かんじゅせい / 感受性 칸쥬세-	かんじょう / 感情 *4 칸죠-	やさしさ / 優しさ 야사시사

동의어: *1 ちゅうもく / 注目 츄-모쿠, *2 sentiment 센티멘트, *3 sentiment 쌍띠망, *4 きぶん / 気分 키분, *5 mollezza(여성의 부드러움)몰레짜

연민, 동정	공감	감상	감동, 감격	정서	KOR
pity *1 피티	sympathy 심퍼씨	sentimentality 센티멘타리티	emotion *3 이모션	emotion 이모션	ENG
pitié 삐띠에	sympathie 썽빠띠	sentimentalité 썽띠멍딸리떼	émoi 에무와	émotion 에모씨옹	FRA
Mitleid 미트라이트	Sympathie 짐파티	Sentimentaltät 젠티멘탈리태트	Rührung 뤼룽	Emotion 에모치온	GER
piedade 삐에다지	simpatia 씽빠찌아	sentimentalismo 쎙찌멩딸리즈무	comoção 꼬모써옹	emoção 이모써옹	POR
piedad 삐에닷	simpatía 씸빠띠아	sentimentalismo 센티멘딸리스모	conmoción 꼰모씨온	emoción 에모씨온	ESP
pietá 삐에따	simpatia 심빠띠아	sentimentalità 센티멘탈리타	impressione 임프레씨오네	emozione 에모찌오네	ITA
λύπηση, οίκτος 리삐시, 익토스	συμπάθεια 심빠씨아	αισθηματολογία 에스씨마똘로기아	συγκίνηση 싱끼니시	συναίσθημα 시네스씨마	GRE
miseratio 미세라티오	consensus 콘센수스	sensus, animus 센수스, 아니무스	commotio *4 콤모티오	animi motus *6 아니미 모투스	LAT
жалость 좔러스츠	симпатия 심빠찌야	мнение 므녜니예	впечатлéние 브뼤차플례니예	эмоция 애모찌야	RUS
矜恤 / jīnxù 찐쉬	同感 / tónggǎn 퉁간	感想 / gǎnxiǎng 간시앙	感动 / gǎndòng 간뚱	情绪 / qíngxù 칭쉬	CHN
あわれみ / 憐れみ *2 아와레미	きょうかん / 共感 쿄-칸	かんしょう / 感傷 칸쇼-	かんどう / 感動 *5 칸도-	じょうちょ / 情緒 죠-쵸	JPN

동의어: *1 empathy 앰퍼씨, *2 どうじょう / 同情 도-죠-, *3 touching 터칭, *4 permotio 페르모티오, *5 かんげき / 感激 칸게키,
*6 adfectus(affectus) 아드펙투스(아펙투스)

대담(大膽)	희망	용기	도전	추진력	KOR
audacity 오대서티	hope 호프	courage 커리지	challenge 챌린지	propulsion 프러펄션	ENG
audace 오다스	espoir 에스쁘와르	courage 꾸라쥬	défi 데피	force propulsive 포르스 프로쀨씨브	FRA
Kühnheit 퀸하이트	Hoffnung 호프눙	Mut 무트	Herausforderung 헤라우스포더룽	Treibkraft 트라입크라프트	GER
audácia 아우다씨아	esperança 이스뻬랑싸	coragem 꼬라젱	desafio 데자피우	força de propulsão 포르싸 지 쁘로뿌우써웅	POR
audacia 아우다씨아	esperanza 에스뻬란사	valentía 발렌띠아	desafío 데사피오	fuerza motriz 푸에르싸 모뜨리스	ESP
audacia 아우다치아	speranza 스페란자	coraggio 코라쬬	sfida 스피다	impulso 임풀소	ITA
θάρρος, θράσος 싸로스, 쓰라소스	ελπίδα 엘삐다	θάρος, κουράγιο 싸로스, 꾸라기오	πρόκληση 프로클리시	προώθηση 프로오씨시	GRE
audentia 아우덴티아	spes 스페스	fortitudo 포르티투도	provocatio 프로보카티오	vis protrusus 비스 프로트루수스	LAT
смелость 스멜러스츠	надежда 나졔쥬다	храбрость 하라브러스츠	вызов 븨저브	продвижение 쁘라드비줴니예	RUS
大胆 / dàdǎn 따단	希望 / xīwàng 시왕	勇气 / yǒngqì 융치	挑战 / tiǎozhàn 티아오짠	推动力 / tuīdònglì 퉤이뚱리	CHN
だいたん / 大胆 다이탄	きぼう / 希望 키보-	ゆうき / 勇気 유-키	ちょうせん / 挑戦 쵸-센	すいしんりょく / 推進力 수이신료쿠	JPN

한	친절	정중	아부, 아첨	위선	선악
영	kindness 카인드니스	courtesy 커티시	flattery 플래터리	hypocrisy 히포크러시	good and evil 굿 앤 이블
프	gentillesse 정띠에스	courtoisie 꾸르뚜아지	flatterie 플라프리	hypocrisie 이뽀크리지	le bien et le mal 르 비엥 에 르말
독	Freundlichkeit 프로인틀리히카이트	Höflichkeit 회플리히카이트	Schmeichelei 슈마이헬라이	Heuchelei 호이헬라이	Gut und Böse 구트 운트 뵈제
포	gentileza 쩽찔레자	cortesia 꼬르떼지아	bajulação 바줄라써옹	hipocrisia 이뽀끄리지아	o bem e o mal 우 벵 이 우 마우
스	gentileza 헨띨레싸	cortesía 꼬르떼씨아	cumplido 꿈쁠리도	hipocresía 이뽀끄레씨아	bien y mal 비엔 이 말
이	gentilezza 젠띨레짜	cortesia 꼬르떼지아	adulazione 아둘라찌오네	ipocrisia 이뽀끄리지아	bene e male 베네 에 말레
그	καλοσύνη 깔로시니	ευγένεια 에브게니아	κολακεία 꼴라끼아	υποκρισία 이뽀크리시아	καλός και κακός 깔로스 께 까꼬스
라	beneficium [1] 베네피키움	urbanitas 우르바니타스	blanditia 블란디티아	simulatio 시물라티오	bonus et malus 보누스 에트 말루스
러	доброта 도브라따	вежливость 베줄리보스츠	лесть 레스츠	притворство 쁘리뜨보르스트보	добро и зло 다브로 이 즐로
중	亲切/qīnqiè 친치에	庄敬/zhuāngjìng 쭈앙징	谄谀/chǎnyú 찬위	伪善/wěishàn 웨이샨	善恶/shàn'è 샨어
일	しんせつ/親切 신세추	ていちょう/丁重 테-쵸-	へつらい/諂い [2] 헤추라이	ぎぜん/偽善 기젠	ぜんあく/善悪 젱아쿠

동의어: [1] benevolantia 베네볼란티아, officium 오피키움, [2] おせじ/お世辞 오세지

한	감각	오감	시각	청각
영	sense 센스	five senses 파이브 센시스	sight [1] 사이트	hearing [2] 히어링
프	sens 쌍스	cinq sens 쌩크 썽스	vue 뷔	ouïe 우이
독	Sinn 진	fünf Sinne 퓐프 진네	Gesichtssinn 게지히츠진	Gehörsinn 게회어진
포	sentido 쎙찌두	cinco sentidos 씽꾸 쎙찌두스	visão 비저웅	audição 아우지써웅
스	sentido 센띠도	cinco sentidos 씽꼬 센띠도스	vista 비스따	oído 오이도
이	senso 센소	(i cinque)sensi (이 칭꾸에)센시	vista 비스타	udienza 우디엔자
그	αίθηση 에씨시	πέντε αισθήσεις 뻰데 에스씨시스	όραση 오라시	ακοή 아꼬이
라	sensus 센수스	quinque sensus 쿠인쿠에 센수스	visus 비수스	auditus 아우디투스
러	чувство 츄스뜨버	пять чувств 뺫츠 츄스트브	зрительное чувство 즈리쩰너예 츄스뜨버	слух 슬루흐
중	感觉/gǎnjué 간쥬에	五感/wǔgǎn 우간	视觉/shìjué 스쥬에	听觉/tīngjué 팅쥬에
일	かんかく/感覚 칸카쿠	ごかん/五感 고칸	しかく/視覚 시카쿠	ちょうかく/聴覚 쵸-카쿠

동의어: [1] visual sense 비쥬얼 센스, [2] auditory sense 오디터리 센스

후각	미각	촉각	자다	KOR
smell *1 스멜	taste *2 테이스트	touch *3 터치	sleep 슬립	ENG
odorat 오도라	goût 구	toucher 뚜쉐	dormir 도르미르	FRA
Geruchssinn 게루흐스진	Geschmackssinn 게슈막스진	Tastsinn 타스트진	schlafen 슐라펜	GER
olfato 오우파뚜	paladar 빨라다르	tato 따뚜	dormir 도르미르	POR
olfato 올파또	gusto 구스또	tacto 딱또	dormir 도르미르	ESP
odorato 오도라토	gusto 구스토	tatto 타또	dormire 도르미레	ITA
όσφρηση 오스프리시	γεύση 게브시	αφή 아피	κοιμάμαι *4 끼마매	GRE
odoratus 오도라투스	gustatus 구스타투스	tactio, tactus 탁티오, 탁투스	dormire 도르미레	LAT
чувство обоняния 츄스트버 아바냐니야	чувство вкуса 츄스트버 프꾸사	чувство осязания 츄스트버 아씨자니야	спать 스빠치	RUS
嗅觉/xiùjué 시우쥬에	味觉/wèijué 웨이쥬에	触觉/chùjué 추쥬에	睡觉/shuìjiào 쉐이찌아오	CHN
きゅうかく/嗅覚 큐-카쿠	みかく/味覚 미카쿠	しょっかく/触覚 속까쿠	ねる/寝る 네루	JPN

명사형: *1 olfactory sense 올팩터리 센스, *2 gustatory sense 거스타터리 센스, *3 tactual sense 텍츄얼 센스, *4 ύπνος 이쁘노스(잠)

깨다	울다	웃다	일어나다 1	KOR
wake up 웨이크업	cry 크라이	laugh 래프	get up 겟 업	ENG
se réveiller 스 레베이에	pleurer 쁠뢔레	rire 리르	se lever 스 르베	FRA
aufwachen 아우프바헨	weinen 바이넨	lachen 라헨	aufstehen 아우프스테엔	GER
acordar 아꼬르다르	chorar 쇼라르	rir 히르	acordar 아꼬르다르	POR
despertarse 데스뻬르따르쎄	llorar 요라르	reír 레이르	levantarse 레반따르쎄	ESP
svegliarsi 즈벨리아르시	piangere 피안제레	ridere 리데레	alzarsi 알자르시	ITA
ξυπνάω 윽시쁘나오	κλαίω 끌레오	γελάω 젤라오	σηκώνομαι 시꼬노매	GRE
surgere 수르게레	lacrimare 라크리마레	ridere 리데레	expergisci 엑스페르기스키	LAT
проснуться 쁘라스눗쩌	плакать 쁠라까츠	смеяться 스미얏쩌	стать 스따츠	RUS
醒/xǐng 씽	哭/kū 쿠	笑/xiào 샤오	起床/qǐchuáng 치추앙	CHN
おきる/起きる、さめる/覚める 오키루, 사메루	なく/泣く 나쿠	わらう/笑う 와라우	おきる/起きる 오키루	JPN

한	일어나다 2	목욕하다	걷다	달리다
영	rise 라이즈	take a bath 테이크어베쓰	walk 워크	run 런
프	se lever 스 르베	prendre un bain *2 프렁드르 엉 뱅	marcher 마르쉐	courir 꾸리르
독	steigen 슈타이겐	baden 바덴	gehen 게엔	laufen 라우펜
포	levantar-se 레방따르-씨	tomar banho 또마르 방유	andar 앙다르	correr 꼬헤르
스	subir 수비르	bañarse 바냐르쩨	caminar 까미나르	correr 꼬레르
이	salire 쌀리레	fare il bagno 파레 일 반뇨	camminare 깜미나레	correre 꼬레레
그	σηκώνομαι *1 시꼬노마이	λούζομαι *3 루조메	περπατάω 뻬르빠따오	τρέχω 트레호
라	iriri,(ex)surgere 이리리,(엑스)수르게레	lavor 라보르	ire 이레	currere 쿠레레
러	подниматься 뻐드니맛쩨	принять ванну 쁘리냗치 반누	ходить 하짓츠	бегать 베가치
중	上升 / shàngshēng 샹셩	洗澡 / xǐzǎo 씨쟈오	走 / zǒu 저우	跑 / pǎo 파오
일	おこる / 起こる 오코루	にゅうよくする / 入浴する 뉴-요쿠수루	あるく / 歩く 아루쿠	はしる / 走る 하시루

동의어: *1 ανέρχομαι 아네르호메, *2 se baigner 스베녜, *3 κάνω μπάνιο 까노 바니오

한	뛰어오르다, 도약하다	날다	읽다	쓰다
영	jump 점프	fly 플라이	read 리드	write 라이트
프	sauter 쏘떼	voler 볼레	lire 리르	écrire 에크리르
독	springen 슈프링엔	fliegen 플리겐	lesen 레젠	schreiben 슈라이벤
포	saltar 싸우따르	voar 보아르	ler 레르	escrever 이스끄레베르
스	saltar 살따르	volar 볼라르	leer 레에르	escribir 에스끄리비르
이	saltare 쌀따레	volare 볼라레	leggere 레쩨레	scrivere 스크리베레
그	πηδάω 삐다오	πετάω 뻬따오	διαβάζω 디아바조	γράφω 그라포
라	salire 살리레	volare 볼라레	legere 레게레	scribere 스크리베레
러	прыгать 쁘르이갓치	лететь 레따츠	читать 취따츠	писать 삐싸츠
중	跳跃 / tiàoyuè 티아오위에	飞 / fēi 페이	阅读 / yuèdú 위에두	写 / xiě 시에
일	とびあがる / 飛び上がる *1 토비아가루	とぶ / 飛ぶ 토부	よむ / 読む 요무	かく / 書く 카쿠

동의어: *1 ちょうやくする / 跳躍する 쵸-야쿠수루

54

보다	듣다	맛보다	달다	KOR
see 씨	hear 히어	taste 테이스트	sweet 스윗	ENG
voir 브아르	entendre 엉떵드르	goûter 구떼	(être) sucré (에뜨르) 쒸크레	FRA
sehen 제엔	hören 회렌	schmecken 슈멕켄	süß 쥐쓰	GER
ver 베르	ouvir 오우비르	saborear 싸보레아르	ser doce *2 세르 도씨	POR
ver 베르	oir 오이르	probar 쁘로바르	Es dulce 에스 둘쩨	ESP
vedere 베데레	ascoltare 아스꼴따레	assagiare, gustare 아싸좌레, 구스타레	dolce 돌체	ITA
βλέπω 블레뽀	ακούω 아꾸오	γεύομαι 예보메	γλυκός 글리꼬스	GRE
videre 비데레	audire 아우디레	sapere 사페레	dulce 둘케	LAT
видеть, смотреть 지젯츠, 스마프롓츠	слышать 슬릭샷츠	пробовать 쁘로버밧츠	сладкий 슬랏트키이	RUS
见 /jiàn, 看 /kàn 찌엔, 칸	听 /tīng 팅	品味 /pǐnwèi *1 핀웨이	甜 /tián 티엔	CHN
みる/見る 미루	きく/聞く 키쿠	あじわう/味わう 아지와우	あまい/甘い 아마이	JPN

동의어: *1 品尝 / pǐncháng 핀창, 참고: *2 doce(맛이)단, ser doce 달다

맵다	짜다	시다	쓰다	KOR
spicy 스파이시	salty 솔티	sour 사우어	bitter 비터	ENG
piquant *1 삐껑	salé 쌀레	acide 아시드	amer 아메르	FRA
scharf 샤프	salzig 잘치히	sauer 자우어	bitter 비터	GER
ser picante 쎄르 삐깡찌	ser salgado 쎄르 싸우가두	ser azedo 쎄르 아제두	ser amargo 쎄르 아마르구	POR
Es picante 에스 삐깐떼	Es salado 에스 살라도	Es ácido 에스 악씨도	Es amargo 에스 아마르고	ESP
piccante 피깐떼	salato 살라또	acido 아치도	amaro 아마로	ITA
καυτερός 까브떼로스	αλμυρός 알미로스	ξινός 윽시노스	πικρός 삐끄로스	GRE
acre 아크레	salsum 살숨	acidum 아키둠	acerbus 아케르부스	LAT
острый 오스프르이	солёный 쌀료느이	кислый 키슬르이	горький 고리키이	RUS
辣 /là 라	咸 /xián 시엔	酸 /suān 쑤완	苦 /kǔ 쿠	CHN
からい/辛い 카라이	しおからい/塩辛い 시오카라이	すっぱい/酸っぱい 숫빠이	にがい/苦い 니가이	JPN

참고: *1 épicé 에삐세(양념과 향신료로 매운)

한	말하다 1	말하다 2	이야기하다	일하다	세다, 계산하다
영	speak 스피크	say 세이	talk 토크	work 워크	count 카운트
프	parler 빠를레	dire 디르	converser 꽁베르쎄	travailler 트라바이에	compter 꽁떼
독	sprechen 슈프레헨	sagen 자겐	reden 레덴	arbeiten 아르바이텐	zahlen 찰렌
포	falar 팔라르	dizer 지제르	conversar 꽁베르싸르	trabalhar 뜨라발야르	contar 꽁따르
스	hablar 아블라르	decir 데씨르	conversar 꼰베르사르	trabajar 뜨라바하르	contar 꼰따르
이	parlare 빠를라레	dire 디레	raccontare 라꼰따레	lavorare 라보라레	calcolare 칼꼴라레
그	μιλάω 밀라오	λέω 레오	μιλάω *1 밀라오	δουλεύω 둘레보	μετράω 메트라오
라	fari, dicere 파리, 디케레	dicere 디케레	loqui 로크비	laborare 라보라레	mumerare 누메라레
러	говорить 가바릿츠	сказать 스카잣츠	разговаривать 라즈가바리바츠	работать 라보땃츠	считать 쉬땃츠
중	说话 / shuōhuà 슈어화	讲话 / jiǎnghuà 쟝화	谈话 / tánhuà 탄화	工作 / gōngzuò 꿍주오	数 / shǔ 수
일	はなす / 話す 하나수	いう / 言う 이우	はなす / 話す 하나수	はたらく / 働く 하타라쿠	かぞえる / 数える *2 카조에루

동의어: *1 κουβεντιάζω 꾸벤디아조, *2 けいさんする / 計算する 케-산수루

한	만들다	창조하다	닿다, 만지다	수영하다, 헤엄치다	던지다
영	make 메이크	create 크리에이트	touch 터치	swim 스윔	throw 쓰로우
프	faire 페르	créer 크레에	toucher 뚜쉐	nager 나줴	jeter 쥬떼
독	machen 마헨	schaffen 샤펜	berühren 베뤼렌	schwimmen 슈빔멘	werfen 베어펜
포	fazer 파제르	criar 끄리아르	tocar 또까르	nadar 나다르	atirar 아찌라르
스	hacer 아쎄르	crear 끄레아르	tocar 또까르	nadar 나다르	tirar 띠라르
이	fare 파레	creare 끄레아레	toccare 또까레	nuotare 누오따레	lanciare 란차레
그	φτιάχνω 프띠아흐노	δημιουργώ 디미우르고	αγγίζω 앙기조	κολυμπάω 꼴림바오	πετάω *2 뻬따오
라	facere 파케레	creare 크레아레	tangere 탄게레(=탕게레)	nare 나레	iacere(=jacere) 야케레
러	готовить 가또빗츠	создать 사즈닷츠	трогать *1 뜨로가츠	плавать 쁠라밧츠	кидать 끼다츠
중	制造 / zhìzào 즈짜오	创造 / chuàngzào 촹짜오	触摸 / chùmō 추모	游泳 / yóuyǒng 요우융	扔 / rēng 렁
일	つくる / 作る 추쿠루	そうぞうする / 創造する 소-조-수루	ふれる / 触れる 후레루	およぐ / 泳ぐ 오요구	なげる / 投げる 나게루

동의어: *1 прикасаться 쁘리카쌋쪄, *2 ρίχνω 리흐노

당기다	밀다	내밀다, 제출하다	쥐다	잡다	KOR
pull 풀	push 푸쉬	present *1 프리젠트	seize(권력을) *4 시즈	catch 캐치	ENG
tirer 띠레	pousser 뿌쎄	présenter 프레정떼	saisir 쎄지르	attraper 아트라뻬	FRA
ziehen 치엔	drücken 드뤼켄	einreichen 아인라이헨	greifen 그라이펜	fangen 팡엔	GER
puxar 뿌샤르	empurrar 잉뿌하르	apresentar 아쁘레젱따르	agarrar 아가하르	pegar 뻬가르	POR
tirar 따라르	empujar 엠뿌하르	presentar 쁘레센따르	agarrar 아가라르	coger 꼬헤르	ESP
tirare 띠라레	spingere 스핀제레	inoltrare 이놀뜨라레	prendere 쁘렌데레	afferrare 앞페라레	ITA
τραβάω 트라바오	σπρώχνω 스프로흐노	παρουσιάζω *2 빠루시아조	καταλαμβάνω *5 까딸람바노	πιάνω *6 피아노	GRE
ducere 두케레	promovere 프로모베레	praebere 프래베레	capere 카페레	prehendere 프레헨데레	LAT
тянуть 찌누츠	толкать 딸깟츠	подавать 빠다밧츠	хватать 흐바땃츠	поймать 빠이맛츠	RUS
拉 /lā 라	推 /tuī 퉤이	提交 /tíjiāo 티지아오	抓 /zhuā 쭈아	抓住 /zhuāzhu 쭈아주	CHN
ひく/引く 히쿠	おす/押す 오수	さしだす/差し出す *3 사시다수	にぎる/握る 니기루	つかむ/掴む 추카무	JPN

동의어: *1 submit 서브밋, *2 προσφέρω 프로스페로, *3 ていしゅつする/提出する 테-슈추수루, *4 grip(움켜짐)그립, *5 παίρνω 페르노,
*6 συλλαμβάνω 실람바노

가다	오다	외출하다	연락하다, 접촉하다	KOR
go 고우	come 컴	go out 고 아웃	contact 컨택트	ENG
aller 알레	venir 브니르	sortir 소르띠르	contacter 꽁딱떼	FRA
gehen 게엔	kommen 콤멘	ausgehen 아우스게엔	kontaktieren *1 콘탁티렌	GER
ir 이르	vir 비르	sair 싸이르	contatar 꽁따따르	POR
ir 이르	venir 베니르	salir 살리르	tocar, contacto 또까르, 꼰딱또	ESP
andare 안다레	venire 베니레	uscire 우쉬레	contattare 꼰따따레	ITA
πηγαίνω 삐게노	έρχομαι 에르호메	βγαίνω 브게노	επαφή 에빠피	GRE
ire 이레	venire 베니레	exire 엑시레	tango(tangere) 탄고(=탕고)	LAT
идти 잇찌	прийти 쁘리잇찌	выходить 븨하짓츠	контáкт 칸딱프	RUS
去 /qù 취	来 /lái 라이	出门 /chūmén 추먼	联系 /liánxì 리엔시	CHN
いく/行く 이쿠	くる/来る 쿠루	がいしゅつする/外出する 가이슈추수루	せっしょくする/接触する *2 셋쑈쿠수루	JPN

동의어: *1 berühren 베뤼렌, *2 れんらく/連絡する 랜락쿠스루

한	출발하다	도착하다	들어가다	전진하다	접근하다
영	depart 디파트	arrive 어라이브	enter 엔터	advance 어드밴스	approach 어프로우치
프	partir 빠르띠르	arriver 아리베	entrer 엉트레	avancer 아방쎄	approcher 아프로쉐
독	abfahren 압파아렌	ankommen 안콤멘	eintreten 아인트레텐	fortschreiten 포어트슈라이텐	annähern 안내른
포	partir 빠르찌르	chegar 쉐가르	entrar 잉프라르	avançar 아방싸르	aproximar 아쁘로씨마르
스	partir 빠르띠르	llegar 예가르	entrar 엔뜨라르	avanzar 아반싸르	acercarse 아쎄르까르쎄
이	partire 빠르띠레	arrivare 아리바레	entrare 엔프라레	avanzare 아반자레	avvicinarsi 아삐치나르시
그	αναχωρώ 아나호로	φτάνω 프따노	μπαίνω 베노	προχωρώ 쁘로호로	πλησιάζω 쁠리시아조
라	discedere 디스케데레	advenire 아드베니레	inire 이니레	procedere 프로케데레	adire 아디레
러	отбыть 앗트브이츠	прибыть 쁘리브이츠	войти 바잇찌	продвигаться 쁘라드비갓쩌	приближаться 쁘리블리좟쩌
중	出发 / chūfā 추파	到达 / dàodá 따오다	进去 / jìnqù 찐취	前进 / qiánjìn 치엔찐	接近 / jiējìn 지에찐
일	しゅっぱつする / 出発する 슛빠추수루	とうちゃくする / 到着する 토-챠쿠수루	はいる / 入る 하이루	ぜんしんする / 前進する 젠신수루	せっきんする / 接近する 셋낀수루

한	가로지르다	통과하다	먹다	씹다	마시다
영	cross 크로스	pass 패스	eat 이트	chew 츄	drink 드링크
프	traverser 트라베르쎄	passer 빠쎄	manger 멍줴	mâcher 마쉐	boire 브아르
독	überqueren 위버크베렌	passieren 파시렌	essen 에센	kauen 카우엔	trinken 트링켄
포	atravessar 아뜨라베싸르	passar 빠싸르	comer 꼬메르	mastigar 마스찌가르	beber 베베르
스	curzar 꾸르싸르	pasar 빠사르	comer 꼬메르	morder 모르데르	beber 베베르
이	attraversare 아뜨라베르사레	passare 파싸레	mangiare 만쟈레	masticare 마스티까레	bere 베레
그	διασχίζω 디아스히조	διαβαίνω, περνώ 디아베노, 뻬르노	τρώω 뜨로오	μασάω 마사오	πίνω 삐노
라	transire 트란시레	transgredi 트란스그레디	edere, rodere 에데레, 로데레	mandere 만데레	bibere 비베레
러	переходить 뻬레하짓츠	пройти 쁘라잇찌	кушать 꾸샷츠	жевать 줴밧츠	пить 삣츠
중	横截 / héngjié 형지에	通过 / tōngguò 통구어	吃 / chī 츠	咬 / yǎo 야오	喝 / hē 허
일	よこぎる / 横切る 요코기루	つうかする / 通過する 츠-카수루	たべる / 食べる 타베루	かむ / 噛む 카무	のむ / 飲む 노무

1-2. 가족, 의식주, 생활

세대	가족	할아버지	할머니	자손	KOR
generation 제너레이션	family 패밀리	grandfather *2 그랜드파더	grandmother *3 그랜드마더	descendant 디센던트	ENG
génération 제네라씨옹	famille 파미으	grand-père 그랑 뻬르	grand-mère 그랑 메르	descendant 데썽덩	FRA
Generation 게네라치온	Familie 파밀리에	Großvater, Opa 그로쓰파터, 오파	Großmutter *4 그로스무터	Nachkomme 나흐콤메	GER
geração 줴라써옹	família 파밀리아	avô 아보	avó 아보	descendentes 데쎙뎅찌스	POR
generación 헤네라씨온	familla 파밀리아	abuelo 아부엘로	abuela 아부엘라	descendientes 데스쎈디엔테스	ESP
generazione 제네라지오네	famiglia 파밀리아	nonno 논노	nonna 논나	discendenti 디센덴티	ITA
γενιά 게냐	οικογένεια 이꼬게니아	παππούς 빠뿌스	γιαγιά 야야	απόγονος 아뽀고노스	GRE
generátio *1 게네라티오	familia 파밀리아	avus 아부스	avia 아비아	descendéntes 데스켄덴테스	LAT
поколение 뻐깔례니예	семья 쎔야	дедушка 제두쉬까	тётя 쬬쨔	потомки 빠도머크	RUS
代 /dài 따이	家族 /jiāzú 찌아주	爷爷 /yéye 예예	奶奶 /nǎinai 나이나이	子孙 /zǐsūn 쯔순	CHN
せだい/世代 세다이	かぞく/家族 카조쿠	そふ/祖父 소후	そぼ/祖母 소보	しそん/子孫 시손	JPN

동의어: *1 secunda 세쿤다, *2 grandpa 그랜드파, *3 grandma 그랜드마, *4 Oma 오마

양부모	부모	엄마	아빠	어머니	KOR
foster parents 포스터 페어런츠	parents 페어런츠	mommy 마미	daddy 대디	mother 마더	ENG
parents adotifs 파렁 아돕띠프	parents 파렁	maman 마망	papa 파파	mère 메르	FRA
Pflegeeltern 플레게엘턴	Eltern 엘턴	Mama, Mutti 마마, 무티	Papa, Vati 파파, 파티	Mutter 무터	GER
pais adotivos 빠이스 아도찌부스	pais 빠이스	mamãe 마망이	papai 빠빠이	mãe 망이	POR
padres adoptivos 빠드레스 아돕띠보스	padres 빠드레스	mamá 마마	papá 빠빠	madre 마드레	ESP
genitori adottivi 제니토리 아도띠비	genitori 제니토리	mamma 맘마	papá 빠빠	madre 마드레	ITA
θετοί γονείς 쎄띠 고니스	γονείς 고니스	μαμά 마마	μπαμπάς 바바스	μητέρα, μάνα 미떼라, 마나	GRE
nutricii parentes 누트리키이 파렌테스	parentes 파렌테스	mamma 맘마	papa 파파	mater 마테르	LAT
приемные родители 쁘리욤늬예 라지젤리	родители 라지젤리	мама 마마	папа 빠빠	мать 마츠	RUS
养身父母 /yǎngshēn fùmǔ 양셩푸무	父母 /fùmǔ 푸무	妈妈 /māma 마마	爸爸 /bàba 빠빠	母亲 /mǔqīn 무친	CHN
ようふぼ/養父母 요-후보	りょうしん/両親 료-신	おかあさん/お母さん 오카-산	おとうさん/お父さん 오토-산	はは/母 하하	JPN

한	아버지	딸	아들	손자	아기
영	father 파더	daughter 도터	son 선	grandchildren 그랜드칠드런	baby 베이비
프	père 뻬르	fille 피으	fils 피스	petits-enfants 쁘띠정펑	bébé 베베
독	Vater 파터	Tochter 토흐터	Sohn 존	Enkel 엥켈	Baby 베이비
포	pai 빠이	filha 필야	filho 필유	neto 네뚜	bebê 베베
스	padre 빠드레	hija 이하	hijo 이호	nieto 나에또	bebé 베베
이	padre 빠드레	figlia 필리아	figlio 필리오	nipoti 니뽀띠	bimbo 빔보
그	πατέρας 빠떼라스	κόρη 꼬리	γιος 이오스	εγγόνι(α) 엥고니(아)	μωρό, νήπιο 모로, 니삐오
라	pater 파테르	filia 필리아	filius 필리우스	nepotes 네포테스	lactens 락텐스
러	отец 아쩨츠	дочь 도취	сын 씐	внуки [*1] 브누끼	ребенок 리뵤녹
중	父亲 / fùqīn 푸친	女儿 / nǚ'ér 뉘얼	儿子 / érzi 얼즈	孙子 / sūnzi 쑨즈	娃娃 / wáwa 와와
일	ちち / 父 치치	むすめ / 娘 무수메	むすこ / 息子 무수코	まご / 孫 마고	あかご / 赤子 아카고

유사어: [*1] внучки 브누치끼(손녀)

한	어린이	자매	형제	누나	조카
영	child [*1] 차일드	sister 시스터	brother 브라더	older sister 올더 시스터	nephew 네퓨
프	enfant 엉펑	soeur 쐐르	frère 프레르	soeur aînée [*4] 쐐르 에네	neveu 느브
독	Kind 킨트	Schwester 슈베스터	Bruder 브루더	ältere Schwester 앨터레 슈베스터	Neffe, Nichte 네페(남), 니히테(여)
포	criança 끄리앙싸	irmã 이르망	irmão 이르머웅	irmã mais velha 이르망 마이스 벨야	sobrinho 쏘브링유
스	niño 니뇨	hermana 에르마나	hermano 에르마노	hermana 에르마나	sobrino 소브리노
이	bambini 밤비니	sorella 소렐라	fratello 프라텔로	sorella anziana 소렐라 안지아나	nipote 니뽀떼
그	παιδί, παιδιά 뻬디, 뻬디아	αδελφή 아델피	αδελφός 아델포스	μεγαλύτερη αδελφή 메갈리떼리 아델피	ανηψιός 아닙시오스
라	liberi 리베리	soror 소로르	frater 프라테르	major soror 마요르 소로르	filius fratris 필리우스 프라트리스
러	дети 제찌	сестра [*2] 씨스뜨라	брат [*3] 브랏	старшая сестра 스따르샤야 씨스뜨라	племянник 쁠리먀닉
중	儿童 / értóng 얼퉁	姐姐 / jiějie 지에지에	哥哥 / gēge 꺼거	姐姐 / jiějie 지에지에	侄甥 / zhíshēng 쯔셩
일	こども / 子ども 코도모	しまい / 姉妹 시마이	きょうだい / 兄弟 쿄-다이	あね / 姉 아네	おい / 甥 오이

동의어: [*1] children 칠드런, 참고: [*2] сестра의 복수인 сестры(쑈스뜨릐)가 '자매'에 더 가깝다,
[*3] '남자형제'를 뜻하는 брат의 복수인 братья(브라찌야)가 '형제'에 더 가깝다, [*4] '언니'의 의미도 있음

삼촌	오빠	동생	KOR
uncle 엉클	older brother 올더 브라더	younger brother 영거브라더	ENG
oncle 옹끌	frère aîné *1 프레르 에네	petit-frère, petite-soeur 쁘띠 프레르(남), 쁘띠쁘 쒜르(여)	FRA
Onkel 옹켈	älterer Bruder 앨터러 브루더	jungerer Bruder *2 융어러 브루더(남)	GER
tio 찌우	irmão mais velho 이르머웅 마이스 벨유	irmão mais novo 이르머웅 마이스 노부	POR
tío 띠오	hermano 에르마노	hermano(a)menor 에르마노(나)메노르	ESP
zio 지오	fratello anziano 프라텔로 안지아노	fretellino, sorellina 프라텔리노(남), 소렐리나(여)	ITA
θείος 씨오스	μεγαλύτερος αδελφός 메갈리떼로스 아델포스	μικρότερος αδελφός 미크로떼로스 아델포스	GRE
patruus, avunculus 파트루우스(부계), 아분쿨루스(모계)	major frater 마요르 프라테르	minor frater 미노르 프라테르	LAT
дядя 쟈쟈	старший брат 스파르쉬 브랏	младший брат 믈랏쉬 브랏	RUS
伯父 / bófù, 叔叔 / shūshu 보푸, 쑤수	哥哥 / gēge 꺼거	弟弟 / dìdi 띠디	CHN
おじ / 叔父、伯父 오지	あに / 兄 아니	おとうと / 弟 오토-토	JPN

참고: *1 '형'도 됨, 동의어: *2 jungere Schwester 융어레 슈베스터(여)

이모	사촌	이름	애칭	KOR
aunt 엔트	cousin 커즌	name 네임	pet name 펫 네임	ENG
tante maternelle 떵뜨 마떼르넬	cousin 꾸쟁	nom 농	petit nom 쁘띠 농	FRA
Tante 탄테	Cousin, Cousine 쿠쟁(남), 쿠지네(여)	Name 나메	Kosename 코제나메	GER
tia materna 찌아 마떼르나	primo 쁘리무	nome 노미	apelido 아뻴리두	POR
tía 띠아	primo(a) 쁘리모(마)	nombre 놈브레	cariñoso 까치뇨소	ESP
zia, sorella di madre 지아, 소렐라 디 마드레	cugino 꾸지노	nome 노메	nomignolo 노미뇰로	ITA
θεία 씨아	εξάδελφος, εξαδέλφη 엑사델포스, 엑사델피	όνομα 오노마	υποκοριστικό 이뽀꼬리스띠꼬	GRE
matertera 마테르테라	patruelis 파트루엘리스	nomine 노미네	nomen blandum 노멘 블란둠	LAT
тётя 죠쨔	двоюродный брат *1 드바유르느이 브랏(남자사촌)	имя 이먀	ласкáтельное úмя 라스까쩰너예 이먀	RUS
阿姨 / āyí, 姨母 / yímǔ 아이, 이무	一表 / yìbiǎo 이비아오	名 / míng 밍	爱称 / àichēng 아이청	CHN
おば / 叔母、伯母 오바	いとこ 이토코	なまえ / 名前 나마에	あいしょう / 愛称 아이쇼-	JPN

유사어: *1 двоюродная сестра 드바유르나야 씨스뜨라(여자사촌)

한	별명	익명	혈연	혈통
영	nickname 닉네임	anonymity *2 애노니미티	blood relation 블러드 릴레이션	family line 패밀리 라인
프	surnom 쉬르농	anonymat 아노니마	lien du sang 리엥 뒤 썽	lignée, sang 리녜, 썽
독	Spitzname 슈피츠나메	Anonymität 아노니미태트	Blutsverwandtschaft 블루츠페어반트샤프트	Abstammung 압슈탐뭉
포	apelido 아뻴리두	anonimato 아노니마뚜	relação de sangue 헬라써웅 지 쌍기	linha de família 링야 지 파밀리아
스	apodo 아뽀도	anónimo 아노니모	consanguinidad 꼰상기니닷	linaje 리나헤
이	soprannome 소프란노메	anonimo 아노니모	consanguineita 꼰상귀네이타	lignaggio 리냐쬬
그	παρατσούκλι 빠라츄글리	ανωνυμία 아노니미아	συγγένεια 싱겐니아	οικογενειακή καταγωγή 이꼬게니아끼 까따고기
라	agnomen *1 아그노멤	anonymiam 아노니미암	cognatio 코그나티오	linea familiae 리네아 파밀리애
러	прозвище 프로즈비쉐	анонимность 아나님노스트	кровное родство 크라브노예 롯스뜨보	родословная 로다슬로브나야
중	昵称 /nìchēng 니청	匿名 /nìmíng 니밍	亲缘 /qīnyuán *3 친위엔	亲系 /qīnxì *4 친시
일	ニックネーム 닛꾸네-무	とくめい / 匿名 도쿠메-	けつえん / 血縁 케추엔	けっとう / 血統 켓또-

동의어: *1 cognomen 코그노멘, *2 cryp tonym 크립터님, anonym 애너님, *3 血缘 / xuèyuán 슈에위엔, *4 血统 / xuètǒng 슈에퉁

한	가사	청소	세탁	요리
영	housework 하우스워크	cleaning 클리닝	washing 워싱	cooking 쿠킹
프	ménage 메나쥬	nettoyage 네뚜와이아쥬	lavage 라바쥬	cuisine 뀌진
독	Haushalt 하우스할트	Putzen 푸첸	Waschen 바쉔	Kochen 코헨
포	trabalhos domésticos 트라발유스 도메스찌꾸스	limpagem 링빠쩽	lavagem 라바쩽	cozinha 꼬징야
스	quehaceres domésticos 께아쎄레스 도메스띠꼬스	aseo 아쎄오	lavado 라바도	cocina 꼬씨나
이	faccenda della casa 파첸다 델라 까사	pulizie 뿔리지에	lavaggio 라바쬬	cucina 꾸치나
그	δουλιές του σπιτιού *1 둘리에스 뚜 스삐띠우	καθάρισμα 까싸리즈마	πλύσιμο 블리시모	μαγείρεμα 마기레마
라	domestica 도메스티카	purgatio 푸르가티오	lavatio 라바티오	extaris 엑스타리스
러	работа по дому 라보따 빠 도무	уборка 우보르까	стирка 스찌르까	готовить пищу 가또비츠 삐슈
중	家务 /jiāwù 찌아우	扫除 /sǎochú 사오추	洗衣 /xǐyī 씨이	菜 /cài 차이
일	かじ / 家事 카지	そうじ / 掃除 소-지	せんたく / 洗濯 센타쿠	りょうり / 料理 료-리

동의어: *1 δουλιές νοικοκυράς 둘리에스 니꼬끼라스

62

정리정돈	주부	가정부	가계부	KOR
clean up 크린 업	housewife 하우스와이프	maid 메이드	household account 하우스홀드 어카운트	ENG
metre en ordre 메트르 엉 오르드르	ménagère 메나줴르	femme de chambre *1 팜므 드 샹브르	livre de compte 리브르 드 꽁프	FRA
Aufräumen 아우프로이멘	Hausfrau 하우스프라우	Hausmädchen 하우스매첸	Haushaltsbuch 하우스할츠부흐	GER
arrumação 아후마써웅	dona-de-casa 도나-지-까자	empregada doméstica 잉쁘레가다 도메스찌까	livro de contas 리브루 지 꽁따스	POR
arreglo 아레글로	ama de casa 아마 데 까사	asistenta 아시스뗀따	libro de cuentas 리브로 데 꾸엔따스	ESP
riordinare 리오르디나레	casalinga 까사링가	giornante 죠르난떼	annotare le spese 안노따레 레 스페제	ITA
καθάρισμα 카싸리스마	νοικοκυρά 니꼬끼라	υπηρέτρια 이삐레뜨리아	οικιακοί λογαριασμοί 이끼아끼 로가리아즈미	GRE
(res)in ordinem redigere (레스)인 오르디넴 레디게레	mater familias 마테르 파밀리아스	ancilla 안킬라	tabula(computationis domi) 타불라(콤푸타티오니스 도미)	LAT
привести в порядок 쁘리볘스찌 브 빠랴덕	хозяйка 하쟈이까	домработница 돔라봇뜨니짜	*3	RUS
整理 / zhěnglǐ 정리	主妇 / zhǔfù 주푸	保姆 / bǎomǔ *2 바오무	家用账 / jiāyòngzhàng 찌아융짱	CHN
せいりせいとん / 整理整頓 세-리세-톤	しゅふ / 主婦 슈후	かせいふ / 家政婦 카세-후	かけいぼ / 家計簿 카케-보	JPN

동의어: *1 femme de ménage 팜므 드 메나쥬, *2 家庭服务员 / jiātíng fúwùyuán 찌아팅푸우위엔,
*3 книга учета семейного бюджета 크니가 우쵸따 씨몌이너버 붓줴따

양육	분유	이유식	젖병	KOR
child care 차일드 케어	baby formula 베이비 포뮬라	baby food 베이비 푸드	baby bottle 베이비 바틀	ENG
élevage 엘르바쥬	lait en poudre 레 엉 뿌드르	aliment de sevrage 알리멍 드 쎄브라쥬	biberon 비브롱	FRA
Kinderpflege 킨더플레게	Milchpulver 밀히풀버	feste Nahrung 페스테 나아룽	Milchflasche 밀히플라쉐	GER
criar crianças 끄리아르 끄리앙싸스	leite em pó 레이찌 잉 뽀	alimentos de desmame 알리멩뚜스 지 데스마미	mamadeira 마마데이라	POR
puericultura 뿌에리꿀뚜라	leche en polvo 레체 엔 뽈보	Cereales infantiles 쎄레아레스 인판띨레스	biberón 비베론	ESP
allevamento 알레바멘또	latte in polvere 라떼 인 뽈베레	pappina 파삐나	poppatoio 포빠토이오	ITA
φροντίδα των παιδιών 프론디다 똔 뻬디온	γάλα σε σκόνη 갈라 세 스꼬니	τροφή του μωρού 트로피 뚜 모루	μπιμπερό 비베로	GRE
cura infantis 쿠라 인판티스	pulvis lactis 풀비스 락티스	cibus infantis 키부스 인판티스	ampulla nutri cationis 암풀라 누트리 카티오니스	LAT
воспитание 버스삐따니예	сухое молоко 수호예 멀라꼬	детская еда 졧츠까야 삐샤	рожок 라죡	RUS
养育 / yǎngyù 양위	乳粉 / rǔfěn 루펀	断奶食 / duànnǎishí 두완나이스	哺乳器 / bǔrǔqì 뿌루치	CHN
よういく / 養育 요-이쿠	ふんにゅう / 粉乳 훈뉴-	りにゅうしょく / 離乳食 리뉴-쇼쿠	ほにゅうびん / 哺乳瓶 호뉴-빈	JPN

한	수정	수정란	자궁	양수	세포
영	fertilization 퍼틸리제이션	fertilized egg 퍼터라이즈드 에그	womb 움	amniotic fluid 엠니어틱 플루이드	cell 셀
프	fécondation 페꽁다씨옹	œuf fécondé 왜프 페꽁데	utérus 위떼뤼스	liquide amniotique 리뀌드 암뇨틱	cellule 쎌륄르
독	Befruchtung 베프루흐퉁	befruchtetes Ei 베프루흐테테스 아이	Gebärmutter 게배어무터	Fruchtwasser 프루흐트바서	Zelle 첼레
포	fecundação 페꿍다써웅	ovo fertilizado 오부 페르찔리자두	útero 우떼루	fluido amniótico 플루이두 앙니오찌꾸	célula 쎌룰라
스	fecundación 페꾼다씨온	huevo fertilizado 우에보 페르띨리싸도	útero 우떼로	líquido amniótico 리뀌도 암니오띠꼬	célula 쎌룰라
이	fecondazione 페콘다지오네	uova gallate 워봐 갈라떼	utero 우테로	fluido amniotico 플루이도 암니오티코	cellula 첼룰라
그	γονιμοποίηση 고니모쁘이이시	γονιμοποιημένο ωάριο 고니모쁘이이메노 오아리오	μήτρα 미트라	αμνιοτικό υγρό 암니오띠꼬 이그로	κύτταρο 끼따로
라	praegnatio 프래그나티오	planta 플란타	matrix 마트릭스	liguor amniaci 리크오르 암니아키	cella 켈라
러	оплодотворение 아쁠로도뜨바레니예	насаждение 나사쥬제니예	матка 마트까	вода в амнионе 바다 브 암니오네	клетка 클레트까
중	受精 / shòujīng 셔우징	受精卵 / shòujīngluǎn 셔우징루안	子宫 / zǐgōng 쯔꿍	羊水 / yángshuǐ 양쉐이	细胞 / xìbāo 시빠오
일	じゅせい / 受精 쥬세-	じゅせいらん / 受精卵 쥬세-란	しきゅう / 子宮 시큐-	ようすい / 羊水 요-수이	さいぼう / 細胞 사이보-

한	난소	난자	정소, 고환	정자	배란
영	ovary 오버리	ovum [1] 오붐	spermary [2] 스펄마리	sperm 스펌	ovulation 오뷸레이션
프	ovaire 오베르	ovule 오뷜	testicule 떼스띠뀔	sperme 스페름므	ovulation 오뷜라씨옹
독	Eierstock 아이어슈톡	Eizelle 아이첼레	Hode 호데	Sperma [3] 슈페르마	Eisprung 아이슈푸룽
포	ovário 오바리우	óvulo 오불루	testículo 떼스찌꿀루	esperma 이스뻬르마	ovulação 오불라써웅
스	ovario 오바리오	óvulo 오불로	testículo 떼스띠꿀로	esperma 에스뻬르마	ovulación 오불라씨온
이	ovaia 오바이아	uova 워봐	testicolo 떼스띠꼴로	sperma 스페르마	ovulazione 오불라지에노
그	ωοθήκη 오오씨끼	ωάριο 오아리오	όρχις 오르히스	σπέρμα 스페르마	ωορρηξία 오오릭시아
라	ovarium 오바리움	ovulum 오불룸	testiculus 테스티쿨루스	semen 세멘	ovulatio 오불라티오
러	яичник 야이취닉	яйцеклетка 야이쩨클레트까	яичко 야이취꼬	сперма 스뻬르마	овуляция 아불랴찌야
중	卵巢 / luǎncháo 루안차오	卵子 / luǎnzǐ 루안즈	精巢 / jīngcháo 징차오	精子 / jīngzǐ 징즈	排卵 / páiluǎn 파이루완
일	らんそう / 卵巢 란소-	らんし / 卵子 란시	せいそう / 精巢 세-소-	せいし / 精子 세-시	はいらん / 排卵 하이란

동의어: [1] egg 에그, [2] testicle 테스티클, [3] Samenzelle 자멘첼레

64

태아	탯줄	단백질	발아	개화	KOR
embryo 엠브리오	umbilical cord 엄빌리컬 코드	protein 프로틴	germination 저미네이션	flowering 플라워링	ENG
fœtus 패튀스	cordon ombilical 꼬르동 옹비리꺌	protéine 프로테인	germination 제르미나씨옹	floraison 플로레종	FRA
Embryo 엠브리오	Nabelschnur 나벨슈누어	Eiweiß 아이바이쓰	Keimen 카이멘	Aufblühen 아우프블뤼엔	GER
embrio 잉브리우	cordão umbilical 꼬르더웅 웅빌리까우	proteína 쁘로떼이나	germinação 줴르미나써웅	floração 플로라써웅	POR
embrión 엠브리온	cordón umbilical 꼬르돈 움빌리깔	proteína 쁘로떼이나	germinación 헤르미나씨온	floración 플로라씨온	ESP
feto 페토	cordone ombelicale 코르도네 옴벨리깔레	proteina 프로떼이나	germinazione 제르미나지오네	fioritura 피오리투라	ITA
έμβρυο 엠브리오	ομφάλιος λώρος 옴팔리오스 로로스	πρωτεΐνη 프로떼이니	βλάστηση [2] 블라스띠시	άνθηση 안씨시	GRE
praeseminatio 프래세미나티오	funiculus umbilicalis 푸니쿨루스 움빌리칼리스	album ovi 알붐 오비	germinatio 게르미나티오	apertio floris 아페르티오 플로리스	LAT
зародыш [1] 자로디쉬	пуповина 뿌빠비나	белок(протеин) 벨록	прорастание 쁘러라스따니예	эффлоресценция 애플로레스쩬찌야	RUS
胎儿 / tāi'ér 타이얼	脐带 / qídài 치따이	蛋白质 / dànbáizhì 딴바이쯔	发芽 / fāyá 파야	开花 / kāihuā 카이화	CHN
たいじ / 胎児 타이지	へそのお / 臍の緒 헤소노오	たんぱくしつ / 蛋白質 탄파쿠시추	はつが / 発芽 하추가	かいか / 開花 카이카	JPN

동의어: [1] эмбрион 앰브리온(의학용어), [2] εκβλάστηση 엑브라스띠시

생리	임신	발육, 성장	입덧	KOR
period [1] 피리어드	pregnancy 프레그넌시	growth 그로우쓰	morning sickness 모닝 식니스	ENG
règles 레글르	grossesse 그로쎄스	croissance 크와썽스	nausée de femme enceinte 노제 드 팜므 엉썽뜨	FRA
Periode 페리오데	Schwangerschaft 슈방어샤프트	Wachstum 박쓰툼	Schwangerschaftsbeschwerde 슈방어샤프츠베슈베어데	GER
menstruação 멩스뜨루아써웅	gravidez 그라비데스	crescimento 끄레씨멩뚜	enjôo matinal 잉죠우 마찌나우	POR
regla, período 레글라, 뻬리오도	embarazo 엠바라쏘	crecimiento 끄레씨미엔또	náuseas matutinas 나우세아스 마뚜띠나스	ESP
mestruazione 메스트루아지오네	gravidanza 그라비단자	créscita 크레쉬따	nàusea mattutina 나우세아 마뚜띠나	ITA
περίοδος 뻬리오도스	εγκυμοσύνη 엥기모시니	ανάπτυξη 아납띡시	πρωινή ναυτία εγκυμοσύνης 쁘로이니 나브띠아 엥기모시니스	GRE
menstrua 멘스트루아	praegnatio 프래그나티오	incrementum 인크레멘툼	aegrotatio matutina 애그로타티오 마투티나	LAT
месячные 메샤취늬예	беременность 볘례몐너스츠	рост 로스트	тошната беременных 따슈나따 볘례몐늬흐	RUS
月经 / yuèjīng 위에징	怀孕 / huáiyùn 화이윈	发育 / fāyù 퐈위	孕吐 / yùntù 윈투	CHN
せいり / 生理 세-리	にんしん / 妊娠 닌신	はついく / 発育 [2] 하추이쿠	つわり 추와리	JPN

동의어: [1] menstruation 맨스트뤠이션, [2] せいちょう / 成長 세-쵸-

한	태교	태동	분만, 출산
영	prenatal care *1 프레네틀 케어	fetal movement 피탈 무브먼트	childbirth 차일드버스
프	education prénatale *2 에듀까씨옹 프레나탈	mouvement fœtal 무브망 쾌딸	accouchement 아꾸슈멍
독	Schwangerschaftsfürsorge 슈방어샤프츠퓌어조르게	Kindsbewegung 킨츠베베궁	Entbindung 엔트빈둥
포	educação pré-natal 에두까써옹 쁘레-나따우	movimentos do feto 모비멩뚜스 두 페뚜	parto 빠르뚜
스	educación prenatal 에두까씨온 쁘레나딸	movimiento fetal 모비미엔또 페딸	parto 빠르또
이	educazione prenatale 에두까오네 쁘레나딸레	movimento del feto 모비멘또 델 페또	parto 빠르토
그	προγεννητική φροντίδα 쁘로겐니띠끼 프론디다	εμβρυακές κινήσεις 엠브리아께스 끼니시스	τοκετός, γέννα 또께또스, 겐나
라	institutio feti 인스티투티오 페티	motio fetus 모티오 페투스	partus 파르투스
러	пренатальная подготовка 쁘리나딸나야 벗가또프까	шевеление зародыша 슈벨례니예 자로듸샤	рождение ребенка 라쥬제니예 리본까
중	胎教 / tāijiào 타이찌아오	胎动 / tāidòng 타이똥	分娩 / fēnmiǎn 퓐미엔
일	たいきょう / 胎教 타이쿄-	たいどう / 胎動 타이도-	ぶんべん / 分娩、しゅっさん / 出産 분벤, 슛싼

동의어: *1 antenatal training 엔터네이털 트레이닝, *2 formation prénatale 포르마씨옹 프레나탈

한	제왕절개	제대혈	모유수유
영	cesarean section(C-section) 씨제리언 섹션(씨 섹션)	cord blood 코드 블러드	breast-feeding 브레스트 피딩
프	césarienne 쎄자리엔느	sang de cordon ombilical 썽 드 꼬르동 옹빌리깔	allaitement maternel 알레프썽 마떼르넬
독	Kaiserschnitt 카이저슈니트	Nabelschnurblut 나벨슈누어블루트	Muttermilchernährung 무터밀히에어내룽
포	cesariana 쎄자리아나	sangue de cordão umbilical 쌍기 지 꼬르더웅 웅빌리까우	aleitamento materno 알레이따멩뚜 마떼르누
스	operación cesárea 오뻬라시온 쎄사레아	sangre del cordón umbilical 상그레 델 꼬르돈 움빌리깔	lactancia 락딴시아
이	operazione cesarea 오페라찌오네 체사레아	Sangue del cordone ombelicale 상구에 델 코르도네 옴벨리깔레	allattare 알라따레
그	καισαρική τομή 께사리끼 또미	αίμα ομφάλιου λώρου 에마 옴팔리우 로루	θηλασμός 씰라즈모스
라	caesarea sectio 캐사레아 섹티오	Umbilicum sanguinis 움비리쿰 산구이니스	nutricatus mammae 누트리카투스 맘매
러	кесарево сечение 께사레버 씨췌니예	пуповинная кровь 뿌빠빈나야 크로피	кормить грудью 까르믈례니예 그루지유
중	剖腹产手术 / pōufùchǎnshǒushù 포우푸챤셔우수	脐带血 / qídàixuè 치따이슈에	喂母乳 / wèimǔrǔ 웨이무루
일	ていおうせっかい / 帝王切開 테-오-섹까이	さいたいけつ / 臍帯血 사이타이게추	じゅにゅう / 授乳 쥬뉴-

66

피임	임신중절	면역	장수	KOR
contraception 칸트러셉션	abortion 어보션	immunity 이뮤니티	longevity 롱제비티	ENG
contraception 꽁트라쎕씨옹	avortement 아보르프멍	immunité 이뮤니테	longévité 롱제비떼	FRA
Verhütung 페어휘퉁	Abtreibung 압트라이붕	Immunität 이무니태트	Langlebigkeit 랑레비히카이트	GER
contracepção 꽁뜨라쎕써웅	aborto 아보르뚜	imunidade 이무니다지	longevidade 롱쥐비다지	POR
contracepción *1 꼰뜨라쎕씨온	aborto 아보르또	inmunidad 인무니닫	longevidad 롱헤비닷	ESP
contraccezione 콘뜨라체찌오네	aborto 아보르토	immunità 임무니타	longevità 론제비타	ITA
αντισύλληψη 안디실립시	έκτρωση 엑트로시	ανοσία 아노시아	μακροβιότητα 마끄로비오띠따	GRE
contraconceptio *2 콘트라콘켑티오	abortio 아보르티오	Immunitatem 임무니타템	longa vita 롱가 비타	LAT
контрацепция 껀드라쩹찌야	аборт 아보르트	иммунитет 이무니쳇	долголетие 덜갈레찌예	RUS
避孕 /bìyùn 삐윈	绝育 /juéyù 주에위	免疫 /miǎnyì 미엔이	长寿 /chángshòu 창셔우	CHN
ひにん /避妊 히닌	にんしん ちゅうぜつ /妊娠 中絶 닌신 츄-제추	めんえき /免疫 멩에키	ちょうじゅ /長寿 쵸-쥬	JPN

동의어: *1 anticoncepción 안띠꼼세씨온, *2 anticonceptio 안티콘트라켑티오

맥박	박동(심장)	허기	갈증	KOR
pulsation 펄세이션	heartbeat 하트비트	hunger 헝거	thirst 서스트	ENG
pulsation *1 쀨싸씨옹	pulsation *2 쀨싸씨옹	faim 펭	soif 수아프	FRA
Pulsschlag 풀스슐락	Herzschlag 헤어츠슐락	Hunger 훙어	Durst 두어스트	GER
pulsação 뿌우싸써웅	batida do coração 바찌다 두 꼬라써웅	fome 포미	sede 쎄지	POR
pulsación 풀사시온	pulsación 풀사씨온	hambre 암브레	sed 세드	ESP
palpito 팔피또	pulsazione 풀사지오네	fame 파메	sete 세테	ITA
παλμός 빨모스	παλμός(καρδιάς) 빨모스(까르디아스)	πείνα 삐나	δίψα 딥사	GRE
pulsus 풀수스	pulsus 풀수스	fames 파메스	sitis 시티스	LAT
пульс 뿔스	биение(сердца) 비예니예(쎄르짜)	голод 골롯	жажда 좌쥬다	RUS
脉搏 /màibó 마이버	搏动 /bódòng 버뚱	饿 /è 으어	渴 /kě 크어	CHN
みゃくはく /脈拍 먀쿠하쿠	はくどう /搏動, 拍動 하쿠도-	ひもじさ /虚飢 히모지사	かわき / 渇き 카와키	JPN

동의어: *1~*2 pouls 뿌

한	유모차	딸랑이	의류	복장
영	stroller 스트롤러	rattle 라틀	clothes 클로즈	costume 카스튬
프	poussette 뿌쎄뜨	hochet 오쉐	vêtements 베뜨멍	habillement 아비으멍
독	Kinderwagen 킨더바겐	Klapper 클라퍼	Kleidung 클라이둥	Kostüm 코스튐
포	carrinho de bebê 까힝유 지 베베	chocalho de bebê 쇼깔유 지 베베	vestuário 베스뚜아리우	traje 뜨라쥐
스	cochecito de niño *1 꼬체시또 데 니뇨	sonajero 소나헤로	ropas 로빠스	traje 뜨라헤
이	passeggino 파쎄쮜노	sonaglio 소날리오	vestiti 베스띠띠	abito 아비또
그	καροτσάκι μωρού 까로차끼 모루	κουδουνίστρα *4 꾸두니스트라	ρούχα 루하	στολή, κοστούμι 스똘리, 꼬스뚜미
라	chiramaxium *2 키라막시움	crepundia 크레푼디아	vestis 베스티스	vestitus 베스티투스
러	детская коляска 젯츠까야 깔랴스까	трещотка 뜨례숏트까	одежда 아제쥬다	костюм 까스쭘
중	婴儿车 / yīng'érchē *3 잉얼처	摇铃 / yáolíng 야오링	衣服 / yī·fu 이푸	服装 / fúzhuāng 푸쫭
일	ベビーカー, うばぐるま / 乳母車 베비-카-, 우바구루마	ガラガラ 가라가라	いるい / 衣類 이루이	ふくそう / 服装 후쿠소-

동의어: *1 carriola 까리올라, *2 vehiculum infamtis 베히쿨룸 인판티스, *3 元宝车 / yuánbǎochē 위엔바오처, *4 ροκάνα 로까나

한	정장	상의	하의	바지
영	suit 수트	jacket 재킷	bottom wear 바틈 웨어	pants *4 팬츠
프	costume *1 꼬스뜀	veste 베스프	pantalon 빵따롱	pantalon 빵따롱
독	Anzug 안축	Oberteil 오버타일	Unterteil 운터타일	Hose 호제
포	terno 떼르누	paletó 빨레또	calça 까우싸	calça 까우싸
스	traje 뜨라헤	chaqueta 차께따	pantalones 빤딸로네스	pantalones 빤딸로네스
이	completo 꼼플레또	giacca 지아까	pantaloni 판탈로니	pantaloni 판탈로니
그	κοστούμι 꼬스뚜미	σακκάκι 사까끼	παντελόνι *2 빤델로니	παντελόνι 빤델로니
라	vestitus 베스티투스	palla gallica, toga 팔라 갈리카, 토가	bracae *3 브라캐	braca(e) 브라카(=브라카이/브라캐)
러	костюм 까스쭘	жакет 좌껫	брюки 브류끼	брюки 브류끼
중	正装 / zhèngzhuāng 쩡쫭	上衣 / shàngyī 샹이	下衣 / xiàyī 시아이	裤子 / kù·zi 쿠즈
일	せいそう / 正装 세-소-	うわぎ / 上着 우와기	かい / 下衣 카이	ずぼん / ズボン 주본

참고: *1 tailleur 따이외르(여성용), *2 ρούχα για το κάτω μέρος του σώματος 루하 이아 또 까또 메로스 뚜 소마또스,
동의어: *3 braccae 브락캐(=브라카이), *4 trousers 트라우저스

68

조끼	셔츠	반바지	짧은 바지	KOR
vest 베스트	shirt 셔츠	shorts 쇼츠	mini shorts *1 미니 쇼츠	ENG
gilet 질레	chemise 슈미즈	bermuda 베르뮈다	short *2 쇼르프	FRA
Weste 베스테	Hemd 헴트	Unterhose 운터호제	Schlüpfer 슐립퍼	GER
colete 꼴레찌	camisa 까미자	calção 까우써옹	calça curta 까우싸 꾸르따	POR
chaleco 찰레고	camisa 까미싸	pantalones cortos 빤딸로네스 꼬르또스	shorts 숄츠	ESP
pettino 페띠노	camicia 까미치아	mutande 무딴데	hot pants *3 호뜨 판츠	ITA
γιλέκο 길레꼬	πουκάμισο 뿌까미소	σορτς 솔츠	κοντό σορτσάκι 꼰또 솔차끼	GRE
colobium 콜로비움	tunica superior 투니카 수페리오르	braca(e) 브라캐(=브라카이/브라캐)	braca(e)brevis 브라캐 브레비스	LAT
жилет 질롓	рубашка 루바쉬까	короткие штаны 까롯트끼예 슈따늬	короткие штаны 까롯트끼예 슈따늬	RUS
背心 / bèixīn 뻬이신	衬衫 / chènshān 천샨	短裤 / duǎnkù 두완쿠	短内裤 / duǎnnèikù 두완네이쿠	CHN
ベスト 베스토	シャツ 샤추	はんずぼん / 半ズボン 한주본	ブリーフ 부리-후	JPN

동의어: *1 hot pants 핫 팬츠, *2 pantalon court 빵따롱 꾸르, *3 pantaloni da donna corti e attillati 판탈로니 다 돈나 꼬르띠 에 아띨라띠

운동용 반바지	드레스	턱시도	스커트	KOR
workout shorts 워크아웃 쇼츠	dress 드레스	tuxedo 턱시도	skirt 스커트	ENG
culotte 뀔로뜨	robe 로브	smoking *2 스모킹	jupe 쥐프	FRA
kurze Hose 쿠어체 호제	Kleid 클라이트	Smoking 스모킹	Rock 록	GER
calção 까우써옹	vestido 베스찌두	traje a rigor 프라쥐 아 히고르	saia 싸이아	POR
pantalones cortos deportivos 빤딸로네스 꼬르또스 데뽀르띠보스	vestido 베스띠도	smoking 스모킹	falda 팔다	ESP
pantaloncini sportiv 판탈론치니 스포르티비	vestito 베스띠또	smoking 스모킹	gonna 곤나	ITA
αθλητικό σορτς 아쓸리띠꼬 솔츠	φόρεμα 포레마	σμόκιν 스모낀	φούστα 푸스따	GRE
braca(e)brevis 브라캐 브레비스	stola 스톨라	vestis vesperi *3 베스티스 베스페리	gunna 군나	LAT
шорты 쇼르띠	платье 쁠라찌예	смокин 스모낀	юбка 읍프까	RUS
宽松运动短裤 *1 콴쏭윈동두완쿠	衣裙 / yīqún 이췬	晚会便服 / wǎnhuìbiànfú 완훼이삐엔푸	裙子 / qúnzi 췬즈	CHN
たんぱん / 短パン 탄판	ドレス 도레수	タキシード 타키시-도	スカート 수카-토	JPN

병음: *1 kuān·sōngyùndòngduǎnkù, 동의어: *2 tenue de soirée 뜨뉘 드 스와레, *3 tunica 투니카

한	블라우스	잠옷	슬립	브래지어
영	blouse 블라우스	pajamas *1 파자마스	slip 슬립	bra 브라
프	chemisier 슈미지에	pyjama 피자마	jupon 쥐뽕	soutien-gorge 수띠엥 고르쥬
독	Bluse 블루제	Schlafanzug 슐라프안축	Unterkleid 운터클라이트	BH 베하
포	blusa 블루자	pijama 삐쟈마	saia de baixo 싸이아 지 바이슈	sutiã 쑤찌앙
스	blusa 블루사	pijama 삐하마	camisón de fondo 까미손 데 폰도	sostén 소스뗀
이	camicia 까미치아	pigiama 피쟈마	sottoveste 소또베스떼	reggiseno 레쮀세노
그	μπλούζα 블루자	πυζάμα *2 삐자마	σλιπάκι, εσώρουχο 슬리빠끼, 에소루호	σουτιέν, στηθόδεσμος 수띠엔, 스띠쏘데즈모스
라	indusium, intusium 인두시움, 인투시움	vestis dormitoria 베스티스 도르미토리아	tunica interior 투니카 인테리오르	fascia pectoralis 파스키아 펙토랄리스
러	блузка 블루스까	пижама 삐좌마	пробуксовка 쁘로북소프까	лифчик 리프췩
중	女衬衣 / nǚchènyī 뉘쳔이	睡衣 / shuìyī 쉐이 이	女式长衫裙 *3 뉘스창산췬	奶罩 / nǎizhào 나이짜오
일	ブラウス 부라우수	ねまき / 寝巻き 네마키	スリップ 수립뿌	ブラジャー 부라자-

동의어: *1 pyjamas 파자마스, pj'ss 피제이스, *2 ρούχο για ύπνο 루호 이아 이프노, 병음: *3 nǚshichángshānqún

한	페티코트	팬티	스타킹	양말
영	petticoat 페티코트	panty 팬티	nylons *2 나일론즈	socks 삭스
프	jupon 쥐뽕	culotte, caleçon 뀔로뜨, 꺌르쏭(남자팬티)	bas, collant 바, 꼴랑	chaussette(s) 쇼쎄뜨
독	Unterrock 운터록	Slip, Unterhose 슬리프, 운터호제	Strumpfhose 슈트룸프호제	Socke 조케
포	combinação 꽁비나써웅	calcinha 까우씽야	meias 메이아스	meias curtas 메이아스 꾸르따스
스	enaguas 에나구아스	bragas 브라가스	medias 메디아스	calcetines 깔세띠네스
이	sottoveste 소또베스떼	mutandine 무딴디네	calza 깔쩨	calzini 깔지니
그	εσωτερική φούστα *1 에소떼리끼 푸스따	κυλοτάκι, βρακάκι 낄로따끼, 브라까끼	γυναικείες κάλτσες *3 기네끼에스 깔체스	κάλτσες 깔체스
라	castula 카스툴라	braca(e)interior 브라카 인테리오르	tibialia 티비알레	tibialia 티비알레
러	нижняя юбка 니쥬냐야 윱까	трусы 뜨루씌	колготки 깔고트끼	носки 나스끼
중	衬裙 / chènqún 쳔췬	内裤 / nèikù 네이쿠	女袜 / nǚwà 뉘와	袜子 / wàzi 와즈
일	ペチコート 페치코-토	パンティー 판티-	ストッキング 수톡낑구	くつした / 靴下 쿠추시타

동의어: *1 μισοφόρι 미소포리, *2 pantyhose 팬티호즈: 팬티스타킹, stockings 스탁킹: 밴드스타킹, *3 καλσόν 깔손

70

거들	코르셋	가터	스웨터	KOR
girdle 거들	corset 코르셋	garter 가터	sweater 스웨터	ENG
corset 꼬르세	corset 꼬르세	jarretière 쟈르띠에르	chandail, pull 샹다이으, 쀨	FRA
Hüfthalter 휘프트할터	Korsett 코어제트	Strumpfhalter 슈트룸프할터	Pulli 풀리	GER
espartilho 이스빠르찔유	espartilho 이스빠르찔유	liga 리가	suéter 쑤에떼르	POR
faja 파하	corsé 꼬르세	liguero 리구에로	jersey 헤르세이	ESP
cintura 친뚜라	corsetto 코르세또	giarrettiera 지아레띠에라	maglione 말리오네	ITA
κορσές 꼬르세스	κορσές 꼬르세스	καλτοδέτα, ζαρτιέρα 깔또데따, 자르띠에라	πουλόβερ 풀로베르	GRE
cingulum [1] 킨굴룸	fascia abdominis 파스키아 압도미니스	periscelis 페리스켈리스	tunica 투니카	LAT
пояс-корсет 뽀야스까르셋	корсет 까르셋	подвязка 빠드뱌스까	свитер 스비뜨르	RUS
緊身褙 /jǐnshēndā 진션다	緊腰衣 /jǐnyāoyī 진야오이	吊袜束腰带 [2] 디아오와쑤야오파이	毛衣 /máoyī 마오이	CHN
ガードル 가-도루	コルセット 코루셋또	ガーター 가-타-	セーター 세-타-	JPN

동의어: [1] succingulum 수킨굴룸, 병음: [2] diàowàshùyāodài

점퍼	모피코트	우비	사각팬티	KOR
(windbreaker)jacket (윈드브레이커)자켓	fur coat 퍼 코트	raincoat 레인코트	boxers 박서스	ENG
veste, blouson 베스뜨, 블루종	manteau de fourrure 멍또 드 푸리르	imperméable 엥뻬르메아블르	caleçon 깔르쏭	FRA
Jacke 야케	Pelzmantel 펠츠만텔	Regenmantel 레겐만텔	Boxershorts 복서쇼츠	GER
blusão 블루저웅	casaco de peles 까자꾸 지 뻴리스	capa impermeável 까빠 잉뻬르메아베우	cueca 꾸에까	POR
cazadora 까싸도라	abrigo de pieles 아브리고 데 삐엘레스	impermeable 임뻬르메아블레	calzoncillos 깔손씨요스	ESP
giubbotto 쥬보또	pelliccia 펠리치아	impermeabile 임뻬르메아빌레	mutande 무딴데	ITA
αντιανεμικό μπουφάν 안디아네미꼬, 부판	γούνινο παλτό 구니노 빨또	αδιάβροχο 아디아브로호	εσώρουχο μποξεράκι 에소루호 복세라끼	GRE
tunica 투니카	pallium pellicium 팔리움 펠리키움	paenula non madita 패눌라 논 마디타	braca(e) 브라카(브라캐/브라카이)	LAT
джемпер 쳄뻬르	шуба 슈바	дождевик 더쥬제빅	Мужские трусы 무쥐스끼예 뜨루쓰이	RUS
茄克 /jiākè, 夹克 /jiākè 지아커	毛皮外套 /máopíwàitào 마오피와이타오	雨装 /yǔzhuāng 위쫭	平角内裤 /píngjiǎonèikù [2] 핑쟈오네이쿠	CHN
ジャンパー 잔파-	けがわこーと /毛皮コート 케가와코-토	レインコート [1] 레인코-토	トランクス 토란쿠수	JPN

동의어: [1] あまがっぱ /雨合羽 아마갑빠, [2] 四角内裤 /sìjiǎonèikù 시쟈오네이쿠

한	유니폼	수영복	직물	섬유
영	uniform 유니폼	swimsuit 스윔수트	textile 텍스타일	fiber 파이버
프	uniforme 유니포름므	maillot de bain 마이오 드 벵	textile 떽스띨	fibre 피브르
독	Uniform 우니포옴	Schwimmanzug 슈빔안축	Gewebe 게베베	Faser 파저
포	uniforme 우니포르미	roupa de banho 호우빠 지 방유	textil 떽스찌우	fibra 피브라
스	umiforme 우니포르메	trajes de baño 트라헤스 데 바뇨	textil 떽스띨	fibra 피브라
이	uniforme 우니포르메	costume da bagno 코스투메 다 반뇨	tessile 테씰레	fibra 피브라
그	στολή, ενδυμασία 스폴리, 엔디마시아	μαγιό 마기오	ύφασμα 이파즈마	ίνα 이나
라	formae similitudo 포르매(=포르마이)시밀리투도	vestis natati 베스티스 나타티	textum 텍스툼	fibra 피브라
러	униформа 우니포르마	купальник 꾸빨닉	текстиль 쩩스찔	волокно 벌라크노
중	制服 / zhifú 즈푸	游泳衣 / yóuyǒngyī 요우융이	织物 / zhīwù 즈우	纤维 / xiānwéi 시엔웨이
일	ユニフォーム 유니훠-무	みずぎ / 水着 미주기	おりもの / 織物 오리모노	せんい / 繊維 셍이

한	솜, 목면	울, 모직	실크	마(삼베)	벨벳
영	cotton 카튼	wool 울	silk 실크	hemp 헴프	velvet 벨벳
프	coton 꼬똥	laine 렌느	soie 스와	chanvre 샹브르	velours 블루르
독	Baumwolle *1 바움볼레	Wolle 볼레	Seide 자이데	Leinen 라이넨	Samt 잠트
포	algodão 아우고더옹	lã 랑	seda 쩨다	linho 링유	veludo 벨루두
스	algodón 알고돈	lana 라나	seda 세다	cáñamo 까냐모	terciopelo 떼르씨오뻴로
이	cotone 꼬또네	lana 라나	seta 세따	canapa 카나파	velluto 벨루토
그	βαμβάκι 밤바끼	μαλλί 말리	μετάξι 메딱시	κάνναβη 깐나비	βελούδο 벨루도
라	bambacinum 밤바키눔	lana 라나	bombyx 봄빅스	cannabis 칸나비스	holosericum 홀로세리쿰
러	хлопок *2 훌로뽁	шерсть 쉐르스츠	шёлк 숄크	конопля 카나쁠랴	бархат 바르핫트
중	棉花 / miánhua *3 미엔화	羊毛 / yángmáo 양마오	丝绸 / sīchóu 쓰처우	麻 / má 마	丝绒 / sīróng 쓰룽
일	わた / 綿、もめん / 木綿 와타, 모멘	ウール、け / 毛 우-루, 케	シルク 시루쿠	あさ / 麻 아사	ベルベット 베루벳또

참고: *1 Watte 바테(약솜), *2 вата 바따(약솜), *3 吸水棉 / xīshuǐmián 시쉐이미엔(약솜)

72

가죽	편물	니트	진, 데님	나일론	KOR
leather 레더	knitting 니팅	knit 니트	jeans *1 진	nylon 나일론	ENG
cuir 뀌르	tricotage 트리꼬따쥬	tricot 트리꼬	jeans 쥔	nylon 니롱	FRA
Leder 레더	Strickerei 슈트릭케라이	Strick 슈트릭	Jeans, Denim 진스, 데님	Nylon 나일론	GER
couro 꼬우루	trabalho de malha 뜨라발유 지 말야	malha 말야	jeans 졍스	nylon 닐롱	POR
cuero 꾸에로	tejido de punto 떼히도 데 뿐또	punto 뿐또	vaquero 바께로	nailon 나일론	ESP
pelle 뻴레	maglia 밀리아	maglia 말리아	jeans 진즈	nylon 나일론	ITA
δέρμα 데르마	πλέξιμο 쁠렉시모	πλεκτό 쁠렉또	τζιν 진	νάιλον 나일론	GRE
pellis 펠리스	textrinum 텍스트리눔	plexus 플렉수스	bracae linteae *2 브라캐 린테애	*4	LAT
кожа 꼬좌	вязание 뱌자니예	трикотаж 뜨리까따쉬	джинсы 쥔씌	нейлон 녜일론	RUS
皮 / pí 피	织活 / zhīhuó 쯔훠	针织 / zhēnzhī 쪈즈	牛仔裤 / niúzǎikù *3 니우자이쿠	尼龙 / nílóng 니룽	CHN
かわ / 革 카와	あみもの / 編み物 아미모노	ニット 닛또	ジーンズ、デニム 진주, 데니무	ナイロン 나이론	JPN

동의어: *1 denim 데님, *2 bracae linteae caeruleae 브라캐 린테애 캐룰레애, *3 牛仔布 / niúzǎibù 니우자이부,
*4 materia plastica nailonensis 마테리아 플라스카 나일로넨시스

레이온	폴리에스테르	레이스	재봉, 바느질	KOR
rayon 레이온	polyester 폴리에스텔	lace 레이스	sewing 쏘잉	ENG
rayonne 레이온느	polyester 폴리에스테르	dentelle 덩뗄	couture 꾸뛰르	FRA
Rayon, Viskose 레이옹, 비스코제	Polyester 폴리에스터	Spitze 슈피체	Näherei 내에라이	GER
rayon 하이옹	poliéster 뽈리에스떼르	renda 헹다	costura 꼬스뚜라	POR
rayón 라욘	poliéster 뽈리에스떼르	encaje 엥까헤	costura 꼬스뚜라	ESP
raion 라이온	poliestere 폴리에스테레	laccio 라쵸	cucito 꾸치또	ITA
ραιγιόν 레기온	πολυεστέρας 뽈리에스떼라스	δαντέλλα 단뗄라	ραπτική 랍띠끼	GRE
artificiosum sericum *1 아티피시오숨 세리쿰	*3	texta reticulata 텍스타 레티쿨라타	suendi ars 수엔디 아르스	LAT
искусственный шёлк 이스꾸스뜨벤늬이 숄크	полиэстер 뽈리아스쪠르	кружево 크루줴보	шитьё 쉬찌요	RUS
人造丝 / rénzàosī *2 런자오쓰	聚酯 / jùzhǐ 쥐즈	花边 / huābiān 화비엔	缝纫 / féngrèn 펑런	CHN
レイヨン 레-온	ポリエステル 포리에수테루	レース 레-수	さいほう / 裁縫 사이호-	JPN

동의어: *1 artificiosus bombyx 아티피시오수스 봄빅스, *2 雷虹 / léihóng 레이훙, *3 materia plastica polyesteris 마테리아 플라스카 폴리에스테리스

한	자수	바늘	실	후크	단추
영	embroidery 임브로이더리	needle 니들	thread 쓰레드	hook 후크	button 버튼
프	broderie 브로드리	aiguille 에귀으	fil 필	corchet 크로쉐	bouton 부똥
독	Stickerei 슈틱케라이	Nadel 나델	Faden 파덴	Haken 하켄	Knopf 크놉프
포	bordado 보르다두	agulha 아굴야	fio 피우	gancho 강슈	botão 보떠웅
스	bordado 보르다도	aguja 아구하	hilo 일로	corchete 꼬르체떼	botón 보똔
이	ricamo 리까모	ago 아고	filo 필로	gancio 간치오	bottone 보또네
그	κέντημα 껜디마	βελόνα 베로나	κλωστή 글로스띠	κόπιτσα *1 꼬삐차	κουμπί 꾸비
라	ars acu pingende 아르스 아쿠 핑겐데	acus 아쿠스	filum 필룸	uncus, hamus 운쿠스, 하무스	fíbula 피불라
러	вышивание 븨쉬바니예	иголка 이골까	нитка 니트까	крючок 크류쵹	пуговица 뿌거비짜
중	刺绣 / cìxiù 츠시우	针 / zhēn 젼	丝儿 / sīr 쓰얼	纽钩 / niǔgōu 니우꺼우	扣子 / kòuzi 커우즈
일	ししゅう / 刺繡 시슈-	はり / 針 하리	いと / 糸 이토	フック 훅꾸	ボタン 보탄

동의어: *1 βελονάκι 벨로나끼

한	지퍼	주머니	원단	넥타이	스카프
영	zipper 지퍼	pocket 포켓	fabric 패브릭	tie 타이	silk scarf 실크 스카프
프	zip 집	poche 뽀슈	étoffe 에또프	cravate 크라바뜨	foulard *2 풀라드
독	Reißverschluss 라이스페어슐루스	Tasche 타쉐	Stoffe 슈토페	Krawatte 크라바테	Halstuch 할스투흐
포	zíper 지뻬르	bolso 보우쑤	tecido 떼씨두	gravata 그라바따	echarpe 에샤르삐
스	cremallera 끄레마예라	bolsillo 볼시요	tela 뗄라	corbata 꼬르바따	pañuelo *3 빠뉴엘로
이	cerniera 체르니에라	tasca 타스카	tessuto 테쑤또	cravatta 크라바따	sciarpa 샤르빠
그	φερμουάρ 페르무아르	τσέπη 쩨삐	ύφασμα 이파즈마	γραβάτα 그라바따	εσάρπα 에샤르빠
라	clusura tractilis 클루수라 트락틸리스	funda vestis 푼다 베스티스	textum *1 텍스툼	nodus colli 노두스 콜리	focale 포칼레
러	застёжка 자스죠쉬까	карман 까르만	ткань 트칸	галстук 갈스뚝	шарф 샤르프
중	拉链 / lāliàn 라리엔	口袋 / kǒudai 커우따이	原缎 / yuánduàn 위엔뚜안	领带 / lǐngdài 링따이	领巾 / lǐngjīn 링진
일	ジッパー 집빠-	ポケット 포켓또	たんもの / 反物 탄모노	ネクタイ 네쿠타이	スカーフ 수카-후

동의어: *1 textus 텍스투스, *2 écharpe 에샤르쁘, *3 mascada 마스까다

74

손수건	목도리	장갑	드라이클리닝	KOR
handkerchief(hanky) 핸커치프(행키)	scarf 스카프	gloves 글러브스	dry cleaning 드라이 클리닝	ENG
mouchoir 무슈아르	écharpe, foulard 에샤르쁘, 풀라르	gant 겅	nettoyage à sec 네뚜와이아쥬 아 쎄크	FRA
Taschentuch 타셴투흐	Schal 샬	Handschuh 한트슈	chemische Reinigung 헤미쉐 라이니궁	GER
lenço 렝쑤	cachecol 까쉬꼬우	luva 루바	lavagem a seco 라바젱 아 쎄꾸	POR
pañuelo 빠뉴엘로	bufanda 부판다	guantes 관떼스	limpieza en seco 림삐에사 엔 세꼬	ESP
fazzoletto 파쫄레또	sciarpa 샤르빠	guanti 구안티	lavaggio a secco 라바쬬 아 세꼬	ITA
μαντίλι 만딜리	κασκόλ 카스꼴	γάντι 간디	στεγνό καθάρισμα 스테그노 까짜리즈마	GRE
sudarium 수다리움	focale colli 포칼레 콜리	digitabula *1 디기타불라	sicca purgatio 시카 푸르가티오	LAT
носовой платок 너싸보이 쁠라똑	шарф 샤르프	перчатка 뻬르촷트까	химчистка 힘취스트까	RUS
手巾 / shǒujīn 셔우진	围巾 / wéijīn 웨이진	手套 / shǒutào 셔우타오	干洗 / gānxǐ 깐씨	CHN
ハンカチ 한카치	マフラー 마후라-	てぶくろ / 手袋 테부쿠로	ドライクリーニング 도라이쿠리-닝구	JPN

동의어: *1 chirothecae 히로테캐

다림질	조각보	수선	신발	KOR
ironing 아이어닝	patchwork 패취워크	alteration 얼터레이션	footwear *6 풋웨어	ENG
repassage 르파사쥬	patchwork 빠슈워크	réparation *3 레페라씨옹	chaussures 쇼쒸르	FRA
Bügeln 뷔겔른	Flickwerk *1 플릭베 르크	Reparatur von Kleidung 레파라투어 폰 클라이둥	Fußbekleidung 푸스베클라이둥	GER
passar a ferro 빠싸르 아 페후	colcha de retalhos 꼬우샤 지 헤딸유스	conserto *4 꽁쩨르뚜	calçado 까우싸두	POR
planchado 플란차도	zurcido 수르씨도	arreglo 아레글로	calzados 깔사도스	ESP
stiro 스티로	patchwork 패치워크	alterazione 알테라지오네	scarpe 스카르페	ITA
σιδέρωμα 시데로마	μπάλωμα 발로마	αλλαγή *5 알라기	υποδήματα *7 이뽀디마따	GRE
(ferro)levigare (페로)레비가레	sartura 사르투라	restitutio 레스티투티오	pedum tegmen 페둠 테그맨	LAT
глаженье 글라줴니예	лоскутная работа 라스꾸트나야 라보따	ремонт 리몬트	обувь 오부피	RUS
熨 / yùn 윈	用碎布做成的包袱皮 *2 융쉐이뿌쭈오청더빠오부피	缝补 / féngbǔ 펑부	鞋子 / xiézi 시에즈	CHN
アイロン 아이론	ふろしき / 風呂敷 후로시키	しゅうぜん / 修繕 슈-젠	はきもの / 履物 하키모노	JPN

동의어: *1 Flickarbeit 플릭아르바이트, *3 retouche 르뚜슈, *4 reparo 헤빠루, *5 τροποποίηση 트로뽀삐이시, *6 shoes 슈즈, *7 παπούτσια 빠뿌치아, 병음: *2 yòngsuìbùzuòchéngdebāofupí, 참고: 보자기 包袱 / bāofu 빠오푸

한	구두	부츠	운동화	슬리퍼
영	dress shoes *1 드레스 슈즈	boots 부츠	sneakers 스니커즈	slippers 슬리퍼스
프	soulier 쑤리에	bottes 보뜨	chuassures de sport 쇼쒸르 드 스뽀르	pantoufle 뼝뚜플
독	Schuh 슈	Stiefel 슈티펠	Sportschuh, Turnschuh 스포트슈, 투언슈	Pantoffel 판토펠
포	sapato 싸빠뚜	bota 보따	tênis 떼니스	chinelo 쉬넬루
스	zapatos 사빠또스	botas 보따스	zapatos deportivos 싸빠또스 데뽀르띠보스	zapatilla, sandalias 싸빠띠야, 산달리야
이	scarpe 스카르페	stivali 스티발리	scarpe da sport 스카르페 다 스포르트	pantofole 판토폴레
그	παπούτσια για κοστούμι 빠뿌치아 이아 꼬스뚜미	μπότες, αρβύλες 보떼스, 아르빌레스	αθλητικά παπούτσια 아쓸리띠까 빠뿌치아	παντόφλα 빤도플라
라	calceamentum 칼케아멘툼	caliga 칼리가	calceus gymnicus 칼케우스 김니쿠스	sandalium 산달리움
러	туфли 뚜플리	сапоги 싸빠기	кроссовки 크라쏘프끼	тапочки 따뻐취끼
중	皮鞋 / píxié 피시에	靴子 / xuēzi 슈에즈	运动鞋 / yùndòngxié 윈뚱시에	拖鞋 / tuōxié 투오시에
일	くつ / 靴 쿠추	ブーツ 부-추	スニーカー 수니-카-	スリッパ 수립빠

동의어: *1 여성의 구두: high heels 하이힐스(굽이 높은), pumps 펌프스(끈이 없는)

한	안경	선글라스	렌즈	손목시계
영	glasses 글래시즈	sun glasses 썬 글라씨스	lens 렌즈	watch 와치
프	lunettes 뤼네프	lunettes de soleil 리네프 드 쏠레이으	lentille 렁띠으	montre-bracelet 몽트르 브라슬레
독	Brille 브릴레	Sonnenbrille 존넨브릴레	Linse *2 린제	Armbanduhr 암반트우어
포	óculos 오꿀루스	óculos de sol 오꿀루스 지 쏘우	lente 렝찌	relógio de pulso 헬로쥐우 지 뿌우쑤
스	gafas, lentes 가파스, 렌떼스	gafas del sol *1 가파스 델 솔	lentes de contacto 렌떼스 데 꼰딱또	reloj de pulsera 렐로흐 데 뿔세라
이	occhiali 오끼알리	occhiali da sole 오끼알리 다 솔레	lente 렌떼	orologio 오롤로지오
그	γυαλιά 기알리아	γυαλιά ηλίου 기알리아 일리우	φακός 파꼬스	ρολόι 롤리
라	perspicillum opticum 페르스피킬룸 옵티쿰	perspicillum solis 페르스피킬룸 솔리스	lens 렌스	horologium armillare 호롤로기움 아르밀라레
러	очки 아취끼	солнечные очки 쏠녜취늬예 아취끼	линзы 린즤	наручные часы 나루취늬예 취쓰
중	眼镜 / yǎnjing 얜징	太阳镜 / tàiyángjìng 타이양징	隐形眼镜 / yǐnxíngyǎnjìng 인싱얜징	手表 / shǒubiǎo 셔우비아오
일	めがね / 眼鏡 메가네	サングラス 산구라수	レンズ 렌주	うでどけい / 腕時計 우데도케-

동의어: *1 lentes de sol 렌떼스 데 솔, *2 Kontaktlinse 콘탁트린제

76

브로치	머리띠	머리핀	우산	양산	KOR
broach 브로치	headband 헤드밴드	barrette(=clip)*2 버렛(=클립)	umbrella 엄브렐라	Parasol 파라솔	ENG
broche 브로슈	serre-tête 쎄르 떼뜨	pince à cheveux 뼁스 아 슈브	parapluie 파라쁠리	parasol 파라솔	FRA
Brosche 브로쉐	Haarband 하어반트	Haarschumuck 하어슈무크	Regenschirm 레겐시름	Sonnenschirm 존넨시름	GER
broche 브로쉬	tiara 찌아라	grampo de cabelo 그랑뿌 지 까벨루	guarda-chuva 과르다 슈바	sombrinha 쏭브링야	POR
broche 브로체	cinta para el pelo 씬따 빠라 엘 뻴로	horquilla 오르끼야	paraguas 빠라구아스	sombrilla 솜브리야	ESP
spilla 스필라	fascia per i capelli 파샤 뻬르 이 카펠리	fermacapelli 페르마카펠리	ombrello 옴브렐로	parasole 파라솔레	ITA
καρφίτσα, περόνη 깔피차, 뻬로니	κορδέλλα μαλλιών 콜델라 말리온	καρφίτσα μαλλιών 깔피차 말리온	ομπρέλα 옴브렐라	ομπρέλα για τον ήλιο *4 옴브렐라 이아 똔 일리오	GRE
fibula 피불라	fascia *1 파스키아	fibula comatoria *3 피불라 코마토리아	umbrella 움브렐라	umbrella solis 움브렐라 솔리스	LAT
брошка 브로쉬까	ободок 아바독	заколка 자꼴까	зонтик 존찍	зонтик от солнца 존트 앗트 쏜짜	RUS
别针 / biézhēn 비에젼	发带 / fàdài 파따이	发卡 / fàqiǎ 퐈치아	雨伞 / yǔsǎn 위샨	阳伞 / yángsǎn 양샨	CHN
ブローチ 부로-치	はちまき / 鉢巻 하치마키	ヘアピン 헤아핀	かさ / 傘 카사	ひがさ / 日傘 히가사	JPN

동의어: *1 redimiculum 레디미쿨룸, *2 hairpin 헤어핀, *3 acus comatoria 아쿠스 코마토리아(=핀), *4 παρασόλι 빠라솔리

모자	귀걸이	목걸이	반지	팔찌	KOR
hat *1 햇	earring 이어링	necklace 네클리스	ring 링	bracelet 브레이슬릿	ENG
chapeau 샤뽀	boucle d'oreille 부끌 도레이으	collier 꼴리에	anneau, bague 아노, 바그	bracelet 브라슬레	FRA
Hut 후트	Ohrringe 오어링에	Halskette 할스케테	Ringe 링에	Armband 암반트	GER
chapéu 샤뻬우	brinco 브링꾸	colar 꼴라르	anel 아네우	pulseira 뿌우쩨이라	POR
sombrero 솜브레로	aretes 아레떼스	collar 꼬야르	anillo 아니요	pulsera 뿔세라	ESP
cappello 까뻴로	orecchino 오레끼노	collana 콜라나	anello 아넬로	braccialetto 브라챠레또	ITA
καπέλο 까뻴로	σκουλαρίκι 스꿀라리끼	περιδέραιο *2 뻬리데레오	δακτυλίδι 닥띨리디	βραχιόλι 브라히올리	GRE
petasus 페타수스	inaures 이나우레스	catella 카텔라	anulus 아눌루스	armilla 아르밀라	LAT
шляпа 슐랴빠	серьга 셰르가	ожерелье 아줘렐리예	кольцо 깔쪼	браслет 브라슬렛	RUS
帽子 / màozi 마오즈	耳环 / ěrhuán 얼환	项链 / xiànglián 샹리엔	戒指 / jièzhi 지에즈	手镯 / shǒuzhuó 셔우쭈오	CHN
ぼうし / 帽子 보-시	イヤリング 이야린구	ネックレス 넥꾸레수	ゆびわ / 指輪 유비와	うでわ / 腕輪 *3 우데와	JPN

동의어: *1 cap 캡, *2 κολιέ 꼴리에, *3 ブレスレット / bracelet 부레수렛또

한	가방	벨트	지갑	거울	드레싱가운
영	bag 백	belt 벨트	wallet 월렛	mirror 미러	dressing gown 드레싱 가운
프	sac 싹	ceinture 쎙뛰르	portefeuille 뽀르뜨패이으	miroir 미루아	robe de chambre 로브 드 샹브르
독	Tasche 타셰	Gürtel 귀어텔	Portemonnaie *1 포르테몬네	Spiegel 슈피겔	Morgenmantel 모르겐만텔
포	bolsa 보우싸	cinto 씽뚜	carteira 까르떼이라	espelho 이스뻴유	roupa 호우빠
스	bolsa 볼사	cinturón 씬뚜론	cartera 까르떼라	espejo 에스뻬호	bata 바따
이	borsa 보르사	cintura 친뚜라	portafoglio 포르타폴리오	specchio 스페끼오	vestaglia 베스탈리아
그	τσάντα 짠따	ζώνη 조니	πορτοφόλι 뽈또폴리	καθρέφτης 까쓰레프띠스	ρόμπα 로바
라	saccus 삭쿠스	zona 조나	pera 페라	speculum 스페쿨룸	vestis matutina 베스티스 마투티나
러	сумка 숨까	пояс 뽀야스	кошелек 까쉘룍	зеркало 제르깔러	халат 할랏
중	包 / bāo 빠오	腰带 / yāodài 야오따이	钱包 / qiánbāo 치엔빠오	镜子 / jìngzi 징즈	晨褛 / chénlǚ 천뤼
일	かばん / 鞄 가반	ベルト 베루토	さいふ / 財布 사이후	かがみ / 鏡 카가미	ガウン 가운

동의어: *1 Brieftasche 브리프타셰

한	화장	화장품	향수	마스크	아이섀도
영	makeup 메이크업	cosmetics 코스메틱	perfume 퍼퓸	facial mask 페이셜 마스크	eye shadow 아이 섀도우
프	maquillage 마끼아쥬	cosmétique 코스메띠끄	parfum 빠르펭	masque 마스끄	fard à paupière 파르 아 뽀삐에르
독	Schminke 슈밍케	Kosmetik 코스메틱	Parfüm 파아쀠	Mundmaske 문트마스케	Lidschatten 리트샤텐
포	maquiagem 마끼아쳉	cosméticos 꼬스메찌꾸스	perfume 뻬르푸미	máscara 마스까라	sombreador 쏭브레아도르
스	maquillaje 마끼야헤	cosméticos 꼬스메띠꼬스	perfume 뻬르푸메	mascarilla 마스까리야	sombreador 솜브레아도르
이	trucco 트루꼬	cosmético 코르메티코	profumo 프로푸모	maschera 마스케라	ombretto 옴브레또
그	μακιγιάζ 마끼야즈	καλλυντικά 깔린디까	άρωμα 아로마	μάσκα προσώπου 마스까 프로소뿌	σκιά ματιών 스키아 마띠온
라	fucus 푸쿠스	materia ad ornatum 마테리아 아드 오르나툼	liquor odoratus 리쿠오르 오도라투스	persona cosmetica *1 페르소나 코스메티카	umbra oculorum 움브라 오쿨로룸
러	макияж 마끼야쥐	косметика 까스메찌까	духи 두히	маска 마스까	тени для глаз 쩨니 들랴 글라즈
중	打扮 / dǎban 다반	化妆品 / huàzhuāngpǐn 화쫭핀	香水 / xiāngshuǐ 샹쉐이	口罩 / kǒuzhào 커우짜오	眼影粉 / yǎnyǐngfěn 얜징펀
일	けしょう / 化粧 케쇼-	けしょうひん / 化粧品 케쇼-힌	こうすい / 香水 코-수이	マスク 마스쿠	アイシャドー 아이샤도-

동의어: *1 larva cosmetica 라르바 코스메티카

78

파우더	마스카라	매니큐어	콤팩트	립스틱	KOR
powder *1 파우더	mascara 마스카라	nail polish *3 네일 폴리시	compact 콤팩트	lipstick 립스틱	ENG
poudre 뿌드르	mascara 마스까라	manicure *4 마니뀌르	poudre compact 뿌드르 꽁빡뜨	rouge à lèvres 루쥬 아 레브르	FRA
Puder 푸더	Wimperntusche *2 빔펀투셰	Nagellack 나겔라크	Kompaktpuder 콤팍트푸더	Lippenstift 립펜슈티프트	GER
pó 뽀	máscara 마스까라	manicure 마니꾸리	compacto 꽁빡뚜	batom 바똥	POR
polvo 뽈보	rimel 리멜	manicura 마니꾸라	polvera 뽈베라	lápiz de labios 라삐스 데 라비오스	ESP
cipria 치프리아	mascara 마스카라	manicure 마니쿠레	cipria compatta 치프리아 콤파따	rossetto 로쩨또	ITA
πούδρα 뿌드라	μάσκαρα 마스카라	βερνίκι νυχιών 베르니끼 니히온	κασετίνα καλλυντικών 까세띠나 깔린디꼰	κραγιόν 크라이온	GRE
cerussa 케루싸	calliblépharum 칼리블레파룸	politura unguium 폴리투라 잉구이움	capsella cosmetica *5 캅셀라 코스메티카	virga labri 비르가 라브리	LAT
пудра 뿌드라	тушь для ресниц 뚜쉬 들랴 레스닛츠	маникюр 마니큐르	пудреница 뿌드롄니짜	помада 빠마다	RUS
香粉 / xiāngfěn 샹펀	染睫毛膏 / rǎnjiémáogāo 란지에마오까오	指甲油 / zhǐjiayóu 즈지아요우	粉盒 / fěnhé 펀허	口红 / kǒuhóng 커우홍	CHN
パウダー 파우다-	マスカラ 마수카라	マニキュア 마니큐아	コンパクト 콘파쿠토	リップスティック *6 립뿌수틱꾸	JPN

동의어: *1 facial powder 페이셜 파우더, *2 Maskara 마스카라, *3 manicure 매니큐어, *4 vernis à ongles 베르니 아 옹글르, *5 capsula cosmetica 캅술라 코스메티카, *6 くちべに / 口紅 쿠치베니

파우더 퍼프	스킨	로션	클렌징	KOR
powder puff 파우더 퍼프	skin toner *1 스킨 토너	moisturizer 모이스츄라이저	cleanser 클린저	ENG
houpette à poudre 우뻬뜨 아 뿌드르	lotion tonique 로씨옹 또니끄	lotion 로씨옹	démaquillant 데마끼이앙	FRA
Puderquaste 푸더크바스테	Gesichtswasser 게지히츠바서	Gesichtscreme 게지히츠크레메	Reinigung 라이니궁	GER
pompom 뽕뽕	loção tônice 로써옹 또니까	loção 로써옹	demaquilante 데마낄랑찌	POR
borla de polvo 보를라 데 뽈보	tónico 또니꼬	loción 로씨온	limpiador 림삐아도르	ESP
piumino da cipria 피우미노 다 치프리아	tonico 토니코	lozione 로지오네	detergente 데테르젠떼	ITA
σφουγγαράκι 스풍가라끼	τόνικ λοσιόν για το δέρμα 또닉 로시온 리아 또 데르마	ενυδατική κρέμα 에니다띠끼 끄레마	κρέμα καθαρισμού 끄레마 까싸리즈무	GRE
penicillus(cosmeticus) 페니킬루스(코스메티쿠스)	aqua faciei 아쿠아 파키에이	ceroma emolliens *2 케로마 에몰리엔스	liquor ablutionis *3 리쿠오르 아블루티오니스	LAT
пуховка 뿌호프까	тоник 토니크	лосьон 라시온	очищение 아취쉐니예	RUS
粉扑儿 / fěnpūr 펀푸얼	花露水 / huālùshuǐ 화루쉐이	乳液 / rǔyè 루예	清洁霜 / qīngjiéshuāng 칭지에수왕	CHN
パフ 파후	スキン 수킨	ローション 로숀	クレンジング 쿠렌진구	JPN

동의어: *1 lotion 로션, *2 emollientia 에몰리엔티아, *3 sapo liquidus 사포 리쿠이두스

한	식량1	식량2	영양	음식	식사, 끼니
영	provisions 프러비전스	victualage 빅트리즈	nutrition 뉴트리션	food 푸드	meal 밀
프	provisions 프로비지옹	vivres 비브르	nutrition 뉘트리씨옹	nourriture 누리뛰르	repas 르빠
독	Nahrungsmittel 나룽스미텔	Lebensmittel 레벤스미텔	Ernährung 에어내룽	Nahrung 나룽	Mahlzeit 말차이트
포	provisões 쁘로비종이스	víveres 비베리스	nutrição 누뜨리써옹	alimento *1 알리멩뚜	refeição 헤페이써옹
스	provisiones 프로비시오네스	víveres 비베레스	nutrición 누뜨리씨온	alimento *2 알리멘또	comida 꼬미다
이	provviste 프로비스테	viveri 비베리	alimentazione 알리멘타지오네	alimento *3 알리멘토	pasto 빠스또
그	προμήθειες 프로미씨에스	προμήθειες 프로미씨에스	διατροφή 디아트로피	τροφή *4 트로피	γεύμα 예브마
라	cibárium 키바리움	vitále 비탈레	nutricium 누투리키움	alimentum 알리멘툼	cibus 키부스
러	припасы 쁘리빠씌	пищевые продукты 삐쉐븨예 쁘라두크픠	питание 삐따니예	еда 예다	пища 삐쮜야
중	食粮 / shíliáng 쉬리앙	食粮 / shíliáng 쉬리앙	营养 / yíngyǎng 잉양	饮食 / yǐnshí 인스	膳食 / shànshí 샨스
일	しょくりょう / 食糧 쇼쿠료-	しょくりょう / 食糧 쇼쿠료-	えいよう / 栄養·営養 에이요-	たべもの / 食べ物 타베모노	しょくじ / 食事 쇼쿠지

동의어: *1 comida 꼬미다, *2 comida 꼬미다, *3 cibo 치보, *4 φαγητό 파기또

한	미식가1	미식가2	채식주의자	아침식사
영	gourmet 구어메이	epicure 에피큐어	vegetarian 베지테리안	breakfast 브렉퍼스트
프	gourmet 구르메	gastronome 가스트로놈프	végétarien 베줴따리엥	petit déjeuner 쁘띠 데줴네
독	Gourmand 구르망	Feinschmecker 파인슈메커	Vegetarier 베게타리어	Frühstück 프뤼슈튀크
포	gastrônomo 가스프로노무	epicurista 에삐꾸리스따	vegetariano 베줴따리아누	café da manhã 까페 다 망양
스	gastrónomo(ma) 가스프로노모(마)	epicúreo 에삐꾸레오	vegetariano 베헤따리아노	desayuno 데사유노
이	gastronomo 가스트로노모	epulóne 에뿔로네	vegetariano 베제타리아노	colazione 콜라지오네
그	καλοφαγάς 깔로파가스	γευσιγνώστης *1 예브시그노스띠스	χορτοφάγος 호르또파고스	πρωϊνό 프로이노
라	gastronomía 가스트로노미아	ligurítor 리구리토르	vegetarianus 베게타리아누스	jentaculum 옌타쿨룸
러	гурман 구르만	эпикуреец 애삐꾸레옛츠	вегетарианец *2 배게따리아녯츠	завтрак 자프프락
중	美食家 / měishíjiā 메이스지아	美食家 / měishíjiā 메이스지아	素食者 / sùshízhě 쑤스저	早餐 / zǎocān 자오찬
일	びしょくか / 美食家 비쇼쿠카	びしょくか / 美食家 비쇼쿠카	さいしょくしゅぎしゃ / 菜食主義者 사이쇼쿠슈기샤	ちょうしょく / 朝食 쵸-쇼쿠

참고: *1 εκλεκτό φαγητό 엑클렉또 파기또(미식, 좋은 음식), 동의어: *2 вегетарианка 배게따리안까(여성)

점심식사	저녁식사	만찬	스낵, 간식	뷔페	KOR
lunch 런치	supper 서퍼	dinner 디너	snack 스낵	buffet 부페이	ENG
déjeuner 데줴네	souper 쑤뻬	dîner 디네	goûter 구떼	buffet 뷔페	FRA
Mittagessen 미탁에쎈	Abendessen 아벤트에쎈	Abendmahl 아벤트말	Imbiss 임비스	Büfett 뷔페	GER
almoço 아우모쑤	jantar 쟝따르	ceia 쎄이아	lanche 랑쉬	bufé, bufete 부페, 부페찌	POR
almuerzo 알무에르소	cena 쎄나	banquete 방께떼	merienda 메리엔다	bufet 부펫	ESP
pranzo 쁘란조	cena 체나	cenatore 체나토레	spuntino 스뿐티노	buffetto 부페또	ITA
μεσημεριανό 메시메리아노	δείπνο 디쁘노	δείπνο 디쁘노	μεζές, σνακ 메제스, 스낙	μπουφές 부페스	GRE
prandium 프란디움	cenula 케눌라	cena 케나	merénda 메렌다	mensa dapifera 멘사 다피페라	LAT
обед 아볫	ужин 우쥔	ужин 우쥔	закуска 자꾸스까	буфет 부펫	RUS
午餐 /wǔcān 우찬	晚饭 /wǎnfàn 완판	晚餐 /wǎncān 완찬	小吃 /xiǎochī 샤오츠	自助餐 /zìzhùcān 쯔주찬	CHN
ちゅうしょく /昼食 츄-쇼쿠	ゆうしょく /夕食 유-쇼쿠	ばんさん /晩餐 반산	かんしょく /間食 칸쇼쿠	ビュッフェ 붓훼	JPN

케이터링	패스트 푸드	셀프 서비스	단식	KOR
catering 케이터링	fast food 패스트 푸드	self-service 셀프 써비스	fast 패스트	ENG
restauration *1 레스또라씨옹	fast-food 파스트 푸드	libre-service 리브르 쎄르비스	jeûne 젠느	FRA
Catering *2 케이터링	Fast food 파스트 푸트	Selbstbedienung 젤프스트베디눙	Fasten 파스텐	GER
catering 께이떠링	comida rápida 꼬미다 하삐다	self-service 쎌피 쎄르비스	jejum 줴줌	POR
abastecimiento 아바스떼씨미엔또	comida rápida 꼬미다 라삐다	autoservicio 아우또세르비씨오	ayuno 아유노	ESP
catering 케이터링	fast food 패스트 푸드	fai da te 파이 다 떼	digiuno 디쥬노	ITA
κέτερινγκ *3 께떼링크	φαστ φουντ *4 파스프 푸드	Αυτοεξυπηρέτηση *5 아프또엑시삐레띠시	νηστεία 니스띠아	GRE
opsonium 옵소니움	cibum festínans 키붐 페스티난스	munus suae spontis 무누스 수에 스폰티스	ieiunium 예유니움	LAT
кейтеринг 께쩨링그	фастфуд 파스트푸드	самообслуживание 싸모우슬루쥐바니예	пост 뽀스트	RUS
承办酒席 /chéngbànjiǔxí 청빤지우시	快餐 /kuàicān 콰이찬	自我服务 /ziwǒfúwù 즈워푸우	绝食 /juéshí 쥬에스	CHN
ケータリング 케-타린구	ファーストフード 화-수토후-도	セルフ サービス 세루후 사-비스	だんじき /断食 단지키	JPN

동의어: *1 service traiteur 쎄르비스 트레푀르, *2 Verpflegung 페어플레궁, *3 τροφοδοσία 트로포도시아,

*4 πρόχειρο φαγητό 프로히로 파기또, *5 σελφ σέρβις 셀프 세르비스

한	고기	쇠고기	송아지고기	돼지고기	양고기
영	meat 미트	beef 비프	veal 빌	pork 포크	lamb 램
프	viande 비앙드	(viande de)bœuf (비앙드 드)뵈프	(viande de)veau (비앙드 드)보	porc 포르	mouton 무똥
독	Fleisch 플라이슈	Rindfleisch 린트플라이슈	Kalbfleisch 칼브플라이슈	Schweinefleisch 슈바이네플라이슈	Lammfleisch 람플라이슈
포	carne 까르니	carne bovina 까르니 보비나	carne de vitela 까르니 지 비뗄라	carne suína 까르니 쑤이나	carne de carneiro 까르니 지 까르네이루
스	carne 까르네	carne de res 까르네 데 레스	carne de ternera 까르네 데 떼르네라	carne de cerdo 까르네 데 쎄르도	carne de cordero 까르네 데 꼬르데로
이	carne 까르네	manzo 만조	vitello 비뗄로	maiale 마얄레	agnello 아녤로
그	κρέας 크레아스	βοδινό κρέας 보디노 크레아스	μοσχάρι 모스하리	χοιρινό 히리노	αρνί 아르니
라	caro 카로	caro bubula 카로 부불라	caro vitulina 카로 비툴리나	caro suilla [1] 카로 수일라	vervecina 베르베키나
러	мясо 먀쏘	говядина 가뱌지나	телятина 쩰랴찌나	свинина 스비니나	баранина 바라니나
중	肉/ròu 러우	牛肉/niúròu 니우러우	小牛肉/xiǎoniúròu 샤오니우러우	猪肉/zhūròu 주러우	羊肉/yángròu 양러우
일	にく/肉 니쿠	ぎゅうにく/牛肉 규-니쿠	こうしにく/仔牛肉 코우시니쿠	ぶたにく/豚肉 부타니쿠	ひつじにく/羊肉 히추지니쿠

동의어: [1] succidia 수키디아

한	닭고기	달걀	노른자위	흰자	수프
영	chickin 치킨	egg 에그	yolk 요크	egg white 에그 와이트	soup 수프
프	poulet 뿔레	oeuf 외프	jaune d'œuf 존느 되프	blanc d'œuf 블랑 되프	soupe 수프
독	Hühnerfleisch 휘너플라이슈	Ei 아이	Eidotter 아이도터	Eiweiß 아이바이쓰	Suppe 주페
포	frango 프랑구	ovo 오부	gema 줴마	clara 끌라라	sopa 쏘빠
스	carne de pollo 까르네 데 뽀요	huevo 우에보	yema 예마	clara 클라라	sopa 소빠
이	pollo 뽈로	uova 우오바	rosso, tuòrlo 롯쏘, 투오를로	bianco 비안코	zuppa 추파
그	κοτόπουλο 꼬또뿔로	αυγό 아브고	κρόκος 크로꼬스	ασπράδι αυγού 아스프라디 아브구	σούπα 수빠
라	caro gallinarum 카로 갈리나룸	ovum 오붐	vitellum 비텔룸	album 알붐	jus(=ius) [2] 유스
러	курица 꾸리짜	яйцо 야이쪼	желток яйца 쩰또크 야이짜	белóк 벨로크	суп 수프
중	鸡肉/jīròu 지러우	鸡蛋/jīdàn 지단	蛋黄/dànhuáng 단후왕	蛋清/dànqīng 단칭	羹汤/gēngtāng 겅탕
일	とりにく/鶏肉 토리니쿠	たまご/卵 타마고	きみ/黄身 [1] 키미	らんぱく/卵白 란파쿠	スープ 수-푸

동의어: [1] らんおう/卵黄 랑오-, [2] sorbitio 소르비토, sorbitum 소르비툼

생선	해산물	초밥	회	밀가루	KOR
fish 피쉬	seafood 씨푸드	sushi 스시	sashimi 사시미	flour 플라워	ENG
poisson 쁘와쏭	fruit de mer 프리 드 메르	sushi 스시	sashimi 사시미	farine 파린느	FRA
Fisch 피슈	Meeresfrüchte 메레스프뤼히테	Sushi 주쉬	roher Fisch 로어 피슈	Weizenmehl 바이첸멜	GER
peixe 뻬이쉬	frutos do mar 프루뚜스 두 마르	sushi 수쉬	sashimi 사쉬미	farinha de trigo 파링야 지 뜨리구	POR
pescado 뻬스까도	mariscos 마리스꼬스	sushi 수시	pescado crudo 뻬스까도 끄루도	harina 아리나	ESP
pesce 뻬셰	frutti di mare 프루띠 디 마레	sushi 수시	pesce crudo 뻬셰 크루도	farina 파리나	ITA
ψάρι 읍사리	θαλασσινά 쌀라시나	σούσι 수시	σασίμι(ωμό ψάρι) 사시미(오모 프사리)	αλεύρι 알레브리	GRE
piscis 피스키스	cibus marinus 키부스 마리누스	Suscis 수스키스	crudus piscis 크루두스 피스키스	farina 파리나	LAT
рыба 릐바	морские продукты 마르스끼예 쁘라두크띄	суши 수쉬	сашими 사쉬미	мука 무까	RUS
鱼 / yú 위	海鲜 / hǎixiān 하이시엔	寿司 / shòusī 쓰우시	生鱼片 / shēngyúpiàn 셩위피엔	粉 / miànfěn 미엔펀	CHN
さかな / 魚 사카나	かいさんぶつ / 海産物 카이산부추	すし / 寿司 수시	さしみ / 刺身 사시미	こむぎこ / 小麦粉 코무기코	JPN

기름	캐비아	조미료	설탕	꿀	KOR
oil 오일	caviar 캐비아	seasoning 씨즈닝	sugar 슈거	honey 허니	ENG
huile 위일	caviar 꺄비아	assaisonnement 아쎄존느망	sucre 쒸크르	miel 미엘	FRA
Öl 욀	Kaviar 카비어	Gewürz 게뷔어츠	Zucker 추커	Honig 호니히	GER
óleo 올리우	caviar 까비아르	tempero 뗑뻬루	açúcar 아쑤까르	mel 메우	POR
aceite 아쎄이떼	caviar 까비아르	condimento 꼰디멘또	azúcar 아쑤까르	miel 미엘	ESP
olio 올리오	caviale 카비알레	condimento 콘디멘토	zucchero 주께로	miele 미엘레	ITA
λάδι 라디	χαβιάρι 하비아리	αλατοπίπερο *1 알라또삐뻬로	ζάχαρη 자하리	μέλι 멜리	GRE
oleum 올레움	caviarum 카비아룸	condimentum 콘디멘툼	saccharum 사카룸	mel 멜	LAT
масло 마슬러	икра 이크라	приправа 쁘리쁘라바	сахар 싸하르	мёд 묫	RUS
油 / yóu 요우	鱼子酱 / yúzǐjiàng 위즈지앙	调料 / tiáoliào 티아오랴오	糖 / táng 탕	蜂蜜 / fēngmì 펑미	CHN
あぶら / 油 아부라	キャビア 캬비아	ちょうみりょう / 調味料 쵸-미료-	さとう / 砂糖 사토-	みつ / 蜜 미추	JPN

동의어: *1 καρύκευμα 꺄리꼐브마

한	소금	식초	버터	마가린	잼
영	salt 솔트	vinegar 비니거	butter 버터	margarine 마저린	jam 잼
프	sel 쎌	vinaigre 비네그르	beurre 뵈르	margarine 마(르)가린	confiture 꽁피뛰르
독	Salz 잘츠	Essig 에시히	Butter 부터	Margarine 마가리네	Konfitüre 콘피튀레
포	sal 싸우	vinagre 비나그리	manteiga 망떼이가	margarina 마르가리나	geléia 줼레이아
스	sal 살	vinagre 비나그레	mantequilla 만떼끼야	margarina 마르가리나	confitura 꼰피뚜라
이	sale 쌀레	aceto 아체또	burro 부로	margarina 마르가리나	marmellata 마르멜라따
그	αλάτι 알라띠	ξίδι 윽시디	βούτυρο 부띠로	μαργαρίνη 마르가리니	μαρμελάδα 마르멜라다
라	sal 살	acetum 아케뚬	butyrum 부뛰룸	margarinum 마르가리눔	conitura 콘디투라
러	соль 쏠	уксус 욱쑤쓰	масло 마슬러	маргарин 마르가린	джем 쥄
중	盐 / yán 앤	醋 / cù 추	奶油 / nǎiyóu 나이요우	麦淇淋 / màiqílín 마이치린	果酱 / guǒjiàng 꿔지앙
일	しお / 塩 시오	す / 酢 수	バター 바타-	マーガリン 마-가린	ジャム 자무

한	마멀레이드	크림	치즈	우유
영	marmalade 마말레이드	cream 크림	cheese 치즈	milk 밀크
프	marmelade 마르믈라드	crème 크렘므	fromage 프로마쥬	lait 레
독	Marmelade 마멜라데	Sahne 자네	Käse 캐제	Milch 밀히
포	geléia de laranja 줼레이아 지 라랑쟈	creme 끄레미	queijo 께이쥬	leite 레이찌
스	mermelada 메르멜라다	crema 끄레마	queso 께소	leche 레체
이	marmellata 마르멜라따	crema 크레마	formaggio 포르마쬬	latte 라떼
그	μαρμελάδα 마르멜라다	κρέμα 크레마	τυρί 띠리	γάλα 갈라
라	conditura 콘디투라	cramum 크라뭄	caseus 카세우스	lac 라크
러	варенье 바례니예	крем 끄렘	сыр 싀르	молоко 멀라꼬
중	糖酱 / tángjiàng 탕지앙	奶油 / nǎiyóu 나이요우	乳酪 / rǔlào 루라오	牛奶 / niúnǎi 니우나이
일	マーマレード 마-마레-도	クリーム 쿠리-무	チーズ 치-주	ぎゅうにゅう / 牛乳 규-뉴-

빵	요구르트	소스	햄	소시지	KOR
bread 브레드	yogurt 요거트	sauce 쏘스	ham 햄	sausage 소시지	ENG
pain 뺑	yaourt 야우르트	sauce 소스	jambon 쟝봉	saucisse 소씨스	FRA
Brot 브로트	Yogurt 요구어트	Soße 소세	Schinken 싱켄	Wurst 부어스트	GER
pão 뻐웅	iogurte 요구르찌	molho 몰유	presunto 쁘레중뚜	linguiça 링귀싸	POR
pan 빤	yogur 요구르	salsa 살사	jamón 하몬	salchicha 살치차	ESP
pane 빠네	yogurt 요구르트	salsa 살사	prosciutto 프로슈또	salsiccia 쌀시챠	ITA
ψωμί *1 프소미	γιαούρτι 야우르띠	σάλτσα 살차	ζαμπόν *2 장봉	λουκάνικο *3 루까니꼬	GRE
panis 파니스	iogurtum 이오구르툼(=요구르툼)	condimentum 콘디멘툼	perna 페르나	farcimen 파르키멘	LAT
хлеб 흘렙	йогурт 요구릇	соус 쏘우쓰	ветчина 볘취나	сосиска 싸씨스까	RUS
面包 /miànbāo 미엔빠오	酸牛奶 /suānniúnǎi 수완니우나이	调味汁 /tiáowèizhī 티아오웨이쯔	火腿 /huǒtuǐ 후오퉤이	香肠 /xiāngcháng 샹챵	CHN
パン 팡	ヨーグルト 요-구루토	ソース 소-수	ハム 하무	ソーセージ 소-세-지	JPN

동의어: *1 ἄρτος 아르또스, *2 χοιρομέρι 히로메리, *3 αλλάς 알라스

베이컨	샌드위치	오믈렛	비프스테이크	KOR
bacon 베이컨	sandwich 샌드위치	omelet 오믈렛	beef steak 비프 스테이크	ENG
bacon 베콘	sandwich 썬드위치	omelette 오믈레드	bifteck *4 비프떼크	FRA
Speck 슈페크	Sandwich *2 샌드위치	Omelett 오멜레트	Steak 스테이크	GER
toucinho 또우씽유	sanduíche 쌍두이쉬	omelete 오멜레찌	bife 비피	POR
tocino 또씨노	sándwich 산드위치	tortilla de huevos 또르띠야 데 우에보스	bistec 비스펙	ESP
pancetta 빤체따	tramezzino 트라메찌노	omelette 오멜레떼	bistecca 비스테까	ITA
μπέικον 베이꼰	σάντουιτς 산두이츠	ομελέτα 오멜레따	μπιφτέκι 비프떼끼	GRE
lardum *1 라르둠	pastillum fartum *3 파스틸룸 파르툼	ova spongia 오바 스퐁기아	assa bubula 아싸 부불라	LAT
бекон 비꼰	бутерброд 부때르브롯	омлет 아믈렛	бифштекс 비프슈땍크스	RUS
烟肉 /yānròu 앤러우	三明治 /sānmíngzhì 싼밍쯔	煎蛋饼 /jiāndànbǐng 지안단빙	牛扒 /niúbá 니우빠	CHN
ベーコン 베-콘	サンドイッチ 산도잇찌	オムレツ 오무레추	ビーフステーキ 비-후수테-키	JPN

동의어: *1 laridum 라리둠, *2 belegtes Brötchen 벨렉테스 브뢰트헨, *3 paniculus fartus 파니쿨루스 파르투스, *4 steak 스떼끄

한	로스트비프	스튜	샐러드	드레싱
영	roast beef 로스트 비프	stew 스튜	salad 샐러드	dressing 드레싱
프	rôti de boeuf 로띠 드 뵈프	ragoût 라구	salade 쌀라드	sauce 쏘스
독	Rinderbraten 린더브라텐	Eintopf 아인톱프	Salat 잘라트	Dressing 드레싱
포	rosbife 호스비피	carne ensopada 까르니 잉쏘빠다	salada 쌀라다	condimento 꽁지멩뚜
스	rosbif, carne asada 로스비프, 까르네 아사다	estofado 에스또파도	ensalada 엔살라다	aderezo 아데레쏘
이	manzo arrosto 만조 아로스토	stufato 스투파또	insalata 인살라따	salsa 살사
그	ροσμπίφ 로스비프	στιφάδο 스띠파도	σαλάτα 살라따	σάλτσα 살차
라	assum bubulum 앗숨 부불룸	caro decocta 카로 데콕타	acetaria, salatiem 아케타리아, 사라티움	condimentum 콘디멘툼
러	ростбиф 로스트비프	тушеное мясо 뚜쉬너예 먀쎠	салат 쌀랏	соус 쏘우쓰
중	烤牛肉 / kǎoniúròu 카오니우러우	炖肉 / dùnròu 뚠러우	沙拉 / shālā 샤라	沙拉酱 / shālājiàng 샤라지앙
일	ローストビーフ 로-수토비-후	シチュー 시츄-	サラダ 사라다	ドレッシング 도렛씬구

한	프렌치프라이	콘플레이크	에그 스크램블	반죽
영	French fries 프렌치 프라이즈	cornflake *2 콘플레이크	scrambled egg 스크램블드 에그	dough 도우
프	frite 프릿뜨	flocon de maïs 플로꽁 드 마이스	œufs brouillés 외프 브루이에	pâte 빠뜨
독	Pommes frites *1 폼 프리츠	Cornflakes 콘플레익스	Rührei 뤼라이	Teig 타이크
포	batata frita 바따따 프리따	flocos de milho 플로꾸스 지 밀유	ovo mexido 오부 메쉬두	massa 마싸
스	patatas fritas 빠따따스 프리따스	copos de maíz *3 꼬뽀스 데 마이스	huevos revueltos 우에보스 레부엘또스	masa 마사
이	patate fritte 빠따떼 프리떼	cereale 체레알레	uova strapazzate 워바 스트라파짜테	Impasto 임파스또
그	τηγανιτές πατάτες 띠가니떼스 빠따떼스	κορν φλέικς *4 꼬른 프리끄	στραπατσάδα 스프라빠차다	ζύμη 지미
라	gallica fricta 갈리카 프릭타	cerealia 케레알리아	permixtum ovum 페르믹스툼 오붐	conspérsio 콘스페르시오
러	картофель фри 까르또펠 프리	кукурузные хлопья 꾸꾸루즈늬예 흘로피야	яичница–болтунья 야이쉬니짜–발뚜니야	тесто 쩨스떠
중	油炸马铃薯 / yóuzhámálíngshǔ 요우자마링수	玉米片 / yùmǐpiàn 위미피엔	炒蛋 / chǎodàn 차오딴	和面 / huómiàn 후오미엔
일	フレンチパイ 후렌치파이	コーンフレーク 콘후레-크	スクランブルエッグ 수쿠란부루에구	きじ / 生地, ドウ 키지, 도우

동의어: *1 Pommes 포메스, *2 cereal 씨리얼, *3 cereal 쎄레알, *4 δημητριακά 디미뜨리아까

86

국수	피자	토핑	그라탕	파스타	KOR
noodle 누들	pizza 핏짜	topping 토핑	gratin 그레튼	pasta 파스타	ENG
nouilles 누이으	pizza 핏자	tamping 탐삥	gratin 그라땡	pâtes 빠뜨	FRA
Nudel 누델	Pizza 핏차	Belag 벨라크	Auflauf 아우프라우프	pasta 파스타	GER
noodles *1 누들스	pizza 삐짜	cobertura 꼬베르뚜라	gratan 그라땅	pasta 빠스따	POR
fideos 피데오스	pizza 삐싸	tamping *3 탐핑	gratén *4 그라뗀	pasta 빠스따	ESP
spaghetti 스파게티	pizza 피짜	aggiunto 아쮼또	gratinato 그라티나또	pasta 파스타	ITA
νουντλ 누들	πίτσα 삐차	επικάλυψη 에삐깔립시	γκρατέν 그라뗀	ζυμαρικά *5 지마리까	GRE
collyrae 콜리래	placentula neapolitana 2 플라켄툴라 네아폴리타나	obvolutio 옵볼루티오	gratinna 그라틴나	collyrae 콜리래	LAT
лапша 랍샤	пицца 삣짜	сыпать 씌빳츠	запеканка 자삐깐까	макароны 마까로늬	RUS
面条 / miàntiáo 미엔탸오	比萨饼 / bǐsàbǐng 삐사빙	浇头 / jiāotou 쟈오터우	奶油烤菜 / nǎiyóukǎocài 나이요우카오차이	面类 / miànlèi 미엔레이	CHN
ヌードル 누-도루	ピザ 피자	トッピング 톳삥구	グラタン 구라탄	パスタ 파수타	JPN

동의어: *1 macarrão 마까허웅, *2 placenta compressa 플라켄타 콤프레싸, *3 ingredientes 인그레디엔떼스, *4 gratinado 그라띠나도, *5 μακαρόνια 마까로니아

스파게티	라자니아	퐁듀	음료수	KOR
spaghetti 스파게티	lasagne 라자냐	fondue 팡듀	beverage 비버리지	ENG
spaghetti 스파게티	lasagne 라쟌느	fondue 퐁뒤	boissons 브와쏭	FRA
Spaghetti 슈파게티	Lasagna 라사냐	Fondue 폰뒤	Getränke 게트랭케	GER
espaguete 이스빠게찌	lasanha 라장야	fondue 퐁두이	bebida 베비다	POR
espagueti 에스빠게띠	lasaña 라사냐	fondue 폰두에	bebida 베비다	ESP
spagetti 스파게티	lasagna 라쟈냐	fonduta 폰두타	bevande 베반데	ITA
σπαγγέτι *1 스빠게띠	λαζάνια 라자냐	φοντύ 폰디	ποτό 뽀또	GRE
collyrae 콜리래	lasanum 라사눔	calefactus caseus fusilis 칼레팍투스 카세우스 푸실리스	potio 포티오	LAT
спагетти 스빠게찌	лазанья 라잔냐	фондю 폰듀	напиток 나삐떡	RUS
意大利面 / Yìdàlìmiàn 이따리미엔	卤汁面条 / lǔzhīmiàntiáo 루쯔미엔티아오	奶酪火锅 / nǎilàohuǒguō 나이라오훠궈	饮料 / yǐnliào 인랴오	CHN
スパゲッティ 수파겟띠	ラザニア 라자니아	フォンデュ 훤듀	いんりょうすい / 飲料水 인료-수이	JPN

동의어: *1 μακαρόνια 마까로니아

한	탄산음료	오렌지 주스	이온음료
영	soft drink *1 소프트 드링크	orange juice 오렌지 주스	sports drink 스포츠 드링크
프	boisson gazeuse 브와쏭 가쥬즈	jus d'orange 쥐 도랑쥬	boisson de sport 브와쏭 드 스포르
독	Getränke mit Kohlensäure 게트랭케 밑 콜렌조이레	Orangensaft 오랑젠자프트	Sportgetränke *3 스포트게트랭케
포	refrigerante carbonatado 헤프리줴랑찌 까르보나따두	suco de laranja 쑤꾸 지 라랑쟈	refrigerante isotônico 헤프리줴랑찌 이조또니꾸
스	soda, refresco 소다,레프레스꼬	jugo de naranja 후고 데 나랑하	bebida energizante 베비다 에네르히싼떼
이	soda 소다	aranciata 아란챠따	bere ione 베레 이오네
그	αναψυκτικό *2 아납식띠꼬	χυμός πορτοκαλιού 히모스 뽈또깔리우	ενεργειακό ποτό 에네르기아꼬 뽀또
라	sucus carbonei 수쿠스 카르보네이	sucus malorum aureum 수쿠스 말로룸 아우레움	potio pro athletis 포티오 프로 아틀레티스
러	газированный напиток 가지로반느이 나삐떡	апельсиновый сок 아뻴씨너브이 쏙	спортивный напиток 스빠르찌브느이 나삐떡
중	苏打水 / sūdáshuǐ 수다쉐이	橙汁 / chéngzhī 청쯔	等渗压的饮料 / děngshènyādeyǐnliào 덩션야더인랴오
일	たんさんいんりょう / 炭酸飲料 탄상잉료-	オレンジジュース 오렌지쥬-수	イオンいんりょう / イオン飲料 이온인료-

동의어: *1 soda 소다, pop 팝, *2 σόδα 소다, *3 Energiegetränke 에너기게트랭케

한	녹차	보리차	허브차	차
영	green tea 그린 티	barley tea 바알리 티	herb tea 허브 티	tea 티
프	thé vert 떼 베르	thé d'orge 떼 도르쥬	thé d'herbe *1 떼 데르브	thé 떼
독	grüner Tee 그뤼너 테	Gerstentee 게어스텐테	Kräutertee 크로이터테	Tee 테
포	chá verde 샤 베르지	chá de cevada 샤 지 쩨바다	chá de erva 샤 지 에르바	chá 샤
스	té verde 떼 베르데	té de cebada 떼 데 쩨바다	té de hierbas 떼 데 이에르바스	té negro 떼 네그로
이	te'verde 떼 베르데	te' d'orzo 떼 도르조	tisana 티사나	té 떼
그	πράσινο τσάι 프라시노 차이	τσάι κριθαριού 차이 크리싸리우	τσάι με βότανα *2 차이 메 보따나	τσάι 차이
라	thea viridis 테아 비리디스	thea hordei 테아 호르데이	thea plantis 테아 플란티스	thea 테아
러	зелёный чай 젤료느이 촤이	ячневый чай 야취녜브이 촤이	травяной чай 프라뱐노이 촤이	чай 촤이
중	绿茶 / lǜchá 뤼차	大麦茶 / dàmàichá 따마이차	芳草茶 / fāngcǎochá 팡차오차	茶 / chá 차
일	りょくちゃ / 緑茶 료쿠챠	むぎちゃ / 麦茶 무기챠	ハーブティー 하-부티-	ちゃ / 茶 챠

동의어: *1 tisane 띠잔느, 참고: *2 τσάι με μέντα 차이 메 멘타(박하차)

미네랄워터(광천수)	물	두유	스무디	KOR
mineral water 미네랄 워터	water 워터	soy milk 쏘이 밀크	smoothie 스무디	ENG
eau minérale 오 미네랄	eau 오	lait de soja 레 드 쏘자	smoothie 스무디	FRA
Mineralwasser 미네랄바서	Wasser 바서	Sojamilch 조야밀히	Smoothie 스무디	GER
água mineral 아구아 미네라우	água 아구아	leite de soja 레이찌 지 쏘쟈	smoothie 스무씨	POR
agua mineral 아구아 미네랄	agua 아구아	leche de soya 레체 데 소야	zalamero *2 쌀라메로	ESP
acqua minerale 아꾸아 미네랄레	acqua 아꾸아	latte di soia 라떼 디 소이아	frappe 프라뻬	ITA
μεταλλικό νερό 메딸리꼬 네로	νερό 네로	γαλα απο σόγια 갈라 아뽀 소기아	σμούθι 스무씨	GRE
aqua mineralis 아쿠아 미네랄리스	aqua 아쿠아	lac soiae *1 락 소이애	potus commixtus 포투스 콤믹스투스	LAT
минеральная вода 미네랄나야 바다	вода 바다	соевое молоко 쏘예버예 멀라꼬	смуси 스무씨	RUS
矿泉水 / kuàngquánshuǐ 쾅츄엔쉐이	水 / shuǐ 쉐이	豆奶 / dòunǎi 떠우나이	冰沙 / bīngshā 삥샤	CHN
ミネラルウォーター 미네라루워-타-	みず / 水 미주	とうにゅう / 豆乳 토-뉴-	スムージー 수무-지-	JPN

동의어: *1 lactea soia 락테아 소이아, *2 smoothie 스무디

슬러시	쉐이크	에스프레소	아메리카노	KOR
slush 슬러쉬	milk shake 밀크쉐이크	espresso 에스프레소	americano 아메리카노	ENG
slush 슬러쉬	milk-shake, lait battu 밀크 쉐크, 레 바뛰	espresso 에스프레소	americano 아메리카노	FRA
Slush 슬러시	Milchshake 밀히쉐이크	Espresso 에스프레쏘	Caffè Americano 카페 아메리카노	GER
slush 슬러쉬	shake 쉐이끼	café expresso 까페 이스쁘레쑤	café americano 까페 아메리까누	POR
granizada 그라니사다	batido 바띠도	café exprés 까페 엑스쁘레스	café americano 까페 아메리까노	ESP
slushy 슬러쉬	frappe 프라뻬	espresso 에스프레쏘	americano 아메리카노	ITA
ποτό γρανίτα 뽀또 그라니따	μιλκ σέικ 밀크 세이크	εσπρέσσο 에스프렛소	αμερικάνο 아메리까노	GRE
limonada glacialis 리모나다 글라키알리스	lac cum gelida sorbitione 락 쿰 겔리다 소르비티오네	cofea expressa 카페아 엑스프레싸	cofea americana 카페아 아메리카나	LAT
слаш 슬라쉬	молочный коктейль 말로취느이 깍크때일	Эспрессо 에스쁘레쏘	Американо 아메리까노	RUS
冰沙 / bīngshā 삥샤	奶昔 / nǎixī 나이씨	浓咖啡 / nóngkāfēi 능카페이	美式咖啡 / měishìkāfēi 메이스카페이	CHN
スラッシー 수랏씨-	シェイク 셰-쿠	エスプレッソ 에수푸렛쏘	アメリカン 아메리칸	JPN

한	마키아토	카페 모카	카페 라떼	카푸치노
영	macchiato 마키아토	caffe mocha 까페 모카	caffe latte 까페 라테	cappuccino 카푸치노
프	macchiato 마끼아또	moka 모까	café au lait 카페 오 레	cappuccino 카푸치노
독	Macchiato 마키아토	Caffè mocha 카페 모카	Caffè Latte 카페 라테	Cappuccino 카푸치노
포	café com espuma 까페 꽁 이스뿌마	café moca 까페 모까	café com leite 까페 꽁 레이찌	capuccino 까뿌치누
스	macchiato 마끼아또	café mocca 까페 모까	café con leche 까페 꼰 레체	café cappuccino 까페 까뿌치노
이	macchiato 마끼아또	café mocha 까페 모카	cafe latte 까페 라떼	cappucino 까푸치노
그	μακιάτο 마끼아또	μόκα 모까	λάτε 라떼	καπουτσίνο 카푸치노
라	cofea maculata 코페아 마쿨라타	cofea mochana 코페아 모카나	cofea lactea 코페아 락테아	cafea cappuccina 카페아 카푹키나
러	Маккиато 마끼야또	Кофе Мокко 꼬페 모까	Кофе Латте 꼬페 라떼	Капучино 까뿌취노
중	焦糖玛奇朵 /jiāotángmǎjǐduǒ 자오탕마치둬	摩卡咖啡 /mókǎkāfēi 모카카페이	拿铁咖啡 /nátiěkāfēi 나테카페이	卡布奇诺 /kǎbùqínuò 카뿌치눠
일	マッキアート 막끼아-토	カフェモカ 카훼모카	カフェラッテ 카훼랏떼	カプチーノ 카푸치-노

한	블루마운틴	헤이즐넛	원두	아라비카
영	blue mountain 블루 마운틴	hazelnut 헤이즐넛	coffee beans 커피 빈스	arabica 아라비카
프	Montagnes Bleues 몽따뉴 블뢰	noisette 누와제뜨	grain de café 그렝 드 까페	arabica 아라비카
독	Blue Moutain Kaffee 블루 마운틴 카페	Haselnuss Kaffee 하젤누쓰 카페	Kaffeebohne 카페보네	Arabica 아라비카
포	Blue Mountain 블루 마웅찡	café com avelã 까페 꽁 아벨랑	grão de café 그러웅 지 까페	arábica 아라비까
스	café blue mountain 까페 블루 마운틴	avellana 아베야나	grano de café 그라노 데 까페	arabica 아라비까
이	montagna blu 몬따냐 블루	nocciola 노촐라	chicco di caffe 끼꼬 디 까페	arabica 아라비카
그	καφές blue mountain 까페스 블루 마운틴	φουντούκι(γεύση) 푼두끼(제프시)	κόκκοι καφέ 꼬끼 까페	arabica 아라비코
라	faba cafei ex montibus caeruleis 파바 카페이 엑스 몬티부스 캐룰레이스	nux coryli 눅스 코릴리	faba cafei 파바 카페이	faba cafei arabia 파바 카페이 아라비아
러	блу маунтин 블루 마운찐	лесной орех 레스노이 아례호	кофейные зёрна 까페이늬예 죠르나	арабика 아라비까
중	蓝山 /lánshān 란샨	榛子 /zhēnzi 쩐즈	咖啡豆 /kāfēidòu 카페이떠우	阿拉比卡 /ālābǐkǎ 아라비카
일	ブルーマウンテン 부루-마운텐	ヘーゼルナッツ 헤-제루낫추	コーヒーまめ /コーヒー豆 코-히-마메	アラビカ 아라비카

아로마	블랜드	바리스타	리필	KOR
aroma 어로우마	blend 블렌드	Barista 바리스타	refill 리필	ENG
arôme 아롬	mélange 멜랑쥬	barista 바리스타	remplissage *1 렁플리싸쥬	FRA
Aroma 아로마	Mischung 미슝	Barista 바리스타	Refill *2 리필	GER
aroma 아로마	mistura 미스뚜라	barista 바리스따	refil 헤피우	POR
aroma 아로마	mezcla 메스끌라	barista 바리스따	recarga 레까르가	ESP
aroma 아로마	miscela 미셸라	barista 바리스타	ricarica 리까리까	ITA
άρωμα 아로마	μίγμα, χαρμάνι 미그마, 할마니	μπαρίστα 바리스타	ξαναγέμισμα 옥사나게미즈마	GRE
odor, odores 오도르, 오도레스	mixtura 믹스투라	ministerii 미니스테리	supplementum 서플리멘툼	LAT
аромат 아라맛	смесь 스메씨	Бариста 바리스따	пополнение 뽀빨녜니예	RUS
芳香气 / fāngxiāngqì 팡샹치	混合 / hùnhé 훈허	咖啡大师 / kāfēidàshī 카페이따스	再加满 / zàijiāmǎn 짜이찌아만	CHN
アロマ 아로마	ブレンド 부렌도	バリスタ 바리수타	リフィル 리휘루	JPN

동의어: *1 recharge 르샤르쥬 (참고: 저렴한 음식점 이외에는 리필이 거의 없음), *2 Nachfüllen 나흐퓰렌

식전음료	후식	케이크	파이	KOR
aperitif 아페리티프	dessert 디저트	cake 케이크	pie 파이	ENG
apéritif 아뻬리티프	dessert 데쎄르	gâteau 갸또	tarte 따르뜨	FRA
Aperitif 아페리티프	Nachtisch 나흐티슈	Kuchen *2 쿠헨	Tarte *3 타르테	GER
aperitivo 아뻬리찌부	sobremesa 쏘브리메자	bolo 볼루	torta 또르따	POR
aperitivo 어뻬리띠보	postre 뽀스뜨레	pastel 빠스뗄	torta, pay 또르따, 빠이	ESP
aperitivo 아페르띠보	dissert, dolce 디세르트, 돌체	torta 또르따	torta 토르타	ITA
απεριτίφ 아뻬리띠프	επιδόρπιο 에삐돌삐오	γλυκό 글리꼬	πίτα 삐따	GRE
pulmentum adrectum(excitans) 풀멘툼 아드렉툼(엑스키탄스)	epidipnis *1 에피디프니스	crustum 크루스툼	crustum 크루스툼	LAT
аперитив 아뻬리찌프	десерт 지셰르트	торт 또르트	пирог 삐록	RUS
开胃酒 / kāiwèi jiǔ 카이워이지우	甜点 / tiándiǎn 티안띠엔	蛋糕 / dàngāo 딴까오	馅饼 / xiànbǐng 시엔빙	CHN
しょくぜんしゅ / 食前酒 쇼쿠젠슈	デザート 데자-토	ケーキ 케-키	パイ 파이	JPN

동의어: *1 paropsis 파롭시스, *2 Torte 토르테, 참고: *3 Pastete 파스테테(고기를 넣은 파이)

한	비스킷	쿠키	머핀	도넛
영	biscuit 비스킷	cookie 쿠키	muffin 머핀	doughnut 도우넛
프	biscuit 비스뀌	cookie 쿠키	muffin 머핀	beignet 베녜
독	Keks 켁스	Plätzchen *2 플래첸	Muffin 머핀	Donut, Doughnut *4 도나트
포	bolacha 볼라샤	biscoito 비스꼬이뚜	sonho 쏭유	rosquinha 호스낑야
스	galleta *1 가예따	galleta 가예따	Panques 빤께스	rosquilla, dona 로스끼야, 도나
이	biscotti 비스코띠	biscotto 비스꼬또	focaccina 포카치나	ciambella 참벨라
그	μπισκότο 비스꼬또	μπισκότο, γλυκό 비스꼬또, 글리꼬	μάφιν, κεϊκάκι 마핀, 께이까끼	ντόνατ, λουκουμάς 도낫, 루꾸마스
라	laterculus 라테르쿨루스	crustulum 크루스툴룸	muffines *3 무피네스	laganum 라가눔
러	печенье 삐췌니예	печенье 삐췌니예	кекс 켁스	пончик 뽄칙
중	饼干 / bǐnggān 빙깐	曲奇 / qūqí 취치	松饼 / sōngbǐng 쏭삥	多纳饼 / duōnàbǐng 뚜오나빙
일	ビスケット 비스켓또	クッキー 쿡끼-	マフィン 마휜	ドーナツ 도-나추

동의어: *1 bizcocho 비스꼬초, *2 Gebäck 게백, *3 placentu la britannica 플라켄툴라 브리탄니카, *4 Krapfen 크랍펜

한	푸딩	사탕	초콜릿	타르트
영	flan 플랜	candy 캔디	chocolate 초컬릿	tart 타아트
프	pudding 뿌딩	bonbon 봉봉	chocolat 쇼꼴라	tarte 따르뜨
독	Pudding 푸딩	Bonbon 봉봉	Schokolade 쇼콜라데	Törtchen 퇴어첸
포	pudim 뿌징	bala 발라	chocolate 쇼꼴라찌	torta 또르따
스	flán 플란	golosina, dulce 골로시나, 둘쎄	chocolate 쵸꼴라떼	tarta 따르따
이	budino 부디노	caramella 카라멜라	cioccolato 쵸꼴라또	crostata 크로스타타
그	τάρτα, φλαν 따르따, 플란	γλύκισμα, καραμέλα 글리끼즈마, 까라멜라	σοκολάτα 소꼴라따	τάρτα 따르따
라	tyropatina 티로파티나	dulcíola *1 둘키올라	socolata *2 소콜라타	tarta 타르타
러	пудинг 뿌징	конфеты 깐폐띄	шоколад 쇼깔랏	пирог 삐록
중	布丁 / bùdīng 뿌딩	糖果 / tángguǒ 탕궈	巧克力 / qiǎokèlì 챠우커리	水果馅饼 / shuǐguǒxiànbǐng 쉐이궈쎈빙
일	プリン 푸린	キャンディ、あめ / 飴 캰디, 아메	チョコレート 초코레-토	タルト 타루토

동의어: *1 bellaria 벨라리아, *2 chocolata 코콜라타

젤리	샤베트	무스	아이스크림	KOR
jelly 젤리	sherbet 셔빗	mousse 무스	ice cream 아이스 크림	ENG
gelée 쥴레	sorbet 쏘르베	mousse 무스	glace *3 글라스	FRA
Gelee 젤레	Sorbett 조어베트	Mousse 무스	Eis 아이스	GER
geléia 젤레이아	sorvete de frutas 쏘르베찌 지 프루따스	musse 무씨	sorvete 쏘르베찌	POR
gelatina 헬라띠나	sorbete 소르베떼	crema batida 끄레마 바띠다	helado 엘라도	ESP
gelatina 젤라띠나	sorbetto 소르베또	mousse 무쓰	gelato 젤라또	ITA
ζελέ *1 젤레	σορμπέ 소르베	μους 무스	παγωτό 빠고또	GRE
coagulum 코아굴룸	gelatae cuppediae 젤라타이 쿱페디아이	spuma(dulcis) *2 스푸마(둘키스)	gelida sorbitio 젤리다 소르비티오	LAT
желе 젤레	шербет 쉐르벳	мусс 무쓰	мороженое 마로쥬녀예	RUS
果冻 /guǒdòng 꿔똥	炒冰 /chǎobīng 챠오빙	摩丝 /mósī 무쓰	冰淇淋 /bīngqílín 삥치린	CHN
ゼリー 제리-	シャーベット 샤-벳또	ムース 무-수	アイスクリーム 아이수쿠리-무	JPN

동의어: *1 ζελατίνα 젤라띠나, πηχτή 삐흐띠, *2 spumeum ceroma 스푸메움 케로마, *3 crème glacée 크렘 글라쎄

술	알코올	와인	샴페인	KOR
liquor 리커	alcohol 알코홀	wine 와인	champagne 샴페인	ENG
liqueur 리꿰르	alcool 알꼴	vin 뱅	champagne 셩빤느	FRA
Alkohol *1 알코홀	Alkohol 알코홀	Wein 바인	Sekt 젝트	GER
licor 리꼬르	álcool 아우꼬우	vinho 빙유	champanha 샹빵야	POR
licor 리코르	alcohol 알꼬올	vino 비노	champaña 참빠냐	ESP
liquore 리꿔레	alcool 알코올	vino 비노	spumante 스푸만떼	ITA
λικέρ 리케르	οινόπνευμα 이노쁘네브마	κρασί 크라시	σαμπάνια 삼빠니아	GRE
temetum 테메툼	alcohol 알코홀	vinum 비눔	vinum campanum 비눔 캄파눔	LAT
ликер 리꼬르	алкоголь 알까골	вино 비노	шампанское 샴빤스꺼예	RUS
酒 /jiǔ 지우	酒精 /jiǔjīng 지우징	葡萄酒 /pútáojiǔ 푸타오지우	香宾酒 /xiāngbīnjiǔ 샹빈지우	CHN
リカー、さけ /酒 리카、사케	アルコール 아루코-루	ワイン 와인	シャンパン 샨판	JPN

동의어: *1 Liquor 리크보어, Spirituosen 슈피리투오젠(독주)

한	맥주	생맥주	브랜디	위스키
영	beer 비어	draft beer 드래프트 비어	brandy 브랜디	whisky 위스키
프	bière 비에르	bière pression 비에르 프레씨옹	cognac 꼬냐끄	whisky 위스끼
독	Bier 비어	Fassbier 파스비어	Weinbrand 바인브란트	Whisky 위스키
포	cerveja 쎄르베쟈	chope 쇼삐	conhaque 꽁야끼	uísque 우이스끼
스	cerveza 쎄르베싸	cerveza de barril 쎄르베싸 데 바릴	brandy 브란디	whisky 위스키
이	birra 비라	birra alla spina 비라 알라 스피나	cognac 꼬냑	whisky 위스키
그	μπύρα 비라	μπύρα βαρελιού 비라 바렐리우	κονιάκ, μπράντυ 꼬니악, 브란디	ουίσκυ 위스끼
라	cervesia 케르시비아	cervesia cupae 케르시비아 쿠패	–	–
러	пиво 삐버	бочковое пиво 버취까보예 삐버	бренди 브렌디	виски 비스끼
중	啤酒 / píjiǔ 피지우	扎啤 / zhāpí 자피	白兰地 / báilándì 바이란디	威士忌 / wēishìjì 웨이스지
일	ビール 비-루	なまビール / 生ビール 나마비-루	ブランデー 부란데-	ウイスキー 우이수키-

한	칵테일	소주	막걸리	술고래
영	cocktail 칵테일	soju 소주	makgeolli 막걸리	alchy *4 알키
프	cocktail 꼬끄뗄	soju 소주	makgeolli 막걸리	ivrogne 이브론느
독	Cocktail 콕테일	Soju *1 소주	roher Reiswein 로어 라이스바인	Säufer *5 조이퍼
포	coquetel 꼬끼떼우	soju 쏘주	makgeolli 막걸리	beberrão 베베허옹
스	cóctel 꼭뗄	soju 소주	makgoli 막골리	borracho 보라초
이	cocktail 콕크테일	–	vino di riso 비노 디 리조	ubriaco 우브리아코
그	κοκτέιλ 꼭테일	σότζου 소주	μακεόλι(κορεάτικο ποτό) 마께올리(코레아띠꼬 뽀또)	μεθύστακας *6 메씨스따까스
라	–	soius *2 소이우스(=소유스)	macchelia *3 막켈리아	bibulus *7 비불루스
러	коктейль 깍크때일	сочжу 소쥬	макголли 막골리	пьяница 삐얀니짜
중	鸡尾酒 / jīwěijiǔ 지웨이지우	烧酒 / shāojiǔ 샤오지우	稠酒 / chóujiǔ 처우지우	酒鬼 / jiǔguǐ 지우꿔이
일	カクテル 카쿠테루	しょうちゅう / 焼酎 쇼-츄-	どぶろく 도부로쿠	のんべえ / 飲兵衛 논베-

동의어: *1 koreanischer Schnaps 코레아니셔 슈납스, *2 vinum oryzae 비눔 오리재, *3 fermentale vinum oryzae 페르멘탈레 비눔 오리재, *4 heavy drinker 헤비 드렁커, lush 러쉬, *5 Betrunkener 베트룽크너, *6 μέθυσος 메씨소스 *7 bibax, potator 바박스, 포타터

94

숙취	알코올중독자	담배	시가	KOR
hangover 행오버	alcoholic 알코홀릭	cigarette 시거렛	cigar 시가	ENG
gueule de bois 괼 드 브와	alcoolique 알콜릭끄	cigarette 씨갸렛뜨	cigare 씨갸르	FRA
Kater 카터	Alkoholiker 알코홀리커	Zigarette 치가레테	Zigarre 치가레	GER
ressaca 헤싸까	alcoólatra 아우꼬올라뜨라	cigarro 씨가후	charuto 샤루뚜	POR
resaca 레사까	alcohólico 알꼬올리꼬	cigarrillo 씨가리요	cigarro 씨가로	ESP
–	alcolizzato 알콜리짜또	sigaretta 시가레파	sigaro 시가로	ITA
χανγκόβερ 항꼬벨	αλκοολικός 알꼬올리꼬스	τσιγάρο 찌가로	πούρο 뿌로	GRE
crapula *1 크라풀라	alcoholicus *2 알코홀리쿠스	sigarellum 시가렐룸	sigarum 시가룸	LAT
похмелье 빠흐몔리예	алкоголик 알까골릭	сигарет 씨가렛	сигара 씨가라	RUS
宿酒 / sùjiǔ 수지우	酒精中毒病人 *3 지우징중두빙런	香烟 / xiāngyān 시앙앤	雪茄烟 / xuějiāyān 슈에지아앤	CHN
ふつかよい / 二日酔い 후추카요이	アルコールちゅうどくしゃ / アルコール中毒者 아루코-루추-도쿠샤	たばこ / 煙草 타바코	シガー 시가-	JPN

동의어: *1 ebrietas 에브리에타스, *2 ebriosus 에브리오수스, 병음: *3 jiǔjīngzhòngdúbìngrén

파이프담배	파이프(곰방대)	라이터	성냥	KOR
tobacco 터배코	pipe 파이프	lighter 라이터	match 매치	ENG
tabac à pipe 따바까 삐프	pipe 삐프	briquet 브리께	allumette 알뤼메뜨	FRA
Pfeifentabak *1 파이펜타박	Pfeife 파이페	Feuerzeug 포이어초이그	Streichholz 슈트라이히홀츠	GER
tabaco 따바꾸	cachimbo 까쉼부	isqueiro 이스께이루	fósforo 포스포루	POR
tabaco 따바꼬	pipa 삐빠	encendedor 엔쎈데도르	cerilla 쎄리야	ESP
tabacco 타바꼬	pipa 피파	accendino 아첸디노	fiammifero 피암미페로	ITA
καπνός 까프노스	πίπα 삐빠	αναπτήρας 아납띠라스	σπίρτο 스삐르또	GRE
tabacum 타바쿰	pipa, tibia 피파, 티비아	scintilla 스킨틸라	ignitabulum 이그니타불룸	LAT
табак 따박	трубка 뜨루프까	зажигалка 자쥐갈까	спичка 스삐취까	RUS
烟斗 / yāndǒu 앤더우	烟杆 / yāngǎn 앤깐	打火机 / dǎhuǒjī 다후오지	火柴 / huǒchái 후오차이	CHN
ぱいぶたばこ / パイプ煙草 파이푸타바코	きせる / 煙管 키세루	ライター 라이타-	マッチ 맛찌	JPN

동의어: *1 Tabak 타박

한	재떨이	코담배	씹는담배	흡연자
영	ashtray 애시트레이	snuff 스너프	cavendish *2 캐번디쉬	smoker 스모커
프	cendrier 썽드리에	tabac à priser 따바까 프리제	tabac à chiquer 따바까 쉬께	fumeur 쀠뙈르
독	Aschenbecher 아셴베허	Schnupftabak 슈눞프타박	Kautabak 카우타박	Raucher 라우허
포	cinzeiro 씽제이루	rapé 하뻬	naco de fumo 나꾸 지 푸무	fumante 푸망찌
스	cenicero 쎄니쎄로	rapé *1 라뻬	andullo *3 안두요	fumador 푸마도르
이	portacenere 뽀르따체네레	tabacco da fiuto 타바꼬 다 피우또	tabacco da masticare 타바꼬 다 마스티카레	fumatore 푸마토레
그	σταχτοδοχείο 스따흐또도히오	ταμπάκο 따바코	επεξεργασμένος καπνός 에뻭셀가스메노스 까쁘노스	καπνιστής 까쁘니스띠스
라	vas ad favillam 바스 아드 파빌람	tabacum odoratum 타바쿰 오도라툼	mastichinum tabacum 마스티키눔 타바쿰	fumator 푸마토르
러	пепельница 뻬뻴니짜	нюхательный табак 뉴하쩰느이 따박	живательный табак 쥐바쩰느이 따박	курильщик 꾸릴쉭
중	烟灰缸 / yānhuīgāng 앤훼이깡	鼻烟 / bíyān 비앤	嚼烟 / jiáoyān 지아오앤	吸烟者 / xīyānzhě 시앤저
일	はいざら / 灰皿 하이자라	かぎたばこ / 嗅ぎ煙草 카기타바코	かみたばこ / 噛み煙草 카미타바코	きつえんしゃ / 喫煙者 키추엔샤

동의어: *1 preparado de tabaco 프레빠라도 데 따바꼬, *2 chewing tobacco 츄잉타바코, quid 퀴드, *3 tabaco de mascar 따바꼬 데 마스까르

한	담배연기	금연	니코틴	모르핀
영	tobacco smoke 터배코 스모크	no smoking 노 스모킹	nicotine 니코틴	morphine 모르핀
프	fumée de tabac 쀠메 드 따바	interdiction de fumer 엥떼르딕씨옹 드 쀠메	nicotine 니코틴	morphine 모르핀
독	Zigarettenrauch 찌가레텐라우흐	Rauchverbot 라우흐페어보트	Nikotin 니코틴	Morphin 모르핀
포	fumaça 푸마싸	não fumar 너웅 푸마르	nicotina 니꼬찌나	morfina 모르피나
스	humo del cigarillo 우모 델 씨가리요	no fumar 노 푸마르	nicotina 니꼬띠나	morfina 모르피나
이	fumo 푸모	vietato fumare 비에따또 푸마레	nicotina 니꼬띠나	morfina 모르피나
그	καπνός 까쁘노스	απαγορεύεται το κάπνισμα 아빠고레베때 또 까쁘니즈마	νικοτίνη 니꼬띠니	μορφίνη 몰피니
라	fumus 푸무스	non fumus 논 푸무스	nicotina 니코티나	morphínum 모르피눔
러	табачный дым 따바취느이 딤	запрещение курения 자쁘리쉐니예 꾸례니야	никотин 니까찐	морфин 모르핀
중	烟 / yān 앤	断烟 / duànyān 뚜안앤	尼古丁 / nígǔdīng 니쿠띵	吗啡 / mǎfēi 마페이
일	けむり / 煙 케무리	きんえん / 禁煙 킹엔	ニコチン 니코친	モルヒネ 모루히네

마약 1	마약 2	마약 중독자	선술집	KOR
narcotic 나카틱	drug 드러그	addict *2 에딕트	tavern 타번	ENG
narcotique 나르꼬띠끄	drogue 드로그	drogué *3 드로게	taverne *6 따베른느	FRA
Narkotikum *1 나르코티쿰	Droge 드로게	Drogenabhängige 드로겐압행이게	Kneipe 크나이페	GER
narcótico 나르꼬찌꾸	droga 드로가	viciado em droga 비씨아두 잉 드로가	botequim 보떼낑	POR
narcótico 나르코띠코	droga 드로가	intoxicado *4 인똑시까도, 아딕또	taberna 따베르나	ESP
narcotico 나르코띠코	droga 드로가	tossicomane 또씨코마네	taverna 타베르나	ITA
ναρκωτικό 나르꼬띠꼬	ναρκωτικό 나르꼬띠꼬	τοξικομανής 똑시꼬마니스	ταβέρνα 따베르나	GRE
somníficus 솜니피쿠스	torpidum 토르피둠	drogomanicus *5 드로고마니우스	taberna 타베르나	LAT
наркотик 나르코찍	лекарство 례까르스트보	наркоман 나르카만	трактир 프락크찌르	RUS
麻醉劑 / mázuìjì 마주이지	毒品 / dúpǐn 두핀	隐君子 / yǐnjūnzǐ 인쥔즈	小酒馆 / xiǎojiǔguǎn *7 샤오지우관	CHN
まやく / 麻薬 마야쿠	ドラッグ 도라구	まやくちゅうどくしゃ / 麻薬中毒者 마야쿠 츄-도쿠샤	たちのみや / 立ち飲み屋 타치노미야	JPN

동의어: *1 Rauschgift 라우쉬기프트, *2 junkie 정키, druggie 드러기, *3 intoxiqué 엥또씨께, toxicomane 딱씨끄만느, *4 adicto 아딕또,
*5 assuetus drogis 아쑤에투스 드로기스, *6 troquet 트로케, *7 酒家/ jiǔjiā 지우지아

카페	바	카페테리아	음식점	KOR
coffee shop 카피 샵	bar 바	cafeteria 캬페테리아	restaurant 레스토런트	ENG
café 까페	bar 바르	cafétéria 까페떼리아	restaurant *1 레스또랑	FRA
Café 카페	Bar 바	Cafeteria 카페테리아	Retaurant 레스토롱	GER
cafeteria, café 까페떼리아, 까페	bar 바르	cafeteria 까페떼리아	restaurante 헤스따우랑찌	POR
cafetería 까페떼리아	bar 바르	cafetería 까페떼리아	restaurante 레스따우란떼	ESP
bar 바르	osteria 오스테리아	cafeteria 카페테리아	ristorante *2 리스토란떼	ITA
καφενείο 까페니오	μπαρ 바르	καφετέρια 까페떼리아	εστιατόριο 에스띠아또리오	GRE
thermopolium 테르모폴리움	popina 포피나	popina 포피나	popina 포피나	LAT
кафе 까페	бар 바르	кафетерий 까페떼리이	ресторан 레시따란	RUS
咖啡厅 / kāfēitīng 카페이팅	酒吧 / jiǔbā 지우빠	自助餐馆 / zizhùcānguǎn 즈주찬관	餐厅 / cāntīng 찬팅	CHN
カフェ 카훼	バー 바-	カフェテリア 카훼테리아	いんしょくてん / 飲食店 인쇼쿠텐	JPN

동의어: *1 bistro 비스토, *2 bistro 비스트로(작은 레스토랑)

한	테이크아웃	요리사	예약	주문
영	takeout 테이크아웃	cook 쿡	reservation 레저베이션	order 오더
프	take out *1 테이크아웃	cuisinier 뀌지니에	reservation 레제르바씨옹	commande, ordre 꼬멍드, 오르드르
독	Mitnehmen *2 미트네멘	Koch 코흐	Reservierung 레저비룽	Bestellung 베슈텔룽
포	take out 떼이끄 아우찌	cozinheiro 꼬징에이루	reserva 헤제르바	pedido, ordem 뻬지두, 오르뎅
스	comida para llevar 꼬미다 빠라 예바르	cocinero 꼬시네로	reservación 레세르바씨온	pedido, orden 뻬디도, 오르덴
이	asporto 아스포르토	cuoco 꾸오코	prenotazione 쁘레노따찌오네	ordine 오르디네
그	πακέτο, για έξω 빠께또, 리아 엑소	μάγειρας 마기라스	κράτηση 크라띠시	παραγγελία *3 빠랑겔리아
라	eductio 에둑티오	coquus 코크부스	asserbatio 아세르바티오	imperatio *4 임페라티오
러	еда на вынос 예다 나 븨너스	повар 뽀바르	резервирование 례계르비러바니예	заказ 자까즈
중	外卖的餐馆 / wàimàidecānguǎn 와이마이더찬관	厨师 / chúshī 추스	预订 / yùdìng 위딩	下单 / xiàdān 시아딴
일	テイクアウト 테이쿠아우토	ちょうりし / 調理師 쵸-리시	よやく / 予約 요야쿠	ちゅうもん / 注文 츄-몬

동의어: *1 à emporter 아 앙뽀르떼, 주의: *2 손에 넣다, 절취하다라는 뜻도 있음, 동의어: *3 διαταγής 디아따기스, *4 mandatio 만다티오

한	메뉴	세트메뉴	일품요리	전채요리
영	menu 메뉴	set menu 세트 메뉴	a la carte 알 라 카르트	appetizer 애피타이저
프	menu 므뉘	menu prêt 므뉘 프레	repas à la carte 르빠 알르 꺄르뜨	entrée 앙트레
독	Speisekarte 슈파이제카르테	Menü 메뉘	Tellergericht 텔러게리히트	Vorspeise 포어슈파이제
포	cardápio 까르다삐우	menu de prato completo 메누 지 쁘라뚜 꽁쁠레뚜	prato à la carte 쁘라뚜 아 라 까르찌	aperitivo 아뻬리찌부
스	menú 메누	menú del día 메누 델 디아	comida de un sólo plato *1 꼬미다 데 운 솔로 쁠라또	entremés 엔뜨레메스
이	menu 메누	menu fisso 메누 피쏘	cibo veloce 치보 벨로체	antipasto 안티파스토
그	μενού 메누	σταθερό μενού 스따쩨로 메누	από το μενού 아뽀 또 메누	ορεκτικά 오렉띠까
라	katalogus cibi 카탈로구스 키비	katalogus cibi compacti 카탈로구스 키비 콤팍티	optimus cibus *2 옵티무스 키부스	pulmentum 풀멘툼
러	меню 메뉴	сет-меню 셋트-메뉴	обед из порционных блюд 아볫 이즈 뽀르찌온늬흐 블륫	закуска 자꾸스까
중	菜单 / càidān 차이딴	套菜 / tàocài 타오차이	成品菜肴 / chéngpǐncàiyáo 청핀차이야오	前菜 / qiáncài 치엔차이
일	メニュー 메뉴-	セットメニュー 셋또메뉴-	いっぴんりょうり / 一品料理 입삔료-리	ぜんさい / 前菜 젠사이

참고: *1 a la carta 알 라 까르따, *2 optimus 가장 좋은,(최상급)제일 훌륭한, 양반, 귀족이 뜻이 있음, cibus 음식

주요리	건물	주택	집	KOR
main dish 메인 디쉬	building *1 빌딩	residence 레지던스	house 하우스	ENG
plat principal 쁠라 프렝씨빨	bâtiment 바띠멍	résidence 레지덩스	maison 메종	FRA
Hauptgericht 하우프트게리히트	Gebäude 게보이데	Wohnung 보눙	Haus 하우스	GER
prato principal 쁘라뚜 쁘링씨빠우	edifício 에지피씨우	residência 헤지뎅씨아	casa 까자	POR
plato fuerte 쁠라또 푸에르떼	edificio 에디피시오	vivienda 비비엔따	casa 까싸	ESP
piatto forte 피아또 포르떼	edificio 에디피시오	residenza 레지덴자	casa 까사	ITA
κύριο πιάτο 끼리오 삐아또	κτήριο, οικοδόμημα 끄띠리오, 이꼬도미마	κατοικία 까띠끼아	σπίτι 스삐띠	GRE
cena(esca)caputis 케나(에스카)카푸티스	aedificium 에디피키움	habitatio *2 하비타티오	domus 도무스	LAT
главное блюдо 글라브너예 블류더	здание 즈다니예	местожительство 메스떠쥐쩰스트바	дом 돔	RUS
主菜 /zhǔcài 주차이	建筑 /jiànzhù 지엔주	住宅 /zhùzhái 주자이	房子 /fángzi 팡즈	CHN
メインディッシュ 메인딧쓔	たてもの /建物 타테모노	じゅうたく /住宅 주-타쿠	いえ /家 이에	JPN

동의어: *1 edifice 에디피스, *2 domicilium 도미킬리움

아파트	원룸	저택, 맨션	펜트하우스	KOR
apartment 아파트먼트	studio 스튜디오	mansion 맨션	penthouse 펜트하우스	ENG
appartement 아빠르뜨멍	studio 스뮤디오	manoir 마누아르	penthouse 뻰따우스	FRA
Apartment *1 아파트멘트	Einzimmerwohnung *4 아인침머보눙	Herrenhaus, Villa 헤렌하우스, 빌라	Penthouse 펜트하우스	GER
apartamento 아빠르따멩뚜	quitinete 끼찌네찌	mansão 망써웅	cobertura 꼬베르뚜라	POR
apartamento 아빠르따멘또	piso individual 삐소 인디비두알	mansión 맨시온	ático 아띠꼬	ESP
appartamento 아빠르따멘또	studio 스투디오	palazzo 팔라쪼	penthouse, attico 펜트하우스, 아띠꼬	ITA
διαμέρισμα *2 디아메리즈마	γκαρσονιέρα 가르소니에라	πολυτελής μονοκατοικία 뽈리뗄리스 모노까티끼아	ρετιρέ 레띠레	GRE
domus conducta *3 도무스 콘둑타	cubiculum 쿠비쿨룸	mansio 만시오	domus coenaculi 도무스 코에나쿨리	LAT
квартира 크바르찌라	Однокомнатная квартира 아드나꼼나뜨나야 크바르찌라	дворец 드바롓츠	пентхауз 뻰트하우스	RUS
公寓 /gōngyù 꿍위	一套小型公寓房间 *5 이타오샤오싱꿍위팡지엔	高级公寓 /gāojí gōngyù 까오지꿍위	楼顶套房 /lóudǐngtàofáng 로우딩타오팡	CHN
マンション 만숀	ワンルーム 완루-무	ていたく /邸宅, マンション 테-타쿠, 만숀	ペントハウス 펜토하우수	JPN

동의어: *1 Etagenwohnung 에타젠보눙, *2 πολυκατοικία 뽈리까띠끼아, *3 insula 인술라, *4 Einzelzimmer 아인젤침머,
병음: *5 yītàoxiǎoxínggōngyùfángjiān

한	별장	산장	기숙사	여관	모텔
영	villa *1 빌라	cottage 커티지	dormitory 도미터리	inn 인	motel 모텔
프	villa 빌라	cottage 꼬따쥬	dortoir 도르뚜와르	petit hôtel *3 쁘띠또뗄	motel 모뗄
독	Villa 빌라	Hütte 휘테	Studentenheim 슈투덴텐하임	Gasthaus 가스트하우스	Motel 모텔
포	vila 빌라	chalé 샬레	dormitório 도르미또리우	pousada 뽀우자다	motel 모뗴우
스	quinta 낀따	chalet *2 찰렛	dormitorio 도르미또리오	fonda 폰다	motel 모뗄
이	villa 빌라	chalet 샬레	dormitorio 도르미토리오	locanda 로깐다	motel 모뗄
그	βίλα, έπαυλη 비라, 에빠블리	εξοχικό 엑소히꼬	εστία, κοιτώνας 에스띠아, 끼또나스	πανδοχείο 빤도히오	μοτέλ 모뗄
라	villa 빌라	casa 카사	cubiculum 쿠비쿨룸	hospitium 호스피치움	mansio 만시오
러	вилла 빌라	коттедж 깟때쥐	общежитие 압쉬쮜제	гостиница 가즈찌니짜	мотель 마뗄
중	别墅 / biéshù 비에수	山庄 / shānzhuāng 산주앙	宿舍 / sùshè 수써	旅馆 / lǚguǎn 뤼관	汽车旅馆 / qìchēlǚguǎn 치처뤼관
일	べっそう / 別荘 벳쏘-	さんそう / 山荘 산소-	きしゅくしゃ / 寄宿舎 키슈쿠샤	りょかん / 旅館 료칸	モーテル 모-테루

동의어: *1 country house 컨튜리 하우스, *2 cabaña 까바냐, 참고: *3 auberge 오베르쥬(식당겸 여인숙, 주막)

한	전원주택	단독주택	임대아파트
영	suburban house 서버번 하우스	single house 싱글 하우스	rental apartment 렌탈 아파트먼트
프	cottage 꼬따쥬	maison (indépendante) 메종 (엥데뻥덩뜨)	appartement à louer 아파르트망 아 루에
독	Vorstadthaus 포어슈타트하우스	Einzelhaus 아인첼하우스	Mietapartment 미트아파트먼트
포	casa no campo 까자 누 깡뿌	residência de uma única família 헤지뎅씨아 지 우마 우니까 파밀리아	apartamento para aluguel 아빠르따멩뚜 빠라 알루게우
스	casa rural 까사 루랄	chalet individual 찰렛 인디비두알	piso alquilado 삐소 알낄라도
이	casa in campo 까사 인 깜뽀	villa singola 빌라 싱골라	appartamento affitto 아빠르멘따멘또 아피또
그	σπίτι των προαστίων 스삐띠 똔 쁘로아스띠온	μονοκατοικία 모노까띠끼아	ενοικίαση σπιτιού 에니끼아시 스삐띠우
라	rustica domus 루스티카 도무스	domus independens 도무스 인데펜덴스	domus pensionis 도무스 펜시오니스
러	дом с садом 돔 스 사덤	индивидуальный дом 인지비두알느이 돔	квартира в аренду 크바르찌라 브 아렌두
중	田园住宅 / tiányuánzhùzhái 티엔위엔주자이	独立屋 / dúliwū 두리우	租房 / zūfáng 주팡
일	ていえんじゅうたく / 庭園住宅 테-엔주-타쿠	いっけんや / 軒家 익껭야	ちんたいマンション / 賃貸マンション 친타이만숀

기둥	지붕	마루	벽	골조	KOR
pillar 필러	roof 루프	floor 플로어	wall 월	framework 프레임워크	ENG
pilier 삘리에	toit 뜨와	plancher 플랑쉐	mur 뮈르	charpente 샤르팡뜨	FRA
Säule 조일레	Dach 다흐	Fußboden 푸스보덴	Wand 반트	Gerüst *2 게뤼스트	GER
pilar 삘라르	telhado 뗄야두	assoalho 아쏘알유	parede 빠레지	armação 아르마써옹	POR
pilar 삘라르	techo 떼초	suelo 수엘로	pared 빠렛	armazón *3 아르마손	ESP
pilastro 필라스트로	tetto 테또	pavimento 파비멘또	muro 무로	struttura 스트루뚜라	ITA
κολόνα, στύλος 꼬로나, 스띠로스	στέγη 스떼기	πάτωμα 빠또마	τοίχος *1 띠호스	σκελετός, δομή 스껠레또스, 도미	GRE
columna 콜룸나	tectum 텍툼	solum 솔룸	paries 파리에스	compages 콤파게스	LAT
столб 스똘브	крыша 크리샤	пол 뽈	стена 스쩨나	каркас 까르까스	RUS
柱 / zhù 쮸	棚盖 / pénggài 펑까이	地板 / dìbǎn 띠반	墙 / qiáng 치앙	房架 / fángjià 팡지아	CHN
はしら / 柱 하시라	やね / 屋根 야네	ゆか / 床 유카	かべ / 壁 카베	ほねぐみ / 骨組み 호네구미	JPN

동의어: *1 τείχος 테호크(성벽의 의미), *2 Gerippe 게리페, *3 estructura 에스뜨룩뚜라

천정	복도	계단	테라스	KOR
ceiling 실링	corridor 코리더	stairs *3 스테어	terrace 테라스	ENG
plafond 플라퐁	couloir *1 꿀루와르	escalier 에스꺌리에	terrasse 테라스	FRA
Decke 덱케	Gang 강	Treppe 드레페	Terrasse 테라세	GER
teto 떼뚜	corredor 꼬헤도르	escada 이스까다	terraço 떼하쑤	POR
techo 떼초	pasillo *2 빠씨요	escalera 에스깔레라	terraza 떼라사	ESP
soffitto 소피또	corridoio 꼬리도이오	scala 스칼라	terrazza 테라짜	ITA
ταβάνι 따바니	διάδρομος 디아드로모스	σκάλα 스깔라	ταράτσα 따라차	GRE
tectum 텍툼	fauces 파우케스	scalae 스칼래	solarium 솔라리움	LAT
потолок 뻐딸록	коридор 꺼리도르	лестница 레스니짜	терраса 쩨라싸	RUS
顶棚 / dǐngpéng 딩펑	走廊 / zǒuláng 저우랑	阶梯 / jiētī 지에티	晾台 / liàngtái 량타이	CHN
てんじょう / 天井 텐죠-	ろうか / 廊下 로-카	かいだん / 階段 카이단	テラス 테라수	JPN

동의어: *1 Gang 강, *2 corredor 꼬레도르, *3 staircase 스테어케이스

한	발코니	채광창	지붕창	문
영	balcony 발코니	skylight window 스카이라이트 윈도우	dormer 도머	door 도어
프	balcon 발꽁	lucarne 뤼까른느	lucarne *5 뤼까른느	porte 뽀르뜨
독	Balkon 발콘	Dachluke *3 다흐루케	Dachfenster 다흐펜스터	Tür 뛰어
포	balcão *1 바우꺼옹	clarabóia 끌라라보이아	trapeira 뜨라뻬이라	porta 뽀르따
스	balcón 발꼰	lucernario *4 루체르나리오	montante *6 몬딴떼	puerta 뿌에르따
이	balcone 발코네	balestriera 발레스트리에라	lucernario 루체르나리오	porta 뽀르따
그	μπαλκόνι 발꼬니	φωταγωγός 포따고고스	φεγγίτης 펭기띠스	πόρτα 뽀르따
라	ektheta *2 엑테타	fenestra lucis 페네스트라 루키스	fenestra tecti 페네스트라 텍티	fores 포레스
러	балкон 발꼰	световóй люк 스볘따보이 류크	мансардное окно 만싸르드너예 아크노	дверь 드베리
중	阳台 / yángtái 양타이	开山窗 / kāishānchuāng 카이산추앙	天窗 / tiānchuāng 티엔추앙	门 / mén 먼
일	バルコニー 바루코니-	さいこうまど / 彩光窓 사이코-마도	てんまど / 天窓 텐마도	もん / 門 몬

참고: *1 varanda 바란다, *5 조리개(광학)의미도 있음, **동의어:** *2 maenianum 메니아눔, maeniana 메니아나, *3 Dachfenster 다흐펜스터, *4 tragaluz 뜨라갈루스, *6 domo 도모

한	입구	출구	창문	문지방
영	entrance 엔트런스	exit 엑시트	window 윈도우	threshold 쓰레쇼울드
프	entrée 엉트레	sortie 쏘르티	fenêtre 프네트르	seuil 쐬이으
독	Eingang 아인강	Ausgang 아우스강	Fenster *1 펜스터	Türschwelle 뛰어슈벨레
포	entrada 잉프라다	saída 싸이다	janela 쟈넬라	soleira de porta 쏠레이라 지 뽀르따
스	entrada 엔프라다	salida 살리다	ventana 벤따나	umbral, ranura 움브랄, 라누라
이	entrata 엔트라다	Uscita 우씻따	finestra 피네스트라	soglia 쏠리아
그	είσοδος 이소도스	έξοδος 엑소도스	παράθυρο 빠라씨로	κατώφλι 까또플리
라	thyróma 티로마	exitus 엑시투스	fenestra 페네스트라	limen 리멘
러	вход 브호드	выход 브하트	окно 아크노	преддверие 쁘롓드볘리예
중	入口 / rùkǒu 루코우	出口 / Chūkǒu 추코우	窗户 / chuānghu 추앙후	门槛 / ménkǎn 먼칸
일	いりぐち / 入(リ)口 이리구치	でぐち / 出口 데구치	まど / 窓 마도	しきい / 敷居 시키이

참고: *1 (창의)덧문 Fensterladen 펜스터라덴

셔터	차양	쇠창살	마당	KOR
shutter 셔터	shade 셰이드	grille 그릴	yard 야드	ENG
fermeture 페르므뛰르	auvent 오벙	grillage 그리이야쥬	cour 꾸르	FRA
Rolladen 롤라덴	Markise 마키제	Gitter 기터	Garten 가르텐	GER
veneziana 베네지아나	sombra 쏭브라	grade 그라지	jardim 쟈르징	POR
contraventana 꼰뜨라벤따나	persiana 뻬르시아나	rejilla 레히야	jardín 하르딘	ESP
imposta 임포스타	persiana 뻬르시아나	cancellata 깐첼라따	giardino 쟈르디노	ITA
παντζούρι 빤주리	τέντα 뗀다	γρίλλιες 그릴리에스	αυλή 아블리	GRE
foricula 포리쿨라	umbella 움벨라	cancelli 칸켈리	hortus 호르투스	LAT
жалюзи 좔류지	навес 나베스	решетка 리쇼트까	двор 드보르	RUS
卷帘门 / juǎnliánmén 쥬엔리엔먼	太阳挡 / tàiyángdǎng 타이양땅	铁窗棂 / tiěchuānglíng 티에추앙링	院子 / yuànzi 위엔즈	CHN
シャッター 샷따-	ひさし 히사시	てつごうし / 鉄格子 테추고-시	にわ / 庭 니와	JPN

울타리	담, 담벼락	명패	우편함	KOR
hedge 헤지	fence, wall 펜스, 월	nameplate 네임플레이트	mailbox 메일박스	ENG
haie 애	clôture 끌로뛰르	plaque 쁠라끄	boîte aux lettres 브와또 레트르	FRA
Hecke 헥케	Zaun 차운	Namensschild 나멘쉴트	Briefkasten 브리프카스텐	GER
cerca 쎄르까	muro 무루	placa de identificação 쁠라까 지 이뎅찌피까써웅	caixa de correio 까이샤 지 꼬헤이우	POR
seto 세또	cerca 쎄르까	placa de casa 쁠라까 데 까싸	buzón 부손	ESP
barriera 바리에라	parete 파레떼	targa 따르가	cassetta postale 카쎄따 포스탈레	ITA
φράχτης 프라흐띠스	φράχτης, τοίχος 프라흐띠스, 띠호스	πινακίδα 삐나끼다	ταχυδρομικό κουτί 따히드로미꼬 꾸띠	GRE
saepes 새페스	saepes 새페스	tabula nominis 타불라 노미니스	cista epistularum 키스타 에피스툴라룸	LAT
изгородь 이즈고로즈	забор 자보르	табличка с именем 따블리치카 스 이메님	почтовый ящик 뻐취또브이 야쉭	RUS
篱笆 / líba 리바	墙 / qiáng 치앙	名牌 / míngpái 밍파이	信箱 / xìnxiāng 신샹	CHN
いけがき / 生け垣 이케가키	へい / 塀 헤-	ひょうさつ / 表札 효-사추	ゆうびんうけ / 郵便受け 유-빙우케	JPN

한	안테나	개집	파사드	초인종
영	antenna 안테나	kennel *1 케늘	facade 퍼사드	doorbell 도어벨
프	antenne 엉뗀느	chenil, niche 슈니, 니슈	façade 파사드	sonnette 쏘네뜨
독	Antenne 안테네	Hundehütte 훈데휘테	Fassade 파싸데	Klingel 클링엘
포	antena 앙떼나	casinha de cachorro 까징야 지 까쇼후	fachada 파샤다	campainha 깡빠잉야
스	antena 안떼나	casa para perro 까사 빠라 뻬로	fachada 파차다	timbre 띰브레
이	antenna 안텐나	canile 카닐레	facciata 파챠타	campanello 깜빠넬로
그	κεραία 께레아	σπιτάκι σκύλου 스삐따끼 스낄루	πρόσοψη 프로숖시	κουδούνι 꾸두니
라	antenna 안텐나	tugurium canis 투구리움 카니스	facies, frons 파키에스, 프론스	tintinnabulum 틴틴나불룸
러	антенна 안때나	конура 꼬누라	фасад 파싸드	звонок 즈바녹
중	天线 / tiānxiàn 티엔시엔	狗窝 / gǒuwō 꺼우워	正面 / zhèngmiàn 정미앤	门铃 / ménlíng 먼링
일	アンテナ 안테나	いぬごや / 犬小屋 이누고야	ファサード 화사-도	よびりん / 呼び鈴 요비린

동의어: *1 dog house 도그 하우스

한	현관	방	침실	거실
영	entrance hall 엔트런스 홀	room 룸	bedroom 베드룸	living room 리빙 룸
프	hall d'entrée *1 올 덩트레	chambre 샹브르	chambre à coucher 샹브르 아 꾸쉐	salon 쌀롱
독	Eingangshalle 아인강스할레	Zimmer 침머	Schlafzimmer 슐라프침머	Wohnzimmer 본침머
포	saguão de entrada 싸구어옹 지 잉뜨라다	quarto 꽈르뚜	dormitório 도르미또리우	sala de estar 쌀라 지 이스따르
스	zaguán, vestíbulo 사구안, 베스띠불로	habitación 아비따씨온	dormitorio 도르미또리오	sala de estar 살라 데 에스따르
이	ingresso 잉그레쏘	camera 까메라	camera da letto 까메라 다 레또	soggiorno 소쪼르노
그	προθάλαμος *2 프로쌀라모스	δωμάτιο 도마띠오	υπνοδωμάτιο 이쁘노도마띠오	σαλόνι 살로니
라	introitus 인트로이투스	conclave *3 콘클라베	cubiculum *4 쿠비쿨룸	cubiculum habitationis 쿠비쿨룸 하비타티오니스
러	вестибюль 베스찌뷸	комната 꼼나따	спальня 스빨냐	гостиная 가스찐나야
중	门廊 / ménláng 먼랑	房间 / fángjiān 팡지앤	睡房 / shuìfáng 쉐이팡	客厅 / kètīng 커팅
일	げんかん / 玄関 겐칸	へや / 部屋 헤야	しんしつ / 寝室 신시추	いま / 居間 이마

참고: *1 vestibule 베스트뷸(실내 로비), 동의어: *2 ρεσεψιόν 레셒시온, *3 cubiculum 쿠비쿨룸, *4 dormitorium 도르미토리움

104

응접실	서재	부엌	욕실	KOR
drawing room 드로잉 룸	study *2 스터디	kitchen 키친	bathroom 배쓰룸	ENG
salon 쌀롱	cabinet de travail 까비네 드 트라바이으	cuisine 뀌진느	salle de bains 쌀 드 벵	FRA
Empfangszimmer 엠팡스침머	Studierzimmer *3 슈투디어침머	Küche 뀌헤	Badezimmer 바데침머	GER
sala de visitas 쌀라 지 비지따스	escritório 이스끄리또리우	cozinha 꼬징야	banheiro 방예이루	POR
recibidor 레씨비도르	escritorio 에스끄리또리오	cocina 꼬씨나	cuarto de baño 꾸아르또 데 바뇨	ESP
salotto 살로또	studio 스투디오	cucina 쿠치나	bagno 바뇨	ITA
σαλόνι *1 살로니	γραφείο *4 그라피오	κουζίνα 꾸지나	μπάνιο 바니오	GRE
atrium 아트리움	officium 오피키움	culina 쿨리나	balineum 발리네움	LAT
гостиная 가스찐나야	рабочий кабинет 라보취이 까비넷	кухня 꾸흐냐	ванная 반나야	RUS
客厅 / kètīng 커팅	书房 / shūfáng 수팡	厨房 / chúfáng 추팡	浴室 / yùshì 위스	CHN
おうせつしつ / 応接室 오-세추시추	しょさい / 書斎 쇼사이	だいどころ / 台所 다이도코로	よくしつ / 浴室 요쿠시추	JPN

동의어: *1 καθιστικό 카씨스띠꼬, *2 library 라이브러리, *3 Bibliothek 비블리오텍, *4 βιβλιοθήκη 비브리오씨끼

화장실	어린이집, 놀이방	지하실	다락방	KOR
toilet *1 토일릿	nursery *3 너서리	basement 베이스먼트	attic 애틱	ENG
toilettes 뚜왈레뜨	garderie 가르드리	souterrain 수떼렝	grenier 그르니에	FRA
Toilette, Klo 토왈레테, 클로	Kinderzimmer 킨더침머	Keller 켈러	Dachzimmer 다흐침머	GER
toalete 또알레찌	quarto de crianças 꽈르뚜 지 끄리앙싸스	porão 뽀러웅	sótão 쏘떠웅	POR
lavatorio *2 라바또리오	habitación de recreo *4 아비따씨온 데 레끄레오	sótano 소따노	ático 아띠꼬	ESP
toilette 토일레떼	asilo nido 아실로 니도	cantina 깐띠나	soffitta 소피따	ITA
τουαλέτα 뚜알레따	παιδότοπος 빼도또뽀스	υπόγειο 이뽀기오	σοφίτα 소피따	GRE
lavatorium 라바토리움	spatium infantis 스파티움 인판티스	hypogeum 히포게움	caenaculum 캐나쿨룸	LAT
туалет 뚜알롓	детская комната 젯츠까야 꼼나따	подвал 빳드발	чердак 췌르닥	RUS
洗手间 / xǐshǒujiān 씨셔우지엔	育儿室 / yù' érshì 위얼스	地下室 / dìxiàshì 띠샤스	阁楼 / gélóu 거러우	CHN
けしょうしつ / 化粧室 케쇼-시추	こどもべや / 子ども部屋 코도모베야	ちかしつ / 地下室 치카시추	やねうらべや / 屋根裏部屋 야네우라베야	JPN

동의어: *1 bathroom 베쓰룸, *2 baño 바뇨, *3 play room 플래이 룸, *4 sala de juegos 살라 데 후에고스

한	창고	가구	탁자, 식탁	접이탁자
영	storeroom 스토어룸	furniture 퍼니쳐	table 테이블	extension table 익스텐션 테이블
프	entrepôt 엉뜨르뽀	meuble 뭬블르	table 따블	table extension 따블 엑스떵씨옹
독	Lagerraum 라거라움	Möbel 뫼벨	Tisch 티슈	Ausziehtisch 아우스치티슈
포	despensa *1 지스뻰싸	móvel 모베우	mesa 메자	mesa com extensão 메자 꽁 이스뗑써웅
스	almacén 알마쎈	muebles 무에블레스	mesa 메싸	mesa extensible 메싸 에스뗀시블레
이	magazzino 마가찌노	mobile 모빌레	tavola 따볼라	tavola allungabile 따볼라 알룽가빌레
그	αποθήκη 아뽀씨끼	έπιπλο 에삐플로	τραπέζι 뜨라뻬지	πτυσσόμενο τραπέζι 프띠소메노 뜨라뻬지
라	gorreum 고레움	supellex 수펠렉스	mensa 멘사	porrecta mensa 포렉타 멘사
러	хранилище 흐라닐리쉐	мебель 메벨	стол 스똘	раздвижный стол 라즈드비쥬느이 스똘
중	仓库 / cāngkù 창쿠	家具 / jiājù 찌아쥐	桌子 / zhuōzi *2 쭈오즈	可折叠的桌子 / kězhédiédezhuōzi 커저디에더쭈오즈
일	そうこ / 倉庫 소-코	かぐ / 家具 카구	テーブル *3 테-부루	ちゃぶだい / 卓袱台 챠부다이

동의어: *1 armazém 아르마젱, *2 餐桌 / cānzhuō 찬쭈오(식탁), *3 しょくたく / 食卓 쇼쿠타쿠(식탁)

한	책상	의자	흔들의자	스툴의자
영	desk 데스크	chair 체어	rocking chair 롸킹 체어	stool 스툴
프	bureau 뷔로	chaise 쉐즈	fauteuil(à)bascule 포뙤이으(아)바스뀔	tabouret 따부레
독	Schreibtisch 슈라이프티슈	Stuhl 슈툴	Schaukelstuhl 샤우켈슈툴	Hocker 혹커
포	escrivaninha 이스끄리바닝야	cadeira 까데이라	cadeira de balanço 까데이라 지 발랑쑤	banquinho sem encosto 방낑유 쎙 잉꼬스뚜
스	escritorio 에스끄리또리오	silla 시야	meccedora 메쎄도라	taburete 따부레떼
이	scrivania 스크리바니아	sedia 세디아	sedia a dondolo 세디아 아 돈돌로	sgabello 즈가벨로
그	γραφείο 그라피오	καρέκλα 까레클라	κουνιστή πολυθρόνα 꾸니스띠 뽈리쓰로나	σκαμνί 스깜니
라	mensa 멘사	sella 셀라	sella oscillatoria 셀라 오스킬라토리아	sessibulum *1 세시불룸
러	письменный стол 삐씨몐느이 스똘	стул 스뚤	кресло-качалка 크례슬러-까촬까	табуретка 따부렛트까
중	书桌 / shūzhuō 수쭈오	椅子 / yǐzi 이즈	摇椅 / yáoyǐ 야오이	凳子 / dèngzi 떵즈
일	つくえ / 机 츠쿠에	いす / 椅子 이수	ゆりいす / 揺り椅子 유리이스	こしかけ / 腰掛 코시카케

동의어: *1 scamnum 스캄눔

106

팔걸이 의자	소파	2인용 소파	긴 소파	KOR
armchair 암체어	sofa 소파	loveseat 러브시트	couch 카우치	ENG
fauteuil 포뙤이으	sofa 소파	causeuse 꼬쬐즈	divan 디벙	FRA
Lehnstuhl 렌슈툴	Sofa 조파	2er Sofa 츠바이어 조파	Couch, Liegesofa 카우치, 리게조파	GER
poltrona 뽀우뜨로나	sofá 쏘파	sofá de dois assentos 쏘파 지 도이스 아쎙뚜스	divã 지방	POR
sillón 씨욘	sofá 소파	sofá para dos personas 소파 빠라 도스 뻬르소나스	diván 디반	ESP
poltrona 뽈뜨로나	divano 디바노	divano per due 디바노 뻬르 두에	peninsula 뻬닌술라	ITA
πολυθρόνα 뽈리쓰로나	καναπές 까나뻬스	διθέσιος καναπές 디쎄시오스 까나뻬스	καναπές, ντιβάνι 까나뻬스, 디바니	GRE
cathedra 카테드라	sponda 스폰다	lectus bicorporis 렉투스 비코르포리스	sponda 스폰다	LAT
кресло 크레슐러	диван 지반	двойной диван 드바이노이 지반	длинный диван 들린느이 지반	RUS
扶手椅 / fúshǒuyǐ 푸셔우이	沙发 / shāfā 샤파	双人坐椅 / shuāngrénzuòyǐ 슈왕렌쭈오이	长沙发 / chángshāfā 창샤파	CHN
ひじかけ いす / 肘掛け 椅子 히지카케 이수	ソファー 소화-	ふたりよう ソファー / 二人用 ソファー 후타리요-소화-	ソファー 소화-	JPN

드레스룸	화장대	선반	신발장	KOR
dress room 드레스룸	dressing table 드레싱 테이블	shelf 쉘프	shoes storage 슈즈 스토레지	ENG
cabine d'essayage *1 까빈 데쎄이아쥬	coiffeuse 꼬와퓌즈	étagère 에따제르	meuble à chaussures 뫼블 아 쇼쒸르	FRA
Kleiderraum 클라이더라움	Frisierkommode 프리지어코모데	Regal 레갈	Schuhschrank 슈슈랑크	GER
closet 끌로제찌	penteadeira 뻰찌아데이라	prateleira 쁘라뗄레이라	sapateira 싸빠떼이라	POR
camerino *2 까메리노	tocador 또까도르	estante 에스딴떼	zapatera 싸빠떼라	ESP
camerino 카메리노	specchiera 스뻬끼에라	mensola 멘솔라	cassetta per scarpe 카쎄따 뻬르 스카르페	ITA
γκαρνταρόμπα 가르다로바	τουαλέτα(έπιπλο) 뚜알레따(에삐프로)	ράφι 라피	παπουτσοθήκη 빠뿌초씨끼	GRE
cella vestiaria 켈라 베스티아리아	magnum speculum 마그눔 스페쿨룸	mutulus, ancon 무툴루스, 안콘	cisa calceorum 키사 칼케오룸	LAT
гардеробная 가르지로브나야	туалетный столик 뚜알롓느이 스똘릭	полка 뽈까	полка для обуви 뽈까 들랴 오부비	RUS
衣物间 / yīwùjiān 이우지엔	镜台 / jìngtái 찡타이	吊板 / diàobǎn 띠아오반	鞋柜 / xiéguì 시에꿔이	CHN
ドレスルーム 도레수루-무	けしょうだい / 化粧台 케쇼-다이	たな / 棚 타나	くつばこ / 靴箱 쿠추바코	JPN

참고: *1 vestiaires 베스띠삐르(수영장 탈의실), 동의어: *2 vestidor 베스띠도르

한	침대	2층 침대	시트	담요, 모포
영	bed 베드	bunk bed 벙크 베드	sheet 시트	blanket 블랭킷
프	lit 리	lits superposés 리 쒸뻬르뽀제	drap de lit 드라 드 리	couverture 꾸베르뛰르
독	Bett 베트	Etagenbett 에타젠베트	Betttuch *2 베트투흐	Decke 데케
포	cama 까마	beliche 벨리쉬	lençol 렝쏘우	cobertor 꼬베르또르
스	cama 까마	litera 리떼라	sábana 사바나	manta 만따
이	letto 레또	letto a castello 레또 아 카스텔로	lenzuolo 렌주올로	coperta 꼬뻬르타
그	κρεβάτι 끄레바띠	κουκέτα *1 꾸께따	σεντόνι 센도니	κουβέρτα 꾸베르따
라	lectus 렉투스	lectus binis tabulatis 렉투스 비니스 타불라티스	lodix 로딕스	lodix, vestis 로딕스, 베스티스
러	кровать 크라밧치	Двухэтажная кровать 드부흐애따쥐나야 크라밧치	простыня 쁘라스띠냐	одеяло 아지얄로
중	床 / chuáng 추왕	双层床 / shuāngcéngchuáng 슈왕청추앙	床单 / chuángdān 촹딴	毯子 / tǎnzi 탄즈
일	しんだい / 寝台 신다이	にだんベッド / 二段ベッド 니단베도	シーツ 시-추	もうふ / 毛布 모-후

동의어: *1 διόροφο κρεβάτι 디오로포 크레바띠, *2 Bettlacken 베트락켄

한	베개	쿠션	카펫	커튼
영	pillow 필로우	cushion 쿠션	carpet 카펫	curtain 커튼
프	oreiller 오레이에	coussin 꾸생	tapis 따삐	rideau 리도
독	Kopfkissen 코프키센	Kissen 키센	Teppich 테피히	Vorhang 포어항
포	travesseiro 뜨라베쎄이루	almofada 아우모파다	carpete 까르뻬찌	cortina 꼬르찌나
스	almohada 알모아다	cojín 꼬힌	alfombra 알폼브라	cortina 꼬르띠나
이	cuscino 쿠쉬노	cuscino 쿠쉬노	tappeto 타뻬토	tenda 뗀다
그	μαξιλάρι 막실라리	μαξιλάρι *1 막실라리	χαλί 하리	κουρτίνα 꾸르띠나
라	pulvinus 풀비누스	cusinus *2 쿠시누스	tapete *3 타뻬테	cortina *4 코르티나
러	подушка 빠두쉬까	подушка 빠두쉬까	ковёр 카뵤르	занавеска 자나볘스까
중	枕头 / zhěntou 전터우	靠垫 / kàodiàn 카오디엔	地毯 / dìtǎn 띠탄	帘 / lián 리엔
일	まくら / 枕 마쿠라	クッション 쿳쑌	カーペット 카-펫또	カーテン 카-텐

동의어: *1 μαξιλαράκι 막실라라끼, *2 cervical 케르비칼, *3 tapetum 타뻬툼, *4 perpetasma 페르페타스마

장롱	이불	베드스툴	나이트테이블	KOR
wardrobe 워드로브	duvet 듀베이	bed stool 베드 스툴	nightstand 나이트스탠드	ENG
armoire 아르무와르	couette *1 꾸에뜨	banc 방	table de nuit *3 따블 드 뉘	FRA
Kleiderschrank 클라이더슈랑크	Bettdecke 베트덱케	Bettbank 베트방크	Nachttisch 나흐트티쉬	GER
guarda-roupa 과르다-호우빠	cobertor 꼬베르또르	banquinho do quarto 방낑유 두 꽈르뚜	comodinho 꼬모징유	POR
armario de trajes 아르마리오 데 뜨라헤스	colcha 꼴차	cama banqueta 까마 방께따	mesita de noche 메시따 데 노체	ESP
armadio 아르마디오	trapunta 트라뿐타	bench 벤치	comodino 꼬모디노	ITA
γκαρνταρόμπα 가른다로바	πάπλωμα *2 빠플로마	σκάμνι του κρεβατιού 스카니 뚜 끄레바띠우	κομοδίνο 꼬모디노	GRE
armarium 아르마리움	vestis lecti 베스티스 렉티	scamnum cubiculi 스카눔 쿠비쿨리	mensa ad lectum 멘사 아드 렉툼	LAT
гардероб 가르지롭	постельное бельё 빠스쩰너예 빌리요	кровать-табурет 크라밧츠-따부롓트	тумбочка 뚬버취까	RUS
衣橱 / yīchú 이추	被子 / bèizi 뻬이즈	–	–	CHN
ようふくだんす／洋服箪笥 요-후쿠단수	ふとん／布団 후톤	ベッドストール 베도수토-루	ナイトテーブル 나이토테-부루	JPN

참고: *1 literie 리뻬리(침구류), 동의어: *2 κλινοσκέπασμα 끄리노스께빠스마, *3 table de chevet 따블 드 슈베

손전등	양초	전기스텐드	자명종	KOR
flashlight 플래쉬라잇	candle 켄들	desk lamp 데스크 램프	alarm clock 알람 클락	ENG
lampe de poche 랑쁘 드 뽀슈	bougie 부지	lampe de bureau 렁쁘 드 뷔로	réveil 레베이으	FRA
Taschenlampe 타셴람페	Kerze 케어체	Tischlampe 티슈람페	Wecker 베커	GER
lanterna 랑떼르나	vela 벨라	abajur 아바쥬르	despertador 지스뻬르따도르	POR
linterma 린떼르마	vela 벨라	lámpara de mesa 람빠라 데 메사	despertador 데스뻬르따도르	ESP
torcia elettrica 토르치아 엘레뜨리까	candela 칸델라	lampada da tavolo 람파다 다 따볼로	sveglia 즈벨리아	ITA
φακός χεριού 파꼬스 헤리우	κερί 께리	λάμπα γραφείου 람바 그라피우	ξυπνητήρι 윽시쁘니띠리	GRE
lens manus 렌스 마누스	cereus 케레우스	lampas mensae 람파스 멘새	ululate horologium 울루라테 호롤로짐	LAT
фонарик 파나릭	свеча 스베촤	настольная лампа 나스똘나야 람빠	будильник 부질닉	RUS
手电筒 / shǒudiàntǒng 셔우띠엔퉁	洋烛 / yángzhú 양주	台灯 / táidēng 타이떵	闹钟 / nàozhōng 나오죵	CHN
かいちゅうでんとう／懐中電灯 카이츄-덴토-	ろうそく／蝋燭 로-소쿠	でんきスタンド／電気スタンド 덴키수탄도	めざましどけい／目覚まし時計 메자마시도케-	JPN

한	굴뚝	벽로선반	벽난로	샹들리에
영	chimney 침니	mantelpiece 맨틀피스	fireplace 파이어플레이스	chandelier 샹들리어
프	cheminée 슈미네	étagère de cheminée 에따제르 드 슈미네	cheminée 슈미네	chandelier 샹들리에
독	Schornstein 쇼언슈타인	Kaminsims 카민짐스	Kamin 카민	Kronleuchter 크론로이히터
포	chaminé 샤미네	cornija de lareira 꼬르니쟈 지 라레이라	lareira 라레이라	candeeiro 깡지에이루
스	chimenea 치메네아	repisa de la chimenea 레삐사 데 라 치메네아	chimenea 치메네아	araña *1 아라냐
이	camino 까미노	cappa di caminetto 카빠 디 까미네또	camino 까미노	candelabro 칸델라브로
그	καμινάδα 까미나다	κορνίζα τζακιού 꼬르니자 자끼우	τζάκι 자끼	πολύφωτο 뽈리포또
라	fumarium 푸마리움	mutulus camini 무툴루스 카미니	caminus 카미누스	lychnuchus pensilis 리크누쿠스 펜실리스
러	дымовая труба 듸머바야 뜨루바	полка камина 뽈까 까미나	камин 까민	люстра 류스프라
중	烟筒 / yāntong 앤퉁	壁炉架 / bìlújià 삐루지아	壁炉 / bìlú 삐루	吊灯 / diàodēng *2 땨오떵
일	えんとつ / 煙突 엔토추	マントルピース 만토루피-수	だんろ / 暖炉 단로	シャンデリア 샨데리아

동의어: *1 candelabro 칸델라브로, *2 枝形挂灯 / zhīxíngguàdēng 즈싱꽈떵

한	책장	벽장, 붙박이장	난로	출창
영	bookshelf 북쉘프	closet 클로짓	radiant heater 레이디안트 히터	bay window 베이 윈도우
프	bibliothèque 비블리오떼끄	placard 쁠라까르	poêle 쁘왈	baie vitrée 베 비트레
독	Bücherregal 뷔허레갈	Wandschrank 반트슈랑크	Ofen *2 오펜	Erkerfenster 에어커펜스터
포	estante 이스땅찌	despejo *1 지스뻬쥬	forno 포르누	janela de sacada 쟈넬라 지 싸까다
스	estante 에스딴떼	armario 아르마리오	estufa 에스뚜파	ventana salediza 벤따나 살레디사
이	libreria 리브레리아	armadio 아르마디오	stufa 스투파	bovindo 보빈도
그	ράφι βιβλιοθήκης 라피 비블리오씨끼스	ντουλάπα 둘라빠	θερμάστρα 쩨르마스트라	παράθυρο προεξοχής 빠라씨로 프로엑소히스
라	bibliotheca 비블리오테카	armarium 아르마리움	caminus 카미누스	fenestra projecta 페네스트라 프로엑타
러	книжная полка 크니쥬나야 뽈까	стенной шкаф 스쩬노이 슈카프	плита 쁠리따	эркер 애르께르
중	书柜 / shūguì 수꿰이	壁橱 / bìchú 비추	暖炉 / nuǎnlú 놘루	凸窗 / tūchuāng 투촹
일	ほんだな / 本棚 혼다나	クローゼット 쿠로-젯또	だんろ / 暖炉 단로	でまど / 出窓 데마도

동의어: *1 armario embutido 아르마리오 잉부찌두(붙박이장), *2 Heizung 하이충

110

파티션, 칸막이	옷걸이	액자	꽃병	KOR
partition 팔티션	coat hanger 코트 헹어	frame 프레임	vase 베이스	ENG
paravent 파라벙	cintre 쎙트르	cadre 꺄드르	vase 바즈	FRA
Raumteiler *1 라움타일러	Gaderobenständer *2 가더로벤스탠더	Rahmen 라멘	Vase 바제	GER
divisória 지비조리아	cabide 까비지	quadro *3 꽈드루	vaso de flores 바주 지 플로리스	POR
partición 빠르띠씨온	percha 뻬르차	quadro 꾸아드로	florero 플로레로	ESP
divisione 디비지오네	gruccia 그루챠	cornice 꼬르니체	vaso 바소	ITA
χώρισμα 호리즈마	κρεμάστρα ρούχων 끄레마스트라 루혼	κορνίζα 꼬르니자	βάζο, δοχείο 바조, 도히오	GRE
divisor, separator 디비소르, 세파라토르	fulcimen vestiarium 풀키멘 베스티아리움	compages 콤파게스	vas 바스	LAT
перегородка 뻬레가롯트까	вешалка 볘샬까	рамка 람까	ваза 바자	RUS
隔墙 / géqiáng 거치앙	衣架 / yījià 이지아	画框 / huàkuàng 화쾅	花瓶 / huāpíng 화핑	CHN
パーティション 파-티숀	えもんがけ / 衣文掛 에몬가케	がくぶち / 額縁 가쿠부치	かびん / 花瓶 카빈	JPN

동의어: *1 Trennwand 트랜반트, *2 Kleiderbügel 클라이더뷔겔, 참고: *3 armação 아르마써웅(액자 틀)

시계	컵	병	접시	KOR
clock 클락	cup 컵	bottle 바틀	plate 플레이트	ENG
horloge, montre 오를로즈, 몽트르	tasse 따스	bouteille 부떼이으	assiette 아씨에뜨	FRA
Uhr 우어	Tasse 타세	Flasche 플라셰	Teller 텔러	GER
relógio 헬로쥐우	copo 꼬뿌	garrafa 가하파	prato 쁘라뚜	POR
reloj 렐로흐	taza 따싸	botella 보떼야	plato 쁠라또	ESP
orologio 오롤로지오	bicchiere 비끼에레	bottiglia 보띨리아	piatto 피아또	ITA
ρολόι 롤로이	φλυτζάνι, κούπα 플리자니, 꾸빠	μπουκάλι 부깔리	πιάτο 삐아또	GRE
horologium 호롤로기움	calix 칼릭스	lagona 라고나	catillus, lanx 카틸루스, 란크스	LAT
часы 취씌	стакан 스따깐	бутылка 부띨까	тарелка 따렐까	RUS
表 / biǎo 비아오	杯子 / bēizi 뻬이즈	瓶 / píng 핑	碟子 / diézi 디에즈	CHN
とけい / 時計 토케-	コップ 콥뿌	びん / 瓶 빈	さら / 皿 사라	JPN

한	쟁반	사발	머그	피처
영	platter *1 플래터	bowl 보울	mug 머그	pitcher 피처
프	plateau 쁠라또	bol 볼	mug *4 뮈그	cruche 크뤼슈
독	Platte 플라테	Schüssel 쉬셀	Becher 베허	Krug, Kanne 크룩, 칸네
포	travessa *2 뜨라베싸	vaso 바주	caneca 까네까	jarro 쟈후
스	fuente 푸엔떼	tazón 따손	jarra 하라	cántaro 깐따로
이	vassoio 바쏘이오	ciotola 쵸똘라	boccale 보깔레	brocca 브로까
그	δίσκος σερβιρίσματος 디스꼬스 세르비리즈마또스	μπολ, γαβάθα 볼, 가바싸	κούπα 꾸빠	κανάτα 까나따
라	scutra 스쿠트라	catinus *3 카티누스	scyphus 스키푸스	gutus 구투스
러	поднос 빳드노스	миска 미스까	кружка 크루쥐까	кувшин 꾸프쉰
중	盘子 / pánzi 판즈	碗子 / wǎnzi 완즈	大杯子 / dàbēizi 따뻬이즈	大水罐 / dàshuǐguàn 따쉐이관
일	ぼん / 盆 본	どんぶり / 丼 돈부리	マグカップ 마구캅뿌	ピッチャー 핏쨔-

동의어: *1 tray 트레이, *2 bandeja 방데쟈, *3 poculum 포쿨룸, scipus 스키푸스, 참고: *4 chope 쇼쁘(생맥주컵)

한	나이프	포크	숟가락	냅킨
영	knife 나이프	fork 포크	spoon 스푼	napkin 냅킨
프	couteau 꾸또	fourchette 푸르셰뜨	cuillère 뀌이에르	serviette de table 세르비에뜨 드 따블르
독	Messer 메서	Gabel 가벨	Löffel 뢰펠	Serviette 제어비테
포	faca 파까	garfo 가르푸	colher 꼴예르	guardanapo 과르다나뿌
스	cuchillo 꾸치요	tenedor 떼네도르	cucharra 꾸차라	servilleta 쎄르비예따
이	coltello 꼴뗄로	forchetta 포르케따	cucchiaio 꾸끼아이오	tovagliolo 토발리올로
그	μαχαίρι 마헤리	πιρούνι 삐루니	κουτάλι 꾸딸리	πετσέτα φαγητού 뻬체따 파기뚜
라	urceus, culter 우르케우스, 쿨테르	furca 푸르카	cocleare 코클레아레	mappa 맘파
러	нож 노쥐	вилка 빌까	ложка 로쉬까	салфетка 쌀펫트까
중	餐刀 / cāndāo 찬따오	叉子 / chāzi 차즈	勺子 / sháozi 샤오즈	餐巾纸 / cānjīnzhǐ 찬진즈
일	ナイフ 나이후	フォーク 훠-쿠	さじ / 匙 사지	ナプキン 나푸킨

식탁보	행주	수도꼭지	개수대	KOR
tablecloth 테이블클로쓰	dishcloth 디쉬클로스	faucet 포시트	sink 싱크	ENG
nappe 나쁘	torchon 또르숑	robinet 로비네	évier 에비에	FRA
Tischdecke 티슈데케	Küchentuch 퀴헨투흐	Wasserhahn 바서한	Spülbecken 슈퓔베켄	GER
toalha de mesa 또알야 지 메자	pano de cozinha 빠누 지 꼬징야	torneira 또르네이라	pia 삐아	POR
mantel 만뗄	paño de cocina 빠뇨 데 꼬씨나	grifo 그리포	lavabo 라바보	ESP
tovaglia 토발리아	strofinaccio 스트로피나쵸	rubineto 루비네또	lavado 라바도	ITA
τραπεζομάντηλο 트라뻬조만딜로	σφουγγαρόπανο 스퐁가로빠노	κάνουλα, βρύση 까눌라, 브리시	νεροχύτης 네로히띠스	GRE
pannus mensae 판누스 멘새	textile spongiae 텍스틸레 스폰기애	epitonium *1 에피토니움	hydraulus 히드라울루스	LAT
скатерть 스까쩨르츠	кухонное полотенце 꾸헌너예 빨라쩬쩨	кран 크란	раковина 라카비나	RUS
餐桌台布 / cānzhuōtáibù 찬쭈오타이뿌	擦布 / cābù 차뿌	水龙头 / shuǐlóngtóu 쉐이룽터우	洗涤槽 / xǐdícáo 씨디차오	CHN
テーブルクロス 테-부루쿠로수	ふきん / 布巾 후킨	じゃぐち / 蛇口 자구치	ながしだい / 流し台 나가시다이	JPN

동의어: *1 epistomium 에피스토미움

식기선반	가스레인지	오븐	환기구	KOR
dish rack 디시 랙	gas range 가스 레인지	oven 오븐	vent 벤트	ENG
buffet *1 뷔페	cuisinière à gaz 뀌지니에르 아 가즈	four 푸르	bouche d'aération *3 부슈 다에라씨옹	FRA
Geschirrschrank 게시어슈랑크	Gasherd 가스헤어트	Backofen 바크오펜	Dampfabzug 담프압추크	GER
armário 아르마리우	fogão 포거옹	forno 포르누	ventilador 벵찔라도르	POR
vasar *2 바사르	hornillo de gas 오르니요 데 가스	horno 오르노	ventilador 벤띨라도르	ESP
credenza 크레덴자	fornello a gas 포르넬로 아 가스	forno 포르노	ventilatore 벤띨라또레	ITA
πιατοθήκη 삐아또씨끼	φούρνος γκαζιού 푸르노스 가지우	φούρνος, κλίβανος 푸르노스, 끌리바노스	απορροφητήρας 아뽈로피띠라스	GRE
armarium 아르마리움	clibanum gasum 클리바눔 가숨	furnus 푸르누스	ventilator 벤틸라토르	LAT
шкаф 슈까프	газовая плита 가조바야 쁠리타	духовка 두훕프까	вентилятор 벤찔랴떠르	RUS
橱柜 / chúguì 추꿔이	煤气炉 / méiqìlú 메이치루	烤炉 / kǎolú 카오루	通风机 / tōngfēngjī 퉁펑지	CHN
しょっきだな / 食器棚 쇽끼다나	ガスレンジ 가수렌지	オーブン 오-분	かんきせん / 換気扇 칸키센	JPN

동의어: *1 placard de cuisine 쁠라까르 드 뀌진, *2 escurridor de platos 에스꾸리도르 데 쁠라또스, *3 conduit d'aération 꽁뒤 다에라씨옹

한	디켄터	주전자	단지, 항아리	냄비
영	decanter 디켄터	kettle 케틀	pot 포트	saucepan 소스팬
프	décanteur 데껑뙤르	bouilloire 부이유와르	pot 뽀	casserole *4 꺄쓰롤
독	Karaffe 카라페	Kessel *2 케셀	Kanne, Krug 칸네, 크룩	Topf *5 토프
포	decantador 데깡따도르	caldeira 까우데이라	pote 뽀찌	panela 빠넬라
스	decanter *1 데깐떼르	garrafa 가라파	olla 오야	cacerola 까쩨롤라
이	caraffa 카라파	bollitore 볼리토레	brocca 브로까	pentola 펜톨라
그	καράφα 까라파	βραστήρας 브라스띠라스	κατσαρόλα, δοχείο 까차로라, 도히오	κατσαρόλα(με χέρι) 까차롤라(메 헤리)
라	lagena 라게나	cortina *3 코르티나	urna 우르나	catinus 카티누스
러	графин 그라핀	чайник 촤이닉	горшок 가르쇽	кастрюля 까스뜨률랴
중	玻璃瓶 / bōlipíng 뽀리핑	壺 / hú 후	罐 / guàn 꽌	锅 / guō 꿔
일	デカンター 데칸타-	やかん / 薬缶 야칸	つぼ / 壷、かめ / 甕 추보, 카메	なべ / 鍋 나베

동의어: *1 licorera 리꼬레라, *2 Kanne 카네, *3 lebes 레베스, a(h)enum 아에눔, *4 cocotte 꼬꼬뜨, *5 Kochtopf 코흐토프

한	프라이팬	압력솥	튀김팬	국자
영	frying pan 프라잉 팬	pressure cooker 프레셔 쿠커	wok 옥	ladle 레이들
프	poêle à frire 뽸알 아 프리르	autocuiseur 오또뀌죄르	wok 옥끄	louche 루슈
독	Pfanne 파네	Schnellkochtopf 슈넬코흐토프	Wok 복	Schöpflöffel *2 쇠플뢰펠
포	frigideira 프리쥐데이라	panela de pressão 빠넬라 지 쁘레써웅	panela grande 빠넬라 그랑지	concha 꽁샤
스	sartén 사르뗀	olla exprés 오야 에스쁘레스	olla china 오야 치나	cucharón 꾸차론
이	padella 파델라	pentola a pressione 펜톨라 아 프레씨오네	pentola da friggere 펜톨라 다 프리쩨레	mestolo 메스톨로
그	τηγάνι 띠가니	χύτρα ταχύτητας 히뜨라 따히띠따스	γουοκ 우옥	κουτάλι 꾸딸리
라	sartago *1 사르타고	coctorium de pressione 콕토리움 데 프레시오네	coctorium ad sartaginem 콕토리움 아드 사르타기넴	trulla *3 트룰라
러	сковорода 스크바롯트까	кастрюля-скороварка 까스뜨률랴-스크바롯트까	глубокая сковорода 글로보까야 스크바롯트까	половник 빨로브닉
중	炒锅 / chǎoguō 차오꿔	高压锅 / gāoyāguō 까오야꿔	铁锅 / tiěguō 티에꿔	汤勺 / tāngsháo 탕샤오
일	フライパン 후라이판	あつりょくがま / 圧力釜 아추료쿠가마	てんぷらなべ / 天ぷら鍋 텐푸라나베	しゃくし / 杓子 샤쿠시

동의어: *1 patina 파티나, *2 Kelle 켈레, *3 cyathus 키아투스

114

뒤집개	냉장고	토스터	로스터	KOR
turner 터너	refrigerator 리프리저레이터	toaster 토스터	roaster 로스터	ENG
spatule 스빠뛸	réfrigérateur 레프리줴라뙤르	grille-pain 그리유 뼁	rôtissoire 로띠스와르	FRA
Pfannenwender 판넨벤더	Kühlschrank 퀼슈랑크	Toaster 토스터	Grill 그릴	GER
espátula 이스빠똘라	geladeira 줼라데이라	torradeira 또하데이라	assador 아싸도르	POR
espátula 에스빠똘라	refrigeradora 레프리헤라도라	tostadora 또스따도라	asadora 아사도라	ESP
spatola 스파톨라	frigorifero 프리고리페로	tostapane 토스따빠네	girarrosto 지라로스토	ITA
σπάτουλα 스빠똘라	ψυγείο 읍시기오	τοστιέρα, φρυγανιέρα 또스띠에라, 프리가니에라	ψηστιέρα 읍시스띠에라	GRE
spatula assi 스파톨라 아씨	frigidarium 프리기다리움	tostrum 토스트룸	machina ad assum 마키나 아드 아숨	LAT
лопаточка 라빠떠취까	холодильник 할라질닉	тостер 또스쩨르	ростер 로스쩨르	RUS
锅铲 / guōchǎn 꿔챤	冰箱 / bīngxiāng 삥샹	烤面包器 / kǎomiànbāoqì 카오미엔빠오치	烘烤器 / hōngkǎoqì 홍카오치	CHN
フライがえし / フライ返し 후라이가에시	れいぞうこ / 冷蔵庫 레-조-코	トースター 토-수타-	ロースター 로-수타-	JPN

커피메이커	믹서	전자레인지	식기세척기	KOR
coffee maker 커피 메이커	blender 블렌더	microwave 마이크로웨이브	dishwasher 디시와셔	ENG
cafetière 까프띠에르	mixeur 믹쐬르	micro-ondes 미끄로 옹드	lave-vaisselle 라브 베쎌	FRA
Kaffeemaschine 카페마시네	Mixer 믹서	Mikrowelle 미크로벨레	Geschirrspüler 게쉬어슈뷜러	GER
cafeteira 까페떼이라	liquidificador 리끼지피까도르	forno de microondas 포르누 지 미끄로옹다스	máquina de lavar louça 마끼나 지 라바르 로우싸	POR
cafetera 까페떼라	batidora 바띠도라	horno electrónico 오르노 엘렉프로니꼬	lavaplatos 라바쁠라또스	ESP
macchina da caffe 마끼나 다 카페	frullatore 프룰라또레	forno a microonde 포르노 아 미크로온데	lavastoviglie 라바스토빌리에	ITA
καφετιέρα 까페띠에라	αναμικτήρα *1 아나믹띠라	φούρνος μικροκυμάτων 푸르노스 미크로끼마똔	πλυντήριο πιάτων 쁠린띠리오 피아똔	GRE
machina cafearia 마키나 카페아리아	machina ad permixtum 마키나 아드 페르믹스툼	electronus furnus *2 엘렉트로누스 푸르누스	machina elutoria 마키나 엘루토리아	LAT
кофеварка 까페바르까	миксер 믹쎄르	микроволновка 미크라발노프까	судомойка 수다모이까	RUS
煮咖啡器 / zhǔkāfēiqì 주카페이치	粉碎机 / fěnsuìjī 펀쉐이지	微波炉 / wēibōlú 웨이뽀루	洗碗机 / xǐwǎnjī 씨완지	CHN
コーヒーメーカー 코-히-메-카-	ミキサー 미키사-	でんしレンジ / 電子レンジ 덴시렌지	しょっきせんじょうき / 食器洗浄器 숔끼센죠-키	JPN

동의어: *1 μπλέντερ 블렌데르, *2 furnulus undarum brevium 푸르눌루스 운다룸 브레비움

한	재봉틀	다리미	에어컨
영	sewing machine 소잉 머신	iron 아이언	air conditioner, AC 에어 컨디셔너, 에이씨
프	machine à coudre 마쉰 아 꾸드르	fer à repasser 페르 아 르빠쎄	climatiseur 클리마띠죄르
독	Nähmaschine 내마시네	Bügeleisen 뷔겔아이젠	Klimaanlage 클리마안라게
포	máquina de costura 마끼나 지 꼬스뚜라	ferro de passar roupa 페후 지 빠싸르 호우빠	ar condicionado 아르 꽁지씨오나두
스	máquina de coser 마끼나 데 꼬세르	plancha 쁠란차	aire acondicionador 아이레 아꼰디씨오나도르
이	macchina da cucire 마끼나 다 쿠치레	ferro da stiro 페로 다 스티로	aria condizionata 아리아 콘디찌오나타
그	ραπτομηχανή 랖또미하니	σίδερο 시데로	μηχάνημα κλιματισμού 미하니마 끌리마띠즈무
라	machina suturae 마키나 수투래	ferrum politorium 페룸 폴리토리움	machina temperie aeris 마키나 템페리에 아에리스
러	швейная машина 슈볘이나야 마쉬나	утюг 우쭉	кондиционер 껀지짜녜르
중	缝衣机 / féngyījī 펑이지	烫斗 / tàngdǒu 탕떠우	空调 / kōngtiáo 콩티아오
일	ミシン 미신	アイロン 아이론	エアコン 에아콘

한	청소기	세탁기	가습기
영	vacuum cleaner 바큠 클리너	washer 와셔	humidifier 휴미디파이어
프	aspirateur 아스삐라뙤르	machine à laver 마쉬 아 라베	humidificateur 위미디피꺄뙤르
독	Staubsauger 슈타웁자우거	Waschmaschine 바슈마시네	Luftbefeuchter 루프트베포이히터
포	aspirador 아스삐라도르	máquina de lavar roupa 마끼나 지 라바르 호우빠	humidificador 우미지피까도르
스	limpiador 림삐아도르	lavadora 라바도라	humidificador 우미디피까도르
이	aspirapolvere 아스피라뽈베레	lavatrice 라바트리체	umidificatore 우미디피카토레
그	ηλεκτρική σκούπα 일렉트리끼 스꾸빠	πλυντήριο 쁠린디리오	μηχάνημα αφύγρανσης 미하니마 아피그란시스
라	antlia exhauritoria [1] 안뜰리아 엑스하우리토리아	machina lavatoria 마키나 라바토리아	machina madoris 마키나 마도리스
러	пылесос 쁼리쏘스	стиральная машина 스찌랄나야 마쉬나	увлажнитель 우블라쥬니쪨
중	吸尘器 / xīchénqì 시천치	洗衣机 / xǐyījī 씨이지	加湿器 / jiāshīqì 찌아스치
일	そうじき / 掃除機 소-지키	せんたくき / 洗濯機 센타쿠키	かしつき / 加湿器 카시추키

동의어: [1] pulveris hauritorium 풀베리스 하우리토리움

116

정수기	공기청정기	필터	그라인더	KOR
water purifier 워터 퓨리파이어	air purifier 에어 퓨리파이어	filter 필터	grinder 그라인더	ENG
filtre à eau 필트르 아 오	purificateur d'air 퓨리피까뙤르 데르	filtre 필트르	moulin à café 물랭 아 까페	FRA
Wasserreiniger 바써라이니거	Luftreiniger 루프트라이니거	Filter 필터	Schleifmaschine 쉬라이프마시네	GER
purificador de água 뿌리피까도르 지 아과	filtro de ar 피우뜨루 지 아르	filtro 피우뜨루	moedor 모에도르	POR
purificador de agua 뿌리피까도르 데 아구아	filtros de aire 필뜨로스 데 아이레	filtro 필뜨로	molinillo 모린일로	ESP
depuratóre 데푸라또레	ionizzatore 이오니짜토레	filtro 필트로	macinino 마치니노	ITA
εξαγνιστής νεροὺ 엑사니스띠스 네루	καθαριστής ατμόσφαιρας 까싸리스띠스 아프모스페라스	φίλτρο 필트로	αλεστής 알레스띠스	GRE
purgator hydrae 푸르가토르 히드래	purgator aeris 푸르가토르 애리스	colum 콜룸	molentis 모렌티스	LAT
водоочиститель 바다아취스찌쩰	очиститель воздуха 아취스찌쩰 보즈두하	фильтр 필뜨르	шлифовщик 슐리포프쉭	RUS
净水器 / jìngshuǐqì 징쉐이치	空气清净机 / kōngqìqīngjìngjī 콩치칭징지	过滤器 / guòlǜqì 귀뤼치	磨床 / móchuáng 모추앙	CHN
じょうすいき / 浄水器 죠-수이키	くうきせいじょうき / 空气清浄機 쿠-키세-죠-키	フィルター 휘루타-	グラインダー 그라인다-	JPN

세면도구	비누	수건	칫솔	KOR
toiletry 토일렛트리	soap 소우프	towel 타월	toothbrush 투쓰브러쉬	ENG
articles de toilette 아르띠끌르 드 뚜와렛	savon 싸봉	serviette 세르비에프	brosse à dents 브로스 아 덩	FRA
Toilettengarnitur 토왈레텐가아니투어	Seife 자이페	Handtuch 한트투흐	Zahnbürste 찬뷔어스테	GER
artigos de higiene pessoal 아르찌구스 지 이쥐에니 뻬쏘아우	sabão 싸버웅	toalha 또알야	escova de dentes 이스꼬바 지 뎅찌스	POR
artículos de tocador 아르띠꿀로스 데 또까도르	jabón 하본	toalla 또아야	cepillo dental 쎄삐요 덴딸	ESP
articoli da toilette 아르띠꼴리 다 토일레떼	sapone 사뽀네	asciugamano 아슈가마노	spazzolino da denti 스파쫄리노 다 덴티	ITA
είδη τουαλέττας 이디 뚜알레따스	σαπούνι 사뿌니	πετσέτα 뻬체따	οδοντόβουρτσα 오돈도부르차	GRE
apparatus mundi 아파라투스 문디	sapo 사포	mantele 만텔레	peniculus dentis 페니쿨루스 덴티스	LAT
туалетные принадлежности 뚜알롓트늬예 쁘리나들례쥬너스찌	мыло 밀러	полотенце 쁠라쩬쩨	зубная щётка 줍나야 쇼트까	RUS
梳洗用具 / shūxǐyòngjù 수씨융쥐	香皂 / xiāngzào 샹자오	手巾 / shǒujīn 셔우진	牙刷 / yáshuā 야슈아	CHN
せんめんどうぐ / 洗面道具 센멘도-구	せっけん / 石鹸 섹껜	タオル 타오루	はぶらし / 歯ブラシ 하부라시	JPN

한	치약	빗	헤어브러시	헤어드라이기
영	toothpaste 투쓰페이스트	comb 코움	hairbrush 헤어브러쉬	hair dryer 헤어 드라이어
프	dentifrice 덩티프리스	peigne 뻬뉴	brosse à cheveux 브로스 아 슈브	sèche-cheveux 세슈 슈브
독	Zahnpaste 찬파스테	Kamm 캄	Haarbürste 하아뷔어스테	Haartrockner 하아트로크너
포	pasta dental 빠스따 뎅따우	pente 뻥찌	escova de cabelo 이스꼬바 지 까벨루	secador de cabelo 쎄까도르 지 까벨루
스	crema dental 끄레마 덴딸	peine 뻬이네	cepillo 쩨삐요	secador 세까도르
이	dentifricio 덴티프리쵸	pettine 페띠네	spazzola per capelli 스파쫄라 뻬르 카펠리	asciugacapelli 아슈가까펠리
그	οδοντόκρεμα 오돈도크레마	χτένα 흐떼나	βούρτσα 부르차	πιστολάκι 비스똘라끼
라	cremor dentis *1 크레모르 덴티스	pecten 펙텐	peniculus comatorius 페니쿨루스 코마토리우스	machinula favonia 마키눌라 파보니아
러	зубная паста 줍나야 빠스따	гребень 그례볜	щётка для волос 쇼트까 들랴 발로스	фен 펜
중	牙膏 / yágāo 야까오	梳子 / shūzi 수즈	发刷 / fàshuā 파슈아	吹风机 / chuīfēngjī 춰이펑지
일	はみがきこ / 歯磨き粉 하미가키코	くし / 櫛 쿠시	ブラシ 부라시	ヘアードライヤー 헤아-도라이야-

동의어: *1 pasta dentaria 파스타 덴타리아

한	샴푸	린스	면도기	귀이개
영	shampoo 샴푸	hair conditionor 헤어 컨디셔너	shaver 쉐이버	ear pick 이어 피크
프	shampooing 샹뿌웽	après-shampooing 아프레 샹뿌웽	rasoir 라즈와르	cure-oreille 뀌로 오레이으
독	Shampoo 샴푸	Haarspülung 하아스슈퓔룽	Rasierer 라지러	Ohrlöffel 오어뢰펠
포	xampu 샹뿌	rinse *1 힝씨	barbeador elétrico 바르베아도르 일레드리꾸	limpador de ouvidos 링빠도르 지 오우비두스
스	champú 참뿌	acondicionador 아꼰디씨오나도르	novacula *3 노바쿨라	escarbaorejas 에스까르바오레하스
이	shampoo 샴푸	balsamo per capelli 발사모 뻬르 까펠리	rasoio 라소이오	pulisciorecchi 풀리쉬오레끼
그	σαμπουάν 샴푸안	μαλακτικό 말락띠꼬	ξυριστική μηχανή 윽시리스띠끼 미하니	ωτογλυφίδα 오또글뤼피다
라	capitilavium(purgans) 카피틸라비움(푸르간스)	capitilavium(eluens)*2 카피틸라비움(엘루엔스)	novacula 노바쿨라	auriscalpium 아우리스칼피움
러	шампунь 샴뿐	бальзам 발잠	бритва 브리트바	ухочистка 우하취스트까
중	洗发剂 / xǐfàjì 씨파지	护发素 / hùfàsù 후파수	刮胡刀 / guāhúdāo 꽈후다오	耳挖子 / ěrwāzi 얼와즈
일	シャンプー 샨푸-	リンス 린수	ひげそり / 髭剃り 히게소리	みみかき / 耳掻き 미미카키

동의어: *1 condicionador 꽁지씨오나도르, *2 balsamum capillorum 발사뭄 카필로룸, *3 afeitadora 아페이따도라

면봉	욕조	샤워기	세면대	KOR
cotton swab 코튼 스왑	bathtub 베쓰터브	shower 샤워	wash basin 와시 베이슨	ENG
coton-tige 꼬똥 띠쥬	baignoire 베뉴아르	douche 두슈	lavabo 라바보	FRA
Wattestäbchen 바테스탭헨	Badewanne 바데바네	Dusche 두셰	Waschbecken 바슈베켄	GER
cotonete 꼬또네찌	banheira 방예이라	chuveiro 슈베이루	lavatório 라바또리우	POR
copo *1 꼬뽀	tina 띠나	ducha 두차	lavabo 라바보	ESP
tampone 탐포네	vasca da bagno 바스카 다 반뇨	doccia 도치아	lavandino 라반디노	ITA
μικρό ραβδάκι μπαμπακιού *2 미크로 랍다끼 밤바끼우	μπανιέρα 바니에라	ντους 두스	νιπτήρας 닙띠라스	GRE
parvum baculum 파르붐 바쿨룸	balneum *3 발네움	pluvia ad lavacrum 플루비아 아드 라바크룸	lavatorium *4 라바토리움	LAT
ухочистка 우하취스트까	ванна 반나	душ 두쉬	умывальная 우믜발나야	RUS
棉棒 /miánbàng 미엔빵	浴缸 /yùgāng 위깡	喷头 /pēntóu 펀터우	盥洗台 /guànxǐtái 꽌씨타이	CHN
めんぼう /綿棒 멘보-	よくそう /浴槽 요쿠소-	シャワー 샤와-	せんめんだい /洗面台 센멘다이	JPN

동의어: *1 bola de algodón 볼라 데 알고돈, *2 μπατονέτα 바또네따, *3 balineum 발리네움, *4 lavatio 라바티오

비데	체중계	양동이	쓰레받기	KOR
bidet 비데이	scale 스케일	bucket 버킷	dustpan 더스트펜	ENG
bidet 비데	pèse-personne *1 뻬즈 뻬르쏜느	seau 쏘	pelle à poussière 뻴라 뿌씨에르	FRA
Bidet 비데	Personenwaage 페어조넨바게	Eimer 아이머	Kehrichtschaufel 케어리히트샤우펠	GER
bidê 비데	balança 발랑싸	balde 바우지	pá de lixo 빠 지 리슈	POR
bidé 비데	balanza médica *2 발란사 메디까	cubeta 꾸베따	recogedor 레꼬헤도르	ESP
bide' 비데	bilancia 빌란치아	secchio 세끼오	paletta per la spazzatura 팔레따 뻬르 라 스파짜투라	ITA
μπιντές 비데스	ζυγαριά 지가리아	κουβάς 꾸바스	φαράσι 파라시	GRE
aveolus hygienicus genitalis 아베올루스 히기에니쿠스 게니탈리스	libra 리브라	situlus 시툴루스	patina pulveris 파티나 풀베리스	LAT
биде 비데	весы 볘씌	ведро 볘드로	совок для мусора 싸뽁 들랴 무쏘라	RUS
坐浴盆 /zuòyùpén 쭈오위펀	秤 /chèng 청	提桶 /títǒng 티통	拚箕 /pànjī 판지	CHN
ウォシュレット 워슈렛또	たいじゅうけい /体重計 타이주-케-	バケツ 바케추	ちりとり /塵取り 치리토리	JPN

동의어: *1 balance 발랑스, *2 bascula 바스꿀라

한	빗자루	먼지떨이	대걸레	수세미
영	broom 브룸	duster 더스터	mop 맙	scourer 스캬워
프	balai 발레	chiffon à poussière 쉬퐁 아 뿌씨에르	balai à franges 발레 아 프랑쥬	lavette *5 라베뜨
독	Besen 베젠	Abwischer *1 압비셔	Mop, Mopp *2 모프	Schrubber *6 슈루버
포	vassoura 바쏘우라	espanador 이스빠나도르	esfregão 이스프레거웅	bucha 부샤
스	escoba 에스꼬바	trapo 뜨라뽀	fregona *3 프레고나	estropajo 에스뜨로빠호
이	scopa 스코파	straccio per la polvere 스트라쵸 뻬르 라 뽈베레	mocio 모치오	paglietta 빨리에따
그	σκούπα 스꾸빠	ξεσκονιστήρι 윽세스꼬니스띠리	σφουγγαρίστρα 스풍가리스트라	αγριόβουρτσα 아그리오부르차
라	scopae 스코파이(=스코패)	concussor pulveris 콘쿠소르 풀베리스	peniculus *4 페니쿨루스	saevus peniculus 새부스 페니쿨루스
러	метла 몌뜰라	тряпка для пыли 뜨랴프까 들랴 쁼리	швабра 슈바브라	жёская щётка 죠스까야 쇼트까
중	扫帚 / sàozhou 사오저우	尘拂 / chénfú 천푸	拖把 / tuōbǎ 투오바	刷帚 / shuāzhǒu 슈와저우
일	ほうき / 箒 호-키	はたき / 叩き 하타키	モップ 몹푸	たわし 타와시

동의어: *1 Staubwedel 슈타웁베델, *2 Wischlappen 비쉬랍펜, *3 éponge 에뽕쥬, *4 pannus 판누스, *5 trapeador 뜨라뻬아도르, *6 Scheuerbürste 소이어뷔어스테

한	쓰레기통	목욕 가운	입욕제
영	wastebasket *1 웨이스트배스킷	bathrobe 베쓰롭	bath bomb 베스 밤
프	poubelle 뿌벨	peignoire 뻬누와르	baignade savon *3 베냐드 싸봉
독	Abfalleimer *2 압팔아이머	Bademantel 바데만텔	Badezusatz 바데추자츠
포	cesto de lixo 쩨스뚜 지 리슈	roupão de banho 호우뻐웅 지 방유	bálsamos 바우싸무스
스	basurero 바수레로	ropa de baño 로빠 데 바뇨	pastilla para baños 빠스띠야 빠라 바뇨스
이	cestino 체스티노	accappatoio 아까파토이오	preparato bagno 프레파라또 바뇨
그	καλαθάκι για σκουπίδια 깔라싸끼 이아 스꾸삐디아	ρόμπα(για μπάνιο) 로바(이아 바니오)	σαπούνι μπάνιου 사뿌니 바니우
라	cista purgamentorum 키스타 푸르가멘토룸	valnearius vestitus 발네아리우스 베스티투스	valnearia sapo 발네아리아 사포
러	мусорка 무쎠르까	купальный халат 꾸빨늬 할랏	масло для ванны 마슬러 들랴 반늬
중	垃圾箱 / lājīxiāng 라지샹	浴衣 / yùyī 위의	入浴剂 / rùyùjì 루위지
일	ごみばこ / ごみ箱 고미바코	バスローブ 바수로-부	にゅうよくざい / 入浴剤 뉴-요쿠자이

동의어: *1 trash can 트래시 캔, *2 Mülleimer 뮐아이머, *3 bain savon 뱅 싸봉

120

정원	원예	앞뜰	텃밭	KOR
garden 가든	gardening 가든닝	front yard 프론트 야드	vegetable garden 베지터블 가든	ENG
jardin 쟈르뎅	jardinage 쟈르디나쥬	cour 꾸르	jardin potager 쟈르뎅 뽀따줴	FRA
Garten 가르텐	Gartenbau *1 가르텐바우	Hof 호프	Gemüsegarten 게뮈제가르텐	GER
jardim 쟈르징	horticultura 오르찌꾸우뚜라	pátio 빠찌우	horta 오르따	POR
jardín 하르딘	jardinería 하르디네리아	patio 빠띠오	huerto 우에르또	ESP
giardino 쟈르디노	giardinaggio 좌르디나쬬	cortile 코르띨레	orto 오르토	ITA
κήπος 끼뽀스	κηπουρική 끼뿌리끼	αυλή, προαύλιο 아블리, 프로아블리오	λαχανόκηπος 라하노끼뽀스	GRE
hortus 호르투스	cultura horti 쿨투라 호르티	cavaedium 카배디움	hortus 호르투스	LAT
сад 삿	садоводство 사더봇스프버	двор 드보르	огород 아가롯	RUS
庭园 / tíngyuán 팅위엔	园艺 / yuányì 위엔이	前庭 / qiántíng 치엔팅	宅旁地 / zháipángdì 자이팡띠	CHN
て-えん / 庭園 테-엔	えんげい / 園芸 엔게-	まえにわ / 前庭 마에니와	かていさいえん / 家庭菜園 카테-사이엔	JPN

동의어: *1 Gartenarbeit 가르텐아르바이트

화단	잔디	징검다리	잔디깎기	KOR
flowerbed 플라워베드	lawn 론	stepping stones 스테핑 스톤	lawn mower 론 모우어	ENG
parterre 빠르떼르	pelouse 쁠루즈	gué 게	tondeuse à gazon 똥되즈 아 가종	FRA
Blumenbeet 블루멘베트	Rasen 라젠	Trittstein 트리트슈타인	Rasenmäher 라젠매어	GER
canteiro de flores 깡떼이루 지 플로리스	gramado 그라마두	alpondras 아우뽕드라스	cortador de grama 꼬르따도르 지 그라마	POR
jardinera 하르디네라	césped 쎄스뻿	pasadera 빠사데라	cortacéspedes 꼬르따쎄스뻬데스	ESP
aiola 아이올라	prato 프라또	pietra per guadare 피에뜨라 뻬르 구아다레	tosaerba 토사에르바	ITA
βραγιά 브라기아	χλόη *1 흘로니	πέρασμα 뻬라즈마	χορτοκόπτης 호르또꼽띠스	GRE
hortus floris 호르투스 플로리스	caespes(= cespes) *2 캐스페스	pons lapidium 폰스 라피디움	faenisex caespitis 프페니섹스 캐스피티스	LAT
клуба 끌루바	газон 가존	камень для ерехода 까몐 들랴 뻬례호다	газонокосилка 가존꺼씰까	RUS
花台 / huātái 화타이	草地 / cǎodì 차오디	石矼 / shígāng 스깡	刈草机 / yìcǎojī 이차오지	CHN
かだん / 花壇 카단	しばふ / 芝生 시바후	とびいし / 飛び石 토비이시	しばかりき / 芝刈り機 시바카리키	JPN

동의어: *1 πελούζα 뻴루자, γρασίδι 그라시디, *2 pratum 프라툼

한	손수하기	벤치	사다리	연장, 공구
영	do-it-yourself(DIY) 두 잇 유어셀프	bench 벤치	ladder 레더	tool 툴
프	bricolage 브리꼴라쥬	banc 방	échelle 에쉘	outil 우띠
독	Heimwerken 하임베르켄	Bank 방크	Leiter 라이터	Werkzeug 베르크초이크
포	faça-o-você-mesmo 파싸-우-보쎄-메즈무	banco 방꾸	escada de mão 이스까다 지 머웅	ferramenta 페하멩따
스	hágalo usted mismo 아갈로 우스뗏 미스모	banco 방꼬	escalera 에스깔레라	herramienta 에라미엔따
이	fai da te 파이 다 떼	panca 판카	scala 스칼라	attrezzo 아뜨레쪼
그	κάν' το μόνος σου(DIY) 깐 또 모노스 수	πάγκος, κάθισμα 빵고스, 까씨즈마	κινητή σκάλα 끼니띠 스깔라	εργαλείο 에르갈리오
라	face id sese 파케 이드 세세	scamnum 스캄눔	scala, climacis 스칼라, 클리마키스	instrumentum 인스트루멘툼
러	самодельничание 싸모젤리촤니예	скамья 스까미야	лестница 레스니짜	инструмент 인스프루멘트
중	自己动手做/zìjǐdòngshǒuzuò 쯔지똥셔우쭈오	长凳/chángdèng 창떵	梯子/tīzi 티즈	工具/gōngjù 꿍쮜
일	ドゥイットユアセルフ[3] 도 잇토 유아 세루프	ベンチ 벤치	はしご/梯子 하시고	どうぐ/道具、こうぐ/工具 도-구, 코-구

한	낫	갈퀴	펌프	호스	물뿌리개
영	sickle 시클	rake 레이크	pump 펌프	hose 호즈	watering can 워터링 캔
프	faucille 포씨으	râteau 라또	pompe 뽕쁘	tuyau 뛰요	arrosoir 아로즈와르
독	Sichel 지헬	Harke 하르케	Pumpe 품페	Schlauch 슐라우흐	gießkanne 기스카네
포	foice 포이씨	ancinho 앙씽유	bomba 봉바	mangueira 망게이라	regador 헤가도르
스	hoz 오스	rastrillo 라스뜨리요	bomba 봄바	manguera 망게라	regadera 레가데라
이	falce 팔체	rastrello 라스트렐로	pompa 폼파	tubo flessibile 투보 플레씨빌레	annaffiatoio 안나피아토이오
그	δρέπανο 드레빠노	τσουγκράνα 충그라나	τρόμπα, αντλία 트로바, 안들리아	λάστιχο ποτίσματος 라스띠호 뽀띠즈마또스	ποτιστήρι 뽀띠스띠리
라	falx 팔크스	pecten 펙텐	sentina 센티나	canalis, tubus 카날리스, 투부스	situla 시툴라
러	серп 쎄릅프	грабли 그라블리	насос 나소스	шланг 슐란그	лейка 레이까
중	镰刀/liándāo 리엔따오	耙子/pázi 파즈	泵浦/bèngpǔ 뻥푸	湖/hú 후	喷壶/pēnhú 펀후
일	かま/鎌 카마	くまで/熊手 쿠마데	ポンプ 폰푸	ホース 호-수	じょうろ/如雨露 죠-로

망치	대패	톱	정	송곳	KOR
hammer 해머	plane 플레인	saw 쏘우	chisel 치즐	gimlet 김릿	ENG
marteau 마르또	rabot 라보	scie 씨에	ciseau 씨조	vrille 브리으	FRA
Hammer 함머	Hobel 호벨	Säge 재게	Meißel 마이셀	Handbohrer 한트보러	GER
martelo 마르뗄루	plaina 쁠라이나	serra 쎄하	cinzel 씽제우	verruma 베후마	POR
martillo 마르띠요	cepillo 쩨삐요	sierra 씨에라	cincel 씬쎌	barrena 바레나	ESP
martello 마르텔로	pialla 피알라	sega 세가	scalpello 스칼뻴로	succhiello 수끼엘로	ITA
σφυρί 스피리	πλάνη 쁠라니	πριόνι 프리오니	σμίλη 스밀리	τρυπάνι 트리빠니	GRE
malleus 말레우스	runcina 룬키나(=룽키나)	serra 세라	scalprum 스칼프룸	terebra 테레브라	LAT
молоток 멀라똑	рубанок 루바녹	пила 삘라	стамеска 스따몌스까	шило 쉴로	RUS
钉锤 / dīngchuí 딩춰이	刨子 / bàozi 빠오즈	锯子 / jùzi 쥐즈	凿子 / záo·zi 자오즈	锥子 / zhuīzi 줴이즈	CHN
かなづち / 金槌 카나주치	かんな / 鉋 칸나	のこぎり / 鋸 노코기리	のみ / 鑿 노미	きり / 錐 키리	JPN

드라이버	줄(강철로 만든 연장)	줄자	바이스	KOR
screwdriver 스크루드라이버	file *1 파일	measuring tape 메저링 테잎	vise 바이스	ENG
tournevis 뚜르느비스	lime 림	ruban à mesurer 뤼방 아 므쥐레	étau 에또	FRA
Schraubenzieher 슈라우벤치어	Feile 파일레	Maßband 마스반트	Schraubzwinge *2 슈라웁츠빙에	GER
chave de fenda 샤비 지 펭다	lima 리마	fita métrica 피따 메드리까	torno de bancada 또르누 지 방까다	POR
destornillador 데스또르니야도르	lima 리마	cinta de medir 씬따 데 메디르	torno de banco 또르노 데 방꼬	ESP
cacciavite 카챠비떼	lima, raspa 리마, 라스파	nastro metrico 나스트로 메트리코	morsa 모르사	ITA
κατσαβίδι 까차비디	ρίνη, ράσπα 리니, 라스파	μετρική ταινία 메뜨리끼 때니아	μόρσα, μέγγενη 모르사, 멩게니	GRE
agitator clavi 아기타토르 클라비	lima, rasp 리마, 라스프	metrica taenia 메트리카 태니아	–	LAT
отвёртка 앗트뵤르트까	напильник 나삘닉	мерная лента 몌르나야 롄따	тиски 찌스끼	RUS
改锥 / gǎizhuī 가이쮀이	锉刀 / cuòdāo 추오따오	卷尺 / juǎnchǐ 쥬엔츠	老虎钳 / lǎohǔqián 라오후치엔	CHN
ドライバー 도라이바-	やすり / 鑢 야수리	まきじゃく / 巻尺 마키자쿠	まんりき / 万力 만리키	JPN

동의어: *1 rasp 레스프, *2 Schraubstock 슈라웁슈톡

한	못	나사 못	철사	드릴	로프
영	nail 네일	screwnail 스크루네일	wire 와이어	drill 드릴	rope 로프
프	clou 끌루	vis 비스	fil de fer 필 드 페르	perceuse électrique 뻬르쇠즈 엘레트릭	corde 꼬르드
독	Nagel 나겔	Schraubnagel 슈라웁나겔	Draht 드라트	Bohrmaschine 보어마시네	Seil 자일
포	prego 쁘레구	parafuso 빠라푸주	arame 아라미	furadeira 푸라데이라	corda 꼬르다
스	clavo 끌라보	rosca 로스까	alambre 알람브레	taladro 딸라드로	cuerda 꾸에르다
이	chiodo 끼오도	vite 비떼	filo metallico 필로 메탈리코	trapano 트라파노	corda 코르다
그	καρφί 까르피	βίδα 비다	σύρμα 시르마	δράπανο 드라빠노	σκοινί 스끼니
라	clavus 클라부스	(cochleatus)clavus (코클레아투스)클라부스	filum metallicum 필룸 메탈리쿰	terebra 테레브라	funis 푸니스
러	гвоздь 그보스즈	шуруп 슈룹	проволка 쁘로볼까	сверло 스베를로	верёвка 볘료프까
중	钉子 / dīngzi 딩즈	螺丝钉 / luósīdīng 루오쓰딩	钢丝 / gāngsī 깡쓰	钻子 / zuànzi 쥬엔즈	缆绳 / lǎnshéng 란셩
일	くぎ / 釘 쿠기	ねじくぎ / 螺子釘 네지쿠기	はりがね / 針金 하리가네	ドリル 도리루	ロープ 로-푸

한	고무	파이프	널빤지	패널	타일
영	rubber 러버	pipe 파이프	board 보드	panel 페늘	tile 타일
프	caoutchouc 꺄우추	pipe 삐프	planche 쁠랑슈	panneau 빠노	tuile, dalle 뛰일, 달
독	Gummi 구미	Rohr 로어	Brett 브레트	Platte, Paneel 플라테, 파넬	Fliese 플리제
포	borracha 보하샤	tubo 뚜부	tábua 따부아	painel 빠이네우	azulejo 아줄레쥬
스	caucho 까우초	tubo 뚜보	tabula, tablero 따불라, 따블레로	panel 빠넬	baldosa 발도사
이	gomma 곰마	tubo 투보	asse 아쎄	pannello 판넬로	piastrella 피아스트렐라
그	λάστιχο 라스띠호	σωλήνας 솔리나스	σανίδα 사니다	πλάκα, φύλλο 쁘라까, 필로	πλακάκι 쁘라까끼
라	gummi 굼미	tubus 투부스	tabula 타불라	tabula, abacus 타불라, 아바쿠스	later, testa 라테르, 테스타
러	резина 리지나	труба 트루바	доска 다스까	панель 빤넬	кафель 까펠
중	橡胶 / xiàngjiāo 샹지아오	管道 / guǎndào 관따오	木板 / mùbǎn 무반	板 / bǎn 반	瓷砖 / cízhuān 츠주완
일	ゴム 고무	パイプ 파이푸	いた / 板 이타	パネル 파네루	タイル 타이루

각재	벽지	시트지	페인트	KOR
square lumber 스퀘어 럼버	wallpaper 월페이퍼	adhesive sheet 어드헤시브 쉬트	paint 페인트	ENG
carrés bois 꺄레 브와	papier peint 빠삐에 뼁	feuille adhésive 쀠이으 아데지브	peinture 뼁뛰르	FRA
Kantholz 칸트홀츠	Tapete 타페테	Klebefolie 클레베폴리에	Anstrich *1 안스트리히	GER
madeira quadrada 마데이라 꽈드라다	papel de parede 빠뻬우 지 빠레지	folha de papel 폴야 지 빠뻬우	tinta 찡따	POR
madero cuadrado 마데로 꾸아드라도	papel de pared 빠뻴 데 빠렛	hoja de papel 오하 데 빠뻴	pintura 삔뚜라	ESP
legname 레느아메	parato 파라토	foglio di carta 폴리오 디 카르타	colore 꼴로레	ITA
τετράγωνο ξύλο 떼뜨라고노 윽실리	ταπετσαρία 따뻬차리아	αυτοκόλλητο φύλλο 아프또꼴라또 필로	χρώμα *2 흐로마	GRE
quadratum lignum 꽈드라툼 리그눔	scheda parietis 스케다 파리에티스	scheda 스케다	pigmentum *3 피그멘툼	LAT
брус 브루스	обои 아보이	лист 리스트	краска 크라스까	RUS
方材 / fāngcái 팡차이	裱墙纸 / biǎoqiángzhǐ 비아오치앙즈	印张 / yìnzhāng 인장	油漆 / yóuqī 유우치	CHN
かくざい / 角材 카쿠자이	かべがみ / 壁紙 카베가미	シーツ 시-추	ペイント 페인토	JPN

동의어: *1 Wandfarbe 반트파르베, *2 μπογιά 보리아, *3 fucus 푸쿠스

시멘트	돌	벽돌	몰딩	KOR
cement 시멘트	stone 스톤	brick 브릭	molding 몰딩	ENG
ciment 씨멍	pierre 삐에르	brique 브릭끄	moulage 물라쥬	FRA
Zement 체멘트	Stein 슈타인	Ziegel, Backstein 치젤, 박슈타인	Formen 포르멘	GER
cimento 씨멩뚜	pedra 뻬드라	tijolo 찌쫄루	moldagem 모우다쥉	POR
cemento 쩨멘또	piedra 삐에드라	ladrillo 라드리요	moldura 몰두라	ESP
cemento 체멘토	pietra 삐에트라	mattone 마또네	mondanatura 몬다나뚜라	ITA
τσιμέντο 치멘도	πέτρα 뻬뜨라	τούβλο 뚜블로	κορνίζα, γυψογωνιά 꼬르니자, 깊소고니아	GRE
caementum 카이멘툼	lapis 라피스	lateres 라테레스	compta compages 콤프타 콤파게스	LAT
цемент 찌멘트	камень 까멘	кирпич 끼르삐취	молдинг 몰진그	RUS
水泥 / shuǐní 쉐이니	石头 / shítou 스터우	砖 / zhuān 쭈완	模塑 / mósù 모수	CHN
セメント 세멘토	いし / 石 이시	れんが / 煉瓦 렌가	モールディング *1 모-루딩구	JPN

동의어: *1 くりかた / くり形 쿠리가타

한	거주하다1	거주하다2	이사하다	정착하다
영	inhabit 인헤비트	reside 리자이드	move 무브	settle 세틀
프	habiter 아비떼	résider 레지데	déménager 데메나제	s'installer 쌩스딸레
독	wohnen 보넨	wohnen 보넨	umziehen 움치엔	sich niederlassen 지히 니더라센
포	habitar 아비따르	residir 헤지지르	mudar de casa 무다르 지 까자	assentar 아쎙따르
스	habitar, poblar 아비따르, 뽀블라르	residir 레시디르	mudarse 무다르쎄	establecerse 에스따블레세르쎄
이	abitare 아비타레	vivere 비베레	trasferire 트라스페리레	fissare 피싸레
그	διαμένω 디아메노	κατοικώ 까띠코	μετακομίζω 메따꼬미조	εγκαθίσταμαι 엑가씨스따메
라	habitare 하비타레	mánsito 만시토	sedem mutare 세뎀 무타레	considere, conlocare 콘시데레, 콘로카레
러	жить 쥐츠	обитать 아비따띠	переехать 뻬레예핫츠	поселиться 뻐셀릿쩌
중	住 / zhù 주	居住 / jūzhù 쥐주	搬家 / bānjiā 빤지아	定居 / dìngjū 띵쥐
일	すむ / 住む 수무	きょじゅうする / 居住する 쿄주-수루	ひっこす / 引っ越す 힉꼬수	ていちゃくする / 定着する 테-챠쿠수루

한	짓다	건설하다	굴착하다	수리하다	개축하다
영	build 빌드	construct 컨스트럭트	excavate 엑스커베이트	repair 리페어	reconstruct 리컨스트럭트
프	construire 꽁스트리르	construire 꽁스트리르	excaver 엑스카베	réparer 레빠레	reconstruire 르꽁스트리르
독	bauen 바우엔	aufbauen 아우프바우엔	schrämen 쉬레멘	reparieren 레파리렌	renovieren 레노비렌
포	edificar 에지피까르	construir 꽁스프루이르	escavar 이스까바르	reparar 헤빠라르	reconstruir 헤꽁스프루이르
스	edificar 에디피까르	construir 꼰스프루이르	excavar 에스카바르	reparar 레빠라르	reconstruir 레꼰스프루이르
이	edificare 에디피카레	costruire 코스트루이레	escavare 이스카바레	riparare 리파라레	ricostruire 리코스트루이레
그	οικοδομώ 이꼬도모	κατασκευάζω 까따스께바조	ανασκαφή 아나스까피	επιδιορθώνω 에삐디오르쏘노	ανοικοδομώ 아니꼬도모
라	aedeficare 아이데피카레	construere 콘스트루에레	cavo, fosso 카보, 폿소	reparare 레파라레	commutare *1 콤무타레
러	строить 스프로잇츠	строить 스프로잇츠	экскавация 익스카바체	ремонтировать 리만찌러밧츠	перестроить 뻬레스프로잇츠
중	盖 / gài 까이	建设 / jiànshè 지엔서	开挖 / kāiwā 카이와	修理 / xiūlǐ 시우리	翻盖 / fāngài 판까이
일	たてる / 建てる 타테루	けんせつする / 建設する 켄세추수루	くっさくする / 掘削する 쿳사쿠수루	しゅうりする / 修理する 슈-리수루	かいちくする / 改築する 카이치쿠수루

동의어: *1 restituere 레스티투에레

126

안락한	편리한	한적한	복잡한	KOR
comfortable 컴포터블	convenient 컨비니언트	quiet 콰이어트	complicated 컴플리케이티드	ENG
confortable 꽁포르따블르	pratique 프라띠끄	tranquille 트랑낄르	compliqué 꽁쁠리께	FRA
gemütlich 게뮈틀리히	bequem 베크벰	ruhig 루이히	kompliziert 콤플리치어트	GER
confortável 꽁포르따베우	conveniente 꽁베니엥찌	tranquilo 프랑낄루	complicado 꽁쁠리까두	POR
cómodo 꼬모도	coveniente 꼬베니엔떼	tranquilo 프랑낄로	complejo 꼼쁠레호	ESP
comodo 코모도	conveniente 콘베니엔떼	tranquillo 트란퀼로	complicato 콤플리카토	ITA
άνετος, αναπαυτικός 아네또스, 아나빠브띠꼬스	κατάλληλος 까딸리로스	ήσυχος, αθόρυβος 이시호스, 아쏘리보스	περίπλοκος 뻬리쁠로꼬스	GRE
commodus 콤모두스	opportunum 옵포르투눔	placidum 플라키둠	complicatus 콤플리카투스	LAT
уютный 우윳트느이	удобный 우도브느이	спокойный 스빠꼬이느이	запутанный 자뿌딴느이	RUS
安乐 / ānlè 안러	方便 / fāngbiàn 팡비엔	清闲 / qīngxián 칭시엔	复杂 / fùzá 푸자	CHN
あんらくな / 安楽な 안라쿠나	べんりな / 便利な 벤리나	ものさびしい / 物寂しい 모노사비시-	ふくざつな / 複雑な 후쿠자추나	JPN

쾌적한	지저분한	윤택한	비옥한	KOR
delightful *1 딜라이트풀	messy *2 메씨	glossy 글로씨	fertile 퍼틀	ENG
agréable 아그레아블르	sale 쌀	abondant 아봉덩	fertile 페르띨	FRA
angenehm 안게넴	unordentlich *3 운오르덴틀리히	glänzend 글랜첸트	fruchtbar 프루흐트바	GER
agradável 아그라다베우	sujo 쑤쥬	polido 뽈리두	fértil 페르찌우	POR
agradable 아그라다블레	sucio 수씨오	abundante 아분단떼	fértil 페르띨	ESP
confortevole 콘포르테볼레	sporco 스포르코	abbondante 아뽄단떼	fertile 페르틸레	ITA
άνετος 아네또스	βρώμικος 브로미꼬스	στιλπνός 스띨쁘노스	γόνιμος 고니모스	GRE
remissus 레미수스	sordidus 소르디두스	nitidus, splendidus 니티두스, 스플렌디두스	pinguis 핀구이스(=핑구이스)	LAT
приятный 쁘리얏트느이	беспорядочный 볘스빠랴더취느이	блестящий 블리스쨔쉬	плодородный 쁠러다롯드느이	RUS
恬畅 / tiánchàng 티엔창	乱的 / luànde 루안더	润泽 / rùnzé 룬저	丰沃 / fēngwò 펑워	CHN
かいてきな / 快適な 카이테키나	きたない / 汚い 키타나이	じゅんたくな / 潤沢な 쥰타쿠나	ひよくな / 肥沃な 히요쿠나	JPN

동의어: *1 pleasant 프레젠트, *2 untidy 언타이디, *3 schmutzig 슈무치히

1-3. 인생, 사랑, 교제

한	인생	탄생	살다	죽다
영	life 라이프	birth 버쓰	live 리브	die 다이
프	vie 비	naissance 네쌍스	vivre 비브르	mourir 무리르
독	Leben 레벤	Geburt 게부어트	leben 레벤	sterben 슈테어벤
포	vida 비다	nascimento 나씨멩뚜	viver 비베르	morrer 모헤르
스	vida 비다	nacimiento 나씨미엔또	vivir 비비르	morir 모리르
이	vita 비따	nascita 나쉬따	vivere 비베레	morire 모리레
그	βίος, ζωή 비오스, 조이	γέννηση 겐니시	ζω 조	πεθαίνω 뻬쎄노
라	vita 비타	ortus 오르투스	vivo 비보	pereo 페레오
러	жизнь 쥐즌	рождение 라쥬제니예	жить 쥐츠	умереть 우몌롓츠
중	人生 / rénshēng 런셩	诞生 / dànshēng 딴셩	活 / huó 후오	死 / sǐ 스
일	じんせい / 人生 진세-	たんじょう / 誕生 탄죠-	いきる / 生きる 이키루	しぬ / 死ぬ 시누

한	영아	유아기	사춘기	청춘
영	infant 인판트	childhood 차일드후드	adolescence 애돌레슨스	youth 유스
프	nouveau-né 누보 네	petite enfance 쁘띠뜨 엉펑스	adolescence 아돌레상스	jeunesse 쥬네스
독	Säugling 조이글링	Kindheit 킨트하이트	Pubertät 푸버탯트	Jugend 유겐트
포	nenê, bebê 네네, 베베	infância 잉팡씨아	puberdade 뿌베르다지	juventude 쥬벵뚜지
스	bebé 베베	niñez 니녜쓰	adolescencia 아돌레쎈시아	juventud 후벤뚯
이	bimbo 빔보	infanzia 인판지아	adolescenza 아돌레쎈자	giovinezza 죠비네짜
그	βρέφος 브레포스	παιδική ηλικία 빼디끼 이리끼아	εφηβεία 에피비아	νεολαία, νιάτα 네오레아, 니아타
라	infans 인판스	infantia 인판치아	adulescentia 아둘레스켄치아	aetas pubes 아이타스 푸베스
러	младенец 플라제녯츠	детство 젯츠프버	юность 유너스츠	молодость 몰로더스츠
중	婴儿 / yīng'ér 잉얼	幼儿期 / yòu'érqī 요우얼치	青春期 / qīngchūnqī 칭춘치	青春 / qīngchūn 칭춘
일	え-じ / 嬰児 에-지	にゅうじき / 乳児期 뉴-지키	ししゅんき / 思春期 시슌키	せいしゅん / 青春 세-슌

성인	황금기	완숙기	노년기	KOR
adult 애덜트	golden age 골든 에이지	maturity 머츄러티	old age [2] 올드 에이지	ENG
adulte 아뒬트	fleur de l'âge 플뢰르 드 라쥬	maturité 마뛰리떼	vieillesse 비에이에스	FRA
Erwachsene 에어박세네	beste Jahre 베스테 야레	Erwachsensein [1] 에어박센자인	hohes Alter 호에스 알터	GER
adulto 아두우뚜	flor da idade 플로르 다 이다지	maturidade 마뚜리다지	velhice 벨이씨	POR
adulto 아둘또	flor de la vida 플로르 델 라 비다	madurez 마두레쓰	vejez 베헤쓰	ESP
adulto 아둘또	fiore degli anni 피오레 델리 안니	maturitá 마투리타	senilita 세닐리타	ITA
ενήλικος 에닐리꼬스	ακμή της ζωής 아끄미 티스 조이스	ωριμότητα 오리모띠따	γηρατειά [3] 기라티아	GRE
adultus 아둘투스	flos aetatis 플로스 아이타치스	maturitas 마투리타스	vetustas 베투스타스	LAT
взрослый 브즈로슬르이	золотой век 절라또이 벽	зрелость 즈렐러스츠	преклонный возраст 쁘리클론느이 보즈러스트	RUS
成人 / chéngrén 청런	当年 / dāngnián 땅니엔	成熟期 / chéngshúqī 청수치	老境 / lǎojìng 라오징	CHN
せいじん / 成人 세-진	おうごんき / 黄金期 오-곤키	えんじゅくき / 円熟期 엔쥬쿠키	ろうねんき / 老年期 로-넨키	JPN

동의어: [1] Lebensmitte 레벤스미테, Reife 라이페, [2] senescence 세네센스, [3] γεράματα 게라마따

소년	소녀	청소년	총각	KOR
boy 보이	girl 걸	teenager 틴에이져	bachelor 베첼러	ENG
garçon 갸르쏭	fille 피으	adolescent 아돌레썽	garçon [2] 갸르쏭	FRA
Junge 융에	Mädchen 매트헨	Jugend 유젠트	Junggeselle 융에젤레	GER
menino 메니누	menina 메니나	adolescente 아돌레쎙찌	solteiro 쏘우떼이루	POR
muchacho 무차쵸	muchacha 무차챠	adolescente 아돌레센떼	soltero 솔떼로	ESP
ragazzo 라가쪼	ragazza 라가짜	giovane 죠바네	celibe 첼리베	ITA
αγόρι 아고리	κοπέλα, κορίτσι 꼬뻴라, 꼬리치	έφηβος 에피보스	εργένης 에르게니스	GRE
puer 푸에르	puella 푸엘라	decenes 데케네스	caelobs [3] 캘롭스	LAT
мальчик 말칙	девочка 제보취까	подросток 빠드로스떡	холостяк 할라스짝	RUS
少年 / shàonián 샤오니엔	少女 / shàonǚ [1] 샤오뉘	青少年 / qīngshàonián 칭샤오니엔	小伙子 / xiǎohuǒzi 샤오후오즈	CHN
しょうねん / 少年 쇼-넨	しょうじょ / 少女 쇼-죠	せいしょうねん / 青少年 세-쇼-넨	どくしんだんせい / 独身男性 도쿠신단세-	JPN

동의어: [1] 小姑娘 / xiǎogūniang 샤오꾸냥, [3] bacalarius 바칼라리우스, 참고: [2] jeune fille 죈느 피유(처녀), célibataire 쎌리바떼르(독신자)

한	첫사랑	젊은이	아가씨	노인
영	first love 퍼스트 러브	young people *1 영 피플	young lady *3 영 레이디	old people 올드 피플
프	premier amour 프르미에 아무르	jeune homme 죈느 옴므	mademoiselle 마드모아젤	vieillard 비에이야르
독	erste Liebe 에어스테 리베	junge Leute 융에 로이테	Fräulein 프로일라인	alte Leute *4 알테 로이테
포	primeiro amor 쁘리메이루 아모르	jovem 죠벵	moça 모싸	idoso 이도주
스	primer amor 쁘리메르 아모르	joven 호벤	señorita 세뇨리따	anciano 안씨아노
이	primo amore 프리모 아모레	giovani 죠바니	signorina 시뇨리나	anziano 안지아노
그	πρώτος έρωτας 프로또스 에로따스	νεαροί, νέοι *2 네아리, 네이	νεαρή 네아리	γέροι 게리
라	prima amor 프리마 아모르	adulescentes 아둘레스켄테스	dominula 도미눌라	senex 세넥스
러	первая любовь 뻬르바야 류보피	молодёжь 멀라죠쥐	девушка 제부쉬까	старик 스따릭
중	初恋 / chūliàn 추리엔	年轻人 / niánqīngrén 니엔칭런	小姐 / xiǎojie 샤오지에	老人 / lǎorén 라오런
일	はつこい / 初恋 하추코이	わかもの / 若者 와카모노	むすめ / 娘 무수메	ろうじん / 老人 로-진

동의어: *1 younger generation 영거 제네레이션, *3 miss 미스, *4 Greise 그라이제, 참고: *2 단수형 νεαρος 네아로스, νέος 네오스

한	미망인	장애인	금혼식	은혼식
영	widow 위도우	disabled 디스에이블드	golden wedding 골든 웨딩	silver wedding 실버 웨딩
프	veuve 뵈브	handicapé 엉디까뻬	noces d'or 노스 도르	noces d'argent 노스 다르쟝
독	Witwe 비트베	Behinderte 베힌더테	goldene Hochzeit 골데네 호흐차이트	silberne Hochzeit 질버네 호흐차이트
포	viúva 비우바	deficiente 데피씨엥찌	bodas de ouro 보다스 지 오우루	bodas de prata 보다스 지 쁘라따
스	viuda 비우다	minusválido 미누스발리도	bodas de oro 보다스 데 오로	bodas de plata 보다스 데 쁠라따
이	vedova 베도바	disabile 디자빌레	nozze d'oro 노쩨 도로	nozze d'argento 노쩨 다르젠토
그	χήρα 히라	ανάπηρος 아나삐로스	χρυσή επέτειος 흐리시 에뻬띠오스	αργυρή επέτειος 아르기리 에뻬띠오스
라	vidua 비두아	mutilus, truncus 무틸루스, 트룬쿠스	nuptia auri 눕티아 아우리	nuptia argenti 눕티아 아르켄티
러	вдова 브도바	инвалид 인발릿	золотая свадьба 절라따야 스바지바	серебрянная св адьба 쎄레브렌나야 스바지바
중	寡妇 / guǎfù 꽈푸	残疾人 / cánjirén 찬지런	金婚 / jīnhūn 찐훈	银婚 / yínhūn 인훈
일	みぼうじん / 未亡人 미보-진	しょうがいしゃ / 障害者 쇼-가이샤	きんこんしき / 金婚式 킨콘시키	ぎんこんしき / 銀婚式 긴콘시키

나이	생일	태어나다	자라다	노래하다	KOR
age 에이지	birthday 버쓰데이	be born 비 본	grow 그로우	sing 싱	ENG
âge 아쥬	anniversaire 아니베르쎄르	naître 네트르	grandir 그랑디르	chanter 쌍떼	FRA
Alter 알터	Geburtstag 게부어츠탁	geboren sein 게보렌 자인	aufwachsen 아우프바흐센	singen 징엔	GER
idade 이다지	aniversário 아니베르싸리우	nascer 나쎄르	crescer 끄레쎄르	cantar 깡따르	POR
edad 에닷	cumpleaños 꿈쁠레아뇨스	nacer 나쎄르	crecer 끄레쎄르	cantar 깐따르	ESP
età 에타	compleanno 콤플레안노	nascere 나셰레	crescere 크레셰레	cantare 깐따레	ITA
ηλικία 일리끼아	γενέθλια 게네쓸리아	γεννιέμαι 겐니에메	μεγαλώνω 매갈로노	τραγουδώ 트라구도	GRE
aetas 아이타스	dies natalis 디에스 나탈리스	nasci 나스키	adolescere 아돌레스케레	canere 카네레	LAT
возраст 보즈러스트	день рождения 젠 라쥬제니야	родиться 라짓쩌	расти 라스찌	петь 뼷츠	RUS
年龄 / niánlíng 니엔링	生日 / shēngrì 셩르	出生 / chūshēng 추셩	成长 / chéngzhǎng 청장	唱歌 / chànggē 창꺼	CHN
とし / 年 토시	たんじょうび / 誕生日 탄죠-비	うまれる / 生まれる 우마레루	そだつ / 育つ 소다추	うたう / 歌う 우타우	JPN

믿다	소망하다	기도하다	맹세하다	생각하다	KOR
believe 빌리브	wish 위시	pray 프레이	swear 스웨어	think 씽크	ENG
croire 크루와르	souhaiter 수웨떼	prier 프리에	jurer 쥬레	penser 뻥쎄	FRA
glauben 글라우벤	wünschen 뷘셴	beten 베텐	schwören 슈뵈렌	denken 뎅켄	GER
crer 끄레르	querer 께레르	rezar 헤자르	jurar 쥬라르	pensar 뻰싸르	POR
creer 끄레에르	esperar 에스뻬라르	rezar, orar 레싸르, 오라르	jurar 후라르	pensar 뻰사르	ESP
credere 크레데레	sperare 스페라레	pregare 쁘레가레	giurare 쥬라레	pensare 뻰사레	ITA
πιστεύω 삐스떼보	εύχομαι 에브호메	προσεύχομαι 쁘로세브호메	ορκίζομαι 오르끼조매	σκέφτομαι 스께프또메	GRE
credere 크레데레	optare 옵타레	precari 프레카리	iurare 유라레	cogitare 코기타레	LAT
верить 베릿츠	желать 쥘랏츠	молиться 말릿쩌	клясться 클럇쩌	думать 두맛츠	RUS
相信 / xiāngxìn 시앙신	愿望 / yuànwàng 위엔왕	祈祷 / qídǎo 치다오	发誓 / fāshì 파스	想 / xiǎng 시앙	CHN
しんじる / 信じる 신지루	のぞむ / 望む 네가우	いのる / 祈る 이노루	ちかう / 誓う 치카우	かんがえる / 考える 칸가에루	JPN

한	기다리다	이해하다	배우다	알다	느끼다
영	wait 웨잇	understand 언더스탠드	learn 런	know 노우	feel 필
프	attendre 아떵드르	comprendre 꽁프렁드르	apprendre 아프렁드르	savoir 싸브아르	sentir 썽띠르
독	warten 바르텐	verstehen 페어슈테엔	lernen 레르넨	wissen 비센	fühlen 퓔렌
포	esperar 이스뻬라르	entender 잉뗑데르	aprender 아쁘렝데르	saber 싸베르	sentir 쎙찌르
스	esperar 에스뻬라르	entender 엔뗀데르	aprender 아쁘렌데르	saber 사베르	sentir 쎈띠르
이	aspettare 아스페따레	capire 까피레	imparare 임파라레	sapere 사페레	sentire 센띠레
그	περιμένω 뻬리메노	καταλαβαίνω 까딸라베노	μαθαίνω 마쩨노	γνωρίζω 그노리조	αισθάνομαι 에스싸노매
라	maneo 마네오	accipere 악키페레	discere 디스케레	noscere 노스케레	sentire 센치레
러	ждать 쥬닷츠	понимать 뻐니맛츠	учиться 우췻쩌	знать 즈낫츠	чувствовать 츄스프버밧츠
중	等 / děng 덩	理解 / lǐjiě 리지에	学习 / xuéxí 슈에시	知道 / zhīdao 쯔다오	感觉 / gǎnjué [1] 간쥬에
일	まつ / 待つ 마추	りかいする / 理解する 리카이수루	まなぶ / 学ぶ 마나부	しる / 知る 시루	かんじる / 感じる 칸지루

동의어: [1] 觉得 / juéde 쥬에더

한	주검	화장	수의	납골당	묘지, 무덤
영	corpse 콜프스	cremation 크리메이션	shroud 슈라우드	ossuary [2] 아수어리	graveyard 그레이브야드
프	cadavre 꺄다브르	incinération 엥씨네라씨옹	linceul 렝쐴	ossuaire 오쒸에르	cimetière 씸띠에르
독	Leiche 라이헤	Krematorium 크레마토리움	Totenhemd 토텐헴트	Ossarium 오사리움	Grab 그랍
포	corpo 꼬르뿌	cremação 끄레마써옹	mortalha 모르딸야	cripta 끄리비따	cemitério 쎄미떼리우
스	cadáver 까다베르	incineración 인씨네라씨온	sudario 수다리오	osario 오사리오	cementerio 쎄멘떼리오
이	cadavere 카다베레	cremare 크레마레	sudario 수다리오	ossario 오싸리오	cimitero 치미테로
그	πτώμα 쁘또마	αποτέφρωση 아뽀떼프로시	σάβανο 사바노	οστεοφυλάκιο 오스떼오필라끼오	κοιμητήριο [4] 끼미띠리오
라	mors 모르스	crematio 크레마티오	linteum [1] 린테움	ossuarium [3] 오수아리움	sepulcretum 세뿔크레뚬
러	труп 뜨룹	кремация 크레마찌야	саван 사반	склеп 스클렙	кладбище 클랏드비쉐
중	死尸 / sǐshī 쓰스	焚化 / fénhuà 풘화	寿衣 / shòuyī 셔우이	骨灰堂 / gǔhuītáng 구훼이탕	墓地 / mùdì 무디
일	したい / 死体 시타이	かそう / 火葬 카소-	しにしょうぞく / 死に装束 시니쇼-조쿠	のうこつどう / 納骨堂 노-코추도-	ぼち / 墓地, はか / 墓 보치, 하카

동의어: [1] savanum 사바눔, [2] charnel house 촬늘 하우스, [3] ossarium 오사리움, [4] νεκροταφείο 네크로타피오

묘비	분향	장례식	영구차	KOR
tombstone 톰스톤	incense 인쎈스	funeral 퓨너럴	hearse 헐스	ENG
tombeau 똥보	encensement 엥썽스멍	cérémonie funèbre 쎄레모니 퓌네브르	corbillard 꼬르비야르	FRA
Grabstein 그랍슈타인	Weihrauch 바이라우흐	Beerdigung *1 베에어디궁	Leichenwagen 라이헨바겐	GER
lápide 라삐지	queima de incenso 께이마 지 잉쎙쑤	cerimônia fúnebre 쎄리모니아 푸네브리	carro fúnebre 까후 푸네브리	POR
lápida 라삐다	quema de incienso 께마 데 인씨엔소	funeral 푸네랄	coche fúnebre 꼬체 푸네브레	ESP
pietra tombale 피에트라 톰발레	bruciarsi di incenso 브루챠르시 디 인첸조	funerale 푸네랄레	carro funebre 카로 푸네브레	ITA
ταφόπετρα 따포뻬드라	κάψιμο λιβανιού 깝시모 리바니우	κηδεία 끼디아	νεκροφόρος 네그로포로스	GRE
cipus 시푸스(=키부스)	incendium 인센디움(=인켄디움)	funus 푸누스	plaustrum funebre 프라우스트룸 푸네브레	LAT
надгробная плита 나그로브나야 쁠리따	обжиг ладана 옵쥑 라다나	похороны 뽀호로늬	катафалк 까따팔크	RUS
墓碑 / mùbēi 무뻬이	焚香 / fénxiāng 풘시앙	丧仪 / sāngyí 상이	丧车 / sāngchē 상처	CHN
ぼひ / 墓碑 보히	しょうこう / 焼香 쇼-코-	そうぎ / 葬儀 소-기	れいきゅうしゃ / 霊柩車 레-큐-샤	JPN

동의어: *1 Begränis 베그랩니스

문상	추모식	제사	KOR
condolence call 컨도울런스 콜	memorial ceremony 메모리얼 세레머니	ancestor worship 엔쎄스터 워쉽	ENG
visite de condoléances 비짓뜨 드 꽁돌레엉스	cérémonie commémorative 쎄레모니 꼬메모라티브	culte des ancêtres 뀔뜨 데장쎄트르	FRA
Kondolenzbesuch 콘돌렌츠베주흐	Trauerfeier 트라우어파이어	Ahnenriten 아넨리텐	GER
visita de condolências 비지따 지 꽁돌렝씨아스	cerimônia de homenagem 쎄리모니아 지 오메나쉥	ritual para ancestrais 히뚜아우 빠라 앙쎄스트라이스	POR
pésame 뻬사메	ceremonia de pésame 쎄레모니아 데 뻬사메	Ceremonia para los Difuntos Antepasados 쎄레모니아 빠라 로스 디푼또스 안떼빠사도스	ESP
condoglianza 콘돌리안자	ceremonia di commemorazione 체레모니아 디 꼼메모라찌오네	servizio religioso 세르비지오 렐리지오소	ITA
συλλυπητήρια 실리삐띠리아	μνημόσυνο 므니모시노	τελετή για προγόνους 뗄레띠 이아 프로고누스	GRE
*1	memoria 메모리아	caerimonia progenitoris 케리모니아 프로게니토리스	LAT
соболезнование 써벌레즈너바니예	траурная церемония 프라우르나야 쩨리모니야	жертвенные обряды 줴르프볜늬예 아브랴듸	RUS
吊丧 / diàosāng 띠아오상	公祭 / gōngjì 꿍지	祭祀 / jìsì 지쓰	CHN
ちょうもん / 弔問 쵸-몬	ついとうしき / 追悼式 추이토-시키	ほうじ / 法事 호-지	JPN

동의어: *1 declaratio doloris ad mortem (hominis) 데클라라티오 돌로리스 아드 모르템 (호미니스)

한	인류	사람	남자	여자	신사
영	humanity 휴머니티	person 퍼슨	man 맨	woman 우먼	gentleman 젠틀맨
프	humanité 위마니떼	personne 뻬르쏜느	homme 옴므	femme 팜므	gentilhomme 장띠옴므
독	Menschheit *1 멘슈하이트	Mensch 멘슈	Mann 만	Frau 프라우	Herr 헤어
포	humanidade 우마니다지	ser humano 쎄르 우마누	homem 오멩	mulher 물예르	cavaleiro 까발레이루
스	ser humano 세르 우마노	persona 뻬르소나	hombre 옴브레	mujer 무헤르	caballero 까바예로
이	umanita 우마니타	persona 페르소나	uomo 워모	donna 돈나	signore 시뇨레
그	ανθρωπότητα 안쓰로뽀띠따	πρόσωπο 쁘로소뽀	άνδρας 안드라스	γυναίκα 이네까	κύριος 끼리오스
라	homo 호모	persona 페르소나	vir, homo 비르, 호모	femina 페미나	bonus, domus 보누스, 도무스
러	человечество 췰라베췌스뜨버	человек 췰라벡	мужчина 무쉬나	женщина 젠쉬나	джентельмен 젠땔몐
중	人类 / rénlèi 런레이	人 / rén 런	男子 / nánzǐ 난즈	女人 / nǚrén 뉘런	绅士 / shēnshì 션스
일	じんるい / 人類 진루이	ひと / 人 히토	おとこ / 男 오토코	おんな / 女 온나	しんし / 紳士 신시

동의어: *1 Humanität 후마니테트

한	숙녀	성별	연인(남)	연인(여)	여보(남)
영	lady 레이디	sex 섹스	boyfriend 보이프랜드	girlfriend 걸프랜드	my darling 마이 달링
프	dame 담므	sexe 쎅스	amoureux 아무르	amoureuse 아무뢰즈	mon chéri 몽 셰리
독	Dame 다메	Geschlecht 게슐레히트	Liebhaber 립하버	Liebhaberin 립하버린	Liebling *1 리블링
포	senhora 씽요라	sexo 쎅쑤	namorado 나모라두	namorada 나모라다	meu amor 메우 아모르
스	señorita 세뇨리따	género 헤네로	novio 노비오	novia 노비아	mi vida 미 비다
이	signora 시뇨라	sesso 세쏘	innamorato 인나모라또	innamorata 인나모라따	caro 까로
그	κυρία 끼리아	γένος 게노스	εραστής 에라스띠스	εραστής 에라스띠스	αγαπητέ *2 아가삐떼
라	domina 도미나	sexus 섹수스	amatus 아마투스	amata 아마타	dilectus 딜렉투스
러	дама 다마	пол 뿔	парень 빠롄	девушка 제부쉬까	любимый 류비브이
중	淑女 / shūnǚ 수뉘	性别 / xìngbié 싱비에	情侣 / qínglǚ 칭뤼	甜心 / tiánxīn 티엔신	老公 / lǎogōng 라오꿍
일	しゅくじょ / 淑女 슈쿠죠	せいべつ / 性別 세-베추	こいびと / 恋人 코이비토	こいびと / 恋人 코이비토	おまえ 오마에

동의어: *1 Schätzchen 쉐츠헨, *2 αγαπημένε 아가삐메네

여보(여)	애인 1	애인 2	우정	사랑	KOR
honey 허니	lover 러버	mistress 미스트리스	friendship 프렌드쉽	love 러브	ENG
ma chérie 마 셰리	amant 아멍	maîtresse *4 매트레스(여)	amitié 아미띠에	amour 아무르	FRA
Liebling *1 리블링	Geliebter 겔립터	Geliebte 겔립테	Freundschaft 프로인트샤프트	Liebe 리베	GER
meu amor 메우 아모르	namorado 나모라두	amante 아망찌	amizade 아미자지	amor 아모르	POR
mi amor 미 아모르	amante 아만떼	amante 아만떼	amistad 아미스땃	amor 아모르	ESP
cara 까라	amante 아만떼	amante 아만떼	amicizia 아미치찌아	amore 아모레	ITA
αγαπητή *2 아가삐띠	εραστής 에라스띠스	ερωμένη 에로메니	φιλία 필리아	έρωτας 에로따스	GRE
dilecta 딜렉타	amator 아마토르	amicula 아미쿨라	amicitia 아미키치아(=아미키티아)	amor 아모르	LAT
дорогой *3 더라고이	любовник 류보브닉	любовница 류보브니짜	дружба 드루쥬바	любовь 류보피	RUS
太太 / tàitai 타이타이	情人 / qíngrén 칭런	情妇 / qíngfù 칭푸	友谊 / yǒuyì 유우이	爱 / ài 아이	CHN
あなた 아나타	あいじん / 愛人 아이진	じょうふ / 情婦 죠-후	ゆうじょう / 友情 유-죠-	あい / 愛 아이	JPN

동의어: *1 Schätzchen 쉐츠헨, *2 αγαπημένη 아가삐메니, *3 дорогая 더라가야(여), *4 petit ami 쁘띠 따미(남)

애정	애착	매혹	데이트	키스	KOR
affection 어펙션	attachment 어태치먼트	fascination 훼시네이션	date 데이트	kiss 키스	ENG
affection 아펙씨옹	attachement 아따슈멍	fascination 파시나씨옹	redez-vous 랑데부	baiser 베제	FRA
Zuneigung 추나이궁	Verbundenheit 페어분덴하이트	Faszination 화스치나치온	ausgehen 아우스게엔	Kuss 쿠스	GER
afeição 아페이쎠옹	apego 아뻬구	fascinação 파씨나쎠옹	encontro 잉꽁뜨루	beijo 베이쥬	POR
afecto 아펙또	apego 아뻬고	fascinación 파시나씨온	cita 씨따	beso 베쏘	ESP
affetto 아페또	attaccamento 아따까멘토	fascino 파쉬노	appuntamento 아뿐따멘토	bacio 바쵸	ITA
αγάπη 아가삐	προσκόλληση 쁘로스꼴리시	γοητεία 고이띠아	ραντεβού 랑떼부	φιλί 필리	GRE
caritas 카리타스	studium 스투디움	fascinatio 파스키나티오	constitutum 콘스티투툼	osculum 오스쿨룸	LAT
любовь 류보피	привязанность 쁘리뱌잔너스츠	очарование 앗취라바니예	свидание 스비다니예	поцелуй 뻣쩰루이	RUS
爱情 / àiqíng 아이칭	爱恋 / àiliàn 아이리엔	入迷 / rùmí 루미	约会 / yuēhuì 위에회이	亲吻 / qīnwěn 친원	CHN
あいじょう / 愛情 아이죠-	あいちゃく / 愛着 아이챠쿠	みわく / 魅惑 미와쿠	デート 데-토	キス 키수	JPN

한	포옹	프러포즈	다독임(애무)	독신
영	hug 허그	propose 프러포즈	petting 페팅	single 싱글
프	embrassement 앙브라스멍	demande en mariage 드망덩 마리아쥬	pelotage 쁠로따쥬	célibataire 셀리바떼르
독	Umarmung 움아뭉	Heiratsantrag 하이라츠안트락	Knutschen 크누첸	Single 싱글
포	abraço 아브라쑤	proposta 쁘로뽀스따	carícia 까리씨아	solteiro 쏘우떼이루
스	abrazo 아브라쏘	propuesta de matrimonio 쁘로뿌에스따 데 마뜨리모니오	caricias 까리씨아스	soltería 솔떼리아
이	abbraccio 아쁘라쵸	proposta 프로포스타	picchiettio 피끼에띠오	devozione 데보지오네
그	αγκάλιασμα 앙갈리아즈마	πρόταση 프로따시	χάδι, χάιδεμα 하디, 헤데마	άγαμος 아가모스
라	amplexus 암플렉수스	propositio 프로포시티오	blanditia 블란디티아	caelebs 카일렙스(=캘렙스)
러	объятие 아비야찌예	делать предложение 젤랏츠 쁘리들라줴니예	баловать 발러밧츠	холостяк [1] 할스짝(남자 독신)
중	拥抱 / yōngbào 융빠오	求婚 / qiúhūn 치우훈	爱抚行动 / àifǔxíngdòng 아이푸싱똥	单身 / dānshēn 딴션
일	ほうよう / 抱擁 호-요-	プロポーズ 푸로포-주	あいぶ / 愛撫 아이부	どくしん / 独身 도쿠신

동의어: [1] незамужняя женщина 녜자무쥔나야 쥅쉬나(여자 독신), 미혼의 독신자 140p 참고

한	내연관계	약혼	약혼자	이별
영	concubinage 칸큐비니지	engagement 인게이지먼트	fiancé 피앙세	farewell(일반) [2] 페어웰
프	concubinage 꽁뀌비나쥬	fiançailles 피엉싸이으	fiancé(e) 피앙세	séparation [3] 쎄빠라씨옹
독	Konkubinat 콘쿠비나트	Verlobung 페어로붕	Verlobte 페어롭테	Abschied 압쉬트
포	concubinato 꽁꾸비나뚜	noivado 노이바두	noivo 노이부	despedida 지스삐지다
스	concubinato 꽁꾸비나또	promesa de matrimonio 쁘로메싸 데 마뜨리모니오	prometido 쁘로메띠도	despedida 데스뻬디다
이	concubinaggio 콘쿠비나쬬	fidanzamento 피단자멘토	fidanzato 피단자토	dividersi 디비데르시
그	παράνομη συμβίωση 빠라노미 심비오시	αρραβώνας 아라보나스	αρραβωνιαστικός 아라보니아스띠꼬스	χωρισμός 호리즈모스
라	concubinatus 콘쿠비나투스	sponsalia [1] 스폰살리아	sponsa 스폰사	dissidium 디씨디움
러	конкубинат 깐꾸비낫	помолвка 빠몰프까	жених 쥐니흐	расставание 라스따바니예
중	挨光 / āiguāng 아이꽝	订婚 / dìnghūn 띵훈	订婚者 / dìnghūnzhě 띵훈저	分手 / fēnshǒu 펀셔우
일	ないえんかんけい / 内縁関係 나이엔칸케-	こんやく / 婚約 콩야쿠	こんやくしゃ / 婚約者 콩야쿠샤	わかれ / 別れ 와카레

동의어: [1] desponsatio 데스폰사티오, [2] breakup(남녀)브레이크업, 참고: [3] adieux 아듀(고별, 작별(인사))

136

파혼	결혼	결혼식	예식장	KOR
break the engagement 브레이크 더 인게이지먼트	marriage 매리지	wedding(ceremony) 웨딩(세레모니)	wedding hall 웨딩 홀	ENG
rupture de fiançailles 뤼뿨르 드 피앙싸이으	mariage 마리아쥬	noces 노스	salle de cérémonie 쌀 드 쎄레모니	FRA
Lösung der Verlobung 뢰중 데어 페어로붕	Heirat 하이라트	Hochzeit 호흐차이트	Hochzeitshaus 호흐차이츠하우스	GER
quebra de casamento 께브라 지 까자멩뚜	casamento 까자멩뚜	cerimônia de casamento 쎄리모니아 지 까자멩뚜	local de casamento 로까우 지 까자멩뚜	POR
rompimiento de la promesa 롬삐미엔또 데 라 쁘로메사	casamiento 까싸미엔또	boda 보다	salón de boda 살론 데 보다	ESP
rompere un fidanzamento 롬뻬레 운 피단자멘또	nozze 노쩨	matrimonio 마트리모니오	camera degli sposi 까메라 델리 스포지	ITA
διάλυση αρραβώνα 디알리시 아라보나	γάμος 가모스	γάμος 가모스	αίθουσα τελετής 애투사 뗄레띠스	GRE
abruptio desponsationis 아브룹티오 데스폰사티오니스	coniugium 콘유기움	nuptiae 눕치아이(=눕티아이 / 눕티애)	aula caeremoniae 아우라 카에레모니에	LAT
расторжение брака 라스따르줴니예 브라까	брак 브락	свадьба 스바지바	Свадебный зал 스바지브느이 잘	RUS
退婚 / tuìhūn 뚸이훈	结婚 / jiéhūn 지에훈	婚礼 / hūnlǐ 훈리	喜堂 / xǐtáng 씨탕	CHN
はこん / 破婚 하콘	けっこん / 結婚 켓꼰	けっこんしき / 結婚式 켓꼰시키	けっこんしきじょう / 結婚式場 켓꼰시키죠-	JPN

축가	주례	피로연	KOR
a nuptial song *1 냅셜 송	officiant 어휘시언트	wedding reception 웨딩 리셉션	ENG
chanson de félicitations 샹송 드 펠리씨따씨옹	présidence d'une cérémonie de mariage 프레지덩스 뒨 쎄레모니 드 마리아쥬	banquet 방께	FRA
Hochzeitsgesang 호흐차이츠게상	Zeremonienmeister 체레모니언마이스터	Hochzeitsfeier 호흐차이츠파이어	GER
canção nupcial 깡써웅 눕씨아우	celebrador de casamento 쎌레브라도르 지 까자멩뚜	banquete nupcial 방께찌 눕씨아우	POR
canción de boda 깐씨온 데 보다	Oficiante Ministro 오피씨안떼 미니스프로	banquete de bodas 방께떼 데 보다스	ESP
epitalamio 에피탈라미오	officiante 오피찬떼	festa 페스타	ITA
γαμήλιο τραγούδι 가밀리오 뜨라구디	λειτουργός γάμου 리뚜르고스 가무	δεξίωση γάμου 덱시오시 가무	GRE
carmen gratulationis 카르멘 그라툴라티오니스	praeses nuptialis caerimoniae 프패세스 눕티알리스 케리모니애	nuptialis caerimonia 눕티알리스 캐리모니아	LAT
поздравительная песня 뻐즈드라비쩰나야 뻬스냐	священник, совершающий богослужение 스비쉔닉, 서볘르샤유쉬 버거슬루줴니예	банкет 반깻	RUS
喜歌 / xìgē 씨꺼	主持婚礼 / zhǔchí hūnlǐ 주츠훈리	喜筵 / xǐyán 씨앤	CHN
しゅくが / 祝賀 슈큐가	ばいしゃく / 媒酌 바이샤쿠	ひろうえん / 披露宴 히로-엔	JPN

동의어: *1 epithalamium 에퍼써레미엄

한	들러리(신랑)	들러리(신부)	하객
영	groomsmen(best man) 그룸스맨(베스트 맨)	bridesmaid(maid of honor) 브라이즈메이드(메이드 오브 어너)	(wedding)guest (웨딩)게스트
프	garçon d'honneur 갸르쏭 도뇌르	demoiselle d'honneur 드므아젤 도뇌르	noce, invité(c) 노쓰,(초대받은 손님)엥비떼(여성형)
독	Beistand 바이스탄트	Brautjungfer 브라우트융퍼	Hochzeitsgast 호흐차이츠가스트
포	padrinho 빠드링유	dama de honra 다마 지 옹하	convidado para cerimônia de casamento 꽁비다두 빠라 쩨리모니아 지 까자멩뚜
스	padrino 빠드리노	dama de honor 다마 데 오노르	admirador 아드미라도르
이	testimone 테스티모네	damigella d'onore 다미젤라 도노레	invitato 인비타토
그	κουμπάρος 꿈바로스	παράνυμφος 빠라님포스	καλεσμένος(γάμου) 깔레즈메노스(가무)
라	paranymphus 파라님포스	paranympha 파라님파	visitator gratulationi 비지타토르 그라툴라티오니
러	шафер 샤페르	подружка невесты 빠드루쉬까 니볘스띄	гость 고스츠
중	伴郎 / bànláng 빤랑(신랑)	伴娘 / bànniáng 빤니앙(신부)	客人 / kèrén 커런
일	つきそい / 付き添い 추키소이	つきそい / 付き添い 추키소이	いわいきゃく / 祝い客 이와이캬쿠

한	결혼반지	예물	신랑	신부
영	wedding ring 웨딩 링	gift 기프트	bridegroom 브리드그룸	bride 브라이드
프	anneau de mariage 아노 드 마리아쥬	cadeau 꺄도	marié 마리에	mariée 마리에
독	Hochzeitsringe 호흐차이츠링	Aussteuer 아우스스토이어	Bräutigam 브로이티감	Braut 브라우트
포	anel de casamento 아네우 지 까자멩뚜	enxoval 잉쇼바우	noivo 노이부	noiva 노이바
스	anillo de boda 아니요 데 보다	regalo de bodas 레갈로 데 보다스	novio 노비오	novia 노비아
이	anello di matrimonio 아넬로 디 마트리모니오	regalo 레갈로	sposo 스포조	sposa 스포자
그	βέρα *1 베라	δώρο 도로	γαμπρός 가브로스	νύφη 니피
라	anulus nuptiae 아누루스 눞티에	donum 도눔	nous maritus 노우스 마리투스	nova nupta 노바 눞타
러	обручальные кольца 아브루취꼘늬예 꼴짜	свадебный подарок 스바지브느이 빠다럭	жених 쥐니흐	невеста 니볘스따
중	结婚戒指 / jiéhūn jièzhi 지에훈찌에즈	礼物 / lǐwù 리우	新郎 / xīnláng 신랑	新娘 / xīnniáng 신니앙
일	けっこんゆびわ / 結婚指輪 켓꽁유비와	ひきでもの / 引出物 히키데모노	しんろう / 新郎 신로-	しんぷ / 新婦 신푸

동의어: *1 γαμήλιο δαχτυλίδι 가밀리오 닥틸리디

아내	남편	부부	잉꼬부부	KOR
wife 와이프	husband 허즈번드	couple 커플	lovebirds 러브버즈	ENG
épouse, femme 에쁘즈, 팜므	mari, époux 마리. 에쁘	époux, couple 에쁘, 꾸쁠	tourtereau 뚜르뜨로	FRA
Frau, Ehefrau 프라우, 에에프라우	Mann, Ehemann 만, 에에만	Ehepaar 에에파아	zärtliches Ehepaar *2 채어틀리헤스 에에파아	GER
esposa 이스뽀자	marido 마리두	casal 까자우	casal feliz 까자우 펠리스	POR
esposa 에스뽀사	marido, eposo 마리도, 에스뽀소	matrimonio *1 마뜨리모니오	tórtolos 또르똘로스	ESP
moglie 몰리에	marito 마리토	coppia 꼬삐아	sposini innamorati 스포지니 인나모라띠	ITA
σύζυγος 시지고스	σύζυγος 시지고스	ζευγάρι 제브가리	ερωτευμένο ζευγάρι 에로떼브메노 제브가리	GRE
uxor 욱소르	maritus 마리투스	coniugium 코니유게스	conjugium affectum 콘유기움 아펙툼	LAT
жена 쥐나	муж 무쉬	супруги 쑤쁘루기	влюблённые 블류블론늬예	RUS
妻子 / qīzi 치즈	丈夫 / zhàngfu 짱푸	夫妻 / fūqī 푸치	一对鸳鸯 / yīduìyuānyāng 이뛔이위엔양	CHN
つま / 妻 추마	おっと / 夫 옷또	ふうふ / 夫婦 후-후	おしどりふうふ / おしどり夫婦 오시도리후-후	JPN

동의어: *1 pareja 빠레하, *2 Wellensittich Paar 벨렌지티히 파아

초혼	재혼	이혼자	바람둥이	KOR
first marriage 퍼스트 메리지	remarriage 리메리지	divorcer *1 디보서(남)	philanderer *4 퍼랜더러	ENG
premier mariage 프르미에 마리아쥬	remariage 르마리아쥬	divorcé(e) 디보르쎄	cavaleur 까발뢰르	FRA
erste Ehe 에어스테 에에	zweite Ehe 츠바이테 에에	Geschiedene 게쉬데네	Flirt, Womanizer 플리어트, 우멘나이져	GER
primeiro casamento 쁘리메이루 까자멩뚜	segundo casamento 쎄궁두 까자멩뚜	divorciado 지보르씨아두	mulherengo 물예렝구	POR
primera boda 쁘리메라 보다	segunda boda 세군다 보다	divorciado 디보르시아도	Don juan 돈 후안	ESP
primo matrimonio 프리모 마뜨리모니오	nuovo matrimonio 누오보 마트리모니오	divorziato 디보르지아토	farfallone 파르팔로네	ITA
πρώτος γάμος 쁘로또스 가모스	δεύτερος γάμος 데브떼로스 가모스	ζωντοχήρα, διαξευγμένος 존도히라, 디아제브그메노스	γυναικάς 이네까스	GRE
prima nuptia 프리마 눞티아	secunda nuptia 세쿤다 눞티아	divotio seiunctus *2 디보티오 세이윤크투스(남)	ludo 루도	LAT
первый брак 뻬르브이 브락	второй брак 브따로이 브락	разведенная *3 라즈볘죤느이(남)	бабник 바브닉	RUS
头婚 / tóuhūn 터우훈	再婚 / zàihūn 짜이훈	婚变妇女 / hūnbiànfùnǚ 훈삐엔푸뉘	调情 / tiáoqíng 티아오칭	CHN
しょこん / 初婚 쇼콘	さいこん / 再婚 사이콘	バツイチ 바추이치(여성)	うわき / 浮気 우와키	JPN

동의어: *1 divorcee 디보시(여), *2 divotio seiuncta 디보티오 세이융크타(여), *3 разведенная 라즈볘죤나야(여), *4 womanizer 우머나이저

한	만혼	미혼(미혼자)	기혼(기혼자)
영	delayed marriage 디레이드 메리지	single 싱글	married person 메리드 펄슨
프	mariage tardif 마리아쥬 따르디프	célibataire 쎌리바떼르	personne mariée 페르쏜느 마리에
독	späte Heirat 슈패테 하이라트	Unverheiratete 운페어하이라테테	Verheiratete 페어하이라테테
포	casamento tardio 까자맹뚜 따르지우	solteiro 쏘우떼이루	casado 까자두
스	boda tardía 보다 따르디아	soltero 솔떼로	casado 까사도
이	tardo matrimonio 따르도 마트리모니오	singolo 싱골로	sposato 스포자또
그	καθυστερημένος γάμος 까씨스떼리메노스 가모스	άγαμος 아가모스	παντρεμένος 빤드레메노스
라	tarda nuptia 타르다 눞티아	caelebs, inupta 카에렙스, 이눞타	coniunx 코니운스
러	поздний брак 뽀즈니 브락	холостяк 할스짝(남)	супруги 쑤쁘루기
중	晚婚 / wǎnhūn 완훈	未婚 / wèihūn 웨이훈	已婚 / yǐhūn 이훈
일	ばんこん / 晚婚 반콘	みこん / 未婚 미콘	きこん / 既婚 키콘

동의어: *1 незамужняя женщина 녜자무쥔나야 쥅쉬나(여)

한	웨딩 플래너	웨딩촬영	중매인
영	wedding planner 웨딩 플래너	wedding photography 웨딩 포토그라피	intermediary *2 인터미디어리
프	planificateur de noces *1 쁠라니피꺄뙤르 드 노스(남)	photographie de mariage 포또그라피 드 마리아쥬	marieur 마리외르
독	Hochzeitsplaner 호흐차이츠플라너	Hochzeitsfotoaufnahme 호흐차이츠포토아우프나메	Ehestifter 에에슈티프터
포	planejador de casamento 쁠라네쟈도르 지 까자멩뚜	filmagem de casamento 피우마젱 지 까자멩뚜	casamenteiro 까자멩떼이루
스	planificador de bodas 쁠라니피까도르 데 보다스	fotografo de bodas 포또그라포 데 보다스	intermediario 인떼르메디아리오
이	progettista di nozze 프로제띠스타 디 노쩨	fotografiare di nozze 포토그라피아레 디 노쩨	combinazione 콤비나찌오네
그	προγραμματιστής γάμου 프로그람마띠스띠스 가무	φωτογραφία γάμου 포토그라피아 가무	ενδιάμεσος, προξενητής 엔디아메소스, 프록쎄니띠스
라	programmator nuptiae 프로그람마토르 눞티애	photographia nuptiae 포토그라피아 눞티애	commissarius nuptiae 콤미사리우스 눞티애
러	свадебный планировщик 스바지브느이 쁠라니로프쉭	свадебный фотограф 스바지브느이 파또그라프	сват 스밧
중	婚纱顾问 / hūnshāgùwèn 훈샤꾸원	婚纱照 / hūnshāzhào 훈샤짜오	媒人 / méirén 메이런
일	ウエディングプランナー 우에딘구푸란나-	ウエディング さつえい / ウエディング 撮影 우에딘구 사추에-	なこうど / 仲人 나코-도

동의어: *1 planificateuse de noces 쁠라니피꺄뙤즈 드 노스(여), *2 matchmaker 매치메이커

청첩장	신혼여행	허니문 베이비	KOR
wedding invitation 웨딩 인비테이션	honeymoon 허니문	honeymoon baby 허니문베이비	ENG
carte d'invitation 꺄르프 뎅비따씨옹	lune de miel 륀 드 미엘	bébé de lune de miel 베베드 륀 드 미엘	FRA
Hochzeitseinladungskarte 호흐차이츠아인라둥스카르테	Hochzeitsreise 호흐차이츠라이제	Flitterwochenkind 플리터보헨킨트	GER
convite de casamento 꽁비찌 지 까자멩뚜	lua de mel 루아 지 메우	bebê de lua de mel 베베 지 루아 지 메우	POR
tarjeta de invitación 따르헤따 데 인비따씨온	luna de miel 루나 데 미엘	bebé de luna de miel 베베 데 루나 데 미엘	ESP
carta d·invitazione 카르타 딘비타지오네	luna di miele 루나 디 미엘레	bambino di honeymoon 밤비노 디 하니문	ITA
προσκλητήριο γάμου 프로스글리띠리오 가무	μήνας του μέλιτος 미나스 뚜 멜리또스	μωρό από το μήνα του μέλιτος 모로 아뽀 또 미나 뚜 멜리또스	GRE
charta invitationis 카르타 인비타티오니스	mellea luna 멜레아 루나	infans melleae lunae 인판스 멜레애 루내	LAT
приглашение на свадьбу 쁘리글라쉐니예 나 스바지부	медовый месяц 메도븨이 몌샤츠	ребенок медового месяца 리뵤녹 메도보고 몌쌰짜	RUS
喜帖 / xǐtiě 씨티에	蜜月旅行 / mìyuèlǚxíng 미위에뤼싱	蜜月孩子 / mìyuè háizi 미위에하이즈	CHN
しょうたいじょう / 招待状 쇼-타이죠-	しんこんりょこう / 新婚旅行 신콘묘코-	ハネムーンベビー 하네문베비-	JPN

가문	전통	문장(가문, 조직의 紋章)	황실	KOR
family 페밀리	tradition 트레디션	coat of arms [1] 코스트 오브 암스	imperial family 임페리얼 패밀리	ENG
famille 파미으	tradition 트라디씨옹	blason, armoiries 블라종, 아르무와리	famille impériale 파미으 엥뻬리알	FRA
Familie 파밀리에	Tradition 트라디치온	Wappen 바펜	königliche Familie 쾨니힐리헤 파밀리에	GER
clã 끌랑	tradição 프라지써옹	brasão 브라저옹	família imperial 파밀리아 잉뻬리아우	POR
familia 파밀리아	tradición 프라디시온	blasón, cresta 브라손, 끄레스타	familia imperial 파밀리아 임뻬리알	ESP
famiglia 파밀리아	tradizione 트라디지오네	blasone, stemma 브라소네, 스템마	imperiale 임페리알레	ITA
οικογένεια 이꼬게니아	παράδοση 빠라도시	θυρεός, οικόσημο 씨레오스, 이꼬시모	αυτοκρατορικός οίκος 아브또크라또리꼬스 이꼬스	GRE
familia 파밀리아	traditio 트라디티오	insigne 인시그네	imperatoria familia 임페라토리아 파미리아	LAT
род 롯	традиция 트라지찌야	герб 게르프	королевский двор 까랄렙스끼 드보르	RUS
家门 / jiāmén 찌아먼	传统 / chuántǒng 추안퉁	纹章 / wénzhāng 원쨩	皇家 / huángjiā 황지아	CHN
かもん / 家門 카몬	でんとう / 伝統 덴토-	もんしょう / 紋章 몬쇼-	こうしつ / 皇室 코-시추	JPN

동의어: [1] crest 크레스트

한	유명인사	귀족, 양반	귀족계급	공작	후작
영	celebrities [1] 셀러브러티스	aristocrat 애리스토크랫	nobility 노빌러티	duke 듀크	marquis 마키스
프	célébrité 셀레브리떼	aristocrate 아리스또크라프	noblesse 노블레스	duc 뒥끄	marquis 마르뀌
독	Berühmtheiten 베륌트하이텐	Aristokratie 아리스토크라티	Adel 아델	Herzog 헤어초크	Marquis 마르키
포	celebridade 셀레브리다지	aristocrata 아리스또끄라따	nobreza 노브레자	duque 두끼	marquês 마르께스
스	celebridades 셀레브리다데스	aristócrata 아르스또끄라따	nobleza 노블레사	duque 두께	marqués 마르께스
이	celebritá 첼레브리타	aristocrazia 아리스토크라찌아	nobile 노빌레	duca 두까	marchese 마르께제
그	διασημότητα 디아시모띠따	αριστοκράτης 아리스또크라띠스	αριστοκρατία 아리스또크라띠아	δούκας 두까스	μαρκήσιος 마르끼시오스
라	celeber 켈레베르	nobilis 노빌리스	nobilitas 노빌리타스	dux 둑스	Marchio 마르키오
러	знаменитость 즈나몌니떠스츠	аристократ 아리스따크랏	дворянство 드바랸스프버	герцог 곌르쩍	маркиз 마르끼스
중	名人 / míngrén 밍런	貴族 / guìzú 꿰이주	貴族阶层 / guìzújiēcéng 꿰이주지에청	公爵 / gōngjué 꿍쥬에	侯爵 / hóujué 허우쥬에
일	ゆうめいじんし / 有名人士 유-메-진시	きぞく / 貴族 키조쿠	きぞくかいきゅう / 貴族階級 키조쿠카이큐-	こ-しゃく / 公爵 코-샤쿠	こ-しゃく / 侯爵 코-샤쿠

참고: [1] celeb 셀렙(비격식 표현), 315p 다른 언어참고

한	백작	남작	유언, 유서	유산, 재산	상속
영	count 카운트	baron 배런	testament 테스터먼트	legacy 리거시	inheritance 인헤리턴스
프	comte 꽁뜨	baron 바롱	testament 떼스따멍	héritage 에리따쥬	succession 쉭쎄시웅
독	Graf 그라프	Baron 바론	Testament [1] 테스타멘트	Erbe 에어베	Erbschaft 에업샤프트
포	conde 꽁지	barão 바러웅	testamento 떼스따멩뚜	legado 레가두	herança 에랑싸
스	conde 꼰데	barón 바론	testamento 떼스따멘또	herencia 에렌시아	sucesión 수쎄씨온
이	conte 콘떼	barone 바로네	testamento 테스타멘토	eredità 에레디따	successione 수체씨오네
그	κόμης 꼬미스	βαρώνος 바로노스	διαθήκη 디아티끼	κληρονομιά 끌리로노미아	κληρονομιά [4] 끌리로노미아
라	comes 코메스	baro 바로	testamentum 테스타멘툼	heredium 헤레디움	hereditas 헤레디타스
러	граф 그라프	барон 바론	завещание 자볘쉐니예	наследство 나슬롓츠프버	наследство 나슬롓스트버
중	伯爵 / bójué 뽀쥬에	男爵 / nánjué 난쥬에	遺言 / yíyán 이앤	遺产 / yíchǎn 이찬	承继 / chéngjì 청지
일	はくしゃく / 伯爵 하쿠샤쿠	だんしゃく / 男爵 단샤쿠	ゆいごん / 遺言 [2] 유이곤	いさん / 遺産 [3] 이산	そうぞく / 相続 소-조쿠

동의어: [1] Vermächtnis 페어매히트니스, [2] いしょ / 遺書 이쇼, [3] ざいさん / 財産 자이산, [4] διαδοχή 디아도히

142

속삭임	망설임	설렘	불안	KOR
whisper 위스퍼	hesitation 헤지테이션	flutter 플러터	anxiety 앵자이어티	ENG
chuchotement 쉬쇼뜨멍	hésitation 에지따씨옹	palpitation 빨삐따씨옹	anxiété 엉씨에떼	FRA
Flüstern 플리스턴	Zögern 최건	Herzklopfen 헤르츠클롭펜	Angst 앙스트	GER
sussurro 쑤쑤후	hesitação 에지따써웅	palpitação 빠우삐따써웅	inquietação 잉끼에따써웅	POR
murmullo 무르무요	vacilación 바실라씨온	palpitar 팔피따르	ansiedad 안시에닷	ESP
sussurro 수쑤로	esitazione 에지타지오네	batticuore 바띠꾸오레	ansia 안지아	ITA
ψίθυρος 읍시씨로스	διστακτικότητα 디스딱띠꼬띠따	αναστάτωοη 아나스따또시	άγχος 앙호스	GRE
susurrus 수수루스	cunctatio 쿵타티오	commótio 콤모티오	anxietas 안크시에타스	LAT
шёпот 쇼뼛	колебание 껠례바니예	трепетание 프례뻬따니예	беспокойство 볘스빠꼬이스트버	RUS
耳喳 / ěrchā 얼차	犹豫 / yóuyù 요우위	心动 / xīndòng 신똥	不安 / bù' ān 뿌안	CHN
ささやき / 囁き 사사야키	ためらい / 躊躇い 타메라이	ときめき 토키메키	ふあん / 不安 후안	JPN

고뇌, 번민	황홀, 도취	변덕	물,(미개인의)우상	KOR
agony 애고니	ecstasy *1 엑스터시	caprice 커프리스	fetish 페티쉬	ENG
angoisse 앙그와스	ravissement 라비스멍	caprice 꺄프리스	fétiche 풰티쉬	FRA
Qual 크발	Begeisterung 베가이스터룽	Laune 라우네	Fetisch 페티슈	GER
agonia 아고니아	êxtase 에스따지	capricho 까쁘리슈	fetiche 페찌쉬	POR
agonía 아고니아	éstasis 엑쓰따시스	capricho 까쁘리쵸	fetiche 페띠체	ESP
angoscia 앙고샤	estasi 에스타시	capriccio 카프리쵸	feticismo 페티치즈모	ITA
αγωνία 아고니아	έκσταση 엑스따시	καπρίτσιο 까쁘리치오	φετίχ 페띠크	GRE
angor 안고르	elatio voluptaria *2 엘라티오 볼룹타리아	inconstantia *3 인콘스탄티아	fetiscísmus 페티스시스무스	LAT
мучение 무췌니예	восторг 바스또르그	прихоть 쁘리헛츠	фетиш 페띠시	RUS
苦恼 / kǔnǎo 쿠나오	恍惚 / huǎnghū 후앙후	变心 / biànxīn 삐엔신	物神 / wùshén 우선	CHN
くのう / 苦悩, はんもん / 煩悶 쿠노-, 한몬	こうこつ / 恍惚, とうすい / 陶酔 코-코추, 토-수이	きまぐれ / 気まぐれ 키마구레	ぶっしん / 物神, フェティッシュ 붓신, 훼팃슈	JPN

동의어: *1 rapture 랩쳐, *2 eletio voluptate 엘라티오 볼룹타테, *3 libido 리비도

한	인사	예의, 격식	아침인사	저녁인사
영	greetings 그리팅스	etiquette 에티켓	Good morning 굿 모닝	Good evening 굿 이브닝
프	salutations 쌀뤼따씨옹	étiquette 에띠껫	bonjour 봉쥬르	bonsoir 봉쑤와르
독	Gruß 구루스	Etikette 에티케테	Guten Morgen 구텐 모르겐	Guten Abend 구텐 아벤트
포	cumprimento 꿍쁘리멩뚜	etiqueta 에찌케따	bom dia 봉 지아	boa noite 보아 노이찌
스	Saludos 살루도스	etiqueta 에띠께따	Buenos días 부에노스 디아스	Buenas noches 부에나스 노체스
이	Saluti 살루티	etichetta 에티케타	Buon giorno 부온 죠르노	Buona sera 부오나 세라
그	χαιρετίσματα 헤레띠즈마따	εθιμοτυπία 에씨모띠삐아	καλημέρα 깔리메라	καλησπέρα 깔리스뻬라
라	Salutant 살루탄트	etiquette 에티쿠에타	salve [*1] 살베	vespertina salutatio 베스페르티나 살루타티오
러	приветствия 쁘리베쯔비예	этикет 애찌껫	доброе утро 도브러예 우뜨러	добрый вечер 도브르이 볘췌르
중	问候 / Wènhòu 원호우	礼仪 / Lǐyí 리이	早上好 / zǎoshanghǎo 자오샹하오	晚上好 / wǎnshanghǎo 완샹하오
일	あいさつ / 挨拶 아이사추	エチケット 에치켓또	おはよう(ございます) 오하요-(고자이마수)	こんばんは / 今晩は 콘방와

동의어: [*1] salvete 살베테

한	안녕하세요?	처음 뵙겠습니다	만날 때 인사	헤어질 때 인사
영	How are you? 하우 아 유	How do you do? 하우 두 유 두	Hello 헬로우	Good bye 굿 바이
프	Comment allez-vous? [*1] 꼬멍딸레 부	enchanté 엉셩떼	bonjour, salut 봉쥬르, 쌀뤼	au revoir, salut 오르부와르, 쌀뤼
독	Wie geht's? 비 게츠	Guten Tag! 구텐 탁	Hallo 할로	Tschüß! 취스
포	Como vai? 꼬무 바이	Muito prazer 무이뚜 쁘라제르	Olá 올라	Tchau! 차우
스	¿Cómo estás? 꼬모 에스따스	Encantado, mucho gusto 엔깐따도, 초 구스또	Hola 올라	adios 아디오스
이	Come stai? 꼬메 스따	Piacere 삐아체레	salve, ciao 살베, 챠오	arrivederci, ciao 아리베데르치, 챠오
그	πώς είσαι; 뽀스 이세	χαίρω πολύ 헤로 뽀리	γεια σας 이아 사스	αντίο 아디오
라	quid agis? [*2] 쿠이드 아기스	mihi placet [*3] 미히 플라케트	ave, salve, salvete 아베, 살베, 살베테	ave, vale, valete 아베, 발레, 발레테
러	как дела? 카크 젤라	приятно познакомиться 쁘리야트너 뻐즈나꼬밑쩌	здравствуйте 즈드라스트부이쩨	До свидания 더스비다니야
중	你好吗 / Nǐ hǎo ma 니하오마	初次见面 / chūcìjiànmiàn 추츠찌엔미엔	你好 / nǐ hǎo 니하오	再见 / zàijiàn 짜이찌엔
일	お元気ですか 오겐키데수카	はじめまして / 初めまして 하지메마시테	こんにちは 콘니치와	さようなら 사요-나라

동의어: [*1] Comment vas-tu? 꼬망 바 뛰?(안녕?), [*2] ut vales? 우트 발레스, [*3] libens sum 리벤스 숨

144

안녕히 주무세요	축하합니다	감사합니다	천만에요	KOR
Good night *1 굿 나잇	congratulations *3 컨그레츄레이션스	Thank you 쌩 큐	You're welcome 유 아 웰컴	ENG
bonne nuit 본느 뉘	félicitations 펠리씨따씨옹	merci 메르씨	Je vous en prie *5 쥬 부 정 프리	FRA
Gute Nacht 구테 나흐트	Herzlichen Glückwunsch! 헤어슬리헨 글뤽분슈	Danke 당케	Bitte 비테	GER
boa noite 보아 노이찌	Parabéns 빠라벵스	Obrigado 오브리가두	De nada 지 나다	POR
Buenas noches 부에나스 노체스	Enhorabuena *4 에노라부에나	Gracias 그라시아스	De nada 데 나다	ESP
Buona notte 부오나 노떼	Auguri 아우구리	Grazie 그라찌에	Prego 쁘레고	ITA
καληνύχτα 깔리니흐따	συγχαρητήρια 싱하리띠리아	ευχαριστώ 에브하리스또	παρακαλώ 빠라깔로	GRE
dormi bene *2 도르미 베네	congratulatio(tibi) 콘그라투라티오	gratias ago 그라티아스 아고	prelor, quaeso 프레로르, 쿠아에소	LAT
спокойной ночи 스파코이노이 노치	поздравляю 뻐즈드라블랴유	спасибо 스빠씨버	пожалуйста 빠좔루스따	RUS
晚安 /wǎn' ān 완안	恭喜 /gōngxǐ 꽁시	谢谢 /xièxie 시에시에	不客气 /búkèqi 부커치	CHN
おやすみなさい 오야수미나사이	おめでとうございます 오메데토-고자이마수	ありがとうございます 아리가토-고자이마수	どういたしまして 도-이타시마시테	JPN

동의어: *1 sweet dream 스윗 드림, *2 dormite bene 도르미테 베네, *3 congrats 컨그라츠, *4 Felicidades 뻴리씨다데스, *5 De rien 드 리엥

실례합니다	어서오세요	환영합니다	잘 먹었습니다	KOR
Excuse me 익스큐즈 미	welcome *1 웰컴	Welcome 웰컴	What a delicious Meal! 왓 어 딜리셔스 밀	ENG
Excusez-moi 엑스뀌제 무와	bienvenue 비엥브뉘	bienvenue 비엥브뉘	C'était très bon *2 쎄떼 트레 봉	FRA
Entschuldigung 엔트슐디궁	Willkommen Sie! 빌콤멘 지!	Herzlich willkommen! 헤어슬리히 빌콤멘!	Es war eine gute Mahlzeit 에스 바 아이네 구테 말차이트	GER
Com licença 꽁 리쎙싸	Bem-vindo! 벵 빙두	Bem-vindo 벵 빙두	Estou satisfeito 이스또우 싸찌스페이뚜	POR
Disculpe 디스꿀뻬	Bienvenidos 비엔베니도스	Bienvenido 비엔베니도	Estaba muy sabroso 에스따바 무이 사브로소	ESP
Scusi 스꾸지	posso aiurtarla 뽀쏘 아유따를라	Benvenuto 벤베누또	mangiato bene 만자또 베네	ITA
συγνώμη 시그노미	καλώς ωρίσατε 깔로스 오리사떼	καλώς ωρίσατε 깔로스 오리사떼	τι υπέροχο γεύμα ! 띠 이뻬로호 예브마	GRE
ignoscas quaeso 이그노스카스 쿠아이소	salve, salvete 살베, 살베테	salve, salvete 살베, 살베테	satior, satiatus sum 사티오르, 사티아투스 숨	LAT
извините 이즈비니찌	добро пожаловать 다브로 빠좔러밧츠	добро пожаловать 다브로 빠좔러밧츠	спасибо 스빠씨버	RUS
劳驾 /láojià 라오지아	欢迎光临 /huānyíngguānglín 환잉꽝린	欢迎 /huānyíng 환잉	谢谢招待 /xièxièzhāodài 쎄에쎄에자오우따이	CHN
しつれいします /失礼します 시추레이-시마수	いらっしゃいませ 이랏쌰이마세	かんげいします /歓迎します 칸게이-시마수	ごちそうさまでした 고치소-사마데시타	JPN

동의어: *1 Come in! 컴 인, *2 J'ai très bien mangé 제 트레 비엥 망제

한	나	너	당신	그	그녀
영	I 아이	you 유	you 유	he 히	she 쉬
프	Je 쥬	tu 뛰	vous 부	il 일	elle 엘
독	ich 이히	du 두	Sie 지	er 에어	sie 지
포	eu 에우	tu 뚜	senhor 씽요르	ele 엘리	ela 엘라
스	yo 요	tú 뚜	usted 우스뗏	él 엘	ella 에야
이	io 이오	tu 뚜	Lei 레이	lui 루이	lei 레이
그	εγώ 에고	εσύ 에시	εσείς 에시스	αυτός 아브또스	αυτή 아브띠
라	ego 에고	tu 투	vos 오스	is 이스	ea 에아
러	я 야	ты 띄	вы 븨	он 온	она 아나
중	我 / wǒ 워	你 / nǐ 니	您 / nín 닌	他 / tā 타	她 / tā 타
일	わたし / 私 와타시	おまえ / お前、きみ / 君 오마에, 키미	あなた 아나타	かれ / 彼 카레	かのじょ / 彼女 카노죠

한	나의	너의	당신의	그의	그녀의
영	my 마이	your 유어	your 유어	his 히즈	her 허
프	mon 몽	ton 똥	votre 보트르	son 송	son 송
독	mein 마인	dein 다인	Ihr 이어	sein 자인	ihr 이어
포	meu 메우	teu 떼우	seu 쎄우	seu 쎄우	seu 쎄우
스	mi 미	su 수	su 수	su 수	su 수
이	mio 미오	tuo 뚜오	suo 쑤오	suo 쑤오	suo 쑤오
그	μου 무	σου 수	σας 사스	του 뚜	της 띠스
라	mei 메이	tui 투이	vestrum 베스트룸	eius 에이우스	eius 에이우스
러	мой *1 모이	твой *2 뜨보이	ваш 바쉬	его 예보	её 예요
중	我的 / wǒde 워더	你的 / nǐde 니더	您的 / nínde 닌더	他的 / tāde 타더	她的 / tāde 타더
일	わたしの / 私の 와타시노	おまえの / お前の *3 오마에노	あなたの 아나타노	かれの / 彼の 카레노	かのじょの / 彼女の 카노죠노

동의어: *1 моя 마야, моё 마요, мои 마이, *2 твоя 뜨바야, твоё 뜨바요, твои 뜨바이, *3 きみの / 君の 키미노

나를	너를	당신을	그를	그녀를	KOR
me 미	you 유	you 유	him 힘	her 허	ENG
me 므	te 뜨	vous 부	le 르	la 라	FRA
mich 미히	dich 디히	Sie 지	ihn 인	sie 지	GER
me 미	te 찌	o 우	o 우	a 아	POR
me 메	te 떼	lo(s) 로(스)	lo 로	la 라	ESP
mi 미	ti 띠	La 라	lo 로	la 라	ITA
εμένα, με 에멘나, 메	εσένα, σε 에세나, 세	εσάς 에사스	τον 똔	την 띤	GRE
me 메	te 테	vos 보스	eum 에움	eam 에암	LAT
меня 미냐	тебя, тебе, тобой 찌뱌, 찌볘, 따보이	вас 바스	его, ему 예보, 예무	её, ей 예요, 예이	RUS
我 / wǒ 워	你 / nǐ 니	您 / nín 닌	他 / tā 타	她 / tā 타	CHN
わたしを / 私を 와타시오	おまえを / お前を *1 오마에오	あなたを 아나타오	かれを / 彼を 카레오	かのじょを / 彼女を 카노죠오	JPN

동의어: *1 きみを / 君を 키미오

우리	우리의	우리를	그들	그들의	KOR
we 위	our 아워	us 어즈	they 데이	their 데어	ENG
nous 누	notre 노트르	nous 누	ils 일	leur 레르	FRA
wir 비어	unser 운저	uns 운스	sie 지	ihr 이어	GER
nós 노스	nosso 노쑤	nos 누스	eles 엘리스	seu 쎄우	POR
nosotros 노소뜨로스	nuestro 누에스뜨로	nos 노스	ellos 에요스	su 수	ESP
noi 노이	nostro 노스뜨로	ci 치	loro 로로	loro 로로	ITA
εμείς 에미스	μας 마스	μας 마스	αυτοί 아브띠	τους 뚜스	GRE
nos 노스	nostrum 노스트룸	nos 노스	ei 에이	eorum 에오룸	LAT
мы 믜	наш, наша 나쉬, 나샤	нас 나스	они 아니	их 이흐	RUS
咱们 / zánmen *1 잔먼	我们的 / wǒmende *2 워먼더	我们 / wǒmen *3 워먼	他们 / tāmen 타먼	他们的 / tāmende 타먼더	CHN
わたしたち / 私たち 와타시타치	わたしたちの / 私たちの 와타시타치노	わたしたちを 와타시타치오	かれら / 彼ら 카레라	かれらの / 彼らの 카레라노	JPN

동의어: *1 我们 / wǒmen 워먼, *2 咱们的 / zánmende 잔먼더, *3 咱们 / zánmen 잔먼

한	그들을	나 자신	그 자신	그녀 자신	내 것
영	them 뎀	myself 마이셀프	himself 힘셀프	herself 허셀프	mine 마인
프	les 레	moi-même 무와 멤므	lui-même 뤼 멤므	elle-même 엘 멤므	le mien 르 미엥
독	sie 지	ich selbst 이히 젤브스트	er selbst 에어 젤브스트	sie selbst 지 젤브스트	meins 마인스
포	os 우스	eu mesmo 에우 메즈무	ele mesmo 엘리 메즈무	ela mesma 엘라 메즈마	o meu 우 메우
스	los 로스	yo mismo 요 미스모	él mismo 엘 미스모	ella misma 에야 미스마	lo mío 로 미오
이	li 리	me stesso 메 스펫쏘	se stesso 쎄 스펫쏘	se stessa 쎄 스펫쏘	mio 미오
그	αυτούς *1 아브뚜스	εγώ ό ίδιος 에고 오 이디오스	αυτός ό ίδιος 아브또스 오 이디오스	αυτή η ίδια 아브띠 이 이디아	δικό μου 디꼬 무
라	eos 에오스	eho(ipse) 에고(입세)	is(ipse) 이스(입세)	ipsa(ea) 입사(에아)	meus 메우스
러	их 이흐	себя, себе, сам 씨뱌, 씨베, 쌈	сам 쌈	сама 싸마	мой 모이
중	他们 / tāmen 타먼	我自己 / wǒzìjǐ 워쯔지	他自己 / tāzìjǐ 타쯔지	她自己 / tāzìjǐ 타쯔지	我的 / wǒde 워더
일	かれらを / 彼らを 카레라오	わたしじしん / 私自身 와타시지신	かれじしん / 彼自身 카레지신	かのじょじしん / 彼女自身 카노죠지신	わたしのもの / 私の物 와타시노모노

동의어: *1 εκείνους 에끼누스, τους 뚜스

한	너의 것	그녀의 것	그의 것	이것	저것
영	yours 유어스	hers 허스	his 히스	this 디스	that 뎃
프	le tien 르 띠엥	la sienne 라 씨엔느	le sien 르 씨엥	ceci 쓰씨	cela 쓸라
독	deins 다인스	ihrs 이어스	seins 자인스	dies 디스	das 다스
포	o teu 우 떼우	o seu 우 쎄우	o seu 우 쎄우	este 에스찌	aquele 아껠리
스	lo tuyo 로 뚜요	la suya 라 수야	el suyo 엘 수요	éste(ta) 에스떼(따)	ése(sa) 에세(사)
이	tuo 뚜오	suo 수오	suo 수오	cio' 쵸	quello 꿸로
그	δικό σου 디꼬 수	δικό της 디꼬 띠스	δικό του 디꼬 뚜	αυτό 아브또	εκείνο 에끼노
라	tuus 투우스	eius, illius 에이우스, 일리우스	suus, proprius 수우스, 프로프리우스	hic, haec, hoc 히크, 해크, 호크	ille, is, iste 일레, 이스, 이스테
러	твой 뜨보이	её 예요	его 예보	это 애떠	тот 똣
중	你的 / nǐde 니더	她的 / tāde 타더	他的 / tāde 타더	这个 / zhège 쩌거	那个 / nàge 나거
일	きみのもの / 君のもの 키미노모노	かのじょのもの / 彼女の物 카노죠노모노	かれのもの / 彼の物 카레노모노	これ 코레	あれ 아레

그것	각자	모두가	누군가	무엇인가	KOR
it 잇	each 이취	everyone 에브리원	somebody 썸바디	something 썸씽	ENG
ce 스	chacun 샤깽	tout le monde 뚜 르 몽드	quelqu'un 깰깽	quelque chose 깰끄 쇼즈	FRA
es 에스	jeder 예더	jedermann 예더만	jemand 예만트	etwas 에트바스	GER
esse 에씨	cada um 까다 웅	todos 또두스	alguém 아우껭	algo 아우구	POR
aquello 아께요	cada 까다	todo el mundo 또도 엘 문도	alguien 알기엔	algo 알고	ESP
esso 에쏘	ciascuno 챠스꾸노	tutto 뚜또	qualcuno 꽐꾸노	qualcosa 꽐꼬사	ITA
αυτό 아프또	καθένας 까쩨나스	όλοι 올리	κάποιος 까피오스	κάτι 까띠	GRE
quod 쿠오드	quisque 키스케	Omnia 옴니아	aliquis 알리키스	aliquid 알리키드	LAT
то 또	каждый 까쥬데이	все 프쩨	кто-то 크또-떠	что-то 슈또-떠	RUS
那个 / nàge 나거	各人 / gèrén *1 꺼렌	–	–	什么 / shénme 선머	CHN
それ 소레	かくじ / 各自 카쿠지	みなが / 皆が 미나가	だれか / 誰か 다레카	なにか / 何か 나니카	JPN

동의어: *1 各自 / gèzì 꺼쯔

사람들	모든 사람	다른 사람(들)	누구라도	KOR
people 피플	everybody 에브리바디	others 어더즈	anybody 애니바디	ENG
gens 졍	tout le monde 뚜 르 몽드	les autres 레조트르	n'importe qui 넹뽀르프 끼	FRA
Leute 로이테	jedermann 예더만	anderer 안더러	jeder, irgendeiner 예더, 이어겐트아이너	GER
pessoas 뻬쏘아스	todo o mundo 또두 우 뭉두	outro(s) 오우뜨루(스)	qualquer pessoa 꽈우께르 뻬쏘아	POR
gente 헨떼	todo el mundo 또도 엘 문도	otro 오뜨로	cualquier persona 꾸알끼에르 뻬르소나	ESP
gente 젠떼	tutti 뚜띠	altri 알뜨리	chiunque 끼운꿰	ITA
άνθρωποι 안스로삐	όλοι 올리	άλλοι 알리	όποιος 오피오스	GRE
populus 포풀루스	omnes 옴네스	alius 알리우스	quisque, omnes 키스쿠, 옴네스	LAT
люди 류지	все 프쩨	другие 드루기예	кто-нибудь 크또 니붓즈	RUS
人们 / rénmen 런먼	所有人 / suǒyǒurén *1 수오요우런	人家 / rén·jia 런지아	任何人 / rènhérén 런허런	CHN
ひとびと / 人々 히토비토	すべてのひと / 全ての人 수베테노히토	ほかのひとびと / 他の人々 호카노히토비토	だれでも / 誰でも 다레데모	JPN

동의어: *1 万人 / wànrén 완런

한	무엇이든	모든 것	전부	아무것도
영	anything 애니씽	everything 에브리씽	all 올	nothing 나씽
프	n'importe quoi 넹뽀르프 꾸와	toutes les choses 뚜뜨 레 쇼즈	tout 뚜	rien 리엥
독	etwas [1] 에트바스	jedes 예데스	all 알	nichts 니히츠
포	qualquer coisa 꽈우께르 꼬이자	todas as coisas 또다스 아스 꼬이자스	tudo 뚜두	nada 나다
스	cualquier cosa 꾸알끼에르 꼬사	toda cosa 또다 꼬사	todo 또도	nada 나다
이	qualunque cosa 꽐룽꿰 꼬자	tutto 뚜또	tutto 뚜또	nulla 눌라
그	ότι 오띠	τα πάντα 따 빤다	όλα 올라	τίποτε 띠뽀떼
라	quidquam 쿠이드쿠암	omnia [2] 옴니아	totu [3] 토투스	nihil 니힐
러	что-нибудь 슈또-니붓즈	всё 프쑈	всё 프쑈	ничто 니슈또
중	什么 / shénme 션머	一切 / yíqiè 이치에	全都 / quándōu 츄엔또우	没有 / méiyǒu 메이요우
일	なんでも / 何でも 난데모	すべて / 全て 수베테	ぜんぶ / 全部 젠부	なにも / 何も 나니모

동의어: [1] irgendetwas 이어젠트에트바스, [2] quidquis 쿠이드쿠이스, [3] omnis 옴니스, universus 유니베르수스, cunctus 쿵크투스

한	아무도	어느 것	누가	언제	어디서
영	nobody 노바디	which one 위치 원	who 후	when 웬	where 웨어
프	personne 페르쏜느	lequel 르깰	qui 끼	quand 껑	où 우
독	niemand 니만트	irgendetwas [1] 이어젠트에트바스	wer 베어	wann 반	wo 보
포	ninguém 닝겡	qual 꽈우	quem 껭	quando 꽝두	onde 옹지
스	nadie 나디에	cuál 꾸알	quién 끼엔	cuándo 꾸안도	dónde 돈데
이	chiunque 끼웅꿰	quale 꽐레	chi 끼	quando 꽌도	dove 도베
그	κανένας 까네나스	ποιο 피오	ποιος 피오스	πότε 뽀떼	πού 뿌
라	nemo 네모	qui [2] 쿠이	quis 쿠이스	quando 쿠안도	ubi 우비
러	никто 니크또	который 까또르이	кто 크또	когда 까그다	где 그제
중	–	哪 / nǎ 나	谁 / shéi 쉐이	什么时候 / shénme shíhou 션머스허우	哪里 / nǎli 나리
일	だれも / 誰も 다레모	どれ 도레	だれが / 誰が 다레가	いつ / 何時 이추	どこで / 何処で 도코데

동의어: [1] was 바스, [2] quae 쿠애, quod 쿠오드

무엇을	어느 것을	어떻게	왜	그래서	KOR
what 왓	which 위치	how 하우	why 와이	so 소우	ENG
que, quoi 끄, 꾸와	lequel 르껠	comment 꼬멍	pourquoi 뿌르꾸와	alors 알로르	FRA
was 바스	welcher 벨허	wie 비	warum 바룸	und 운트	GER
o quê 우 께	qual 꽈우	como 꼬무	por que 뽀르 께	e aí 이 아이	POR
qué 께	cuál 꾸알	cómo 꼬모	por qué 뽀르 께	por eso 뽀레소	ESP
che cosa 께 꼬자	quale 꽐레	come 꼬메	perché 뻬르께	allora 알로라	ITA
τι 띠	ποιο 피오	πώς 뽀스	γιατί 이아띠	λοιπόν 리뽄	GRE
quid 쿠이드	uter 우테르	quamodo 쿠아모도	cur 쿠르	igitur 이기투르	LAT
что 슈또	который 까또르이	как 깍	почему 뻐췌무	и 이	RUS
什么 / shénme 션머	哪个 / nǎge 나거	怎么 / zěnme 쩐머	为什么 / wèishénme 웨이션머	所以 / suǒyǐ 수오이	CHN
なにを / 何を 나니오	どれを 도레오	どのように 도노요-니	なぜ / 何故 나제	それで 소레데	JPN

누구와	얼마나	누구나	어디에나	KOR
with whom 위드 훔	how much 하우 머취	whoever 후에버	wherever 웨어에버	ENG
avec qui 아베끄 끼	combien 꽁비엥	quiconque 끼꽁끄	n'importe où 넹뽀르뚜 우	FRA
mit wem 미트 벰	wieviel 비필	wer auch immer 베어 아우흐 임머	wo auch immer 보 아우흐 임머	GER
com quem 꽁 껭	quanto 꽝뚜	qualquer pessoa 꽈우께르 뻬쏘아	qualquer lugar 꽈우께르 루가르	POR
con quién 꼰 끼엔	cuánto 꾸안또	todo el mundo 또도 엘 문도	dondequiera 돈데끼에라	ESP
con chi 꼰 끼	quanto 꽌또	chiunque 끼웅꿰	dovunque 도붕꿰	ITA
με ποιον 메 피온	πόσο 뽀소	όποιος 오피오스	παντού 빤두	GRE
cum que 쿰 쿠에	quantum 쿠안툼	qusquis *2 크비스	ubique 우비쿠에	LAT
с кем 스 캠	сколько 스꼴까	кто бы ни 크또 븨 니	где бы ни 그제 븨 니	RUS
跟谁 / gēnshéi 껀쉐이	多少 / duōshao *1 뚜오샤오	所有人 / suǒyǒurén 수오요우런	在任何地方 / zàirènhédìfang 짜이런허띠팡	CHN
だれと / 誰と 다레토	どれくらい 도레쿠라이	だれでも / 誰でも 다레데모	どこにも / 何処にも 도코니모	JPN

동의어: *1 多么 / duōme 뚜오머, *2 quicumque 크비쿰크베

한	어디든지	여보세요!(전화할 때)	저기!	이런!
영	anywhere 에니웨어	Hello! 헬로우	There! 데어	Dear me! *2 디어 미
프	n'importe où 넹뽀르뚜 우	allô 알로	là-bas! 라 바	tiens! 띠엥
독	irgendwo 이어겐트보	Hallo! 할로	Da! 다	Ach Gott! 아흐 고트!
포	em qualquer lugar 잉 꽈우께르 루가르	Alô 알로	ali! 알리!	Meu Deus! 메우 데우스!
스	dondequiera 돈데끼에라	Aló, Hola 알로, 올라	ahí está! 아이 에스따	Dios mío! 디오스 미오
이	dovunque 도붕꿰	Pronto 쁘론또	ecco! 엑꼬!	Dio mio! 디오 미오
그	όπου 오뿌	γεια 이아	κοίτα 끼따	θεέ μου 쎄에 무
라	ubique 우비쿠에	ave! avete! 아베 아베테	ecce! 엑케!	Mideus! 미데우스
러	где-нибудь 그제-니붓즈	алло 알로	там 땀	батюшки! 바쮸쉬끼!
중	在任何地方 / zàirènhédìfāng 짜이런허띠팡	喂 / wèi 웨이	那边 / nàbiān *1 나비엔	哎呀 / āiyā 아이야
일	どこでも / 何処でも 도코데모	もしもし 모시모시	あの! 아노!	そんな! 손나!

동의어: *1 那里 / nàli 나리, 那儿 / nàr 나알, *2 Gosh! 가쉬

한	뭐!	물론!	만세!	과연!
영	what! 왓	Of course! 오브 코스	Bravo! 브라보	Indeed! 인디드
프	de quoi! 드 꾸아	bien sûr ! 비엥 쒸르	bravo! 브라보	en effet! 어네페
독	was!, wie bitte! 바스, 비 비테	Natürlich! 나뛰얼리히	Gut gemacht! 굿 게마흐트	Allerdings! 알러딩스!
포	O quê! 우 께!	Claro! 끌라루!	Bravo! 브라부!	Realmente! 헤아우멩찌!
스	cómo! 꼬모	Claro! 끌라로	Bravo! 브라보	Cierto! 씨에르또
이	come! 꼬메	certo! 체르또!	Bravo! 브라보	infatti! 인팟띠
그	τι! 띠!	Βέβαια! 베베아!	μπράβο! 브라보!	πράγματι! 프라그마띠!
라	quid! quidam! 뀌드!, 뀌담!	scillicet! 스킬리케트!	bene! 베네!	re vera!, profecto! 레 베라!, 프로펙토!
러	что! 슈또!	конечно! 카녜쉬너!	ypa! 우라!	на самом деле? 나 싸멈 젤례?
중	什么 / shénme 션머	当然 / dāngrán 땅란	万岁 / wànsuì 완쉐이	果然 / guǒrán 구오란
일	なに! / 何! 나니!	もちろん! / 勿論! 모치론!	ばんざい! / 万歳! 반자이!	さすが! / a流石! 사수가!

어!	저런!	자!	자, 어서!	좋아!	KOR
oh! 오우	oh dear! 오 디어	Look! 룩	Come on! 컴온	Good! 굿	ENG
oh! 오	mon Dieu 몽 디유	tiens 띠엥	Allez, hop! 알레 어프	Bien!, Bon! 비엥, 봉	FRA
oh! 오!	Du meine Güte! 두 마이네 귀테	nun! 눈	Vorwärts! 포어배어츠	Gut! 굿	GER
Oh! 오!	Nossa! 노싸!	Veja bem! 베쟈 벵!	Vamos! 바무스!	Bom! 봉!	POR
Vaya! 바야!	dios mío! 디오스 미오!	Mira! 미라	Vamos! 바모스	Bueno! 부에노	ESP
beh! 베!	mamma mia! 맘마 미아!	Guarda! 과르다	vai! 바이!	Bene! 베네	ITA
ω! 오!	ω, λαλα! 오, 랄라!	κοίτα! 끼따!	έλα! 엘라!	ωραία! 오레아!	GRE
o! a! ah! 오 아 아!	hui! 후이!	vide! 비데!	agedum! age! 아게둠! 아게!	bene! recte!(euge!) 베네! 레크데!	LAT
ой! 오이!	боже мой! 보줴 모이!	смотри! 스마프리!	давай! 다바이!	хорошо! 하라쇼!	RUS
啊 /ā 아	哎呀 /āiyā 아이야	唉 /āi 아이	请进 /qǐngjìn 칭찐	好吧 /hǎoba 하오바	CHN
お! 오!	そんな! 손나!	さあ! 사-!	さあ! 사-!	よし! 요시!	JPN

음!	기꺼이!	가자!	우리는 할 수 있다	KOR
Well! 웰	With pleasure! 위드 플레저	Let's go! 렛츠 고!	we can do it 위 캔 두 잇	ENG
Bien! 비엥	avec plaisir! 아베끄 쁠레지르	allons-y 알롱지!	nous pouvons 누 뿌봉	FRA
Nun!, So! 눈!, 조!	gerne! 게어네!	Los! 로스!	wir können 비어 쾬넨	GER
Bem! 벵!	Com todo prazer! 꽁 또두 쁘라제르!	Vamos! 바무스!	nós podemos 노스 뽀데무스	POR
pues bien 뿌에스 비엔!	con mucho gusto 꼰 무초 구스또	Vamos! 바모스!	podemos 뽀데모스	ESP
Ebbene! 엡베네!	volentieri! 볼렌띠에리!	andiamo! 안디아모!	noi possiamo 노이 포씨아모	ITA
λοιπόν 리뽄!	ευχαρίστως! 에프하리스또스!	πάμε! 빠메!	μπορούμε να το κάνουμε 보루메 나 또 까누메	GRE
igitur!(deindem inde) 이기투르!(데인뎀 인데)	grate!, libenter! 그라테, 리벤테르	Eamus! 에아무스	possumus 포쑤무스	LAT
ну! 누!	с удовольствием! 스 우다볼스프비엠	пошли! 빠슐리	мы сможем 믜 스모쥄	RUS
嗯 /m 음	欣然 /xīnrán 씬란	走吧 /zǒuba 저우바	我们可以 /wǒmen kěyǐ 워먼 커이	CHN
うん! 운!	よろこんで!/喜んで! 요로콘데!	いこう!/行こう! 이코-!	わたしたちはできる/私たちはできる 와타시타치와 데키루	JPN

한	미움	질투	애증	인내
영	hate 헤이트	jealousy 젤러시	love and hate 러브 앤 헤이트	patience 페이션스
프	haine 엔느	jalousie 잘루지	amour et haine 아무르 에 엔느	patience 빠씨엉스
독	Hass 하스	Neid 나이트	Liebe und Hass 리프 운트 하스	Geduld 게둘트
포	desgosto 지스고스뚜	ciúme 씨우미	amor e ódio 아모르 이 오지우	paciência 빠씨엥씨아
스	odio 오디오	celos 쎌로스	amor y odio 아모르 이 오디오	paciencia 빠씨엔씨아
이	odio 오디오	gelosia 젤로시아	amore ed odio 아모레 에도디오	pazienza 빠찌엔짜
그	μίσος 미소스	ζήλεια 질리아	αγάπη και μίσος 아가삐 께 미소스	υπομονή 이뽀모니
라	odium 오디움	invidia 인비디아	amor et odium 아모르 에트 오디움	patientia 파치엔치아
러	ненависть 녜나볘스츠	ревность 례브너스츠	любовь и ненависть 류보피 이 녜나볘스츠	терпение 쩨르뼤니예
중	嫌 / xián 시엔	嫉妒 / jídù 찌두	爱憎 / àizēng 아이쩡	忍耐 / rěnnài 런나이
일	にくしみ / 憎しみ 니쿠시미	しっと / 嫉妬 싯또	あいぞう / 愛憎 아이조-	にんたい / 忍耐 닌타이

한	후회	고백	친절한	온화한
영	regret 리그렛	confession 컨페션	kind 카인드	mild 마일드
프	regret 르그레	aveu 아뷔	gentil 졍띠	doux 두
독	Reue 로이에	Bekenntnis 베켄트니스	freundlich, nett 프로인틀리히, 네트	mild 밀트
포	arrependimento 아헤뼁지멩뚜	confissão 꽁피써웅	gentil 쩽찌우	brando 브랑두
스	arrepentimiento 아레뻰띠미엔또	confesión 꼰페시온	amable 아마블레	apacible 아빠씨블레
이	pentimento 뻰띠멘토	confessione 콘페씨오네	gentile 젠띨레	mite 미떼
그	μετάνοια 메따니아	ομολογία 오몰로기아	ευγενής 에브게니스	ήπιος 이피오스
라	paenitentia 파인니텐치아	confessio 콘페씨오	benevolus 베네볼루스	mitis 미치스
러	сожаление 싸좔례니예	признание 쁘리즈나니예	добрый 도브르이	мягкий 먀흐끼
중	后悔 / hòuhuǐ 허우회이	坦白 / tǎnbái 탄바이	亲切 / qīnqiè 친치에	暖和 / nuǎnhuo 누안후오
일	こうかい / 後悔 코-카이	こくはく / 告白 코쿠하쿠	しんせつな / 親切な 신세추나	おんわな / 温和な 옹와나

부드러운	자비로운	정직한	순박한, 순진한	KOR
tenderness 텐데니스	charitable 채리터블	honest 어니스트	naïve 나이브	ENG
tendres 떵드르	charitable 샤리따블	honnête 오네뜨	candide 껑디드	FRA
zärtlich 채어틀리히	barmherzig 바암헤어치히	ehrlich 에얼리히	naiv 나이프	GER
tenro 뗑후	caridoso 까리도주	honesto 오네스뚜	ingênuo 잉줴누우	POR
ternura 떼르누라	caridad 까리닷	honrado 온라도	inocente 이노쎈떼	ESP
tenerezza 테네레짜	caritá 까리따	onesto 오네스토	ingenuo 인제누오	ITA
τρυφερός 트리페로스	φιλάνθρωπος 필란쓰로노스	έντιμος, σεμνός 엔디모스, 셈노스	απλοϊκός 아쁠로이꼬스	GRE
molle 몰레	caritas, charitas 카리타스	verus 베루스	purus 푸루스	LAT
нежность 녜쥬너스츠	милосердие 밀라쎄르지예	честный 췌스느이	наивный 나이브느이	RUS
柔软 / róuruǎn 러우루안	慈善 / císhàn 츠샨	端直 / duānzhí 뚜안쯔	纯真 / chúnzhēn 춘쩐	CHN
やさしい / 優しい 야사시-	じひぶかい / 慈悲深い *1 지히부카이	しょうじきな / 正直な 쇼-지키나	じゅんぼくな / 純朴な *2 쥰보쿠나	JPN

동의어: *1 なさけぶかい / 情け深い 나사케부카이, *2 じゅんしんな / 純真な 쥰신나

솔직한	성실한	겸허한	섬세한, 민감한	KOR
frank 프랭크	sincere 신시어	modest 마디스트	sensitive 센시티브	ENG
franc 프랑	sincère 쎙쎄르	modeste 모데스뜨	sensible 쎙씨블	FRA
ehrlich 에얼리히	aufrichtig 아우프리히티히	bescheiden 베샤이덴	sensible 젠지블	GER
franco 프랑꾸	sincero 씽쩨루	modesto 모데스뚜	sensível 쎙씨베우	POR
franco 프랑꼬	sincero 씬쩨로	modesto 모데스또	sensible 쎈씨블레	ESP
franco 프랑코	sincero 신체로	modesto 모데스토	sensibile 센시빌레	ITA
απλός 아쁠로스	ειλικρινής 일리끄리니스	μετριοπαθής 메뜨리오빠씨스	εναίσθητος 에네스씨또스	GRE
simplex 심플렉스	sincerus 신케루스	modestus 모데스투스	tener 테네르	LAT
чесный 췌스느이	преданный 쁘례단느이	скромный 스크롬느이	чувствительный 츄스프비쩰느이	RUS
率直 / shuàizhí 슈와이즈	诚实 / chéngshí 청스	谦虚 / qiānxū 치엔쉬	敏感 / mǐngǎn 민간	CHN
そっちょくな / 率直な 솟쪼쿠나	せいじつな / 誠実な 세-지추나	けんきょな / 謙虚な 켄쿄나	せんさいな / 繊細な *1 센사이나	JPN

동의어: *1 びんかんな / 敏感な 빈칸나

한	공평한	순수한	근면한	우수한
영	fair 페어	innocent 이노슨트	diligent 딜리전트	excellent 엑썰런트
프	équitable 에뀌따블	innocent 이노썽	assidu 아씨뒤	excellent 엑셀렁
독	gerecht 게레히트	unschuldig 운슐디히	fleißig 플라이씨히	hervorragend 헤어포어라겐트
포	justo 쥬스뚜	inocente 이노쌩찌	aplicado 아쁠리까두	excelente 에쎌렝찌
스	imparcial 임빠르씨알	ingenuo 잉헤누오	diligente 딜리헨떼	excelente 엑쎌렌떼
이	imparziale 임파르지알레	innocente 인노첸떼	diligente 딜리젠떼	brillante 브릴란떼
그	δίκαιος 디께오스	αφελής, αθώος 아펠리스, 아쏘오스	επιμελής 에삐멜리스	έξοχος 엑소호스
라	albida 알비다	integer 인테게르	assiduus 아시두우스	insignis 인시그니스
러	справедливый 스쁘라볘들리느이	невинный 녜빈느이	прилежный 쁘릴례쥬느이	блестящий 블리스쨔쉬
중	公平 / gōngpíng 꽁핑	纯正 / chúnzhèng 춘쩡	勤勉 / qínmiǎn 친미엔	优秀 / yōuxiù 요우시우
일	こうへいな / 公平な 코-헤-나	じゅんすいな / 純粋な 쥰수이나	きんべんな / 勤勉な 킨벤나	ゆうしゅうな / 優秀な 유-슈-나

한	진지한	사려깊은	활동적인	열성적인
영	serious 시리어스	thoughtful 쏘우트풀	active 액티브	passionate [2] 패셔네이트
프	sérieux 쎄리외	réfléchi 레플레쉬	actif 악띠프	passionné 빠씨오네
독	ernst 에른스트	sorgfältig 조르그팰티히	aktiv 악티프	eifrig 아이프리히
포	sério 쎄리우	pensativo 뼁싸찌부	ativo 아찌부	zeloso 젤로주
스	serio 세리오	atento 아뗀또	activo 악띠보	entusiasta [3] 엔뚜씨아스따
이	serio 세리오	prudente 프루덴떼	attivo 아띠보	appassionato 아빠씨오나토
그	σοβαρός [1] 소바로스	φρόνιμος 프로니모스	δραστήριος 드라스띠리오스	πρόθυμος 쁘로씨모스
라	serius 세리우스	prudens 프루덴스	alacer 알라케르	studiosus 스투디오수스
러	серьёзный 셰리요즈느이	вдумчивый 브둠취브이	активный 아크찌브브이	стремящийся 스프례먀쉬쌰
중	认真 / rènzhēn 런쩐	深思的 / shēnsīde 션쓰더	活跃的 / huóyuède 후오위에더	火着心 / huǒzhexīn 후오저씬
일	しんしな / 真摯な 신시나	しりょぶかい / 思慮深い 시료부카이	かつどうてきな / 活動的な 카추도-테키나	ねっしんな / 熱心な 넷씬나

동의어: [1] αξιοπρεπής 악시오프레삐스, [2] zealous 지레스, [3] dedicado 데디까도

주의깊은	강건한, 굳센	대담한	인내심이 강한	KOR
careful 케어풀	robust *1 로버스트	bold 보울드	patient 페이션트	ENG
prudent 프리덩	robuste 로뷔스프	hardi 아르디	patient 빠씨엉	FRA
vorsichtig 포어지히티히	kräftig 크래프티히	kühn 퀸	geduldig 게둘디히	GER
cauteloso 까우뗄로주	robusto 호부스뚜	audaz 아우다스	paciente 빠씨엥찌	POR
cuidadoso 꾸이다도쏘	robusto 로부스또	audaz 아우다스	paciente 빠시엔떼	ESP
attento 아뗀토	robusto 로부스토	colloquio 꼴로꿔오	paziente 빠지엔떼	ITA
προσεκτικός 쁘로섹띠꼬스	ρωμαλέος 로말레오스	θρασύς, τολμηρός 쓰라시스, 똘미로스	υπομονετικός 이뽀모네띠꼬스	GRE
cautus 카우투스	valens 발렌스	audens 아우덴스	patiens 파치엔스(=파티엔스)	LAT
осторожный 아스따로쥬느이	крепкий 크롑프끼	смелый 스몔릐	терпеливый 쪠르뼬리븨	RUS
细心 / xìxīn 씨씬	强健的 / qiángjiànde 치앙지엔더	大胆 / dàdǎn 따단	有耐心的 / yǒunàixīnde 요우나이신더	CHN
ケアフル 케아후루	ごうけんな / 強健な 고-켄나	だいたんな / 大胆な 다이탄나	にんたいづよい / 忍耐強い 닌타이주요이	JPN

동의어: *1 powerful 파워풀

관대한	관용	까다로운	다정다감한	KOR
generous 제너러스	generosity 제네로서티	particular *1 펄티큘라	passionate *3 패셔네이트	ENG
généreux 제네뢰	générosité 제네로지떼	exigeant 에그지정	affectueux 아펙뛰외	FRA
großzügig 그로쓰취기히	Toleranz 톨러란츠	anspruchsvoll *2 안슈프루흐스폴	herzlich 헤어츨리히	GER
generoso 줴네로주	generosidade 줴네로지다지	exigente 이지젠찌	simpático 씽빠찌꾸	POR
generoso 헤네로쏘	generosidad 헤네로씨닷	exigente 엑씨헨떼	simpático 심빠띠꼬	ESP
generoso 제네로조	generosità 제네로시따	pignolo 피뇰로	appassionato 아씨오나또빠	ITA
μεγαλόψυχος 메갈로읍시호스	γενναιοδωρία 겐네오도리아	ιδιαίτερος 이디에떼로스	παθιασμένος 빠씨아스메노스	GRE
largus 라르구스	indulgentia 인둘겐치아	peculiaris 페쿨리아리스	cupidus 쿠피두스	LAT
великодушный 뻴리까두쉬느이	великодушный 뼬리까두쉬느이	привередливый 쁘리볘례들리브이	сердечный 쎼르제취느이	RUS
宽大的 / kuāndàde 콴다더	宽容 / kuānróng 콴룽	挑剔 / tiāotī 티아오티	有情有爱 / yǒuqíng yǒuài 요우칭요우아이	CHN
かんだいな / 寛大な 칸다이나	かんよう / 寛容 캉요-	きむずかしい / 気難しい 키무주카시-	たじょうたかんな / 多情多感な 타쵸-타칸나	JPN

동의어: *1 picky 픽키, *2 wählerisch 밸러리쉬, *3 sentimental 센티멘털

한	유연한	정력적인	다혈질의	아름다운
영	flexible 프랙서블	vigorous 비거러스	hot temperament 핫 템펠먼트	beautiful 뷰티플
프	flexible 플렉씨블	vigoureux 비구뢰	sanguin 썽겡	beau 보
독	flexible, weich 플렉시벨, 바이히	energisch 에네르기쉬	temperamentvoll 템페라멘트뽈	schön 쇤
포	flexível 플렉씨베우	vigoroso 비고로주	de temperamento quente 지 뗑뻬라멩뚜 껭찌	belo 벨루
스	flexible 플렉씨블레	vigoroso 비고로소	temperamento caliente 뗌뻬라멘또 깔리엔떼	bello 베요
이	flessibile 플레씨빌레	energico 에네르지코	temperamento 템페라멘토	bello 벨로
그	μαλακός 말라꼬스	ενεργητικός *1 에네르기띠꼬스	οξύθυμος 옥시씨모스	ωραίος, όμορφος 오래오스, 오모르포스
라	tener, mollis 테네르, 몰리스	impiger 임피게르	acer, irritabilis 아케르, 이리타빌리스	pulcher 풀케르
러	уступчивый 우스뚭취브이	энергитичный 애내르기찌취느이	полнокровный 뽈나크로브느이	красивый 크라씨브이
중	柔软 / róuruǎn 로우루완	精力充沛的 / jīnglì chōngpèi de 찡리충페이더	多血质 / duōxuèzhì *2 뚜오슈에쯔,	美丽 / měili 메이리
일	ゆうめいな / 有名な 유-메-나	せいりょくてきな / 精力的な 세-료쿠테키나	たけつしつな / 多血質な 타케추시추나	うつくしい / 美しい 우추쿠시-

동의어: *1 δραστήριος 드라스띠리오스, *2 坏脾气 / huàipíqi 화이피치

한	예쁜	귀여운	매력적인	우아한
영	pretty 프리티	cute 큐트	attractive 어트랙티브	elegant 엘레강트
프	joli 졸리	mignon 미뇽	charmant 샤르망	élégant 엘레강
독	hübsch 휩슈	süß 쥐쓰	attraktiv *2 아트락티브	elegant 엘레간트
포	bonito 보니뚜	gracioso 그라씨오주	atraente 아뜨라엥찌	elegante 엘레강찌
스	bonito 보니또	cariñoso 까리뇨소	atractivo 아뜨락띠보	elegante 엘레간떼
이	bellino 벨리노	carino 까리노	affascinante 아파쉬난떼	elegante 엘레간떼
그	όμορφος 오모르포스	χαριτωμένος *1 하리또메노스	ελκυστικός *3 엘끼스띠꼬스	κομψός 꼼소스
라	bellus 벨루스	dulcis 둘키스	venustus 베누스투스	elegans 엘레간스
러	хорошенький 하로쉔끼	прелестный 쁘렐레스느이	привлекательный 쁘리블리까쩰느이	элегантный 앨레간뜨느이
중	漂亮 / piàoliang 피아오량	可爱 / kě'ài 커아이	迷人 / mírén 미런	优雅 / yōuyǎ 요우야
일	きれいな / 綺麗な 키레-나	かわいい / 可愛い 카와이-	みりょくてきな / 魅力的な 미료쿠테키나	ゆうがな / 優雅な 유-가나

동의어: *1 γλυκός 글리코스, *2 charmant 차만트, *3 θελκτικός 텔티코스

수줍은	멋있는	섹시한	다재다능한	KOR
shy 샤이	fashionable 패셔너블	sexy 섹시	versatile [2] 버서틀	ENG
timide 띠미드	chic 쉬크	sexy 쎅시	talentueux 딸렁뛰외	FRA
scheu 쇼이	schick 쉬크	sexy 섹시	multitalentiert 물티탈렌티어트	GER
tímido 찌미두	galante 갈랑찌	sensual 쎙쑤아우	talentoso 딸렝또주	POR
tímido 띠미도	moderno 모데르노	seductor 세둑또르	talentoso 딸렌또소	ESP
Timido, vergognoso 띠미드, 베르고뇨조	alla moda 알라 모다	sexy 섹시	talento 탈렌토	ITA
ντροπαλός 드로빨로스	μοντέρνος, της μόδας 모데르노스, 띠스 모다스	ελκυστικός [1] 엘끼스띠꼬스	πολυτάλαντος 뽈리딸란도스	GRE
verecundis, pudens 베레쿤디스, 푸덴스	comptus 콤프투스	venustus 베누스투스	ingeniosus 인게니오수스	LAT
Застенчивый 자스쩬치브이	модный 모드느이	сексуальный 섹쑤알느이	разносторонний 라즈너스따론니	RUS
害羞 / hàixiū 하이시우	赶时髦的人 / gǎn shímáode rén 간스마오더런	性感 / xìnggǎn 씽간	多才多艺 / duō cái duō yì 뚜오차이뚜오이	CHN
はじらい / 恥じらい, シャイ 하지라이, 샤이	おしゃれ / お洒落 오샤레	セクシーな 세쿠시-나	たさいたのうな / 多才多能な 타사이타노-나	JPN

동의어: [1] σέξι 세크시, αισθησιακά 에스티시아까 (관능적인) [2] talented 탈랜티드

명랑한	유쾌한	현명한	가벼운	KOR
cheerful 치어풀	merry 메리	wise 와이즈	light 라잇	ENG
gai, jovial 게, 죠비알	joyeux 즈와이외	sage 싸쥬	léger 레제	FRA
heiter 하이터	froh, heiter 프로흐, 하이터	klug [1] 클룩	leicht 라이히트	GER
alegre 알레그리	divertido 지베르찌두	sábio 싸비우	leve 레비	POR
alegre 알레그레	divertido 디베르띠도	sabio 사비오	ligero 리헤로	ESP
allegro 알레그로	piacevole 삐아체볼레	assennato 아쎈나토	legero 레제로	ITA
ζωηρός, κεφάτος 조이로스, 께파또스	χαρούμενος 하루메노스	σοφός 소포스	ελαφρός 엘라프로스	GRE
leatus 레아투스	hilarus 힐라루스	sapiens 사피엔스	levis 레비스	LAT
весёлый 볘쑐릐	оживлённый 아쥐블룐느이	мудрый 무드르이	лёгкий 료흐끼	RUS
开朗 / kāilǎng 카이랑	愉快 / yúkuài 위콰이	玄冥 / xuánmíng 슈엔밍	轻的 / qīngde 칭더	CHN
めいろうな / 明朗な 메-로-나	ゆかいな / 愉快な 유카이나	けんめいな / 賢明な 켄메-나	かるい / 軽い 카루이	JPN

동의어: [1] weise 바이제

한	단단한	딱딱한	바삭바삭한	말랑한
영	solid 솔리드	hard 하드	crunchy 크런치	soft 소프트
프	solide 쏠리드	dur 뒤르	croquant 크로깡	moelleux *1 무왈뤼
독	stabil 슈타빌	hard 하아트	knusprig 크누스프리히	zart *2 차트
포	firme 피르미	duro 두루	crocante 끄로깡찌	mole 몰리
스	duro 두로	tieso 띠에소	crujiente 끄루히엔떼	blando 블란도
이	duro 두로	solido 솔리도	croccante 크로깐떼	morbido 모르비도
그	στερεός, γερός 스떼레오스, 게로스	σκληρός 스꼴리로스	τραγανός, τραγανιστός 프라가노스, 프라가니스또스	μαλακός *3 마라코스
라	solidus, verus 솔리두스, 베루스	durum 두룸	crepitus 크레피투스	mollis 몰리스
러	твёрдый 뜨뵤르드이	жёсткий 죠스끼	хрустящий 흐루스쨔쉬	мягкий 먀흐끼
중	坚结 /jiānjié, 坚牢 /jiānláo 지엔지에, 찌엔라오	硬 /yìng 잉	脆生 /cuìsheng 춰이셩	柔软的 /róuruǎnde 로우루안더
일	じょうぶな /丈夫な 죠-부나	かたい /固い 카타이	かさかさした、ぱさぱさした 카사카사시타, 파사파사시타	やわらかい /柔らかい 야와라카이

동의어: *1 souple 수플, *2 weich 바이히, *3 απαλός 아파로스

한	뜨거운	시원한	차거운	따뜻한
영	hot 핫	cool 쿨	cold 콜드	warm 웜
프	chaud 쇼	frais 프레	froid 프루와	(assez)chaud (아쎄)쇼
독	heiß 하이스	kühl 퀼	kalt 칼트	warm 바름
포	quente 껭찌	fresco 프레스꾸	gelado 젤라두	quente 껭찌
스	caliente 깔리엔떼	fresco 프레스꼬	frío 프리오	templado 뗌쁠라도
이	caldo 깔도	fresco 프레스코	freddo 프레또	mite 미떼
그	θερμός 테르모스	δροσερός 드로세로스	ψύχρος 프시흐로스	ζεστός 제스또스
라	calidus 칼리두스	frigida(frigidus) 프리기다(프리기두스)	frigidus 프리기두스	calida(calidus) 칼리다(칼리두스)
러	горячий 가랴취	прохладно 쁘라할라드너	холодный 할로드느이	тепло 찌쁠로
중	热 /rè, 烫 /tàng 러, 탕	凉快 /liángkuai 량콰이	冷 /lěng *1 렁	温暖 /wēnnuǎn 원누안
일	あつい /熱い 아추이	すずしい /涼しい 수주시-	つめたい /冷たい 추메타이	あたたかい /暖かい 아타타카이

동의어: *1 凉 /liáng 량, 冰 /bīng 삥

화창한	젖은	촉촉한	축축한	KOR
sunny 써니	wet *1 웻	moist 모이스트	damp *2 댐프	ENG
beau 보	mouillé 무이에	humide 위미드	moite 무와프	FRA
schön 쇤	feucht 포이히트	feucht 포이히트	nass 나스	GER
limpo 링뿌	molhado 몰야두	úmido 우미두	levemente molhado 레비멩찌 몰야두	POR
despejado 데스빼하도	mojado 모하도	húmedo 우메도	húmedo 우메도	ESP
bel tempo 벨 뗌뽀	bagnato 바냐또	umido 우미도	umido 우미도	ITA
αίθριος καιρός 에쓰리오스, 까로스	βρεγμένος 브레그메노스	υγρός, νοτερός 이그로스, 노떼로스	υγρός 이그로스	GRE
tempestas bona 템페스타스 보나	madidum 마디둠	umidulus 우미둘루스	vapor, umidus 바포르, 우미두스	LAT
солнечно 쏠녜취너	мокрый 모크르이	влажный 블라쥬느이	мокрый 모크르이	RUS
和畅 / héchàng 허창	湿呼呼的 / shīhūhūde 스후후더	滋润 / zīrùn 쯔룬	潝潝 / lùlù 루루	CHN
のどかな 노도카나	ぬれている / 濡れている 누레테이루	しっとりした 싯또리시타	しめっぽい / 湿っぽい 시멧뽀이	JPN

동의어: *1 soaked 소크드, *2 wet 웻

건조한	무거운	슬림한, 날씬한	매끄러운	KOR
dry 드라이	heavy 헤비	slim *1 슬림	smooth 스무드	ENG
sec 섹	lourd 루르	svelte, mince 스벨트, 멩스	lisse, glissant 리스, 글리썽	FRA
trocken 트로켄	schwer 슈베어	schlank 슐랑크	glatt 글라트	GER
seco 쩨꾸	pesado 뻬자두	esbelto 이스베우뚜	polido, liso 뽈리두, 리주	POR
seco 세꼬	pesado 뻬사도	delgado 델가도	liso 리소	ESP
asciutto 아슈또	pesante 페산떼	snello 스넬로	liscio 리쇼	ITA
ξηρός 크시로스	βαρύς 바리스	λεπτός, λυγερός 렙또스, 리게로스	λείος 리오스	GRE
siccus, aridus 식쿠스, 아리두스	gravis 그라비스	exilis, gracile 엑실리스, 그라킬레	levis 레비스	LAT
сухой 수호이	тяжелый 쯔쫄르이	стройный 스프로인느이	гладкий 글랏트끼	RUS
干燥 / gānzào 깐짜오	重 / zhòng, 沉 / chén 쭝, 천	苗条 / miáotiao 미아오티아오	光滑 / guānghuá 꽝화	CHN
かんそうした / 乾燥した 칸소-시타	おもい / 重い 오모이	すらりとした, スリムな 수라리토시타, 수리무나	なめらかな / 滑らかな 나메라카나	JPN

동의어: *1 slender 슬렌더

한	미끄러운	거친	끈적끈적한	까슬까슬한
영	slippery 슬리퍼리	rough 러프	sticky 스티끼	sandy 샌디
프	glissant 글리쌍	rugueux, rêche 뤼귀, 레슈	collant, gluant 꼴렁, 글뤼엉	rude 뤼드
독	schlüpfrig 슐뤼프리히	rau 라우	klebrig 클레브리히	sandig 잔디히
포	escorregadio 이스꼬헤가지우	áspero 아스뻬루	pegajoso 뻬가죠주	escabroso 이스까브로주
스	lustroso 루스프로소	áspero 아스뻬로	pegajoso 뻬가호소	rudo, escabroso 루도, 이스까브로수
이	lucido 루치도	ruvido 루비도	appiccicoso 아삐쵸코조	rude, rozzo 루드, 로쪼
그	γλιστερός, ολισθηρός 글리스떼로스, 올리스씨로스	τραχύς 트라히스	κολλώδης 꼴로디스	τραχύς 뜨라히스
라	lubricus 루브리쿠스	asper 아스페르	lentus, tenax 렌투스, 테낙스	horridus, praeruptus 호리두스, 프라에룹투스
러	скользкий 스꼴스끼	грубый 그루브이	липкий 례쁘끼	неровный 네로브느이
중	滑 / huá 화	粗糙 / cūcāo 추차오	黏 / nián 니엔	干净挺括的 / gānjìngtǐngguāde 간징팅궈더
일	すべりやすい / 滑りやすい 수베리야수이	あらい / 荒い 아라이	ねばねばした、べとべとした 네바네바시타, 베토베토시타	ざらざらした / ざらざらした 자라자라시타

한	포근한	소중한	강한	약한
영	snug *1 스너그	precious 프레셔스	strong 스트롱	weak 윅
프	douillet 두이에	cher 셰르	fort 포르	faible 페블
독	kuschelig 쿠셸리히	wertvoll 베어트폴	stark 슈타크	schwach 슈바흐
포	fofinho 포핑유	precioso 프레씨오주	forte 포르찌	fraco 프라꾸
스	afelpado *2 아펠빠도	precioso 쁘레시오소	fuerte 푸에르떼	débil 데빌
이	soffice 소피체	sèrio, preziόso 세리오, 프레지오소	forte 포르떼	debole 데볼레
그	άνετος 아네또스	πολύτιμος 뽀리띠모스	δυνατός 디나또스	ασθενής 아스쎄니스
라	remissus 레밋수스	plácitus 플라키투스	forte 포르테	imbecillum 임베킬룸
러	комфортный 깜포르트느이	ценный 쩬느이	сильный 씰느이	слабый 슬라브이
중	暖和 / nuǎnhuo 누완후오	珍爱的 / zhēn'àide 전아이더	强 / qiáng 치앙	弱 / ruò 루오
일	ぽかぽかした 포카포카시타	だいじな / 大事な 다이지나	つよい / 強い 추요이	よわい / 弱い 요와이

동의어: *1 cozy 코지, *2 acogedor 아꼬헤도르

162

평평한	울퉁불퉁한	푹신푹신한	균등한	KOR
flat 플랫	uneven 언이븐	fluffy 플러피	even 이븐	ENG
plat 쁠라	inégal, irrégulier 이네갈, 이레귈리에	mou, mollet 무, 몰레	égal 에걀	FRA
eben, flach 에벤, 플라흐	uneben 운에벤	flauschig 플라우쉬히	gleichmäßig 글라이히매씨히	GER
plano 쁠라누	acidentado 아씨뎅따두	fofo 포푸	nivelado 니벨라두	POR
plano 쁠라노	desigual 데시구알	esponjoso 에스뽄호소	equitativo 에끼따띠보	ESP
piano 피아노	irregolare 이레골라레	lanuginoso 라누지노조	uguale 우괄레	ITA
ομαλός 오말로스	ανώμαλος, άνισος 아노말로스, 아니소스	χνουδωτός 흐누도또스	ίσος, όμοιος 이소스, 오미오스	GRE
planum 쁠라눔	anomalus 아노말로스	lanuginosus 라누기노수스	aequum 아에쿠움	LAT
ровный 로브느이	неровный 니로브느이	приятный 쁘리얏트느이	одинаковый 아지나커브이	RUS
平坦坦的 / píngtǎntǎnde 핑탄탄더	棱棱角角 / lénglengjiǎojiǎo 렁렁지아오지아오	轻舒 / qīngshū 칭수	平均 / píngjūn *1 핑쥔	CHN
ひらたい / 平たい 히라타이	でこぼこな 데코보코나	ふかふかの、ふわふわの 후카후카노, 후와후와노	きんとうな / 均等な 킨토-나	JPN

동의어: *1 均等 / jūnděng 쥔떵

안정된	조심스러운, 신중한	깨지기 쉬운	시크한, 멋진	KOR
stable 스테이블	cautious *1 커셔스	fragile 프라즐	chic 시크	ENG
stable 스타블	prudent 프뤼덩	fragile 프라질	chic 쉬크	FRA
stabil, fest 슈타빌, 페스트	vorsichtig 포어지히티히	zerbrechlich 체어브레힐리히	schick 시크	GER
estabilizado 이스따빌리자두	cauteloso 까우뗄로주	frágil 프라지우	chique 쉬끼	POR
estable 에스따블레	cauteloso 카우뗄로소	frágil 프라힐	elegante 엘레간떼	ESP
stabile 스타빌레	prudente 푸루뗀트	fragile 프라질레	elegante 엘레간떼	ITA
σταθερός 스따쩨로스	προσεκτικός 쁘로섹띠꼬스	εύθραυστος 에브쓰라브스또스	κομψός 꼼소스	GRE
stabilis 스타빌리스	cautus 카우투스	fragili 콘	pullus 풀루스	LAT
устойчивый 우스쪼이취브이	осторожный 아스따로쥬느이	хрупкий 흐루프끼	шик 쉬크	RUS
稳定 / wěndìng 원띵	谨慎的 / jǐnshènde 진선더	脆弱 / cuìruò 추에이루오	潇洒的 / xiāosǎde 샤오사더	CHN
あんていした / 安定した 안테-시타	ようじんぶかい / 用心深い 요-진부카이	われやすい / 割れ易い 와레야수이	シック 식꾸	JPN

동의어: *1 careful 케어풀

한	세련된, 교양 있는	적극적	실용적	기본적
영	sophisticated 서피스티케이티드	active 액티브	practical 프락티칼	fundamental 펀더멘틀
프	sophistiqué *12 소피스띠께	actif 악티프	pratique 프라띡	fondamental 퐁다멍딸
독	hochgebildet 호흐게빌데트	aktiv 악티프	praktisch *2 프라티슈	fundamental *3 푼다멘탈
포	sofisticado 쏘피스찌까두	ativo 아찌부	prático 쁘라찌꾸	fundamental 풍다멩따우
스	sofisticado 소피스띠까도	activo 악띠보	práctico 쁘락띠꼬	fundamental 푼다멘딸
이	sofisticato 소피스띠카도	Positivo 포지티보	funzionale 푼지오날레	fondamental 폰다멘딸레
그	εκλεπτυσμένος 에끌렙뜨즈메노스	ενεργιτικός 에네르기띠꼬스	πρακτικός 프락띠꼬스	θεμελιώδης 쎄멜리오디스
라	urbanus 우르바누스	positívus 포시티우스	aptus, habillis 압투스, 하빌리스	fundatus 푼다투스
러	изощренный 이자슈룐느이	активный 악찌브느이	практический 프락찌쉐스끼	фундаментальный 푼다멘딸느이
중	干练的 / gànliànde 간리엔더	积极的 / jījíde 지지더	实用的 / shíyòngde 스융더	基本 / jīběn 지번
일	せんれんされた / 洗練された 센렌사레타	せっきょくてき / 積極的 섹꾜쿠테키	じつようてき / 実用的 지추요-테키	きほんてき / 基本的 키혼테키

동의어: *1 élégant 엘레강, raffiné 라피네, étudié 에뛰뒤, *2 anwendbar 안벤트바, *3 grundsätzlich 그룬트재쯔리히

한	긍정적	부정적	객관적	주관적
영	positive 포지티브	negative 네거티브	objective 어브젝티브	subjective 서브젝티브
프	positif 포지티프	négatif 네가티프	objectif 오브젝티프	subjectif 쒸브젝티프
독	positiv 포지티프	negativ 네가티프	objektiv 오브엑티프	subjektiv 주브엑티프
포	positivo 뽀지찌부	negativo 네가찌부	objetivo 오비줴찌부	subjetivo 쑤비줴찌부
스	positivo 뽀시띠보	negativo 네가띠보	objetivo 옵헤띠보	subjetivo 숨헤띠보
이	positivo 뽀지띠보	negativo 네가띠보	oggettivo 옷젯띠보	soggettivo 쏫젯띠보
그	θετικός 쎄띠꼬스	αρνητικός 아르니띠꼬스	αντικειμενικός 안디끼메니꼬스	υποκειμενικός 이뽀끼메니꼬스
라	certus, confidens 세르투스, 콘피덴스	negatívus 네가티우스	objectus, aequus 오브젝투스, 애쿠우스(=아이쿠우스)	in opinione positum 인 오피니오네 포시툼
러	положительный 뻴라쥐쩰느이	негативный 네가찌브느이	объективный 아브엑찌브느이	субъективный 수브엑찌브느이
중	肯定 / kěndìng 컨딩	负面的 / fùmiànde 푸미엔더	客观的 / kèguānde 커꽌더	主观的 / zhǔguānde 쭈꽌더
일	こうていてき / 肯定的 코-테-테키	ひていてき / 否定的 히테-테키	きゃっかんてき / 客観的 캬깐테키	しゅかんてき / 主観的 슈칸테키

진보적	보수적	자동적	절대적	KOR
progressive 프로그래시브	conservative 컨설바티브	auomatic 오토매틱	absolute 앱솔루트	ENG
progressiste *1 프로그레씨스트	conservateur 꽁세르바뙤르	automatique 오또마띡	absolue 압솔뤼	FRA
fortschrittlich 포어트슈리틀리히	konservativ 콘저바티프	automatisch 아우토마티슈	absolut 압졸루트	GER
progressivo 쁘로그레씨부	conservador 꽁쩨르바도르	automático 아우또마찌꾸	absoluto 아비쏠루뚜	POR
progresivo 쁘로그레시보	conservador 꼰세르바도르	automático 아우또마띠꼬	absoluto 압솔루또	ESP
progressivo 쁘로그렛씨보	pendenza 펜덴자	automatico 아우또마띠꼬	assoluto 앗쏠루또	ITA
προοδευτικός 쁘로오데브띠꼬스	συντηρητικός 신디리띠꼬스	αυτόματος 아우또마또스	απόλυτος 아뽈리또스	GRE
progrediens 프로그레디엔스	conserrans 콘세르란스	automatopoetum 아우토마토포에툼	sbsolutus 압솔루투스	LAT
прогрессивный 쁘라그레씨브느이	консервативный 깐쎄르바찌브느이	автоматический 아프떠마찌취스끼	абсолютный 압쌀류트느이	RUS
进步 / jìnbù 찐뿌	保守 / bǎoshǒu 바오셔우	自动的 / zìdòngde 쯔동더	绝对 / juéduì 쥬에뛔이	CHN
しんぽてき / 進歩的 신포테키	ほしゅてき / 保守的 호슈테키	じどうてき / 自動的 지도-테키	ぜったいてき / 絶対的 젯따이테키	JPN

동의어: *1 avancé 아방세

보편적	철저한	근본적	본질적	KOR
universal 유니버셜	thorough 써러	basic 베이씩	essential 이센셜	ENG
universel 유니베르셀	complet *1 꽁플레	radical 라디깔	essentiel 에썽씨엘	FRA
allgemein 알게마인	gründlich 그륀틀리히	grundsätzlich 그룬트재츨리히	wesentlich 베젠틀리히	GER
universal 우니베르싸우	completo 꽁쁠레뚜	básico 바지꾸	essencial 이쎙씨아우	POR
universal 우니베르살	exhaustivo 엑사우스띠보	radical 라디깔	esencial 에쎈씨알	ESP
universale 우니베르살레	completo 꼼쁠레또	radicale 라디깔레	essenziale 엣쎈찌알레	ITA
παγκόσμιος 빵고스미오스	πλήρης 쁠리리스	βασικός 바시꼬스	ουσιώδης 우시오디스	GRE
univers 우니베르수스	completus 콤프레투스	efficax *2 에피카스	essentialis 에쎈티아리스	LAT
всеобщий 프쎼옵쉬이	тщательный 트샤쩰느이	основной 아스나브느이	непременный 녜쁘리몐느이	RUS
普遍 / pǔbiàn 푸비엔	彻底 / chèdǐ 처디	根本的 / gēnběnde 껀번더	本质的 / běnzhìde 번쯔더	CHN
ふへんてき / 普遍的 후헨테키	てっていした / 徹底した 텟떼-시타	こんぽんてき / 根本的 콘폰테키	ほんしつてき / 本質的 혼시추테키	JPN

동의어: *1 approfondi 아프로퐁디, *2 fundamentalis 푼다멘탈리스, proprius 프로프리우스

한	전반적	세부적	실질적	충격적
영	general 제너럴	detailed 디테일드	actual [1] 액츄얼	shocking 쇼킹
프	général 제네랄	détaillé 데따이에	pratique 프라띠끄	choquant 쇼껑
독	allgemein 알게마인	Detail 데타일	praktisch 프라티슈	schockierend 쇼키렌드
포	geral 쥐라우	detalhado 데딸야두	prático 쁘라찌꾸	chocante 쇼깡찌
스	general 헤네랄	detallado 데탈레도	real 레알	chocante 쵸칸떼
이	generale 제네랄레	dettagliato 데탁리아토	pratico 쁘라띠꼬	scioccante 쇼칸테
그	γενικός 게니꼬스	αναλυτικά 아날리띠까	πραγματικός 쁘락마띠꼬스	συγκλονιστικός 싱글로니스띠꼬스
라	generalis 게네랄리스	subtílis 숩틸리스	practicus [2] 프락티쿠스	Horrendum 오렌둠
러	общий 옵쉬이	подробный 빠드로브늬이	практический 쁘락찌취느이	шокирующий 샤키루유쉬
중	整个 / zhěnggè 정거	细节 / xìjié 시지에	实质性 / shízhìxing 스즈싱	触目惊心 / chùmùjīngxīn 추무징신
일	ぜんぱんてき / 全般的 젠판테키	さいぶてき / 細部的 사이부테키	じっしつてき / 実質的 짓씨추테키	ショッキング 쇽낀구

동의어: [1] real 리얼, [2] aptus ad agendum 압투스 아드 아젠둠

한	신선한	지성적	이상적	감상적
영	fresh 프래쉬	inteligent 인텔리전트	ideal 아이디얼	sentimental 센티멘틀
프	frais 프레	intelligent 앵뗄리쟝	idéal 이데알	sentimental 썽띠멍딸
독	frisch 프리슈	intelligent 인텔리겐트	ideal 이데알	sentimental 젠티멘탈
포	fresco 프레스꾸	intelectual 잉뗄렉뚜아우	ideal 이데아우	sentimental 쎙찌멩따우
스	fresco 프레스꼬	intelectual 인뗄렉뚜알	ideal 이데알	sentimental 센띠멘딸
이	fresco 프레스코	intelligente 인뗄리젠떼	ideale 이데알레	sentimentale 쎈띠멘딸레
그	φρέσκος 프레스꼬스	ευφυής 에브피이스	ιδανικός 이다니꼬스	συναισθηματικός 신에스씨마띠꼬스
라	uegetum 우에게툼	intellegens 인텔레겐스	ideadis 이데아디스	mollis, flebilis 몰리스, 프레빌리스
러	свежий 스볘쥐이	умный 움느이	идеальный 이지알느이	сентиментальный 쎈찌멘딸느이
중	新鲜 / xīnxiān 씬시엔	知性的 / zhīxìngde 쯔싱더	理想的 / lǐxiǎngde 리샹더	感伤的 / gǎnshāngde 간샹더
일	しんせんな / 新鮮な 신센나	ちせいてき / 知性的 치세-테키	りそうてき / 理想的 리소-테키	かんしょうてき / 感傷的 칸쇼-테키

감동적	중점적	구체적	추상적	KOR
impressive 임프레시브	intensive 인텐시브	concrete [2] 칸크리트	abstract 앱스트랙트	ENG
impressionnant 앵프레씨오넝	intensif 엥떵씨프	concret 꽁크레	abstrait 압스트레	FRA
eindrucksvoll 아인드룩스폴	intensiv 인텐시프	konkret 콘크레트	abstrakt 압슈트락트	GER
comovente 꼬모벵찌	intensivo 잉뗑씨부	concreto 꽁끄레뚜	abstrato 아비스프라뚜	POR
conmovedor 꼰모베도르	intensivo 인뗀시보	concreto 꽁끄레또	abstracto 압스프락또	ESP
commovente 꼼모벤떼	intensivo 인뗀시보	concreto 꼰끄레또	astratto 아스프랏또	ITA
εντυπωσιακός 엔디뽀시아꼬스	εντατικός 엔다띠꼬스	συγκεκριμένος [3] 시게끄리메노스	αφηρημένος 아피리메노스	GRE
gravis 그라비스	imprimis 임프리미스	sensui subiectum 센수이 수비엑툼	abstractus 압스트락투스	LAT
впечатляющий 프빼췻플랴유쉬이	интенсивный 인땐씨브느이	конкретный 깐크레뜨느이	абстрактный 압스프라크트느이	RUS
感人 /gǎnrén [1] 간런	重点的 /zhòngdiǎnde 쫑디엔더	具体的 /jùtǐde 쥐티더	抽象 /chōuxiàng 처우시앙	CHN
かんどうてき /感動的 칸도-테키	じゅうてんてき /重点的 쥬-텐테키	ぐたいてき /具体的 구타이테키	ちゅうしょうてき /抽象的 츄-쇼-테키	JPN

동의어: [1] 动人 /dòngrén 뚱런, [2] specific 스페시픽, [3] σταθερός 스따쩨로스

개인적	전형적	효과적	환상적	KOR
personal 펄스날	typical 티피컬	effective 이펙티브	fantastic 환타스틱	ENG
personnel [1] 뻬르쏘넬	typique 띠픽	efficace 에피까스	fantastique 팡따스띡	FRA
persönlich 페어쵠리히	typisch 티피슈	wirksam 비르크잠	phantastisch 판타스티슈	GER
particular 빠르찌꿀라르	típico 찌삐꾸	eficiente 이피씨엥찌	fantástico 팡파스찌꾸	POR
personal 뻬르소날	típico 띠삐꼬	eficiente 에피씨엔떼	fantástico 판파스띠꼬	ESP
personalmente 페르소날멘떼	tipico 띠삐꼬	effettive 엡펫띠보	fantastico 판타스티코	ITA
προσωπικός 쁘로소삐꼬스	τυπικός 띠삐꼬스	αποτελεσματικός 아뽀뗄레즈마띠꼬스	φανταστικός 판다스띠꼬스	GRE
personalis 페르소날리스	typicus 티피쿠스	efficiens 에피키엔스	vanus 바누스	LAT
личный 리취느이	типичный 찌삐취느이	эффективный 애팩찌브느이	фантастический 판따스찌취스키	RUS
个人的 /gèrénde 꺼런더	典型的 /diǎnxíngde 디엔씽더	有效的 /yǒuxiàode 요우샤오더	幻想的 /huànxiǎngde 환시앙더	CHN
こじんてき /個人的 코진테키	てんけいてき /典型的 텐케-테키	こうかてき /効果的 코-카테키	げんそうてき /幻想的 겐소-테키	JPN

동의어: [1] individuel 앵디비뒤엘, privé 프리베

한	부유한	방탕한. 음란한	운명적	치명적
영	rich 리치	Licentious 라이센쉬어스	fateful 페이트풀	lethal 리썰
프	riche 리슈	licencieux *1 리쌍씨외	fatidique, fatal 파띠디끄, 파딸	létal, mortel 레딸, 모르뗄
독	reich 라이히	lasterhaft *2 라스터하프트	schicksalhaft 시크살하프트	tödlich 퇴틀리히
포	rico 히꾸	licencioso 리쎙씨오주	fatal 파따우	letal 레따우
스	rico 리꼬	libertino 리베르띠노	fatídico 파띠디코	letal 레탈
이	ricco 리꼬	licenzioso 리센지오소	fatale 파탈레	letale 레탈레
그	πλούσιος 쁠루시오스	έκφυλος 엑필로스	σημαδιακός 시마디아꼬스	θανατηφόρος 싸나띠포로스
라	beatus 베아투스	scortatorius 스코르타토리우스	fatale 파탈레	letale 레이탈레
러	богатый 바가뜨이	распущенный 라스푸쉔느이	роковой 라카보이	смертельный 스메르쩰느이
중	丰裕 / fēngyù 펑위	放荡 / fàngdàng 팡땅	决定命运 / juédìngmìngyùn 주에띵밍윈	致命 / zhìmìng 즈밍
일	ふゆうな / 富裕な 후유-나	ほうとう / 放蕩 호-토-	うんめいてき / 運命的 운메-테키	ちめいてき / 致命的 치메-테키

동의어: *1 débauché 데보쉐, *2 unzüchtig 운취히티히_

1-4. 취미, 스포츠, 여가생활

한	취미	특기	오락	연예
영	hobby 하비	speciality 스페샬리티	recreation 레크리에이션	entertainment 엔터테인먼트
프	goût 구	spécialité 스페씨알리떼	loisirs 루와지르	spectacle 스펙따클
독	Hobby 호비	Spezialität 슈페치알리테트	Unterhaltung 운터할퉁	Entertainment 엔터테이먼트
포	hobby 호비	especialidade 이스뻬씨알리다지	diversão 지베르써웅	entretenimentos 잉뜨레떼니멩뚜스
스	pasatiempo 빠사띠엠뽀	especialidad 에스뻬씨알리닷	diversión 디베르시온	entretenimiento 엔뜨레떼니미엔또
이	passione 빠씨오네	specialita' 스페찰리타	divertimento 디베르띠멘또	rappresentazione 라쁘레젠따찌오네
그	χόμπυ 호비	ειδικότητα 이디꼬띠따	διασκέδαση 디아스께다시	διασκέδαση 디아스께다시
라	furor 푸로르	specialitas 스페키알리타스	requies *2 레크비에스	functio *3 푼크티오
러	хобби 홉비	специальность 스삐짤너스츠	развлечение 라즈블리췌니에	увеселение 우볘씰례니에
중	趣味 / qùwèi 취웨이	特技 / tèji *1 터지	娱乐 / yúlè 위러	演艺 / yǎnyì 앤이
일	しゅみ / 趣味 슈미	とくぎ / 特技 토쿠기	ごらく / 娯楽 고라쿠	えんげい / 演芸 엔게-

동의어: *1 能处 / néngchù 넝추, *2 (animi)remissio (아니미)레미시오, *3 confectio 콘펙티오

사진	하이킹	산책	암벽등반	KOR
photography 포토그래피	hiking 하이킹	walk 워크	rock climbing 롹 클라이밍	ENG
photographie 포토그라피	randonnée 랑도네	promenade 프롬나드	escalade 에스깔라드	FRA
Foto 포토	Wanderung 반더룽	Sparziergang 슈파치어강	Klettern 클레턴	GER
fotografia 포토그라피아	caminhada 까밍야다	passeio 빠쎄이우	escalada em rocha 이스깔라다 잉 호샤	POR
fotografía 포또그라피아	caminata 까미나따	paseo 빠세오	alpinismo 알삐니스모	ESP
fotografia 포또그라피아	escursione 에스쿠르지오네	passeggiata 빠쎄좌따	scalate su roccia 스깔라떼 수 로치아	ITA
φωτογραφία 포또그라피아	πεζοπορία 뻬조뽀리아	περίπατος, πορεία 뻬리빠또스, 뽀리아	ορειβασία σε βράχο 오리바시아 제 브라호	GRE
pictura, imago 픽투라, 이마고	excursio 엑스쿠르시오	ambulatio 암불라티오	ascensio cautis 아스켄시오 카우티스	LAT
фотография 포따그라피야	поход 빠홋	прогулка 쁘라굴까	скалолазание 스깔러라자니예	RUS
照片 / zhàopiàn 짜오피엔	健行 / jiànxíng 찌엔씽	散步 / sànbù 싼뿌	攀岩 / pānyán 판얜	CHN
しゃしん / 写真 샤신	ハイキング 하이킨구	さんぽ / 散歩 산포	ロッククライミング 록꾸쿠라이밍구	JPN

독서	분재	수집	쇼핑	KOR
reading 리딩	bonsai *1 본사이	collection 컬렉션	shopping 쇼핑	ENG
lecture 렉뛰르	bonsaï *2 봉자이	collection 꼴렉씨옹	achat 아샤	FRA
Lektüre 렉뛰레	Bonsai 본자이	Sammlung 잠물룽	Einkauf 아인카우프	GER
leitura 레이뚜라	Bonsai 봉싸이	coleção 꼴레써웅	compras 꽁쁘라스	POR
lectura 렉뚜라	árbol enano 아르볼 에나노	colección 꼴렉씨온	compras 꼼쁘라스	ESP
lettura 레뚜라	piantata in un vaso 피안따따 인 운 바조	collezione 콜레찌오네	spese 스페제	ITA
ανάγνωση, διάβασμα 아나그노시, 디아바즈마	νάνος, δέντρο 나노스, 덴드로	συλλογή 실로기	ψώνια, αγορές 웁소니아, 아고레스	GRE
lectio, agnitio 렉티오, 아그니티오	nana arbor 나나 아르보르	collectio 콜렉티오	emptio 엠프티오	LAT
чтение 취쩨니예	бонсай 본사이	коллекция 깔례크찌야	покупки 빠꾸쁘끼	RUS
读书 / dúshū 두수	盆栽 / pénzāi 펀자이	收集 / shōují 셔우지	购物 / gòuwù 꺼우우	CHN
どくしょ / 読書 도쿠쇼	ぼんさい / 盆栽 본사이	しゅうしゅう / 収集 슈-슈-	ショッピング 숏삔구	JPN

동의어: *1 a dwarf tree 어 드월프 트리, *2 arbre nain japonais 아르브르 냉 자뽀네_

한	스포츠	운동	경기장	육상	달리기(단거리)
영	sports 스포츠	exercise 엑서사이즈	stadium 스테이디음	athletics 아쓸레틱스	sprint 스프린트
프	sport 스포르	exercice 에그제르씨스	stade 스따드	athlétisme 아뜰레띠슴	sprint 스프링트
독	Sport 슈포르트	Bewegung 베베궁	Stadion 슈타디온	Leichtathletik 라이히트아틀레틱	sprint 슈프린트
포	esporte 이스뽀르찌	exercício 이제르씨씨우	estádio 이스따지우	atletismo 아뜰레찌즈무	sprint 스쁘링찌
스	deporte 데포르떼	ejercicio 에헤르씨씨오	estadio 에스따디오	atletismo 아뜰레띠스모	sprint 에스프린트
이	spòrt 스포르프	esercizio 에세르시치오	arena 아레나	atletica 아틀레티카	sprint 스프린트
그	αθλητισμός 이틀리티즈모스	γυμναστική 김나스티키	στάδιο 스타디오	αθλήματα 아쓸리마타	σπριντ 스프린드
라	ludus 루두스	exercitationes 엑세르키타티오네스	palaestra 파라에스트라	athletica 아틀레티카	sprint 스프린트
러	спорт 스뽀르프	тренировка 뜨레니로프까	стадион 스따지온	атлетика 아뜰레찌까	спринт 스프린트
중	体育/tǐyù 티위	运动/yùndòng 윈동	赛场/sàichǎng 싸이창	田径/tiánjìng 티엔징	短跑赛/duǎnpǎosài 두안파오사이
일	スポーツ 수포-추	うんどう/運動 운도-	きょうぎじょう/競技場 쿄-기죠-	りくじょう/陸上 리쿠죠-	たんきょりそう/短距離走 탄쿄리소-

한	달리기	이어달리기	마라톤	멀리뛰기
영	running 런닝	relay race 릴레이 레이스	marathon 마라톤	long(broad) jump 롱(브로드) 점프
프	course 꾸르스	relais 르레	marathon 마라똥	saut en longeur 쏘떵 롱궤르
독	Lauf 라우프	Staffellauf 슈타펠라우프	Marathonlauf 마라톤라우프	Weitsprung 바이트슈프룽
포	corrida 꼬히다	corrida de revezamento 꼬히다 지 헤베자멩뚜	maratona 마라또나	salto em distância 싸우뚜 잉 지스땅씨아
스	carrera 카레라	carrera de relevos 까레라 데 렐레보스	maratón 마라똔	salto largo 살또 라르고
이	correre 코레레	staffetta 스타페따	maratona 마라또나	salto in lungo 살또 인 룽고
그	τρέξιμο 트렉시모	σκυταλοδρομία 스끼탈로드로미아	μαραθώνιος δρόμος 마라토니오스 드로모스	άλμα εις μήκος 알마 이스 미코스
라	currunt 쿠룬트	certatio cursu 케르타티오 쿠르수	cursus marathonius 쿠르수스 마라토니우스	saltus in longum *1 살투스 인 롱굼
러	прогон 프라곤	эстафета 애스따페따	марафон 마라폰	прыжок в длину 쁘릐족 브 들린누
중	跑/pǎo 파오	接力赛跑/jiēlì sàipǎo 지에리 사이파오	马拉松/mǎlāsōng 마라쏭	跳远/tiàoyuǎn 티아오위엔
일	ときょうそう/徒競走 토쿄-소-	リレー 리레-	マラソン 마라손	はばとび/幅跳び 하바토비

동의어: *1 saltus in longitudinem 살투스 인 롱기투디넴

3단뛰기(세단뛰기)	장대높이뛰기	창던지기	포환던지기	KOR
triple jump 트리플점프	pole vault 폴 볼트	javelin throw 자벌린 뜨로우	shot put 샷 풋	ENG
triple saut 트리플 쏘	saut à la perche 쏘따라 뻬르슈	javelot 자블로	lancement du poids 랑스멍 뒤 쁘와	FRA
Dreisprung 드라이슈프룽	Stabhochsprung 슈탑호흐슈프룽	Speerwerfen 슈페르베르펜	Kugelstoßen 쿠겔슈토쎈	GER
salto triplo 싸우뚜 뜨리쁠루	salto com vara 싸우뚜 꽁 바라	arremesso de dardo 아헤메쑤 지 다르두	arremesso de peso 아헤메쑤 지 뻬주	POR
salto triple 살또 뜨리쁠레	salto con pértiga 살또 꼰 뻬르띠가	lanzamiento de jabalina 란싸미엔또 데 하발리나	lanzamiento de bala 란싸미엔또 데 발라	ESP
triplo salto 트리쁠로 살또	salto con l'asta 살또 꼰 라스타	tiro del giavellotto 티로 델 좌벨로또	lancio del peso 란쵸 델 페조	ITA
άλμα εις τριπλούν 알마 에이스 트리쁠룬	άλμα επί κοντό 알마 에피 콘토	ακόντιο 아콘티오	σφαίρα 스파이라	GRE
triplus saltus *1 트리플루스 살투스	saltus perticarius 살투스 페르티카리우스	iactus hastae 약투스 하스태	iactus globi *2 약투스 글로비	LAT
тройной прыжок 뜨라인오이 쁘릭족	прыжок с шестом 쁘릭족 스 쉐스떰	метание копья 몌따니예 까피야	толкание ядра 딸까니예 야드라	RUS
三级跳远 / sānjí tiàoyuǎn 싼지 티아오위엔	撑杆跳高 / chēnggān tiàogāo 청깐 티아오까오	投枪 / tóuqiāng 터우치앙	铅球 / qiānqiú 치엔치우	CHN
さんだんとび / 三段跳び 산단토비	ぼうたかとび / 棒高跳び 보-타카토비	やりなげ / 槍投げ 야리나게	ほうがんなげ / 砲丸投げ 호-간나게	JPN

동의어: *1 trisaltus 트리살투, *2 iactus ponderis 약투스 폰데리스

원반던지기(투원반)	십종경기	삼종경기	사이클링	KOR
discus throw 디스커스 뜨로우	decathlon 디캐쓸론	triathlon 트라이애슬론	cycling 사이클링	ENG
lancement du disque 랑스멍 뒤 디스끄	décathlon 데까뜰롱	triathlon 트리아뜰롱	cyclisme 씨클리슴	FRA
Diskuswerfen 디스쿠스베어펜	Zehnkampf 첸캄프	Triathlon 트리아틀론	Radfahren 라트파렌	GER
arremesso de disco 아헤메쑤 지 지스꾸	decatlo 데까뜰루	triatlo 뜨리아뜰루	ciclismo 씨끌리즈무	POR
lanzamiento del disco 란싸미엔또 델 디스꼬	decatlón 데까뜰론	triatlón 뜨리아뜰론	ciclismo 씨끌리즈모	ESP
lancio di disco 란챠또레 디 디스코	decathlon 데카뜰론	triathlon 트리아뜰론	ciclismo 치클리즈모	ITA
δισκοβολία 디스코볼리아	δέκαθλο 데카쓸로	τρίαθλο 트리아쓸로	ποδηλασία 포딜라시아	GRE
iactus disci 약투스 디스키	decathlon 데카뜰론	triathlon 트리아뜰론	birotatio 비로타티오	LAT
метание диска 몌따니예 지스까	десятиборье 졔쌰찌보리예	троеборье 뜨로예보리예	велоспорт 벨러스뽀르트	RUS
掷铁饼 / zhìtiěbǐng 즈티에빙	十项赛 / shíxiàngsài 스샹싸이	铁人三项赛 / tiěrénsānxiàngsài 티에런싼샹싸이	骑行 / qíxíng 치싱	CHN
えんばんなげ / 円盤投げ 엔반나게	じっしゅきょうぎ / 十種競技 짓쓔쿄-기	トライアスロン 토라이아수론	サイクリング 사이쿠린구	JPN

한	역도	수영	자유형	평영
영	weight lifting 웨잇 리프팅	swimming 스위밍	freestyle 프리스타일	breaststroke 브레스트스트록
프	haltérophilie 알떼로필리	natation 나따씨옹	nage libre 나쥬 리브르	brasse 브라스
독	Gewichtheben 게비히트헤벤	Schwimmen 슈빔멘	Kraulschwimmen 크라울슈빔멘	Brustschwimmen 브루스트슈빔멘
포	levantamento de pesos 레방따멩뚜 지 뻬주스	natação 나따써옹	estilo livre 이스찔루 리브리	nado de peito 나두 지 뻬이뚜
스	halterofilia 알떼로필리아	natación 나따씨온	estilo libre 에스띨로 리브레	braza 브라싸
이	Sollevamento pesi 솔레바멘토 페지	nuoto 누오또	stile libero 스띨레 리베로	nuoto a rana 누오또 아 라나
그	άρση βαρών 아르시 바론	κολύμπι 꼴림비	ελεύθερο 엘레브쩨로	πρόσθιο 쁘로스씨오
라	elevatio ponderi 에레바티오 폰데리	natatio 나타티오	genus librum 게누스 리브룸	natatio aequabilis 나타티오 에콰빌리스
러	гиревой спорт 기례보이 스뽀르트	плавание 쁠라바니예	вольый стиль 볼늬이 스찔	брасс 브라스
중	举重 / jǔzhòng 쥐쫑	游泳 / yóuyǒng 요우융	自由泳 / zìyóuyǒng 쯔요우융	蛙泳 / wāyǒng 와융
일	じゅうりょうあげ / 重量挙げ 쥬-료-아게	すいえい / 水泳 수이에-	じゆうがた / 自由形 지유-가타	ひらおよぎ / 平泳ぎ 히라오요기

한	접영	배영	스킨스쿠버	다이빙
영	butterflystroke 버터플라이스트록	backstroke 백스트로트	scuba diving 스쿠버 다이빙	diving(=free-diving) 다이빙
프	brasse papillon 브라스 빠삐용	brasse sur le dos 브라스 쒸르 르 도	plongée sous-marine 쁠롱제 쑤 마린	plongeon 쁠롱종
독	Schmetterlingsstil 슈메털링스틸	Rückenschwimmen 뤽켄슈빔멘	Schnorcheln 슈노르헬른	Wasserspringen 바써슈프링엔
포	nado borboleta 나두 보르볼레따	nado de costas 나두 지 꼬스따스	mergulho submarino 메르굴유 쑤비마리누	mergulho 메르굴유
스	mariposa 마리뽀사	natación espalda 나따씨온 에스빨다	submarinismo, buceo 숩마리니스모, 부쩨오	zambullidura 쌈부이두라
이	nuoto a farfalla 누오또 아 파르팔라	nuoto dorso 누오또 도르소	subacqueo 수바꾸에오	immersione 임메르시오네
그	πεταλούδα 뻬딸루다	ύπτιο 잎띠오	βύθισμα, κατάδυση 비씨즈마, 까따디시	κατάδυση 까따디시
라	plaga papilionis 프라가 파필리오니스	natatio supine 나타티오 수피네	(sub aquam)apparatu urinari (숩 아쿠암)아파라투 우리나리	urinari [1] 우리나리
러	баттерфляй 바떼르플랴이	плавание на спине 쁠라바니예 나 스삐네	скуба 스꾸바	ныряние 늬랴니예
중	蝶泳 / diéyǒng 디에융	仰泳 / yǎngyǒng 양융	水虎 / shuǐhǔ 쉐이후	跳水 / tiàoshuǐ 티아오쉐이
일	バタフライ 바타후라이	はいえい / 背泳 하이에-	スキューバダイビング 수큐-바다이빙구	ダイビング 다이빙구

주의: [1] urina 우리나(소변)

래프팅	레슬링	복싱	테니스	배드민턴	KOR
rafting 레프팅	wrestling 레슬링	boxing 박싱	tennis 테니스	badminton 배드민튼	ENG
rafting *1 라프팅	lutte 륏뜨	boxe 복스	tennis 테니스	badminton 바드민톤	FRA
Rafting 라프팅	Wrestling 레슬	Boxen 복센	Tennis 테니스	Badminton *4 배드민틴	GER
rafting 하프찡	luta romana 루따 호마나	pugilismo 뿌질리즈무	tênis 떼니스	badminton 바지밍똥	POR
paseo en balsa 빠세오 엔 발사	lucha libre 루차 리브레	boxeo 복쎄오	tenis 떼니스	bádminton 바드민똔	ESP
rafting 라프팅	lotta libera 로따 리베라	boxe 복세	tennis 테니스	volano 볼라노	ITA
σχεδία, ράφτινγκ 스헤디아, 라프띵	πάλη 빨리	πυγμαχία 삐그마히아	τέννις 떼니스	μπάντμιντον 바드민돈	GRE
vehere ratis *2 베헤레 라티스	palaestrica 팔래스트리카	pugilatus 푸길라투스	teniludus *3 테니두스	ludus pilae pennatae 루두스 필래 펜나태	LAT
рафтинг 라프찡그	борьба 바리바	бокс 복스	теннис 때니스	бадминтон 바드민돈	RUS
飘筏运动 / piāofáyùndòng 피아오파윈똥	摔跤 / shuāijiāo 슈아이쟈오	拳击 / quánjī 츄엔지	网球 / wǎngqiú 왕치우	羽毛球 / yǔmáoqiú 위마오치우	CHN
リフティング 리후틴구	レスリング 레수린구	ボクシング 보쿠신구	テニス 테니수	バドミントン 바도민톤	JPN

참고: *1 flottage 플로따쥬(뗏목 운반), 동의어: *2 cursus ratis 쿠르수스 라티스, *3 tenisia, teniludium 테니시사, 테니루디움, *4 Federball 페더발

체조	철봉	평행봉	평균대	KOR
gymnastics 짐네스틱스	horizontal bar 허리존탈 바	parallel bars *2 파랄렐 바스	beam 빔	ENG
gymnastique 쥠나스띠끄	barre de fer 바르 드 페	barres parallèles 바르 빠라렐르	barre fixe 바르 픽스	FRA
Gymnastik *1 김나스틱	Reck 렉크	Barren 바렌	Schwebebalken 슈베베발켄	GER
ginástica 쥐나스찌까	barra fixa 바하 픽싸	barras paralelas 바하스 빠라렐라스	trave de equilíbrio 뜨라비 지 이낄리브리우	POR
gimnasia 힘나시아	barra horizontal 바라 오리쏜딸	barras paralelas 바라스 빠라렐라스	balancín 발란씬	ESP
ginnastica 진나스티카	sbarra per esercizio 스바라 페르 에세르치지오	Parallele simmetriche 파라렐레 심메트리께	Trave di equilibrio 트라베 디 에퀼리브리오	ITA
γυμναστική 김나스띠끼	μονόζυγο 모노지고	δίζυγο 디지고	δοκός 도꼬스	GRE
gymnastica 김나스티카	virga aequua 비르가 애쿠우아(=아이쿠우아)	virgae similes 비르가에 시밀레스	virga jugo *3 비르가 유고	LAT
гимнастика 김나스찌까	перекладина 뻬레클라지나	параллельные брусья 빠랄렐늬예 브루씨야	гимнастическое бревно 김나스찌취스꺼예 브레브노	RUS
体操 / tǐcāo 티차오	单杠 / dāngàng 딴깡	双杠 / shuānggàng 슈왕깡	平衡木 / pínghéngmù 핑헝무	CHN
たいそう / 体操 타이소-	てつぼう / 鉄棒 테추보-	へいこうぼう / 平行棒 헤-코-보-	へいきんだい / 平均台 헤-킨다이	JPN

참고: *1 Turnen 투르넨(기계체조), 동의어: *2 uneven bars (여성)언이븐 바스, *3 iugum(=jugum) 유굼

한	안마	도마	마루운동	사격
영	pommel horse 파믈 호스	vault 볼트	floor exercises 플로어 엑써싸이지스	shooting 슈팅
프	cheval d'arçons 슈발 다르쏭	saut de cheval 쏘 드 슈발	exercice au sol 에그제르씨스 오 쏠	tir 띠르
독	pferd *1 페르트	Sprung 슈프룽	Bodenturnen 보덴투르넨	Schießen 시쎈
포	cavalo lado 까발루 라두	cavalo para saltos 까발루 빠라 싸우뚜스	solo 쏠루	tiro 찌루
스	caballo lateral 까바요 라떼드랄	salto de potro 살또 데 뽀뜨로	suelo 수엘로	tiro 띠로
이	cavallo con maniglie 까발로 꼰 마닐리에	volteggio 볼테쬬	corpo libero 꼬르포 리베로	tiro 띠로
그	ἵππος(γυμναστική) 입뽀스(김나스띠끼)	εφαλτήριο 에팔띠리오	ἄσκηση δαπέδου 아스끼시 다뻬두	σκοποβολή 스꼬뽀볼리
라	tignum gymnicum *2 티그눔 김니쿰	equos desultorios 에쿼오스 데술토리오스	exercitium sole 엑세르키티움 솔로	missus 미쑤스
러	спорт конь 스파르프 꼰	опорный прыжок 아쁘르느이 쁘리쪽	вольные упражнения 볼늬예 우쁘라쥬녜니야	стрельба 스프렐바
중	鞍马 / ānmǎ 안마	跳马 / tiàomǎ 티아오마	自由体操 / zìyóutǐcāo 즈요우티차오	射击 / shèjī 셔지
일	あんば / 鞍馬 안바	ちょうば / 跳馬 쵸-바	ゆかうんどう / 床運動 유카운도-	しゃげき / 射撃 샤게키

동의어: *1 Schwingpferd 슈빙어페르트, *2 ligneus equus 리그네우스 에쿠우스

한	표적	사냥	사냥꾼	양궁
영	target 탈겟	hunting 헌팅	Hunter 헌터	archery 아처리
프	but 뷔	chasse 샤스	chasseur 샤쇠르	tir à l'arc 띠르 아 라르끄
독	Schießscheibe 시스샤이베	Jagd 약트	Jäger 얘거	Bogenschießen 보겐쉬쎈
포	alvo 아우부	caça 까싸	caçador 까싸도르	tiro com arco 찌루 꽁 아르꾸
스	blanco 블랑꼬	caza 까사	cazador 까사도르	tiro con arco 띠로 꼰 아르꼬
이	bersaglio 베르살리오	caccia 까치아	cacciatore 까치아토레	tiro con l'arco 띠로 꼰 라르코
그	στόχος 스또호스	κυνήγι 끼니기	κυνηγός 끼니고스	τοξοβολία 똑소볼리아
라	scopus 스코푸스	venatus 베나투스	Venator 베나토르	sagittandi 사기탄디
러	цель 쩰	охота 아호따	охотник 아호트니크	стрельба из лука 스프렐바 이즈 루까
중	标的 / biāodì 비아오띠	狩猎 / shòuliè 셔우리에	猎人 / lièrén 리예런	射箭 / shèjiàn 셔지엔
일	ひょうてき / 標的 효-테키	しゅりょう / 狩猟 슈료-	かりうど / 狩人 카리우도	ようきゅう / 洋弓 요-큐-

체육관	야구	야구장	홈런	KOR
gymnasium 짐네지움	baseball 베이스볼	ballpark 볼파크	home run 홈런	ENG
gymnase 쥠나즈	baseball 바즈볼	stade de baseball 스따드 드 바즈볼	home run 옴런	FRA
Turnhalle 투른할레	Baseball 베이스볼	Spielfeld 슈필펠트	Home Run 홈런	GER
ginásio de esportes 쥐나지우 지 이스뽀르찌스	beisebol 베이제보우	estádio 이스따지우	home run 홈 런	POR
gimnasio 힘나시오	béisbol 베이스볼	estadio de béisbol 에스따디오 데 베이스볼	cuadrangular 꾸아드랑굴라르	ESP
palestra 팔레스트라	pallabase 팔라바제	stadio 스타디오	fuoricampo 푸오리깜뽀	ITA
γυναστήριο 김나스띠리오	μπέισμπολ 베이스볼	γήπεδο μπέισμπολ 기뻬도 베이스볼	–	GRE
gymnasium 김나시움	basipila 바시필라	campus basipilae 캄푸스 바시필래	optima plaga 옵티마 플라가	LAT
гимнастический зал 기나스찌취스끼 잘	бейсбол 베이스볼	бейсбольная площадка 베이스볼나야 쁠라샷트까	возвращение на вазу 버즈브라쉐니예 나 바주	RUS
体育馆 / tǐyùguǎn 티위관	棒球 / bàngqiú 빵치우	球场 / qiúchǎng 치우창	本垒打 / běnlěidǎ 번레이다	CHN
たいいくかん / 体育館 타이이쿠칸	やきゅう / 野球 야큐-	きゅうじょう / 球場 큐-죠-	ホームラン 호-무란	JPN

대타	링	펜싱	검도	KOR
pinch-hitter 핀치 히터	rings *1 링스	fencing 펜싱	Kendo 켄도	ENG
frappeur suppléant 프라뻬르 쒸쁠레앙	anneaux 아노	escrime 에스크림	kendo 켄도	FRA
Pinch Hitter 핀치 히터	Ringeturnen 링에투르넨	Fechten 페히텐	Kendo 켄도	GER
substituto eventual 쑤비스찌뚜뚜 이벵뚜아우	argolas 아르골라스	esgrima 이스그리마	kendo 껭도	POR
sustituto de bateador 수스띠뚜또 데 바떼아도르	anilla 아니야	esgrima 에스그리마	kendo 껜도	ESP
sostituto 소스띠뚜또	anelli 아넬리	scherma 스케르마	scherma 스케르마	ITA
αντικαταστάτης στο μπέιζμπολ 안디까빠스따삐스 스또 베이즈볼	δαχτυλίδια 다흐티리디아	ξιφομαχία 윽시포마히아	τέχνη ξιφομαχίας 떼흐니 윽시포마히아스	GRE
substitutio 숩스티투티오	annulus 아눌루스	gladiatura *2 글라디아투라	gladiatura *3 글라디아투라	LAT
дублёр 두블료르	кольца 꼴짜	фехтование 페흐떠바니예	кендо 껜도	RUS
代打 / dàidǎ 따이다	吊环 / diàohuán 디오환	击剑 / jījiàn 지지엔	剑术 / jiànshù 지엔수	CHN
だいだ / 代打 다이다	つりわ / 吊輪 추리와	フェンシング 휀싱구	けんどう / 剣道 켄도-	JPN

동의어: *1 flying rings 플라잉 링스, *2~*3 ars gladitoria 아르스 글라디아토리아

한	골프	갤러리	클럽	그린	홀
영	golf 골프	gallery 겔러리	club 클럽	green 그린	hole 홀
프	golf 골프	galerie 걀르리	club 클뢰브	green 그린	trou 트루
독	Golf 골프	Galerie 갈레리	Golfklub 골프클룹	Grün 그륀	Loch 로흐
포	golfe 고우피	galeria 갈레리아	clube 플루비	green 그린	buraco 부라꾸
스	golf 골프	galería 갈레리아	palo 빨로	green 그린	hoyo 오요
이	golf 골프	spettatori 스페따토리	mazza da golf 마짜 다 골프	green 그린	buca 부까
그	γκολφ 골프	γαλαρία *1 갈라리아	ράβδος *2 랍도스	πράσινο 프라시노	τρύπα 트리빠
라	pilamalleus 필라말레우스	porticus 포르티쿠스	virga ad golf 비르가 아드 골프	porraceus campus 포라케우스 캄푸스	cavum *3 카붐
러	гольф 골프	галерея 갈례례야	клюшка 클류쉬까	грин 그린	лунка 룬까
중	高尔夫 / gāoěrfū 까오얼푸	–	球杖 / qiúzhàng 치우짱	草地 / cǎodì 차오띠	球洞 / qiúdòng 치우똥
일	ゴルフ 고루후	ギャラリー 갸라리-	クラブ 쿠라부	グリーン 구린	ホール 호-루

동의어: *1 θεατές 쎄아떼스, *2 μπαστούνι 바스뚜니, *3 cavus 카부스

한	골퍼	캐디	코스	페어웨이
영	golfer 골퍼	caddie 캐디	course 코스	fairway 페어웨이
프	golfeur 골푀르	caddie 꺄디	course 꾸르스	fairway 페르웨이
독	Golfspieler 골프슈필러	Golf Caddie *1 골프 캐디	Spielbahn 슈필반	Fairway 페어웨이
포	golfista 고우피스따	caddie 캐디	percurso 뻬르꾸루쑤	fairway 페어웨이
스	golfista 골피스따	cadie 까디에	campo 깜뽀	calle 까예
이	golfista 골피스타	caddie 카디에	corso 코르소	fairway 페어웨이
그	παίκτης γκολφ 빽띠스 골프	βοηθός 보이쏘스	γήπεδο γκολφ 기뻬도 골프	χλοοτάπητας 흘로오따삐따스
라	pilamalleator 필라말레아토르	rsus 쿠르	administer pilamalleatoris 아드미니스테르 필라말레아토리스	caespes *2 캐스페스
러	игрок в гольф 이그록 브 골프	кэди 캐지	площадка для игры в гольф 쁠라샷트까 들랴 이그리 브 골프	гладкое поле 글라트꺼예 뽈례
중	高尔夫球员 / gāo'ěrfūqiúyuán 까오얼푸치우위엔	球童 / qiútóng 치우퉁	跑道 / pǎodào 파오따오	平坦球道 / píngtǎnqiúdào 핑탄치우따오
일	ゴルファー 고루화-	キャディー 꺄디-	コース 코-수	フェアウェイ 훼아웨이

동의어: *1 Caddy 캐디, *2 area caespitis 아레아 캐스피티스

홀인원	태권도	유도	농구	KOR
hole in one 홀인원	Taekwondo 태권도	Judo 쥬도	basketball 바스켓볼	ENG
trou en un seul 트루 어넝 쐴	Taekwondo 태꿘도	judo 쥐도	basket 바스께뜨	FRA
Hole-in-One, Ass 홀 인 원, 아쓰	Taekwondo 태권도	Judo 유도	Basketball 바스켓발	GER
hole-in-one 홀인원	taekwondo 따이껭도	judô 쥬도	basquetebol 바스께찌보우	POR
hoyo en uno 오요 엔 우노	taekwondo 태꿘도	judo 후도	baloncesto 발론쎄스또	ESP
hole in one 홀인원	taekwondo 태권도	giudo 쥬도	pallacanestro 팔라카네스트로	ITA
– 	ταεκουοντό 태꾸온도	τζούντο(ιαπωνική πάλη) 주도(야포니끼 팔리)	καλαθοσφαίρηση 깔라쏘스패리시	GRE
– 	taequondo 태쿠온도	iudo 이유도	canistriludium 카니스트리루디움	LAT
удар с ти в лунку 우다르 스 찌 브 룬쿠	тэквандо 때크반도	дзюдо 쥬도	баскетбол 바스낏볼	RUS
一杆进洞 / yìgānjìndòng 이깐찐똥	跆拳道 / táiquándào 타이츄엔따오	柔道 / róudào 러우따오	篮球 / lánqiú 란치우	CHN
ホールインワン 호-루잉완	テコンドー 테콘도-	じゅうどう / 柔道 쥬-도-	バスケットボール 바수켓또보-루	JPN

축구	골키퍼	당구	포켓볼	KOR
soccer 싸커	goalkeeper 골키퍼	billiards 빌리아즈	pocket billiard 포켓 빌리아드	ENG
football 풋볼	gardien de but 가르디엥 드 뷔	billard 비야르	billard américain 비야르 아메리깽	FRA
Fußball 푸쓰발	Torwart 토어바트	Billard 빌리아트	Poolbillard 풀빌야아트	GER
futebol 푸찌보우	goleiro 골레이루	bilhar 빌야르	bilhar americano 빌야르 아메리까누	POR
fútbol 풋볼	portero 뽀르떼로	billar 비야르	billar americano 비야르 아메리까노	ESP
calcio 깔쵸	portiere 포르티에레	biliardo 빌리아르도	biliardi della tasca 빌리아르디 델라 타스카	ITA
ποδόσφαιρο 뽀도스패로	τερματοφύλακας 떼르마또필라까스	μπιλιάρδο 빌리아르도	μπιλιάρδο 빌리아르도	GRE
pedifollis 페디폴리스	ianitor [1] 이아니토르	ludi tudiculares 루디 투디쿠라레스	– 	LAT
футбол 풋드볼	вратарь 브라따리	бильярд 빌리야르드	карманный бильярд 까르만느이 빌리야르드	RUS
足球 / zúqiú 주치우	守门员 / shǒuményuán 셔우먼위엔	台球 / táiqiú 타이치우	台球戏 / táiqiúxì 타이치우시	CHN
サッカー 삭까-	ゴールキーパー 고-루키-파-	ビリヤード 비리야-도	ポケットボール 포켓또보-루	JPN

동의어: [1] portarius 포르타리우스

한	핸드볼	럭비	볼링	탁구	하키
영	handball 핸드볼	rugby 럭비	bowling 볼링	table tennis *1 테이블 테니스	hockey 하키
프	handball 엉드발	rugby 뤽비	jeu de quilles 주 드 끼으	ping-pong 벵 뽕	hockey 호키
독	Handball 한트발	Rugby 럭비	Bowling 보울링	Tischtennis 티슈테니스	Hockey 혹키
포	handebol 앙데보우	rúgbi 후기비	boliche 볼리쉬	tênis de mesa 떼니스 지 메자	hóquei 호께이
스	balonmano 발론마노	rugby 럭비	bolos 볼로스	pimpón 뻼뽕	hockey 호끼
이	pallamano 빨라마노	pallovale 빨로발레	bowling 볼링	tennis da tavolo 테니스 다 따볼로	hockey 혹키
그	χάντμπολ 한드볼	ράκμπι 락비	μπόουλινγκ 볼우링	πιγκ-πογκ 핑-퐁	χόκεϋ 호케이
라	manufollium 마누폴리옴	harpastum 하르파스툼	ludi conorum 루디 코노룸	teniludium mensale 테니루디움 멘사레	hocceium 홋쎄이옴
러	гандбол 간드볼	регби 레그비	игра в кегли 이그라 브 케글리	пинг-понг 핀그 폰그	хоккей 학께이
중	手球 / shǒuqiú 셔우치우	橄榄球 / gǎnlǎnqiú 간란치우	保龄球 / bǎolíngqiú 바오링치우	乒乓球 / pīngpāngqiú 핑팡치우	曲棍球 / qūgùnqiú 취군치우
일	ハンドボール 한도보-루	ラグビー 라구비-	ボーリング 보-린구	たっきゅう / 卓球 탁뀨-	ホッケー 홋께-

동의어: *1 ping-pong 핑퐁

한	행글라이딩	스카이다이빙	패러글라이딩	심판
영	hang gliding 행 글라이딩	sky diving 스카이 다이빙	paragliding 패러글라이딩	referee *1 레퍼리
프	vol libre 볼 리브르	saut en chute libre 쏘떵땅 쉬트 리브르	parapente 빠라뺑뜨	jugement *2 쥐쥬망
독	Hängegleiter 행에글라이터	Fallschirmspringen 팔시름슈프링엔	Gleitschirmfliegen 글라이트시름플리겐	Schiedsrichter 시츠리히터
포	vôo livre 보우 리브리	pára-quedismo 빠라-께지즈무	parapente 빠라뻰찌	árbitro 아르비드루
스	deltaplano 델따쁠라노	paracaidismo 빠라까이디스모	parapente 빠라뻰떼	árbitro 아르비뜨로
이	deltaplano 델타쁠라노	diving del cielo 다이빙 델 첼로	parapendio 파라펜디오	arbitro 아르비트로
그	αιωροπτερισμός 에오롭떼리즈모스	ελεύθερη πτώση 에레브쩨리 쁘또시	αλεξίπτωτο πλαγιάς 알렉싶또또 쁠라기아스	κριτής 크리띠스
라	–	submersio aeria 숨메르시오 애리아	–	judex(=iudex) 유덱스
러	дельтаплан 젤따쁠란	парашутизм 빠라슈찌즘	параглайдинг 빠라글라이징그	судья 수지야
중	飞翼 / fēiyì 페이이	跳伞 / tiàosǎn 티아오샨	翼伞 / yìsǎn 이산	评判 / píngpàn 핑판
일	ハングライダー 한구라이다-	スカイダイビング 수카이다이빈구	パラグライダー 파라구라이다-	しんぱん / 審判 신판

동의어: *1 judge 져지, *2 arbitre 아르비트르

트레이너	선수	아마추어	챔피언	KOR
trainer 트레이너	player 플레이어	amateur 아마추어	champion 챔피언	ENG
entraîneur 엉트레뇌르	joueur 주외르	amateur 아마뙤르	champion 샹피옹	FRA
Trainer 트레이너	spieler 슈필러	Amateur 아마퇴어	Champion *2 챔피언	GER
treinador 뜨레이나도르	jogador 죠가도르	amador 아마도르	campeão 깡삐어웅	POR
entrenador 엔뜨레나도르	jugador 후가도르	aficionado 아픽씨오나도	campeón 깜뻬온	ESP
istruttore 이스트루또레	giocatore 죠까토레	amatura 아마투라	campióne 캄피오네	ITA
εκπαιδευτής 엑빼데브티스	παίκτης 빽띠스	ερασιτέχνης *1 에라시떼흐니스	πρωταθλητής 쁘로따쓸리띠스	GRE
paedagogus 파에다고구스	lusor 루소르	amator 아마토르	fortissimus 포르티시무스	LAT
тренер 뜨레녜르	игрок 이그록	спортсмен–любитель 스빠르츠몐-류비쩰	чемпион 쳄삐온	RUS
教练 / jiàoliàn 찌아오리엔	运动员 / yùndòngyuán 윈똥위엔	业余 / yèyú 예위	冠军 / guànjūn 꽌준	CHN
トレーナー 토레-나-	せんしゅ / 選手 센슈	アマチュア 아마추아	チャンピオン 찬피온	JPN

동의어: *1 ερᾳστής 에라스티스, *2 Meister 마이스터, Ass 아스

승리자	등산	텐트	슬리핑백	KOR
winner 위너	climbing 클라이밍	tent 텐트	sleeping bag 슬리핑 백	ENG
vainqueur 뱅쾨르	alpinisme 알피니즘	tente 떵뜨	sac de couchage 싹 드 꾸사쥬	FRA
Sieger 지거	Bergsteigen 베르크슈타이겐	Zelt 첼트	Schlafsack 슐라프작	GER
vencedor 벵쎄도르	alpinismo 아우삐니즈무	barraca 바하까	saco de dormir 싸꾸 지 도르미르	POR
vencedor 벤세도르	alpinismo 알삐니스모	tienda 띠엔다	saco de dormir 사꼬 데 도르미르	ESP
vincitore 빈치또레	alpinismo 알피니즈모	tenda 텐다	sacco a pelo 사꼬 아 펠로	ITA
νικητής 니끼띠스	ορειβασία 오리바시아	τέντα, σκηνή 뗀다, 스끼니	σάκκος ύπνου 사꼬스 이쁘누	GRE
victor, hierónica 빅토르, 히에로니카	montes scandere 몬테스 스칸데레	tentorium 텐도리움	saccus somno 삭쿠스 솜노	LAT
победитель 빠볘지쩰	альпинизм 알삐니즘	палатка 빨라트까	спальный мешок 스빨늬이 미쇽	RUS
胜利者 / shènglìzhě 성리저	爬山 / páshān *1 파샨	篷帐 / péngzhàng 펑짱	被筒子 / bèitǒngzi 뻬이퉁즈	CHN
しょうりしゃ / 勝利者 쇼-리샤	とざん / 登山 토잔	テント 텐토	ねぶくろ / 寝袋 네부쿠로	JPN

동의어: *1 登山 / dēngshān 덩싼

1_4장 **취미, 스포츠, 여가생활** 179

한	나침반	랜턴	물통	보온병
영	compass 컴페스	lantern 랜턴	water pail 워터 페일	thermos 떠어모스
프	boussole, compas 부솔, 꽁빠	lanterne 렁떼른느	gourde 구르드	bouteille isotherme 부떼이으 이조떼르므
독	Kompaß 콤파쓰	Taschenlampe 타셴람페	Wasserflasche 바서플라셰	Thermoflasche 테르모플라셰
포	bússola 부쏠라	lanterna 랑떼르나	cantil 깡찌우	garrafa térmica 가하파 떼르미까
스	brújula 브루홀라	farol 파롤	cantimplora 깐띰쁠로라	termo 떼르모
이	compasso 콤파쏘	lanterna 란테르나	secchio dell'acqua 세끼오 뗄라쿠아	termos 테르모스
그	πυξίδα 삑시다	φανός, φανάρι 파노스, 파나리	φιάλη για νερό 피알리 이아 네로	θέρμος 쩨르모스
라	nautica pyxis 나우티카 피시스	laterna 라테르나	phiala aquae 프히아라 아쿠에	thermocantharus 테르모칸타루스
러	компас 꼼파스	фонарь 파나리	фляжка 플랴쉬까	термос 떼르모스
중	罗盘 / luópán 루오판	提灯 / tídēng 티떵	水壶 / shuǐhú 쉐이후	暖壶 / nuǎnhú 누완후
일	らしんばん / 羅針盤 라신반	れんたん / 練炭 렌탄	すいとう / 水筒 수이토-	ほおんびん / 保温便 호온빈

한	베이스캠프	카라반	치어리더(응원단)	스키장
영	basecamp 베이스캠프	caravan 카라반	cheerleader 치어리더	ski resort 스키 리조트
프	camp de base 깡쁘 드 바즈	caravane 까라반	pom-pom girl 뽐 뽐 게를	station de ski 스따씨옹 드 스키
독	Basislager [*1] 바지스라거	Karawane 카라반네	Anhängerschaft 안행어샤프트	Skigelände 시겔랜데
포	acampamento-base 아깡빠멩뚜-바지	caravana 까라바나	torcida 또르씨다	campo de esqui 깡뿌 지 이스끼
스	campamento base 깜빠멘또 바세	caravana 까라바나	grupo de hinchas 그루뽀 데 인차스	campo de esquí 깜뽀 데 에스끼
이	campo base 깜뽀 바제	carovana 카로바나	tifoso 티포조	pista sci 피스타 쉬
그	κατασκήνωση 까따스끼노시	τροχόσπιτο 뜨로호스삐또	μαζορέτα [*2] 마조레따	χιονοδρομικό κέντρο 히오노드로미꼬 껜드로
라	fundamentale tentorium 폰다멘타레 텐토리움	caravana 카라바나	[*3]	xenodochium nartationis 쎄노도키움 나르타티오니스
러	базовый лагерь 바조븨이 라곌리	караван 까라반	команда поддержки 까만다 빳제르쥐끼	лыжная база 릐쥬나야 바자
중	大本营 / dàběnyíng 따번잉	商队 / shāngduì 상뚜이	拉拉队 / lālāduì 라라뛔이	滑雪场 / huáxuěchǎng 화슈에창
일	ベースキャンプ 베-수캰푸	キャラバン 캬라반	おうえんだん / 応援団 오-엔단	すきーじょう / スキー場 수키-죠-

동의어: [*1] Ausgangslager 아우스강스라거, [*2] ένθερμος υποστηρικτής 엔쩨르모스 이뽀스띠릭띠스,
[*3] saltatrix gymnastica oblectationis 살타트릭스 김나스티카 오블렉타티오니스

스키	스노보드	아이스링크장	스케이트	KOR
ski 스키	snowboard 스노우보드	ice-rink 아이스링크	skate 스케이트	ENG
ski 스끼	suf des neiges *1 쉐르프 데 네쥬	patinoire 빠띠누와르	patin 빠땡	FRA
Ski 시	Snowboard 스노우보드	Eislaufbahn 아이스라우프반	Eislauf 아이스라우프	GER
esqui 이스끼	prancha de neve 쁘랑샤 지 네비	rinque de gelo 힝끼 지 젤루	patim 빠찡	POR
esquí 에스끼	snowboard 스노보아르드	pista de patinaje 삐스따 데 빠띠나헤	patín 빠띤	ESP
sci 스카	snowboard 스노우보드	pista di ghiaccio 피스타 디 기아쵸	pattino da ghiaccio 파띠노 다 기아쵸	ITA
σκί 스키	σανίδα για χιονόδρομο *2 사니다 야 히오노드로모	παγοδρόμιο 빠고드로미오	παγοπέδιλο, πατινάζ 빠고뻬딜로, 빠띠나즈	GRE
narta 나르타	sclodia nartalis *3 스클로디아 나르탈리스	area glacialis *4 아레아 글라키알리스	patinus 파티누스	LAT
лыжа 릐좌	сноуборд 스노우보르드	каток 까똑	коньки 깐끼	RUS
滑雪 / huáxuě 화슈에	滑雪板 / huáxuěbǎn 화슈에반	冰场 / bīngchǎng 삥창	滑冰 / huábīng 화삥	CHN
スキー 수키-	スノーボード 수노-보-도	アイスリンク 아이수린쿠	スケート 수케-토	JPN

동의어: *1~*2 snowboard 스노우보드라는 표현도 사용함, *3 sclodia nartatoria 스클로디아 나르타토리아,
*4 scaene patinationis 스캐나 파티나티오니스

아이스하키	피겨	루지	스켈레톤	KOR
ice hockey 아이스 하키	figure skating 피겨 스케이팅	luge 루즈	skeleton 스켈레톤	ENG
hockey sur glace 오께 쒸르 글라스	patinage artistique 빠띠나주 아르띠스띡끄	luge 뤼주	skeleton 스끌레톤	FRA
Eishockey 아이스호키	Eiskunstlauf 아이스쿤스트라우프	Rodeln 로델른	Skeleton 스켈레튼	GER
hóquei no gelo 호께이 누 젤루	patinação artística no gelo 빠찌나써웅 아르찌스찌까 누 젤루	tobogã 또보강	skeleton 이스켈레똥	POR
hockey sobre hielo 오께이 소브레 이엘로	patinaje artístico 빠띠나헤 아르띠스띠꼬	luge 루게	esqueleto 에스껠레또	ESP
hockey su ghiaccio 혹키 수 기아쵸	pattinaggio artistico 판띠나쬬 아르티스티코	slittino 슬리띠노	Skeleton 스켈레톤	ITA
χόκεϋ πάγου 호께프 빠구	καλλιτεχνικό πατινάζ 깔리떼흐니꼬 빠띠나즈	λουτζ 루즈	σκέλετον 스껠레톤	GRE
hocceium glaciale *1 혹케이움 글라키알레	artificiosum patinaticum 아르티피키오숨 파티나티쿰	sclodia cursorium 스클로디아 쿠르소리움	sclodia Crestania *3 스클로디아 크레스타나	LAT
хоккей 학께이	фигурное катание 피구르너예 까따니예	санный спорт 싼느이 스뽀르트	скелет 스껠렛	RUS
冰球 / bīngqiú 삥치우	花冰 / huābīng 화삥	滑坡雪橇 / huápōxuěqiāo *2 화포슈에치아오	俯式冰橇 / fǔshìbīngqiāo 푸스빙치아오	CHN
アイスホッケー 아이수홋께-	フィギュアスケート 휘규아수케-토	ルージュ 루-쥬	スケルトン 수케루톤	JPN

동의어: *1 alsulegia glacialis 알술레기아 글라키알리스, *2 单人平底雪橇 / dānrén píng dǐ xuěqiāo(luge(프)), *3 sclodia rapida 스클로디아 라피다

한	바이애슬론	봅슬레이	빙상요트	컬링
영	biathlon 바이애슬론	bobsleigh 봅슬레이	ice boat 아이스 보트	curling 컬링
프	biathlon 비아뜨롱	bobsleigh 봅스레그	ice boat 아이스 보트	curling 꿰르링
독	Biathlon 비아트론	Bobsport 봅슈포르트	Eissegeln 아이스제겔른	Curling *1 컬링
포	biathlon 바이아뜨롱	trenó duplo 뜨레노 두쁠루	ice yacht 아이스 야찌	curling 꾸를링
스	biatlón 비아뜰론	trineo ligero 뜨리네오 리헤로	yate sobre hielo 야떼 소브레 이엘로	curling 꾸를링
이	biathlon 비아뜰론	bobsleigh 봅슬레이	panfilo su ghiaccio 판필로 수 기아쵸	curling 쿠를링그
그	– 	ομαδικό έλκηθρο 오마디꼬 엘끼쓰로	σέρφινγκ σε πάγο 세르핑 세 빠고	κέρλινγκ(άθλημα) 께를링(아쓸리마)
라	biathlon 비아뜰론	sclodia gubernabilis 스클로디아 구베르나빌리스	navis glacialis 나비스 글라키알리스	lusus scotorum 루수스 스코토룸
러	биатлон 비아뜰론	бобслей 봅슬레이	буер 부예르	кэрлинг 케를린그
중	射击滑雪赛 / shèjīhuáxuěsài 셔지화슈에싸이	连橇赛 / liánqiāosài 리엔치아오싸이	冰帆 / bīngfān 빙판	冰上滚石游戏 *2 빙상군스요우시
일	バイアスロン 바이아수론	ボブスレー 보부수레-	ひょうじょうヨット / 氷上ヨット 효-죠-욧또	カーリング 카-린구

동의어: *1 Eisstockschießen 아이스슈톡시센, 병음: *2 bīngshàng gǔnshí yóuxì

한	포뮬러(원)	카레이서	튜닝	드리프트
영	formula(one) 포뮬러(원)	car racer 카레이서	tuning 튜닝	drift 드리프트
프	formule 1 포르뮐 엉	pilote de rallye 빌로뜨 드 랄리	tuning 튜닝	dérive 데리브
독	Formel 포오멜	Rennfahrer, Pilot 렌파러, 필로트	Tuning 튜닝	Drift 드리프트
포	fórmula(um) 포르물라(원)	piloto de carro 빌로뚜 지 까후	tuning 뚜닝	drift 드리프찌
스	fórmula 포르물라	piloto de carreras 빌로또 데 까레라스	puesta a punto 뿌에스따 아 뿐또	drift 드리프트
이	formula 포르물라	corridore dell'automobile 코리도레 델라우또모빌레	messa a punto 메싸 아 푼토	deriva 데리바
그	φόρμουλα 포르물라	δρομέας αυτοκινήτου 드로메아스 아브또끼니뚜	συντονισμός 신도니즈모스	–
라	formula(una) 포르물라(우나)	auriga *1 아우리가	accommodatio *2 악콤모다티오	lapsus(de cursu) 랍수스(데 쿠르소)
러	формула(один) 포르물라(아진)	гонщик 곤쉭	настройка 나스뜨로이까	дрейф 드레이프
중	F1赛车 / F1sàichē_ F1싸이처	赛车 / sàichē 싸이처	改造 / gǎizào 가이짜오	飘移 / piāoyí 피아오이
일	フォーミュラ 휘-뮤라	カーレーサー 카-레-사-	チューニング 츄-닝구	ドリフト 도리후토

동의어: *1 autoraedarius 아우토래다리우스, *2 modificatio autocineti 모디피카티오 아우토키네티

182

레이싱 걸	데드 히트(=동시 골인)	더트 트라이얼	KOR
racing girl 레이싱걸	dead heat 데드 히트	dirt trial 더트 트라이얼	ENG
racing girl 레이싱걸	dead-heat 데디프	essai de saleté 에써 드 쌀르떼	FRA
Racing Girl 레이싱 걸	totes Rennen, Dead Heat 토테스 레넨, 데드 히트	Dirt Trial 더트 트라이얼	GER
racing girl 레이씽 걸	empate 잉빠찌	dirt trial 더트 트라이얼	POR
chica de carreras 치까 데 까레라스	empate 엠빠떼	carrera en lodo 까레라 엔 로도	ESP
racing girl 레이싱 걸	–	prova della sporcizia 프로바 델라 스포르치지아	ITA
γυναίκα δρομέας αυτοκινήτου 기내까 드로메아스 아브또끼니뚜	ισοπαλία 이소팔리아	ανώμαλος δρόμος 아노말로스 드로모스	GRE
ministra cursi autocinetorum 미니스트라 쿠르시 아우토키네토룸	simultaneus finis cursi [1] 시물타네우스 피니스 쿠르시	sordida probatio 소르디다 프로바티오	LAT
девушка гоночный 제부쉬까 고노취느이	одновременный финиш 아드노브례멘늬 피니쉬	грунтовая дорога 그룬또바야 다로가	RUS
赛车小姐 / sàichēxiǎojie 싸이처샤오지에	田径比赛 / tiánjìngbǐsài 티엔징비사이	–	CHN
レースクイーン 레-수쿠인	デッドヒート 데도히-토	ダートトライアル 다-토토라이아루	JPN

동의어: [1] (=ab compluribus aurigabus) (=아브 콤플루리부스 아우리가부스)

다운힐 경주	낚시	낚시터	낚싯대	KOR
downhill racing 다운힐레이싱	fishing 피싱	fishing spots 피싱 스팟츠	fishing rod 피싱 로드	ENG
course de descente 꾸르스 드 데썽뜨	pêche 뻬슈	lieu de pêche 리유 드 뻬슈	canne à pêche 깐느 아 뻬슈	FRA
Downhill 다운힐	Angel 앙엘	Angelplatz 앙엘플라츠	Angelrute 앙엘루테	GER
corrida em declive 꼬히다 잉 데끌리비	pesca 뻬스까	ponto de pesca 뽕뚜 지 뻬스까	vara de pesca 바라 지 뻬스까	POR
carrera de descenso 까레라 데 데센소	pesca 뻬스까	lugar de pesca 루가르 데 뻬스까	caña de pescar 까냐 데 뻬스까르	ESP
declivio 데끌리비오	pesca 뻬스카	posto di pesca 포스토 디 페스카	asta di pesca con l'amo 아스타 디 페스카 꼰 라모	ITA
κούρσα κατηφόρου 꾸르사 까띠포루	ψάρεμα, αλιεία 읍사레마, 알리이아	τόπος ψαρέματος(αλιείας) 또뽀스 읍사렘마또스(알리이아스)	καλάμι για ψάρεμα 까라미 이아 읍사레마	GRE
curriculum declivitati 쿠리쿨룸 데크리비타티	piscatus 피스카투스	locus piscatu 로쿠스 피스카투	virga piscatus 스케레투	LAT
скоростной спуск 스꼬라스노이 스뿌스크	рыбалка 릐발까	рыболовная база 릐발로브나야 바자	удочка 우더취까	RUS
滑降比赛 / huájiàngbǐsài 화지앙비사이	钓鱼 / diàoyú 띠아오위	钓场 / diàochǎng 띠아오창	钓竿 / diàogān 띠아오깐	CHN
ダウンヒル 다운히루	つり / 釣り 추리	つりば / 釣り場 추리바	つりざお / 釣竿 추리자오	JPN

한	플라이낚시	얼음낚시	미끼낚시
영	fly fishing 플라이 피싱	ice fishing 아이스 피싱	lure fishing 루어 피싱
프	pêche à la mouche 뻬슈 알라 무슈	pêche sur la glace 뻬슈 쒸르 라 글라스	pêche d'appat 뻬슈 다빠
독	Flyfishing 플라이피싱	Eisangel 아이스앙엘	Hegenefischen 헤게네피셴
포	pesca com mosca 뻬스까 꽁 모스까	pesca no gelo 뻬스까 누 쥊루	pesca com iscas artificiais 뻬스까 꽁 이스까스 아르찌피씨아이스
스	pesca con mosca 뻬스까 데 모스까	pesca de hielo 뻬스까 데 이엘로	pesca de cebo 뻬스까 데 쎄보
이	pesca della bobina 페스카 델라 보비나	pesca del ghiaccio 페스카 델 기아쵸	pesca d'esca 페스카 데스카
그	ψάρεμα με καλάμι 읍사레마 메 깔라미	ψάρεμα στο πάγο 읍사레마 스또 빠고	ψάρεμα με δόλωμα 읍사레마 메 돌로마
라	piscatus volatus 피스카투스 보라투스	piscatus glacie 피스카투스 그라시에	piscatus fraudi 피스카투스 프라우디
러	нахлыст 나흘릐스트	зимняя рыбалка 짐냐야 릐발까	рыбалка с приманкой 릐발까 스 쁘리만꺼이
중	飞蝇钓 / fēiyíngdiào 페이잉띠아오	冰钓 / bīngdiào 삥띠아오	路亚钓 / lùyàdiào 루야띠아오
일	フライづり / フライ釣り 후라이주리	あなづり / 穴釣り 아나주리	ルアーづり / ルアー釣り 루아-주리

한	릴낚시	떡밥	미끼	입질
영	reel fishing 릴 피싱	paste bait 페이스트 베잇	bait 베잇	bite 바잇트
프	pêche de moulinet 뻬슈 드 물리네	amorce 아모르스	appât 아빠	touche 뚜슈
독	Spinnfischen 슈핀피셴	Köder 쾨더	Köder 쾨더	Biss 비쓰
포	pesca com carretilha 뻬스까 꽁 까헤찔야	ceva 쎄바	isca 이스까	mordida 모르지다
스	pesca de carrate 뻬스까 데 까라떼	pastas 빠스따스	cebo 쎄보	picadura 삐까두라
이	pesca della bobina 페스카 델라 보비나	esca 에스카	esca 에스카	boccone 보꼬네
그	ψάρεμα με καλάμι 읍사레마 메 깔라미	δόλωμα σε πάστα 돌로마 세 빠스따	δόλωμα 돌로마	τσίμπημα, δάγκωμα 치비마, 당고마
라	fusus piscatus 푸수스 피스카투스	fraus glutinis 프라우스 그루티니스	fraus 푸라우스	mordax 모르다스
러	сматывания 스마띅바니야	приманки в виде пасты 쁘리만끼 브 비제 빠스띄	приманка 쁘리만까	укус 우꾸스
중	甩竿 / shuǎigān 슈아이깐	鱼饵 / yú'ěr 유얼밥	饵子 / ěrzi 얼즈	鱼咬动鱼饵 / yúyǎodòngyúěr 위야오뚱위얼
일	リールづり / リール釣り 리-루주리	練り餌 / ねりえ 네리에	えさ / 餌 에사	あたり / 当り 아타리

184

투우	투우장	투우사	(투우사의)붉은 깃발	KOR
bullfighting 불화이팅	bullring 불링	bullfighter 불파이터	muleta *3 뮤레타	ENG
course de taureaux 꾸르스 드 또로	arène 아렌느	torero 또레로	drapeau rouge 드라쁘 루쥬	FRA
Stierkampf 슈티어캄프	Stierkampfarena 슈티어캄프아레나	Stierkämpfer *2 슈티어캠퍼	Muleta 물레타	GER
tourada 또우라다	arena para touradas 아레나 빠라 또우라다스	toureiro 또우레이루	bandeira vermelha 방데이라 베르멜야	POR
corrida de toros 꼬리다 데 또로스	plaza de toros 쁠라사 데 또로스	torero 또레로	capote 까뽀떼	ESP
corrida 코리다	arena 아레나	torero 토레로	bandierina rossa 반디에리나 로싸	ITA
ταυρομαχία 따브로마히아	αρένα *1 아레나	ταυρομάχος 따브로마호스	κόκκινη σημαία 꼬끼니 시매아	GRE
proelium cum tauro 프로에리움 쿰 타우로	arena proelio cum tauro 아레나 프로에리오 쿰 타우로	taurocenta 타우로센타	rubrum signum 루브룸 시그눔	LAT
бой быков 보이 븨꼬프	арена для боя быков 아레나 들랴 보야 븨꼬프	тореадор 또레아도르	красный флаг 크라스늬이 플락	RUS
斗牛 / dòuniú 떠우니우	斗牛场 / dòuniúchǎng 떠우니우창	斗牛士 / dòuniúshì 떠우니우스	红旗 / hóngqí 홍치	CHN
とうぎゅう / 闘牛 토-규-	とうぎゅうじょう / 闘牛場 토-규-죠-	とうぎゅうし / 闘牛士 토-규-시	あかまんと / 赤マント 아카만토	JPN

동의어: *1 παλαίστρα ταυρομαχίας 팔래스트라 타브로마히아스, *2 Matador 마타도어(최고 투우사, 지도적 인물, 카드의 으뜸패),
*3 red cape 레드 케이프

검투사	서커스	공연장	곡예단	KOR
gladiator 글레디에이터	circus 써커스	auditorium 오디토리움	circus troupe 써커스 트룹	ENG
gladiateur 글레디아뙤르	cirque 씨르끄	auditorium 오디토리움	(troupe de)cirque (트룹쁘 드)씨르끄	FRA
Gladiator 글라디아토르	Zirkus 치르쿠스	Zirkuszelt 치르쿠스첼트	Zirkustruppe 치르쿠스트루페	GER
gladiador 글라지아도르	circo 씨르꾸	pavilhão 빠빌여웅	companhia de circo 꽁빠니아 지 씨르꾸	POR
gladiador 글라디아도르	circo 씨르꼬	auditorio 아우디또리오	compañía de circo 꼼빠니아 데 씨르꼬	ESP
gladiatore 글라디아또레	circo 치르코	teatro 떼아뜨로	gruppo di acrobata 그루포 디 아크로바따	ITA
μονομάχος 모노마호스	τσίρκο 치르꼬	αμφιθέατρο 암피쎄아트로	θίασος τσίρκου 씨아소스 치르꾸	GRE
gladiator 글라디아토르	circus 키르쿠스	auditorium 아우디토리움	thiasus circi 티아수스 키르키	LAT
гладиатор 글라지아떠르	цирк 찌르크	аудитория 아우지또리야	цирковая труппа 찌르꺼바야 뜨루빠	RUS
角斗士 / juédòushì 쥬에떠우스	杂技 / zájì 자지	剧场 / jùchǎng 쥐창	马戏团 / mǎxituán 마시투완	CHN
剣闘士 / けんとうし 켄토-시	サーカス 사-카수	こうえんじょう / 公演場 코-엔죠-	きょくばだん / 曲馬団 쿄쿠바단	JPN

한	공중곡예	곡예사	그네 곡예사
영	aerialist act 에리얼리스트 엑트	acrobat 에크로벳	swing acrobat 스윙 에크로벳
프	acrobatie d'air 아크로바띠 데르	acrobate 아크로밧뜨	acrobate balançoire 아크로밧뜨 발렁스와르
독	Trapezkunst 트라페츠쿤스트	Akrobat 아크로바트	Trapezkünstler 트라페츠퀸스틀러
포	acrobatismo aéreo 아끄로바찌즈무 아에레우	acrobata 아끄로바따	acrobata de balanço 아끄로바따 지 발랑쑤
스	acrobacia aérea 아끄로바씨아 아에레아	acrobata 아끄로바따	trapecista 뜨라뻬씨스따
이	acrobazie aeree 아크로바찌에 아에레	acrobata 아끄로바따	acrobata di trapezio 아크로바따 디 트라페찌오
그	εναέρια ενέργεια 에나에리아 에네르기아	ακροβάτης 아크로바띠스	ακροβάτης κούνιας 아크로바띠스 꾸니아스
라	aeria actio 에리아 악티오	desultor, funambulus 데술토르, 푸남불루스	desultor coruscus 데술토르 코루스쿠스
러	воздушный акробат 바즈두쉬늬 아크로밧트	акроват 아크로밧트	воздушный гимнаст 바즈두쉬늬 김나스트
중	空中飞人 / kōngzhōngfēirén 콩중페이런	杂技演员 / zájì yǎnyuán 자지앤위엔	空中飞人 / kōngzhōngfēirén 콩중페이런
일	くうちゅうきょくげい / 空中曲芸 쿠-추-쿄쿠게-	きょくげいし / 曲芸師 쿄쿠게-시	ブランコきょくげいし / ブランコ曲芸師 부란코쿄쿄게-시

한	맹수조련사	피에로	경마
영	wild beast trainer 와일드 비스트 트레이너	pierrot 피에로	horse racing 호오스 레이싱
프	dompteur de cirque 동떼르 드 씨르끄	pierrot 삐에로	course de chevaux, courses 꾸르스 드 슈보, 꾸르스
독	Dompteur 돔퇴어	Pierrot 피에로	Pferderennen 페어데레넨
포	domador de feras 도마도르 지 페라스	pierrô 삐에호	corrida de cavalos 꼬히다 지 까발루스
스	domador de bestia salvaje 도마도르 데 베스띠아 살바헤	payaso 빠야소	carreras de caballos 까레라스 데 까바요스
이	domatóre 도마토레	pietro 삐에트로	corsa del cavallo 꼬르사 델 까발로
그	θηριοδαμαστής [1] 티리오다마스띠스	πέτρος, πιερότος 뻬뜨로스, 삐에로또스	ιπποδρομία 이쁘로드로미아
라	domitor 도미토르	scurra, maccus 스쿠라, 막쿠스	cursus equester 쿠르수스 에퀘스테르
러	дрессировщик 드레씨로프쉭	клоун 클로운	скачки 스까취끼
중	调猛兽师 / tiáoměngshòushī 티아오멍셔우스	小丑 / xiǎochǒu, 皮埃罗 / Píāiluó 샤오처우, 삐아이루오	赛马 / sàimǎ 싸이마
일	もうじゅうつかい / 猛獣使い 모-쥬-추카이	ピエロ 피에로	けいば / 競馬 케-바

동의어: [1] δαμαστήρ 다마스띠르

경마장	다크호스	대박 우승마	KOR
racetrack 레이스트렉	dark horse 다크 호스	big winning horse 빅 위닝 홀스	ENG
champ de courses 쌍 드 꾸르스	outsider inattendu 우시데르 이나떵뒤	cheval du grand lot 슈발 뒤 그랑 로	FRA
Pferderennbahn 페어데렌반	Dark Horse 다크 호오스	Gewinnpferd 게빈페어트	GER
hipódromo 이뽀드로무	azarão 아자러웅	grande cavalo vencedor 그랑지 까발루 벵쎄도르	POR
hipódromo 이뽀드로모	vencedor inesperado 벤쎄도르 인에스뻬라도	ganador del premio mayor 가나도르 델 쁘레미오 마요르	ESP
ippodromo 이뽀드로모	cavallo nero 까발로 네로	grande cavallo vincente 그란데 까발로 빈첸테	ITA
ιππόδρομος 이뽀드로모스	μαύρο άλογο 마브로 알로고	μεγάλο κερδοφόρο άλογο 메갈로 께르도포로 알로고	GRE
circus 키르쿠스	niger equus 니게르 에쿠우스	grandis fructuosus equus 그란디스 프룩투오수스 에쿠우스	LAT
ипподром 입빠드롬	тёмная лошадка 쫌나야 라샷트까	лошадь крупного выигрыша 로샷지 크룹프너버 븨그릐샤	RUS
赛马场 / sàimǎchǎng 싸이마창	黑马 / hēimǎ 헤이마	优胜马 / yōushèngmǎ 요우셩마	CHN
けいばじょう / 競馬場 케-바죠-	ダークホース 다-쿠호-수	あなうま / 穴馬 아나우마	JPN

동의어: *1 racecourse 레이스코스

상금	붉은 연필	자전거	경륜	KOR
prize money 프라이즈 머니	red pencil 레드 펜슬	bicycle 바이씨클	cycling race 싸이클링 레이스	ENG
prix 프리	crayon rouge 크레이용 루쥬	vélo 벨로	course cycliste 꾸르스 씨클리스프	FRA
Preisgeld 프라이스겔트	Rotstift 로트슈티프트	Fahrrad 파라트	Radrennen 라트레넨	GER
prêmio 쁘레미우	lápis vermelho 라삐스 베르멜유	bicicleta 비씨글레따	corrida de bicicletas 꼬히다 지 비씨글레따스	POR
Premio 쁘레미오	lapiz rojo 라삐쓰 로호	bicicleta 비씨글레따	carrera de ciclismo 까레라 데 씨클리스모	ESP
premio 프레미오	matita rossa 마티타 로싸	bicicletta 비치클레따	corsa ciclante 코르사 치클란떼	ITA
χρήματα βραβείου 흐리마따 브라비우	κόκκινο στυλό 꼬끼노 스띨로	ποδήλατο 뽀딜라또	κυκλική κούρσα 끼끌리끼 꾸르사	GRE
pecunia praemii 페쿠니아 프라에미	ruber calamus 루버르 카라무스	birota 비로타	circulare curriculum 키르쿨라레 쿠리쿨룸	LAT
награда 나그라다	красный карандаш 크라스늬이 카란다쉬	велосипед 벨로씨뼷	велосипедные гонки 벨로씨뼷드늬예 곤끼	RUS
奖金 / jiǎngjīn 지앙진	红笔 / hóngbǐ 홍비	自行车 / zìxíngchē 즈싱처	赛车 / sàichē 싸이처	CHN
しょうきん / 賞金 쇼-킨	あかえんぴつ / 赤鉛筆 아카엔피추	じてんしゃ / 自転車 지텐샤	けいりん / 競輪 케-린	JPN

한	여행	관광	탐험	모험
영	Travel 트레블	Tourism 투어리즘	expedition 엑스피디션	adventure 어드벤쳐
프	voyage 브와이아쥬	tourisme 뚜리즘	expédition 엑스페디씨옹	aventure 아벙뛰르
독	Reise 라이제	Tourismus 투리스무스	Expedition 엑스페데치온	Abenteuer 아벤토이어
포	viagem 비아젱	turismo 뚜리즈무	expedição 이스페지써웅	aventura 아벵뚜라
스	viaje 비아헤	turismo 뚜리스모	expedición 엑스페디시옹	aventura 아벤뚜라
이	viaggio 비아조	turistico 투리스띠꼬	spedizione 스페디지오네	d'avventura 아벤뚜라
그	ταξίδι 딱시디	τουρισμός 뚜리즈모스	εκστρατεία 엑스프라띠아	περιπέτεια 뻬리뻬띠아
라	iter 이테르	Voluptuaria 볼룹타리아	expeditione 엑스페디티오네	conátum 코나툼
러	путешествие 뿌찌쉐스프비예	путешествие 뿌찌쉐스프비예	экспедиция 엑스페디찌야	приключение 프리클류췌니예
중	旅游 / lǚyóu 뤼요우	观光 / guānguāng 꽌꽝	探险 / tànxiǎn 탄시엔	冒险 / màoxiǎn 마오시엔
일	りょこう / 旅行 료코-	かんこう / 観光 칸코-	たんけん / 探検・探険 탄켄	ぼうけん / 冒険 보-켄

한	성지순례	피서	여정(여행일정표)	방랑자, 나그네
영	Pilgrimage 필그리마지	vacation [1] 베케이션	itinerary 아이터너레리	wanderer 원더러
프	pèlerinage 뻴르리나쥬	vacances d'été 바깡스 데떼	itinéraire [2] 이띠네레르	vagabond 바가봉
독	Pilgerfahrt 필거파트	Urlaub 우얼라웁	Reiseplan 라이제플랜	Wanderer 반더러
포	peregrinação 페레그리나써웅	veraneio 베라네이우	itinerário 이찌네라리우	viajante 비아쟝찌
스	peregrinación 페레그리나시옹	vacaciones 바까씨오네스	itinerário 이티네라리오	vagabundo 바가본도
이	Pellegrinaggio 펠레그리나지오	vacanza 바칸자	itinerario 이티네라리오	vagabondo 바가본도
그	προσκύνημα 쁘로스끼니마	διακοπές 디아꼬뻬스	δρομολόγιο 드로몰로기오	περιπλανώμενος 뻬리쁠라노메노스
라	peregrinatio 페레그리나티오	aestivae feriae 에스티베 페리에	Itinerarium 이티네라리움	vagus 바구스
러	паломничество 팔로므니체스프버	каникулы 까니꿀릐	расчет пути 라숏 뿌찌	странник 스프란니끄
중	朝圣 / cháoshèng 차오성	消夏 / xiāoxià 샤오시아	行程 / xíngchéng 싱청	流浪者 / liúlàng zhě 리우랑저
일	せいちじゅんれい / 聖地巡礼 세-치쥰레-	ひしょ / 避暑 히쇼	りょてい / 旅程 료테-	ほうろうしゃ / 放浪者 호-로-샤

동의어: [1] summering 썸머링, [2] plan de voyage 쁠랑 드 브와이아쥬

행인	황금연휴	관광지	리조트	KOR
pedestrian 피데스트리언	golden holiday 골든 홀리데이	sightseeing places 사잇씨잉 플레이시즈	resort 리조트	ENG
piéton 삐에똥	jours fériés succesifs 주르 페리에 쒹쎄씨프	site touristique 시프 투리스틱	hôtel [2] 오뗄	FRA
Fußgänger 푸스갱어	goldene Wochenende 골데네 보헨앤데	Urlaubsort 우얼라웁스오르트	Resort 리조오트	GER
pedestre 뻬데스프리	feriadão 페리아더웅	local turístico 로까우 뚜리스찌꾸	resort 리조르찌	POR
peatonal 페아토날	puente 뿌엔떼	sitio pintoresco 시띠오 삔또레스꼬	villa turistica 비야 뚜리스띠까	ESP
pedone 페도네	festa continua 페스타 콘티누아	stazione turistica 스따찌오네 투리스티카	localita di soggiorno 로칼리따 디 소쬬르노	ITA
πεζός 뻬조스	χρυσές διακοπές 흐리세스 디아꼬뻬스	τουριστικός τόπος 뚜리스띠꼬스 또뽀스	θέρετρο 쩨레트로	GRE
pedestrem 페데스트렘	aurariae feriae 아우라리에 페리에	locus visu dignae [1] 로쿠스 비수 디그내	xenodochium 쎄노도키움	LAT
пешеход 뻬쒜호트	золотой отпуск 절라또이 옷트뿌스크	туристические места 뚜리스찌췌스끼예 몌스따	курорт 꾸로르트	RUS
行人 / xíngrén 싱런	黄金假日 / huángjīnjiàrì 황진찌아르	旅游区 / lǚyóuqū 뤼요우취	胜地 / shèngdì 셩띠	CHN
ほこうしゃ / 歩行者 호코-샤	ゴールデンウイーク 고-루덴우이-쿠	かんこうち / 観光地 칸코-치	リゾート 리조-토	JPN

동의어: [1] res visendae 레스 비센대, [2] station de vacances 스따씨옹 드 바깡스

콘도	호텔	팬션	렌터카	KOR
condominium [1] 콘도미니엄	hotel 호텔	pension 펜션	rental car 렌탈 카	ENG
condominium 콘도미니엄	hôtel 오뗄	pension [4] 빵씨옹	voiture de louage 브와뛰르 드 루아쥬	FRA
Eigentumswohnung 아이겐툼스보눙	Hotel 호텔	Pension 팡지온	Mietwagen 밑바겐	GER
condomínio 꽁도미니우	hotel 오떼우	pensão 뻰써웅	carro de aluguel 까후 지 알루게우	POR
condomínio 꼰도미니오	hotel 오뗄	pensión 뻰시온	coche de alquiler 꼬체 데 알낄레르	ESP
condominio 콘도미니오	albergo 알베르고	pensione 펜지오네	automobile prestato 아우또모빌레 프레스따또	ITA
πολυκατοικία [2] 뽈리까또이끼아	ξενοδοχείο 윽세노도히오	πανσιόν 빤시온	ενοικίαση αυτοκινήτου 에니끼아시 아브또끼니뚜	GRE
conductum [3] 콘둑툼	deversorium 데베르소리움	hospitium 호스피움	vehiculum conducticium 베히쿨룸 콘둑티키움	LAT
кооперативная квартира 꼬아뻬라찌브나야 크바르찌라	отель 아뗄	пансион 빤씨온	аренда автомобиля 아롄다 아프따마빌랴	RUS
公寓大厦 / gōngyùdàshà 꿍위따샤	饭店 / fàndiàn 판디엔	民宿 / mínsù 민수	租汽车 / zūqìchē 주치처	CHN
コンド 콘도	ホテル 호테루	ペンション 펜숀	レンタカー 렌타카-	JPN

참고: [1] 개인분양형 아파트의 개념. 한국에서는 호텔 또는 모텔과 취사시설이 있는 의미로 사용, 동의어: [2] διαμέρισμα 디아메리스마,
[3] domicilium feriale 도미킬리움 페리알레, 참고: [4] 프랑스어로 하숙집, 기숙사, 연금 등의 뜻

한	크루즈여행	세계일주	해외여행
영	cruise journey 크루즈 져니	round the world trip 라운드 더 월드 트립	a trip abroad 어 트립 어브로드
프	croisière 크루와지에르	tour du monde 뚜르 뒤 몽드	voyage à l'étranger 브와이아쥬 아 레트랑제
독	Kreuzfahrt 크로이츠파아트	Weltreise 벨트라이제	Auslandreise 아우스란트라이제
포	viagem de cruzeiro 비아젱 지 끄루제이루	circum-navegação 씨르꿍-나베가써웅	viagem no estrangeiro 비아젱 누 이스프랑줴이루
스	viaje en un crucero 비아헤 엔 운 끄루쎄로	vuelta al mundo 부엘따 알 문도	viaje al extranjero 비아헤 알 엑스뜨랑헤로
이	crociera 크로치에라	giro il mondo 지로 일 몬도	viaggio all'estero 비아쬬 알레스테로
그	κρουαζιέρα 크루아지에라	γύρος του κόσμου 기로스 뚜 꼬스무	ταξίδι στο εξωτερικό 딱시디 스또 엑소떼리꼬
라	cursus nave epibatica *[1] 쿠르수스 나베 에피바티카	iter mundanum 이테르 문다눔	peregrinatio 페레그리나티오
러	круизный тур 크루이즈느이 뚜르	путешествие вокруг света 뿌찌쉐스트비예 바크룩 스볘따	путешествие за границей 뿌찌쉐스트비예 자 그라니쩨이
중	航游 / hángyóu 항요우	环球旅行 / huánqiúlǚxíng 환치우뤼싱	海外旅行 / hǎiwàilǚxíng 하이와이뤼싱
일	クルーズりょこう / クルーズ旅行 쿠루-즈료코-	せかいいっしゅう / 世界一周 세카이잇쓔-	かいがいりょこう / 海外旅行 카이가이료코-

동의어: *[1] iter navale 이테르 나발레

한	번지점프	공연	그림자놀이
영	bungee jumping 번지 점핑	performance 퍼포먼스	shadow play 샤도우 프레이
프	saut à l'élastique 쏘 아 렐라스띠끄	représentation 르프레정따씨옹	jeu d'ombre, ombromanie 쥬 동브르, 옹브로마니
독	Bungee-Jumping 번지점핑	Aufführung 아우프퓌룽	Schattenspiel 샤텐슈필
포	bungee jump 벙쥐 정쁘	performance 뻬르포르망씨	brincadeira de sombras 브링까데이라 지 쏭브라스
스	puenting 뿌엔띵	representación 쁘레젠따씨온	sombras chinescas 솜브라스 치네스까스
이	bungee jump 번지 점프	spettacolo 스페타콜로	ombre cinesi 옴브레 치네지
그	μπάντζι 반지	παράσταση 빠라스따시	εικόνες με σκιές 에이꼬네스 메 스끼에스
라	bungei, desultura fune 붕게이, 데술투라 푸네	praesentatio perfectio 프라이센타티오 페르펙티오	praesentatio figurae in umbra 프레센티티오 피구레 인 움브라
러	прыжок с тарзанки 쁘리족 스 따르잔끼	представление 쁘렛스따블레니예	театр теней 찌아뜨르 쩨녜이
중	跳坠运动 / tiàozhuìyùndòng 티아오쮀이윈똥	演出 / yǎnchū 얜추	影子戏 / yǐngzixì 잉즈시
일	バンジージャンプ 반지-잔푸	こうえん / 公演 코-엔	かげえ / 影絵 카게에

미로(찾기)	팬터마임, 무언극	마리오네트	회전목마	KOR
maze 메이즈	pantomime 펜터마임	marionette 마리오네트	carousel 캐러셀	ENG
labyrinthe 라비렝프	pantomime 팡또밈므	marionnette 마리오넷프	manège, carrousel 마네쥬, 까루젤	FRA
Labyrinth *1 라비린트	Pantomime 판토미메	Marionette 마리오네테	Karussel 카루셀	GER
labirinto 라비링뚜	pantomima 빵또미마	marionete 마리오네찌	carrossel 까호쎄우	POR
laberinto 라브린또	pantomima 빤또미마	marioneta 마리아네따	tiovivo, carrusel 띠오비보, 까루쎌	ESP
labirinto 라비린또	pantomima 판토미마	marionetta 마리오네따	carosello 카로쎌로	ITA
λαβύρινθος 라비린쏘스	παντομίμα 판도미마	μαριονέττα 마리오네따	καρουξέλ 까룩셀	GRE
labyrinthus 라비린투스	pantomimus *2 판토미무스	pupa linis *4 푸파 리니스	orbis volubilis *5 오르비스 볼루빌리스	LAT
лабиринт 라비린트	пантомима 빤또니마	марионетка 마리오넷트까	карусель 까루쎌	RUS
迷宫 / mígōng 미꽁	哑剧 / yǎjù, 默剧 / mòjù 야쥐, 모쥐	牵线木偶 / qiānxiànmùǒu 치엔무오우	旋转木马 / xuánzhuǎnmùmǎ 슈엔주완무마	CHN
めいろ / 迷路 메-로	パントマイム *3 판토마이무	マリオネット 마리오넷또	かいてんもくば / 回転木馬 카이텐모쿠바	JPN

동의어: *1 Irrgarten 이어가르텐, *2 gesticulatio 제스티쿨라티오, *3 むごんげき/無言劇 무곤게키,
*4 nefrospastos(=νευρόσπαστος) 네프로스파스토스, *5 cursus equester 쿠르수스 에쿠에스터

풍선	퍼레이드	흉내	마술	KOR
balloon 발룬	parade 퍼레이드	mimicry 미미크리	magic 매직	ENG
ballon 발롱	parade 빠라드	mimétisme 미메띠슴	magie 마지	FRA
Luftballon, ballon 루프트발룽, 발롱	Parade 파라데	Mimikry, Nachmachen 미미미크리, 나흐마헨	Zauberei, Magie 차우버라이, 마기	GER
balão 발러웅	parada 빠라다	mimetice 미메찌씨	magia 마쥐아	POR
globo 글로보	desfile 데스삘레	mímesis 미메시스	magia 마히아	ESP
pallone 팔로네	parata 파라따	mimica 미미카	magico 마지코	ITA
αερόστατο, μπαλόνι 아에로스따또, 발로니	παρέλαση 빠렐라시	μίμηση 미미시	μαγεία 마기아	GRE
pila aeria 필라 아에리아(=필라 애리아)	decursus 데쿠르수스	mimus 미무스	ars magica 아르스 마기카	LAT
воздушный шар 바즈두쉬늬 샤르	парад 빠랏	мимезазис 미메자지스	фокус 포꾸스	RUS
气球 / qìqiú 치치우	行列 / hángliè 항리에	仿样 / fǎngyàng 팡양	魔术 / móshù 모수	CHN
ふうせん / 風船 후-센	パレード 파레-도	まね / 真似 마네	てじな / 手品 테지나	JPN

한	예지	예언	추리	미스터리
영	foresight 퍼어사이트	prophecy 프로퍼시	inference *2 인퍼런스	mystery 미스터리
프	prévoyance 프레브와이엉스	prophétie 프로페띠	raisonnement 레존느멍	mystère 미스떼르
독	Vorherwissen *1 포어헤어비센	Voraussage 포어아우스자게	Schlußfolgerung 슐루스폴거룽	Mysterien 미스테리엔
포	presciência 쁘레씨엥씨아	profecia 쁘로페씨아	inferência 잉페렝씨아	mistério 미스떼리우
스	predicción 쁘레디씨온	profecía 쁘로페씨아	razonamiento 라소나미엔또	misterio 미스떼리오
이	previsione 프레비지오네	predizione 프레디찌오네	ragionamento 라죠나멘또	mistero 미스테로
그	πρόβλεψη 프로블렙시	προφητεία 프로피띠아	συλλογισμός 실로기즈모스	μυστήριο 미스띠리오
라	provisio 프로비시오	vaticinatio 바티키나티오	ratiocinatio 라티오키나티오	arcanum, misterium 아르카눔, 미스테리움
러	предвидение 쁘레드볘제니예	пророчество 쁘라로췌스뜨버	рассуждение 라쑤쥬제니예	мистерия 미스때리야
중	预示 / yùshì 위스	预言 / yùyán 위앤	推理 / tuīlǐ 퉤이리	神秘 / shénmì 션미
일	よち / 予知 요치	よげん / 予言 요겐	すいり / 推理 수이리	ミステリー 미수테리-

동의어: *1 Vorausahnen 포어아우스아녠, *2 reasoning 리즈닝

한	부적	점	운명	운
영	talisman 탈리스맨	fortune-telling 포츈텔링	destiny *1 데스티니	luck 럭
프	talisman 딸리스멍	bonne aventure 본느 아벙뛰르	destin 데스뗑	chance 샹스
독	Talisman 탈리스만	Wahrsagerei 바자거라이	Schicksal, Fatum 식살, 파툼	Glück 글뤽
포	talismã 딸리스망	adivinhação 아지빙야써웅	destino 데스찌누	sorte 쏘르찌
스	talismán 미스떼리오	adivinación 아디비나씨온	destino 데스띠노	suerte 수에르떼
이	talismano 에니그마	astrologia 아스트롤로지아	destino 데스티노	sòrte, fortuna 소르테, 포르투나
그	φυλαχτό 필락또	μαντεία, προφητεία 만디아, 프로피띠아	μοίρα 미라	τύχη, ευτυχία 띠히, 에브띠히아
라	amulétum 아물레툼	vaticinatio 바티키나티오	fatus 파투스	sors, fortuna 소르스, 포르투나
러	талисман 딸리스만	гадалка 가달까	судьба 수지바	удача 우다촤
중	符箓 / fúlù 푸루	算命 / suànmìng 수완밍	运命 / yùnmìng 윈밍	运气 / yùnqì 윈치
일	おまもり / お守り 오마모리	うらない / 占い 우라나이	うんめい / 運命 운메-	うん / 運 운

동의어: *1 fate 페이트

천궁도	점성술	관상(학)	손금보기, 수상술(手相術)	KOR
horoscope 허로스코프	astrology 아스트롤로지	physiognomy 피지오(그)너미	chirognomy [2] 캐라그너미	ENG
thème astrologique 뗌므 아스트로로지끄	astrologie 아스트롤로지	physiognomonie 퓌지오그노모니	chiromancie 끼로망씨	FRA
Horoskop 호로스코프	Astrologie 아스트롤로기	Physiognomik 프지오그노믹	Handlesekunst 한트레제쿤스트	GER
horóscopo 오로스꼬뿌	astrologia 아스프롤로쮀아	fisionomia 피지오노미아	quiromancia 끼로망씨아	POR
horóscopo 오로스꼬뽀	astrología 아스프롤로히아	fisonomía 피소노미아	quiromancia 뀌로만시아	ESP
oroscopo 오로스코포	astrologia 아스트롤로지아	fisonomía 피소노미아	legge la mano 레쩨 라 마노	ITA
ωροσκόπιο 오로스꼬피오	αστρολογία 아스트롤로기아	φυσιογνωμία 피시오그노미아	χειρομαντεία 히로만디아	GRE
horoscopium [1] 호로스코피움	astrologia 아스트로로지아	physiognomónia 피시오그노모니아	chirománcia 키로망키아	LAT
астрология 아스뜨랄로기야	астрология 아스뜨랄로기야	физиономика 피지아노미까	хиромантия 히라만찌야	RUS
天宫 / Tiāngōng 티엔꿍	星术 / xīngshù 싱수	观相 / guānxiàng 꽌샹	手相 / shǒuxiàng 셔우샹	CHN
ホロスコープ 호로수코-푸	せんせいじゅつ / 占星術 센세-쥬추	かんそう / 観相 칸소-	てそう / 手相 테소-	JPN

동의어: [1] genituram 게니투람, [2] palmistry 팔미스트리

미신	타로카드	새점	소원	KOR
superstition 슈퍼스티션	tarot card 테롯카드	ornithomancy 올니쏘맨씨	wish 위시	ENG
superstition 쉬뻬르스띠씨옹	tarot 타로	ornithomancie 오르니또멍씨	souhait 쑤웨	FRA
Aberglaube 아버그라우베	Tarock 타로크	Vogelwahrsagerei 포겔바자거라이	Wunsch 분슈	GER
superstição 쑤뻬르스찌쩌웅	tarô 따로	ornitomancia 오르니또망씨아	desejo 데제쥬	POR
superstición 수페르스띠시온	carta de tarot 까르따 데 따롯	ornitomancia 오르니또만씨아	deseo 데세오	ESP
superstizione 수퍼스티찌오네	carta di taro 카르파 디 타로	ornitomanzìa 오르니토만지아	desiderio 데지데리오	ITA
δεισιδαιμονία 디시데모니아	χαρτί ταρό 하르띠 따로	ορνιθομαντεία 오르니쏘만디아	επιθυμία 에삐씨미아	GRE
superstitionis 수퍼스티셔니스	charta taroccia [1] 카르타 타록키아	augurium 아우구리움	desiderium 데시데리움	LAT
суеверие 수예볘리예	карты Таро 까르뜨 따로	орнитология 아르니딸로기야	желание 쥘라니예	RUS
迷信 / míxìn 미씬	塔罗纸牌 / tǎluózhǐpái 타루오즈파이	鸟算命 / niǎo suànmìng 니아오 수안밍	愿望 / yuànwàng 위엔왕	CHN
めいしん / 迷信 메-신	タロットカード 타롯또카-도	とりうらない / 鳥占い 토리우라나이	ねがい / 願い 네가이	JPN

동의어: [1] charta troccadis 카르타 트록카디스

한	도박	도박사	도박장	딜러	주사위
영	gamble 겜블	gambler 겜블러	casino 카지노	dealer 딜러	dice 다이스
프	pari 빠리	joueur 주외르	casino 까지노	donneur de cartes 도네르 드 까르트	dés 데
독	Glücksspiel 글뤽슈필	Spieler 슈필러	Spielbank 슈필방크	Dealer 딜러	Würfel 뷔어펠
포	jogo 죠구	jogador 죠가도르	casa de jogos *1 까자 지 죠구스	carteador 까르찌아도르	dado 다두
스	juego 후에고	jugador 후가도르	casino 까시노	corredor de cartas 꼬레도르 데 까르따스	dado 다도
이	gioco d'azzardo 죠코 다짜르도	giocatore d'azzardo 죠카토레 다짜르도	casa da gioco 까자 다 죠코	dealer 딜러	dado 다도
그	παιχνίδι 뻬흐니디	παίκτης 뼥티스	καζίνο 까지노	γκρουπιέρης 그루피에리스	ζάρι 자리
라	alea 알레	aleator 알렉토르	aleatorium 알레아토리움	distributor 디스트리부토르	cubus 쿠부스
러	азартная игра 아자룻나야 이그라	азартный игрок 아자룻느이 이그록	казино 카지노	дилер 질레르	кубик 꾸빅
중	赌博 / dǔbó 두보	赌博师 / dǔbóshī 두보스	赌场 / dǔchǎng 두창	发牌者 / fāpáizhě 파파이저	色子 / shǎizi 샤이즈
일	とばく / 賭博 토바쿠	とばくし / 賭博師 토바쿠시	とば / 賭場 토바	ディーラー 디-라-	さいころ 사이코로

동의어: *1 cassino 까씨누

한	게임	복권	승부, 시합	돈 걸기
영	game 게임	lottery ticket 로터리 티켓	contest *2 콘테스트	betting 베팅
프	jeu 쥬	(billet de)loterie (비에 드)로뜨리	concours, match 꽁꾸르, 마춰	enjeu 엉쥬
독	Spiel 슈필	Lotterie 로테리	Wettkampf 베트캄프	Wetten 베텐
포	game 게이미	loto *1 로뚜	competição 꽁뻬찌써웅	aposta 아뽀스따
스	juego 후에고	lotería 로떼리아	concurso 꼰꾸르소	apuestas 아뿌에스따스
이	gioco 죠꼬	biglietto di lotterira 빌리에또 디 로떼리라	competizione 콤뻬찌오네	scommessa 스콤메싸
그	παιχνίδι 빼흐니디	λαχείο 라히오	αγωνισμός 아고니즈모스	ποντάρισμα 뽄다리즈마
라	ludus 루두스	sortitio 소르티티오	certatio, contentio 카르타티오, 콘텐티오	sponsionem facere 스폰시오넴 파케레
러	игра 이그라	выигрышный билет 브그릐쉬늬 빌롓	конкурс, матч 꼰꾸르스, 맛취	спорить на деньги 스뽀릿츠 나 젱기
중	游戏 / yóuxì 요우시	彩券 / cǎiquàn 차이츄엔	比赛 / bǐsài 비싸이	赌钱 / dǔqián 두치엔
일	ゲーム 게-무	たからくじ / 宝くじ 타카라쿠지	しょうぶ / 勝負, しあい / 試合 쇼-부, 시아이	かけ / 賭け 카케

동의어: *1 bilhete de loteria 빌에찌 지 로떼리아, *2 match 매치

194

룰렛	슬롯머신	바둑, 체스	카드	KOR
roulette 룰렛	slot machine 슬롯 머신	Go, chess 고, 체스	card 카드	ENG
roulette 룰렛뜨	machine à sous 마쉰 아 쑤	Baduk, échecs 바둑,에쉑	carte 까르뜨	FRA
Roulette 룰레테	Spielautomat 슈필아우토마트	Gospiel, Schach 고슈필, 샤흐	Karte 카르테	GER
roleta russa 홀레따 후싸	caça-níqueis 까싸-니께이스	go, xadrez 고, 샤드레스	carta 까르따	POR
ruleta 룰레따	maquina de azar 마끼나 데 아사르	ajedrez 아헤드레스	carta 까르따	ESP
roulette 로울레떼	slot machine 슬롯 머신	paduk, scacco 파둑, 스카꼬	carta 카르타	ITA
ρουλέττα 룰레따	κουλοχέρης, φρουτάκια 꿀로헤리스, 프루따끼아	σκάκι 스까끼	κάρτα 까르따	GRE
rotula 로툴라	mechanema scissionis 메카네마 스키씨오니스	igo, gobanum *1 이고, 고바눔	charta 카르타	LAT
рулетка 룰렛뜨까	игральный автомат 이그랄늬 아프따맛	бадук, шахматы 바둑, 샤흐마띄	карта 까르따	RUS
凭天转 / píngtiānzhuàn 핑티엔주완	吃角子老虎 / chījiǎozilǎohǔ 츠지아오즈라오후	围棋 / wéiqí *2 웨이치	纸牌 / zhǐpái 즈파이	CHN
ルーレット 루-렛또	スロットマシーン 수롯또마신	いご / 囲碁、チェス 이고, 체수	カード 카-도	JPN

동의어: *1 바둑, 체스: scacci 스깍키, *2 国际象棋 / guójiàngqí 꿔지샹치

포커	스페이드	다이아몬드	하트	클로바	KOR
poker 포커	spade 스페이드	diamond 다이어먼드	heart 하트	clover 클로버	ENG
poker 포께르	pique 삐끄	diamant 디아멍	cœur 꿰르	trèfle 트레플	FRA
Poker 포커	Pik 피크	Karo 카로	Herz 헤어츠	Treff, Kreuz *1 트레프, 크로이츠	GER
pôquer 뽀께르	espadas 이스빠다스	ouros 오우루스	copas 꼬빠스	paus 빠우스	POR
poquer 뽀께르	espada 에스빠다	diamente 디아멘떼	corazón 꼬라손	trébol 뜨레볼	ESP
pocker 포커	spada 스파다	diamante 디아만떼	cuore 쿠오레	fiore 피오레	ITA
πόκερ 뽀께르	μπαστούνι 바스뚜니	διαμάντι 디아만디	καρδιά 까르디아	σπαθί 스빠씨	GRE
ludus pokerianus 루두스 포커리아누스	rŭtrum 루트룸	adamas 아다마스	cor 코르	trifólĭum 트리폴리움	LAT
покер 뽀께르	пики 삐끼	бубны 부브늬	червы 췌르븨	трефы 뜨레픠	RUS
扑克 / pūkè 푸커	黑桃 / hēitáo 헤이타오	方块 / fāngkuài 팡콰이	红桃 / hóngtáo 홍타오	黑梅花 / hēiméihuā 헤이메이화	CHN
ポーカー 포-카-	スペード 수페-도	ダイヤモンド 다이야몬도	ハート 하-토	クローバー 쿠로-바-	JPN

참고: *1 Klee 클레(식물의 클로바)

한	잭	퀸	킹	에이스	조커
영	jack 잭	queen 퀸	king 킹	ace 에이스	joker 조커
프	Valet 발레	Dame 담므	roi 루아	as 아스	joker 조께르
독	Bube 부베	Dame 다메	König 쾨니히	Ass 아스	Joker 조커
포	valete 발레찌	dama 다마	rei 헤이	ás 아스	curinga 꾸링가
스	sota 소따	reina 레이나	rey 레이	as 아스	comodín 꼬모딘
이	fante 판떼	regina 레지나	re 레	asso 아쏘	matta 마따
그	βαλές 발레스	ντάμα 다마	ρίγας 리가스	άσσος 아소스	τζόκερ 조케르
라	puer 푸에르	regina 레기나	rex 렉스	as *2 아스	scítŭlus 스키툴루스
러	валет 발렛	королева 까랄례바	король 까롤	туз 뚜즈	джокер 죠께르
중	J牌 / J pái *1 제이 파이	女王牌 / nǚwángpái 뉘왕파이	王牌 / wángpái *3 왕파이	尖 / jiān 지엔	夏客 / jiákè *4 지아커
일	ジャック 쟈꾸	クイーン 쿠인	キング 킨구	エース 에-수	ジョーカー 조-카-

동의어: *1 杰克 / jiékè 지에커, *2 as chartarum 아스 카르타룸, *3 老开 / lǎokāi 라오카이, *4 大鬼 / dàguǐ 따궤이

한	으뜸패	블랙잭	풀하우스	타짜
영	top pair 탑 패어	black jack 블랙 잭	full house 풀 하우스	card cheater 카드 치터
프	atout 아뚜	black jack 블락 작	full house 풀 아우스	tricheur de carte 트리쉐르 드 까르뜨
독	höchste Karte 회히스테 카르테	Black Jack 블랙 잭	Full House 풀 하우스	Meisterspieler 마이스터슈필러
포	top pair 탑 페어	vinte-e-um 빙찌-이-웅	uma trinca e um par 우마 뜨링까 이 웅 빠르	trapaceiro 뜨라빠쎄이루
스	comodín 꼬모딘	Blackjack veinte y uno 블랙잭 베인떼 이 우노	casa llena 까사 예나	guerra de flor 게라 데 플로르
이	onore 오노레	blackjack 블랙잭	full house 풀 하우스	baro 바로
그	top pair(στο πόκερ) 탑 패어(스또 뽀께르)	μπλακ τζακ 블라크 자크	φούλ χάουζ(στο πόκερ) 풀 하우즈(스또 뽀께르)	χαρτοκλέψιμο 하르또끌렙시모
라	optima pokeriana 옵티마 포케리아나	chartae lusoriae gallicae *1 카르테 루소리애 갈리캐	fullus housus 풀루스 호우수스	fradator chartarius 프라다토르 카르타리우스
러	высшая пара 븨샤야 빠라	Блэк джек 블랙 줵	полный дом 뽈늬 돔	мошенник 마쉔닉
중	底牌 / dǐpái 디파이	二十一点 / èrshíyīdiǎn 얼스이디엔	–	赌神 / dǔshén 두션
일	きりふだ / 切(り)札 키리후다	ブラックジャック 부락꾸작꾸	フルハウス 후루하우수	いかさまし / いかさま師 이카사마시

동의어: *1 blaccus iaccus 블락쿠스 약쿠스

196

만화	만화가	캐릭터	피규어	KOR
comic *1 코믹	cartoonist 카투니스트	character 캐릭터	figure 피규어	ENG
B.D.(bede) *2 베데	cartooniste 까르뚜니스뜨	caractère 꺄렉떼르	figure 피규르	FRA
Comics, Manga 코믹스, 망가	Mangazeichner 망가차이히너	Charakter 카락터	Figur 피구어	GER
quadrinhos 꽈드링유스	cartunista 까르뚜니스따	caráter, personagem 까라떼르, 뻬르쏘나쩽	figura 피구라	POR
cómicas 꼬믹스	dibujante 디부한떼	personaje 페르소나헤	figura 피구라	ESP
cartone animato 카르토네 아니마토	caricaturista 카리카투리스타	caràttere 까라떼레	figura 피구라	ITA
κόμικ 꼬믹	κομίστας 꼬미스파스	χαρακτήρας 하락띠라스	σχήμα 스히마	GRE
narratio picta *3 나라티오 픽타	*4	charácter 카락테르	figúra 피구라	LAT
комикс 꼬믹스	карикатурист 카리카뚜리스트	характер 하락쩨르	фигура 피구라	RUS
漫画 /mànhuà 만화	漫画家 /mànhuàjiā 만화지아	角色 /juésè 주에써	塑像 /sùxiàng 수샹	CHN
まんが /漫画 만가	まんがか /漫画家 만가카	キャラクター 캬라쿠타-	フィギュア 휘규아	JPN

동의어: *1 Manga 망가, *2 Bande dessinée의 줄임말, *3 libellus pictographicus 리벨루스 픽토그라피쿠스,
　　　 *4 descriptor pictographicus 데스크립토르 픽토그라피쿠스

애니메이션	줄거리	문하생	마니아, 골수팬	KOR
animation 애니메이션	synopsis 시놉시스	disciple 디사이플	mania 매니아	ENG
film d'animation 필므 다니마씨옹	synopsis 시놉시스	disciple 디씨플	manie 마니	FRA
Zeichentrickfilm *1 차이헨트릭필름	Synopse *2 진옵세	Lehrling 레얼링	Manie 마니	GER
animação 아니마써웅	sinopse 씨놉씨	discípulo 지씨뿔루	fã maníaco 팡 마니아꾸	POR
animación 아니마씨온	sinopsis 시놉시스	discípulo 디씨쁠로	manía 마니아	ESP
animazióne 아니마찌오네	sinossi 시노시	seguace 세구아체	appassionato 아빠씨오나또	ITA
κινούμενα σχέδια 끼누메나 스헤디아	σύνοψη 시놉시	μαθητής 마씨띠스	μανία 마니아	GRE
animátus móbilis effígies 에니마투 모빌리스 에피기에스	synópsis 시놉시스	discípulus 디스키뿔루스	cálidus comes *3 칼리두스 코메스	LAT
анимация 아니마찌야	синопсис 시놉시스	апостол 아뽀스똘	мания, фанат 마니아, 빠나트	RUS
卡通片 /kǎtōngpiàn 카퉁피엔	剧情介绍 /jùqíng jièshào 쥐칭지에샤오	门徒 /méntú 먼투	爱好者 /àihàozhě 아이하오저	CHN
アニメーション 아니메-숀	あらすじ 아라수지	もんかせい /門下生 몬카세-	オタク 오타쿠	JPN

동의어: *1 Animation 아니마치온, *2 Zusammenfassung 추자멘파숭, Übersicht 위버지히트, *3 calidus fautor 칼리두스 파우토르

한	스크린 톤	라이트박스	펜촉	스톱모션
영	screen tone 스크린 톤	light box 라이트 박스	pen point 펜 포인트	stop motion 스톱 모션
프	screen tone 스크린 톤	tablette lumineuse 타블레트 뤼미뇌즈	bec de plume 벡 드 블뤼므	animation image par image 아니마씨옹 이마쥬 빠르 이마쥬
독	Rasterfolie 라스터폴리에	Lichtkasten 리히트카스텐	Feder 페더	Stop-Motion 스톱 모션
포	tonalidade da tela 또날리다지 다 뗄라	lightbox 라이찌복스	bico de caneta 비꾸 지 까네따	stop motion 스톱 모션
스	tono de pantalla 또노 데 빤따야	caja ligera 카하 리헤라	pluma 쁠루마	imagen conhelada 이마헨 꼰엘라다
이	screentone 스크린톤	cassa di lampo 카싸 디 람포	punta di penna 뿐따 디 펜나	Passo uno 파쏘 우노
그	τόνος οθόνης 또노스 오쏘니스	κουτί φωτός 꾸띠 포또스	μύτη πέννας 미띠 뺀나스	αναχαίτηση κίνησης 아나해띠시 끼니시스
라	tonus lintei 토누스 린테이	cista lucis 키스타 루키스	acumen calami 아쿠멘 칼라미	desitum motus 데시툼 모투스
러	скринтон 스크린똔	сетевой короб 스볘따보이 까롭	кончик пера 꼰척 뻬라	стоп-кадр 스톱-까드르
중	网目调 / wǎngmùdiào 왕무띠아오	灯箱 / dēngxiāng 떵시앙	笔尖 / bǐjiān 비지엔	定格动画 / dìnggédònghuà 띵꺼둥화
일	スクリーントーン 수쿠린 톤	ライトボックス 라이토복꾸수	ペンさき / ペン先 펜사키	ストップモーション 수톱뿌모-숀

한	잔상효과	연재만화	연재
영	afterimage effect 에프터이미지 에펙트	comic strip 코믹 스트립	serial publication 시리얼 퍼블리케이션
프	effet d'image rémanente 에페 디마쥬 레마낭프	bande dessinée 방드 데씨네	publication en feuilleton 쀠블리까씨옹 엉 쾨이으똥
독	Nachbilder-Effekt 나흐빌더 에펙트	Comicstrip 코믹스트립	Fortsetzung [*1] 포어트제충
포	efeito de imagem residual 이페이뚜 지 이마쥉 헤지두아우	tirinha 찌링야	publicação seriada 뿌블리까써옹 쎄리아다
스	ilusiones ópticas 일루시오네스 옵띠까스	Tira cómica 띠라 꼬미까	serialización 세리알리싸씨온
이	sensazione persistente 센사지오네 페르시스텐테	fumetto 푸메또	pubblicazione seriale 푸쁠리까찌오네 세리알레
그	επιμονή όρασης, μεταίσθημα 에삐모니 오라시스, 메뗴스씨마	λωρίδα κόμικ 로리다 꼬믹	έκδοση σε συνέχειες 엑도시 세 시네히에스
라	constantia visus 콘스탄티아 비수스	comici habena 코미키 하베나	editio continens 에디티오 콘티넨스
러	последовательный эффект 빠슬례더바쪨느이 에펙트	комикс 코믹스	серийные издания 쎄리인늬예 이즈다니야
중	残像效果 / cánxiàngxiàoguǒ 칸시앙시아오궈	哄咪式漫画 / hōngmīshìmànhuà 홍미스만화	连载 / liánzǎi 리엔자이
일	ざんぞうこうか / 残像効果 잔조-코-카	れんさいまんが / 連載漫画 렌사이만가	えいさい / 英才 에-사이

동의어: [*1] Serien 제리엔

1-5. 의료, 질병

의료	위생	병원	진료소, 클리닉	KOR
medical care 메디켈 케어	hygiene 하이진	hospital 하스피틀	clinic 클리닉	ENG
soins médicaux 수엥 메디꼬	hygiène 위지엔느	hôpital 오삐딸	clinique 끌리니끄	FRA
ärztliche Betreuung *1 애어츠틀리헤 베트로이웅	Hygiene 히기네	Krankenhaus 크랑켄하우스	Klinik 클리닉	GER
cuidados médicos 꾸이다두스 메지꾸스	higiene 이쥐에니	hospital 오스삐따우	clínica 끌리니까	POR
asistencia médica 아씨스뗀시아 메디까	higiene 이히에네	hospital 오스삐딸	clínica 끌리니까	ESP
cure mediche 꾸레 메디께	igiene 이지에네	ospedale 오스페달레	clinica 클리니카	ITA
ιατρική φροντίδα 이아트리끼 프론디다	υγιεινή 이기이니	νοσοκομείο 노소꼬미오	κλινική 끌리니끼	GRE
medicina 메디키나	cura valetudinis *2 쿠라 발레투디니스	valetudinarium 발레투디나리움	clinice 클리니케	LAT
медицинская помощь 메지찐스까야 뽀머쉬	санитария 싸니따리야	больница 발니짜	клиника 클리니까	RUS
医疗 / yīliáo 이랴오	卫生 / wèishēng 웨이셩	医院 / yīyuàn 이위엔	诊疗所 / zhěnliáosuǒ 전랴오수오	CHN
いりょう / 医療 이료-	えいせい / 衛生 에-세-	びょういん / 病院 뵤-인	しんりょうしつ / 診療室 *3 신료-시추	JPN

동의어: *1 medizinische Behandlung 메디치니쉐 베한들룽, *2 res hygienica 레스 히기엔니카, *3 クリニック 쿠리닉꾸

약국	요양소	건강진단	유전자	KOR
pharmacy 파머시	sanatorium 새너토리엄	physical exam 피지컬 이그잼	gene 진	ENG
pharmacie 파르마씨	sanatorium 싸나또리움	examen médical 에그자멩 메디꺌	gène 젠	FRA
Apotheke 아포테케	Sanatorium 자나토리움	ärztliche Untersuchung 애어츠틀리헤 운터주훙	Gen 겐	GER
farmácia 파르마씨아	sanatório 싸나또리우	exame médico 이자미 메지꾸	gene 줴니	POR
farmacia 파르마시아	sanatorio 싸나꼴리오	examinación médica 엑사미나씨온 메디까	gen 젠	ESP
farmacia 파르마치아	preventòrio 프레벤토리오	esame obiettivo 에자메 오비에띠보	gène 젠느	ITA
φαρμακείο 파르마끼오	σανατόριο 사나또리오	ιατρική εξέταση 이아트리끼 엑세따시	γονίδιο 고니디오	GRE
medicina taberna 메디키나 타베르나	sanatorium 사나토리움	examen medicinalis 엑사멘 메디시나리스	genum 게눔	LAT
аптека 아프쩨까	санаторий 싸나또리이	медицинская проверка 메지찐스까야 쁘라베르까	ген 겐	RUS
药店 / yàodiàn 야오디엔	疗养院 / liáoyǎngyuàn 랴오양위엔	健康诊断 / jiànkāng zhěnduàn 찌엔캉 젼뚜안	遗传子 / yíchuánzǐ 이추안지	CHN
やっきょく / 薬局 약꾜쿠	りょうようしょ / 療養所 료-요-쇼	けんこうしんだん / 健康診断 켄코-신단	いでんし / 遺伝子 이덴시	JPN

한	진단	치료	침술	간호
영	diagnosis 다이아그노시스	treatment 트리트먼트	acupuncture 애큐펑쳐	nursing 너어싱
프	diagnostic 디아그노스띡	traitement 트렛뜨멍	acupuncture 아뀌뽕뛰르	soins infirmiers 수엥 엥피르미에
독	Diagnose 디아그노제	Behandlung 베한틀룽	Akupunktur 아쿠풍투어	Pflege 플레게
포	diagnose 지아그노지	tratamento 뜨라따멩뚜	acupuntura 아꾸뽕뚜라	enfermagem 잉페르마젱
스	diagnóstico 디아그노스띠꼬	tratamiento 뜨라따미엔또	acupuntura 아꾸뿐뚜라	enfermería 엔페르메리아
이	diagnosi 디아뇨지	trattamento 트라따멘토	agopuntura 아고푼투라	assistenza 아씨스텐자
그	διάγνωση 디아그노시	θεραπεία 쎄라삐아	βελονοθεραπεία 벨로노쎄라삐아	νοσηλευτική 노실레브띠끼
라	diagnosis 디아그노시스	curatio 쿠라티오	sanatio ex acu 사나티오 엑스 아쿠	cura 쿠라
러	диагноз 지아그노즈	лечение 리췌니예	иглоукалывание 이글로우깔릐바니예	уход за больным 우훗 자 발늼
중	诊断 / zhěnduàn 전뚜안	治疗 / zhìliáo 쯔랴오	针术 / zhēnshù 쪈수	护理 / hùlǐ 후리
일	しんだん / 診断 신단	ちりょう / 治療 치료-	しんじゅつ / 針術 신쥬추	かんご / 看護 칸고

한	온천치료	물리치료	검안(시력검사)
영	hot-spring therapy 핫스프링 떼라피	physical therapy 피지컬 떼라피	optometry [2] 옵토메트리
프	cure thermale 뀌르 떼르말	physiothérapie 퓌지오떼라피	optométrie [3] 옵또메트리
독	Badekur 바데쿠어	Krankengymnastik [1] 크랑켄김나스틱	Sehprobe 제프로베
포	tratamento termal 뜨라따멩뚜 떼르마우	terapia física 떼라삐아 피지까	optometria 옵또메트리아
스	balneología 발네오로히아	fisioterapia 피시오떼라삐아	optometría 옵또메트리아
이	cura termale 꾸라 테르말레	fisioterapia 피지오테라피아	oftalmoscopìa 옵탈모스코피아
그	λουτροθεραπεία 루트로쎄라삐아	φυσικοθεραπεία 피시꼬쎄라삐아	εξέταση των ματιών 엑세따시 똔 마띠온
라	salubrium aquarum usus 살루브리움 아쿠아룸 우수스	naturalis sanatio 나투랄리스 사나티오	examen de occuloris 엑사멘 데 오쿠라리스
러	лечение на курортах 례췌니예 나 꾸로르따흐	Физическая Обработка 피지췌스까야 아브라봇트까	офтальмоскопия 압딸모코피아
중	温泉治疗 / wēnquán zhìliáo 원추엔 쯔랴오	物理疗法 / wùlǐ liáofǎ 우리랴오파	试光 / shìguāng 스꽝
일	おんせんちりょう / 温泉治療 온센치료-	ぶつりちりょう / 物理治療 부추리치료-	けんがん / 険眼 켄간

동의어: [1] Physiotherapie 피지오테라피, [2] eye exam 아이 이그잼, [3] examen de la vue 에그자멩 드 라 뷔

소독	마취	주사	수액	KOR
disinfection *1 디스인펙션	anesthesia 애너씨지어	injection 인젝션	fluid *2 플루이드	ENG
stérilisation 스테릴리자씨옹	anesthésie 아네스떼지	injection 엥젝씨옹	perfusion 뻬르퓌지옹	FRA
Desinfektion 데스인펙치온	Narkose 나코제	Injektion 인옉치온	Flüssigkeit 플리씨히카이트	GER
esterilização 이스떼릴리자써옹	anestesia 아네스떼지아	injeção 잉줴써옹	fluido 플루이두	POR
esterilización 에스떼릴리사씨온	anestesia 아네스떼씨아	inyección 이넥씨온	fluídos 플루이도스	ESP
disinfezione 디신페지오네	anestesia 아네스테시아	iniezione 이니에지오네	fluido 플루이도	ITA
απολύμανση 아뽈리만시	αναισθησία 아내스씨시아	ένεση 에네시	λέμφος, λύμφη 렘포스, 림피	GRE
purgatio 푸르가티오	privatio sensum 프리바티오 센숨	immissio 임미시오	mucus, liquor 무쿠스, 리크보르	LAT
стерилизация 스쩨릴리자찌야	анестезия 아내스쩨지야	укол 우꼴	жидкость 쥣트꺼스츠	RUS
消毒 / xiāodú 샤오두	麻醉 / mázuì 마줴이	针 / zhēn 쩐	输液 / shūyè 수예	CHN
しょうどく / 消毒 쇼-도쿠	ますい / 麻酔 마수이	ちゅうしゃ / 注射 츄-샤	ずいえき / 髄液 주이에키	JPN

동의어: *1 sterilization 스테릴리제이션, *2 IV 아이브이

수술	수혈	기증자	보균자	KOR
operation 오퍼레이션	transfusion 트랜스퓨젼	donor 도너	germ carrier 점 케리어	ENG
opération 오뻬라씨옹	transfusion 트랑스퓌지옹	donateur 도나뙤르	porteur de germes 뽀르뙤르 드 제르므	FRA
Operation 오페라치온	Tranfusion 트란스푸지온	Spender 슈펜더	Bazillenträger *1 바칠렌트래거	GER
operação 오뻬라써옹	transfusão de sangue 뜨랑스푸저옹 지 쌍기	doador 도아도르	portador 뽀르따도르	POR
operación 오뻬라씨온	transfusión de sangre 뜨란스푸시온 데 상그레	donante 도난떼	portador de gérmenes 뽀르따도르 데 헤르메네스	ESP
operazione 오페라지오네	transfusione 트라푸지오네	donatore 도나토레	persona infetta 페르소나 인페따	ITA
εγχείρηση 엥히리시	μετάγγιση 메땅기시	δότης 도띠스	φορέας του μικροβίου 포레아스 뚜 미끄로비우	GRE
sectio 섹티오	transfusio 트란스푸시오	dator 다토르	gerulus brevis aevi 게룰루스 브레비스 에비	LAT
операция 아삐라찌야	переливание крови 뻬렐리바니예 크로비	донор 도너르	носитель инфекции 나씨쩰 인펙크찌이	RUS
手术 / shǒushù 셔우수	输血 / shūxuè 수슈에	捐主 / juānzhǔ 쥐엔주	带菌者 / dàijūnzhě 따이쥔저	CHN
しゅじゅつ / 手術 슈쥬추	ゆけつ / 輸血 유케추	ていきょうしゃ / 提供者 테-쿄-샤	ほきんしゃ / 保菌者 호킨샤	JPN

동의어: *1 Physiotherapie 피지요테라피

한	장기 이식	뜸	호흡	맥박
영	transplant 트랜스플랜트	moxibustion 먹시버스쳔	breathing 브리딩	pulse 펄스
프	transplantation 트랑스플랑따씨옹	moxa 목싸	respiration 레스삐라씨옹	pouls 뿌
독	Transplantation 트란스플란타치온	Moxa therapie 목사 테라피	Atem 아템	Puls 풀스
포	transplante 뜨랑스쁠랑찌	moxibustão 모쉬부스떠웅	respiração 헤스삐라써웅	pulso 뿌우쑤
스	transplante 뜨란스쁠란떼	moxa 목싸	aliento 알리엔또	pulso 뿔소
이	trapianto 트라피안토	moxibustione 목시부스티오네	respiro 레스피로	polso 폴소
그	μεταφύτευση 메따퓌떼브시	μόξα 목사	αναπνοή 아나쁘노이	σφυγμός 스피그모스
라	translatio 트란스라티오	therapeutica moxa 테라페우티카 목사	spiritus 스피리투스	pulsus 풀수스
러	трансплантация 뜨란스쁠란따찌야	моксибустион 목씨부스찌온	дыхание 디하니예	пульс 뿔스
중	移植 / yízhí 이즈	灸 / jiǔ 지오우	呼吸 / hūxī 후시	脉搏 / màibó 마이보
일	いしょく / 移植 이쇼쿠	きゅう / 灸 큐-	こきゅう / 呼吸 코큐-	みゃくはく / 脈拍 먀쿠하쿠

한	혈압	처방전	약	신약
영	blood pressure 블러드 프레셔	prescription 프리스크립션	drug *2 드럭	new drug 뉴 드러그
프	tension(artérielle) 떵씨옹(아르떼리엘)	ordonnance *1 오르도넝스	médicament 메디꺄멍	nouveau médicament 누보 메디꺄멍
독	Blutdruck 블루트드룩	Rezept 레쳅트	Medikament 메디카멘트	neue Arzneimittel 노이에 아르쯔나이미텔
포	pressão de sangue 쁘레써웅 지 쌍기	prescrição 쁘레스끄리써웅	medicamento 메지까멩뚜	novo medicamento 노부 메지까멩뚜
스	tensión arterial 뗀시온 아르떼리알	receta 레쩨따	medicina 메디씨나	nuevo medicamento 느에버 메디카멘토
이	pressione sanguigna 프레씨오네 상귀냐	prescrizione 프레스크리지오네	medicina 메디치나	nuovo farmaco 누오보 파르마코
그	πίεση 삐에시	συνταγή 신다기	φάρμακο 파르마꼬	νέο φάρμακο 네오 파르마꼬
라	pressio sanguinis 프레씨오 상구이니스	ordinatio 오르디나티오	medicamen *3 메디카멘	medicamentum novum 메디카멘툼 노붐
러	кровяное давление 크로뱐녀예 다블레니예	предписание 쁘롓삐싸니예	лекарство 례까르스뜨버	новый препарат 노브이 쁘레빠라프
중	血压 / xuèyā 슈에야	药方 / yàofāng 야오팡	药 / yào 야오	新药 / xīnyào 신야오
일	けつあつ / 血圧 케추아추	しょほうせん / 処方箋 쇼호-센	くすり / 薬 쿠수리	しんやく / 新薬 싱야쿠

동의어: *1 prescription 프레스크립씨옹, *2 medicamentum 메디카멘툼, *3 medicamentum 메디카멘툼

바이오시밀러	알약	소독약	독약	KOR
biosimilar 바이오시밀러	pill 필	disinfectant 디스앤펙턴트	poison 포이즌	ENG
biosimilaire 비오시밀레르	pilule 삐륄	antiseptique 앙띠셉띡	poison 쁘와종	FRA
Biosimilar 비오지밀라	Tablette 타블레테	Desinfektionsmittel 데스인펙치온스미텔	Gift 기프트	GER
biossimilar 비우씨밀라르	pílula 삘룰라	desinfetante 데징페땅찌	veneno 베네누	POR
biosimilar *1 비오씨밀라르	píldora 삘도라	antiséptico 안띠셉띠꼬	veneno, ponzoña 베네노, 폰소냐	ESP
biosimilare 비오시밀라레	compressa 콤프레싸	disinfettante 디신페딴떼	veleno 베네노	ITA
βιοϊσοδύναμα 비오이소디나마	χάπι 하삐	απολυμαντικό 아뽈리만디꼬	δηλητήριο 딜리띠리오	GRE
biopharmaceuticum 비오파르마케우티쿰	catapotium 카타포티움	contra transitionem 콘트라 트란시티오넴	venénum 베네눔	LAT
биоподобие 비오빠도비예	пилюля 삘률랴	дезинфицирующее средство 제진피찌루유쉐예 스롓츠뜨버	яд 야드	RUS
生物仿制药 / Shēngwù fǎng zhìyào 성우 팡 지야오	丸药 / wányào 완야오	消毒药 / xiāodúyào 샤오두야오	毒药 / dúyào 뚜야오	CHN
バイオシミラー 바이오시미라-	がんやく / 丸薬 강야쿠	しょうどくやく / 消毒薬 쇼-도쿠야쿠	どくやく / 毒薬 도쿠야쿠	JPN

동의어: *1 bioequivalente 비오에키바렌테

해독	정제	연고	비타민	KOR
detoxification 디톡시피케이션	tablet 타블렛	ointment 오인트먼트	vitamin 바이타민	ENG
désintoxication 데젱똑시까씨옹	comprimé 콩프리메	pommade 뽀마드	vitamine 비타민	FRA
Entgiftung 엔트기프퉁	Tablette 타블레테	Salbe 잘베	Vitamine 비타미네	GER
desintoxicação 데징똑씨까쎠옹	pastilhamento 빠스찔야멩뚜	unguento 웅궹뚜	vitamina 비따미나	POR
desintoxicación 디신똑시카시옹	pastilla 빠스띠야	ungüento 웅구엔또	vitamina 비따미나	ESP
disintossicazione 디신토시카시지오네	tavoletta 타볼레따	unguento 웅구엔또	vitamina 비따미나	ITA
αποτοξίνωση 아뽀똑시노시	δισκίο(ν), ταμπλέτα 디스끼오(온), 따블레따	αλοιφή 알리피	βιταμίνη 비따미니	GRE
purgatio venenorum 푸르가티오 베네노룸	catapotium 카타포티움	unguentum 웅구엔툼	vitaminum 비타미눔	LAT
детоксикация 지똑씨까찌야	таблетка 따블롓뜨까	мазь 마시	витамин 비따민	RUS
排毒 / páidú 파이두	锭剂 / dìngjì 띵지	软膏 / ruǎngāo 루안까오	维生素 / wéishēngsù 웨이셩수	CHN
げどく / 解毒 게도쿠	じょうざい / 錠剤 죠-자이	なんこう / 軟膏 난코-	びたみん / ビタミン 비타민	JPN

한	소화제	하제	진통제	안약
영	digestive 다이제스티브	laxative 랙서티브	painkiller 페인킬러	eye drops 아이 드랍스
프	digestif 디제스띠프	laxatif 락싸띠프	analgésique 아날제지끄	collyre 꼴리르
독	Verdauungsmittel 페어다웅스미텔	Abführmittel 압퓌어미텔	Schmerztablette 슈메르츠타블레테	Augentropfen 아우겐트롭펜
포	digestivo 지줴스찌부	laxante 라샹찌	analgésico, lenitivo 아나우줴지꾸, 레니찌부	colírio 꼴리리우
스	digestivo 디헤스띠보	laxante 락싼떼	analgésico, calmante 아날헤시코, 깔만떼	loción de los ojos 로씨온 데 로스 오호스
이	digestivo 디제스티보	purga 푸르가	lenitivo 레니티보	collirio 콜리리오
그	πεπτικό 뻽띠꼬	καθαρτικό 까싸르띠꼬	αναλγητικό *1 아날기띠꼬	φάρμακο για μάτια 파르마꼬 이아 마띠아
라	medicamentum digestionis 메디카멘툼 디제스티오니스	catharticum 카타르디쿰	levator doloris 레바토르 돌로리스	medicamentum oculorum 메디가멘툼 오쿨로룸
러	средство 스렛츠프버	слабительное 슬라비쩰너예	болеутоляющее средство 볼례우딸랴쉐예 스렛츠프버	примочка для глаз 쁘리모취까 들랴 글라즈
중	消化剂 / xiāohuàjì 샤오화지	下剂 / xiàjì 시아지	镇痛剂 / zhèntòngji 전통지	眼药 / yǎnyào 얜야오
일	しょうかざい / 消化剤 쇼-카자이	げざい / 下剤 게자이	ちんつうざい / 鎮痛剤 친추-자이	めぐすり / 目薬 메구수리

동의어: *1 παυσίπονο 빠브시뽀노

한	탈모제	페니실린	항생제	보톡스
영	depilatory 디필러터리	penicillin 페니실린	antibiotic 앤티바이오틱	botox 보톡스
프	dépilatoire 데삘라뚜와르	pénicilline 뻬니실린	antibiotique 엉띠비오띠끄	botox 보톡스
독	Enthaarungsmittel 엔트하룽스미텔	Penizillin 페니칠린	Antibiotikum 안티비오티쿰	Botox 보톡스
포	anticalvície 앙찌까우비씨이	penicilina 뻬니씰리나	antibiótico 앙찌비오찌꾸	botox 보톡스
스	depilatorio 데삘라또리오	penicilina 뻬니씰리나	antibiótico 안띠비오띠꼬	botox 보톡스
이	depilatorio 데필라토리오	penicillina 페니칠리나	antibiotico 안티비오티코	botox 보톡스
그	αποτριχωτικό 아뽀트리호띠꼬	πενικιλλίνη 뻬니낄리니	αντιβιοτικό 안디비오띠꼬	μπότοξ 보톡스
라	contra defluvium *1 콘트라 데플루비움	penicillinum 페니킬리눔	contra vitam *3 콘트라 비탐	botulinum *4 보툴리눔
러	крем для удаления волос 크렘 들랴 우달례니야 발로스	пенициллин 뻬니찔린	антибиотик 안찌비오찍	ботокс 보톡스
중	脱发药 / tuōfàyào 투오파야오	青霉素 / qīngméisù *2 칭메이수	抗菌剂 / kàngjūnjì 캉쥔지	保妥适 / bǎotuǒshì 바오투오스
일	だつもうざい / 脱毛剤 다추모-자이	ペニシリン 페니시린	こうせいぶっしつ / 抗生物質 코-세-붓씨추	ボトックス 보톡꾸수

동의어: *1 contra capillorum 콘트라 카필로룸, *2 配尼西林 / pèiníxīlín 페이니시린, *3 contra bacterium 콘트라 박테리움, *4 botulin 보툴린

실리콘	임프란트	주사기	매스	KOR
silicon 실리컨	implant 임플런트	syringe 시린지	surgical knife 설지칼 나이프	ENG
silicone 씰리꼰	implant 엥쁠랑	injecteur 엥젝뙤르	bistouri 비스뚜리	FRA
Silikon 질리콘	Implantation 인플란타치온	Injektion 인옉치온	Skalpell 스칼펠	GER
silicone 씰리꼬니	implante 잉쁠랑찌	injetor 잉줴또르	bisturi 비스뚜리	POR
silicona 실리꼬나	implante 임쁠란떼	jeringa 헤링가	bisturí 비스뚜리	ESP
silicone 실리코네	impiantare 임피안타레	siringa 시링가	scalpèllo 스칼펠로	ITA
σιλικόνη 실리꼬니	εμφύτευμα 엠피떼브마	σύριγγα 시링가	νυστέρι 니스떼리	GRE
polysiloxanes 폴리실록사네스	implanta 임플란타	parva fistula 파르타 피스투라	scalpellum 스칼펠룸	LAT
силиконы 실리꼬니	имплантация 임쁠란따찌야	шприц 슈쁘릿츠	хирургический нож 히루르기취스끼 노쉬	RUS
硅塑料 / guīsùliào 꿰이수랴오	移植 / yízhí 이즈	针管 / zhēnguǎn 젼관	手术刀 / shǒushùdāo 셔우수따오	CHN
シリコン 시리콘	インフラント 인푸란토	ちゅうしゃき / 注射器 쥬-샤키	メス 메수	JPN

밴드	거즈	반창고	파스	KOR
bandage 밴디지	gauze 거즈	plastic bandages *1 플라스틱 밴디지스	cataplasm 캐타플라즘	ENG
bande de gaze 방드 드 가즈	compresse de gaze 꽁프레스 드 가즈	ruban de tissu adhésif 뤼방 드 띠슈 아데지프	cataplasme 카타플라슴	FRA
Bandage 반다제	Gaze 가제	Pflaster 플라스터	wärme Pflaster 배어메 플라스터	GER
bandagem 방다쳉	gaze 가지	esparadrapo 이스빠라드라뿌	cataplasma 까따쁠라즈마	POR
venda 벤다	gasa 가사	esparadrapo 에스빠라드라뽀	cataplasma 까따쁠라스마	ESP
benda 벤다	garza 가르짜	cerotto 체로또	cataplasma *2 카타프라즈마	ITA
επίδεσμος 에삐데즈모스	γάζα 가자	έμπλαστρο 엠블라스트로	έμπλαστρο 엠블라스트로	GRE
vincula, vincla 빈쿠라, 빈크라	panus, ligamen 파누스, 리가멘	tenax pannus 테낙 판누스	emplastrum 엠블라스트룸	LAT
перевязка 뻬례뱌스까	марля 마를랴	пластырь 쁠라스띠르	припарка 쁘리빠르까	RUS
橡皮膏 / xiàngpígāo 샹피까오	纱布 / shābù 샤뿌	绊创膏 / bànchuānggāo 빤추앙까오	对氨水杨酸 / duìānshuǐyángsuān 뒈이안쉐이양수안	CHN
バンド 반도	ガーゼ 가-제	ばんそうこう / 絆創膏 반소-코-	しっぷ / 湿布 십뿌	JPN

동의어: *1 band aid 밴드 에이드, *2 cerotto all'acido para-aminosalicilico 체로토 알라치도 파라-아미노살리칠리코_

한	안대	콘돔	깁스	목발
영	eyepatch 아이패치	condom 콘돔	cast 캐스트	crutch 크럿치
프	pansement oculaire 팡스멍 오뀔레르	condom 콘돔	plâtre 플라프르	béquille 베끼으
독	Augenbinde 아우겐빈데	Kondom 콘돔	Gips 깁스	Krücke 크뤽케
포	venda 벵다	preservativo 쁘레제르바찌부	gesso 줴쑤	muleta 물레따
스	venda de los ojos 벤다 데 로스 오호스	condón 꼰돈	yeso 예소	muleta 물레따
이	benda per gli occhi 벤다 뻬르 리 오끼	preservativo 프레제르바티보	gesso 제쏘	stampella 스탐뻴라
그	γάζα για μάτια 가자 야 마띠아	προφυλακτικό 쁘로필락띠꼬	γύψος 깊소스	δεκανίκι 데까니끼
라	ligámen óculi 리가멘 오쿠리	praesidiarium 프래시디아리움	gypsum, creta 집숨, 크레타	baculum 바쿨룸
러	повязка на глазу 빠뱌스까 나 글라주	кондом 콘돔	гипс 깁스	костыль 까스띨
중	眼罩 / yǎnzhào 얜짜오	避孕套 / bìyùntào 삐윈타오	石膏 / shígāo 스까오	拐子 / guǎizi 과이즈
일	がんたい / 眼帯 간타이	コンドーム 콘도-무	ギブス 기부수	まつばづえ / 松葉杖 마추바주에

한	의치	기저귀	안마기	청진기
영	false tooth 폴스 투쓰	diaper 다이퍼	massager 마싸저	stethoscope 스테쏘스코프
프	fausses dents 포스 덩	couche bébé 꾸슈 베베	masseur 마쐬르	stéthoscope 쓰떼또스꼬프
독	Gebiß 게비쓰	Windel 빈델	Massagemaschine 마싸지마시네	Stethoskop [2] 스테토스콥
포	dente falso 뎅찌 파우쑤	fralda 프라우다	massageador 마싸줴아도르	estetoscópio 이스떼뚜스꼬삐우
스	postizo 뽀스띠소	pañal 빠냘	masajista 마사히스따	estetoscopio 에스떼또스꼬삐오
이	dente falso 덴떼 팔소	pannolino 판놀리노	massaggiatore 마싸좌토레	stetoscopio 스테토스코피오
그	ψεύτικα δόντια 읍세브띠까 돈디아	πάνα 빠나	όργανο για μασάζ 오르가노 이아 마사즈	στηθοσκόπιο 스띠쏘스꼬삐오
라	mendaces dentes 멘다세스 덴테스	panni 판니	machina frictionis [1] 마키나 프릭티오니스	speculator pectoralis 스페쿨라토르 펙토랄리스
러	вставные зубы 프스따브늬에 주븨	пелёнка 삘룐까	массажёр 마싸죠르	стетоскоп 스쩨따스꼽
중	假牙 / jiǎyá 지아야	尿布 / niàobù 니아오뿌	按摩机 / ànmó jī 안모지	听诊器 / tīngzhěnqì 팅쪈치
일	ぎし / 義歯 기시	おむつ 오무추	あんまき / 按摩機 암마키	ちょうしんき / 聴診器 쵸-신키

동의어: *1 machina fricationis 마키나 프리카티오니스, *2 Abhörgerät 압회어게렛트

증상	구급차 앰뷸런스	방습제	방부제	KOR
symptom 심프텀	ambulance 앰뷸런스	desiccant 데시컨트	preservative 프리저버티브	ENG
symptôme 쌩똠	ambulance 엉블렁스	dessiccatif 데씨까띠프	conservateur 꽁쇠르바뙈르	FRA
Symptom 짐프톰	Rettungswagen 레퉁스바겐	Trockenmittel 트로켄미텔	Konservierungsmittel 콘저비룽스미텔	GER
sintoma 씽또마	ambulância 앙불랑씨아	dessecante 데쎄깡찌	conservante 꽁쎄르방찌	POR
síntoma 씬또마	ambulancia 암불란시아	desecante 데세깐떼	preservativo 쁘레세르바띠보	ESP
sintomo 신토모	ambulanza 암불란자	gelo di sìlice 젤로 디 실리체	antisettico 안티세티코	ITA
σύμπτωμα 심또마	ασθενφόρο όχημα 아스쩨노포로 오히마	αποξηραντικό 아뽁시란디꼬	συντηρητικό 신디리띠꼬	GRE
morbi nota 모르비 노타	arcera 아르케라	desiccant 데시칸트	antiseptica 안티셉티카	LAT
симптом 심쁨	Скорая помощь 스꼬라야 뽀모쉬	сиккатив 시까티브	консервант 칸세르반뜨	RUS
病征 / bìngzhēng 삥쩡	救护车 / jiùhùchē 지우후처	防湿剂 / fángshījì 팡스찌	防腐剂 / fángfǔjì 팡푸찌	CHN
しょうじょう / 症状 쇼-죠-	きゅうきゅうしゃ / 救急車 큐-큐-샤	かんそうざい / 乾燥剤 칸소-자이	ぼうふざい / 防腐剤 보-후자이	JPN

방충제	방진(제)	미세먼지	KOR
Insect repellent 인섹트 리펠런트	dustproof 더스트프루프	fine dust 파인 더스트	ENG
insectifuge, antimite 엥쎅띠퓌쥬, 엉띠미프	antipoussière 엉띠뿌씨에르	particules fines *2 빠르띠뀔르 핀느	FRA
Insektenpulver 인섹텐풀버	Staubdicht 스타웁디히트	Feinstaub 파인슈타웁	GER
inseticida 잉쎄찌씨다	prova de poeira 쁘로바 지 뽀에이라	material particulado fino 마떼리아우 빠르찌꿀라두 피누	POR
insecticida, repelente 인섹띠시다, 레펠렌테	prueba de polvo 프루에바 데 폴보	material particulado fino 마떼리아우 파르띠꿀라도 피노	ESP
insetticida 인세띠키다	prova di polvere 프로바 디 폴베레	Particolato 파르티콜라토	ITA
εντομοαπωθητικά 엔도모아뽀씨띠까	κατά της σκόνης 까따 띠스 스꼬니스	λεπτά σωματίδια 렙따 소마띠디아	GRE
insecticidium *1 인섹티키디움	pulverem probationem 풀베렘 프로바티오넴	denique materia particulata 데니퀘 마테리아 파르티쿨라타	LAT
репелленты 리필리엔테	пыленепроницаемый 필레네프라니짜예미	пылинка 삘린까	RUS
防虫剂 / fángchóngjì 팡충찌	防尘 / fángchén 팡천	细颗粒物 / xìkēlìwù 시커리우	CHN
ぼうちゅうざい / 防虫剤 보-츄-자이	ぼうじん / 防塵 보-진	りゅうしじょうぶっしつ / 粒子状物質 류-시세-붓씨추	JPN

동의어: *1 venenum insectis internecivum 베네눔 인섹티스 인테르네키붐, *2 poussière fine 뿌시에르 핀느

한	질병	감기	독감	설사
영	disease 디지즈	cold 콜드	flu 플루	diarrhea 다이어리아
프	maladie 말라디	rhume 뤼므	grippe 그리쁘	diarrhée 디아레
독	Krankheit 크랑크하이트	Erkältung 에어캘퉁	Grippe 그리페	Durchfall 두르히팔
포	doença 도엥싸	resfriado 헤스프리아두	gripe 그리삐	diarréia 지아헤이아
스	enfermedad 엔페르메다	resfrío 레스프리오	influenza 인플루엔사	dearrea 디아레아
이	malattia 말라띠아	raffreddore 라프레또레	influenza 인플루엔자	diarrea 디아레아
그	νόσος *1 노소스	κρύωμα 크리오마	γρίππη 그맆삐	διάρροια 디아리아
라	morbus 모르부스	destillatio 데스칠라티오	influens 인플루엔스	alvi deiectio 알비 데엑티오
러	болезнь 발례즌	простуда 쁘라스뚜다	грипп 그립	понос 빠노스
중	疾病 / jíbìng 지삥	感冒 / gǎnmào 간마오	重感冒 / zhònggǎnmào 중간마오	拉肚子 / lādùzi 라뚜즈
일	しっぺい / 疾病 십뻬-	かぜ / 風邪 카제	インフルエンザ 인후루엔자	げり / 下痢 게리

동의어: *1 αρρώστεια 아로스띠야

한	장염	후두염	비염	현기증
영	enteritis 엔터라이티스	laryngitis 레런자이터스	rhinitis 라이나이티스	dizziness *1 디지니스
프	entérite 엉떼릿뜨	laryngite 라렝짓뜨	rhinite 리닛뜨	vertige 베르띠쥬
독	Darmentzündung 다멘트췬둥	Kehlkopfentzündung 켈콥프엔트췬둥	Rhinitis 리니티스	Schwindel 슈빈델
포	enterite 잉떼리찌	laringite 라링쥐찌	rinite 히니찌	vertigem 베르찌쳉
스	enteritis 엔떼리띠스	laringitis 라린이띠스	rinitis 리니띠스	vértigo 베르띠고
이	enterite 엔테리테	laringite 라린지떼	rinite 리니떼	vertigini 베르티지니
그	εντερίτις 엔데리띠스	λαρυγγίτιδα 라링기띠다	ρινίτιδα 리니띠다	ίλλιγγος *2 일링고스
라	morbus intestini 모르부스 인테스티니	morbus gutturis 모르부스 구투리스	morbus nanus 모르부스 나누스	vertigo 베르티고
러	воспаление тонких кишок 바스빨례니예 똔끼흐 끼쇽	ларингит 라린깃	ринит 리닛	головокружение 걸라바크루줴니예
중	肠炎 / chángyán 창앤	喉炎 / hóuyán 허우얜	鼻炎 / bíyán 비얜	头晕 / tóuyūn 터우윈
일	ちょうえん / 腸炎 쵸-엔	こうとうえん / 喉頭炎 코-토-엔	びえん / 鼻炎 비엔	めまい / 目眩 메마이

동의어: *1 virtigo 버티고, *2 σκοτοδίνη 스꼬또디니

피부병	당뇨병	비만	증후군, 신드롬	KOR
skin disease 스킨 디지즈	diabetes 다이아비티즈	obesity 오비시티	syndrome 신드롬	ENG
maladie de la peau 말라디 들라뾰	diabète 디아벳뜨	obésité 오베지떼	syndrome 쌩드롬	FRA
Hautkrankheit 하우트크랑크하이트	Diabete 디아베테	Adipositas *1 아디포지타스	Syndrom 진드롬	GER
dermatose 데르마또지	diabete 지아베찌	obesidade 오베지다지	síndrome 씽드로미	POR
dermatosis 데르마또시스	diabetes 디아베떼스	obecidad 오베시닷	síndrome 씬드로메	ESP
dermatosi 데르마토시	diabete 디아베떼	grassezza 그라쎄짜	sindrome 신드로메	ITA
δερματοπάθεια 데르마또빠씨야	διαβήτης 디아비띠스	πάχος, λιπαρότητα 빠호스, 리빠로띠따	σύνδρομο 신드로모	GRE
morbus pellis 모르부스 펠리스	diabetes 디아베테스	pinguedo 핀궤도	concurrens 콘쿠렌스	LAT
кожные заболевания 코젠늬예 자벌례바니예	диабет 지아볫	полнота 뻘나따	синдром 신드롬	RUS
皮病 / píbìng 피빙	糖尿病 / tángniàobìng 탕니아오빙	肥胖 / féipàng 페이팡	症候群 / zhènghòuqún 쩡허우췬	CHN
ひふびょう / 皮膚病 히후뵤-	とうにょうびょう / 糖尿病 토-뇨-뵤-	ひまん / 肥満 히만	しょうこうぐん / 症候群 *2 쇼-코-군	JPN

동의어: *1 Übergewicht 위버게비히트, *2 シンドローム 신도로-무

노이로제, 신경증	심기증, 건강 염려증	트라우마	공포증	KOR
neurosis 뉴로우시스	hypochondria 하이포콘드리아	trauma 트라마	phobia 포비아	ENG
névrose 네브로즈	hypocondrie 이뽀꽁드리	trauma 트로마	phobie 포비	FRA
Neurose 노이로제	Hypochonder 히포콘더	Trauma 트라우마	Phobie 포비	GER
neurose 네우로지	hipocondria 이뽀꽁드리아	trauma 뜨라우마	fobia 포비아	POR
neurosis 네우로시스	hipocondría 이뽀꼰드리아	trauma 뜨라우마	fobia 포비아	ESP
nevrosi 네브로지	ipocondria 이포콘드리아	trauma 트라우마	fobia 포비아	ITA
νεύρωση 네브로시	υποχονδρία 이뽀혼드리아	τραύμα 트라브마	φοβία 포비아	GRE
neurósis 네우로시스	hypochondriasis 히포콘드리아시스	vulnus 불누스	phóbia 포비아	LAT
невроз 니브로스	ипохондрия 이빠혼드리야	травма 뜨라브마	фобия 포비아	RUS
神经症 / shénjīngzhèng 션징정	疑病症 / yíbìngzhèng 이빙쩡	创伤 / chuāngshāng 추앙샹	恐怖症 / kǒngbùzhèng 콩부쩡	CHN
しんけいしょう / 神経症 신케-쇼-	しんきしょう / 心気症 신키쇼-	トラウマ 토라우마	きょうふしょう / 恐怖症 교-후쇼-	JPN

한	상사병	정신병	불면증	전염병
영	lovesick 러브시크	mental disease 멘탈 디지즈	insomnia 인솜니어	epoidemic *1 에피데믹
프	maladie d'amour 말라디 다무르	maladie mentale 말라디 멍딸	insomnie 엥쏨니	épidémie 에피데미
독	Liebeskummer 리베스쿠머	Geisteskrankheit 가이스테스크랑크하이트	Schlaflosigkeit 슐라플로지히카이트	Infektionskrankheit *2 인펙치온스크랑크하이트
포	paixão 빠이셔웅	doença mental 도엥싸 멩따우	insônia 잉쏘니아	epidemia 에삐데미아
스	mal de amores 말 데 아모레스	enfermedad mental 엔페르메닷 멘딸	insomnio 인솜니오	enfermedad contagiosa 엔페르메닷 꼰따히오사
이	mal d'amore 말 다모레	psicopatia 프리코파티아	insonnia 인손니아	epidemia 에피데미아
그	ερωτοχτύπημα 에로또흐띠삐마	ψυχοπάθεια 읍시호빠씨아	αϋπνία 아이쁘니아	επιδημία 에삐디미아
라	morbus venereus 모르부스 베네레우스	morbus animalis 모르부스 아니말리스	insomnia 인솜니아	adventus 아드벤투스
러	влюблённость 블류블욘나스삐	психическое расстройство 프씨히췌스꺼예 라스프로이스버	бессонница 베스쏘니짜	зараза 자라자
중	单思病 / dānsībìng 딴스삥	精神病 / jīngshénbìng 찡션삥	失眠症 / shīmiánzhèng 스미엔쩡	传染病 / chuánrǎnbìng 추안란삥
일	こいわずらい / 恋煩い 코이와주라이	せいしんびょう / 精神病 세-신뵤-	ふみんしょう / 不眠症 후민쇼-	でんせんびょう / 伝染病 덴센뵤-

동의어: *1 contagion 컨테이젼, *2 Epidemie 에피데미

한	광우병	광견병	심장마비
영	mad cow disease 메드 카우 디지즈	rabies 레이비스	heart attack *1 하트 어택
프	maladie de la vache folle 말라디 들라 바슈 폴	rage 라쥬	paralysie du cœur 빠랄리지 뒤 꿰르
독	Rinderwahn, BSE 린더반, 베에스에	Tollwut, Hundswut 톨부트, 훈츠부트	Herzanfall *2 헤르츠안팔
포	doença da vaca louca 도엥싸 다 바까 로우까	raiva 하이바	paralisia cardíaca 빠랄리지아 까르지아까
스	mal de las vacas locas 말 데 라스 바까스 로까스	rabia 라비아	ataque cardíaco 아따께 까르디아꼬
이	mucca pazza 무카 빠짜	idrofobia 이드로포비아	attacco di cuore 아따꼬 디 크보레
그	αρρώστια τρελής αγελάδας 아로스띠아 트렐리스 아젤라다스	λύσσα, υδροφοβία 리사, 이드로포비아	καρδιακή προσβολή 까르디아끼 프로즈볼리
라	morbus dementis vobis 모르부스 데멘티스 보비스	rabies, hydrophobia 라비에스, 히드로포비아	oppugnatio cordis 오푸그나티오 코르디스
러	энцефалопатия крупного рогатого скота 앤쩨팔러바찌야 크룹프너버 스까따	бешенство 베쉔스프보	инфаркт 인파르크트
중	狂牛病 / kuángniúbìng 쾅니우삥	狂犬病 / kuángquǎnbìng 쾅츄엔삥	心脏麻痹 / xīnzàngmábì 신짱마삐
일	きょうぎゅうびょう / 狂牛病 쿄-규-뵤-	きょうけんびょう / 狂犬病 쿄-켄뵤-	しんぞうまひ / 心臓麻痺 신조-마히

동의어: *1 cardiac arrest 카디악 어레스트, *2 Herzattacke 헤르츠아타케, Herzinfarkt 헤르츠인파트

에이즈	암	간경화(간경변)	백혈병	KOR
AIDS 에이즈	cancer 캔서	cirrhosis of the liver 써러우시스 오브 더 리버	leukemia 루키미어	ENG
SIDA 시다	cancer 깡세르	cirrhose 씨로즈	leucémie 뢰쩨미	FRA
AIDS 에이즈	Krebs 크렙스	Leberzirrhose 레버치어호제	Leukämie 로이캐미	GER
SIDA 씨다	câncer 깡쩨르	cirrose 씨호지	leucemia 레우쎄미아	POR
SIDA 시다	cáncer 깐세르	cirrosis 씨로시스	leucemia 레우쎄미아	ESP
Aids 에이즈	cancro 칸크로	cirròsi epartica 치로시 에파티카	leucemia 레우체미아	ITA
έιτζ(AIDS) 에이즈	καρκίνος 까르끼노스	κίρρωση(ήπατος) 끼로시(이빠또스)	λευχαιμία 레브해미아	GRE
AIDS 에이즈	cancer 칸커르	cirrhosis hepatis 키르로시스 헤파티스	leukemia 레우케미아	LAT
СПИД 스삐드	рак 락	цирроз печени 찌로스 뻬췌니	лейкемия 레이께미야	RUS
爱滋病 / àizībìng 아이즈삥	癌 / ái 아이	肝硬化 / gānyìnghuà 깐잉화	白血病 / báixuèbìng 바이슈에삥	CHN
エイズ 에이주	がん / 癌 간	かんこうへん / 肝硬変 칸코-헨	はっけつびょう / 白血病 학께추뵤-	JPN

말라리아	뇌염	알러지	근무력증	KOR
malaria 맬러리아	encephalitis 인서퍼라이티스	allergy 앨러쥐	myasthenia 마이아쓰띠니아	ENG
malaria 말라리아	encéphalite 엥쎄빨릿드	allergie 알레르지	asthénie 아스떼니	FRA
Malaria 말라리아	Gehirnentzündung 게히른엔트췬둥	Allergie 알레르기	Muskelschwäche 무스켈슈배헤	GER
malária 말라리아	encefalite 잉쩨팔리찌	alergia 알레르쥐아	miastenia 미아스뻬니아	POR
malaria 말라리아	encefalitis 엔쎄팔리띠스	alergia 알레르히아	miastenia 미아스떼니아	ESP
malaria 말라리아	encefalite 엔체팔리테	allergia 알레르지아	miastenia grave 미아스테니아 그라베	ITA
ελονοσία_ 엘로노시아	εγκεφαλίτιδα 엥께팔리띠다	αλλεργία 알레르기아	μυασθένεια 미아스쩨니아	GRE
malaria 말라리아	encephalitis 엔케팔리티스	allergia 알레르기아	invalentia 인발렌티아	LAT
малярия 말랴리야	энцефалит 앤쩨팔릿	аллергия 알레르기야	миастения 미아스때니야	RUS
疟子 / yàozi 야오즈	乙脑 / yǐnǎo 이나오	过敏 / guòmǐn 꾸오민	肌无力 / jīwúlì 지우리	CHN
マラリア 마라리아	のうえん / 脳炎 노-엔	アレルギー 알레루기-	きんむりょくしょう / 筋無力症 킨무료쿠쇼-	JPN

한	통증	복통	출혈	열
영	pain 페인	stomachache 스토마케이크	bleeding 블리딩	fever 피버
프	douleurs, mal 둘뢰르, 말	mal à l'estomac 말라 레스또마	hémorragie [1] 에모라지	fièvre 피에브르
독	Schmerz 슈메르츠	Bauchschmerz 바우흐슈메르츠	Blutfluß [2] 블루트플루스	Fieber 피버
포	dor 도르	dor de barriga 도르 지 바히가	sangria 쌍그리아	febre 페브리
스	dolor 돌로르	dolor de estómago 돌로르 데 에스또마고	pérdida de sangre 뻬르디다 데 상그레	fiebre 피에브레
이	dolore 돌로레	mal di stomaco 말 디 스토마코	emorragia 에모라지아	febbre 페브레
그	πόνος 뽀노스	στομαχόπονος 스또마호뽀노스	αιμορραγία 애모라기아	πυρετός 삐레또스
라	dolor 돌로르	dolor stomachi 돌로르 스토마키	sanguinis eruptio [3] 상구이니스 에룹티오	febris 페브리스
러	боль 볼	боль в животе 볼 브 쥐바쩨	кровотечение 크러버찌췌니예	лихорадка 리하라트까
중	疼痛 / téngtòng 텅퉁	肚子痛 / dùzitòng 뚜즈퉁	出血 / chūxuè 추슈에	热 / rè 러
일	とうつう / 疼痛 토-추-	ふくつう / 腹痛 후쿠추-	しゅっけつ / 出血 슉께추	ねつ / 熱 네추

동의어: [1] saignement 세뉴망, [2] Verblutung 페어블루퉁, Blutung 블루퉁, [3] haemorrhagia 해모르라기아

한	호흡곤란	예후	소화불량
영	difficulty in breathing [1] 디피컬티 인 브리딩	prognosis 프로그노시스	indigestion 인다이제스천
프	étouffement 에뚜프멍	pronostic 프로노스띡	indigestion, dyspepsie 엥디제스띠옹, 디스뻽씨
독	Asthma 아스트마	Prognose 프로그노제	verdauungsproblem 페어다웅스프로블렘
포	dificuldade na respiração 지피꾸우다지 나 헤스삐라써웅	prognóstico 쁘로기노스찌꾸	indigestão, dispepsia 잉지줴스떠웅, 지스뻽씨아
스	dificultades de respiración 디피꿀따데스 데 레스삐라씨온	pronóstico 쁘로노스띠꼬	indigestión 인디헤스띠온
이	dispnea 디스프네아	prognosi 프로노지	indigestione 인디제스티오네
그	δύσπνοια 디스쁘니아	πρόγνωση 프로그노시	δυσπεψία 디스뻽시아
라	dyspnaea 디스프나에아	praenotio, praecognitio 프래노티오, 프래코그니티오	dyspepsia, cruditas 디스뻽시아, 크루디타스
러	затруднение дыхания 자프루드녜니예 듸하니야	прогноз 쁘라그노스	индигестия 인지게스찌야
중	呼吸促迫 / hūxī cùpò 후시 추포	预后 / yùhòu 위허우	积食 / jīshí 지스
일	こきゅうふぜん / 呼吸不全 코큐-후젠	よご / 予後 요고	しょうかふりょう / 消化不良 쇼-카후료-

동의어: [1] dyspnoea 디스프니아

기침	가래	아픈	난치의, 불치의	KOR
cough 커프	phlegm 프램	painful 페인풀	incurable 인큐러블	ENG
toux 뚜	crachat 크라쌰	douloureux 둘루르	incurable 엥꾸라블	FRA
Husten 후스텐	Sputum, Auswurf 슈푸툼, 아우스부르프	schmerzhaft 슈메르츠하프트	unheilbar 운하일바	GER
tosse 또씨	catarro 까따후	doloroso 돌로로주	incurável 잉꾸라베우	POR
tos 또스	flema 플레마	doloroso 돌로로소	incurable 인꾸라블레	ESP
tosse 토쎄	espettorazione 에스페또라지오네	ammalato 암말라토	incurabilita' 인쿠라빌리타	ITA
βήχας 비하스	φλέγμα 플레그마	οδυνηρός 오디니로스	ανίατος 아니아또스	GRE
tussis 투씨스	phlegm, phlegma 플레귬, 플레그마	acerbus, melestus 아케르부스, 멜레스투스	insanabilis 인사나빌리스	LAT
кашель 카쉘	слизь 슬리즈	болезненный 발례즈녠느이	неизлечимый 녜이즐례취므이	RUS
咳嗽 / késou 커서우	痰 / tán 탄	痛 / tòng 통	不可治愈 / bùkě zhìyù 부커 즈위	CHN
せき / 咳 세키	たん / 痰 탄	いたい / 痛い 이타이	ふじの / 不治の 후지노	JPN

지친	피곤한	어지러운	건강	KOR
exhausted 이그저스티드	fatigue 파티그	dizzy 디지	health 헬스	ENG
épuisé 에쀠제	fatigué 파띠게	étourdi 에뚜르디	santé 쌍떼	FRA
erschöpft 에어쉐펜	ermüdet 에어뮈데트	schwindlich 슈빈틀리히	Gesundheit 게준트하이트	GER
fatigado 파찌가두	cansado 깡싸두	vertiginoso 베르찌쥐노주	saúde 싸우지	POR
exhausto 엑사우스또	cansado 깐사도	mareado 마레아도	salud 살룻	ESP
esaurito 에자우리토	stanco 스탄코	vertiginoso 베르띠지노조	salute 살루떼	ITA
εξαντλημένος 엑산틀리메노스	κουρασμένος 꾸라즈메노스	ζαλισμένος 잘리즈메노스	υγεία, υγίεια 이기아, 이기이아	GRE
exhaustus, fessus 엑스하우스투스, 페쑤스	fatigatus, fessus 파티가투스, 페수스	vertiginosus 베르티기노수스	sanitas 사니타스	LAT
измученный 이즈무첸느이	уставший 우스따프쉬	головокружительный 걸라바크루쥐쪌느이	здоровье 즈다로비예	RUS
累 / lèi 레이	累 / lèi 레이	晕 / yūn 윈	健康 / jiànkāng 찌엔캉	CHN
くたびれた 쿠타비레타	つかれた / 疲れた 추카레타	めまいがする / 目眩がする 메마이가수루	けんこう / 健康 켄코-	JPN

한	미용실	헤어스타일	헤어컷	가발
영	beauty shop *1 뷰티샵	hairstyle 헤어스타일	haircut 헤어컷	wig 위그
프	salon de beauté 쌀롱 드 보떼	coiffure 꾸아퓌르	coupe de cheveux 꾸 드 슈브	perruque 뻬뤽끄
독	Haarsalon 하어살롱	Haarstil 하어슈틸	Haarschnitt 하어슈니트	Perücke 페뤼케
포	salão de beleza 쌀렁 지 벨레자	estilo de cabelo 이스찔루 지 까벨루	corte de cabelo 꼬르찌 지 까벨루	peruca 삐루까
스	salón de belleza 살론 데 베예사	peinado 뻬이나도	corte de pelo 꼬르떼 데 뻴로	peluca 뻴루까
이	Parrucchieria 파루끼에리아	stile di capelli 스틸레 디 카펠리	taglio di capelli 딸리오 디 카펠리	parrucca 파루까
그	κομμωτήριο 꼬모띠리오	στιλ μαλλιών 스띨 말리온	κούρεμα 꾸레마	περούκα 뻬루까
라	comptorium 콤프토리움	forma capilli 포르마 카필리	tonsum 톤숨	capillamentum 카필라멘툼
러	салон красоты 쌀론 크라싸띄	причёска 쁘리쵸스까	стрижка 스프리쉬까	парик 빠릭
중	美容院 / měiróngyuàn 메이룽위엔	发型 / fàxíng 파씽	剪发 / jiǎnfà 지엔파	假发 / jiǎfà 지아파
일	びようしつ / 美容室 비요-시추	ヘアスタイル 헤아수타이루	ヘアカット 헤아캇또	かつら / 鬘 카추라

동의어: *1 beauty salon 뷰티 싸롱

한	웰빙	다이어트	에어로빅	걷기, 보행	조깅
영	well-being 웰비잉	diet 다이어트	aerobics 에어로빅스	walking 워킹	jogging 죠깅
프	bien-être 비에네트르	diète, régime 디에뜨, 레쥠므	aérobic 아에로빅	marche 마르슈	jogging 조깅
독	Wellbeing 웰빙	Diät 디에트	Aerobic 에로빅	Wanderung 반더룽	Jogging 죠깅
포	bem-estar 벵 이스따르	dieta 지에따	aeróbica 아에로비까	caminhada 까밍야다	jogging 죠깅
스	bienestar 비엔에스따르	dieta 디에따	aeróbic 아에로빅	marcha 마르차	jogging 죠깅
이	benessere 베네쩨레	dieta 디에따	aerobica 아에로비카	cammino 깜미노	corso 코르소
그	ευζωία 에브조이아	δίαιτα 디에따	αερόμπικ 아에로빅	περπάτημα 뻬르빠띠마	τρέξιμο 트렉시모
라	bene vívere 베네 비베레	diaeta 디애타	gymnastica saltatis 김나스티카 살타티스	ambulatio 암불라티오	*2
러	благосостояние 블라고서스따야니예	диета 지예따	аэробика 아애로비까	ходьба 하지바	бег трусцой 벡 뜨루스쪼이
중	福利 / fúlì *1 푸리	减肥 / jiǎnféi 지엔페이	有氧舞蹈 / yǒuyǎng wǔdǎo 요우양 우다오	步行 / bùxíng 뿌씽	慢跑 / mànpǎo 만파오
일	ウェルビーイング 웨르비잉구	ダイエット 다이엣또	エアロビクス 에아로비쿠수	ウォーキング 워-킹구	ジョギング 죠긴구

동의어: *1 优活 / yōuhuó 요우훠, *2 gymnasticus ingressus 김나스티쿠스 잉그레쑤스

1-6. 이동수단

교통, 수송	왕래	통행, 통과	환승, 갈아탐	KOR
transportation 트랜스포테이션	traffic 트래픽	passing 패싱	connection 1) 코넥션	ENG
transport 트랑스포르	trafic 트라픽	passage 빠싸쥬	correspondance 꼬레스뽕덩스	FRA
Transport 트란스포트	Verkehr 페어케어	Durchgang 두르히강	Umsteigen 움슈타이겐	GER
transporte 뜨랑스쁘르찌	tráfego 뜨라페구	trânsito 뜨랑지뚜	transferência 뜨랑스페렝씨아	POR
transporte 뜨란스쁘르떼	tráfico 뜨라피꼬	tránsito 뜨란시또	correspondencia 꼬레스뽄덴시아	ESP
trasporto 트라스포르토	andare e venire 안다레 에 베니레	passaggio 파싸쬬	cambiamento 깜비아멘토	ITA
μεταφορά 메따포라	κυκλοφορία 끼클로포리아	διάβαση 디아바시	σύνδεση 신데시	GRE
vectura, advectio 벡투라, 아드벡티오	cursus, commeatus 쿠르수스, 콤메아투스	transitus, transitio 트란시투스, 트란시티오	traductio 트라둑티오	LAT
транспортировка 뜨란스뽀르찌로프까	движение 드비줴니예	прохождение 쁘라하쥬제니예	пересадка 뻬레싸트까	RUS
交通 /jiāotōng 찌아오퉁	来往 /láiwǎng 라이왕	通行 /tōngxíng 퉁싱	换乘 /huànchéng 환청	CHN
こうつう /交通、ゆそう /輸送 코-쭈-, 유소-	おうらい /往来 오-라이	つうこう /通行、つうか /通過 추-코-, 추-카	のりかえ /乗り換え 노리카에	JPN

동의어: 1) transfer 트랜스퍼

주유소	정류소	주차서비스	차고	KOR
gas station 개스 스테이션	bus stop 버스 스톱	valet 발렛	garage 가라지	ENG
station-service 스따씨옹 쎄르비스	arrêt de bus 아레 드 뷔스	valet(parking) 발레(파킹)	garage 갸라쥬	FRA
Tankstelle 탕크슈텔레	Haltestelle 할테슈텔레	Parkservice 파크서비스	Garage 가라제	GER
posto de gasolina 뽀스뚜 지 가졸리나	ponto de ônibus 뽕뚜 지 오니부스	serviço de manobra 쎄르비쑤 지 마노브라	garagem 가라쥉	POR
estación de gasolina 에스따씨온 데 가솔리나	parada 빠라다	servicio de aparcamiento 세르비씨오 데 아빠르까미엔또	garaje 가라헤	ESP
benzinaio 벤지나이오	fermata 페르마타	servizio di parcheggio 세르비지오 디 파르께쬬	autoriméssa 아우또리메싸	ITA
βενζινάδικο 벤지나디꼬	στάση 스따시	υπηρεσία για στάθμευση 이삐레샤 야 스따쓰메브시	γκαράζ 가라즈	GRE
statio gasalis 스타티오 가살리스	statio 스타티오	munus stationis 무누스 스타시오니스	stabulum 스타불룸	LAT
заправочная станция 자쁘라버취나야 스딴찌야	автобусная станция 아프또부스나야 스딴찌야	камердинер 까메르지녜르	гараж 가라쥐	RUS
加油站 /jiāyóuzhàn 찌아요우쨘	车站 /chēzhàn 처짠	停车服务 /tíngchēfúwù 팅처푸우	车库 /chēkù 처쿠	CHN
きゅうゆしょ /給油所 큐-유쇼	ていりゅうじょ /停留所 테-류-죠	パーキングサービス 파-킨구사-비수	しゃこ /車庫、ガレージ 샤코, 가레-지	JPN

한	교차로	정지선	신호등	교통표지
영	intersection 인터섹션	stop line 스탑 라인	traffic light 트래픽 라잇	traffic sign 트래픽 사인
프	carrefour 까르푸르	ligne d'arrêt 린느 다레	feux 프	panneau de signalisation 빠노 드 씨냘리자씨옹
독	Kreuzung 크로이충	Haltelinie 할테리니에	Ampel 암펠	Verkehrszeichen 페어케어스차이헨
포	cruzamento 끄루자멩뚜	linha de paragem 링야 지 빠라젱	semáforo 쎄마포루	placa de trânsito 쁠라까 지 뜨랑지뚜
스	cruce 끄루쎄	línea de parada 리네아 데 빠라다	semáforo 세마포로	señal de tráfico 세냘 데 뜨라피꼬
이	incrocio 인크로쵸	linea d'aarèsto 리네아 다레스토	semaforo 세마포로	segnale stradale 세냘레 스트라달레
그	διασταύρωση *1 디아스따브로시	γραμμή στοπ 그람미 스똡	φανάρι 파나리	πινακίδα, σήμα 삐나끼다, 시마
라	via crucis 비아 크루키스	linea stationis 리네아 스타티오니스	laterna cursus 라테르나 쿠르수스	signum cursus 시그눔 쿠르수스
러	перекресток 뻬례크료스떡	стоп-линия 쓰똡 리니야	светофор 스볘따포르	дорожный знак 다로쥬늬이 즈낙
중	叉路 / chālù 차루	停止线 / tíngzhǐxiàn 팅즈시엔	红绿灯 / hónglǜdēng 훙뤼떵	交通标志 / jiāotōngbiāozhì 찌아오퉁 삐아오즈
일	こうさてん / 交差点 코-사텐	ていしせん / 停止線 테-시센	しんごう / 信号 신고-	こうつうひょうしき / 交通標識 코-추-효-시키

동의어: *1 σταοροδρόμι 스따오로드로미

한	가드레일	노선	육로	터널
영	guardrail 가드레일	route 라웃	land route 랜드 라웃	tunnel 터널
프	garde-fou 가르드 푸	ligne 린느	voie terrestre 브아 떼레스트르	tunnel 뛰넬
독	Guardrail 가드레일	Linie, Route 리니, 루테	Landweg 란트벡	Tunnel 투넬
포	cerca de segurança 쎄르까 지 쎄구랑싸	linha 링야	via terrestre 비아 떼헤스프리	túnel 뚜네우
스	antepecho 안떼뻬초	ruta 루따	carretera 까레떼라	túnel 뚜넬
이	guardavia 구아르다비아	linea 리네아	via terra 비아 테라	galleria 갈레리아
그	προστατευτική μπάρα 쁘로스따뻬쁘띠끼 바라	διαδρομή 디아드로미	χερσαία διαδρομή 헤르세아 디아드로미	τούνελ 뚜넬
라	cancelli observationis 칸켈리 오브세르바티오니스	linea 리네아	via terra 비아 테라	fossa concamerata 포싸 콘카메라타
러	перила 뻬릴라	дорога 다로가	сухопутная дорога 수하뿟나야 다로가	туннель 뚜넬
중	护栏 / hùlán 후란	路线 / lùxiàn 루시엔	陆路 / lùlù 루루	隧道 / suìdào 쉐이따오
일	ガードレール 가-도레-루	ろせん / 路線 로센	りくろ / 陸路 리쿠로	トンネル 톤네루

철도	선로	열차	기관차	KOR
railway 레일웨이	rail 레일	train 트레인	locomotive 로코모티브	ENG
chemin de fer 슈멩 드 페르	rail 라이으	train 트렝	locomotive 로코모티브	FRA
Eisenbahn 아이젠반	Gleis 글라이스	Zug 축	Lokomotive 로코모티베	GER
ferrovia 페후비아	trilho 트릴유	trem 뜨렝	locomotiva 로꼬모찌바	POR
ferrocarril 페로까릴	vía férrea 비아 페레아	tren 뜨렌	locomotora 로꼬모또라	ESP
ferrovia 페로비아	traccia 트라치아	treno 트레노	locomotiva 로코모티바	ITA
σιδηρόδρομος 시디로드로모스	ράγα σιδηροδρόμου *1 라가 시디로드로무	τρένο 트레노	ατμομηχανή 아트모미하니	GRE
via ferrea 비아 페레아	lamina viae ferratae 라미나 비애 페라태	tramen 트라멘	machina vaporarium 마키나 바포라리움	LAT
железная дорога 젤례즈나야 다로가	рельс 렐스	поезд 뽀예즈드	локомотив 로꼬마찌프	RUS
铁路 / tiělù 티에루	线路 / xiànlù 시엔루	列车 / lièchē 리에처	机车头 / jīchētóu 지처터우	CHN
てつどう / 鉄道 테추도-	せんろ / 線路 센로	れっしゃ / 列車 렛쌰	きかんしゃ / 機関車 키칸샤	JPN

동의어: *1 σιδηροτροχιά 시디로뜨로시아

객차	침대차	식당차	플랫폼	KOR
coach 코우치	sleeping car 슬리핑 카	dining car *2 다이닝카	platform 플랫폼	ENG
wagon 바공	wagon-lit 바공 리	wagon-restaurant 바공 레스또랑	quai 께	FRA
Personenwagen 페어조넨바겐	Schlafwagen 슐라프바겐	Speisewagen 슈파이제바겐	Bahnsteig 반슈타익	GER
vagão 바거옹	vagão-dormitório 바거옹-도르미또리우	vagão-restaurante 바거옹 헤스따우랑찌	plataforma 쁠라따포르마	POR
vagón de pasajeros 바곤 데 빠사헤로스	coche-cama 꼬체 까마	vagon restaurante 바곤 레스따우란떼	plataforma, andén 플라따포르마, 안덴	ESP
vagone 바고네	vagone letto 바고네 레또	vagone ristorante 바고네 리스토란떼	binàrio 비나리오	ITA
βαγόνι 바고니	κλινάμαξα 끌리나마크사	εστιατόριο τρένου 에스띠아또리오 트레누	αποβάθρα 아뽀바쓰라	GRE
currus vectorium *1 쿠루스 벡토리움	currus dormitorius 쿠루스 도르미토리우스	currus cenatorius 쿠루스 케나토리우스	astarium 아스타리움	LAT
пассажирский вагон 빠싸줘르스끼 바곤	спальный вагон 스빨늬이 바곤	вагон-ресторан 바곤-레스따란	платформа 쁠라트포르마	RUS
客车 / kèchē 커처	卧车 / wòchē 워처	餐车 / cānchē 찬처	站台 / zhàntái 짠타이	CHN
きゃくしゃ / 客車 캬쿠샤	しんだいしゃ / 寝台車 신다이샤	しょくどうしゃ / 食堂車 쇼쿠도-샤	プラットホーム 푸랏또호-무	JPN

동의어: *1 carrus epibaticus 카루스 에피바티쿠스, *2 restaurant carriage(英)레스토랑 캐리지

한	건널목	자기부상열차	고속철도
영	crossing 크로싱	Maglev Train 매그러브 트레인	high speed rail 하이 스피드 레일
프	passage à niveau 빠싸주 아 니보	train à lévitation magnétique 트렝 아 레비따씨옹 마그네띠끄	chemin de fer ultra-rapide 슈멩 드 페르 울트라 라피드
독	Zebrastreifen 체브라슈트라이펜	Magnetschwebebahn 마그넷슈베베반	Express Eisenbahn 엑스프레스 아이젠반
포	faixa de pedestres 파이샤 지 뻬데스프리스	Maglev Train 마그레브 뜨레잉	ferrovia de alta velocidade 페후비아 지 아우따 벨로씨다지
스	paso a nivel 빠소 아 니벨	tren de maglev 뜨렌 데 마그레브	tren de alta velocidad 뜨렌 데 알따 벨로씨닷
이	incrocio 잉크로씨오	Treno a levitazione magnetica 트레노 아 레비타지오네 마크네티카	ferrovia rapida 페로비아 라피다
그	διάβαση, διασταύρωση 디아바시, 디아스따브로시	τρένο μαγκλέ 뜨레노 마글레	τρένο εξπρές 트레노 엑스쁘레스
라	compitum 콤피툼	tramen pensile magneticum 트라멘 펜실레 마그네티쿰	tramen ultracelerum 트라멘 울트라세레룸
러	переезд 뻬레예즈드	поезд Маглев 뽀예즈드 마그레브	высокоскоростная железная дорога 비소까스코르스나야 젤레즈나야 다로가
중	平交道 / píngjiāodào 핑찌아오따오	磁悬浮列车 / cíxuánfúlièchē 츠슈엔푸리에처	高速铁路 / gāosùtiělù 까오수 티에루
일	ふみきり／踏切り 후미키리	リニアモーターカー／linear motor car 리니아모-타-카-	ちょうとっきゅう／超特急 쵸-톡뀨-

한	특급열차	급행열차	지하철	전차
영	limited express 리미티드 익스프레스	express 익스프레스	subway 서브웨이	streetcar *2 스트리트카
프	express 엑스프레스	express 엑스프레스	métro 메트로	tramway 트람웨
독	Expresszug 엑스프레스축	Schnellzug 슈넬축	U-bahn 우반	Straßenbahn 슈트라쎈반
포	trem expresso especial 뜨렝 이스쁘레쑤 이스뻬씨아우	trem expresso 뜨렝 이스쁘레쑤	metrô 메뜨로	bonde 봉지
스	tren rápido 뜨렌 라삐도	tren expreso 뜨렌 엑스쁘레소	metro 메뜨로	tranvía 뜨란비아
이	rapido 라피도	direttissimo 디레띠씨모	metrò 메트로	tram 트람
그	τραίνο υπέρ-εξπρές 트레노 이뻬르-엑스프레스	τρένο εξπρές 트레노 엑스쁘레스	μετρό 메트로	τρόλλεϋ 트롤레이
라	tramen supercelerum 트라멘 수페르켈레룸	tramen rapidum *1 트라멘 라피둠	ferrivia subterranea 페리비아 숩테르라네아	tramviarius 트람비아리우스
러	специальный экспресс-поезд 스삐쨜늬이 액스쁘레스-뽀예즈드	экспресс-поезд 액스쁘레스-뽀예즈드	метро 메뜨로	трамвай 뜨람바이
중	特快 / tèkuài 터콰이	快车 / kuàichē 콰이처	地铁 / dìtiě 띠티에	电车 / diànchē 띠엔처
일	とっきゅうれっしゃ／特急列車 톡뀨-렛쌰	きゅうこうれっしゃ／急行列車 큐-코-렛쌰	ちかてつ／地下鉄 치카테추	でんしゃ／電車 덴샤

동의어: *1 hamaxostichus rapidus 하막소스티쿠스 라피두스, *2 tram 트램

기관사	승무원	에스컬레이터	엘리베이터(승강기)	KOR
engineer 엔지니어	conductor 컨덕터	escalator 에스컬레이터	elevator 엘리베이터	ENG
ingénieur 엥줴니외르	conducterur 꽁뒥뛰르	escalier roulant 에스칼리에 룰랑	ascenseur 아썽쐬르	FRA
Lokführer 록퓌러	Schaffner 샤프너	Rolltreppe 롤트레페	Aufzug 아우프축	GER
maquinista 마끼니스따	condutor 꽁두또르	escada rolante 이스까다 홀랑찌	elevador 엘레바도르	POR
maquinista 마끼니스따	tripulante 뜨리뿔란떼	escalada 에스깔라다	ascensor 아쎈소르	ESP
macchinista 마끼니스타	controllore 꼰트롤로레	scala mobile 스칼라 모빌레	ascensore 아쎈소레	ITA
μηχανικός(τρένου) 미하니꼬스(트레누)	εισπράκτορας 이스프락또라스	κυλιόμενη σκάλα 낄리오메니 스깔라	ασανσέρ *1 아산세르	GRE
machinator, faber 마키나토르, 파베르	administer 아드미니스테르	scalae versatiles 스깔래 베르사틸레스	anabathrum *2 아나바트룸	LAT
машинист 마쉬니스뜨	кондуктор 칸둑떠르	эскалатор 애스칼라떠르	лифт 리프트	RUS
火车司机 / huǒchēsījī 후오처 쓰지	列车员 / lièchēyuán 리에처위엔	电梯 / diàntī 띠엔티	升降机 / shēngjiàngjī *3 성지앙지	CHN
きかんしゃ / 機関車 키칸샤	しゃしょう / 車掌 샤쇼-	エスカレーター 에스카레-타-	しょうこうき / 昇降機 *4 쇼-코-키	JPN

동의어: *1 σιδηροτροχιά 시디로뜨로시아, *2 scansorium 스깐소리움, teleferica 텔레페리카, *3 电梯 / diàntī 띠엔티, *4 エレベーター 에레베-타-

간이역	티켓	편도	왕복	KOR
whistle stop *1 위슬 스탑	ticket 티켓	one way 원 웨이	round trip 라운드 트립	ENG
petite gare 쁘띠뜨 갸르	billet de train *2 비에 드 트랭	voie à sens unique *4 브아 아 썽스 유니끄	aller-retour 알레 르뚜르	FRA
Haltepunkt 할테풍크트	Fahrkarte 파카르테	Hinweg 힌벡	Hin-und Rückfahrt 힌운트뤽파트	GER
estação de passagem 이스따써옹 지 빠싸젱	bilhete, passagem 빌예찌, 빠싸젱	passagem de ida 빠싸젱 지 이다	passagem de ida e volta 빠싸젱 지 이다 이 보우따	POR
estación de paso 에스따씨온 데 빠소	billete 비예떼	sencillo 센씨요	ida y vuelta 이다 이 부엘따	ESP
stazione 스타찌오네	biglietto 빌리에또	corsa semplice 꼬르사 셈플리체	andata e ritorno 안다따 에 리토르노	ITA
μικρός σταθμός 미끄로스 스파쓰모스	εισιτήριο 이시띠리오	απλό 아쁠로	εισιτήριο με επιστροφή 이시띠리오 메 에삐스트로피	GRE
stabulum parvum 스타불룸 파룸	pittacium *3 피타키움	(pittacium)solum (피타키움)솔룸	pittacium(cum)reditu 피타키움(쿰)레디투	LAT
полустанок 뽈루스따나크	билет 빌례뜨	в одну сторону 브 아딘 스따라니	в обе стороны 브 오바 스따라니	RUS
简易车站 / jiǎnyì chēzhàn 지엔이처짠	车票 / chēpiào 처피아오	单程 / dānchéng 딴청	往返 / wǎngfǎn 왕판	CHN
かんいえき / 簡易駅 캉이에키	チケット 치켓또	かたみち / 片道 카타미치	おうふく / 往復 오-후쿠	JPN

동의어: *1 frag stop 플래그 스탑, *3 tessera itineraria 테쎄라 이티네라리아,
참고: *2 ticket de métro 띠께 드 메트로(지하철표/전철표), billet d'avion 비에 다비온(극장 입장권), *4 aller simple 알레 쌩플(편도표)

한	무임승차	매표구	시간표	노선도
영	free riding 프리 라이딩	ticket window 티켓 윈도우	timetable 타임테이블	route map 라웃 맵
프	voyage sans billet 브와이아쥬 썽 비에	guichet 귀쉐	horaire 오레르	plan 쁠랑
독	Schwarzfahrt 슈바아츠파트	Fahrkartenschalter 파카르텐샬터	Fahrplan 파플란	Linienplan 리닌플란
포	carona 까로나	guichê de passagens 기쉐 지 빠싸젱스	horário 오라리우	mapa das linhas 마빠 다스 링야스
스	autostop 아우또스탑	taquilla 따끼야	horario 오라리오	mapa de carreteras 마빠 데 까레떼라스
이	autostop 아우토스톱	biglietteria 빌리에떼리아	orario 오라리오	itinerario 이티네라리오
그	οτοστόπ 오토스톱	εκδοτήριο 엑도띠리오	δρομολόγια 드로몰로기아	διαδρομή 디아드로미
라	iter sine tessera *1 이테르 시네 테쎄라	ostiolum 오스티올룸	horarius 호라리우스	tabula discursus 타불라 디스쿠르수스
러	езда зайцем 예즈다 자이쩸	билетная касса 빌롓트나야 까싸	расписание 라스삐싸니예	маршрутная карта 마르슈르트나야 까르따
중	逃票 / táopiào 타오피아오	售票处 / shòupiàochù 서우피아오추	时间表 / shíjiānbiǎo 스지엔비아오	路线图 / lùxiàntú 루시엔투
일	むちんじょうしゃ / 無賃乗車 무친죠-샤	チケットうりば / チケット売場 치켓또우리바	じこくひょう / 時刻表 지코쿠효-	ろせんず / 路線図 로센주

동의어: *1 cursus sine tessera 쿠르수스 시네 테쎄라

한	항공	비행	조종사	기장
영	aviation 에이비에이션	flight 플라이트	pilot 파일럿	captain 캡틴
프	aviation 아비아씨옹	vol 볼	pilote 필롯뜨	commandant de bord 꼬멍덩 드 보르
독	Luftfahrt 루프트파아트	Flug 플룩	Pilot 필로트	Kapitän 카피탠
포	aviação 아비아써옹	voo 보우	piloto 삘로뚜	comandante 꼬망당찌
스	aviación 아비아씨온	vuelo 부엘로	piloto 삘로또	comandante 꼬만단떼
이	aviazione 아비아지오네	volo 볼로	pilota 필로따	comandante 코만단떼
그	αεροπορία 아에로뽀리아	πτήση 쁘띠시	πιλότος 삘로또스	καπετάνιος 카뻬따니오스
라	aeri navigatio 에리 나비가티오	volatus 볼라투스	gubernator 구베르나토스	capitaneus *1 카피타네우스
러	авиация 아비아찌야	полет 빨룟	пилот 삘롯	капитан 까삐깐
중	航空 / hángkōng 항콩	飞行 / fēixíng 페이씽	飞行员 / fēixíngyuán 페이씽위엔	机长 / jīzhǎng 지장
일	こうくう / 航空 코-쿠-	フライト, ひこう / 飛行 후라이토, 히코-	そうじゅうし / 操縦士 소-쥬-시	きちょう / 機長 키쵸-

동의어: *1 nauarchus 나우아르코스

승무원 (비행기, 배 등)	사무장	여승무원	활주	KOR
cabin crew 캐빈 크루루	purser 퍼서	stewardess [1] 스튜어디스	taxi [2] 택시	ENG
équipage 에뀌빠쥬	chef de cabine 셰프 드 까빈	hôtesse de l'air 오떼스 드 레르	roulement sur le sol [3] 룰르망 쒸르 르 쏠	FRA
Besatzung 베자충	Chefsteward 셰프스튜어드	Flugbegleiterin 플룩베글라이터린	Rollen 롤렌	GER
tripulação 뜨리뿔라써옹	intendente 잉뗀뎅찌	aeromoça 아에로모싸	corrida 꼬히다	POR
tripulación 뜨리뿔라씨온	sobrecargo 소브레까르고	azafata 아사파따	carrera 까레라	ESP
equipaggio 에키파쬬	commissario di bordo 콤미싸리오 디 보르도	assistente di volo 아씨스텐테 디 볼로	rullaggio 룰라쬬	ITA
πλήρωμα 쁠리로마	αρχιφροντιστής 아르히프론디스띠스	αεροσυνοδός 아에로시노도스	τροχοδρόμηση αεροσκάφους 프로호드로미시 아에로스까푸스	GRE
cors 코르스	administrator 아드미니스트라토르	actrix 아크트릭스	cursus 쿠르수스	LAT
экипаж 애키파쉬	пурсер 페세르	стюардеса 스튜아데싸	скольжение 스깔줴니예	RUS
乘务员 / chéngwùyuán 청우위엔	事务长 / shìwùzhǎng 스우장	空中小姐 / kōngzhōng xiǎojiě 콩중샤오지에	滑走 / huázǒu 화저우	CHN
じょうむいん / 乗務員 죠-무인	パーサー 파-사-	スチュワーデス 수츄와-데수	かっそう / 滑走 캇쏘-	JPN

동의어: [1] flight attendants 플라이트 어텐단츠, [2] taxiing 택씽, [3] glissement 글리스망

이륙	선회	착륙	공항	KOR
takeoff 테이크오프	turn 턴	landing 랜딩	airport 에어포트	ENG
décollage 데꼴라쥬	tour 뚜르	atterrissage 아떼리싸쥬	aéroport 아에로포르	FRA
Abflug 압플룩	Kreisen 크라이젠	Landung 란둥	Flughafen 플룩하펜	GER
decolagem 데꼴라쳉	volta 보우따	aterrissagem 아떼히싸쳉	aeroporto 아에로뽀르뚜	POR
despegue 데스뻬게	viraje 비라헤	aterrizaje 아떼리싸헤	aeropuerto 아에로뿌에르또	ESP
decollaggio 데콜라쬬	giro 지로	atterraggio 아떼라쬬	aeroporto 아에로포르토	ITA
απογείωση 아뽀기오시	στροφή 스트로피	προσγείωση 쁘로스기오시	αεροδρόμιο 아에로드로미오	GRE
egressus e terra 에그레수스 에 테라	circumversio 치르쿰베르시오	adpulsus, appulsus 아드풀수스, 아풀수스	portus aeriae scaphae 포르투스 애리애 스카패	LAT
взлет 브즐룟	оборот 아바로뜨	приземление 프리제믈레니예	аэропорт 아예라포르프	RUS
起飞 / qǐfēi 치페이	旋转 / xuánzhuǎn 슈엔쭈안	着陆 / zhuólù 주오루	机场 / jīchǎng 지창	CHN
りりく / 離陸 리리쿠	せんかい / 旋回 센카이	ちゃくりく / 着陸 챠쿠리쿠	くうこう / 空港 쿠-코-	JPN

한	활주로	관제탑	출국	입국
영	runway 런웨이	control tower 컨트롤 타워	departures 데파튜어스	arrivals 어라이발스
프	piste 피스프	tour de contrôle 뚜르 드 꽁트롤	départ 데빠르	entrée dans un pays 앙트레 덩정 뻬이
독	Rollbahn 롤반	Kontrollturm 콘트롤투름	Ausreise 아우스라이제	Einreise 아인라이제
포	pista 삐스따	torre de controle 또히 지 꽁뜨롤리	embarque 잉바르끼	desembarque 데젱바르끼
스	pista 삐스따	torre de control 또레 데 꼰뜨롤	embarcación 엠바르까씨온	entrada 엔뜨라다
이	pista 피스타	torre di controllo 토레 디 콘트롤로	uscita 우쉬따	entrata 엔트라타
그	αεροδιάδρομος 아에로디아드로모스	πύργος ελέγχου 삐르고스 엘렝후	αναχωρήσεις 아나호리시스	αφίξεις 아픽시스
라	via cursu 비아 쿠르수	turris directionis 투리스 디렉티오니스	egressus, abitus 엑시투스, 아비투스	ingressus, aditus 인그레수스, 아디투스
러	взлётная дорожка 브즐룟나야 다로시카	диспетчерская вышка 디스페체르스카야 븨시카	выезд из страны 븨예즈드 이즈 스프라늬	въезд в страну 브예즈드 브 스프라누
중	跑道 / pǎodào 파오따오	塔台 / tǎtái 타타이	出国 / chūguó 추꿔	入境 / rùjing 루징
일	かっそうろ / 滑走路 캇쏘-로	かんせいとう / 管制塔 칸세-토-	しゅっこく / 出国 슛꼬쿠	にゅうこく / 入国 뉴-코쿠

한	탑승	탑승구	승객	여권	비자
영	boarding 보딩	gate 게이트	passenger 패신저	passport 패스포드	visa 비자
프	embarquement 엉바르끄멍	porte 뽀르뜨	passager [3] 빠싸제	passport 빠스포르	visa 비자
독	Anbordgehen [1] 압보오드게엔	Flugsteig [2] 플룩슈타이그	Passagier [4] 파사지어	Paß 파스	Visum 비줌
포	embarque 잉바르끼	portão 뽀르떠웅	passageiro 빠싸줴이루	passaporte 빠싸뽀르찌	visto 비스뚜
스	abordaje 아보르다헤	puerta 뿌에르따	pasajero 빠싸헤로	pasaporte 빠싸뽀르떼	visado 비사도
이	imbarco 임바르꼬	porta d'imbarco 포르타 딤바르코	passeggero 파쎄쩨로	passaporto 파싸포르토	visto 비스토
그	επιβίβαση 에삐비바시	πύλη 삘리	επιβάτης 에삐바띠스	διαβατήριο 디아바띠리오	βίζα 비자
라	conscensio 콘스켄시오	porta 포르타	vector 벡토르	syngraphus 신그라푸스	Visa 비자
러	посадка 빠쌋트까	выход 븨헛	пассажир 빠싸쥐르	паспорт 빠스뽀르트	виза 비자
중	乘坐 / chéngzuò 청쭈오	登机口 / dēngjǐkǒu 떵지커우	乘客 / chéngkè 청커	护照 / hùzhào 후짜오	签证 / qiānzhèng 치엔쩡
일	とうじょう / 搭乗 토-죠-	とうじょうぐち / 搭乗口 토-죠-구치	じょうきゃく / 乘客 죠-캬쿠	パスポート 파수포-토	ビザ 비자

동의어: [1] Boarding 보딩, [2] Gate 게이트, [3] voyageur 브와이아죄르(일반적으로 기차 승객), [4] Fluggast 플룩가스트

셔틀	공항터미널	면세점	KOR
shuttle 셔틀	air terminal 에어 터미널	duty-free shop 듀티프리 샵	ENG
navette 나벳뜨	aérogare 아에로갸르	boutique hors taxes 부띠끄 오르 딱스	FRA
Shuttle 셔틀	Flugterminal 플룩테르미날	zollfreies Geschäft *1 촐프라이에스 게셰프트	GER
circular 씨르꿀라르	terminal aéreo 떼르미나우 아에리우	free shop 프리 쇼삐	POR
servicio de acceso 쎄르비씨오 데 악쎄소	terminal aérea 떼르미날 아에레아	tienda libre de impuestos 띠엔다 리브레 데 임뿌에스또스	ESP
coincidenza 코인치덴짜	terminale 테르미날레	negozio esente da dazio 네고지오 에센떼 다 다지오	ITA
συγκοινωνία αεροδρομίου 싱기노니아 아에로드로미우	αεροσταθμός 아에로스따트모스	μαγαζί ντιούτι-φρι 마가지 디우띠-프리	GRE
transitus commeatus 트란시투스 콤메아투스	statio terminalis aeriae scaphae 스타티오 테르미날리스 애리애 스카패	taberna immunis 타베르나 임무니스	LAT
шаттл 샤틀	аэровокзал 아애로바그잘	магазин беспошлинной торговли 마가진 베스뽀슐린너이 따르고블리	RUS
往返客车 / wǎngfǎnkèchē 왕판커처	机场汽车站 / jīchǎngqìchēzhàn 지창치처짠	免税店 / miǎnshuìdiàn 미엔쉐이디엔	CHN
シャトル 샤토루	くうこうターミナル/空港ターミナル 쿠-코-타-미나루	めんぜいてん/免税店 멘제-텐	JPN

동의어: *1 Duty-Free-Shop 듀티프리숍

세관	갤리	국내선	국제선	KOR
customs 케스텀스	galley 갈리	domestic(flight) 도메스틱(플라이트)	international(flight) 인터네셔날(플라이트)	ENG
douane 두안느	galère 갈레르	ligne intérieure 린느 엥떼리외르	linge international 린느 엥떼르나씨오날	FRA
Zollamt 촐암트	Bordküche 보트퀴헤	Inlandsflüge 인란츠플뤼게	Auslandsflüge 아우스란츠플뤼게	GER
alfândega 아우팡데가	galera 갈레라	voo doméstico 보우 도메스찌꾸	voo internacional 보우 잉떼르나씨오나우	POR
aduana 아두아나	galería 갈레리아	línea doméstica 리네아 도메스띠까	línea internacional 리네아 인떼르나씨오날	ESP
dogana 도가나	galea 갈레아	linea domestica 리네아 도메스티카	linea internazionale 리네아 인테르나지오날레	ITA
τελωνείο 뗄로니오	χώρος ετοιμασίας φαγητού 호로스 에띠마시아스 파기뚜	πτήση εσωτερικού 쁘띠시 에소떼리꾸	διεθνής πτήση 디에쓰니스 쁘띠시	GRE
teloneum 뗄로네움	etheca 에테카	interna linea 인테르나 리네아	externa linea 엑스테르나 리네아	LAT
таможня 따모쥬냐	камбуз 깜부즈	внутренний рейс 브누뜨렌니 레이스	международный рейс 메즈두나로드니 레이스	RUS
海关 / hǎiguān 하이꽌	门进入厨房 / ménjìnrùchúfáng 먼찐루추팡	国内线 / guónèixiàn 꿔네이시엔	国际线 / guójixiàn 꿔지시엔	CHN
ぜいかん/税関 제-칸	キャリー 캬리-	こくないせん/国内線 코쿠나이센	こくさいせん/国際線 코쿠사이센	JPN

한	수하물	검역	여객기	화물기
영	baggage 배기지	quarantine 쿼런틴	passenger plane 패신저 플레인	air freight *1 에어 플라이트
프	bagages 바갸쥬	quarantaine 꺄랑뗀느	avion de ligne 아비옹 드 린느	avion de fret 아비옹 드 프레
독	Gepäck 게팩	Quarantäne 크바란태네	Passagierflugzeug 파사지어플룩초익	Frachtflugzeug 프라흐트플룩초익
포	bagagem 바가쥉	quarentena 꽈렝떼나	avião de passageiros 아비어웅 지 빠싸줴이루스	avião cargueiro 아비어웅 까르게이루
스	equipaje 에끼빠헤	cuarentena 꾸아렌떼나	avión de pasajeros 아비온 데 빠싸헤로스	avión de carga 아비온 데 까르가
이	bagaglio 바갈리오	quarantena 꽈란테나	aereo di linea 아에레오 디 리네아	aereo di carico 아에레오 디 카리코
그	αποσκευή 아뽀스께비	καραντίνα 까란디나	επιβατικό αεροπλάνο 에삐바띠코 아에로쁠라노	φορτηγό αεροπλάνο 포르띠고 아에로쁘라노
라	sarcinae 사르키내	inspectio medicina 인스펙티오 메디키나	aeroplanum(ad vectores) 애로플라눔(아드 벡토레스)	aeria scapha batagiae 애리아 스카파 바스타기애
러	багаж 바가쉬	карантин 카란띤	пассажирский самолет 빠싸지르스키이 사모로뜨	авиаперевозка 아비아뻬레보즈까
중	行李 / xíngli 싱리	检疫 / jiǎnyì 지엔이	客机 / kèjī 커지	货运飞机 / huòyùnfēijī 후오윈페이지
일	てにもつ / 手荷物 테니모추	けんえき / 検疫 켕에키	りょかくき / 旅客機 료카쿠키	かもつき / 貨物機 카모추키

동의어: *1 cargo aircraft 카고 에어크라프트

한	비행기	기구	난기류	정찰비행
영	aircraft *1 에어크래프	ballon 벌룬	turbulence 터뷸런스	reconnaissance flight 리컨네상스 플라이트
프	avion 아비옹	montgolfière 몽골피에르	turbulence 뛰르뷜렁스	vol de reconnaissance 볼 드 르꼬네썽스
독	Flugzeug 플룩초익	Ballon 발롱	Turbulenz 투어불렌츠	Patrouille 파트루이에
포	aeronave 아에로나비	balão 발러웅	turbulência 뚜르불렝씨아	voo de reconhecimento 보우 지 헤꽁예씨멩뚜
스	avión 아비온	globo aerostatico 글로보 아에로스따띠꼬	turbulencia 뚜르불렌시아	vuelo de reconocimiento 부엘로 데 레꼬노씨미엔또
이	aereo 아에레오	pallone 빨로네	turbolenza 투르볼렌자	volo da ricognizione 볼로 다 리콘니지오네
그	αεροσκάφος *2 아에로스까포스	αερόστατο 아에로스따또	αναταράξεις 아나따락시스	αναγνωριστική πτήση 아나그노리스띠끼 쁘띠시
라	aeroplanum *3 애로플라눔	aerostatum 아에로스타툼	fluctus 플룩투스	volatus recognitionis 볼라투스 레코그니티오니스
러	самолет 싸말룻	воздухоплавание 바스두허쁠라바니예	турбулёнтность 뚜르불룐트너스츠	разведывательный полёт 라즈볘듸바쩰늬이 빨룻
중	飞机 / fēijī 페이지	气球 / qìqiú 치치우	乱流 / luànliú 루안리유	侦察飞行 / zhēncháfēixíng 쩐차페이싱
일	ひこうき / 飛行機 히코-키	ききゅう / 気球 키큐-	らんきりゅう / 乱気流 란키류-	ていさつひこう / 偵察飛行 테-사추히코-

동의어: *1 air plane 에어 플래인, *2 αεροπλάνο 아에로쁠라노, *3 aeria skapha 애리아 스카파

224

글라이더	로켓	우주왕복선	날개	KOR
glider 글라이더	rocket 로켓	space shuttle 스페이스 셔틀	wing 윙	ENG
planeur 플라뇌르	roquette 로께뜨	navette spatiale 나벳뜨 스빠씨알	aile 엘르	FRA
Gleitflugzeug *1 글라이트플룩초익	Rakete 라케테	Raumfähre 라움패레	Flügel 플뤼겔	GER
planador 쁠라나도르	foguete 포게찌	nave espacial 나비 이스빠씨아우	asa 아자	POR
planeador 쁠라네아도르	cohete 꼬에떼	trasbordador espacial 뜨라스보르다도르 에스빠시알	ala 알라	ESP
aliante 알리안떼	razzo 라쪼	space shuttle 스페이스 셔틀	ala 알라	ITA
ανεμοπλάνο 아네모쁠라노	πύραυλος *2 삐라블로스	διαστημόπλοιο 디아스띠모쁠리오	φτερό 프떼로	GRE
velivolum 벨리볼룸	rucheta 루케타	navis spatii(commeata) 나비스 스파티이(콤메아타)	ala 알라	LAT
планер 쁠라녜르	ракета 라케따	спейс шаттл 스페이스 샤뜰	крыло 크릘로	RUS
滑翔机 / huáxiángjī 화샹지	火箭 / huǒjiàn 후오지엔	太空穿梭机 / tàikōng chuānsuōjī 타이콩 추안수오지	翼 / yì, 羽翅 / yǔchì 이, 위츠(동물의 날개)	CHN
グライダー 구라이다-	ロケット 로켓또	スペースシャトル 수페-수샤토루	つばさ / 翼 추바사	JPN

동의어: *1 Segelflugzeug 제겔플룩초익, *2 ρουκέττα 로켓따

조종실	야간비행	선박	배	KOR
cockpit 콕핏	night flight 나이트 플라이트	vessel *1 베쓸, 쉽	boat *2 보트	ENG
cabine de pilotage 까빈느 드 필로따쥬	vol de nuit 볼 드 뉘	navire 나비르	bateau 바또	FRA
Pilotenkabine 필로텐카비네	Nachtflug 나흐트플룩	Schiff 쉬프	Schaluppe 샬루페	GER
cabine do piloto 까비니 두 삘로뚜	voo noturno 보우 노뚜르누	embarcação 잉바르까써옹	navio 나비우	POR
cabina de piloto 까비나 데 삘로또	vuelo nocturno 부엘로 녹뚜르노	buque 부께	barco 바르꼬	ESP
cabina di pilotaggio 카비나 디 필로타쬬	volo notturno 볼로 노뚜르노	vascello 바셸로	nave 나베	ITA
πιλοτήριο 삘로띠리오	νυχτερική πτήση 니흐떼리끼 쁘띠시	σκάφος, πλοίο 스까포스, 쁠리오	πλοιάριο 쁠리아리오	GRE
diaeta gubernii 디에타 구베르니	nocturnus volatus 녹투르누스 볼라투스	skapha, alveus 스카파, 알베우스	navis, navigium 나비스, 나비기움	LAT
кокпит 코크핏	ночной полет 나치노이 빨룟	судно 수드노	корабль 까라블	RUS
驾驶室 / jiàshǐshì 지아스스	夜航 / yèháng 예항	船舶 / chuánbó 추안보	船 / chuán 추안	CHN
そうじゅうしつ / 操縦室 소-쥬-시추	やかんひこう / 夜間飛行 야칸히코-	せんぱく / 船舶 센파쿠	ふね / 船 후네	JPN

동의어: *1 ship 쉽, *2 shallop 섈럽

한	여객선	화물선	모터보트
영	ferry *1 페리	freighter *4 프레이터	motorboat 모터보트
프	paquebot 빠끄보	cargo 카르고	canot à moteur 까노 아 모뛰르
독	Passagierdampfer *2 파사지어담퍼	Frachtschiff 프라흐트시프	Motorboot 모토어보트
포	navio de passageiros 나비우 지 빠싸줴이루스	navio cargueiro 나비우 까르게이루	lancha 랑샤
스	barco de pasajeros 바르꼬 더 빠사헤로스	banco de carga 바르꼬 데 까르가	nave motora 나베 모또라
이	nave passeggeri 나베 파쎄쩨리	cargo 카르고	motoscafo 모토스카포
그	πλοίο της γραμμής, φέρυ 쁠리오 띠스 그람미스, 페리	φορτηγό πλοίο 포르띠고 쁘리오	βενζινάκατος 벤지나까또스
라	navigium vectorium *3 나비기움 벡토리움	navis oneraria 나비스 오네라리아	lunter motri 룬테르 모트리
러	пассажирский корабль 빠싸쥐르스끼 까라블	грузовое судно 그루자보예 수드노	моторная лодка 마또르나야 로트까
중	客轮 / kèlún 커룬	货船 / huòchuán 후오추안	摩托船 / mótuōchuán 모투오추안
일	りょかくせん / 旅客船 료카쿠센	かもつせん / 貨物船 카모추센	モーターボート 모-타-보-토

동의어: *1 liner 라이너, *2 Fähre 훼레, *3 actuaria 악투아리아, *4 cargo ship 카고 쉽

한	고무보트	구명보트	호버크래프트
영	rubber boat 러버 보트	lifeboat 라이프보트	hovercraft 호버크래프트
프	canot pneumatique 꺄노 쁘노마띠끄	bateau de sauvetage 바또 드 소브따주	aéroglisseur 아에로글리쐬르
독	Schlauchboot 슐라우흐보트	Rettungsboot 레퉁스보트	Hovercraft *1 호버크라프트
포	bote de borracha 보찌 지 보하샤	barco salva-vidas 바르꾸 싸우바-비다스	aerodeslizador 아에로데슬리자도르
스	bote de neumático 보떼 데 네우마띠꼬	bote de salvamento 보떼 데 살바멘또	aerodeslizador 아에로데슬리사도르
이	canotto pneumatico 카노또 프네우마티코	Lancia di salvataggio 란치아 디 살바타쬬	hovercraft 호버크래프트
그	φουσκωτή βάρκα, φουσκωτό 푸스꼬띠 바르까, 푸스꼬또	σωστική λέμβος 소스띠끼 렘보스	χόβερκραφτ 호베르크라프뜨
라	scapha(commis)pneumatica 스카파(콤미스)프네우마티카	scapha ad subsidio naufragi 스카파 아드 수브시디오 나우프라기	scapha pneumatica hibridae 스카파 프네우마티카 히브리대
러	резиновая лодка 리지너바야 로트까	спасательная шлюпка 스빠싸쩰나야 슐류프까	судно на воздушной подушке 수드노 나 바즈두쉬너이 빠두쉬께
중	橡皮船 / xiàngpíchuán 샹피추안	救生艇 / jiùshēngtǐng 지우셩팅	飞翔船 / fēixiángchuán 페이샹추안
일	ゴムボート 고무보-토	きゅうめいボート / 救命ボート 큐-메이보-토	ホバークラフト 호바-쿠라후토

동의어: *1 Luftkissenfahrzeug 루프트키쎈파아초이그

유조선	유람선	범선	KOR
tanker 탱커	cruise ship 크루즈 쉽	sailing ship 세일링 쉽	ENG
pétrolier 뻬트롤리에	croisière 크루와지에르	voilier 부알리에	FRA
Tanker 탕커	Vergnügungsdampfer *1 페어그뉘궁스담퍼	Segelschiff 제겔시프트	GER
navio-tanque 나비우-땅끼	barco de passeio *2 바르꾸 지 빠쩨이우	veleiro 벨레이루	POR
petrolero 뻬트롤레로	lancha de excursión 란차 데 억쓰꾸르씨온	velero 벨레로	ESP
petroliera 페트롤리에라	imbarcazione da diporto 임바르카찌오네 다 디포르토	veliero 벨리에로	ITA
δεξαμενόπλοιο 델사메노쁠리오	τουριστικό πλοίο 뚜리스띠꼬 쁠리오	ιστιοφόρο 이스피오포로	GRE
scapha benzinarii 스카파 벤지나리	scapha peregrinationis 스카파 페레그리나티오니스	navigium velificatum 나비기움 벨리피카툼	LAT
наливное судно 날리브노예 수드노	прогулочный катер 쁘라굴러취느이 까쩨르	парусное судно 빠루스너예 수드노	RUS
油船 / yóuchuán 요우추안	游船 / yóuchuán 요우추안	帆船 / fānchuán 판추안	CHN
タンカー 탄카-	ゆうらんせん / 遊覧船 유-란센	はんせん / 帆船 한센	JPN

동의어: *1 Motorboat 모토아보오트, *2 barco de excursão 바르꾸 지 이스꾸르써웅

요트	카누	뗏목	항구	부두	KOR
yacht 요트	canoe 커누	raft 레프트	port 포트	wharf 와프	ENG
voilier 부알리에	canot 까노	radeau 라도	port 뽀르	quai 께	FRA
Yacht 야흐트	Kanu 카누	Holzfloß 홀츠플로쓰	Hafen 하펜	Kai 카이	GER
iate 이아찌	canoa 까노아	jangada 장가다	porto 뽀르뚜	cais 까이스	POR
yate 야떼	canoa 까노아	balsa 발사	puerto 뿌에르또	muelle 무에예	ESP
panfilo 판필로	canoa 카노아	zattera 자떼라	porto 뽀르또	banchina 반끼나	ITA
γιότ 요프	κανό 까노	σχεδία 스헤디아	λιμάνι 리마니	αποβάθρα 아뽀바쓰라	GRE
celox 껠록스	alveus, linter 알베우스, 린테르	ratis 라티스	portus 포르투스	crepido 크레피도	LAT
яхта 야흐따	каноэ 카노에	плот 쁠롯	порт 뽀르트	причал 쁘리촬	RUS
游艇 / yóutǐng 요우팅	独木舟 / dúmùzhōu 두무쩌우	排筏 / páifá 파이파	港口 / gǎngkǒu 강커우	码头 / mǎtou 마터우	CHN
ヨット 욧또	カヌー 카누-	いかだ 이카다	みなと / 港 미나토	ふとう / 埠頭 후토-	JPN

한	선장	선원	항해	안개신호
영	captain 캡틴	crew 크루	navigation 네비게이션	foghorn 포그혼
프	capitaine 꺄삐뗀	équipage 에뀌빠쥬	navigation 나비꺄씨옹	sirène de brume 씨렌 드 브륌
독	Kapitän *1 카피탠	Seemann 제만	Schifffahrt *4 시프파트	Foghorn *6 포그호른
포	capitão 까삐떠웅	tripulação 뜨리뿔라써웅	navegação 나베가써웅	sirene de nevoeiro 씨레니 지 네보에이루
스	capitán 까삐딴	tripulación 뜨리뿔라씨온	navegación 나베가씨온	señal de niebla 세냘 데 니에블라
이	capitano 카피타노	marinaio 마리나이오	navigazione 나비가찌오네	sirena da nebbia 시레나 다 넵비아
그	καπετάνιος *2 까뻬따니오스	ναυτικός 나브띠꼬스	ναυτιλία *5 나프띨리아	συρίκτρα πλοίου *7 시릭트라 쁠리우
라	capetaneus *3 카페타네우스	cors, nauticus 코르스, 나우티쿠스	navigatio 나비가티오	signum nebulae 시그눔 네불래
러	капитан 까삐딴	экипаж 애끼빠쉬	судоходство 수다홋츠프버	сирена 씨레나
중	船长 / chuánzhǎng 추안장	船员 / chuányuán 추안위엔	航海 / hánghǎi 항하이	雾笛 / wùdí 우디
일	せんちょう / 船長 센쵸-	せんいん / 船員 셍인	こうかい / 航海 코-카이	むてき / 霧笛 무테키

동의어: *1 Schiffsführer 시프스퓌러, *2 ναυάρχος 나브아르코스, *3 nauarchus 나우아르쿠스, *4 Navigation 나비가치온, *5 ναυσιπλοΐα 나프시쁠로이아, *6 Nebelhorn 나벨호른, *7 μπουρού 부루

한	운하	등대	키	레이더
영	canal 커낼	lighthouse 라이트하우스	rudder 러더	radar 레이다
프	canal 꺄날	phare 파르	gouvernail 구베르나이	radar 라다르
독	Kanal 카날	Leuchtturm 로이히트투름	Ruder 루더	Radar 라다
포	canal 까나우	farol 파로우	leme 레미	radar 하다르
스	canal 까날	faro 파로	timón 띠몬	radar 라다르
이	canale 카날레	faro 파로	timone 티모네	radar 레이다
그	κανάλι 까날리	φάρος 파로스	πηδάλιο 삐달리오	ραντάρ 란다르
라	canalis 카날리스	pharos 파로스	gubernaculum 구베르나쿨룸	radar 라다르
러	канал 까날	маяк 마야크	руль 룰	радиолокатор 라지올라까떠르
중	运河 / yùnhé 윈허	灯塔 / dēngtǎ 떵타	船舵 / chuánduò 추안뚜오	雷达 / léidá 레이다
일	うんが / 運河 운가	とうだい / 灯台 토-다이	かじ / 舵 카지	レーダー 레-다-

진수	해도	해수면	KOR
launching 론칭	nautical chart 노티컬 차트	sea level 씨 레벨	ENG
lancement 랑스멍	carte marine 까르뜨 마린	niveau de la mer 니보 들라 메르	FRA
Stapellauf 슈타펠라우프	Seekarte 제카르테	Seeoberfläche 제오버플래헤	GER
lançamento 랑싸멩뚜	mapa marítimo 마빠 마리찌무	nível do mar 니베우 두 마르	POR
lanzamieto 란사미 엔또	carta de navegación 까르따 데 나베가씨온	nivel del mar 니벨 델 마르	ESP
varo 바로	carta marina 카르따 마리나	livello del mare 리벨로 델 마레	ITA
καθέλκυση 까쎌끼시	ναυτικός χάρτης 나브띠꼬스 하르띠스	επιφάνεια της θάλασσας 에삐파니아 띠스 쌀라사스	GRE
deductio navis 데둑티오 나비스	tabula marinae geographiae 타불라 마리내 게오그라피애	aequor, planities aquae 애크보르, 플라니티에스 아크배	LAT
спуск на воду 스뿌스크 나 보두	морская карта 마르스까야 까르따	уровень моря 우러볜 모랴	RUS
下水 / xiàshuǐ 시아쉐이	海图 / hǎitú 하이투	海水面 / hǎishuǐmiàn 하이쉐이미엔	CHN
しんすい / 進水 신수이	かいず / 海図 카이주	かいめん / 海面 카이멘	JPN

닻	계선주, 말뚝	자동차	차	KOR
anchor 앵커	bollard 볼라드	automobile 오토모빌	car 카	ENG
ancre 앙크르	bollard 볼라르	automobile 오또모빌	voiture 브아뛰르	FRA
Anker 앙커	Poller 폴러	Auto 아우토	Wagen 바겐	GER
âncora 앙꼬라	poste de amarração 뽀스찌 지 아마하써옹	automóvel 아우또모베우	carro 까후	POR
ancla 앙끌라	noray 노라이	automóvil 아우또모빌	coche 꼬체	ESP
ancora 안꼬라	palo di ormeggio 팔로 디 오르메쬬	automobile 아우또모빌레	macchina 마끼나	ITA
άγκυρα 앙기라	κολωνάκι, δέστρα 꼬로나끼, 데스트라	αυτοκίνητο 아브또끼니또	αυτοκίνητο, αμάξι 아브또끼니또, 아막시	GRE
ancora 안코라	palus 팔루스	autocinetum 아우토키네툼	vehiculum, currus 베히쿨룸, 쿠루스	LAT
якорь 야꺼르	боллард 볼라르트	автомобиль 아프따마빌	машина 마쉬나	RUS
锚 / máo 마오	系缆柱 / xìlǎnzhù 시란주	汽车 / qìchē 치처	车 / chē 처	CHN
いかり / 碇 이카리	ボラード 보라-도	じどうしゃ / 自動車 지도-샤	くるま / 車 쿠루마	JPN

한	트럭	하이브리드카	버스	고속버스
영	truck 트럭	hybrid car 하이브리드 카	bus 버스	express bus 익스프레스 버스
프	camion 까미옹	voiture hybride 브아뛰르 이브리드	autobus 오또뷔스	autocar express 오또까르 엑스프레스
독	LKW, Lastkraftwagen [1] 엘카베, 라스트크라프트바겐	Hybridauto 히브리드아우토	Bus 부스	Reisebus 라이제부스
포	caminhão 까밍여웅	carro híbrido 까후 이브리두	ônibus 오니부스	ônibus expresso 오니부스 이스쁘레쑤
스	camión 까미온	coche híbrido 꼬체 이브리도	autobús 아우또부스	autocar [3] 아우또까르
이	autocarro 아우토까로	ibrido macchina 이브리도 마끼나	autobus 야우토부스	pulman 뿔만
그	φορτηγό 포르띠고	υβριδικό αυτοκίνητο 이브리디꼬 아브또끼니또	λεωφορείο 레오포리오	λεωφορείο εξπρές 레오포리오 엑스쁘레스
라	bastagia 바스타기아	autocinetum hibridae 아우토키네툼 히브리대	laophoron [2] 라오포론	velox laophoron 벨록스 라오포론
러	грузовик 그루자빅	гибридный автомобиль 기브릿드늬 아프따마빌	автобус 아프또부스	экспресс-автобус 액스쁘래스-아프또부스
중	卡车 / kǎchē 카처	混合动力车 / hùnhédònglìchē 훈허똥리처	公共汽车 / gōnggòng qìchē 꿍꿍치처	高速巴士 / gāosù bāshì 까오수빠스
일	トラック 토락꾸	ハイブリッドカー 하이부리도카	バス 바수	こうそくバス / 高速バス 코-소쿠바스

동의어: [1] Lastwagen 라스트바겐, [2] currus communis 쿠루스 콤무니스, autoraeda longa 아우토래다 롱가, [3] autobús express 아우또부스 엑스쁘레스

한	택시	오토바이	스쿠터	곤도라
영	taxi 택시	motorcycle 모터사이클	scooter 스쿠터	gondola 곤돌라
프	taxi 딱시	moto 모또	scooter 스쿠떼르	gondole 공돌
독	Taxi 탁시	Motorrad 모토라트	Mofa 모파	Gondol 곤돌
포	táxi 딱씨	motocicleta 모또씨끌레따	lambreta 랑브레따	gôndola 공돌라
스	taxi 딱씨	motocicleta 모또씨끌레따	motoneta 모또네따	góndola 곤돌라
이	tassì 타씨	motocicleta 모토치끌레따	monopattino 모노파띠노	gondola 곤돌라
그	ταξί 딱시	μοτοσυκλέτα 모또시끌레따	σκούτερ 스꾸떼르	γόνδολα 곤돌라
라	taxiraeda 탁시래다	autobirota [1] 아우토비로타	autovoluculum [2] 아우토볼루쿨룸	thalamegus 탈라메구스
러	такси 딱씨	мотоцикл 머따찌클	скутер 스꾸쩨르	гондола 곤돌라
중	出租汽车 / chūzū qìchē 추주치처	摩托车 / mótuōchē 모투오처	小摩托车 / xiǎomótuōchē 샤오모투오처	吊篮 / diàolán 띠아오란
일	タクシー 타쿠시-	オートバイ 오-토바이	スクーター 수쿠-타-	ゴンドラ 곤도라

동의어: [1] birota automataria 비로타 아우토마타리아, [2] birotula automataria 비로툴라 아우토마타리아

230

케이블카	리프트	운전사	핸들	KOR
cable car 케이블 카	lift 리프트	driver 드라이버	steering wheel 스티어링 휠	ENG
funiculaire 퓌니퀼레르	télésiège 뗄레씨에쥬	conducteur 꽁뒤뙤르	volant 볼렁	FRA
Seilschwebebahn 자일슈베베반	Lift 리프트	Fahrer, Autofahrer 파러, 아우토파러	Steuerrad *3 슈토이어라트	GER
teleférico 뗄레페리꾸	teleférico de esqui 뗄레페리꾸 지 이스끼	motorista 모또리스따	volante 볼랑찌	POR
teleférico 뗄레포리꼬	ascensor 아센소르	chofer 초페르	volante 볼란떼	ESP
funivia 푸니비아	sciòvìa 쉬오비아(스키용)	autista 아우티스타	volante 볼란떼	ITA
τραμ 트람	τελεφερίκ, ασανσέρ 뗄레페리크, 아샨세르	οδηγός 오디고스	τιμόνι 띠모니	GRE
vehiculum lini 베히쿨룸 리니	anabathrum *1 아나바트룸	autoraedarius *2 아우토래다리우스	rota gubernationis 로타 구베르나티오니스	LAT
вагон фуникулёра 바곤 푸니꿀료라	лифт 리프트	водитель 바지쪨	руль 룰	RUS
电缆车 /diànlǎnchē 띠엔란처	上山吊椅 /shàngshāndiàoyǐ 샹샨띠아오이	司机 /sījī 쓰지	转心盘 /zhuànxīnpán 쮸안신판	CHN
ケーブルカー 케-부루카-	リフト 리후토	うんてんしゅ/運転手 운텐슈	ハンドル 한도루	JPN

동의어: *1 teleferica 텔레페리카, *2 auriga 아우리가, *3 Renkrad 렝크라트

엔진	기어	헤드라이트	브레이크	KOR
engine 엔진	gear 기어	headlights 헤드라이츠	brake 브레이크	ENG
moteur 모뙤르	embrayage 엉브레이야쥬	phare 파르	frein 프렝	FRA
Motor 모토어	Gänge, Gang 갱에, 강	Frontscheinwerfer *1 프론트샤인베르퍼	Bremse 브렘제	GER
motor 모또르	engrenagem 잉그레나쥉	farol 파로우	freio 프레이우	POR
motor 모또르	marcha 마르차	faro 파로	freno 프레노	ESP
motore 모토레	marcia 마르치아	faro 파로	freno 프레노	ITA
μηχανή αυτοκινήτου 미하니 아브또끼니뚜	ταχύτητα 따히띠따	προβολέας 프로볼레아스	φρένο 프레노	GRE
machina autocineti 마키나 아우토키네티	machina denticulationis 마키나 덴티쿨라티오니스	laterna antefixa 라테르나 안테픽사	sufflamen 수플라멘	LAT
двигатель 드비가쪨	шестерня 쉐스쩨르냐	фара 파라	тормоз 또르머스	RUS
发动机 /fādòngjī 파퉁지	齿轮 /chǐlún 츠룬	车灯 /chēdēng 처뎡	刹车 /shāchē 샤처	CHN
エンジン 엔진	ギア 기아	ヘッドライト 헤도라이토	ブレーキ 부레-키	JPN

동의어: *1 Vorderlicht 포어데어리히트

2단원

2-1. 교육

한	지식	지능, 지성	지혜	재기, 기지	재능
영	knowledge 널리지	intelligence 인텔리전스	wisdom 위즈덤	wit 위트	talent 탤런트
프	connaissances 꼬네썽스	intelligence 엥뗄리졍스	sagesse 쌰제스	wit 윗드	talent 딸렁
독	Kenntnis 켄트니스	Intelligenz 인텔리겐츠	Weisheit 바이스하이트	Witz, Humor 비츠, 후모아	Talent 탤런트
포	conhecimento 꽁예씨멩뚜	inteligência 잉뗄리젱씨아	sabedoria 싸베도리아	engenho 잉젱유	talento 딸렝뚜
스	conocimiento 꼬노씨미엔또	inteligencia 인뗄리헨씨아	sabiduría 사비두리아	ingenio 잉헤니오	talento 딸렌또
이	conoscenza 코노셴자	intelligenza 인뗄리젠자	saggezza 사쩨짜	intelligenza 인뗄리젠자	talento 탈렌토
그	γνώση 그노시	νοημοσύνη 노이모시니	σοφία 소피아	εξυπνάδα 엑시쁘나다	ταλέντο 딸렌또
라	scientia 스키엔치아	intelligentia *1 인텔리겐치아	sapientia 사피엔치아	acumen 아쿠멘	ingenium 인게니움
러	знание 즈나니예	интеллект 인쩰렉트	мудрость 무드러스츠	остроумие 아스프라우미예	талант 딸란트
중	知识 / zhīshi 즈스	智能 / zhìnéng *2 즈넝	智慧 / zhìhuì 즈훼이	才气 / cáiqì 차이치	本事 / běnshì 번시
일	ちしき / 知識 치시키	ちのう / 知能 *3 치노-	ちえ / 知恵 치에	さいき / 才気, きち / 機知 사이키, 키치	さいのう / 才能 사이노-

동의어: *1 intellectus 인텔렉투스, *2 知性 / zhìxìng 즈싱, *3 ちせい / 知性 치세-

한	천부적 재능	능력	기운, 영기(아우라)	교육	지도
영	gift 기프트	capacity *1 커패서티	aura 오라	education 에쥬케이션	instruction 인스트럭션
프	don 동	capacité 꺄빠씨떼	aura 오라	éducation 에듀까씨옹	instruction 엥스트뤽씨옹
독	Begabung 베가붕	Fähigkeit 패이히카이트	Aura 아우라	Erziehung 에어치훙	Führung *4 퓌어룽
포	dom 동	capacidade 꺄빠씨다지	aura 아우라	educação 에두까쎄옹	instrução 잉스뜨루쎄옹
스	don 돈	capacidad 꺄빠씨닷	aura 아우라	educación 에두까씨온	instrucción 인스뜨룩씨온
이	ingegno 인제뇨	abilità 아빌리타	aura 아우라	educazione 에두카지오네	istruzione 이스트루찌오네
그	χάρισμα 하리스마	ικανότητα 이까노띠따	αύρα 아브라	εκπαίδευση *3 엑뻬데브시	οδηγία, εντολή 오디기아, 엔돌리
라	munus 무누스	potentia *2 포텐치아	aura 아우라	educatio 에두카티오	disciplina 디스키쁠리나
러	дар 다르	способность 스파소브너스츠	аура 아우라	образование 아브라자바니예	преподавание 쁘리뻐다바니예
중	才赋 / cáifù 차이푸	能力 / nénglì 넝리	灵气 / língqì 링치	教育 / jiàoyù 찌아오위	指教 / zhǐjiào 즈지아오
일	てんせいのさいのう / 天性の才能 텐세-노 사이노-	のうりょく / 能力 노-료쿠	オーラ 오-라	きょういく / 教育 쿄-이쿠	しどう / 指導 시도-

동의어: *1 ability 어빌리티, *2 facultas 파쿨타스, *3 εκπαιδευτής 엑뻬데브띠스, *4 Erziehung 에어찌옹

재교육	교육자	교수	교사	KOR
retraining 리트레이닝	educator 에듀케이터	professor 프로페서	teacher 티쳐	ENG
recyclage *1 르씨끌라쥬	éducateur 에듀꺄뙤르	professeur 프로페쒀르	maître 메트르	FRA
Umerziehung *2 움에어치홍	Erzieher 에어치어	Professor 프로페소어	Lehrer 레러	GER
retreinamento 헤뜨레이나멩뚜	educador 에두까도르	professor 쁘로페쏘르	professor 쁘로페쏘르	POR
reeducación 레에두까씨온	educador 에두까도르	profesor 쁘로페소르	maestro 마에스프로	ESP
rieducazione 리에두카찌오네	educatore 에두카토레	professore 프로페쏘레	maestro 마에스트로	ITA
μετεκπαίδευση *3 메떽뻬데브시	εκπαιδευτής 엑뻬데브띠스	καθηγητής 까씨기띠스	δάσκαλος 다스깔로스	GRE
disciplina secunda *4 디스키플리나 세꾼다	educator 에두카토르	professor 프로펫소르	doctor 독토르	LAT
переобучение 뻬례아부췌니예	воспитатель 바스피따찔	профессор 프라페써르	учитель 우치찔	RUS
再教育 /zàijiàoyù 짜이찌아오위	教育者 /jiàoyùzhě 찌아위저	教授 /jiàoshòu 찌아오셔우	老师 /lǎoshī 라오스	CHN
さいきょういく /再教育 사이쿄-이쿠	きょういくしゃ /教育者 쿄-이쿠샤	きょうじゅ /教授 쿄-쥬	きょうし /教師 쿄-시	JPN

동의어: *1 rééducation 레에두까씨옹, *2 Umschulung 움슐룽, *3 επανεκπαίδευση 에빠벸빠이데우시,
*4 exercitatio secunda 엑세르시타티오 세꾼다, eductio secunda 에둑티오 세꾼다

오리엔테이션	학교	유치원	초등학교	KOR
orientation 오리엔테이션	school 스쿨	kindergarten 컨더가든	elementary school 엘리멘터리 스쿨	ENG
orientation 오리엉따씨옹	école 에꼴	école maternelle 에꼴 마떼르넬	école élémentaire 에꼴 엘레망떼르	FRA
Orientierung 오리엔티룽	Schule 슐레	Kindergarten 킨더가르텐	Grundschule 그룬트슐레	GER
orientação 오리엥따써웅	escola 이스꼴라	jardim infantil 쟈르징 잉팡찌우	escola primária 이스꼴라 쁘리마리아	POR
orientación 오리엔따씨온	escuela 에스꾸엘라	jardín de infancia 하르딘 데 인판씨아	primaria 쁘리마리아	ESP
orientamento 오리엔따멘또	scuola 스쿠올라	asilo 아실로	scuola elementare 스쿠올라 엘레멘타레	ITA
προσανατολισμός 프로사나똘리즈모스	σχολείο 스홀리오	νηπιαγωγείο 니삐아고기오	δημοτικό 디모띠꼬	GRE
directio, introductio 디렉티오, 인트로둑티오	schola 스콜라	puerilis schola 푸에리리스 스콜라	ludus 루두스	LAT
ориентация 아리옌따찌야	школа 슈꼴라	детский сад 젯츠끼 삿	начальная школа 나촬나야 슈꼴라	RUS
入学教育 /rùxué jiàoyù 루슈에 찌아오위	学校 /xuéxiào 슈에샤오	幼儿园 /yòuéryuán 요우얼위엔	小学校 /xiǎoxuéxiào 샤오슈에샤오	CHN
オリエンテーション 오리엔테-숀	がっこう /学校 각꼬-	ようちえん /幼稚園 요-치엔	しょうがっこう /小学校 쇼-각꼬-	JPN

한	중학교	고등학교	대학교	학부
영	junior high school *1 주니어 하이 스쿨	senior high school 시니어 하이 스쿨	university 유니버시티	faculty 패컬티
프	collège 꼴레쥬	lycée 리쎄	université 위니베르씨떼	faculté 파뀔떼
독	Mittelschule 미텔슐레	Gymnasium 김나지태트	Universität 우니버지태트	Fakultät 파쿨태트
포	ginásio 쥐나지우	colégio 꼴레쥐우	universidade 우니베르씨다지	faculdade 파꾸우다지
스	secundaria 세꾼달리아	bachillerato 바치에라또	universidad 우니베르씨닷	facultad 파꿀땃
이	scuola media 스쿠올라 메디아	liceo 리체오	universitá 우니베르시따	facoltá 파콜타, 파꼴따
그	γυμνάσιο 김나시오	λύκειο 리끼오	πανεπιστήμιο 빤네삐스띠미오	(πανεπιστημιακή)σχολή (빤네삐스띠미아끼)스홀리
라	alta schola minor 알타 스콜라 미노르	alta schola senior 알타 스콜라 세니오르	universitas 우니베르시타스	facultas universitatis 파쿨타스 우니베르시타티스
러	средняя школа *2 스레드냐야 슈꼴라	средняя школа *3 스레드냐야 슈꼴라	университет 우니베르씨쩻	факультет 파쿨쩻
중	中学 / zhōngxué 쭝슈에	高中 / gāozhōng 까오쭝	大学 / dàxué 따슈에	系 / xì 시
일	ちゅうがっこう / 中学校 츄-각꼬-	こうこう / 高校 코-코-	だいがく / 大学 다이가쿠	がくぶ / 学部 가쿠부

동의어: *1 middle school 미들 스쿨, 참고: *2~*3 러시아는 중/고등학교가 한 학교로 붙어있음.

한	예비학교	학생 1	학생 2	제자 1
영	prep school *1 프렙 스쿨	student 스튜던트	schoolchild 스쿨차일드	pupil *4 퓨펄
프	école préparatoire 에꼴 프레빠라뚜와르	étudiant *2 에뛰디엉	écolier *3 에꼴리에	élève *5 엘레브
독	Vorschule 포아슐레	Student 슈투덴트	Schulkind 슐킨트	Schüler 쉴러
포	escola preparatória 이스꼴라 쁘레빠라또리아	estudante 이스뚜당찌	aluno 알루누	aluno 알루누
스	academia preparatoria 아까데미아 쁘레빠라또리아	estudiante 에스뚜디안떼	colegial 꼴레히알	alumno 알룸노
이	scuola preparatoria 스꾸올라 프레파라토리아	studente 스뚜덴떼	scolaro 스꼴라로	allievo 알리에보
그	σχολείο προετοιμασίας 스홀리오 프로에띠마시아스	μαθητής, φοιτητής 마씨띠스, 피띠스	μαθητής(στο σχολείο) 마씨띠스(스또 스홀리오)	μαθητής 마씨띠스
라	schola preparationis 스콜라 프레파라티오니스	discipulus 디씨푸루스	puer scholae 푸에르 스콜래	alumnus disciplinae 알룸누스 디스키플리나이
러	подготовительная школа 파드가따비쩰나야 슈꼴라	студент 스뚜젠트	школьник 슈꼴닉	ученик 우췌닉
중	学前班 / xuéqiánbān 슈에치엔빤	学生 / xuésheng 슈에셩	学生 / xuésheng 슈에셩	小学生 / xiǎoxuéshēng 샤오슈에셩
일	よびこう / 予備校 요비코-	がくせい / 学生 가쿠세-	がくせい / 学生 가쿠세-	おしえご / 教え子 오시에고

동의어: *1 preparatory school 프리페라토리 스쿨, *2 대학생을 의미, *3 écolier 초등학생, collégien 중학생, lycéen 고등학생, *4 student 스튜던트, *5 학생, 제자

제자2	라이벌	친구	벗	짝	KOR
disciple 디사이플	rival 라이벌	friend *1 프랜드	companion 컴패니언	mate 메이트	ENG
disciple 디씨쁠	rival 리발	ami 아미	compagnon 꽁빠뇽	camarade 까마라드	FRA
Lehrling 레얼링	Gegner 게그너	Freund 프로인트	Kumpel 쿰펠	Kamerad 카메라트	GER
discípulo 지씨뿔루	rival 히바우	amigo 아미구	companheiro 꽁빵예이루	colega 꼴레가	POR
discípulo 디씨뿔로	rival 리발	amigo 아미고	compañero 꼼빠녜로	amigote 아미고떼	ESP
discepolo 디쎄뽈로	rivale 리발레	amico 아미꼬	compagno 꼼빠뇨	compagno 꼼빠뇨	ITA
οπαδός 오빠도스	αντίπαλος 안디빨로스	φίλος 필로스	συνοδός 시노도스	φίλος *2 피로스	GRE
discipulus 디스키풀루스	rivalis 리발리스	amicus 아미쿠스	cocius 소키우스	socius 소키우스	LAT
ученик 우췌닉	соперник 싸뻬르닉	друг, подруга 드룩(남), 빠드루가(여)	компаньон 깜빠니온	напарник 나빠르닉	RUS
小门生 /xiǎoménshēng 샤오먼셩	对手 /duìshǒu 뛔이셔우	朋友 /péngyou 펑요우	友 /yǒu 요우	伴 /bàn 빤	CHN
でし／弟子 데시	ライバル 라이바루	ともだち／友だち 토모다치	とも／友 토모	なかま／仲間 나카마	JPN

동의어: *1 pal 팔, buddy 버디 *2 σύντροφος 신드로포스

상급생	동급생	하급생	KOR
upper-class student 어퍼크라스 스튜던트	classmate 클래스메이트	lower-class student 로워 클라스 스튜던트	ENG
élève d'une classe supérieure 엘레브 뒨 끌라스 쒸뻬리외르	camarade de classe 까마라드 드 끌라스	élève d'une classe inférieure 엘레브 뒨 끌라스 엥페리외르	FRA
ältere Schüler 앨터레 쉴러	Schulkamerad *1 슐카메라트	junge Schüler 융에 쉴러	GER
veterano 베떼라누	colega de classe 꼴레가 지 끌라씨	calouro 깔로우루	POR
Estudiante de ultimo año 에스뚜디안떼 데 울띠모 아뇨	compañero de clases 꼼빠녜로 데 끌라세스	Estudiante de primer año 에스뚜디안떼 데 프리메르 아뇨	ESP
studente anziano 스투덴떼 안지아노	compagno di classe 꼼빠뇨 디 클라쎄	allievo di classe inferiore 알리에보 디 클라쎄 인페리오레	ITA
φοιτητής ανώτερης τάξης 피띠띠스 아노떼리스 딱시스	συμμαθητής 심마씨띠스	φοιτητής κατώτερης τάξης 피띠띠스 까또떼리스 딱시스	GRE
discipulus supeioris ordinis 디스키풀루스 수페이오리스 오르디니스	condiscipulus 콘디스키풀루스	discipulus inferioris ordinis 디스키푸루스 인페리오리스 오르디니스	LAT
старшеклассник 스따르쉐클라스닉	одноклассник 아드너클라스닉	младшеклассник 믈랏쉐클라스닉	RUS
高年生 /gāoniánshēng 까오니엔셩	同学 /tóngxué 퉁슈에	低班生 /dībānshēng 띠반셩	CHN
じょうきゅうせい／上級生 죠-큐-세-	どうきゅうせい／同級生 도-큐-세-	かきゅうせい／下級生 카큐-세-	JPN

동의어: *1 Klassenkamerad 클라센카메라트

한	동창	강의	수업	학습, 공부	학급
영	alumnus(alumni) *1 알룸너스(알룸니)	lecture 렉쳐	lesson 레슨	study 스터디	class 클래스
프	condisciple 꽁디씨쁠	cours 꾸르	leçon 르쏭	étude 에뛰드	classe 끌라스
독	Mitschüler *2 미트쉴러	Vorlesung 포얼레중	Unterricht 운터리히트	Studum, Lernen 슈투디움 레어넨	Klasse 클라세
포	colega de escola 꼴레가 지 이스꼴라	aula 아울라	aula 아울라	estudo 이스뚜두	classe 끌라씨
스	colega 꼬레가	curso 꾸르소	lección 렉씨온	esutudio 에스뚜디오	clase 끌라쎄
이	collega 콜레가	discorso 디스코르소	lezione 레찌오네	studio 스투디오	classe 클라쎄
그	απόφοιτος 아뽀피또스	διάλεξη 디알렉시	μάθημα 마씨마	σπουδή, μελέτη 스뿌디, 멜레띠	τάξη 딱시
라	condisciplulus 콘디스키프룰루스	colloquium 콜로쿠이움	disciplina 디스키플리나	studium 스투디움	auditorium 아우디토리움
러	бывший одноклассник 븨쉬이 아드나클라스닉	лекция 렉찌야	урок 우로크	изучение 이주체니예	класс 클라스
중	同学 / tóngxué 퉁슈에	讲课 / jiǎngkè 지앙커	功课 / gōngkè 꿍커	学习 / xuéxí 슈에시	学班 / xuébān 슈에빤
일	どうそう / 同窓 도-소-	こうぎ / 講義 코-기	じゅぎょう / 授業 쥬교-	がくしゅう / 学習 가쿠슈-	がっきゅう / 学級 각뀨-

동의어: *1 classmate 클라스메이트, *2 Mitstudent 미트슈투덴트

한	동아리	세미나	아이디어	콘셉트, 개념	리서치, 연구
영	club 클럽	seminar 세미나	idea 아이디어	concept 컨셉	research 리서치
프	club d'université 끌립 뒤니베르씨떼	séminaire 쎄미네르	idée 이데	concept 꽁쎕트	recherche 르쉐르슈
독	Gruppe 그루페	Seminar 제미나	Idee 이데	Konzept 콘쳅트	Forschung 포어슝
포	clube, grêmio 끌루비, 그레미우	seminário 쎄미나리우	ideia 이데이아	conceito 꽁쎄이뚜	pesquisa 뻬스끼자
스	círculo 씨르꿀로	seminario 세미나리오	idea 이데아	concepto 꼰셉또	estudio 에스투디오
이	circolo 치르콜로	seminario 세미나리오	idea 이데아	concetto 콘체또	ricerca 리체르까
그	ομάδα 오마다	σεμινάριο 세미나리오	ιδέα 이데아	γενική ιδέα *1 게니끼 이데아	έρευνα 에레브나
라	comes 코메스	seminarium 세미나리움	ratio 라티오	rationem 라티오넴	eruditio 에루디티오
러	клуб 클루브	семинар 세미나르	идея 이제야	концепция 깐쩹찌야	исследование 이슬례더바니예
중	兴趣小组 / xìngqùxiǎozǔ 싱취샤오주	习明纳尔 / xímíngnà ěr 시밍나얼	设想 / shèxiǎng 써샹	概念 / gàiniàn 카인니엔	研究 / yánjiū 얜지우
일	サークル 사-쿠루	セミナー 세미나-	ちゃくそう / 着想 챠쿠소-	がいねん / 概念 가이넨	リサーチ *2 리사-치

동의어: *1 νόημα 노이마, *2 けんきゅう / 研究 켄큐-

238

연수, 실습	숙제, 과제	시험, 고시	방학	KOR
training 트레이닝	assignment *1 어사인먼트	examination 이그제미네이션	vacation 버케이션	ENG
stage, formation 스따쥬, 포르마씨옹	devoirs 드브와르	examen 에그자멩	vacances 바깡스	FRA
Übung 위붕	Hausaufgabe 하우스아우프가베	Prüfung 프뤼풍	Ferien 페린	GER
prática 쁘라찌까	tarefa 따레파	exame 이자미	férias 페리아스	POR
práctica 쁘락띠까	tarea 따레아	examen 엑싸멘	vacaciones 바까시오네스	ESP
pratica 프라티카	compito 콤피토	esame 에자메	vacanza 바칸자	ITA
άσκηση 아스끼시	σχολική εργασία 스홀리끼 에르가시아	εξέταση 엑세따시	διακοπές 디아꼬뻬스	GRE
exercitatio 엑세르키타티오	scholica opera 스콜리카 오페라	tentatio 텐타티오	feriae 페리애	LAT
практика 프락찌카	упражнение 우프라쥬녜니예	экзамен 애크자멘	каникулы 카니쿨릐	RUS
进修 / jìnxiū 찐시우	作业 / zuòyè 쭈오예	考试 / kǎoshì 카오스	放假 / fàngjià 팡지아	CHN
けんしゅう /研修 켄슈-	しゅくだい / 宿題、かだい / 課題 슈쿠다이, 카다이	しけん / 試験 시켄	きゅうか / 休暇 큐-카	JPN

동의어: *1 homework 홈워크

파트타임	과외활동	학원	KOR
part-time job 파트타임 잡	extracurricular activities 엑스트라커리큘라 엑티비티즈	institute 인스티튜트	ENG
travail occasionnel 트라바이유 오까지오넬	activité extra-scolaire 악띠비떼 엑스트라 스꼴레르	institut 엥스띠뛰	FRA
Teilzeitarbeit 타일차이트아르바이트	Nachhilfe 나흐힐페	Unterrichtsanstalt 운터리히츠안슈탈트	GER
trabalho em meio-período 뜨라발유 잉 메이우-뻬리오두	atividades extracurriculares 아찌비다지스 에스뜨라꾸히꿀라리스	instituto de cursos particulares 잉스찌뚜뚜 지 꾸르쑤스 빠르찌꿀라리스	POR
trabajo provisional 뜨라바호 쁘로비시오날	actividad extracurricular 악띠비닷 엑스뜨라꾸리꿀라르	academia 아까데미아	ESP
mezzo servìzio 메쪼 세르비지오	attività extra scolastiche 아띠비따 엑스트라 스꼴라스티께	istituto 이스티뚜또	ITA
ημιαπασχόληση 이미아빠스홀리시	εξωσχολικές δραστηριότητες 엑소스홀리께스, 드라스띠리오띠떼스	ίδρυμα 이드리마	GRE
dimidia occupatio 디미디아 옥쿠파티오	additicius opus 아디티키우스	institutum, schota 인스티투툼, 스코타	LAT
работа неполный рабочий день 라보따 니뽈느이 라보취 젠	внеклассные занятия 브네클라스늬예 자냐찌야	институт 인스찌뚯	RUS
非全日工作 / fēiquánrìgōngzuò 페이츄엔르꿍주오	课外活动 / kèwàihuódòng 커와이후오똥	补习班 / bǔxíbān 부시반	CHN
パートタイム 파-토타이무	かがいかつどう / 課外活動 카가이카추도-	じゅく / 塾 쥬쿠	JPN

한	유학	졸업증명서	성적증명서
영	studying abroad 스터딩 어브로드	diploma 디플로머	transcript 트란스크립트
프	étude à l'étranger 에뛰드 아 레트랑제	diplôme 디플롬	certification de scolaire 쩨르띠피꺄씨옹 드 스꼴레르
독	Studium im Ausland *1 슈투디움 임 아우스란트	Diplom *2 디플롬	Schulzeugnis 슐초익니스
포	estudo no estrangeiro 이스뚜두 누 이스프랑줴이루	diploma 지쁠로마	histórico escolar 이스또리꾸 이스꼴라르
스	estudio en el extranjero 에스뚜디오 엔 엘 엑스프랑헤로	diploma 디쁠로마	transcripción 뜨란스끄립씨온
이	studio all'estero 스투디오 알레스테로	diploma 디플로마	certificato di voto 체르티피카토 디 보또
그	σπουδές εξωτερικού 스부디스 엑소떼리꾸	πτυχίο 쁘띠히오	βεβαίωση βαθμολογίας 베베오시 바쓰몰로기아스
라	studium peregrinatione 스투디움 페레그리나티오네	diploma 디플로마	confirmatio ad gradum academiae 콘피르마티오 아드 그라둠 아카데미애
러	учеба за рубежом 우쵸바 자 루볘좀	диплом 지쁠롬	транскрипт 뜨란스크립트
중	留学 / liúxué 리우슈에	毕业文凭 / bìyèwénpíng 삐예원핑	成绩 / chéngjì 청지
일	りゅうがく / 留学 류-가쿠	そつぎょうしょうしょ / 卒業証書 소추교-쇼-쇼	せいせきしょうめいしょ / 成績証明書 세-세키쇼-메-쇼

동의어: *1 Auslandsstudium 아우스란트슈투디움, *2 Abschlusszeugnis 압슐루스초익니스

한	봉사활동	자격	학위수여식
영	volunteer 볼룬티어	qualification 퀄리피케이션	graduation ceremony *1 그레듀에이션 쩨레모니
프	volontariat 볼롱따리아	qualification 깔리피꺄씨옹	cérémonie d'un diplôme 세리모니 덩 디쁠롬
독	Freiwilliger 프라이빌리거	Qualifikation 크발리피카치온	Abschlussfeier, Promotion 압슐루스파이어, 프로모치온
포	atividade voluntária 아찌비다지 볼룽따리아	qualidade 꽐리다지	cerimônia de conferência do grau acadêmico 쩨리모니아 지 꽁페렝씨아 두 그라우 아까데미꾸
스	actividad voluntaria 악띠비닷 볼룬따리아	requisito 레끼시또	ceremonia de entrega de títulos 쩨레모니아 데 엔프레가 데 로스 띠뚤로스
이	servizio 세르비지오	qualificazione 꽐리피카지오네	ceremonia di laurea 체레모니아 디 라우레아
그	εθελοντής 에쎌론띠스	προσόν 쁘로손	τελετή αποφοίτησης 뗄레띠 아뽀피띠시스
라	opus sponte 오푸스 스폰테	ingenium aptum 인게니움 압툼	caerimonia ad diplomatem 캐리모니아 아드 디플로마템
러	волонтёрская деятельность 발란쪼르스까야 졔이쪨너스츠	квалификация 크발리피카쩨야	церемония вручения дипломов 쩨례모니야 브루췌니야 지쁠로모프
중	爱心活动 / àixīnhuódòng 아이신후오똥	资格 / zīgé 쯔거	学位授予仪式 / xuéwèi shòuyǔ yíshì 슈에웨이셔우위이스
일	ほうしかつどう / 奉仕活動 호-시카추도-	しかく / 資格 시카쿠	がくいじゅよしき / 学位授与式 가쿠이쥬요시키

동의어: *1 commencement 코먼스먼트

학위	박사	석사	학사	KOR
degree 디그리	doctor 닥터	master 메스터	bachelor 바첼러	ENG
diplôme *1 디쁠롬	docteur 독뙤르	maître 메트르	licencié 리썽씨에	FRA
akademischer Grad 아카데미셔 그라트	Doktor 독토어	Magister 마기스터	Bachelor 바첼러	GER
grau acadêmico 그라우 아까데미꾸	doutor 도우또르	mestre 메스프리	bacharel 바샤레우	POR
título 띠뚤로	doctor 독또르	máster 마스페르	licenciado 리쎈씨아도	ESP
laurea 라우레아	dottore 도또레	master 마스테르	laureato 라우레아토	ITA
πτυχίο 쁘띠히오	διδάκτορας 디닥또라스	μεταπτυχιακός 메땁띠히아꼬스	πτυχιούχος 쁘띠히우호스	GRE
diploma 디플로마	doctor *2 독토르	magister 마기스테르	caelebs 카에레브스	LAT
степень 스쩨뼨	доктор 독따르	магистр 마기스프르	бакалавр 바칼라브르	RUS
学位 / xuéwèi 슈에웨이	博士 / bóshì 보스	硕士 / shuòshì 슈오스	学士 / xuéshì 슈에스	CHN
がくい / 学位 가쿠이	はくし / 博士 *3 하쿠시	しゅうし / 修士 슈-시	がくし / 学士 가쿠시	JPN

동의어: *1 grade universitaire 그라드 위니베르씨떼르, *2 medicus 메디쿠스, *3 はかせ / 博士 하카세

입학	편입	졸업	전공	KOR
admission 어드미션	transfer 트렌스퍼	graduation 그레듀에이션	major 메이저	ENG
admission 아드미씨옹	entrée 엉트레	fin d'études 팽 데뛰드	majeur 마죄르	FRA
Zulassung 쫄라쑹	Studiumwechsel 슈투디움벡셀	Abschluss *1 압슐루스	Fachbereich 파흐베라이히	GER
ingresso 잉그레쑤	transferência 프랑스페렝씨아	formatura 포르마뚜라	especialidade 이스뻬씨알리다지	POR
matrícula 마뜨리꿀라	entrada 엔뜨라다	graduación 그라두씨온	especialidad 에스뻬씨알리닷	ESP
ammissione alla scuola 암미씨오네 알라 스쿠올라	cosrso abbreviazione 코르소 아쁘레비아지오네	laurea 라우레아	materia 마테리아	ITA
εισαγωγή 이사고기	μεταγραφή 메따그라피	αποφοίτηση 아뽀피띠시	ειδικότητα 이디꼬띠따	GRE
admissio 아드미씨오	aditus 아디투스	integritas studii 이테그리타스 스투디이	cura specialis 쿠라 스페키알리스	LAT
поступление 파스뚜플레니예	зачисление 자치슬레니예	окончание 아칸촤니예	специальность 스뻬짤너스츠	RUS
上学 / shàngxué 샹슈에	插班 / chābān 차빤	毕业 / bìyè 삐예	专业 / zhuānyè 쭈안예	CHN
にゅうがく / 入学 뉴-가쿠	へんにゅう / 編入 헨뉴-	そつぎょう / 卒業 소추교-	せんこう / 専攻 센코-	JPN

동의어: *1 Graduierung 그라두이어룽

한	교양	논문	최우등의	최상위 학생 모임
영	culture 컬쳐	thesis 띠시스	summa cum laude 쑴마 컴 러드	Dean's list [2] 딘스 리스트
프	culture 뀔뛰르	thèse 떼즈	premier rang 프르미에 랑	tableau d'honneur 따블로 도뇌르
독	Bildung 빌둥	Abschlussarbeit 압슐루스아르바이트	sehr gut 제어 굿	Dean's List 딘스 리스트
포	artes liberais 아르찌스 리베라이스	tese 떼지	aprovado com louvor 아쁘로바두 꽁 로우보르	orbi optimus 오르비 옵찌무스
스	cultura 꿀뚜라	tesis 떼시스	summa cum laude 숨마 쿰 라우데	orbis optimus 오르비스 옵띠무스
이	cultura generale 쿨뚜라 제네랄레	tesi 떼지	summa cum laude 숨마 쿰 라우데	–
그	τέχνες 떼흐네스	διατριβή [1] 디아트리비	άριστα 아리스따	λίστα διακριθέντων φοιτητών 리스따 디아끄리쎄돈 피띠똔
라	artes liberales 아르테스 리베랄레스	commentatio 콤멘타티오	summa cum laude 숨마 쿰 라우데	orbis optimus 오르비스 옵티무스
러	культура 꿀뚜라	диссертация 지쩨르따찌야	с высшим отличием 스 븨쉼 아틀리취옘	список декана 스삐석 지까나
중	修养 / xiūyǎng 시우양	论文 / lùnwén 룬원	首席 / shǒuxí 쇼시	优秀学生名单 / yōuxiùxuéshēngmíngdān 유우쓔우쒜씽밍딴
일	きょうよう / 教養 쿄-요-	ろんぶん / 論文 론분	しゅせきの / 首席の 슈세키노	さいじょういがくせいしゅうかい / 最上位学生集会 사이죠-이가쿠세-슈-카이

동의어: [1] πτυχιακή 쁘띠히아끼, [2] Phi Beta Kappa 파이 베타 카파__

한	강의실	교과서	참고서
영	lecture room 렉쳐룸	textbook 텍스트북	reference book 레퍼러스 북
프	salle de classe 쌀 드 끌라스	manuel 마뉘엘	ouvrage de référence 우브라쥬 드 레페랑스
독	Hörsaal, Auditorium 회어잘, 아우디토리움	Lehrbuch 레어부흐	Lehrmaterial 레어마테리알
포	sala de aula 쌀라 지 아울라	livro escolar 리브루 이스꼴라르	manual do estudante 마누아우 두 이스뚜당찌
스	sala de lectura 살라 데 렉뚜라	libro de texto 리브로 데 떽쓰또	libro de material didáctico 리브로 데 마떼리알 디닥띠꼬
이	aula 아울라	libro di testo 리브로 디 테스토	libri di riferimento 리브리 디 리페리멘토
그	αίθουσα διδασκαλίας 에쑤사 디다스깔리아스	διδακτικό βιβλίο 디닥띠꼬 비블리오	βοηθητικό βιβλίο 보이씨띠꼬 비블리오
라	atrium doctrinae 아트리움 독트리네	liber scholicus(manualis) 리베르 스홀리코스(마누알리스)	liber auxiliaris 리베르 아욱실리아리스
러	аудитория 아우지또리야	учебник 우체브닉	справочник 스프라버취닉
중	教室 / jiàoshì 찌아오스	课本 / kèběn 커번	参考书 / cānkǎoshū 찬카오수
일	こうぎしつ / 講義室 코-기시추	きょうかしょ / 教科書 쿄-카쇼	さんこうしょ / 参考書 산코-쇼

학문	학과	인문과학	사회과학	KOR
learning 러닝	department *1 디파트먼트	humanities *2 휴매너티	social science 소셜 사이언스	ENG
science 씨엉스	discipline 디시쁠린느	sciences humaines 씨엉스 위멘느	sciences sociales 씨엉스 쏘씨알	FRA
Wissenschaft 비센샤프트	Fach 파흐	Geisteswissenschaft 가이스테스비센샤프트	Sozialwissenschaft 조치알비센샤프트	GER
ciência 씨엥씨아	disciplina 지씨쁠리나	ciências humanas 씨엥씨아스 우마나스	ciências sociais 씨엥씨아스 쏘씨아이스	POR
estudio 에스뚜디오	disciplina 디씨쁠리나	humanidades 우마니다데스	ciencias sociales 씨엔씨아스 소씨알레스	ESP
studio 스투디오	lezione 레지오네	discipline umanistiche 디쉬쁠리네 우마니스티카	scienza sociale 셴자 소찰레	ITA
μάθηση 마씨시	επιστημονικός κλάδος 에삐스띠모니꼬스 끌라도스	ανθρωπιστικές επιστήμες 안스로삐스띠께스 에삐스띠메스	κοινωνικές επιστήμες 끼노니께스 에삐스띠메스	GRE
scientia 스키엔티아	disciplina 디스키쁠리나	artes liberales 아르테스 리베랄레스	socialis scientia 소키아리스 스키엔티아	LAT
наука 나우카	дисциплина 디스찌쁠리나	гуманитарные науки 구마니따르늬예 나우끼	общественные науки 압쉐스트벤늬예 나우끼	RUS
学问 / xuéwen 슈에원	学科 / xuékē 슈에커	人文科学 / rénwénkēxué 런원커슈에	社会科学 / shèhuì kēxué 셔훼이커슈에	CHN
がくもん / 学問 가쿠몬	がっか / 学科 각까	じんぶんかがく / 人文科学 진분카가쿠	しゃかいかがく / 社会科学 샤카이카가쿠	JPN

동의어: *1 major 메이져, *2 Liberal Arts 리버럴 아츠

자연과학	순수과학	철학	KOR
natural science 내츄럴 사이언스	pure science 퓨어 싸이언스	philosophy 필라서피	ENG
sciences naturelles 씨엉스 나뛰렐	sciences pures 씨엉스 쀠르	philosophie 필로조피	FRA
Naturwissenschaft 나투어비센샤프트	reine Wissenschaft 라이네 비센샤프트	Philosophie 필로조피	GER
ciências naturais 씨엥씨아스 나뚜라이스	ciência pura 씨엥씨아 뿌라	filosofia 필로조피아	POR
ciencias naturales 씨엔씨아스 나뚜랄레스	ciencia pura 씨엔씨아스 뿌라	filosofía 필로소피아	ESP
scienza naturale 셴자 나뚜랄레	scienza pura 셴자 푸라	filosofia 필로소피아	ITA
φυσικές επιστήμες 피시께스 에삐스띠메스	θετικές επιστήμες 쩨띠께스 에삐스띠메스	φιλοσοφία 필로소피아	GRE
physiologia 퓌시올로기아	pura scienzia 푸라 스키엔지아	philosophia 필로소피아	LAT
естественные науки 에스쩨스트벤늬예 나우끼	чистая наука 취스따야 나우까	философия 필라소피야	RUS
自然科学 / zìrán kēxué 쯔란커슈에	纯科学 / chúnkēxué 춘커슈에	哲学 / zhéxué 저슈에	CHN
しぜんかがく / 自然科学 시젠카가쿠	じゅんせいかがく / 純正科学 쥰세-카가쿠	てつがく / 哲学 테추가쿠	JPN

한	윤리학	논리학	체육학	미학
영	ethics 에띡스	logic 로직	physical education 피지칼 에듀케이션	aesthetics 에스쩨틱스
프	éthique 에띠끄	logique 로직끄	éducation physique 에듀까씨옹 피지끄	esthétique 에스떼띠끄
독	Ethik 에틱	Logik 로긱	Sportwissenschaft 스포트비센샤프트	Ästhetik 애스테틱
포	ética 에찌까	lógica 로쥐까	educação física 에두까써옹 피지까	estética 이스떼찌까
스	ética 에띠까	lógica 로히까	educación física 에두까씨온 피시까	estética 에스떼띠까
이	etica 에티카	logica 로지카	educazione fisica 에두카지오네 피지카	estetica 에스테티카
그	ηθική 이씨끼	λογική 로기끼	φυσική αγωγή 피시끼 아고기	αισθητική 에스씨띠끼
라	ethice, moralitas 에티케, 모라리타스	dialectica, logica 디알렉치까, 로지카	physica educatio 피시카 에두카티오	aesthetica 아이스테치카
러	этика 애찌카	логика 로기카	Физкультура 피스쿨뚜라	эстетика 애스때찌카
중	伦理学 / lúnlǐxué 룬리슈에	逻辑学 / luójíxué 루오지슈에	体育学 / tǐyùxué 티위슈에	美学 / měixué 메이슈에
일	りんりがく / 倫理学 린리가쿠	ろんりがく / 論理学 론리가쿠	たいいくがく / 体育学 타이이쿠가쿠	びがく / 美学 비가쿠

한	심리학	문학	언어학	신학
영	psychology 사이컬러지	literature 리터리쳐	linguistics 륑귀스틱스	theology 씨알러지
프	psychologie 쁘씨꼴로지	littérature 리떼라뛰르	linguistique 렝귀스띠끄	théologie 떼올로지
독	Psychologie 프쮜홀로기	Literaturwissenschaft 리테라투어비센샤프트	Linguistik 링구이스틱	Theologie 테올로기
포	psicologia 삐씨꼴로쮀아	literatura 리떼라뚜라	linguística 링귀스찌까	teologia 떼올로쮀아
스	sicología 시꼴로히아	literatura 리떼라뚜라	lingüística 링구이스띠까	teología 떼올로히아
이	psicologia 프시콜로지아	letteratura 레떼라뚜라	linguistica 링귀스티카	teologia 테올로지아
그	ψυχολογία 읍시홀로기아	λογοτεχνία 로고떼크니아	γλωσσολογία 글로솔로기아	θελογία 쎄올로기아
라	psychologia 씨콜로기아	litterae 리테래	res grammatica 레스 그람마티카	teologia 테올로기아
러	психология 프시할로기야	литература 리쩨라뚜라	языкознание 야지카즈나니예	теология 쩨알로기야
중	心理学 / xīnlǐxué 씬리슈에	文学 / wénxué 원슈에	语言学 / yǔyánxué 위앤슈에	神学 / shénxué 션슈에
일	しんりがく / 心理学 신리가쿠	ぶんがく / 文学 분가쿠	げんごがく / 言語学 겐고가쿠	しんがく / 神学 신가쿠

법학	정치학	경제학	통계학	KOR
law 로	politics 폴리틱스	economics 이코노믹스	statistics 스타티스틱스	ENG
droit 드르와	politique 폴리띠끄	économie 에꼬노미	statistique 스따띠스띠끄	FRA
Rechtswissenschaft 레히츠비센샤프트	Politikwissenschaft 폴리틱비센샤프트	Ökonomik *1 외코노믹	Statistik 슈타티스틱	GER
direito 지레이뚜	ciências políticas 씨엥씨아스 뽈리찌까스	economia 이꼬노미아	estatística 이스따찌스찌까	POR
Jurisprudencia 후리스쁘루뎬씨아	ciencias polìticas 씨엔씨아스 뽈리띠까스	ciencias económicas 씨엔씨아스 에꼬노미까스	estadística 에스따디스띠까	ESP
giurisprudenza 쥬리스프루뗀자	politica 뽈리티카	economia politica 에코노미아 뽈리티카	statistica 스타티스티카	ITA
νομική 노미끼	πολιτική 뽈리띠끼	οικονομική 이꼬노미끼	στατιστική 스따띠스띠끼	GRE
iuris disciplina 유리스 디스키플리나	ratio rei publicae 라티오 레이 푸블리카이	oeconomica 오에코노미카	statistica 스타티스티카	LAT
юриспруденция 유리스쁘루젠찌야	политика 빨리찌까	экономика 애카노미까	статистика 스따찌스찌까	RUS
法学／fǎxué 파슈에	政治学／zhèngzhìxué 쩡쯔슈에	经济学／jīngjìxué 찡지슈에	统计学／tǒngjìxué 퉁지슈에	CHN
ほうがく／法学 호-가쿠	せいじがく／政治学 세-지가쿠	けいざいがく／経済学 케-자이가쿠	とうけいがく／統計学 토-케-가쿠	JPN

동의어: *1 Wirtschaftswissenschaft 비어트샤프트비쎈샤프트

회계학	사회학	수학	대수학	KOR
accounting 어카운팅	sociology 소시알러지	mathematics 매써매틱스	algebra 엘저브라	ENG
comtabilité 꽁따빌리떼	sociologie 쏘씨올로지	mathématiques 마떼마띠끄	algèbre 알제브르	FRA
Buchhaltung 부흐할퉁	Soziologie 조치올로기	Mathematik 마테마틱	Algebra 알게브라	GER
contabilidade 꽁따빌리다지	sociologia 쏘씨올로쥐아	matemática 마떼마찌까	algebra 아우줴브라	POR
contabilidad 꼰따빌리닷	sociología 소씨올로히아	matemáticas 마떼마띠까스	algebra 알헤브라	ESP
ragioneria 라죠네리아	sociologia 소촐로지아	matematica 마테마티카	algebra 알제브라	ITA
λογιστική 로기스띠끼	κοινωνιολογία 끼노니올로기아	μαθηματική 마씨마띠끼	άλγεβρα 알게브라	GRE
scientia rationum 스키엔티아 라티오눔	scientia 스키엔티아	mathematica 마테마티카	algebra 알게브라	LAT
бухгалтерия 부갈쩨리야	социология 사찌알로기야	математика 마쩨마찌까	алгебра 알게브라	RUS
会计学／kuàijìxué 콰이지슈에	社会学／shèhuìxué 셔훼이슈에	修学／xiūxué 시우슈에	代数学／dàishùxué 따이수슈에	CHN
かいけいがく／会計学 카이케-가쿠	しゃかいがく／社会学 샤카이가쿠	すうがく／数学 수-가쿠	だいすうがく／代数学 다이수-가쿠	JPN

한	기하학	물리학	지구물리학	기상학
영	geometry 지오머트리	physics 피직스	geophysics 지오피직스	meteorology 미티어롤러지
프	géométrie 제오메트리	physique 피지끄	géophysique 제오피지끄	météorologie 마떼오롤로지
독	Geometrie 게오메트리	Physik 피직	Geophysik 게오피직	Meteorologie 메테오롤로기
포	geometria 쥐오메뜨리아	física 피지까	geofísica 쥐오피지까	meteorologia 메떼오롤로쥐아
스	geometría 헤오메뜨리아	física 피시까	geofísica 헤오피시까	meteorología 메떼오롤로히아
이	geometria 제오메트리아	fisica 피지카	geofisica 제오피지카	meteorologia 메테오롤로지아
그	γεωμετρία 게오메트리아	φυσική 피시끼	γεωφυσική 게오피시끼	μετεωρολογία 메떼오롤로기아
라	geometria 게오메트리아	physica 피시카	geophysica 게오피시카	meteorologia 메테오롤로기아
러	геометрия 계아메뜨리야	физика 피지카	геофизика 게아피지카	метеорология 메쩨아랄로기야
중	几何学 / jǐhéxué 지허슈에	物理学 / wùlǐxué 우리슈에	地球物理学 / dìqiúwùlǐxué 띠치우우리슈에	气象学 / qìxiàngxué 치샹슈에
일	きかがく / 幾何学 키카가쿠	ぶつりがく / 物理学 부추리가쿠	ちきゅうぶつりがく / 地球物理学 치큐-부추리가쿠	きしょうがく / 気象学 키쇼-가쿠

한	해양학	지질학	화학	바이오
영	oceanology 오셔널러지	geology 지올러지	chemistry 케미스트리	bio(logical) 바이오(로지컬)
프	océanologie 오세아놀로지	géologie 제올로지	chimie 쉬미	bio 비오
독	Ozeanologie 오체아놀로기	Geologie 게올로기	Chemie 헤미	Bio 비오
포	oceanologia 오쩨아놀로쥐아	geologia 쥐올로쥐아	química 끼미까	bio 비오
스	oceanología 오쩨아놀로히아	geología 헤올로히아	química 끼미까	bio 비오
이	oceanografia 오체아노그라피아	geologia 제올로지아	chimica 끼미카	bio 비오
그	ωκεανολογία 오께아놀로기아	γεωλογία 게올로기아	χημεία 히미아	βιογραφία 비오그라피아
라	oceanologia 오케아노로기아	geologia 게올로기아	chemia 케미아	biologicus 비올로기쿠스
러	океанология 아께아날로기야	геология 게알로기야	химия 히미야	био 비오
중	海洋学 / hǎiyángxué 하이양슈에	地质学 / dìzhìxué 띠즈슈에	化学 / huàxué 화슈에	生物 / shēngwù 셩우
일	かいようがく / 海洋学 카이요-가쿠	ちしつがく / 地質学 치시추가쿠	かがく / 化学 카가쿠	バイオ 바이오

246

생물학	생명공학	식물학	동물학	KOR
biology 바이알러지	biotechnology 바이오테크놀러지	botany 보터니	zoology 주알러지	ENG
biologie 비올로지	biotechnologie 비오떼끄놀로지	botanique 보타니끄	zoologie 조올로지	FRA
Biologie 비올로기	Biotechnologie 비오테흐놀로기	Botanik 보타닉	Zoologie 촐로기	GER
biologia 비올로쮀아	biotecnologia 비오떼끼놀로쮀아	botânica 보따니까	zoologia 주올로쮀아	POR
biología 비얄로히아	biotecnología 비오떽놀로히아	botánica 보따니까	zoología 소올로히아	ESP
biologia 비올로지아	biotecnologia 비오테크놀로지아	fitologìa 피톨로지아	zoologia 조올로지아	ITA
βιολογία 비올로기아	βιοτεχνολογία 비오떼크놀로기아	βοτανολογία 보따놀로기아	ζωολογία 조올로기아	GRE
biologia 비오로지아	biotechnologia 비오텍크놀로지아	botanica *1 보타니카	zoologia 조올로기아	LAT
биология 비알로기야	биотехнология 비오쩨흐날로기야	ботаника 바따니카	зоология 자알로기야	RUS
生物学 / shēngwùxué 셩우슈에	生命工学 / shēngmìnggōngxué 셩밍꽁슈에	植物学 / zhíwùxué 즈우슈에	动物学 / dòngwùxué 뚱우슈에	CHN
せいぶつがく / 生物学 세-부추가쿠	せいめいこうがく / 生命工学 세-메-코-가쿠	しょくぶつがく / 植物学 쇼쿠부추가쿠	どうぶつがく / 動物学 도-부추가쿠	JPN

동의어: *1 herbarum scientia 헤르바룸 스키엔티아

생태학	공학	환경공학	KOR
ecology 이콜러지	engineering 엔지니어링	environmental engineering 엔바이론먼탈 엔지니어링	ENG
écologie 에꼴로지	technologie 떼끄놀로지	technologie de l'environnement 떼끄놀로지 드 렁비론느망	FRA
Ökologie 외콜로기	Technik 테히닉	Umwelttechnik 움벨트테히닉	GER
ecologia 에꼴로쮀아	engenharia 잉쳉야리아	engenharia ambiental 잉쳉야리아 앙비엠따우	POR
ecología 에꼴로히아	ingeniería 인헤니에리아	ingeniería medio ambiental 인헤니에리아 메디오 암비엔딸	ESP
ecologia 에콜로지아	tecnologia 테크놀로지아	ingegneria ambientale 인제녜리아 암비엔탈레	ITA
οικολογία 이꼴로기아	μηχανική 미하니끼	τεχνολογία περιβάλλοντος 떼흐놀로기아 뻬리발론도스	GRE
oecologia 오에콜로기아	technologia 텍크놀로기아	technologia circumiectorum 텍크놀로기아 키르쿰이엑토룸	LAT
экология 애칼로기야	техника 떼흐니카	экологическая инженерия 애깔라기췌스까야 인쥐녜리야	RUS
生态学 / shēngtàixué 셩타이슈에	工程学 / gōngchéngxué 꽁청슈에	环境科学 / huánjìngkēxué 환징커슈에	CHN
せいたいがく / 生態学 세-타이가쿠	こうがく / 工学 코-가쿠	かんきょうこうがく / 環境工学 칸쿄-코-가쿠	JPN

한	산업공학	전자공학	항공학
영	industrial engineering 인더스트리알 엔지니어링	electronics *1 일렉트로닉스	aeronautics 에어러노틱스
프	technologie d'industrielle 떼끄놀로지 뎅뒤스트리엘	électronique 엘렉트로니끄	aéronotique 아에로노티끄
독	Industrietechnik 인두스트리테히닉	Elektrotechnik 엘렉트로테히닉	Aeronautik 애로나우틱
포	engenharia industrial 잉줴야리아 잉두스쁘리아우	eletrônica 일레프로니까	aeronáutica 아에로나우찌까
스	ingeniería industrial 인헤니에리아 인두스뜨리알	electrónica 엘렉뜨로니까	aeronáutica 아에로나우띠까
이	Ingegneria industriale 인제녜리아 인두스트리알레	elettronica 엘레뜨로니카	aeronautica 아에로나우티카
그	βιομηχανική τεχνολογία 비오미하니끼 떼흐놀로기아	ηλεκτρονική 일렉트로니끼	αεροναυτική 아에로나브띠끼
라	technologia industria 텍크놀로지아 인두스트리아	electronica 에렉트로니카	aeronautica 아에로나우티카
러	промышленная техника 쁘라믜슐롄나야 쩨흐니까	электроника 앨렉프로니카	аэронавтика 아애라나프찌까
중	产业工学 / chǎnyègōngxué 찬예꿍슈에	电子学 / diànzǐxué 띠엔즈슈에	航空学 / hángkōngxué 항콩슈에
일	さんぎょうこうがく / 産業工学 산교-코-가쿠	でんしこうがく / 電子工学 덴시코-가쿠	こうくうがく / 航空学 코-쿠-가쿠

동의어: *1 electronics engineering 일렉트로닉스 엔지니어링

한	야금학	의학	정신의학	약학
영	metallurgy 메텔러지	medicine 메디슨	psychiatry 사이카이어트리	pharmacy 파머시
프	métallurgie 메탈뤼르지	médecine 메디씐느	psychiatrie 쁘씨끼아트리	pharmacie 파르마씨
독	Metallurgie 메탈루어기	Medizin 메디친	Psychiatrie 프쥐히아트리	Pharmazie 파아마치
포	metalurgia 메딸루르쮀아	medicina 메지씨나	psiquiatria 삐씨끼아뜨리아	farmacologia 파르마꼴로쮀아
스	metalúrugia 메딸루루히아	medicina 메디씨나	siquiatría 시끼아뜨리아	farmacología 파르마꼴로히아
이	metallurgia 메탈루르지아	medicina 메디치나	psichiatria 프시끼아트리아	farmacia 파르마치아
그	μεταλλουργία 메딸루르기아	ιατρική 이아트리끼	ψυχιατρική 읍시히아트리끼	φαρμακολογία 파르마꼴로기아
라	metallurgia 메탈루르기아	ars medica 아르스 메디카	psychiatria *1 씨끼아트리아	pharmacia *2 파르마키아
러	металлургия 몌딸루르기야	медицина 몌디찌나	психиатрия 프시히아뜨리야	фармация 파르마찌야
중	冶金学 / yějīnxué 예진슈에	医学 / yīxué 이슈에	精神医学 / jīngshényīxué 징션이슈에	药学 / yàoxué 야오슈에
일	やきんがく / 冶金学 야킨가쿠	いがく / 医学 이가쿠	せいしんいがく / 精神医学 세-신이가쿠	やくがく / 薬学 야쿠가쿠

동의어: *1 scientia salutis mentis 스키엔티아 살루스 멘티스, *2 scientia medicaminium 스키엔티아 메디카미니움

역사	천문학	지리학	생리학	KOR
history 히스토리	astronomy 어스트러너미	geography 지오그러피	physiology 피지알러지	ENG
histoire 이스뜨와르	astronomie 아스트로노미	géographie 제오그라피	physiologie 피지올로지	FRA
Geschchite 게쉬히테	Astronomie 아스트로노미	Geographie 게오그라피	Physiologie 퓌지올로기	GER
história 이스또리아	astronomia 아스프로노미아	geografia 쥐오그라피아	fisiologia 피지올로쮀아	POR
historia 이스토리아	astronomía 아스프로노미아	geografia 헤오그라피아	fisiología 피시올로히아	ESP
storia 스토리아	astronomia 아스트로노미아	geografia 제오그라피아	fisiologia 피지올로지아	ITA
ιστορία 이스또리아	αστρονομία 아스프로노미아	γεωγραφία 게오그라피아	φυσιολογία 피시올로기아	GRE
historia 히스토리아	astronomia 아스트로노미아	geographia 게오그라피아	physiologia 피시올로기아	LAT
история 이스또리야	астрономия 아스프라노미야	география 게아그라피야	физиология 피지알로기야	RUS
历史 / lìshǐ 리스	天文学 / tiānwénxué 티엔원슈에	地理学 / dìlǐxué 띠리슈에	生理学 / shēnglǐxué 셩리슈에	CHN
れきし / 歴史 레키시	てんもんがく / 天文学 텐몬가쿠	ちりがく / 地理学 치리가쿠	せいりがく / 生理学 세-리가쿠	JPN

유전학	농학	건축학	교육학	KOR
genetics 지네틱스	agriculture 아그리컬쳐	architecture 아키텍쳐	pedagogy 페더고오지	ENG
génétique 제네띠끄	agronomie 아그로노미	architecture 아쉬떽뛰르	pédagogie 뻬다고지	FRA
Genetik 게네틱	Agrawissenschaft 아그라비쎈샤프트	Architektur 아르히텍투어	Pädagogik 패다고긱	GER
genética 줴네찌까	agronomia 아그로노미아	arquitetura 아르끼떼뚜라	pedagogia 뻬다고쥐아	POR
genética 헤네띠까	agronomía 아그로노미아	arquitectura 아르끼떽뚜라	educación 에두까씨온	ESP
genetica 제네티카	agraria 아그라리아	architettura 아르끼테뚜라	pedagogia 페다고지아	ITA
γενετική 게네띠끼	γεωργία, γεωπονική 게오르기아, 게오뽀니끼	αρχιτεκτονική 아르히떼끄또니끼	παιδαγωγική 뻬다고기끼	GRE
genetica 게네티카	rei rusticae disciplina 레이 루스티캐 디스키플리나	architectonice 아르키텍토니케	ars educandi 아르스 에두칸디	LAT
генетика 게네띠카	агрономия 아그라노미야	архитектура 아르히쩨크푸라	педагогика 페다고기까	RUS
遗传学 / yíchuánxué 이추안슈에	农学 / nóngxué 눙슈에	建筑学 / jiànzhùxué 지엔주슈에	教育学 / jiàoyùxué 찌아오위슈에	CHN
いでんがく / 遺伝学 이뎬가쿠	のうがく / 農学 노-가쿠	けんちくがく / 建築学 켄치쿠가쿠	きょういくがく / 教育学 쿄-이쿠가쿠	JPN

한	고고학	인류학	역사서	시경
영	archaeology 아키알러지	anthropology 앤쓰러팔러지	book of history 북 오브 히스토리	Book of Odes(Songs) 북 오브 오즈(송즈)
프	archéologie 아르께올로지	anthropologie 앙뜨로뽈로지	livre d'histoire 리브르 디스뚜와르	Livre des poèsie 리브르 데 뽀에지
독	Archäologie 아르해올로기	Anthropologie 안트로폴로기	Geschichtsbuch 게쉬히테부흐	Buch der Oden 부흐 데어 오덴
포	arqueologia 아르께올로쉬아	antropologia 앙뜨로뽈로쉬아	livro da história 리브루 다 이스또리아	Livro das Odes 리브루 다스 오지스
스	arqueología 아르께올로히아	antropología 안뜨로뽈로히아	libro de historia 리브로 데 이스또리아	libro de canción 리브로 데 깐씨온
이	archeologia 아르케올로지아	antropologia 안트로폴로지아	libro di storia 리브로 디 스토리아	libro d·ode 리브로 도데
그	αρχαιολογία 아르해올로기아	ανθρωπολογία 안쓰로폴로기아	βιβλίο ιστορίας 비블리오 이스또리아스	Ωδές 오데스
라	archaeologia 아르캐올로기아	anthropologia 안트로폴로기아	liber historiae 리베르 히스토리애	liber de cantu *1 리베르 데 칸투
러	археология 아르헤알로기야	антропология 안뜨라팔로기야	исторические книги 이스파리췌스키예 크니기	Ши цзин 시 츠진
중	考古学 / kǎogǔxué 카오구슈에	人类学 / rénlèixué 런레이슈에	书经 / shūjīng 수징	诗境 / shǐjìng 스징
일	こうこがく / 考古学 코-코가쿠	じんるいがく / 人類学 진루이가쿠	しょきょう / 書経 쇼쿄-	しきょう / 詩経 시쿄-

동의어: *1 canticorum liber 칸티코룸 리베르

한	책	커버, 표지	타이틀 페이지	제목
영	book 북	cover 커버	title page 타이틀 페이지	title 타이틀
프	livre 리브르	couverture 꾸베르뛰르	page de titre 파쥬 드 띠트르	titre 띠트르
독	Buch 부흐	Buchumschlag 부흐움쉴락	Titelblatt 티텔블라트	Titel 티텔
포	livro 리브루	capa 까빠	página de rosto *1 빠쥐나 지 호스뚜	título 찌뚤루
스	libro 리브로	cubierta 꾸비에르따	portada 뽀르따다	título 띠뚤로
이	libro 리브로	coperta 코페르타	frontespizio 프론떼스피찌오	titolo 띠똘로
그	βιβλίο 비블리오	εξώφυλλο 엑소필로	σελίδα τίτλου 셀리다 띠뜰루	τίτλος 띠뜰로스
라	liber 리베르	index 인덱스	pagina tituli 파기나 티투리	titulus 티투라스
러	книга 크니가	оболочка 아발로치카	титульный лист 찌뚤느이 리스트	заглавие 자글라비예
중	书 / shū 수	封皮 / fēngpí 펑피	书名页 / shūmíngyè 수밍예	题目 / tímù 티무
일	ほん / 本 혼	カバー、ひょうし / 表紙 카바-, 효-시	タイトルページ 타이토루페-지	タイトル 타이토루

동의어: *1 folha de rosto 폴야 지 호스뚜

주제	문제	서문, 머리말	본문	KOR
theme 띠임	problem 프러브럼	preface 프레퍼스	text 텍스트	ENG
thème 템	problème 프로블렘	préface 프레파스	texte 떼스뜨	FRA
Thema 테마	Problem 프로블렘	Vorwort 포어보어트	Text, Inhalt 텍스트, 인할트	GER
tema 떼마	problema 쁘로블레마	prefácio 쁘레파씨우	texto 떼스뚜	POR
tema 떼마	problema 쁘로블레마	prefacio 쁘레파씨오	Texto 떽스또	ESP
tema 테마	quesito 쿠에지토	prefazione 쁘레파지오네	testo 테스토	ITA
θέμα 쎄마	πρόβλημα 프로블리마	πρόλογος *1 프롤로고스	κείμενο 끼메노	GRE
Theme 테메	Problema 프로블레마	praefatio 프라이파티오	contexta oratio 콘텍스타 오라티오	LAT
тема 쩨마	проблема 쁘라블레마	пролог 프랄로그	текст 쩩스트	RUS
主題 / zhǔtí 주티	问题 / wèntí 원티	序言 / xùyán 쉬앤	本文 / běnwén 번원	CHN
テーマ 테-마	もんだい / 問題 몬다이	じょぶん / 序文 죠분	ほんぶん / 本文 혼분	JPN

동의어: *1 εισαγωγή 이사고이

목차	페이지번호	참고	인용구	KOR
contents 컨텐츠	page number 페이지 넘버	reference 레퍼런스	quotation 쿠어테이션	ENG
table des matières 따블드 데 마띠에르	numéro de page 뉘메로 드 빠쥬	référence 레페랑스	citation 씨따씨옹	FRA
Index 인텍스	Seitennummer 자이텐누머	Referenz 레퍼렌츠	Zitat 치타트	GER
índice 잉지씨	número de página 누메루 지 빠쥐나	referência 헤페렝씨아	citação 씨따써옹	POR
índice 인디쩨	número de página 누메로 데 빠히나	referencia 레퍼렌시아	cita 씨따	ESP
Indice 인디체	numero di pagina 누메로 디 빠지나	riferimento 리페리멘토	epigrafe 에피그라페	ITA
περιεχόμενο 뻬리에호메노	αριθμός σελίδας 아리쓰모스 셀리다스	αναφορά 아나포라	παραπομπή *2 파라뽐비	GRE
continentia 콘티넨티아	numerus paginas 누메루스 파기나스	Reference *1 레퍼렌세	comitatus 코미타투스	LAT
содержание 사제르좌니예	номер страниц 노메르 스트라니츠	справочное 스쁘라보취너예	цитата 찌따따	RUS
目录 / mùlù 무루	页码 / yèmǎ 예마	参考 / cānkǎo 찬카오	引句 / yǐnjù 인쥐	CHN
もくじ / 目次 모쿠지	ぺーじばんごう / ページ番号 페-지반고-	さんこう / 参考 산코-	いんようく / 引用句 잉요-쿠	JPN

동의어: *1 biblográphia 비브리오그라피아, *2 παράθεσῃ 빠라쎄시

한	권두그림	사진설명	일러스트레이션	색인
영	frontispiece 프런티스피스	caption 캡션	illustration 일러스트레이션	index 인덱스
프	frontispice 프롱띠스피스	légende 레정드	illustration 일리스트라씨옹	index 앵덱스
독	Titelbild 티텔빌트	Bildüberschrift 빌트위버쉬리프트	Illustration 일루스트라치온	Register 레기스터
포	frontispício 프롱찌스삐씨우	legenda 레쩽다	ilustração 일루스프라써옹	índice 잉지씨
스	frontispicio 프론띠스삐씨오	leyenda 레옌다	illustración 일루스프라씨온	índice 인디쩨
이	frontespizio 프론테스피찌오	didascallia 디다스칼리아	illustrazione 일루스프라찌오네	indice 인디체
그	προμετωπίδα 쁘로메또삐다	υπότιτλος *1 이뽀띠뜰로스	εικονογράφηση *2 이꼬노그라피시	ευρετήριο 에브레띠리오
라	effigies picta 엡피기에스 픽타	capitatio 카피타티오	explanatio, illustratio 엑스프란나티오	index 인덱스
러	фронтиспис 프란찌스피스	подпись под фотографией 뽓삐씨 뽀드 파따그피예이	иллюстрация 일류스프라찌야	индекс 인덱스
중	卷头画 /juàntóuhuà 쥬엔터우화	照片说明 /zhàopiàn shuōmíng 짜오피엔수오밍	插图 /chātú 차투	索引 /suǒyǐn 수오인
일	かんとうカット /巻頭カット 칸토-캇또	しゃしんせつめい /写真説明 샤신세추메-	イラストレーション 이라수토레-숀	さくいん /索引 사쿠인

동의어: *1 λεζάντα 게잔타, *2 επεξήγηση 에펙시기시

한	후기	출판사	원고	판
영	epilogue 에필로그	publisher *1 퍼블리셔	manuscript 메뉴스크립트	edition 에디션
프	épilogue 에필로그	maison d'édition 메종 데디씨옹	manuscrit 마뉴스크리	édition 에디씨옹
독	Epilog 에필록	Verlag 페얼락	Manuskript 마누슈크립트	Ausgabe 아우스가베
포	epílogo 에삘로구	editora 에지또라	manuscrito 마누스끄리뚜	edição 에지써옹
스	epilogo 에필로고	editorial 에디또리알	manuscrito 마누스끄리또	edición 에디씨온
이	epilogo 에필로고	casa editoriale 까사 에디토리알레	manoscritto 마노스크리또	edizione 에디찌오네
그	επίλογος 에삘로고스	εκδοτικός οίκος 엑도띠꼬스 이꼬스	χειρόγραφο 히로그라포	έκδοση 엑토시
라	Epilogus 에삘로구스	redemptor librorum 레뎀프토르 리브로룸	chirographum 키로그라품	editio 에디티오
러	эпилог 에삘록	издательство 이즈다뗄스뜨버	рукопись 루꺼삐스	издание 이즈다니예
중	结语 /jiéyǔ 지에위	出版社 /chūbǎnshè 추반서	原稿 /yuángǎo 위엔까오	版 /bǎn 반
일	エピローグ 에피로-구	しゅっぱんしゃ /出版社 슙빤샤	げんこう /原稿 겐코-	はん /版 한

동의어: *1 publishing company 퍼블리싱 컴파니

초판	인세	서점	KOR
the first edition 더 퍼스트 에디션	royalty 로열티	bookstore 북스토어	ENG
première édition 프르미에르 에디씨옹	redevance d'auteur 르드방스 도뙤르	librairie 리브레리	FRA
erste Ausgabe 에어스테 아우스가베	Tantieme 탄티에메	Buchhandlung 부흐한틀룽	GER
primeira edição 쁘리메이라 에지써옹	royalty 호야우찌	livraria 리브라리아	POR
primera edición 쁘리메라 에디씨온	derechos de autor 데렉오스 데 아우또르	librería 리브레리아	ESP
prima edizione 쁘리마 에디찌오네	diritti d'autore 디리띠 드아우토레	libreria 리브레리아	ITA
πρώτη έκδοση 프로띠 엑도시	δικαιώματα 디깨오마따	βιβλιοπωλείο 비블리오쁠리오	GRE
prima editio 프리마 에디티오	regalais 레갈라이스	bibliopola 비블리오폴라	LAT
первое издание 페르버예 이즈다니예	отчисления 아취슬레니예	книжный магазин 크니쥬느이 마가진	RUS
初版 / chūbǎn 추반	版税 / bǎnshuì 반쉐이	书店 / shūdiàn 수디엔	CHN
しょはん / 初版 쇼한	いんぜい / 印税 인제-	しょてん / 書店 쇼텐	JPN

독자	그림책	동화책	KOR
reader 리더	picture book 픽쳐 북	storybook 스토리북	ENG
lecteur 렉뙤르	livre d'images 리브르 디마쥬	livre de conte pour enfants 리브르 드 꽁뜨 뿌르엉펑	FRA
Leser 레저	Bilderbuch 빌더부흐	Kinderbuch 킨더부흐	GER
leitor 레이또르	livro ilustrado 리브루 일루스프라두	conto de fadas 꽁뚜 지 파다스	POR
lector 렉또르	libro ilustrado 리브로 일루스프라도	libro infantíl 리브로 인판띨	ESP
lettore 레또레	libro illustrato 리브로 일루스트라또	favoloso 파볼로조	ITA
αναγνωστής 아나그노스띠스	βιβλίο με εικόνες 비블리오 메 이꼬네스	βιβλίο με παραμύθια 비블리오 메 빠라미씨아	GRE
lector *1 렉토르	liber cum picturis 리베르 쿰 픽투리스	liber fabulae 리베르 파부라에	LAT
читатель 취따쩰	книга с картинками 크니가 스 까르찐까미	сборник рассказов 스보르닉 라스카조프	RUS
读者 / dúzhě 두저	画册 / huàcè 화처	童话书 / tónghuàshū 퉁화수	CHN
どくしゃ / 読者 도쿠샤	えほん / 絵本 에혼	どうわ / 童話 도-와	JPN

동의어: *1 recitator 레키타토르

한	문고본	단행본	사전
영	pocket edition 포켓 에디션	independent volume 인디펜던트 볼륨	dictionary 딕셔너리
프	livre de poche 리브르 드 뽀슈	livre édité à part 리브르 에디떼 아 빠르	dictionnaire 딕씨오네르
독	Tachenbuch 타셴부흐	Einzelausgabe 아인첼아우스가베	Wörterbuch 뵈르터부흐
포	edição de bolso 에지써옹 지 보우쑤	edição única 에지써옹 우니까	dicionário 지씨우나리우
스	libro en rústica 리브로 앤 루스띠까	volumen separado 볼루멘 세빠라도	diccionario 딕씨오나리오
이	libro tascabile 리브로 타스카빌레	volume unico 볼루메 우니코	dizionario 디지오나리오
그	βιβλίο τσέπης 비블리오 체삐스	τόμος 또모스	λεξικό 렉시꼬
라	liber parvus 리베르 파르부스	liber unicus 리베르 우니쿠스	lexicon 렉시콘
러	карманное издание 카르만녀예 이즈다니예	отдельный том 앗젤느이 톰	словарь 슬라바리
중	小丛书 / xiǎocóngshū 샤오총수	单行本 / dānxíngběn 딴싱번	辞典 / cídiǎn 츠디엔
일	ぶんこぼん / 文庫本 분코본	たんこうぼん / 単行本 탄코-본	じてん / 辞典 지텐

한	백과사전	전집	선집
영	encyclopedia 앤사이클러피디어	complete works 컴플리트 웍스	collection 컬렉션
프	encyclopédie 엉씨끌로뻬디	oeuvres complètes 외브르 꽁쁠렛드	œvres choisies 외브르 쇼와지
독	Enzyklopädie 엔취클로패디	sämtliche Werke *1 쟴틀리헤 베르케	ausgewählte Werke *2 아우스게밸테 베르케
포	enciclopédia 엥씨글루뻬지아	obra completa 오브라 꽁쁠레따	antologia 앙똘로쥐아
스	enciclopedia 엔씨글로뻬디아	obra completa 오브라 꼼쁠레따	obra escogida 오브라 에스꼬히다
이	enciclopedia 엔치클로뻬디아	opere complete 오페레 콤플레떼	opere scelte 오페레 셸떼
그	εγκυκλοπαίδεια 엥기끌로뻬디아	άπαντα 아빤다	συλλογή 실로기
라	encyclopaedia 엔키크로파에디아	liber integer 리베르 인터게르	electio 에렉티오
러	энциклопедия 앤찌클라뻬지야	полное собрание 폴너예 사브라니예	антология 안딸로기야
중	百科全书 / bǎikē quánshū 바이커 츄엔수	全集 / quánjí 츄엔지	选辑 / xuǎnjí 슈엔지
일	ひゃっかじてん / 百科事典 햑까지텐	ぜんしゅう / 全集 젠슈-	せんしゅう / 選集 센슈-

동의어: *1 Gesamtwerk 게잠트베르크, *2 Kollektion 콜렉치온

미술서	요리책	베스트셀러	KOR
art book 아트 북	cookbook 쿡북	bestseller 베스트셀러	ENG
livre d'art 리브르 다르	livre de cuisine 리브르 드 뀌진느	livre de meuilleure vente 리브르 드 메이외르 벙뜨	FRA
Kunstbuch 쿤스트부흐	Kochbuch 코흐부흐	Bestseller 베스트셀러	GER
livro de arte 리브루 지 아르찌	livro de receitas culinárias 리브루 지 헤쎄이따스 꿀리나리아스	livro mais vendido 리브루 마이스 벵지두	POR
libro de arte 리브로 데 아르떼	libro de cocina 리브로 데 꼬씨나	libro más vendido 리브로 마스 벤디도	ESP
libro d'arte 리브로 다르떼	libro di cucina 리브로 디 쿠치나	libro più venduto 리브로 삐유 벤두또	ITA
βιβλίο τέχνης 비블리오 떼흐니스	βιβλιο μαγειρικής 비블리오 마기리끼스	μπεστ σέλερ 베스뜨 셀레르	GRE
liber ad artis(elegantiam) 리브레 아드 아르티스	culinarum praecepta 쿨리나룸 프라이켑타	optime venditus 옵티메 벤디투스	LAT
книга по искусству 크니가 뻐 이스꾸스트부	поваренная книга 뽀바렌나야 크니까	бестселлер 베스쩰레르	RUS
美术书 / měishùshū 메이수수	食谱 / shípǔ 스푸	畅销书 / chàngxiāoshū 창샤오수	CHN
びじゅつしょ / 美術書 비주추쇼	りょうりぼん / 料理本 료-리본	ベストセラー 베수토세라-	JPN

예술	예술가	시 1	시 2	KOR
art 아트	artist 아티스트	poem 포엠	poetry 포에트리	ENG
art 아르	artiste 아르띠스뜨	poème 뽀엠	poésie 뽀에지	FRA
Kunst 쿤스트	Künstler 퀸스틀러	Gedicht 게디히트	Poesie 포에지	GER
arte 아르찌	artista 아르찌스따	poema 뽀에마	poesia 뽀에지아	POR
arte 아르떼	artista 아르띠스따	poema 뽀에마	poesía 뽀에시아	ESP
arte 아르떼	artista 아르띠스따	poema 포에마	poesia 포에지아	ITA
τέχνη 떼흐니	καλλιτέχνης 깔리떼흐니스	ποίημα 삐이마	ποίηση 삐이시	GRE
ars 아르스	artifex 아르티펙스	poëma 포에마	poetica 포에티카	LAT
искусство 이스쿠스뜨보	артист 아르찌스트	стихотворение 스찌허뜨바레니예	поэма 파애마	RUS
艺术 / yìshù 이수	艺术家 / yìshùjiā 이수지아	诗歌 / shīgē 스거	诗 / shī 스	CHN
げいじゅつ / 芸術 게-주추	げいじゅつか / 芸術家 게-주추카	し / 詩 시	し / 詩 시	JPN

한	서정시	서사시	전원시	동시
영	lyric 리릭	epic 에픽	idyle *1 아이들	children's poem(verse) 칠드런스 포엠(벌스)
프	lyrique 리릭끄	épique 에삐끄	idylle 이딜르	vers d'enfants 베르 덩펑
독	Lyrik 뤼릭	Epik 에픽	Idyll 이뒬	Kindergedicht 킨더게디히트
포	lírica 리리까	épica 에삐까	poema idílico 뽀에마 이질리꾸	verso para crianças 베르쑤 빠라 끄리앙싸스
스	lírica 리리까	épica 에삐까	idilio 이딜리오	canción infantil 깐씨온 인판띨
이	lirica 리리카	epica 에피카	pastorale 파스토랄레	poesia di bambino 포에지아 디 밤비노
그	λυρικός 리리꼬스	έπος 에뽀스	βουκολικό ποίημα 부꼴리꼬 삐이마	ποίηση για παιδιά 삐이시 이아 뻬디야
라	lyrica 리리카	epicum 에피쿰	bucolica 부콜리카	poesis de puelulos 포에시스 데 푸에루로스
러	лирическое стихотворение 리리체스꺼에 스찌허뜨바레니에	эпическая поэма 애삐쉐스까야 빠애마	буколическая поэма 부깔리췌스까야 빠애마	детский стишок 젯츠끼 스찌쇼크
중	抒情诗 /shūqíngshī 수칭스	叙事诗 /xùshìshī 쉬스스	田园诗 /tiányuánshī 티엔위엔스	儿童诗 /értóngshī 얼퉁시
일	じょじょうし /抒情詩 죠죠-시	じょじし /叙事詩 죠지시	でんえんし /田園詩 *2 뎅엔시	じどうし /児童詩 지도-시

동의어: *1 pastoral 패스터럴, *2 ぼっかし /牧歌詩 복까시

한	애가	운문	음율	음유시인
영	elegy 엘러지	verse 버스	rhythm 리듬	minstrel *1 민스트럴
프	élégie 엘레지	vers 베르	rythme 리뜸	troubadour 트루바두르
독	Elegie 엘레기	Vers 베어스	Rhythmus 뤼트무스	Troubadour 트루바도어
포	elegia 엘레쮀아	verso 베르쑤	ritmo 히찌무	trovador 뜨로바도르
스	elegía 엘레히아	versos 베르소스	ritmo 리뜨모	trovador 뜨로바도르
이	elegia 엘레쟈	verso 베르소	ritmo 리트모	trovatore 트로바또레
그	ελεγεία 엘레기아	στίχος 스띠호스	ρυθμός 리쓰모스	ραψωδός 랖소도스
라	elegia 엘레기아	versus 베르수스	rhythmus 리트무스	rhapsodus *2 랍소두스
러	элегия 앨레기야	строфа 스프라파	рифма 리프마	менестрель 미녜스프렐
중	哀歌 /āigē 아이꺼	韵文 /yùnwén 윈원	韵律 /yùnlǜ 윈뤼	吟游诗人 /yínyóu shīrén 인요우 스런
일	あいか /哀歌 아이카	いんぶん /韻文 인분	いんりつ /韻律 인리추	ぎんゆうしじん /吟遊詩人 깅유-시진

동의어: *1 troubadour 트루바도어, *2 rhapsodiarum recitator 랍소디아룸 레시타토르

시인	시모음집, 작품집	시화	문예	KOR
poet 포엣	anthology 앤쩌러지	a poem and a picture 어 포엠 엔 어 픽쳐	literary art 리터러리 아트	ENG
poète 뽀엣드	anthologie 앙똘로지	poésie et peinture 뽀에지 에 펭쀠르	belles lettres 벨 레트르	FRA
Dichter 디히터	Anthologie 안톨로기	Gedicht und Gemälde 게디히트 운트 게맬데	Kunst und Literatur 쿤스트 운트 리테라투어	GER
poeta 뽀에따	antologia 앙똘로쥐아	poesia ilustrada 뽀에지아 일루스뜨라다	arte literária 아르찌 리떼라리아	POR
poeta 뽀에따	antología 안똘로히아	poema visual 뽀에마 비수알	bellas letras 베야스 레뜨라스	ESP
poeta 포에타	antologia 안똘로지아	poesia e pittura 포에지아 에 피뚜라	letteratura 레떼라뚜라	ITA
ποιητής 삐이띠스	ανθολογία 안쏠로기아	εικονογραφημένη ποίηση 이꼬노그라피메니 삐이시	λογοτεχνία 로고떼흐니아	GRE
poeta 포에타	anthologica 안톨로기카	pictura cum poesi 픽투라 쿰 포에시	litterae 릿테래	LAT
поэт 빠엣	антология 안딸로기야	стихотворение с картиной 스찌허트바례니예 스 카르찌노이	литература и искусство 리쩨라뚜르너예 이스쿠스프보	RUS
诗人 / shīrén 스런	诗集 / shījí 스지	诗画 / shīhuà 스화	文艺 / wényì 원이	CHN
しじん / 詩人 시진	しせんしゅう / 詩選集 시센슈-	しわ / 詩話 시와	ぶんげい / 文芸 준게이-	JPN

이야기	소설	소설가	실화	KOR
story 스토리	novel 노블	novelist 노블리스트	true story 트루 스토리	ENG
histoire 이스뚜와르	roman 로망	romancier 로망씨에	récit réel 레씨 레엘	FRA
Erzählung 에어챌룽	Roman 로만	Romanschriftsteller *1 로만슈리프트슈텔러	wahre Geschichte 봐레 게쉬히테	GER
história 이스또리아	romance 호망씨	romancista 호망씨스따	história verdadeira 이스또리아 베르다데이라	POR
narrativa 나라띠바	novela 노벨라	novelista 노벨리스타	historia verídica 이스또리아 베리디까	ESP
storia 스토리아	romanzo 로만조	scrittore romanzésco 스크리또레 로만제스코	racconto veritiero 라꼰또 베리티에로	ITA
ιστορία 이스또리아	μυθιστόρημα 미씨스또리마	μυθιστοριογράφος 미씨스또리오그라포스	αληθινή ιστορία 알리씨니 이스또리아	GRE
narratio 나라티오	fabula romanensis 파불라 로마넨세스	fabularum romanensium scriptor 파불라룸 로마넨시움 스크립토르	res verae 레스 베래	LAT
рассказ 라스카스	роман 라만	писатель–романист 삐싸쩰-라마니스트	быль 빌	RUS
故事 / gùshì 꾸스	小说 / xiǎoshuō 샤오수오	小说家 / xiǎoshuōjiā 샤오수오지아	实话 / shíhuà 스화	CHN
はなし / 話 하나시	しょうせつ / 小説 쇼-세추	しょうせつか / 小説家 쇼-세추카	じつわ / 実話 지추와	JPN

동의어: *1 Schriftsteller 슈리프트슈텔러

한	픽션	산문	단편소설	연애소설
영	fiction 픽션	prose 프로즈	short story 쇼트 스토리	love story 러브 스토리
프	fiction 픽씨옹	prose 프로즈	conte 꽁뜨	roman d'amour 로망 다무르
독	Belletristik, Fiktion 벨레트리스틱, 픽치온	Prosa 프로자	Novelle *2 노벨레	Liebesroman 리베스로만
포	ficção 픽써옹	prosa 쁘로자	conto 꽁뚜	ficção romântica 픽써옹 호망찌까
스	ficción 픽씨온	prosa 쁘로사	cuento 꾸엔또	novela romántica 노벨라 로만띠까
이	finzione 핀지오네	prosa 프로자	romanzo breve 로만조 브레베	romanzo rosa 로만조 로자
그	μυθιστοριογραφία *1 미씨스또리오그라피아	πρόζα, πεζός λόγος 프로자, 뻬조스 로고스	διήγημα 디이기마	αισθηματική ιστορία 애스씨마띠끼 이스또리아
라	fabula ficta 파불라 픽타	prosa 프로사	fabella 파벨라	amorum fabula 아모룸 파불라
러	художественная литература 후도줴스트벤나야 리쩨라뚜라	проза 프로자	короткий рассказ 카로트끼 라스카스	любовный роман 류보브느이 라만
중	虚构/xūgòu 쉬꺼우	散文/sǎnwén 산원	短篇小说/duǎnpiānxiǎoshuō 두안피엔샤오수오	情史/qíngshǐ 칭스
일	フィクション 휘쿠숀	さんぶん/散文 산분	たんぺんしょうせつ/短編小説 탄펜쇼-세추	れんあいしょうせつ/恋愛小説 렝아이쇼-세추

동의어: *1 πεζογραφία 뻬조그라피아, *2 Kurzgeschichte 쿠어츠게쉬히테

한	공상과학소설	추리소설	모험소설
영	science fiction 사이언스 픽션	detective story 디텍티브 스토리	adventure novel(story) 어드벤쳐 노벨(스토리)
프	roman de science-fiction 로망 드 씨엉스 픽씨옹	roman policier 로망 뽈리씨에	roman d'aventure 로망 다벙뛰르
독	Science-Fiction 사이언스 픽션	Krimi 크리미	Abenteuerroman 아벤토이어로만
포	romance de ficção científica 호망씨 지 픽써옹 씨엥찌피까	romance policial 호망씨 뽈리씨아우	romance de aventura 호망씨 지 아벵뚜라
스	ciencias ficción 씨엔씨아스 픽씨온	novela policíaca 노벨라 뽈리씨아까	libro de aventura 리브로 데 아벤뚜라
이	romanzo fantascientifico 로만조 판타쉬엔티피코	romànzo giallo 로만조 콸로	romanzo d'avventura 로만조 답벤뚜라
그	επιστημονική φαντασία 에삐스띠모니끼 판다시아	αστυνομική ιστορία 아스띠노미끼 이스또리아	περιπέτεια 뻬리뻬띠아
라	scientia fictica 스키엔티아 픽티카	mystica fabula 미스티카 파불아	vicissitudines fortunal 비시씨투디네스 포르투날
러	научная фантастика 나우치나야 판따스찌까	детективный роман 데땍찌브느이 라만	приключенческий рассказ 프리클류첸체스키 라스카스
중	科幻小说/kēhuànxiǎoshuō 커환샤오수오	推理小说/tuīlǐxiǎoshuō 퉤이리샤오수오	冒险小说/màoxiǎnxiǎoshuō 마오시엔샤오수오
일	くうそうかがくしょうせつ/空想科学小説 쿠-소-카가쿠쇼-세추	すいりしょうせつ/推理小説 수이리쇼-세추	ぼうけんしょうせつ/冒険小説 보-켄쇼-세추

연재소설	퇴마소설	번역서	KOR
serial novel 시리얼 노블	exorcism book 엑소시즘 북	translation 트랜슬레이션	ENG
feuilleton 푀이유똥	roman d'exorcisme 로망 덱소르씨즘	traduction 트라뒥씨옹	FRA
Fortsetzungsroman *1 포어트제충스로만	Horror-Roman 호로아 로만	Übersetzung 위버제충	GER
romance seriado 호망씨 쎄리아두	romance de exorcismo 호망씨 지 이조르씨즈무	livro traduzido 리브루 뜨라두지두	POR
novela por entregas 노벨라 뽀르 엔뜨레가스	Novelas de ficción 노벨라스 데 픽씨온	libro traducido 리브로 뜨라두씨도	ESP
romanzo d'appendice 로만조 다뻰디체	romanzo d'esorcizzazione 로만조 데소르치짜지오네	traduzione 트라두지오네	ITA
μυθιστόρημα σε συνέχειες 미씨스또리마 세 시네히에스	ιστορία εξορκισμού 이스또리아 엑소르끼스무	μετάφραση 메따프라시	GRE
fabula de series 파불아 데 세리에스	fabula de exorcismo 파불아 데 에소르시스모	translatio 트란스라티오	LAT
серийный роман 쎄리알느이 라만	экзорцист роман 엑조르치스트 라만	перевод 뻬례봇	RUS
连载小说 / liánzǎi xiǎoshuō 리엔자이샤오수오	驱魔小说 / qūmóxiǎoshuō 취모샤오슈어	译本 / yìběn 이번	CHN
れんさいしょうせつ / 連載小説 렌사이쇼-세추	エクソシストしょうせつ / エクソシスト小説 에쿠소시수토 쇼-세추	ほんやくしょ / 翻訳書 홍야쿠쇼	JPN

동의어: *1 Serienroman 제리엔로만

전기	자서전	수필	회상록	KOR
biography 바이오그러피	autobiography 오토바이오그러피	essay 에쎄이	memoir 메모와르	ENG
biographie 비오그라피	autobiographie 오또비오그라피	essai 에쎄	mémoires 메무와르	FRA
Biographie 비오그라피	Autobiographie 아우토그라피	Essay 에쎄이	Memoire 메모아르	GER
biografia 비오그라피아	autobiografia 아우또비오그라피아	ensaio 잉싸이우	memórias 메모리아스	POR
biografía 비오그라피아	autobiografía 아우또비오그라피아	ensayo 엔사요	memoria 메모리아	ESP
biografia 비오그라피아	autobiografia 아우또비오그라피아	saggio 사쬬	reminiscenze 레미니쎈제	ITA
βιογραφία 비오그라피아	αυτοβιογραφία 아브또비오그라피아	δοκίμιο 도끼미오	απομνημονεύματα 아뽐니모네브마따	GRE
vita 비타	per se bighraphia 페르 세 비크라프히아	libellus 리벨루스	commentarii 콤멘타리	LAT
биография 비아그라피야	автобиография 압따비아그라피야	эссе 애쎄	воспоминанае 브스뻐미나니예	RUS
传记 / zhuànjì 주완지	自传 / zìzhuàn 즈주완	随笔 / suíbǐ 쉐이비	回忆录 / huíyìlù 회이루	CHN
でんき / 伝記 뎅키	じじょでん / 自叙伝 지죠뎅	ずいひつ / 随筆 주이히추	かいそうろく / 回想録 카이소-로쿠	JPN

한	일기	연대기	서평	비평
영	diary 다이어리	chronicle 크로니클	book review 북 리뷰	criticism 크리티시즘
프	journal 주르날	chronique 크로니끄	compte rendu 꽁프 랑뒤	critique 크리띠끄
독	Tagebuch 타게부흐	Chronik 크로닉	Rezension 레첸지온	Kritik 크리틱
포	diário 지아리우	crônica 끄로니까	resenha 헤젱야	crítica 끄리찌까
스	diario 디아리오	crónica 끄로니까	reseña 레세냐	crítica 끄리띠까
이	diario 디아리오	cronaca 크로나카	recensione 레첸시오네	critica 크리티카
그	ημερολόγιο 이메롤로기오	χρονικό 호로니꼬	βιβλιοκριτική 비블리오크리띠끼	κριτική 크리띠끼
라	diurni commentarii 디우르니 콤멘타리이	libri chronici 리브리 크로니키	censura libra 켄수라 리브라	crítica 크리티카
러	дневник 드녜브닉	хроника 호로니카	рецензия на книгу 레쩬지야 나 크니구	критика 크리찌카
중	日记 / rìjì 르지	年代记 / niándàijì 니엔따이지	书评 / shūpíng 수핑	批评 / pīpíng 피핑
일	にっき / 日記 닉끼	ねんだいき / 年代記 넨다이키	しょひょう / 書評 쇼효-	ひひょう / 批評 히효-

한	기행문	취재보도	보고서	좌우명
영	travel literature 트레벌 리터러처	reportage 리포티지	report 리포트	motto 모토
프	récit de voyage 레씨 드 브와이아쥬	reportage 르뽀르따쥬	rapport 라뽀르	devise 드비즈
독	Reisebeschreibung *1 라이제베슈라이붕	Reportage 르포르타쥬	Bericht 베리히트	motto 모토
포	crônica de viagem 끄로니까 지 비아쳉	reportagem 헤뽀르따쳉	relatório 헬라또리우	lema 레마
스	relato de un viaje 렐라또 데 운 비아헤	reportaje 레뽀르따헤	informe 인포르메	lema 레마
이	letteratura di viaggio 레테라뚜라 디 비아죠	voce 보체	rapporto 라뽀르또	motto 모또
그	ταξιδιωτική πεζογραφία 딱시디오띠끼 뻬조그라피아	ρεπορτάζ 레뽀르따즈	αναφορά 아나포라	μότο *2 모또
라	descriptio itineris 데스크립티오 이티너리스	renuntiatio 레눈티아티오	relatio 렐라티오	consilium 콘실리움
러	литература путешествий 리쩨라뚜라 뿌찌쉐스트비이	репортаж 레빠르따줘	доклад 다클라드	девиз 제비스
중	纪行文 / jìxíngwén 지싱원	采访报道 / cǎifǎngbàodào 차이팡빠오따오	报告书 / bàogàoshū 빠오까오수	座右铭 / zuòyòumíng 쭈오요우밍
일	きこうぶん / 紀行文 키코-분	ルポルタージュ 루포루타-쥬	ほうこくしょ / 報告書 호-코쿠쇼	ざゆうのめい / 座右の銘 자유-노메-

동의어: *1 Reiseliteratur 라이제리터라투어, *2 γνωμικόν 그노미꼰, αρχή 아르히

260

생활신조	훈계	고사성어	격언, 속담	KOR
principles of life 프린시플 오브 라이프	admonition [1] 어드모니션	old saying [4] 올드 세잉	proverb 프라버브	ENG
principes de vie 프렝씨쁘 드 비	semonce 스몽스	maxime traditionelle 막씸 트라디씨오넬	proverbe 프로베르브	FRA
Lebensmotto 레벤스모토	Ermahnung [2] 에르마눙	alte Sprichwörter 알테 슈프리히뵈르터	Sprichwort 슈프리히보르트	GER
princípios de vida 쁘링씨삐우스 지 비다	exortação 이조르따쩌웅	fábula e frase 파불라 이 프라지	provérbio 쁘로베르비우	POR
principio 쁘린씨삐오	admonición 아드모니씨온	fábula y frase 파불라 이 프라세	proverbio 쁘로베르비오	ESP
divisa 디비자	ammonizione 암모니지오네	proverbio 프로베르비오	proverbio 프로베르비오	ITA
αρχές της ζωής 아르헤스 띠스 조이스	παραίνεση [3] 빠레네시	παλιά γνωμικά 빨리아 그노미까	παροιμία 빠리미아	GRE
principium vitae 프린시피움 비타에	admonitio 아드모니티오	fabula et proverbium 파불라 엣 프로베르비움	proverbium 프로베르비움	LAT
девиз 제비스	увещевание 우볘쒜바니예	старая поговорка 스따라야 뻐가보르까	пословица 파슬로비짜	RUS
生活信条 / shēnghuóxìntiáo 성후오씬티아오	训诫 / xùnjiè 쉰지에	成语故事 / chéngyǔgùshi 청위구스	格言 / géyán 거얜	CHN
せいかつしんじょう / 生活信条 세-카추신죠-	くんかい / 訓戒 쿤카이	こじせいご / 故事成語 코지세-고	かくげん / 格言、ことわざ / 諺 카쿠겐, 코토와자	JPN

동의어: [1] discipline 디스플린, [2] Belehrung 벨레룽, [3] προειδοποίηση 쁘로이도뽀이시,
[4] idiom 이디엄, fables and phrases 페이블스 엔 프레이지즈

명언	금언	소문	농담	KOR
famous quote [1] 페이모스 쿠오트	aphorism 아포리즘	rumor 루머	joke 조크	ENG
beau mot 보 모	aphorisme 아포리즘므	rumeur 리메르	plaisanterie 쁠레장트리	FRA
treffliches Wort 트레플리헤스 보르트	Spruch 슈프루흐	Gerücht 계뤼히트	Scherz 셰르츠	GER
palavras sábias 빨라브라스 싸비아스	aforismo 아포리즈무	rumor 후모르	brincadeira 브링까데이라	POR
refranes 레프라네스	aforismo 아포리스모	rumor 루모르	broma 브로마	ESP
parole meditate [2] 파롤레 메디타테	aforisma 아포리스마	chiacchiera 끼아끼에라	scherzo 스케르쪼	ITA
γνωστή φράση 그노시띠 프라시	απόφθεγμα [3] 아쁘프테그마	φήμη, διάδοση 피미, 디아도시	αστείο 아스띠오	GRE
dictum 딕툼	apophthegma [4] 아포스티그마	rumor 루모르	jocus, ludus 요쿠스, 루두스	LAT
изречение 이즈레체니예	афоризм 아파리즘	слух 슬루흐	шутка 슈트카	RUS
名言 / míngyán 밍얜	金言 / jīnyán 찐얜	传言 / chuányán 추안얜	玩笑 / wánxiào 완샤오	CHN
めいげん / 名言 메-겐	きんげん / 金言 킨겐	うわさ / 噂 우와사	じょうだん / 冗談 죠-단	JPN

동의어: [1] wise words 와이즈 워즈, [2] detto 데또, [3] αφορισμός 아포리즈모스, [4] sententiola 센텐티올라

한	수수께끼	힌트	풍자	민화
영	riddle 리들	clue 클루	satire 사타이어	folktale 포크테일
프	énigme 에니금므	indice 엥디스	satire 싸띠르	récit folklorique 레씨 포끄로리끄
독	Rätzel 래첼	Hinweis 힌바이스	Satire 자티레	Volkssage 폭스자게
포	enigma 에니기마	dica 지까	sátira 싸찌라	conto popular 꽁뚜 뽀뿔라르
스	enigma 에니그마	indirecta 인디렉따	sátira 사띠라	cuento popular 꾸엔또 뽀뿔라르
이	indovinello 인도비넬로	suggerimento 수쩨리멘토	satira 사띠라	fàvola 파볼라
그	αίνιγμα 애니그마	ένδειξη 엔딕시	σάτιρα 사띠라	λαικό παραμύθι 라이꼬 빠라미씨
라	aenigma 에니그마	indicium 인디키움	satira 사티라	fabula populi 파불라 포풀리
러	загадка 자가트카	ключ 클류치	сатира 사찌라	сказка 스카스카
중	谜语 / míyǔ 미위	提示 / tíshì 티스	讽刺 / fěngcì 펑츠	民间故事 / mínjiāngùshì 민지엔꾸스
일	なぞなぞ 나조나조	ヒント 힌토	ふうし / 風刺 후-시	みんわ / 民話 밍와

한	동화	우화1	우화2	무용담
영	fairy tale 페어리 테일	fable 페이블	allegory 알레고리	tale of bravery *2 테일 오브 브레이버리
프	conte de fées 꽁뜨 드 페	fable 파블르	allégorie 알레고리	épisode bravoure 에삐조드 브라부르
독	Märchen 매르헨	Fabel 파벨	Allegorie 알레고리	Sage 자게
포	conto de fadas 꽁뚜 지 파다스	fábula 파불라	parábola 빠라볼라	episódio heróico 에삐조지우 에로이꾸
스	fábula 파불라	fábula 파불라	alegoría 알레고리아	historia de lucha exitosa 이스또리아 데 루차 엑씨또사
이	fiaba 피아바	favola 파볼라	parabola 파라볼라	episodio di coraggio 에피소디오 디 코라쬬
그	παραμύθι για τα παιδιά 빠라미씨 야 따 뻬디아	παραβολή *1 빠라볼리	αλληγορία 알리고리아	ηρωϊκό παραμύθι 이로이꼬 빠라미씨
라	fabula puerilis 파불라 푸에릴리스	parabola 파라볼라	allegoriam 알레고리암	heroica fabula 헤로이카 파부라
러	сказка 스카스카	сказка 스카스카	аллегория 알레고리야	героические рассказы 게라이췌스끼예 라스까직
중	童话 / tónghuà 퉁화	寓言 / yùyán 위엔	寓言 / yùyán 위엔	英雄故事 / yīngxióng gùshi 잉시옹꾸스
일	どうわ / 童話 도-와	ぐうわ / 寓話 구-와	アレゴリー 아레고리-	ぶゆうだん / 武勇談 부유-단

동의어: *1 μύθος 미쏘스, *2 saga 사가

유머, 해학	익살	재치	개그	KOR
humor 휴머	drollery 드롤러리	wit 위트	gag 개그	ENG
humour 위무르	drôlerie 드롤르리	wit 윗프	gag 가그	FRA
Humor 후모어	Witz 비츠	Schlagfertigkeit 슐락페어티히카이트	Gag 개그	GER
humor 우모르	gracejo 그라쩨르쥬	esperteza 이스뻬르떼자	piada 삐아다	POR
humor 우모르	chiste 치스떼	tacto 딱또	broma, chiste 브로마, 치스떼	ESP
umore 우모레	buffo 부포	umorismo 우모리즈모	comico 코미코	ITA
χιούμορ 히우모르	αστεϊσμός 아스떼이즈모스	εξυπνάδα 엑시쁘나다	πλάκα 쁠라까	GRE
facétia 파케티아	cavillátus 카빌라투스	acumen 아쿠멘	iocatio 이오카티오(=요카티오)	LAT
юмор 유머르	шутки 슈트카	остроумие 아스프라우미예	шутки 슈트카	RUS
幽默 / yōumò [1] 요우모	滑稽 / huájī 화지	灵机 / língjī 링지	逗哏 / dòugén 떠우껀	CHN
ユーモア [2] 유-모아	しゃれ / 洒落 샤레	さいち / 才知 사이치	ぎゃぐ / ギャグ 갸구	JPN

동의어: [1] 诙谐 / huīxié 훼이시에, [2] かいぎゃく / 諧謔 카이갸쿠

아이러니	은유	역설	에피소드	KOR
irony 아이러니	metaphor 메타퍼	paradox 페라독스	episode 에피소드	ENG
ironie 이로니	métaphore 메따포르	paradoxe 파라독스	épisode 에삐조드	FRA
Ironie 이로니	Metapher 메타퍼	Paradox 파라독스	Episode 에피조데	GER
ironia 이로니아	metáfora 메따포라	paradoxo 빠라독쑤	episódio 에삐조지우	POR
ironía 이로니아	metáfora 메타포라	paradoja 빠라도하	episodio 에삐소디오	ESP
ironia 이로니아	metafora 메타포라	paradosso 파라도쏘	episodio 에피소디오	ITA
ειρωνεία 이로니아	μεταφορά 메따포라	παράδοξο 빠라독소	επεισόδιο 에뻬소디오	GRE
ironia 이로니아	metáphora 메타포라	paradoxa 파라독사	episodio [1] 에피소디오	LAT
ирония 이로니야	метáфора 몌따뻐라	парадокс 파라독스	ирония 이로니야	RUS
反语 / fǎnyǔ 판위	隐喻 / yǐnyù 인위	逆说 / nìshuō 니수오	插话 / chāhuà 차화	CHN
アイロニー 아이로니-	いんゆ / 隠喩 잉유	ぎゃくせつ / 逆説 갸쿠세추	エピソード 에피소-도	JPN

동의어: [1] excursus 엑쿠르수스, casus 카수스

한	파랑새	피터팬	물의 요정	신데렐라
영	blue bird 블루 버드	Peter Pan 피터 팬	undine 언딘	Cinderella 신더렐라
프	oiseau blue 우와조 블뤼	Peter Pan 피터 판	ondine 옹딘느	Cendrillon 썽드리옹
독	blauer Vogel 블라우어 포겔	Peter Pan 피터 팬	Undine 운디네	Aschenputtel 아셴푸텔
포	azulão 아줄러옹	Peter Pan 삐뻬르 빵	ondina 옹지나	Cinderela 씽데렐라
스	pájaro azul 빠하로 아술	Peter Pan 뻬뻬르 빤	ondina 온디나	Cenicienta 쎄네씨엔따
이	L'uccello blu 루첼로 블루	Peter Pan 피테르 판	ondina 온디나	Cenerentola 체네렌톨라
그	γαλάζιο πουλί 갈라지오 뿌리	Πήτερ Παν 삐뻬르 빤	θεά(νύμφη)των κυμάτων 쎄아(님피)똔 끼마똔	Σταχτοπούτα 스따흐또뿌따
라	avis caerulea 아비스 카에룰레아	Petrus Panus 피트루스 파누스	undina 운디나	Cinderella 킨데렐라
러	синяя птица 씨냐야 프찌짜	Питер Пен 삐뻬르 펜	ундина 운지나	Золушка 졸루쉬까
중	青鸟 / qīngniǎo 칭니아오	彼得潘 / bǐdépān 삐더판	水的妖精 / shuǐdeyāojing 쉐이더 야오징	灰姑娘 / huīgūniang 훼이꾸냥
일	あおいとり / 青い鳥 아오이토리	ピーターパン 피-타-판	みずのようせい / 水の妖精 미주노요-세-	シンデレラ 신데레라

한	백설공주	빨간모자	이상한 나라의 앨리스
영	Snow White 스노우 화이트	Little Red Riding Hood 리틀 레드 라이딩 후드	Alice in Wonderland 앨리스 인 원더랜드
프	Blanche-Neige 블랑슈 네쥬	le petit chaperon rouge 르 쁘띠 샤프롱 루즈	Alice au pays des merveilles 알리스 오 뻬이 데 메르베이으
독	Schneewittchen 슈니비첸	Rotkäppchen 로트캡헨	Alice im Wunderland 알리스 임 분더란트
포	Branca de Neve 브랑까 지 네비	chapéu vermelho 샤뻬우 베르멜유	Alicie no país das maravilhas 알리씨 누 빠이스 다스 마라빌야스
스	Blanca nieves 블랑까 니에베스	Caperucita roja 까뻬루씨따 로하	País las maravillas 빠이스 데 라스 마라비야스
이	Biancaneve 비앙카네베	la fàvola di cappuccetto Rosso 라 파볼라 디 카뿌체또 로쏘	Le avventure di Alice nel Paese delle Meraviglie 레 아뻰뚜레 디 알리체 넬 빠에제 델레 메라빌리에
그	Χιονάτη 히오나띠	Κοκκινοσκουφίτσα 꼭끼노스꾸피차	Αλίκη στην χώρα των θαυμάτων 알리끼 스핀 호라 똔 싸브마똔
라	nix Albus 니스 알부스	ruber galerus 루베르 가레루스	Alicia in Terra Mirabili 알리사 인 테라 미라빌리
러	Белоснежка 벨라스녜쉬까	Красная Шапочка 크라스나야 샤뻐취까	Алиса в Стране чудес 알리싸 브 스프라네 츄제스
중	雪姑 / xuěgū 슈에구	红帽子 / hóngmàozi 홍마오즈	爱丽丝梦游仙境 / àilìsīmèngyóuxiānjìng 아이리스멍요우시엔징
일	しらゆきひめ / 白雪姫 시라유키히메	あかいぼうし 아카이보-시	ふしぎのくにのアリス / ふしぎの国のアリス 후시기노 쿠니노 아리수

미녀와 야수	아라비안나이트	마녀사냥	KOR
beauty and the beast 뷰티 앤 더 비스트	Arabian Nights 아라비안 나이츠	witch-hunt 윗치헌트	ENG
la Belle et la Bête 라 벨 엘 라 벳뜨	les Mille et Une Nuits 레 밀 에 윈느 뉘(천일야화)	chasse aux sorcières 샤스 오 쏘르씨에르	FRA
Die Schöne und das Biest 디 쉐네 운트 다스 비스트	Tausendundeine Nacht 타우젠트운트아이네 나흐트	Hexenjagd 헥센약트	GER
A Bela e a Fera 아 벨라 이 아 페라	Noites Árabes 노이찌스 아라비스	caça às bruxas 까짜 아스 브루샤스	POR
la Bella y la Bestia 라 베야 이 라 베스띠아	Noche árabe 노체 아라베	caza de brujas 까사 데 브루하스	ESP
La Bella e la Bestia 라 벨라 에 라 베스티아	Le Mille e Una Notte 레 밀레 에 우나 노떼	caccia alle streghe 까챠 알레 스트레게	ITA
Η πεντάμορφη και το τέρας 에 펜다모르피 께 또 떼라스	Χίλιες και μία νύχτες 힐리에스 께 미아 니흐떼스	κινήγι μαγισσών 끼니기 마기손	GRE
pulchra mulier et bestia 풀크라 물리에르 에트 베스티아	noctes Arabicae 녹테스 아라비캐	persecutio magae *1 페르세쿠티오 마개	LAT
красавица и чудовище 크라싸비짜 이 츄도비쉐	Арабские приключения 아랍스키예 프리클류체니예	охота на ведьм 아호따 나 볘젬	RUS
美女与野兽 / měinǚyúyěshòu 메이뉘위예셔우	天方夜谭 / tiānfāngyètán 티엔팡예탄	捕杀女巫 / bǔshānǚwū 부싼뉘우	CHN
びじょとやじゅう / 美女と野獣 비죠토야주-	アラビアンナイト 아라비안나이토	まじょがり / 魔女狩り 마죠가리	JPN

동의어: *1 persecutio strigarum 페르세쿠티오 스트리가룸

로빈훗	스파이더맨	슈퍼맨	배트맨	KOR
Robin Hood 로빈 후드	Spiderman 스파이더맨	Superman 슈퍼맨	Batman 배트맨	ENG
Robin Hood 로빈 후드	Spider-man 스파이더 맨	Superman 수퍼맨	Batman 밧뜨맨	FRA
Robin hood 로빈 홋	Spider-Man 스파이더 맨	Supermann 주퍼만	Batman 배트맨	GER
Robin Hood 호빙 우지	homem-aranha 오멩-아랑야	superhomem 쑤뻬로멩	homem-morcego 오멩-모르쩨구	POR
Robin Hood 로빈 우드	Hombre Araña 옴브레 아라냐	Superman 수뻬르만	Batman 밧만	ESP
la leggenda di Sherwood 라 레젠다 디 셔우드	uomo ragno 워모 라뇨	superman 수페르만	batman 바트만	ITA
Ρομπέν των Δασών 로벤 똔 다손	Σπάιντερμαν 스빠이데르만	Σούπερμαν 수뻬르만	Μπάτμαν 바트만	GRE
Robinus Hoodus 로비누스 호오두스	homo araneae 호모 아라네아에	magnioficus homo 마그니오피쿠스 호모	homo vespertilionis 호모 베스페르틸리오니스	LAT
Робин Гуд 로빈 구드	Человек-паук 칠라벡-빠욱	Супермен 수뻬르멘	Бэтмен 베트멘	RUS
罗宾汉 / luóbīnhàn 루오빈한	蜘蛛人 / zhīzhūrén 즈주런	超人 / chāorén 차오런	蝙蝠人 / biānfúrén 비엔푸런	CHN
ロビンフッド 로빈후도	スパイダーマン 수파이다-만	スーパーマン 수-파-만	バットマン 밧또만	JPN

한	아틀란티스	열려라 참깨!	프라토닉러브	좁은 문
영	Atlantis 아틀란티스	open, sesame! 오픈 쎄사미	platonic love 플라토닉 러브	Strait is the gate 스트레이트 이즈 더 게이트
프	Atlantis 아뜰란띠	Sésame, ouvre-toi! 쎄잠 우브르뜨와	amour platonique 아모르 플라토니끄	porte etoite 포르프 에트왓뜨
독	Atlantis 아틀라티스	Sesam, öffne-dich! 제잠, 외프네 디히!	platonische Liebe 플라토니셰 리베	Engpass 엥파스
포	Atlântida 아뜰랑찌다	Abre-te, sésamo! 아브리-찌, 쎄자무	amor platônico 아모르 쁠라또니꾸	A Porta Estreita 아 뽀르따 이스프레이따
스	Atlántida 아뜰란띠다	abrete, sesamo! 아브레떼 세사모	amor platónico 아모르 쁠라또니꼬	puerta estrecha 뿌에르따 에스뜨레차
이	Atlantide 아틀란티데	apriti, sesamo! 아프리띠 세사모	amore platonico 아모레 쁠라토니코	La porta stretta 라 포르타 스트레따
그	Ατλαντίδα 아틀란띠다	σουσάμι, άνοιξε! 수사미 아닉세	πλατωνικός έρωτας 쁠라토니꼬스 에로따스	στενή πύλη 스떼니 삘리
라	Atlantis 아틀란치스	aperi, sesamo! 아페리, 세사미	platonicus amor 프라토니쿠스 아모르	angusta porta 안구스타 포르타
러	Атлантида 아뜰란띠다	сезам, откройся! 쎄잠, 앗트크로이쎠	платоническая любовь 쁠라따니췌스까야 류보피	Звездные врата 즈뵤즈드닠예 브라따
중	阿特兹提斯 / ātèlántísī 아터란티스	芝麻开门 / zhīmakāimén 즈마카이먼	精神恋爱 / jīngshenliàn·ài 징션리엔아이	窄门 / zhǎimén 쟈이먼
일	アトランティス 아토란티수	ひらけごま / 開けゴマ 하라케 고마	プラトニックラブ 푸라토닉꾸 라부	せまきもん / 狭き門 세마키 몬

한	벌거벗은 임금님	황금사과	빌헬름 텔의 사과
영	Emperor's new clothes 엠퍼러스 뉴 클로우즈	golden apple 골든 애플	Wilhelm Tell·s apple 빌헬름 텔스 애플
프	roi nu 루와 뉘	pomme d'or 뽐므 도르	la pomme de Guillaume Tell 라 뽐므 드 기용 뗄
독	Der nackte Kaiser 데어 낙테 카이져	Goldener Apfel 골데너 압펠	WilhelmTell 빌헬름 텔
포	Rei nu 헤이 누	maçã dourada 마쌍 도우라다	Maçã de Guilherme Tell 마쌍 지 길예르미 떼우
스	rey desnudo 레이 데스누도	manzana de oro 만싸나 데 오로	manzana de Guillermo Tell 만싸나 데 기예르모 뗄
이	Vestiti nuovi dell'Imperatore 베스티티 누오비 뗄림페라토레	Mela d·oro 멜라 도로	mela di Wilhelm Tell 멜라 디 윌엘름 텔
그	γυμνός αυτοκράτορας 김노스 아브또크라또라스	χρυσό μήλο 힐리소 밀로	μήλο του Γουλιέλμου Τέλλου 밀로 뚜 굴리엘무 뗄루
라	nudus rex 누두스 렉스	aureum malum 아우레움 마룸	malum de Wilhelm Tell 마룸 데 윌엘름 텔
러	Новое платье короля 노버옝 쁠라찌옝 카랄랴	золото яблоко 절라또옝 야블러꺼	Яблоко Вильгельма Телля 야블러꺼 빌곌마 쪨랴
중	裸体国王 / Luǒtǐguówáng 루오티궈왕	黄金苹果 / huángjīnpíngguǒ 황진핑궈	苹果的威廉泰尔 / píngguǒdewēiliántàiěr 핑궈더윌리안타이얼
일	はだかのおうさま / 裸の王様 하다카노 오-사마	おうごんのりんご / 黄金のりんご 오-곤노 린고	ウイリアム, テルのりんご 위리아무, 테루노 린고

아킬레스건	트로이 목마	카노사의 굴욕	KOR
Achilles tendon 아킬리스 텐던	trojan horse 트로잔 호스	Humiliation at Canossa 휴밀리에이션 엣 카노사	ENG
Tendon d'Achille 떵동 다쉴	cheval de troie 슈발 드 트르와	humiliation de canossas 위밀리아씨옹 드 까놋사	FRA
Achillesferse 아킬레스페어제	trojanisches Pferd 트로야니쉐스 페어트	Gang nach Canossa 강 나흐 카노사	GER
tendão de Aquiles 뗑더웅 지 아낄리스	Cavalo de Tróia 까발루 지 뜨로이아	humilhação de Canossa 우밀야써웅 지 까노싸	POR
talón de Aquiles 딸론 데 아낄레스	el caballo de troya 엘 까바요 데 뜨로야	humillación de Canosa 우미야씨온 데 까노사	ESP
tendine d'Achille 텐디네 다낄레	Cavallo di Troia 까발로 디 뜨로이아	umiliazione di canossa 우밀리아지오네 디 카노싸	ITA
αχίλλειος τένοντας 아힐리오스 떼논따스	τρωϊκό άλογο 트로이꼬 알로고	Η ταπείνωση(του Ερρίκου Δ΄)της Κανόσας 이 따삐노시(뚜 에리꾸 떼따루뚜)띠스 카노사스	GRE
tendo Achillis 텐도 아킬리스	Trojanus eguus 트로야누스 에구우스	humilitas de Kanossa 후밀리타스 데 카노싸	LAT
Сухожилие Ахиллово 수하질리예 아힐로바	Троянский конь 트로얀스키 꼰	Каносское унижение 까노쓰꺼예 우니줴니예	RUS
阿基里斯腱 / ājīlǐsī jiàn 아지리스지엔	特洛伊木马 / Tèluòyīmùmǎ 터루오이무마	卡诺莎之行 / kǎnuòshāzhīxíng 카누오싸지씽	CHN
アキレスけん / アキレス腱 아키레수켄	トロイのもくば / トロイの木馬 토로이노 모쿠바	かのっさのくつじょく / カノッサの屈辱 카놋싸노 쿠추죠쿠	JPN

솔로몬의 지혜	바벨탑	쿼바디스 도미네	KOR
Wisdom of Solomon 위스돔 오브 솔로몬	tower of Babel 타워 오브 바블	Where are you going, Lord? Quo vadis domine? 웨어 아 유 고잉, 로드, 크워 바디스 도미네	ENG
Sagesse de Salomon 싸제스 드 솔로몬	tour de Babel 뚜르 드 바벨	Quo vadis Domine? 쿼 바디스 도미네	FRA
Urteil des Salomons 우어타일 데스 살로몬스	der Turm von Babel 데어 투름 폰 바벨	Quo vadis, Domine? 쿠오 바디스, 도미네	GER
Sabedoria de Salomão 싸베도리아 지 살로머웅	Torre de Babel 또히 지 바베우	Onde Ides, Senhor? 옹지 이지스, 씽요르	POR
sabiduría del rey salomón 사비두리아 델 레이 살로몬	torre de babel 또레 데 바벨	Quo Vadis Domine? 꿔 바디스 도미네	ESP
sapienza di solomon 사피엔자 디 솔로몬	Torre di Babele 토레 디 바벨레	Dove vai, Dio? 도베 바이, 디오	ITA
η σοφία του Σολομόντος 이 소피아 뚜 솔로몬도스	πύργος της βαβέλ 삐르고스 띠스 바벨	Πού πηγαίνεις, Κύριε; 푸 삐게니스, 끼리에	GRE
sapientia Solomoni 사피엔티아 솔로모니	turris de Babylone 툴리스 데 바빌로네	Quo Vadis, Domine? 쿠오 바디스, 도미네	LAT
Мудрость Соломона 무드라스트 솔로모나	Вавилонская башня 바빌론스까야 바시냐	Господи! куда Ты идёшь? 고스빠지! 꾸다 띄 이죠쉬	RUS
所罗门智慧 / Suǒluóménzhìhuì 수오루오먼쯔훼이	通天塔 / tōngtiāntǎ 통티엔타	你去哪里, 主 / nǐqùnǎli, zhǔ 니취날리, 쭈	CHN
そろもんのちえ / ソロモンの知恵 소로몬노 치에	ばべるのとう / バベルの塔 바베루노 토-	クオバディスドミネ 쿠오바디수도미네	JPN

2-2. 경제, 비즈니스

한	경제	물가	생산자	소비자	수요
영	economy 이코노미	price 프라이스	producer 프로듀서	consumer 컨슈머	demand 디맨드
프	économie 에꼬노미	prix 프리	producteur 프로뒥뙤르	consommateur 꽁소마뙤르	demande 드망드
독	Wirtschaft 비르트샤프트	Preis 프라이스	Hersteller 헤어슈텔러	Verbraucher 페어브라우허	Nachfrage 나흐프라게
포	economia 이꼬노미아	preços 쁘레쑤스	produtor 쁘로두또르	consumidor 꽁쑤미도르	demanda 데망다
스	economía 에꼬노미아	precios 쁘레씨오스	productor 쁘로둑또르	consumidor 꼰수미도르	demanda 데만다
이	economia 에꼬노미아	prezzi 프레찌	produttore 프로두또레	consumatore 콘수마토레	domanda 도만다
그	οικονομία 이꼬노미아	τιμή 띠미	παραγωγός 빠라고고스	καταναλωτής 까따날로띠스	ζήτηση 지띠시
라	oeconomia 오에코노미아	pretium 프레치움	productor 프로둑토르	emptor 엠프토르	petitio [1] 페티티오
러	экономика 애까노미까	цена 쩨나	производитель 쁘러이즈바지쩰	потребитель 뻐드리비쩰	потребность 빠드레브너스츠
중	经济 / jīngjì 징지	物价 / wùjià 우지아	厂商 / chǎngshāng 창샹	消费者 / xiāofèizhě 샤오페이저	需要 / xūyào 쉬야오
일	けいざい / 経済 케-자이	ぶっか / 物価 북까	せいさんしゃ / 生産者 세-산샤	しょうひしゃ / 消費者 쇼-히샤	じゅよう / 需要 쥬요-

동의어: [1] quaestio 쿠에티오

한	공급	무역	수출	수입	경쟁
영	supply 서플라이	trade 트레이드	export 엑스포트	import 임포트	competition 컴페티션
프	offre 오프르	commerce 꼬메르스	exportation 엑스포르따씨옹	importation 엥포르따씨옹	concurrence 꽁뀌랑스
독	Angebot 안게보트	Handel 한델	Export 엑스포트	Import 임포트	Konkurrernz 콘쿠렌츠
포	oferta 오페르따	comércio exterior 꼬메르씨우 이스떼리오르	exportação 이스뽀르따써웅	importação 잉뽀르따써웅	competição 꽁뻬찌써웅
스	oferta 오페르따	comercio 꼬메르씨오	exportación 엑쓰뽀르따시온	importación 임뽀르따씨온	competición 꼼뻬띠씨온
이	fornitura 포르니투라	commercio 꼼메르쵸	esportazione 에스뽀르따찌오네	importazione 임뽀르따찌오네	competizione 콤페띠찌오네
그	προσφορά 프로스포라	εμπόριο 엠보리오	εξαγωγή 엑사고기	εισαγωγή 이사고기	ανταγωνισμός 안다고니즈모스
라	oblatio, donum 오브라티오, 도눔	mercatura 메르카투라	exportatio 엑스포르타티오	invectio 인벡티오	contentio [1] 콘텐티오
러	продовольствие 쁘러다볼스프비예	торговля 따르고블랴	экспорт 엑스뽀르트	импорт 임뻐르트	соревнование 서례브너바니예
중	供应 / gōngyìng 꿍잉	贸易 / màoyì 마오이	出口 / chūkǒu 추커우	进口 / jìnkǒu 찐커우	竞争 / jìngzhēng 찡정
일	きょうきゅう / 供給 쿄-큐-	ぼうえき / 貿易 보-에키	ゆしゅつ / 輸出 유슈추	ゆにゅう / 輸入 유뉴-	きょうそう / 競争 쿄-소-

동의어: [1] certamen 카르타멘

268

환율	구조조정	인플레이션	KOR
exchange rate 익스체인지 레잇	restructuring 리스트럭셔링	infaltion 인플레이션	ENG
taux de change 또 드 샹쥬	règlement structurel 레글르망 스트뤽뛰렐	infaltion 엥플라씨옹	FRA
Wechselkurs 벡셀쿠어스	struktuelle Verbesserung 슈트룩투엘레 페어베서룽	Inflation 인플라치온	GER
taxa de câmbio 따샤 지 깡비우	reestruturação 헤이스프루뚜라쩌웅	inflação 잉플라쩌웅	POR
tipo de cambio 띠뽀 데 깜비오	reestructuración 레에스프룩뚜라씨온	inflación 인플라씨온	ESP
tasso di cambio 타쏘 디 캄비오	Ristrutturazione aziendale 리코스트루지오네 아지엔달레	inflazione 인플라지오네	ITA
ισοτιμία 이소띠미아	αναδιάρθρωση 아나디아르쓰로시	πληθωρισμός 쁠리쏘리즈모스	GRE
ratio contractus 라티오 콘트락투스	instauratio aedificium 인스타우라티오 아에티피시움	inflatio 인플라티오	LAT
валютный курс 발륫트늬이 꾸르스	реструктуризация 리스프룩뚜리자찌야	инфляция 인플랴찌야	RUS
汇率 / huìlǜ 훼이뤼	结构调整 / jiégòu tiáozhěng 지에꺼우 티아오정	通货膨胀 / tōnghuò péngzhàng 통후오펑장	CHN
かわせレート / 為替レート 카와세레-토	しげん / 資源 시겐	インフレ 인후레	JPN

자원	경영	마케팅	KOR
resources 리졸시스	management 메네지먼트	marketing 마케팅	ENG
ressources 르쑤르스	administration, gestion 아드미니스트라시옹, 제스띠옹	marketing 마케팅	FRA
Quelle 크벨레	Betrieb 베트립	Marketing 마케팅	GER
recursos 헤꾸르쑤스	administração, gerência 아지미니스프라쩌웅, 줴렝씨아	marketing 마르께찡	POR
recursos naturales 레꾸르소스 나뚜랄레스	administración, gestión 아드미니스프락씨온, 헤스티온	mercadotecnica 메르까도떼끄니까	ESP
risorse 리소르세	direzione, gestione 디레찌오네, 제스티오네	marketing 마르케팅그	ITA
πόροι, μέσα 뽀리, 메사	διαχείρηση 디아히리시	μάρκετινγκ 마르께띵	GRE
facultates 파쿨타테스	administratio 아드미니스트라티오	venditio 벤디티오	LAT
ресурсы 레수르싀	менеджмент 몌녜쥐몐트	маркетинг 마르께찡그	RUS
资源 / zīyuán 쯔위엔	经营 / jīngyíng 찡잉	营销 / yíngxiāo 잉샤오	CHN
しげん / 資源 시겐	けいえい / 経営 케-에-	マーケティング 마-케틴구	JPN

한	구매시점	머천다이징	시장조사
영	point of sales(POS) *1 포인트 오브 세일즈	merchandising 머천다이징	market research 마켓 리서치
프	point de vente 포엥 드 벙뜨	marchandisage 마르샹디자쥬	recherch de marché 르쉐르슈 드 마르쉐
독	Verkaufsstelle 페어카우프스슈텔레	Vermarktung 페어마크퉁	Marktfoschung 마크트포어슝
포	tempo de compra 뗑뿌 지 꽁쁘라	comercialização 꼬메르씨알리자써웅	pesquisa de mercado 뻬스끼자 지 메르까두
스	tiempo de compra 띠엠뽀 데 꼼쁘라	comercialización 꼬메르씨알리싸씨온	investigación de mercado 인베스띠가씨온 데 마르까도
이	punti di acquisto 뿐띠 디 아뀌스토	merchandising 머천다이징	ricerca di mercato 리체르까 디 메르카토
그	σημείο πώλησης 시미오 뽈리시스	εμπορεύματα 엠보레브마따	έρευνα αγοράς 에레브나 아고라스
라	puetum venditionis 푸에툼 벤디티오니스	mercimonii 메르키모니이	quaesitio mercatus 콰에시티오 메르카투스
러	точка продаж 또취까 쁘라다쥐	торговля 따르고블랴	исследование товарного рынка 이슬례더바니예 따바르너버 륀까
중	购买时点 / gòumǎishídiǎn 꺼우마이스디엔	推销 / tuīxiāo 퉤이샤오	市场调查 / shìchǎngdiàochá 스창띠아오차
일	こうにゅうじてん / 購入時点 코-뉴-지텐	マーチャンダイジング 마-찬다이진구	しじょうちょうさ / 市場調査 시죠-초-사

동의어: *1 point of purchase(POP) 포인트 오브 퍼체이스

한	공유 경제	재무제표	캠페인
영	Sharing Economy 쉐어링 이코노미	financial statement 파이낸샬 스테잇먼트	campaign 캠페인
프	partage d'économie 빠르따쥬 데꼬노미	états financiers 에타 피넝씨에	campagne 깡판느
독	Sharing Economy 쉐어링 에코노미	Jahresabschluss *1 야레스압슐루스	Kampagne 캄파뉴
포	economia compartilhada 이꼬노미아 꽁빠르찔야다	demonstrações financeiras 데몽스프라쏭이스 피낭쩨이라스	campanha 깡빵야
스	Economía compartir 에꼬노미아 콤파르띠르	Estados financieros 에스따도스 피난씨에로스	campaña 깜빠냐
이	Consumo collaborativo 콘수모 콜라보라띠보	bilancio d'esercizio 빌란쵸 데세르치지오	campagna 캄빠냐
그	οικονομία διαμοιρασμού 이꼬노미아 디아미라즈무	οικονομική κατάσταση 이꼬노미끼 까따스따시	εκστρατεία 엑스프라띠아
라	commúnis oeconomia 콤무니스 오에코노미아	financial dictis 피난시알 딕티스	expeditio, exercitatio 엑페디티오, 에케르시타티오
러	Обмен экономика 아브멘 예카노미카	финансовый отчет 피난서븨이 앗춋	кампания 깜빠니야
중	共享经济 / gòngxiǎng jīngjì 꽁시앙 징지	财务报告 / cáiwùbàogào 차이우빠오까오	运动 / yùndòng 윈둥
일	きょうゆう けいざい / 共有経済 쿄-유-케-자이	ざいむしょひょう / 財務諸表 자이무쇼효-	キャンペーン 칸펜

동의어: *1 Finanzaufstellung 피난츠아우프슈텔룽

타겟	상표	로고	문장(엠블렘, 紋章)	KOR
target 타겟	trade mark 트레이드 마크	logo 로고	emblem 엠블럼	ENG
cible 씨블	marque 마르끄	logo 로고	emblème 엉블렘	FRA
Zielbereich, Target 칠베라이히, 타겟트	Marke 마르케	logo 로고	Zeichen *1 차이헨	GER
alvo 아우부	marca registrada 마르까 헤쥐스쁘라다	logotipo 로고찌뿌	emblema 잉블레마	POR
blanco 블랑꼬	marca 마르까	logo 로구	emblema 엠블레마	ESP
bersaglio 베르살리오	marca 마르카	logo 로고	stemma 스템마	ITA
στόχος 스또호스	εμπορικό σήμα 엠보리꼬 시마	λογότυπο 로고띠뽀	έμβλημα 엠블림마	GRE
scopus 스코푸스	signum mercimonii 시그눔 메르시몬니	logotypus 로고티푸스	insigne generis 인시그네 게네리스	LAT
мишень 미쉔	товарный знак 따바르늬이 즈낙	логотип 라가띠프	эмблема 엠블례마	RUS
目标 / mùbiāo 무비아오	品牌 / pǐnpái 핀파이	徽记 / huìjì 후이지	纹章 / wénzhāng 원짱	CHN
ターゲット 타-겟또	しょうひょう/商標 쇼-효-	ロゴ 로고	もんしょう/紋章 몬쇼-	JPN

동의어: *1 Wappen 바펜, Emblem 엠블렘

차별화 마케팅	틈새시장	재테크	KOR
differentiated marketing 디프런시에이티드 마케팅	niche marketing 니쉬 마켓팅	financial technology *1 파이낸셜 테크놀러지	ENG
marketing de différenciation 마케팅 드 디퍼렁씨아씨옹	marché niche 마르쉐 니슈	gestion de patrimoine 제스띠옹 드 빠트리무완느	FRA
Produktdifferenzierung 프로둑트디페렌치룽	Nischenmarkt 니셰마크트	Finaztechnologie 피난츠테히놀로기	GER
maketing diferenciado 마르께찡 지페렝씨아두	mercado de nicho 메르까두 지 니슈	gerenciomento de bens patrimoniais 줴렝씨아멩뚜 지 벵스 빠뜨리모니아이스	POR
mercadotecnia diferente 메르까도테크니아 디페렌떼	nicho de comercialización 니초 데 콤메르시아리자숀	tecnología financiera 떼끄놀로히아 피난씨에라	ESP
marketing di differenziazione 마르케팅그 디 디페렌찌아지오네	Nicchia di mercato 니끼아 디 메르카토	arricchimento 아릭끼멘또	ITA
διαφοροποιημένο μάρκετινγκ 디아포로삐이메노 마르케띵	μάρκετινγκ κόγχης 마르케띵 꽁히스	χρηματοοικονομική τεχνολογία 흐리마또이꼬노미키 떼흐놀로기아	GRE
alius venditio 아리우스 벤디티오	venditio cavi 벤디티오 카비	pecuniae quaestus 페쿠니아이 쿠아이스투스	LAT
стратегия дифференциации 스쁘라쩨기야 지페롄찌아찌이	маркетинг ниш 마르껜찐그 니쉬	нажива 나쥐바	RUS
差异化营销 / Chāyì huà yíngxiāo 차이후아 잉시아오	夹缝市场 / jiāfèngshìchǎng 찌아펑스창	理财 / lǐcái 리차이	CHN
さべつかマーケティング/差別化マーケティング 사베추카 마-케틴구	ニッチマーケティング 닛찌 마-케틴구	ざいテク/財テク 자이테그	JPN

동의어: *1 investment(techniques) 인베스트먼트(테크니크스)

한	자금, 기금	재산	자본	자산	채무, 부채
영	fund 펀드	property 프로퍼티	capital 캐피털	assets 아세츠	liabilities *3 라이어빌리티스
프	fond 퐁	propriété 프로프리에떼	capital 까피탈	actif 악띠프	passif, dette 빠씨프, 데뜨
독	Kapital 카피탈	Vermögen 페어뫼겐	Kapital 카피탈	Aktiva *2 악티바	Passiva, Schulden 파시바, 슐덴
포	fundo 풍두	bens 벵스	capital 까삐따우	ativo 아찌부	passivo, dívida 빠씨부, 지비다
스	fondo 폰도	activo 악띠보	capital 캐피탈	activos 악띠보	pasivos 파시보스
이	fondo 폰도	proprieta 프로프리에타	capitale 캐피탈레	possesso 포쎄쏘	passivo 파씨보
그	χρήματα, κεφάλαιο 흐리마따, 께팔레오	περιουσία *1 뻬리우시아	κεφάλαιο 께팔레오	περιουσιακό στοιχείο 뻬리우시아꼬 스띠히이오	παθητικό 빠씨띠꼬
라	copiae 코피아이	fortuna 포르투나	capitale 카피탈레	asset 아셋	aliénum 알리에눔
러	капитал 까삐딸	имущество 이무쉐스프버	капитал 카피딸	актив 악찌브	пассив 파씨브
중	资金 / zījīn 쯔진	财产 / cáichǎn 차이찬	资本 / zīběn 쯔뻔	资产 / zīchǎn 츠찬	负债 / fùzhài 푸차이
일	しきん / 資金、ききん / 基金 시킨, 키킨	ざいさん / 財産 자이산	しほん / 資本 시혼	しさん / 資産 시산	ふさい / 負債 후사이

동의어: *1 ιδιοκτησία 이디옥띠시아, *2 Vermögen 페어뫼겐, *3 debt 데트(빚)

한	재고	채권	주식	주주	투자
영	stock *1 스탁	bond 본드	stock 스톡	stockholder 스톡홀더	investment 인베스트먼트
프	stock 스톡	obligation 오블리가씨옹	action 악씨옹	actionnaire 악시오네르	investissement 엥베스띠스망
독	Vorrat 포어라트	Schuldschein 슐트샤인	Aktie 악치	Aktionär 악치오내어	Investierung *2 인베스티룽
포	estoque 이스또끼	título 찌뚤루	ação 아써웅	acionista 아씨오니스따	investimento 잉베스찌멩뚜
스	existencias 엑시스뗀씨아스	bono 보노	acción 악씨온	accionista 악씨오니스따	inversión 인베르시온
이	stock 스톡	credito, buòno 크레디토, 부오노	quota 쿠오타	azionesta 아찌오네스따	investimento 인베스티멘토
그	στοκ, απόθεμα 스똑, 아뽀쎄마	ομόλογο 오몰로고	μετοχή 메또히	μέτοχος 메또호스	επένδυση 에뻰디시
라	Stock 스토크	syngrapha 신그라파	sors 소르스	particeps 파르티쳅스	mutuum *3 무투움
러	запас 자빠스	облигация 아블리가찌야	акции 악크찌이	акционер 악크찌아녜르	инвестиция 인베스찌야
중	库存 / kùcún 쿠춘	债券 / zhàiquàn 짜이츄엔	股份 / gǔfèn 구펀	股东 / gǔdōng 구똥	投资 / tóuzī 터우쯔
일	ざいこ / 在庫 자이코	さいけん / 債権 사이켄	かぶしき / 株式 카부시키	かぶぬし / 株主 카부누시	とうし / 投資 토-시

동의어: *1 Inventory 인벤토리, *2 Investition 인베스티치온, *3 res commodata 레스 콤모다타

배당	수익	투기	보험	세금	KOR
dividend 디비덴드	profit 프로핏	speculation 스페큘레이션	insurance 인슈런스	tax 택스	ENG
dividende 디비당드	gains 겡	spéculation 스뻬뀔라씨옹	assurance 아쒸랑스	impôt 엥뽀	FRA
Dividende 디비덴데	Profit, Gewinn 프로핏트, 게빈	Spekulation 슈페쿨라치온	Versicherung 페어지혀룽	Steuer 슈토이어	GER
dividendo 지비뗑두	rendimento 헹지멩뚜	especulação 이스뻬꿀라써웅	seguro 쩨구루	imposto 잉뽀스뚜	POR
reparto 레빠르또	beneficio 베네피씨오	especulación 에스뻬꿀라씨온	seguro 세구로	impuesto 임뿌에스또	ESP
dividendo 디비덴도	guadagni 과다니	speculazione 스뻬꿀라찌오네	assicurazione 앗씨꾸라찌오네	tassa 타싸	ITA
μέρισμα 메리즈마	εισόδημα, κέρδος 이소디마, 께르도스	κερδοσκοπία 께르도스꼬삐아	ασφάλεια 아스팔리아	φόρος 포로스	GRE
pars 파르스	reditus 레디투스	quaestus 쿠아이스투스	securitas 세쿠리타스	tributum 트리부툼	LAT
дивиденд 지비젠즈	прибыль 쁘리빌	спекуляция 스뻬꿀랴찌야	страховка 스프라홉프까	налог 날로그	RUS
移本分利 /yíběn fēnlì 이번펀리	利润 /lìrùn 리룬	投机 /tóujī 터우지	保险 /bǎoxiǎn 바오시엔	税 /shuì 쉐이	CHN
はいとう /配当 하이토-	しゅうえき /収益 슈-에키	とうき /投機 토-키	ほけん /保険 호텐	ぜいきん /税金 제-킨	JPN

연금	금융	은행	예금	이자, 금리	KOR
pension 펜션	finance 파이낸스	bank 뱅크	deposit 디포짓	interest 인터리스트	ENG
pension 펑씨옹	finance 피낭스	banque 방끄	dépôt 데뽀	intérêt 엥떼레	FRA
Pension, Rente 팡지온, 렌테	Finanz 피난츠	Bank 방크	Sparen 슈파렌	Zins 친스	GER
pensão 뻥써웅	finança 피낭싸	banco 방꾸	depósito 데뽀지뚜	juro, juros 쥬루, 쥬루스	POR
pensión 뻬시온	finanza 피난사	banco 방꼬	depósito 데뽀시또	interés 인떼레스	ESP
pensione 뻰씨오네	finanza 피난짜	banca 방까	deposito 데뽀지또	interesse 인떼렛쎄	ITA
σύνταξη 신닥시	οικονομικά 이꼬노미까	τράπεζα 프라뻬자	κατάθεση 까따쎄시	τόκος 또꼬스	GRE
annua 안누아	vectigalia aerarium 벡티갈리아 애라리움	argentaria 아르겐타리아	depositum 데포시툼	faenus 패누스	LAT
пенсия 뻰씨야	финансы 피난쓰	банк 반크	депозит 데빠짓	процент 쁘라쩬트	RUS
退休金 /tuìxiūjīn 퉤이시우진	金融 /jīnróng 찐룽	银行 /yínháng 인항	存款 /cúnkuǎn 춘콴	利息 /lìxī 리시	CHN
ねんきん /年金 넨킨	ファイナンス 화이난수	ぎんこう /銀行 긴코-	よきん /預金 요킨	りし /利子, きんり /金利 리시, 킨리	JPN

한	입금	송금	출금	수표
영	deposit 디파짓	wire transfer *2 와이어 트랜스퍼	withdraw 위드드뤄	check 첵
프	rentrée d'argent 랑트레 다르정	envoi d'argent 엉브와 다르정	sortie d'argent 쏘르띠 다르정	chèque 쉐크
독	Einzahlung 아인찰룽	Überweisen 위버바이젠	Auszahlung 아우스찰룽	Scheck 셰크
포	depósito 데뽀지뚜	remessa 헤메싸	saque 싸끼	cheque 쉐끼
스	recibo 레씨보	envío 엔비오	pago 빠고	cheque 체께
이	introiti 입금	rimessa 리메싸	prelievo 프레리에보	assegno 아쎄뇨
그	κατάθεση *1 까따쎄시	τραπεζικό έμβασμα 뜨라뻬지꼬 엠바즈마	ανάληψη 아날립시	επιταγή 에삐따기
라	depositio 데포시티오	missio(pecuniae) 미시오 페쿠니애	resumptio 레숨프티오	perscriptio 페르스크립티오
러	вклад в банк 프클라드 브 반크	пересылка денег 뻬례쉴까 제녝	уплаченные деньги 우쁠라췐늬예 젱기	чек 췍
중	进账 / jìnzhàng 찐장	汇款 / huìkuǎn 훼이콴	出款 / chūkuǎn 추콴	支票 / zhīpiào 즈피아오
일	にゅうきん / 入金 뉴-킨	そうきん / 送金 소-킨	しゅっきん / 出金 슉낀	こぎって / 小切手 코깃떼

동의어: *1 παρακατάθεση 파라까따쎄시, *2 remittance 리밋탄스

한	통장	적금	신용카드
영	passbook *1 패스북	installment savings 인스털먼트 세이빙스	credit card 크레딧 카드
프	livret de banque 리브레 드 방끄	épargnes 에빠른느	carte de crédit 까르프 드 크레디
독	Sparbuch 슈파부흐	Festgeldkonto 페스트겔트콘토	Kreditkarte 크레딧카르테
포	caderneta bancária 까데르네따 방까리아	depósito a prazo fixo 데뽀지뚜 아 쁘라주 픽쑤	cartão de crédito 까르떠옹 지 끄레지뚜
스	libreta de banco 리브레따 데 방꼬	ahorro acumulado 아오로 아꾸물라도	tarjeta de crédito 따르헤따 데 끄레디또
이	ibretto di risparmio 리브렛또 디 리스빠르미오	risparmio di rata 리스파르미오 디 라따	carta di credito 카르타 디 크레디토
그	βιβλιάριο καταθέσεων 비블리아리오 까따쎄세온	αποταμιευτικός λογαριασμός 아뽀따미에브띠꼬스 로가리아즈모스	πιστωτική κάρτα 삐스또띠끼 까르따
라	libellus depositionis 리벨루스 데포시티오니스	dispensatio pensionis 디스펜사티오 펜시오니스	chara credita 카라 크레디타
러	банковская книжка 반껍스까야 크니쥐까	сбережения 스베레제니예	кредитная карточка 크레짓트나야 까르떠취까
중	折子 / zhézi 저즈	零存整取 / língcún zhěngqǔ 링춘 쩡취	信用卡 / xìnyòngkǎ 신용카
일	つうちょう / 通帳 추-쵸-	つみたて / 積み立て 추미타테	クレジットカード 쿠레짓또카-도

동의어: *1 bank book 뱅크 북

금고(은행의 귀중품 보관실)	어음	현금	지폐	KOR
vault 볼트	promissory note *1 프로미쎠리 노트	cash 캐쉬	bill 빌	ENG
coffre-fort 꼬프르 포르	traite 트렛뜨	liquide 리끼드	billet de banque 비에 드 방끄	FRA
Schuldschein 슐트샤인	Wechsel 벡셀	Bargeld 바겔트	Schein, Geldschein 샤인, 겔트샤인	GER
cofre 꼬프리	letra 레프라	dinheiro vivo 징예이루 비부	nota 노따	POR
caja de caudales 카하 데 카우달레스	letra 레프라	efectivo 에펙띠보	billete de banco 비예떼 데 방꼬	ESP
cassaforte 카싸포르테	cambiale 깜비알레	contante 콘탄테	biglietto di banca 빌리에또 디 방까	ITA
χρηματοκιβώτιο 히리마또끼보티오	τραπεζογραμμάτιο 뜨라뻬조그람마띠오	μετρητά 메트리따	χαρτονόμισμα 하르또노미즈마	GRE
arca 아르카	syngrapha 쉰그라파	pecunia praesens 페쿠니아 프라이센스	tessera nummaria 테쎄라 눔마리아	LAT
подвáл 파드발	вексель 벡쎌	наличные деньги 날리취늬예 젱기	бумажные деньги 부마쥬늬예 젱기	RUS
保管庫 / bǎoguǎn kù 바오관쿠	票据 / piàojù 피아오쥐	现金 / xiànjīn 시엔진	软币 / ruǎnbì 루완삐	CHN
きんこ / 金庫 킨코	てがた / 手形 테가타	げんきん / 現金 겐킨	しへい / 紙幣 시헤-	JPN

동의어: *1 bill 빌

동전	계좌	잔고	계좌이체	KOR
coin 코인	account 어카운트	balance 발란스	transfer 트렌스퍼	ENG
pièce 삐에스	compte 꽁뜨	équilibre 에뀔리브르	transfert 트랑스페르	FRA
Münze 뮌체	Konto 콘토	Bilanz 빌란츠	Überweisung 위버바이중	GER
moeda 모에다	conta bancária 꽁따 방까리아	saldo 싸우두	transferência 뜨랑스페렝씨아	POR
moneda 모네다	cuenta 꾸엔따	saldo 살도	transferencia 뜨란스페렌씨아	ESP
moneta 모네따	conto 꼰또	bilancia 빌란치아	trasferimento della banca 트라스페리멘또 델라 방까	ITA
κέρμα 께르마	λογαριασμός 로가리아즈모스	ισολογισμός *1 이솔로기즈모스	μεταβίβαση χρημάτων 메따비바시 흐리마똔	GRE
nummus 눔무스	computatio 콤푸타티오	reliqua 렐리쿠아	transpositio 트란스포시티오	LAT
монета 마녜따	счёт 숏	баланс 발란스	трансфер 프란스페르	RUS
硬币 / yìngbì 잉삐	账户 / zhànghù 짱후	余款 / yúkuǎn 위콴	汇款 / huìkuǎn 훼이콴	CHN
こぜに / 小銭 코제니	こうざ / 口座 코-자	ざんだか / 残高 잔다카	こうざふりかえ / 口座振替 코-자후리카에	JPN

동의어: *1 υπόλοιπο 이뽈이뽀

한	수수료	동산	부동산	담보
영	commission 커미션	movable property *1 무버블 프로퍼티	real estate *2 리얼 에스테잇	mortgage 모게지
프	commission 꼬미씨옹	biens meubles 비엥 뫼블르	bien immobilier 비엥 이모빌리에	hypothèque 이뽀뗴끄
독	Gebühr 게뷔어	Mobilien 모빌린	Immobilien 이모빌리언	Pfand 판트
포	comissão 꼬미써옹	bens móveis 벵스 모베이스	bens imóveis 벵스 이모베이스	hipoteca 이뽀떼까
스	comisión 꼬미시온	propiedad personal 쁘로삐에닷 뻬르소날	bienes inmuebles 비에네스 인무에블레스	garantía 가란띠아
이	commissione 콤미씨오네	proprietà mobile 프로프리에타 모빌레	beni immobili 베니 임모빌리	garanzia 가란지아
그	προμήθεια 쁘로미씨아	κινητή περιουσία 끼니띠 뻬리우시아	ακίνητη περιουσία 아끼니띠 뻬리우시아	υποθήκη 이뽀씨끼
라	remuneratio 레무네라티오	mobilis proprietas 모비리스 프로프리에타스	proprietas immota 프로프리에타스 임모타	pignus 피그누스
러	КОМИССИОННЫЕ 미씨온늬예	движное имущество 드비지모예 이무셰스트바	недвижимое имущество 네드비지모예 이무셰스트바	ссуда 쑤다
중	回扣 / huíkòu 훼이커우	动产 / dòngchǎn 똥찬	房地产 / fángdìchǎn 팡띠찬	担保 / dānbǎo 딴바오
일	てすうりょう / 手数料 테수-료-	どうさん / 動産 도-산	ふどうさん / 不動産 후도-산	たんぽ / 担保 탄포

참고: *1 personal property 퍼스널 프로퍼티(인적 재산), 동의어: *2 immovable property 이모버블 프로퍼티

한	융자, 대출	통화	환전	보증
영	loan 론	currency 커렌시	money exchange 머니 익스체인지	guaranty *2 갸란티
프	prêt 프레	monnaie 모네	change 샹쥬	garantie 갸랑띠
독	Finanzierung 피난치룽	Währung 배룽	Wechsel 벡셀	Bürgschaft 뷔르크샤프트
포	empréstimo 잉쁘레스찌무	moeda corrente 모에다 꼬헹찌	câmbio 깡비우	garantia 가랑찌아
스	préstamo 쁘레스따모	moneda 모네다	cambio 깜비오	garantía 가란띠아
이	prestito 쁘레스띠또	valuta 발루타	cambio 캄비오	garanzia 가란지아
그	δανεισμός 다니즈모스	νόμισμα 노미즈마	συνάλλαγμα 시날라그마	εγγύηση 엥기이시
라	faeneratio 파이네라티오	numisma, moneta 누미스마, 모네타	contractus 콘트락투스	fides 피데스
러	заём 자욤	валюта 발류따	обмен денег 압몐 제녝	гарантия 가란찌야
중	贷款 / dàikuǎn 따이콴	通货 / tōnghuò 퉁후오	换钱 / huànqián 환치엔	保证 / bǎozhèng 바오쩡
일	ゆうし / 融資 *1 유-시	つうか / 通貨 추-카	りょうがえ / 両替 료-가에	ほしょう / 保証 호쇼-

동의어: *1 かしだし / 貸し出し 카시다시, *2 guarantee 갸란티

서명	기업	회사	사무실	KOR
signature 스그네쳐	enterprise 엔터프라이즈	company 컴퍼니	office 오피스	ENG
signe 씬느	entreprise 엉트르프리즈	compagnie 꽁빠니	bureau 뷔로	FRA
Unterschrift 운터슈리프트	Unternehmen 운터네멘	Gesellschaft, Firma 게젤샤프트, 피르마	Büro 뷔로	GER
assinatura 아씨나뚜라	empresa 잉쁘레자	companhia 꽁빠니아	escritório 이스끄리또리우	POR
firma 피르마	empresa 엠쁘레사	compañía 꼼빠니아	oficina 오피씨나	ESP
firma 피르마	impresa 임쁘레사	ditta 딧따	ufficio 울피쵸	ITA
υπογραφή 이뽀그라피	επιχείρηση 에삐히리시	εταιρεία 에떼리아	γραφείο 그라피오	GRE
sulscriptio 술스크립티오	coeptum 코엡툼	societas 소키에타스	officium, officina 오피키움, 오피키나	LAT
подпись 뽓트삐시	промышленное предприятие 쁘라믜슐렌너예 쁘례드쁘리야찌예	компания 깜빠니야	оффис 오피스	RUS
签名 /qiānmíng 치엔밍	企业 /qǐyè 치예	公司 /gōngsī 꽁스	办公室 /bàngōngshì 빤꽁스	CHN
しょめい /署名 쇼메-	きぎょう /企業 키교-	かいしゃ /会社 카이샤	じむしつ /事務室 지무시추	JPN

대기업	중소기업	고용주, 경영자	KOR
conglomerate [1] 콩글로머레잇	medium and small sized enterprise 미듐 앤 스몰 사이즈드 엔터프라이즈	employer 임플로이어	ENG
conglomérat 꽁글로메라	petites et moyennes entreprises 쁘띠 에 므와이엔 엉트르프리즈	patronat 빠트로나	FRA
Konglomerat 콘글로메라트	Mittel- und Kleinunternehmen 미텔 운트 클라인운터네멘	Arbeitgeber 아르바이트게버	GER
empresa de grande porte 잉쁘레자 지 그랑지 뽀르찌	pequenas e médias empresas 삐께나스 이 메지아스 잉쁘레자스	patrão 빠뜨러웅	POR
empresa grande 엠쁘레사 그란데	pequeña y mediana empresa 뻬께냐 이 메디아나 엠쁘레사	patrono 빠뜨로노	ESP
la grande indùstria 라 그란데 인두스트리아	piccole e medie imprese 삐꼴레 에 메디에 임프레제	datore di lavoro 다토레 디 라보로	ITA
κοινοπραξία 끼노프락시아	μεσαία και μικρή επιχείρηση 메세아 께 미끄리 에삐히리시	εργοδότης 에르고도티스	GRE
coeptum socii 코엡툼 소키이이	coeptum medium et parvum 코엡툼 메디움 에트 파르붐	conductor 콘둑토르	LAT
крупное предприятие 크룹프너예 쁘릿쁘리야찌예	среднее и мелкое предприятие 스레드녜예 이 멜꺼예 쁘릿쁘리야찌예	наниматель 나니마쩰	RUS
大企业 /dàqǐyè 따치예	中小企业 /zhōngxiǎoqǐyè 쫑샤오치예	雇主 /gùzhǔ 구주	CHN
だいきぎょう /大企業 다이키교-	ちゅうしょうきぎょう /中小企業 쥬-쇼-키교-	こようぬし /雇用主 [2] 코요-누시	JPN

동의어: [1] large(major)company 라지(메이저)컴퍼니, [2] けいえいしゃ /経営者 케-에-샤

한	회장	사장	임원	감사	관리자
영	chairman 체어맨	president 프래지던트	executive 이그제큐티브	auditor 어디터	manager 매니저
프	président 프레지덩	président 프레지덩	cadre 꺄드르	auditeur 오디뙤르	gestionnaire 제스띠오네르
독	Präsident *1 프래지덴트	Generaldirektor 게네랄디렉토어	Vorstand 포어슈탄트	Wirtschaftsprüfer 비어트샤프트프리퍼	Abteilungsleiter 압타일룽스라이터
포	presidente 쁘레지뎅찌	presidente 쁘레지뎅찌	executivo 이제꾸찌부	auditor 아우지또르	diretor 지레또르
스	presidente 쁘레시덴떼	presidente 쁘레시덴떼	ejecutivo 에헤꾸띠보	auditor 아우디또르	director 디렉또르
이	presidente 프레지덴떼	presidente 프레지덴떼	amministratore 암미니스트라토레	sindacato 신다카토	direttore 디렛또레
그	πρόεδρος 프로에드로스	πρόεδρος 프로에드로스	διευθυντής *3 디에브씬띠스	ελεγκτής 엘렝띠스	διευθυντής 디에브씬띠스
라	praeses 프라이세스	praeses *2 프라이세스	rector 렉토르	auditori 아우디토리	administrator 아드미니스트라토르
러	председатель 쁘롓씨다쩰	президент 쁘례지젠트	начальник 나촬닉	ревизор 례비조르	менеджер 매녜줴르
중	会长 / huìzhǎng 훼이장	社长 / shèzhǎng 셔장	委员 / wěiyuán 웨이위엔	审计 / shěnjì 션지	管理者 / guǎnlǐzhě 관리저
일	かいちょう / 会長 카이쵸-	しゃちょう / 社長 샤쵸-	やくいん / 役員 야쿠인	かんさ / 監査 칸사	かんりしゃ / 管理者 칸리샤

동의어: *1 Chairman 체어맨, *2 praefectus 프라이펙투스, *3 στέλεχος 스테레호스

한	VIP	인사	총무
영	very important person(VIP) 베리 임포턴트 퍼슨	personnel 페스넬	general affairs 제너럴 어페어즈
프	personne très importante 뻬르쏜느 트레쨍뽀르떵뜨	personnel 페르소넬	affaires générales 아페르 제네랄
독	Promi 프로미	Personalangelegenheiten 페르조날안겔레겐하이텐	allgemeine Angelegenheiten 알게마이네 안겔레겐하이텐
포	pessoa muito importante 페쏘아 무이뚜 잉뽀르땅찌	pessoal 뻬쏘아우	secretário geral 쎄끄레따리우 줴라우
스	persona muy importante 페르소나 무이 잉포르딴떼	administración de personal 아드미니스뜨라씨온 데 뻬르쏘날	administración general 아드미니스뜨라시온 헤네랄
이	VIP 브이아이피	personale 뻬르소날레	affari generali 압파리 제제랄리
그	πολύ σημαντικό πρόσωπο 뽈리 시만디꼬 쁘로소뽀	προσωπικό 쁘로소삐꼬	γενικές υποθέσεις 게니케스 이뽀쎄시스
라	persona excellentissima 페르소나 엑스켈렌티씨마	persona 페르소나	generales administrationes 게네라레스 아드미니스트라티오네스
러	очень важная персона 오첸 바쥬나야 뻬르쏘나	персонал 뻬르싸날	генеральный секретарь 계녜랄늬이 쎅크례따리
중	重要人物 / hòngyàorénwù 쭝야오런우	人事 / rénshì 런스	总务 / zǒngwù 종우
일	ビップ, ようじん / 要人 빗뿌, 요-진	じんじ / 人事 진지	そうむ / 総務 소-쿠

관리직	비서	경리	영업, 판매	KOR
management 매니지먼트	secretary 세크러테리	accounting 어카운팅	business, sales 비즈니스, 세일즈	ENG
gestion 제스피옹	secrétaire 스크레떼르	comptables 꽁따블르	commerce 꼬메르스	FRA
Verwalter 페어발터	Sekretär 제크레태어	Buchhalter 부흐할터	Verkauf, Business 페어카우프, 비즈니스	GER
direção 지레써옹	secretário 쩨끄레따리우	contador 꽁따도르	vendas 벵다스	POR
dirección 디렉씨온	secretaria 세끄레따리아	contaduría 꼰따두리아	ventas 벤따스	ESP
direzione 디레찌오네	segretario 쩨그레따리오	contabilitá 꼰따빌리따	commercio 콤메르쵸	ITA
διεύθυνση 디에브씬시	γραμματέας 그람마떼아스	λογιστικά 로기스띠까	εμπόριο 엠보리오	GRE
directio 디렉티오	scriptor 스크립토르	rationum scientia 라티오눔 스키엔티아	venditio, pratura 벤디티오, 프라투라	LAT
руководитель 루까바지젤	секретарь 쎅크례따리	бухгалтер 부갈쩨르	продажа 쁘라다좌	RUS
管理职责 / guǎnlǐzhízé 관리즈저	秘书 / mìshū 미수	会计 / kuàijì 콰이지	营业 / yíngyè 잉예	CHN
かんりしょく / 管理職 칸리쇼쿠	ひしょ / 秘書 히쇼	けいり / 経理 케-리	えいぎょう / 営業, はんばい / 販売 에-교-, 한바이	JPN

매출	구매	홍보	복리후생	KOR
sales 세일즈	purchase 퍼쳐스	public relations 퍼블릭 릴레이션스	welfare 웰페어	ENG
mis en vente 미정 벙뜨	achat 아샤	relations publiques 를라씨옹 쀠블리끄	bien-être 비에네트르	FRA
Ausverkauf 아우스페어카우프	Einkauf 아인카우프	Öffentlichkeitsarbeit 외펜틀리히카이츠아르바이트	Fürsorge 퓌어조르게	GER
faturamento 파뚜라멩뚜	compras 꽁쁘라스	relações públicas 헬라쏭이스 뿌블리까스	bem-estar 벵-이스따르	POR
venta 벤따	compras 꼼쁘라스	relaciones públicas 레라시오네스 뿌블리까스	bienestar 비에네스따르	ESP
vendita 벤디타	acquisto 악뀌스토	pubblicità 푸블리치타	benessere 베넷쩨레	ITA
πώληση, πωλήσεις 뽈리시, 뽈리시스	αγορά 아고라	δημόσιες σχέσεις 디모시에스 스헤시스	ευημερία, πρόνοια 에비메리아, 쁘로니아	GRE
venditurn 벤티툼	emptio 엠티오	puleicae relationes 푸레이카이 레라이티오네스	vita beata 비타 베아타	LAT
сбыт 즈빗	покупка 빠꾸프까	публичные отношения 뿌블리취늬예 아트나쉐니야	благосостояние 블라거서스따야니예	RUS
销售 / xiāoshòu 샤오셔우	购买 / gòumǎi 꺼우마이	宣传 / xuānchuán 슈엔추안	福利 / fúlì 푸리	CHN
うりだし / 売り出し 우리다시	こうばい / 購買 코-바이	こうほう / 広報 코-호-	ふくりこうせい / 福利厚生 후쿠리코-세-	JPN

한	관리	부서	용역	비즈니스맨
영	maintenance 메인트넌스	department *2 데파트먼트	service 서비스	businessman 비지니스맨
프	maintenance 멩트넝스	poste 뽀스뜨	service 세르비스	homme d'affaires 옴므 다페르
독	Vorsorgung 포어조르궁	Abteilung 압타일룽	Dienst 딘스트	Geschäftsmann 게셰프츠만
포	manutenção 마누뗑써옹	divisão 지비저웅	serviço 쎄르비쑤	homem de negócios 오멩 지 네고씨우스
스	mantenimiento 만떼니미엔또	sección 섹시온	servicio 세르비씨오	hombre de negocios 옴브레 데 네고씨오스
이	amministrazione 암미니스트라찌오네	posto 포스토	servizio 세르비지오	businessman 비즈니스만
그	διατήρηση *1 디아띠리시	θέση 쎄시	υπηρεσία 이삐레시아	επιχειρηματίας 에삐히리마띠아스
라	conservatio 콘세르바티오	positio 포시티오	ministerium 미니스테리움	negotiatorem 네고티아토렘
러	руководство 루까봇스뜨버	отделение 앗젤레니예	служба 슬루쥬바	бизнесмен 비즈녜스몐
중	管理 / guǎnlǐ 관리	部门 / bùmén 뿌먼	劳务 / láowù 라오우	实业家 / shíyèjiā 스예지아
일	かんり / 管理 칸리	ぶしょ / 部署 부쇼	ようえき / 用役 요-에키	ビジネスマン 비지네수만

동의어: *1 συντήρηση 신디리시, *2 post 포스트

한	리셉셔니스트(호텔)	프리랜서	공업	제조업자
영	receptionist 리셉셔니스트	freelancer 프리랜서	industry 인더스트리	manufacturer *2 매뉴팩쳐러
프	réceptionniste 레쎕씨오니스뜨	free-lance 프리 랑스	industrie 엥뒤스트리	fabricant 파브리껑
독	Empfänger 엠팽어	Freelancer *1 프리랜서	Industrie 인두스트리	Hersteller 헤어슈텔러
포	recepcionista 헤쎕씨오니스따	free-lancer 프리-랑쎄르	indústria 잉두스프리아	fabricante 파브리깡찌
스	recepcionista 레쎕씨오네스따	autónomo 아우또노모	industria 인두스프리아	fabricante 파브리깐떼
이	addetto all'accettazione 아데또 알라체따찌오네	freelancer 프리랜서	industria 인두스프리아	fabbricante 팝브리깐떼
그	ρεσεψιονίστας 레셒시오니스따스	ανεξάρτητος επαγγελματίας 아넥사르띠또스 에빵겔마띠아스	βιομηχανία 비오미하니아	βιομήχανος *3 비오미하노스
라	receptator(deversorii) 레쳅타토르(데베르소리이)	externus socius 엑테르누스 소시우스	industria 인투스트리아	fabricator 파브리카토르
러	регистратор 레기스프라떠르	фрилансер 프릴란쎄르	промышленность 쁘라믜슐렌너스츠	производитель 쁘러이즈바지쪨
중	接待员 / jiēdàiyuán 지에따이위엔	自由工作人 / zìyóu gōngzuòrén 쯔요우꿍주오런	工业 / gōngyè 꿍예	厂家 / chǎngjiā 창지아
일	レセプショニスト 레세푸쇼니수토	フリーランサー 후리-란사-	こうぎょう / 工業 코-교-	せいぞうぎょうしゃ / 製造業者 세-조-교-샤

동의어: *1 Freiberufler 프라이베루플러, *2 producer 프로듀서, *3 κατασκευαστής 까따스께브아스띠스

유통업자	공장	공장설비	지게차	KOR
distributor 디스티리뷰터	factory 팩토리	plant(equipment) 플랜트(이퀴입트먼트)	forklift [1] 포크리프트	ENG
distributeur 디스트리뷔뙤르	usine 위진	installation 엥스딸라씨옹	chariot élévateur 샤리오 엘레바뙤르	FRA
Vertreiber 페어트라이버	Fabrik 파브릭	Fabrikanlage 파브릭안라게	Gabelstapler 가벨슈타플러	GER
distribuidor 지스프리부이도르	fábrica 파브리까	instalação 잉스딸라써웅	empilhadeira 잉삘야데이라	POR
distribuidor 디스프리부이돌	fábrica 파브리까	planta 쁠란따	carretilla elevadora [2] 까레띠야 엘레바도라	ESP
distributore 디스프리부토레	fabbrica 팝브리까	impianto 임삐안또	elevatore 엘레바토레	ITA
διανομέας 디아노메아스	εργοστάσιο 에르고스파시오	εγκατάσταση 엥까따스따시	περονοφόρος ανυψωτής [3] 뻬로노포로스 아닙소띠스	GRE
distributor 디스트리부토르	fabrica 파브리카	arma 아르마	vehiculum scansorium [4] 베히쿨룸 스칸소리움	LAT
распределитель 라스쁘리질리젤	фабрика 파브리까	завод 자봇	грузоподъемник 그루자빠드욤닉	RUS
流通业家 / liútōngyèjiā 리우퉁예지아	工厂 / gōngchǎng 꿍창	工厂设备 / gōngchǎng shèbèi 꿍창서뻬이	叉车 / chāchē 차처	CHN
りゅうつうぎょうしゃ / 流通業者 료-추-교-샤	こうじょう / 工場 코-죠-	こうじょうせつび / 工場設備 코-죠-세추비	フォークリフト 훠-쿠리후토	JPN

동의어: [1] lift truck 리프트트럭, lift vehicle 리프트비히클, [2] montacargas 몬따까르가, [3] κλαρκ 끄라르끄,
[4] mobilis machina scansoria 모빌리스 마키나 스칸소리아

기계	기계장치	보일러	조립라인	KOR
machine 머쉰	mechanism 메카니즘	boiler 보일러	assembly line 어셈블리 라인	ENG
machine 마쉰느	outillage 우띠아쥬	chaudière 쇼디에르	ligne d'assemblage 린느 다썽블라쥬	FRA
Maschine 마시네	Ausrüstung 아우스뤼스퉁	Boiler, Kessel 보일러, 케셀	Fließband 플리스반트	GER
máquina 마끼나	equipamento 이끼빠멩뚜	caldeira 까우데이라	linha de montagem 링야 지 몽파젱	POR
máquina 마끼나	equipo 에끼뽀	caldera 깔데라	cadena de montaje 까데나 데 몰따헤	ESP
macchina 막끼나	macchina 막끼나	caldaia 깔다이아	linea di assemblaggio 리네아 디 앗셈블랏지오	ITA
μηχανή 미하니	μηχανισμός 미하니즈모스	λέβητας, καζάνι 레비따스, 까자니	γραμμή συναρμολόγησης 그람미 시나르몰로기시스	GRE
machina 마키나	arma 아르마	aenum calefactorium 애눔 칼레팍토리움	linea coapmenti 리네아 코압멘티	LAT
машина 마쉬나	оборудование 아바루더바니예	бойлер 보일례르	сборочный конвейер 스보르늬이 깐볘이예르	RUS
器械 / qìxiè 치시에	机械 / jīxiè 지시에	锅炉 / guōlú 꾸오루	装配线 / zhuāngpèixiàn 쭈왕페이시엔	CHN
きかい / 機械 키카이	きかいそうち / 機械装置 키카이소-치	ボイラー 보이라-	くみたてライン / 組立ライン 쿠미타테라인	JPN

한	생산	직원	노동조합	파업
영	production 프로덕션	employee 임플로이	union 유니온	strike 스트라익
프	production 프로뒤씨옹	employé 엥쁠로와이에	syndicat 쌩디까	grève 그레브
독	Produktion 프로둑치온	Angestellte 안게슈텔테	Gewerkschaft 게베르크샤프트	Arbeitsstreik 아르바이츠슈트라이크
포	produção 쁘로두쩌웅	funcionário 풍씨오나리우	sindicato 씽지까뚜	greve 그레비
스	producción 쁘로둑씨온	empleados 엠쁠레아도스	sindicato 씬디까또	huelga 우엘가
이	produzione 프로두지오네	impiegato 임피에가또	sindacato 씬다까또	sciopero 쇼페로
그	παραγωγή 빠라고기	υπάλληλος 이빨릴로스	ένωση 에노시	απεργία 아뻬르기아
라	productio 프로두티오	mercennarius 메르켄나리우스	collegium opificum 콜레기움 오피피쿰	operistitium 오페리스티티움
러	производство 쁘러이즈봇츠뜨버	работник 라봇닉	профсоюз 쁘러프싸유즈	забастовка 자바스따프카
중	生产 / shēngchǎn 셩찬	职员 / zhíyuán 즈위엔	工会 / gōnghuì 꿍훼이	罢工 / bàgōng 빠꿍
일	せいさん / 生産 세-산	しょくいん / 職員 쇼쿠인	ろうどうくみあい / 労働組合 로-도-쿠미아이	スト 수토

한	협상, 교섭	상업	상인	상점주인
영	negotiation 니고시에이션	commerce 카머스	merchant 머쳔트	storekeeper [3] 스토어키퍼
프	négociation 네고시아씨옹	commerce 꼬메르스	marchand 마르샹	patron 빠트롱
독	Verhandlungen 페어한들룽겐	Handel 한델	Händler 핸들러	Ladenbesitzer 라덴베지처
포	negociação 네고시아쩌웅	comércio 꼬메르씨우	comerciante 꼬메르씨앙찌	lojista 로쥐스따
스	negociación 네고씨아씨온	comercio 꼬메르씨오	comerciante 꼬메르씨안떼	tendero 뗀데로
이	negziazione 네고지아지오네	commercio 꼼메르치오	commerciante 꼼메르치안떼	padrone 빠드로네
그	διαπραγμάτευση 디아프라그마뗍시	εμπόριο 엠보리오	έμπορος 엠보로스	καταστηματάρχης 까따스띠마따르히스
라	negotium 네고티움	commercium 콤메르키움	mercator 메르카토르	tabernarius 토베르나리우스
러	переговóры 뻬례가보릐	торговля 따르고블랴	купец 꾸뼫츠	кладовщик 클라보프쉭
중	协商 / xiéshāng [1] 시에샹	商业 / shāngyè 샹예	商人 / shāngrén 샹런	号主 / hàozhǔ 하오주
일	きょうしょう / 協商 [2] 쿄-쇼-	しょうぎょう / 商業 쇼-교-	しょうにん / 商人 쇼-닌	しょうてんしゅ / 商店主 쇼-텐슈

동의어: [1] 交涉 / jiāoshè 쟈오셔, [2] こうしょう / 交涉 코-쇼-, [3] store owner 스토어 오너

상점	도매(상)	소매(상)	중계업자	KOR
store *1 스토어	wholesale(r) 호울세일(러)	retail(er) 리테일(러)	realtor *4 리얼터	ENG
magasin 마가쟁	grossiste 그로시스뜨	détaillant 데따이양	agent commercial 아졍 꼬메르씨알	FRA
Laden 라덴	Großhandel 그로스한델	Einzelhandel 아인첼한델	Makler, Mittler 마클러, 미틀러	GER
loja 로쟈	atacado(atacadista) 아따까두(아따까지스따)	varejo(varejista) 바레쥬(바레쥐스따)	intermediário 잉떼르메지아리우	POR
tienda 띠엔다	mayorista 마요리스따	minorista 미노리스따	intermediador 인떼르메디아돌	ESP
negozio 네고찌오	grossista 그롯씨스따	manica 마니카	mediatore 메디아토레	ITA
μαγαζί 마가지	χονδρέμπορος *2 혼드렘보로스(도매상)	έμπορος λιανικής πωλήσεως *3 엠보로스 리아니끼스 뽈리세오스(소매상)	μεσολαβητής *5 메솔라비띠스	GRE
taberna 타베르나	mercatura magna 메르카투라 마그나	mercatura tenuis 메르카투라 테누이스	mediator 메디아토르	LAT
магазин 마가진	оптовая продажа 아프또브나야 쁘라다좌	розничная продажа 로즈니취나야 쁘라다좌	перераспределитель 뻬례라스쁘리질리쩰	RUS
商店 / shāngdiàn 샹디엔	批发处 / pīfāchù 피파추	零售店 / língshòudiàn 링셔우디엔	中介业家 / zhōngjièyèjiā 쫑지에예지아	CHN
しょうてん / 商店 쇼-텐	おろしうり(てん)/卸売り(店) 오로시우리(텐)	こうり(てん)/小売(店) 코우리(텐)	ちゅうかいぎょうしゃ/仲介業者 츄-카이교-샤	JPN

동의어: *1 shop 샵, *2 χοντρή αγοραπωλησια 혼드리 아고라뽀리시아(도매), *3 λιανική αγοραπωλησια 리아니끼 아고라뽀리시아(소매),
*4 broker 브로커, *5 μεσίτης 메시띠스

빵집	케이크가게	정육점	농업	KOR
bakery 베이커리	pastry shop 페이스트리 숍	deli *1 델리	agriculture 애그리컬쳐	ENG
boulangerie 블랑쥬리	pâtisserie 빠띠스리	boucher 부쉐	agriculture 아그리뀔뛰르	FRA
Bäckerei 배커라이	Konditorei 콘디토라이	Metzgerei 메츠거라이	Landwirdschaft 란트비르트샤프트	GER
padaria 빠다리아	confeitaria 꽁페이따리아	açougue 아쏘우기	agricultura 아그리꾸우뚜라	POR
panadería 빠나데리아	confitería 꼰피떼리아	carnicería 까르니쎄리아	agricultura 아그리꿀뚜라	ESP
panetteria 빠넷떼리아	pasticceria 빠스삣체리아	macelleria 마첼레리아	agricoltura 아그리꼴뚜라	ITA
αρτοποιείο 아르또뽀이오	ζαχαροπλαστείο 자하로쁠라스띠오	κρεοπωλείο 끄레오뽈리오	γεωργία 게오르기아	GRE
pistrina 피스트리나	taberna dulciaril 타베르나 둘키아릴	macellum 마셀룸	agricultura 아그리쿨투라	LAT
булочная 불로취나야	кондитерская 깐지쩨르스까야	мясная 미스나야	земледелие 지믈리젤리예	RUS
面包店 / miànbāodiàn 미엔빠오디엔	蛋糕店 / dàngāodiàn 딴까오디엔	肉店 / ròudiàn 러우디엔	农业 / nóngyè 눙예	CHN
パンや / パン屋 팡야	ケーキや / ケーキ屋 케-키야	せいにくてん / 精肉店 세-니쿠텐	のうぎょう / 農業 노-교-	JPN

동의어: *1 butcher shop 부처 샵

한	농부	경작	수경재배	온실재배
영	farmer 파머	cultivation 컬티베이션	hydroponics *1 하이드로포닉스	greenhouse cultivation 그린하우스 컬티베이션
프	agriculteur 아그리퀼뛰르	culture 퀼뛰르	culture hydroponique 퀼뛰르 이드로뽀니끄	culture en serre 퀼뛰르 엉 쎄르
독	Bauer 바우어	Ackerbau 악커바우	Hydroponik 히드로포닉	Treibhausanbau 트라입하우스안바우
포	agricultor 아그리꾸우또르	cultivo 꾸우찌부	aquicultura 아끼꾸우뚜라	cultivo em estufa 꾸우찌부 잉 이스뚜파
스	agricultor 아그리꿀똘	cultivo 꿀띠보	acuicultura 아꾸이꿀뚜라	cultivo invernadero 꿀띠보 인베르나데로
이	contadino 꼰따디노	coltivazione 꼴띠바지오네	idrocoltura 이드로콜투라	sotto vetro 소또 베트로
그	αγρότης 아그로티스	καλλιέργεια 깔리에르기아	υδροπονία 이드로뽀니아	καλλιέργεια θερμοκηπίου 깔리에르기아 쎄르모끼삐우
라	conductor 콘둑토르	aratio 아라티오	aqua cultura 아쿠아 쿨투라	cultura calido horto 쿨투라 칼리도 호르토
러	фермер 페르메르	выращивание 븨라쉬바니예	водная культура 보드나야 꿀뚜라	выращивание в теплицах 븨라쉬바니예 브 찌쁠리짜흐
중	农夫 / nóngfū 눙푸	耕作 / gēngzuò 껑쭈오	无土栽培 / wútǔzāipéi 우투짜이페이	温室栽培 / wēnshìzāipéi 원스짜이페이
일	のうふ / 農夫 노-후	こうさく / 耕作 코-사쿠	みずさいばい / 水栽培 미주사이바이	おんしつさいばい / 温室栽培 온시추사이바이

동의어: *1 hydroculture 하이드로컬쳐

한	수확	목축	목장	낙농
영	harvest 하비스트	livestock farming 라이브스톡 파밍	pasture 패스쳐	dairy 데어리
프	récolte 레꼴뜨	élevage 엘르바쥬	prairie 프레리	laiterie 레트리
독	Ernte 에른테	Viehzucht 피추흐트	Weide 바이데	Molkerei 몰커라이
포	safra 싸프라	pecuária 뻬꾸아리아	pasto 빠스뚜	indústria de laticínios 잉두스프리아 지 라찌씨니우스
스	cosecha 꼬세차	ganadería 가나데리아	pasto 빠스또	industria lechera 인두스프리아 레체라
이	mietitura 미에띠뚜라	allevamento 알레바멘또	pascolo 빠스꼴로	caseificio 까세이피치오
그	θερισμός *1 쎄리즈모스	κτηνοτροφία 끄띠노트로피아	λειβάδι, βοσκοτόπι 리바디, 보스꼬또삐	γαλακτοκομία 갈락또꼬미아
라	messis 메씨스	pecuaria 페쿠아리아	pascuum 파스쿠움	latea industria 라테아 인두스트리아
러	урожай 우라좌이	скотоводство 스꺼따봇츠트버	пастбище 빠스비쉐	маслодельня 마슬러젤냐
중	收获 / shōuhuò 서우후오	牧畜 / mùxù 무쉬	牧场 / mùchǎng 무창	酪农 / làonóng 라오눙
일	しゅうかく / 収穫 슈-카쿠	ぼくちく / 牧畜 보쿠치쿠	ぼくちち / 牧畜地, ぼくじょう / 牧場 보쿠치쿠치, 보쿠죠-	らくのう / 酪農 라쿠노-

동의어: *1 συγκομιδή 싱고미시

임업	어업	어부	그물	KOR
forestry 포리스트리	fishery 피셔리	fisherman 피셔맨	net 넷	ENG
sylviculture 씰비뀔뛰르	pêche 뻬슈	pêcheur 뻬쉐르	net 네	FRA
Forstwirtschaft 포어스트비르트샤프트	Fischerei 피셔라이	Fischer 피셔	Netz 네츠	GER
silvicultura 씨우비꾸우뚜라	indústria da pesca 잉두스프리아 다 뻬스까	pescador 뻬스까도르	rede 헤지	POR
silvicultura 씰비꿀뚜라	pesca 뻬스까	pescador 뻬스까도르	red 레드	ESP
silvicoltura 실비콜투라	pesca 뻬스까	pescatore 뻬스카토레	rete 레떼	ITA
δασοκομία 다소꼬미아	αλιεία 알리이아	ψαράς 읍사라스	δίχτυ 디히띠	GRE
silvarum cura 실바룸 쿠라	piscatio 파스카티오	piscator 피스카토르	rete 레테	LAT
лесоводство 례싸봇츠프버	рыболовство 릐발랍스프버	рыбак 릐박	сетка 쎗트까	RUS
林业 / línyè 린예	渔业 / yúyè 위예	渔夫 / yúfū 위푸	鱼网 / yúwǎng 위왕	CHN
りんぎょう / 林業 린교-	ぎょぎょう / 漁業 교교-	ぎょふ / 漁夫、りょうし / 漁師 교후, 료-시	あみ / 網 아미	JPN

성장 동력	차세대	클론, 복제(생물)	KOR
growth engine 그로우스 엔진	next generation 넥스트 제너레이션	clone 클론	ENG
puissance de la croissance 쀠쌍스 드 라 크루와쌍스	génération prochaine 제네라씨옹 프로쉔느	clone 클론	FRA
Wachstumskraft 박스툼스크라프트	nächste Generation 내히스테 게네라치온	Klon 클론	GER
motor de crescimento 모또르 지 끄레씨멩뚜	próxima geração 쁘로씨마 줴라쎠웅	clone, colonagem 끌로니, 끌로나쥉	POR
motor de crecimiento 모똘 데 끄레씨미엔또	próxima generación 쁘록시마 헤네라씨온	clon 클론	ESP
alimentazione per la crescita 알리멘타지오네 페르 라 크레쉬따	generazione seguente 제네라지오네 세구엔떼	clone 클로네	ITA
η μηχανή της ανάπτυξης 이 미하니 띠스 아납띡시스	επόμενη γενιά 에뽀메니 게니아	κλώνος 끌로노스	GRE
vis augmenti 비스 아우그멘티	secunda aetas 세쿤다 아이타스	clone, apógraphum 클로네, 아포그라품	LAT
сила роста 씰라 로스따	следующее поколение 슬례두유쉐예 뻐깔례니예	клон 클론	RUS
成长动力 / chéngzhǎngdònglì 청장똥리	新一代 / xīnyīdài 씬이따이	克隆 / kèlóng 커룽	CHN
せいちょうエンジン / 成長エンジン 세이쵸-엔진	じせだい / 次世代 지세다이	ふくせい / 複製、クローン 후쿠세이, 쿠론	JPN

한	로봇	무인항공기(드론)	신서비스	신소재
영	robot 로봇	Drone 드론	new service 뉴 서비스	new material 뉴 마테리알
프	robot 로보	drone, vrombissement 드론, 브롱비스멍	service de nouveau 쎄르비스 드 누보	nouveaux matériaux 누보 마떼리오
독	Roboter 로보터	Drohne 드로너	Neue Service 노이에 제르비스	Neues Material 노이에스 마테리알
포	robô 호보	drone 드로니	novo serviço 노부 쎄르비쑤	novo material 노부 마떼리아우
스	robot 로봇	drone 드론	nuevo servicio 누에보 세르비씨오	material nuevo 마떼리알 누에보
이	robot 로보트	droni, fuco 드로니, 푸코	nuovo servizio 누오보 세르비지오	nuovo materiale 누오보 마테리알레
그	ρομπότ 로봇	ντρόουν 드로운	νεα υπηρεσία 네아 이쁘레시아	νεο υλικό 네오 일리꼬
라	– 	aeroplanum sine homine 아에로플라눔 시네 호미	novum munerus(officium) 노붐 무네루스(오피시움)	nova materia 노바 마테리아
러	робот 로봇	дрон 드론	новый сервис 노븨이 쎄르비스	новый материал 노비 마쩨리알
중	机器人 / jīqirén 지치런	无人机 / wúrénjī 우런지	新服务 / xīnfúwù 신푸우	新材料 / xīncáiliào 신차이랴오
일	ロボット 로봇또	ドローン, むじんこうくうき / 無人航空機 도론, 무진코-쿠-키	しんサービス / 新サービス 신사-비수	しんそざい / 新素材 신소자이

한	신산업	첨단농업	반도체산업
영	new industry 뉴 인더스트리	high-tech farming 하이텍 파밍	semiconductor industry 세미컨덕터 인더스트리
프	industrie de nouvelle 엥뒤스트리 드 누벨	agriculture pointe 아그리뀔뛰르 뽀엥뜨	industrie des semi-conducteurs 엥뒤스트리 데 세미 꽁뒥뛰르
독	Neue Industrie 노이에 인두스트리	Neue Landwirtschaft 노이에 란트비르트샤프트	Halbleiterindustrie 할프라이터인두스트리
포	nova indústria 노바 잉두스프리아	agricultura avançada 아그리꾸우뚜라 아방싸다	indústria de semicondutores 잉두스프리아 지 쎄미꽁두또리스
스	industria nueva 인두스프리아 누에바	agricultura de punta 아그리꿀뚜라 데 뿐따	industria de semiconductores 인두스프리아 데 세미꼰둑또레스
이	nuova industria 누오바 인두스트리아	alta agricoltura 알따 아그리콜뚜라	industria a semiconduttore 인두스트리아 아 세미콘두또레
그	νέος κλάδος 네오스 끌라도스	καλλιέργεια υψηλής τεχνολογίας 깔리에르게이아 입실리스 떼흐놀로기아스	κατασκευαστές ημιαγωγών 까따스꼐바스뻬스 이미아고곤
라	nova industria 노바 인두스트리아	alta artificiosa cultura 알타 아르티피키오사 쿨투라	industria semiductoris 인두스트리아 세미둑토리스
러	новая промышленность 노바야 쁘라믜쉴렌너스츠	высокотехнологичное сельское хозяйство 븨쏘꼬쪠흐날라기췌스꺼예 셀스꺼예 하쟈이스프버	полупроводниковая промышленность 팔루프라바드니코바야 쁘라믜쉴렌너스츠
중	新产业 / xīnchǎnyè 신찬예	尖端农业 / jiānduānnóngyè 지엔뚜안농예	半导体产业 / bàndǎotǐchǎnyè 빤따오티찬예
일	しんさんぎょう / 新産業 신산교-	せんたんのうぎょう / 先端農業 센탄노-교-	はんどうたいさんぎょう / 半導体産業 한도-타이산교-

286

지식산업	항공우주산업	인공지능(AI)	KOR
knowledge industry 널리지 인더스트리	aerospace industry 에어로스페이스 인더스트리	artificial intelligence 아티피셜 인텔리젼스	ENG
industrie de la connaissance 엥뒤스트리 드라 꼬네썽스	industrie aérospatiale 엥뒤스트리 아에로빠씨알	intelligence artificielle 엥뗄리장스 아르띠피씨엘	FRA
Wissensindustrie 비센스인두스트리	Luft- und Raumfahrtindustrie 루프트 운트 라움파트인두스트리	künstliche Intelligenz 퀸스틀리헤 인텔리겐츠	GER
indústria do conhecimento 잉두스프리아 두 꽁예씨멩뚜	indústria aeroespacial 잉두스프리아 아에로이스빠씨아우	inteligência artificial 잉뗄리젱씨아 아르찌피씨아우	POR
industria de conocimiento 인두스프리아 데 꼬노씨미엔또	Industria Aeroespacial 인두스프리아 아에로에스빠씨알	inteligencia artificial 인뗄리시아 아르띠피시알	ESP
industria di conoscenza 인두스트리아 디 코노셴자	industria aerospaziale 인두스트리아 아에로스파지알레	intelligenza artificiale 인뗄리젠차 아르띠피시알레	ITA
οικονομία της γνώσης 이꼬노미아 띠스 그노시스	αεροδιαστημική βιομηχανία 아에로디아스띠미끼 비오미하니아	τεχνητή νοημοσύνη 떼흐니띠 노이모시니	GRE
industria indicii 인두스트리아 인디키	industria aerospatii 인두스트리아 아이로스파티	intelligentia artificialis 인텔리젠티아 아르티피키알리스	LAT
интеллектуальная промышленность 인쩰렉뚜알나야 쁘라믜슐롄너스츠	авиакосмическая промышленность 아비아까스미췌스까야 쁘라믜슐롄너스츠	искусственный интеллект 이스쿠스프벤늬이 인쩰렉트	RUS
智力产业 / zhìlìchǎnyè 쯔리찬예	宇航产业 / yǔhángchǎnyè 위항찬예	人工智能 / Réngōng zhìnéng 런꽁즈넝	CHN
ちしきさんぎょう / 知識産業 치시키산교-	こうくううちゅうさんぎょう / 航空宇宙産業 코-쿠-우쮸-산교-	じんこうちのう / 人工知能 진코-치노-	JPN

뇌과학	양자역학	대체의학	KOR
brain science 브레인 사이언스	quantum mechanics 퀀텀 메카닉스	alternative medical 알터네이티브 메디칼	ENG
science du cerveau 씨엉드 뒤 쎄르보	mécanique quantique 메까니끄 꽌띠그	médicine substitué 메디씬 쉽스띠뛰에	FRA
Gehirnforschung 게히른포어슝	Quantendynamik 크반텐뒤나믹	alternative Medizin 알터나티베 메디친	GER
ciência cerebral 씨엥씨아 쩨레브라우	mecânica quântica 메까니까 꽝찌까	medicina alternativa 메지씨나 아우떼르나찌바	POR
neurociencia 네우로씨엔씨아	mecánica cuántica(Física) 메까니까 꾸안띠까	medicina alternativa 메디씨나 알떼르나띠바	ESP
scienza di cervello 셴자 디 체르벨로	Meccanica quantistica 메카니카 콴티스티카	Medicina alternativa 메디치나 알테르나티바	ITA
επιστήμη του εγκεφάλου 에비스띠미 뚜 엥께팔루	κβαντική μηχανική 끄반띠끼 미하니끼	εναλλακτική ιατρική 엔알락띠끼 이아트리끼	GRE
scientia cerebri 스키엔티아 케레브리	mechanica quantica 메카니카 쿠안티카	substituta medina 숩스티투타 메디나	LAT
наука о мозге 나우까 아 모즈게	квантовая механика 크반토바야 메하니카	Нетрадиционная медицина 네뜨라디치오나야 메디찌나	RUS
脑科学 / nǎokēxué 나오커슈에	量子力学 / liàngzǐlìxué 리앙즈리슈에	代替医学 / dàitìyīxué 따이티이슈에	CHN
のうかがく / 脳科学 노-카가쿠	りょうしりきがく / 量子力学 료-시리키가쿠	くみかえいがく / 組換医学 쿠미카에이가쿠	JPN

한	직장인	출근길	퇴근길
영	employee *1 임플로이	way to work *2 웨이 투 워크	way home 웨이 홈
프	employé 엉쁠르와이에	chemin du travail 슈멩 뒤 트라바이으	chemin de retour 슈멩 드 르뚜르
독	Arbeitnehmer 아르바이트네머	Arbeitsweg 아르바이츠벡	Heimweg 하임벡
포	trabalhador 뜨라발야도르	viagem ao local de trabalho 비아쳉 아우 로까우 지 뜨라발유	viagem de volta do emprego para casa 비아쳉 지 보우따 두 잉쁘레구 빠라 까자
스	empleado 엠쁠레아도	marcha al trabajo 마르차 알 뜨라바호	regreso 레그레소
이	impiegato 임피에가또	tragitto d'andata 트라지또 단다따	tragitto di ritorno 트라지또 디 리토르노
그	υπάλληλος 이빨릴로스	πηγαίνοντας για δουλιά 삐게논다스 이아 둘리아	γυρίζοντας στο σπίτι 기리존다스 스또 스삐띠
라	operarius, mercennarius 오페라리우스, 메르켄나리우스	accessus ad servitutem 아케수스 아드 세르비투템	reversio ad domum 레베르시오 아드 도뭄
러	работник 라봇닉	путь до работы 뿌츠 도 라보띄	уход с работы 우홋 스 라보띄
중	上班族 / shàngbānzú 상빤주	上班的路 / shàngbāndelù 상빤더루	下班的路 / xiàbāndelù 시아빤더루
일	かいしゃいん / 会社員 카이샤인	しゅっきんとちゅう / 出勤途中 슛낀토츄-	つとめがえり / 勤め帰り 추토메가에리

동의어: *1 office worker 오피스 워커, *2 commute 커뮤트

한	러시아워	알림, 공고	신인	신입
영	rush hour 러쉬 아우어	notice 노티스	rookie, novice 루키, 노비스	new employee 뉴 임플로이
프	heure de pointe 외르 드 뽀엥뜨	annonce, avis 아농스, 아비	nouveau 누보	entrée récente 엉트레 레썽뜨
독	Hauptverkehrszeit 하우프트페어케어스차이트	Anzeige 안짜이게	Nachwuchs, Neuling 나흐북스, 노일링	Neuling 노일링
포	horário de pico 오라리우 지 삐꾸	aviso 아비주	estreante 이스뜨레앙찌	novato 노바뚜
스	hora de punta 오라 데 뿐따	aviso 아비소	novato 노바또	nuevo empleado 노에보 엔프리아도
이	ora di punta 오라 디 뿐따	avviso 압비조	debuttante 데부딴떼	entrata nuovo 엔트라타 누오보
그	ώρα αιχμής 오라 에흐미스	σημείωμα 시미오마	νεοσύλλεκτος 네오실렉또스	νέος υπάλληλος 네오스 이빨릴로스
라	tempus multae rotationis 템푸스 물다이 로타티오니스	notatio 노타티오	tiro 티로	novus minister 노부스 미니스터
러	часы пик 촤씌 삑	объявление 아비야블레니에	новобранец 나바브라네쯔	новый работник 노브이 라봇닉
중	拥挤时间 / yōngjǐ shíjiān 융지스지엔	公告 / gōnggào 꿍까오	新秀 / xīnxiù 신시우	新加入 / xīnjiārù 씬찌아루
일	ラッシュアワー 랏쓔아와-	おしらせ / お知らせ、こうじ / 公示 오시라세, 코-지	しんじん / 新人 신진	しんにゅう / 新入 신뉴-

모집	승진	근무	외근	KOR
recruit 리쿠르트	promotion 프로모션	duty 듀티	outside duty 아웃사이드 듀티	ENG
recruter 르크뤼떼	promotion 프로모씨옹	service 세르비스	service extérieur 세르비스 엑스떼리외르	FRA
Einstellung 아인스텔룽	Beförderung *1 베푀더룽	Dienst *2 딘스트	Außendienst 아우쩬딘스트	GER
recrutamento 헤꾸르따멩뚜	promoção 쁘로모써옹	trabalho 뜨라발유	trabalho externo 뜨라발유 이스뻬르누	POR
recluta 레쿠르따	promoción 쁘로모씨온	trabajo 뜨라바호	servicio externo 세르비씨오 엑스떼르노	ESP
reclutare 레클루따레	promozione 쁘로모찌오네	lavoro 라보로	servizio esterno 세르비지오 에스테르노	ITA
στρατολογώ 스프라똘로고	προαγωγή 프로아고기	καθήκον 까씨꼰	εξωτερική υπηρεσία 엑소떼리끼 이피레시아	GRE
tironem 티로니움	officium amplius 옵피키움 암플리우스	officicum 오피키쿰	externum officium 엑테르눔 오피키움	LAT
рекрут 레크루뜨	продвижение 쁘러드비줴니예	служба 슬루쥬바	предельная служба 쁘리젤냐야 슬루쥬바	RUS
招 /zhāo 짜오	升级 /shēngjí 셩지	工作 /gōngzuò 꿍주오	外勤 /wàiqín 와이친	CHN
リクルート 리쿠루-토	しょうしん /昇進 쇼-신	きんむ /勤務 킨무	がいきん /外勤 가이킨	JPN

동의어: *1 Einsteigen 아인스텔룽, *2 Dienstleistung 딘스트라이스퉁

야근	유급휴가	출산휴가	KOR
night duty *1 나잇 뉴티	paid vacation 페이드 베케이션	maternity leave 메터니티 리브	ENG
service de nuit 세르비스 드 뉘	vacances payées 바깡스 뻬이에	congé de maternité 꽁제 드 마떼르니떼	FRA
Nachtdienst 나흐트딘스트	bezahlter Urlaub 베찰터 우얼라웁	Mutterschaftsurlaub 무터샤프츠우얼라웁	GER
trabalho noturno 뜨라발유 노뚜르누	férias remuneradas 페리아스 헤무네라다스	férias de maternidade 페리아스 지 마떼르니다지	POR
turno de noche 뚜르노 데 노체	vacaciones pagadas 바까씨오네스 빠가다스	licencia de maternidad 리쎈시아 데 마떼르니닷	ESP
turno di notte 투르노 디 노떼	ferie retribuite 페리에 레뜨리부이떼	congedo di maternita 콘제도 디 마테르니타	ITA
νυχτερινή υπηρεσία 니흐테리니 이피레시아	αμοιβόμενες διακοπές 아미보메노스 디아꼬뻬스	άδεια μητρότητας 아디아 미트로띠따스	GRE
officium nocis 오피키움 노시스	interruptio remunerata 인테룹띠오 레무네라테	interruptio matertitatis 인터룹띠오 마테르티타티스	LAT
ночное дежурство 나취녜예 지쥬르스뜨버	оплаченный отпуск 아쁠라췐느이 옷트뿌스크	декретный отпуск 지크레트느이옷트뿌스크	RUS
夜班 /yèbān 예빤	工假 /gōngjià 꿍지아	产假 /chǎnjià 찬지아	CHN
やきん /夜勤 야킨	ゆうきゅうきゅうか /有給休暇 유-큐-큐-카	しゅっさんきゅうか /出産休暇 슛싼큐-카	JPN

동의어: *1 overtime work 오버타임 워크

한	명예퇴직	퇴직, 은퇴	정년퇴직
영	voluntary retirement(scheme)(VRS) 버룬타리 리타이어먼트(스킴)	retirement 리타이어먼트	mandatory retirement 만더토리 리타이어먼트
프	retraite anticipé 르트렛뜨 앙띠씨뻬	retraite 르트렛뜨	démission 데미씨옹
독	Vorruhestand 포어루에슈탄트	Ruhestand 루에슈탄트	Ruhestand 루에슈탄트
포	aposentadoria voluntária 아뽀젱따도리아 볼룽따리아	aposentadoria *1 아뽀젱따도리아	aposentadoria por idade 아뽀젱따도리아 뽀르 이다지
스	jubilación voluntaria 후빌라씨온 볼룬따리아	jubilación 후빌라씨온	retiro por edad 레티로 포 에다드
이	rassegnazione volontaria 라쎄냐지오네 볼론타리아	ritiro 리티로	ritiro dall'età 리티로 달레타
그	πρόγραμμα οικειοθελούς αποχώρησης 프로그라마 이끼오쎌루스 아뽀호리시스	αποχώρηση *2 아뽀호리시	υποχρεωτική συνταξιοδότηση 이뽀흐레오띠끼 신닥시오도띠시
라	abitus honorabilis 아비투스 호노라빌리스	abitus *3 아브투스	pinsionem accipit 핀시오넴 악키피트
러	почётная отставка 빠쵸트나야 앗스파프까	выход на пенсию *4 비홋 나 뻰씨유	обязательный выход на пенсию 아비자쩰느이 비홋 나 뻰씨유
중	荣退 /róngtuì 룽퉤이	退休 /tuìxiū 퉤이시우	退老 /tuìlǎo 퉤이라오
일	めいよたいしょく/名誉退職 메-요타이쇼쿠	たいしょく/退職 *5 타이쇼쿠	ていねんたいしょく/定年退職 테-넨타이쇼쿠

동의어: *1 retirada 헤찌라다, *2 συνταξιοδότηση 신닥시오도띠시, *3 abscessio 아부스케씨오, abscessus 아부스케쑤스, otium 오티움, *4 отставка 앗츠까프까, *5 いんたい /隠退 인타이

한	접대	연회	응대	약속
영	reception 리셉션	banquet 뱅큇	response 리스펀스	promise 프라미스
프	réception 레쎕씨옹	banquet 방께	réponse 레뽕스	promesse 프로메스
독	Empfang 엠팡	Fest, Bankett 페스트, 방켙	Unterhaltung 운터할퉁	Versprechen 페어슈프레헨
포	recepção 헤쎕써웅	banquete 방께찌	atendimento 아뗑지멩뚜	compromisso 꽁쁘로미쑤
스	recepción 레쎕씨온	banquete 방께떼	respuesta 레스뿌에스따	compromiso 꼼쁘로미소
이	recevimento 리체비멘또	banchetto 방껫또	accettazione 아체따찌오네	promessa 쁘로멧싸
그	δεξίωση 덱시오시	συμπόσιο *1 심뽀시오	απάντηση 아빤띠시	υπόσχεση 이뽀스헤시
라	receptio 레켑티오	convictus *2 콘빅투스	responsio 레스폰시오	promissum 프로밋숨
러	приём 쁘리욤	банкет 반껫	взаимодействие 브자이머제이스프비예	обещание 아볘샤니예
중	招待 /zhāodài 쟈오파이	宴会 /yànhuì 얜훼이	应酬 /yìngchou 잉처우	约定 /yuēdìng 위에띵
일	せったい/接待 셋따이	えんかい/宴会 엔카이	おうたい/応対 오-타이	やくそく/約束 야쿠소쿠

동의어: *1 επίσημο δείπνο 에삐시모 디쁘노, *2 convivium 콘비비움

공증	화술	달변, 웅변	KOR
notarization 노터라이제이션	art of public speaking 아트 오브 퍼블릭 스피킹	eloquence 엘러퀀스	ENG
légalisation 레걀리자씨옹	art de la rhétorique 아르 드 라 레또리끄	éloquence 엘로깡스	FRA
Notar 노타아	Redekunst 레데쿤스트	Beredsamkeit 베렛잠카이트	GER
autenticação 아우뗑찌까써옹	arte da conversação 아르찌 다 꽁베르싸써옹	eloquência 엘로꿰씨아	POR
autenticación 아우뗀띠까씨온	diplomacia 디쁠로마시아	elocuencia 엘로꿴시아	ESP
notaio 노타이오	arte di conversazione 아르떼 디 콘베르사지오네	eloquenza 엘로꿴자	ITA
συμβολαιογραφική πράξη 심볼레오그라피끼 프락시	η τέχνη του δημόσιου λόγου 이 떼흐니 뚜 시모시오 로구	ευγλωττία 에브롤로띠아	GRE
publica confirmatio 푸브리카 콘피르마티오	ars colloquii 아르스 콜로뀌	eloquentiae 엘로꿴치아에	LAT
нотариальная заверка 노따리알나야 자볘르까	умение разговора 우몌니예 라즈가보라	красноречие 크라스나례치예	RUS
公证 / gōngzhèng 꿍쩡	口才 / kǒucái 커우차이	辩才 / biàncái 삐엔차이	CHN
こうしょう / 公証 코-쇼-	わじゅつ / 話術 와주추	たつべん / 達弁 타추벤	JPN

기호품	답례	상품권	KOR
preference 프레퍼런스	return courtesy 리턴 컬테시	gift certificate 기프트 서티피켓	ENG
préféré 프레페레	réponse à salut 레뽕스 아 쌀뤼	chèque cadeau 쉐끄 꺄도	FRA
Favorit 파보리트	Gegengeschenk 게겐게셍크	Gutschein 굿샤인	GER
alimento favorito 알리멘뚜 파보리뚜	retorno de cortesia 헤또르누 지 꼬르떼지아	vale presente 발리 쁘레젱찌	POR
comida preferida 꼬미다 쁘레페리다	devolución del favor 데볼루씨온 델 파보르	vale 발레	ESP
preferito 쁘레페리또	contraccàbio 콘트라까비오	biglietto di scambio 빌리에또 디 스깜비오	ITA
προτίμηση 쁘로띠미시	ανταπόδοση ευγένειας 안다뽀도시 에브게니아스	καρτέλα δώρου 까르뗄라 도루	GRE
cara, bona 카라, 보나	retributio, recipraca talio 레트리부티오, 레키프라카 탈리오	confirmatio gratiae 콘피르마티오	LAT
фаворит 파바릿	обратная любезность 아브랏트나야 류볘즈너스츠	подарочный сертификат 빠다러취느이 쎼르찌피캇	RUS
嗜好品 / shìhàopǐn 스하오핀	答礼 / dálǐ 다리	礼券 / lǐquàn 리츄엔	CHN
しこうひん / 嗜好品 시코-힌	へんれい / 返礼 헨레-	しょうひんけん / 商品券 쇼-힌켄	JPN

한	성공	악수	융화, 화합	건배, 축배
영	success 썩세스	handshake 핸드쉐이크	concord *2 콩코드	toast 토우스트
프	succès 썩쎄	poignée de main 쁘와녜 드 맹	concorde 꽁꼬로드	toast 또스뜨
독	Erfolg 에어폴크	Händeschütteln 핸데쉬텔른	Harmonie, Eintracht 하모니, 아인트라흐트	Trinkspruch, Prost 트링크슈프루흐, 프로스트
포	sucesso 쑤쎄쑤	aperto de mão 아뻬르뚜 지 머웅	harmonia 아르모니아	brinde 브링지
스	éxito 엑씨또	estrechamanos *1 에스뜨레차마노스	armonía 아르모니아	brindis 브린디스
이	successo 수체쏘	stretta di mano 스프렛따 디 마노	concordia 꼰꼬르디아	brindisi 브린디시
그	επιτυχία 에삐띠히아	χειραψία 히랍시아	ομόνοια 오모니아	πρόποση 쁘로뽀시
라	successus 숙켓수스	tactio manu 탁티오 마누	concordia 콘코르디아	propinatio 프로피나티오
러	успех 우스뻬흐	рукопожатие 루까빠좌찌예	созвучие 사즈부취예	тост 또스뜨
중	成功 / chénggōng 청꿍	握手 / wòshǒu 워셔우	和合 / héhé 허허	干杯 / gānbēi 깐뻬이
일	せいこう / 成功 세-코-	あくしゅ / 握手 아쿠슈	ゆうわ / 融和, わごう / 和合 유-와, 와고-	かんぱい / 乾杯 *3 칸파이

동의어: *1 apretón de manos 아프레똔 데 마노스, *2 harmony 하모니, *3 しゅくはい / 祝杯 슈쿠하이

한	보수(報酬)	급여	조직, 기구	단체
영	pay *1 페이	salary 샐러리	organization 오거니제이션	group 그룹
프	rémunération 레뮈네라씨옹	salaire 쌀레르	organisation 오르가니자씨옹	groupe 그룹쁘
독	Belohnung 벨로눙	Gehälter 게핼터	Organisation 오르가니자치온	Gruppe 그루페
포	remuneração 헤무네라써웅	salário 쌀라리우	organização 오르가니자써웅	grupo 그루뿌
스	recompensa 레꼼뻰사	salario 살라리오	organización 오르가니사씨온	grupo 그루뽀
이	ricompensa 리꼼뻰사	pagamento 파가멘토	organizzazione 오르가닛짜찌오네	gruppo 그룹뽀
그	αμοιβή 아미비	μισθός 밋쏘스	οργανισμός 오르가니즈모스	ομάδα 오마다
라	remunerationem 리무네라티오넴	salárium 살라리움	temperatio 템페라티오	turma 투르마
러	зарплата 자르플라따	зарпла́та 자르플라따	организация 아르가니자찌야	группа 그루빠
중	报酬 / bàochou 바오초우	薪酬 / xīnchóu 신초우	组织 / zǔzhī 주즈	团体 / tuántǐ 투안티
일	ほうしゅう / 報酬 호-슈-	きゅうよ / 給与 규-요	そしき / 組織, きこう / 機構 소시키, 키코-	だんたい / 団体 단타이

동의어: *1 remuneration 리뮤너레이션

지도자, 리더	리더십	승인	찬성	합의	KOR
leader 리더	leadership 리더쉽	approval 어프루벌	agree 어그리	agreement 어그리먼트	ENG
leader 리데르	leadership 리데르쉽	approbation 아프로바씨옹	agrément 아그레망	accord 아꼬르	FRA
Führer 퓌러	Führungskraft 퓌룽스크라프트	Anerkennung 안에어켄눙	Zustimmung 추슈티뭉	Einigung 아이니궁	GER
líder 리데르	liderança 리데랑싸	aprovação 아쁘로바써웅	a favor 아 파보르	acordo 아꼬르두	POR
líder 리데르	liderazgo 리데라쓰고	aprobación 아쁘로바씨온	aprobación 아쁘로바씨온	acuerdo 아꾸에르도	ESP
dirigente 디리젠떼	comando 코만도	accettazione 아체따찌오네	approvazione 아쁘로바지오네	accordo 악꼬르도	ITA
ηγέτης 이게띠스	ηγεσία 이게시아	επιδοκιμασία 에삐도끼마시아	επικύρωση 에삐끼로시	συμφωνία 심포니아	GRE
dux 둑스	ductus 두크투스	assensio 앗센시오	assensio 앗센시오	consensio 콘센시오	LAT
лидер 리제르	лидерство 리제르스프버	одобрение 아다브레니예	утверждение 우뜨베르쥬제니예	соглашение 서글라쉐니예	RUS
领导 / lǐngdǎo 링다오	领导才能 / lǐngdǎocáinéng 링다오차이닝	批准 / pīzhǔn 피준	赞成 / zànchéng 짠청	同意 / tóngyì 퉁이	CHN
しどうしゃ/指導者、リーダー 시도-샤, 리-다-	リーダーシップ 리-다-십뿌	しょうにん/承認 쇼-닌	さんせい/賛成 산세-	ごうい/合意 고-이	JPN

토론, 토의	만장일치	다수결	KOR
discussion [1] 디스커션	consensus 컨센서스	majority decision 메조리티 디시젼	ENG
débat 데바	consensus 꽁성쒸	décision par vote majoritaire 데씨지옹 빠르 보뜨 마조리떼르	FRA
Diskussion 디스쿠시온	Übereinstimmung 위버라인슈티뭉	Mehrheitsbeschuluß 메어하이츠베슐루스	GER
discussão 지스꾸써웅	unanimidade 우나니미다지	decisão por maioria 데씨저웅 뽀르 마이오리아	POR
debate 데바떼	consenso 꼰센소	decisión por mayoría 데씨시온 뽀르 마요리아	ESP
discussione 디스쿠씨오네	consenso 꼰쎈소	decisione a maggioranza 데치지오네 아 마죠란자	ITA
συζήτηση 시지띠시	ομοφωνία 오모포니아	απόφαση πλειοψηφίας 아뽀파시 쁠리옵시피아스	GRE
disceptatio 디스켑타티오	consensus 콘센수스	sententia majore numero suffragio 센텐티아 마조레 누메로 수프라지오	LAT
обсуждение, дискуссия 압수쥬제니예, 지스꾸찌야	единодушие 예지나두쉬예	принцип большинства 쁘린찝 볼쉰스쁘바	RUS
讨论 / tǎolùn 타오룬	全场一致 / quánchǎng yízhì 츄엔창이즈	多数决定 / duōshù juédìng 뚜오수주에띵	CHN
とうろん/討論、とうぎ/討議 토-론, 토-기	まんじょういっち/満場一致 만죠-잇찌	たすうけつ/多数決 타수-케추	JPN

동의어: [1] debate 디베잇

한	지지	협력, 협조	제휴	참가
영	support 서포트	cooperation 코아퍼레이션	alliance *3 어라이언스	participation 파티시페이션
프	soutien 쑤띠엥	coopération 꼬오뻬라씨옹	alliance 알리앙스	participation 빠르띠시빠씨옹
독	Unterstützung 운터슈튀충	Kooperation *1 코오퍼라치온	Kooperation 코오퍼라치온	Teilnahme 타일나메
포	apoio 아뽀이우	cooperação 꼬오뻬라써옹	associação 아쏘씨아써옹	participação 빠르찌씨빠써옹
스	apoyo 아뽀요	colaboración 꼴라보라씨온	asociación 아소시아씨온	participación 빠르띠씨빠씨온
이	appoggio 아뽀쬬	cooperazione 꼬오뻬라찌오네	associazione 앗쏘치아찌오네	partecipazione 빠르떼찌빠찌오네
그	υποστήριξη 이쁘스띠릭시	συνεργασία 시네르가시아	συνεταιρισμός 시네떼리즈모스	συμμετοχή 심메또히
라	subsidium 숩시디움	auxilium 아욱실리움	communio 콤무니오	participatio 빠르치키파티오
러	поддержка 빳졔르쥐까	сотрудничество 쌋뜨루드니췌스쁘버	союз 싸유즈	участие 우촤스찌예
중	支持 / zhīchí 즈츠	合作 / hézuò 허쭈오	携手 / xiéshǒu 시에셔우	参加 / cānjiā 찬지아
일	しじ / 支持 시지	きょうりょく / 協力 *2 쿄-료쿠	ていけい / 提携 테-케-	さんか / 参加 산카

동의어: *1 Mitwirkung 밋비르쿵, *2 きょうちょう / 協調 쿄-쵸-, *3 tie-up 타이 업

한	단결, 연대	조사 1	조사 2	기획
영	solidarity 솔리대러티	investigation 인베스티게이션	inquiry *4 인쿠아이어리	planning 플레닝
프	solidarité 쏠리다리떼	enquête 엉께뜨	enquête 엉께뜨	plan 쁠렁
독	Solidarität 졸리다리테트	Umfrage 움프라게	Untersuchung 운터주훙	Projekt 프로옉트
포	solidariedade 쏠리다리에다지	investigação 잉베스찌가써옹	pesquisa 뻬스끼자	planejamento 쁠라네쟈멩뚜
스	solidaridad 쏠리다리닷	investigación 인베스띠가씨온	investigación 인베스띠가씨온	plan 쁠란
이	solidarietà 쏠리다리에따	investigazione 인베스티가지오네	indagine 인다지네	progettazione 프로제따지오네
그	αλληλεγγύη *1 알릴렝기이	εξέταση *3 엑세따시	έρευνα 에레브나	προγραμματισμός 프로그람마띠즈모스
라	sodalitas 소달리타스	investigatio 인베스티가티오	inspectio 인스펙티오	consilium 콘실리움
러	солидарность 쏠리다르너스츠	расследование 라슬레더바니예	исследование 이슬레더바니예	планирование 쁠라니러바니예
중	团结 / tuánjié 투안지에	调查 / diàochá 띠아오차	调查 / diàochá 띠아오차	规划 / guīhuà 꿰이화
일	だんけつ / 団結 *2 단케추	ちょうさ / 調査 쵸-사	ちょうさ / 調査 쵸-사	きかく / 企画 키카쿠

동의어: *1 σύνδρομος 신드로모스, *2 れんたい / 連帯 렌타이, *3 διερεύνηση 디에레브니스, *4 survey 써베이

294

계획	제안	발표	설명	회의	KOR
plan 플렌	proposal 프로포즐	presentation 프레젠테이션	explanation 익스플레네이션	meeting 미팅	ENG
plan 쁠렁	proposition 프로뽀지씨옹	présentation 프레정따씨옹	explication 엑스쁠리꺄씨옹	réunion 레위니옹	FRA
Plan 플란	Vorschlag 포어슐락	Präsentation 프래젠타치온	Erklärung 에어클래룽	Konferenz *2 콘페렌츠	GER
plano 쁠라누	proposta 쁘로뽀스따	apresentação 아쁘레젱따써옹	explicação 이스쁠리꺄써옹	reunião 헤우니어옹	POR
proyecto 쁘로옉또	propuesta 쁘로뿌에스따	presentación 쁘레젠따씨온	explicación 엑스쁠리까씨온	reunión 레우니온	ESP
programma 프로그람마	proposta 프로포스타	presentazione 프레젠따지오네	spiegazione 스피에가지오네	conferenza 콘페렌자	ITA
σχέδιο 스헤디오	πρόταση 쁘로따시	παρουσίαση 파루시아시	εξήγηση 엑시기시	σύνοδος *3 시노도스	GRE
descriptio 데스크립티오	propositum 프로포시툼	declaratio *1 데크라라티오	explicatio 엑스쁠리카티오	conloquium 콘로키움	LAT
план 쁠란	предложение 쁘리들라줴니예	представление 쁘리들라줴니예	объяснение 아비야스녜니예	собрание 싸브라니예	RUS
计划 / jìhuà 지화	建议 / jiànyì 지엔이	发表 / fābiǎo 파비아오	说明 / shuōmíng 수오밍	会议 / huìyì 훼이이	CHN
けいかく / 計画 케-카쿠	ていあん / 提案 테-안	はっぴょう / 発表 합뾰-	せつめい / 説明 세추메-	かいぎ / 会議 카이기	JPN

동의어: *1 manifesto 미니페스토, *2 Sitzung 지충, *3 συνάντηση 시난디시

컨설팅	결정, 판단	선택	결론	반론	KOR
consulting 컨설팅	decision *1 디씨전	choice 쵸이스	conclusion 콘크루션	counterargument *5 카운터아규먼트	ENG
consultation 꽁쓸따씨옹	décision *2 데씨지옹	choix 슈와	conclusion 꽁끌리지옹	contre 꽁트르	FRA
Beratung 베라퉁	Entscheidung 엔트샤이둥	Wahl 발	Schluß 슐루스	Widerspruch 비더슈프루흐	GER
consulta 꽁쑤우따	decisão *3 데씨저옹	escolha 이스꼴야	conclusão 꽁끌루저옹	contra-argumento 꽁프라-아르구멩뚜	POR
consulta 꼰술따	decisión 데씨시온	elección 일렉씨온	conclusión 꼰끌루시온	objeción 옵헤씨온	ESP
consulente 콘술렌떼	decisione 데치지오네	scelta 셸타	conclusione 콘클루지오네	obiezione 오비에지오네	ITA
συμβουλευτική 심불레브띠끼	απόφαση 아뽀파시	επιλογή 에삐로기	συμπέρασμα 심베라즈마	αντεπιχείρημα 안데삐히리마	GRE
consilium 콘실리움	diiudicatio 디유디카티오	dilectus 딜렉투스	conclusio 콘클루시오	contradictio 콘트라딕티오	LAT
консультация 깐술따찌야	решение 레쉐니예	выбор 븨버르	вывод 븨벗	контраргумент 꼰뚜르아르구몐트	RUS
咨询 / zīxún 즈쉰	决定 / juédìng 쥬에띵	选择 / xuǎnzé 슈엔저	决定 / juédìng 쥬에띵	批驳 / pībó 피보	CHN
コンサルティング 콘사루틴구	けってい / 決定 *4 켓떼-	せんたく / 選択 센타쿠	けつろん / 結論 케추론	はんろん / 反論 한론	JPN

동의어: *1 judgment 저지먼트, *2 jugement 쥐쥬망, *3 julgamento 줄가멩뚜, *4 はんだん / 判断 한단, *5 objection 오브젝션

한	투자가	통지	상사	동료
영	investor 인베스터	notice 노티스	boss 보스	colleague 컬리그
프	investisseur 엥베스띠쐬르	avis, notification 아비, 노티피까씨옹	supérieur 쒸뻬리외르	collègue 꼴레그
독	Investor 인베스토아	Ankündigung *1 안퀸디궁	Chef, Vorgesetzte 쉐프, 포어게제츠테	Kollege 콜레게
포	investidor 잉베스찌도르	notificação 노찌피까써웅	superior 쑤뻬리오르	colega 꼴레가
스	inversor 인베르소르	aviso 아비소	jefe 헤페	colega 꼴레가
이	investitore 인베스티토레	annuncio 안눈쵸	superiore 수페리오레	collega 꼴레가
그	επενδυτής 에뻰디띠스	σημείωμα 시미오마	ανώτερος 아노떼로스	συνάδελφος 시나델포스
라	fenerator 페네라토르	proscriptio 프로스크립티오	superior 수페리오르	collega 콜레가
러	инвестор 인베스떠르	заметка 자몓트까	предприниматель 쁘릿쁘리니마쩰	коллега 깔레가
중	投资家 /tóuzījiā 터우즈지아	通知 /tōngzhī 퉁즈	上司 /shàngsi 샹스	同事 /tóngshì 퉁스
일	とうし /投資家 토-시카	つうち /通知 추-치	じょうし /上司 죠-시	どうりょう /同僚 도-료-

동의어: *1 Bemerkung 베메어쿵

한	동지	파트너	사업파트너	후원자
영	companion 컴패니언	partner 파트너	associate 어소시에이트	supporter 써포터
프	collègue 꼴레그	partenaire 빠르네르	associé 아쏘씨에	supporter 쒸포르테
독	Mitarbeiter 밋아르바이터	Partner 파트너	Geschäftspartner 게쉐프츠파트너	Unterstützer 운터슈티처
포	camarada 까마라다	par, parceiro 빠르, 빠르쎄이루	sócio 쏘씨우	patrocinador 빠뜨로씨나도르
스	compañero 꼼빠녜로	pareja, asociado 빠레하, 아소씨아도	socio 소씨오	patrocinador 빠뜨로씨나도르
이	compagno 꼼빠뇨	partner 파트너	compagno di lavoro 꼼빠뇨 디 라보로	sostenitore 소스테니토레
그	σύντροφος 신드로포스	παρέα, συνεταίρος 빠레아, 신네떼로스	συνεργάτης, εταίρος 시네르가띠스, 에떼로스	υποστηρικτής 이뽀스띠릭띠스
라	sodalis 소달리스	par, saltatrix 빠르, 살타트릭스	operis socius 오페리스 소키우스	patronus 파트로누스
러	компаньон 껌빠니온	партнёр 빠르트뇨르	бизнес партнёр 비즈녜스 빠르뜨뇨르	сторонник 스따론닉
중	同志 /tóngzhì 퉁즈	伙伴 /huǒbàn 후오빤	合作伙伴 /hézuòhuǒbàn 허쭈오 후오빤	后援者 /hòuyuánzhě 허우위엔저
일	どうし /同志 도-시	パートナー 파-토나-	じぎょうパートナー /事業パートナー 지교-파-토나-	こうえんしゃ /後援者 코-엔샤

전문직	특수직	생업	일벌	KOR
professional 프로페셔널	specialist 스페셜리스트	occupation 어큐페이션	worker bee 워커 비	ENG
profession 프로페씨옹	poste spéciale 뽀스프 스뻬씨알	occupation 오뀨빠씨옹	abeille travailleuse 아베이으 트라바이외즈	FRA
Fachberuf 화흐베루프	Spezialberuf 슈페치알베루프	Gewerbe 게베르베	Arbeitsbiene 아르바이츠비네	GER
profissão 쁘로피써웅	profissão especial 쁘로피써웅 이스뻬씨아우	ocupação 오꾸빠써웅	abelha operária 아벨야 오뻬라리아	POR
profesión 쁘로페시온	especialista 에스뻬씨알리스따	ocupación 오꾸빠씨온	trabajador, obrero 프라바하도르, 오브레로	ESP
professione 쁘로펫씨오네	lavoro speciale 라보로 스페찰레	mestiere 메스띠에레	sgobbone 즈곱보네	ITA
επαγγελματίας 에빵겔마띠아스	ειδικός 이디꼬스	απασχόληση 아빠스홀리시	εργάτρια μέλισσα 에르가트리아 멜리사	GRE
professio 프로펫시오	specialis orepatio 스페키알리스 오페라티오	quaestus 쿠애스투스	apis mellificans 아피스 멜리피칸스	LAT
профессионал 쁘라페씨아날	специалист 스뻬찌알리스트	профессия 쁘라페씨야	рабочая пчёлка 라보촤야 프쬴까	RUS
专业性职业 / zhuānyèxingzhíyè 쥬안예씽즈예	专家 / zhuānjiā 쫜지아	生业 / shēngyè 성예	工蜂 / gōngfēng 꿍펑	CHN
せんもんしょく / 専門職 센몬쇼쿠	とくしゅしょく / 特殊職 토쿠슈쇼쿠	かぎょう / 稼業 카교-	はたらきばち / 働き蜂 하타라키바치	JPN

경력	천직	직업	장사, 사업	KOR
career 커리어	vocation 보케이션	job 잡	business 비지니스	ENG
carrière 까리에르	vocation 보까씨옹	travail 트라바이으	affaire 아페르	FRA
Berufserfahrung [*1] 베루프스에어화룽	Berufung 베루풍	Job, Beruf 좝, 베루프	Geschäft 게셰프트	GER
carreira 까헤이라	vocação 보까써웅	emprego 잉쁘레구	negócio 네고씨우	POR
carrera 까레라	vocación 보까씨온	empleo 엠쁠레오	negocio 네고씨오	ESP
carriera 까리에라	vacazione 보까찌오네	lavoro 라보로	affari 압파리	ITA
σταδιοδρομία 스파디오드로미아	επάγγελμα _ 에빵겔마	δουλειά_ 둘리아	επιχείρηση 에삐히리시	GRE
cursus stadii 쿠르수스 스타디이이	proffesio 프로페시오	opus, servitus 오푸스, 세르비투스	negotium 네고티움	LAT
карьера 까리예라	работа по призванию 라보따 빠 쁘리즈바니유	работа 라보따	бизнес 비즈네스	RUS
经历 / jīnglì 찡리	天职 / tiānzhí 티엔즈	职业 / zhíyè 즈예	事业 / shìyè 스예	CHN
けいれき / 経歴 케-레키	てんしょく / 天職 텐쇼쿠	しょくぎょう / 職業 쇼쿠교-	しょうばい / 商売 [*2] 쇼-바이	JPN

동의어: [*1] Karriere 카리레, [*2] じぎょう / 事業 지교-

한	일	노동	직무	직책, 의무
영	work 워크	labor 레이버	duty 듀티	task 태스크
프	travail 트라바이으	labeur 라뵈르	devoir 드부와르	tâche 따슈
독	Arbeit 아르바이트	Arbeit 아르바이트	Aufgabe 아우프가베	Stelle, Aufgabe 슈텔레, 아우프가베
포	trabalho 트라발유	labor 라보르	ofício 오피씨우	cargo 까르구
스	trabajo 트라바호	labor 라보르	función 푼씨온	cargo 까르고
이	lavoro 라보로	lavoro 라보로	occupazione 오꾸파지오네	obbligo 오쁠리고
그	δουλειά 둘리아	εγρασία 에르가시아	καθήκον 까씨꼰	δουλειά 둘리아
라	opus, opera 옵푸스, 오페라	labor 라보르	munus 무누스	officium, pensum 옵피키움
러	работа 라보따	труд 뜨루드	служба 슬루쥬바	задание 자다니예
중	工作 / gōngzuò 꿍주오	劳动 / láodòng 라오뚱	职务 / zhíwù 즈우	职责 / zhízé 즈저
일	しごと / 仕事 시고토	ろうどう / 労働 로-도-	しょくむ / 職務 쇼쿠무	しょくせき / 職責、ぎむ / 義務 쇼쿠세키, 기무

한	천재	인재	임시직	백수, 실업자
영	genius 지니어스	talented person *1 탈랜티드 퍼슨	part-time job 파트타임 잡	jobless 자브리스
프	génie 제니	(homme de)talent (옴므 드)딸랑	travail à temps partiel 트라바이으 아떵 빠르씨엘	chômeur *2 쇼꽤르
독	Genie 제니	Begabte 베갑테	Teilzeitarbeit 타일차이트아르바이트	Arbeitslose 아르바이츠로제
포	gênio 줴니우	homem talentoso 오멩 딸렝또주	trabalho temporário 트라발유 뗑뽀라리우	desempregado 데젱쁘레가두
스	genio 헤니오	hombre 옴브레	trabajo a tiempo parcial 트라바호 아 띠엠뽀 빠르씨알	desempleado 데셈쁠레아도
이	genio 제니오	talento 탈렌토	lavoro laterale 라보로 라테랄레	disoccupato 디스오꾸파토
그	ιδιοφυία 이디오피이아	ταλέντο 딸렌도	ημιαπασχόληση 이미아빠스홀리시	άνεργος 아네르고스
라	génius 제니우스	sufficiens homo 수피키엔스 호모	semidistentum opus 세미디스텐툼 오푸스	sine opera 시네 오페라
러	гений 게니이	способный человек 스빠소브늬이 칠라볙	неполная занятость 니뽈나야 자냐떠스츠	безработный 베즈라봇트늬이
중	天才 / tiāncái 티엔차이	人才 / réncái 런차이	打工 / dǎgōng 다꿍	无职业者 / wúzhíyèzhě 우즈예저
일	てんさい / 天才 텐사이	じんざい / 人才 진자이	アルバイト 아루바이토	プーたろう / プー太郎 푸-타로-

동의어: *1 capable person 케이퍼블 퍼슨, 참고: *2 sans-le-sou 썽르쑤(빈털터리, 가난뱅이)

298

주지사	시장	외교관	대사	KOR
governor 거버너	mayor 메이어	diplomat 디플로멧	ambassador 앰바서더	ENG
gouverneur 구베르뇌르	maire 메르	diplomate 디쁠로맛뜨	ambassadeur 엉바싸되르	FRA
Gouverneur *1 구베르뇌르	Bürgermeister 뷔르거마이스터	diplomat 디플로마트	Botschafter 보트샤프터	GER
governador 고베르나도르	prefeito 쁘레페이뚜	diplomata 지쁠로마따	embaixador 잉바이샤도르	POR
gobernador 고베르나도르	alcalde 알깔데	diplomático 디쁠로미띠고	embajador 엠바하도르	ESP
prefetto 쁘레펫또	sindaco 씬다꼬	diplomatico 디쁠로미띠고	ambasciatore 암바샤또레	ITA
διοικητής *2 디이끼띠스	δήμαρχος 디마르호스	διπλωμάτης 디쁠로마띠스	πρέσβης 프레즈비스	GRE
proconsul 프로콘술	magister civium 마기스테르 키비움	legatus, orator 레가투스, 오라토르	legatus 레가투스	LAT
губернатор 구베르나떠르	мэр 매르	дипломат 지쁠로맛	посол 빠쏠	RUS
州知事 / zhōuzhīshì 쩌우쯔스	市长 / shìzhǎng 스장	外交官 / wàijiāoguān 와이지아오관	大事 / dàshì 따스	CHN
しゅうちじ / 州知事 슈-치지	しちょう / 市長 시쵸-	がいこうかん / 外交官 가이코-칸	たいし / 大使 타이시	JPN

동의어: *1 Landeshauptmann 란데스하우프트만, *2 κυβερνήτης 끼베르니띠스

보좌관	의사	간호사	수의사	KOR
assistant 어씨스턴트	doctor 닥터	nurse 너스	veterinarian(vet) 베터리네리안(벳)	ENG
aide 에드	médecin 메드쌩	infirmière 엥피르미에르	vétérinaire 베떼리네르	FRA
Assistent 아시스턴트	Arzt 아츠트	Krankenschwester 크랑켄슈베스터	Tierarzt 티어아츠트	GER
acessor 아쩨쏘르	médico 메지꾸	enfermeiro 잉페르메이루	veterinário 베떼리나리우	POR
ayudante 아유단떼	médico 메디꼬	enfermera 엔페르메라	veterinario 베떼리나리오	ESP
sottosegretàrio 소또세그레타리오	mdedico 메디꼬	infermiera 인페르미에라	veterinario 베떼리나리오	ITA
βοηθός 보이쏘스	ιατρός 이아트로스	νοσοκόμος 노소꼬모스	κτηνίατρος 끄띠니아트로스	GRE
auxiliator(dignus) 아우실리아토르(디그누스)	medicus 메디쿠스	aegrorum ministra 아에그로룸 미니스트라	veterinarius 베테리나리우스	LAT
помощник 빠모슈닉	врач 브라취	медсестра 몟씨스프라	ветеринар 볘쩨리나르	RUS
佐理人 / zuǒlǐrén 주오리런	医生 / yīshēng 이셩	护士 / hùshi 후스	兽医 / shòuyī 셔우이	CHN
ほさかん / 補佐官 호사칸	いし / 医師 이시	かんごふ / 看護婦 칸고후	じゅうい / 獣医 쥬-이	JPN

한	약사	회계사	보석상	호텔리어
영	pharmacist 파마시스트	accountant 어카운턴트	jeweler 쥬우러	hotelier 호텔리어
프	pharmacien 파르마씨엥	comptable 꽁따블르	bijouterie 비쥬프리	hôtelier 오뜰리에
독	Apotheker 아포테커	Wirtschaftsprüfer 비르트샤프츠프뤼퍼	Juwelier 유벨리어	Hotelier 호텔리어
포	farmacêutico 파르마쎄우찌꾸	contador 꽁따도르	joalheiro 죠알예이루	hoteleiro 오뗄레이루
스	farmacéutico 파르마쎄우띠꼬	contable, tesorero 꼰따블레, 테소레로	joyero 호예로	hotelero 오뗄레로
이	farmacista 파르마치스타	contabile 콘따빌레	orefice 오레피체	albergatore 알베르가토레
그	φαρμακοποιός 파르마꼬피오스	λογιστής 로기스띠스	κοσμηματοπώλης 꼬즈미마또뽈리스	ξενοδόχος 윽세노도호스
라	pharmacopola 파르마코폴라	ratiocinator 라티오키나토르	gemmarius 젬마리우스	operarius deversorii 오페라리우스 데베르소리이
러	фармацевт 파르마쩨프트	бухгалтер 부갈쩨르	ювелир 유벨리르	хозяин гостиницы 하쟈인 가스찌니찍
중	药师 / yàoshī 야오스	会计师 / kuàijìshī 콰이지스	红货行 / hónghuòxíng 훙후오싱	旅馆经营者 / lǚguǎnjīngyíngzhě 뤼관징잉저
일	やくざいし / 薬剤師 야쿠자이시	かいけいし / 会計士 카이케-시	ほうせきしょう / 宝石商 호-세키쇼-	ホテリアー 호테리아-

한	(병아리)감별사	마술사	바둑기사	컨설턴트
영	chicken sexer 치킨 섹서	magician 메지시안	Go player 고 플레이어	consultant 컨설턴트
프	trieur 트리외르	magicien 마쥐씨엥	joueur de baduk 주외르 드 바둑	consultant 꽁쉴떵
독	Sachverständige 자흐페어슈탠디게	Zauberer 차우버러	Go-Spieler [1] 고슈필러	Berater 베라터
포	sexador de aves 쎅싸도르 지 아비스	mágico 마쥐꾸	jogador de go 죠가도르 지 고	consultor 꽁쑤우또르
스	sexador 섹사도르	mago 마고	jugador de baduk 후가돌 데 바둑	consultor 꼰술또르
이	sexer pollo 섹세르 폴로	mago 마고	giocatore del baduk 죠카토레 델 바둑	consulenza 콘술렌자
그	υπεύθυνος διάκρισης φύλου 이뻬브시노스 디아크리시스 필루	μάγος 마고스	παίχτης του Μπαδουκ 빼흐띠스 뚜 바둑	σύμβουλος 심불로스
라	judex sexi pullorum 유덱스 섹시 풀로룸	magus 마구스	lusor baduci 루소르 바두키	consiliarius 콘실리아리우스
러	дегустатор(курицы) 지구스따떠르(꾸리찔)	фокусник 포꾸스닉	игрок в бадук 이그록 브 바둑	консультант 껸술딴트
중	鉴定师 / jiàndìngshī 지엔띵스	魔术演员 / móshùyǎnyuán 모수앤위엔	棋师 / qíshī 치스	咨询者 zīxúnzhě 쯔쉰저
일	かんべつし / 鑑別士 칸베추시	てじなし / 手品師 테지나시	きし / 棋士 키시	コンサルタント 콘사루탄토

동의어: [1] Baduk-Spieleri 바둑 슈필러

장인	통역사	영화감독	게이머	KOR
craftsman 크래프츠맨	interpreter 인터프리터	(movie)film director (무비)필름 디렉터	gamer 게이머	ENG
artisan 아르띠쟝	interprète 엥떼르프렛드	directeur 디렉뙤르	joueur 주외르	FRA
Handwerker, Meister 한트베르커, 마이스터	Dolmetscher 돌메쳐	Regisseur 레기쇠르	Profi_Gamer 프로피 게이머	GER
artesão 아르떼저웅	intérprete 잉떼르쁘레찌	diretor de filme 지레또르 지 피우미	jogador 죠가도르	POR
artesano 아르떼사노	intérprete 인떼르쁘레떼	director de cine 디렉또르 데 씨네	jugador 후가돌	ESP
artigiano 아르띠쟈노	interprete 인테르프레떼	direttore di film 디레또레 디 필므	giocatore di game 죠까토레 디 게임	ITA
τεχνίτης 떼흐니띠스	διερμηνέας 디에르미네아스	σκηνοθέτης 스끼노쩨띠스	παίχτης 빽띠스	GRE
opifex 오피펙스	interpres 인터프레스	fabricator taeniae 파브리카토르 타이니애	lusor 루소르	LAT
ремесленник 례몌슬리닉	переводчик 뻬례봇췩	кинорежиссёр 끼노레쥐쑈르	игрок 이그록	RUS
名匠 / míngjiàng 밍지앙	翻译 / fānyi 판이	电影导演 / diànyǐngdǎoyǎn 띠엔잉다오얜	继斗士 / jìdòushì 지떠우스	CHN
しょくにん / 職人 쇼쿠닌	つうやくしゃ / 通訳者 추-야쿠샤	えいがかんとく / 映画監督 에-가칸토쿠	ゲーマー 게-마-	JPN

바텐더	소믈리에	작가	비평가	KOR
bartender 바텐더	sommelier 써믈리에	writer 라이터	critic 크리틱	ENG
barman 바르만	sommelier 소믈리에	écrivain 에크리벵	critique 크리띠끄	FRA
Barkeeper *1 바아키퍼	Sommelier 조믈리어	Schriftsteller 슈리프트슈텔러	Kritiker 크리티커	GER
garçom de bar 가르쏭 지 바르	sommelier de vinhos 쏘믈리에르 지 빙유스	escritor 이스끄리또르	crítico 끄리찌꾸	POR
camarrero 까마레로	catador de vinos 까따도르 데 비노스	escritor 에스끄리또르	crítico 끄리띠꼬	ESP
barista 바리스타	sommelier 솜멜리에르	scrittore 스크릿또레	critico 끄리띠꼬	ITA
μπάρμαν 바르만	ειδικός κρασιού *2 이디꼬스 크라시우	συγγραφέας 싱그라페아스	κριτικός, κριτής 크리띠꼬스, 크리띠스	GRE
tabernae potoriae minister 타베르내 포토리애 미니스테르	peritus vini *3 페리투스 비니	scriptor 스크립토르	criticus 크리티쿠스	LAT
бармен 바르맨	сомелье 쏘멜리예	писатель 삐싸쪨	критик 크리찍	RUS
吧台 / bātái 빠타이	侍酒师 / shìjiǔshī 스지우스	作家 / zuòjiā 쭈오지아	批评家 / pīpíngjiā 피펑지아	CHN
バーテンダー 바-텐다-	ソムリエ 소무리에	さっか / 作家 삭까	ひひょうか / 批評家 히효-카	JPN

동의어: *1 Barmixer 바믹서, *2 σομελιέ 소메리에, *3 expertus vini 엑스페르투스 비니

한	칼럼리스트	테라피스트	플로리스트	숍마스터
영	columnist 칼럼니스트	therapist 떼라피스트	florist 플로리스트	shop master 숍 마스터
프	chroniqueur 크로니꿰르	thérapeute 떼라쁫뜨	fleuriste 플뢰리스프	maître de magasin 메트르 드 마가젱
독	Kolumnist 콜룸니스트	Therapeut 테라포이트	Florist 플로리스트	Shopmaster 숍마스터
포	colunista 꼴루니스따	terapeuta 떼라뻬우따	floricultor 플로리꾸우또르	gerente de loja 줴렝찌 지 로쟈
스	columnista 꼴룸니스따	terapeuta 떼라뻬우따	flofista 플로리스따	dueño 두에뇨
이	colonnista 콜론니스타	terapista 테라피스타	fiorista 피오리스타	padrone del negozio 파드로네 델 네고지오
그	αρθρογράφος 알쓰로그라포스	θεραπευτής 쎄라뻬브띠스	ανθοκόμος 안쏘꼬모스	υπεύθυνος καταστήματος 이뻬브시노스 까따스띠마또스
라	scriptor scholiae 스크립토르 스콜리애	sanator 사나토르	flores fogens 프로레스 포겐스	posessor tabernae 포세소르 타베르내
러	журналист 쥬르날리스트	терапевт 때라뻬가트	цветовод 쯔베따봇	магазин Мастер 마가진 마스쪠르
중	专栏作家 / zhuānlánzuòjiā 주완란쭈오지아	治疗师 / zhìliáoshī 즈리아오스	花商 / huāshāng 화샹	销售经理 / xiāoshòujīnglǐ 샤오쇼우징리
일	コラムニスト 코라무니수토	セラピスト 세라피수토	フロリスト 후로리수토	ショップマスター 숍뿌마수타-

한	상담심리사	자동차수리기사	환경전문가
영	counseling psychologist 카운셸링 사이콜러지스트	auto mechanic 오토 매카닉	environmental expert 인바이론멀털 엑스퍼트
프	psycologiste de consultation 쀠씨꼴로쥐스프 드 꽁쎌따씨옹	méchanicien chargé 메까니씨엥 샤르제	spécialiste de l'environnement 스페씨알리스뜨 드 렁비론느멍
독	Phsychotherapeut 프쥐호테라포이트	Automechaniker 아우토메하니커	Umweltmanager 움벨트매니저
포	consultor psicológico 꽁쑤우또르 삐씨꼴로쥐꾸	mecânico 메카니꾸	especialista em meio ambiente 이스뻬씨알리스따 잉 메이우 앙비엥찌
스	psicólogo 시꼴로고	mecánico 메카니꼬	experto en medio ambiente 엑스뻬르또 엔 메디오 암비엔떼
이	azienda psicologica di consultazione 아지엔다 프시콜로지카 디 콘술타지오네	meccanico 메까니코	esperto ambientale 에스페르토 암비엔탈레
그	σύμβουλος ψυχολόγος 심불로스 읍시홀로고스	μηχανικός αυτοκινήτων 미하니꼬스 아브또끼니똔	ειδικός πειβάλλοντος 이디꼬스 뻬리발론도스
라	consiliarias psychologia 콘실리아리아스 프시콜로지아	mechanicus 메카니쿠스	sciens ad circumiectum 스키엔스 아드 시르쿠미엑툼
러	психолог-консультант 프씨홀록-껀쑬딴트	автослесарь 아프또슬레싸르	экологический эксперт 애껄라기취스끼 엑스뻬르트
중	心理咨询师 / xīnlǐzīxúnshī 신리쯔쉰스	修理汽车 / xiūlǐqìchē 시우리치처	环境专家 / huánjìngzhuānjiā 후안징주안지아
일	カウンセラー 카운세라-	じどうしゃせいびぎし / 自動車整備技師 지도-샤세-비기시	かんきょうせんもんか / 環境専門家 칸쿄-센몬카

아바타 디자이너		컬러리스트	코스튬 플레이어	KOR
avatar designer 아바타 디자이너		colorist 컬러리스트	costume player 코스튬 플레이어	ENG
designer de l'avatar [1] 디자이네르 드 라바따		coloriste 꼴로리스뜨	joueur de costume 쥬외르 드 꼬스뜀	FRA
Avatar-Designer 아바타아 디자이너		Farbdesigner 파릅디자이너	Costume Player 코스튬 플레이어	GER
desenhista de avatares 데젱이스따 지 아바따리스		colorista 꼴로리스따	cosplayer 꼬스플레이어	POR
avatares de diseño 아바따리레스 데 디세뇨		colorista 꼴로리스따	caricaturista 까리까뚜리스따	ESP
progettista del avatar 프러제띠스따 델 아바따르		colorista 콜로리스타	giocatore di costume 죠카토레 디 코스투메	ITA
σχεδιαστής τρισδιάστατων γραφικών 스헤디아스쓰피스 뜨리스디아스따뚠 그라피꼰		κολορίστ 꼴로리스뜨	κάνω cosplay 까누 코스플레이	GRE
formator avatarae [2] 포르마토르 아바타래		designator colore 데시그나토르 콜로레	lusor vestitus 루소르 베스티토스	LAT
аватар дизайнер 아바따르 지자이녜르		колорист 껄라리스트	косплей 코스플레이	RUS
化身设计师 / huàshēnshèjìshī 화신셔지스		着色者 / zhuósèzhě 주오쎠저	戏服者 / xìfúzhě 시푸저	CHN
アバターデザイナー 아바타-데자이나-		カラーリスト 카라-리수토	コスチュームプレーヤー 코수츄-무프레-야-	JPN

참고: *1 dessinateur 데씨나뙤르(디자이너), modéliste 모델리스트(의상디자이너), 동의어: *2 fictor avatarae 픽토르 아바타래

베이비시터	실버시터	호스피스	음악치료사	KOR
babysitter 베이비시터	caregiver 케어기버	hospice 호스피스	music therapist 뮤직 테라피스트	ENG
nourrice 누리스	infirmier gériatrique 엥피르미에 제리아트리끄	hospice 오스피스	musicothérapeute 뮤지꼬떼라삣뜨	FRA
Babysitter 베이비시터	Altenpfleger 알텐플레거	Sterbehospiz 슈테르베호스피츠	Musiktherapeut 무직테라포이트	GER
babá 바바	cuidador de idoso 꾸이다도르 지 이도주	casa de repouso 까자 지 헤뽀우주	musicoterapeuta 무지꾸떼라뻬우따	POR
niñera 니녜라	cuidador 꾸이다도르	hospicio 오스피씨오	música terapeuta 무시까 떼라페우따	ESP
balia 발리아	badante 바단떼	ricovero 리코베로	terapista di musica 테라피스타 디 무지카	ITA
νταντά [1] 다다	φροντιστής 프론띠스띠스	κέντρο περίθαλψης 껜드로 뻬리쌀릅시스	μουσικος θεραπευτής [3] 무시꼬스 쩨라삐프띠스	GRE
custos infantium 쿠스토스 인판티움	gerontocomium 케론토코미움	gerontotrophium 제론토트로피움	musicus sanator 무시쿠스 사나토르	LAT
няня 냐냐	сиделка 씨젤까	хоспис 호스피스	музыкальный терапевт 무지깔느이 쩨라뼤프트	RUS
[2]	–	临终关怀 / línzhōngguānhuái 린쭝꽌화이	音乐疗法家 / yīnyuèliáofǎjiā 인위에리아오파지아	CHN
ベビーシッター 베이비-싯따-	シルバーシート 시루바-시-토	ホスピス 호수피수	おんがくセラピスト / 音楽セラピスト 온가쿠세라피수토	JPN

동의어: *1 μπέιμπι-σίτερ 베이비-시떼르, *2 代人照看孩子者 / dàirénzhàokànháizizhě 따이런짜오칸하이즈저
참고:*3 μουσικοθεραπεία 무시꼬쩨라삐아(음악치료)

한	물리치료사	헬스케어 전문가	장기이식 코디네이터
영	physical therapist 피지칼 테라피스트	health care specialist 헬스 케어 스페셜리스트	organ transplant coordinator 올겐 트랜스플랜트 코디네이터
프	physiothérapeute 퓌지오떼라뻿뜨	spécialiste des soins de santé 스뻬씨알리스뜨 데 쑤엥 드 쌍떼	coordonnateur de la transplantation d'organes 꼬오르도나뙤르 드 라 트랑스플랑따씨옹 도르간
독	Physiotherapeut 피지오테라포이트	Gesundheitsmanager, Trainer 게순트하이츠매니저, 트레이너	Plantation-Koordinator 플란타치온 코오디나토어
포	fisioterapeuta 피지우떼라뻬우따	especialista em cuidados de saúde 이스뻬씨알리스따 잉 꾸이다두스 지 싸우지	coordenador de transplante de órgãos 꼬오르데나도르 지 트랑스쁠랑찌 지 오르거웅스
스	terapista 떼라삐스따	entrenador 엔뜨레나도르	coordinador de transplante 꼬올디나도르 데 뜨란스쁠란떼
이	terapista fisica 테라피스타 피지카	esperto di sanità 에스페르토 디 사니타	coordinatore di trapianto dell'organo 코오르디나토레 디 트라피안토 델로르가노
그	φυσικος θεραπευτής *1 피시꼬스 쎄라페프피스	ειδικός ιατροφαρμακευτικής περίθαλψης 이디꼬스 이아프로팔마껩티끼스 뻬리쌀릅시스	συντονιστής μεταμόσχευσης 신도니스피스 메따모스헤브시스
라	physicus sanator 피시쿠스 사나토르	specialista ad sanitatem 스페시알리스타 아드 사니타템	coordinator translationi organi 코르디나토르 트란스라티오니 오르가니
러	физиотерапевт 피지어쩨라뻬쁘트	специалист здравоохранения 스뻬찌알리스트 브즈드라버흐라녜니야	координатор по трансплантации органов 코르지나떠르 뻐 뜨란스쁠란따찌이 오르가너프
중	物理疗法家 / wùlǐliáofǎjiā 우리리아오파지아	保健专家 / bǎojiànzhuānjiā 바오지엔주완지아	–
일	ぶつりりょうほうし / 物理療法士 부추리료-호-시	ヘルスケアせんもんか / ヘルスケア専門家 헤루수케아 센몬카	ぞうきいしょくコーディネーター / 臓器移植コーディネーター 조-키이쇼쿠코-디네-타-

참고: *1 φυσικοθεραπεία 피시꼬쎄라삐아(물리치료)

한	여행상품기획가	인테리어 디자이너	미스터리 샤퍼(복면 조사원)
영	travel planner 트래블 플레너	interior designer 인테리어 디자이너	mystery shopper 미스터리 쇼퍼
프	planificateur de voyage à forfait 플라니피꺄뙤르 드 브와이아쥬 아 포르페	architecte d'intérieur 아르쉬떽뜨 뗑떼리외르	faux client *1 포 클리엉
독	Reiseorganisator 라이제오가니자토어	Innenarchitektur 이넨아키텍투어	Testkäufer 테스트코이퍼
포	planejador de viagem 쁠라네쟈도르 지 비아줭	decorador de interiores 데꼬라도르 지 잉떼리오리스	cliente misterioso 끌리엥찌 미스떼리오주
스	planificador de viajes 쁠라니피까도르 데 비아헤스	diseñador de interiones 디세냐도르 데 인떼리오레스	comprador misterioso 꼼쁘라도르 미스페리오소
이	pianificatore di giro 피아니피카토레 디 지로	designer d'interni 디자이너 딘떼르니	Mistero acquirente 미스테로 아키렌테
그	προγραμματιστής ταξιδίων 프로그람마피스피스 딱시디온	σχεδιαστής εσωτερικής διακόσμησης 스헤디아스피스 에소떼리끼스 디아꼬즈미시스	μυστικός αγοραστής 미스띠꼬스 아고라스피스
라	positor itineris [peregrinationis] 포시토르 이티네리스[페레그리나티오니스]	destinator internae ordinationis 데스티나토르 인테르나에 오르디나티오니스	mercator mysterii 메르카토르 미스테리이
러	организатор туристических поездок 아르가니자떠르 뚜리스찌취스끼흐 빠예즈덕	архитектор-дизайнер 아르히쩩떠르-지자이녜르	тайный покупатель 따인늬이 빠꾸빠쩰
중	–	装饰设计师 / zhuāngshìshèjìshī 주왕스셔지스	神秘顾客 / Shénmìgùkè 션미꾸커
일	ツアーコーディネーター 추아-코-디네-타-	インテリアデザイナー 인테리아데자이나-	ミステリーショッパー 미수테리-숍빠-

동의어: *1 client mystère 크리엉 미스떼르

304

헤드헌터	경영 컨설턴트	이미지 컨설턴트	KOR
headhunter 헤드헌터	management consultant 메니지먼트 컨설턴트	image consultant 이미지 컨설턴트	ENG
chasseur de têtes 쇼쐬르 드 뗏뜨	consultant en gestion 꽁쒤떵 엉 제스띠옹	consultant d'image 꽁쒤떵 디마쥬	FRA
Headhunter 헤드헌터	Betriebsberater 베트립스베라터	Imageberater 이미지베라터	GER
recrutador de executivos 헤끄루따도르 지 이제꾸찌부스	consultor de administração 꽁쑤우또르 지 아지미니스프라써옹	consultor de imagem 꽁쑤우또르 지 이마쩽	POR
cazatalentos 까싸딸렌또스	asesor para administración 아세솔 빠라 아드미니스프라씨온	asesor para imagen 아세솔 빠라 이마헨	ESP
cacciatore di teste 카챠토레 디 테스테	consultante d'amministrazione 콘술탄테 담미니스트라지오네	consultante d'immagine 콘술탄테 딤마지네	ITA
κυνηγός ταλέντων 끼니고스 딸렌돈	σύμβουλος επιχειρήσεων 심불로스 에피히리세온	αισθητικός σύμβουλος [1] 애스씨띠꼬스 심불로스	GRE
venator caputis 베나토르 카푸티스	consiliator administrationis 콘시리아토르 아드미니스트라티오니스	consiliator simulacri 콘시리아토르 시물라크리	LAT
хэдхантер 해드한쩨르	Консультант Управления 껜쑬딴트 우쁘라블레니야	имидж-консультант 이밋쥐-껜쑬딴트	RUS
猎人头 /lièréntóu 리에런터우	经营咨询者 /jīngyíng zīxúnzhě 징잉즈쉰저	形象顾问 /Xíngxiàng gùwèn 싱썅꾸원	CHN
ヘッドハンター 헤도한타-	けいえいコンサルタント /経営コンサルタント 케-에-콘사루탄토	イメージコンサルタント 이메-지콘사루탄토	JPN

동의어: [1] εμφάνισης 엠파니시스, στυλίστας 스띠리스따스

펀드매니저	투자상담가	손해사정인	KOR
fund manager 펀드 메니저	investment adviser 인베스트먼트 어드바이저	loss adjuster 로스 어저스터	ENG
gestionnaire de fonds 제스띠오네르 드 퐁	conseiller en investissement 꽁세이에 엉 엥베스티스망	expert en dégâts 엑스페르 엉 데갸	FRA
Vermögensverwalter 페어뫼겐스페어발터	quantitative Analyst 크반티타티베 아날리스트	Schadensachbearbeiter 샤덴자흐베아르바이터	GER
administrador do fundo 아지미니스프라도르 두 풍두	consultor de investimento 꽁쑤우또르 지 잉베스찌멩뚜	peritocontábil, perito 뻬리뚜꽁따비우, 뻬리뚜	POR
corredor de bolsa 꼬레도르 데 볼사	asesor para inversión 아세솔 빠라 인베르시온	abogado(solicitor) 아보가도(솔리씨또르)	ESP
direttore di fondo monetario 디레토레 디 폰도 모네타리오	Consultazione d'investimento 콘술타지오네 딘베스티멘토	liquidatore d'avaria 리키다토레 다바리아	ITA
διαχειριστής κεφαλαίου 디아히리스띠스 께팔래우	επενδυτικός σύμβουλος 에뻰디띠꼬스 심불로스	ρυθμιστής ασφαλιστικής κάλυψης ζημιάς 리쓰미스띠스 아스팔리스띠끼스 깔리피스 지미아스	GRE
administrator capituli 아드미니스트토르 카피토리	consiliator feneratione 콘실리아토르 페네라티오네	expurgator ad damno 엑푸르가토르 아드 담노	LAT
управляющий фондом 우쁘라블랴유쉬이 폰덤	инвестиционный советник 인베스찌온느이 사볘트닉	независимый эксперт 녜자비씨므이 액쓰뻬르트	RUS
财务经理 /cáiwùjīnglǐ 차이우징리	投资咨询者 /tóuzīzīxúnzhě 터우즈즈쉰저	诉苦者 /sùkǔzhě 쑤쿠저	CHN
ファンドマネージャー 환도마네-쟈-	とうしそうだんか /投資相談家 토-시소-단카	そんがいさていいん /損害査定員 손가이사테-인	JPN

한	문구용품	편지지	봉투
영	stationery 스테이셔네리	letter paper 레터 페이퍼	envelope 엔버로프
프	papeterie 빠쁘트리	papier à lettres 빠삐에 아 레트르	enveloppe 엉블로쁘
독	Schreibwaren 슈라입바렌	Briefbogen 브리프보겐	Umschlag 움슐락
포	artigos de escritório 아르찌구스 지 이스끄리또리우	papel de cartas 빠뻬우 지 까르따스	envelope 잉벨로삐
스	articulos de escritorio 아르띠꿀로스 데 에스끄리또리오	papel de escribir 빠뻴 데 에스끄리비르	sobre 소브레
이	articoli di cancelleria 아르티콜리 디 칸첼레리아	carta da lettere 까르따 다 렛떼레	busta 부스따
그	γραφική ύλη, χαρτικά 그라피끼 일리, 하르띠까	χαρτί επιστολής 하르띠 에삐스똘리스	φάκελος 파껠로스
라	materia scriptoris 마타리아 스크립토리스	plagula epistolaris 플라굴라 에삐스똘라리스	involucrum 인볼루크룸
러	канцтовары 깐츠따바릐	почтовая бумага 빠취또바야 부마가	конверт 깐볘르트
중	文具 / wénjù 원쥐	信纸 / xinzhǐ 신즈	封 / fēng 펑
일	ぶんぐようひん / 文具用品 분구요-힌	びんせん / 便箋 빈센	ふうとう / 封筒 후-토-

한	만년필	볼펜	형광펜	펜
영	fountain pen 파운튼 펜	ball-point pen 볼포인트 펜	highlighter 하이라이터	pen 펜
프	style à plume 스띨로 아 플륌므	stylo à bille 스띨로 아 빌	stylo fluorescente [1] 스띨로 플리오레썽뜨	stylo 스띨로
독	Füllfeder 퓔페더	Kugelschreiber 쿠겔슈라이버	Neonmarker 네온마커	Feder 페더
포	caneta-tinteiro 까네따-찡떼이루	caneta esferográfica 까네따 이스페루그라피까	caneta fluorescente 까네따 플루오레쎙찌	caneta 까네따
스	estilográfica 에스띨로그라피까	bolígrafo 볼리그라포	marcatextos 마르까떽스또스	pluma 쁠루마
이	penna stilografica 뻰나 스틸로그라피까	biro 비로	evidenziatore 에비덴지아토레	penna 펜나
그	πένα 뻬나	στυλό(διαρκείας) 스띨로(디아르끼아스)	μαρκαδόρος υπογράμμισης 말까도로스 이쁘그람미시스	στυλό 스띠로
라	stilus 스틸루스	stilus perdurationis 스티루스 페르두라티오니스	peniculus fluorescens 페니쿨루스 플루오레스켄스	calamus 카라무스
러	авторучка 아프떠루취까	шариковая ручка 샤리꺼바야 루취까	маркер 마르케르	ручка 루치카
중	钢笔 / gāngbǐ 깡비	圆珠笔 / yuánzhūbǐ 위엔주비	荧光笔 / yíngguāngbǐ 잉꽝비	钢笔 / gāngbǐ 깡비
일	まんねんひつ / 万年筆 만넨히추	ボールペン 보-루펜	けいこうペン / 蛍光ペン 케-코-펜	ペン 펜

동의어: [1] surligneur 쉬르린뇌르

촉	분필	연필	색연필	KOR
nib 닙	chalk 쵸크	pencil 펜슬	color pencil 컬러 펜슬	ENG
plume 플륌므	craie 크레	crayon 크레이용	crayon de couleur 크레이용 드 꿀뢰르	FRA
Federspitze 페더스피체	Kreide 크라이데	Bleistift 블라이슈티프트	Farbstift 파릅슈티프트	GER
aparo 아빠루	giz 쥐스	lápis 라삐스	lápis de cor 라삐쓰 지 꼬르	POR
plumín 푸루민	tiza 띠사	lápiz 라삐쓰	lápiz de color 라삐쓰 데 꼴로르	ESP
pennino 펜니노	gesso 제쏘	matita 마티타	matita colorata 마티타 콜로라따	ITA
μύτη στυλού 미띠 스띨루	κιμωλία 끼몰리아	μολύβι 몰리비	χρωματιστό μολύβι 흐로마띠스또 몰리비	GRE
nib 닙	creta 크레타	plumbum 플룸붐	coloris penicillo 콜로리스 페니킬로	LAT
перó 페로	мел 멜	карандаш 카란다쉬	цветной карандаш 츠벳트노이 카란다쉬	RUS
笔尖 / bǐjiān 비지엔	粉笔 / fěnbǐ 펀비	铅笔 / qiānbǐ 치엔비	彩色铅笔 / cǎisè qiānbǐ 차이써치엔비	CHN
ペン先 펜사키	チョーク 쵸-쿠	えんぴつ / 鉛筆 엔피추	いろえんぴつ / 色鉛筆 이로엔피추	JPN

크레파스	종이	공책	판지	KOR
crayon 크레용	paper 페이퍼	notebook 노트북	cardboard 카드보드	ENG
crayon pastel 크레이용 빠스텔	papier 빠삐에	cahier 까이에	carton 카르통	FRA
Buntstift 분트슈티프트	Papier 파피어	Heft 헤프트	Karton 카통	GER
craião, creiom 끄라이어웅, 끄레이웅	papel 빠뻬우	caderno 까데르누	papelão 빠뻴러웅	POR
lápiz de color 라피즈 데 콜로르	papel 빠뻴	cuaderno 꾸아데르노	cartón, cartulina 까르똔, 까르뚜리나	ESP
pastello 파스텔로	carta 카르따	quaderno 콰데르노	cartone 카르토네	ITA
παστέλ 빠스뗄	χαρτί 하르띠	τετράδιο 떼트라디오	χαρτόνι 하르또니	GRE
stilus pigmentarius 스틸루스 피그멘타리우스	charta 카르타	plagulae iunctae 플라굴라이 윤크타이	charto *1 카르토	LAT
пастéль 파스뗄	бумага 부마가	тетрадь 쩨트라지	картон 카르톤	RUS
蜡笔 / làbǐ 라비	纸 / zhǐ 즈	本子 / běnzi 번즈	纸板 / zhǐbǎn 즈반	CHN
クレパス, クレヨン 쿠레파수, 쿠레용	かみ / 紙 카미	ノート 노-토	だんボール / 段ボール 단보-루	JPN

동의어: *1 charta crassior 카르타 크라씨오르

한	지우개	수정액	자	가위
영	eraser 이레이져	white out 와잇 아웃	ruler 룰러	scissors 시저스
프	gomme 곰므	liquide de correction 리뀌드 드 꼬렉씨옹	règle 레글르	ciseaux 씨조
독	Radiergummi 라디어구미	Korrekturfluid 코렉투어플루이트	Maßstab 마스슈탑	Schere 쉐레
포	borracha 보하샤	líquido corretivo 리끼두 꼬헤찌부	régua 헤구아	tesoura 떼조우라
스	goma 고마	líquido corrector 리뀌도 꼬렉또르	regla 레글라	tijeras 띠헤라스
이	gomma 곰마	liquido di correzione 리쿠이도 디 코레지오네	riga 리가	fòrbici 포르비치
그	γόμα 고마	υγρό διόρθωσης 이그로 디오르쏘시스	χάρακας 하라카스	ψαλίδι 읍살리디
라	cummis deletilis 쿰미스 델레틸리스	liquor emendationis 리쿠오르 에멘다티오니스	mensura 멘수라	forfex 포르펙스
러	ластик 라스찍	замазка 자마스까	линейка 리네이까	нóжницы 노쥬니찌
중	擦子 / cāzi 차즈	修正液 / xiūzhèngyè 시우쩡예	尺 / chǐ 츠	剪刀 / jiǎndāo 지엔따오
일	けしゴム / 消しゴム 케시고무	しゅうせいえき / 修正液 슈-세-에키	じょうぎ / 定規 죠-기	はさみ / 鋏 하사미

한	커터	펀치	클립	스테이플러
영	cutter 커터	punch 펀치	clip 클립	stapler 스테이플러
프	cutter 뀌떼르	perforeuse 뻬르포뢰즈	clip 클립	agrafeuse 아그라푀즈
독	Cutter 커터	Locher 로허	Clip 클립	Hefter 헤프터
포	cortador 꼬르따도르	perfurador 뻬르푸라도르	clipe 끌리삐	grampeador 그랑뻬아도르
스	cortadora 꼬르따도라	perforadora 뻬르포라도라	clip 끌립	grapadora 그라빠도라
이	taglierino 탈리에리노	punteruolo 푼테루올로	clip 클립	spillatrice 스삘라뜨리체
그	κόφτης, κοπίδι 꼬프띠스, 꼬삐디	διακορευτής 디아꼬레브띠스	συνδετήρας 신데띠라스	συρραπτικό 시랍띠꼬
라	scalprum 스칼프룸	perforator 페르포라토르	infíbulo 인피불로	consutorium [1] 콘수토리움
러	резак 례작	пробойник 쁘라보이닉	стрепка 스프례쁘까	стэплер 스때이블레르
중	裁断机 / cáiduànjī 차이두안지	钻孔机 / zuānkǒngjī 쭈안콩지	夹子 / jiāzi 지아즈	订书机 / dìngshūjī 딩수지
일	カッター 캇따-	ポンチ 폰치	クリップ 쿠립뿌	ホッチキス 홋찌키수

동의어: [1] (chartarum)uncinatorium (카르타룸)웅키나토리움

테이프	복사	칠판	접착제	KOR
tape 테이프	copy 카피	blackboard 블랙보드	glue 글루	ENG
ruban adhésif *1 뤼방 아데지프	copie 코피	tableau noir 따블로 누와르	colle 꼴	FRA
Klebeband 클레베반트	Kopie 코피	Schwarztafel 슈바르츠타펠	Klebstoff 클렙슈토프	GER
fita 피따	cópia 꼬삐아	lousa 로우자	cola 꼴라	POR
cintería 신테리아	copia 꼬피아	pizzarrón 삐사론	pegamento 뻬가멘또	ESP
nastro 나스트로	copia 코삐아	lavagna 라바냐	colla 꼴라	ITA
ταινία 떼니아	αντίγραφο 안디그라포	πίνακας 삐나까스	κόλλα 꼴라	GRE
fasciola adhaerens 파스키올라 아드해렌스	effigies *2 에피기에스	tabla nigra 타블라 니그라	gluten 글루텐	LAT
лéнта 렌따	копия 코피야	классная доска 클라스나야 다스까	клей 클레이	RUS
胶带 / jiāodài 쟈오다이	复印 / fùyìn 푸인	黑板 / hēibǎn 헤이반	糊料 / húliào 후리아오	CHN
テープ 테-푸	コピー 코피-	こくばん / 黒板 코쿠반	せっちゃくざい / 接着剤 셋짜쿠자이	JPN

참고: *1 cassette 까세트(카세트 테이프), 동의어: *2 duplicatio 두플리카티오, imitatio 이미타티오

집게	압정	책갈피	리본	KOR
tongs 텅스	thumbtack 섬텍	bookmark 북마크	ribbon 리본	ENG
pinces 뼁스	punaise 쀠네즈	signet *1 씨녜	ruban 뤼방	FRA
Klammer 클람머	Reißnagel 라이스나겔	Lesezeichen 레제차이헨	Band 반트	GER
prendedor 쁘렝데도르	tacha 따샤	marcador de livro 마르까도르 지 리브루	fita 피따	POR
pinzas 삔싸스	tachuela, chinche 따추엘라, 친체	marcador 마르까도르	cinta, listón 신따, 리스톤	ESP
pinzette 핀제떼	bulletta 불레따	segnalibro 세날리브로	nastro 나스트로	ITA
τσιμπίδα 치비다	καρφάκι, πινέζα 까르파끼, 삐네자	σελιδοδείκτης 셀리도딕띠스	κορδέλα 꼬르델라	GRE
forceps 포르쳅스	clavus 클라우스	demonstrator libri 데몬스트라토르 리브리	fascíola 파스키올라	LAT
щипцы 쉽찌	галс 갈스	закладка 자클라트까	ленточка 렌따치카	RUS
夹钳 / jiāqián 지아치엔	图钉 / túdīng 투딩	书签 / shūqiān 쑤치엔	带子 / dàizi 따이즈	CHN
やっとこ 얏또코	おしピン / 押しピン 오시핀	しおり, ブックマーク 시오리, 북꾸마-쿠	リボン 리본	JPN

참고: *1 Marquer 마르께(표시하다, 새기다)

한	잉크	도장	파일	명세서, 내역서
영	ink 잉크	stamp 스템프	file 파일	statement 스테이트먼트
프	encre 엉크르	tampon, cachet 땅퐁, 까쉐	fichier, classeur 피쉬에, 끌라쐬르	compte détaillé 꽁프 데따이에
독	Tinte 틴테	Stempel 슈템펠	Datei, Mappe 다타이, 마페	Quittung 크비퉁
포	tinta 찡따	carimbo 까링부	arquivo 아르끼부	extrato 이스뜨라뚜
스	tinta 띤따	sello 세요	archivo, ficha 아르치보, 피차	detalle 데따예
이	inchiostro 잉키오스트로	timbro 팀브로	raccoglitore 라꼴리토레	specificazione 스페치피카지오네
그	μελάνη 멜라니	σφραγίδα 스프라기다	αρχείο 아르히오	δήλωση 딜로시
라	saepia, atramentum 사이피아, 아트라멘툼	signum *1 시그눔	actum, tabularium 악툼, 타불라리움	enarratio *2 에나라티오
러	чернила 체르닐라	печать 뻬찻츠	файл 파일	спецификация 스뻬찌피까찌야
중	墨水 / mòshuǐ 모수이	印章 / yìnzhāng 인짱	文件 / wénjiàn 원지엔	清单 / qīngdān 칭딴
일	インキ 인쿠	はんこ / 判子 한코	ファイル 화이루	めいさいしょ / 明細書 메-사이쇼

동의어: *1 typográphum 티포그라품, *2 inventárium 인벤타리움

한	주문서	송장	영수증	컴퓨터
영	order sheet 오더쉿	invoice 인보이스	receipt 리시트	computer 컴퓨터
프	bon de commande 봉 드 꼬멍드	facture 팍뛰르	reçu 르쒸	ordinateur 오르디나뙤르
독	Bestellungsformular 베슈텔룽스포물라	Rechnung 레히눙	Kassenbon 카센봉	Computer 콤푸터
포	ficha de pedido 피샤 지 베지두	fatura 파뚜라	recibo 헤씨부	computador 꽁뿌따도르
스	orden 오르덴	factura 팍뚜라	recibo 레씨오	computadora 꼼뿌따도라
이	foglio d'ordine 폴리오 도르디네	fattura 파투라	ricevuta 리체부따	computer 콤푸터
그	δελτίο παραγγελίας 델띠오 빠랑겔리아스	τιμολόγιο 띠몰로기오	απόδειξη 아뽀딕시	υπολογιστής 이뽈로기스띠스
라	formula mandati 포르무라 만다티	perscriptúra 페르스크립투라	apocha 아포카	computatrum 콤푸타트룸
러	лист заказа 리스트 자까자	инвойс 인보이스	расписка 라스삐스까	компьютер 깜쀼떠르
중	定单 / dìngdān 띵딴	发票 / fāpiào 파피아오	发票 / fāpiào 파피아오	电脑 / diànnǎo 띠엔나오
일	ちゅうもんしょ / 注文書 츄-몬쇼	おくりじょう / 送り状 오쿠리죠-	りょうしゅうしょ / 領収書 료-슈-쇼	コンピュータ 콘퓨-타

계산기	문서세단기	복사기	KOR
calculator 칼큘레이터	shredder 쉬레더	copy machine 카피 머쉰	ENG
calculateur 깔뀔라뙤르	déchiqueteuse 데쉬끄뙤즈	duplicateur 듀쁠리꺄뙤르	FRA
Rechner 레히너	Schneidemaschine 슈나이데마시네	Kopiergerät 코피어게래트	GER
calculadora 까우꿀라도라	retalhadora de papel 헤딸야도라 지 빠뻬우	copiadora 꼬삐아도라	POR
calculadora 깔꿀라도라	desfibradora 데스피브라도라	copiadora 꼬삐아도라	ESP
calcolatrice 깔꼴라뜨리체	distruttore di documenti 디스트루또레 디 도쿠멘티	fotocopiatrice 포토꼬삐아뜨리체	ITA
υπολογιστική μηχανή 이뽈로기스띠끼 미하니	τεμαχιστής χαρτιού 떼마히스띠스 하르띠우	φωτοτυπικό μηχάνημα 포또띠삐꼬 미하니마	GRE
abacus 아바쿠스	eversor litteraum 폴리그라품 마키날레	polygraphum machinale 폴리그라품 마키날레	LAT
калькулятор 깔꿀랴떠르	бумагорезательная машина 부마가라즈리자쩰냐야 마쉬나	копировальный аппарат 까삐러발늬이 아빠랏	RUS
计算器 / jìsuànqì 지수안지	文件细断机 / wénjiànxìduànjī 원지엔시뚜안지	复印机 / fùyìnjī 푸인지	CHN
けいさんき / 計算機 케-산키	ペーパー・シュレッダー 페-파-슈렛다-	コピーき / コピー機 코피-키	JPN

프린터	팩스	스캐너	지도	KOR
printer 프린터	fax 팩스	scanner 스케너	map 맵	ENG
imprimante 엥프리멍뜨	fax 팍스	scanner 스캐네르	carte 까르프	FRA
Drucker 드루커	Fax 팍스	Scanner 스캐너	Landkarte 란트카르테	GER
impressora 잉쁘레쏘라	facsímile 팍씨밀리	escaneador 이스까네아도르	mapa 마빠	POR
impresora 임쁘레소라	fax 팍스	escáner 에스까네르	mapa 마빠	ESP
stampatore 스탐파토레	fax 팍스	scanner 스칸네르	mappa 마빠	ITA
εκτυπωτής 엑띠뽀띠스	φαξ 팍스	σκάνερ 스까네르	χάρτης 하르띠스	GRE
typographum *1 티포그라품	facsimilis 파크시밀리스	scrutatrum 스크루타룸	tabula geographia 타불라 게오그라피아	LAT
принтер 쁘린때르	факс 팍스	сканер 스까녜르	карта 카르따	RUS
打印机 / dǎyìnjī 다인지	传真 / chuánzhēn 추안쩐	扫描器 / sǎomiáoqì 사오미아오치	地图 / dìtú 띠투	CHN
プリンター 푸린타-	ファックス 확꾸수	スキャナ 수캬나	ちず / 地図 치주	JPN

동의어: *1 impressorium 임프레쏘리움

2-3. 매스미디어

한	방송	멀티미디어	생방송	전파
영	broadcast 브로드캐스트	multimedia 멀티미디어	live broadcasting 라이브 브로드캐스팅	radio wave 라디오 웨이브
프	émission 에미씨옹	multimédia 뮐티메디아	émission en directe 에미씨옹 엉 디렉뜨	onde électroniques 옹드 엘렉트로니끄
독	Rundfunk 룬트풍크	Multimedia 물티메디아	Live 라이브	Radiowelle 라디오벨레
포	transmissão 뜨랑스미써옹	multimedia 무우찌메지아	transmissão ao vivo 뜨랑스미써옹 아우 비부	onda de rádio 옹다 지 하지우
스	emisión 에미시온	multimedia 물티메디아	emisión en directo 에미시온 엔 디렉또	onda radioeléctrica 온다 라디어엘렉 뜨라까
이	trasmissione 뜨라스밋씨오네	multimediale 물티메디알레	trasmissione in diretta 트라스미씨오네 인 디레따	onda elettrica 온다 엘렛뜨리까
그	εκπομπή 엑뽐비	πολυμέσων 뿔리메손	ζωντανή εκπομπή 존따니 엑뽐피	ραδιοκύματα 라디오끼마따
라	emissio 에미씨오	multimedii 물티메디	viva emissio 비바 에미씨오	unda electrica 운다 에렉트리카
러	передача 뻬례다촤	мультимедиа 물찌메지아	прямое вещание 쁘리모예 볘샤니예	радио волна 라지오 발나
중	广播 / guǎngbō 광뽀	多媒体 / Duōméitǐ 두오메이띠	直播 / zhíbō 쯔뽀	传播 / chuánbō 츄완뽀
일	ほうそう / 放送 호-소-	マルチメディア 마루치메디아	なまほうそう / 生放送 나마호-소-	でんぱ / 電波 뎀파

한	위성방송	디지털방송	재방송
영	satellite broadcasting 세틀라잇 브로드케스팅	digital broadcasting 디지탈 브로드케스팅	rerun [1] 리런
프	émission par satellite 에미씨옹 파르 싸뜨릿뜨	émission numérique 에미씨옹 뉘메리끄	réémission 레에미씨옹
독	Satelliten-Rundfunk 자텔리텐 룬트풍크	Digital-Rundfunk 디기탈 룬트풍크	Wiedergabe 비더가베
포	transmissão via satélite 뜨랑스미써옹 비아 싸뗄리찌	transmissão digital 뜨랑스미써옹 지쥐따우	retransmissão 헤뜨랑스미써옹
스	emisión de satélite 에미시온 데 사뗄리떼	emisión digital 에미시온 디히딸	nueva transmisión 누에바 뜨란스미시온
이	diffusione via satellite 디푸지오네 비아 사텔리떼	radiodiffusione digitale 라디오디푸지오네 디지탈레	ritrasmessione 리트라스미씨오네
그	δορυφορική εκπομπή 도리포리끼 엑뽐비	ψηφιακή εκπομπή 읍시피아끼 엑뽐비	νέα εκπομπή 네아 엑뽐비
라	emissio satellitis 에미씨오 사텔리티스	emissio digitalis 에미씨오 디기탈리스	nova emissio 노바 에미씨오
러	спутниковое вещание 스뿟니꺼버예 볘샤니예	цифровое вещание 찌프라보예 볘샤니예	ретрансляция 레뜨란슬랴찌야
중	卫星广播 / wèixīngguǎngbō 웨이싱광뽀	数码广播 / shùmǎguǎngbō 쑤마광뽀	重播 / chóngbō 총뽀
일	えいせいほうそう / 衛星放送 에-세-호-소-	デジタルほうそう / デジタル放送 데지타루호-소-	さいほうそう / 再放送 사이호-소-

동의어: [1] repeat 리피트

텔레비전	오디오	라디오	주파수	KOR
television 텔레비젼	audio 오우디오	radio 라디오	frequency 프리퀀시	ENG
télévision 뗄레비지옹	audio 오디오	radio 라디오	fréquence 프레껑쓰	FRA
Fernseher 페른제어	Audio 아우디오	Radio 라디오	Hertz 헤르츠	GER
televisão 뗄레비저웅	som 쏭	rádio 하지우	frequência 프레펭씨아	POR
televisión 뗄레비씨온	audio 아우디오	radio 라디오	frecuencia 프레꾸엔씨아	ESP
televisione 텔레비지오네	audio 아우디오	radio 라디오	frequenza 프레쿠엔자	ITA
τηλεόραση 띨레오라시	ηχητικό 이히띠꼬	ραδιόφωνο 라디오포노	συχνότητα 시흐노띠따	GRE
televisio 텔레비시오	audiophonum 아우디오포눔	radio phonum 라디오 포눔	frequentia 프레쿠엔티아	LAT
телевизор 쩰례비저르	музыкальный центр 무즤깔늬 쩬뜨르	радио 라지오	частотность 취스또취너스츠	RUS
电视 / diànshì 띠엔스	音响装置 / yīnxiǎngzhuāngzhì 인샹쭈왕즈	收音机 / shōuyīnjī 셔우인지	射频 / shèpín 셔핀	CHN
テレビ 테레비	オーディオ 오-디오	ラジオ 라지오	しゅうはすう / 周波数 슈-하수-	JPN

송신	수신	프로듀서	디렉터	KOR
transmission 트랜스미션	reception 리셉션	producer 프로듀서	director 디렉터	ENG
transmission 트랑스미씨옹	réception 레쎕씨옹	producteur 프로뒤뛰르	directeur 디렉뙤르	FRA
Sendung 젠둥	Empfang 엠팡	Produzent 프로두첸트	Direktor 디렉토어	GER
transmissão 뜨랑스미써웅	recepção 헤쎕써웅	produtor 쁘로두또르	diretor 지레또르	POR
transmisión 뜨란스미시온	recepción 레쎕씨온	productor 쁘로둑도르	director 디렛또르	ESP
trasmissione 트라스미씨오네	ricezione 리체지오네	produttore 쁘로둣또레	direttore 디렛또레	ITA
μετάδοση 메따도시	λήψη 립시	παραγωγός 빠라고고스	διευθυντής 디에브틴띠스	GRE
transmissio indicii 트란스미씨오 인디키이	acceptio indicii 아쳅티오 인디키이	productor 프로두크토르	rector 렉토르	LAT
трансмиссия 뜨란스미씨야	приход 쁘리홋	продюсер 쁘라듀쩨르	директор 지렉떠르	RUS
传输 / chuánshū 추완슈	接收 / jiēshōu 지에셔우	导播人员 / dǎobōrényuán 다오뽀런위엔	艺术指导 / yìshùzhǐdǎo 이슈즈다오	CHN
そうしん / 送信 소-신	じゅしん / 受信 쥬신	プロデューサー 푸로듀-사-	ディレクター 디레쿠타-	JPN

한	아나운서	시청자	모니터	채널
영	announcer 아나운서	viewer 뷰어	monitor 모니터	channel 채널
프	annonceur 아농쐬르	téléspectateur 뗄레스펙따뙤르	moniteur 모니뙤르	chaîne 쉔느
독	Ansager, Moderator 안자거, 모데라토아	Fernsehzuschauer 페른제추샤우어	Bildschirm 빌트시름	Kanal 카날
포	locutor 로꾸또르	telespectador 뗄레스뼥따도르	monitor 모니또르	canal 까나우
스	locutor 로꾸또르	televidente 뗄레비덴떼	monitor 모니또르	canal 까날
이	annunziatore 안눈찌아또레	telespettatore 뗄레스뻿따또레	monitore 모니토레	canale 까날레
그	εκφωνητής 엑포니띠스	θεατής 쩨아띠스	οθόνη 오쏘니	κανάλι 까날리
라	pronuntiator 프로눈티아토르	spectator 스펙타토르	apparatus qui depingit *2 압파라투스 쿠이 데핀기트	canalis 카날리스
러	объявляющий 아브냐블랴유쉬	зритель 즈리쩰	монитор 모니떠르	канал 까날
중	广播员 / guǎngbōyuán 광뽀위엔	收视观众 / shōushìguānzhòng 셔우스꽌쫑	监听 / jiāntīng 지엔팅	频道 / píndào 핀따오
일	アナウンサー 아나운사-	しちょうしゃ / 視聴者 시쵸-샤	モニター 모니타-	チャンネル 챤네루

동의어: *1 anchor 앵커, news caster 뉴스 케스터, *2 custodia 쿠스토디아

한	시청률	프라임타임	조정실
영	(program)rating (프로그램)레이팅	prime time 프라임 타임	control room 컨트롤 룸
프	audience d'une chaîne de télévision 오디엉스 뒨 쉔느 드 뗄레비지옹	heure d'or 외르 도르	salle de contrôle 쌀 드 꽁트롤
독	Zuschauerquote 추샤우어크보테	Hauptsendezeit 하우프트젠트차이트	Redaktion 레닥치온
포	audiência 아우지엥씨아	horário nobre 오라리우 노브리	sala de controle 쌀라 지 꽁뜨롤리
스	índice de audiencia 인디쎄 데 아우디엔씨아	horario de máxima audiencia 오라리오 데 막씨마 아우디엔씨아	sala de control 살라 데 꼰뜨롤
이	audience 아우디엔체	ora dorata 오라 도라타	sala di controllo 살라 디 콘트롤로
그	εκτίμηση δημοσιότητας 엑띠미시 디모시오띠따스	χρυσή ώρα 흐리시 오라	αίθουσα ελέγχου 에쑤사 엘렝후
라	aestimatio programma 아에스티마티오 프로그람마	prima hora 프리마 호라	porticus argumenti 포티쿠스 아르구멘티
러	рейтинг 례이찡	прайм тайм 쁘라임 따임	комната управления 꼼나따 우쁘라블례니야
중	收看率 / shōukànlǜ 셔우칸뤼	黄金时间 / Huángjīnshíjiān 후왕찐스찌엔	调整室 / tiáozhěngshì 티아오정스
일	しちょうりつ / 視聴率 시쵸-리추	プライムタイム 푸라이무타이무	コントロール・ルーム 콘토로-루·루-무

스탠바이	스튜디오	오디션	연예인	KOR
standby 스탠바이	studio 스튜디오	audition 어디션	celebrities 셀러브러티스	ENG
état de préparation 에따 드 프레빠라씨옹	studio 스뚜디오	audition 오디씨옹	artiste de variété 아르띠스뜨 드 바리에떼	FRA
Standby 스탠바이	Studio 슈투디오	Probespiel 프로베슈피엘	Prominente 프로미넨테	GER
espera, prontidão 이스뻬라, 쁘롱찌더웅	estúdio 이스뚜지우	audição 아우지써웅	artista 아르찌스따	POR
en espera, listo 엔 에스뻬라, 리스또	estudio 에스뚜디오	audición 아우디씨온	artista 아르띠스따	ESP
prontezza 프론테짜	studio 스뚜디오	audizione 아우디지오네	artista 아르띠스따	ITA
αναμονής 아나모니스	στούντιο 스뚜디오	ακρόαση 아크로아시	διάσημος 디아시모스	GRE
promptitudo 프롬프티투도	studio 스뚜디오	auditus 아우디투스	puteicus artifex 푸테이쿠스 아르티펙스	LAT
опора 아뽀라	студия 스뚜지야	выслушивание 븨슬루샤니예	эстрадник 애스프라드닉	RUS
待机 / dàijī 따이찌	播音室 / bōyīnshì 뽀인스	试听 / shìtīng 스팅	演艺人 / yǎnyìrén 앤이런	CHN
スタンバイ 수탄바이	スタジオ 수타지오	オーディション 오-디숀	げいのうじん / 芸能人 게-노-진	JPN

프로그램	CF	드라마	쇼	KOR
program 프로그램	TV commercial 티브이 커머샬	TV show 티브이 쇼	show 쇼	ENG
programme 프로그람므	publicité 쀠블리씨떼	drame 드람	spectacle 스펙따끌	FRA
Programm 프로그람	Werbung 베르붕	TV-Serien 테파우 제린	Schau, Show 샤우, 쇼우	GER
programa 쁘로그라마	filme comercial 파우미 꼬메르씨아우	telenovela 뗄레노벨라	show 쇼우	POR
programa 쁘로그라마	comercial 꼬메르씨알	drama 드라마	espectáculo 에스뻭따꿀로	ESP
programma 쁘로그람마	pubblicita' 푸쁠리치타	dramma 드람마	spettacolo 스뻬따콜로	ITA
πρόγραμμα 쁘로그람마	διαφήμηση τηλεόρασης 디아피미시 띨레오라시스	εκπομπή τηλεόρασης 엑뽐비 띨레오라시스	θέαμα 쎄아마	GRE
programma 프로그람마	taenia proscriptionis 타에니아 프로스크립티오니스	fabula 파불라	spectaculum 스펙타쿨룸	LAT
программа 쁘라그람마	реклама 례클라마	сериал 쎄리알	шоу 쇼우	RUS
节目 / jiémù 지에무	广告 / guǎnggào 광까오	电视剧 / diànshìjù 띠엔스쥐	表演 / biǎoyǎn 비아오앤	CHN
プログラム 푸로구라무	コマーシャル 코마-샤루	ドラマ 도라마	ショー 쇼-	JPN

한	통신, 소통	언론	정보
영	communication 커뮤니케이션	media 메디아	information 인포메이션
프	communication 꼬뮈니까씨옹	médias 메디아	information 엥포르마씨옹
독	Kommunikation 코무니카치온	Medien 메딘	Auskunft, Information 아우스쿤프트, 인포마치온
포	comunicação 꼬무니까써웅	mídia 미지아	informação 잉포르마써웅
스	comunicación 꼬무니까씨온	media 메디아	información 인포르마씨온
이	comunicazione 꼬무니까찌오네	stampa 스탐파	informazione 인포르마찌오네
그	επικοινωνία 에삐끼노니아	μαζικά μεσα ενημερώσεως 마지까 메사 에니메로세오스	πληροφορίες 쁠리로포리에스
라	communicatio 콤무니카티오	media 메디아	notitia 노티티아(=노티치아)
러	коммуникация 꺼무니까찌야	средства массовой информации 스롓츠프바 마싸버이 인파르마찌이	информация 인파르마찌야
중	疏通 / shūtōng, 通讯 / tōngxùn 슈퉁, 퉁쉰	言论 / yánlùn 옌룬	信息 / xìnxī 신시
일	コミュニケーション, つうしん / 通信 코뮤니케-숀, 추-신	げんろん / 言論 겐론	じょうほう / 情報 죠-호-

한	네비게이션	신문	뉴스	헤드라인
영	navigation 네비게이션	newspaper 뉴스페이퍼	news 뉴스	headline 헤드라인
프	navigation 나비비갸씨옹	journal 주르날	nouvelles 누벨	gros titre 그로 띠트르
독	Navigation 나비가치온	Zeitung 차이퉁	Nachricht 나흐리히트	Schlagzeile [*1] 슐락차일레
포	navegação 나베가써웅	jornal 죠르나우	notícia 노찌씨아	manchete 망쉐찌
스	navegación 나베가씨온	periódico 뻬리오디꼬	noticia 노띠시아	título, titulares 띠뚤로, 띠뚤라레스
이	navigazione 나비가지오네	giornale 죠르날레	notizie 노띠찌에	titolo 티톨로
그	πλοήγηση, GPS 쁠로이기시, 지피에스	εφημερίδα 에피메리다	νέα 네아	τίτλος 띠뜰로스
라	navigatio 나비가티오	ephemeris, diurna 에페메리스, 디우르나	nuntia 눈티아(=눈치아)	titulus 티툴루스
러	навигация 나비가찌야	газета 가졔따	новости 노보스찌	заголовок 자갈로벅
중	导航 / dǎoháng 다오항	报纸 / bàozhǐ 빠오즈	新闻 / xīnwén 씬원	标题 / biāotí 삐아오티
일	ナビゲーション 나비게-숀	しんぶん / 新聞 신분	ニュース 뉴-수	ヘッドライン 헤도라인

동의어: [*1] Kopfzeile 콥프차일레

사설	칼럼	특종, 독점기사	KOR
editorial 에디토리얼	column 칼럼	exclusive [2] 익스클루시브	ENG
éditorial 에디토리알	colonne 꼴론느	exclusivité 엑스끌뤼지비떼	FRA
Leitartikel 라이트아티켈	Kolumne 콜룸네	Exklusivbericht 엑스클루시프베리히트	GER
editorial 에지또리아우	coluna 꼴루나	exclusivo 이스끌루지부	POR
editorial 에디또리알	columna 꼴룸나	exclusividad 엑스끌루시비닷	ESP
editoriale 에디또리알레	colonna 콜론나	notizia esclusiva 노티지아 에스끌루시바	ITA
κύριο άρθρο εφημερίδας 끼리오 아르쓰로 에피메리다스	στήλη εφημερίδος [1] 스띨리 에피메리도스	αποκλειστικά 아뽀끌리스띠까	GRE
principalis articulus 프린키팔리스 아르티쿨루스	columna 콜룸나	exclusus 엑스클루수스	LAT
передовица 뻬례도비짜	колонна 깔로나	эксклюзивная новость 액스클류지브나야 노버스츠	RUS
社论 / shèlùn 셔룬	专栏 / zhuānlán 쭈완란	特讯 / tèxùn 터쉰	CHN
しゃせつ / 社説 샤세추	コラム 코라무	とくしゅきじ / 特殊記事 토쿠슈키지	JPN

동의어: [1] δφημεριςας 에피메리다스, [2] scoop 스쿱, beat 비트

협찬	광고	광고대행사	KOR
sponsorship, support 스폰서쉽, 서포트	advertisement(ad) 에드버타이즈먼트(에드)	advertisement agent 에드버타이즈먼트 에이전트	ENG
sponsorisation, concours 스뽄소리제씨옹, 꽁꾸르	publicité 쀠블리씨떼	agence de publicité 아장스 드 쀠블리씨떼	FRA
Sponsor, Kostenträger 슈폰소어, 코스텐트래거	Werbung, Reklame 베르붕, 레클라메	Werbeagentur 베르베아겐투어	GER
patrocínio 빠뜨로씨니우	publicidade 뿌블리씨다지	agência de publicidade 아쩽씨아 지 뿌블리씨다지	POR
patrocinar 빠뜨로씨날	publicidad 뿌블리씨닷	agencia de publicidad 아헨씨아 데 뿌블리씨닷	ESP
approvazione 아쁘로바지오네	pubblicitaria 푸쁠리치타리아	agenzia pubblicitaria 아젠지아 푸쁠리치타리아	ITA
χρηματοδότηση 흐리마또도띠시	διαφήμησης 디아피미시스	αντιπρόσωπος διαφήμησης 안디쁘로소뽀스 디아피미시스	GRE
sustentaculum 수스텐타쿨룸	praecónium 프레코니움	carius(vicanus)proscriptionis 카리우스(비카누스)프로스크립티오니스	LAT
спонсорство 스빤쏘르스프버	реклáма 레클라마	рекламное агентство 례클람너예 아젠스프버	RUS
赞助 / zànzhù 짠주	广告 / guǎnggào 광까오	广告代理公司 / guǎnggàodàilǐgōngsī 광까오따이리꿍스	CHN
きょうさん / 協賛 쿄-산	こうこく / 広告 코-코쿠	こうこくだいりてん / 広告代理店 코-코쿠다이리텐	JPN

한	출판	편집	발행인	편집자
영	publication 페블리케이션	editing 에디팅	publisher 퍼블리셔	editor 에디터
프	publication 쀠블리까씨옹	édition 에디씨옹	éditeur 에디뙤르	éditeur, rédacteur 에디뙤르, 레닥뙤르
독	Publikation 푸블리카치온	Aufbearbeiten [1] 아우프베아르바이텐	Verleger 페어레거	Editor, Redakteur 에디토어, 레닥퇴르
포	publicação 뿌블리까써옹	edição 에지써옹	publicador 뿌블리까도르	editor 에지또르
스	publicación 뿌블리까씨온	redacción, edición 레닥씨온, 에디씨온	editor 에디또르	redactor 레닥또르
이	pubblicazione 풉블리까찌오네	redazione 레다찌오네	editore 에디토레	editore 에디토레
그	έκδοση 엑도시	σύνταξη 신닥시	εκδότης 엑도띠스	συντάκτης 신닥띠스
라	editio libri 에디티오 리브리	editio 에디티오	editor 에디토르	éditor, compositor 에디토르, 콤포시토르
러	публикация 뿌블리까찌야	редактирование 례다크찌러바니예	издатель 이즈다쪌	редактор 레닥토르
중	出版 / chūbǎn 추반	编辑 / biānjí 삐엔지	发行人 / fāxíngrén 파싱렌	编者 / biānzhě, 编辑 / biānjí 삐엔저, 비엔지
일	しゅっぱん / 出版 슙빤	へんしゅう / 編集 헨슈-	はっこうにん / 発行人 학꼬-닌	へんしゅうしゃ / 編集者 헨슈-샤

동의어: [1] Editieren 에디티렌

한	신문기자	저자	저작권	판권
영	reporter [1] 리포터	author 아써	copyright 카피라잇	title 타이틀
프	journaliste 주르날리스프	auteur 오뙤르	droit d'auteur 드루와 도뙤르	droit d'auteur 드루와 도뙤르
독	Journalist 주날리스트	Autor 아우토어	Urheberrecht [2] 우어헤버레히트	Verlagsrecht 페어락스레히트
포	jornalista 죠르날리스따	autor 아우또르	direito autoral 지레이뚜 아우또라우	direito de publicação 지레이뚜 지 뿌블리까써옹
스	periodista 뻬리오디스따	autor 아우또르	derechos de autor 데레초스 데 아우또르	derechos de autor 데레초스 데 아우또르
이	giornalista 죠르날리스따	autore 아우또레	diritti d'autore 디리띠 다우토레	diritti d'autore 디리티 다우토레
그	δημοσιογράφος 디모시오그라포스	συγγραφέας 싱그라페아스	πνευματικά δικαιώματα 쁘네브마띠까 디꼐오마타	τίτλος 띠뜰로스
라	scriptor ephemeridis 스크립토르 에페메리디스	scriptor 스크립토르	possessio ad transcriptionem 포쎄씨오 아드 트란스크립티오넴	possessio scriptoris 포쎄씨오 스크립토리스
러	репортер 리빠르죠르	автор 아프떠르	авторское право 아프떠르스꼐예 쁘라버	заглавие 자글라비예
중	新闻记者 / xīnwénjìzhě 씬원지저	著者 / zhùzhě 쭈저	版权 / bǎnquán 반추엔	版权 / bǎnquán 반추엔
일	しんぶんきしゃ / 新聞記者 신분키샤	ちょしゃ / 著者 쵸샤	ちょさくけん / 著作権 쵸사쿠켄	はんけん / 版権 한켄

동의어: [1] journalist 져널리스트, staff writer 스태프 라이터, [2] Copyright 코피라이트

318

번역	디자인	판형	교정	KOR
translation 트랜슬레이션	design 디자인	format 포멧	proof reading 푸르프 리딩	ENG
traduction 트라뒥씨옹	dessin, design 데생, 디자인	format 포르마	correction 꼬렉씨옹	FRA
Übersetzung 위버제충	Muster 무스터	Format 포마트	Korrektur [1] 코렉투어	GER
tradução 프라두쩌웅	desenho 데젱유	formato 포르마뚜	correção 꼬헤쩌웅	POR
traducción 프라두씨온	diseño 디세뇨	formato 포르마또	corrección 꼬렉씨온	ESP
traduzione 트라두지오네	disegno 디제뇨	formato 포르마토	correzione 꼬레찌오네	ITA
μετάφραση 메따프라시	σχέδιο, σχεδιάζω 스헤디오, 스헤디아조	μορφή 모르피	διόρθωση 디오르쏘시	GRE
translatio 트란스라티오	desígno, designátio 데시그노, 데시그나티오	forma constituta 포르마 콘스티투타	correctio 코렉티오	LAT
перевод 뻬레봇	дизайн, чертёж 지자인, 췌르쬬쉬	формат 파르맛	читка корректуры 취트까 까렉뚜릐	RUS
翻译 /fānyì 판이	设计 /shèjì, 图案 /túʼàn 셔지, 투안	版式 /bǎnshì 반스	校正 /jiàozhèng 지아오쩡	CHN
ほんやく/翻訳 홍야쿠	デザイン, ずあん/図案 데자인, 주안	はんがた/版型 한가타	こうせい/校正 코-세-	JPN

동의어: [1] Lektorieren 렉토리렌

출력	인쇄	제본	잡지	KOR
print 프린트	printing 프린팅	binding 바인딩	magazine 매거진	ENG
impression 엥프레씨옹	impression 엥프레씨옹	reliure 르리위르	magazine 마가진	FRA
Drucken 드루켄	Druck 드루크	Buchbinden 부흐빈덴	Zeitschrift 차이트슈리프트	GER
impressão 잉쁘레쩌웅	impressão 잉쁘레쩌웅	encadernação 잉까데르나쩌웅	revista 헤비스따	POR
imprimir 임쁘리미르	impresión 임쁘레씨온	encuadernación 엔꾸아데르나씨온	revista 레비스따	ESP
sviluppata 즈빌루빠타	stampa 스땀빠	rilegatura 릴레가뚜라	rivista 리비스따	ITA
εκτύπωση 엑띠뽀시	εκτύπωση [1] 엑띠뽀시	βιβλιοδεσία 비블리오데시아	περιοδικό 뻬리오디꼬	GRE
expressio, editio 엑프레씨오, 에디티오	impressum 임프레쑴	glutinator 글루티나토르	editio statis tempovibus 이디티오 스타티스 템포비부스	LAT
печатание 삐촤파니예	печатание 삐촤파니예	переплет 뻬레쁠롯	журнал 쥬르날	RUS
打印 /dǎyìn 다인	印刷 /yìnshuā 인슈와	装订 /zhuāngdìng 쭈왕띵	杂志 /zázhì 자쮜	CHN
しゅつりょく/出力 슈추료쿠	いんさつ/印刷 인사추	せいほん/製本 세-혼	ざっし/雑誌 잣씨	JPN

동의어: [1] τύπος 띠뽀스

한	창간호	정기간행물	정기구독자	월간지
영	first issue 퍼스트 이슈	periodical 피리아디컬	subscriber 서브스크라이버	monthly 먼쓸리
프	premier numéro d'une revue 프르미에 뉘메로 된 르뷔	périodique 뻬리오디끄	abonné 아보네	mensuelle 멍쒸엘
독	Erstausgabe 에어스트아우스가베	Periodikum 페리오디쿰	Abonnent 아보넨트	Monatsschrift 모나츠슈리프트
포	edição de lançamento 에지써웅 지 랑싸멩뚜	periódico 뻬리오지꾸	assinante 아씨낭찌	revista mensal 헤비스따 멩싸우
스	primer número 쁘리메르 누메로	publicación periódica 뿌블리까씨온 뻬리오디까	suscriptor 수스끄립또르	mensual 멘수알
이	primo numero 쁘리모 누메로	periodico 뻬리오디꼬	abbonato 압보나또	rivista mensile 리비스따 멘실레
그	πρώτο τεύχος 쁘로또 떼브호스	περιοδικό 뻬리오디꼬	συνδρομητής 신드로미띠스	μηνιαίο 미니에오
라	prima editio 프리마 에디티오	editio statis temporibus 에디티오 스타티스 템포리부스	supscriptor 수프스크리토르	menstra editio 멘스트라 에디티오
러	первый выпуск 뻬르븨이 븨뿌스크	периодика 뻬리오지까	подписчик 빳삐스췩	ежемнсячник 예줴메샤취닉
중	创刊号 / Chuàngkānhào 추앙칸하오	期刊 / qīkān 치칸	订户 / dìnghù 띵후	月刊 / yuèkān 위에칸
일	そうかんごう / 創刊号 소-칸고-	ていきかんこうぶつ / 定期刊行物 테-키칸코-부추	ていきこうどくしゃ / 定期購読者 테-키코-도쿠샤	げっかんし / 月刊誌 겍깐시

한	주간지	격주간지	일간지
영	weekly 위클리	biweekly magazine 바이위클리 메거진	daily(paper) 데일리(페이퍼)
프	magizine hebdomadaire 마가진 에브도마데르	magazine bimensuel 마가진 비멍쒸엘	magazine quotidien 마가진 꼬띠디엔
독	Wochenschrift 보헨슈리프트	Zweiwochenschrift 츠바이보헨슈리프트	Tagespresse 타게스프레세
포	revista semanal 헤비스따 쎄마나우	revista bissemanal 헤비스따 비쎄마나우	diário 지아리우
스	semanal 쎄마날	revista quincenal 레비스따 낀쎄날	revista diaria 레비스따 디아리아
이	rivista settimanale 리비스따 셋띠마날레	rivista bisettimanalmente 리비스따 비셋띠마날레	giornale 죠르날레
그	εβδομαδιαίο 에브도마디에오	διεβδομαδιαίο 디엡도마디에오	καθημερινή εφημερίδα 까씨메리니 에피메리다
라	septimana editio 셉티마나 에디티오	bis septimana editio 비스 셉티마나 에디티오	diurna 디우르나
러	еженедельник 예줴네젤닉	двухнедéльный журнал 드부흐녜젤느이 쥬르날	ежедневник 예줴드녜브닉
중	周刊 / zhōukān 조우칸	双向周刊 / shuāngxiàng zhōukān 슈앙시앙조우칸	日报 / rìbào 르빠오
일	しゅうかん / 週刊 슈-칸	かくしゅう / 隔週 카쿠슈-	にっかんし / 日刊紙 닉깐시

특대	증간호	별책	KOR
bumper issue 범퍼 이슈	special issue 스페셜 이슈	bonus book 보너스 북	ENG
grande édition spéciale 그랑드 에디씨옹 스뻬씨알	numéro spécial 뉘메로 스뻬씨알	volume séparé 볼륌 쎄빠레	FRA
Sonderausgabe 존더아우스가베	Sondernummer 존더누머	Beiheft 바이헤프트	GER
grande edição especial 그랑지 에지써옹 이스뻬씨아우	edição extra 에지써옹 에스뜨라	volume avulso 볼루미 아부우쑤	POR
buque 부께	número especial 누메로 에스뻬시알	número suplementario 누메로 수쁠레멘따리오	ESP
edizione straordinaria ampliata 에디지오네 스트라오르디나리아 암플리아타	numero speciale 누메로 스페치알레	numero straordinario 누메로 스파오르 르디나리오	ITA
ιδιαίτερη(μέγαλη)έκδοση 이디에떼리(메갈리)엑도시	ειδική έκδοση 이디끼 엑도시	χωριστό τεύχος 호리스또 떼브호스	GRE
specialis editio 스펙키알리스 에디티오	extra 엑스트라	volumen 볼루멘	LAT
–	дополнительный выпуск 더빨니쩰느이 브뿌스크	отдельный том 앗쩰느이 똠	RUS
超号 / chāohào 차오하오	订户 / dìnghù 띵후	别本 / biéběn 비에번	CHN
とくだいごう / 特大号 토쿠다이고-	ぞうかんごう / 増刊号 조-칸고-	べっさつ / 別冊 벳싸추	JPN

특집	부록	발행부수	백넘버	KOR
feature 피쳐	appendix 어펜딕스	circulation 서큘레이션	back number 백 넘버	ENG
article spécial 아르띠끌 스뻬씨알	supplément 쒸블레망	tirage de publication 띠라쥬 드 쀠블리까씨옹	numéro arrière 뉘메로 아리에르	FRA
Sonderbericht 존더베리히트	Beilage 바일라게	Auflage Exemplar 아우프라게 엑셈플라	alte Nummer 알테 누머	GER
edição especial 에지써옹 이스뻬씨아우	suplemento 쑤쁠레멩뚜	tiragem 찌라쩽	número atrasado 누메루 아뜨라자두	POR
artículo especial 아르띠꿀로 에스뻬씨알	suplemento 수쁠레멘또	circulación 시르꿀라씨온	número atrasado 누메로 아뜨라사도	ESP
specialità 스페치알리따	supplemento 숩쁠레멘또	tiratura 띠라뚜라	numero arretrato 누메로 아레프라또	ITA
ειδικό άρθρο 이디꼬 알쓰로	παράρτημα 빠랄띠마	κυκλοφορία(εντύπου) 끼끌로포리아(엔디뿌)	οπίσθιος αριθμός 오삐스씨오스 아리쓰모스	GRE
specialis articulus 스펙키알리스 아르티쿨루스	appendix 압펜딕스	copia editionis 코피아 에디티오니스	posticus numerus 포스티쿠스 누메루스	LAT
специальный выпуск 스뻬찌알느이 브뿌스크	приложение 쁘릴라줴니예	циркуляция 찌르꿀랴찌야	старый номер 스따르이 노메르	RUS
特写 / tèxiě 터시에	附录 / fùlù 푸루	耐印力 / nàiyìnlì 나이인리	背后号码 / bèihòuhàomǎ 베이호우하오마	CHN
とくしゅう / 特集 투쿠슈-	ふろく / 付録 후로쿠	はっこうぶすう / 発行部数 학꼬-부수-	バックナンバー 박꾸난바-	JPN

2-4. 공공기관, 공공시설

한	도로	고속도로	국도	대로
영	road 로드	expressway 익스프레스웨이	national highway *1 내셔날 하이웨이	avenue 애비뉴
프	route 루뜨	autoroute 오또루뜨	route nationale 루뜨 나씨오날	avenue 아브뉘
독	Straße 슈트라세	Autobahn 아우토반	Landstraße 란트슈트라세	Hauptstraße 하웁트슈트라세
포	estrada 이스뜨라다	via expressa 비아 이스쁘레싸	estrada nacional 이스뜨라다 나씨오나우	avenida 아베니다
스	camino 까미노	autopista 아우또삐스따	carretera nacional 까레떼라 나씨오날	avenida 아베니다
이	via 비아	autostrada 아우또스트라다	strada nazionale 스트라다 나지오날레	viale 비알레
그	δρόμος 드로모스	αυτοκινητόδρομος 아프또끼니또드로모스	εθνική οδός 에쓰니끼 오도스	λεωφόρος 레오포로스
라	via 비아	via ad quod sesse movet 이아 아드 쿠오드 세쩨 모베트	via gentilis 비아 젠틸리스	via principalis 비아 프린키팔리스
러	дорога 다로가	шоссе 샤쎄	государственная трасса 거쑤다르스트벤나야 트라싸	авеню 아베뉴
중	路 / lù 루	高速公路 / gāosùgōnglù 까오수꿍루	国道 / guódào 구오따오	大路 / dàlù 따루
일	どうろ / 道路 도-로	こうそくどうろ / 高速道路 코-소쿠도-로	こくどう / 国道 코쿠도-	たいろ / 大路 타이로

동의어: *1 route 루트

한	거리	가로수 큰길	차도	보도
영	street 스트리트	boulevard 불르바드	roadway 로드웨이	sidewalk 사이드워크
프	rue 뤼	boulevard 불르바르	chaussée 쇼세	trottoir 트로뚜와르
독	Straße 슈트라세	Boulevard 불르바	Fahrbahn 파반	Bürgersteig 뷔르거슈타익
포	rua 후아	bulevar 불레바르	rodovia 호도비아	calçada 까우싸다
스	calle 까예	bulevar 불레바르	calzada 깔사다	acera 아쎄라
이	strada 스뜨라다	strada 스뜨라다	strada carrozzàbile 스트라다 카로짜빌레	sentiero pedonale 센티에로 페도날레
그	οδός 오도스	βουλεβάρτο 부레바르또	δρόμος 드로모스	πεζοδρόμιο 뻬조드로미오
라	via 비아	ambulacrum *1 암불라크룸	via catastromi 비아 카타스트로미	crepido viaria *2 크레피도 비아리아
러	улица 울리짜	бульвар 불바르	шоссе 샤쎄	пешеходная дорожка 삐쉐홋나야 다로가
중	街 / jiē 지에	林荫大道 / línyìndàdào 린인따따오	车道 / chēdào 처따오	人行道 / rénxíngdào 런싱따오
일	まち / 街 마치	なみきみち / 並木道 나미키미치	しゃどう / 車道 샤도-	ほどう / 歩道 호도-

동의어: *1 via arborum ordinibus utrimque saepta 비아 아르보룸 오르디니부스 우트림쿠에 샙타(=사엡타), *2 semita 세미타

가로수길	오솔길	산책로	지름길	KOR
allee *1 알리	path *3 패스	promenade 프로머네이드	shortcut 소트컷	ENG
allée couverte *2 알레 꾸베르프	sentier 썽띠에	promenade 프로므나드	raccourci 라꾸르씨	FRA
Allee 알레	schmaler Weg *4 슈말러 벡	Promenade 프로메나데	Abkürzung(sweg) 압퀴어충(스벡)	GER
alameda 알라메다	ruela 후엘라	passeio 빠쎄이우	atalho 아딸유	POR
vial 비알	senda 센다	paseo 빠쎄오	atajo 아따호	ESP
viale 비알레	sentiero 센티에로	passeggiata 빳셋지아따	scorciatoia 스코르차토이아	ITA
δρομάκι 드로마끼	μονοπάτι 모노빠띠	περίπατος 뻬리빠또스	σύντομος δρόμος 신도모스 드로모스	GRE
–	semita via angusta 세미타 비아 안구스타	ambulacrum 암불라크룸	via brevis 비아 브레비스	LAT
бульвар 불바르	тропинка 뜨라삔까	дорожка для гулянья 다로가 들랴 굴랴니야	кратчайший путь 크랏촤쉬 뿟츠	RUS
林荫路 / línyīndào 린인따오	小径 / xiǎojìng 샤오징	散步路 / sànbùlù 싼뿌루	捷径 / jiéjìng 지에징	CHN
なみきみち / 並木道 나미키미치	こみち / 小道 코미치	さんぽみち / 散歩道 산포미치	ちかみち / 近道 치카미치	JPN

동의어: *1 avenue 애비뉴, *2 drève 드레브, *3 trail 트레일, *4 Pfad 화아트

사거리	포장도로	막다른골목	구역	KOR
crossroad(s) 크로스로드	pavement 페이브먼트	blind alley 블라인드 앨리	quarter 쿼터	ENG
carrefour 꺄르푸	pavage 파바쥬	rue impasse 뤼 엥빠스	quartier 까르띠에	FRA
Kreuzung 크로이충	Pflasterstraße 플라스터슈트라세	Sackgasse 작가세	Bezirk 베치르크	GER
cruzamento 끄루자멩뚜	estrada pavimentada 이스뜨라다 빠비멩따다	beco sem saída 베꾸 쎙 싸이다	quarteirão 꽈르떼이러웅	POR
cruce 끄루쎄	camino solado 까미노 솔라도	callejón sin salida 까예혼 씬 살리다	barrio 바리오	ESP
incrocio 인크로치오	selciato 쎌치아또	vicolo cieco 비꼴로 치에꼬	zona 조나	ITA
σταυροδρόμι 스따브로드로미	λιθόστρωτο 리쏘스트로또	αδιέξοδο 아디엑소도	συνοικία 시니끼아	GRE
quadrivium 쿠아드리비움	pavimentum 파비멘툼	fundula 푼둘라	vicus 비쿠스	LAT
перекресток 뻬례크료스떡	тротуар 뜨라뚜아르	тупик 뚜삑	квартал 크바르딸	RUS
十字路口 / shízìlùkǒu 스즈루커우	铺路 / pūlù 푸루	死胡同 / sǐhútòng 쓰후퉁	区域 / qūyù 취위	CHN
こうさてん / 交差点 코-사텐	ほそうどうろ / 舗装道路 호소-도-로	ゆきどまり / 行き止まり 유키도마리	くいき / 区域 쿠이키	JPN

한	건축물	유산	거석	고인돌	광장
영	construction 컨스트럭션	heritage 헤리티지	megalith 메가리스	dolmen 돌멘	square 스퀘어
프	construction 꽁스트뤽씨옹	héritage 에리따쥬	mégalithe 메갈리프	dolmen 돌멘	place 쁠라스
독	Baute 바우테	Erbe 에르베	Menhir 멘히르	Dolmen 돌멘	Platz 플라츠
포	construção 꽁스뜨루써옹	herança 에랑싸	megálito 메갈리뚜	dólmen 도우멩	praça 쁘라싸
스	construcción 콘스트룩시옹	herencia 에렌시아	megalito 메갈리또	dolmen 돌멘	plaza 쁠라사
이	costruzione 코스트루지오네	patrimònio 파뜨리오모니오	megalito 메갈리토	dolmen 돌멘	piazza 삐앗짜
그	κατασκευή 까따스께비	κληρονομιά 끌리로노미아	μεγαλίθος 메갈리쏘스	ντολμέν 돌멘	πλατεία 쁠라띠아
라	constructionem 콘스트룩티오넘	hereditatem 에레디타툼	megalith 메가리스	dolmen 돌멘	forum 포룸
러	строительство 스뜨라이뗄스뜨버	наслéдие 나슬레지예	мегалит 메갈리트	дольмен 달멘	площадь 쁠로샤지
중	建筑物 / jiànzhùwù 찌엔쭈우	遗产 / yíchǎn 이찬	巨石 / jùshí 쥐스	石棚 / shípéng 시펑	广场 / guǎngchǎng 광창
일	けんちくぶつ / 建築物 켄치쿠부추	ぶんかいさん / 文化遺産 분카이산	きょせき / 巨石 쿄세키	ドルメン 도루멘	ひろば / 広場 히로바

한	기념비	성	궁전	동상
영	monument 모뉴먼트	castle 캐슬	palace 팰리스	statue 스태튜
프	monument 모뉘망	château 샤또	palais 빨레	statue 스따뛰
독	Monumente [1] 모누멘테	Schloß 슐로스	Palast 팔라스트	Statue 슈타투에
포	monumento 모누멩뚜	castelo 까스뗄루	palácio 빨라씨우	estátua de bronze 이스따뚜아 지 브롱지
스	monumento 모누멘또	castillo 까스띠요	palacio 빨라씨오	estatura 에스따뚜라
이	monumento 모누멘또	castello 까스뗄로	palazzo 빨랏쬬	statua 스타뚜아
그	μνημείο 므니미오	κάστρο 까스뜨로	παλάτι 빨라띠	άγαλμα 아갈마
라	monumentum 모누멘툼	castellum 카스텔룸	regia 레기아	statua 스타투아
러	памятник 빠먀트닉	замок 자먹	дворец 드바롓츠	статуя 스따뚜야
중	纪念碑 / jìniànbēi 찌니엔뻬이	城 / chéng 청	宫廷 / gōngtíng 꿍팅	铜像 / tóngxiàng 퉁시앙
일	きねんひ / 記念碑 키넨히	しろ / 城 시로	きゅうてい / 宮廷 큐-테-	どうぞう / 銅像 도-조-

동의어: [1] Denkmal 뎅크말

324

타워	다리	역	터미널	KOR
tower 타워	bridge 브릿지	station 스테이션	terminal 터미날	ENG
tour 뚜르	pont 뽕	gare 갸르	terminal 떼르미날	FRA
Turm 투름	Brücke 브뤼케	Bahnhof 반호프	Terminal 테르미날	GER
torre 또히	ponte 뽕찌	estação 이스따써웅	terminal 떼르미나우	POR
torre 또레	puente 뿌엔떼	estación 에스따씨온	terminal 떼르미날	ESP
torre 또레	ponte 뽄떼	stazione 스따찌오네	terminale 테르미날레	ITA
πύργος 삐르고스	γέφυρα 게피라	σταθμός 스따쓰모스	τερματικός σταθμός 떼르마띠꼬스 스따쓰모스	GRE
turris 투리스	pons 폰스	statio 스타티오	statio fini 스타티오 피니	LAT
башня 바쉬냐	мост 모스트	станция 스딴찌야	терминал 쩨르미날	RUS
塔 / tǎ 타	桥 / qiáo 치아오	车站 / chēzhàn 처짠	终端站 / zhōngduānzhàn 종두완짠	CHN
タワー 타와-	はし / 橋 하시	えき / 駅 에키	ターミナル 타-미나루	JPN

중앙시장	야외극장	고층빌딩, 마천루	시청	KOR
central market 센트럴 마켓	open-air theater 오픈 에어 씨어터	skyscraper 스카이스크레이퍼	city hall 시티 홀	ENG
marché central 마르쉐 썽트랄	théâtre en plein air 떼아트르 엉 쁠레네르	gratte-ciel 그라프 씨엘	hôtel de ville 오뗄 드 빌	FRA
Hauptmarkt 하웁트마크트	Freilichtbühne 프라일리히트뷔네	Wolkenkratzer 볼켄크라처	Rathaus 라트하우스	GER
mercado central 메르까두 쎙프라우	cinema ao ar livre 씨네마 아우 아르 리브리	arranha-céu 아항야-쎄우	prefeitura 쁘레페이뚜라	POR
Mercado Central 메르까도 쎈뜨랄	teatro al aire libre 떼아뜨로 알 아이레 리브레	rascacielos 라스까씨엘로스	municipio 무니씨삐오	ESP
mercato centrale 메르카토 첸뜨랄레	teatro aperto 테아트로 아페르토	grattacielo 그랏따치엘로	palazzo comunale 빨랏쬬 꼬무날레	ITA
κεντρική αγορά 껜드리끼 아고라	υπαίθριο θεάτρο 이뻬쓰로 쎄아뜨로	ουρανοξύστης 우라노윽시스삐스	δημαρχείο 디마르히오	GRE
forum 포룸	theatrum subdiale 테아트룸 숩디알레	coelistrigilis 코에리스트리길리스	tribunatus plebis 트리부나투스 플레비스	LAT
рынок 릐넉	открытый театр 아트크리드이 찌아쁘르	небоскреб 녜바스크롭	ратуша 라뚜샤	RUS
–	外光剧场 / wàiguāngjùchǎng 와이꽌쥐창	摩天大厦 / mótiāndàshà 모티엔따샤	市政府 / shìzhèngfǔ 쓰쩡푸	CHN
ちゅうおういちば / 中央市場 츄-오-이치바	やがいげきじょう / 野外劇場 야가이게끼죠-	こうそうビル / 高層ビル 코-소-비루	しちょう / 市庁 시쵸-	JPN

한	경찰서	소방서	세무서
영	police station 폴리스 스테이션	fire station 파이어 스테이션	tax office 택스 오피스
프	police 뽈리스	caserne de pompiers 까제르느 드 뽕삐에	bureau de contributions *1 뷔로 드 꽁트리뷔씨옹
독	Polizeibehörde 폴리차이베회르데	Feuerwache 포이어바헤	Steueramt 스토이어암트
포	delegacia policial 델레가씨아 뽈리씨아우	posto de bombeiros 뽀스뚜 지 봉베이루스	agência de imposto 아쩽씨아 지 잉뽀스뚜
스	comisaría de policía 꼬미사리아 데 뽈리씨아	cuartel de bomberos 꾸아르뗄 데 봄베로스	oficina de impuestos 오피씨나 데 임뿌에스또스
이	polizia 폴리찌아	caserma dei pompieri 까세르마 데이 뽐삐에리	ufficio daziario 우피치오 다지아리오
그	αστυνομία 아스띠노미아	πυροσβεστικός σταθμός 삐로스베스띠꼬스 스따쓰모스	εφορία 에포리아
라	aedilitas 아에딜리타스	vigiles 비길레스	teloneum 텔로네움
러	полицейский участок 뻘리쩨이스끼 우촤스떡	пожарная станция 빠좌르나야 스딴찌야	налоговое управление 날로거뷔예 우쁘라블례니예
중	警察署 / jǐngcháshǔ 징차수	消防站 / xiāofángzhàn 샤오팡짠	税务局 / shuìwùjú 쉐이우쥐
일	けいさつしょ / 警察署 케-사추쇼	しょうぼうしょ / 消防署 쇼-보-쇼	ぜいむしょ / 税務署 제-무쇼

동의어: *1 bureau des impots 뷔로 데 젱뽀

한	증권거래소	문화회관	국회의사당
영	stock exchange *1 스톡 익스체인지	community center *2 커뮤니티 센터	the Capitol 더 캐피털(미)
프	Bourse des valeurs 부르스 데 발뢰르	maison de la culture 메종 드 라 뀔뛰르	Assemblée Nationale 아썽블레 나씨오날
독	Börse 뵈르제	Kulturzentrum 쿨투어첸트룸	Parlamentsgebäude *3 팔라멘츠게바우테
포	bolsa de valores 보우싸 지 발로리스	centro cultural 쎙뜨루 꾸우뚜라우	prédio do Congresso Nacional 쁘레지우 두 꽁그레쑤 나씨오나우
스	bolsa de valores 볼사 데 발로레스	centro comunitario 센뜨로 꼬무니따리오	parlamento 빨라멘또
이	borsa 보르사	comune 꼬무네	campidoglio 깜피돌리오
그	χρηματιστήριο 흐리마띠스띠리오	κοινό πολιτιστικό κέντρο 끼노 뽈리띠스띠꼬 껜드로	βουλή 부리
라	basilica 바실리카	institutum communis cultus 인스티투툼 콤무니스 쿨투스	consilium gentile 콘실리움 젠틸레
러	фондовая биржа 폰다바야 비르좌	культурный центр 꿀뚜르느이 쩰뜨르	Здание Национальной Ассамблеи 즈다니예 나쯔날너이 아쌈블리이
중	股票交易所 / gǔpiàojiāoyìsuǒ 구피아오찌아오이수오	文化馆 / wénhuàguǎn 원화관	国会议事堂 / gúohuìyìshìtáng 궈훠이이쓰탕
일	しょうけん とりひきしょ / 証券取引所 쇼-켄 토리히키쇼	ぶんか かいかん / 文化会館 분카 카이칸	こっかいぎじどう / 国会議事堂 콕까이기지도-

동의어: *1 stock market 스톡 마켓, *2 culture center 컬춰 센터, *3 Reichstag 라이히스탁(베를린의 국회의사당)

회의장	법원	대사관	박물관	KOR
conference hall 컨퍼런스 홀	court 코트	embassy 엠버시	museum 뮤지엄	ENG
salle de réunion 쌀 드 레위니옹	palais de justice 빨레 드 쥐스띠스	ambassade 엉바싸드	musée 뮤제	FRA
Konferenzsaal 콘퍼렌츠잘	Gericht 게리히트	Botschaft 보트샤프트	Museum 무제움	GER
salão de conferência 쌀라웅 지 꽁페렝씨아	tribunal de justiça 프리부나우 지 쥬스찌싸	embaixada 잉바이샤다	museu 무제우	POR
sala de convención 살라 데 꼰벤씨온	tribunal 프리부날	embajada 엠바하다	museo 무세오	ESP
sala di riunione 살라 디 리우니오네	tribunale 프리부날레	ambasciata 암바샤따	museo 무세오	ITA
αίθουσα συνεδριάσεων 에쑤사 시네드리아세온	δικαστήριο 디까스띠리오	πρεσβεία 쁘레즈비아	μουσείο 무시오	GRE
consistorium 콘시스토리움	judicium(=iudicium) 유디키움	legatio 레가티오	museum 무세움	LAT
Конференц-зал 깐페렌츠-잘	здание суда 즈다니예 수다	посольство 빠쏠스뜨버	музей 무제이	RUS
会场 / huìchǎng 훼이이창	法院 / fǎyuàn 파위엔	大使馆 / dàshǐguǎn 따스관	博物馆 / bówùguǎn 보우관	CHN
かいぎじょう / 会議場 카이기죠-	さいばんしょ / 裁判所 사이반쇼	たいしかん / 大使館 타이시칸	はくぶつかん / 博物館 하쿠부추칸	JPN

공원	보건소	양로원	고아원	KOR
park 파크	health center 헬스 센터	nursing home 너싱 홈	orphanage 올파나지	ENG
parc 빠르끄	service de santé publique 쎄르비스 드 쌍떼 쀠블리끄	maison de retraite 메종 드 르트레뜨프	orphelinat 오르프리나	FRA
Park 파크	Gesundheitsamt 게준트하이츠암트	Altersheim 알터스하임	Waisenhaus [1] 바이젠하우스	GER
parque 빠르끼	posto de saúde 뽀스뚜 지 싸우지	casa de repouso 까자 지 헤뽀우주	orfanato 오르파나뚜	POR
parque 빠르께	centro de salud 쎈뜨로 데 살룻	asilo de ancianos 아실로 데 안씨아노스	orfanato 오르파나또	ESP
parco 빠르꼬	ufficio d'igiène 우피초 디지에네	ospizio 오스피지오	orfanotrofio 오르파노트로피오	ITA
πάρκο 빠르꼬	κέντρο υγείας 껜드로 이기아스	άσυλο 아실로	ορφανοτροφείο 오르파노트로피오	GRE
viridarium 비리다리움	institutum pullicae sanitae 인스티투툼 풀리카에 사니타	gerontocomium 게론토코미움	orphanotrophium 오르파노트로피움	LAT
парк 빠르크	Клиника 클리니까	приют для старых 쁘리웃 들랴 스따릐흐	сиротство 씨롯츠트버	RUS
公园 / gōngyuán 꿍위엔	卫生院 / wèishēngyuàn 웨이성위엔	养老院 / yǎnglǎoyuàn 양라오위엔	孤儿院 / gūéryuàn 꾸얼위엔	CHN
こうえん / 公園 코-엔	ほけんしょ / 保健所 호켄쇼	ろうじんホーム / 老人ホーム 로-진호-무	こじいん / 孤児院 코지인	JPN

동의어: [1] Kinderheim 킨더하임

한	영화관	극장	미술관	도서관
영	movie theater 무비 띠에이터	theater 띠에이터	art museum 아트 뮤지엄	library 라이브러리
프	cinéma 씨네마	théâtre 떼아트르	musée d'art 뮤제 다르	bibliothèque 비블리오떼끄
독	Kino 키노	Theater 테아터	Kunstmuseum 쿤스트무제움	Bibliothek 비블리오테크
포	cinema 씨네마	teatro 찌아프루	museu de arte 무제우 지 아르찌	biblioteca 비블리우떼까
스	cine 씨네	teatro 떼아뜨로	galería de arte 갈레리아 데 아르떼	biblioteca 비블리오떼까
이	cinema 치네마	teatro 떼아뜨로	pinacoteca 피나코테카	biblioteca 비블리오떼까
그	κινηματογράφος 끼니마또그라포스	θέατρο 쩨아트로	πινακοθήκη 삐나꼬씨끼	βιβλιοθήκη 비블리오씨끼
라	theatrum motu 테아트룸 모투	theatrum 테아트룸	pinacotheca 피나코테카	bibliotheca 비블리오테카
러	кинотеатр 끼너찌아쁘르	театр 찌아쁘르	музей 무제이	библиотека 비블리아쩨까
중	电影院 / diànyǐngyuàn 띠엔잉위엔	剧场 / jùchǎng 쥐창	美术馆 / měishùguǎn 메이수관	图书馆 / túshūguǎn 투수관
일	えいがかん / 映画館 에-가칸	えいがかん / 映画館 에-가칸	びじゅつかん / 美術館 비쥬추칸	としょかん / 図書館 토쇼칸

한	수도원	성당	교회	식물원
영	monastery 모나스테리	cathedral 카띠드럴	church 쳐치	botanical garden 보태니컬 가든
프	couvent 꾸벙	cathédrale 꺄떼드랄	église 에글리즈	jardin botanique 쟈르뎅 보따니끄
독	Kloster 클로스터	Dom 돔	Kirche 키르헤	botanischer Garten 보타니셔 가아텐
포	convento 꽁벵뚜	catedral 까떼드라우	igreja 이그레쟈	jardim botânico 쟈르징 보따니꾸
스	convento 콘벤또	catedral 까떼드랄	iglesia 이글레시아	jardín botánico 하르딘 보따니꼬
이	monastero 모나스테로	chiesa 끼에자	chiesa 끼에사	orto botanico 오로또 보따니꼬
그	γυναικείο μοναστήρι 이내끼오 모나스띠리	καθεδρικός 까쩨드리꼬스	εκκλησία 엑끌리시아	βοτανολογικός κήπος 보따놀로기꼬스 끼쁘스
라	institutum confucii 인스티투툼 콘푸크리	delubrum 데루브룸	ecclesia 엑클레시아	hortus herbae 호르투스 헤르바에(=헤르배)
러	монастырь 마나스쁘르	храм 흐람	церковь 쩨르꼬피	ботанический сад 바따니취스끼 샷
중	修道院 / xiūdàoyuàn 씨우다오위엔	教堂 / jiàotáng 찌아오탕	教会 / jiàohuì 찌아오훼이	植物园 / zhíwùyuán 즈우위엔
일	しゅうどういん / 修道院 슈-도-인	きょうかいどう / 教会堂 쿄-카이도-	きょうかい / 教会 쿄-카이	しょくぶつえん / 植物園 쇼쿠부추엔

수족관	동물원	우체국	우편	KOR
aquarium 아쿠아리엄	zoo 주	post office 포스트 오피스	mail 메일	ENG
aquarium 아꾸아리움	zoo 주	(bureau de)poste (뷔로 드)포스트	courrier 꾸리에	FRA
Aquarium 아쿠아리움	Zoo 초	Postamt 포스트암트	Post 포스트	GER
aquário 아꽈리우	jardim zoológico 쟈르징 주올로쥐꾸	correio 꼬헤이우	correio 꼬헤이우	POR
acuario 아꾸아리오	parque zoológico 빠르께 소올로히꼬	estafeta 에스따페따	correo 꼬레오	ESP
acquario 악꾸아리오	giardino zoologico 지아르디노 쥴로지코	ufficio postale 우피초 뽀스딸레	posta 뽀스따	ITA
ενυδρείο 에니드리오	ξωολογικός κήπος 조올로기꼬스 끼뽀스	ταχυδρομείο 따히드로미오	αλληλογραφία 알릴로그라피아	GRE
aquarium 아쿠아리움	nortus animalium 노르투스 아니말리움	diribitorium tabellarium 디리비토리움 타벨라리움	mutua scriptio 무투아 스크립티오	LAT
аквариум 아크바리움	зоопарк 자빠르크	почта 뽀취따	почта 뽀취따	RUS
水族馆 / shuǐzúguǎn 쉐이주관	动物园 / dòngwùyuán 뚱우위엔	邮局 / yóujú 요우쥐	邮政 / yóuzhèng 요우쩡	CHN
すいぞくかん / 水族館 수이조쿠칸	どうぶつえん / 動物園 도-부추엔	ゆうびんきょく / 郵便局 유-빈쿄쿠	ゆうびん / 郵便 유-빈	JPN

편지	우표	기상관측	KOR
letter 레터	stamp 스탬프	meteorological observation 미터어로러지컬 옵저베이션	ENG
lettre 레트르	timbre 뗑브르	observation météorologique 옵제르바씨옹 메떼오로로지끄	FRA
Brief 브리프	Briefmarke 브리프마르케	Wetterwarte 베터바르테	GER
carta 까르따	selo 쎌루	observatório meteorológico 오비쩨르바또리우 메떼오롤로쥐꾸	POR
carta 까르따	estampilla 에스땀삐야	observación del tiempo 옵세르바씨온 델 띠엠뽀	ESP
lettera 렛떼라	francobollo 프랑꼬볼로	osservatorio meteorologico 오쩨르바토리오 메테오롤로지코	ITA
επιστολή 에삐스똘리	γραμματόσημο 그람마또시모	μετεωρολογικό παρατηρητήριο 메떼오롤로기꼬 빠라띠리삐리오	GRE
epistula 에피스툴라	signum 시그눔	observatio et praedictio tempestatis 옵세르바티오 에트 프래딕티오 템페스타티스	LAT
письмо 삐시모	штамп 슈땀프	метеорологическая обсерватория 몌쩨아랄라기췌스까야 압쎄르바토리야	RUS
信 / xìn 씬	邮票 / yóupiào 요우피아오	气象观测 / qìxiàngguāncè 치샹꽌처	CHN
てがみ / 手紙 테가미	きって / 切手 킷떼	きしょうかんそく / 気象観測 키쇼-칸소쿠	JPN

한	항공우편	우편엽서	빠른우편	등기
영	airmail 에어메일	postcard 포스트카드	express mail 익스프레스 메일	registered mail 레지스터드 메일
프	aéropostal 아에로뽀스딸	carte postale 꺄르프 뽀스딸	(courrier)exprès (꾸리에)엑스프레	(lettre)recommandée (레뜨르)르꼬망데
독	Luftpost 루프트포스트	Postkarte 포스트카르테	Express Brief 엑스프레스 브리프	Einschreiben 아인슈라이벤
포	correio aéreo 꼬헤이우 아에리우	cartão postal 까르떠웅 뽀스따우	correio expresso 꼬헤이우 이스쁘레쑤	correio registrado 꼬헤이우 헤쥐스뜨라두
스	carta aérea 까르따 아에레아	tarjeta postal 따르헤따 뽀스딸	exprés 엑스쁘레스	registro 레히스뜨로
이	posta aerea 포스타 아에레아	cartolina 까르똘리나	posta espressa 포스타 에스쁘레싸	lettera raccomandata 레떼라 라꼬만다따
그	αεροπορική ταχυδρομείο 에로뽀리끼 따히드로미오	κάρτα 까르따	ταχυδρόμηση εξπρές 따히드로미시 엑스프레스	συστιμένα 시스띠메나
라	mutua scriptio aeria 무투아 스크립티오 아에라아	charta 카르타	celeris deditio 셀레리스 데디티오	perscripta 페르스크립타
러	авиапочта 아비아뽀쮀따	почтовая карточка 빠취또바야 까르떠취까	срочная доставка 스로취냐야 다스따프까	*1
중	航空信 / hángkōngxìn 항콩씬	邮片 / yóupiàn 요우피엔	特快传递 / tèkuàichuándì 터콰이추안띠	单挂号 / dānguàhào 딴꽈하오
일	エアメール 에아메-루	ゆうびん はがき / 郵便 葉書 유-빈 하가키	そくたつ / 速達 소쿠타추	かきとめ / 書留 카키토메

동의어: *1 заказное почтовое отправление 자까즈너예 뻐취따버예 앗트쁘라블레니예

한	내용증명	택배	퀵서비스
영	certification of contents 서티피케이션 오브 컨텐츠	parcel delivery service 파슬 딜리버리 서비스	express delivery service 익스프레스 딜리버리 서비스
프	attestation du contenu 아떼스따씨옹 뒤 꽁뜨뉘	livraison à domicile 리브레종 아 도미씰	par express *1 파르 엑스프레스
독	Inhaltserklärung 인할츠에어클래룽	Paketzustellung 파켈쭈스텔룽	Express 엑스프레스
포	sistema de protesto 씨스떼마 지 쁘로떼스뚜	entrega a domicílio 잉프레가 아 도미씰리우	serviço de entrega rápida 쎄르비쑤 지 잉프레가 하삐다
스	Certificación del contenido 쎄르띠피까씨온 델 꼰떼니도	Servicio a domicilio 세르비씨오 아 도미씰리오	Servicio rápido a domicilio 세르비씨오 라삐도 아 도미씰리오
이	certificazione di contenuto 체르티피카지오네 디 콘테누또	corriere 코리에레	servizio rapido 세르비지오 라피도
그	βεβαίωση περιεχομένου 베배오시 뻬리에호메누	ταχυδρόμηση επι οίκου 따히드로미시 에삐 이꾸	επειγούσα μεταφορά 에삐구사 메따포라
라	confirmatio 콘피르마티오	deditio domu 데디티오 도무	celeris deditio domu 셀레리스 데디티오 도무
러	сертификация содержания 쎄르찌피까찌야 서제르좌니야	курьер 쿠리예르	экспресс-доставка 엑스쁘래스-다스따프까
중	内容证明 / nèiróngzhèngmíng 네이룽쩡밍	速递 / sùdì 쑤디	快递 / kuàidì 콰이디
일	ないようしょうめい / 内容 証明 나이요- 쇼-메-	たくはい / 宅配 타쿠하이	クイックサービス 쿠익꾸사-비수

참고: *1 service rapide 쎄르비스 라삐드(패스트푸드점 같은 형태의 빠른 서비스)

소포	주소	수신인	발신인	KOR
parcel 파슬	address 어드레스	recipient 리시피언트	sender 센더	ENG
colis(postal) 꼴리(포스딸)	adresse 아드레스	destinataire 데스띠나떼르	expéditeur 엑스뻬디뙤르	FRA
Paket *1 파케트	Adresse 아드레세	Empfänger 앰팽어	Absender 압젠더	GER
pacote 빠꼬찌	endereço 잉데레쑤	destinatário 데스찌나따리우	remetente 헤메멩찌	POR
paquete 빠께떼	dirección 디렉씨온	destinatario 데스띠나따리오	remitente 레미뗀떼	ESP
pacco 파꼬	indirizzo 인디릿쬬	destinatario 데스띠나따리오	speditore 스뻬디또레	ITA
δέμα 데마	διέυθυνση 디에브씬시	παραλήπτης 빠랄립띠스	αποστολέας 아뽀스똘레아스	GRE
fasciculus 파스키쿨루스	inscriptio 인스크립티오	accipiens 악키피엔스	mittens 밋텐스	LAT
посылка 빠씰까	адрес 아드레스	получател 뻘루촤쩰	отправител 앗트쁘라비쩰	RUS
包裹 / bāoguǒ 빠오구오	地址 / dìzhǐ 띠즈	收信人 / shōuxìnrén 셔우씬런	寄件人 / jìjiànrén 지찌엔런	CHN
こづつみ / 小包 코주추미	じゅうしょ / 住所 쥬-쇼	じゅしんにん / 受信人 쥬신닌	はっしんにん / 発信人 핫씬닌	JPN

동의어: *1 Päckchen 팩헨(소형 소포)

특송	전화번호	전화번호부	KOR
special delivery 스페샬 딜리버리	phone number 폰 넘버	phone book *1 폰 북	ENG
livraison spéciale 리브레종 스뻬씨알	numéro de téléphone 뉘메로 드 뗄레폰	annuaire téléphonique *2 아뉘에르 뗄레포니끄	FRA
Expressversand 엑스프레스페어잔트	Telefonnummer 텔레폰누머	Telefonbuch 텔레폰부흐	GER
entrega especial 잉뜨레가 이스뻬씨아우	número de telefone 누메루 지 뗄레포니	lista telefônica 리스따 뗄레포니까	POR
envío especial 엔비오 에스뻬씨알	número de teléfono 누메로 데 뗄레포노	guía telefónica 기아 뗄레포니까	ESP
corriere speciale 꼬리에레 스페찰레	numero telefonico 누메로 뗄레포니코	elenco telefonico 엘렌꼬 뗄레포니꼬	ITA
ειδική ταχυδρόμηση 에디끼 따히드로미시	αριθμός τηλεφώνου 아리쓰모스 띨레포누	τηλεφωνικός κατάλογος 띨레포니꼬스 까딸로고스	GRE
deditio specialis 데디티오 스펙키알리스	numerus vocis distantiae 누메루스 보키스 디스탄티에	album vocis distantiae 알붐 보키스 디스탄디에	LAT
специальная доставка 스삐쨀나야 다스따프까	нóмер телефóна 노메르 쩰레포나	телефóнная кнíга 텔레폰나야 크니가	RUS
快递小包 / kuàidìxiǎobāo 콰이디샤오빠오	电话号码 / diànhuàhàomǎ 띠엔화하오마	电话簿 / diànhuàbù 띠엔화뿌	CHN
–	でんわ ばんごう / 電話番号 뎅와반고-	でんわちょう / 電話帳 뎅와쵸-	JPN

동의어: *1 yellow book 옐로 북, *2 bottin 보땡

한	내선	외선	공중전화
영	extension 익스텐션	outside line 아웃사이드 라인	pay phone 페이 폰
프	téléphone intérieur 뗄레폰 엥떼리외르	téléphone extérieur 뗄레폰 엑스떼리외르	téléphone publique 뗄레폰 쀠블리끄
독	Nebenanschluss 네벤안슐루스	Außenanschluss 아우쎈안슐루스	Münzfernsprecher 뮌츠페른슈프레허
포	extensão 이스뼁써옹	linha externa 링야 이스떼르나	telefone público 뗄레포니 뿌블리구
스	extensión 에스뗀씨온	línea directa 리네아 디렉따	teléfono público 뗄리포노 뿌블리꼬
이	interno 인떼르노	esterno 에스테르노	telefono pubblico 뗄레포노 뿜블리꼬
그	εσωτερική γραμμή 에소떼리끼 그람미	εξωτερική γραμμή 엑소떼리끼 그람미	κερματοτηλέφωνο *1 꼐르마또띨레포노
라	interna 인테르나	externa linea 엑테르나 리네아	vox distantia ad publicum 복스 디스탄티아 아드 푸블리쿰
러	вну́тренняя ли́ния 브누뜨렌냐야 리니야	вне́шний про́вод 브녜시니 프로바트	публи́чный телефо́н 푸블리치느이 쩰레폰
중	内线 / nèixiàn 네이시엔	外线 / wàixiàn 와이시엔	公用电话 / gōngyòng diànhuà 꽁융띠엔화
일	ないせん / 内線 나이센	がいせん / 外線 가이센	こうしゅうでんわ / 公衆電話 코-슈-뎅와

동의어: *1 καρτοτηλέφωνο 까르또띨레포노

한	핸드폰	착신자부담 서비스전화	인터넷전화
영	mobile phone 모바일 폰	collect call 컬렉트 콜	online call *1 온라인 콜
프	téléphone mobile 뗄레폰 모빌	appel en PCV 아뻴 엉 뻬쎄베	téléphonie sur Internet 뗄레포니 쉬르 앵떼르네트
독	Handy 핸디	R-Geschpräch 에르 게슈프래히	Internettelefonie 인터넷텔레폰
포	telefone celular 뗄레포니 쎌룰라르	chamada a cobrar 샤마다 아 꼬브라르	telefonia via internet 뗄레포니아 비아 잉떼르네찌
스	móvil 모빌	llamada por cobrar 야마다 뽈 꼬브랄	Teléfono por Internet 떼레포노 뽈 인뗄넷
이	cellulare 첼룰라레	chiamata a carico del destinatario 끼아마따 아 까리꼬 델 데스티나따리오	telefono del Internet 뗄레포노 델 인테르넷
그	κινητό 끼니또	κλήση σε βάρος του παραλήπτης 끌리시 세 바로스 뚜 빠랄립띠스	τηλέφωνο δικτύου 띨레포노 딕띠우
라	vox mobilis 복스 모빌리스	vocatio oneri acceptoris 보카티오 오네리 악켑토리스	vox distantiae reti 복스 디스탄티에 레티
러	мобильный телефон 마빌늬이 쩰레폰	звонок за счет вашего абонента 즈바녹 자 숏 바쉐버 아바녠따	интернет-телефон 인뜨르넷-쩰레폰
중	手机 / shǒujī 셔우지	受话方付费电话 / shòuhuàfāngfùfèidiànhuà 셔우화팡푸페이띠엔화	因特网电话 / yīntèwǎngdiànhuà 인터왕띠엔화
일	ケータイ 케-타이	コレクトコール 코레쿠토코-루	インターネット でんわ / インターネット電話 인타-넷또뎅와

동의어: *1 Internet phone 인터넷 폰

화상전화	국제전화	메신저	KOR
skype *1 스카입	international call 인터네셔날 콜	messenger 메신저	ENG
visiophone 비지오폰	appel international 아뻴 엥떼르나씨오날	messager 메싸제	FRA
Bildtelefon 빌트텔레폰	Auslandtelefonie 아우슬란트텔레포니	Messenger 메신저	GER
ligação por vídeoconferência 리가써웅 뽀르 비지우꽁페렝씨아	ligação internacional 리가써웅 잉떼르나씨오나우	mensageiro 멩싸줴이루	POR
Teléfono para teleconferencias 뗄레포노 빠라 뗄레꼰페렌씨아스	llamada internacional 야마다 인떼르나씨오날	mensajero 멘사헤로	ESP
videotelefonia 비데오텔레포니아	chiamata internazionale 끼아마따 인테르나지오날레	messenger 메쎈제르	ITA
τηλέφωνο εικόνας 띨레포노 이꼬나스	διεθνής κλήση 디에쓰니스 끌리시	αγγελιαφόρος, μέσεντζερ 앙겔리아포로스, 메센제르	GRE
vox distantiae imagini 복스 디스탄디에 이마지니	universalis vocatio 우니베르살리스 보카티오	nuntius 눈티우스	LAT
видеотелефóн 비지오쪨례폰	международная связь 메쥬두나로드나야 스뱌지	посланник 빠슬란닉	RUS
电视电话 / diànshìdiànhuà 디엔스띠엔화	国际电话 / guójìdiànhuà 구오지띠엔화	使者 / shǐzhě 쓰저	CHN
テレビでんわ / テレビ 電話 테레비뎅와	こくさいでんわ / 国際電話 코쿠사이뎅와	メッセンジャー 멧쎈자-	JPN

동의어: *1 video call 비디오 콜

전화카드	전화기	핫라인	KOR
phone card 폰카드	telephone 텔레폰	hotline 핫라인	ENG
télécarte 뗄레까르트	téléphone 뗄레폰	téléphone rouge 뗄레폰 루쥬	FRA
Telefonkarte 텔레폰카르테	Telefon 텔레폰	Hotline, direkte Verbindung 홋라인, 디렉테 페어빈둥	GER
cartão telefônico 까르떠웅 뗄레포니꾸	aparelho de telefone 아빠렐유 지 뗄레포니	linha direta 링야 지레따	POR
tarjeta de visita 따르헤따 데 비시따	teléfono 뗄레포노	canal directo 까날 디엑또	ESP
scheda telefonica 스케다 텔레포니카	telefono 텔레포노	linea rossa 리네아 롯싸	ITA
κάρτα τηλεφώνου 까르따 띨레포누	τηλέφωνο 띨레포노	κατευθεία τηλεφωνική γραμμή 까떼브씨아 띨레포니끼 그람미	GRE
chanta vouis distantiae 칸타 보우이스 디스탄티애	vox distantiae 보스 디스탄티에	directa linea vocis distantiae 디렉타 리네아 보키스 디스탄티애	LAT
телефонная карта 쩰례폰나야 까르따	телефон 쩰례폰	горячая ления 가랴촤야 리니야	RUS
电话卡 / diànhuàkǎ 띠엔화카	电话机 / diànhuàjī 띠엔화지	热线 / rèxiàn 러시엔	CHN
テレフォン カード 테레훤 카-도	でんわき / 電話機 뎅와키	ホットライン 홋또라인	JPN

한	사회	세계	국가	수도	대도시
영	society 소사이어티	world 월드	state *1 스테이트	capital 캐피틀	metropolis 메트로폴리스
프	société 쏘씨에떼	monde 몽드	état, pays 에따, 뻬이	capitale 꺄삐딸	métropole 메트로폴
독	Gesellschaft 게젤샤프트	Welt 벨트	Staat 슈타트	Hauptstadt 하웁트슈타트	Großstadt 그로스슈타트
포	sociedade 쏘씨에다지	mundo 뭉두	estado 이스따두	capital 까삐따우	metrópole 메뜨로뽈리
스	sociedad 소씨에닷	mundo 문도	estado 에스따도	capital 까삐딸	metrópoli 메뜨로뽈리
이	società 쏘치에따	mondo 몬도	paese 빠에제	capitale 까삐딸레	metropoli 메뜨로뽈리
그	κοινωνία 끼노니아	κόσμος 꼬즈모스	κράτος 크라또스	πρωτεύουσα 프로떼부사	μητρόπολη 미트로뽈리
라	societas 소키에타스	mundus 문두스	terra 테라	caput 카푸트	urbs urbium *2 우르브스 우르비움
러	общество 옵쉐스뜨버	мир 미르	государство 거쑤다르스뜨버	столица 스딸리짜	метрополия 메뜨라뽈리야
중	社会 / shèhuì 셔훼이	世界 / shìjiè 쓰지에	国家 / guójiā 구오지아	首都 / shǒudū 셔우뚜	大城市 / dàchéngshì 따청스
일	しゃかい / 社会 샤카이	せかい / 世界 세카이	こっか / 国家 콕까	しゅと / 首都 슈토	だいとし / 大都市 다이토시

동의어: *1 nation 네이션, *2 urbs magna 우릅스 마그나

한	도시	마을	국제화	중심가, 번화가
영	city 시티	village 빌리지	internationalization 인터네셔날라이제이션	downtown 다운타운
프	ville 빌	village 빌라쥬	internationalisation 엥떼르나씨오날리자씨옹	centre-ville 썽트르 빌
독	Stadt 슈타트	Dorf 도르프	Globalisierung 글로발리지룽	Stadtzentrum 슈타트첸트룸
포	cidade 씨다지	aldeia 아우데이아	internacionalização 잉떼르나씨오날리자써웅	centro 쎙뜨루
스	ciudad 씨우닷	aldea 알데아	internacionalización 인떼르나씨오날리싸씨온	centro 쎈뜨로
이	città 칫따	villaggio 빌랏죠	internazionalizzazione 인테르나지오날리짜지오네	centro 첸뜨로
그	πόλη 뽈리	χωριό 호리오	διεθνοποίηση 디에쓰노삐이시	κέντρο της πόλης 껜드로 띠스 뽈리스
라	urbs 우릅스	vicus 비쿠스	aptus ad universum 압투스	media urbis 메디아 우르비스
러	город 고롯	деревня 제례브냐	Интернационализация 인때르나짜날리자찌야	деловая часть города 젤라바야 촤스츠 고로다
중	城市 / chéngshì 청스	村子 / cūnzi 춘즈	国际化 / guójìhuà 구오지화	闹区 / nàoqū 나오취
일	とし / 都市 토시	むら / 村 무라	こくさいか / 国際化 코쿠사이카	ちゅうしんがい / 中心街 *1 츄-신가이

동의어: *1 はんかがい / 繁華街 한카가이

유흥가	교외	전원	농촌	KOR
nightlife area *¹ 나이트라이프 에어리어	suburb 서버브	country 컨트리	farm village 팜 빌리지	ENG
quartier des plaisir 꺄르띠에 데 쁠레지르	banlieue 방리외	campagne 깡빠뉴	village agricole 빌라쥬 아그리꼴	FRA
Nachtleben Viertel 나흐트레벤 뷔어텔	Vorstadt, Vorort 포어슈타트, 포어오어트	Land 란트	Bauerndorf 바우언도르프	GER
zona de diversão noturna 조나 지 지베르써웅 노뚜르나	subúrbio 쑤부르비우	campo 깡뿌	região rural 헤쥐어웅 후라우	POR
centro de diversiones 쎈뜨로 데 디베르시오네스	suburbio 수부르비오	campo 깜뽀	comunidad rural 꼬무니닷 루랄	ESP
centro di divertimenti 첸뜨로 디 디베르티멘티	sobborgo 솝보르고	campagna 깜빠냐	villaggio agricolo 빌라쬬 아그리콜로	ITA
κέντρο διασκέδασης 껜드로 디아스께다시스	προάστειο 프로아스띠오	χώρα ύπαιθρος 호라 이뻬쓰로스	αγροτικό χωριό 아그로띠꼬 호리오	GRE
pars delectationis 파르스 델렉타티오니스	suburbium 숩우르비움	rus 루스	locus agrarius 로쿠스 아그라리우스	LAT
место разврата 몌스떠 라즈브라따	пригород 쁘리거럿	провинция 쁘라빈찌야	деревня 졔롑브냐	RUS
花花世界 / huāhuā shijiè 화화쓰지에	校外 / xiàowài 샤오와이	田园 / tiányuán 티엔위엔	农村 / nóngcūn 눙춘	CHN
ゆうきょうがい / 遊興街 유-쿄-가이	こうがい / 郊外 코-가이	でんえん / 田園 뎅엔	のうそん / 農村 노-손	JPN

동의어: *¹ red light district 레드 라잇 디스트릭

어촌	산촌	DMZ	국경	KOR
fishing village 피싱 빌리지	moutain village 마운틴 빌리지	demilitarized zone 디밀리터라이즈드 존	border 보더	ENG
village de pêcheurs 빌라쥬 드 뻬쉐르	village de montagne 빌라쥬 드 몽딴느	zone démilitarisée 존 데밀리따리제	frontière 프롱띠에르	FRA
Fischerdorf 피셔도르프	Bergdorf 베어그도르프	entmilitarisierte Zone 엔트밀리타리지어테 초네	Grenze 그렌체	GER
vila de pescadores 빌라 지 뻬스까도리스	vila de montanha 빌라 지 몽땅야	zona desmilitarizada 조나 지스밀리따리자다	fronteira 프롱떼이라	POR
campo pesquero 깜뽀 뻬스께로	campo montañoso 깜뽀 몬따뇨소	zona desmilitarizada 쏘나 데스밀리따리싸다	frontera 프론떼라	ESP
villaggio del mare 빌라쬬 델 마레	villaggio di montagna 빌라쬬 디 몬따냐	DMZ 디엠메제따	confine 콘피네	ITA
χωριό ψαράδων 호리오 읍사라돈	ορεινό χωριό 오리노 호리오	αποστρατιωτικοποιημένη ζώνη 아뽀스트라띠오띠꼬삐이메니 조니	σύνορο 시노로	GRE
locus piscatus 로쿠스 피스카투스	montana 몬타나	area non militaris 아레아 논 미리타리스	finis 피니스	LAT
рыбацкая деревня 릐밧츠까야 졔롑브냐	горное селение 고르너예 셸레니예	демилитаризованная зона 졔밀리따리조반나야 조나	граница 그라니짜	RUS
渔村 / yúcūn 위춘	山村 / shāncūn 싼춘	非军事区 / fēijūnshìqū 페이쥔쓰취	国境 / guójìng 구오징	CHN
ぎょそん / 漁村 교손	さんそん / 山村 산손	ディーエムゼット / DMZ 디에무제또	こっきょう / 国境 콕꾜-	JPN

한	인종, 민족	제국	왕국	공화국
영	race 레이스	empire 엠파이어	kingdom 킹덤	republic 리퍼블릭
프	race 라스	empire 엉삐르	royaume 루와이욤므	république 레쀠블리끄
독	Rasse 라세	Reich 라이히	Königreich 쾨니히라이히	Republik 레푸블릭
포	raça, nação 하싸, 나써옹	império 잉뻬리우	reino 헤이누	república 헤뿌블리까
스	raza 라사	imperio 임뻬리오	reino 레이노	república 레뿌블리까
이	umano 우마노	impero 임뻬로	regno 레뇨	repubblica 레뿝블리까
그	φυλή 필리	αυτοκρατορία 아브또크라또리아	βασίλειο 바실리오	δημοκρατία 디모크라띠아
라	genus 게누스	imperium 임페리움	regnum 레그눔	res publica 레스 푸블리카
러	paca 라싸	империя 임뻬리야	королевство 까랄롑스뜨버	республика 례스뿌블리까
중	民族 / mínzú 민주	帝国 / dìguó 띠구오	王国 / wángguó 왕구오	共和国 / gònghéguó 꿍허구오
일	じんしゅ / 人種、みんぞく / 民族 진슈, 민조쿠	ていこく / 帝国 테-코쿠	おうこく / 王国 오-코쿠	きょうわこく / 共和国 쿄-와코쿠

한	종주국	연방	영토	영공
영	suzerain state 수저렌 스테이트	federation 페더레이션	territory 테리토리	territorial sky *1 테리토리알 스카이
프	état souverain 에따 쑤베렝	fédération 페데라씨옹	territoire 떼리뜨와르	espace aérien 에스빠스 아에리엥
독	Suzerän 주체랜	Bündnis 뷘트니스	Territorium 테리토리움	Territorialluft 테리토리알루프트
포	metrópole 메뜨로뽈리	federação 페데라써옹	território 떼히또리우	território aéreo 떼히또리우 아에리우
스	Estado protector 에스따도 쁘로떽또르	confederación 꼰페데라씨온	terrotorio 떼리또리오	espacio aéreo 에스빠씨오 아에레오
이	signore fondiario 시뇨레 폰디아리오	federazione 페데라찌오네	territorio 테리토리오	spazio aereo 스파지오 아에레오
그	αποικιακή δύναμη 아삐끼아끼 디나미	ομοσπονδία 오모스뽄디아	χώρα, έδαφος 호라, 에다포스	εναέριος χώρος 에나에리오스 호로스
라	imperium 임페리움	confederatum 콘페데라툼	territorium 테리토리움	solum coeli 솔룸 코엘리
러	сюзеренное государство 슈계롄너예 거수다르스뜨버	федерация 폐제라찌야	территория 쩨레또리야	территориальное небо 쪠리또리알너예 녜버
중	宗主国 / zōngzhǔguó 종쭈구오	联邦 / liánbāng 리엔빵	领土 / lǐngtǔ 링투	领空 / lǐngkōng 링콩
일	そうしゅこく / 宗主国 소-슈코쿠	れんぽう / 連邦 렌포-	りょうど / 領土 료-도	りょうくう / 領空 료-쿠-

동의어: *1 airspace 에어스페이스

영해	토지	식민지	노예	KOR
territorial waters 테리토리알 워터스	land 랜드	colony 콜로니	slave 슬레이브	ENG
eaux territoriales 오 떼리또리알	territoire 떼리프와르	colonie 꼴로니	esclave 에스끌라브	FRA
Territorialgewässer 테리토리알게배서	Grundstück, Erde 그룬트슈튁, 에어데	Kollonie 콜로니	Skalve 스클라베	GER
território marítimo 떼히또리우 마리찌무	terreno 떼헤누	colônia 꼴로니아	escravo 이스끄라부	POR
mar territorial 마르 떼리또리알	tierra 띠에라	colonia 꼴로니아	esclavo 에스끌라보	ESP
acque territoriali 아꾸에 테리토리알리	terra 테라	colonia 콜로니아	schiavo 스키아보	ITA
χωρικά ύδατα 호리까 이다따	στεριά 스페리아	αποικία 아삐끼아	δούλος 둘로스	GRE
solum maris 솔룸 마리스	ager 아게르	colonia 콜로니아	servus 세르부스	LAT
территориальные воды 쩨리또리알늬예 보듸	земля 지믈랴	колония 깔로니야	раб 랍	RUS
领海/línghǎi 링하이	土地/tǔdì 투띠	殖民地/zhímíndì 즈민띠	奴才/núcai 누차이	CHN
りょうかい/領海 료-카이	とち/土地 토치	しょくみんち/植民地 쇼쿠민치	どれい/奴隷 도레-	JPN

황제	여제, 황후	국왕	여왕, 왕비	KOR
emperor 엠퍼러	empress 엠프리스	king 킹	queen 퀸	ENG
empereur 엥뻬뢰르	impératrice 엥뻬라트리스	roi 르와	reine 렌느	FRA
Kaiser 카이져	Kaiserin 카이저린	König 쾨니히	Königin 쾨니긴	GER
imperador 잉뻬라도르	imperadora 잉뻬라도라	rei 헤이	rainha 하잉야	POR
emperador 엠뻬라도르	emperatriz 엠뻬라뜨리스	rey 레이	reina 레이나	ESP
impero 임페로	imperatrice 임페라트리체	re 레	regina 레지나	ITA
αυτοκράτορας 아브또크라또라스	αυτοκράτειρα *1 아브또크라띠라	βασιλιάς 바실리아스	βασίλισσα 바실리싸	GRE
imperator 임페라토르	imperatrix, regina 임페라트릭스, 레기나	rex 렉스	regina 레기나	LAT
император 임삐라떠르	императрица 임삐라뜨리짜	король 까롤	королева 까랄례바	RUS
皇帝/huángdì 황띠	女皇/nǚhuáng 뉘황	国王/guówáng 구오왕	女王/nǚwáng 뉘왕	CHN
こうてい/皇帝 코-테-	じょてい/女帝、こうひ/皇妃 죠테-, 코-히	こくおう/国王 코쿠오-	じょおう/女王、おうひ/王妃 죠오-, 오-히	JPN

동의어: *1 αυτοκρατόρισσα 아브또크라또리싸

한	왕자, 황태자	공주, 황녀	군주	영주
영	prince *1 프린스	princess 프린세스	monarch 마너크	liege lord *5 리지 로드
프	prince 프렝스	princesse 프렝쎄스	monarque 모나르끄	séigneur 쎄뇨르
독	Prinz *2 프린츠	Prinzessin 프린체씬	Monarch 모나히	Fürst 퓌어스트
포	príncipe 쁘링씨삐	princesa 쁘링쎄자	monarca 모나르까	senhor feudal 씽요르 페우다우
스	príncipe 쁘린씨뻬	princesa 쁘린쎄사	monarca 모나르까	señor 세뇨르
이	principe 프린치뻬	principessa 프린치뻿싸	monarca 모나르까	signore 시뇨레
그	πρίγκηπας 프링기빠스	πριγκήπισσα 프링기삐사	μονάρχης 모나르히스	φεουδάρχης 페우다르히스
라	filius regis 필리우스 레기스	filia regis 필리아 레기스	princeps 프린켑스	dominus 도미누스
러	принц 쁘린츠	принцесса 쁘린쩨싸	монарх 마나르흐	повелитель 뻐빌리쩰
중	王子 / wángzǐ 왕즈	公主 / gōngzhǔ 꿍주	君主 / jūnzhǔ 쥔주	領主 / lǐngzhǔ 링주
일	おうじ / 王子 *3 오-지	こうしゅ / 公主 *4 코-슈	くんしゅ / 君主 쿤슈	りょうしゅ / 領主 료-슈

동의어: *1 crown prince 크라운 프린스(황태자), *2 Kronprinz 크론프린츠, *3 こうたいし / 皇太子 코-타이시, *4 こうじょ / 皇女 코-죠,
  *5 feudal lord 퓨덜 로드

한	왕조	왕실	성군	폭군
영	dynasty 다이너스티	royal family 로열 패밀리	sage king *1 세이지 킹	tyrant 타이런트
프	dynastie 디나스띠	famille royale 파미으 루와이알	roi sage 르와 싸쥬	tyran 띠랑
독	Dynastie 뒤나스티	königliche Familie 쾨니힐리헤 파밀리	Heiliger 하일리거	Tyrann 튀란
포	dinastia 지나스찌아	família real 파밀리아 헤아우	santo monarca 쌍뚜 모나르까	tirano 찌라누
스	dinastía 디나스띠아	familla real 파미야 레알	rey sabio 레이 사비오	tirano 띠라노
이	dinastia 디나스띠아	famiglia reale 파밀리아 레알레	re prudente 레 프루덴떼	tiranno 티란노
그	δυναστεία 디나스띠아	βασιλική οικογένεια 바실리끼 이꼬게니아	συνετός βασιλέας 시네또스 바실레아스	τύραννος 띠라노스
라	domus 도무스	domus regia 도무스 레기아	sapiens rex 사피엔스 렉스	tyrannus 티란누스
러	династия 지나스찌야	Королевское Семейство 카랄롑스꼬예 씨몌이스프버	великий король 벨리키 까롤	тиран 찌란
중	王朝 / wángcháo 왕차오	王室 / wángshì 왕스	圣君 / shèngjūn 셩쥔	暴君 / bàojūn 빠오쥔
일	おうちょう / 王朝 오-쵸-	おうしつ / 王室 오-시추	せいくん / 聖君 세-쿤	ぼうくん / 暴君 보-쿤

동의어: *1 wise king 와이즈 킹

338

조상, 선조	국적	대통령	영부인	KOR
ancestor 앤세스터	nationality 네쇼날리티	president 프레지던트	first lady 퍼스트 레이디	ENG
ancêtre 앙쎄트르	nationalité 나씨오날리떼	président 프레지덩	première dame 프르미에르 담므	FRA
Ahn, Vorfahr 안, 포어파	Staatsangehörigkeit 슈타츠안게회리히카이트	Präsident 프래지덴트	Präsidentengattin 프래지덴텐가틴	GER
antepassado 앙찌빠싸두	nacionalidade 나씨오날리다지	presidente 쁘레지뎅찌	primeira dama 쁘리메이라 다마	POR
antepasado 안떼빠사도	nacionalidad 나씨오날리닷	presidente 쁘레시덴떼	primera dama 쁘리메라 다마	ESP
antenato 안떼나또	nazionalita' 나지오날리타	presidente 쁘레지덴떼	Sig.ra 시뇨라	ITA
πρόγονος 프로고노스	υπηκοότητα 이삐꼬오띠따	πρόεδρος 프로에드로스	πρώτη κυρία 프로띠 끼리아	GRE
progenitor 프로게니토르	civitatis dontio 키비타티스 도나티오	praeses 프래세스	uxoris praesidis 욱소리스 프래시디스	LAT
предок 쁘례덕	национальность 나짜날너스츠	президент 쁘레지젠트	Первая Леди 뻬르바야 레지	RUS
祖先 / zǔxiān 주시엔	国籍 / guójí 구오지	总统 / zǒngtǒng 종통	尊夫人 / zūnfūrén 쥔푸런	CHN
そせん / 祖先、せんぞ / 先祖 소센, 센조	こくせき / 国籍 코쿠세키	だいとうりょう / 大統領 다이토-료-	ファーストレディー 화-수토레디-	JPN

계층	관료	군인	정치가	KOR
class 클라스	bureaucrat 뷰로크랫	soldier 솔져	statesman *2 스테이츠맨	ENG
classe 끌라스	bureaucrate 뷔로그랏뜨	soldat 쏠다	homme d'État 옴므 데따	FRA
soziale Schichte 조치알레 쉬히테	Bürokratie 뷔로크라티	Militär *1 밀리태어	Staatsmann 슈타츠만	GER
estrato social 이스프라뚜 쏘씨아우	burocrata 부로끄라따	militar 밀리따르	político 뽈리찌꾸	POR
clase 끌라쎄	burócrata 부로끄라따	soldado 솔다도	estadista 에스따디스따	ESP
livello 리벨로	burocrate 부로크라테	militare 밀리타레	uomo politico 워모 폴리티코	ITA
τάξη 딱시	γραφειοκράτης 그라피오크라띠스	στρατιώτης 스트라띠오띠스	πολιτικός άνθρωπος 뽈리띠꼬스 안쓰로포스	GRE
ordo 오르도	públicus 푸블리쿠스	miles 밀레스	vir politicus 비르 폴리티쿠스	LAT
класс 클라스	бюрократ 뷰라크랏	солдат 살닷	политик 빨리찍	RUS
阶层 / jiēcéng 지에청	官僚 / guānliáo 관리아오	军人 / jūnrén 쥔런	政治家 / zhèngzhijiā 쩡즈지아	CHN
かいそう / 階層 카이소-	かんりょう / 官僚 칸료-	ぐんじん / 軍人 군진	せいじか / 政治家 세-지카	JPN

동의어: *1 Soldat 졸다트, 359p 병사 참조, 참고: *2 politician 팔리티션: 나쁜 의미로 당리를 위해 책략을 쓰는 정치가 또는 정상배

한	선동 정치가	운동가, 선동가(정치)	국회의원	공무원
영	demagogue 데머가그	agitator 애지테이터	congressman 콩그레스맨	public servant 퍼블릭 써번트
프	démagogue 데마고그	agitateur 아지따뛰르	député 떼쀠떼	fonctionnaire 퐁씨오네르
독	Demagoge 데마고게	Agitator 아기타토르	Parlamentarier 팔라멘타리어	Beamter 베암터
포	demagogo 데마고구	agitador 아쥐따도르	parlamentar 빠를라멩따르	funcionário público 풍씨오나리우 뿌블리꾸
스	demagogo 데마고고	agitador 아히타도르	legislador 레히슬라도르	funcionario 풍씨오나리오
이	demagogo 데마고고	agitatore 아지타토레	membro del Congresso 멤브로 델 콩그레쏘	impiegato pubblico 임피에가또 푸쁠리코
그	δημαγωγός 디마고고스	ταραχοποιός 따라호피오스	βουλευτής 불레브띠스	δημόσιος υπάλληλος 디모시오스 이빨릴로스
라	popularem 포플라럼	agitator 아기타토르	senator 세나토르	publicus 푸블리쿠스
러	демагог 제마고그	агитатор 아기따따르	член парламента 츨렌 빠를라몐따	государственный служащий 거쑤다르스프볜늬이 슬루좌쉬이
중	煽动政治家 / Shāndòng zhèngzhì jiā 산동졍즈찌아	搅动家 / jiǎodòng jiā 쟈오동지아	国会议员 / guóhuìyìyuán 구오훼이이위엔	公务员 / gōngwùyuán 꽁우위엔
일	せんどうせいじか / 扇動政治家 센도-세지카	うんどうか / 運動家 *1 운도-카	こっかいぎいん / 国会議員 콕까이기인	こうむいん / 公務員 코-무인

동의어: *1 せんどうしゃ / 扇動者 센도-샤

한	국민	대중, 군중	민중	시민
영	nation 네이션	mass 매스	public 퍼블릭	citizen 시티즌
프	nation, peuple 나씨옹, 뻬쁠	masse, foule 마스, 풀	peuple, public 뻬쁠, 쀠블릭	citoyen 씨뚜와이엥
독	Volk 폴크	Masse, Menge 마세, 멩에	Publikum 푸블리쿰	Bürger 뷔르거
포	nação 나써옹	massa 마싸	povão 뽀버옹	cidadão 씨다더옹
스	nación 나씨온	masa 마사	pueplo 뿌에쁠로	ciudadano 씨우다다노
이	popolo 포폴로	popolo 포폴로	popolo 포폴로	cittadino 치따디노
그	έθνος 에쓰노스	πλήθος 쁠리쏘스	λαός, κοινό 라오스, 끼노	πολίτης 뽈리띠스
라	natio 나티오	multitudo 물치투도	vulgus 불구스	civis 키비스
러	народ 나롯	народные массы 나로드늬예 마씌	публика 뿌블리까	гражданин 그라쥬다닌
중	国民 / guómín 구오민	大众 / dàzhòng 따중	人民 / rénmín 런민	市民 / shìmín 스민
일	こくみん / 国民 코쿠민	たいしゅう / 大衆 *1 타이슈-	みんしゅう / 民衆 민슈-	しみん / 市民 시민

동의어: *1 ぐんしゅう / 群衆 군슈-

문관	무관	정치	체제	KOR
civil officer 시빌 오피서	military officer 밀리터리 오피서	politics 폴리틱스	system 시스템	ENG
fonctionnaire civil 퐁씨오네르 씨빌	attaché militaire 아따쉐 밀리떼르	politique 뽈리띠끄	système 시스뗌	FRA
Beamte 베암테	Militäroffizier 밀리태어오피치어	politik 폴리틱	System 쥐스템	GER
funcionário civil 퐁씨오나리우 씨비우	servidor público militar 쩨르비도르 뿌쁠리꾸 밀리따르	política 뽈리찌까	regime 헤쥐미	POR
oficial civil 오피씨알 씨빌	oficial militar 오피씨알 밀리따르	política 뽈리띠까	régimen 레히멘	ESP
amministrazione pubblica 암미니스트라지오네 푸쁠리카	ufficiale militare 우피찰레 밀리타레	politica 폴리티카	sistema 씨스떼마	ITA
δημόσιος λειτουργός 디모시오스 리푸르고스	αξιωματικός στρατού 악시오마띠꼬스 스트라뚜	πολιτικά 뽈리띠까	σύστημα 시스띠마	GRE
minister civilis 미니스테르 시빌리스	minister exercitus 미니스테르 엑세르시투스	política 폴리티카	systéma 시스테마	LAT
штáтский 시따쯔키	воéнный 바옌니	политика 빨리찌까	система 씨스쩨마	RUS
文臣 / wénchén 원천	武臣 / wǔchén 우천	政治 / zhèngzhì 쩡쯔	体制 / tǐzhì 티즈	CHN
ぶんしん / 文臣 분신	ぶしん / 武臣 부신	せいじ / 政治 세-지	たいせい / 体制 타이세-	JPN

민주주의	사회주의	자유주의	보수주의	KOR
democracy 데모크러시	socialism 소셜리즘	liberalism 리버럴리즘	conservatism 컨서바티즘	ENG
démocratie 데모크라씨	socialisme 쏘씨알리즘	libéralisme 리베랄리즘	conservatisme 꽁세르바띠즘	FRA
Demokratie 데모크라티	Sozialismus 조치알리스무스	Liberalismus 리버랄리스무스	Konservatismus 콘저바티스무스	GER
democracia 데모끄라씨아	socialismo 쏘씨알리즈무	liberalismo 리베랄리즈무	conservadorismo 꽁쩨르바도리즈무	POR
democracia 데모끄라씨아	socialismo 소씨알리스모	liberalismo 리베랄리스모	conservadurismo 꼰세르바두리스모	ESP
democrazia 데모끄라찌아	socialismo 쏘치알리스모	liberalismo 리베랄리스모	conservatorismo 콘세르바토리즈모	ITA
δημοκρατία 디모크라띠아	σοσιαλισμός 소시알리즈모스	φιλελευθερισμός 필엘레브쩨리즈모스	συντηρητικότητα 신띠리띠꼬띠따	GRE
democratia 데모크라티아	socialísmus 소키알리즈무스	liberalísmus 리베랄리스무스	doctrina conservativa [1] 독트리나 콘세르바티바	LAT
демократия 제마크라찌야	социалúзм 사회알리즘	либерализм 리볘랄리즘	консерватизм 껜쩨르바찌즘	RUS
民主主義 / mínzhǔzhǔyì 민주주이	社会主义 / shèhuìzhǔyì 셔훼이쭈이	自由主义 / zìyóuzhǔyì 쯔요우쭈이	保守主义 / bǎoshǒuzhǔyì 바오셔우쭈이	CHN
みんしゅしゅぎ / 民主主義 민슈슈기	しゃかいしゅぎ / 社会主義 샤카이슈기	じゆうしゅぎ / 自由主義 지유-슈기	ほしゅしゅぎ / 保守主義 호슈슈기	JPN

동의어: [1] conservatismus 콘세르바티스무스

한	공산주의	봉건제	냉전체제	정부
영	communism 코뮤니즘	feudalism 퓨달리즘	cold war 콜드 워	government 거버먼트
프	communisme 꼬뮤니즘	féodalisme 페오달리즘	guerre froide 게르 푸루와드	government 구베른느멍
독	Kommunismus 코무니스무스	Feudalismus 포이달리스무스	Kalter Krieg 칼터 크릭	Regierung 레기룽
포	comunismo 꼬무니즈무	feudalismo 페우달리즈무	guerra fria 게하 프리아	governo 고베르누
스	comunismo 꼬무니스모	feudalismo 페우달리스모	guerra fría 게라 프리아	gobierno 고비에르노
이	comunismo 꼬무니스모	feudalésimo 페우달레지모	guerra fredda 궤라 프레따	governo 고베르노
그	κομμουνισμός 꼼무니즈모스	φεουδαρχία 페우다르히아	ψυχρός πόλεμος 읍시흐로스 뽈레모스	κυβέρνηση 끼베르니시
라	communísmus 콤무니스무스룸	feudalísmus 페우달리스무스	bellum frigidum 벨룸 프리기둠	gubernatio 구베르나티오
러	коммунизм 꺼무니즘	феодализм 페아달리즘	холодная война 할로드나야 바인나	правительство 쁘라비젤스뜨버
중	共产主义 / gòngchǎn zhǔyì 꿍찬주이	封建主义 / fēngjiàn zhǔyì 펑지엔쭈이	冷战 / lěngzhàn 렁짠	政府 / zhèngfǔ 쩡푸
일	きょうさんしゅぎ / 共産主義 교-산슈기	ほうけん しゅぎ / 封建 主義 호-켄 슈기	れいせん たいせい / 冷戦 体制 레-센 타이세-	せいふ / 政府 세-후

한	입법	사법	행정	국회
영	legislation 레지스레이션	jurisdiction 쥬리스딕션	administration 어드미니스트레이션	Congress 콩그레스
프	législation 레지슬라씨옹	justice 쥐스띠스	administration 아드미니스트라씨옹	parlement 빠를르망
독	Gesetzgebung 게제츠게붕	Justiz 유스티스	Verwaltung 페어발퉁	Parlament 팔라멘트
포	legislação 레쥐슬라써옹	jurisdição 쥬리스지써옹	administração 아지미니스뜨라써옹	congresso 꽁그레쑤
스	legislación 레히스쁘라씨온	justicia 후스띠씨아	administración 아드미니스뜨라씨온	cortes, congreso 꼬르떼스, 꼰그레소
이	legislazione 레지슬라지오네	giudiziario 쥬디지아리오	amministrazione 암미니스트라지오네	Parlamento 파를라멘토
그	νομοθεσία 노모쎄시아	δικαιοσύνη 디깨오시니	διοίκηση 디이끼시	Κογκρέσο 꽁그레소
라	legislatio 레기스라티오	Potestas iudicialis 포테스타스 유디시아리스	administratio 아드미니스트라티오	parliaméntum 파를리아멘툼
러	законодательство 자꺼너다쩰스뜨버	юрисдикция 유리스직크찌야	управление 우쁘라블레니예	парламент 빠를라멘트
중	立法 / lìfǎ 리파	司法 / sīfǎ 쓰파아	行政 / xíngzhèng 싱쩡	国会 / guóhuì 구오훼이
일	りっぽう / 立法 립뽀-	しほう / 司法 시호-	ぎょうせい / 行政 교-세-	こっかい / 国会 콕까이

옴브즈만	여당	야당	이데올로기	KOR
ombudsman 엄버즈먼	ruling party 룰링 파티	opposition party 오퍼지션 파티	ideology 아이디올로지	ENG
ombudsman 옹뷔드스만	parti au pouvoir 파르띠 오 뿌부와르	parti d'opposition 파르띠 도포지씨옹	idéologie 이데올로지	FRA
Ombudsmann 옴부즈만	Regierungspartei 레기룽스파타이	Oppositionspartei 오포지치온스파타이	Ideologie 이데올로기	GER
ombudsman 옹부지스망	partido de situação 빠르찌두 지 씨뚜아써웅	partido de oposição 빠르찌두 지 오뽀지써웅	ideologia 이데올로쥐아	POR
defensor del pueblo 데펜소르 델 뿌에블로	partido gobernante 파르띠도 고베르난떼	partido opositor 파르띠도 오포시또르	ideología 이데올로히아	ESP
difensore civico 디펜소레 치비코	partito di governo 파르띠토 디 고베르노	partito di opposizione 파르띠토 디 오포지오네	ideologia 이데올로지아	ITA
διαμεσολαβητής 디아메솔라비띠스	κυβερνών κόμμα 끼베르논 꼼마	αντιπολιτευόμενο κόμμα 안디뽈리떼보메노 꼼마	ιδεολογία 이데올로기아	GRE
publicus patronus 푸브리쿠스 파드로누스	partium regendis 파르티움 레젠디스	oppositio pars 오포시티오 파르스	ideologia 이데오로기아	LAT
чиновник 취노브닉	Правящая партия 프라뱌샤야 파르찌야	Оппозиционная партия 아파지찌온나야 파르찌야	идеология 이지알로기야	RUS
监察员 / jiāncháyuán 짠주위안	执政党 / zhízhèng dǎng 지쩡당	反对党 / fǎnduìdǎng 판뚜이당	意德沃罗基 / yìdéwòluójī 이더워루오지	CHN
オンブズマン 온부주만	よとう / 与党 요토-	やとう / 野党 야토-	イデオロギー 이데오로기-	JPN

나치즘	파시즘	포퓰리즘	이미지정치	KOR
nazism *1 나치즘	fascism 파시즘	populism 퍼퓰리즘	image politics 이미지 폴리틱스	ENG
nazisme 나지즘	fascisme 파쉬씀	populisme 뽀쀨리슴	politique de l'image 뽈리띠끄 드 리마쥬	FRA
Nazismus 나치스무스	Faschismus 파시스무스	Populismus 포퓰리스무스	Medienpolitik 메딘폴리틱	GER
nazismo 나찌즈무	facismo 파찌즈무	populismo 뽀쀨리즈무	política de imagem 뽈리찌까 지 이마젱	POR
Nazismo 나씨스모	fascismo 파씨스모	popularismo 뽀쀨라리스모	política de imagen 뽈리띠까 데 이마헨	ESP
nazismo 나찌즈모	fascismo 파쉬즈모	populismo 포퓰리즈모	politica di immagine 폴리티카 디 임마지네	ITA
ναζισμός 나지즈모스	φασισμός 파시스모스	λαϊκισμός 라이끼즈모스	πολιτική των εικόνων 뽈리띠끼 똔 이꼬논	GRE
nazismus 나찌스무스	fascismus 파스키스무스	popularitas 포퓰라리타스	reipuleica imaginis 레이푸레이카 이마기니스	LAT
нацизм 나찌즘	фашизм 파쉬즘	популизм 뽀쀨리즘	имидж политика 이밋쥐 빨리찌까	RUS
纳粹主义 / nàcuìzhǔyì 나춰이쭈이	法西斯主义 / fǎxīsīzhǔyì 파시쓰주이	民粹主义 / míncuìzhǔyì 민추이쭈이	– 	CHN
ナチズム 나치주무	ファシズム 화시주무	ポピュリズム 포퓨리주무	イメージせいじ / イメージ政治 이메-지세-지	JPN

동의어: *1 national socialism 내셔널 소셜리즘

한	엘리트주의	다원주의	전체주의
영	elitism 엘리티즘	pluralism 플루라리즘	totalitarianism 토탈리타리아니즘
프	élitisme 엘리띠슴	plural_ism 쁠리랄리슴	totalitarisme 또딸리따리슴
독	Elitismus 엘리티스무스	Pluralismus 플루랄리스무스	Totalitarismus 토탈리타리스무스
포	elitismo 엘리찌즈무	pluralismo 쁠루랄리즈무	integralismo 잉떼그랄리즈무
스	elitismo 엘리띠스모	pluralrismo 쁠루랄리스모	totalitarismo 또딸리따리스모
이	elitismo 엘리티즈모	pluralismo 플루랄리즈모	totalitarismo 토탈리타리즈모
그	εκλεκτισμός 에끌렉띠즈모스	πλουραλισμός 쁠루랄리즈모스	ολοκληρωτισμός 올로끄리로띠즈모스
라	elitismus 에리티스무스	pluralismus 프루라리스무스	totalitarismus 토탈리스타리스무스
러	элитизм 앨리찌즘	плюрализм 쁠류랄리즘	тоталитаризм 또딸리따리즘
중	精英主义 / jīngyīngzhǔyì 찡잉주이	多元文化主义 / duōyuánwénhuàzhǔyì 뚜오위엔원화쭈이	全体主义 / quántǐzhǔyì 츄엔티쭈이
일	エリートしゅぎ / エリート主義 에리-토슈기	たげんしゅぎ / 多元主義 타겐슈기	ぜんたいしゅぎ / 全体主義 젠타이슈기

한	스탈린주의	볼셰비즘	반전주의, 평화주의
영	Stalinism 스탈리니즘	Bolshevism 볼셰비즘	pacifism 페시피즘
프	Stalinisme 스딸리니슴	Bolchevisme 볼셰비슴	pacifisme 파씨피슴
독	Stalinismus 슈탈리니스무스	Bolschewismus 볼셰비스무스	Pazifismus 파치피스무스
포	stalinismo 스딸리니즈무	bolchevismo 보우쉐비즈무	pacifismo 파씨피즈무
스	stalinismo 스딸리니스모	bolchevismo 볼체비스모	pacifismo 빠시피즈모
이	stalinismo 스탈리니즈모	bolscevismo 볼쉐비즈모	pacifismo 파치피즈모
그	Σταλινισμός 스딸리니즈모스	βολσεβικισμός 볼세비끼즈모스	φιλειρηνισμός, πασιφισμός 필이리니즈모스, 빠시피즈모스
라	doctrina Stalini 독트리나 스탈린니	doctrina Bolsevicorum 독트리나 볼세비코룸	doctrina pacifica 독트리나 파키피카
러	сталинизм 스딸리니즘	большевизм 볼쉐비즘	пацифизм 파찌피즘
중	斯大林主义 / sīdàlínzhǔyì 쓰따린쭈이	布尔什维克主义 / bù'ěrshíwéikèzhǔyì 뿌얼스웨이커쭈이	反战主义 / fǎnzhànzhǔyì 판쨘쭈이
일	スターリンしゅぎ / スターリン主義 수타-린슈기	ボルシェビズム 보루셰비주무	はんせんしゅぎ / 反戦主義 한센슈기

무정부주의	극우파	극좌파	우파	KOR
anarchism 에널키즘	extreme right 익스트림 라이트	extreme Left 익스트림 레프트	rightwing 라이트윙	ENG
anarchisme 아나르쉬슴	extrême droite 엑스트렘 드루와뜨	extrême gauche 엑스트렘 고슈	droite 드르왓뜨	FRA
Anarchismus 아나히스무스	Rechtsextremist 레히츠엑스트리미스트	Linksextremist 링크스엑스트리미스트	die Rechte 디 레히테	GER
anarquismo 아나르끼즈무	extrema direita 이스뜨레마 지레이따	extrema esquerda 이스뜨레마 이스께르다	direita 지레이따	POR
anarquismo 아나르끼스모	extrema derecha 엑스뜨레마 데레차	extrema izquierda 엑스뜨레마 이즈퀘르다	ala derecha 알라 데레차	ESP
anarchismo 아나르키즈모	estrema destra 에스트레마 데스트라	estrema sinistra 에스트레마 시니스트라	destra 데스트라	ITA
αναρχισμός 아나르히즈모스	ακροδεξιά 아크로덱시아	ακραία αριστερά 아크레아 아리스떼라	δεξιά 덱시아	GRE
doctrina licentiae 독트리나 리켄티애	extremam dextra 엑스트레맘 덱스트라	extremam sinistrum 엑스트레맘 시니스트룸	dextra 데스트라	LAT
анархизм 아나르히즘	праворадикальный 쁘라버라지깔느이	леворадикальный 례버라지깔느이	член правой партии 췰롄 쁘라버이 빠르찌이	RUS
无政府主义 / wúzhèngfǔzhǔyì 우쩡푸쭈이	极右派 / jíyòupài 지요우파이	极左派 / jízuǒpài 지주오파이	右派 / yòupài 요우파이	CHN
むせいふしゅぎ / 無政府主義 무세-후슈기	きょくうは / 極右派 쿄쿠우하	きょくさは / 極左派 쿄쿠사하	うは / 右派 우하	JPN

좌파	강경노선	위험	위기	KOR
leftwing 레프트윙	hard line *1 하드 라인	hazard *2 헤저드	crisis 크라이시스	ENG
gauche 고슈	ligne dure 리뉴 뒤르	danger 당제	crise 크리즈	FRA
die Linke 디 링케	harte Linie 하르테 리니	Gefahr 게파	Krise 크리제	GER
esquerda 이스께르다	linha dura 링야 두라	perigo 뻬리구	crise 끄리지	POR
ala izquierda 알라 이스끼에르다	línea dura 리니아 두라	peligro 뻴리그로	crisis 끄리시스	ESP
sinistra 시니스트라	linea politica intransigènte 리네아 폴리티카 인트란시젠테	pericolo 페리콜로	crisi 크리지	ITA
αριστερά 아리스떼라	σκληρή γραμμή 스끌리리 그람미	κίνδυνος 낀디노스	κρίση 끄리시	GRE
sinistra 시니스트라	durum linea 두룸 리니아	periculo 페리쿨로	crisis 크리시스	LAT
член левой партии 췰롄 례버이 빠르찌이	жёсткий курс 죠스트키 쿠르스	опасность 아빠스너스츠	кризис 크리지스	RUS
左派 / zuǒpài 주오파이	强硬 / qiángyìng 치앙잉	危险 / wēixiǎn 웨이시엔	危机 / wēijī 외이지	CHN
さは / 左派 사하	きょうこうろせん / 強硬路線 쿄-코-로센	きけん / 危険 키켄	きき / 危機 키키	JPN

동의어: *1 tough line 터프 라인, *2 danger 데인져

한	선전(宣傳)	선거	공약	후보자
영	propaganda 프라퍼겐다	election 일렉션	pledge 플레지	candidate 캔디데이트
프	propagande 프로파강드	élection 엘렉씨옹	promesses électorales 프로메스 에렉또랄	candidat 깡디다
독	Propaganda 프로파간다	Wahl 발	Wahlprogramm 발프로그램	Kandidat 칸디다트
포	propaganda 쁘로빠강다	eleição 일레이써웅	promessa 쁘로메싸	candidato 깡지다뚜
스	propaganda 쁘로빠간다	elección 엘렉씨온	compromiso 꼼쁘로미소	candidato 깐디다또
이	propaganda 프로파간다	elezione 엘레찌오네	impegno 임페죠	candidato 칸디다또
그	προπαγάνδα 프로빠간다	εκλογή 에끌로기	δημόσια υπόσχεση 디모시아 이뽀스헤시	υποψήφιος 이뽑시피오스
라	propagátio 프로파가티오	creatio 크레아티오	proféssio 프로페씨오	dandidatus 칸디다투스
러	пропаганда 프라빠간다	выборы 븨버릐	публичное обещание 뿌블리취너예 아볘샤니예	кандидат 깐지닷
중	宣传 / xuānchuán 수엔추안	选举 / xuǎnjǔ 슈엔쥐	公约 / gōngyuē 꿍위에	候补者 / hòubǔzhě 허우뿌저
일	せんでん / 宣伝 센덴	せんきょ / 選挙 센쿄	こうやく / 公約 코-야쿠	こうほしゃ / 候補者 코-호샤

한	투표	당선	당선자	정책
영	voting 보우팅	election 일렉션	elected person 일렉티드 펄슨	policy 팔러시
프	vote 보뜨	élection 엘렉씨옹	élu 엘뤼	politique 뽈리띠끄
독	Abstimmung 압슈티뭉	Erwählung *1 에어밸룽	Ausgewählte 아우스게밸테	Politik 폴리틱
포	votação 보따써웅	ganhar eleição 강야르 일레이써웅	eleito 일레이뚜	política 뽈리찌까
스	votación 보따씨온	elección 엘렉씨온	elegido 일레히도	politica 뽈리띠까
이	voto 보또	vincita 빈치타	vincitore 빈치토레	politica 폴리티카
그	ψήφισμα 읍시피즈마	εκλογή 에끌로기	εκλεκτός 에끌렉또스	πολιτική 뽈리띠끼
라	suffragii latio 수프라기이 라티오	electio 에렉티오	electus 에렉투스	consilia, politía 콘실리아, 폴리티아
러	голосование 걸러싸바니예	избрание 이즈브라니예	избранный 이즈브란느이	политика 빨리찌까
중	投票 / tóupiào 터우피아오	当选 / dāngxuǎn 땅슈엔	当选者 / dāngxuǎnzhě 땅슈엔저	政策 / zhèngcè 쩡처
일	とうひょう / 投票 토-효-	とうせん / 当選 토-센	とうせんしゃ / 当選者 토-센샤	せいさく / 政策 세-사쿠

동의어: *1 Auswahl 아우스발

외교	탈퇴	회피	호출, 소환	소집하다	KOR
diplomacy 디플로머시	withdrawal *1 위드드럴	evasion 이베이션	summon *2 서먼	convene 컨빈	ENG
diplomatie 디쁠로마씨	défection 데펙씨옹	évitement 에비뗴망	appel 아뺄	convoquer 꽁보께	FRA
Diplomatie 디플로마티	Sezession 세제시온	Ausweichen 아우스바이헨	Zitation *3 치타치온	einberufen 아인베루펜	GER
diplomacia 지쁠로마씨아	retirada 헤찌라다	evitação 에비따써웅	citação 시따써웅	convocação 꽁보까써웅	POR
diplomacia 디쁠로마씨아	retirada 레띠라다	evitar 에비따르	citación 씨따씨온	convocar 콘보까르	ESP
diplomazia 디쁠로마찌아	secessione 세체씨오네	evasione 에바지오네	chiamata 끼아마타	convocare 콘보카레	ITA
διπλωματία 디쁠로마띠아	απόσυρση 아뽀시르시	διαφυγή 디아피기	κλητεύω 끌리떼보	συγκαλώ 싱깔로	GRE
diplomáticum 디쁠로마티쿰	recessus 레세수스	evíto 에비토	citatórium 키타토리움	convocatio 콘보카티오	LAT
дипломатия 지쁠라마찌야	вывод 브버드	уклонéние 우클라녜니예	вызывать 브즈바츠	созывать 써즤바츠	RUS
外交 / wàijiāo 와이찌아오	撤离 / chèlí 처리	避免 / bìmiǎn 삐미엔	召唤 / zhàohuàn 쟈오환	召开 / zhàokāi 쟈오카이	CHN
がいこう / 外交 가이코-	てったい / 撤退 텟따이	さける / 避ける 사케루	よびだし / 呼び立し *4 요비다시	しょうしゅうする / 招集する 쇼-슈-수루	JPN

동의어: *1 secession 시세션, *2 call 콜, *3 Ladung 라둥, *4 しょうかん / 召喚 쇼-칸

공황, 공포	비상 단추	난민	상대	KOR
panic 패닉	panic button 패닉 버튼	refugee 레퓨지	counterpart 카운터파트	ENG
panique, peur 빠닉, 뻬르	bouton panique 부똥 빠닉	réfugié 레퓨지에	contrepartie 꽁트르파르띠	FRA
Panik 파닉	Panik Knopf 파닉 크놉프	Flüchtling 플뤼히틀링	Ansprechpartner *1 안스프레히파트너	GER
pânico 빠니꾸	botão de pânico 보떠웅 지 빠니꾸	refugiado 헤푸쥐아두	contraparte 꽁프라빠르찌	POR
pánico 빠니코	botón de pánico 보똔 데 빠니꼬	refugiado 레푸히아도	contrapartida 콘트라빠르띠다	ESP
panico 파니코	bottone di emergenza 보또네 디 에메르젠자	profugo 프로푸고	controparte 콘트라파르떼	ITA
πανικός 빠니코스	κουμπί πανικού 꾸비 빠니꾸	πρόσφυγας 프로스피가스	ομόλογος 오몰로고스	GRE
pavore 파보레	pavor puga 파보르 푸가	recessus 레세수스	consiliárius 콘실리아리우스	LAT
паника 파니카	кнопка паники 크놉카 파니키	беженец 볘쥐녯츠	противная сторона 쁘라찌브나야 스또로나	RUS
恐慌 / kǒnghuāng 콩후앙	紧急按钮 / jǐnjí ànniǔ 진지안누우	难民 / nànmín 난민	对头 / duìtou 뚜이터우	CHN
きょうこう / 恐慌, パニック 쿄-코-, 파닉꾸	ひじょうボタン / 非常ボタン 히죠-보탄	なんみん / 難民 난민	あいて / 相手 아이테	JPN

유의어: *1 Gegenstück 게겐스튁

한	방위	복지	환경	예산
영	defense 디펜스	welfare 웰페어	environment 인바이런먼트	budget 버짓
프	défense 데팽쓰	bien-être 비에네트르	environnement 엉비론느망	budget 뷔제
독	Verteidigung 페어타이디궁	Wohlfahrt 볼파트	Umwelt 움벨트	Budget 뷔제
포	defesa 데페자	bem-estar 벵-이스따르	meio-ambiente 메이우-앙비엥찌	orçamento 오르싸멩뚜
스	defensa 데펜사	bienestar 비에네스따르	ambiente 암비엔떼	presupuesto 쁘레수뿌에스또
이	difesa 디페자	benessere 베넷쩨레	ambiente 암비엔떼	bilancio 빌란치오
그	άμυνα 아미나	κοινωνική πρόνοια 끼노니끼 프로니아	περιβάλλον 뻬리발론	προϋπολογισμός 프로이뽈로기즈모스
라	defensio 데펜시오	communis salus 콤무니스 살루스	circumstantia 키르쿰스탄티아	prior imputatio 프리오르 임푸타티오
러	оборона 아바로나	благосостояние 블라거쎠스따야니예	окружение, среда 아크루줴니예, 스례다	бюджет 붓줴
중	防卫 / fángwèi 팡웨이	福利 / fúlì 푸리	环境 / huánjìng 환징	预算 / yùsuàn 위쑤완
일	ぼうえい /防衛 보-에-	ふくし /福祉 후쿠시	かんきょう /環境 칸쿄-	よさん /予算 요산

한	헌법	법	규범	권리	의무
영	constitution 컨스티튜션	law 로	norm 노엄	right(s) 라이트	duty 듀티
프	Constitution 꽁스띠뛰씨옹	loi 르와	norme 노름	droit 드루아	devoir 드부와르
독	Verfassung 페어파숭	Gesetz 게제츠	Norm 노름	Recht 레히트	Pflicht 플리히트
포	constituição 꽁스찌뚜이써웅	lei 레이	norma 노르마	direito 지레이투	dever, obrigação 데베르, 오브리가써웅
스	constitución 콘스띠뚜시온	ley 레이	norma 노르마	derecho 데레초	dever, obligación 데베르, 오블리가씨온
이	costituzione 코스티투치오네	legge 렛제	norma 노르마	diritto 디리또	dovere 도베레
그	σύνταγμα 신다그마	νόμος 노모스	νόμος 노모스	δικαιώματα 디까이오마따	καθήκον 까씨꼰
라	constitútio 콘스티투티오	leges 레게스	norma 노르마	ius 유스	leges 레게스
러	конститу́ция 콘스티투치야	закон 자꼰	норма 노르마	пра́во 프라보	обя́занность 아뱌잔너스츠
중	宪法 / xiànfǎ 시엔파	法 / fǎ 파	规范 / guīfàn 구이판	权利 / quánlì 추엔리	义务 / yìwù 이우
일	けんぽう /憲法 켄포-	ほう /法 호-	きはん /規範 키한	けんり /権利 켄리	ぎむ /義務 기무

348

재판	법정	판사	검사	KOR
trial 트라이얼	court 코트	judge 져지	prosecutor 프로시큐터	ENG
procès 프로쎄	tribunal 트리뷔날	juge 쥐쥬	procureur 프로뀌뢰르	FRA
Prozess 프로체쓰	Gericht 게리히트	Richter 리히터	Staatsanwalt 슈타츠안발트	GER
julgamento judicial *1 쥬우가멩뚜 쥬지씨아우	tribunal 뜨리부나우	juiz 쥬이스	promotor público 쁘로모또르 뿌블리꾸	POR
juicio 후이씨오	tribunal 뜨리부날	juez 후에스	fiscal 피스깔	ESP
giustizia 쥬스티찌아	tribunale 뜨리부날레	giudice 쥬디체	procuratore 쁘로꾸라또레	ITA
δίκη 디끼	δικαστήριο 디까스띠리오	δικαστής 디까스띠스	μηνυτής *2 미니띠스	GRE
causa 카우사	iudicium 유디키움	iudex 유덱스	actor publicus 악토르 푸블리쿠스	LAT
суд 숫	суд 숫	судья 수지야	прокурор 쁘러꾸로르	RUS
裁判 / cáipàn 차이판	法定 / fǎdìng 파띵	审判员 / shěnpànyuán 션판위엔	检察员 / jiǎncháyuán 지엔차위엔	CHN
さいばん / 裁判 사이반	ほうてい / 法廷 호-테-	はんじ / 判事 한지	けんじ / 検事 켄지	JPN

동의어: *1 Gerichtsverhandlung 게리히츠페어한들룽, *2 εισαγγελέας 이상겔레아스

변호사	특허변리사	배심원	형사	KOR
lawyer 로여	patent attorney 페이턴트 어터니	juror *1 쥬러	detective 디텍티브	ENG
avocat 아보까	avocat en brevets 아보꺄 엉 브레벳	juré 쥐레	détective 데떽띠브	FRA
Rechtsanwalt 레히츠안발트	Patentanwalt 파텐트안발트	Geschworene 게슈보레네	Kommissar 코미사	GER
advogado 아지보가두	advogado de patentes 아지보가두 지 빠뗑찌스	juri 쥬리	detetive 데떼찌비	POR
abogado 아보가도	comisionado 꼬미시오나도	jurado 후라도	detective 데떽띠베	ESP
avvocato 아뽀카토	avvocato di brevetto 아뽀카토 디 브레베또	giuria 쥬리아	agente 아젠떼	ITA
δικηγόρος 디끼고로스	δικηγόρος ευρεσιτεχνίας 디끼고로스 에브레시테흐니아스	ένορκος 에노르꼬스	ντετέκτιβ *2 느떼떽띠브	GRE
iureconsultus 유레콘술투스	causidicus licentia 카우시디쿠스 리켄티아	iudex 유덱스	secretus aedilis 세크레투스 애딜리스	LAT
адвокат 아드바깟	патентный адвокат 빠쩬트느이 아드바깟	присяжный 쁘리쌰쥬느이	детектив 대땍크찌브	RUS
律师 / lùshī 리스	辨理士 / biànlǐshì 삐엔리스	陪审员 / péishěnyuán 페이션위엔	刑警 / xíngjǐng 싱징	CHN
べんごし / 弁護士 벤고시	べんりし / 弁理士 벤리시	ばいしんいん / 陪審員 바이싱인	けいじ / 刑事 케-지	JPN

참고: *1 jury 쥬리(배심원단), 동의어: *2 αστυνόμος ψ 아스띠노모스

한	경찰관	사설탐정	범죄자	소송
영	policeman 폴리스맨	private investigator 프라이빗 인베스티게이터	criminal 크리미날	lawsuit 로숫
프	policier *1 뽈리씨에	détective privé 데떽띠브 프리베	criminel 크리미넬	procès 프로쎄
독	Polizist 폴리치스트	Privatdetektiv 프리밧데텍티프	Verbrecher 페어브레허	Klage, Prozess 클라게, 프로체스
포	policial 뽈리씨아우	detetive particular 데떼찌비 빠르찌꿀라르	criminoso 끄리미노주	processo 쁘로쎄쑤
스	policía 뽈리씨아	detective privado 디떽띠브 쁘리나도	criminal 끄리미날	pleito 쁠레이또
이	poliziotto 폴리지오또	agente privata 아젠떼 프리바따	criminalità 크리미날리타	causa 카우자
그	αστυνόμος 아스띠노모스	ιδιωτικός ντετέκτιβ 이디오띠꼬스 데떽띠브	εγκληματίας 엥글리마띠아스	δίκη 디끼
라	irenárcha 이레나르카	investigator otiosus 인베스티가토르 오티오수스	auctor delicti 아욱토르 뗄릭티	lis 리스
러	полицейский 벌리쩨이스끼	частный детектив 촤스느이 데땍띠브	уголовник 우갈로브닉	судебное дело 수제브너예 절러
중	警官 / jǐngguān 징관	私人侦探 / sīrénzhēntàn 스런전탄	罪犯 / zuìfàn 쮀이판	官司 / guānsi 꽌쓰
일	けいさつかん / 警察官 케-사추칸	しりつたんてい / 私立探偵 시리추탄테-	はんざいしゃ / 犯罪者 한자이샤	そしょう / 訴訟 소쇼-

동의어: *1 agent de police 아쟝 드 뽈리스

한	무죄	유죄	죄	면죄부	원고
영	innocence 이노슨스	guilt 길트	crime 크라임	indulgence 인덜전스	plaintiff *2 프레인티프
프	innocence 이노썽스	culpabilité 뀔빠빌리떼	crime *1 크림	indulgence 엥뒬정스	plaignant 쁠레냥
독	Unschuld 운슐트	Schuld 슐트	Kriminalität 크리미날리태트	Ablaßbrief 압라스브리프	Kläger 클래거
포	inocência 이노쎙씨아	culpado 꾸우빠두	crime 끄리미	indulgência 잉둘쥉씨아	querelante 께렐랑찌
스	inocente 이노쩬떼	culpabilidad 꿀빠빌리닷	crimen 끄리멘	indulgencia 인둘헨씨아	acusador 아꾸사도르
이	innocenza 인노첸짜	colpevolezza 꼴페볼레짜	crimine 크리미네	indulgenza 인둘젠자	querelante 쿠에렐란테
그	αθωότητα 아쏘오띠따	ενοχή 에노히	έγκλημα 엥글리마	επιείκεια 에삐이끼아	κατήγορος 까띠고로스
라	innocens 인노센스	culpa 쿨파	crimen 크리멘	indulgentia 인둘겐티아	accusátor 악쿠사토르
러	невинность 녜빈너스츠	виновность 비노브너스츠	криминал 크리미날	снисхождение 스니스하쥬졔니예	обвинитель 압비니쩰
중	无罪 / wúzuì 우쮀이	有罪 / yǒuzuì 요우쮀이	犯罪 / fànzuì 판쮀이	免罪符 / miǎnzuìfú 미엔쮀이푸	原告 / yuángào 위엔까오
일	むざい / 無罪 무자이	ゆうざい / 有罪 유-자이	はんざい / 犯罪 한자이	めんざいふ / 免罪符 멘자이후	げんこく / 原告 겐코쿠

참고: *1 Crime et Châtiment 크림 에 샤티망(죄와 벌), 동의어: *2 complainant 컴프레이넌트

피고	부패, 비리	정의	테러	KOR
accused 어큐즈드	corruption 커럽션	justice 저스티스	terror 테러	ENG
accusé 아뀌제	corruption 코륍씨옹	justice 쥐스삐스	terrorisme 떼로리슴	FRA
Angeklagte 안게클락테	Korruption *1 코룹치온	Justiz, Gerechtigkeit 유스티츠, 게레히티히카이트	Terror 테로어	GER
réu 헤우	corrupção 꼬훕써웅	justiça 쥬스찌싸	terrorismo 떼호리즈무	POR
acusado 아꾸사도	corrupción 꼬룹씨온	justicia 후스띠씨아	terror 떼로르	ESP
imputato 임푸타토	corruzione 꼬루찌오네	giustizia 쥬스띠찌아	terrore 테로레	ITA
κατηγορούμενος 까띠고룸메노스	φθορά 프쏘라	δικαιοσύνη 디께오시니	τρομοκρατία 트로모크라띠아	GRE
reus 레우스	corruptio 코룹티오	iurisdicatio 유리스디카티오	terror 테로르	LAT
подсудимый 뻿쑤지므이	коррупция 카룹프찌야	правосудие 쁘라버쑤지예	террор 쩨로르	RUS
被告 / bèigào 베이까오	腐败 / fǔbài 푸바이	正义 / zhèngyì 쩡이	恐怖 / kǒngbù 콩뿌	CHN
ひこく / 被告 히코쿠	ふはい / 腐敗, ひり / 非理 후하이, 히리	せいぎ / 正義 세-기	テロ 테로	JPN

동의어: *1 Bestechung 베슈테홍, Verderbnis 페어데업니스

사고	사건 1	사건 2	수사	KOR
accident 엑시던트	case *1 케이스	event 이벤트	criminal investigation 크리미날 인베스티게이션	ENG
accident 악씨덩	cas *2 캬	événement 에베느망	enquête *5 엉께뜨	FRA
Unfall 운팔	Vorfall 포어팔	Ereignis 에어아익니스	Ermittelung 에어미텔룽	GER
acidente 아씨뎅찌	caso *3 까주	incidente 잉씨뎅찌	investigação 잉베스찌가써웅	POR
accidente 악씨덴떼	caso *4 까소	evento 에벤토	investigación 인베스띠가씨온	ESP
incidente 인치덴테	affare 아파레	evento 에벤토	investigazione 인베스티가지오네	ITA
ατύχημα 아띠히마	περιστατικό 뻬리스따띠꼬	γεγονός 게고노스	έρευνα εγκλήματος 에레브나 엥글리마또스	GRE
accidens 악키덴스	incidéntia 잉키덴티아	eventum 에벤툼	quaestio criminis 쿠아에스티오 크리미니스	LAT
несчастный случай 니샤스느이 슬루치	инцидент 인찌젠트	событие 싸븨찌예	расследование преступления 라슬례더바니예 쁘리스뚜쁠레니야	RUS
事故 / shìgù 쓰꾸	事件 / shìjiàn 쓰지엔	事件 / shìjiàn 쓰지엔	侦查 / zhēnchá 전차	CHN
じこ / 事故 지코	じけん / 事件 지켄	じけん / 事件 지켄	そうさ / 捜査 소-사	JPN

동의어: *1 affair 어페어, incident 인시던트, *2 affaire 아페르, incident 엥씨덩, *3 ocorrência 오꼬헹씨아, *4 acontecimiento 아꼰떼씨미엔또,
*5 investigation 앵베스티가씨웅

한	미행	추적	미궁	녹음
영	tail 테일	trace 트레이스	labyrinth 라브린스	record 레코드
프	filature 필라뛰르	poursuite 뿌르쒸뜨	labyrinthe 라비렝프	enregistrement 앙르지스트르멍
독	nachgehen 나흐게엔	Verfolgung 베어폴궁	Labyrinth 라뷔린트	Aufzeichnung 아우프차이히눙
포	encalço 잉까우쑤	perseguição 뻬르쩨기써웅	labirinto 라비링뚜	gravação 그라바써웅
스	incógnito 인꼬그니또	persecución 뻬르세꾸시온	laberinto, dédalo 라베린또, 데달로	grabación 그라바시온
이	pedinaménto 페디나멘토	caccia 카챠	labirinto 라비린토	registrazióne 레지스프라지오네
그	παρακολούθηση 빠라꼴루씨시	καταδίωξης 까따디옥시스	λαβύρινθος 라비린쏘스	καταγραφή 까따그라피
라	pervestígo 페르베스티고	insecútio 인세쿠티오	labyrínthus 라비린투스	phonographia [1] 포노그라피아
러	слежка 슬례쉬까	пóиски 포이스끼	лабири́нт 라비린	звукозапись 즈부꺼자삐시
중	微行 / wēixíng 외이싱	追踪 / zhuīzōng 쭈이중	迷宫 / mígōng 미꽁	录音 / lùyīn 루인
일	びこう / 微行 비코-	ついせき / 追跡 추이세키	めいきゅう / 迷宮 메-큐-	ろくおん / 録音 로쿠온

참고: [1] 녹화: visiographia 비시오그라피아

한	모방	위조, 변조	폭행1	폭행2
영	imitation [1] 이미테이션	falsification [3] 펄서피케이션	violence 바이어런스	assault [6] 어설트
프	imitation 이미따씨옹	falsification [4] 팔씨피까씨옹	violence 비올랑스	assaut 아쏘
독	imitation [2] 이미타치온	Fälschung 펠슝	Gewalt 게발트	Angriff 안그리프
포	imitação 이미따써웅	falsificação 파우씨피까써웅	violência 비올렝씨아	agressão 아그레써웅
스	imitación 이미따씨온	falsificación 팔시피카시온	violencia 비올렌씨아	asalto 아살토
이	imitazione 이미타지온느	falsificazione 팔시피카지오네	violenza 비오엔자	assalto 아쌀토
그	προσομοίωση 프로소미오시	παραποίηση 빠라삐이시	βιαιότητα 비아오띠따	επίθεση 에삐쩨시
라	imitatio 이미타티오	corrúmpo 코룸포	violentia 비올렌티아	impetu 임페투
러	имитация 이미따쩌야	фальсификáция 팔시피카찌야	насилие 나실리예	штурмовóй 슈뚜르마보이
중	仿效 / fǎngxiào 팡시아오	伪造 / wěizào [5] 외이자오	暴力 / bàolì 바오리	突击 / tūjī 투지
일	もほう / 模倣 모호-	ぎぞう / 偽造, へんぞう / 変造 기조-, 헨조-	ぼうりょく / 暴力 보-료쿠	ぼうこう / 暴行 보-코-

동의어: [1] copycat 카피캣, [2] Nachahmung 나흐아뭉, [3] fake 페이키, [4] contrefaçon 꽁뜨르파쏭, [5] 変造 / biànzào 비엔자오, [6] attack 어택

352

절도	강도	살인	독혈증, 중독증	KOR
theft *1 떼프트	robber *2 로버	murder *3 머더	toxemia 톡시미아	ENG
vol 볼	bandit 방디	meurtre 뫼르트르	toxémie 톡쩨미	FRA
Diebstahl 딥슈탈	Raub 라웁	Mord 모르트	Toxikose 톡시코제	GER
roubo, furto 호우부, 푸르뚜	assaltao 아싸우뚜	assassinato 아싸씨나뚜	toxemia 똑씨미아	POR
hurto 우르또	ladrón 라드론	asesinato 아세시나또	toxemia 똑세미아	ESP
furto 푸르또	ladro 라드로	omicìdio 오미치디오	tossicosi 토씨코지	ITA
κλοπή 끌로삐	διαρρήκτης 디아릭띠스	δολοφονία 돌로포니아	τοξιναιμία 똑시네미아	GRE
furtum 푸르툼	praedo 프레도	homicídium *4 호미키디움	toxemia 톡시미아	LAT
кража 크라좌	грабитель 그라비쩰	убийство 우비스프버	токсикоз 톡시코스	RUS
盗窃 /dàoqiè 다오치에	强盗 /qiángdào 치앙다오	杀人 /shārén 샤런	毒血症 /dúxiězhèng 두시에정	CHN
せっとう/窃盗 셋도-	ごうとう/強盗 고-토-	さつじん/殺人 사추진	どくちしょう/毒血症 도쿠치쇼-	JPN

동의어: *1 burgalary 버그러리, *2 mogger 머거, *3 homicide 호머싸이드, *4 caedes 캐데스, nex 넥스

고발	증인	증거	몽타주	KOR
accusation 에큐세이션	witness 윗네스	evidence 에비던스	montage 몽타쥐	ENG
accusation 아뀌자씨옹	témoin 떼므엥	preuve 프뢰브	montage 몽빠쥬	FRA
Anklage 안클라게	Zeuge 초이게	Beweis 베바이스	Montage 몬타제	GER
acusação 아꾸자써옹	testemunha 떼스찌뭉야	prova, evidência 프로바, 에비뎅씨아	retrato falado 헤뜨라뚜 팔라두	POR
acusación 아꾸사씨온	testigo 떼스띠고	prueba, evidencia 쁘루에바, 에비덴씨아	montaje 몬따헤	ESP
accusa 아쿠사	testimone 떼스띠모네	prova, evidenza 프로바, 에비덴자	montaggio 몬타쬬	ITA
αιτίαση, κατηγορία 에띠아시, 까띠고리아	μάρτυρας 마르띠라스	απόδειξη 아뽀딕시	μοντάζ 몬다즈	GRE
accusatio 악쿠사티오	testis 테스띠스	probaméntum 프로바멘툼	Montage 몬타제	LAT
обвинение 아브비녜니예	свидетель 스비지쩰	свидéтельство 스비지쩰스트버	монтаж 먼따쥬	RUS
举报 /jǔbào 쥐바오	证人 /zhèngrén 쩡런	证据 /zhèngjù 쩡쥐	蒙太奇 /méngtàiqí 멍타이치	CHN
こくはつ/告発 코쿠하추	しょうにん/証人 쇼-닌	しょうこ/証拠 쇼-코	モンタージュ 몬타-쥬	JPN

한	수갑	체포	판결	보석(保釋)	감옥, 형무소
영	handcuffs 핸드커프스	arrest *1 어레스트	verdict 버딕트	bail 베일	prison 프리즌
프	menottes 므놋뜨	arrestation 아레스따씨옹	sentence 썽떵스	caution 꼬씨옹	prison 프리종
독	Handfesseln 한트페셀른	Festnahme 페스트나메	Urteil 우어타일	Kaution 카우치온	Gefängnis 게팽니스
포	algema 아우줴마	apreensão 아쁘리엥써옹	sentença 쌩뗑싸	fiança 피앙싸	prisão *2 쁘리저옹
스	esposas 에스뽀사스	arresto 아레스또	fallo 파요	fianza 피안사	prisión *3 쁘리시온
이	manetta 마네따	arresto 아레스또	sentenza 쎈뗀짜	garanzia 가란지아	prigione 프리조네
그	χειροπέδες 히로뻬데스	σύλληψη 실립시	δικαστική απόφαση 디까스띠키 아뽀파시	εγγύηση 엥기이시	φυλακή 필라끼
라	manicae 마니카이	comprehensio 콤프레헨시오	iudicium 유디카움	vadium 바디움	carcerem *4 카르케렘
러	наручники 나루취니끼	арест 아레스트	изречение 이즈레췌니예	порука 파루카	тюрьма 쮸리마
중	手锭子 /shǒudìngzi 셔우띵즈	抓捕 /zhuābǔ 쭈와뿌	判决 /pànjué 판쮜에	保释 /bǎoshì 바오스	监狱 /jiānyù 찌엔위
일	てじょう/手錠 테죠-	たいほ/逮捕 타이호	はんけつ/判決 한케추	ほしゃく/保釈 호샤쿠	かんごく/監獄 *5 칸고쿠

동의어: *1 custodia 쿠스토디아, *2 cadeia 까데이아, penitenciária 뻬니뗑씨아리아, *3 cárcel 까르셀, *4 ergastulum 에르가스툴룸,
     *5 けいむしょ/刑務所 케-무쇼

한	소화기	금고	자물쇠	열쇠	암호
영	fire extinguisher 파이어 익스팅귀셔	safe *1 세이프	lock 락	key 키	password *2 패스워드
프	extincteur 엑스뗑끄뛰르	coffre-fort 꼬프르 포르	serrure 쎄뤼르	clé 끌레	mot de passe 모 드 빠스
독	Feuerlöscher 포이어뢰셔	Tresor 트레조아	Schloss 슐로스	Schlüssel 슐뤼셀	Passwort *3 파스보르드
포	extintor 이스찡또르	cofre 꼬프리	fechadura 페샤두라	chave 샤비	código 꼬지구
스	extintor 엑스띤또르	arcas 아르까스	cerradura 쎄라두라	llave 야베	contraseña 꼰뜨라세냐
이	estintore 에스틴토레	cassaforte 카싸포르테	serratura 세라투라	chiave 끼아베	codice 코디체
그	πυροσβεστήρας 삐로스베스띠라스	χρηματοκιβώτιο 흐리마또끼보티오	κλειδαριά 끌리다리아	κλειδί 끌리디	κωδικός 꼬디꼬스
라	extinctor ignis 엑스틴크토르 이그니스	arca 아르카	claustrum 클라우스트룸	clavis 클라비스	tessera 테쎄라
러	огнетушитель 아그니뚜쉬쩰	сейф 쎄이프	замок 자목	ключ 클류취	пароль 빠롤
중	灭火器 /mièhuǒqì 미에후오치	铁柜 /tiěguì 티에꿔이	锁 /suǒ 수오	钥匙 /yàoshi 야오스	密语 /mìyǔ 미위
일	しょうかき/消火器 쇼-카키	きんこ/金庫 킨코	じょう/錠 죠-	かぎ/鍵 카기	あんごう/暗号 안고-

동의어: *1 vault 벌트, *2 code 코드, cipher 사이퍼, cryptogram 크립토그램 *3 Geheimschrift 게하임슈리프트

번호키	카드키	비밀번호	KOR
numeric key 뉴메릭 키	card key 카드키	secret code, PIN number 시크릿 코드, 핀 넘버	ENG
serrure à code 쎄뤼르 아 코드	carte clé 까르뜨 끌레	code secret 꼬드 스크레	FRA
digitales Türschloss 디기탈레스 뛰어슐로스	Kartenschlüssel 카르텐슐뤼셀	Geheimzahl 게하임찰	GER
fechadura digital 페샤두라 지쥐따우	fechadura com cartão 페샤두라 꽁 까르떠옹	senha 쎙야	POR
llave de número 야베 데 누메로	llave de tarjeta 야베 데 따르헤따	Número Identificativo Personal 누메로 이덴띠피까띠보 뻬르소날	ESP
chiavi numerate 끼아비 누메라떼	accedi alla scheda 아체디 알라 스케다	numero segreto 누메로 세그레또	ITA
κλειδάριθμος 끌리다리쓰모스	κλειδί ηλεκτρονικής κάρτας 끌리디 일렉프로니끼스 까르따스	(μυστικός)κωδικός(PIN) (미스띠꼬스)꼬디꼬스(PIN)	GRE
clavis numeri 크라비스 누메리	clavis chanta electri 크라리스 칸타 엘렉트리	secretus numerus(caudex) 세크레투스 누메루스(카우덱스)	LAT
цифровой ключ 찌프라보이 클류취	карточка-ключ 카르떠취까-클류취	пароль 빠롤	RUS
密码钥匙 / mìmǎyàoshi 미마야오스	钥匙卡 / yàoshikǎ 야오스카	密码 / mìmǎ 미마	CHN
ばんごうキー / 番号キー 반고-키-	カードキー 카-도키-	あんしょうばんごう / 暗証番号 안쇼-반고-	JPN

홍채인식	방범벨	전기충격기	KOR
iris recognition 아이리스 레커그니션	burglar alarm 버글라 알람	electric stun gun [1] 일렉트릭 스턴 건	ENG
reconnaissance d'iris 르꼬네썽스 디리스	alarme antivol 알라름 엉티볼	stun gun, Taser 스턴 건, 따제	FRA
Iriserkennung 이리스에어케눙	Alarmklingel 알람클링엘	Elektroschocker 엘렉트로쇼커	GER
identificação pela íris 이뎅찌피까써옹 뻴라 이리스	alarme anti-furto 알라르미 앙찌-푸르뚜	arma de choque 아르마 지 쇼끼	POR
reconocimiento de iris 레꼬노씨미엔또 데 이리스	alarma antirobo 알라르마 안티로보	pistola eléctrica 삐스폴라 일렉뜨리까	ESP
riconoscimento dell'iride 리코노쉬멘또 델리리데	allarme antifurto 알라르메 안띠프르또	stordi sca la pistola 스토르디스카 라 피스톨라	ITA
αναγνώρηση ιρίδος 아나그노리시 이리도스	αντικλεπτικός συναγερμός 안디끌렙띠꼬스 시나게르모스	ηλεκτρικό πιστόλι αυτοάμυνας 일렉뜨리꼬 삐스뽈리 아브또아미나스	GRE
agnitio Iridis 아그니티오 엘리디스	clamor contra lurgatorem 클라모르 콘트라 루르가토렘	electricum tormentum 에렉트리쿰 토르멘툼	LAT
Сканеры радужки 스까네릐 라두쉬끼	охранная сигнализация 아흐란나야 시그날리자찌야	электрошоковый пистолет 앨렉트로쇼코브이 삐스딸레뜨	RUS
虹彩认识 / hóngcǎi rènshi 홍차이런스	防范电铃 / fángfàndiànlíng 팡판띠엔링	电击枪 / diànjīqiāng 디엔지치앙	CHN
こうさいにんしき / 虹彩認識(iris) 코-사이닌시키	ぼうはんベル / 防犯ベル 보-한베루	でんきショックき / 電気ショック機 덴키쇽꾸키	JPN

동의어: [1] taser 테이져

2-6. 군대 – 부대, 계급, 장비

한	군대	육군	해군	공군
영	military 밀리터리	army 아미	navy 네이비	air force 에어 포스
프	militaire 밀리떼르	armée 아르메	armée de mer, marine 아르메 드 메르, 마렝	armée de l'air 아르메 드 레르
독	Militär 밀리태어	Armee 아르메	Marine 마리네	Luftwaffe 루프트바페
포	tropa 트로빠	Exército 이제르씨뚜	Marinha 마링야	Aeronáutica 아에로나우찌까
스	militar 밀리따르	ejército 에헤르씨또	marina 마리나	fuerza aérea 푸에르사 아에레아
이	militare 밀리따레	servizio militare 세르비지오 밀리타레	marina 마리나	aviazione 아비아지오네
그	στρατιωτικός 스트라띠오띠꼬스	στρατός 스트라또스	ναυτικό 나브띠꼬	αεροπορία 아에로뽀리아
라	militum 밀리툼	exercitus 엑세르키투스	copiae navales 코피애 나발레스	copiae aeriae 코피애 아에리애
러	военные 바옌느예	армия 아르미야	военно-морские силы 바옌너-마르스끼예 씰릐	военно-воздушные силы 바옌너-바즈두쉬늬예 씰릐
중	军队 / jūnduì 쥔뛔이	军队 / jūnduì 쥔뛔이	海军 / hǎijūn 하이쥔	空军 / kōngjūn 콩쥔
일	ぐんたい / 軍隊、ミリタリー 군타이, 미리타리-	りくぐん / 陸軍 리쿠군	かいぐん / 海軍 카이군	くうぐん / 空軍 쿠-군

한	해병	군단	사단	여단	연대
영	marine 마린	corps 코업	division 디비젼	brigade [*1] 브리게이드	regiment [*2] 레지먼트
프	marin 마렝	corps d'armée 코르 다메르	division 디비지옹	brigade 브리가드	régiment 레지멍
독	Marinesoldat 마리네솔다트	Armeekorps 아르메코룹스	Division 디비지온	Brigade 브리가데	Regiment 레기멘트
포	marinho 마링유	corpo 꼬르뿌	divisão 지비저웅	brigada 브리가다	regimento 헤쥐멩뚜
스	marinero 마리네로	cuerpo 꾸에르뽀	división 디비시온	brigada 브리가다	regimiento 레히미엔또
이	marina 마리나	corpo 코르포	divisióne 디비디오네	brigata 브리가타	reggimento 레그지멘토
그	πεζοναύτης 뻬조나브띠스	σῶμα 소마	μεραρχία 메라르히아	αξιωματικός 악시오마띠꼬스	σύνταγμα 신다그마
라	marínus miles 마리누스 밀레스	corpus 코르푸스	divisionem 디비지오넴	regia 레기아	legio 레기오
러	морская пехота 마르스까야 삐호따	корпус 코르푸스	дивизия 디비지야	бригáда 브리가다	полка 뽈까
중	水兵 / shuǐbīng 수에이빙	军团 / jūntuán 쥔투안	师团 / shītuán 스투안	旅 / lǚ 뤼	团 / tuán 투안
일	かいへい / 海兵 카이헤-	ぐんだん / 軍団 군단	しだん / 師団 시단	りょだん / 旅団 료단	れんたい / 連隊 렌타이

약자: *1 Bde, *2 Regt

356

대대	중대	소대	분대	부대	KOR
battalion 버텔리언	company 컴퍼니	platoon 플래툰	squad 스콰드	troop 트룹	ENG
bataillon 바따이옹	compagnie 꽁빠니	section 섹씨옹	escouade 에스꽈드	troupes 트룹쁘	FRA
Bataillon 바탈리론	Kompanie 콤파니	Zug 축	Kader 카더	Truppe 트루페	GER
batalhão 바딸여웅	companhia 꽁빠니아	seção, pelotão 쩨써웅, 뻴로떠웅	esquadra 에스꽈드라	tropa 뜨로빠	POR
batallón 바탈론	compañía 꼼빠니아	sección 섹시온	escuadra 에스꽈드라	tropa 뜨로빠	ESP
battaglione 바딸리오네	compagnia 콤파냐	plotone 플로토네	squadra 스꽈드라	truppa 트루빠	ITA
τάγμα 따그마	λόχος 로호스	διμοιρία 디미리아	ουλαμός 울라모스	στρατιῶτες 스트라띠오떼스	GRE
cohors 코호르스	commanípularis 콤마니뿔라리스	centuria 켄투리아	spira 스피라	manus 마누스	LAT
батальóн 바딸리온	рóта 로따	взвод 브즈바트	отряд 아프럇트	труппа 뜨룹빠	RUS
大队 / dàduì 따뚜이	连队 / liánduì 리엔뚜이	小队 / xiǎoduì 샤오뚜이	分队 / fēnduì 펀뚜이	部队 / bùduì 뿌뚜이	CHN
だいたい / 大隊 다이타이	ちゅうたい / 中隊 츄-타이	しょうたい / 小隊 쇼-타이	ぶんたい / 分隊 분타이	ぶたい / 部隊 부타이	JPN

함대	편대	근위대	특수부대	게릴라, 빨치산	KOR
fleet 플리트	formation 포메이션	guard 가드	commando [1] 코만도	guerrilla 거릴러	ENG
flotte 플로뜨	formation 포르마씨옹	garde 가르드	commando 꼬망도	guérrilla 게릴라	FRA
Flotte 플로테	Formation 포메치온	garde 가르데	Kommandotruppe 코만도트루페	Guerilla 게릴랴	GER
frota 프로따	formação 포르마써웅	guarda real 과르다 헤아우	comando 꼬망두	guerrilha 게힐야	POR
flota 프로따	formación 포르마씨온	guardia 과르디아	comando 꼬만도	guerrilla 게릴라	ESP
flotta 플로따	formazione 포르마지오네	guardia reale 과르디아 레알레	forze speciali 포르쩨 스페찰리	guerrigliero 구에릴리에로	ITA
στόλος 스똘로스	συγκρότηση 싱그로띠시	απόμαχος 아뽀마호스	κομμάντος 꼼만도스	αντάρτικο 안다르띠꼬	GRE
classis 클라씨스	ordo 오르도	satellítium 사텔리티움	specialis agmen 스페시아리스 아그멘	concursátor 콩쿠르사토르	LAT
флот 플라프	строй 스프로이	гвáрдия 그바르뎌아	командос 까만더스	патризáн 파르찌잔	RUS
舰队 / jiànduì 지엔뚜이	编队 / biānduì 삐엔뚜이	近卫队 / jìnwèiduì 진웨이뚜이	特遣部队 / tèqiǎnbùduì 터치엔뿌뻬이	游击 / yóujī 요우지	CHN
かんたい / 艦隊 칸타이	へんたい / 編隊 헨타이	このえたい / 近衛隊 코노에타이	とくしゅぶたい / 特殊部隊 토쿠슈부타이	ゲリラ 게리라	JPN

동의어: [1] special forces 스페셜 포스

한	계급	원수	지휘관	장군, 대장	제독
영	rank 랭크	marshal 마셜	commander 커맨더	general 제너럴	admiral 애드머럴
프	rang 랑	maréchal 마레샬	commandant 꼬망덩	général 제네랄	amiral 아미랄
독	Charge, Rang 차르저, 랑	Feldmarschall 펠트마르샬	Kommandant 코만단트	General 게네랄	Admiral 아드미랄
포	posto, graduação 뽀스뚜, 그라두아써웅	marechal 마레샤우	comandante 꼬망당찌	general 줴네라우	almirante 아우미랑찌
스	graduación 그라두아시온	mariscal 마리스칼	comandante 꼬만단떼	general 헤네랄	almirante 알미란떼
이	classe 클라쎄	maresciallo 마레스키알로	comando 코만도	generale 제네랄레	ammiragilo 암미랄료
그	βαθμός 바쓰모스	στρατάρχης 스트라따르히스	διοικητής 디오끼띠스	στρατηγός 스트라띠고스	ναύαρχος 나바르호스
라	gradus 그라두스	marescallo 마레스칼로	praefectus 프래펙투스	dux belli summus 둑스 벨리 숨무스	praetor navalis 프래토르 나발리스
러	разря́д, зва́ние 라즈랴드, 즈바니예	ма́ршал 마르샬	командир 까만지르	генерал 계녜랄	адмирал 아드미랄
중	阶级 / jiējí 찌에지	元帅 / yuánshuài 위엔수아이	指挥官 / zhǐhuīguān 즈훼이관	将军 / jiàngjūn 찌앙쥔	提督 / tídū 티뚜
일	かいきゅう / 階級 카이큐-	げんすい / 元帥 겐수이	しきかん / 指揮官 시키칸	しょうぐん / 将軍 *1 쇼-군	ていとく / 提督 테-토쿠

동의어: *1 たいしょう / 大将 타이쇼-

한	장교	대령	소령	대위	하사
영	officer 오피서	colonel 커널	major 메이저	captain 캡틴	staff sergeant 스테프 서전트
프	officier 오피씨에	colonel 꼴로넬	commandant 꼬망덩	capitaine 까피뗀	caporal 까뽀랄
독	Offizier 오피치어	Oberst 오버스트	Major 마요어	Hauptmann 하웁트만	Korporal 코르포랄
포	oficial 오피씨아우	coronel 꼬로네우	major 마죠르	capitão 까삐떠웅	cabo 까부
스	oficial 오피씨알	coronel 꼬로넬	comandante 꼬만단떼	capitán 까피딴	sargento 사르헨또
이	ufficiale 움피치알레	colonnello 콜로넬로	maggióre 마지오레	capitano 카피타노	sergente 세르젠테
그	αξιωματικός 악시오마띠꼬스	συνταγματάρχης 신다그마따르히스	ταγματάρχης 따그마따르히스	λοχαγός 로하고스	αρχιλοχίας 아르힐로히아스
라	ductor ordinis 둑토르 오르디니스	tribunus militum 트리부누스 밀리툼	óptio 옵티오	subóptio 숩옵티오	optio ad spem 옵티오 아드 스펨
러	офицер 아피쩨르	полковник 빨꼬브닉	майор 마이요르	капитан 까삐딴	старший сержант 스따르쉬쎄르콴트
중	军官 / jūnguān 쥔관	大校 / dàxiào 따샤오	小令 / xiǎolìng 샤오링	大尉 / dàwèi 따웨이	下士 / xiàshì 시아쉬
일	しょうこう / 将校 쇼-코-	たいさ / 大佐 타이사	しょうさ / 少佐 쇼-사	たいい / 大尉 타이이	かし / 下士 카시

358

병장	상병	이등병	헌병	KOR
corporal 코퍼럴	specialist 스페셜리스트	private 프라이베잇	military policeman 밀리터리 폴리스맨	ENG
sergent 쎄르쟝	brigadier-chef 브리가디에 셰프	soldat 쏠다	policier militaire 뽈리씨에 밀리떼르	FRA
Obergefreite 오버게프라이테	Gefreite 게프라이테	Soldat 졸다트	Militärpolizei 밀리태어폴리차이	GER
sargento 싸르쩽뚜	capitão 까뻐떠옹	soldado raso 쏘우다두 하주	gendarme 쩽다르미	POR
cabo 까보	capitán 까삐딴	soldado raso 솔다도 라소	gendarme 헨다르메	ESP
sergente 세르젠테	capitano 카피타노	soldato semplice 솔다토 셈플리체	gendarme 젠다르메	ITA
δεκανέας 데까네아스	ειδικός 이디꼬스	στρατιώτης 스트라띠오띠스	στρατονόμος 스트라또노모스	GRE
beneficiarius 베네피키아리우스	subóptio 수봅티오	simplex miles 심플렉스 밀레스	aedilis militaris 애딜리스 밀리타리스	LAT
майóр 마이오르	ефрéйтор 애프레이떠르	рядовóй 랴다보이	военный полицейский 바옌느이 뻴리쩨이스끼	RUS
兵长 / bīngcháng 삥창	上等兵 / shàngděngbīng 상덩빙	二等兵 / èrděngbīng 얼덩빙	宪兵 / xiànbīng 시엔빙	CHN
ひょうじょう / 兵仗 효-죠-	じょうとうへい / 上等兵 죠-토-헤-	にとうへい / 二等兵 니토-헤-	けんぺい / 憲兵 켄페-	JPN

용병	병사	보병	보초	KOR
mercenary 머서너리	soldier 솔져	infantry 인펀트리	sentry 센트리	ENG
mercenaire 메르스네르	soldat 쏠다	infanterie 엥펑뜨리	sentinelle 쌍띠넬	FRA
Mietsoldat 미트졸다트	Soldat 졸다트	Infanterie 인판테리	Posten 포스텐	GER
mercenário 메르쩨나리우	soldado 쏘우다두	infantaria 잉팡따리아	sentinela 쎙찌넬라	POR
mercenario 메르세나리오	soldado 솔다도	infantería 인판떼리아	centinela 쎈띠넬라	ESP
mercenario 메르체나리오	soldato, militare 솔다토, 밀리타레	fante 판떼	sentinella 쎈띠넬라	ITA
μισθοφόρος 미스쏘포로스	στρατιώτης 스트라띠오띠스	πεζικό 뻬지꼬	φρουρός 프루로스	GRE
mercennarius 메르켄나리우스	miles 밀레스	peditatus 페디타투스	excubitor 엑스쿠비토르	LAT
наемник 나욤닉	солдат 쌀닷	пехота 뻬하따	караул 카라울	RUS
佣兵 / yōngbīng 용빙	兵员 / bīngyuán 빙위엔	步兵 / bùbīng 뿌빙	步哨 / bùshào 뿌샤오	CHN
ようへい / 庸兵 요-헤-	へいし / 兵士 헤-시	ほへい / 歩兵 호헤-	ほしょう / 歩哨 호쇼-	JPN

한	모병	퇴역군인, 참전용사	스파이	첩보(활동)
영	recruit 리크루트	veteran 베터런	spy 스파이	espionage 에스피오나지
프	recrue 르크뤼	vétéran 베떼랑	espion, agent secret 에스삐옹, 아쟝 스크레	espionnage 에스피오나즈
독	Rekrut 레크루트	Veteran 베테란	Spion 슈피온	Spionage 스피오나쥬
포	recrutamento 헤끄루따멩뚜	militar reformado 밀리따르 헤포르마두	espião 이스삐어웅	espionagem 이스삐오나젱
스	quinto 낀또	veterano 베떼라노	espía 에스삐아	espionaje 에스피오나헤
이	reclutamento 레클루타멘토	veterano 베떼라노	spia 스피아	spionaggio 스피오나지오
그	στρατολογία 스트라똘로기아	απόμαχος 아뽀마호스	κατάσκοπος 까따스꼬뽀스	κατασκοπεία 까따스꼬삐아
라	delectus, conquisitio 델렉투스, 콘쿠이시티오	veteranus 베테라누스	explorator 엑스플로라토르	penetrabnat 페네트라브나트
러	новобранец 노버브란넷츠	ветеран 볘쪠란	шпион 쉬삐온	шпионаж 슈삐아나쉬
중	新兵 / xīnbīng 씬삥	退伍军人 / tuìwǔjūnrén 뛰우쥔런	侦探 / zhēntàn 전탄	间谍活动 / jiàndiéhuódòng 지엔디에후오똥
일	しんぺい / 新兵 신페-	たいえきぐんじん / 退役軍人 타이에키군진	スパイ 수파이	スパイかつどう / スパイ活動 수파이카추도-

한	저격수	발사, 사격	부상병	희생자	포로
영	sniper 스나이퍼	fire 파이어	wounded soldier 운드드 솔져	victim 빅팀	prisoner 프리즈너
프	tirailleur 띠라이외르	tir 띠르	soldat blessé 쏠다 블레쎄	victime 빅띰	prisonnier 프리죠니에
독	Scharfschütze 샤프쉬체	Schuss 쉬스	Verwundete 페어분데테	Kriegsopfer 크리스옵퍼	Gefangen 게팡엔
포	franco atirador 프랑꾸 아찌라도르	tiro 찌루	soldado ferido 쏘우다두 페리두	vítima 비찌마	prisioneiro 쁘리지오네이루
스	francotirador 프랑꼬띠라도르	tiro 띠로	soldado herido 솔다도 에리도	víctima 빅띠마	prisionero 쁘리시오네로
이	tiratore scelto 띠라또레 쉘또	tiro 티로	soldati invalidi 솔다티 인발리디	vittima 비띠마	prigioniero 프리지오니에로
그	σκοπευτής 스꼬뻬브띠스	όπλα 오쁠라	τραυματίας 트라브마띠아스	θύμα 씨마	αιχμάλωτος 에흐말로또스
라	electus jaculator 에렉투스 야쿨라토르	casus oblíquus 카수스 오늘리쿠우스	sáucius 사우키우스	víctima 빅티마	captívus 캅티부스
러	снайпер 스나이뻐르	огонь 아곤	раненый 라네니	жéртва 제르뜨바	военнопленный 바옌나플렌느이
중	狙击手 / jūjīshǒu 쥐지셔우	射击 / shèjī 쉬지	伤兵 / shāngbīng 샹삥	牺牲者 / xīshēngzhě 시셩저	俘虏 / fúlǔ 푸루
일	そげきしゅ / 狙擊手 소게키슈	はっしゃ / 發射 [1] 핫샤	しょうへい / 傷兵 쇼-헤-	ぎせいしゃ / 犧牲者 기세-샤	ほりょ / 捕虜, とりこ / 虜 호료, 토리코

동의어: [1] しゃげき / 射擊 샤게키

무기, 병기	검, 칼	총검	총	권총	KOR
arms *1 암즈	sword 스워드	bayonet 베이어닛	gun 건	pistol 피스톨	ENG
armes 아름므	épée 에뻬	baïonnette 바이오넷뜨	fusil 쀠지	pistolet 피스똘레	FRA
Waffe 바페	Schwert 슈베어트	Bajonett 바요네트	Gewehr 게베어	Pistole 피스톨레	GER
arma 아르마	punhal 뿡야우	baioneta 바이오네따	fuzil 푸지우	pistola 삐스뽈라	POR
arma 아르마	espada 에스빠다	bayoneta 바요따	fusil 푸실	revólver 레볼베르	ESP
arma 아르마	spada 스파다	baionetta 바이오넷따	fucile 푸칠레	pistola 삐스똘라	ITA
όπλο 오쁠로	ξίφος 윽시포스	ξιφολόγχη 윽시폴롱히	τουφέκι, όπλο 뚜페끼, 오쁠로	πιστόλι 삐스똘리	GRE
arma, bellária 아르마, 벨라리아	ensis 엔시스	cuspis baionnensis 쿠스피스 바이온넨시스	sclopetis 스클로페티스	pistolium *2 피스톨리움	LAT
оружие 아루쥐예	меч 메치	штык 슈띡	ружьё 루쥐요	пистолет 삐스딸롓	RUS
武器 /wǔqì 우치	劍 /jiàn 찌엔	枪刀 /qiāngdāo 치앙따오	枪 /qiāng 치앙	手枪 /shǒuqiāng 셔우치앙	CHN
ぶき /武器、へいき /兵器 부키, 헤-키	けん /劍 켄	じゅうけん /銃劍 쥬-켄	じゅう /銃 주-	けんじゅう /拳銃, ピストル 켄쥬-, 삐수토루	JPN

동의어: *1 weapon 웨펀, *2 manuballistula 마누발리스툴라

소총	산탄총	기관총	방아쇠	소음기	KOR
rifle 라이플	shotgun 샷건	machine gun 머쉰 건	trigger 트리거	silencer 사일런서	ENG
fusil 쀠지	fusil de chasse 쀠지 드 샤스	mitrailleuse 미트라이외즈	gâchette *1 가쉐뜨	silencieux 실랑씨유	FRA
Schießgewehr 시스게베어	Schrotflinte 쉬로트플린테	Maschinengewehr 마시넨게베어	Abzug 압축	Schalldämpfer 샬댐퍼	GER
rifle 히플리	espingarda 이스삥가르다	metralhadora 메뜨랄야도라	gatilho 가찔유	silenciador 씰렝씨아도르	POR
fusil 푸실	escopeta 에스꼬뻬따	ametrallador 아메뜨라야도르	gatillo 가띠요	silenciador 실렌씨아도르	ESP
fucile 푸칠레	fucile a canna liscia 푸칠레 아 칸나 리샤	mitragliatrice 미뜨랄랴뜨리체	grilletto 그릴레토	silenziatore 실렌지아토레	ITA
τουφέκι 뚜페끼	κυνηγετικό όπλο 끼니게띠꼬 오쁠로	πολυβόλο 뽈리볼로	σκανδάλη 스깐달리	σιγαστήρας 시가스띠라스	GRE
sclopetum 스클로페툼	sclopetum dispergens 스클로페툼 디스페르겐스	ignes jaculans 이그네스 야쿨란스	pistíllum 피스틸룸	reductor tacitus 레둑토르 타키투스	LAT
винтовка 빈또프까	дробовик 드라바비크	пулемёт 뿔레묫	курок 쿠로크	глушитель 글루쉬쪨	RUS
步枪 /bùqiāng 뿌치앙	散弹枪 /sǎndànqiāng 산딴치앙	机关枪 /jīguānqiāng 지관치앙	扳机 /bānjī 빤찌	消声器 /xiāoshēngqì 샤오성치	CHN
しょうじゅう /小銃 쇼-쥬-	さんだんじゅう /散弹銃 산단쥬-	きかんじゅう /機関銃 키칸쥬-	ひきがね /引(き)金 히키가네	しょうおんき /消音器 쇼-온키	JPN

동의어: *1 détente 데땅뜨

한	탄환, 총알	탄창	탄약	수류탄	도화선
영	bullet 불릿	magazine 매거진	ammunition 아뮤니션	grenade 그리네이드	fuse 퓨즈
프	balle 발르	magasin 마가젱	munitions 뮈니씨옹	grenade à main 그르나드 아 멩	mèche 메슈
독	Kugel 쿠겔	Magazin 마가친	Munition 무니치온	Granate 그라나테	Zündschnur 췬트슈누어
포	bala 발라	cartucho 까르뚜슈	munição 무니써웅	granada 그라나다	pavio 빠비우
스	bala 발라	cargador 까르가도르	munición 무니씨온	granada 그라나다	cebo 쎄보
이	pallottola 팔로톨라	caricatore 카리카토레	munizioni 무니지오니	granata 그라나따	fusibile, miccia 푸시빌레, 미치아
그	σφαίρα 스파라	γεμιστήρα 게미스띠라	πολεμοφόδια 뽈레모포디아	χειροβομβίδα 께이로봄비다	φυτήλι 피띨리
라	glans 글란스	receptaculum glandium 레켑타쿨룸 글란디움	tela 텔라	pyrobolus manu 피로보루스 마누	scolax 스콜락스
러	пуля 뿔랴	магазинная коробка 마가진나야 까로프까	боеприпасы 보예쁘리빠씌	граната 그라나따	запáл 자팔
중	弹丸 / dànwán 딴완	弹匣 / dànxiá 딴시아	弹药 / dànyào 딴야오	手榴弹 / shǒuliúdàn 셔우리우딴	导火线 / dǎohuǒxiàn 다오후오시엔
일	だんがん / 弾丸 단간	だんそう / 弾倉 단소-	だんやく / 弾薬 당야쿠	しゅりゅうだん / 手榴弾 슈류-단	どうかせん / 導火線 도-카센

한	뇌관	다이너마이트	파편	미사일	폭탄
영	detonator 디터네이터	dynamite 다이너마이트	fragment 프래그먼트	missile 미쓸	bomb 밤
프	détonateur 데또나뙤르	dynamite 디나미뜨	fragment 프라그멍	missile 미씰	bombe 봉브
독	Sprengkapsel 슈프렝캅젤	Dynamit 뒤나미트	Bruchstück 브루흐슈튀크	Rakete 라케테	Bombe 봄베
포	detonador 데또나도르	dinamite 지나미찌	fragmento 프라기멩뚜	míssil 미씨우	bomba 봉바
스	detonador 데또나도르	dinamita 디나미따	fragmento 프라그멘또	mísil 미실	bomba 봄바
이	detonatore 데토나토레	dinamite 디나미테	frammento 프람멘토	missile 밋씰레	bomba 봄바
그	πυροκροτητής 삐로크로띠띠스	δυναμίτιδα 디나미띠다	θραύσμα 쓰라브즈마	βλήμα *1 블림마	βόμβα 봄바
라	fistúca 피스투카	dynamites 디나미테스	fragméntum 프라그멘툼	missile *2 미씰레	pyrobolus 피로볼루스
러	детонáтор 지따나떠르	динамúт 디나미트	осколок 아스콜라크	ракета 라케따	бомба 봄바
중	雷管 / léiguǎn 레이꾸안	达那炸药 / dánàzhàyào 다나쟈야오	破片 / pòpiàn 포피엔	飞弹 / fēidàn 페이딴	炸弹 / zhàdàn 자딴
일	らいかん / 雷管 라이칸	ダイナマイト 다이나마이토	はへん / 破片 하헨	ミサイル 미사이루	ばくだん / 爆弾 바쿠단

동의어: *1 ρουκέτα 루께따, *2 rocheta(=rucheta) 로케타(=루케타)

대포	곡사포	포탄	지뢰, 기뢰	어뢰	KOR
cannon 캐넌	howitzer 하우잇쩌	shell 쉘	mine 마인	torpedo 토피도	ENG
canon 꺄농	obusier 오뷔지에	obus 오뷔	mine 민느	torpille 또르삐으	FRA
Kanone 카노네	Steilfeuergeschütz 스테일풰어게쉬츠	Geschoß 게쇼스	Mine 미네	Torpedo 토어페도	GER
canhão 깡여웅	morteiro 모르떼이루	bala de canhão 발라 지 깡여웅	mina 미나	torpedo 또르뻬두	POR
cañón 까뇬	obús 오부스	obús 오부스	mina 미나	torpedo 또르뻬도	ESP
cannone 깐노네	obice 오비체	proiettile 쁘로이엣띨레	mina 미나	torpedine 또르뻬디네	ITA
κανόνι 까노니	οβιδοβόλα 오비도볼라	βλήμα 블림마	νάρκη 나르끼	τορπίλλη 또르삘리	GRE
tormentum(bellicum) 토르멘툼(벨리쿰)	canno ad multifinem 칸노 아드 물티피넴	bombarda 봄바르다	mina terrestris 미나 테레스트리스	missile subaquale 미씰레 숩아쿠알레	LAT
пушка 뿌쉬까	гаубица 가우비짜	мина 미나	фугас 푸가스	торпеда 따르뻬다	RUS
炮 / pào 파오	曲射炮 / qūshèpào 취셔파오	炮弹 / pàodàn 파오딴	地雷 / dìléi 띠레이	鱼雷 / yúléi 위레이	CHN
たいほう / 大砲 타이호-	きょくしゃほう / 曲射砲 교쿠샤호-	ほうだん / 砲弾 호-단	じらい / 地雷 *1 지라이	ぎょらい / 魚雷 교라이	JPN

동의어: *1 きらい / 機雷 키라이

탱크	폭격기	전투기	정찰기	KOR
tank 탱크	bomber 바머	fighter *1 파이터	drone 드론	ENG
char 샤르	bombardier 봉바르디에	chasseur 샤쐬르	avion de reconnaissance 아비옹 드 르꼬네쌍스	FRA
Panzer 판처	Bomber 봄버	Kampfflieger 캄플리거	Aufklärer 아우프클래러	GER
tanque 땅끼	bombardeiro 봉바르데이루	avião de combate 아비어웅 지 꽁바찌	avião de reconhecimento 아비어웅 지 헤꽁예씨멩뚜	POR
tanque 땅께	bombardero 봄바르데로	avión de combate 아비온 데 꼼바떼	avión de reconocimiento 아비온 데 레꼬노씨미엔또	ESP
carro armato 까로 아르마또	bombardiere 봄바르디에레	caccia 깟치아	ricognitore 리꼬니또레	ITA
τανκ 땅크	βομβαρδιστικό 봄바르디스띠꼬	μαχητικό 마히띠꼬	ανιχνευτικό 아니흐네브띠꼬	GRE
currus 쿠루스	navis aeris ad pyrobolum 나비스 아에리스 아드 피로볼룸	Pugnator 푸그나토르	speculator aeroplanus 스펙쿠라토르 아에로플라누스	LAT
танк 딴크	бомбардировщик 봄바르지롭쉭	самолет-истребитель 싸말룟-이스프레비쩰	разведчик 라즈벳칙	RUS
坦克车 / tǎnkèchē 탄커처	轰炸机 / hōngzhàjī 훙자지	战斗机 / zhàndòujī 짠떠우지	侦察机 / zhēnchájī 전차지	CHN
せんしゃ / 戦車 센샤	ばくげきき / 爆撃機 바쿠게키키	せんとうき / 戦闘機 센토-키	ていさつき / 偵察機 테-사추키	JPN

동의어: *1 combat plane 컴배트 플레인

한	헬리콥터	항공모함	전함	구축함
영	helicopter 헬리콥터	aircraft carrier 에어크래프트 캐리어	battleship 베틀쉽	destroyer 디스트로이어
프	hélicoptère 엘리꼽쁘르	porte-avions 뽀르따비용	cuirassé 뀌라쎄	contre-torpilleur 꽁트르 토르필뢰르
독	Helikopter *1 헬리콥터	Flugzeugträger 플룩초익트래거	Schlachtschiff 슐라흐트쉬프	Zerstörer 체어스퇴러
포	helicóptero 엘리꼽떼루	porta-aviões 뽀르따-아비옹이스	navio de guerra 나비우 지 게하	navio torpedeiro 나비우 또르뻬데이루
스	helicóptero 엘리꼽페로	portaviones 뽀르따비오네스	acorazado 아꼬라사도	destructor 데스프룩또르
이	elicottero 엘리콥테로	portaerei 뽀르따에레이	corazzata 꼬랏짜따	cacciatorpediniere 캇챠또르뻬디니에레
그	ελικόπτερο 엘리꼽떼로	αεροπλανοφόρο 아에로쁠라노포로	θωρηκτό 쏘릭또	αντιτορπιλλικό 안디또르삘리꼬
라	helicópterum 헬리콥테룸	aerorlanigera 아에로르라니게라	navis longa 나비스 론가	destructor 데스트룩토르
러	вертолёт 베르딸료프	авианесущий корабль 아비아네쑤쉬이 카라블	линкор 린꼬르	миноносец 미나노쎗츠
중	直升机 / zhīshēngjī 즈셩지	航空母舰 / hángkōngmǔjiàn 항콩무지엔	战舰 / zhànjiàn 짠지엔	驱逐舰 / qūzhújiàn 취주지엔
일	ヘリコプター 헤리코푸타-	こうくうぼかん / 航空母艦 코-쿠-보칸	せんかん / 戦艦 센칸	くちくかん / 駆逐艦 쿠치쿠칸

동의어: *1 Hubschrauber 훕슈라우버

한	순양함	호위함	잠수함	잠망경
영	cruiser 크루저	frigate 프리거트	submarine 서브머린	periscope 페러스코프
프	croiseur 크루와죄르	frégate, escorteur 프레가뜨, 에스꼬르뙤르	sous-marin 수 마랭	périscope 뻬리스꼬쁘
독	Kreuzer 크로이처	Fregatte 프레가테	U-Boot 우 보트	Periskop 페리스콥
포	cruzeiro 끄루제이루	fragata, retaguarda 프라가따, 헤따과르다	submarino 쑤비마리누	periscópio 뻬리스꼬삐우
스	crucero 크루세로	fragata 프라가따	submarino 숩마리노	periscopio 뻬리스코피오
이	incrociatóre 인크로치아토레	nave sussidiaria 나베 수씨디아리아	sommergibile 솜메르지빌레	periscopio 페리스코피오
그	καταδρομικό 까따드로미꼬	φρεγάτα 프레가따	υποβρύχιο 이쁘브리히오	περισκόπιο 뻬리스꼬삐오
라	stlata *1 스틀라따	navis bellica minima *2 나비스 벨리카 미니마	navigium subaquale *3 나비기움 숩아쿠알레	periscopium 페리스코피움
러	крéйсер 크레이세르	фрегат 프레가프	подводная лодка 빠드봇트나야 로트까	перископ 페리스코프
중	巡洋舰 / xúnyángjiàn 쉰양지엔	护卫舰 / hùwèijiàn 후웨이지엔	潜艇 / qiántǐng 치엔팅	潜望镜 / qiánwàngjìng 치엔왕찡
일	じゅんようかん / 巡洋艦 즁요-칸	ごえいかん / 護衛艦 고에-칸	せんすいかん / 潜水艦 센수이칸	せんぼうきょう / 潜望鏡 셈보-쿄-

동의어: *1 navis stlataria 나비스 스틀라타리아, *2 navis fregata 나비스 프레가타, *3 navis submarina 나비스 숩마리나

364

긴장	갈등	국면	군비	KOR
tension 텐션	conflict 컨프릭트	situation [2] 시츄에이션	armament 아머먼츠	ENG
tension 땅씨옹	conflit 꽁플리	situation, phase 씨뚜와씨옹, 파즈	armements 아르므멍	FRA
Spannung 슈파눙	Konflikt 콘플릭트	Situation, Phase 지투아치온, 파제	Kriegsausrüstung 크릭스아우스뤼스퉁	GER
tensão 뗑써웅	conflito 꽁플리뚜	situação, fase 씨뚜아써웅, 파지	armamento 아르마멩뚜	POR
tensión 뗀시온	conflicto 꼰프릭또	situación, fase 시뚜아시온, 파세	armamento 아르마멘또	ESP
tensione 텐시오네	conflitto 콘프리또	situazione, fase 시투아지오네, 파제	armamenti 아르마멘티	ITA
εφελκυσμός [1] 에펠끼즈모스	σύγκρουση 싱크루시	κατάσταση 까따스따시	εξοπλισμός 엑소쁠리즈모스	GRE
téntio 텐티오	conflíctio 콘프릭티오	phasis 파시스	armis 아르미스	LAT
натяжной 나쪠즈노이	конфликт 칸플릭프	ситуация 시투아찌	вооружения 바오루제니야	RUS
紧张 / jǐnzhāng 찐장	葛藤 / géténg 거텅	局面 / júmiàn 쥐미엔	军备 / jūnbèi 쥔뻬이	CHN
きんちょう / 緊張 킨쬬-	かっとう / 葛藤 캇또-	きょくめん / 局面 쿄쿠멘	ぐんび / 軍備 군비	JPN

동의어: *1 ένταση 엔다시, *2 phasis 페이시스

봉쇄	최후통첩	전쟁	전략	KOR
blockade 블로케이드	ultimatum 얼티메이텀	war 워	strategy 스트라터지	ENG
blocus 블로뀌스	ultimatum 윌띠마똠	guerre 게르	stratégie 스트라떼지	FRA
Blockade 블로카데	Ultimatum 울티마툼	Krieg 크릭	Strategie 슈트라테기	GER
bloqueio 블로께이우	ultimato 우우찌마뚜	guerra 게하	estratégia 이스프라떼줘아	POR
bloqueo 블로께오	ultimátum 울띠마똠	guerra 게라	estrategia 에스프라떼히아	ESP
blocco 블록꼬	ultimatum 울띠마똠	guerra 구에라	strategia 스프라떼지아	ITA
αποκλεισμός 아뽀끌리즈모스	τελεσίγραφο 뗄레시그라폰	πόλεμος 뽈레모스	στρατηγική 스프라띠기끼	GRE
obsidio 오비시디오	extrema conditio 엑스트레마 콘디테오	bellum 벨룸	strategéma 스트라테게마	LAT
блокада 블라까다	ультиматум 울찌마찌움	война 바인나	стратегия 스프라쩨기야	RUS
封锁 / fēngsuǒ 펑수오	最后通牒 / zuìhòutōngdié 쮀이허우퉁디에	战争 / zhànzhēng 짠쩡	战略 / zhànlüè 짠뤼에	CHN
ふうさ / 封鎖 후우사	さいごつうちょう / 最後通牒 사이고추-쵸-	せんそう / 戦争 센소-	せんりゃく / 戦略 센랴쿠	JPN

한	전술	작전	양동작전	전격작전
영	tactic 택틱	operation 오퍼레이션	diversion 다이버젼	blitzkrieg tactics 블리츠크리그 택틱스
프	tactique 딱띠끄	opération 오페라씨옹	feinte 펭트	opération éclair 오페라씨옹 에끌레르
독	Taktik 탁틱	Operation 오퍼라치온	Scheinangriff 샤인안그리프	Blitzkrieg 블리츠크리
포	tática 따찌까	operação 오페라써옹	diversão 지베르써옹	operação-relâmpago 오페라써옹-헬랑빠구
스	táctica 딱띠까	operación 오페라씨온	diversión 디베르시온	guerra relámpago 게라 렐람빠고
이	tattica 땃띠까	operazione 오페라찌오네	dimostrazione 디모스트라찌오네	–
그	τακτική 딱띠끼	επιχείρηση 에삐헤이리시	αντιπερισπασμός 안디뻬리스빠즈모스	επίθεση αστραπής 에삐쎄시 아스프라삐스
라	artes belli 아르테스 벨리	res bello gerenda 레스 벨로 게렌다	distractio 디스트락티오	invasio fulgoris 인바시오 풀고리스
러	тáктика 따크찌까	операция 아뻬라찌야	отвлекающий удар 아트블레까유쉬 우다르	молниеносная операция 말니예노스나야 아뻬라찌야
중	战术 / zhànshù 짠수	作战 / zuòzhàn 쭈오짠	伴攻 / yánggōng 양꿍	闪电战术 / shǎndiànzhànshù 샨디엔짠수
일	せんじゅつ / 戦術 센쥬추	さくせん / 作戦 사쿠센	ようどうさくせん / 陽動作戦 요-도-사쿠센	でんげきさくせん / 電撃作戦 덴게키사쿠센

한	비밀작전	융단폭격	모의전투
영	secret operation 시크릿 오퍼레이션	carpet bombing 카핏 바밍	battle simulation 배틀 시뮬레이션
프	opération militaire de secret 오페라씨옹 밀리떼르 드 스크레	tapis de bombes 따삐 드 봉브	simulation de bataille 시뮬라씨옹 드 바따이으
독	Geheimplan 게하임플란	Flächenbombardement 플래헨봄바드멍	Simulationskampf 지뮬라치온스캄프
포	operação secreta 오페라써옹 쩨끄레따	bombardeio de saturação 봉바르데이우 지 싸뚜라써옹	combate simulado 꽁바찌 씨뮬라두
스	estrategia secreta 에스프라떼히아 세끄레따	bombardeo de saturación 봄바르데오 데 사뚜라씨온	Simulacro de combate 시무라그로 데 꼼바떼
이	operazione segreto 오페라지오네 세그레토	bombardamento a tappeto 봄바르다멘또 아 땁뻬또	simulacro di battaglia 시뮬라크로 디 바딸리아
그	κρυφή στρατιωτική επιχείρηση 크리피 스프라띠오띠끼 에삐히리시	δριμύς βομβαρδισμός 드리미스 봄바르디즈모스	εξομοίωση μάχης 엑소미오시 마히스
라	occultum strategema 옥쿨툼 스트라테게마	pyrobolus tapetis 피로보루스 타페티스	pugna simulata 푸그나 시뮬라타
러	секретное военное действие 씨크레트너예 바옌너예 제이스트비예	ковровая бомбардировка 카브로바야 봄바르지로프까	учебный бой 우췌브늬이 보이
중	秘密战术 / mìmìzhànshù 미미짠수	绒毡轰炸 / róngzhānhōngzhà 룽짠훙자	模拟战斗 / mónǐzhàndòu 모니짠떠우
일	ひみつさくせん / 秘密作戦 히미추사쿠센	じゅうたんばくげき / 絨毯爆撃 쥬-탄바쿠게키	もぎせんとう / 模擬戦闘 모기센토-

지휘소	요새	기지(基地)	야습	KOR
command post 커멘드 포스트	fortress 포트레스	base 베이스	night raid(attack) 나이트 레이드(어택)	ENG
lieu du commandement 리유 뒤 꼬망드멍	forteresse 포르뜨레스	base 바즈	attaque nocturne 아따끄 녹뛰른느	FRA
Gefechtsstand 게페히츠슈탄트	Festung 페스퉁	Stützpunkt 슈뛰츠풍크트	Nachtangriff 나흐트안그리프	GER
posto de comando 뽀스뚜 지 꼬망두	fortaleza 포르딸레자	base militar 바지 밀리따르	ataque noturno 아따끼 노뚜르누	POR
puesto de mando 푸에스토 데 만도	fortaleza 포르딸레자	base 바세	ataque nocturno 아따께 녹뜨루노	ESP
posto di comàndo 포스토 지 코만도	fortézza 포르테짜	base 바제	aggressióne notturna 아그레씨오네 노뚜르나	ITA
διοικητήριο 디이끼띠리오	φρούριο 프루리오	βάση 바시	νυχτερινή επίθεση 니흐떼리니 에삐쎄시	GRE
castra praefecti 카스트라 프래펙티	castrum 카스트룸	basim 바심	nocturna invasio 녹투르나 인바시오	LAT
коман́дный пункт 까만드느이 뿐크트	кремль 크레믈	база 바자	ночной налёт 나취노이 빨룟	RUS
指揮所 / zhǐhuīsuǒ 즈후이수오	要塞 / yàosài 야오사이	基地 / jīdì 찌디	夜襲 / yèxí 예시	CHN
しきじょ / 指揮所 시키죠	ようさい / 要塞 요-사이	きち / 基地 키치	やしゅう / 夜襲 야슈-	JPN

교두보	참호	격납고	매복	포위공격	KOR
bridgehead 브리지헤드	trench *1 트렌치	hangar 행거	ambush 앰부쉬	siege 시쥬	ENG
tête de pont 떼뜨 드 뽕	tranchée *2 트랑쉐	hangar 앙가르	embuscade 앙뷔스꺄드	siège 씨에쥬	FRA
Brückenkopf 브뤼켄콥프	Schützengraben 쉬첸그라벤	Halle, Hanger 할래, 항어	Lauern 라우어른	Belagerung 벨라거룽	GER
cabeça de ponte 까베싸 지 뽕찌	trincheira 뜨링셰이라	hangar 앙가르	emboscada 잉보스까다	cerco 쎄르꾸	POR
cabecera de puente 까베세라 데 뿌엔떼	trinchera 뜨린체라	hangar 안가르	emboscada 엠보스까다	sitio 시띠오	ESP
testa di ponte 테스타 디 폰테	trincea 트린체아	aviorimessa 아비오리메사	imboscata 임보스까따	assedio 앗쎄디오	ITA
προγεφύρωμα 프로게피로마	τάφρος *3 따프로스	υπόστεγο 이뽀스떼고	ενέδρα 에네드라	πολιορκία 뽈리오르끼아	GRE
capite pontis 카피테 폰티스	fossátum 포싸뚬	receptaculum 레켑타쿨룸	insidiae 인시디아이(=인시디애)	obsidio 옵시디오	LAT
предмóстье 쁘레드모스찌예	окóп 아코프	ангáр 안가르	засада 자사다	осада 아사다	RUS
桥头堡 / qiáotóubǎo 챠오터우바오	沟壕 / gōuháo 꼬우하오	机库 / jīkù 찌쿠	埋伏 / máifu 마이푸	兜击 / dōujī 떠우지	CHN
きょうとうほ / 橋頭堡 쿄-토-호	ざんごう / 塹壕 잔고-	かくのうこ / 格納庫 카쿠노-코	まちぶせ / 待ち伏せ 마치부세	ほういこうげき / 包囲攻撃 호-이코-게키	JPN

동의어: *1 foxhole 폭스홀, *2 fossé 포쎄, *3 χαράκωμα 하라꼬마

한	회전(會戰)	전투	작은전투	전장	전선
영	battle 배틀	combat 컴뱃	skirmish 스커미쉬	battlefield 배틀필드	front 프런트
프	bataille 바따이으	combat 꽁바	escarmouche 에스까르무슈	champ de bataille 샹 드 바따이으	front 프롱
독	Schlacht 슐라흐트	Kampf 캄프	Scharmützel 샤뮈첼	Schlachtfeld 슐라흐트펠트	Front 프론트
포	batalha 바딸야	combate 꽁바찌	escaramuça 이스까라무싸	campo de batalha 깡뿌 지 바딸야	frente de batalha 프렝찌 지 바딸야
스	batalla 바따야	combate 꼼바떼	escaramuza 에스까라무사	campo de batalla 깜뽀 데 바따야	frente 프렌떼
이	battaglia 밧딸랴	combattimento 꼼밧띠멘또	scontro 스꼰뜨로	campo di battaglia 깜뽀 디 바딸리아	fronte 프론떼
그	μάχη 마히	αγώνας 아고나스	ακροβολισμός 아크로볼리즈모스	πεδίο μάχης 뻬디오 마히스	μέτωπο 메또뽀
라	proelio 프로엘리오	pugna 푸그나	proelium leve 프로엘리움 레베	campus pugnae 캄푸스 푸그내	frons 프론스
러	битва 비트바	сражение 스라줴니예	стычка 스띠취까	поле боя 뽈랴 보야	фронт 프론트
중	会战 / huìzhàn 후이잔	战斗 / zhàndòu 짠떠우	小战斗 / xiǎozhàndòu 샤오짠떠우	火线 / huǒxiàn [1] 후오시엔	战线 / zhànxiàn 짠시엔
일	かいせん / 會戰 카이젠	せんとう / 戰鬪 센토-	こぜりあい / 小競り合い 코제리아이	せんじょう / 戰場 센죠-	せんせん / 戰線 센센

동의어: [1] 战场 / zhànchǎng 쫜창

한	제재	봉화	결투	결전
영	sanction 쌩션	beacon fire 비컨 파이어	duel 듀얼	decisive battle 디사이시브 배틀
프	sanctions 상끄씨옹	feu d'alarme 푀 달라르므	duel 뒤엘	bataille décisive 바따이으 데시지브
독	Zwangsmaßnahme 츠방마스나메	Signalfeuer 지그날포이어	Duell 두엘	Entscheidungskampf 엔트샤이둥스캄프
포	sanção 쌍써웅	fogueira 포게이라	duelo 두엘루	luta decisiva 루따 데씨지바
스	sanción 산씨온	almenara 알메나라	duelo 두엘로	lucha decisiva 루차 데씨시바
이	sanzione 싼찌오네	fuoco di segnale 푸오코 디 세냘레	duello 두엘로	battaglia decisiva 밧딸랴 데치시바
그	κύρωση 끼로시	φρυκτός [1] 프릭또스	μονομαχία 모노마히아	αποφασιστική μάχη 아뽀파시스띠끼 마히
라	sanctio 상크티오	praenuntii ignes 프라이눈티이 이그네스	certamen 케르타멘	pugna decisiva 푸그나 데크레토리아
러	санкции 싼크찌이	сигнальный огонь 시그날느이 아곤	дуэль 두엘	решительный бой 레쉬쫼늬이 보이
중	制裁 / zhìcái 즈차이	烽火 / fēnghuǒ 펑후오	决斗 / juédòu 쥬에떠우	决战 / juézhàn 쥬에쟌
일	せいさい / 制裁 세-사이	ほうか / 烽火 호-카	けっとう / 決鬪 켓또-	けってい / 決定 켓떼-

동의어: [1] σήμα φωτιάς 시마 포티아스

공격	후퇴	항복	점령	정복	KOR
attack 어택	retreat 리트릿	surrender 서렌더	occupation 아큐페이션	conquest 컨케스트	ENG
attaque 아파끄	retraite 르트렛프	reddition 레디씨옹	occupation 오뀨빠씨옹	conquête 꽁께뜨	FRA
Angriff 안그리프	Rückzug 뤽축	Übergabe 위버가베	Okkupation 오쿠파치온	Eroberung 에어오버룽	GER
ataque 아따끼	retirada 헤찌라다	rendição 헹지써웅	ocupação 오꾸빠써웅	conquista 꽁끼스따	POR
ataque 아따께	retirada 레띠라다	rendición 렌디시온	ocupación 오꾸빠씨온	conquista 꼰끼스따	ESP
attacco 앗딱꼬	ritirata 리티라타	capitolazione 카피토라지오네	occupazione 오꾸빠지오네	conquista 꼰뀌스따	ITA
επίθεση 에삐쎄시	υποχώρηση 이뽀호리시	παράδοση 빠라도시	κατοχή 까또히	κατάκτηση 까딱띠시	GRE
incursio 인쿠르시오	recessus 레세쑤스	dedítio 데디티오	occupatio 옥쿠파티오	expugnatio 엑스푸그나티오	LAT
нападение 나빠제니예	отступление 앗스뚜쁠례니예	сдача 즈다촤	завладение 자블라제니예	завоевание 자바예바니예	RUS
攻击 / gōngjī 꿍지	后退 / hòutuì 허우뛔이	投降 / tóuxiáng 토우시앙	占领 / zhànlǐng 짠링	征服 / zhēngfú 쩡푸	CHN
こうげき / 攻撃 코-게키	こうたい / 後退 코-타이	こうふく / 降伏, 降服 코-후쿠	せんりょう / 占領 센료-	せいふく / 征服 세-후쿠	JPN

승리	대성공, 승리	평화	공훈	훈장	KOR
victory 빅터리	triumph 트라이엄프	peace 피스	merit 메릿	medal 메달	ENG
victoire 빅뜨와르	triomphe 트리옹프	paix 뻬	mérite 메릿프	médaille 메다이으	FRA
Sieg 지크	Triumph 트리움프	Frieden 프리덴	Heldentat 헬덴타트	Orden 오르덴	GER
vitória 비또리아	triunfo 트리웅푸	paz 빠스	mérito 메리뚜	condecoração 꽁데꼬라써웅	POR
victoria 빅또리아	triunfo 트리운포	paz 빠스	hazaña 아사냐	condecoración 꼰데꼬라씨온	ESP
vittoria 빗또리아	trionfo 트리온포	pace 빠체	impresa 임프레자	medaglia 메달리아	ITA
νίκη 니끼	θρίαμβος 쓰리암보스	ειρήνη 이리니	αξία 악시아	μετάλλιο ^{*1} 메딸리오	GRE
victoria 빅토리아	trop(h)eum 트로페움	pax 팍스	meritum 메리뚬	ornaméntum 오르나멘뚬	LAT
победа 빠베다	триумф 트리움프	мир 미르	поощрение 뽀르슈례니예	медаль 메달	RUS
胜利 / shènglì 셩리	胜利 / shènglì 셩리	和平 / hépíng 허핑	功勋 / gōngxūn 꿍쉰	勋章 / xūnzhāng 쉰짱	CHN
しょうり / 勝利 쇼-리	しょうり / 勝利 쇼-리	へいわ / 平和 헤-와	こうくん / 功勲 코-쿤	くんしょう / 勲章 쿤쇼-	JPN

동의어: *1 παράσημο 빠라시모

2-7. 예술

한	연극	희곡	탈춤	희극
영	drama 드라마	play 플레이	mask dance 마스크 댄스	comedy 코메디
프	théâtre 떼아트르	pièce(de théâtre) 삐에스(드 떼아트르)	danse des masques [2] 당스 데 마스크	comédie 꼬메디
독	Theater [1] 테아터	Drama 드라마	Maskentanz 마스켄탄츠	Komödie 코뫼디
포	teatro 찌아뜨루	peça teatral 뻬싸 찌아뜨라우	dança de máscara 당싸 지 마스까라	comédia 꼬메지아
스	drama 드라마	pieza teatral 삐에사 떼아뜨랄	baile de máscaras 바일레 데 마스까라스	comedia 꼬메디아
이	dramma 드람마	dramma 드람마	danza in maschera 단자 인 마스케라	commedia 꼼메디아
그	δράμα, θέατρο 드라마, 쎄아트로	δράμα 드라마	χορός με μάσκα 호로스 메 마스까	κωμωδία 꼬모디아
라	scenae fabula 스케나이 파불라	drama 드라마	chorus cum persona 코루스 쿰 페르소나	comoedia 코모에디아
러	драма 드라마	пьеса 삐예싸	танцы в масках 딴찌 브 마스카흐	комедия 까메지야
중	戏剧 /xìjù, 演剧 /yǎnjù 시쥐, 얜쥐	戏曲 /xìqǔ 시취	假面舞 /jiǎmiànwǔ 찌아미엔우	喜剧 /xǐjù 씨쥐
일	えんげき /演劇 엔게키	ぎきょく /戯曲 기쿄쿠	かめんげき /仮面劇 카멘게키	きげき /喜劇 키게키

동의어: [1] Bühnenspiel 뷔넨슈필, 참고: [2] bal masqué 발 마스크(가장무도회)

한	비극	소극	스크립트(각본, 대본)	연출
영	tragedy 트래저디	farce 팔스	script 스크립트	direction 디렉션
프	tragédie 트라제디	farce 파르스	pièce [1] 삐에스(연극용)	mise en scène 미정 쎈느
독	Tragödie 트라괴디	Farce, Possenspiel 파세, 포쎈슈필	Textbuch 텍스트부흐	Inszenierung 인체니룽
포	tragédia 뜨라줴지아	farsa 파르싸	roteiro 호떼이루	direção 지레써옹
스	tragedia 뜨라헤디아	farsa 파르사	texto 떽스또	interpretación 인떼르쁘레따씨온
이	tragedia 뜨라제디아	farsa 파르사	copione 꼬삐오네	regia 레지아
그	τραγῳδία 트라고디아	φάρσα 파르사	σενάριο 세나리오	σκηνοθεσία 스끼노쎄시아
라	tragodia 트라고에디아	mimus 미누스	scriptio 스크립티오	directio scenae 디렉티오 스켄나이
러	трагедия 뜨라계지야	балаган 발라간	сценарий 스쩨나리이	руководство 루까봇츠뜨버
중	悲剧 /bēijù 뻬이쥐	笑剧 /xiàojù 샤오쥐	剧本 /jùběn 쥐번	导演 /dǎoyǎn 따오얜
일	ひげき /悲劇 히게키	しょうげき /笑劇 쇼-게키	きゃくほん /脚本 [2] 캬쿠혼	えんしゅつ /演出 엔슈추

참고: [1] scénario 세나리오, script 스크립트(영화 텔레비전의 각본, 대본), [2] だいほん /台本 다이혼

무대	무대뒷방,(출연자)대기실	무대 뒤	조명	KOR
stage 스테이지	greenroom 그린룸	backstage 백스테이지	lighting 라이팅	ENG
scène 센느	loge *1 로쥬	coulisse 꿀리스	éclairage 에끌레라쥬	FRA
Bühne 뷔네	Garderobe 가더로베	Hinterbühne 힌터뷔네	Beleuchtung 벨로이히퉁	GER
palco 빠우꾸	camarim 까마링	bastidores 바스찌도리스	iluminação 일루미나써웅	POR
escenario 에쎄나리오	camerino 까메리노	bastidores 바스띠도레스	iluminación 일루미나씨온	ESP
scena 셰나	camerino 까메리노	retroscena 레프로쉐나	illuminazione 일루미나찌오네	ITA
σκηνή 스끼니	καμπίνα ηθοποιών 까비나 이쏘피온	παρασκήνιο 빠라스끼니오	φωτισμός 포띠즈모스	GRE
scena 스케나	diaeta actororum 디아이타 악토로룸	post siparium 포스트 시파리움	illuminatio 일루미나티오	LAT
сцена 스쩨나	артистическое фойе 아르찌스찌췌스꺼예 포이녜	пространство за сценой 쁘라스프란스프버 자 스찌노이	освещение 아스볘쉐니예	RUS
舞台／wǔtái 우타이	化妆室／huàzhuāngshì 화주앙스	后台／hòutái 허우타이	灯光／dēngguāng 떵꽝	CHN
ぶたい／舞台 부타이	がくや／楽屋 가쿠야	ぶたいうら／舞台裏 부타이우라	しょうめい／照明 쇼-메-	JPN

참고: *1 foyer des artistes 푸와이에 데자르티 스트(출연자대기실)

역할	배역	리허설	데뷔	KOR
part *1 파트	cast 캐스트	rehearsal 리허설	debut 데뷰	ENG
rôle 롤	casting 카스띵	répétition 레뻬띠씨옹	début 데뷔	FRA
Rolle 롤레	Rollenbesetzung 롤렌베제충	Hauptprobe 하웁트프로베	Debüt *3 데뷔	GER
papel 빠뻬우	elenco 엘렝꾸	ensaio 잉싸이우	estréia 이스프레이아	POR
papel 빠뻴	elenco 엘렝꼬	ensayo 엔사요	estreno 에스프레노	ESP
ruolo 루올로	parte 빠르떼	prova 쁘로바	debutto 데붓또	ITA
ρόλος 롤로스	διανομή 디아노미	πρόβα, δοκιμή 프로바, 도끼미	πρώτη εμφάνιση 쁘로띠 엠파니시	GRE
pars 파르스	distributio partium 디스트리부티오 파르티움	meditatio 메디타티오	primus visus 프리무스 비수스	LAT
роль 롤	распределение ролей 라스쁘리젤례니예 랄례이	репетиция 레삐찌찌야	дебют 데붓	RUS
作用／zuòyòng, 角色／juésè 쭈오융, 쥬에써	角色／juésè *2 쥬에써	彩排／cǎipái, 预演／yùyǎn 차이파이, 위앤	初次登台／chūcì dēngtái 추츠떵타이	CHN
やくわり／役割 야쿠와리	はいやく／配役 하이야쿠	リハーサル 리하-사루	デビュー 데뷰-	JPN

동의어: *1 role 롤, *2 剧中人／jùzhōngrén 쥐죵런, *3 erstes Auftreten 에어스테스 아우프트레텐

한	배우	여배우	연기	대사
영	actor 액터	actress 액트리스	performance 퍼포먼스	lines *1 라인즈
프	acteur 악뙤르	actrice 악트리스	représentation 르프레정따씨옹	dialogue 디알로그
독	Schauspieler 샤우슈필러	Schauspielerin 샤우슈필러린	Darstellung 다슈텔룽	Worte, Dialog 보르테, 디알록
포	ator 아또르	atriz 아뜨리스	performance 뻬르포르망씨	diálogo 지알로구
스	actor 악또르	actriz 악뜨리스	interpretación 인떼르쁘레따씨온	diálogo 디알로고
이	attore 앗또레	attrice 앗뜨리체	azione 아지오네	dialogo 디알로고
그	ηθοποιός 이쏘삐오스	ηθοποιός 이쏘삐오스	παράσταση 빠라스따시	λόγια 로기아
라	actor 악토르	actrix 악트리스	specticulum 스펙티쿠룸	versus 베르수스
러	актер 아크쬬르	актриса 아크트리싸	представление 쁘롓스따블레니예	слова роли 슬라바 롤리
중	演员 / yǎnyuán 앤위엔	女角 / nǚjué 뉘쥬에	演技 / yǎnjì, 表演 / biǎoyǎn 앤지, 비아오옌	台词 / táicí 타이츠
일	はいゆう / 俳優 하이유-	じょゆう / 女優 죠유-	えんぎ / 演技 엔기	せりふ / 台詞 세리후

동의어: *1 dialogue 디이아로그

한	독백	방백	장광설	관객
영	monologue 모놀로그	aside *2 어사이드	tirade 타이레이드	audience 오디언스
프	monologue 모노로그	aparté 아빠르떼	tirade 띠라드	spectateur 스펙따뙤르
독	Monolog 모놀로그	Flüstern 플뤼스턴	Tirade 티라데	Zuschauer 추샤우어
포	monólogo 모놀로구	aparte 아빠르찌	tirada 찌라다	espectador 이스뻭따도르
스	monólogo 모놀로그	aparte 아빠르떼	tirata 띠라따	espectador 에스뻭따도르
이	monologo 모놀로고	parte 파르테	tirata 띠라따	spettatore 스뻿따또레
그	μονόλογος 모놀로고스	χώρια 호리아	ξέσπασμα 윽세스빠즈마	ακροατήριο 아크로아띠리오
라	soliloquium 솔리로쿠이움	susurrus adnotationis 수수루스 아드노타티오니스	verborum turba 베르보룸 투르바	audientes 아우디엔테스
러	монолог 머날로그	произносимые актером в сторону 쁘러이즈나시믜예 아크쬬름 브 스또로누	тирада 찌라다	зрители 즈리쩰리
중	瞎叨叨 / xiādāodao *1 시야다오다오	旁白 / pángbái 팡바이	伶牙俐齿 / língyálìchǐ 링야리츠	观众 / guānzhòng 꽌쫑
일	どくはく / 独白 도쿠하쿠	ぼうはく / 傍白 보-하쿠	ちょうこうぜつ / 長広舌 쵸-코-제추	かんきゃく / 観客 칸캬쿠

동의어: *1 独白 / dúbái 두바이, *2 prompting 프롬팅

상층 관람석	순회공연	영화	감독	KOR
gallery 갤러리	tour 투어	movie 무비	director 디렉터	ENG
galerie 걀르리	tour 뚜르	film 필므	réalisacteur [1] 레알리자뙤르	FRA
Galerie 갈라리	Tournee 투르네	Film 필름	Regisseur 레지쐬어	GER
galeria 갈레리아	turnê 뚜르네	filme 피우미	diretor 지레또르	POR
paraíso, galería 빠라이소, 갈레리아	gira 히라	cine 씨네	director 디렉또르	ESP
tribuna 트리부나	spezzóne 스페쪼네	cinema 치네마	direttore 디레또레	ITA
γαλαριά εξώστης 갈라리아 엑소스띠스	τουρνέ 뚜르네	ταινία 때니아	σκηνοθέτης 스끼노쎄띠스	GRE
podium 포디움	excursio 엑스쿠르시오	taenia motus 테니아 모투스	director 디렉토르	LAT
галерка 갈례르까	тур 뚜르	кино 끼노	директор 지렉크떠르	RUS
–	旅行演出 / lǚxíngyǎnchū 뤼싱얜추	电影 / diànyǐng 띠엔잉	导演 / dǎoyǎn 다오얜	CHN
にかいせき / 二階席 니카이세키	じゅんかいこうえん / 巡回講演 준카이코-엔	えいが / 映画 에-가	かんとく / 監督 칸토쿠	JPN

참고: [1] directeur 디렉뙤르(일반적인 관리 감독자)

스크린	장르	시나리오	플롯, 줄거리	KOR
screen 스크린	genre 장러	scenario [1] 시네리오	plot 플롯	ENG
écran 에크랑	genre 쟝르	scénario 쎄나리오	intrigue 앵트리그	FRA
Wandschirm 반트시름	Genre 장르	Drehbuch 드레부흐	Handlung 한들룽	GER
telão 뗄러웅	gênero 줴네루	roteiro 호떼이루	trama, enredo 뜨라마, 잉헤두	POR
pantalla 빤따야	género 헤네로	guión 기온	precuela 쁘레꾸엘라	ESP
schermo 스께르모	genere, categoria 제네레, 카테고리아	scenario 쉐나리오	flauto 플라우토	ITA
οθόνη 오쏘니	Είδος ταινίας 이도스 때니아스	σενάριο 세나리오	υπόθεση 이뽀쎄시	GRE
linteum 린테움	genus 게누스	scriptio taeniae 스크립티오 타이니아	praevius 프래비우스	LAT
экран 애크란	жанр 좐르	сценарий 스쩨나리이	сюжет 쓔쳇	RUS
银幕 / yínmù 인무	类型 / lèixíng 레이싱	戏本 / xìběn 씨번	剧情 / jùqíng 쮜칭	CHN
スクリーン 수쿠린	ジャンル 쟌루	きゃくほん / 脚本 [2] 캬쿠혼	ぜんぺん / 前編 젠펜	JPN

동의어: [1] screenplay 스크린플레이, [2] だいほん / 台本 다이혼

한	속편	촬영	메가폰	더빙
영	sequel 시퀄	shooting *2 슈팅	megaphone 메가폰	dubbing 더빙
프	suite, continuation 스위트, 꽁티뉘아씨옹	filmage 필마쥬	mégaphone 메가폰느	doublage 두불라쥬
독	Fortsetzung 포어트제충	Aufnahme 아우프나메	Megafon 메가폰	Synchronisation 징크로니자치온
포	sequêla 씨껠라	filmagem 피우마쥉	megafone 메가포니	dublagem 두블라쥉
스	segunda parte *1 세군다 파르테	filmación 피르마씨온	megáfono 메가포노	doblaje 도블라헤
이	seguito 세귀토	filmare 필르마레	megafono 메가포노	doppiaggio 도삐아찌오
그	συνέχεια 시네히아	γυρίσματα 기리즈마따	μεγάφωνο, τηλεβόας 메가포노, 띨레보아스	μεταγλώττιση 메따글로띠시
라	sequentia 세쿠엔티아	tractum taeniae 트락툼 태니애	megaphonum 메가포눔	dubbing *3 더빙그
러	продолже́ние 프라달제니예	киносъёмка 끼나스욤까	мегафон 메가폰	озвучивание 아즈부취바니예
중	续编 / xùbiān 쉬삐엔	摄影 / shèyǐng, 拍照 / pāizhào 셔잉, 파이짜오	传声筒 / chuánshēngtǒng 추안셩통	配音 / pèiyīn, 译制 / yìzhì 페이인, 이쯔
일	ぞくへん / 続編 조쿠헨	さつえい / 撮影 사추에-	メガホン 메가혼	ダビング 더빈구

동의어: *1 continuación 꼰띠누아시온, *2 filming 필르밍, *3 additio soni in cinematographicum 아디티오 소니 인 키네마토그라피쿰

한	동시녹음	영화제	시사회
영	synchronous sound recording 싱크로노스 사운드 리코딩	film festival 필름 페스티발	preview 프리뷰
프	mixage, synchronisation 믹싸쥬, 쌩크로니자씨옹	festival du film 페스티발 뒤 필므	avant-première 아방 프르미에르
독	gleichzeitige Tonaufnahme 글라이히차이티게 톤아우프나메	Filmfestspiele 필름페스트슈필레	Probeaufführung 프로베아우프퓌룽
포	gravação sincronizada 그라바써웅 씽끄로니자다	festival de filmes 페스찌바우 지 피우미스	pré-estréia 쁘레-이스뜨레이아
스	Grabación Simultánea 그라바씨온 시물따네아	festival de cine 페스띠발 데 씨네	preestreno 쁘레에스뜨레노
이	registrazione sincronica 레지스트라지오네 신크로니카	festival del film 페스티발 델 필므	anteprima 안떼쁘리마
그	ταυτόχρονη αναπαραγωγή 따브또흐로니 아나빠라고기	φεστιβάλ κινηματογράφου 페스띠발 끼니마또그라푸	πρώτη προβολή 프로띠 프로볼리
라	sychro-phono-scopium *1 싱크로-포노-스코피움	festum cinematographicum 페스툼 키네마토그라피쿰	praespectaculum 프래스펙타쿨룸
러	синхронная запись 신흐론나야 자삐스	кинофестиваль 끼너페스찌발	предварительный просмотр 쁘레드바리쩰늬이 쁘라스모뜨르
중	同期录音 / tóngqīlùyīn 퉁치루인	电影节 / diànyǐngjié 띠엔잉지에	试映会 / shìyìnghuì 스잉훼이
일	どうじろくおん / 同時録音 도-지로쿠온	えいがさい / 映画祭 에-가사이	ししゃかい / 試写会 시샤카이

동의어: *1 phonoscopia 포노스코피아

기립박수	커튼콜	박수갈채	KOR
standing ovation 스탠딩 오베이션	curtain call 커튼콜	applause 어플로즈	ENG
ovation debout 오바씨옹 드부	rappel 라뻴	applaudissements 아쁠로디스멍	FRA
stehender Applaus *1 슈테헨더 아플라우스	Vorhang 포어항	Applaus 아플라우스	GER
aplauso de pé 아쁠라우주 지 뻬	chamada de cortina 샤마다 지 꼬르찌나	aplauso 아쁠라우주	POR
ovación de pie 오바씨온 데 삐에	llamada a escena 야마다 아 에쎄나	aplauso 아쁠라우소	ESP
ovazione 오바찌오네	chiamata 끼아마따	applauso 압쁠라우조	ITA
χειροκρότημα επευφημίας 히로크로띠마 에뻬브피미아스	αυλαία 아블레아	χειροκρότημα 히로크로띠마	GRE
turbulentus plausus 투르불렌투스 플라우수스	appellatio veli 압펠라티오 벨리	clamos, clamor 클라모스, 클라모르	LAT
бурные аплодисменты 부르늬예 아쁠러지스몐띄	вызов актёра 븨저브 아크쪼라	аплодисменты 아쁠러지스몐띄	RUS
起立鼓掌 / qǐlìgǔzhǎng 치리꾸장	谢幕 / xièmù 시에무	鼓掌喝彩 / gǔzhǎnghècǎi 꾸장허차이	CHN
スタンディングオベーション 수탄딘구오베-숀	カーテンコール 카-텐코-루	はくしゅかっさい / 拍手喝采 하쿠슈캇싸이	JPN

동의어: *1 Stehbeifall 슈테바이팔

개봉	히트	오마주	미장센	KOR
release 릴리스	hit 히트	homage 하미지	mise en scene 미장센	ENG
sortie 쏘르띠	grand succès 그랑 쒹세	hommage 오마쥬	mise en scène 미겅 쎈느	FRA
Uraufführung 우어아우프퓌룽	Erfolg 에어폴크	Hommage 오마쥬	Mise-en-scène 미장셴	GER
exibição 이지비써웅	sucesso 쑤세쑤	homenagem 오메나젱	encenáção 잉쎄나써웅	POR
estreno 에스프레노	èxito 엑씨또	homenaje 오메나헤	puesta en escena 뿌에스따 엔 에쎄나	ESP
apertura 아페르투라	successo 숫쳇쏘	omaggio 오마쬬	mise en scen 미장센	ITA
κυκλοφορία 끼끌로포리아	επιτυχία 에삐띠히아	τιμή [φόρος τιμής] 띠미 [포로스 띠미스]	σκηνικά 스끼니까	GRE
spectaculum primum 스펙타쿨룸 프리뭄	carmen felix 카르멘 펠릭스	honor(tributum honoris) 호노르(트리부툼 호노리스)	tentoriorum confectio 텐토리오룸 콘펙티오	LAT
выпуск фильма 븨뿌스크 필르마	хит 힛	почтение 빠취쩨니예	мизансцена 민자스쩨나	RUS
首映 / shǒuyìng 셔우잉	大成功 / dàchénggōng *1 따청꿍	–	场面调度 / chǎngmiàndiàodù 창미옌땨오우뚜	CHN
ふうぎり / 封切り 후-기리	ヒット 힛또	オマージュ 오마-쥬	ぶたいそうち / 舞台装置 부타이소-치	JPN

동의어: *1 大受欢迎 / dàshòu huānyíng 따셔우환잉

한	씬	포크댄스	사교댄스	무도회
영	scene 씬	folk dance 포크댄스	social dance 소셜 댄스	ball 볼
프	scène 센느	danse folklorique 당스 포끌로릭	danse de salon 당스 드 살롱	bal 발
독	Szene 스체네	Volkstanz 폴크스탄츠	Gesellschaftstanz 게젤샤프츠탄츠	Ball 발
포	cena 쎄나	dança folclórica 당싸 포우끌로리까	dança social 당싸 쏘씨아우	baile 바일리
스	escena 에쎄나	baile tradicional 바일레 뜨라디씨오날	baile de sociedad 바일레 데 소씨에닷	baile 바일레
이	scena 셰나	danza folcloristica 단자 폴클로리스티카	ballo di società 발로 디 쏘치에따	ballo 발로
그	σκηνή 스끼니	λαϊκός χορός 라이꼬스 호로스	κοσμικός χορός 꼬즈미꼬스 호로스	χορός 호로스
라	scena, tentorium 스케나, 텐토리움	saltatio popularis 살타티오 포풀라리스	saltatio socialis 살타티오 소키알리스	festum saltati 페스툼 살타티
러	акт 아크트	народный танец 나로드느이 따녯츠	танцы 딴찍	бал 발
중	镜头 / jìngtóu 징터우	土风舞 / tǔfēngwǔ 투펑우	交际舞 / jiāojìwǔ 찌아오지우	舞会 / wǔhuì 우훼이
일	シーン 신	フォークダンス 훠-쿠단수	しゃこうダンス / 社交ダンス 샤코-단수	ぶとうかい / 舞踏会 부토-카이

한	왈츠	스텝	탱고	무용, 댄스
영	waltz 왈츠	step 스텝	tango 탱고	dance 댄스
프	valse 발스	pas 빠	tango 땅고	danse 당스
독	Walzer 발처	Schritt, Step 슈리트, 스텝	Tango 탕고	Tanz 탄츠
포	valsa 바우싸	passo 빠쑤	tango 땅구	coreografia 꼬레오그라피아
스	vals 발스	paso 빠소	tango 땅고	baile 바일레
이	valzer 발쩨르	passo 빳쏘	tango 땅고	danza 단짜
그	βάλς 발스	βήμα 비마	τάγκο 땅고	χορός 호로스
라	valsa 발사	passus 파수스	saltatio meridiana 살타티오 메리디아나	saltatio 살타티오
러	вальс 발스	шаг 샤그	танго 딴거	танец 따넷츠
중	华尔兹 / huáěrzī 화얼즈	舞步 / wǔbù 우뿌	探戈舞 / tàngēwǔ 탄꺼우	跳舞 / tiàowǔ *1 티아오우
일	ワルツ 와루추	ステップ 수텝뿌	タンゴ 탄고	ぶよう / 舞踊、ダンス 부요-, 단수

동의어: *1 舞蹈 / wǔdǎo 우다오

발레	무용가	무희	발레리나	KOR
ballet 발레	dancer 댄서	dancing girl 댄싱 걸	ballerina 발레리나	ENG
ballet 발레	danseur *1 당쐬르(남성형)	danseuse 당쐬즈	ballerine 발르린	FRA
Ballet 발레	Tänzer 탠처	Tänzerin 탠처린	Balletteuse, Ballerina 발레퇴제, 발레리나	GER
balé 발레	coreógrafo 꼬레오그라푸	dançarina 당싸리나	bailarina 바일라리나	POR
ballet 발렛	bailarina 바일라리나	bailarina 바일라리나	bailarina 바일라리나	ESP
balletto 발렛또	danzatóre 단자토레	ballerina 발레리나	ballerina 발레리나	ITA
μπαλλέτο 발레또	χορευτής 호레브띠스	χορεύτρια 호레브트리아	μπαλαρίνα 발라리나	GRE
saltatio pantomimicus 살타티오 판토미무스	saltator 살타티오르	saltatrix 살타트릭스	saltatrix pantomimica 살타트릭스 판토미미카	LAT
балет 발렛	танцовщик 딴쪼프쉭	танцовщица 딴쪼프쉬짜	балерина 발례리나	RUS
巴蕾舞 /bālěiwǔ 빠레이우	舞蹈家 /wǔdǎojiā 우다오지아	舞女 /wǔnǚ 우뉘	芭蕾舞女演员 /bālěiwǔ nǚyǎnyuán 빠레이우위앤위엔	CHN
バレー 바레-	ぶようか /舞踊家 부요-카	まいひめ /舞姬 마이히메	バレリーナ 바레리-나	JPN

참고: *1 danseuse 당쐬즈(여성형)

발레리노	지르박	뮤지컬	서곡	KOR
ballerino 발레리노	jitterbug 지터벅	musical 뮤지컬	Overture 오버춰	ENG
Ballerino, ballerina 발르리노, 발르리나	jitterbug 지터벅	musical 뮈지깔	ouverture 우베뛰르	FRA
Ballettänzer 발레탠처	Jitterbug 지터부크	Musical 뮤지컬	Ouvertüre 우베르뛰레	GER
bailarino 바일라리누	jitterbug 쥐떼르북	musical 무지까우	abertura 아베르투라	POR
bailarino 바일라리노	danza social 단싸 소씨알	musical 무시깔	obertura 오베뚜라	ESP
ballerino 발레리노	ballo frenetico 발로 프레네티코	musical 무지깔	apertura, prologo 아페르뚜라, 프롤로그	ITA
μπαλλερίνος 발레리노스	τζίτερμπαγκ 지테르박	μουσικός 무시꼬스	εισαγωγή, προοίμιο 이사고기, 프로이미오	GRE
saltatior pantomimicus 살타티오르 판토미미쿠스	jitterbugus *1 이이테르부구스	spectamen musicale 스펙타멘 무시칼레	exordium, praefatio 엑소르디움, 프래파티오	LAT
танцор 딴쪼르	джиттербаг 쥐쪠르박	мюзикл 뮤지클	увертюра 우베르뜌라	RUS
男芭蕾舞蹈家 /nánbālěiwǔdǎojiā 난빠레이우다오지아	吉特巴 /jítèbā 지터바	音乐歌剧 /yīnyuè gējù 인위에꺼쥐	序曲 /xùqǔ 쉬취	CHN
バレリーノ 바레리-노	ジルバ 지루바	ミュージカル 뮤-지카루	じょきょく /序曲 죠쿄쿠	JPN

동의어: *1 saltatio iitterbuga 살타티오 이이타부가

한	아리아	오페라	리브레토	흉성
영	aria 아리아	opera 오퍼러	libretto 리브레토	chest voice 체스트 보이스
프	aria 아리아	opéra 오페라	livret 리브레	voix de poitrine 브와 드 뿌와트린
독	Arie 아리에	Oper 오퍼	Libretto 리브레토	Bruststimme 브루스트슈팀메
포	ária 아리아	ópera 오뻬라	libreto 리브레뚜	voz de peito 보스 지 뻬이뚜
스	aria 아리아	ópera 오뻬라	libreto 리브레또	voz de pecho 보쓰 데 뻬쵸
이	aria 아리아	opera 오뻬라	libretto 리브레또	Voce di petto 보체 디 페또
그	άρια 아리아	όπερα 오페라	λιμπρέττο 리브레또	βαθύφωνος 바씨포노스
라	aria, canticum 아리아, 칸티쿰	drama musicum 드라마 무시쿰	libellus melodramaticus 리벨루스 멜로드라마티쿠스	sonus pectoris(cordis) 소누스 펙토리스(코르디스)
러	ария 아리야	опера 아쁘라	либретто 리브렛또	грудной регистр 그루드노이 레기스프르
중	咏叹调 / yǒngtàndiào 융탄띠아오	歌剧 / gējù 꺼쥐	–	–
일	アリア 아리아	オペラ 오페라	リブレット 리부렛또	じごえ / 地声 지고에

한	프리모 워모	프리마돈나	포르타멘토	레치타티보
영	primo uomo 프리모 워모	prima donna 프리마돈나	portamento 포타멘토	recitativo 레세터티보
프	primo uomo 프리모 워모	prima donna 프리마 돈나	portamento 포르타멘토	récitatif 레시타티브
독	Primo Oumo 프리모 우오모	Diva, Prima Donna 디바, 프리마 돈나	Portamento 포르타멘토	Recitativo 레치타티프
포	primo uomo 쁘리무 우오무	prima dona 쁘리마 도나	portamento 뽀르따멩뚜	recitativo 헤씨따찌부
스	primer uno 쁘리메르 우노	prima donna 쁘리마 돈나	portamento 포르따멘또	recitativo 레씨따띠보
이	Primo uomo 쁘리모 워모	prima donna 프리마 돈나	portamento 포르타멘또	recitativo 레치따띠보
그	πρώτος άνδρας 쁘로또스 안드라스	πριμαντόνα 쁘리만도나	πορταμέντο 뽀르타멘도	ρετσιτατίβο 레치따띠보
라	primus homo 프리무스 호모	prima mulier 프리마 물리에르	portatio(canti) 포르타티오(칸티)	recitatio(canti) 레키타티오(칸티)
러	примо уомо 쁘리모 우오모	примадонна 쁘리마돈나	портаменто 뻐르따멘또	речитатив 례취따찌브
중	–	–	滑音 / huáyīn 화인	–
일	プリモウオモ 푸리모우오모	プリマドンナ 푸리마돈나	ポルタメント 포루타멘토돈	レチタティーボ 레치타티-보

378

음악	클래식	종교음악	KOR
music 뮤직	classical music 클래시컬 뮤직	religious music *1 릴리져스 뮤직	ENG
musique 뮤지끄	musique classique 뮤지끄 클라씩	musique religieuse 뮤지끄 르리지유즈	FRA
Musik 무직	klassische Musik 클라시셰 무직	religiöse Musik *2 렐리기외제 무직	GER
música 무지까	música clássica 무지까 끌라씨까	música sacra 무지까 싸끄라	POR
música 무시까	música clásica 무시까 끌라시까	música sagrada 무시까 사그라다	ESP
musica 무지까	musica classica 무지까 클랏씨까	musica sacra 무시까 싸끄라	ITA
μουσική 무시끼	κλασσική μουσική 깔라스시끼 무시끼	θρησκευτική μουσική *3 쓰리스께브띠끼 무시끼	GRE
musica 무시카	musica classica 무시카 클라시카	musica ekklesiastica 무시카 에클레시아스티카	LAT
музыка 무지까	классическая музыка 클라씨췌스까야 무지까	религиозная музыка 렐리기오즈나야 무지까	RUS
音乐 / yīnyuè 인위에	古典 / gǔdiǎn 구띠엔	宗教音乐 / zōngjiàoyīnyuè 쫑지아오인위에	CHN
おんがく / 音楽 온가쿠	クラシック 쿠라식꾸	しゅうきょうおんがく / 宗教音楽 슈-쿄-온가쿠	JPN

동의어: *1 sacred music 세크렛 뮤직, *2 Kirchenmusik 키르헨무직, *3 εκκλησιαστική μουσική 에끌리시아스띠끼 무시끼 테호크(교회의 음악)

경음악	성악	콘서트, 연주회	독주회, 독창회	KOR
light music 라이트 뮤직	vocal music 보컬 뮤직	concert 콘서트	recital 리사이틀	ENG
musique légère 뮤지끄 레제르	musique vocale 뮤지끄 보깔	concert 꽁세르	récital 레씨딸	FRA
leichte Musik 라이히테 무직	Vokalmusik 보칼무직	Konzert 콘체르트	Solokonzert 솔로콘체르트	GER
música ligeira 무지까 리줴이라	música vocal 무지까 보까우	concerto 꽁쎄르뚜	recital 헤씨따우	POR
música ligera 무시까 리헤라	música vocal 무시까 보깔	concierto 꼰씨에르또	recital 레씨딸	ESP
musica leggera 무지까 렛제라	musica vocale 무지까 보깔레	concerto 꼰체르또	concerto 콘체르또	ITA
ελαφρά μουσική 에라프라 무시끼	φωνητική μουσική 포니띠끼 무시끼	συναυλία 신아블리아	ρεσιτάλ 레시딸	GRE
musica levis 무시카 레비스	musica vocalis 무시카 보칼리스	concertum 콘케르툼	recitalis 레키탈리스	LAT
лёгкая музыка 료흐까야 무지까	вокальная музыка 바깔나야 무지까	концерт 깐쩨르트	сольный концерт 쏠늬이 깐쩨르트	RUS
轻音乐 / qīngyīnyuè 칭인위에	声乐 / shēngyuè 성위에	演唱会 / yǎnchànghuì 얜창훼이	独奏会 / dúzòuhuì 두쩌우훼이	CHN
けいおんがく / 軽音楽 케-온가쿠	せいがく / 声楽 세-가쿠	コンサート *1 콘사-토	どくそうかい / 独奏会 *2 도쿠소-카이	JPN

동의어: *1 えんそうかい / 演奏会 엔소-카이, *2 どくしょうかい / 独唱会 도쿠쇼-카이

한	음악가	작곡가	작사가	오케스트라
영	musician 뮤지션	composer *1 컴포우저	lyricist 리리시스트	orchestra 오케스트라
프	musicien 뮤지씨엥	compositeur 꽁뽀지뙤르	parolier 빠롤리에	orchestre 오르께스트르
독	Musiker 무지커	Komponist 콤포니스트	Texter 텍스터	Orchester 오케스터
포	músico 무지꾸	compositor 꽁뽀지또르	letrista 레뜨리스따	orquestra 오르께스뜨라
스	músico 무시꼬	compositor 꼼뽀시또르	autor de la letra 아우또르 데 라 레뜨라	orquesta 오르께스따
이	musicista 무지치스타	compositore 꼼뽀지또레	paroliere 파롤리에레	orchestra 오르케스트라
그	μουσικός 무시꼬스	συνθέτης 신세띠스	λυρικός 리리꼬스	ορχήστρα 오르히스트라
라	musicus 무시쿠스	compositor 콤포시토르	lyricus(poeta) 리리쿠스(포에타)	orchestra 오르케스트라
러	музыкант 무지깐트	композитор 껨빠지떠르	поэт-песенник 빠앳-뻬쎈닉	оркестр 아르께스뜨르
중	音乐家 / yīnyuèjiā 인위에지아	作曲家 / zuòqǔjiā 쭈오취지아	作词家 / zuòcíjiā 쭈오츠지아	管弦乐团 / guǎnxiányuètuán 관시엔위에투완
일	おんがくか / 音楽家 온가쿠카	さっきょくか / 作曲家 삭꾜쿠카	さくしか / 作詞家 사쿠시카	オーケストラ 오-케수토라

동의어: *1 songwriter 송라이터

한	지휘자	거장	곡	악보
영	conductor 컨덕터	virtuoso *2 버츄오소	tune *3 튠	score 스코어
프	chef d'orchestre 셰프 도르께스트르	virtuose 비르뛰오즈	mélodie 멜로디	musique 뮤지끄
독	Dirigent *1 디리겐트	Virtuose 비어투오제	Stück 슈튁	Partitur, Noten 파르티투어, 노텐
포	maestro 마에스뜨루	virtuose 비르뚜오지	toada 또아다	partitura 빠르찌뚜라
스	condudtor 꼰둑또르	virtuoso 비르뚜오소	pieza 삐에사	partitura 빠르띠뚜라
이	direttore 디렛또레	maestro 마에스트로	melodia 멜로디아	partitura 파르띠뚜라
그	μαέστρος, διευθυντής 마에스트로스, 디에브씬띠스	δεξιοτέχνης 덱시오떼흐니스	τόνος, μελωδία, τραγούδι 또노스, 멜로디아, 트라구디	παρτιτούρα 빠르띠뚜라
라	magister 마기스테르	acroama peritum 아크로아마 페리툼	cantus 칸투스	nota musica 노타 무시카
러	дирижёр 지리죠르	виртуоз 비르뚜오즈	песня 뻬스냐	партитура 빠르찌뚜라
중	指挥 / zhǐhuī 쯔훼이	大师 / dàshī, 巨匠 / jùjiàng 따스, 쥐지앙	曲 / qǔ 취	乐谱 / yuèpǔ 위에푸
일	しきしゃ / 指揮者 시키샤	きょしょう / 巨匠 쿄쇼-	きょく / 曲 쿄쿠	がくふ / 楽譜 가쿠후

동의어: *1 Kapellmeister 카펠마이스터, *2 maesteo 마에스트로, *3 music 뮤직, song 송

380

소프라노	알토	바리톤	테너	KOR
soprano 소프라노	alto 엘토	barytone 바리톤	tenor 테너	ENG
soprano 소프라노	alto 알또	baryton 바리똥	ténor 떼노르	FRA
Sopran 소프란	Alt 알트	Bariton 바리톤	Tenor 테노어	GER
soprano 쏘쁘라누	alto 아우뚜	baritono 바리또누	tenor 떼노르	POR
soprano 소쁘라노	contralto 꼰뜨랄또	barítono 바리또노	tenor 떼노르	ESP
soprano 소프라노	alto 알또	baritono 바리토노	tenore 테노레	ITA
σοπράνο, υψίφονος 소프라노, 입시포노스	άλτο 알또	βαρύτονος 바리토노스	τενόρος 떼노로스	GRE
supranus 수프라누스	altus(vocalis) 알투스(보칼리스)	barytonos 바리토노스	tenor(vocalis) 테노르(보칼리스)	LAT
сопрано 싸쁘라노	альт 알트	баритон 바리똔	тенор 때너르	RUS
女高音 / nǚgāoyīn 뉘까오인	低音 / dīyīn 띠인	上低音号 / hàngdīyīnhào [*1] 샹띠인하오	男高音 / nángāoyīn 난까오인	CHN
ソプラノ 소푸라노	アルト 아루토	バリトン 바리톤	テナー 테나-	JPN

동의어: *1 男中音 / nánzhōngyīn 난쭝인

재즈	OST	앙콜	뉴에이지	KOR
jazz 재즈	OST(original soundtrack) 오에스티	encore 앙코어	new age 뉴 에이지	ENG
jazz 쟈즈	bandes originales 방드 오리지날	encore 엉꼬르	new age 뉴 아쥬	FRA
Jazz 재즈	Original-Soundtrack 오리지날 사운드트랙	Zugabe 추가베	New Age 뉴 에이지	GER
jazz 재스	OST 오에씨떼	bis 비스	música New Age 무시까 뉴 에이쥐	POR
jazz 자쓰	banda sonora 반다 소노라	repetición 레뻬띠씨온	música New Age 무시까 뉴 에이지	ESP
jazz 재즈	OST 오에쩨티	bis 비스	era nuova 에라 누오바	ITA
τζάζ 자즈	πρωτότυπη ηχογράφηση 프로또띠삐 이호그라피시	ανκόρ 안코르	νέα εποχή 네아 에포히	GRE
musica iazzica 무시카 야찌카	canticum originale [*1] 칸티쿰 오리기날레	(ad)hanc horam (아드)항크 호람	nova gens 노바 겐스	LAT
джаз 좌즈	ОСТ(оригинальный саундтрек) 오에스삐	вызов на бис 븨저브 나 비스	нью-эйдж 뉴-애이쥐	RUS
爵士 / juéshì 쥬에스	原声音乐 / yuánshēngyīnyuè 위엔셩인위에	返场 / fǎnchǎng [*2] 판창	–	CHN
ジャズ 자주	オリジナル サウンド トラック 오리지나루 사운도 도락구	アンコール 안코-루	ニューエイジ 뉴-에이지	JPN

동의어: *1 musica originalis(ex pellicula cinematographica) 무시카 오리기날리스(엑스 펠리쿨라 키네마토그라피아), *2 安哥 / āngē 안꺼

한	프로그레시브	락	가요	팝
영	progressive 프로그레시브	rock 락	song 송	pop 팝
프	rock progressif 록 프로그레씨프	rock 록	chanson 샹송	pop 팝
독	progressive Rock 프로그레시브 록	Rock-Musik 록 무직	Schlager 슐라거	Pop-Musik 폽 무직
포	progressivo 쁘로그레씨부	roque 호끼	canção 깡써옹	música popular 무지까 뽀뿔라르
스	progresivo 쁘로그레시보	rock 록	canción 깐씨온	música pop 무시까 폽
이	progressivo 프로그레씨보	rock 록	canzone 깐쪼네	pop 팝
그	προοδευτικός 프로오데브띠꼬스	ρόκ 록	τραγούδι 트라구디	πόπ, λαϊκός 뽑, 라이꼬스
라	progrediens 프로그레디엔스	musica rockiana 무시카 록키아나	carmen 카르멘	musica popularis 무시카 포풀라리스
러	прогрессив 쁘라그레씨브	рок 록	песня 뻬스냐	поп 뽑
중	–	摇滚 / yáogǔn 야오군	流行歌曲 / liúxíng gēqǔ 리우싱꺼취	流行音乐 / liúxíngyīnyuè 리우싱인위에
일	プログレッシブ 푸로구렛씨부	ロック 록꾸	かよう / 歌謡 카요-	ポップ 폽뿌

한	샹송	선율	박자, 리듬	하모니
영	chanson 샹송	melody 멜로디	rhythm 리듬	harmony 하모니
프	chanson 샹송	mélodie 멜로디	rythme 리뜨므	harmonie 아르모니
독	Chanson 샹송	Melodie 멜로디	Takt, Rhythmus 탁트, 리트무스	Harmonie 하모니
포	canção francesa 깡써옹 프랑쎄자	melodia 멜로지아	ritmo 히찌무	harmonia 아르모니아
스	romance 로만쎄	melodía 멜로디아	ritmo 리뜨모	armonía 아르모니아
이	canzone francese 깐쪼네 프란체제	melodia 멜로디아	tempo, ritmo 템포, 리트모	armonia 아르모니아
그	γαλλικό τραγούδι 갈리꼬 트라구디	μελωδία 멜로디아	μέτρο, ρυθμός 메뜨로, 리쓰모스	αρμονία 아르모니아
라	musica popularis Franciae 무시카 포풀라리스 프랑키애	melos 멜로스	rhythmus 리트무스	harmonia 하르모니아
러	шансон 샹손	мелодия 멜로지야	ритм 리뜸	гармония 가르모니야
중	香颂 / xiāngsòng 씨앙송	旋律 / xuánlǜ 슈엔뤼	拍子 / pāizi, 节奏 / jiézòu ^의 파이즈, 지에쩌우	和声 / héshēng 허셩
일	シャンソン 샹손	せんりつ / 旋律 센리추	ひょうし / 拍子, リズム 효-시, 리주무	ハーモニー 하-모니-

동의어: ^의 节拍 / jiépāi 지에파이

교향곡	협주곡	소나타	행진곡	KOR
symphony 심포니	concerto 콘체르토	sonata 서나터	march 마아치	ENG
symphonie 쎙포니	concerto 꽁쎄르또	sonate 쏘나뜨	marche 마르슈	FRA
Symphonie, Sinfonie 짐포니, 진포니	Konzert 콘체르트	Sonate 조나테	Marsch 마르슈	GER
sinfonia 씽포니아	concerto 꽁쎄르뚜	sonata 쏘나따	marcha 마르샤	POR
sinfonía 싱포니아	concierto 꼰씨에르또	sonata 소나따	marcha 마르차	ESP
sinfonia 신포니아	concerto 꼰체르또	sonata 소나타	marcia 마르챠	ITA
συμφωνία 심포니아	κοντσέρτο 꼰체르또	σονάτα 소나따	εμβατήριο 엠바띠리오	GRE
quae symphonia canuntur 쿠아이 쉼포니아 쿠눈투르	symphoniacus 쉼포니아쿠스	sonata 소나타	cantus itineris 칸투스 이티네리스	LAT
симфония 심포니야	концерт 깐쩨르트	соната 싸나따	марш 마르쉬	RUS
交响曲 / jiāoxiǎngqǔ 찌아오샹취	协奏曲 / xiézòuqǔ 시에쩌우취	奏鸣曲 / zòumíngqǔ 저우밍취	进行曲 / jìnxíngqǔ 찐싱취	CHN
こうきょうきょく / 交響曲 코-쿄-쿄쿠	きょうそうきょく / 協奏曲 쿄-소-쿄쿠	ソナタ 소나타	こうしんきょく / 行進曲 코-신쿄쿠	JPN

광시곡	전주곡	간주곡	야상곡	KOR
rhapsody 랩소디	prelude 프렐루드	interlude 인털루드	nocturne 녹턴	ENG
rhapsodie 랩소디	prélude 프렐뤼드	interlude 앵떼르뤼드	nocturne 녹뛰른느	FRA
Rhapsodie 랍소디	Präludium 프랠루디움	Interludium 인터루디움	Nachtmusik 나흐트무직	GER
rapsódia 합쏘지아	prelúdio 쁘렐루지우	interlúdio 잉떼를루지우	noturno 노뚜르누	POR
rapsodia 랍소디아	preludio 쁘렐루디오	interludio 인떼를루디오	nocturno 녹뚜르노	ESP
rapsodia 랍소디아	preludio 프렐루디오	intermezzo 인떼르멧쪼	notturno 놋뚜르느	ITA
ραψωδία 랍소디아	πρελούδιο 프렐루디오	ιντερλούδιο 인뗄루디오	νυκτωδία 닉또디아	GRE
oratio grandioloqua 오라티오 그란디올로쿠아	prooemium 프로오에미움	embolium 엠볼리움	nocturnus cantus 녹토르누스 칸투스	LAT
рапсодия 라프쏘지야	прелюдия 쁘릴류지야	интерлюдия 인때르류지야	ноктюрн 녹크쥬른	RUS
狂想曲 / kuángxiǎngqǔ 쾅샹취	前奏曲 / qiánzòuqǔ [1] 치엔쩌우취	间奏曲 / jiànzòuqǔ 찌엔쩌우취	夜曲 / yèqǔ 예취	CHN
きょうしきょく / 狂詩曲 쿄-시쿄쿠	ぜんそうきょく / 前奏曲 젠소-쿄쿠	かんそうきょく / 間奏曲 칸소-쿄쿠	やそうきょく / 夜想曲 야소-쿄쿠	JPN

동의어: [1] 序曲 / xùqǔ 쉬취

한	소야곡	오바드	가곡	동요
영	serenade 세러네이드	aubade 오바아드	song 송	children's song 칠드런스 송
프	sérénade 세레나드	aubade 오바드	chant 샹	chanson pour enfant 샹송 뿌르 엉펑
독	Serenade 제레나데	Aubade 아우바데	Lied, Gesang 리트, 게장	Kindermusik 킨더무직
포	serenata 쩨레나따	aubade 아우바지	canção coreana 깡써웅 꼬레아나	música infantil 무지까 잉팡찌우
스	serenata 세레나따	albada 알바다	canción 깐씨온	canción infantil 깐씨온 인판띨
이	serenata 쩨레나타	aubade 아우바데	canzone 깐조네	canzone per bambini 깐쪼네 뻬르 밤비니
그	σερενάτα 세레나따	ερωτικό τραγούδι της αυγής 에로띠꼬 트라구디 띠스 아우게스	τραγούδι 트라구디	παιδικό τραγούδι 뻬디꼬 트라구디
라	cantus amoris vesperis 칸투스 아모리스 베스페리스	cantus amoris aurorae 칸투스 아모리스 아우로래	cantus 칸투스	cantus liberorum 칸투스 리베로룸
러	серенада 쎄레나다	утренняя серенада 우뜨렌냐야 쎄레나다	песня 뻬스냐	детская песня 젯츠까야 뻬스냐
중	小夜曲 / xiǎoyèqǔ 샤오예취	–	歌曲 / gēqǔ 꺼취	童谣 / tóngyáo, 儿歌 / érgē 퉁야오, 얼꺼
일	しょうやきょく / 小夜曲 쇼-야쿄쿠	オーバード 오-바-도	かきょく / 歌曲 카쿄쿠	どうよう / 童謡 도-요-

한	자장가	독창, 독주	이중창	가수
영	lullaby 럴러바이	solo 솔로	duet [3] 듀엣	singer 싱어
프	berceuse 베르쐬즈	solo 쏠로	duo 듀오	chanteur 샹뙤르
독	Wiegenlied [1] 비겐리트	Solo 졸로	Duett 두엣	Sänger 쟁어
포	canção de ninar 깡써웅 지 니나르	solo 쏠루	dueto 두에뚜	cantor 깐또르
스	canción de cuna 깐씨온 데 꾸나	solo 쏠로	dúo 두오	cantante 깐딴떼
이	ninnananna 닌나난나	solo 쏠로	duo 두오	cantante 깐딴떼
그	νανούρισμα 나누리즈마	σόλο 솔로	ντουέτο 두에또	τραγουδιστής 트라구디스띠스
라	lalli somniferi modi 랄리 솜니페리 모디	monodia 모노디아	bicinium 비키니움	cantor 칸토르
러	колыбельная 깔릐벨나야	соло 쏠로	дуэт 두엣	певец 삐볫츠
중	摇篮曲 / yáolánqǔ 야오란취	独唱 / dúchàng 두창	二重唱 / èrchóngchàng 얼총창	歌手 / gēshǒu, 歌星 / gēxīng 꺼셔우, 꺼씽
일	こもりうた / 子守唄 코모리우타	どくしょう / 独唱 [2] 도쿠쇼-	にじゅうしょう / 二重唱 니쥬-쇼-	かしゅ / 歌手 카슈

동의어: [1] Schlaflied 슐라프리트, [2] どくそう / 独奏 도쿠소-, **참고:** [3] trio 트리오(삼중창), quarlet 크와텟, choir 콰이어(사중창)

384

싱어송라이터	합창단	중창단	KOR
singer-song writer 싱어 송 라이터	chorus 코러스	group of part song singers 그룹오브 파트송 싱어즈	ENG
auteur-compositeur-interprète 오뙤르 꽁뽀지뙤르 앵떼르프레뜨	chœur 꾀르	ensemble vocal 엉상블 보깔	FRA
Singer-Song Writer 싱어 송라이터	Chor 코어	Vokalensemble 보칼앙상블	GER
cantor-compositor 깡또르-꽁뽀지또르	coro 꼬루	conjunto vocal 꽁중뚜 보까우	POR
compositor 꼼뽀시똘	coro 꼬로	coro pequeño 꼬로 뻬께뇨	ESP
cantatore 깐따또레	coro 꼬로	concerto 꼰체르또	ITA
τραγουδιστής-συνθέτης 트라구디스띠스-신세띠스	χορός 호로스	χορωδία 호로디아	GRE
compositor cantabundus 콤포시토르 칸타분두스	chorus 코루스	grex quinque cantorium 그렉스 쿠인쿠에 칸토리움	LAT
певец-поэт-песенник 삐볘츠-빠앳-뼤쎈닉	хор 호르	ансамбль 안쌈블	RUS
–	合唱队 / héchàngduì 허창뛔이	重唱队 / chóngchàngduì 충창뛔이	CHN
シンガーソングライター 신가-손구라이타-	がっしょうだん / 合唱団 갓쑈-단	じゅうしょうだん / 重唱団 쥬-쇼-단	JPN

화음	발라드	댄스곡	KOR
chord [1] 코드	ballad 발라드	dance music 댄스뮤직	ENG
accord 아꼬르	ballade 발라드	musique de danse 뮤지끄 드 당스	FRA
Akkord 아코르트	Ballade 발라데	Tanzmusik 탄츠무직	GER
acorde 아꼬르지	balada 발라다	música de dança 무지까 지 당싸	POR
acorde 아고르데	balada 발라다	música de danza 무시까 데 단싸	ESP
accordo 악꼬르도	ballata 발라타	canzone di ballo 깐쪼네 디 발로	ITA
χορδή 호르디	μπαλάντα 발라다	χορευτική μουσική 호레브띠끼 무시끼	GRE
consonantia sonorum 콘소난티아 소노룸	nenia, carmen triviale 네니아, 카르멘 트리비알레	musica chorea 무시카 코레아	LAT
аккорд 아코르드	баллада 발라다	танцевальная музыка 딴쩨발나야 무직까	RUS
和音 / héyīn 허인	三节联韵诗 / sānjié liányùnshī [2] 싼지에리엔윈스	舞曲 / wǔqǔ 우취	CHN
わおん / 和音 와온	バラード 바라-도	ダンスきょく / ダンス曲 단수쿄쿠	JPN

동의어: [1] harmony 하모니, [2] 叙事曲 / xùshìqǔ 쉬스취

한	화성	음색	음감
영	chord 코드	tone 톤	pitch [1] 핏치
프	harmonie 아르모니	ton 똥	oreille musicale 오레이으 뮤지깔
독	Konsonanz 콘조난츠	Klangfarbe 클랑파아베	Tonempfindung 톤엠핀둥
포	harmonia 아르모니아	timbre 찡브리	ouvido para música 오우비두 빠라 무지까
스	armonía 아르모니아	tono 또노	sensibilidad hacia la música 센시빌리닷 아씨아 라 무시까
이	armonia 아르모니아	tono 토노	acustica 아쿠스티카
그	συγχορδία 싱호르디아	τόνος 또노스	τόνος 또노스
라	consonantia(sonorum) 콘소난티아(소노룸)	tonus 토누스	acustica musicae 아쿠스티카 무시캐
러	аккорд 아코르드	тон 똔	слух 슬루흐
중	和声 / héshēng 허셩	音色 / yīnsè 인쎄	乐感 / yuègǎn 위에간
일	わせい / 和声 와세-	おんしょく / 音色 온쇼쿠	おんかん / 音感 온칸

참고: [1] absolute pitch 압솔루트 핏치(절대음감)

한	음치	음표	쉼표	보표
영	tone-deaf 톤 데프	notation 노테이션	rest 레스트	score, staff 스코어, 스태프
프	personne qui chante faux 페르쏜느 끼 샹뜨 포	note [2] 노트	pause 뽀즈	portée(musicale) 뽀르떼(뮤지깔)
독	Unmusikalität 운무지칼리태트	Notation 노타치온	Pause 파우제	Notenlinien [3] 노텐리닌
포	desafinado 데자피나두	nota musical 노따 무지까우	fermata 페르마따	pauta 빠우따
스	desafinada 데사피나다	nota 노따	silencio 실렌씨오	pentagrama 뻰따그라마
이	stonatura 스토나투라	nota 노따	pausa 파우자	rigo 리고
그	παράφονος 빠라포노스	σημειογραφία 시미오그라피아	παύση 빠브시	σειρές νότων 시레스 노똔
라	inconcinnitas soni 인콘킨니타스 소니	neuma 네우마	requies 레쿠이에스	series notae 세리에스 노태
러	не различающий оттенков звука 녜라즐리챠유쉬 아쩨닉 즈부카	нотация 나따찌야	пауза 빠우자	партитура 빠르찌뚜라
중	乐盲 / yuèmáng [1] 위에망	音符 / yīnfú 인푸	和声 / héshēng 허셩	五线谱 / wǔxiànpǔ 우씨엔푸
일	おんち / 音痴 온치	おんぷ / 音符 온푸	きゅうふ / 休符 큐-후	ごせんふ / 五線譜 고센후

동의어: [1] 五音不全 / wǔyīnbùquán 우인부츄엔, [2] note de musique 노트 드 뮤직, [3] liniensystem 리닌쥐스템

도돌이표	제자리표	높은음자리표	낮은음자리표	KOR
repeat sign 리핏 싸인	natural 네튜랄	treble clef, G clef 트레블 클레프, 지 클레프	bass clef, F clef 베이스 클레프, 에프 클레프	ENG
signe de reprise 씨느 드 르프리즈	bécarre 베까르	clé de sol 끌레 드 쏠	clé de fa 끌레 드 파	FRA
Wiederholungszeichen 비더홀룽스차이헨	Auflösungszeichen 아우프뢰중스차이헨	Violinschlüssel 비올린슐뤼셀	Bassschlüssel 바스슐뤼셀	GER
barra de repetição 바하 지 헤뻬찌써웅	bequadro 비꽈드루	clave de sol 끌라비 지 쏘우	clave de fá 끌라비 지 파	POR
guión 기온	becuadro 베꾸아드로	clave de sol 끌라베 데 솔	clave de Fa 끌라베 데 파	ESP
replica 레플리카	bequadreo 베쿠아드레오	acuto 아쿠토	chiave di basso *1 기아베 디 바쏘	ITA
σημάδι επανάληψης 시마디 에빠날립시스	φυσικό σημάδι 피시꼬 시마디	κλειδί του Sol 끌리디 뚜 솔	κλειδί του Fa 끌리디 뚜 파	GRE
signum repetitionis 시그눔 레페티티오니스	signum naturale 시그눔 나투랄레	clavis Sol 클라비스 Sol	clavis Fa 클라비스 Fa	LAT
знак повторения 즈낙 뻐프따례니야	бекáр 베카르	ключ 클류취	басовый ключ 바쏘브이 클류취	RUS
反复记号 / fǎnfùjìhao 판푸지하오	还原记号 / huányuánjìhao 하이웬지하오	高音谱号 / gāoyīnpǔhào 까오인푸하오	低音谱号 / dīyīnpǔhào 띠인푸하오	CHN
はんぷくきごう/反復記号 한푸쿠기고-	ほんいきごう/本位記号 홍이키고-	とおんきごう/ト音記号 토온키고-	へおんきごう/ヘ音記号 헤온키고-	JPN

동의어: *1 chiave f 끼아베 에페

가온음자리표	조표	잔음올림표(샵)(반음올림표)	반음내림표(플랫)	KOR
C clef *1 씨 클레프	key signature 키 시그네쳐	sharp 샤프	flat 플랫	ENG
clef d'ut 끌레 뒤프	armature de la clé 아르마뛰르 드 라 끌레	dièse 디에즈	bémol 베몰	FRA
Altschlüssel 알트슐뤼셀	Generalvorzeichen 게네랄포어차이헨	Kreuz 크로이츠	Be, b 베	GER
clave de dó 끌라비 지 도	tom da clave 똥 다 끌라비	sustenido 쑤스떼니두	bemol 베모우	POR
Clave de Do 끌라베 데 도	armadura 아르마두라	sostenido 소스떼니도	bemol 베몰	ESP
chiave c 끼아베 치	armatura 아르마투라	diesis 디에시스	bemolle 베몰레	ITA
κλειδί του Nτο 끌리디 뚜 도	σημείο κλειδιού 시미오 끌리디우	δίεση 디에시	ύφεση 이페시	GRE
clavis C 클라비스 C	signatura clavis 시그나투라 클라비스	diesis 디에시스	submissio 숨미씨오	LAT
альтовый ключ 알토브이 클류취	ключевой знак 클류치보이 즈낙	диез 지에즈	бемоль 비몰	RUS
–	调号 / diàohào 띠아오하오	升半音 / shēngbànyīn 성반인	低半音 / dībànyīn 띠반인	CHN
ハおんきごう/ハ音記号 하온기고-	ちょうごう/調号 쬬-고-	シャープ 샤-푸	フラット 후랏또	JPN

동의어: *1 movable clef 무버블 클레프

한	박자표	장조	단조	여리게(피아노)
영	time signature 타임 시그니춰	major 메이저	minor 마이너	piano 피아노
프	rythme 리뜨므	majeur 마줴르	mineur 미뇌르	piano 피아노
독	Taktart 탁트아트	Dur 두어	Moll 몰	piano 피아노
포	indicação de compasso 잉지까써웅 지 꽁빠쑤	maior 마이오르	escala menor 이스깔라 메노르	piano 삐아누
스	Signatura de compás 시그나뚜라 데 꼼빠스	mayor 마요르	menor 메노르	piano 삐아노
이	tabella di tempo 타벨라 디 뗌포	maggiore 마죠레	chiave minore 끼아베 미노레	piano 피아노
그	ρυθμός, μετρό 리쓰모스, 메트로	μείξων 메이온	μικρός 미끄로스	πιάνο 삐아노
라	rhythmus, modus 리트무스, 모두스	major 마요르	minor 미노르	submissus 숩미쑤스
러	ритмическая партия 리트미취스까야 빠르찌야	мажóр 마조르	минор 미노르	пианино 삐아니너
중	拍号 / pāihào 파이하오	大调 / dàdiào 따띠아오	小调 / xiǎodiào 샤오띠아오	钢琴 / gāngqín 깡친
일	ひょうしきごう / 拍子記号 효-시키고-	ちょうちょう / 長調 쵸-쵸-	たんちょう / 短調 탄쵸-	ピアノ 피아노

한	포르테	겹올림표	겹내림표	셈여림표
영	forte 포르테	double Sharp 더블 샤프	double Flat 더블 플랫	dynamic 다이나믹스
프	forte 포르떼	double dièse 두불 디에즈	double bémol 두불 베몰	indication de nuance 앵디까씨웅 드 뉘앙스
독	forte 포르테	Doppelkreuz 도펠크로이츠	Doppel-b 도펠 베	Dynamikbezeichnung 뒤나믹베차이히눙
포	forte 포르찌	dobrado sustenido 도브라두 쑤스떼니두	dobrado bemol 도브라두 베모우	marca dinâmica 마르까 지나미까
스	forte 포르떼	doble sostenido 도블레 소스떼니도	doble bemol 도블레 베몰	marcas dinámicas 마르까스 디나미까스
이	forte 포르떼	diesis doppio 디에시스 도삐오	bemolle doppio 베몰레 도삐오	dinamica 디나미카
그	φórτε, ισχυρός 포르떼, 이스히로스	διπλή δίεση 디쁠리 디에시	διπλή ύφεση 디쁠리 이페시	δυναμικó 디나미꼬
라	clarus, fortis 클라루스, 포르티스	dupliciter diesis 두플리키테르 디에시스	dupliciter subpressus 두플리키테르 숩프레쑤스	variatio soni [1] 바리아티오 소니
러	форте 포르떼	дубль-диез 두블-지애즈	дубль-бемоль 두블-비몰	динамический нюанс 지나미취스키 뉴안스
중	强音 / qiángyīn 치앙인	–	–	–
일	フォルテ 훠루테	ドッペルクロイツ 돕뻬루쿠로이추	ドッペルベー 돕뻬루베-	きょうじゃくきごう / 強弱記号 쿄-쟈쿠키고-

동의어: [1] flexus soni 플렉수스 소니

디 카포	달세뇨	레가토	스타카토	KOR
Da capo 다 카포	Dal Segno 달 세뇨	legato 레가토	staccato 스타카토	ENG
da capo 다 까뽀	dal segno 달 세뇨	legato 레가또	staccato 스따까또	FRA
da capo 다 카포	dal segno 달 세뇨	legato 레가토	staccato, stakkato 스타카토	GER
da capo 다 까뿌	dal segno 다우 쩨기누	legato 레가뚜	staccato 스따까뚜	POR
Da Capo 다 까뽀	Dal Segno 달 세그노	legato 레가또	staccato 스따까또	ESP
dacapo 다카포	dal segno 달 세뇨	legato 레가토	staccato 스타까토	ITA
απο την αρχή 아뽀 띤 아르히	Dal Segno 달 세뇨	λεγκάτο 레가또	στακκάτο, στιγμιαίος 스따까또, 스띠그미에오스	GRE
ab initio 압 이니티오	repetitio 레페티티오	transitus placidus 트란스 플라키두스	separatio punctualis *1 세파라티오 풍크투알리스	LAT
от начала 앗 나촬라	от знака 앗 즈나까	легато 레가토	стаккато 스따까토	RUS
从头再奏 / cóngtóuzàizòu 총터우짜이쩌우	连续记号 / liánxùjìhào 리엔쑤지하오	连奏 / liánzòu 리엔쩌우	断奏 / duànzòu 뚜완쩌우	CHN
ダカーポ 다카-포	ダルセーニョ 다루세-뇨	レガート 레가-토	スタッカート 수탓까-토	JPN

동의어: *1 separatio fortis 세파라티오 포르티스

테누토	계이름	마디선	덧줄	KOR
tenuto 테누토	Solfege *1 솔페이지	bar line 바 라인	ledger line 렛저 라인	ENG
tenuto 테누토	échelle 에쉘	phrase 프라즈	lignes supplémentaires 리뉴 쒸쁠레명뙤르	FRA
tenuto 테누토	Solmisationssilben 졸미자치온스질벤	Taktstrich 탁트슈트리히	Hilfslinien 힐프스리닌	GER
tenuto 떼누뚜	nome de nota 노미 지 노따	barra 바하	linha de ledger 링야 지 레지줴르	POR
tenuto 떼누또	solfeo 솔페오	barras de compas 바라스 데 꼼빠스	línea añadida 리네아 아냐디다	ESP
tenuto 테누토	Solfeggio 솔페쬬	linea di barra 리네아 디 바라	tagli addizionali 딸리 아찌지오날리	ITA
τενούτο 떼누또	κλίμακα σολφές 끄리마까 솔페즈	γραμμή μπάρα 그람미 바라	βοηθητική γραμμή 보이씨띠끼 그람미	GRE
longitudo plena(toni) 롱기투도 플레나(토니)	solfatio *2 솔파티오	linea mensurae *3 리네아 멘수래	linea auxiliaria scalarum 리네아 아욱실리아리아 스칼라룸	LAT
выдержанно 븨재르콴너	звукоряд 즈부까럇	фраза 프라자	добавочная линейка 다바버취나야 리네이까	RUS
延音 / yányīn 앤인	–	–	加线 / jiāxiàn 찌아시엔	CHN
テヌート 테누-토	スケール 수케-루	フレーズ 후레-주	かせん / 加線 카센	JPN

동의어: *1 tonic sol-fa 토닉 솔파, *2 solmisatio 솔미사티오(중세 라틴어), solmizatio 솔미자티오(중세 라틴어), *3 linea modorum 리네아 모도룸

한	오선	붙임줄	이음줄	민요
영	staff *1 스테프	tie 타이	slur 슬러	folk song 포크 송
프	cinq lignes 쌩끄 린느	liaison 리에종	coulé 꿀레	chanson folklorique 샹송 폴끄로릭
독	Notenlinie 노텐리니에	Haltebogen 할테보겐	Bindebogen 빈데보겐	Volkslied 폴크스리트
포	pauta 빠우따	ligadura de prolongamento 리가두라 지 쁘롤롱가멩뚜	sinal de modulação 씨나우 지 모둘라써웅	canção folclórica 깡써웅 폴끌로리까
스	cinco lineas 씬꼬 리네아스	atadura 아따두라	calumnia 깔룸니아	canción folklórica 깐씨온 포크로리까
이	pentagramma 펜타그람마	Legatura di valore 레가투라 디 발로레	Legatura di portamento 레사투라 디 포르타멘토	canzone 깐조네
그	πεντάγραμμο 뺀다그람모	λιγκατούρα 리가뚜라	ύφεν, σύζευξη 이펜, 시제븍시	δημοτικό τραγούδι 디모띠꼬 트라구디
라	*2	hyphenum coniunctionis 히페눔 콘융크티오니스	arcus coniunctionis 아르쿠스 콘융크티오니스	cantus popularis translaticius 칸투스 포풀라리스 트란스라티키우스
러	нотоносец 노떠노쎗츠	связующая лига 스뱌즤바유샤야 리가	знак легато 즈낙 레가토	народная песня 나로드나야 뻬스냐
중	五線 / wǔxiàn 우시엔	–	–	民歌 / míngē 민꺼
일	ごせん / 五線 고센	タイ 타이	スラー 수라-	みんよう / 民謡 밍요-

동의어: *1 staves(pl) 스테이브스, 참고: manuscript paper 메뉴스크립트 페이퍼(오선지), *2 pentagrammum musicae 펜타그람뭄 무시캐

한	로망스	메시아	세레나데	진혼미사곡
영	romance 로망스	Messiah 메싸이아	serenade 세러네이드	Requiem 레쿠이음
프	romance 로망스	Messie 메씨	sérénade 쎄레나드	requiem 레뀌엠므
독	Romanze 로만체	Messiah 메씨아	Serenade 제레나데	Requiem 레크비엠
포	romance 호망씨	Messia 메씨아	serenata 쎄레나따	réquiem 헤끼엥
스	romance 로만쩨	Mesías 메시아스	serenata 세레나따	misa de requiem 미사 데 레뀌엠
이	romanza 로만자	Messia 메씨아	serenata 세레나타	requiem 레뀌엠
그	ρομαντικό 로만디꼬	μεσσία 메씨아	σερενάτα 세레나따	ρέκβιεμ 레크비엠
라	aetas romantica 아에타스 로만티카	Messias 메씨아스	musica serena 무시카 세레나	musica missae pro defunctis 무시카 미쌔 프로 데풍크티스
러	роман 라만	мессия 메씨야	серенада 쎄레나다	реквием 레크비엠
중	罗曼司 / luómànsī 루오만쓰	弥赛亚 / mísàiyà 미싸이야	小夜曲 / xiǎoyèqǔ 샤오예취	安魂曲 / ānhúnqǔ 안훈취
일	ロマンス 로만수	メシヤ 메시야	セレナーデ 세레나-데	ちんこんきょく / 鎮魂曲 친콘쿄쿠

악기	현악기	건반악기	KOR
instrument 인스트러먼트	strings 스트링즈	keyboard(instrument) 키보드(인스트루먼트)	ENG
instrument 앵스트뤼망	cordes 꼬르드	claviers 클라비에	FRA
Instrument 인스트루멘트	Saiteninstrument 자이텐인스트루멘트	Tasteninstrument 타스텐인스트루멘트	GER
instrumento musical 잉스프루멩뚜 무지까우	instrumento de corda 잉스프루멩뚜 지 꼬르다	instrumento de teclas 잉스프루멩뚜 지 떼끌라스	POR
instrumento 인스프루멘또	cuerda 꾸에르다	instrumento teclado 인스뚜루멘또 떼끌라도	ESP
strumento 스프루멘또	strumento a corda 스프루멘또 아 꼬르다	strumento a tastiera 스프루멘또 아 타스티에라	ITA
όργανον 오르가논	χορδή 호르디	πληκτρολόγιο(ν) 쁠릭트롤로기오(온)	GRE
organum 오르가눔	fides 피에스	pletrum 플레트름	LAT
музыкальный инструмент 무지깔느이 인스프루멘트	струны 스프루늬	клавишный инструмент 클라비쉬늬이 인스프루멘트	RUS
乐器 / yuèqì 위에치	弦乐器 / xiányuèqì 시엔위에치	键盘乐器 / jiànpányuèqì 찌엔판위에치	CHN
がっき / 楽器 각끼	げんがっき / 弦楽器 겡각끼	けんばんがっき / 鍵盤楽器 켄반각끼	JPN

관악기	타악기	바이올린	비올라	KOR
wind 윈드	percussion 퍼커션	violin 바이얼린	viola 바이얼라	ENG
vents 벙	percussion 뻬르뀌씨옹	violon 비오롱	viole 비올르	FRA
Blasinstrument 블라스인스트루멘트	Schalginstrument 슐락인스트루멘트	Geige, Violine 가이게, 비올리네	Bratsche, Viola 브라체, 비올라	GER
instrumento de sopro 잉스프루멩뚜 지 쏘쁘루	instrumento de percussão 잉스프루멩뚜 지 뻬르꾸써웅	violino 비올리누	viola 비올라	POR
viento 비엔또	batería 바떼리아	violín 비올린	viola 비올라	ESP
strumento a fiato 스프루멘또 아 피아또	strumento a percussione 스프루멘또 아 뻬르꿋시오네	violono 비올리노	violino 비올라	ITA
πνευστά όργανα 쁘네프스따 오르가나	κρουστά όργανα 크루스따타 오르가나	βιολί 비올리	βιόλα 비올라	GRE
organumventi 오르가눔벤티	orgnum pertussionis 오르가눔페르투시오니스	violina 비올리나	viola 비올라	LAT
духовые инструменты 두호브늬예 인스프루멘띄	перкуссия 뻬르꾸씨야	скрипка 스크리프까	виола 비올라	RUS
管乐器 / guǎnyuèqì 관위에치	打击乐器 / dǎjīyuèqì 다지위에치	四弦琴 / sìxiánqín [*1] 쓰시엔친	维哦拉 / wéi' élā [*2] 웨이어라	CHN
かんがっき / 管楽器 칸각끼	だがっき / 打楽器 다각끼	バイオリン 바이오린	ビオラ 비오라	JPN

동의어: [*1] 凡亚林 / fányàlín 판야린, [*2] 中提琴 / zhōngtíqín 쭝티친

한	기타	베이스	피아노	오르간	파이프오르간
영	guitar 기타	bass 베이스	piano 피아노	organ 올간	pipe organ 파이프 올간
프	guitare 기타르	basse 바쓰	piano 피아노	orgue 오르그	d'église 데글리즈
독	Gitarre 기타레	Bass 바쓰	Klavier 클라비어	Orgel 오르겔	Orgel *3 오르겔
포	violão 비올러웅	baixo 바이슈	piano 삐아누	órgão 오르거웅	órgão de tubos 오르거웅 지 뚜부스
스	guitarra 기따라	bajo 바호	piano 삐아노	armonio 아르모니오	órgano de iglesia 오르가노 데 아글레시아
이	chitarra 끼따라	basso 바쏘	pianoforte 삐아노포르떼	organo 오르가노	organo a canne 오르가노 아 깐네
그	κιθάρα 끼싸라	μπάσσο 바쏘	πιάνο 삐아노	όργανο 오르가노	εκκλησιαστικό όργανο 엑끌리시아스띠꼬 오르가노
라	cithara 키타라	contrabassum 콘트라바숨	clavile 클라빌레	organum 오르가눔	organum 오르가눔
러	гитара 기타라	бас 바스	фортепьяно 포르떼삐아너	язычковый орган 야즤취꼬브이 오르간	орган 오르간
중	吉他 / jítā *1 지타	低音 / dīyīn *2 띠인	钢琴 / gāngqín 깡친	风琴 / fēngqín 펑친	管风琴 / guǎnfēngqín 관펑친
일	ギター 기타-	ベース 베-수	ピアノ 피아노	オルガン 오루간	パイプオルガン 파이푸오루간

동의어: *1 六弦琴 / liùxiánqín 리우시엔친, *2 培司 / péisī 페이쓰, *3 Pfeifenorgel 파이프오르겔

한	하프시코드	아코디언	하모니카	오카리나	바순
영	harpsichord 합시코드	accordion 어코디언	harmonica 하모니커	ocarina 오카리나	bassoon 바순
프	clavecin 끌라브쎙	accordéon 아꼬르데옹	harmonica 아르모니까	ocarina 오까리나	basson 바쏭
독	Cembalo 쳄발로	Akkordeon 아코르데온	Mundharmonika 문트하아모니카	Okarina 오카리나	Fagott 파고트
포	espineta 이스삐네따	acordeão 아꼬르지어웅	gaita de boca 가이따 지 보까	ocarina 오까리나	fagote 파고찌
스	clavecín 끌라베씬	acordeón 아꼬르데온	armónica 아르모니까	ocarina 오까리나	fagot 파곳
이	clavicembalo 끌라비쳄발로	fisarmonica 피사르모니까	armonica 아르모니까	ocarina 오까리나	fagotto 파곳또
그	αρπίχορδο 아르삐호르도	ακκορντεόν 악꼬르데온	φυσαρμόνικα 파사르모니까	οκαρίνα 오까리나	φαγκότο 파고또
라	clavicymbalum 클라비낌발룸	accordium *1 악코르디움	harmonica flatilis 하르모니카 플라틸리스	ocarina 오르카리나	fagotus 파고투스
러	клавесин 클레베씬	аккордеон 악꼬르지온	губная гармоника 구브나야 가르모니야	окарина 오카리나	фагот 파곳
중	大键琴 / dàjiànqín 따지안친	手风琴 / shǒufēngqín 셔우펑친	口琴 / kǒuqín 커우친	奥卡利纳笛 / Àokǎlìnàdí 아오카리나디	巴松 / bāsōng 빠쏭
일	ハープシコード 하-푸시코-도	アコーディオン 아코-디온	ハーモニカ 하-모니카	オカリナ 오카리나	バスーン 바순

동의어: *1 harmonium 하르모니움

플루트	색소폰	클라리넷	오보에	트럼펫	KOR
flute 플루트	saxophone 색서폰	clarinet 클레러넷	oboe 오보우	trumpet 트럼핏	ENG
flûte 플뤼뜨	saxophone 싹소폰	clarinette 클라리네뜨	hautbois 오부와	trompette 트롱뻬뜨	FRA
Flöte 플뢰테	Saxophon 작소폰	Klarinette 클라리네테	Oboe 오보에	Trompete 트롬페테	GER
flauta 플라우따	saxofone 싹쏘포니	clarineta 끌라리네따	oboé 오보에	trompeta 트롱뻬따	POR
flauta 플라우따	saxófono 삭쏘포노	clarinete 끌라리네떼	oboe 오보에	trompeta 뜨롬뻬따	ESP
flauto 플라우또	sassofono 쌋소포노	clarinetto 끌라리넷또	oboe 오보에	tromba 뜨롬바	ITA
φλάουτο 플라우또	σαξόφωνο 삭소포노	κλαρινέτο *3 끌라리네토	όμποε 오보에	τρομπέτα 뜨롬뻬따	GRE
eibia 에이비아	saxophonum 삭소포눔	tibia argutior 티비아 아르구티오르	lituus gallicus 리투우스 갈리쿠스	trompa *4 트롬파	LAT
флейта 플레이따	саксофон 싹쏘폰	кларнет 클라르넷	гобой 가보이	труба 뜨루바	RUS
长笛 /chángdí *1 창띠	萨克管 /sàkèguǎn *2 싸커관	单簧管 /dānhuángguǎn 딴황관	双簧管 /shuānghuángguǎn 슈왕황관	洋号 /yánghào 양하오	CHN
フルート 후루-토	サクソフォン 사쿠소횐	クラリネット 쿠라리넷또	オーボエ 오-보에	トランペット 토란펫또	JPN

동의어: *1 大笛 /dàdí 따띠, *2 萨克斯管 /sàkèsīguǎn 싸커쓰관, *3 κλαρίνο 끌라리노, *4 trompeta 트롬페타

트럼본	호른	튜바	팀파니	백파이프	KOR
trombone 트롬본	horn 홀은	tuba 튜바	timpani 팀퍼니	bagpipe 백파이프	ENG
trombone 트롱본	cor 꼬르	tuba 뛰바	timbales 땡발	cornemuse 꼬르느뮈즈	FRA
Posaune 포자우네	Horn 호른	Tuba 투바	Timpani 팀파니	Dudelsack 두델삭	GER
trombone 뜨롱보니	corneta 꼬르네따	tuba 뚜바	tímpano 찡빠누	gaita de foles 가이따 지 폴리스	POR
trombón 뜨롬본	cuerno 꾸에르노	tuba 뚜바	timbales 띰발레스	gaita 가이따	ESP
trombone 뜨롬보네	corno 꼬르노	tuba 뚜바	timpano 띰빠노	cornamusa 꼬르나무사	ITA
τρομπόνι 뜨롬보니	κόρνο 꼬르노	τούμπα 뚜바	τύμπανο 띰바노	γκάιντα 가이다	GRE
tuba ductilis *1 투바 둑틸리스	cornu 코르누	tuba 투바	tympanum 팀파눔	aerophonum(cum sacco) 아에로포눔(쿰 삭코)	LAT
тромбон 뜨람본	валторна 발또르나	туба 뚜바	литавры 리따브리	волынка 발릔까	RUS
细管喇叭 /xìguǎnlǎba 시관라바	圆号 /yuánhào *2 위엔하오	大号 /dàhào *3 따하오	廷帕尼 /tíngpàní *4 팅파니	风笛 /fēngdí 펑디	CHN
トロンボーン 토론본	ホルン 호룬	チューバ 츄-바	ティンパニー 틴파니	バグパイプ 바구파이푸	JPN

동의어: *1 magna tuba 마그나 투바, *2 法国铜角 /fǎguótóngjiǎo 파구오퉁지아오, *3 大喇叭 /dàlǎba 따라빠, *4 定音鼓 /dìngyīngǔ 띵인구

한	차임, 종	드럼	심벌즈	실로폰	봉고
영	chime 차임	drum 드럼	cymbal 심벌	xylophone 자일러폰	bongo 봉고
프	carillon 까리용	tambour 떵부르	cymbale 쌩발	xylophone (그)질로폰	bongo 봉고
독	Glockenspiel 글록켄슈필	Trommel 트롬멜	Becken [3] 벡켄	Xylophone 크쉴로폰	Bongo 봉고
포	carrilhão de sinos 까힐여옹 지 씨누스	tambor 땀보르	címbalo 씽발루	xilofone 쉴로포니	bongô 봉고
스	carillón 까리욘	tambor 땀보르	cimbalo 씸발로	xilófono 씰로포노	bongo 봉고
이	campanello 깜빠넬로	tamburo 땀부로	piatti 삐앗띠	silofono 실로포노	bongo 봉고
그	χτίπος 흐띠뽀스	τύμπανο 띰바노	κύμβαλα 낌발라	ξυλόφωνο 윽실로포노	μπόνγκο 봉고
라	tintinabulum 틴티나불룸	tympanum 팀파눔	cymbala 킴발라	Xylophonum 씰로포눔	tympanum cubanis 팀파눔 쿠바니스
러	колокольчик 깔라꼴척	барабан 바라반	кимвал 킴발	ксилофон 실라폰	бонго 봉고
중	排钟 / páizhōng 파이쫑	洋鼓 / yánggǔ [1] 양구	钹 / bó 뽀	木琴 / mùqín 무친	双鼓 / shuānggǔ 슈왕구
일	チャイム、ベル 차이무, 베루	ドラム [2] 도라무	シンバル 신바루	もっきん/木琴、シロホン 목낀, 시로혼	ボンゴ 본고

동의어: [1] 鼓 / gǔ 구(북), [2] たいこ / 太鼓 타이코(북), [3] Zimbel 침벨

한	마림바	비브라폰	탬버린	트라이앵글
영	marimba 마림바	vibraphone 바이브라폰	tambourine 탬버린	triangle 트라이앵글
프	marimba 마림바	vibraphone 비브라폰	tambourin 떵부렝	triangle 트리앙글
독	Marimba 마림바	Vibraphon 비브라폰	Tambourin 탐부린	Triangel 트리앙엘
포	marimba 마림바	vibrafone 비브라포니	pandeiro 빵데이루	triângulo 뜨리앙굴루
스	marimba 마림바	vibráfono 비브라포노	pandereta 빤데레따	triángulo 뜨리안굴로
이	marimba 마림바	vibrafono 비브라포노	tamburello 땀부렐로	triangolo 타리앙골로
그	–	–	ντέφι 데피	τρίγωνο 트리고노
라	idiophonum 이디오포눔	vibraphonum [1] 비브라포눔	tympanum 팀파눔	triangulum musicum 트리앙굴룸 무시쿰
러	маримба 마림바	вибрафон 비브라폰	тамбурин 땀부린	треугольник 뜨리우골닉
중	马林巴琴 / mǎlínbāqín 마린바친	颤音琴 / chànyīnqín 찬인친	手鼓 / shǒugǔ [2] 셔우구	三角铁 / sānjiǎotiě 싼지아오티에
일	マリンバ 마린바	ビブラフォン 비부라훤	タンバリン 탄바린	トライアングル 토라이안구루

동의어: [1] metallophonum 메탈로포눔, [2] 铃鼓 / línggǔ 링구

캐스터네츠	윈드차임	마라카스	휘슬	KOR
castanets 캐스터네츠	wind chime 윈드차임	maracas 메라카스	whistle 휘슬	ENG
castagnettes 까스타네프	carillons à vent 까리용 아 방	maraca 마라까	sifflet 씨플레	FRA
Kastagnetten 카스탁네텐	Windglockenspiel 빈트글록켄슈필	Maracas 마라카스	Pfeife 파이페	GER
castanholas 까스땅욜라스	carrilhão 까힐여웅	maracá 마라까	apito 아삐뚜	POR
castañuela 까스따뉴엘라	campanada del viento 깜빠나다 델 비엔또	maraca 마라까	pito 삐또	ESP
castagnette 까스따녯떼	scampanio del vento 스깜파니오 델 벤토	maracas 마라카스	fischio 피스키오	ITA
κασταγιέτες 까스따니에떼스	μελωδός 멜로도스	μαράκες 마라께스	σφύριγμα 스포리그마	GRE
crotalum 크로탈룸	titinnabulum venti 티티나불룸 벤티	maracas 마라카스	fistula 피스툴라	LAT
кастаньеты 까스따니예띄	музыка ветра 무지까 볘뜨라	маракас 마라카스	свисток 스비스똑	RUS
响板 / xiǎngbǎn 샹반	–	沙球 / shāqiú 샤치우	哨子 / shàozi, 汽笛 / qìdí 샤오즈, 치띠	CHN
カスタネット 카수타넷또	ウインドチャイム 윈도차이무	マラカス 마라카수	ホイッスル 호잇쑤루	JPN

메트로놈	키보드	디지털피아노	신디사이저	KOR
metronome 메트러노옴	keyboard 키보드	digital piano 디지털 피아노	synthesizer 신띠싸이저	ENG
métronome 메트로놈	clavier 끌라비에	piano numérique 피아노 뉘메릭	synthétiseur 쌩떼띠죄르	FRA
Metronom 메트로놈	Keyboard 키보어트	Digitalpiano 디기탈피아노	Synthesizer 쥔테사이저	GER
metrônomo 메뜨로노무	teclado 떼끌라두	piano digital 삐아누 지쿼따우	sintetizador 씽떼찌자도르	POR
metrónomo 메뜨로노모	teclado 떼끌라도	piano digital 삐아노 디히딸	sintetizador 신떼띠사도르	ESP
metronomo 메뜨로노모	tastiera 타스띠에라	pianoforte digitale 피아노포르떼 디지탈레	sintetizzatore 신테티짜토레	ITA
μετρονόμος 메트로노모스	πληκτρολόγιο 쁠릭트롤로기오	ψηφιακό πιάνο 읍시피아꼬 피아노	συνθεσάιζερ 신쎄사이제르	GRE
metronomus 메트로노무스	series pelctri 세리에스 펠크트리	piano digiti 피아노 디지티	machina compositionis 마키나 콤포시티오니스	LAT
метроном 메뜨라놈	музыкальная клавиатура 무지깔나야 클라비아뚜라	цифровое пианино 찌프라보예 포르빼비아노	синтезатор 씬떼라떠르	RUS
拍节器 / pāijiéqì 파이지에치	键盘乐器 / jiànpányuèqì 찌엔판위에치	数码钢琴 / shùmǎgāngqín 쑤마깡친	电子音合成器 / diànzǐyīnhéchéngqì 띠엔즈인허청치	CHN
メトロノーム 메토로노-무	キーボード 키-보-도	デジタルピアノ 데지타루피아노	シンセサイザー 신세사이자-	JPN

한	유행	캣워크	런어웨이	코디네이터
영	vogue *1 보그	catwalk 캣 워크	runaway 러너웨이	coordinator 코디네이터
프	vogue, mode 보그, 모드	passerelle 빠쓰렐	piste 삐스트	styliste ensemblier 스띨리스트 앙상블리에
독	Mode 모데	Laufsteg 라우프슈텍	Laufsteg 라우프슈텍	Koordinator 코오디나토어
포	moda 모다	passarela 빠싸렐라	passarela para desfile 빠싸렐라 바라 지스필리	coordenador 꼬오르데나도르
스	moda 모다	pasarela 빠사렐라	pista 삐스따	coordinador 꼬오르디나도르
이	moda 모다	passerella *2 파쎄렐라	pista 피스타	coordinatore 코오르디나또레
그	μόδα 모다	πασαρέλα 빠사렐라	– 	συντονιστής 신도니스띠스
라	novissimus vestium mos 노비씨무스 베스티움 모스	ingressus in scaena 잉그레쑤스 인 스카에나	scaena ostensionis 스캐나 오스텐시오니스	consiliarius vestiarius 콘실리아리우스 베스티아리우스
러	мода 모다	подиум 뽀지움	подиум 뽀지움	координатор 꺼르지아떠르
중	流行 / liúxíng 리우싱	māobù / 猫步 마오뿌	T型台 / Txíngtái 티싱타이	造型师 / zàoxíngshī 짜오우싱스
일	りゅうこう / 流行 류-코-	キャットウォーク 캿또워-쿠	ランウェイ 랑웨이	コーディネーター 코-디네-타-

참고: *1 Vogue(magazine)/ vogue(=stylish)
동의어: *2 Zeitgeschmack 차이트게슈막, 참고: 파쎄렐라, 피스타: 영문인 캣워크와 러너웨이로 통칭해서 더 많이 사용함.

한	프린지	원바이원	디오르룩	란제리룩
영	fringe 프린지	one by one 원 바이 원	Dior look 디오르룩	lingerie look 란자레이 룩
프	frénésie 프레네지	un à un, un par un 엉나엉, 엉 빠르 엉	Dior look 디오르룩	lingerie look 랭쥬리 룩
독	Franse 프란제	nacheinander 나흐아인안더	Dior-Look 디오르 룩	Lingerie-Look 란제리라 룩
포	franja 프랑쟈	um por um 웅 뽀르 웅	Dior Look 지오르 룩	lingerie look 랑줴리 룩
스	fleco 플레꼬	uno por uno 우노 뽀르 우노	Dior look 디오르룩	moda de lencería 모다 데 렌쎄리아
이	penero 페네로	uno per uno 우노 뻬르 우노	dior look *2 디오르 룩	intima look 인티마 룩
그	φράντζα 프란자	ένας-ένας 에나스-에나스	μόδα Ντιόρ 모다 디오르	μόδα γυναικείων εσώρουχων 모다 이내끼온 에소루혼
라	*1	paulatim 파울라팀	moda Dioris 모다 디오리스	moda vestiti intimi 모다 베스티티 인티미
러	бахрома 바흐로마	друг за другом 드룩 자 드루검	стиль Диор 스찔 디오르	стиль ланжери 스찔 란줴리
중	流苏 / liúsū 류우쑤	一个一个地 / yīgeyīgede 이거이거더	新风貌 / xīnfēngmào 씬펑마오	内衣外穿 / Nèiyīwàichuān 네이와이추안
일	フレンジ 후렌지	ワンバイワン 완바이완	ディオールルック 디오-루룩꾸	ランジェリールック 란제리-룩꾸

*1 moda longo margine vestimentorum 모다 롱고 마르기네 베스티멘토룸
참고: *2 디오르 룩 외 이탈리아어: look 대신 이태리어로는 aspetto를 쓰는데, 업계에선 고유명사처럼 look을 씀.

레기룩	베어룩	프레타 포르테	오트쿠튀르	KOR
leggy look 레기 룩	bare look 베어 룩	pret-a-porter 프레타 포어터	haute couture 오트 쿠티어	ENG
leggy look 레기 룩	bare look 베어 룩	prêt-à-porter 프레타 포르테	haute couture 오뜨 꾸뛰르	FRA
Leggy-Look 레기 룩	Bare-Look 베어 룩	prêt à porter 프레타 포르테	Haute Couture 오트 쿠튀르	GER
leggy look 레기 룩	moda transparente 모다 프랑스빠렝찌	prêt-à-porter 쁘레타 뽀르떼르	alta costura 아우따 꼬스뚜라	POR
Leggy look 레기룩	moda transparente 모다 뜨란스빠렌떼	pret-a-porter 쁘레따 뽀르떼르	alta costura 알따 꼬스뚜라	ESP
leggy look 레기 룩	spoglio look 스폴리오 룩	prêt-à-porter 프레따 포르테	alta moda 알따 모다	ITA
στιλ μακριών ποδιών 스띨 마끄리온 뽀디온	γυμνό στιλ 기므노 스띨	έτοιμο ρούχο 에띠모 루호	υψηλή μόδα 잎실리 모다	GRE
forma promissa 포르마 프로미싸	moda nuda 모다 누다	moda luxuriosa 모다 룩수리오사	vestitus luxuriosus 베스티투스 룩수리오수스	LAT
стиль регги 스찔 레기	стиль Медведя 스찔 메드볘쟈	прет–а–порте 쁘래따뽀르때	высокая мода 븨쏘까야 모다	RUS
–	–	成衣 / chéngyī 청이	高级定制 / gāojídìngzhì 까오우지띵즈	CHN
レギールック 레기-룩꾸	ベア ルック 페아룩꾸	プレタ ポルテ 푸레타 포루테	オートクチュール 오-토쿠츄-루	JPN

가르송룩	네오클래식	노스텔지어	레이어룩	KOR
Garcon look 갸르송 룩	neo classic 네오 클라식	nostalgia 노스탈지아	layered look 레이어드 룩	ENG
garçon look 가르송 룩	néo-classique 네오클라식	nostalgie 노스탈지	layered look 레이어드 룩	FRA
Garçonne-Look 갸아쏭 룩	Neoklassik 네오클라식	Nostalgie, Sehnsucht 노스탈기, 젠주흐트	Lagen-Look 라겐 룩	GER
garçom look 가르쏭 룩	neoclássico 네오끌라씨꾸	nostalgia 노스따우쥐아	layered look 레이어드 룩	POR
Garzón look 가르쏜 룩	neoclásico 네오끌라시꼬	nostalgia 노스딸히아	moda capa 모다 까빠	ESP
maschietta look 마스끼에따 룩	neo classico 네오 클라씨코	Nostalgia 노스탈지아	strati look 스트라띠 룩	ITA
αγορίστικο στιλ 아고리스띠꼬 스띨	νεο κλασσικό 네오 끌라시꼬	νοσταλγία, ρετρό 노스딸기아, 레트로	πολλαπλό 뽈라쁠로	GRE
moda Garconi 모다 가르코니	neoclassicismus 네오클라씨키스무스	habitus nostalgicus 하비투스 노스탈기쿠스	vestimenta inducta 베스티멘타 인둑타	LAT
стиль гарсон 스찔 가르쏜	неоклассика 네오클라씨까	ностальгия 노스딸기야	многослойный стиль 므노거슬로이늬이 스찔	RUS
–	新古典 / xīngǔdiǎn 씬구띠엔	怀旧风 / huáijiùfēng 화이지유펑	–	CHN
ギャルソンルック 갸루손룩꾸	ネオクラシック 네오쿠라식꾸	ノスタルジア 노수타루지아	レイヤールック 레이야-룩꾸	JPN

한	매니시룩	루렉스얀	에스닉	히피스타일
영	mannish look 매니시 룩	lurex yarn 루렉스 얀	ethnic 에스닉	hippie style 히피 스타일
프	masculin 마스뀔랭	fil de lurex 필 드 뤼렉스	ethnique 에뜨니끄	style hippie 스틸 이삐
독	Mannish-Look 매니시 룩	Lurex 루렉스	Ethno-Stil 에트노 슈틸	Hippie-Stil 히피 슈틸
포	masculino 마스꿀리누	fio de lurex 피우 지 루렉스	étnico 에찌니꾸	estilo hippie 이스찔루 히삐
스	Manish Look 마니쉬 룩	hilo de lurex 일로 데 루렉스	étnico 에뜨니꼬	moda hippy 모다 이삐
이	maschietta 마스끼에따	filato del lurex 필라또 델 루렉스	etnico 에트니코	stile del hippy 스틸레 델 히삐(이삐)
그	ανδρικός 안드리꼬스	μεταλλική κλωστή 메딸리끼 끌로스띠	εθνικός, έθνικ 에쓰니꼬스, 에쓰닉	χίππικο στύλ 힙삐꼬 스띨
라	viratus, virilis 비라투스, 비릴리스	filum lurecis 필룸 루레키스	ethnicus, gentilis 에스니쿠스, 겐틸리스	habitus hippiensis [1] 하비투스 힙피엔시스
러	неженственная стиль 니젠스트벤나야 스찔	ткань с люрексом 트칸 스 류렉썸	этнический стиль 애트니췌스끼 스찔	стиль хиппи 스찔 히피
중	中性风 / zhōngxìngfēng 쭝싱펑	–	种族的 / zhǒngzúde 쭝주더	–
일	マニッシュ 마닛슈	ラメ 라케	エスニック 에수닉꾸	ヒッピースタイル 힙삐-수타이루

동의어: [1] modus hippiensis 모두스 힙피엔시스

한	익조티시즘	리센느룩	빈티지룩	옹브레
영	exoticism 익소티시즘	lycéenne look 리센느 룩	vintage look 빈티지 룩	ombré 옴브레
프	exotisme 엑조띠슴	lycéenne look [1] 리센느 룩	vintage look 빈티지 룩	ombré 옹브레
독	Exotismus 엑조티스무스	Lycenne-Look 리센느 룩	Vintage-Look 빈티지 룩	Ombré 옹브레
포	exotismo 이조찌즈무	lyceenne 리쎄에니	moda vintage 모다 빙떼지	moda ombré 모다 옹브레
스	exotismo 엑쏘띠스모	estilo informal 에스띨로 인포르마르	moda vintage 모다 빈따헤	ombre 옴브레
이	esotismo 에소티즈모	lycéenne look 리센느 룩	vintage look 빈티지 룩	ombré 옹브레
그	εξωτισμός 엑소띠즈모스	–	ρετρό 레프로	σκιά 스끼아
라	exotismus 엑소티스무스	habitus puellaris 하비투스 푸엘라리스	habitus modo vetulo 하비투스 모도 베툴로	coloratio gradualis capillorum 콜로라티오 그라두알리스 카필로룸
러	экзотика 액조찌까	–	винтажный стиль 빈따쥬느이 스찔	ломбер 롬볘르
중	–	–	–	–
일	エキゾジズム 에키조시주무	リセンヌ 리센누	ビンテージルック 빈테-지룩꾸	オンブレ 온부레

참고: [1] lycéenne 리센느(프랑스의 여고생을 의미)

398

레이어드	크레이즈	모즈룩	하이패션	KOR
layered 레이어드	craze 크레이즈	Mods look *2 모즈 룩	high fashion 하이 패션	ENG
vêtement 베트망	engouement 앙구망	Mods look 모즈 룩	haute couture 오뜨 꾸뛰르	FRA
Layered 레이어드	Craze 크레이즈	Mod-Look, Mods-Look 모드 룩, 모즈 룩	Top-Mode 톱 모데	GER
layered 레이어드	craze 끄레이지	Mods look 모지스 룩	alta moda 아우따 모다	POR
en capas 엔 까빠스	Craze 끄라쎄	moda moderna 모다 모데르나	alta costura 알따 꼬스뚜라	ESP
strati 스트라띠	mania 마니아	moderno look 모데르노룩	alta moda 알따 모다	ITA
με στρώσεις 메 스트로시스	μανία 마니아	στιλ Μοντ 스띨 모드	υψηλή μόδα 잎시리 모다	GRE
alii super alios 알리이 수페르 알리오스	*1	habitus horum temporum 하비투스 호룸 템포룸	magni moda vestituum 마그니 모다 베스티투움	LAT
многослойный 므너거슬로인늬이	мания 마니야	МОД СТИЛЬ 모드 스찔	высокая мода 븨쏘까야 모다	RUS
混穿式 / húnchuānshì 훈추완스	–	–	–	CHN
レイヤード 레이야-도	クレーズ 쿠레-주	モッズルック 모주룩꾸	ハイファッション 하이홧쑌	JPN

동의어: *1 animi inflammatio(communis) 아니미 인플람마티오(콤무니스), 참고: *2 modernist's look 모더니스트 룩

대중패션	그런지룩	글리터	KOR
Mass Fashon 매스 패션	Grunge look 그런지 룩	glitter 글리터	ENG
mode populaire 모드 뽀삘레르	Grunge look 그런지 룩	glitter 글리떼르	FRA
Populäre Mode 포퓰래어 모데	Grunge-Look 그런지 룩	Glitter, Glitzer 글리터, 글리처	GER
moda de massa 모다 지 마싸	moda grunge 모다 그룽쥐	glitter 글리떼르	POR
moda masiva 모다 마시바	estilo grunge 에스띨로 그룬헤	brillo 브리요	ESP
moda popolare 모다 뽀뽈라레	Grunge look 그런지 룩	luccichio 루치끼오	ITA
λαϊκή μόδα 라이끼 모다	στιλ Γκράντζ 스띨 그란즈	λαμπύρισμα γκλίτερ 라비리즈마 글리떼르	GRE
populares moda vestituum 포풀라레스 모다 베스티투움	habitus(vestiarius)Grungeius 하비투스(베스티아리우스)그룽게이우스	coruscus 코루스쿠스	LAT
популярная мода 뻐뿔랴르나야 모다	стиль грандж 스찔 그란쥐	блеск 블레스크	RUS
大众时装 / dàzhòngshízhuāng 따중스샹	脏乱衣着时尚 / zāngluànyīzhuóshíshàng 짱루완이주오스샹	–	CHN
たいしゅうファッション / 大衆ファッション 타이슈-홧쑌	グランジルック 구란지룩꾸	グリッター 구릿따-	JPN

한	보헤미안	개츠비룩	그래피티	명품
영	bohemian 보헤미안	Gatsby look 개츠비 룩	graffiti 그러피티	designer label 디자이너 레이블
프	bohème 보엠	Gatsby look 겟츠비 룩	graffiti 그라피띠	luxe 뤽스
독	Bohemian-Look 보헤미안 룩	Gatsby-Look 개츠비 룩	Graffit-Look 그라피트 룩	Designermode 디자이너모데
포	boêmio 보에미우	estilo Gatsby 이스찔루 개츠비	grafite 그라피찌	grife 그리피
스	bohemio 보에미오	moda lucida 모다 루씨다	pintada 삔따다	Productos de la marca 쁘로둑또스 데 라 마르까
이	boemo 보에모	Gatsby look 개츠비 룩	graffiti 그라피티	capolavoro 카포라보로
그	μποέμ 보엠	στιλ Γκάτσμπι 스띨 가츠비	γκραφίτι στιλ 그라피티 스띨	μάρκα σχεδιαστή 마르까 스헤디아스띠
라	Bohemicum *1 보헤미쿰	habitus Gatsbyi *2 하비투스 가츠비이	graphitum 그라피튬	luxuria 룩수리아
러	богемец 버가멧츠	стиль гэтсби 스찔 갯츠비	граффити 그라피찌	роскошь 로스코쉬
중	波希米亚人 / bōxīmíyàrén 뽀시미야련	盖茨比看 / gàicíbǐkàn 가이츠비칸	涂鸦 / túyā 투야	名牌货 / míngpáihuò 밍파이후오
일	ボヘミアン 보헤미안	ギャツビールック 갸추비-룩꾸	グラフィティ 구라휘티	めいひん / 名品 메-힌

동의어: *1 habitus bohemici 하비투스 보헤미키, *2 modus vestiarius Gatsbyi 모두스 베스티아리우스 가츠비이

한	미술	회화	데생, 소묘	속사화
영	fine art 파인 아트	painting 페인팅	drawing 드로잉	Croquis 크로키
프	beaux-arts 보쟈르	peinture 뺑뛰르	dessin 데쌩	croquis 크로끼
독	bildende Künste 빌덴데 퀸스테	Gemälde 게맬데	Zeichnung 차이히눙	Skizze 스키체
포	belas artes 벨라스 아르찌스	pintura 삥뚜라	desenho 데젱유	croqui 끄로끼
스	Bellas Artes 베야스 아르떼스	pintura 삔뚜라	croquis 끄로끼스	croquis 끄로끼스
이	arte 아르떼	pittura 삣뚜라	schizzo 스키쬬	macchiètta 마끼에타
그	καλές τέχνες 까레스 떼흐네스	ζωγραφική 조그라피끼	σχέδιο 스헤디오	σκίτσο 스끼초
라	ars 아르스	pictura 픽투라	lineamenta 리네아멘타	adumbrátio 아둠브라티오
러	изобразительное искусство 이저브라지쩰너예 이스꾸스트버	рисунок 리쑤넉	рисование 리싸바니예	крокис 크로키스
중	美术 / měishù 메이수	绘画 / huìhuà 훼이화	素描 / sùmiáo 쑤미아오	速写 / sùxiě 수씨에
일	びじゅつ / 美術 비쥬추	かいが / 絵画 카이가	デッサン 뎃싼	クロッキー 쿠록끼-

400

정물화	수채화	초상화	KOR
still life 스틸라이프	watercolor painting 워터칼라 페인팅	portrait 폴트렛	ENG
nature morte 나뛰르 모르프	aquarelle 아꽈렐	portrait 뽀르트레	FRA
Stillleben 슈틸레벤	Aquarell 아크바렐	Porträt 포르트래	GER
natureza morta 나뚜레자 모르따	aquarela 아꽈렐라	retrato 헤뜨라뚜	POR
naturaleza muerta 나뚜랄레싸 무에르따	acuarela 아꾸아렐라	retrato 레뜨라또	ESP
natura morta 나뚜라 모르따	acquerello 아꾸에렐로	ritratto 리뜨라또	ITA
νεκρή φύση 네끄리 피시	υδατογραφία 이다또그라피아	πρωσοπογραφία 쁘로소뽀그라피아	GRE
natura mortua 나투라 모르투아	pictura hydrochromatica *1 픽투라 히드로크로마티카	exemplum oris 엑셈플룸 오리스	LAT
картина натюрморт 카르띠나 나뷰르모르프	рисование водными красками 리싸바니예 보드늬미 크라스까미	портрет 빠르뜨렛	RUS
静物画 / jìngwùhuà 찡우화	水彩画 / shuǐcǎihuà 쉐이차이화	画像 / huàxiàng *2 화시앙	CHN
せいぶつが / 静物画 세-부추가	すいさいが / 水彩画 수이사이가	しょうぞうが / 肖像画 쇼-조-가	JPN

동의어: *1 pictura aquaria 픽투라 아쿠아리아, *2 肖像画 / xiàoxiànghuà 샤오샹화

유화	캔버스	이젤	팔레트	KOR
oil painting 오일 페인팅	canvas 캔버스	easel 이즐	palette 파렛트	ENG
peinture à l'huile 뼁뛰르 아 륄	toile 뚜왈	chevalet 슈발레	palette 빨레뜨	FRA
Ölmalerei 욀말러라이	Leinwand 라인반트	Staffelei 슈타펠라이	Palette 팔레테	GER
pintura a óleo 삥뚜라 아 올리우	lona 로나	cavalete 까발레찌	paleta 빨레따	POR
pintura al óleo 삔뚜라 알 올레오	lienzo 리엔소	caballete 까바예떼	paleta 빨레따	ESP
pittura a olio 피뚜라 아 올리오	tela 뗄라	cavalletto 까발렛또	tavolozza 따볼롯짜	ITA
ελαιογραφία 엘레오그라피아	καμβάς 깜바스	καβαλέτο 까발레또	παλέττα 빨렛따	GRE
oleum pictura 오레움 픽투라	carbasus 카르바수스	machina pictoria 마키나 픽토리아	discus colorum 디스쿠스 콜로롬	LAT
масляная живопись 마슬렌나야 쥐버삐스	холст 홀스트	мольберт 말볘르트	палитра 빨리드라	RUS
油画 / yóuhuà 요우화	画布 / huàbù *1 화뿌	画架 / huàjià 화지아	调色板 / tiáosèbǎn 티아오써반	CHN
あぶらえ / 油絵 아부라에	キャンバス 캰바수	イーゼル 이-제루	パレット 파렛또	JPN

동의어: *1 棉帆布 / miánfānbù 미엔판뿌

한	붓	도화지	물감	먹
영	paintbrush *1 페인트브러쉬	drawing paper 드로잉 페이퍼	color paint 칼라 페인트	Sumi Ink 수미 잉크
프	pinceau 뺑소	papier à dessin 빠삐에 아 데쌩	couleurs en tube *4 꿀뢰르 앙 뛰브	encre de Chine 앙크르 드 쉰
독	Pinsel 핀젤	Zeichnungspapier 차이히눙스파피어	Farbe 파아베	Sumi-Tinte 주미 틴테
포	pincel 삥쩨우	papel para desenho 빠뻬우 빠라 데젱유	tinta 찡따	bastão de tinta 바스떠웅 지 찡따
스	pincel 삔쎌	papel de dibujo 빠뻴 데 디부호	tinte 띤떼	tinta china negra 띤따 치나 네그라
이	pennello 펜넬로	carta da disegno 까르따 다 디제뇨	colori 꼴로리	inchiostro cinese 인끼오스트로 치네제
그	πινέλλο, βούρτσα 삐넬로, 보르차	χαρτί σχεδίου 하르띠 스헤디우	χρώματα 호로마따	μελάνι σούμι 메라니 수미
라	penicillus *2 페니킬루스	tractus paper 트락투스 파페르	rubores 루보레스	saepióticum 사이피오티쿰
러	кисть 키스츠	бумага для рисования 부마가 들랴 리싸바니야	краска 크라스카	китайская тушь 키따이스까야 뚜쉬
중	笔 / bǐ, 毛笔 / máobǐ 비, 마오비	图画纸 / túhuàzhǐ *3 투화즈	颜料 / yánliào 앤랴오	墨 / mò 모
일	ふで / 筆 후데	がようし / 画用紙 가요-시	えのぐ / 絵の具 에노구	すみ / 墨 수미

동의어: *1 brush 브러쉬, *2 penicíllum 페니킬룸, *3 象皮纸 / xiàngpízhǐ 샹피즈, *4 tube de peinture 뛰브 드 뺑뛰르

한	전경	배경	화가	누드 모델
영	front view 프론트 뷰	background 백그라운드	painter, artist 페인터, 아티스트	nude model 누드 모델
프	premier plan 프르미에 쁠랑	arrière-plan 아리에르 쁠랑	peintre 뻰트르	modèle nu 모델 뉘
독	Vordergrund 포더그룬트	Hintergrund 힌터그룬트	Maler 말러	Aktmodell 악트모델
포	vista panorâmica 비스따 빠노라미까	fundo 풍두	pintor 삥또르	modelo nu 모델루 누
스	primer plano 쁘리메르 쁠라노	fondo 폰도	pintor 삔또르	modelo desnudo 모델로 데스누도
이	vista completa 비스타 콤쁠레따	scena 셰나	pittore 삣또레	modello nudo 모델로 누도
그	μπροστινή όψη 브로스띠니 옾시	φόντο 폰도	ξωγράφος 조그라포스	γυμνο μοντέλλο 김노 모델로
라	prospectus 프로스펙투스	quae recedunt 쿠아이 레케둔트	pictor 픽토르	nudum exemplar 누둠 엑셈플라르
러	вид 빗	задний план 자드느이 쁠란	художник 후도쥬닉	голая модель 골라야 마델
중	前景 / qiánjǐng 치엔징	背景 / bèijǐng 뻬이징	画家 / huàjiā 화지아	裸体模特 / luǒtǐmótè 루오티모터
일	ぜんけい / 前景 젠케-	はいけい / 背景 하이케-	がか / 画家 가카	ヌードモデル 누-도모데루

판화	조각	조각가	도예	KOR
woodcut 우드컷	sculpture 스컬프쳐	sculptor 스컬터	pottery *1 파트리	ENG
gravure 그라뷔르	sculpture 스뀔뷔르	sculpteur 스뀔퍼르	céramique 세라미끄	FRA
Holzschnitt 홀츠슈니트	Skulptur 스컬프투어	Bildhauer 빌트하우어	Keramik 케라믹	GER
xilogravura 쉴로그라부라	escultura 이스꾸우뚜라	escultor 이스꾸우또르	arte cerâmica 아르찌 쎄라미까	POR
grabado 그라바도	escultura 에스꿀뚜라	escultor 에스꿀또르	arte cerámico 아르떼 쎄라미코	ESP
stampa 스땀빠	scultura 스꿀뚜라	scultore 스꿀또레	ceramica artistica 체라미까 이르띠스띠카	ITA
ξυλογραφία 옥실로그라피아	γλυπτική 글립띠끼	γλίπτης 글립피스	κεραμική τέχνη 께라미끼 떼흐니	GRE
figura in lignum incisa 피구라 인 리그눔 인키사	ars fingendi 아르스 핑겐디	sculptor 스쿨프토르	porcellana 포르켈라나	LAT
ксилография 크씰라그라피야	скульптура 스쿨프뚜라	скульптор 스꿀프떠르	керамика 깨라미까	RUS
版画 / bǎnhuà 빤화	雕刻 / diāokè 띠아오커	雕刻家 / diāokèjiā 띠아오커지아	陶艺 / táoyì 타오이	CHN
はんが / 版画 한가	ちょうこく / 彫刻 쵸-코쿠	ちょうこくか / 彫刻家 쵸-코쿠카	とうげい / 陶芸 토-게-	JPN

동의어: *1 ceramics 세라믹스

도예가	공예	공예가	걸작	KOR
potter 파티	craft 크래프트	craftsman 크래프츠맨	masterpiece 매스터피스	ENG
céramiste 세라미스트	arts et métiers *2 아르 에 메티에	artisan 아르피쟝	chef-d'œuvre 쉐프 되브르	FRA
Kunsttöpfer *1 쿤스트퇴퍼	Kunsthandwerk 쿤스트한트베르크	Kunsthandwerker 쿤스트한트베르커	Meisterwerk 마이스터베르크	GER
ceramista 쎄라미스따	artesanato 아르떼자나뚜	artesão 아르떼저웅	obra prima 오브라 쁘리마	POR
ceramista 쎄라미스따	artesanía 아르떼사니아	artesano 아르떼사노	obra maestra 오브라 마에스뜨라	ESP
ceramista 체라미스따	arte artigiana 아르떼 아르띠쟈나	artista, artigiano 아르띠스따, 아르띠쟈노	capolavoro 까뽈라보로	ITA
κεραμίστρια 께라미스트리아	χειροτεχνία 히로떼흐니아	χειροτέχνης 히로떼흐니스	αριστούργημα 아리스뚜르기마	GRE
figulus 피굴루스	artificium 아르티피키움	artifex 아르티펙스	palmárium 팔마리움	LAT
керамист 깨라미스트	рукоделие 루까젤리예	ремесленник 례몌슬리닉	шедевр 쉐데브르	RUS
陶艺家 / táoyìjiā 타오이지아	工艺 / gōngyì 꿍이	工艺家 / gōngyìjiā *3 꿍이지아	杰作 / jiézuò 지에쭈오	CHN
とうげいか / 陶芸家 토-게-카	こうげい / 工芸 코-게-	こうげいか / 工芸家 코-게-카	けっさく / 傑作 켓싸쿠	JPN

동의어: *1 Töpfer 퇴퍼, *2 artisanat 아르띠자나(수공업, 가내공업 공예), *3 工匠 / gōngjiàng 꿍지앙

2-8. 종교, 신화

한	종교	신	신앙	종파
영	religion 릴리젼	god 갓	faith 페이쓰	sect [1] 섹트
프	religion 를리지옹	dieu 디유(디으)	foi 푸와	secte religieuse 섹트 를리지으즈
독	Religion 렐리기온	Gott 고트	Glaube 글라우베	Sekte 젝테
포	religião 헬리쥐엉	deus 데우스	fé 페	seita 쎄이따
스	religión 렐리히온	dios 디오스	fe 페	secta 섹따
이	religione 렐리조네	dio 디오	fede 페데	setta 쎗따
그	θρησκέια 쓰리스끼아	θεός 쎄오스	πίστη 삐스띠	αίρεση 에레시
라	religio 렐리기오	deus 데우스	fides 피데스	secta 섹타
러	религия 렐리기야	Бог 보흐	вера 베라	секта 쎄크따
중	宗教 / zōngjiào 쫑지아오	神 / shén 션	信仰 / xìnyǎng 씬양	宗派 / zōngpài [2] 쫑파이
일	しゅうきょう / 宗教 슈-쿄-	かみ / 神 카미	しんこう / 信仰 신코-	しゅうは / 宗派 슈-하

동의어: [1] denomination 디노미네션. [2] 宗门 / zōngmén 쫑먼

한	우상	성직자	교황	신부
영	idol 아이돌	priest 프리스트	pope 퐆	father 파더
프	idole 이돌	prêtre 프레트르	pape 빠쁘	père 뻬르
독	Götze 괴체	Priester 프리스터	Papst 팝스트	Pater 파터
포	ídolo 이돌루	sacerdote 싸쩨르도찌	Papa 빠빠	padre 빠드리
스	ídolo 이돌로	pastor 빠스또르	papa 빠빠	sacerdote 사쩨르도떼
이	idolo 이돌로	prete 쁘레떼	Papa 파파	Padre 파드레
그	είδωλο 이돌로	ιερέας 이에레아스	Πάπας 빠빠스	πάτηρ 빠띠르
라	simulacrum 시물라크룸	presbyter 프레스비테르	Papas 파파스	studiosus 스투디오수스
러	идол 이돌	священник 스뱌셴니크	римский папа 림스끼 빠빠	Отец 아쩻츠
중	偶像 / ǒuxiàng 오우샹	神职人员 / shénzhí rényuán 션즈런위엔	教皇 / jiàohuáng 찌아오황	神父 / shénfù 션푸
일	ぐうぞう / 偶像 구-조-	せいしょくしゃ / 聖職者 세-쇼쿠샤	きょうこう / 教皇 쿄-코-	しんぷ / 神父 신푸

수녀	목사	스님	신자	KOR
nun 넌	paster 파스터	monk 몽크	beliver 빌리버	ENG
sœur 쐬르	pasteur 빠스뙤르	moine(bouddhiste) *1 무완느(부디스트)	croyant 크루와이앙	FRA
Nonne 노네	Pfarrer 파러	buddhistischer Mönch 부디스티셔 묀히	Anhänger 안행어	GER
freira 프레이라	pastor 빠스또르	monge budista 몽줴 부지스따	crente 끄렝찌	POR
hermana 에르마나	pastor 빠스또르	sacerdote 사쩨르도떼	creyente 끄레옌떼	ESP
sorella 소렐라	ministro 미니스트로	monaco 모나코	credente 끄레덴떼	ITA
καλόγρια 깔로그리아	παπάς 빠빠스	καλόγερος, μοναχός 깔로게로스, 모나호스	πιστός 삐스또스	GRE
monacha 모나차	pater, presbyter 파테르, 프레스비테르	monachus 모나추스	credulus 크레둘루스	LAT
монахиня 마나르히야	преподобие 쁘리빠도비예	монах 마나흐	верующий 볘루유쉬	RUS
修女 /xiūnǚ 시우뉘	牧師 /mùshī 무스	和尚 /héshang 허샹	信徒 /xìntú, 教徒 /jiàotú 씬투, 찌아오투	CHN
しゅうどうじょ /修道女 슈-도-쬬	ぼくし /牧師 보쿠시	そう /僧 소-	しんじゃ /信者 신쟈	JPN

동의어: *1 moine 무완느(수도사, 수도자)

신도	기독교	천주교	사원, 신전	KOR
devotee 디보티	Christianity 크리스챠니티	Catholic 캐톨릭	temple *1 템플	ENG
dévot 데보	Christianisme 크리스티아니즘	Catholicisme 까톨리시즘	temple 뗌쁠	FRA
der Gläubige 데어 글로이비게	Christentum 크리스텐툼	Katholizismus 카톨리치스무스	Tempel 템펠	GER
devoto 데보뚜	cristianismo 끄리스찌아니즈무	catolicismo 까똘리씨즈무	templo 뗌쁠루	POR
deveto 데보또	cristianismo 끄리스띠아니스모	catolicismo 까똘리씨스모	templo 뗌블로	ESP
fedele 페델레	religione cristiana 렐리죠네 크리스티아나	catolicismo 카톨리치스모	tempio 뗌삐오	ITA
πιστός 삐스또스	Χριστιανισμός 흐리스피아니즈모스	καθολικός 까쏠리꼬스	ναός 나오스	GRE
studiosus 스투디오수스	christianismas 크리스티아니스마스	katholiais 카토리아시스	aedes sacra 아이데스 사크라	LAT
ревнитель 레브니쩰	христианство 흐리스찌얀스뜨버	католичество 까딸리췌스뜨버	храм 흐람	RUS
信徒 /xìntú 씬투	基督教 /jīdūjiào 지두쟈오	天主教 /tiānzhǔjiào 티엔주쟈오	寺院 /siyuàn 쓰위엔	CHN
しんと /信徒 신토	キリストきょう /キリスト教 키리수토쿄-	カトリック 카토릭꾸	じいん /寺院, しんでん /神殿 지인, 신뎅	JPN

참고: *1 shrine 쉬라인(성지, 전당, 사당)

한	대성당	제단	성상	설교
영	cathedral 커씨드럴	altar 얼터	icon 아이콘	sermon 설먼
프	cathédrale 까떼드랄	autel 오뗄	icône *¹ 이콘	sermon 세르몽
독	Dom 돔	Altar 알타아	Ikone, Heiligenbild 이코네, 하일리겐빌트	Predigt 프레딕트
포	catedral 까떼드라우	altar 아우따르	imagem sacra 이마쳉 싸끄라	sermão 쎄르머웅
스	catedral 까떼드랄	altar 알따르	imagen 이마헨	sermón 세르몬
이	Duomo 두오모	altare 알따레	icona 이꼬나	precetto 쁘레쳇또
그	μητρόπολη, καθεδρικός 미트로뽈리, 까쩨드리꼬스	βωμός, Αγία τράπεζα 보모스, 아리아 뜨라뻬자	είκων, εικόνας 이꼰, 이꼬나스	διδασκαλία 디다스깔리아
라	aedes cathedralis 아이데스 카테드랄리스	ara 아라	picta imago, icon 픽타 이마고, 이콘	doctrina 독트리나
러	кафедральный собор 카페드랄느이 싸보르	престол 쁘리스똘	икона 이코나	проповедь 쁘라빠볘즈
중	大教堂 / dàjiàotáng 따찌아오탕	祭坛 / jìtán 지탄	圣像 / shèngxiàng 셩시앙	说教 / shuōjiào 수오지아오
일	だいせいどう / 大聖堂 다이세-도-	さいだん / 祭壇 사이단	せいぞう / 聖像 세-조-	せっきょう / 説教 섹꾜-

참고: *¹ icone 아이콘, 도상(圖像)(악상이 없으면 단어가 뜻이 다름)

한	전도, 포교	교리	기도	만물
영	mission(s) 미션	doctrine 독트린	prayer 프레어	all things *¹ 올 띵즈
프	mission 미씨옹	doctrine 독트린	prière 프리에르	toute la création 뚜뜨 라 크레아씨옹
독	Mission 미시온	Doktrin 독트린	Gebet 게베트	ganze Schöpfung 간체 숍풍
포	missão 미쩌웅	doutrina 도우뜨리나	oração 오라써웅	todas as coisas 또다스 아스 꼬이자스
스	misión 미시온	doctrina 독뜨리나	oración 오라씨온	creación 끄레아씨온
이	missione 밋씨오네	dottrina 돗뜨리나	preghiera 쁘레기에라	creatura 크레아뚜라
그	αποστολή 아뽀스똘리	δόγμα 도그마	προσευχή 쁘로세브히	πάντα 빤다
라	missio 미씨오	doctrina 독트리나	oratio 오라티오	omnia *² 옴니아
러	миссия 미씨야	вероучение 볘러우췌니예	молитва 말리뜨바	всё 브쑈
중	传教 / chuánjiào, 布道 / bùdào 추안찌아오, 뿌따오	教理 / jiàolǐ, 教义 / jiàoyì 찌아오리, 찌아오이	祈祷 / qídǎo 치따오	万物 / wànwù 완우
일	でんどう / 伝道、ふきょう / 布教 덴도-, 후꾜-	きょうり / 教理 쿄-리	いのり / 祈り 이노리	ばんぶつ / 万物 반부추

동의어: *¹ all creation 올 크리에이션, *² omnesres 옴네스레스, universam 유니베르삼

근원	구원	영혼	윤회	KOR
root 룻트	salvation 샐베이션	spirit 스피리트	metempsychosis 머템서코시스	ENG
source, racine 쓰르스, 라씬느	salut, salvation 쌀뤼, 쌀바씨옹	esprit 에스프리	métempsycose 메땅씨꼬즈	FRA
Ursprung, Ursache 우어슈프룽, 우어자헤	Erlösung 에얼뢰중	Geist 가이스트	Seelenwanderung *2 젤렌반더룽	GER
origem 오리젱	salvação 싸우바써웅	alma 아우마	metempsicose 메뗑삐씨꼬지	POR
origen 오리헨	salvación 살바씨온	espíritu 에스삐리뚜	reencarnación 레엥까르나씨온	ESP
origine 오리지네	salvazione 쌀바찌오네	anima 아니마	metempsicosi 메뗌쁘시꼬시	ITA
ρύζα 리자	σωτήρια 소띠리아	πνεύμα 프네브마	μετεμψύχωση *3 메뗌시호시	GRE
radix 라디크	salus 살루스	spiritus 스피리투스	metempsychosis 메템프쉬코시스	LAT
отпрыск 아트뿌스크	спасение 스빠쎄니예	дух 두흐	метемпсихоз 메땜프씨호즈	RUS
来源 /láiyuán 라이위엔	救援 /jiùyuán *1 찌우위엔	灵魂 /línghún 링훈	轮回 /lúnhuí 룬훼이	CHN
こんげん / 根源 콘겐	すくい / 救い 수쿠이	れいこん / 霊魂 레-콘	りんね / 輪廻 린네	JPN

동의어: *1 拯救 / zhěngjiù 쩡찌우, *2 Wiederkehr 비더케어(재림), *3 μετενσάρκωση 메뗀사르꼬시

숙명	성서	구약	창세기	KOR
fate 페이트	Bible 바이블	Old Testament 올드 테스타먼트	Genesis 제니시스	ENG
destin 데스땡	Bible 비블	Ancien Testament 엉시엥 테스따멍	Genèse 쥬네즈	FRA
Schicksal 쉭잘	Bibel 비벨	Altes Testament 알테스 테스타멘트	Genesis 게네지스	GER
fado 파두	Bíblia 비블리아	Antigo Testamento 앙찌구 떼스따멩뚜	Gênesis 줴네지스	POR
destino 데스띠노	Biblia 비블리아	Antiguo Testamento 안띠구오 떼스따멘또	Génesis 헤네시스	ESP
fatalitá 파딸리따	Bibbia 빕비아	Vecchio Testamento 베끼오 테스타멘또	Genesi 제네시	ITA
μοίρα 미라	βιβλος 비블로스	Παλαιά Διαθήκη 빨래아 디아씨끼	Γένεσις 게네시스	GRE
fatum 파툼	libri divini *2 리브리 디비니	Vetus Testamentum 벤투스 테스타멘툼	Genesis 게네시스	LAT
судьба 수지바	Библия 비블리야	Ветхий завет 볘드히 자볱	Бытие, генезис 쁴찌예, 게네지스	RUS
宿命 /sùmìng *1 수밍	圣经 /shèngjīng 셩징	旧约圣经 /jiùyuē shèngjīng 찌우위에셩징	创世纪 /chuàngshiji 추왕스지	CHN
しゅくめい / 宿命 슈쿠메-	せいしょ / 聖書 세-쇼	きゅうやく / 旧約 큐-야쿠	そうせいき / 創世記 소-세-키	JPN

동의어: *1 命定 / mìngdìng 밍띵, *2 litterae sacrae 리테래 사크래, biblia 비블리아

한	출애굽기	약속의 땅	아담	이브
영	Exodus 엑소더스	Promised Land 프로미스트 랜드	Adam 애덤	Eve 이브
프	Exode 에그조드	Terre promise 떼르 프로미즈	Adam 아담	Ève 에브
독	Exodus 엑소두스	das Gelobte Land 다스 게롭테 란트	Adam 아담	Eva 에파
포	Êxodo 에조두	Terra Prometida 떼하 쁘로메찌다	Adão 아더웅	Eva 에바
스	Exodo 엑쏘도	Tierra prometida 띠에라 쁘로메띠다	Adán 아단	Eva 에바
이	Eèsodo 에소더	terre promessa 떼라 쁘로멧싸	Adamo 아다모	Eva 에바
그	Έξοδος 엑소도스	Γη της Επαγγελίας 기 띠스 에빵겔리아스	Αδαμ 아담	Έυα 에바
라	Exodus 엑소두스	Promissa Terra 프로밋사 테라	Adam, Adamus 아담, 아다무스	Eva 에바
러	Исход 이스홋	Святая земля 스볘따야 지믈랴	Адам 아담	Ева 예바
중	出埃及记 / chūāijíjì 추아이지지	迦南 / jiānán 찌아난	亚当 / Yàdāng 야땅	夏娃 / Xiàwá 시아와
일	しゅつエジプトき / 出エジプト記 슈추에지푸토키	やくそくのち / 約束の地 야쿠소쿠노 치	アダム 아다무	イブ 이부

한	금단의 열매	유혹	방주	십계명
영	forbidden fruit 포비든 프루트	temptation 템테이션	ark 아크	Ten Commandments 텐 커맨트먼츠
프	fruit défendu 프리 데팡뒤	tentation 떵따씨옹	arche *1 아르슈	Dix Commandements 디스 꼬멍드멍
독	verbotene Früchte 페어보테네 프뤼히테	Versuchung 페어주훙	Arche 아르헤	die Zehn Gebote 디 첸 게보테
포	fruto proibido 프루뚜 쁘로이비두	tentação 뗑따써웅	Arca 아르까	Dez Mandamentos 데스 망다멩뚜스
스	fruta prohibida 프루따 쁘로이비다	tentación 뗀따씨온	arca 아르까	Diez mandamientos 디에스 만다미엔또스
이	Frutto proibito 프룻또 쁘로이비또	tentazione 뗀따찌오네	arca 아르까	decalogo 데깔로고
그	απαγορευμένο φρούτο 아빠고레브메노 프루또	πειρασμός 삐라즈모스	κιβωτός 끼보또스	δέκα εντολές 데까 엔도레스
라	Pomum Vetitum 푸뭄 베티툼	temptatio 템프타티오	arca 아르카	decalogus 데칼로구스
러	запретный плод 자쁘롓트느이 쁠롯	искушение 이스꾸셰니예	ковчег 까프쳭	Десять заповедей 제쌴츠 자뻐볘제이
중	禁果 / jìnguǒ 찐구오	诱惑 / yòuhuò 요우후오	方舟 / fāngzhōu 팡쩌우	十诫命 / shíjièmìng 스지에밍
일	きんだんのかじつ / 禁断の果実 킨단노 카지추	ゆうわく / 誘惑 유-와쿠	はこぶね / 方舟 하코부네	じゅっかい / 十戒 죽까이

참고: *1 arche de Noé 아르슈 드 노에(노아의 방주)

408

주기도문	천국, 낙원	천사	KOR
the Lord's Prayer 더 로드스 프레이어	paradise 패러다이스	angel 엔젤	ENG
Notre-Père, Pater 노트르 뻬르, 빠떼르	paradis 빠라디	ange 앙쥬	FRA
das Vaterunser 다스 파터운저	Paradies 파라디스	Engel 엥엘	GER
Pai Nosso 빠이 노쑤	paraíso 빠라이주	anjo 앙쥬	POR
oración del Señor 오라씨온 델 세뇨르	paraíso 빠라이소	ángel 앙헬	ESP
Paternostro 파테르노스트로	paradiso 빠라디소	angelo 안젤로	ITA
πάτερ ημών 빠떼르 이몬	παράδεισος 빠라디소스	άγγελος 앙겔로스	GRE
oratione Domini 오라티오네 도미니	paradisus 파라디수스	angelus 앙겔루스	LAT
молитва господня 말리트바 가스뽀드냐	рай 라이	ангел 앙겔	RUS
主祈禱文 / zhǔqídǎowén 주치다오원	天国 / tiānguó 티엔구오	天使 / tiānshǐ, 安琪儿 / ānqí' ér 티엔스, 안치얼	CHN
しゅのいのり / 主の祈り 슈노 이노리	てんごく / 天国、らくえん / 楽園 텐고쿠, 라쿠엔	てんし / 天使 텐시	JPN

예언자	기적	수태고지	세례	KOR
prophet 프로핏	miracle 미러클	the Annunciation 더 어넌시에이션	baptism 뱁티즘	ENG
prophète 프로페뜨	miracle 미라클	Annonciation 아농시아씨옹	baptême 바뗌	FRA
Prophet *1 프로페트	Mirakel, Wunder 미라켈, 분더	die Verkündigung 디 페어퀸디궁	Taufe 타우페	GER
profeta 쁘로페따	milagre 밀라그리	Anunciação 아눙씨아써웅	batismo 바찌즈무	POR
profeta 쁘로페타	milagro 밀라그로	anunciación 아눈씨아씨온	bautismo 바우띠스모	ESP
profeta 쁘로페따	miracolo 미라꼴로	Annunciazione 안눈치아찌오네	battesimo 바떼지모	ITA
προφήτης 프로피띠스	θαύμα 싸우마	ευαγγελισμός 에방젤리즈모스	βάπτισμα 밮띠즈마	GRE
propheta, prohetes *2 프로프헤타, 프로헤테스	miraculum, prodigium 미라쿨룸, 프로디기움	Annuncitatio Domini 안눙키타티오 도미니	baptismus 밥티스무스	LAT
предсказатель 쁘롓스카자젤	чудо 츄더	благовестие 블라거베스찌예	крещение 크레쉐니예	RUS
预言家 / yùyánjiā 위옌지아	奇迹 / qíji 치지	天使报喜 / tiānshǐbàoxǐ 티엔스빠오시	洗礼 / xǐlǐ 씨리	CHN
よげんしゃ / 預言者 요겐샤	きせき / 奇跡 키세키	じゅたいこくち / 受胎告知 쥬타이코쿠치	せんれい / 洗礼 센레-	JPN

참고: *1 Weissager 바이스자거(점쟁이, 예언자), *2 vates 바테스(점쟁이, 예언자)

한	세례자	할례	성모	예수 그리스도
영	baptist 뱁티스트	circumcision 서컴시젼	Holy Mother 호울리 머더	Jesus Christ 지저스 크라이스트
프	baptist 밥티스트	circoncision 씨르꽁씨지옹	Marie, la Vierge 마리, 라 비에르쥬	Jésus-Christ 제쥐 크리스트
독	Täufer 토이퍼	Beschneidung 베슈나이둥	die Heilige Mutter 디 하일리게 무터	Jesus Christus 예수스 크리스투스
포	batista 바찌스따	circuncisão 씨르꿍씨저웅	Virgem Maria 비르쩽 마리아	Jesus Cristo 줴주스 끄리스뚜
스	baptista 밥띠스따	circuncisión 씨르꾼씨시온	Virgen 비르헨	Jesùs Cristo 헤수스 끄리스또
이	battista 바띠스따	circoncisione 치르꼰치시오네	Madonna 마돈나	Gesù Cristo 제수 끄리스또
그	βάπτισμα 밥띠즈마	περιτομή 뻬리또미	Παναγία 빠나기아	Iησούς Χριστός 이이수스 흐리스또스
라	ablútio, baptisma 아블루티오, 밥띠스마	circumcisio 키르쿰키시오	diva mater 디바 마테르	Iesus Christus 예수스 크리스투스
러	баптист 밥찌스트	обрезание 아브례자니예	богоматерь 보가마쪠리	Иисус Христос 이수스 흐리스도스
중	施洗者 / shǐxǐzhě 스시저	割礼 / gēlǐ 거리	圣母 / shèngmǔ 성무	耶稣 / Yēsū, 耶苏 / Yēsū 예쑤, 예쑤
일	せんれいしゃ / 洗礼者 센레-샤	かつれい / 割礼 카추레-	せいぼ / 聖母 세-보	イエス・キリスト 이에수 키리수토

한	복음	사도	선교사, 전도사	삼위일체
영	gospel 가스펠	apostle 어포슬	missionary 미셔네리	Trinity 트리니티
프	Évangile 에방질	apôtre 아뽀트르	missionnaire 미씨오네르	Trinité 트리니떼
독	Evangelium 에반겔리움	Apostel 아포스텔	Missionar 미시오나	Trinität 트리니태트
포	evangelho 이방쥇유	apóstolo 아뽀스똘루	missionário 미씨오나리우	Trindade 뜨링다지
스	evangelio 에방헬리오	apóstol 아뽀스똘	misionero 미시오네로	trinidad 뜨리니닷
이	vangelo 반젤로	apostolo 아뽀스똘로	missionario 밋찌오나리오	trinità 뜨리니따
그	ευαγγέλιο(ν) 에방겔리온	απόστολος 아뽀스똘로스	ιεραπόστολος 이에라뽀스똘로스	Αγία Τριάδα 아기아 트리아다
라	evangelium 에방겔리움	apostolus 아포스똘루스	doctor paganorum 독또르 파가노룸	trinitas 트리니타스
러	госпел 고스뻴	посланник 빠슬란닉	миссионер 미씨아네르	Троица 뜨로이짜
중	福音 / fúyīn 푸인	使徒 / shǐtú 스투	传教士 / chuánjiàoshì 추완지아오스	三位一体 / sānwèiyìtǐ 싼웨이이티
일	ふくいん / 福音 후쿠인	しと / 使徒 시토	せんきょうし / 宣教師 [1] 센쿄-시	さんみいったい / 三位一体 산미잇따이

동의어: [1] でんどうし / 伝道師 덴도-시

410

성령	성배	수난	십자가	KOR
Holy Spirit 호울리 스피리트	Holy Grail 홀리 글레일	Passion 패션	cross 크로스	ENG
Saint-Esprit 쌩 떼스프리	Saint-Graal 쌩 그랄	Passion 파씨옹	croix 크루와	FRA
der Heilige Geist 데어 하일리게 가이스트	der Heilige Gral 데어 하일리게 그랄	Passion 파시온	Kreuz 크로이츠	GER
Espírito Santo 이스삐리뚜 쌍뚜	Santo Gral 쌍뚜 그라우	paixão 빠이셔웅	cruz 끄루스	POR
Espíritu Santo 에스삐리뚜 산또	santo grial 산또 그리알	pasión 빠시온	cruz 끄루스	ESP
spirito Santo 스삐리또 싼또	calice 깔리체	sofferenza 소페렌자	croce 크로체	ITA
Άγιο Πνεύμα 아기오 쁘네브마	Άγιο Δισκοπότηρο 아기오 디스꼬뽀띠로	πάθη 빠씨	σταυρός 스파브로스	GRE
Spiritus Sanctus 스피리투스 상크투스	sancto puculum 상크토 푸쿨룸	passio 파씨오	crux 크룩스	LAT
Святой Дух 스비토이 두흐	Грааль 그라알	Страсти Господни 스트라스찌 가스뽀드니	крест 크레스트	RUS
圣灵 / shènglíng 셩링	圣杯 / shèngbēi 셩뻬이	受难 / shòunàn 셔우난	十字架 / shízìjià 스쯔지아	CHN
せいれい / 聖霊 세-레-	せいはい / 聖杯 세-하이	じゅなん / 受難 쥬난	じゅうじか / 十字架 쥬-지카	JPN

부활	강림	묵시록	은총	KOR
resurrection 레저렉션	Advent 애드벤트	Apocalypse 애포칼립스	grace 그레이스	ENG
résurrection 레쥐렉씨옹	venue, avènement 브뉘, 아벤느멍	Apocalypse 아뽀깔립스	grâce 그라스	FRA
die Auferstehung 디 아우프에어슈테홍	Advent 아트벤트	Apokalypse 아포칼립세	Gnade 그나데	GER
ressurreição 헤쑤헤이써웅	advento 아지벵뚜	apocalipse 아뽀깔립씨	graça 그라싸	POR
resurrección 레수레씨온	advenimiento 아드베니미엔또	Apocalipsis 아뽀깔립시스	gracia 그라씨아	ESP
rinascita 리나쉬따	avvento 압벤또	Apocalisse 아뽀깔릿쩨	grazia 그라찌아	ITA
ανάσταση 아나스따시스	Έλευση του Μεσσία 엘레브시 뚜 메씨아	αποκάλυψη 아뽀깔맆시	χάρη 하리	GRE
resurrectio 레수렉티오	adventus 아드벤투스	apocalypsis 아포칼륍시스	gratia 그라티아	LAT
воскресение 버스크레쩨니예	второе пришествие Христа 프따로예 쁘리쉐스트비예 흐리스따	Апокалипсис 아뽀칼립지쓰	благодать 블라거닷츠	RUS
复活 / fùhuó 푸후오	降临 / jiànglín 지앙린	启示录 / qǐshìlù 치스루	恩宠 / ēnchǒng [1] 언총	CHN
ふっかつ / 復活 훅까추	こうりん / 降臨 코-린	もくしろく / 黙示録 모쿠시로쿠	おんちょう / 恩寵 온쵸-	JPN

동의어: [1] 宠爱 / chǒng'ài 총아이

한	성소	희생	예배	참회
영	sanctuary 생크츄어리	sacrifice 새크러파이스	adoration 애더레이션	confession 컨페션
프	sanctuaire 쌍끄뛰에르	sacrifice 싸크리피스	office, culte *1 오피스, 뀔뜨	confession 꽁페씨옹
독	Heiligtum 하일리히툼	Opfer 옵퍼	Anbetung 안베퉁	Beichte 바이흐테
포	santuário 쌍뚜아리우	sacrifício 싸끄리피씨우	adoração 아도라써옹	confissão 꽁피써옹
스	santuario 산뚜아리오	sacrificio 사끄리피씨오	culto 꿀또	confesión 꼰페시온
이	sacràrio 사크라리오	sacrifico 싸끄리피쬬	adorazione 아도라찌오네	confessione 꼰펫씨오네
그	ιερό(ναό) 이에로(나오)	θυσία 씨시아	λατρεία 라트리아	εξομολόγηση 엑소몰로기시
라	templum 템플룸	sacrificium 사크리피키움	adoratio 아도라티오	confessio 콘페씨오
러	святилище 스비찔리쉐	жертва 줴르트바	благоговение 블라가가베니예	исповедь 이스뻐베즈
중	圣所 / shèngsuǒ 성수오	回生 / huíshēng 훼이셩	礼拜 / lǐbài 리빠이	慚愧 / cánkuì 찬크베이
일	せいじょ / 聖所 세-죠	ぎせい / 犠牲 기세-	れいはい / 礼拝 레-하이	ざんげ / 懺悔 잔게

참고: *1 messe 메쓰(미사)

한	회개	속죄	고해성사	아멘
영	penitence 페너턴스	expiation *1 엑스피에이션	confession 컨페션	Amen 에이멘
프	pénitence 뻬니땅스	rédemption 레당프씨옹	confession 꽁페씨옹	Amen 아멘
독	Reue 로이에	Büße 뷔세	Beichte 바이히테	Amen 아멘
포	penitência 뻬니뗑씨아	expiação 이스삐아써옹	sacramento da confissão 싸끄라멩뚜 다 꽁피써옹	Amém 아멩
스	penitencia 뻬니뗀씨아	expiación 엑스삐아씨온	sacramento de confesion 사끄라멘또 데 꼰페시온	amén 아멘
이	penitenza 뻬니뗀짜	espiazione 에스삐아찌오네	confessione 콘페씨오네	amen 아멘
그	μετάνοια 메따니아	κάθαρση 까싸르시	μετάνοια 메따니아	αμήν 아민
라	paenitentia 패니텐치아	expiatio 엑스피아티오	confessio 콘페씨오	Amen 아멘
러	раскаяние 라스까야니예	искупление 이스꾸쁠례니예	вероисповедание 볘러이스뻐볘다니예	аминь 아민
중	悔改 / huǐgǎi 훼이가이	赎罪 / shúzuì 수쮀이	告解圣事 / gàojiě shèngshì 까오지에셩스	阿门 / āmén 아먼
일	くいあらため / 悔い改め 쿠이아라타메	しょくざい / 贖罪 쇼쿠자이	こっかい / 告解 콕까이	アーメン 아-멘

동의어: *1 atonement 어토운먼트

412

할렐루야	크리스마스	구유	산타클로스	KOR
Halleluiah 할렐루야	Christmas 크리스마스	manger 메인져	Santa Claus 산타 클로즈	ENG
alléluia 알렐루야	Noël 노엘	crèche 크레슈	père Noël 뻬르 노엘	FRA
Halleluja 할렐루야	Weihnachten 바이나흐텐	Pferdekrippe 페어데크립페	Weihnachtsmann 바이나흐츠만	GER
aleluia 알렐루이아	Natal 나따우	manjedoura 망줴도우라	Papai Noel 빠빠이 노에우	POR
aleluya 알레루야	Navidad 나비닷	pesebre 뻬세브레	Papa Noel 빠빠 노엘	ESP
alleluia 알렐루야	Natale 나딸레	mangiatoia 만좌토이아	Babbo Natale 밥보 나딸레	ITA
αλληλούια 알리루이아	Χριστούγεννα 흐리스뚜옌나	φάτνη 파트니	Άγιος Βασίλης 아기오스 바실리스	GRE
alleluia 알렐루이아	dies natalis Iesu Christi 디에스 나탈리스 예수 크리스티	stabulum, laquear 스타불룸, 라쿠에아르	Sanctus Nicolasus 상크투스 니콜라수스	LAT
аллилуйя 알릴루야	рождество 라쥬제스트보	ясли 야슬리	Санта Клаус 싼타 클라우스	RUS
哈利路亚 / hālì lùyà 하리루야	圣诞节 / shèngdànjié 셩딴지에	槽 / cáo 차오	圣诞老人 / shèngdànlǎorén 셩딴라오런	CHN
ハレルヤ 하레루야	クリスマス 쿠리수마수	かいばおけ / 飼い葉桶 카이바오케	サンタクロース 산타쿠로-수	JPN

동방박사	메리 크리스마스	크리스마스카드	KOR
the Magi 더 마지	Merry Christmas 메리 크리스마스	Christmas card 크리스마스 카드	ENG
trois rois mages 트루와 루와 마쥬	Joyeux Noël 주와이으 노엘	carte de Noël 까르트 드 노엘	FRA
die Heilige Drei Könige 디 하일리게 드라이 쾨니게	Frohe Weihnachten 프로에 바이나흐텐	Weihnachtskarte 바이나흐츠카아테	GER
três Magos 뜨레스 마구스	Feliz Natal 펠리스 나따우	cartão de Natal 까르떠옹 지 나따우	POR
Tres Reyes Magos 뜨레스 레예스 마고스	¡Feliz Navidad 펠리스 나비닷	carta de navidad 까르따 데 나비닷	ESP
magi 마지	Buon Natale 부온 나딸레	Cartolina natalizia 카르톨리나 나탈리지아	ITA
οι Τρεις Μάγοι 이 뜨리스 마기	Καλά Χριστούγεννα 깔라 흐리스뚜옌나	κάρτα Χριστουγέννων 까르따 흐리스뚜옌논	GRE
Tres Magi 뜨레스 마기	hilares dies natales Domini 힐라레스 디에스 나탈레스 도미니	charta tabellaria festo natalicio Domini 카르타 타벨라리아 페스토 나탈리키오 도미니	LAT
волхвы 발흐브	С Рождеством 스 라쥬제스트봄	рождественская открытка 라쥬제스트볜스까야 아트크릇트카	RUS
东方博士 / dōngfāngbóshì 똥팡보스	圣诞节快乐 / shèngdànjiékuàilè 셩딴지에콰이러	圣诞卡 / shèngdànkǎ 셩딴카	CHN
とうほうのはかせ / 東方の博士 토-호-노 하카세	メリークリスマス 메리- 쿠리수마수	クリスマスカード 쿠리수카수 카-도	JPN

한	썰매	방울	장식	선물
영	sleigh *1 슬레이	bell 벨	decoration 데코레이션	gift 기프트
프	traîneau 트레노	clochette 끌로쉐뜨	décoration 데꼬라씨옹	cadeau 까도
독	Schlitten 슐리텐	Klingel 클링엘	Dekoration 데코라치온	Geschenk 게솅크
포	trenó 프레노	sino 씨누	decoração 데꼬라써웅	presente 쁘레젱찌
스	trineo 뜨리네오	timbre 띰브레	decoración 데꼬라씨온	regalo 레갈로
이	slitta 슬릿따	campanella 캄빠넬라	decorazione 데꼬라찌오네	regalo 레갈로
그	έλκηθρο 엘끼쓰로	κουδούνι 꾸두니	διακόσμηση 디아꼬즈미시	δώρο 도로
라	trahea 트라헤아	tintinabulum 틴티나블룸	ornatio 오르나티오	donum 도눔
러	сани, санки 싸니, 싼끼	колокол 껄라꼴	декорация 졔카라찌야	подарок 빠다럭
중	冰车 / bīngchē 삥처	铃铛 / língdāng 링땅	装饰 / zhuāngshì 쭈왕스	礼物 / lǐwù 리우
일	そり 소리	すず / 鈴 수주	そうしょく / 装飾 소-쇼쿠	プレゼント 푸레젠토

동의어: *1 sled 슬레드

한	성가대	찬미가	캐럴	헌금
영	choir 콰이어	hymn 힘	Carol 케롤	offering 오퍼링
프	chorale, chœur 꼬랄, 꿰르	hymne 임느	chansons de Noël 샹송 드 노엘	offrande 오프랑드
독	Chor 코어	Hymne 힘네	Weihnachtslied 바이나흐츠리트	Kollekte 콜렉테
포	coro 꼬루	hino 이누	cântico de Natal 깡찌꾸 지 나따우	oferenda 오페렝다
스	coro 꼬로	hinno 임노	villancico 비얀씨꼬	ofrenda 오프렌다
이	coro 꼬로	laude 라우데	canto di gioia 깐또 디 죠이아	offerta 옵페르따
그	χορωδία 호로디아	ύμνος 임노스	κάλαντα 깔란다	προσφορά 프로스포라
라	statio canentium 스타티오 카넨티움	hymnus 힘누스	Calendae 칼렌다에(=칼렌대)	collatio 콜라티오
러	хор 호르	песнопение 뻬스너뻬니예	рождественская песня 라쥬졔스트볜스까야 뼤스냐	церковные пожертвования 쩨르꼽스까야 빠줴르트버바니예
중	圣歌队 / shènggēduì 성꺼뛔이	圣歌 / shènggē 성꺼	圣诞歌曲 / shèngdàngēqǔ 성딴꺼취	捐款 / juānkuǎn, 献款 / xiànkuǎn 쥬엔콴, 시엔콴
일	せいかたい / 聖歌隊 세-카타이	さんびか / 賛美歌 산비카	キャロル 캬로루	けんきん / 献金 켄킨

414

불교		석가탄신일	불참(예불)	KOR
Buddhism 부디즘		Buddha's birthday 부다스 버스데이	prayer to Buddha 프레이어 투 부다	ENG
Bouddhisme 부디슴		Anniversaire de Bouddha 아니베르세르 드 부다	prière au Bouddha 프리에르 오 부다	FRA
Buddhismus 부디스무스		Buddhas Geburtstag 부다스 게부어츠탁	buddhistische Gebete 부디스티셰 게베테	GER
budismo 부지즈무		dia do nascimento de Buda 지아 두 나씨멩뚜 지 부다	adoração a Buda 아도라썽웅 아 부다	POR
budismo 부디스모		nacimiento de buda 나씨미엔또 데 부다	adoración a Buda 아도라씨온 아 부다	ESP
buddismo 부띠즈모		il compleanno del Budda 일 콤플레안노 델 부다	pellegrinaggio a budda 펠레그리나쬬 아 부다	ITA
Βουδισμός 부디즈모스		γενέθλια του Βούδα 게네쓸리아 뚜 부다	βουδιστική προσευχή 부디스띠끼 프로세브히	GRE
Buddhismus 부디스무스		Buddha natalis 부다 나탈리스	missa ad Buddham 미싸 아드 부담	LAT
буддизм 부지즘		дня рождения Будды 드냐 라쥬제니야 부듸	Буддийское служение 부지스꼐예 슬루줴니예	RUS
佛教 / fójiào 포지아오		释迦牟尼圣诞 / shìjiāmóuníshèngdàn 스찌아모우니셩딴	–	CHN
ぶっきょう / 仏教 북꾜-		ぶっしょうにち / 仏生日 붓쇼-니치	ぶっさん / 仏参 붓싼	JPN

석가모니	탑(목탑, 석탑)	연등	사찰, 절	KOR
Sakyamuni 사캬뮤니	pagoda 파고다	lotus lantern 로터스 랜턴	temple 템플	ENG
Shakyamuni 사까무니	pagode, tour 파고드, 뚜르	lotus lampe 로뛰스 랑프	temple 땅쁠	FRA
Buddha 부다	Turm 투름	Lotoslaterne 로투스라테르네	buddhistischer Tempel 부디스티셔 템펠	GER
Buda 부다	pagode 빠고지	lanterna budista de lótus 랑떼르나 부지스따 지 로뚜스	templo budista 뗑쁠루 부지스따	POR
buda 부다	pagoda, torre 빠고다, 또레	literna budista 리떼르나 부디스따	templo de budismo 뗌쁠로 데 부디스모	ESP
Sakyamuni 사키아무니	torre 토레	Lanterna Del Loto 란테르나 델 로토	tempiale buddista 템피알레 부띠스따	ITA
Βούδας 부다스	παγόδας 빠고다스	λάμπες λοτού 람베스 로뚜	ναός 나오스	GRE
Buddha 부다(=붓타)	stupa 스투파	lanterna loti 란테르나 로티	templum, aedes sacra 템플룸, 아이데스 사크라	LAT
Шакьямуни 샤꺄무니	башня 바슈냐	Лотосовый фонарь 로또쩌브이 파나리	храм 흐람	RUS
释迦牟尼 / shìjiāmóuní 스찌아모우니	塔 / tǎ 타	灯花盒 / dēnghuāhé 떵화허	佛刹 / fóchà, 寺庙 / sìmiào 포차, 쓰미아오	CHN
しゃかむに / 釈迦牟尼 샤카무니	とう / 塔 토-	ロータス ランプ 로-타수 란푸	じさつ / 寺刹, てら / 寺 지사추, 테라	JPN

한	룸비니동산	진리	보리수	열반
영	lumbini 룸비니	truth 트루스	bo tree 보트리	nirvana 널바나
프	lumbini 룸비니	vérité 베리떼	tilleul 띠율	nirvana 니르바나
독	Lumbini 룸비니	Wahrheit 바르하이트	Lindenbaum 린덴바움	Nirvana 니르바나
포	Jardin Lumbini 쟈르징 룽비니	Verdade 베르다지	árvore Bodhi 아르보리 보지	nirvana 니르바나
스	Jardín Lumbini 하르딘 룸비니	verdad 베르닷	árbol de Bodhi 아르볼 데 보드히	nirvana 니르바나
이	Lumbini 룸비니	verita' 베리따	tiglio 틸리오	nirvana 니르바나
그	πάρκο Λουμπίνι 빠르꼬 룸비니	αλήθεια 알리씨아	το δέντρο του Βούδα 또 덴드로 뚜 부다	νιρβάνα, μακαριότης 니르바나, 마까리오띠스
라	hortus Lumbinis 호르투스 룸비니스	veritas 베리타스	ficus religiosa 피쿠스 렐리기오사	nirvana 니르바나
러	сады лумбини 사듸 룸비니	истина 이스찌나	фиговое дерево 피가보예 졔례버	нирвана 니르바나
중	蓝毗尼 / lánpíní 란피니	装饰 / zhuāngshì 쭈왕스	菩提树 / pútíshù 푸티수	涅槃 / nièpán 니에판
일	ルンビニーえん / ルンビニー園 룬비니-엔	しんり / 真理 신리	ぼだいじゅ / 菩提樹 보다이쥬	ねはん / 涅槃 네한

한	제등행렬	출가	삼천배
영	lantern procession 렌턴 프로세션	Pabbajja(=becoming a monk) 팝바짜(=비커밍 어 몽크)	three thousand bows 뜨리 따우잔드 바우스
프	défilé de lanternes 데필레 드 랑떼르느	devenir moine bouddhiste 드브니르 무완 부디스뜨	trois mille Salut 트루와 밀 쌀뤼
독	Lichterzug 리히터축	Mönch werden 뮌히 베르덴	3000 Verbeugungen 드라이타우젠트 페어보이궁엔
포	procissão com lanternas de lótus 쁘로씨써웅 꽁 랑떼르나스 지 로뚜스	deixar a casa para entrar no budismo 데이샤르 아 까자 빠라 잉프라르 누 부지즈무	três mil reverências 뜨레스 미우 헤베렝씨아스
스	Desfile de los Faroles 데스필레 데 로스 파로레스	entrada en el sacerdocio budista 엔뜨라다 엔 엘 사쎄르도씨오 부디스따	tres mil reverencias 뜨레스 밀 레베렌씨아스
이	processione con lanterna 프로체씨오네 콘 란테르나	lasciare la casa 라샤레 라 까자	tre milla saluti 드레 밀라 살루띠
그	ακολουθία με φανάρια 아꼴루씨아 메 파나리아	εισαγωγή στη ιεροσύνη 이사고니 스띠 이레로시니	τρείς χιλιάδες(3000)υποκλίσεις 트리스 힐리아데스 이뽀끌리시스
라	processio lanternabus 프로케씨오 란테르나부스	cursus samanerae 쿠르수스 사마네래	tria millia inclinationum corpore 트리아 밀리아 인클리나티오눔 코르포레
러	световое шествие 스볘따보예 쉐스트비예	Паббаджджа 파밧좌	три тысячи поклонение 뜨리 뜨쌰취 뻐클라녜니예
중	装饰 / zhuāngshì 쭈왕스	出家 / chūjiā 추지아	三千拜 / sānqiānbài 싼치엔빠이
일	ちょうちんぎょうれつ / 提灯行列 쵸-친교-레추	しゅっけ / 出家 슉께	おひゃくどまいり / お百度参り 오햐쿠도마이리

이슬람교	알라	술탄	마호메트	KOR
Islam 이슬람	Allah 알라	sultan 술탄	Mohammed 모하메드	ENG
islam 이슬람	Allah 알라	sultan 쉴땅	Mahomet 마호메트	FRA
Mohammedanismus *1 모하메다니스무스	Allah 알라	Sultan 술탄	Mohammed 마호메트	GER
islamismo 이슬라미즈무	Alá 알라	sultão 쑤우떠옹	Maomé 마오메	POR
Islam 이슬람	Alá 알라	sultán 술딴	Mahoma 마오마	ESP
islamismo 이슬라미즈모	Allah 알라	sultano 술타노	Maometto 마오메또	ITA
μουσουλμάνος 무술마노스	Αλλάχ 알라흐	σουλτάνος 술따노스	Μωάμεθ 모아메쓰	GRE
Islam *2 이슬람	Allah(=ille Deus) 알라	sultanus 술타누스	Mohammed *3 모함메드	LAT
ислам 이슬람	Аллах 알라흐	султан 쑬딴	Мухаммад 무하마드	RUS
伊斯兰教 / yīsīlánjiào 이쓰란지아오	安拉 / ānlā 안라	苏丹 / Sūdān 쑤딴	穆罕默德 / Mùhǎnmòdé 무한모더	CHN
イスラムきょう / イスラム教 이수라무쿄-	アラー 아라-	スルターン 수루탄	マホメット 마호멧또	JPN

동의어: *1 Islam 이슬람, *2 Religio Islamica 렐리기오 이슬라미카, *3 Machometus 마코메투스, Mahometus 마호메투스

메카	움마	지하드	하렘	하디스	KOR
Mecca 메카	umma 움마	Jihad 지하드	harem 하렘	Hadith 하디스	ENG
Mecque 메끄	Umma 움마	jihad(=djihad) 지아드	harem 아렘	Hadith 아디프	FRA
Mekka 메카	Umma 움마	Dschihad 지하트	Harem 하렘	Hadith 하디쓰	GER
Meca 메까	umma 웅마	jihad 쥐아지	harém 아렘	hadith 아지찌	POR
La Meca 라 메까	Umma 움마	jihad 지아드	harem 아렘	hadis 아디스	ESP
Mecca 메카	umma 움마	jihad 이아드	serràglio 세랄리오	Hadith 아디트	ITA
Μέκκα 메까	ούμα 우마	ιερός πόλεμος 이에로스 뽈레모스	χαρέμ 하렘	Χαντίθ 하디쓰	GRE
Mecca *1 멕카	Ummah *2 움마	gihad, Gihad 기하드	harem 하렘	Hadit 하디트	LAT
Мекка 메까	умма 움마	джихад 쥐하드	гарем 가렘	хадис 하지스	RUS
麦加 / Màijiā 마이찌아	乌玛 / wūmǎ 우마	圣战 / shèngzhàn 성짠	后宫 / hòugōng 허우꿍	哈底斯 / hādǐsī 하디쓰	CHN
メッカ 멕까	ウンマ 운마	ジハード 지하-도	ハーレム 하-레무	ハデス 하데수	JPN

동의어: *1 Makkah 막카, *2 Mundus Musulmanus 문두스 무실마누스, 참고: umma(=collective community of islamic peoples)

한	탈레반	하마스	라마단(라마단)	바자르	사라센
영	Taliban *1 탈리반	Hamas *2 하마스	Ramadan 라마단	bazar(=bazaar) 바자르	Saracen 사라센
프	Talibans 탈리방	Hamas 아마스	ramadan 라마덩	bazar 바자르	Sarrasin 사라젱
독	Taliban 탈리반	Hamas 하마스	Ramadan 라마단	Bazar 바자르	Sarazen 사라첸
포	Talibã 딸리방	Hamas 아마스	Ramadã 하마당	bazar 바자르	sarraceno 싸하쎄누
스	Taleban 딸레반	hamas 아마스	ramadin 라마딘	bazar 바싸르	Saracen 사라쎈
이	Talebani 탈레바니	hamas 아마스	ramadan 라마단	mercato 메르카토	saraceno 사라체노
그	Ταλιμπάν 딸리반	Χαμάς 하마스	ραμαζάνι 라마자니	παζάρι 빠자리	Σαρακηνός *3 사라끼노스
라	Taliban 탈리반	Hamas 하마스	Ramadan 라마단	emporium 엠포리오	saracenus 사라케누스
러	Талибан 탈리반	Хамас 하마스	Рамазан 라마잔	базар 바자르	сарацины 싸라찌늬
중	塔利班 / tǎlì bān 타리반	哈马斯 / hāmǎsī 하모쓰	莱麦丹 / láimàidān 라이마이딴	巴扎 / bāzhā 바짜	古阿拉伯人 / gǔālābórén 꾸아라보런
일	タリバン 타리반	ハマス 하마수	ラマダン 라마단	バザール 바자-루	サラセン 사라센

참고: *1 Taliban(factio politica fundamentalisma et militaris Afghanistani), *2 Hamas(factio politica Palaestinensis),
동의어: *3 Μμαυριτανός 마브리따노스

한	유교	공자	도교	노자
영	Confucianism 컴퓨시아니즘	Confucius 컨퓨시우스	Taoism *2 타오이즘	Lao-tzu 라오 츄
프	Confucianisme 꽁퓌시아니슴	Confucius 꽁퓌쮜스	Taoïsme 따오이슴	Lao Tseu 라오 츄
독	Konfuzianismus 콘푸치아니스무스	Konfuzius 콘푸치우스	Daoismus, Taoismus 다오이스무스, 타오이스무스	Lao-tse, Laozi 라오 츠, 라오치
포	confucionismo 꽁푸씨오니즈무	Confúcio 꽁푸씨우	Taoísmo 따호이즈무	Lao-Tzu 라우-쭈
스	confucianismo 꼰푸씨아니스모	Confucius 꼰푸씨우스	Taoismo 따오이스모	Lao-tzu 라오츄
이	confucianesimo 콘푸치아네지모	Confucio 콘푸쵸	Taoismo 타오이즈모	Lao-tzu 라오쯔
그	Κομφουκιανισμός 꼼푸끼아니즈모스	Κομφούκιος 꼼푸끼오스	Ταοϊσμός 따오이즈모스	Λάο Τσε 라오 체
라	Confucianismus *1 콘푸키아니스무스	Confucius 콘푸키우스	Taoismus *3 타오이스무스	Laocius *4 라오키우스
러	Конфуция 깐푸찌야	Конфуций 깐푸찌이	даосизм 다오씨즘	Лао-цзы 라오-찓
중	儒教 / rújiào 루지아오	孔子 / Kǒngzǐ 콩즈	道教 / dàojiào 따오지아오	老子 / Lǎozǐ 라오즈
일	じゅきょう / 儒教 쥬쿄-	こうし / 孔子 코-시	どうきょう / 道教 도-쿄-	ろうし / 老子 로-시

동의어: *1 doctrina Confucii 독트리나 콘푸키이, *2 Daoism 다오이즘, *3 Daoismus 다오이스무스, *4 Laotius 라오티우스

충	효	예	인	KOR
loyalty 로열티	filial piety 필리얼 파이어티	courtesy 커테시	benevolence 비네버런스	ENG
loyauté, fidélité 루와요떼, 피델리떼	piété filiale 삐에떼 필리알	étiquette 에띠께뜨	bienfaisance 비엥프장스	FRA
Loyalität 로얄리태트	kindliche Pietät 킨틀리헤 피태트	Höflichkeit 회플리히카이트	Güte 귀테	GER
lealdade 레아우다지	piedade filial 삐에다지 필리아우	modos 모두스	paciência 빠씨엥씨아	POR
devoción 데보씨온	piedad filial 삐에닷 필리알	cortesía 꼬르떼시아	humanidad 우마니닷	ESP
fedelta 페델리타	filiale devozione 필리알레 데보지오네	cortesia 꼬르테지아	virtù perfetta 비르투 페르페따	ITA
πίστη, αφοσίωση 삐스띠, 아포시오시	προγονική ευσέβεια 프로고니끼 에브세비아	εθιμοτυπία 에씨모띠삐아	αλτρουϊσμός 알뜨루위즈모스	GRE
allegiantia *1 알레기안티아	pietas puerilium erga parentes 피에타스 푸에릴리움 에르가 파렌테스	comitas 코미타스	probitas *2 프로비타스	LAT
преданность 쁘례단너스츠	сыновья благодарность 싀나비야 블라가다르너스츠	учтивость 우취찌보스츠	благожелательность 블라거젤라쩰너스츠	RUS
忠/zhōng 쫑	孝/xiào 샤오	礼/lǐ 리	忍/rěn 런	CHN
ちゅう/忠 추-	こう/孝 코-	れい/礼 레-	じん/仁 진	JPN

동의어: *1 fidelitas 피델리타스, *2 sinceritas 싱케리타스

진인	축제	의식	의례	KOR
ascetic 어세틱	festival 페스티벌	ceremony 세레머니	ritual 리츄얼	ENG
homme veritable 옴므 베리따블	festival, fête 페스피발, 페드	cérémonie 세레모니	rituel 리뛰엘	FRA
Asket 아스켓	Fest 페스트	Zeremonie 체레모니	Ritual 리투알	GER
homem de verdade 오멩 지 베르다지	festival 페스찌바우	cerimônia 쎄리모니아	ritual 히뚜아우	POR
persona verdadera 뻬르소나 베르다데라	fiesta 피에스따	ceremonia 쎄레모니아	rito 리또	ESP
uomo allineare 워모 알리네아레	festa 페스따	cerimonia 체리모니아	cerimoniale 체리모니알레	ITA
άγιος άνθρωπος 아기오스 안쓰로뽀스	γιορτή 이요르띠	τελετή 떼레띠	τελετουργικό 뗄레뚜르기꼬	GRE
sincerus homo 신체루스 호모	dies fastus, feria 디에스 파스투스, 페리아	caerimonia 캐이리모니아	ritus 리투스	LAT
–	праздник 쁘라즈닉	церемония 쩨례모니야	ритуал 리뚜알	RUS
真人/zhēnrén 쩐런	庆祝会/qìngzhùhuì 칭쭈훼이	典礼/diǎnlǐ 띠엔리	典礼/diǎnlǐ, 礼仪/lǐyí 띠엔리, 리이	CHN
しんじん/真人 신진	しゅくさい/祝祭 슈쿠사이	ぎしき/儀式 기시키	ぎれい/儀礼 기레-	JPN

한	연중행사	신년	부활절
영	annual event 애뉴얼 이벤트	New Year 뉴 이어	Easter 이스터
프	événement annuel 에벤느망 아뉘엘	nouvel an 누벨렁	Pâques 빠끄
독	Jahresfeier 야레스파이어	Neujahr 노이야	Ostern 오스턴
포	evento anual 이벵뚜 아누아우	Ano Novo 아누 노부	Páscoa 빠스꼬아
스	ritos anuales 라또스 아누알레스	Año Nuevo 아뇨 누에보	Pascuas 빠스꾸아스
이	feste annuali 페스떼 안누알리	nuovo anno 누오보 안노	Pasqua 빠스꾸아
그	ετήσιο γεγονός 에띠시오 게고노스	νέο έτος 네오 에또스	Πάσχα 빠스하
라	instituta annua 인스티투타 안누아	novus annus 노부스 안누스	Pascha 파스카
러	ежегодное мероприятие 예졔고드너예 메러쁘야찌예	новый год 노브이 곳	Пасха 빠스하
중	年典礼 / niándiǎnlǐ 니엔띠엔리	新年 / xīnnián 씬니엔	复活节 / Fùhuójié, 伊斯尔节 / Yīsītě'ěr Jié 푸후오지에, 이쓰터얼지에
일	ねんじゅうぎょうじ / 年中行事 넨쥬-교-지	しんねん / 新年 신넨	ふっかつさい / 復活祭 훅까추사이

한	성인식	어린이날	결혼기념일
영	initiation 이니시에이션	children's day 칠드런스 데이	anniversary 에니벌사리
프	initiation 이니씨아씨옹	jour des enfants 주르 데 정펑	anniversaire de mariage 아니베르쩨르 드 마리아쥬
독	Initiation 이니치아치온	Kindertag 킨더탁	Hochzeitstag 호흐차이츠탁
포	iniciação 이니씨아써옹	Dia das Crianças 지아 다스 끄리앙싸스	aniversário de casamento 아니베르싸리우 지 까자멩뚜
스	iniciación 이니씨아씨온	día de los niños 디아 데 로스 니뇨스	aniversario de boda 아니베르사리오 데 보다
이	iniziazione 이니찌아찌오네	Giorno Dei Bambini 죠르노 데이 밤비니	anniversario di nozze 안니베르사리오디 노쩨
그	τελετη μυήσεως 뗄레띠 미이세오스	ημέρα του παιδιού 이메라 뚜 빼디우	επέτειος γάμου 에뻬띠오스 가무
라	Initiatio 이니티아티오	dies infantium 디에스 인판티움	anniversarius nuptiarum 아니버르사리우스 눕티아룸
러	посвящение 뻐스베쉐니예	день детей 졘 제쩨이	годовщина свадьбы 거다프쉬나 스바지비
중	成年仪式 / chéngniányíshì 청니엔이스	儿童节 / Értóng Jié 얼통지에	婚期纪念 / hūnqījìniàn 훈치지니엔
일	せいじんしき / 成人式 세-진시키	こどものひ / 子どもの日 코도모노히	けっこんきねんび / 結婚記念日 켓꼰키넨비

발렌타인데이	할로윈데이	추수 감사절(추석)	KOR
Valentine's Day 밸런타인 데이	Halloween 할로윈	Thanksgiving 쌩크스기빙	ENG
Saint-Valentin 쌩 발렁땡	Halloween 알로윈	action de grâce 악씨옹 드 그라스	FRA
Valentinstag 발렌틴스탁	Halloween 할로윈	Dankfest, Erntedankfest 당크페스트, 에른테당크페스트	GER
Dia de São Valentim 지아 지 써웅 발렝찡	Dia das Bruxas 지아 다스 브루샤스	Dia de Ação de Graças 지아 지 아써웅 지 그라싸스	POR
San Valentín 산 발렌띤	día de holloween 디아 데 올로윈	Día de acción de gracias 디아 데 악씨온 데 그라씨아스	ESP
San Valentino 싼 발렌티노	Giorno di Halloween 죠르노 디 알로윈느	Ringraziamento 링그라찌아멘또	ITA
ημέρα του Αγίου Βαλεντίνου 이메라 뚜 아기우 발렌디누	Των Αγίων Πάντων, χάλοουιν 톤 아기온 빤돈, 하로윈	ημέρα των ευχαριστιών 이메라 똔 에브하리스띠온	GRE
dies(Sancti)Valentini 디에스(상크티)발렌티니	vacunalia, festum vacunalium 바쿠날리아, 페스툼 바쿠날리쿰	gratulatio 그라툴라티오	LAT
день Святого Валентина 젠 스비또버 발롄찌나	Халоуин 할로윈	день Благодарения 젠 블라거다롄냐	RUS
情人节 / qíngrénjié 칭런지에	万圣节 / wànshèngjié 완셩지에	感恩节 / gǎnēnjié, 中秋节 / zhōngqiūjié 간언지에, 쭝치우지에	CHN
バレンタインデー 바렌타인데-	ハロウィンデー 하로윈데-	しゅうかくさい / 収穫祭 슈-카쿠사이	JPN

자선	봉사	노블리스 오블리제	KOR
charity 챠리티	service 서비스	noblesse oblige 노블레스 오블리이즈	ENG
charité 샤리떼	service 쎄르비스	noblesse oblige 노우블레스 오블리쥬	FRA
Wohltätigkeit 볼태티히카이트	Dienst 딘스트	noblesse oblige, Adel verpflichtet 노블레쎄 오블리게, 아델 페어플리히텔	GER
caridade voluntária 까리다지 볼룽따리아	serviço 쎄르비쑤	noblesse oblige 노블레씨 오블리쥐	POR
caridad 까리닷	servicio 세르비씨오	nobleza obliga 노블레싸 오블리가	ESP
atti di carita' 아띠 디 까리따	servizio 세르비찌오	la nobilta' obbliga 라 노빌리따 오블리가	ITA
ελεημοσύνη 에레이모시니	υπηρεσία 이삐레시아	υποχρεώση ευγενών 이뽀흐레오시 에브겐논	GRE
misericordia, eleemosyne 미세리코르디아, 엘레에모시네	ministerium 미니스테리움	beneficium 베네피키움	LAT
благотворительность 블라거프바리쩰너스츠	служба 슬루쥬바	положение обязывает 뻘라줴니예 아뱌즤바옛	RUS
慈善 / císhàn 츠샨	贡献 / gòngxiàn 꿍시엔	位高则任重 / weìgāozérènzhòng 웨이까오저런쭝	CHN
ジゼン / 慈善 지젠	ほうし / 奉仕 호-시	ノブレス・オブリージュ 노부레수 오부리-쥬	JPN

한	구세군	종소리	(크리스마스)자선냄비
영	Salvation Army 샐베이션 아미	the sound of a bell 더 사운드 오브 어 벨	christmas kettle 크리스마스 케틀
프	Armée du Salut 아르메 뒤 쌀뤼	son d'une cloche 쏭 뒨느 클로슈	marmite de charité 마르미뜨 드 샤리떼
독	Heilsarmee 하일스아메	Glockengeläut 글록켄젤로이트	Wohltätigkeitstopf 볼태티히카이츠톱프
포	Exército de Salvação 이제르씨뚜 지 싸우바써옹	som do sino 쏭 두 씨누	balde da caridade 바우지 다 까리다지
스	Ejército de Salvación 에헤르씨또 데 살바씨온	sonido de la campana 소니도 데 라 깜빠나	alcancia de navidad 알깐씨야 데 나비닷
이	Esercito di salvezza 에스카리또 디 살베짜	squilla 스퀼라	Salvadanaio pentola 살바다나이오 펜톨라
그	Στρατός της σωτηρίας 스트라또스 띠스 소띠리아스	ήχος της καμπάνας 니호스 띠스 까바나스	κατσαρόλα φιλανθρωπικίας *1 까차로라 파란쓰로삐아스
라	copiae savationis 코피에 사바티오니스	sonus 소누스	olla miseri cordiae 올라 미세리 코르디애
러	Армия Спасения 아르미냐 스빠쎼니야	колокольный звон 껄라꼴늬 즈본	благотворительный банк 블라고뜨바리쩰늬이 반크
중	救世军 / jiùshìjūn 치우스쥔	钟声 / zhōngshēng 쫑성	慈善募捐箱 / císhànjuānkuǎnxiāng 츠샨쥬엔콴샹
일	きゅうせいぐん / 救世軍 큐-세-군	かねのね / 鐘の音 카네노네	しゃかいなべ / 社会鍋 샤카이나베

참고: *1 χριστουγεννιάτικη 흐리스뚜겐니아띠끼(크리스마스)

한	재활	나눔	기부	헌납
영	rehabilitation 리해빌리테이션	sharing 셰어링	donation 도네이션	contribution 컨트리뷰션
프	réadaptation 레아답따씨옹	partage 파르따쥬	don 동	dédicace *1 데디까스
독	Rehabilitation 리하빌리타치온	Verteilung, Sharing 페어타일룽, 셰어링	Spende, Stiftung 슈펜테, 슈티프퉁	Beitrag, Spende 바이트락, 슈펜데
포	reabilitação 헤아빌리따써옹	divisão 지비저옹	contribuição 꽁뜨리부이써옹	doação 도아써옹
스	rehabilitación 레아빌리따씨온	adivinación 아디비나씨온	donativo 도나띠보	contribución 꼰뜨리부씨온
이	reinserimento 레인세리멘토	Divisione 디비지오네	contribuzione 콘트리부찌오네	offerta 오페르따
그	αναμόρφωση 아나모르포시	μοιρασία 미라시아	προσφορά 프로스포라	συνεισφορά 시니스포라
라	restitutio 레스티투티오	partitio 파르티티오	donum, donativum 도눔, 도나티붐	antributio 안트리부티오
러	реабилитация 레아빌리따찌야	подразделение 뻐드라즈젤례니예	дар 다르	жертвоприношение 제르프바프리나셰니예
중	再活 / zàihuó 짜이후오	分成 / fēnchéng 펀청	捐助 / juānzhù 쥬엔쭈	捐献 / juānxiàn 쥬엔시엔
일	しゃかいふっき / 社会復帰 샤카이훅끼	さいぶんかつ / 再分割 사이분카추	きふ / 寄付 키후	けんのう / 献納 켄노-

참고: *1 contribution 꽁뜨리뷔씨옹(기부, 기여)

초심리학	초능력	염력	KOR
parapsychology 패러사이칼러지	supernatural power 슈퍼네츄랄 파워	telekinesis 텔레키네시스	ENG
parapsychologie 빠랍씨꼴로지	pouvoir surnaturel 뿌부와르 쉬르나뛰렐	psychokinésie 씨꼬끼네지	FRA
Parapsychologie 파라프쉬홀로기	übernatürliche Kraft 위버나뛰얼리헤 크라프트	Telekinese 텔레키네제	GER
parapsicologia 빠라삐씨꼴로쥐아	poder supernatural 뽀데르 쑤뻬르나뚜라우	psicoquinesia 삐씨꼬끼네지아	POR
parasicología 빠라시꼴로히아	poder sobrenatural 뽀데르 소브레나뚜랄	sicoquinesis 시꼬끼네시스	ESP
parapsicologia 빠라쁘시꼴로쟈	potenza supernaturale 포뗀자 수페르나뚜랄레	psicocinesi 프시코치네지	ITA
παραψυχολογία 빠라읍시홀로기아	υπερφυσική δύναμη 이뻬르피시끼 디나미	τηλεκίνηση 띨레끼니시	GRE
parapsychologia 파라씨콜로기아	vis metaphysicae 비스 메타피시카에	animi commotio 아니미 콤모티오	LAT
парапсихология 파랍시할로기야	сверхъестественная сила 스베르히예스쩨스프벤나야 실라	психокинез 프시호키네스	RUS
超心理学 / chāoxīnlǐxué 차오씬리슈에	超能力 / chāonénglì, 特功 / tègōng 차오넝리, 터꿍	意志力 / yìzhìlì 이쯔리	CHN
ちょうしんりがく / 超心理学 쵸-신리가쿠	ちょうのうりょく / 超能力 쵸-노-료쿠	ねんりき / 念力 넨리키	JPN

심령술	최면술	연금술	비술	KOR
spiritualism 스피리츄얼리즘	hypnotism [1] 히프너티즘	alchemy 알커미	occult 오컬트	ENG
spiritisme 스삐리띠즘	hypnotisme 이프노띠즘	alchimie 알쉬미	sciences occultes 씨앙스 오뀔뜨	FRA
Spiritismus 슈피리티스무스	Hypnose 휩노제	Alchemie 알히미	das Okkulte 다스 오쿨테	GER
espiritualismo 이스삐리뚜알리즈무	hipnotismo 입노찌즈무	alquimia 아우끼미아	ocultismo 오꾸우찌즈무	POR
espiritualismo 에스삐리뚜알리스모	hipnotismo 입노띠스모	alquimia 알끼미아	ocultismo 오꿀띠스모	ESP
ectoplasma 엑토플라즈마	ipnotismo 이쁘노띠스모	alchimia 알끼미아	arte segreta 아르테 세그레타	ITA
πνευματισμός 쁘네브마띠즈모스	υπνωτισμός 이쁘노띠즈모스	αλχημεία 알히미아	αποκρυφισμός 아뽀크리피즈모스	GRE
adspiratio 아드스피라티오	somnulentia 솜물렌티아	alchymia 알키미아	occultus 옥쿨투스	LAT
спиритизм 스피리티즘	гипнотизм 기프노피즘	алхимия 알히미야	оккультные науки 아꿀트늬예 나우끼	RUS
心灵术 / Vxīnlíngshù 씬링수	催眠术 / cuīmiánshù 췌이미엔수	冶炼术 / yěliànshù 예리엔수	袖里春秋 / xiùlǐchūnqiū 시우리춘치우	CHN
しんれいじゅつ / 心霊術 신레이주추	さいみんじゅつ / 催眠術 사이민쥬추	れんきんじゅつ / 錬金術 렌킨쥬추	オカルト 오카루토	JPN

동의어: [1] hypnosis 히프너시스

한	천리안	텔레파시	암시	환각
영	clairvoyance 클레어보이언스	telepathy 틸레퍼씨	suggestion *1 서제스쳔	hallucination 헐루시네이션
프	voyance 브와이앙스	télépathie 뗄레빠띠	suggestion 쒸제스띠옹	hallucination 알뤼씨나씨옹
독	Hellsehen 헬제엔	Telepathie 텔레파티	Suggestion 주게스티온	Halluzination 할루치나치온
포	clarividência 끌라리비뎅씨아	telepatia 뗄레빠찌아	sugestão 쑤줴스떠웅	alucinação 알루씨나써웅
스	doble vista 도블레 비스따	telepatía 뗄레빠띠아	alusión 알루시온	alucinación 알루씨나씨온
이	chiaroveggenza 끼아로벳젠짜	telepatia 뗄레빠찌아	accenno 아첸노	allucinazione 알루치나찌오네
그	διορατικότητα 디오라띠꼬띠따	τηλεπάθεια 띨레빠씨아	πρόταση, υπόδειξη 프로따시, 이뽀딕시	ψευδαίσθηση 프세브다스씨시
라	claritas visus 클라리타스 비수스	telepassio 뗄레빠씨오	significatio 시그니피카티오	allucinatio 알루키나티오
러	ясновидение 야스나비데니예	телепатия 텔레빠찌예	предложение 프레들라제니예	галлюцинация 갈류찌나찌야
중	千里眼 / qiānlǐyǎn 치엔리앤	传心术 / chuánxīnshù 추안씬수	暗示 / ànshì 안스	幻觉 / huànjué 환쥬에
일	せんりがん / 千里眼 센리간	テレパシー 테레파시-	あんじ / 暗示 안지	げんかく / 幻覚 겐카쿠

동의어: *1 allusion 아루션

한	황홀감	공상	전설	신화
영	ecstasy 엑스터시	fantasy 환타지	legend 레전드	myth 미쓰
프	extase 엑스따즈	fantaisie 팡떼지	légende 레쟝드	mythe 미프
독	Ekstase 엑스타제	Phantasie 환타지	Sage, Legende 자게, 레겐데	Mythos 뮈토스
포	êxtase 에스따지	fantasia 팡파지아	lenda 렝다	mito 미뚜
스	éxtasis 에스따시스	fantasía 판파씨아	leyenda 레옌다	mito 미또
이	estasi 에스따시	fantasia 판타지아	leggenda 렛젠다	mitologia 미톨로쟈
그	έκσταση 엑스따시	φαντασία *1 판다시아	θρύλος 쓰릴로스	μύθος 미쏘스
라	elatio voluptaria 엘라티오 볼룹타리아	phantasia 판타시아	auditio, fabula 아우디티오, 파불라	fabula 파불라
러	экстаз 엑스따스	фантазия 판따지야	легенда 레겐다	миф 미프
중	恍惚感 / huǎnghūgǎn 황후간	空想 / kōngxiǎng *2 콩샹	传说 / chuánshuō 추완수오	神话 / shénhuà 션화
일	こうこつかん / 恍惚感 코-코추칸	くうそう / 空想 쿠-소-	でんせつ / 伝説 덴세추	しんわ / 神話 싱와

동의어: *1 φαντασίωση 판다시오시, *2 梦想 / mèngxiǎng 명샹

신화(미토스)	용	봉황, 불사조	주작	KOR
mythos 미토스	dragon 드레곤	phoenix 피닉스	vermillion bird 버밀리언 버드	ENG
mythos 미토스	dragon 드라공	phénix, phoenix 뾔닉스, 뾔닉스	Oiseau vermillon 우와조 베르미이옹	FRA
Mythos 뮈토스	Drache 드라헤	Phönix 뾔닉스	Roter Vogel 로터 포겔	GER
Mitos 미뚜스	dragão 드라거옹	fênix 페닉스	pavão vermelho 빠버옹 베르멜유	POR
Mitos 미토스	dragón 드라곤	fénix 페닉스	fénix 페닉스	ESP
mito 미토	drago 드라고	fenice 페니체	cremisino pavone 크레미지노 파보네	ITA
μύθος 미토스	δράκων 드라콘	Φοίνιξ 피닉스	κόκκινο παγώνι [3] 꼬끼노 파고니	GRE
fabula 파불라	draco 드라코	phoenix 포에닉스	ruber pavo 루버 파보	LAT
миф 미프	дракон 드라콘	феникс 페닉스	птица вермишель 프찌짜 베르미셸	RUS
神话 / shénhuà 선화	龙 / lóng 룽	凤凰 / fènghuáng [1] 펑황	朱雀 / zhūquè 주츄에	CHN
しんわ / 神話, ミトス 싱와, 미토수	りゅう / 龍 류-	ほうおう / 鳳凰 [2] 호-오-	すざく / 朱雀 수자쿠	JPN

동의어: [1] 火凤凰 / huǒfènghuáng 후오펑황(불사조), [2] ふしちょう / 不死鳥 후시쵸-(불사조),
참고: [3] (κινέζικος αστερισμός) (기네 지코스 아스테리즈모스)

기린	유니콘	페가수스	스핑크스	KOR
Qilin 퀴린	unicorn 유니콘	pegasus 페가서스	Sphinx 스핑스	ENG
girafe 지라프	licorne 리꼬르느	pégase 뻬가즈	sphinx 스팽스	FRA
Qilin 킬린	Einhorn 아인호언	Pegasus 페가주스	Sphinx 스핑크스	GER
girafa 쥐라파	unicórnio 우니꼬르니우	Pégaso 뻬가주	esfinge 이스핑쥐	POR
Quilin 끼린	unicornio 우니꼬르니오	Pegaso 뻬가수스	esfinge 에스핑헤	ESP
liocorno 리오코르노	unicorno 우니코르노	Pegaso 페가소	sfinge 스핀제	ITA
καμηλοπάρδαλις 까밀로빠르달리스	μονόκερως 모노께로스	πήγασος 삐가소스	σφίγγα 스핑가	GRE
camelopardalis 카멜로파르달리스	unicórnis 우니코르니스	Pegasus 페가수스	Sphinx 스핑스	LAT
жирафа 지라파	единорог 예지나록	пегас 페가스	сфинкс 스핀크스	RUS
麒麟 / qílín 치린	独角兽 / dújiǎoshòu 뚜지아오셔우	珀加索斯 / pòjiāsuǒsī 포지아수오쓰	斯芬克斯 / sīfēnkèsī 쓰펀커쓰	CHN
きりん / 麒麟 키린	ユニコーン 유니콘	ペガサス 파가사수	スフィンクス 수휜쿠수	JPN

한	거인	올림포스	신전	제우스
영	Giant 자이언트	Olympus 올림퍼스	shrine 슈라인	Zeus 제우스
프	géant 제앙	Olympe 올렝프	temple 떵쁠	Zeus 제우스
독	Riese *1 리제	Olympus 올륌프	Heiligtum 하일리히툼	Zeus 체우스
포	gigante 쥐강찌	Olimpo 올링뿌	santuário 쌍뚜아리우	Zeus 제우스
스	gigante 히간떼	olimpo 올림뽀	santurio 산뚜리오	Zeus 쎄우스
이	gigante 지간떼	Olimpo 올림포	santuario 산뚜아리오	Zeus 제우스
그	γίγαντας 기간다스	Όλυμπος 올림보스	ναός 나오스	Δίας 디아스
라	Gigas 기가스	Olympus 올림푸스	aedes *2 아에데스	Jupiter, Jovis 쥬피터, 조비스
러	великан 벨리칸	Олимп 알림프	святыня 스뱌쯰냐	Зевс 제프스
중	巨人 / jùrén 쥐렌	奥林巴斯 / àolínbāsī 아오린빠쓰	神殿 / shéndiàn 션띠엔	宙斯 / Zhòusī 쩌우쓰
일	きょじん / 巨人 쿄진	オリンパス 오린파수	しんでん / 神殿 신덴	ゼウス 제우수

동의어: *1 Gigant 기간트, Titan 티탄, *2 templum 템프룸, reliquiarum scrinium 렐리쿠이아룸 스크리니움

한	헤라(주노)	헤라클레스	가이아	아테나
영	Hera, Juno 헤라, 주노	Heracles 헤라클리스	Gaea, Gaia 지아, 가이아	Athena 아띠나
프	Héra, Junon 에라, 쥐농	Héraclès 에라클레스	Gaïa 가이아	Athéna 아떼나
독	Hera, Juno 헤라, 유노	Herakles 헤라클레스	Gaia, Gäa 가이아, 개아	Athene 아테네
포	Hera, Juno 에라, 쥬누	Hércules 에르꿀리스	Gaia 가이아	Atena 아떼나
스	Hera, Juno 에라, 주노	Hercules 에르꿀레스	Gaia 가이아	Atena 아떼나
이	Era, Juno 에라, 주노	Ercole 에르꼴레	gaia 가이아	Atena 아테나
그	Ήρα 이라	Ηρακλής 이라글리스	Γαία 게아	Αθηνά 아씨나
라	Hera, Juno 헤라, 유노	Hercules 히쿠레스	Terra 테라	Minerva 미네르바
러	Гера, Джуно 게라, 주노	Херакл з 헤라클스	Гея 게야	Афина 아피나
중	赫拉 / Hèlā *1 허라	赫拉克勒斯 / hèlākèlèisī 허라커레이쓰	地神该亚 / Dìshéngāiyà 띠션까이야	雅典娜 / Yǎdiǎnnà 야띠엔나
일	ヘラ, ユノ 헤라, 유노	ヘラクレス 헤라쿠레수	ガイア 가이아	アテナ 아테나

동의어: *1 朱诺 / Zhū nuò 주누오

426

아폴론	아르테미스	아프로디테	피그말리온	KOR
Apollo 어폴로	Artemis 아터미스	Aphrodite 아프로다이티	Pygmalion 피그메밀리온	ENG
Apollon 아뽈롱	Artémis 아르떼미스	Aphrodite 아프로디프	Pygmalion 피그말리옹	FRA
Apollo 아폴로	Artemis 아아테미스	Aphrodite 아프로디테	Pygmalion 퓌그말리온	GER
Apolo 아뽈루	Ártemis 아르찌미스	Afrodite 아프로지찌	Pigmalião 삐기말리어웅	POR
Apolo 아뽈로	Artemis 아르떼미스	Venus 베누스	Pigmalion 삐그말리온	ESP
Apollo 아폴로	Artemide 아르테미데	Afrodite 아프로디테	pigmalione 피그말리오네	ITA
Απόλλων 아뽈론	Άρτεμις 아르떼미스	Αφροδίτη 아프로디띠	Πυγμαλίων 삐그말리온	GRE
Apollo 아폴로	Diana 디아나	Venus 베누스	Pygmalion 피그마리온	LAT
Аполлон 아폴론	Артемида 아르테미다	Афродита 아프라지따	Пигмалион 피그말리온	RUS
阿波罗 / Āboluó [1] 아뽀루오	阿提密丝 / Ātímìsī 아티미쓰	阿芙罗狄蒂 / Āfúluódídì 아푸루오디디	皮格马利翁 / Pígēmǎlìwēng 피거마리웡	CHN
アポロン 아포론	アルテミス 아루테미수	アフロディーテ 아후로디-테	ピグマリオン 피구마리온	JPN

동의어: *1 太阳神 / tàiyángshén 타이양션

아도니스	사이렌	페르세우스	포세이돈	KOR
Adonis 어도니스	Siren 사이렌	Perseus 퍼시어스	Poseidon 포사이돈	ENG
Adonis 아도니스	Siren 시렌	Persée 뻬르쩨	Poséidon 뽀세이동	FRA
Adonis 아도니스	Sirene 지레네	Perseus 페르제우스	Poseidon 포세이돈	GER
Adonis 아도니스	Sirene 씨레니	Perseu 뻬르쎄우	Poseidon 뽀제이동	POR
Adonis 아도니스	Sirena 시레나	Perseus 뻬르세우스	Poseidon 뽀세이돈	ESP
Adonis 아도니스	Sirena 시레나	Perseo 페르세오	Poseidone 포세이도네	ITA
Άδωνις 아도니스	Σειρήνα 시리나	Περσέας 뻬르세아스	Ποσειδώνας 뽀시도나스	GRE
Adoneus 아도네우스	Siren 시렌	Perseus 페르세우스	Poseidon 포세이돈	LAT
Адонис 아도니스	Сирена 씨례나	Персей 페르쩨이	Посейдон 파셰이돈	RUS
阿多尼斯 / Āduōnísī 아뚜오니쓰	塞壬 / Sàirén 싸이런	珀尔修斯 / Pòěrxiūsī 포얼시우쓰	波塞冬 / Bōsāidōng 뽀싸이똥	CHN
アドニス 아도니수	サイレン 사이렌	ペルセウス 페루세우수	ポセイドン 포세이돈	JPN

한	에로스	프시케	나르시스	뮤즈
영	Eros 에로스	Psyche 사이키	Narcissus 나르시서스	Muse 뮤즈
프	Éros 에로스	Psyché 프시케	Narcisse 나르시쓰	Muse 뮈즈
독	Eros 에로스	Psyche 프지헤	Narziß 나르치스	Muse 무제
포	Eros 에루스	Psiquê 삐시께	Narciso 나르씨주	Musa 무자
스	Eros 에로스	Psike 쁘시께	Narciss 나르씨스	Musa 무사
이	Eros 에로스	psiche 프시께	Narciso 나르치조	Musa 무사
그	Ἔρως 에로스	Ψυχή 읍시히	Νάρκισσος 나르끼소스	Μούσα 무사(Mousa)
라	Cupido 쿠피도	Psyche(Anima) 프시케(아니마)	Narcissus 나르키쑤스	Musa 무사
러	Эрос 애라스	Психее 프시헤예	Нарцисс 나르찌스	муза 무자
중	爱罗斯 / Àiluósī 아이루오쓰	赛姬 / Sàijī 싸이지	奈西瑟斯 / Nàixīsèsī 나이시써쓰	缪斯女神 / Móusīnǚshén 모우스뉘션
일	エロス 에로수	プシケ 푸시케	ナルシス 나루시수	ミューズ 뮤-주

한	헤르메스	아누비스	마이다스의 손	케르베로스
영	Hermes 허미스	Anubis 아누비스	Midas touch 마이다스 터치	Kerberos 커버러스
프	Hermès 에르메스	Anubis 아뉘비스	Midas main 미다스 멩	Kerbéros 케르베로스
독	Hermes 헤르메스	Anubis 아누비스	das Midas-Händchen 다스 미다스 핸트헨	Kerberos 케르베로스
포	Hermes 에르미스	Anúbis 아누비스	mão de Midas 머웅 지 미다스	Cérbero 쎄르베루
스	Hermes 에르메스	anubis 아누비스	Toque de Midas 또께 데 미다스	Kerberos 께르베로스
이	Ermes 에르메스	Anubis 아누비스	mano di Mida 마노 디 미다	Cerbero 체르베로
그	Ερμής 에르미스	Ἄνουβις 아누비스	χέρι του Μίδα 헤피 뚜 미다	Κέρβερος 께르베로스
라	Hermes 헤르메스	Anubis 아누비스	Manus Midae 마누스 미다에	Cerberus 세르베루스
러	Гермес 계르메스	Анубис 아누비스	Рука Мидаса 루까 미다싸	Цербер 쩨르베르
중	赫耳墨斯 / Hèěrmòsī 허얼모쓰	阿努比斯 / Ānǔbǐsī 아누비쓰	麦得斯的手 / Màidésīdeshǒu 마이더쓰더셔우	–
일	ヘルメス 헤루메수	アヌビス 아누비수	マイダスのて / マイダスの手 마이다수노테	ケルベロス 케루베로수

히드라	군신 마르스	비너스	판테온	KOR
hydra 하이드라	Mars 말즈	Venus 비너스	Pantheon 팬띠온	ENG
Hydre 이드르	Mars 마르스	Vénus 베뉘스	Panthéon 팡떼옹	FRA
Hydra 휘드라	Mars 마르스	Venus 베누스	Pantheon 판테온	GER
Hidra 이드라	Mars 마르스	Vênus 베누스	Panteão 빵떼어웅	POR
Hidra 이드라	Ares 아레스	Venus 베누스	Panteon 빤떼온	ESP
Idra 이드라	dio Marte 디오 마르떼	venere 베네레	pantheon 판테온	ITA
Ύδρα 이드라	Άρης 아리스	Αφροδίτη 아프로디띠	Πάνθεον 판쩨온	GRE
Hydra 히드라	Mars 마르스	Venus 베누스	Pantheon 판테온	LAT
гидра 기드라	Марс 마르스	Венера 베네라	Пантеон 판테온	RUS
许德拉 / Xŭdélā 쉬더라	战神 / zhànshén 쨘션	维纳斯 / Wéinàsī 웨이나쓰	万神殿 / wànshéndiàn 완션띠엔	CHN
ヒドラ 히도라	ぐんしんマルス / 軍神マルス 군신 마루수	ビーナス 비-나수	パンテオン 판테온	JPN

판도라의 상자	레테의 강	설인	KOR
Pandora's box 판도라의 박스	river lethe 리버 리띠	snowman [1] 스노우맨	ENG
boîte de Pandore 브와뜨 드 팡도르	fleuve de l'oubli 플레브 드 루불리	bonhomme de neige 보놈므 드 네쥬	FRA
Büchse der Pandora 뷔흐제 데어 판도라	Lethe 레테	Schneemensch 슈네멘슈	GER
caixa de Pandora 까이샤 지 빵도라	rio Lete 히우 레찌	homem das neves, Yeti 오멩 다스 네비스, 예찌	POR
caja de Pandora 까하 데 빤도라	río Lete 리오 레떼	muñeco de nieve 무녜꼬 데 니에베	ESP
Scatola del Pandora 스카톨라 델 판도라	il fiume di oblivion 일피우메 디 오블리비온	glossofaringèo 글로쏘파린제오	ITA
κουτί της Πανδώρας 쿠띠 띠스 판도라스	ποταμός της λήθης 뽀따모스 띠스 리씨스	χιονάνθρωπος, γιέτι 히오난쓰로쁘스, 예띠	GRE
arca(cista)Pandorae 아르카(시스타)판도래	fluvius Lethae(Lethe) 플루비우스 레태	homo nivis 호모 니비스	LAT
ящик Пандоры 야쉭 빤도릐	река забвение 레카 자브베니예	Снеговик 스네가빅	RUS
潘多拉的盒子 / pānduōlādehézi 판뚜오라더허즈	忘川 / wàngchuān 왕추완	雪人 / xuěrén 슈에렌	CHN
パンドラのはこ / パンドラの箱 판도라노 하코	レーテー 레-테-	ゆきおとこ / 雪男 유키오토코	JPN

동의어: [1] yeti 예티(티베트어)

한	복마전(伏魔殿)	메두사	악마	흡혈귀
영	Pandemonium 팬터모니엄	Medusa 메두사	devil 데빌	vampire 뱀파이어
프	pandémonium 빵데모니엄	Méduse 메뒤즈	diable 디아블	vampire 방삐르
독	Höllenlärm 횔렌래름	Meduse 메두제	Teufel 토이펠	Vampir 밤피어
포	pandemônio 빵데모니우	Medusa 메두자	diabo 지아부	vampiro 방삐루
스	pandemónim 판데모님	Medusa 메두사	diablo 디아블로	vampiro 밤삐로
이	pandemônio 판데모니오	medusa 메두사	diavolo 디아볼로	vampiro 밤피로
그	πανδαιμόνιο 빤대모니오	Μέδουσα 메두사	διάβολος 디아볼로스	βρυκόλακας 브리꼴라까스
라	Pandemonium 판데모니움	Medusa 메두사	diabopus 디아보푸스	lamia 라미아
러	столпотворéние 스딸파뜨바레니예	медуза 메두자	дьявол 지아볼	вампир 밤피르
중	伏魔殿 / fúmódiàn 푸모디엔	美杜莎 / Měidùshā 메이뚜샤	恶魔 / èmó 어모	吸血鬼 / xīxuèguǐ 시슈에꿔이
일	ふくまでん / 伏魔殿 후쿠마덴	メドゥーサ 메두-사	あくま / 悪魔 아쿠마	きゅうけつき / 吸血鬼 큐-케추키

한	유령	몽마	강시
영	ghost 고스트	nightmare 나잇메어	jiang shi *1 쟝시
프	fantôme 팡똠	cauchemar 꼬슈마르	jiangshi *2 쟝쉬
독	Geist 가이스트	Alptraum 알프트라움	Jiang Shi 양시
포	fantasma 팡따즈마	Íncubo 잉꾸부	cadáver congelado ainda não cremado 까다베르 꽁젤라다 아잉다 너웅 끄레마두
스	fantasma 판따스마	Pesadilla 뻬사디야	Zombies Chinos 솜비스 치노스
이	fantasma 판타즈마	sùccube 수꾸베	cadavere ghiacciato 카다베레 기아챠또
그	φάντασμα 판다즈마	εφιάλτης βραχνάς 에피알띠스 브라흐나스	γιανγκ-σι(κινέζικο φάντασμα) 걍-시(끼네지꼬 판다즈마)
라	lemures 레무레스	incubo 인쿠보	conglauafus cadaver 콩글라우아푸스 카다베르
러	призрак 쁘리즈라크	кошмар 카슈마르	замороженный труп 자마로줸느이 프루프
중	鬼 / guǐ, 幽灵 / yōulíng 꿔이, 요우링	梦魔 / mèngmó 멍모	僵尸 / jiāngshī 지앙스
일	ゆうれい / 幽霊 유-레-	ナイトメア / ナイトメア 나이토메아	キョンシー / キョンシー 콘시-

동의어: *1 hopping vampire 호핑 뱀파이어, *2 vampire chinois 방피르 쉬누아, zombie chinois 좀비 쉬누아

호박유령	늑대인간	사신, 저승사자	KOR
Jack-O-Lantern 잭오랜턴	werewolf 월울프	Grim Reaper 그림 리퍼	ENG
citrouille d'Halloween 씨뜨루이으 달로윈	loup-garou 루 가루	démon 데몽	FRA
Kürbislaterne 퀴르비스라테르네	Werwolf 베어볼프	Tod, Todesgott, Sensenmann 토드, 토데스고트, 젠젠만	GER
fantasma de abóbora 팡파즈마 지 아보보라	lobisomem 로비조멩	mensageiro da morte 멩싸줴이루 다 모르찌	POR
fantasma con calabaza 판파스마 꼰 깔라바사	hombre lobo 옴브레 로보	demonio 데모니오	ESP
fantasma zucca 판타스마 주까	licantropo 리칸트로포	demonio 데모니오	ITA
κολοκύθα του Χάλογουιν 꼴로끼싸 뚜 할로윈	λυκάνθρωπος 리깐쓰로뽀스	Χάρος, Χάρων 하로스, 하론	GRE
larva curbitae 라르바 쿠르비태	versipellis 베르시펠리스	diabolus moris 디아볼루스 모리스	LAT
тыква призрак 띄크바 쁘리즈라크	оборотень 오바러쩬	демон 제먼	RUS
南瓜鬼 / nánguāguǐ 난과꿔이	狼人 / lángrén 랑런	追命鬼 / zhuīmíngguǐ 쮀이밍꿔이	CHN
カボチャのゆうれい / カボチャの幽霊 가보차노유-레-	おおかみおとこ / 狼男 오-카미오토코	しにがみ / 死神 시니가미	JPN

도깨비	수호신	퇴마사	마법사	KOR
goblin 고블린	tutelary deity 투터라리 디에티	Exorcist 엑소시스트	wizard 위저드	ENG
dokkaebi, gobelin 도깨비, 고블랭	divinité gardienne 디비니떼 가르디엔느	exorciste 에그조르시스프	magicien 마지씨앙	FRA
Kobold 코볼트	Schutzgott 슈츠고트	Exorzist 엑초어치스트	Zauberer 차우버러	GER
fantoche 팡또쉬	deus da proteção 데우스 다 쁘로떼써웅	exorcista 이조르씨스따	mágico 마쥐꾸	POR
duende 두엔데	santo patrón 산또 빠뜨론	exorcista 엑쏘르씨스따	mago 마고	ESP
spettro 스페뜨로	santo patrono 산또 파트로노	esorcista 에소르치스타	mago 마고	ITA
καλικάντζαρος *1 까리깐자로스	προστάτης άγιος 프로스따띠스 아기오스	εξορκιστής 엑소르끼스띠스	μάγος 마고스	GRE
cobolorum 코볼로룸	divus patronus 디부스 파드로누스	adjurator, exorcistae 아드유라토, 엑소르키스태	magus 마구스	LAT
гоблин 고블린	Бог-хранитель 혹-흐라니쩰	экзорцист 액조르찌스트	волшебник 발쉐프닉	RUS
鬼 / guǐ 꿔이	守护神 / shǒuhùshén 셔우후션	裱魔师 / fúmóshī 푸모스	魔法师 / mófǎshī 모파쉬	CHN
おばけ 오바케	しゅごしん / 守護神 슈고신	エクソシスト 에쿠소시수토	まほうつかい / 魔法使い 마호-쭈카이	JPN

동의어: *1 διαβολάκι 디아볼라끼

2-9. 언어

한	언어	외국어	문장	발성
영	language 랭귀지	foreign language 파린 랭귀지	sentence 센텐스	vocalization 보칼라이제이션
프	langue 랑그	langue étrangère 랑그 에뜨랑제르	phrase 프라즈	vocalisation 보깔리자씨옹
독	Sprache 슈프라헤	Fremdsprache 프렘트슈프라헤	Satz 자츠	Stimmbildung *2 슈팀빌둥
포	língua *1 링구아	língua estrangeira 링구아 이스프랑줴이라	frase 프라지	pronunciação 쁘로눙씨아써웅
스	idioma 이디오마	lenguaje extranjera 렝구아헤 엑스프랑헤라	oración 오라씨온	sonido 소니도
이	lingua 링구아	lingua straniera 링구아 스트라니에라	frase 프라제	pronuncia 프로눈치아
그	γλώσσα 글롯사	ξένη γλώσσα 윽세니 글롯사	πρόταση 프로따시	άρθρωση 아르쓰로시
라	lingua 링구아	lingua alierna 링구아 알리에르나	sententia 센텐티아	articulatio 아르티쿨라티오
러	язык 야직	иностранный язык 인너스트란느이 야직	предложение 쁘리들라줴니예	вокализация 보칼리자쯔야
중	语言 / yǔyán 위앤	外国语 / wàiguóyǔ 와이구어위	文章 / wénzhāng 원짱	发声 / fāshēng 파셩
일	げんご / 言語 겐고	がいこくご / 外国語 가이코쿠고	ぶんしょう / 文章 분쇼-	はっせい / 発声 핫쎄-

동의어: *1 língua vernácula 링구아 베르나꿀라, *2 Phonation 포나치온

한	발음	음성, 목소리	모음	자음
영	pronunciation 프러넌시에이션	voice 보이스	vowel 바우얼	consonant 칸서넌트
프	prononciation 프로농씨아씨옹	voix 브와	voyelle 브와이엘	consonne 꽁쏜느
독	Aussprache 아우스슈프라헤	Stimme 슈팀메	Vokal 보칼	Konsonant 콘조난트
포	pronúncia 쁘로눙씨아	voz 보스	vogal 보가우	consoante 꽁소앙찌
스	pronunciación 쁘로눈씨아씨온	voz 보스	vocal 보깔	consonante 꼰소난떼
이	pronuncia 프로눈치아	voce 보체	vocale 보깔레	consonante 꼰소난떼
그	προφορά 프로포라	φωνή 포니	φωνήεν 포니엔	σύμφωνο 심포노
라	pronuntiatus 프로눈치아투스	vox, sonus 복스, 소누스	vocalis 보칼리스	consonans 콘소난스
러	произношение 쁘러이즈나쉐니예	голос 골로스	гласная буква 글라스느이 즈북	согласная буква 싸글라스나야 부트바
중	发音 / fāyīn 파인	声音 / shēngyīn 셩인	母音 / mǔyīn 무인	字音 / zìyīn 쯔인
일	はつおん / 発音 하추온	おんせい / 音声, こえ / 声 온세-, 코에	ぼいん / 母音 보인	しいん / 子音 시인

악센트	억양	강조	평음(平音)	KOR
accent 액센트	intonation 인토네이션	emphasis 엠퍼시스	lax consonants 렉스 컨서넌트	ENG
accent 악쌍	intonation 엥토나씨옹	emphase 앙파즈	consonne douce 꽁쏜느 두스	FRA
Akzent 악첸트	Intonation *1 인토나치온	Betonung 베토눙	Stimmhaft 슈팀하프트	GER
acento 아쎙뚜	entonação 잉또나써웅	ênfase 엥파지	som normal 쏭 노르마우	POR
acento 아쎈또	entonación 엔또나씨온	énfasis 엔파시스	consonantes simples 꼰소난떼스 심플레스	ESP
accento 앗쎈또	intonazione 인토나찌오네	enfasi 엔파시	suono normale 수오노 노르말레	ITA
τόνος 또노스	τόνος 또노스	έμφαση 엠파시	κανονική φωνή 까노니끼 포니	GRE
accentus 악첸투스	tenor, accentus 테노르, 아쎈투스	vis in dicendo 비스 인 디첸도	vox plana 복스 플라나	LAT
акцент 아크쩬트	интонация 인따나찌야	ударение 우다례니예	мягкие согласные 먀흐끼예 싸글라스늬예	RUS
调 / diào 띠아오	语调 / yǔdiào 위띠아오	强调 / qiángdiào 치앙띠아오	平音 / píngyīn 핑인	CHN
アクセント 아쿠센토	よくよう / 抑揚 요쿠요-	きょうちょう / 強調 쿄-쵸-	へいおん / 平音 헤-온	JPN

동의어: *1 Betonung 베토눙

격음	파열음	비음	문자	KOR
aspiration 어스피레이션	plosive 플로시브	nasal 네이즐	letter 레터	ENG
aspiration 아스피라씨옹	plosive 플로지브	nasal 나잘	lettre, caractère 레트르, 까락떼르	FRA
Aspiration 아스피라치온	Plosiv 플로시프	Nasal 나잘	Schrift 슈리프트	GER
estridente 이스프리뎅찌	explosivo 이스쁠로지부	nasal 나자우	letra, caráter 레프라, 까라떼르	POR
aspiración 아스삐라씨온	sonido explosive 소니도 엑스쁠로시브	sonido nasal 소니도 나살	letra, carácter 레프라, 까락테르	ESP
aspirazione 아스피라지오네	Consonante occlusiva 콘소난떼 오끌루지바	nasale 나살레	lettera, carattere 레테라, 카렛테르	ITA
εισπνοή 이스쁘노이	έκκροτος φθόγγος 엑크로또스 프쏭고스	ρινικός 리니꼬스	γράμμα 그람마	GRE
adspiratio soni 아드스피라티오 소니	consonans eruptionis 콘소난스 에룹티오니스	sonus nasalis *2 소누스 나살리스	systema scripturae 시스테마 스크립투래	LAT
придыхательные согласные 프리듸하쩰늬예 싸글라스늬예	взрывнóй 브즈리브노이	назальный 나잘느이	буква 부크바	RUS
隔音 / géyīn 거인	塞音 / sèyīn *1 써인	鼻音 / bíyīn 비인	文字 / wénzì 원즈	CHN
げきおん / 激音 게키온	はれつおん / 破裂音 하레추온	びおん / 鼻音 비온	もじ / 文字 모지	JPN

동의어: *1 破裂音 / pòlièyīn 포리에인, *2 vox nasalis 복스 나살리스

한	표음문자	표의문자	상형문자	문법
영	phonogram 풔너그램	ideogram 이디오그램	hieroglyphic 하이어러그리픽	grammer 그래머
프	phonogramme 포노그람	idéogramme 이데오그람	hiéroglyphe 이에로글리프	grammaire 그라메르
독	Begriffszeichen 베그리프차이헨	Ideogramm 이데오그람	Hieroglyphe 히에로글뤼페	Grammatik 그라마틱
포	fonograma 포노그라마	ideograma 이지우그라마	hieróglifo 이에로글리푸	gramática 그라마찌까
스	fonograma 포노그라마	ideograma 이데오그라마	jeroglífico 헤로글리피코	gramática 그라마띠까
이	simboli fonetici 심볼리 포네티키	ideogramma 이데오그람마	geroglifico 제로글리피코	grammatica 그람마디까
그	φωνόγραμμα 포노그람마	ιδεόγραμμα 이데오그라마	ιερογλυφικά 이에로글리피까	γραμματική 그람마띠끼
라	phonogrammum 포노그람뭄	ideogrammum 이데오그람뭄	hieroglyph 히에로그리프	grammatica 그람마치카
러	фонети́ческий знак 파네찌췌스끼 즈낙	идеогра́мма 이제아그람마	иероглиф 이예로글리프	грамматика 그라마찌까
중	表音文字 / biǎoyīnwénzì 뱌오인원즈	表意文字 / biǎoyìwénzì 뱌오이원즈	象形文字 / xiàngxíngwénzì 시앙싱원즈	语法 / yǔfǎ 위파
일	ひょうおんもじ / 表音文字 효-온모지	ひょういもじ / 表意文字 효-이모지	しょうけいもじ / 象形文字 쇼-케-모지	ぶんぽう / 文法 분포-

한	문체	구	절	어휘
영	literary style 리터라리 스타일	phrase 프레이즈	paragraph 패러그래프	vocabulary 버케뷸러리
프	style 스띨	locution 로뀌씨옹	paragraphe 빠라그라프	vocabulaire 보까뷜레르
독	Stil 슈틸	Phrase, Ausdruck 프라제, 아우스드룩	Abschnitt 압슈니트	Wortschatz 보르트샤츠
포	estilo literário 이스찔루 리떼라리우	locução 로꾸써옹	parágrafo 빠라그라푸	vocabulário 보까불라리우
스	estilo literario 에스띨로 리떼라리오	frase 프라세	parágrafo 빠라그라포	vocabulario 보까불라리오
이	stilo letterario 스틸로 레테라리오	frase 프라제	paragrafo 빠라그라포	vocabolario 보까볼라리오
그	λογοτεχνικό ύφος 로고떼흐니꼬 이포스	φράση 프라시	παράγραφος 빠라그라포스	λεξιλόγιο 렉실로기오
라	dictámen 딕타멘	phrasis, dictio 프라시스, 딕티오	paragraphus 파라그라푸스	verborum supellex 베르보룸 수펠렉스
러	литературный стиль 리쩨라뚜르느이 스찔	фраза 프라자	параграф 빠라그라프	лексика 렉씨카
중	文体 / wéntǐ 원티	句子 / jùzi 쥐즈	节 / jié, 段 / duàn 지에, 뚜안	词汇 / cíhuì 츠훼이
일	ぶんたい / 文体 분타이	く / 句 쿠	せつ / 節 세추	ごい / 語彙 고이

단어	철자	이니셜	대문자	KOR
word 워드	spelling 스펠링	initial 이니셜	capital letter [3] 캐피틀	ENG
mot 모	orthographe 오르또그라프	initiale 이니씨알	capitale 까삐딸	FRA
Wort 보르트	Buchstabierung [1] 부흐슈타비룽	Initiale [2] 이니치알레	Großbuchstabe 그로스부흐슈타베	GER
palavra 빨라브라	ortografia 오르또그라피아	inicial 이니씨아우	maiúsculo 마이우스꿀루	POR
palabra 빨라브라	ortografía 오르또그라피아	inicial 이니씨알	mayúsucula 마유수꿀라	ESP
vocabolo 보까볼로	ortografia 오르또그라피아	sigla 시글라	maiuscolo 마이우스꼴로	ITA
λέξη 렉시	ορθογραφία 올쏘그라피아	αρχικός 아르히꼬스	κεφαλαίο 께팔래오	GRE
vocabulum 보카불룸	usus litterarum 우수스 리테라룸	prima littera 프리마 리테라	grandior littera 그란디오르 리테라	LAT
слово 슬로버	правописание 쁘라버삐싸니예	инициал 이니찌알	большая буква 발샤야 부크바	RUS
单词 / dāncí 딴츠	缀字 / zhuìzì 쮀이즈	首字母 / shǒuzìmǔ 셔우쯔무	大写 / dàxiě 따시에	CHN
たんご / 単語 탄고	つづり / 綴り 추주리	イニシャル 이니샤루	おおもじ / 大文字 오-모지	JPN

참고: [1] Rechtschreibung 레히트슈라이붕(철자법, 맞춤법), 동의어: [2] Anfangsbuchstabe 안팡스부흐슈타베, [3] upper case 어퍼 케이스

소문자	볼드체	필기체	캘리그라피(書藝)	KOR
small letter [1] 스몰 레터	boldface [2] 볼드페이스	cursive 커시브	calligraphy 컬리그러피	ENG
minuscule 미뉘스뀔	caractères gras 까락떼르 그라	cursive 뀌르시브	calligraphie 깔리그라피	FRA
Kleinbuchstabe 클라인부흐슈타베	Fettschrift 펫슈리프트	Kursivschrift 쿠르지프슈리프트	Kalligraphie 칼리그라피	GER
minúsculo 미누스꿀루	negrito 네그리뚜	itálico 이딸리꾸	caligrafia 깔리그라피아	POR
minísucula 미니수꿀라	Negrita 네그리따	escritura cursiva 에스끄리뚜라 꾸르시바	caligrafía 칼리그라피아	ESP
minuscolo 미누스꼴로	grassetto 그라쎄또	scrittura 스크리뚜라	calligrafia 칼리그라피아	ITA
μικρό γράμμα 미크로 그람마	έντονη γραφή 엔도니 그라피	επισεσυρμένη γραφή 에삐세시르메니 그라피	καλλιγραφία 깔리그라피아	GRE
minuscule 미니스쿨레	littera pinguis [3] 리테라 핑구이스	litterae cursivae 리테래 쿠르시배	gráphice 그라피케	LAT
маленькая буква 말린까야 부크바	жирный шрифт 쥐르느이 슈리프트	рукописный шрифт 루까피스느이 슈리프트	каллигра́фия 칼리그라피야	RUS
小楷 / xiǎokǎi 샤오카이	粗体字 / cūtǐzì 추티즈	手写体 / shǒuxiětǐ 셔우시에티	书法 / shūfǎ 수파	CHN
こもじ / 小文字 코모지	ぼるどーたい / ボルドー体 보루도-타이	ひっきたい / 筆記体 힉끼타이	しょどう / 書道 쇼도-	JPN

동의어: [1] lower case 로워 케이스, [2] bold type 볼드 타입, [3] linea crassa 리네아 크라싸

한	구두점	느낌표	물음표
영	punctuation 펑크츄에이션	exclamation mark 엑스클러메이션 마크	Quaestion Mark 쿠웨스쳔 마크
프	signes de ponctuation 씨느 드 뽕쀠아씨옹	point d'exclamation 뿌엥 텍스끌라마씨옹	point d'interrogation 뿌엥 뎅떼로가씨옹
독	Interpunktion, Satzzeichen 인터풍크치온, 자츠차이헨	Ausrufezeichen 아우스루페차이헨	Fragezeichen 프라게차이헨
포	pontuação 뽕뚜아써웅	ponto de interjeição 뽕뚜 지 잉떼르줴이써웅	ponto de interrogação 뽕뚜 지 잉떼호가써웅
스	puntuación 뿐뚜아씨온	signo de admiración 시그노 데 아드미라씨온	signo de interrogación 시그노 데 인떼로가씨온
이	punteggiatura 뿐뗏쟈뚜라	punto esclamatiovo 뿐또 에스끌라띠보	punto interrogativo 뿐또 인떼로가띠보
그	στίξη 스띡시	θαυμαστικό 싸우마스띠꼬	ερωτηματικό 에로띠마띠꼬
라	interpunctum 인테르풍크툼	signum exclamationis 시그눔 엑스클라마티오니스	signum interrogationis 시그눔 인테로가티오니스
러	пунктуация 푼크찌야	восклицательный знак 버스클리짜쪨느이 즈낙	вопросительный знак 버쁘라씨쪨느이 즈낙
중	标点 / biāodiǎn 삐아오디엔	感叹号 / gǎntànhào 간탄하오	疑问号 / yíwènhào 이원하오
일	くとうてん / 句読点 쿠토-텐	かんたんふ / 感嘆符 칸탄후	ぎもんふ / 疑問符 기몬후

한	마침표(온점)	쉼표(,)	가운뎃점	쌍점(콜론)
영	period *1 파리어드	comma 코머	Interpunct 인터펀트	colon 콜런
프	point 뿌엥	virgule 비르귈	point médian 뿌엥 메디앙	deux-points 뒤 뿌엥
독	Punkt 풍크트	Komma 콤마	Interpunct 인터펀트	Kolon 콜론
포	ponto 뽕뚜	vírgula 비르굴라	interponto 잉떼르뽕뚜	cólon, dois pontos 꼴롱, 도이스 뽕뚜스
스	punto 뿐또	coma 꼬마	interpunto 인떼르뿐또	colon 콜론
이	punto 뿐또	virgola 비르골라	punto mediano 뿐또 메디아노	due punti 두에 뿐띠
그	τελεία 뗄리아	κόμμα 꼼마	–	άνω κάτω τελεία 아노 까또 뗄리아
라	punctum(periodi) *2 풍크툼(페리오디)	comma 콤마	interpuncta(verborum) 인테르풍크타(베르보룸)	colon(periodi) *3 콜론(페리오디)
러	точка 또취까	запятая 자삐따야	интерпункт 인테르뿐크트	колон 드볘또취예
중	句号 / jùhào 쮜하오	逗号 / dòuhào 떠우하오	间隔号 / jiàngéhào 지엔거하오	冒号 / màohào 마오하오
일	しゅうしふ / 終止符 슈-시후	とうてん / 読点 토-텐	なかぐろ / 中黒 나카구로	コロン 코론

동의어: *1 full stop 풀 스탑, *2 periodos 페리오도스, *3 colum(periodi) 콜룸(페리오디)

436

쌍반점(세미콜론)	이음표(하이픈)	빗금(/)	따옴표, 인용부호	KOR
semicolon 세미콜런	hyphen 하이픈	slash 슬래쉬	quotation mark 쿼테이션 마크	ENG
point-virgule 뿌엥 비르귈	trait d'union 트레 뒤니옹	barre oblique 바르 오블릭	guillemet 기으메	FRA
Semikolon *1 제미콜론	Bindestrich 빈데슈트리히	Schrägstrich 슈레히슈트리히	Anführungszeichen 안퓌룽스차이헨	GER
ponto e vírgula 뽕뚜 이 비르굴라	hífen 이펜	barra oblíqua 바하 오블리꾸아	ponto de citação 뽕뚜 지 씨따써웅	POR
punto y coma 뿐또 이 꼬마	guión 기온	diagonal 디아고날	comillas 꼬미야스	ESP
punto e virgola 뿐또 에 비르골라	trattino 뜨랏띠노	barra 바라	virgolette 비르골렛떼	ITA
άνω τελεία 아노 뗄리아	παύλα 빠블라	κάθετος 까쩨또스	εισαγωγικά 이사고기까	GRE
–	hyphen *2 히펜	virgula(periodi) 비르굴라(페리오디)	signum introductorium 시그눔 인트로둑토리움	LAT
точка с запятой 또취카 스 자삐또이	дефис 지피스	слэш 슬레쉬	кавычки 카븩취끼	RUS
分号 / fēnhào 펀하오	连接号 / liánjiēhào 리엔지에하오	斜线 / xiéxiàn 시에시엔	引号 / yǐnhào 인하오	CHN
セミコロン 세미코론	ハイフン 하이훈	スラッシュ 수랏슈	いんようふ/引用符 잉요-후	JPN

동의어: *1 Strichpunkt 슈트리히풍크트, *2 signum coniunctionis 시그눔 콘융크티오니스

괄호(묶음표)	물결표(~)	밑줄(_)	기호	KOR
parentheses 퍼렌써시스	tilde 틸드	underline *2 언더라인	mark 마크	ENG
parenthèse 빠랑떼즈	tilde 띨드	tiret bas 띠레 바	marque 마르끄	FRA
Parenthese 파렌테제	Tilde 틸데	Unterstrich 운터슈트리히	Zeichen 차이헨	GER
parêntese 빠렝떼지	til 찌우	sublinha 쑤블링야	signo 씨기누	POR
paréntesis 빠렌떼시스	tilde 띨데	subrayado 수브라야도	signo 시그노	ESP
parentesi 빠렌테지	circa 치르카	sottolineatura 쏫돌리네아뚜라	segno 쎄뇨	ITA
παρένθση 빠렌쎄시	περισπωμένη 뻬리스뽐메니	υπογράμμηση 이뽀그람미시	σημείο 시미오	GRE
parenthesis *1 파렌테시스	circumflexus(crispus) 키르쿰플렉수스(크리스푸스)	linea conspicuum 리네아 콘스피쿠움	signum 시그눔	LAT
скобки 스코프끼	тильда 찔다	подчёркивание 빳쵸르키바니예	знак 즈낙	RUS
括号 / kuòhào 쿠오하오	–	字下线 / zìxiàxiàn 즈시아시엔	记号 / jìhao 찌하오	CHN
かっこ/括弧 칵꼬	なみせん/波線 나미센	かせん/下線 카센	きごう/記号 키고-	JPN

동의어: *1 interclusio 인터크루시오, *2 underscore 언더스코어

3단원

3-1. 동물, 식물

한	동물	야생동물	수생동물	가축
영	animal 애니멀	wild animal 와일드 애니멀	aquatic animal 어쿠애틱 애니멀	domestic animal *1 더메스틱 애니멀
프	animal 아니말	animal sauvage 아니말 소바쥬	animal aquatique 아니말 아꾸아띠끄	animal domestique 아니말 도메스띠끄
독	Tier 티어	Wildtier 빌트티어	Wassertier 바서티어	Vieh 피
포	animal 아니마우	animal selvagem 아니마우 쎄우바젱	animal aquático 아니마우 아꾸아찌꾸	animal doméstico 아니마우 도메스찌꾸
스	animal 아니말	animal salcaje 아니말 살바헤	animal acuatico 아니말 아꾸아띠꼬	animal doméstico 아니말 도메스띠꼬
이	animale 아니말레	animal selvatico 아니말레 셀바띠꼬	animal acquatico 아니말레 악꾸아띠꼬	bestiame 베스티아메
그	ζώο 조오	άγριο ζώο 아그리오 조오	υδρόβιο ζώο 이드로비오 조오	κατοικίδιο ζώο 까띠끼디오 조오
라	animal, bestia 아니말, 베스티아	bestia fera 베스티아 페라	bestia aquatilis 베스티아 아쿠아칠리스	pecus 페쿠스
러	животное 쥐보트너예	дикое животное 지꺼예 쥐보트너예	водяное животное 바쟌노예 쥐보트너예	домашнее животное 다마쥐녜예 쥐보트너예
중	动物 / dòngwù 뚱우	野物 / yěwù 예우	水生动物 / shuǐshēngdòngwù 쉐이셩뚱우	家畜 / jiāchù *2 찌아추
일	どうぶつ / 動物 도-부추	やせいどうぶつ / 野生動物 야세-도-부추	すいせいどうぶつ / 水生動物 수이세-도-부추	かちく / 家畜 카치쿠

동의어: *1 livestock 라이브스톡, *2 牲畜 / shēngchù 셩추

한	애완동물	맹수	야행성동물	영장류
영	pet 페트	savage beast *1 사베지 버스트	nocturnal animal 녹터널 애니멀	primate 프라이메이트
프	animal de compagnie 아니말 드 꽁빠니	fauve 포브	animal nocturne 아니말 녹뛰른느	primates 프리마프
독	Haustier 하우스티어	Raubtier 라웁티어	Nachttier 나하트티어	Primat 프리마트
포	animal de estimação 아니마우 지 이스찌마써웅	fera 페라	animal noturno 아니마우 노뚜르누	primata 쁘리마따
스	mascota 마스꼬따	fiera 피에라	animal nocturno 아니말 녹뚜르노	primates 쁘리마떼스
이	animale domestico 아니말레 도메스띠꼬	bestia feroce 베스티아 페로체	animale notturno 아니말레 놋뚜르노	primati 쁘리마띠
그	κατοικίδιο 까띠끼디오	άγριο ζώο, θηρίο 아그리오 조오, 씨리오	νυχτόβιο ζώο 니흐또비오 조오	προτεύοντα θηλαστικά 쁘로떼벤다 씰라스띠까
라	cara bestia 카라 베스티아	saeva bestia 새에바 베스티아	nocturnum animal 녹투르눔 아니말	primates 프리마테스
러	домашнее животное 다마쥐녜예 쥐보트너예	хищный зверь 히쉬느이 즈베리	ночное животное 나취노예 쥐보트너예	приматы 쁘리마띄
중	宠物 / chǒngwù 총우	猛兽 / měngshòu 멍셔우	夜出动物 / yèchūdòngwù 예추뚱우	灵长类 / língzhǎnglèi 링쨩레이
일	ペット 펫또	もうじゅう / 猛獣 모-쥬-	やこうせいどうぶつ / 夜行性動物 야코-세-도-부추	れいちょうるい / 霊長類 레-쵸-루이

동의어: *1 ferocious animal 퍼러시어스 애니멀

440

포유류	파충류	양서류	연체동물	KOR
mammal 매멀	reptile 렙타일	amphibian 앰피비언	mollusk 몰러스크	ENG
mammifères 맘미페르	reptiles 렙띨	amphibiens 앙피비앵	mollusque 몰리스끄	FRA
Säugetier 조이게티어	Reptil, Kriechtier 렙틸, 크리히티어	Amphibie 암피비	Molluske, Weichtier 몰루스케, 바이히티어	GER
mamífero 마미페루	réptil 헵찌우	anfíbio 앙피비우	molusco 몰루스꾸	POR
mamlferos 마미페로스	reptiles 렙띨레스	anfibios 안피비오스	moluscos 몰루스꼬스	ESP
mammiferi 맘미페리	rettile 렛띨레	anfibio 안피비오	mollusco 몰루스꼬	ITA
θηλαστικό(ν) 씰라스띠꼬(씰라스띠꼰)	ερπετό 에르뻬또	αμφίβιο 암피비오	μαλάκιο 말라끼오	GRE
mammalia 맘말리아	reptilia 렙틸리아	amphibia 암피비아	mollusca 몰루스카	LAT
млекопитающие 믈례꺼삐따유쉬예	пресмыкающиеся 쁘리스믹까유쉬예싸	земноводные 제므나보드늬예	моллюски 말류스끼	RUS
哺乳类 / bǔrǔlèi 뿌루레이	爬虫类 / páchónglèi 파충레이	两栖 / liǎngqīlèi 량치레이	软体动物 / ruǎntǐdòngwù 루완티똥우	CHN
ほにゅうるい / 哺乳類 호뉴-루이	はちゅうるい / 爬虫類 하츄-루이	りょうせいるい / 両生類 료-세-루이	なんたいどうぶつ / 軟体動物 난타이도-부추	JPN

절지동물	환형동물	극피동물	뿔	KOR
arthropod 알떠러퍼드	annelid 어넬리드	echinodermata 에키노더마타	horn 혼	ENG
arthropodes 아르쁘로포드	anélides 아넬리드	échinodermes 에끼노데름므	corne 꼬른느	FRA
Gliederfüßer *1 글리더퓌서	Ringelwurm 링엘부름	Stachelhäuter *3 슈타헬호이터	Horn 호른	GER
artrópode 아르뜨로뽀지	anelídeo 아넬리지우	equinodermo 에끼노데르무	corno 꼬르누	POR
artrópodo 아르뜨로뽀도	anélido 아넬리도	equinodermo 에끼노데르무	cuerno 꾸에르노	ESP
artropodo 아르트로포도	annelide 안넬리데	echinoderma 에끼노데르마	corno 꼬르노	ITA
αρθρόποδα 아르쓰로뽀다	αννελίδες *2 안넬리데스	εχινοδέρματα 에히노데르마따	κέρατο 께라또	GRE
arthropoda 아르트로포다	annelida 안넬리다	echinodermata 에끼노데르마타	cornu 코르누	LAT
членистоногое 츌례니스따노거예	кольчатые черви 꼴챠띄예 췌르비	иглокожее 이글라코쥐예	рог 록	RUS
节肢动物 / jiézhīdòngwù 지에쯔똥우	环虫 / huánchóng 환충	棘皮动物 / jípídòngwù 지피똥우	角 / jiǎo 지아오	CHN
せっそくどうぶつ / 節足動物 셋소쿠도-부추	かんけいどうぶつ / 環形動物 칸케-보-부추	きょくひどうぶつ / 棘皮動物 쿄쿠히도-부추	つの / 角 추노	JPN

동의어: *1 Arthropode 아르트로포데, *2 δακτυλιοσκώλικες 닥띨리오스꼴리께스, *3 Echinodermata 에히노데어마타

한	엄니, 상아	부리	더듬이, 촉각	닭벼슬
영	tusk 터스크	beak 비크	antenna *1 앤테나	cockscomb 칵스코움
프	défense, ivoire 데팡스, 이부아르	bec 벡끄	antenne 앙떼느	crête 크레뜨
독	Stoßzahn, Elfenbein 슈토스찬, 엘펜바인	Schnabel 슈나벨	Fühler 퓔러	Hahnenkamm 하넨캄
포	marfim 마르핑	bico 비꾸	antena 앙떼나	crista de galo 끄리스따 지 갈루
스	colmillo, marfil 꼴미요, 마르필	pico 삐꼬	antena 안떼나	cresta de gallo 끄레스따 데 가요
이	zanna 잔나	becco 벡꼬	tentacolo 텐타콜로	cresta 크레스타
그	χαυλιόδοντας 하블리오돈다스	ράμφος 람포스	κεραία 께레아	λειρί 리리
라	dens 덴스	rostrum 로스트룸	corniculum 코르니쿨룸	cristula 크리스툴라
러	клык 클릭	клюв 클류	щупик 슈삑	петушиный гребень 뻬뚜쉬느이 그례볜
중	象牙 / xiàngyá 시앙야	嘴 / zuǐ 줴이	腮须 / sāixū 싸이쉬	冠子 / guānzǐ 꽌즈
일	ぞうげ / 象牙 조-게	くちばし 쿠치바시	しょっかく / 触覚 숏까쿠	とさか / 鶏冠 토사카

동의어: *1 feeler 필러

한	아가미	흡반	꼬리	갈기
영	gill 길	sucker 서커	tail 테일	mane 메인
프	branchie 브랑쉬	ventouse 벙뚜즈	queue 끼	crinière 끄리니에르
독	Kieme 키메	Saugnapf *1 자욱나프	Schwanz 슈반츠	Mähne 매네
포	brânquia 브랑끼아	ventosa 벵또자	cauda 까우다	crina 끄리나
스	branquia 브란끼야	ventosa 벤또사	cola 꼴라	crin, melena 끄린, 멜레나
이	branchia 브랑끼아	ventosa 벤또사	coda 꼬다	criniera 끄리니에라
그	βράγχιο(ν)ψαριού 브랑히오(온)읍사리우	βεντούζα 벤두자	ουρά 우라	χαίτη 해띠
라	branchia 브랑키아	proboscides 프로보스키데스	cauda 카우다	iuba 유바
러	жабры 좌브릐	присосок 쁘리쏘썩	хвост 호보스트	грива 그리바
중	鳃 / sāi 싸이	吸盘 / xīpán 시판	尾 / wěi 웨이	鬃 / zōng, 鬣 / liè 종, 리에
일	えら 에라	きゅうばん / 吸盤 큐-반	お / 尾 오	たてがみ 타테가미

동의어: *1 Saugscheibe 자욱샤이베

442

모피	깃털	털	발굽	KOR
fur 퍼	feather 페더	fur *1 퓔	hoof 후프	ENG
fourrure 푸뤼르	plume 쁠륌	poil 뿌알	sabot, onglon 사보, 옹글롱	FRA
Pelz 펠츠	Feder 페더	Flaum, Haar 플라움, 하아	Huf 후프	GER
peliça 뻴리싸	pluma 쁠루마	pelo 뻴루	pata 빠따	POR
piel 삐엘	pluma 쁠루마	pelo 뻴로	casco 까스꼬	ESP
pelliccia 뻴릿챠	piuma 피우마	capelli 카뻴리	zoccolo 조꼴로	ITA
γούνα 구나	φτερό 프떼로	τρίχωμα 트리호마	οπλή 오쁠리	GRE
pellis 펠리스	penna 펜나	pellis 펠리스	ungula 웅굴라	LAT
мех 메흐	перо 뻬로	шерсть 쉐르스츠	копыто 까삐떠	RUS
毛皮 / máopí 마오피	羽毛 / yŭmáo 위마오	毛 / máo 마오	蹄腿 / títuĭ 티퉤이	CHN
けがわ / 毛皮 케가와	はね / 羽 하네	け / 毛 케	ひづめ 하주메	JPN

동의어: *1 hair 헤어

물갈퀴	개	암캐	강아지	KOR
web 웹	dog 도그	shedog *2 쉬도그	puppy 퍼피	ENG
palmure 빨뮈르	chien 쉬엥	chienne 쉬엔느	chiot 쉬오	FRA
Flosse 프로쎄	Hund 훈트	Hündin 휜딘	Hündchen 휜트헨	GER
palmura 빠우무라	cão 꺼응	cadela 까델라	filhote 필요찌	POR
membrana 멤브라나	perro 뻬로	perra 뻬라	cachorro 까초로	ESP
palmato 팔마토	cane 까네	cagna 까냐	cucciolo 쿠촐로	ITA
ιστός *1 이스또스	σκύλος 스낄로스	σκύλα 스낄라	κουτάβι 꾸따비	GRE
membrana natatoria 멤브라나 나타토리아	canis 카니스	cains feminina *3 카니스 페미니나	catulus 카툴루스	LAT
перепонка 뻬레뽄까	собака 싸바카	самка собаки 쌈까 싸바키	щенок 쉐녹	RUS
蹼趾 / pŭzhĭ 푸쯔	狗 / gŏu 거우	母狗 / mŭgŏu 무거우	小狗 / xiăogŏu 샤오거우	CHN
みずかき / 水かき 미주카키	いぬ / 犬 이누	めすいぬ / 雌犬 메수이누	こいぬ / 小犬 코이누	JPN

동의어: *1 νηκτική μεμβράνη 닉띠끼 멤브라니, *2 bitch 빗치, *3 meretrix 메레트릭스

한	멍멍이	목양견	집개	순찰견
영	doggie 도기	sheep dog 쉽 도그	indoor dog 인도어 도그	guard dog 가드 도그
프	toutou 뚜뚜	berger 베르제	chien domestique 쉬엥 도메스띠끄	chien de garde 쉬엥 드 갸르드
독	Wauwau 바우바우	Schäferhund 쉐퍼훈트	Haushund 하우스훈트	Wachhund 바흐훈트
포	cachorrinho 까쇼힝유	cão pastor 꺼웅 빠스또르	cão doméstico 꺼웅 도메스찌꾸	cão de guarda 꺼웅 지 과르다
스	perrito 뻬리또	perro pastor 뻬로 빠스또르	perro domestico 뻬로 도메스띠꼬	perro guardia 뻬로 과르디아
이	cagnolino 까뇰리노	cane da pastore 까네 다 빠스또레	cane 까네	cane da guardia 까네 다 과르디아
그	σκυλάκι 스낄라끼	τσοπανόσκυλο *1 초빠노스낄로	σπιτικός σκύλος 스삐띠꼬스 스낄로스	μαντρόσκυλο 만드로스낄로
라	catulus 카투루스	canis pastoralis 카니스 파스토랄리스	canis domesticus 카니스 도메스티쿠스	canis custodis 카니스 쿠스토디스
러	собачка 싸바취까	овчарка 아프촤르까	сторожевой пес 스따라줴보이 뾰스	дворняга 드바르냐가
중	小狗狗 / xiǎogǒugǒu 샤오거우거우	牧羊犬 / mùyángquǎn 무양츄엔	家犬 / jiāquǎn 지아츄엔	警卫犬 / jǐngwèiquǎn 찡웨이츄엔
일	わんわん 왕왕	ぼくようけん / 牧羊犬 보쿠요-켄	ざしきいぬ / 座敷犬 자시키이누	ばんけん / 番犬 반켄

동의어: *1 μαντρόσκυλο 만드로스낄로

한	충견	명견	투견	떠돌이 개
영	faithful dog 페이쓰풀 도그	wise dog 와이즈 도그	fighting dog 화이팅독	stray dog 스트레이 도그
프	chien fidèle 쉬엥 피델	bon chien 봉 쉬엥	chien de combat 쉬엥 드 꽁바	chien errant 쉬엥 에랑
독	treuer Hund 트로이어 훈트	kluger Hund 클루어 훈트	Kampfhund 캄프훈트	herrenloser Hund 헤렌로저 훈트
포	cão fiel 꺼웅 피에우	cão sábio 꺼웅 싸비우	cão de luta 꺼웅 지 루따	vira-lata 비라-라따
스	perro fiel 뻬로 피엘	perro sabio 뻬로 사비오	perro de pelea 뻬로 데 뻴레아	perro callejero 뻬로 까예헤로
이	cane fedele 까네 페델레	cane saggio 까네 삿죠	cane combattivo 까네 콤바띠보	cane randagio 까네 란다죠
그	πιστός σκύλος 삐스또스 스낄로스	έξυπνος σκύλος 엑시쁘노스 스낄로스	σκύλος αγώνων 스낄로스 아고논	αδέσποτος σκύλος 아데스뽀또스 스낄로스
라	canis fidelis 카니스 피델리스	canis cordata 카니스 코르다타	pugnatorius canis 푸그나토리우스 카니스	canis sine domino 카니스 시네 도미노
러	преданная собака 쁘례단나야 싸바카	умная собака 움나야 싸바카	боевая собака 보예바야 싸바카	бездомная собака 볘스돔나야 싸바카
중	忠犬 / zhōngquǎn 쫑츄엔	名犬 / míngquǎn 밍츄엔	斗犬 / dòuquǎn 떠우츄엔	游犬 / yóuquǎn 요우츄엔
일	ちゅうけん / 忠犬 츄-켄	めいけん / 名犬 메-켄	とうけん / 闘犬 토-켄	のらいぬ / 野良犬 노라이누

사냥견	안내견	시베리안 허스키	KOR
hunting dog 헌팅독	guide dog *1 가이드 도그	Siberian husky 시베리안 허스키	ENG
chien de chasse 쉬엥 드 샤스	chien guide d'aveugle 쉬엥 기드 다뵈글	husky de Sibérie 왜스끼 드 시베리	FRA
Jagdhund 약트훈트	Blindenhund 블린덴훈트	Husky 후스키	GER
cão de caça 꺼웅 지 까싸	cão-guia 꺼웅-기아	Husky siberiano 허스키 씨베리아누	POR
perro de caza 뻬로 데 까싸	perro guía 뻬로 기아	perro siberian husky 뻬로 시베리안 후스끼	ESP
cane da caccia 까네 다 까챠	cane guida 까네 구이다	siberian husky 시베리안 허스키	ITA
κυνηγόσκυλο 끼니고스낄로	σκύλος οδηγός 스낄로스 오디고스	χάσκι Σιβηρίας 하스끼 시비리아스	GRE
venatorius canis 벤나토리우스 카니스	canis ducis 카니스 두시스	canis Siberiā 카니스 시베리아	LAT
охотничья собака 아홋트니취야 싸바카	собака-проводник 싸바카-쁘라보드닉	сибирская лайка 씨비르스까야 라이까	RUS
猎狗 / liègǒu 리에거우	导盲犬 / dǎomángquǎn 다오망츄엔	西伯利亚雪橇犬 / Xībólìyàxuěqiāoquǎn 시보리야슈에치아오츄엔	CHN
りょうけん / 猟犬 료-켄	あんないけん / 案内犬 안나이켄	シベリアンハスキー 시베리안하수키-	JPN

동의어: *1 service dog 서비스 도그

하운드	래브라도 레트리버	골든 레트리버	포인터	KOR
hound *1 하운드	Labrador Retriever 래브라도 레트리버	Golden Retriever 골든 레트리버	Pointer *3 포인터	ENG
lévrier 레브리에	labrador 라브라도르	retriever doré 리트리베 도레	pointer 뿌엥뻬르	FRA
Hund, Jagdhund 훈트, 약트훈트	Labrador Retriever 래브라도 레트리버	Golden Retriever 골든 레트리버	Pointer 포인터	GER
cão de caça 꺼웅 지 까싸	retriever labrador 헤뜨리에베르 라브라도르	retriever dourado 헤뜨리에베르 도우라두	pointer 뽀잉뻬르	POR
perro cazador 뻬로 까사도르	labrador retriever 라브라도르 레뜨리에베르	golden retriever 골뗀 레뜨리에베르	perro de muestra 뻬로 데 무에스뜨라	ESP
segugio 세구죠	Labrador Retriever 래브라도 레트리에버	Golden Retriever 골든 레트리에버	cane da punta 까네 다 뿐따	ITA
κυνηγόσκυλο *2 끼니고스낄로	λαβραδορ ριτρίβερ 라브라도르 리트리베르	γκόλντεν ριτρίβερ 골든 리트리베르	πόϊντερ 포인떼르	GRE
canis venaticus 카니스 베나티쿠스	avifer Labrador 아비페르 라브라도르	avifer aureus 아비페르 아우레우스	canis venaticus anglicus 카니스 베나티쿠스 앙글리쿠스	LAT
гончая 곤촤야	Лабрадор Ретривер 라브라도르 레트리베르	Голден Ретривер 골댄 레트리베르	пойнтер 포인때르	RUS
灰狗 / huīgǒu 훼이거우	拉布拉多犬 / lābùlāduōquǎn 라뿌라뒤취엔	黄金猎犬 / huángjīnlièquǎn 황진리에츄엔	猎狗 / liègǒu 리에거우	CHN
ハウンド 하운도	ラブラドル・レトリーバー 라브라도루 레토리바-	ゴールデン・レトリーバー 고-루덴 레토리바-	ポインター 포인타-	JPN

동의어: *1 hunting dog 하운드 독, gundog 건독, *2 λαγωνικό 라고니꼬, *3 english pointer 잉글리쉬 포인터

한	세인트 버나드	진돗개	도베르만	슈나우저
영	Saint Bernard 세인트버나드	Jindo Dog 진도도그	Doberman 도벨만	Schnauzer 슈나우저
프	saint-bernard 쌩 베르나르	chien de Jindo 쉬엥 드 진도	doberman 도베르만	schnauzer 슈노좨르
독	Bernhardiner 베른하르디너	Korea Jindo Dog 코리아 진도 독	Dobermann 도베어만	Schnauzer 슈나우처
포	São Bernardo 써웅 베르나르두	cão de Jindo 꺼웅 지 징도	doberman 도베르망	Schnauzer 슈나우제르
스	perro San Bernardo 뻬로 산 베르나르도	perro jindo 뻬로 진도	doberman 도베르만	schnauzer 쉬나우쩨르
이	San Bernardo 산 베르나르도	cane Gindo 까네 진도	Dobermann 도베르만느	schnauzer 쉬나우제르
그	σκύλος Αγίου Βερνάρδου 스낄로스 아기우 베르날두	σκύλος τζίντο(Κορέας) 스낄로스 진도(꼬레아스)	Ντόμπερμαν 도베르만	σνάουζερ 스나우제르
라	canis Alpe *1 카니스 알페	canis Jindine 카니스 이인디네	canis Apoldā 카니스 아폴다	canis Virtembergiā *2 카니스 비르템베르기아
러	Сен-Бернар 센-베르나르	Собака Хиндо 싸바카 힌도	доберман 도베르만	шнауцер 슈나우쩨르
중	圣伯纳犬 / shèngbónàquǎn 셩뽀나츄엔	珍岛狗 / zhēndǎogǒu 쩐따오거우	杜宾犬 / dùbīnquǎn 뚜빈츄엔	–
일	セントバーナード 센토바-나-도	ちんどけん / 珍島犬 친도켄	ドーベルマン 도-베루만	シュナウザー 슈나우자-

동의어: *1 canis alpinus 카니스 알피누스, canis Sancti Bernadi 카니스 상크티 베르나르디, *2 dobermannus 도베르만누스

한	푸들	요크셔테리어	말티즈	포메리안
영	poodle 푸들	Yorkshire Terrier 요크셔 테리어	Maltese 말티즈	Pomeranian 포메라니안
프	caniche 까니슈	yorkshire-terrier 요크셰르 떼리에	maltais 말테	loulou *2 루루
독	Pudel 푸델	Yorkshireterrier 요크셔테리어	Malteser 말테저	Pomeranian 포메라니안
포	Poodle 뿌들	Yorkshire Terrier 요끄샤이어 떼히에르	Maltês 마우떼스	Lulu da Pomerânia 룰루 다 뽀메라니아
스	perro caniche 뻬로 까니체	yorkshireterrier 요르끄시떼리에르	maltés 말떼스	pomeranian 뽀메라니안
이	barbone 바르보네	terrier dello yorkshire 테리에르 델로 요크쉬어	maltese 말테제	pomerano 포메라노
그	κανίς 까니스	Τερριέ 떼리에	μαλτέζικος 말떼지꼬스	πομεράνιαν 뽀메라니안
라	canis villosus 카니스 빌로수스	terrarius 테라리우스	canis Melitā *1 카니스 멜리타	canis Pomeraniā 카니스 포메라니아
러	пудель 뿌젤	терьер 떼리예르	Мальтез 말떼즈	шпиц 슈삐츠
중	贵宾犬 / guìbīnquǎn 꿰이삔츄엔	约克夏梗 / yuēkèxiàgěng 위에커시아겅	–	博美犬 / bóměiquǎn 뽀메이츄엔
일	プードル 푸-도루	ヨークシャーテリア 요-쿠샤-테리아	マルチーズ 마루치-즈	ポメラニアン 포메라니안

동의어: *1 canis melitensis 카니스 멜리텐시스, *2 poméranien 뽀메라니엥

446

치와와	고양이	수고양이	암고양이	KOR
Chihuahua 치와와	cat 캣	tomcat [1] 톰캣	Molly [3] 몰리	ENG
chihuahua 쉬와와	chat 샤	matou 마뚜	chatte 쌰뜨	FRA
Chihuahua 치와와	Katze 카체	Kater 카터	Katze 카체	GER
Chihuahua 쉬와와	gato 가뚜	gato 가뚜	gata 가따	POR
chihuahua 치우아우아	gato 가또	gato 가또	gata 가따	ESP
Chihuahua 치와와	gatto 가또	gatto 가또	gatta 가따	ITA
τσιουάουα 치와와	γάτα 가따	γάτος 가또스	θηλυκή γάτα 씰리끼 가따	GRE
canis Chihuahuā 카니스 키후아후아	feles 펠레스	feles masculina [2] 펠레스 마스쿨리나	feles 펠레스	LAT
Чиуауа 취와와	кошка 코쉬까	кот 콧	кошка 코쉬까	RUS
吉娃娃 / jíwáwa 지와와	猫 / māo 마오	雄猫 / xióngmāo 시옹마오	母猫 / mǔmāo 무마오	CHN
チワワ 치와와	ねこ / 猫 네코	おすねこ / 雄猫 오수네코	めすねこ / 雌猫 메수네코	JPN

동의어: [1] tom 톰, gib 깁(중성화 수고양이), [2] feles mas 펠레스 마스, [3] Queen 퀸, spay 스프레이(중성화 암고양이)

새끼고양이	야옹이(애칭)	집고양이	도둑고양이	KOR
kitten 키튼	pussy cat 푸시 캣	domestic cat 도메스틱 캣	stray cat 스트레이 캣	ENG
chaton 샤똥	minet, mimi 미네, 미미	chat domestique 샤 도메스띡	chat de gouttière 샤 드 구띠에르	FRA
Kätzchen 캐츠헨	Mieze 미체	Hauskatze 하우스카체	herrenlose Katze 헤렌로제 카체	GER
filhote de gato 필요찌 지 가뚜	gatinho 가찡유	gato doméstico 가뚜 도메스찌꾸	gato ladrão 가뚜 라드러웅	POR
gatito 가띠또	minino 미니노	gato domestico 가또 도메스띠꼬	gato callejero 가꼬 까예헤로	ESP
gattino 가띠노	micino 미치노	gatto 가또	gatto randagio 가또 란다죠	ITA
γατάκι 가따끼	γατούλα 가뚤라	οικόσιτη γάτα 이꼬시띠 가따	αδέσποτη γάτα 아데스뽀띠 가따	GRE
catulus felis 카툴루스 펠리스	feles 펠레스	feles domestica 펠레스 도메스티카	feles sine domino 펠레스 시네 도미노	LAT
котёнок 까죠녁	киска 키스까	домашняя кошка 다마쉬냐야 코쉬카	бродячая кошка 브라쟈좌야 코쉬카	RUS
小猫 / xiǎomāo 샤오마오	–	–	野猫 / yěmāo 예마오	CHN
こねこ / 子猫 코네코	ねこちゃん 네코챤	ざしきねこ / 座敷猫 자시키네코	どろぼうねこ / 泥棒猫 도로보-네코	JPN

한	들 고양이	검은 고양이	얼룩 고양이	샴 고양이
영	wild cat 와일드 캣	black cat 블랙 캣	tabby cat *1 태비 캣(범무늬)	Siamese cat 사이어미즈 캣
프	chat sauvage 샤 소바쥬	chat noir 샤 느와르	chat tigré 샤 띠그레	chat siamois 샤 시아므와
독	Wildkatze 빌트카체	schwarze Katze 슈바아체 카체	Tigerkatze 티거카체	Siamkatze 지암카체
포	gato selvagem 가뚜 쎄우바젱	gato preto 가뚜 쁘레뚜	gato tigrado 가뚜 찌그라두	gato siamês 가뚜 씨아메스
스	gacto montés 가또 몬떼스	gato negro 가또 네그로	gato romano 가또 로마노	garo siamés 가또 시아메스
이	gatto selvatico 가또 셀바티코	gatto nero 가또 네로	gatto tigrato 가또 티그라또	gatto siamese 가또 시아메제
그	άγρια γάτα 아그리아 가따	μαύρη γάτα 마브리 가따	γάτα με ραβδωτό τρίχωμα 가따 메 랍도또 뜨리호마	σιαμαία γάτα 시아매아 가따
라	lynx 링크스	atrata feles 아트라타 펠레스	feles tigrina 펠레스 치그리나	feles siamensis 펠레스 시아멘시스
러	дикая кошка 지까야 코쉬카	чёрная кошка 쵸르나야 코쉬카	полосатая кошка 뻘라싸따야 코쉬카	сиамская кошка 씨암스카야 코쉬카
중	野猫 / yěmāo 예마오	黑猫 / hēimāo 헤이마오	花猫 / huāmāo 화마오	暹罗猫 / xiānluómāo 시엔루오마오
일	やまねこ / 山猫 야마네코	くろねこ / 黒猫 쿠로네코	みけねこ / 三毛猫 미케네코	シャムねこ / シャム猫 샤무네코

동의어: *1 tortoiseshell cat 토어토이즈쉘 캣

한	페르시안 고양이	친칠라	러시안 블루	터키쉬 앙고라
영	Persian cat 퍼션 캣	Chinchilla Cat 친칠라 캣	Russian Blue 러시안 블루	Turkisch Angora 터키쉬 앙고라
프	persan 페르상	chinchilla 셍실라	bleu russe 블뤼 뤼스	angora turc 앙고라 뛰르끄
독	Perserkatze 페어저카체	Chinchilla 친칠라	Russisch Blau 루씨쉬 블라우	Angora 앙고라
포	gato persa 가뚜 뻬르싸	chinchila 쉼쉴라	azul russo 아주우 후쑤	angorá turco 앙고라 뚜르꾸
스	garo persa 가또 뻬르사	chinchilla 친치야	azul ruso 아줄 루소	angora turco 앙고라 뚜르꼬
이	gatto persiano 가또 뻬르시아노	chinchilla 낀낄라	russiano blu 루씨아노 블루	turca angora 투르카 앙고라
그	περσική γάτα 뻬르시끼 가따	τσιντσιλά 친칠라	ρωσική μπλε γάτα 로시끼 블레 가따	τουρκικό ανγκόρα 푸르끼꼬 안고라
라	feles Persiā 펠레스 페르시아	chinchilla persis 킨킬라 페르시스	feles caerula russica 펠레스 캐룰라 루씨카	feles Ancyrā 펠레스 앙키라
러	персидская кошка 뻬르싯스까야 코쉬카	кошка шиншилла 코쉬카 쉰쉴라	русская голубая кошка 루스까야 걸루바야 코쉬카	ангорская кошка 앙고르스까야 코쉬카
중	波斯猫 / bōsīmāo 뽀쓰마오	绒鼠 / róngshǔ 룽수	俄罗斯蓝猫 / Éluósīlánmāo 어루오쓰란마오	安哥拉猫 / āngēlāmāo 안꺼라마오
일	ペルシャねこ / ペルシャ猫 페루샤네코	チンチラ 친치라	ロシアンブルー 로시안부루-	アンゴラ 안고라

말	수말, 종마	준마	암말	KOR
horse 호스	stallion 스탈리언	swift horse *3 스위프트홀스	mare 메어	ENG
cheval 슈발	étalon 에딸롱	cheval excellent *4 슈발 엑셀렁	jument 쥐망	FRA
Pferd 페어트	Hengst 헹스트	schnelles Pferd 슈넬레스 페어트	Stute 슈투테	GER
cavalo 까발루	garanhão 가랑여웅	cavalo veloz 까발루 벨로스	égua 에구아	POR
caballo 까바요	semental 세멘딸	caballo rápido 까바요 라삐도	yegua 예구아	ESP
cavallo 까발로	stallone 스딸로네	cavallo da corsa 까발로 다 꼬르사	cavalla 까발라	ITA
άλογο 알로고	βαρβάτο άλογο *1 바르바또 알로고	γοργοπόδαρο άλογο 고르고뽀다로 알로고	φοράδα 포라다	GRE
equus 에쿠우스	equus mas 에쿠우스 마스	celer equus 켈레르 에쿠우스	equa 에쿠아	LAT
лошадь 로샤지	жеребец 줴례브롓츠	быстрый конь 븨스트르이 꼰	кобыла 까븰라	RUS
马 / mǎ 마	种马 / zhǒngmǎ 종마	骏马 / jùnmǎ 쥔마	母马 / mǔmǎ 무마	CHN
うま / 馬 우마	おすうま / 牡馬 *2 오수우마	しゅんば / 駿馬 슌바	めすうま / 雌馬 메수우마	JPN

동의어: *1 επιβήτορας 에삐비또라스, *2 たねうま / 種馬 타네우마, *3 excellent horse 액셀렌트 호스, 참고: *4 cheval célèbre 슈발 셀레브르(명마)

조랑말	망아지	경주마	숫소	KOR
pony 포니	foal 포울	racehorse 레이스호스	bull 불	ENG
poney 뽀네	poulain 뿔랭	cheval de course 슈발 드 꾸르스	taureau 또로	FRA
Pony 포니	Fohlen 폴렌	Rennpferd 렌페어트	Bulle 불레	GER
pônei 뽀네이	potro 뽀뜨루	cavalo de corrida 까발루 지 꼬히다	boi 보이	POR
poni, jaca 뽀니, 하까	potro 뽀뜨로	caballo de carrera 까바요 데 까레라	toro 또로	ESP
pony, cavallino 포니, 까발리노	puledro 뿔레드로	cavallo corridóre 까발로 코리도레	toro 또로	ITA
πόνυ αλογάκι 뽀니 알로가끼	πουλάρι, πώλος 뿔라리, 뽈로스	άλογο ιππόδρομιών 알로고 이뽀드로미온	ταύρος 따브로스	GRE
mannus 만누스	pullus equinus 뿔루스 에쿠이누스	equus curulis 에쿠우스 쿠룰리스	taurus 타우루스	LAT
пони 포니	жеребёнок 줴례뵤넉	скаковая лошадь 스까거바야 로샤지	бык 븩	RUS
短腿马 / duǎntuǐmǎ *1 두완퉤이마	马驹子 / mǎjūzi 마쮜즈	赛马 / sàimǎ 싸이마	公牛 / gōngniú 꿍니우	CHN
ポニー, こうま / 小馬 포니-, 코우마	こうま / 子馬 코우마	きょうそうば / 競走馬 쿄-소-바	おうし / 雄牛 오우시	JPN

동의어: *1 小马 / xiǎomǎ 샤오마

한	(거세한)숫소	암소	송아지	젖소
영	ox 옥스	cow 카우	calf 캐프	milk cow [1] 밀크 카우
프	bœuf 뵈프	vache 바슈	veau 보	vache laitière 바슈 레띠에르
독	Ockse 옥세	Kuh 쿠	Kalb 칼프	Milchkuh 밀히쿠
포	boi 보이	vaca 바까	novilho 노빌유	vaca leiteira 바까 레이떼이라
스	buey 부에이	vaca 바까	ternero 떼르네로	vaca lechera 바까 레체라
이	bue 부에	vacca 박까	vitello 비뗄로	mucca 무까
그	βόδι 보디	αγελάδα 아젤라다	μοσχάρι 모스하리	γαλακτοφόρος αγελάδα 갈락또포로스 아젤라다
라	bos 보스	bos feminina 보스 페미나나	vitulus 비뚤루스	vacca lac ferentis 바까 락 페렌티스
러	вол, бык 볼, 빅	корова 카로바	телёнок 쩰료넉	дойная корова 도이냐야 카로바
중	牯牛 / gǔniú 구니우	母牛 / mǔniú 무니우	小牛 / xiǎoniú 쟈오니우	乳牛 / rǔniú, 奶牛 / nǎiniú 루니우, 나이니우
일	きょせいおうし / 去勢雄牛 쿄세-오우시	めうし / 牝牛 메우시	こうし / 子牛 코우시	にゅうぎゅう / 乳牛 뉴-규-

동의어: [1] dairy cattle 데일리 캐틀

한	얼룩소	들소	당나귀	암탕나귀
영	brindled cow 브린들드 카우	bison 바이슨	donkey 당키	jennet [1] 제닛
프	bœuf moucheté 뵈프 무슈떼	bison 비종	âne 안느	ânesse 아네스
독	gesprenkelt Kuh 게스프랭켈드 쿠	Büffel, Wildrind 뷔펠, 빌트린트	Esel 에젤	Eselin 에젤린
포	vaca malhada 바까 말야다	búfalo 부팔루	asno, burro 아스누, 부후	asna, burra 아스나, 부하
스	vaca brindled 바까 브인들레드	bisonante 비소난떼	asno, burro 아스노, 부로	asna, burra 아스나, 부라
이	bovino pezzato 보비노 페짜토	bue selvatico 부에 셀바티코	asino 아시노	asina 아시나
그	παρδαλή αγελάδα 빠르달리 아젤라다	άγριο βόδι 아그리오 보디	όνος, γάϊδαρος 오노스, 가이다로스	θηλυκός γάϊδαρος 씰리꼬스 가이다로스
라	vacca pantherina 바까 판테리나	bufalus 부팔루스	asinus 아시누스	asina 아시나
러	дойная корова 도이냐야 카로바	дикий бык 지끼이 빅	осёл 아쏠	осёл 아쏠
중	斑牛 / bānniú 반니우	野牛 / yěniú 예니우	驴 / lú 뤼	母驴 / mǔlú 무뤼
일	まだらうし / 斑牛 마다라우시	やぎゅう / 野牛 야규-	ろば / 驢馬 로바	めすろば / 雌驢馬 메수로바

동의어: [1] jenny 제니

450

노새	암노새	염소	새끼염소	KOR
mule 뮬	she-mule 쉬뮬	goat 고우트	kid 키드	ENG
mulet 뮐레	mule 뮐	chèvre 쉐브르	chevreau 슈브로	FRA
Maulesel 마울에젤	Mauleselin 마울에젤린	Ziege 치게	Zicklein 치클라인	GER
mulo 물루	mula 물라	cabra 까브라	cabrito 까브리뚜	POR
mulo 물로	mula 물라	cabra 까브라	cabrito 까브릿또	ESP
mulo 물로	mula 물라	capra 카프라	capretto 까쁘렛또	ITA
μουλάρι 물라리	θηλυκό μουλάρι 씰리꼬 물라리	τράγος, κατσίκα, γίδα 프라고스, 까치까, 기다	κατσικάκι 까치까끼	GRE
mulus 물루스	mula 물라	caper 카페르	capella 카펠라	LAT
мул 물	мул 물	коза 까자	козлёнок 까즐료넉	RUS
骡子 / luózi 루오즈	草骡 / cǎoluó 차오루오	山羊 / shānyáng [1] 싼양	小山羊 / xiǎoshānyáng 샤오싼양	CHN
らば 라바	めすらば 메수라바	やぎ / 山羊 야기	こやぎ / 子山羊 코야기	JPN

동의어: [1] 野羊 / yěyáng 예양

양	면양	숫양	암양	KOR
sheep 쉽	sheep 쉽	ram 램	ewe 유	ENG
mouton 무똥	mouton 무똥	bélier 벨리에	brebis 브르비	FRA
Schaf 샤프	Schaf 샤프	Schafbock 샤프복	Mutterschaf 무터샤프	GER
carneiro 까르네이루	ovelha 오벨야	carneiro 까르네이루	ovelha 오벨야	POR
oveja 오베하	oveja 오베하	carnero 까르네로	oveja 오베하	ESP
ariete 아리에떼	pecora 뻬꼬라	ariete 아리에떼	pecora 뻬꼬라	ITA
πρόβατο 프로바또	πρόβατο 프로바또	κριάρι 크리아리	προβατίνα 프로바띠나	GRE
ovis 오비스	ovis 오비스	aries 아리에스	ovis 오비스	LAT
баран 바란	баран 바란	Овен 아볜	овца 아프짜	RUS
羊 / yáng 양	绵羊 / miányáng 미엔양	公羊 / gōngyáng 꿍양	母羊 / mǔyáng 무양	CHN
ひつじ / 羊 히쭈지	めんよう / 綿羊 멩요-	おひつじ / 雄羊 오히쭈지	めひつじ / 雌羊 메히쭈지	JPN

한	새끼 양	돼지	새끼돼지	암퇘지
영	lamb 램	pig 피그	piglet 피그릿	sow *2 소우
프	agneau 아뇨	cochon, porc 꼬숑, 뽀르	cochonnet 꼬쇼네	coche 꼬슈
독	Lamm 람	Schwein 슈바인	Ferkel *1 페어켈	Sau 자우
포	cordeiro 꼬르데이루	porco 뽀르꾸	leitão 레이떠옹	porca 뽀르까
스	cordero 꼬르데로	cerdo 쩨르도	cochinillo 꼬치니요	cerda 쩨르다
이	agnello 아녤로	porco 뽀르꼬	porcellino 뽀르첼리노	maiale 마얄레
그	αρνί 아르니	γουρούνι 구루니	γουρουνόπουλο 구루노뿔로	γουρούνα *3 구루나
라	agnus 아그누스	sus 수스	porculus 포르쿨루스	sus 수스
러	ягнёнок 아그뇨넉	винья 비니야	поросёнок 빠라쑈넉	свиноматка 스비나바트까
중	小羊 / xiǎoyáng 샤오양	猪 / zhū 쭈	猪苗 / zhūmiáo 쭈미아오	母猪 / mǔzhū *4 무쭈
일	こひつじ / 子羊 코히추지	ぶた / 豚 부타	こぶた / 子豚 코부타	めすぶた / 雌豚 메수부타

동의어: *1 Schweinchen 슈바인헨, *2 boar 보아(수퇘지), *3 σκρόφα 스끄로파, *4 草猪 / cǎozhū 차오쭈

한	순록	토끼	산토끼	다람쥐
영	reindeer 레인디어	rabbit 래빗	hare 헤어	squirrel 스쿼럴
프	renne 렌느	lapin 라뱅	lièvre 리에브르	écureuil 에뀌뢰이유
독	Rentier 렌티어	Kaninchen 카닌헨	Hase 하제	Eichhörnchen 아이히회른헨
포	rena 헤나	coelho 꼬엘유	lebre 레브리	esquilo 이스낄루
스	reno 레노	conejo 꼬네호	liebre 리에브레	ardilla 아르디야
이	renna 렌나	coniglio 꼬닐리오	lepre 레쁘레	scoiattolo 스꼬얏똘로
그	τάρανδος 따란도스	κουνέλι 꾸넬리	λαγός 라고스	σκίουρος 스끼우로스
라	rheno 레노	cuniculus 쿠니쿨루스	lepus 레푸스	sciurus 스키우루스
러	северный олень 쎄볘르느이 알롄	кролик 크롤릭	заяц 자옛츠	белка 뷀까
중	驯鹿 / xùnlù 쉰루	兔子 / tùzi 투즈	野兔 / yětù 예투	松鼠 / sōngshǔ 쑹수
일	トナカイ 토나카이	うさぎ / 兎 우사기	のうさぎ / 野兎 노우사기	リス 리수

줄무늬다람쥐	청설모	고슴도치	코알라	KOR
chipmunk 침멍크	korean squirrel 코리안 스쿼럴	hedgehog 헤지호그	koala 코알라	ENG
tamia 따미아	écureuil coréen 에뀌뢰이으 코레엥	hérisson 에리송	koala 꼬알라	FRA
gestreiftes Eichhörnchen 게슈트라이프테스 아이히회른헨	Baumhörnchen 바움회른헨	Igel 이겔	Koala 코알라	GER
tâmia 따미아	esquilo coreano 이스낄루 꼬레아누	ouriço terrestre 오우리쑤 떼헤스프리	coala 꼬알라	POR
ardilla rayada 아르디야 라야다	ardilla coreana 아르디야 꼬레아나	erizo 에리소	koala 코알라	ESP
tamia 따미아	scoiattolo 스꼬얏똘로	riccio 리쵸	koala 코알라	ITA
σκιουράκι 스끼우라끼	κορεατικός σκίουρος 꼬레아띠꼬스 스끼우로스	σκαντζόχοιρος 스깐조히로스	κοάλα 꼬알라	GRE
tamia 타미아	skiurus Koreae 스키우루스 코레애	irenaceus 이레나케우스	koala 코알라	LAT
бурундук 부룬둑	Корейская белка 까례이스까야 볠까	ёж 요쥐	коала 코알라	RUS
花鼠 / huāshǔ 화수	青鼠 / qīngshǔ 칭수	刺猬 / cìwei 츠웨이	树袋熊 / shùdàixióng 쑤따이시웅	CHN
シマリス 시마리수	ちょうせんしまりす / 朝鮮シマリス 쵸-센시마리수	ハリネズミ 하리네주미	コアラ 코아라	JPN

판다	기린	낙타	얼룩말	KOR
panda 팬다	giraffe 지라프	camel 캐멀	zebra 지브라	ENG
panda 빵다	girafe 지라프	chameau 샤모	zèbre 제브르	FRA
Panda 판다	Giraffe 기라페	Kamel 카멜	Zebra 체브라	GER
panda 빵다	girafa 쥐라파	camelo 까멜루	zebra 제브라	POR
panda 빤다	jirafa 히라파	camello 까메요	cebra 쎄브라	ESP
panda 빤다	giraffa 지랍파	cammello 깜멜로	zebra 제브라	ITA
πάντα 빤다	καμηλοπάρδαλις 까밀로빠르달리스	καμήλα 까밀라	ζέβρα 제브라	GRE
panda 판다	camelopardalis 카멜로파르달리스	camelus 카멜루스	zebra 제브라	LAT
панда 빤다	жираф 쥐라프	верблюд 베르블류드	зебра 제브라	RUS
熊猫 / xióngmāo 시웅마오	麒麟 / qílín 치린	骆驼 / luòtuo 루오투오	斑马 / bānmǎ 빤마	CHN
パンダ 판다	きりん / 麒麟 키린	らくだ / 駱駝 라쿠다	シマウマ 시마우마	JPN

한	코뿔소	하마	캥거루	사슴
영	rhinoceros 라이노서러스	hippopotamus 히포포터머스	kangaroo 캥거루	deer 디어
프	rhinocéros 리노세로스	hippopotame 이뽀뽀땀므	kangourou 깡구루	cerf 세르
독	Nashorn 나스호른	Nilpferd 닐페어트	Känguru 캥구루	Hirsch, Reh 히르슈, 레
포	rinoceronte 히누쩨롱찌	hipopótamo 이뽀뽀따무	canguru 깡구루	veado 비아두
스	rinoceronte 리노체론떼	hipopótamo 이뽀뽀따모	caguro 깡구로	venado 베나도
이	rinoceronte 리노체론떼	ippopotamo 입뽀뽀따모	canguro 깡구로	cervo 체르보
그	ρινόκερως 리노께로스	ιπποπότάμος 입뽀따모스	καγκουρώ 깡구로	ελάφι 에라피
라	rhinoceros 리노케로스	hippopotamus 힙포포타무스	halmaturus [1] 할마투루스	cervus 케르부스
러	носорог 나싸록	бегемот 볘가못	кенгуру 킨구루	олень 알롄
중	犀牛 / xīniú 씨니우	河马 / hémǎ 허마	大袋鼠 / dàdàishǔ 따따이수	鹿 / lù 루
일	サイ 사이	かば / 河馬 카바	カンガルー 칸가루-	しか / 鹿 시카

동의어: [1] macropus 마크로푸스

한	새끼사슴	영양	코끼리	자칼
영	fawn 폰	antelope 앤틸로프	elephant 엘리펀트	jackal 재컬
프	faon 팡	antilope 앙딜로쁘	éléphant 엘레팡	chacal 샤깔
독	Hirschkalb, Rehkitz 히르슈칼브, 레키츠	Antilope 안틸로페	Elefant 엘레판트	Schakal 샤칼
포	corço 꼬르쑤	antílope 앙찔로삐	elefante 엘레팡찌	chacal 샤까우
스	cervatto 쩨르바또	antílope 안띨로뻬	elefante 엘레판떼	chacal 차깔
이	cerbiatto 체르비앗또	antilope 안띨로뻬	elefante 엘레판떼	sciacallo 샤깔로
그	ελαφάκι 엘라파끼	αντιλόπη 안딜로삐	ελέφαντας 엘레판다스	τσακάλι 차깔리
라	capreolus 카프레올루스	bubalus 부발루스	elephas 엘레파스	lamia 라미아
러	молодой олень 멀라도이 알롄	антилопа 안찔로빠	слон 슬론	шакал 샤칼
중	鹿羔 / lùgāo 루까오	羚羊 / língyáng 링양	大象 / dàxiàng 따시앙	胡狼 / húláng 후랑
일	こじか / 小鹿 코지카	レイヨウ 레-요-	ぞう / 像 조-	ジャッカル 작까루

시라소니	살쾡이	표범	여우	KOR
lynx 링크스	leopard cat 레퍼드 캣	leopard 레퍼드	fox 폭스	ENG
lynx 랭끄스	chat-tigre 샤 띠그르	léopard, panthère 레오파르, 팡떼르	renard 르나르	FRA
Luchs 룩스	Rotluchs 롯룩스	Leopard 레오파트	Fuchs 푹스	GER
lince 링씨	gato-selvagem 가뚜-쎄우바젱	leopardo 레오빠르두	raposa 하뽀자	POR
lince 린쩨	gato montés 가또 몬떼스	leopardo 레오빠르도	zorro 소로	ESP
lince 린체	lince 린체	leopardo 레오빠르도	volpe 볼뻬	ITA
λύγκας 링가스	λεοπαρδογαλή 레오빠르도갈리	λεοπάρδαλις 레오빠르달리스	αλεπού 알레뿌	GRE
lynx 링크스	ferus 페루스	leopardus 레오빠르두스	vulpes 불페스	LAT
рысь 리스	Европейская дикая кошка 예브라뻬이스까야 지까야 코쉬카	леопард 례아빠르드	лиса 리싸	RUS
猞猁 / shēlì 셔리	豹猫 / bàomāo 빠오마오	豹子 / bàozi 빠오즈	狐狸 / húli 후리	CHN
おおやまねこ / 大山猫 오-야마네코	やまねこ / 山猫 야마네코	ひょう / 豹 효-	きつね / 狐 키추네	JPN

늑대	코요테	담비	밍크	KOR
wolf 울프	coyote 카요티	marten 마튼	mink 밍크	ENG
loup 루	coyote 코요트	martre 마르트르	vison 비종	FRA
Wolf 볼프	Kojote 코요테	Marder 마르더	Nerz 네르츠	GER
lobo 로부	coiote 꼬이오찌	marta 마르따	pele de marta 뻴리 지 마르따	POR
lobo 로보	coyote 꼬요떼	marta 마르따	visón 비손	ESP
lupo 루뽀	coyote 코요떼	martora 마르또라	visone 비조네	ITA
λύκος 리꼬스	κογιότ 꼬이오프	κουνάβι 꾸나비	βιζόν 비존	GRE
lupus 루푸스	coiotes 코이오테스	murinis 무리니스	mustela lutreola 무스텔라 루트레올라	LAT
волк 볼크	койот 까이옷	куница 쿠니짜	норка 노르카	RUS
狼 / láng 랑	郊狼 / jiāoláng 자오랑	貂 / Diāo 디아오	水貂 / shuǐdiāo 슈에이띠아오	CHN
おおかみ / 狼 오-카미	コヨーテ 코요-테	テン 텐	ミンク 민쿠	JPN

한	치타	사자	호랑이	하이에나	재규어
영	cheetah 치타	lion 라이온	tiger 타이거	hyena 하이나	jaguar 재규어
프	guépard 게빠르	lion 리옹	tigre 띠그르	hyène 이엔느	jaguar 쟈구와르
독	Gepard 게파아트	Löwe 뢰베	Tiger 티거	Hyäna 히애나	Jaguar 야구아
포	chita *1 쉬따	leão 레어웅	tigre 찌그리	hiena 이에나	jaguar 쟈과르
스	onza 온사	león 레온	tigre 띠그레	hiena 이에나	jaguar 하구아르
이	ghepardo 게빠르도	leone 레오네	tigre 띠그레	iena 이에나	giaguaro 쟈구아로
그	τσιτάχ 치따흐	λιοντάρι 리온다리	τίγρις 띠그리스	ύαινα 이애나	τζάγκουαρ 자구아르
라	acinonyx jubatus 아키노닉스 유바투스	leo 레오	tigris 티그리스	hyaena 히애나	onca 옹카
러	гепард 계빠르드	лев 레프	тигр 찌그르	гиена 기에나	ягуар 야구아르
중	猎豹 / lièbào 리에빠오	狮子 / shīzi 스즈	虎 / hǔ 후	鬣狗 / liègǒu 리에거우	美洲虎 / měizhōuhǔ 메이쪄우후
일	チータ 치-타	しし / 獅子 시시	とら / 虎 토라	ハイエナ 하이에나	ジャガー 쟈가-

동의어: *1 guepardo 게빠르두

한	라쿤	너구리	스컹크	호저
영	racoon 라쿤	raccoon dog 래쿤 도그	skunk 스컹크	porcupine 폴큐파인
프	raton laveur 라똥 라봬르	chien viverrin 쉬앵 비베랭	mouffette 무페뜨	porc-épic 뽀르께픽
독	Waschbär 바슈배어	Marderhund 마르더훈트	Skunk 슈쿵크	Stachelschwein 슈타헬슈바인
포	racoon 하꿍	guaxinim 구아쉬닝	jaritataca 쟈리따까까	porco-espinho 뽀르꾸 이스삥유
스	mapache 마빠체	tejón 떼혼	mofeta 모페따	puercoespín 뿌에르꼬에스삔
이	procione 프로쵸네	procione 프로쵸네	moffetta 모펫따	porcospino 뽀르코스피노
그	ρακούν 라꾼	τανούκι *1 따누끼	μεφίτις 메피띠스	ακαντόχοιρος 아깐도히로스
라	fullonicus procyon 폴로니쿠스 프로키온	ursus meles 우르수스 멜레스	putorius 푸토리우스	echinus terrestris 에키누스 테레스트리스
러	енот 예놋	енотовидная собака 녜노파비드나야 싸바카	скунс 스쿤스	дикобраз 지까브라즈
중	浣熊 / huànxióng 환시옹	狸 / lí, 貉子 / háozi 리, 하오즈	臭鼬 / chòuyòu 처우요우	豪猪 / háozhū 하오쭈
일	ラクーン 라쿤	たぬき / 狸 타누키	スカンク 수칸쿠	ヤマアラシ 야마아라시

동의어: *1 προκύων ο πλύντης 쁘로끼온 오 쁠린디스

원숭이	고릴라	오랑우탄	침팬지	KOR
monkey 멍키	gorilla 고릴라	orangutan 오랭우탠	chimpanzee *1 침팬지	ENG
singe 생쥬	gorille 고리유	orang-outang 오랑우땅	chimpanzé 생빵제	FRA
Affe 아페	Gorilla 고릴라	Orang-Utang 오랑 우탕	Schimpanse 심판제	GER
macaco 마까꾸	gorila 고릴라	orangotango 오랑구땅구	chimpanzé 섬빵제	POR
mono 모노	gorila 고릴라	orangután 오랑구딴	chimpancé 침빤쩨	ESP
scimmia 쉼미야	gorilla 고릴라	orango 오랑고	scimpanzé 쉼빤쩨	ITA
πίθηκος, μαϊμού 삐씨꼬스, 마이무	γορίλλας 고릴라스	ουραγκουτάγκος 우랑구땅고스	χιμπαντζής 힘반지스	GRE
simia 시미아	gorilla 고릴라	pongo(pygmaeus) 퐁고(피그매우스)	pan troglodytes 판 트로글로디테스	LAT
обезьяна 아비지야나	горилла 가릴라	орангутан 오란구딴	шимпанзе 쉼빤제	RUS
猴子 / hóuzi 허우즈	大猩猩 / dàxīngxing 따싱싱	猩猩 / xīngxing 싱싱	黑猩猩 / hēixīngxing 헤이싱싱	CHN
さる / 猿 사루	ゴリラ 고리라	オランウータン 오랑우-탄	チンパンジー 친판지-	JPN

동의어: *1 chimp 침프

멧돼지	쥐	생쥐	두더지	KOR
wild boar 와일드 보어	rat 랫	mouse 마우스	mole 모울	ENG
sanglier 쌍글리에	rat 라	souris 수리	taupe 또쁘	FRA
Wildschwein 빌트슈바인	Ratte 라테	Maus 마우스	Maulwurf 마울부르프	GER
javali 쟈발리	rato 하뚜	camundongo 까뭉동구	toupeira 또우뻬이라	POR
jabalí 하발리	rata 라따	ratón 라똔	topo 또뽀	ESP
cinghiale 칭기알레	topo 또뽀	topolino 또뽈리노	talpa 딸빠	ITA
αγριόχοιρος 아그리오히로스	αρουρέος *1 아루레오스	ποντίκι 뽄디끼	τυφλοπόντικας 띠플로뽄디까스	GRE
sus silvestris 수스 실버트리스	mus 무스	mus 무스	talpa 탈파	LAT
кабан 카반	крыса 크릐싸	мышь 믜쉬	крот 크롯	RUS
野猪 / yězhū 예주	鼠 / shǔ 수	小家鼠 / xiǎojiāshǔ 샤오지아수	田鼠 / tiánshǔ 티엔수	CHN
いのしし / 猪 이노시시	ねずみ / ネズミ 네주미	マウス 마우수	モグラ 모구라	JPN

동의어: *1 ποντίκι 뽄디끼

한	희귀동물	주머니쥐	아르마딜로	나무늘보
영	rare animal 레어 애니멀	opossum 어포섬	armadillo 아머딜로	sloth 슬로쓰
프	animaux rares 아미모 라르	opossum 오뽀솜	tatou 따뚜	paresseux 빠레쇠
독	gefährdetes Tier 게패어데테스 티어	Beutelratte 보이텔라테	Gürteltier 귀어텔티어	Faultier 파울티어
포	animal raro 아니마우 하루	sariguê 싸리궤	tatu 따뚜	preguiça 쁘레기싸
스	animal raro 아니말 라로	zarigüeya 사리구에야	armadillo 아르마디요	perezoso 뻬레소소
이	raro animale 라로 아니말로	opossum 오뽀쑴	armadillo 아르마딜로	bradipo 브라디뽀
그	σπάνιο ξώο 스빠니오 조오	οπόσουμ 오뽀숨	αρμντίλλο 아르문딜로	βραδύποδας 브라디뽀다스
라	rarum animal 라룸 아니말	didelphis 디델피스	armadillo 아르마딜로	bradypodidae 브라뒤포디다이
러	Редкие животные 롓트끼예 쥐봇트늬예	сумчатая крыса 숨취따야 크릐싸	броненосец 브러녜노쎘츠	ленивец 례니볘츠
중	希贵动物 / xīguìdòngwù 시꿰이뚱우	负鼠 / fùshǔ 푸수	犰狳 / qiúyú 치우위	树懒 / shùlǎn 쑤란
일	めずらしいどうぶつ / 珍しい動物 메주라시-도-부추	ふくろねずみ / 袋ネズミ 후쿠로네주미	アルマジロ 아루마지로	ナマケモノ 나마케모노

한	비비	퓨마	개미핥기	마모셋
영	baboon 바분	puma 퓨마	anteater 앤트이터	marmoset 마모셋
프	babouin 바부앵	puma 쀠마	fourmilier 푸르밀리에	marmouset 마르무제
독	Pavian 파비안	Puma 푸마	Ameisenbär 아마이젠배어	Marmosette 마르모제테
포	babuíno 바부이누	puma 뿌마	papa-formigas 빠빠-포르미가스	sagui 싸기
스	babuino 바부이노	puma 뿌마	oso hormiguero 오소 오르미구에로	tití 티티
이	babbuino 바뿌이노	puma 뿌마	formichiere 포르미끼에레	callithrix 칼리트릭스
그	μπαμπουίνος 바부이노스	πούμα 뿌마	μυρμηγκοφάγος 미르밍고파고스	σκιουροπίθηκος 스끼우로삐씨꼬스
라	cynocephalus 시노케파루스	felis concolor 펠리스 콘콜로르	murmecophaga 무르메코파가	marmorsetus 마르모르세투스
러	павиан 빠비안	пума 뿌마	муравьед 무라비예프	мартышка 마르띄쉬까
중	狒狒 / fèifèi 페이페이	美洲狮 / měizhōushī 메이저우스	食蚁兽 / shíyǐshòu 스이셔우	绒猴 / rónghóu 룽허우
일	ヒヒ 히히	ピューマ 퓨-마	オオアリクイ 오-아리쿠이	マーモセット 마-모셋또

가젤	기니피그	맥	박쥐	KOR
gazelle 가젤	guinea pig 기니 피그	tapir 테이퍼	bat 배트	ENG
gazelle 가젤	cobaye *1 꼬바이유	tapir 따삐르	chauve-souris 쇼브 수리	FRA
Gazelle 가첼레	Meerschwein 메어슈바인	Tapir 타피어	Fledermaus 플레더마우스	GER
gazela 가젤라	cobaia *2 꼬바이아	anta 앙파	morcego 모르쎄구	POR
gacela 가쎌라	cobayo 꼬바요	tapir 따삐르	murciélago 무르씨엘라고	ESP
gazzella 가쩰라	cavia 까비아	tapiro 따삐로	pipistrello 삐삐스프렐로	ITA
γκαζέλλα 가젤라	ινδικό χοιρίδιο 인디꼬 히리디오	τάπιρος 따삐로스	νυχτερίδα 니흐떼리다	GRE
dorcas, oryx 도르카스, 오릭스	irenaceus 이레나케우스	tapirus 타피루스	vespertilio 베스페르틸리오	LAT
газель 가젤	морская свинка 마르스까야 스빈까	тапир 따삐르	летучая мышь 레뚜챠야 믜쉬	RUS
小羚羊 / xiǎolíngyáng 샤오링양	豚鼠 / túnshǔ 툰수	貘 / mò 모	蝙蝠 / biānfú 삐엔푸	CHN
ガゼル 가제루	レッサーパンダ 렛싸-판다	バク / 獏 바쿠	こうもり / 蝙蝠 코-모리	JPN

동의어: *1 cochon d'Inde 꼬숑 댕드, *2 porquinho da Índia 뽀르낑유 다 잉지아

곰	흰곰	오리너구리	비버	KOR
bear 베어	white bear 화이트 베어	platypus 플라티퍼스	beaver 비버	ENG
ours 우르스	ours blanc 우르스 블랑	ornithorynque 오르니또렝끄	castor 까스또르	FRA
Bär 배어	Eisbär 아이스배어	Schnabeltier 슈나벨티어	Biber 비버	GER
urso 우르쑤	urso branco 우르쑤 브랑꾸	ornitorrinco 오르니또힝꾸	castor 까스또르	POR
oso 오소	oso polar 오소 뽈라르	ornitorrinco 오르니또링꼬	castor 까스또르	ESP
orso 오르소	orso bianco 오르소 비앙꼬	ornitorinco 오르니토린코	castoro 까스또로	ITA
αρκούδα 아르꾸다	λευκή αρκούδα 레프끼 아르꾸다	ορνιθόρρυγχος *1 오르니쏘링호스	κάστορας 까스또라스	GRE
ursus 우르수스	ursus albus 우르수스 알버스	platypus 프라티푸스	castor 카스또르	LAT
медведь 메드볫즈	белый медведь 벨르이 메드볫즈	утконос 우트까노스	бобёр 바뵤르	RUS
熊 / xióng 시옹	白熊 / báixióng 바이시옹	鸭嘴兽 / yāzuǐshòu 야쮀이셔우	河狸 / hélí, 海狸 / hǎilí 하이리	CHN
くま / 熊 쿠마	しろくま / 白熊 시로쿠마	カモノハシ / 鴨嘴 카모노하시	ビーバー 비-바-	JPN

동의어: *1 πλατύπους 쁠라띠뿌스

한	수달	바다수달	물개	바다사자
영	otter 오터	sea otter 시 오터	seal 실	sea lion 시 라이온
프	loutre 루뜨르	loutre de mer 루뜨르 드 메르	otarie 오따리	lion marin 리옹 마랭
독	Otter 오터	Seeotter 제오터	Seebär 제배어	Seelöwe 제뢰베
포	lontra 롱뜨라	lontra-do-mar 롱뜨라-두-마르	otário 오따리우	leão-marinho 레어웅-마링유
스	nutria 누뜨리아	nutria marina 누뜨리아 마리나	oso marino 오소 마리노	le ó n marino 레온 마리노
이	lontra 론뜨라	lontra di mare 론뜨라 디 마레	foca 포카	leone marino 레오네 마리노
그	ενυδρίδα 에니드리다	θαλάσσια ενυδρίδα 쌀라시아 에니드리다	φώκια 포끼아	θαλασσινή φώκια 쌀라시니 포끼아
라	lutra, enhydra 루트라, 앤히드라	enhydra maritima 엔휘드라 마리티마	phoca ursina 포카 우르시나	phoca iubata 포카 유바타
러	выдра 븨드라	морская выдра 마르스까야 븨드라	морской котик 마르스꼬이 콧찍	морской лев 마르스꼬이 레프
중	水獺 / shuǐtǎ 쉐이타	海獭 / hǎitǎ 하이타	海狗 / hǎigǒu 하이거우	海狮 / hǎishī 하이스
일	カワウソ / 川獺 카와우소	ラッコ 락꼬	オットセイ 옷또세-	アシカ 아시카

한	돌고래	고래	범고래	귀신고래
영	dolphin 돌핀	whale 웨일	killer whale 킬러 웨일	Gray Whale 그레이 웨일
프	dauphin 도팽	baleine 발렌느	épaulard 에뿔라르	baleine grise 발렌느 그리즈
독	Delphin 델핀	Walfisch 발피쉬	Schwertwal [1] 슈베르트발	Grauwal 그라우발
포	golfinho 고우핑유	baleia 발레이아	orca 오르까	baleia cinza 발레이아 씽자
스	delfín 델핀	ballena 바예나	orca 오르까	ballena gris 바예나 그리스
이	delfino 델피노	balena 발레나	orca 오르까	balena grigia 발레나 그리쟈
그	δελφίνι 델피니	φάλαινα 팔레나	όρκα 오르까	γκρίζα φάλαινα 그리자 팔레나
라	delphinus 델피누스	balaena 발래나	orca 오르카	cana balaena 카나 발라이나
러	дельфин 질핀	кит 킷	дельфин-косатка 질핀-까싸트까	Серый кит 쎄례르이 킷
중	海豚 / hǎitún 하이툰	鲸鱼 / jīngyú 찡위	大铁钳 / dàtiěqián 따티에치엔	灰鲸 / huī jīng 훼이찡
일	イルカ / 海豚 이루카	クジラ / 鯨 쿠지라	シャチ / 鯱 샤치	コククジラ 코쿠쿠지라

동의어: [1] Mörderwal 뫼더발

듀공	물범	펭귄	암모나이트	KOR
dugong 듀공	earless seal 이어리스 실	penguin 펭귄	ammonite 애머나이트	ENG
dugon 뒤공	phoque 포끄	pingouin, manchot 펭구앵, 망쇼	ammonite 암모니프	FRA
Dugon 두곤	Largha-Robbe 라르가 로베	Pinguin 핑구인	Ammonite 암모니테	GER
dugongo 두공구	foca-leopardo 포까-레오빠르두	pinguim 삥구잉	amonite 아모니찌	POR
dugó n 두곤	foca 포까	pingüino 삥구이노	amonita 아모니따	ESP
dugongo 두공고	Phocidae 포치다에	pinguino 삥귀노	ammoniti 암모니티	ITA
ντιγκόνγκ 디공	φώκια(λεοπάρδαλη) 포끼아(레오빠르달리)	πιγκουίνος 삥귀노스	αμμωνίτης 암모니띠스	GRE
dugong 두공	phoca 포카	spheniscus 스페니스쿠스	ammonites 암몬니테스	LAT
дюгонь 듀공	тюлень 쭐렌	пингвин 삔그빈	аммонит 암모닛	RUS
儒艮 /rúgèn 루껀	海豹 /hǎibào 하이바오	企鹅 /qǐ'é 치어	菊石 /júshí 쮜스	CHN
ジュゴン 쥬곤	アザラシ /海豹 아자라시	ペンギン 펜긴	アンモナイト 안모나이토	JPN

삼엽충	갑주어	실러캔스	시조새	KOR
trilobite 트라일러바이트	armored fishes 알모드 피시스	coelacanth 실러캔스	archaeornis 아키오니스	ENG
trilobites 뜨릴로비프	ostracodermi 오스트라꼬데르미	cœlacanthe 셀라깡프	archéoptéryx 아르께오쁘떼릭스	FRA
Trilobite 티릴로비테	Panzerfisch 판처피슈	Quastenflosser 크바스텐플로서	Archaeopteryx 아르캐옵테릭스	GER
trilobite 뜨릴로비찌	peixe blindado 뻬이쉬 블링다두	celacanto 쎌라깡뚜	arqueopterix 아르끼옵떼릭스	POR
trilobita 뜨릴로비따	pez acorazado 뻬르 아꼬라싸도	celacanto 셀라깐또	arqueoptérix 애르꼐옵떼릭쓰	ESP
trilobite 뜨릴로비떼	Ostracodermi 오스트라코데르미	coelacanth 코엘라칸쓰	archaeopteryx 아르께오쁘떼릭스	ITA
τριλοβίτης 뜨릴로비띠스	πλακόδερμα ψάρια 쁘라꼬데르마 읍사리아	κοιλάκανθος 낄라깐쏘스	αρχαιοπτέρυς 아르헤옵떼리스	GRE
trilobites 트릴로비테스	loricati pisces 로리카티 피스케스	coelacanthiformis 코엘라칸티포르미스	archaeornis(siemensii) 아르캐오르니스(시에멘시이)	LAT
трилобит 뜨릴라빗	панцирные рыбы 빤찌르늬예 릐븨	латимерия 라찌몌리야	археорнис 아르혜아르니스	RUS
三叶虫 /sānyèchóng 싼예총	甲胄鱼纲 /jiǎzhòuyúgāng 찌아쩌우위깡	腔棘鱼 /qiāngjíyú 치앙지위	始祖鸟 /shǐzǔniǎo 스쭈니아오	CHN
サンヨウチュウ /三葉虫 상요-츄-	かっちゅうぎょ /甲冑魚 캇츄-교	シーラカンス 시-라칸수	しそちょう /始祖鳥 시소쵸-	JPN

한	공룡	티라노사우르스	트리케라톱스	알로사우르스
영	dinosaur 다이노소	Tyrannosaurus [1] 티라노사우르스	triceratops 트라이세라탑스	allosaurus 엘로사우루스
프	dinosaure 디노조르	tyrannosaure 티라노조르	tricératops 트리세라톱스	allosaurus 알로사우리스
독	Dinosaurier 디노자우리어	Tyrannosaurus 티라노자우루스	Triceratops 트리체라톱스	Allosaurus 알로자우루스
포	dinossauro 지노싸우루	tiranossauro 찌라노싸우루	tricerátops 뜨리쎄라또삐스	alossauro 알로싸우루
스	dinosaurio 디노사우리오	tiranosaurio 띠라노사우리오	triceratops 뜨리쎄라톱스	allosaurus 아요사우루스
이	dinosauro 디노사우로	tirano sauro 티라노 사우로	Triceratops 트리체라톱스	allosauro 알로사우로
그	δεινόσαυρος 디노사브로스	τηυαννόσαυρος 띠사노사브로스	τρικεράτωψ 뜨리께라톱스	αλλόσαυρος 알로사브로스
라	dinosaurus 디노사우루스	tyrannosaurus 티란노사우루스	triceratops 트리케라톱스	allosaurus 알로사우루스
러	динозавр 지나자브르	тиранозавр 찌라너자브르	трицератопс 뜨리쎄라똡스	Аллозавр 알라자브르
중	恐龙 / kǒnglóng 쿵룽	暴龙 / bàolóng 빠오룽	三角龙 / sānjiǎolóng 싼지아오룽	异特龙 / yìtèlóng 이터룽
일	きょうりゅう/恐竜 쿄-류-	ティラノザウルス 티라노자우루수	トゥリケラトプス 투리케라토푸수	アルロサウルス 아루로사우루수

동의어: [1] T-Rex 티-렉스

한	스테고사우르스	매머드	화석	가금
영	stegosaurus 스테고사우르스	mammoth 매머드	fossil 파슬	poultry, fowl 포울트리, 파울
프	stégosaure 스테고조르	mammouth 마무뜨	fossile 포실	volaille 볼라이유
독	Stegosauria 슈테고자우리아	Mammut 마무트	Fossil 포실	Geflügel 게플뤼겔
포	estegossauro 이스찌고싸우루	mamute 마무찌	fóssil 포씨우	ave doméstica 아비 도메스찌까
스	estegosaurio 에스떼고싸우리오	mamut 마무뜨	fosil 포실	ave de corral 아베 데 꼬랄
이	stegosauro 스테고사우로	mammut 맘무트	fossile 포씰레	pollame 뽈라메
그	στεγόσαυρος 스떼고사브로스	μαμούθ 맘무쓰	απολίθωμα 아뽈리쏘마	πουλερικά 뿔레리까
라	stegosaurus 스테고사우루스	mammoth 맘모스	fossile 포씰레	pecus volatile 페쿠스 볼라칠레
러	стегозавр 스때가자브르	мамонт 마몬트	окаменéлость 아까메넬라스띠	дичь 지취
중	剑龙 / jiànlóng 찌엔룽	猛犸 / měngmǎ 멍마	化石 / huàshí 화스	家禽 / jiāqín 찌아친
일	ステゴサウルス 수테고사우루수	マンモス 만모수	かせき/化石 카세키	かきん/家禽 카킨

닭	수탉	암탉	병아리	KOR
chicken 치킨	cock 콕	hen 헨	chick 칙	ENG
poulet 뿔레	coq 꼬끄	poule 뿔르	poussin 뿌생	FRA
Hühnchen 휜헨	Hahn 한	Henne 헤네	Küken 퀴켄	GER
frango 프랑구	galo 갈루	galinha 갈링야	pinto 삥뚜	POR
pollo 뽀요	gallo 가요	gallina 가이나	pollito 뽀이또	ESP
pollo 뽈로	gallo 갈로	gallina 갈리나	pulcino 뿔치노	ITA
κοτόπουλο 꼬또뿔로	κόκορας 꼬꼬라스	κότα 꼬따	κοτοπουλάκι 꼬또뿔라끼	GRE
gallinula 갈리눌라	gallus 갈루스	gallina 갈리나	pullus gallinaceus 풀루스 갈리나케우스	LAT
курица 꾸리짜	петух 뻬뚜흐	курица 꾸리짜	цыплёнок 찌쁠료녁	RUS
母小雏儿 / mǔxiǎochúr 무야오추얼	公鸡 / gōngjī 꽁지	母鸡 / mǔjī 무지	小雏儿 / xiǎochúr 샤오추얼	CHN
めすのひよこ / 雌のひよこ 메수노히요코	おんどり / 雄鶏 온도리	めんどり / 雌鳥 멘도리	ひよこ 히요코	JPN

싸움닭	오리	거위	메추라기	KOR
fighting cock 파이팅 콕	duck 덕	goose 구스	quail 쿠웨일	ENG
coq de combat 꼬끄 드 꽁바	canard 까나르	oie 와	caille 까이유	FRA
Bantamhuhn 반탐훈	Hausente 하우스엔테	Gans 간스	Wachtel 바흐텔	GER
galo de briga 갈루 지 브리가	pato 빠뚜	ganso 강쑤	codorniz 꼬도르니스	POR
gallina de Bantam 가이나 데 반땀	pato 빠또	ganso 간소	codorniz 꼬도르니스	ESP
gallo da combattere 갈로 다 꼼바떼레	anatra 아나뜨라	oca 오까	quaglia 꽐랴	ITA
κόκορας(για κοκορομαχίες) 꼬꼬라스(이아 꼬꼬로마히에스)	πάπια 빠삐아	χήνα 히나	ορτύκι 오르띠끼	GRE
Gallus gallus 갈루스 갈루스	anas 아나스	anser 안세르	coturnix 코투르닉스	LAT
бентамка 볜땀까	утка 우트까	гусь 구시	перепел 뻬례뻴	RUS
斗鸡 / dòujī 떠우지	鸭子 / yāzi 야즈	鹅子 / ézi 어즈	鹌鹑 / ānchún 안춘	CHN
とうけい / 闘鶏 토-케-	かも / 鴨 카모	ガチョウ / 鵞鳥 가쵸-	ウズラ / 鶉 우주라	JPN

한	칠면조	십자매	잉꼬	앵무새
영	turkey 터키	lovebird *3 러브버드	parakeet *4 패러킷	parrot 패럿
프	dinde *1 댕드(암컷)	inséparables 엥세파라블르	perruche 뻬뤼슈	perroquet 패로께
독	Truthahn 트루트한	Speringspapagei 슈페링스파파가이	Sittich 지티히	Papagei 파파가이
포	peru 뻬루	tentilhão 뗑찔여웅	periquito 뻬리끼뚜	papagaio 빠빠가이우
스	pavo 빠보	periquito 뻬리끼또	cotorra 꼬또라	loro 로로
이	tacchino 따끼노	pappagallino 파빠갈리노	ara 아라	pappagallo 파빠갈로
그	γαλοπούλα 갈로뿔라	αγαπόρνις 아가뽀르니스	δαχτυλολαίμης ψιττακίσκος 다흐띨로레미스 읍시따끼스꼬스	παπαγάλος 빠빠갈로스
라	gallus indicus 갈루스 인디쿠스	agapornis 아가포르니스	psittacula 프싯타쿨라	psittacus 프시타쿠스
러	индюк 인듁	неразлучник 녜라즐루취닉	длиннохвостый попугай 들린너흐보스트느이 뻐뿌가이	попугай 뻐뿌가이
중	火鸡 / huǒjī *2 후오지	十姊妹 / shízǐmèi 스즈메이	长尾鹦鹉 / chángwěiyīngwǔ 창웨이잉우	鹦鹉 / yīngwǔ 잉우
일	シチメンチョウ / 七面鳥 시치멘쵸-	じゅうしまつ / 十姉妹 쥬-시마츠	インコ 인코	オウム / 鸚鵡 오-무

동의어: *1 dindon 댕동(주로 수컷을 의미), *2 锦囊 / jǐnnáng 찐낭, *3 society finch 소사이어티 핀치, *4 budgerigar 버저리거

한	꿩	까투리	새	물새
영	pheasant 페전트	hen pheasant 헨 훼즌트	bird 버드	waterfowl 워터파울
프	faisan 프장	poule faisane 뿔 프잔	oiseau 우와조	oiseau palmipède 우와조 빨미뻬드
독	Fasan 파잔	weiblicher Fasan 바이블리허 파잔	Vogel 포겔	Wasservogel 바서포겔
포	faisão 파이저웅	faisã 파이장	ave 아비	ave aquática 아비 아꾸아찌까
스	faisán 파이산	faisana 파이사나	pájaro 빠하로	ave acuática 아베 아꾸아띠까
이	fagiano 파쟈노	fagiana 파쟈나	uccello 웃첼로	uccello acquatico 웃첼로 악꽈띠꼬
그	φασιανός 파시아노스	θυλικός φασιανός 씰리꼬스 파시아노스	πουλί 뿌리	υδρόβια πτηνά 이드로비아 쁘띠나
라	phasianus 파시아누스	phasiana 파시아나	avis 아비스	avis aquatica 아비스 아쿠아티카
러	фазан 파잔	самка фазана 쌈까 파자나	птица 프찌짜	водоплавающая птица 바다쁠라바유샤야 프찌짜
중	野鸡 / yějī, 雉鸡 / zhìjī 예지, 쯔지	母野鸡 / mǔyějī 무예지	鸟 / niǎo 니아오	水鸟 / shuǐniǎo 쉐이니아오
일	キジ / 雉 키지	めすきじ / 雌雉 메수키지	とり / 鳥 토리	みずどり / 水鳥 미주도리

맹금류	들새	참새	제비	KOR
raptor 랩터	wild bird 와일드 버드	sparrow 스패로우	swallow 스왈로우	ENG
rapace 라빠스	oiseau sauvage 우와조 소바쥬	moineau 므와노	hirondelle 이롱델	FRA
Raubvogel 라웁포겔	Wildvogel 빌트포겔	Sperling, Spatz 슈페링, 슈파츠	Schwalbe 슈발베	GER
ave de rapina 아비 지 하삐나	ave silvestre 아비 씨우베스프리	pardal 빠르다우	andorinha 앙도링야	POR
ave de rapiña 아베 데 라삐냐	ave silvestre 아베 실베스프레	gorrión 고리온	golondrina 골론드리나	ESP
rapace 라빠체	uccello selvatico 웃첼로 쎌바띠꼬	passero 빳쩨로	rondine 론디네	ITA
γαμψώνυχα *1 감소니하	αγριοπουλί 아그리오뿔리	σπουργίτι 스뿌르기띠	χελιδόνι 헬리도니	GRE
avis rapax 아비스 라팍스	avis silvatica 아비스 실바티카	passer 파쩨르	hirundo 히룬도	LAT
хищник 히쉬닉	дикие птицы 지끼예 프찌찌	воробей 바라베이	ласточка 라스떠취까	RUS
猛禽 /měngqín 멍친	野鸟 /yěniǎo 예니아오	麻雀 /máquè 마츄에	燕子 /yànzi 얜즈	CHN
もうきんるい /猛禽類 모-킨루이	やちょう /野鳥 야쵸-	すずめ /雀 수주메	ツバメ /燕 추바메	JPN

동의어: *1 αρπακτικά 아르빡띠까

비둘기	까치	까마귀	뻐꾸기	KOR
pigeon 피젼	magpie 맥파이	crow 크로우	cuckoo 쿠쿠	ENG
colombe 꼴롱브	pie 삐	corbeau 꼬르보	coucou 꾸꾸	FRA
Taube 타우베	Elster 엘스터	Rabe 라베	Kuckuck 쿡쿡	GER
pombo 뽕부	pega 뻬가	corvo 꼬르부	cuco 꾸꾸	POR
paloma 빨로마	urraca 우라까	cuervo 꾸에르보	cuco 꾸꼬	ESP
piccione 피쵸네	gazza 가짜	corvo 꼬르보	cuculo 꾸꿀로	ITA
περιστέρι 뻬리스뻬리	κίσσα, καρακάξα 끼사, 까라깍사	κοράκι 꼬라끼	κούκος 꾸꼬스	GRE
columba 콜룸바	pica 피카	cornix 코르닉스	cuculus 쿠쿨루스	LAT
голубь 골루비	сорока 싸로까	ворона 바로나	кукушка 꾸꾸쉬까	RUS
鸽子 /gēzi 꺼즈	鹊 /què 츄에	乌鸦 /wūyā 우야	布谷鸟 /bùgǔniǎo 뿌꾸니아오	CHN
ハト /鳩 하토	カササギ 카사사기	カラス /烏 카라수	カッコウ /郭公 칵꼬-	JPN

한	따오기	지빠귀	카나리아	종달새
영	ibis 아이비스	thrush 쓰러쉬	canary 커네리	lark 라크
프	ibis 이비스	grive 그리브	canari 까나리	alouette 알루에뜨
독	Ibis 이비스	Drossel 드로셀	Kanarienvogel 카나린포겔	Lerche 레어헤
포	íbis 이비스	tordo 또르두	canário 까나리우	cotovia 꼬또비아
스	ibis 이비스	tordo 또르도	canario 까나리오	alondra 알론드라
이	ibis 이비스	tordo 또르도	canarino 까나리노	allodola 알로돌라
그	íβις 이비스	τσίχλα 치흘라	καναρίνι 까나리니	κορυδαλλός 꼬리달로스
라	ibis 이비스	turdus 투르두스	canaria 카나리아	alauda 알라우다
러	ибис 이비스	дрозд 드로즈드	канарейка 카나레이까	жаворонок 좌버로넉
중	朱鹭 /zhūlù 쭈루	鸫 /dōng 뚱	小黄鸟 /xiǎohuángniǎo 샤오황니아오	阿鹨 /āliù 아리우
일	トキ /鴇 토키	ツグミ /鶇 추구미	カナリア 카나리아	ヒバリ /雲雀 히바리

한	구관조	할미새	해오라기	굴뚝새
영	hill myna 힐 마이너	wagtail 왜그테일	night heron 나이트 헤론	wren 렌
프	mainate 메나뜨	bergeronnette 베르쥬로네뜨	bihoreau 비오로	troglodyte 뜨로글로디뜨
독	Beo 베오	Bachstelze 바흐슈텔체	Silberreiher 질버라이어	Zaunkönig 차운쾨니히
포	melro 메우후	lavandisca 라방지스까	garçota 가르쏘따	carriça 까히싸
스	mirlo 미를로	aguzanieves 아구사니에베스	garza blanca 가르사 블랑까	reyezuelo 레예수엘로
이	Gracula 그라쿨라	cutrettola 꾸뜨렛똘라	airone bianco 아이로네 비앙코	scricciolo 스끄릿촐로
그	μάινα 마이나	σουσουράδα 수수라다	ερωδιός 에로디오스	τρυποφράκτης 트리뽀프락띠스
라	graculus 그라쿨루스	motacilla 모타킬라	casmerodius albus 카스메로디우스 알부스	triglodytida *¹ 트리글로디티다
러	священная майна 스비쉔나야 마이나	трясогузка 뜨랴싸구스까	белая цапля 벨라야 짜쁠랴	крапивник 크라삐브닉
중	鹩哥 /liáogē 리아오꺼	鹡鸰 /jílíng 찌링	鹭 /lù 루	鹪鹩 /jiāoliáo 지아오리아오
일	きゅうかんちょう /九官鳥 큐-칸쵸-	セキレイ /鶺鴒 세키레-	ゴイサギ /五位鷺 고이사기	ミソサザイ 미소사자이

동의어: *1 passeriformis 파쎄리포르미스

물떼새	울새	학	홍학	KOR
plover 플러버	robin 로빈	crane 크레인	flamingo 플라밍고	ENG
pluvier 쁠리비에	rouge-gorge 루쥬-고르쥬	grue 그뤼	flamant 플라망	FRA
Regenpfeifer 레겐파이퍼	Rotkehlchen 롯켈헨	Kranich 크라니히	Flamingo 플라밍고	GER
tarambola 따랑볼라	pintarroxo 삥따호슈	grou 그로우	flamingo 플라밍구	POR
chorlito 초를리또	petirrojo 뻬띠로호	grulla 그루야	flamingo 플라밍고	ESP
piviere 삐비에레	pettorossa 페또로싸	gru 그루	fenicottero 페니꼿떼로	ITA
χαραδριός *1 하라드리오스	κοκκινολαίμης 꼬끼놀래미스	πελαργός 뻴라르고스	φοινικόπτερος *2 피니꼼떼로스	GRE
charadridae 카라드리이다이	motacilla rubecula 모타킬라 루베쿨라	grus 그루스	phoenicopterus 포에니콥테루스	LAT
ржанка 르좐까	малиновка 말리노프까	журавль 쥬라블	фламинго 플라민고	RUS
鸻 / héng 헝	靛颏儿 / diànkér 띠엔컬	鹤 / hè 허	火烈鸟 / huǒlièniǎo 후오리에니아로	CHN
チドリ / 千鳥 치도리	シマゴマ / 島駒 시마고마	つる / 鶴 추루	フラミンゴ 후라밍고	JPN

동의어: *1 βροχοπούλι 브로호뿔리, *2 φλαμίνγκο 프라밍고

올빼미	송골매	매	독수리	KOR
owl 아울	falcon 펠컨	peregrine 페레그린	eagle 이글	ENG
chouette 슈웨뜨	faucon 포꽁	pèlerin *1 뻴르랭	aigle 에글	FRA
Eule 오일레	Falke 팔케	Wanderfalke 반더팔케	Adler 아들러	GER
coruja 꼬루쟈	falcão 파우꺼옹	peregrino 뻬레그리누	águia 아기아	POR
búho 부오	halcón 알꼰	Halcón peregrino 알꼰 페레그리노	águila 아길라	ESP
gufo 구포	falcone pellegrino 팔코네 펠레그리노	falco 팔코네	aquila 아뀔라	ITA
κουκουβάγια 꾸꾸바기아	γεράκι, ιέραξ 게라끼, 이에락스	πετρίτης 뻬트리띠스	αετός 아에또스	GRE
ulula 울룰라	accipiter 악키피테르	accipiter peregrinus 아키피테르 페레그리누스	aquila 아뀔라	LAT
сыч 씌취	сокол 쏘꼴	сапсан 싸프싼	орёл 아룔	RUS
鸱鸮 / chīxiāo 츠샤오	海东青 / hǎidōngqīng 하이뚱칭	鹰 / yīng 잉	雄鹰 / xióngyīng 시웅잉	CHN
ふくろう / 梟 후쿠로-	ハヤブサ / 隼 하야부사	タカ / 鷹 타카	クロハゲワシ / 黒禿鷲 쿠로하게와시	JPN

참고: *1 '순례자'의 의미도 있음

한	솔개	공작	백조	백로
영	kite 카이트	peacock 피카크	swan 스완	egret 이그릳
프	milan noir 밀랑 누와르	paon 빵	cygne 시뉴	aigrette 애그렛드
독	Gabelweihe 가벨바이에	Pfau 파우	Schwan 슈반	Silberreiher 질버라이어
포	papagaio 빠빠가이우	pavão 빠버웅	cisne 씨즈니	garçota 가르쏘따
스	milano 밀라노	pavo real 빠보 레알	cisne 씨스네	garza blanca 가르싸 블랑까
이	nibbio 닙비오	pavone 파보네	cigno 치뇨	airone 아이로네
그	ψαλιδάρης 읍살리다리스	παγώνι 빠고니	κύκνος 끼끄노스	ερωδιός 에로디오스
라	milvus 밀라우스	pavo 파보	cycnus, olor 키크누스, 올로르	ardea 아르데아
러	сокол 쏘꼴	павлин 빠블린	лебедь 레볫즈	цапля 짜쁠랴
중	鷂鷹 / yàoyīng 야오잉	孔雀 / kǒngquè 콩츄에	天鹅 / tiān' é 티엔어	白鹭鸶 / báilùsī 바이루쓰
일	トビ / 鳶 토비	クジャク / 孔雀 쿠쟈쿠	ハクチョウ / 白鳥 하쿠쵸-	シラサギ / 白鷺 시라사기

한	고니	저어새	도요새	크낙새
영	swan 스완	spoonbill 스푼빌	snipe 스나이프	korean woodpecker 코리안우드패컬
프	cygne 시뉴	spatule 스파뛸르	bécasse 베까스	pic à ventre blanc 피까 방트르 블랑
독	Zwergschwan 츠베르크슈반	Löffelente 뢰펠엔테	Schnepfe 슈넵페	Weißbauchspecht 바이스바우흐슈페히트
포	cisne 씨즈니	colhereiro 꼴예레이루	narceja 나르쩨쟈	pica-pau coreano 삐까-빠우 꼬레아누
스	cisne 씨스네	espátula 에스빠뚤라	agachadiza 아가차디싸	pájaro carpintero coreano 빠하로 까르삔떼로 꼬레아노
이	cigno 치뇨	Platalea minor 플라타레아 미노르	beccaccino 베까치노	picchio 피끼오
그	κύκνος 끼끄노스	χουλιαρομύτα 홀리아로미따	μπεκάτσα *1 베까차	κορεατικός δρυοκολάπτης 꼬레아띠꼬스 드리오꼴랍띠스
라	cycnus 키크누스	platalea 플라탈레아	snipe 스니페	picus koreanus 피쿠스 쿠레아누스
러	малый лебедь 말르이 레볫즈	колпица 꼴픠찌짜	бекас 베까스	Дятел белобрюхий корейский 쟈젤 벨라브류힐이 까레이스끼
중	鹄 / hú 후	黑脸琵鹭 / hēiliǎnpílù 헤이리엔피루	鹬 / yù 위	韩国啄木鸟 / Hánguózhuómùniǎo 한구오쭈오무니아오
일	ハクチョウ / 白鳥 하쿠쵸-	ヘラサギ / 箆鷺 헤라사기	シギ / 鴫 시기	きたたき / 木叩 키타타키

동의어: *1 μπεκατσίνι 베까치니

딱따구리	펠리컨	타조	갈매기	KOR
woodpecker 우드페커	pelican 펠리컨	ostrich 오스트리치	sea gull 시 걸	ENG
pivert 피베르	pélican 뻴리깡	autruche 오트뤼슈	mouette, goéland 무에뜨, 고앨랑	FRA
Specht 슈페히트	Pelikan 펠리칸	Strauß 슈트라우스	Möwe 뫼베	GER
pica-pau 삐까-빠우	pelicano 뻴리까누	avestruz 아베스뜨루스	gaivota 가이보따	POR
pájaro carpintero 빠하로 까르삔떼로	pelícano 뻴리까노	avesrtruz 아베스르뜨루스	gaviota 가비오따	ESP
picchio 삑끼오	pellicano 뻴리까노	struzzo 스뜨루쬬	gabbiano 갑비아노	ITA
δρυοκολάπτης 드리오꼴랍띠스	πελεκάνος 뻴레까노스	στρουθοκάμηλος 스프루쏘까밀로스	γλάρος 글라로스	GRE
picus 피쿠스	onocrotalus 오노크로탈루스	struthocamelus 스트루토카멜루스	larus, gavia 라루스, 가비아	LAT
дятел 쟈쩰	пеликан 뻴리칸	страус 스트라우스	чайка 촤이까	RUS
啄木鸟 / zhuómùniǎo 쭈오무니아오	淘河 / táohé 타오허	鸵鸟 / tuóniǎo 투오니아오	海鸥 / hǎiōu 하이오우	CHN
キツツキ / 啄木鳥 키추추키	ペリカン 페리칸	ダチョウ / 駝鳥 다쵸-	カモメ / 鴎 카모메	JPN

야생거위	야생오리	황새	에뮤	KOR
wild goose 와일드 구스	wild duck 와일드 덕	stork 스토크	emu 이뮤	ENG
oie sauvage 와 소바쥬	canard sauvage 까나르 소바쥬	cigogne 시고뉴	émeu 에뮈	FRA
Wildgans 빌트간스	Wildente 빌트엔테	Storch 슈토르히	großer Emu 그로써 에무	GER
ganso silvestre 강쑤 씨우베스뜨리	pato silvestre 빠뚜 씨우베스뜨리	cegonha 쩨공야	casuar 까주아르	POR
ganzo salvaje 간소 살바헤	pato silvestre 빠또 실베스뜨레	cigüeña 씨구에냐	emú 에무	ESP
oca selvatica 오까 셀바띠까	anatra selvatica 아나뜨라 셀바띠까	cicogna 치꼬냐	emu 에무	ITA
άγρια χήνα 아그리아 히나	αγριόπαπια 아그리오빠피아	πελαργός *1 뻴라르고스	εμού 에무	GRE
anser 안세르	anas 아나스	ciconia 키꼬니아	dromaius novaehollandiae 드로마리우스 노배홀란디애	LAT
дикий гусь 지끼 구스	дикая утка 지까야 우트까	аист 아이스트	эму 애무	RUS
野鹅 / yěé 예어	野鸭 / yěyā 예야	白鹳 / báiguàn 바이꽌	鸸鹋 / érmiáo 얼미아오	CHN
ガン / 雁 간	かも / 鴨 카모	コウノトリ 코-노토리	エミュー 에뮤-	JPN

동의어: *1 λελέκι 렐레끼

한	알바트로스	나이팅게일	고등어
영	albatross [1] 알바트로스	nightingale 나이팅게일	mackerel 매커럴
프	albatros 알바뜨로스	rossignol 로시뇰	maquereau 마끄로
독	Albatros 알바트로스	Nachtigall 나흐티갈	Makrele 마크렐레
포	albatroz 아우바프로스	rouxinol 호우쉬노우	cavala 까발라
스	albatros 알바뜨로스	ruiseñor 루이세뇨르	caballa 까바야
이	albatro 알바뜨로	usignolo 우시뇰로	sgombro 스곰브로
그	άλμπατρος(θαλασσοπούλι του ειρηνικού) 알바트로스(쌀라소뿔리 뚜 이리니꾸)	αηδόνι 아이도니	σκουμπρί, σκόμβρος 스꾸브리, 스꼼브로스
라	diomedea albatrus 디오메데아 알바트루스	luscinia 루스키니아	scomber 스콤베르
러	альбатрос 알바뜨로스	соловей 쌀라볘이	макрель 마크렐
중	信天翁 / xīntiānwēng 씬티엔웡	夜莺 / yèyīng 예잉	鲭鱼 / qīngyú 칭위
일	アホウドリ / 阿房鳥 아호-도리	ナイチンゲール 나이친게-루	サバ / 鯖 사바

참고: [1] 조류 중 가장 활공을 잘하는 조류로 바람 부는 날에는 날갯짓을 하지 않고도 수 시간 동안 떠 있을 수 있거나 5,000km까지도 비행이 가능하다. 또한 골프의 용어로도 쓰이는데 더블 이글(double eagle)에 대한 영국 용어로 한 홀에서 그 기준 타수보다 3타수 적게 홀아웃한 것을 의미한다.

한	날치	갈치	멸치
영	flyingfish 플라잉피시	hairtail 헤어테일	anchovy 앤쵸비
프	exocet 에그조세	trichiurus 트리쉬위뤼	anchois 엉슈와
독	Flugfisch 플룩피슈	Degenfisch 데겐피슈	Sardelle, Anchovis 자델레, 안호비스
포	peixe voador 페이쉬 보아도르	peixe-espada 페이쉬-이스빠다	anchova 앙쇼바
스	pez volador 뻬스 볼라도르	sable 사블레	anchoa 안초아
이	pesce volante 뻬쉐 볼란떼	trichiuridae 트리끼우리다에	alice 알리체
그	χελιδονόψαρο 헬리도놉사로	σπαθόψαρο 스빠쏨사로	αντζούγια, γαύρος, χαμψί, σαρδέλλα 안주기아, 가브로스, 함프시, 사르델라
라	exocoetus volitans 엑소코에투스 볼리탄스	piscis ordinis trichiuridium 피스키스 오르디니스 트리키우리디움	maena, engraulis encrasicholus 매나, 엥그라울리스 엥크라시쿨루스
러	летучая рыба 례뚜촤야 릐바	волосохвост 벌러싸흐보스트	анчоус 안쵸우스
중	飞鱼 / fēiyú 페이위	带鱼 / dàiyú 따이위	海蜒 / hǎiyán 하이얜
일	トビウオ / 飛魚 토비우오	タチウオ / 太刀魚 타치우오	カタクチイワシ / 方口鰯 카타쿠치이와시

참치	꽁치	장어	붕장어	KOR
tuna 튜나	mackerel pike *1 매커럴 파이크	eel 일	conger 콩거	ENG
thon 똥	cololabis saira 꼬로라비스 세라	anguille 앙귀유	congre 꽁그르	FRA
Thunfisch 툰피슈	Makrelenhecht 마크렐렌헤히트	Aal 알	Meeraal, Seeaal 메어알, 제알	GER
atum 아뚱	sauro 싸우루	enguia 잉기아	congro 꽁그루	POR
atún 아뚠	escombro 에스꼼브로	anguila 앙길라	congrio 꽁그리오	ESP
tonno 똔노	Luccio sgombro 루치오 스곰브로	anguilla 앙궐라	grongo 그롱고	ITA
τόνος 또노스	λουτσοζαργάνα *2 루초자르가나	χέλι 헬리	γόγγρος, μουγκρί 공그로스, 뭉그리	GRE
tynnus 뛴누스	scombresox 스콤브레속스	anguilla 안구일라	conger 콘게르	LAT
тунец 뚜넷츠	макрелещука 마크렐례쉬까	угорь 우거르	морской угорь 마르스꼬이 우거르	RUS
金枪鱼 /jīnqiāngyú 쩐치앙위	秋刀鱼 /qiūdāoyú 치우따오위	鳗鱼 /mányú 만위	康吉鳗 /kāngjímán 캉지만	CHN
マグロ/鮪 마구로	さんま/秋刀魚 산마	ウナギ/鰻 우나기	アナゴ/穴子 아나고	JPN

참고: *1 saury 소리(꽁치류), *2 ζαργάνα 자르가나

메기	도미	대구	연어	KOR
catfish 캣휘시	sea bream *1 시 브림	cod 코드	salmon 새먼	ENG
poisson-chat, silure 쁘와송 샤, 실뤼르	dorade, daurade 도라드, 도라드	morue 모뤼	saumon 소몽	FRA
Wels 벨스	Meerbrasse 메어브라쎄	Kabeljau 카벨야우	Lachs 락스	GER
peixe-gato 뻬이쉬-가뚜	pargo 빠르구	bacalhau 바깔야우	salmão 싸우머옹	POR
bagre 바그레	besugo 베수고	bacalao 바깔라오	salmón 살몬	ESP
pesce gatto 뻬셰 가또	abramide 아브라미데	merluzzo 메를룻쬬	salmone 살모네	ITA
γατόψαρο, γλανίδι 가또읍사로, 글라니디	συναγρίδα, φαγκρί 시나그리다, 팡그리	μπακαλιάρος, γάδος 바깔리아로스, 가도스	σολομός 솔로모스	GRE
silurus 실루루스	sparulus 스파룰루스	gadus, morua 가두스, 모루아	salmo 살모	LAT
сом 쏨	морской лещ 마르스꼬이 례쉬	треска 뜨레스까	лосось 라쏘스	RUS
嘉鱼 /jiāyú 찌아위	鲷鱼 /diāoyú 띠아오위	大头鱼 /dàtóuyú 따터우위	萨门鱼 /sàményú 싸먼위	CHN
ナマズ/鯰 나마주	タイ/鯛 타이	タラ/鱈 타라	サケ/鮭 사케	JPN

동의어: *1 snapper 스내퍼

한	잉어	금붕어	복어	송어
영	carp 카프	goldfish 골드피시	blowfish 블로우피시	trout 트라우트
프	carpe 까르쁘	poisson rouge 쁘와송 루쥬	tétrodon 떼뜨로동	truite 뜨리이프
독	Karpfen 카릎펜	Goldfisch 골트피슈	Kugelfisch 쿠겔피슈	Forelle 포렐레
포	carpa 까르빠	peixe dourado 베이쉬 도우라두	baiacu 바이아꾸	trota 뜨로따
스	carpa 까르빠	pez dorado 뻬스 도라도	globo 글로보	trucha 뜨루차
이	carpa 까르빠	pesce rosso 뻬쉐 롯쏘	pesce palla 뻬쉐 빨라	trota 뜨로따
그	κυπρίνος 끼프리노스	χρυσόψαρο 흐리소읍사로	φουσκόψαρο 푸스꼬읍사로	πέστροφα 뻬스뜨로파
라	cyprinus 키프리누스	hippurus 히푸루스	piscis ordinis tetraodontidae 피스키스 오르디니스 테트라오돈티대	salmo trutta 살모 트루따
러	сазан 싸잔	золотая рыбка 절라따야 릐프까	рыба–шар 릐바–샤르	форель 파렐
중	鲤鱼 / lǐyú 리위	金鱼 / jīnyú 찐위	河豚 / hétún 허툰	鳟 / zūn 쮠
일	コイ / 鯉 코이	キンギョ / 金魚 킨교	フグ / 河豚 후구	マス / 鱒 마수

한	청어	홍어	광어	정어리
영	herring 헤링	skate 스케이트	flatfish 플랱휘시	sardine 사딘
프	hareng 아랑	raie bouclée 레 부클레	fletan 플르떵	sardine 사르딘
독	Hering 헤어링	Rochen 로헨	getrockneter Plattfisch 게트로크네터 플랏피슈	Sardine 자디네
포	arenque 아렝끼	raia 하이아	linguado 링구아두	sardinha 싸르징야
스	arenque 아렝께	raya 라야	pez plano 뻬쓰 쁠라노	sardina 사르디나
이	aringa 아링가	razza 랏짜	rombo 광어	sardina 사르디나
그	ρέγγα 렝가	σαλάχι 살라히	πλατύψαρα *3 쁘라띠읍사라	σαρδίνι *4 사르디니
라	clupea harengus *1 클루페아 하렝구스	raia 라이아	rhombus 롬부스	sardina 사르디나
러	селёдка 쎌료트까	скат 스깟	камбала 깜발라	сардина 싸르지나
중	鲱鱼 / fēiyú *2 헤이위	斑鳐 / bānyáo 빤야오	偏口鱼 / piānkǒuyú 피엔커우위	撒颠鱼 / sādiānyú 싸이띠엔위
일	ニシン / 鰊 니신	ガンギエイ 간기에-	ヒラメ / 平目 히라메	イワシ / 鰯 이와시

동의어: *1 aringus 아링구스, *2 青棒 / qīngbàng 칭빵, *3 σολέα(γλώσσα) 솔레라(글로사), *4 σαρδέλλα 사르델라

가자미	가다랭이	청새치	개복치	KOR
flounder 플라운더	bonito 보니토	striped marlin 스트라이프드 마린	sunfish 썬휘시	ENG
turbot, barbue 뛰르보, 바르뷔	bonite 보니뜨	marlin bleu 마를랭 블뢰	poisson-lune, môle 쁘와송 뤼느, 몰	FRA
Flunder 플룬더	Bonite, Bonitfisch 보니테, 보닛피슈	Schwertfisch 슈베르트피슈	Mondfisch 몬트피슈	GER
solha 쏠야	bonito 보니뚜	espadarte azul 이스빠다르찌 아주우	peixe-lua 뻬이쉬-루아	POR
platija 쁠라띠하	bonito 보니또	pez espada, marlín 뻬스 에스빠다, 마르린	pez luna 뻬즈 루나	ESP
sogliola 소졸라	palamita 빨라미따	pesce spada 뻬셰 스빠다	pesce mola 뻬셰 몰라	ITA
χωματίδα, πλατέσσα 호마띠다, 쁠라떼사	αμία, παλαμίδα 아미아, 빨라미다	ξιφίας 윽피아스	κεντραρχίδες 껜드라르히데스	GRE
rhombus 롬부스	amia 아미아	gladius 글라디우스	mola 몰라	LAT
камбала 깜발라	скумбрия 스꿈브리야	меч–рыба 몌취-릐바	солнечник 쏠녜취닉	RUS
鰈鱼 / diéyú [*1] 띠에위	鰹鱼 / jiānyú 찌엔위	枪鱼 / qiāngyú 치앙위	翻车鱼 / fānchēyú 판처위	CHN
かれい / 鰈 카레-	カツオ / 鰹 카추오	かじき / 旗魚 카지키	マンボウ 만보-	JPN

동의어: *1 老板鱼 / lǎobǎnyú 라오반위

상어	가오리	아구	향어	KOR
shark 샬크	ray 래이	angler fish 앤글러휘시	leather carp 레더 카프	ENG
requin 르깽	raie 레	lotte 로뜨	carpe cuir 까르쁘 뀌르	FRA
Hai 하이	Roche 로헤	Seeteufel 제토이펠	Lederkarpfen 레더카릅펜	GER
tubarão 뚜바러웅	raia 하이아	diabo-marinho 지아부-마링유	carpa espelho 까르빠 이스뻴유	POR
tiburón 띠부론	mantarraya 만따라야	mero 메로	ayu 아유	ESP
squalo 스쿠알로	razza 라짜	coda di rospo 코다 디 로스포	carpe di cuoio 카르페 디 쿠오이오	ITA
καρχαρίας [*1] 까르하리아스	σαλάχι, νάρκη 살라히, 나르끼	πεσκαντρίτσα 뻬스깐드리차	αγιού 아기우	GRE
pistrix, pistris 피스트릭스, 피스트리스	batoidea, raja 바토이데아, 라야	piscis ranae 피스키스 라내	cyprinus 키프리누스	LAT
акула 아쿨라	скат 스깟	удильщик 우질릐쉭	айю 아이유	RUS
鲨鱼 / shāyú 샤위	鳐鱼 / yáoyú 야오위	琵琶鱼 / pípáyú 피파위	香鱼 / xiāngyú 시앙위	CHN
サメ / 鮫 사메	エイ 에-	あんこう / 鮟鱇 안코-	ドイツゴイ 도이추고이	JPN

동의어: *1 κήτος 끼또스, σκουάλος 스쿠알로스,

한	뱀	아나콘다	구렁이	방울뱀
영	snake 스네이크	anaconda 애나컨더	rat snake 랏 스네이크	rattlesnake 라틀스네이크
프	serpent 세르빵	anaconda 아나꽁다	boa 보아	crotale *1 크로딸
독	Schlange 슐랑에	Anakonda 아나콘다	gestreifte Schlange 게슈트라이프테 슐랑에	Klapperschlange 클라퍼슐랑에
포	serpente 쎄르뻰찌	anaconda 아나꽁다	serpente grande 쎄르뻰찌 그랑지	cascavel 까스까베우
스	serpiente 세르삐엔떼	anaconda 아나꼰다	pitón 삐똔	serpiente de cascabel 세르삐엔떼 데 까스까벨
이	serpente 세르뻰떼	anaconda 아나콘다	boa 보아	serpente a sonagli 세르펜테 아 소날리
그	φίδι 피디	ανακόντα 아나꼰다	μεγάλο φίδι 메갈로 피디	κροταλίας 끄로딸리아스
라	anguis, serpens 안구이스, 세르펜스	anaconda 아나콘다	magnus serpens 마그누스 세르펜스	serpens crotali 세르펜스 크로탈리
러	змея 즈미야	анаконда 아나콘다	питон 삐똔	гремучник 그례무취닉
중	蛇 / shé 셔	水蟒 / shuǐmǎng 쉐이망	黄领蛇 / huánglǐngshé 황링셔	响尾蛇 / xiǎngwěishé 시앙웨이셔
일	ヘビ / 蛇 헤비	アナコンダ 아나콘다	あおだいしょう / 青大将 아오다이쇼-	ガラガラヘビ / ガラガラ蛇 가라가라헤비

동의어: *1 serpent à sonnettes 세르빵 아 소네뜨

한	도마뱀	독사	코브라	악어
영	lizard 리자드	viper 바이퍼	cobra 코브라	crocodile 크로코다일
프	lézard 레자르	vipère 비뻬르	cobra 꼬브라	crocodile, alligator 끄로꼬딜, 알리가또르
독	Eidechse 아이데흐제	Viper *1 비퍼	Kobra *2 코브라	Krokodil 크로코딜
포	lagarto 라가르뚜	víbora 비보라	cobra 꼬브라	crocodilo 끄로꼬질루
스	lagartija 라가르띠하	víbora 비보라	cobra 꼬브라	cocodrilo 꼬꼬드릴로
이	lucertola 루체르똘라	vipera 비뻬라	cobra 꼬브라	coccodrillo 꼭꼬드릴로
그	σαύρα 사브라	οχιά 오히아	κόμπρα 꼬브라	κροκόδειλος 끄로꼬딜로스
라	lacerta 라케르타	vipera 비페라	aspis 아스피스	crocodilus 크로코딜루스
러	ящерица 야쉬리짜	гадюка 가쥬까	кобра 코브라	крокодил 크러카질
중	四脚蛇 / sìjiǎoshé 쓰지아오셔	毒蛇 / dúshé 두셔	眼镜蛇 / yǎnjìngshé 얜찡셔	鳄鱼 / èyú 어위
일	トカゲ / 蜥蜴 토카게	どくヘビ / 毒蛇 도쿠헤비	コブラ 코부라	ワニ / 鰐 와니

동의어: *1 Giftschlange 기프트슐랑에, *2 Brillenschlange 브릴렌슐랑에

맹꽁이	두꺼비	개구리	올챙이	KOR
narrow mouthed frog 내로 마우쓰드 프로그	toad 토우드	frog 프록	tadpole 탯폴	ENG
petite grenouille ronde 쁘띠뜨 그르누위으 롱드	crapaud 크라포	grenouille 그르누이유	têtard 떼따르	FRA
Kaloula 칼로울라	Kröte 크뢰테	Frosch 프로쉬	Kaulquappe 카울크바페	GER
rã gorda 항 고르다	sapo 싸뿌	rã 항	girino 쥐리누	POR
rana redonda 라나 레돈도	sapo 사뽀	rana 라나	renacuajo 레나꾸아호	ESP
rana 라나	rospo 로스포	rana 라나	girino 지리노	ITA
στρογγυλός βάτραχος 스프롱길로스 바트라호스	φρύνος 프리노스	βάτραχος 바트라호스	γυρίνος(βατράχου) 기리노스(바트라후)	GRE
rotunda rana 로툰다 라나	bufo 부포	rana 라나	gyrinus 기리누스	LAT
округлая жаба 아크루글라야 좌바	жаба 좌바	лягушка 리구쉬까	головастик 걸라바스찍	RUS
狭口蛙 / xiákǒuwā 시아커우와	蟾蜍 / chánchú 찬추	蛙 / wā 와	蝌蚪 / kēdǒu 커떠우	CHN
ジムグリガエル / 地潜蛙 지무구리가에루	ヒキガエル / 蟇蛙 히키가에루	カエル / 蛙 카에루	おたまじゃくし 오타마쟈쿠시	JPN

거북이	바다거북	카멜레온	새우	KOR
tortoise 토터스	sea turtle 시 터틀	chameleon 커밀리언	shrimp 쉬림프	ENG
tortue 또르뛰	tortue de mer 또르뛰 드 메르	caméléon 까멜레옹	crevette 크르베뜨	FRA
Schildkröte 쉴트크뢰테	Seeschildkröte 제쉴트크뢰테	chamäleon 카맬레온	Garnele 가르넬레	GER
tartaruga 따르따루가	tartaruga marinha 따르따루가 마링야	camaleão 까말리어웅	camarão 까마러웅	POR
tortuga 또르뚜가	tortuga marina 또르뚜가 마리나	cameleón 까멜레온	camarón 까마론	ESP
tartaruga 따르따루가	tartaruga 따르따루가	camaleonte 까말레온떼	gamberetto 감베렛또	ITA
χελώνα 헬로나	θαλάσσια χελώνα 쌀라시아 헬로나	χαμαιλέων 하멜레온	γαρίδα, σκίλλα 가리다, 스낄라	GRE
testudo 테스투도	testudo marina 테스투도 마리나	chamaeleon 카마엘레온(=카맬레온)	caris, scilla, squilla 카리스, 스킬라, 스쿠일라	LAT
черепаха 췌례빠하	морские черепахи 마르스끼예 췌례빠히	хамелеон 하멜리온	креветка 크리베트까	RUS
乌龟 / wūguī 우꿰이	海龟 / hǎiguī 하이꿰이	变色龙 / biànsèlóng 삐엔써룽	虾 / xiā 시아	CHN
カメ / 亀 카메	ウミガメ / 海亀 우미가메	カメレオン 카메레온	エビ / 海老 에비	JPN

한	참새우	게	꽃게	바다가재
영	prawn 프론	crab 크랩	blue crab 블루크랩	lobster 랍스터
프	bouquet 부께	crabe 크라브	étrille 에트리으	homard 오마르
독	krabben 크라벤	Krabbe, Krebs 크라베, 크렙스베	Schwimmkrabben 슈빔크라벤	Hummer 후머
포	pitu 삐뚜	caranguejo 까랑게쥬	caranguejo azul 까랑게쥬 아주우	lagosta 라고스따
스	langostino 랑고스띠노	cangrejo 깡그레호	cangrejo azul 깡그레호 아쑬	langosta 랑고스따
이	gambero, scilla, squilla 감베로	granchio 그랑끼오	granchio blu 그랑끼오 블루	omaro 오마로
그	γαρίδα 가리다	κάβουρας, καβούρι 까부라스, 까부리	μπλε καβούρι 블레 까부리	αστακός 아스따꼬스
라	carabus 카라부스	cancer, gammarus 칸케르	caeruleus cancer 캐룰레우스 칸케르	cammarus 캄마루스
러	глубоководная креветка 걸루바카보드니야 크리볘트까	краб 크랍	синий краб 씨니이 크랍	омар 오마르
중	对虾 / duìxiā 뛔이시아	蟹 / xiè 시에	海螃蟹 / hǎipángxiè 하이팡시에	虾蛄 / xiāgū 시아구
일	クルマエビ / 車海老 쿠루마에비	カニ / 蟹 카니	ワタリガニ 와타리가니	ロブスター 로부수타-

한	가재	전복	굴	대합
영	crayfish 크레이휘시	abalone 아발로니	oyster 오이스터	clam 클램
프	écrevisse 에크르비스	ormeau, haliotide 오르모, 알리오띠드	huître 위이뜨르	palourde 파루르드
독	Bachkrebs 바흐크렙스	Seeohr 제오어	Auster 아우스터	Venusmuschel 베누스무셸
포	camarão-de-água-doce 까마러웅-지-아구아-도씨	abalone 아발로니	ostra 오스뜨라	marisco 마리스꾸
스	cangrejo de río 깡그레호 데 리오	oreja de mar 오레하 데 마르	ostra 오스뜨라	almeja 알메하
이	aragosta 아라고스타	orecchia marina 오렉끼아 마리나	ostrica 오스뜨리까	molluschi 몰루스끼
그	καραβίδα 까라비다	αυτί της θάλασσας *1 아브띠 띠스 쌀라사스	στρείδι 스트리디	αχιβάδα, μύδι 아히바다, 미디
라	carabus 카라부스	auris maris 아우리스 마리스	ostrea 오스트레아	peloris 펠로리스
러	рак 락	морское ушко 마르스꼬예 우쉬꼬	устрица 우스뜨리짜	морской гребешок 마르스꼬이 그례비쇽
중	蝲蛄 / làgǔ 라구	鲍鱼 / bàoyú 빠오위	海蛎子 / hǎilizi 하이리즈	文蛤 / wéngé 원꺼
일	ザリガニ 자리가니	アワビ / 鮑 아와비	カキ / 牡蠣 카키	ハマグリ / 蛤 하마구리

동의어: *1 αλιώτιδα 알리오띠다

꼬막	홍합	조개	모시조개	KOR
blood clam 블러드 클램	mussel 머슬	shellfish 넬휘시	short-necked clam 쇼트넥트클램	ENG
coque 꼬끄	moule 물	coquillage 꼬끼아쥬	petit coquillage 쁘띠 꼬끼아쥬	FRA
Jacobsmuschel 야콥스무셸	Miesmuschel 미즈무셸	Muschel 무셸	Venusmuschel 베누스무셸	GER
berbigão 베르비거웅	mexilhão 메쉴여웅	marisco 마리스꾸	amêijoa 아메이죠아	POR
berberecho 베르베레초	mejillón 메히온	marisco 마리스꼬	almeja de cuello corto 알메하 데 꾸에요 꼬르또	ESP
tellina 텔리나	cozze 꼬쩨	crostaceo 크로스타체오	vongole 봉골레	ITA
δίθυρα 디씨라	μύδι 미디	οστρακοειδή 오스뜨라꼬이디	ιαπωνική αχιβάδα 야뽀니끼 아히바다	GRE
arca crusta 아르카 크루스타	perloris 펠로리스	conchylium 콘킬리움	concha(concylium) [*1] 콘카(콘킬리움)	LAT
– 	мидия 미지야	моллюск 말류스크	короткошеий моллюск 꺼랏트꺼쉐이이 말류스크	RUS
蚶子 /hānzi 한즈	文卤 /wénlǔ 원루	贝 /bèi 뻬이	杂色蛤 /zásègé 자쩌거	CHN
あかがい /赤貝 아카가이	いがい /貽貝 이가이	かい /貝 카이	アサリ 아사리	JPN

동의어: *1 chama colli brevis 카마 콜리 브레비스

바지락	소라	오징어	문어	KOR
corb shell 코브 쉘	turban shell 터번 쉘	squid 스퀴드	octopus 옥터퍼스	ENG
palourde 빨루르드	conque 꽁끄	calmar, seiche 깔마르, 세슈	poulpe, pieuvre 뿔쁘, 삐에브르	FRA
philippinische Venusmuschel 필리피니쉐 베누스무셸	Kreiselschnecke 크라이젤슈네케	Tintenfisch 틴텐피쉬	Oktopus 옥토푸스	GER
amêijoa 아메이죠아	búzio 부지우	lula 룰라	polvo 뽀우부	POR
almeja 알메하	concha de turbante 꼰차 데 뚜르반떼	calamar 깔라마르	pulpo 뿔뽀	ESP
tellina 텔리나	tritone 트리토네	calamaro 깔라마로	polpo 뽈뽀	ITA
κόγχη, κτένι 꽁히, 끄떼니	γαστερόποδα 가스떼로뽀다	καλαμαράκι 깔라마라끼	χταπόδι 흐따뽀디	GRE
chama colli brevis 카마 콜리 브레비스	concha ordinis turbinidae 콘카 오르디니스 투르비니대	sepia 세피아	octopus(polypus) 옥토푸스(폴리푸스)	LAT
морской петушок 마르스꼬이 뻬뚜쇽	раковина 라커비나	кальмар 칼마르	осьминог 아스미녹	RUS
蛤仔 /gézǎi 거자이	海螺 /hǎiluó 하이루오	鱿鱼 /yóuyú 요우위	八带鱼 /bādàiyú 빠따이위	CHN
アサリ 아사리	サザエ 사자에	イカ /烏賊 이카	タコ /蛸 타코	JPN

한	주꾸미	해삼	성게	불가사리
영	webfoot octopus 웹풋 옥터퍼스	sea cucumber 씨 큐컴버	sea urchin 씨 어친	starfish 스타피시
프	poulpe ocellé 뿔쁘 오셀레	holothurie *1 올로뛰리	oursin 우르쌩	étoile de mer *2 에뚜왈 드 메르
독	Octopus ocellatus 옥토푸스 오첼라투스	Seegurke 제구르케	Seeigel 제이겔	Seestern 제슈테른
포	polvo ocelado 뽀우부 오쎌라두	tripango do mar 뜨리빵구 두 마르	ouriço-do-mar 오우리쑤-두-마르	estrela do mar 이스뜨렐라 두 마르
스	pulpo 뿔뽀	cohombro de mar 꼬옴브로 데 마르	erizo de mar 에리쏘 데 마르	estrella de mar 에스뜨레야 데 마르
이	polipo 뽈리뽀	oloturia 올로뚜리아	riccio di mare 리쵸 디 마레	stella di mare 스뗄라 디 마레
그	χταπόδιο νηκτικού ποδιού 흐따뽀디 닉띠꾸 뽀디우	ολοθούρια 올로쑤리아	αχινός 아히노스	αστερίας 아스떼리아스
라	oculatus octopus(polypus) 오쿨라투스 옥타푸스(폴리푸스)	holothurium 홀로투리움	achinus 아키누스	stella 스텔라
러	–	трепанг 뜨레빤그	морской ёж 마르스꼬이 요쥐	морская звезда 마르스까야 즈베즈다
중	章鱼 / zhāngyú 짱위	海参 / hǎishēn 하이션	海胆 / hǎidǎn 하이딴	海星 / hǎixīng 하이씽
일	イイダコ / 飯蛸 이-다코	ナマコ / 海鼠 나마코	ウニ / 海胆 우니	ヒトデ / 海星 히토데

동의어: *1 concombre de mer 콩콩브르 드 메르, *2 astérie 아스떼리

한	해파리	해마	해면	바닷말
영	jellyfish 젤리피시	sea horse 시 호스	sponge 스펀지	laver 레이버
프	méduse 메뒤즈	hippocampe 이뽀깡쁘	éponge 에뽕쥬	algue 알그
독	Qualle 크발레	Seepferdchen 제페어트헨	Schwamm 슈밤	Meerlattich 메어래티히
포	medusa 메두자	cavalo-marinho 까발루-마링유	esponja 이스뽕쟈	alga marinha 아우가 마링야
스	medusa 메두사	caballito de mar 까바이또 데 마르	esponja 에스뽕하	alga marina 알가 마리나
이	medusa 메두사	ippocampo 입뽀깜뽀	spugna 스뿌냐	alga marina 알가 마리나
그	τσούχτρα 추흐뜨라	ιππόκαμπος 잎포깜보스	σπόγγος 스뽕고스	(φύκι)πορφύρα (피키)뽀르피라
라	pulmo 풀모	hippocampus 힙포캄푸스	spongia 스폰기아	laver, alga 라베르, 알가
러	медуза 몌두자	морской конёк 마르스꼬이 까뇩	губка 구프까	красная водоросль 크라스나 보다로슬
중	海蜇 / hǎizhé 하이저	海马 / hǎimǎ 하이마	海绵 / hǎimián 하이미엔	海藻 / hǎizǎo 하이짜오
일	クラゲ / 海月 쿠라게	タツノオトシゴ 타추노오토시고	かいめん / 海綿 카이멘	かいそう / 海藻 카이소-

478

플랑크톤	달팽이	다슬기	곤충 1	KOR
plankton 플랑튼	snail 스네일	melanian snail 멀레니언 스네일	bug 버그	ENG
plancton 플랑끄똥	escargot 에스까르고	escargot marais 에스까르고 마레	insecte 앵섹뜨	FRA
Plankton 플랑크톤	Schnecke 슈네케	schwarze Schnecke 슈바아체 슈네케	Insekt 인젝트	GER
plâncton 쁠랑끼똥	caracol 까라꼬우	caracol preto 까라꼬우 쁘레뚜	bicho 비슈	POR
plancton 쁠랑끄똔	caracol 까라꼴	–	insecto 인섹또	ESP
plancton 플랑크톤	lumaca 루마카	lumaca della palude 루마카 델라 팔루데	insetto 인셋또	ITA
πλαγκτόν 쁠랑그똔	σαλιγκάρι 살링가리	σαλιγκάρι του βάλτου 살링가리 뚜 발뚜	έντομο 엔도모	GRE
plancton 플랑크톤	cochlea 코클레아	cochlea paludis 코클레아 팔루디스	insectum 인섹툼	LAT
планктон 쁠란크톤	улитка 울리트까	мелании 멜라니이	насекомое 나씨꼬머예	RUS
浮游生物 / fúyóushēngwù 푸유우셩우	蜗牛 / wōniú 워니우	钉螺 / dīngluó 띵루오	昆虫 / kūnchóng 쿤총	CHN
プランクトン 푸란쿠톤	カタツムリ / 蝸牛 카타추무리	カワニナ / 川蜷 카와니나	こんちゅう / 昆虫 콘츄-	JPN

곤충 2	유충, 애벌레 1	유충, 애벌레 2	해충	KOR
insect 인섹트	larva 라바	caterpillar 캐터필러	pest 페스트	ENG
insecte 앵섹뜨	larve 라르브	chenille 슈니으	insecte nuisible 앵쎅뜨 뉘지블	FRA
Insekt 인젝트	Larve 라베	Raupe 라우페	Schädling 셰들링	GER
inseto 잉쩨뚜	larva 라르바	lagarta 라가르따	inseto daninho 잉쩨뚜 다닝유	POR
insecto 인섹또	larva 라르바	oruga 오루가	parásito 빠라시또	ESP
insetto 인셋또	larva 라르바	bruco 브루코	vermine 베르미네	ITA
έντομο 엔도모	προνύμφη, κάμπια 프로님피, 깜비아	κάμπια 깜비아	έντομο, παράσιτο 엔도모, 빠라시또	GRE
insectum 인섹툼	vermiculus 베르미쿨루스	eruca papilionis 에루카 파필리오니스	pestilentia 페스틸렌티아	LAT
насекомое 나씨꼬머예	личинка 리췬까	гусеница 구쩨니짜	вредитель 브례지젤	RUS
昆虫 / kūnchóng 쿤총	幼虫 / yòuchóng 요우총	幼虫 / yòuchóng 요우총	害虫 / hàichóng 하이총	CHN
こんちゅう / 昆虫 콘츄-	ようちゅう / 幼虫 요-츄-	けむし / 毛虫 케무시	がいちゅう / 害虫 가이츄-	JPN

한	거미	개미	전갈	나비
영	spider 스파이더	ant 앤트	scorpion 스콜피언	butterfly 버터플라이
프	araignée 아레녜	fourmi 푸르미	scorpion 스꼬르삐옹	papillon 빠삐용
독	Spinne 슈피네	Ameise 아마이제	Skorpion 스코르피온	Schmetterling 슈메털링
포	aranha 아랑야	formiga 포르미가	escorpião 이스꼬르삐어웅	borboleta 보르볼레따
스	araña 아라냐	hormiga 오르미가	alacrán 알라끄란	mariposa 마리뽀사
이	ragno 라뇨	formica 포르미까	scorpione 스꼬르삐오네	farfalla 파르팔라
그	αράχνη 아라흐니	μυρμήγκι 미르밍기	σκορπιός 스꼬르피오스	πεταλούδα 뻬딸루다
라	aranea 아라네아	formica 포르미카	scorpius 스코르피우스	papilio 파필리오
러	паук 빠욱	муравей 무라베이	скорпион 스코르피온	бабочка 바버취까
중	蜘蛛 / zhīzhū 쯔주	蚂蚁 / mǎyǐ 마이	蝎子 / xiēzi 시에즈	蝴蝶 / húdié 후디에
일	クモ / 蜘蛛 쿠모	アリ / 蟻 아리	サソリ / 蠍 사소리	チョウ / 蝶 쵸-

한	나방	매미	잠자리	고추잠자리
영	moth 마스	cicada 시케이다	dragonfly 드래곤플라이	red dragonfly 레드 드래곤플라이
프	papillon nocturne 빠삐용 녹뛰른느	cigale 시갈	libellule 리벨륄	libellule rouge 리벨륄 루쥬
독	Motte, Nachtfalter 모테, 나흐트팔터	Zikade 치카데	Libelle 리벨레	rote Libelle 로테 리벨레
포	mariposa 마리뽀자	cigarra 씨가하	libélula, donzelinha 리벨룰라, 동젤링야	libélula vermelha [1] 리벨룰라 베르멜야
스	polilla 뽈리야	cigarra 씨가라	libélula 리벨룰라	libélula roja 리벨룰라 로하
이	falena 팔레나	locusta 로쿠스타	libellula 리벨룰라	libellula rossa 리벨룰라 롯싸
그	σκόρος 스꼬로스	τζιτζίκι, τζίτζικας 지지끼, 지지까스	λιβελλούλη 리벨룰리	κόκκινη λιβελλούλη 꼬끼니 리벨룰리
라	blatta 블라타	cicada 키카다	libellula 리벨룰라	rubra libellula 루브라 리벨룰라
러	моль 몰	цикада 찌클라다	стрекоза 스프레까자	красная стрекоза 크라스나야 스프레까자
중	蛾虫 / échóng 어총	知了 / zhīliǎo 쯔리아오	蜻蜓 / qīngtíng 칭팅	红蜻蜓 / hóngqīngtíng 홍칭팅
일	ガ / 蛾 가	セミ / 蝉 세미	トンボ / 蜻蛉 톤보	アカトンボ / 赤蜻蛉 아카톤보

동의어: [1] donzelinha vermelha 동젤리야 베르멜야

벌	말벌	벌집	하루살이	KOR
bee 비	hornet 호넷	beehive 비하이브	mayfly 메이플라이	ENG
abeille 아베이유	guêpe 게쁘	nid d'abeilles 니 다베이유	éphémère 에페메르	FRA
Biene 비네	Hornisse 호르니세	Bienenstock 비넨슈톡	Eintagsfliege 아인탁스플리게	GER
abelha 아벨야	vespa 베스빠	colméia 꼬우메이아	efemérida 이페메리다	POR
aveja 아베하	avispón 아비스뽄	colmena 꼴메나	efimera 에피메라	ESP
ape 아뻬	calabrone 깔라브로네	alveare 알베아레	effimero 에피메로	ITA
μέλισσα 멜리사	σφήκα 스피까	κυψέλη 낍셀리	εφημερόπτερο 에피메롭떼로	GRE
apis 아피스	apis terrestris 아피스 테레스트리스	alvus 알부스	bestiola diurni 베스티올라 디우르니	LAT
пчела 프첼라	oca 아싸	улей 울레이	подёнка 빠죤까	RUS
蜂 /fēng 펑	胡蜂 /húfēng 후펑	蜂窝 /fēngwō 펑워	蜉蝣 /fúyóu 푸요우	CHN
ハチ /蜂 하치	スズメバチ /雀蜂 수주메바치	はちのす /蜂の巣 하치노수	カゲロウ /蜻蛉 카게로-	JPN

누에고치	번데기 1	번데기 2	풍뎅이	KOR
cocoon 코쿤	chrysalis 크리설리스	pupa 퓨파	scarab 스캐럽	ENG
cocon 꼬꽁	chrysalide 끄리잘리드	pupe 쀠쁘	hanneton 안느똥	FRA
Kokon 코콘	Puppe 푸페	Spinne 슈피네	Maikäfer 마이캐퍼	GER
casulo 까줄루	crisálida 끄리잘리다	pupa 뿌빠	escarabeu, escarvelho 이스까라베우, 이스까르벨유	POR
capullo 까뿌요	crisálida 끄리살리다	pupa 뿌빠	escarabajo 에스까라바호	ESP
bozzolo 보쫄로	crisalide 끄리살리데	ragno 라뇨	maggiolino 맛졸리노	ITA
κουκούλι 꾸꿀리	χρυσαλλίς 흐리살리스	νύμφη 님피	σκαραβαίος 스까라베오스	GRE
bombyx 봄빅스	nympha 님파	aranea 아라네아	scarabaeus 스카라배우스	LAT
кокон 코꼰	куколка 꾸꼘까	паук 빠욱	скарабей 스카라베이	RUS
蚕茧 /cánjiǎn 찬지엔	蛹 /yǒng 융	蜘蛛 /zhīzhū 쯔주	金龟子 /jīnguīzǐ 찡꿰이즈	CHN
まゆ /繭 마유	さなぎ /蛹 사나기	さなぎ /蛹 사나기	コガネムシ /黄金虫 코가네무시	JPN

한	딱정벌레	무당벌레	개똥벌레	도롱이벌레
영	beetle 비틀	ladybird 레이디버드	firefly 파이어플라이	bagworm 백웜
프	scarabée 스카라베	coccinelle 꼭시넬	luciole 뤼시올	psychidae 쁘시끼대
독	Käfer 캐퍼	Marienkäfer 마리언캐퍼	Glühwurm 글리부엄	Sackträger 작트래거
포	besouro 베조우루	joaninha 죠아닝야	vaga-lume 바가-루미	bicho-de-cesto 비슈-지-쎄스뚜
스	lucano 루까노	mariquita 마리끼따	luciérnaga 루씨에르나가	carcoma 까르꼬마
이	scarabeo 스까라베오	coccinella 꼿치넬라	lucciola 룻춀라	–
그	σκαθάρι, σκάθαρος 스까싸리, 스까싸로스	πασχαλίτσα 빠스할리차	πυγολαμπίς 삐골람비스	νυχτοπεταλούδα 니흐또뻬딸루다
라	scarabaeus 스카라배우스	coccinella 콕키넬라	lucciola 룩키올라	eruca eumetae *1 에루카 에우메태
러	точильщик 따칠쉭	божья коровка 보줴까로프까	светляк 스볘뜰랴	мешочница поденкоподобная 미쇼취니짜 빠젠꺼빠도브나야
중	硬壳虫 / yìngkéchóng 잉커총	艾瓢儿 / àipiáor 아이피아얼	萤火虫 / yínghuǒchóng 잉후오총	蓑衣 / suōyī, 结草虫 / jiécǎochóng 쑤오이, 지에차오총
일	おさむし / 歩行虫 오사무시	テントウムシ / 天道虫 텐토-무시	ゲンジボタル / 源氏蛍 겐지보타루	ミノムシ / 蓑虫 미노무시

동의어: *1 larva eumetae 라르바 에우메태

한	귀뚜라미	사마귀	메뚜기	지네
영	cricket 크리킷	mantis 맨티스	grasshopper 그래스호퍼	centipede 센티피드
프	grillon 그리용	mante 망뜨	sauterelle 소뜨렐	mille-pattes 밀 빠뜨
독	Grille 그릴레	Gottesanbeterin 고테스안베터린	Heuschrecke 호이슈레케	Tausendfuß 타우젠트푸센
포	grilo 그릴루	louva-a-deus 로우바-아-데우스	gafanhoto 가팡요뚜	centopéia 쎙뚜뻬이아
스	grillo 그리요	mantis religiosa 만띠스 렐리히오사	saltamontes, langosta 살따몬떼스, 랑고스따	cienpiés 씨엔삐에스
이	grillo 그릴로	mantide 만띠데	cavalletta, locusta 까발렛따, 로쿠스따	millepiedi 밀레삐에디
그	τριζόνι 트리조니	αλογάκι της Παναγίας 알로가끼 띠스 빠나기아스	ακρίδα 아끄리다	σαρανταποδαρούσα 사란다뽀다루사
라	gryllus 그릴루스	mantis *1 만티스	locusta 로쿠스타	millepeda 밀레페다
러	сверчок 스볘르쵹	богомол 버가몰	кузнечик 꾸즈녜칙	многоножка 므너가노쉬까
중	蟋蟀 / xīshuài 시슈와이	螳螂 / tángláng 탕랑	飞蝗 / fēihuáng 페이황	蜈蚣 / wúgōng 우꿍
일	コオロギ / 蟋蟀 코오로기	カマキリ / 蟷螂 카마키리	バッタ / 飛蝗 밧따	ムカデ / 百足 무카데

동의어: *1 mantodea 만토데아

482

파리	모기	바퀴벌레	진드기	KOR
fly 훌라이	mosquito 모스키토	cockroach 카크로우치	tick 틱	ENG
mouche 무슈	moustique 무스띠끄	cafard 까파르	tique 띠끄	FRA
Fliege 플리게	Moskito, Stechmücke 모스키토, 슈테히뮈케	Kakerlake, Schabe 카커라케, 샤베	Zecke 첵케	GER
mosca 모스까	mosquito 모스끼뚜	barata 바라따	carrapato 까하빠뚜	POR
mosca 모스까	polilla 뽈리야	cucaracha 꾸까라차	ácaro 아까로	ESP
mosca 모스카	zanzara 잔자라	scarafaggio 스까라팟쬬	acaro 아카로	ITA
μύγα 미가	κουνούπι 꾸누피	κατσαρίδα 까차리다	τσιμπούρι 치부리	GRE
musca 무스카	tinea 티네아	blatta 블라타	punctum 푼크툼	LAT
муха 무하	комар 까마르	таракан 따라깐	клещ 클례쉬	RUS
蒼蝇 / cāngyíng 창잉	蚊子 / 원즈	蟑螂 / zhānglang 쨩랑	蜱 / pí, 蝨 / shī 피, 스	CHN
ハエ / 蝿 하에	カ / 蚊 카	ゴキブリ 고키부리	ダニ / 壁蝨 다니	JPN

식물	관엽식물	선태식물	양치식물	KOR
plant 플랜트	foliage plants 호리이지 플란츠	bryophyte *2 브라이어파이트	pteridophyte 테리더파이트	ENG
plante *1 쁠랑뜨	plantes vertes 쁠랑뜨 베르뜨	mousse 무스	fougère 푸제르	FRA
Pflanze 플란체	Blattpflanze 블랏플란체	Moos 모스	Farnkraut 파른크라우트	GER
planta 쁠랑따	planta de folhagem 쁠랑따 지 폴야쟁	bríofita 브리오피따	pteridófita 삐떼리도피따	POR
planta 쁠란따	planta de follaje 쁠란따 데 포야헤	planta de musgo 쁠란따 데 무스고	helecho 엘레초	ESP
pianta 삐안따	pòtus 포투스	briòfite 브리오피테	felci 펠치	ITA
φυτό 피또	φυτό φυλλοειδές 피또 필로이데스	βρυόφυτο, βρύο 브리오피또, 브리오	πτεριδόφυτο 쁘떼리도피또	GRE
stirpes 스치르페스	planta folii formae 플란타 폴리 포르매	muscus 무스쿠스	planta filicis 플란타 필리키스	LAT
растение 라스쩨니예	листопадное растение 리스떠빠드너예 라스쩨니예	мхи 므히	птеридофит 프쩨리다핏	RUS
植物 / zhíwù 즈우	–	苔蘚植物 / táixiǎnzhíwù 타이시엔즈우	蕨类植物 / juélèizhíwù 쥬에레이쯔우	CHN
しょくぶつ / 植物 쇼쿠부추	かんようしょくぶつ / 観葉植物 캉요-쇼쿠부추	せんたいしょくぶつ / 蘚苔植物 센타이쇼쿠부추	しだしょくぶつ / 羊歯植物 시다쇼쿠부추	JPN

동의어: *1 végétal 베제딸, *2 moss 모스

한	활엽식물	침엽식물	잡초
영	broadleaf plants 브로드리프 플란츠	needle- leaf plants 니들리흐 플란츠	weed 위드
프	feuillu 쾌이유	conifère 꼬니페르	mauvaise herbe 모베즈 에르브
독	Laubbäume *1 라웁보이메	Nadelbäume *2 나델보이메	Unkraut 운크라우트
포	planta de folhas largas 쁠랑따 지 폴야스 라르가스	planta de folhas aciculares 쁠랑따 지 폴야스 아씨꿀라리스	erva 에르바
스	plantas de hoja ancha 플란따스 데 오하 안차	conífera 꼬니페라	hierba 이에르바
이	Latifoglie 라티폴리에	aghifòglie 아기폴리에	erbaccia 에르바치아
그	πλατύφυλλο φυτό 쁠라띠필로 피또	βελονοειδές φυτό 베로노이데스 피또	αγριόχορτο, ζιζάνιο 아그리오호르또, 지자니오
라	latifolia planta 라티폴리아 플란타	planta acus formae 플란타 아쿠스 포르매	herba silvestris 헤르바 실베스트리스
러	лиственнное растение 리스트벤너예 라스쩨니예	хвойное растение 호보이너예 라스쩨니예	сорняк 싸르냑
중	阔叶树 / kuòyèshù 쿠오예수	针叶树 / zhēnyèshù 쩐예수	杂草 / zácǎo 자차오
일	かつようじゅ / 闊葉樹 카추요-쥬	しんようじゅ / 針葉樹 싱요-쥬	ざっそう / 雑草 잣쏘-

동의어: *1 Laubgehölze 라웁게횔체, *2 Nadelholzgewächse 나델홀츠게배흐제

한	풀	약초	칡	개구리밥
영	grass 그래스	herb 허브	arrowroot *2 애로우루트	duckweed 덕위드
프	herbe 에르브	simples *1 생쁠	maranta 마랑따	lentille d'eau 랑띠으 도
독	Gras 그라스	Heilkraut 하일크라우트	Pfeilwurzel 파일부르첼	Wasserlinse 바서린제
포	capim 까삥	erva medicinal 에르바 메지씨나우	araruta 아라루따	lentilha d'água 렝찔야 다구아
스	hierba 이에르바	hierba medicinal 이에르바 메디씨날	arrurruz 아루루쓰	hierba flotante 이에르바 플로딴떼
이	erba 에르바	pianta medica 피안타 메디카	Maranta Arundinacea 마란타 아룬디나체아	Spirodela polyrrhiza 스피로델라 폴리르리자
그	χορτάρι 호르따리	χόρτο, βότανο 호르또, 보타노	μαραντία καλαμοειδής 마란디아 깔라모이디스	λεμνα *3 렘나
라	herba 헤르바	herba salutaris 헤르바 살루타리스	arundinacea 아룬디나케아	lemnaceae 렘나케애
러	трава 뜨라바	лека́рственная трава́ 레까르스프벤나야 뜨라바	appoyрут 아로우루트	ряска 야스까
중	草 / cǎo 차오	药草 / yàocǎo 위에차오	葛藤 / géténg 꺼텅	浮萍草 / fúpíngcǎo 푸핑차오
일	くさ / 草 쿠사	やくそう / 薬草 야쿠소-	くずうこん / 葛ウコン 쿠주우콘	ウキクサ / 浮き草 우키쿠사

동의어: *1 herbes médicinales 애르브 메디씨날, *2 kudzu 쿠주, *3 φακή του νερού 파끼 뚜 네루

버섯	이끼	겨우살이	넝쿨(포도나무)	KOR
mushroom 머쉬룸	moss 모스	mistletoe 미슬토우	vine 바인	ENG
champignon 샹삐뇽	mousse 무스	gui 기	vigne 빈느	FRA
Pilz 필츠	Moos 모스	Mistel 미스텔	Ranke 랑케	GER
cogmelo 꼬기멜루	musgo 무스구	visco 비스꾸	videira, trepadeira 비데이라, 트레빠데이라	POR
hongo 옹고	musgo 무스고	muérdago 무에르다고	vid 비드	ESP
fungo 풍고	muschio 무스끼오	vischio 비스끼오	vite 비떼	ITA
μανιτάρι 마니따리	βρύο 브리오	ιξός, γκι 익소스, 기	κλήμα 끌리마	GRE
fungus 풍구스	muscus 무스쿠스	viscum 비스쿰	vitis 비티스	LAT
гриб 그립	мох 모흐	омела 아멜라	виноградная лоза 비나그라드니야 로자	RUS
蘑菇 /mógu 모구	苔蘚 /táixiǎn 타이시엔	槲寄生 /hújìshēng 후지셩	藤蔓 /téngwàn 텅완	CHN
キノコ /茸 키노코	コケ /苔 코케	ヤドリギ /宿木 야도리기	つる /蔓 추루	JPN

갈대	열매	잎	줄기	KOR
reed 리드	fruit 푸룻	leaf 리프	stem 스템	ENG
roseau 로조	fruit 프리	feuille 쾨이유	tige 띠쥬	FRA
Schilf 실프	Frucht 프루흐트	Blatt 블라트	Stamm, Stiel 슈탐, 슈틸	GER
cana 까나	fruto 프루뚜	folha 폴야	tronco, caule 뜨롱꾸, 까울리	POR
caña 까냐	fruta 프루따	hoja 오하	tronco 뜨롱꼬	ESP
canna 깐나	frutta 프루따	foglia 폴랴	tronco 뜨롱꼬	ITA
κάλαμος 깔라모스	φρούτα 프루따	φύλλο 필로	κορμός 꼬르모스	GRE
arundo *1 아룬도	calamus *2 칼라무스	folium 폴리움	truncus 트룽쿠스	LAT
арундо 아룬도	плод 쁠롯	лист 리스트	ствол 스트볼	RUS
芦苇 /lúwěi 루웨이	果子 /guǒzi 구오즈	叶 /yè 예	茎秆 /jīnggǎn 찡깐	CHN
アシ /葦 아시	み /実 미	は /葉 하	みき /幹 미키	JPN

동의어: *1 phragmites australis 프라그미테스 아우스트랄리스, *2 miscanthus sinensis 미스칸투스 시넨시스

한	뿌리	씨앗	싹 1	싹 2
영	root 루트	seed 시드	bud *1 버드	sprout 스프라우트
프	racine 라시느	graine 그렌느	bouton *2 부똥	pousse 뿌스
독	Wurzel 부르첼	Samen 자멘	Knospe 크노스페	Sprosse 슈프로쎄
포	raiz 하이스	semente 쎄멩찌	botão 보떠웅	broto 브로뚜
스	raíz 라이스	semilla 세미야	botón 보똔	brote 브로테
이	radice 라디체	seme 쎄메	bocciolo 봇촐로	germoglio 제르몰리오
그	ρίζα 리자	σπόρος 스뽀로스	οφθαλμός *3 오프쌀모스	βλαστάρι 브라스따리
라	radix 라딕스	semen 세멘	vitulámen 비뚤라멘	gemma 겜마
러	корень 코롄	семя 쎄먀	почка 뽀취까	росток 라스또크
중	根 / gēn 껀	种子 / zhǒngzi 쭁즈	萌芽 / méngyá 멍야	新芽 / xīnyá 신야
일	ね / 根 네	たね / 種 타네	め / 芽 메	め / 芽 메

동의어: *1 braird (곡식)새싹, tiller 새싹, 곁눈, *2 bourgeon 부르종, *3 μπουμπούκι 부부끼

한	떡잎	수술	암술	씨방
영	seed leaf *1 씨드 리프	stamen 스테먼	pistil 피스틸	ovary 오버리
프	cotylédon 꼬띨레동	étamine 에따민	pistil 삐스띨	ovaire 오베르
독	Keimblatt *2 카임블라트	Staubblatt 슈타웁블라트	Stempel 슈템펠	Ovarium 오바리움
포	folha seminal 폴야 쎄미나우	estame 이스따미	pistilo 삐스찔루	ovário 오바리우
스	cotiledón 꼬띠레돈	estambre 에스땀브레	pistilo 삐스띨로	ovario 오바리오
이	cotiledone 코틸레도네	stame 스따메	pistillo 삐스띨로	ovario 오바리오
그	κοτυληδόνα 꼬띨리도나	στήμονας 스띠모나스	ύπερος 이뻬로스	ωοθήκη 오오씨끼
라	folium seminis 폴리움 세미니스	stamen 스타멘	pistillum 피스틸룸	ovarium 오바리움
러	семядоля 쎼먀돌랴	тычинка 띄췬까	пестик 뻬스찍	завязь 자뱌즈
중	芽甲 / yájiǎ 야지아	雄蕊 / xióngruǐ 시옹뤠이	雌蕊 / círuǐ 치뤠이	子房 / zǐfáng 쯔팡
일	しよう / 枝葉 시요-	おしべ / 雄蕊 오시베	めしべ / 雌蕊 메시베	しぼう / 子房 시보-

동의어: *1 cotyledon 코트리든, *2 Samenblatt 자멘블라트

486

화분, 꽃가루	봉오리	나무	나이테	KOR
pollen 팔른	bud 버드	tree 트리	annual ring 애뉴얼 링	ENG
pollen 뽈렌느	bourgeon 부르종	arbre 아르브르	anneaux, cernes 아노, 세르느	FRA
Blütenstaub 블뤼텐슈타웁	Knospe, Keim 크노스페, 카임	Baum 바움	Jahrring 야링	GER
pólen 뽈렝	botão 보떠웅	árvore 아르보리	anel anual 아네우 아누아우	POR
polen 뽈렌	capullo 까뿌요	árbol 아르볼	anillo annual 아니요 아누알	ESP
polline 뽈리네	gemma 젬마	albero 알베로	anello annuale 아넬로 안누알레	ITA
γύρις 기리스	μπουμπούκι 부부끼	δένδρο 덴드로	ετήσιος δακτύλιος 에띠시오스 닥띨리오스	GRE
cerinthus 케린투스	germen 게르멘	arbor 아르보르	annus circus 안누스 키르쿠스	LAT
пыльца 삘짜	бутон 부똔	дерево 졔례버	годовое кольцо 거다보예 깔쪼	RUS
花粉 / huāfěn 화펀	花苞 / huābāo 화빠오	树 / shù, 木 / mù 수, 무	年轮 / niánlún 니엔룬	CHN
かふん / 花粉 카훈	つぼみ / 蕾 추보미	き / 木 키	ねんりん / 年輪 넨린	JPN

단풍잎	낙엽	소나무	KOR
maple leaf 메이플 리프	fallen leaves 폴른 리브스	pine 파인	ENG
feuilles jaunies et rougies 푀이으 조니 에 루지	feuilles mortes 푀이으 모르뜨	pin 뼁	FRA
Ahornblatt 아호른블라트	Laubfall 라웁팔	Kiefer, Fichte, Tannenbaum 키퍼, 피히테, 탄넨바움	GER
folha colorida no outono 폴야 꼴로리다 누 오우또누	folha caída 폴야 까이다	pinheiro 삥예이루	POR
hojas coloradas 오하스 꼴로라다스	hoja 오하	pino 삐노	ESP
acero 아체로	foglie cadute 폴리에 카두떼	pino 삐노	ITA
φύλλο σφένδαμου 필로 스펜다무	πεσμένα φύλλα 뻬스메나 필라	πεύκο 뻬브꼬	GRE
folia colorata auctumno 폴리아 콜로라타 아욱툼노	casus folii 카수스 폴리이	pinus 피누스	LAT
краски осени 크라스끼 오쩨니	спад листьев 스빳 리스찌예프	сосна 싸스나	RUS
丹枫 / dānfēng 딴펑	落叶 / luòyè 루오예	松树 / sōngshù 쑹수	CHN
こうよう / 紅葉 코-요-	らくよう / 落葉 라쿠요-	マツ / 松 마추	JPN

한	참나무	감나무	히말라야삼목	사이프러스
영	oak 오크	persimmon 퍼 씨먼	cedar 시더	cypress 사이프러스
프	chêne 쉔느	kaki, plaqueminier 까끼, 쁠라끄미니에	cèdre 세드르	cyprès 시쁘레
독	Eiche 아이헤	Kakipflaume 카키플라우메	Zeder 체더	Zypresse 치프레세
포	carvalho 까르발유	caquizeiro 까끼제이루	cedro 쎄드루	cipreste 씨쁘레스찌
스	roble 로블레	caqui 까끼	cedro 쎄드로	ciprés 시쁘레스
이	quercia 꿔르챠	cachi 카끼	cedro 체드로	cipresso 치쁘렛쏘
그	δρυς, βαλανιδιά 드리스, 발라니디아	λωτός 로또스	κέδρος 께드로스	κυπαρίσσι 끼빠리시
라	quercus 쿠에르쿠스	diospyros(kaki) 디오스피로스(카키)	cedrus 케드루스	cyparissus 키파리쑤스
러	красильный дуб 크라스느이 둡	хурма 후르마	кедр 깨드르	кипарис 끼빠리스
중	橡树 / xiàngshù 시앙수	柿子树 / shìzishù 스즈수	雪松 / xuěsōng 슈에쑹	塞浦路斯 / Sàipǔlùsī 싸이푸루쓰
일	クヌギ / 橡 쿠누기	かきのき / 柿の木 카키노키	シダー 시다-	イトスギ / 糸杉 이토수기

한	감탕나무	전나무	자작나무	월계수
영	holly 홀리	fir 퍼	white birch *2 화이트 버치	laurel 로렐
프	houx 우	sapin 사빵	bouleau 불로	laurier 로리에
독	Stechpalme 슈테히팔메	Tanne 탄네	Birke 비어케	Lorbeer 로르베어
포	azevinho 아제빙유	abeto 아베뚜	vidoeiro 비두에이루	loureiro 로우레이루
스	acebo 아쎄보	abeto 아베또	abedul blanco 아베둘 블랑꼬	laurel 라우렐
이	agrifoglio 아그리폴료	abete 아베떼	betulla 베뚤라	alloro 알로로
그	πουρνάρι *1 뿌르나리	έλατο 엘라또	άσπρη σημύδα 아스프리 시미다	δάφνη 다프니
라	ilex aquifolium 일렉스 아크비폴리움	abies 아비에스	betula alba 베툴라 알바	laurus 라우루스
러	падуб 빠둡	ёлка 욜까	берёза белая 볘료자 볠라야	лавр 라브르
중	橿 / jiāng 찌앙	枞树 / cōngshù 총수	桦木 / huàshù 화수	月桂树 / yuèguìshù 위에꿰이수
일	モチノキ / 黐の木 모치노키	もみ / 樅 모미	シラカバ / 白樺 시라카바	げっけいじゅ / 月桂樹 겍께-쥬

동의어: *1 πρινάρι 프리나리, πρίνος 프리노스, *2 paper birch 페이퍼 버치

488

야자나무	너도밤나무	대나무	등나무	KOR
palm tree 팜 트리	beech 비이치	bamboo 뱀부	wisteria 위스티리아	ENG
palmier, cocotier 빨미에, 꼬꼬띠에	hêtre 에트르	bambou 방부	glycine 글리신느	FRA
Palme 팔메	Buche 부헤	Bambus 밤부스	Glyzinie 글리치니	GER
palmeira 빠우메이라	castanheira-da-Índia 까스땅예이라-다-잉지아	bambu 방부	glicínia 글리씨니아	POR
plama 쁠라마	castaña de Indias 까스따냐 데 인디아스	bambú 밤부	glicina 글리씨나	ESP
dàttero 다떼로	faggio 파쬬	bambú 밤부	vimine 비미네	ITA
φοίνικας 피니까스	αγριοκαστανιά 아그리오까스따니아	ινδικός κάλαμος *1 인디꼬스 깔라모스	γλυσίνα 글리시나	GRE
plama 팔마	hippocastanea 히포카스타네아	arundo Indica 아룬도 인디-앵카	vistaria 비스타리아	LAT
пальма 빨마	конский каштан 꼰스키 카슈딴	бамбук 밤북	глициния 글리찌니야	RUS
椰子树 / yēzishù 예쯔수	山毛榉 / shānmáojǔ 싼마오쥐	竹 / zhú 쭈	藤树 / téngshù 텅수	CHN
ヤシ / 椰子 야시	ブナ 부나	タケ / 竹 타케	フジ / 藤 후지	JPN

동의어: *1 μπαμπού 밤부

단풍나무	느티나무	은행나무	메타세콰이아	KOR
maple tree 메이플 트리	zelkova 젤커바	ginkgo tree *1 징코우 트리	metasequoia 메타시콰이아	ENG
érable 에라블	orme 오르므	ginkgo 젱꼬	métaséquoia 메따세쿼이아	FRA
Ahorn 아호른	Ulme, Rüster 울메, 리스터	Ginkgobaum 깅코바움	Metasequoia *3 메타세콰이아	GER
bordo 보르두	ulmeiro 우우메이루	nogueira do japão 노게이라 두 쟈뻐웅	metasequoia 메따제꾸오이아	POR
arce 아르쩨	olmo 올모	gingo 깅고	metasequoia 메따세꿔야	ESP
albero dell'acero 알베로 델라체로	zelkova 젤코바	l'àlbero di gingko 랄베로 디 징코	metasequoia 메타세쿠오이아	ITA
σφένδαμος 스펜다모스	φτελιά 프뗄리아	τζίνγκο 징고	μετασεκόια 메타세꼬이아	GRE
acer 아케르	ulmus 울무스	ginko biloba *2 깅코 빌로바	arbor ordinis metasequoiae 아르보르 오르디니스 메타세쿠오이애	LAT
клён 클료쉬	дзелькова 젤꼬바	гинкго 긴꼬	метасеквойя 몌따쩨크보이야	RUS
枫树 / fēngshù 펑수	榉树 / jǔshù 쥐수	银杏 / yínxìng 인씽	水杉 / shuǐshān 쉐이샨	CHN
モミジ / 紅葉 모미지	ケヤキ / 欅 케야키	ぎんなん / 銀杏 긴난	メタセコイヤ 메타쎄코이야	JPN

동의어: *1 maidenhair tree 메이든헤어 트리, *2 ginkgo biloba 깅크고 빌로바, *3 ginkgo biloba 깅크고 빌로바

한	플라타너스	포플러나무	라임나무	수양버들
영	platanus 플레이터너스	poplar 파플러	lime tree 라임 트리	willow 윌로우
프	platane 플라딴느	peuplier 푀플리에	limettier 리메띠에	saule pleureur 솔르 플뢰레르
독	Platana 플라타나	Pappel 파펠	Limette 리메테	Trauerweide 트라우어바이데
포	plátano 쁠라따누	álamo 알라무	limoeiro 리모에이루	salgueiro-chorão 싸우게이루-쇼러웅
스	platanero 쁠라따네로	álamo 알라모	limero 리메로	sauce llorón 사우쩨 요론
이	platanus 플라타누스	pioppo 피오뽀	tiglio 틸리오	salice piangente 살리체 피안젠떼
그	πλάτανος 쁘라따노스	λεύκα, λεύκη 레브까, 레브끼	μοσχολεμονιά *1 모스호레모니아	ιτιά 이티아
라	populus(arboria) 포풀루스(아르보리아)	populus 포풀루스	tilia 틸리아	salix 살릭스
러	платан 쁠라딴	тополь 또뽈	липа 리빠	ива 이바
중	悬铃木 / xuánlíngmù 슈엔링무	白杨 / báiyáng 바이양	酸橙树 / suānchéngshù 쑤완청수	垂杨 / chuíyáng 춰이양
일	プラタナス 푸라타나수	ポプラ 포푸라	ライムのき / ライムの樹 라이무노키	シダレヤナギ / 垂れ柳 시다레야나기

동의어: *1 φλαμουριά 포라무리아

한	꽃	꽃잎	장미	민들레
영	flower 플라워	petal 페털	rose 로즈	dandelion 댄덜라이언
프	fleur 플뢰르	pétale 뻬딸	rose 로즈	pissenlit 삐상리
독	Blume 블루메	Blumenblatt 블루멘블라트	Rose 로제	Löwenzahn 뢰벤찬
포	flor 플로르	pétala 뻬딸라	rosa 호자	dente-de-leão 뎅찌-지-리어웅
스	flor 플로로	pétalo 뻬딸로	rosa 로사	dientes de león 디엔떼스 데 레온
이	fiore 피오레	petalo 페탈로	rosa 로자	dente di leone 덴떼 디 레오네
그	λουλούδι 룰루디	πέταλο 뻬딸로	τριαντάφυλλο 트리안다필로	πικραλίδα 삐끄랄리다
라	flos 플로스	folium floris 폴리움 플로리스	rosa 로사	leontodon taraxacum 레온토돈 타락사쿰
러	цветок 쯔볘똑	лепесток 리뼤스똑	роза 로자	одуванчик 아두반췩
중	花 / huā 화	花叶 / huāyè 화예	玫瑰 / méigui 메이꿰이	蒲公英 / púgōngyīng 푸꿍잉
일	はな / 花 하나	はなびら / 花弁 하나비라	バラ / 薔薇 바라	タンポポ / 蒲公英 탄포포

제비꽃	연꽃	진달래	은방울꽃	KOR
violet *1 바이올릿	lotus 로터스	rhododendron *2 로더덴드런	lily of the valley 릴리 오브 더 밸리	ENG
violette 비올레뜨	lotus 로뛰스	azalée, rosage 아잘레, 로자쥬	muguet 뮈게	FRA
Veilchen 파일헨	Lotos 로토스	Azalie(=Azalee) 아찰리	Maiglöckchen 마이글뢱헨	GER
violeta 비올레따	lótus 로뚜스	rododendro 호두뎅드루	lírio-do-vale 리리우-두-발리	POR
violeta 비올레따	loto 로또	rododentro 로도뎬트로	muguete 무게떼	ESP
violetta 비올레따	loto 로또	rododendro 로도뎬드로	mughetto 무겟또	ITA
βιολέττα 비올레따	λωτός 로또스	ροδόδενδρο(ν) 로도뎬드로(론)	μιγκέ 미게	GRE
viola 비올라	lotus 로투스	rhododendron metternichii 로도뎬드론 메테르니키이	convallaria maialis 콘발라리아 마이알리스	LAT
фиалка 피알까	лотос 로떠스	рододендрон 로더젠드론	ландыш 란듸쉬	RUS
菫菜 / jǐncài 진차이	荷花 / héhuā 허화	杜鵑 / dùjuān 뚜쥬엔	铃兰 / línglán 링란	CHN
スミレ / 菫 수미레	ハス / 蓮 하수	ツツジ 추추지	スズラン / 鈴蘭 수주란	JPN

참고: *1 630p 보라색 참조. 동의어: *2 korean rosebay 코리안 로즈베이

나팔꽃	수국	수선화	수련	KOR
morning glory 모닝 글로리	hydrangea 하이드레인자	narcissus 나르시서스	water lily 워터 릴리	ENG
belle-de-jour 벨 드 주르	hortensia 오르땅시아	narcisse 나르시쓰	nénuphar 네뉘파르	FRA
Trichterwinde 트리히터빈데	Hortensie 호르텐지	Narzisse 나르치세	Wasserlilie 바서릴리	GER
ipoméia 이뽀메이아	hortênsia 오르뗑씨아	narciso 나르씨주	nenúfar 네누파르	POR
dondiego de día 돈디에고 데 디아	hortensia 오르뗀시아	narciso 나르씨소	nenúfar 네누파르	ESP
convolvolo purpreo 콘볼볼로 푸르프레오	ortensia 오르뗀시아	narciso 나르치조	ninfea 닌페아	ITA
ιπομοία, πορφυρή 이뽀미아, 뽀르피리	ορτανσία 오르딴시아	νάρκισσος 나르끼소스	νούφαρο 누파로	GRE
convolvulus 콘볼불루스	hydrangea 히드랑게아	narcissus 나르키쑤스	nymphaea 님패아	LAT
ипомея 이빠몌야	гортензия 가르땐지야	нарцисс 나르찌스	водяная лилия 보드냐야 릴리야	RUS
喇叭花 / lǎbahuā 라빠화	紫阳花 / zǐyánghuā 쯔양화	水仙 / shuǐxiān 쉐이시엔	睡莲 / shuìlián 쉐이리엔	CHN
アサガオ / 朝顔 아사가오	アジサイ / 紫陽花 아지사이	スイセン / 水仙 수이센	スイレン / 睡蓮 수이렌	JPN

한	백합	벚꽃	동백꽃	치자꽃
영	lily 릴리	cherry blossom 체리 블라섬	camellia 커밀리아	gardenia [1] 가디니어
프	lis 리스	fleurs de cerisier 플뢰르 드 스리지에	camélia 까멜리아	gardénia 가르데니아
독	Lilie 릴리	Kirschblüte 키르슈블뤼테	Kamelienblüte 카멜린블뤼테	Gardenie 가르데니
포	lírio 리리우	flor de cerejeira 플로르 지 쎄레줴이라	camélia 까멜리아	gardênia 가르데니아
스	azucena 아수쎄나	cerezo 쎄레소	camelia 까멜리아	jazmín 하스민
이	giglio 질료	fiore di ciliegio 피오레 디 칠례죠	camelia 까멜랴	gardenia 가르데니아
그	κρίνος 크리노스	λουλούδι της κερασιάς 룰루디 피스 께라시아스	καμέλια 까멜리아	γαρδένια 가르데니아
라	lilium 릴리움	cerasus 케라수스	camellia 카멜리아	gardenia jasminoides 가르데니아 야스미노이데스
러	лилия 릴리야	вишнёвый цвет 비슈뇨브이 츠볫	камелия 카멜리야	гардения 가르제니야
중	百合 / bǎihé 바이허	櫻花 / yīnghuā 잉화	山茶花 / shāncháhuā 싼차화	卮子花 / zhīzihuā 쯔즈화
일	ユリ / ユリ 유리	サクラ / 桜 사쿠라	ツバキ / 椿 추바키	クチナシ / 梔子 쿠치나시

동의어: [1] Jasmín 자스민

한	서향	목련	층층나무	무궁화
영	daphne 대프니	magnolia 매그놀리아	dogwood tree 도그우드 트리	hibiscus 히비스커스
프	daphné 다프네	magnolia 마뇰리아	cornouiller 꼬르누이에	hibiscus 이비스뀌스
독	Seidelbast 자이델바스트	Magnolie 마그놀리	Hartriegel 하르트리겔	Eibischstrauch 아이비슈슈트라우흐
포	dafne 다프니	magnólia 마기놀리아	corniso 꼬르니주	hibisco 이비스꾸
스	daphne odora 다프네 오도라	magnolia 마그놀리아	cornejo 꼬르네호	rosa de Siria 로사 데 시리아
이	dafne 다프네	magnolia 마뇰랴	corniolo 꼬르뇰로	rosa di Sharon 로자 디 샤론
그	δάφνη 다프니	μανόλια 마뇰리아	κρανεία [1] 크라니아,	αειθαλής [2] 아이쌀리스
라	laurus 라우루스	magnolia liliflora 마그놀리아 릴리플로라	cornus sanguinea 코르누스 상구이네아	ibiscum 이비스쿰
러	волчеягодник 볼춰예고드닉	магнолия 마그놀리야	кизил 키질	алтей 알때이
중	瑞香 / ruìxiāng 뤠이시앙	木蓮 / mùlián 무리엔	松杨 / sōngyáng 쏭양	木槿花 / mùjǐnhuā 무진화
일	ジンチョウゲ / 沈丁花 진쵸-게	モクレン / 木蓮 모쿠렌	ミズキ / 水木 미주키	ムクゲ / 槿 무쿠게

동의어: [1] κρανέα 크라네아, κρανιά 크라니아, [2] ιβίσκος 이비스꼬스, αλθαία 알쎄아

492

물망초	메꽃	할미꽃	패랭이꽃	KOR
forget-me-not 포겟 미 낫	convolvulus 컨버뷰러스	pasqueflower 패스크 플라워	pink 핑크	ENG
ne-m'oubliez-pas 느 무블리에 빠	liseron 리즈롱	anémone sauvage 아네몬느 쏘바쥬	œillet chinois 왜이에 쉬누와	FRA
Vergißmeinnicht 페어기스마이니히트	Winde 빈데	Küchenschelle 퀴헨셸레	Nelke 넬케	GER
não-me-esqueças 너웅-미-이스께싸스	convólvulo 꽁보우불루	pulsatila 뿌우싸찔라	cravelina 끄라벨리나	POR
nomeolvides 노메올비데스	correhuela 꼬레우엘라	anémona, pulsatila 아네모나, 뿔사밀라	clavellina 끌라베이나	ESP
nontiscordardimé 논띠스꼬르다르디메	convolvolo 콘볼볼로	anemone selvaggio 아네모네 셀바쬬	garofanino 가로파니노	ITA
μυοσωτίς *1 미오소띠스	αμπελοφάσουλο 암벨로파술로	ανεμώνη πουλσατίλα 아네모니 뿔사밀라	γαρύφαλλο 가리팔로	GRE
myosotis alpestnis 미오소치스 알페스트니스	convolvulus 콘놀눌루스	anemone 아네모네	dianthus 디안투스	LAT
незабудка 네자부트까	вьюнок 뷰넉	прострел 쁘라스프렐	гвоздика 그보즈지까	RUS
勿忘草 / wùwàngcǎo 우왕차오	旋花 / xuánhuā 슈엔화	白头翁 / báitóuwēng 바이터우웡	石竹 / shízhú 스쭈	CHN
ワスレナグサ / 勿忘草 와수레나구사	ヒルガオ / 昼顔 히루가오	オキナグサ / 翁草 오키나구사	ナデシコ / 撫子 나데시코	JPN

동의어: *1 μη με λησμόνει 미 메 리즈모니

개불알꽃	난초	양귀비	앵초	KOR
lady's slipper 레이디스 슬리퍼	orchid 오키드	poppy 포피	primrose 프림로즈	ENG
sabot de Vénus 싸보 드 브뉘스	orchidée 오르끼데	pavot 빠보	primevère 쁘리므베르	FRA
Lady's Slipper 레이디스 슬리퍼	Orchidee 오르히데	Mohn 몬	Schlüsselblume 슐뤼셀블룸	GER
flor de chinelo 플로르 지 쉬넬루	orquídea 오르끼지아	papoula 빠뽀울라	prímula 쁘리물라	POR
mocasín 모까신	orquídea 오르끼데아	adormidera 아도미데라	Prímula 쁘리물라	ESP
–	orchidea 오르끼데아	papavero 빠빠베로	primula 쁘리물라	ITA
κυπριπέδιο πεδιλόμορφο 끼쁘리뻬디오 뻬딜로모르포	ορχιδέα 오르히데아	παπαρούνα 빠빠루나	πρίμουλα 쁘리물라	GRE
cypripedium 키프리페디움	orchidaceae 오르키다케애	papaver 파파베르	primula veris 프리물라 베리스	LAT
венерин башмачок 볘녜린 바슈마촉	орхидея 아르히제야	мак 막	первоцвет 뼤르바쯔볫	RUS
大花杓兰 / dàhuābiāolán 따화비아오란	兰花 / lánhuā 란화	罂粟 / yīngsù 잉수	报春花 / bàochūnhuā 빠오춘화	CHN
アツモリソウ / 敦盛草 아추모리소-	ラン / 欄 란	ケシ / 芥子 케시	サクラソウ / 桜草 사쿠라소-	JPN

한	코스모스	모란	튤립	용설란
영	cosmos 코스모스	peony 피어니	tulip 튤립	agave 어게이브
프	cosmos 꼬스모스	pivoine 피브완느	tulipe 뛸리쁘	agave 아가브
독	Schmuckkörbchen 슈묵쾨릅헨	Päonie, Pfingstrose 패오니, 핑스트로제	Tulpe 툴페	Agave 아가베
포	cosmos 꼬즈무스	peônia 삐오니아	tulipa 똘리빠	agave 아가비
스	cosmos 꼬스모스	peonía 뻬오니아	tulipán 뚤리빤	pita 삐따
이	cosmea 코스메아	peonia 페오니아	tulipano 툴리파노	agave 아가베
그	κόσμος 꼬즈모스	παιωνία 뻬오니아	τουλίπα 뚤리빠	αγαυή 아가비
라	cosmos 코스모스	paeonie 패오니에	tulipa 툴리파	agave 아가베
러	космос 코스모스	пион 삐온	тюльпан 쥴빤	столетник 스딸롓트닉
중	波斯菊 / bōsījú 뽀쓰쥐	牡丹花 / mǔdānhuā 무딴화	郁金香 / yùjīnxiāng 위찐샹	龙舌兰 / lóngshélán 룽셔란
일	コスモス 코수모수	ボタン / 牡丹 보탄	チューリップ 츄-립뿌	リュウゼツラン / 竜舌欄 류-제추란

한	아카시아	해바라기	맨드라미	카네이션
영	acacia 어케이시아	sunflower 선플라워	cockscomb 칵스코옴	carnation 카네이션
프	acacia 아카시아	tournesol 뚜르느솔	crête-de-coq, amarante 크렛뜨드꼬끄, 아마랑뜨	œillet 왜이에
독	Akazie 아카치에	Sonnenblume 조넨블루메	Hahnenkamm 하넨캄	Gartennelke 가르텐넬케
포	acácia 아까씨아	girassol 쥐라쏘우	crista-de-galo 끄리스따-지-갈루	craveiro 끄라베이루
스	acacia 아까씨아	girasol 히라솔	cresta de gallo 크레스따 데 갈로	clavel 끌라벨
이	acacia 아카치아	girasole 지라솔레	celòsia 첼로시아	garofano 가로파노
그	ακακία 아까끼아	ηλιοτρόπιο 일리오트로삐오	σελόσια 셀로시아	γαρύφαλλο 가리팔로
라	acacia 아카키아	heliotropium 헬리오트로피움	celosia cristata 크리스타타 크리스타	dianthus caryophyllus 디안투스 카리오필루스
러	акация 아카찌야	подсолнечник 빳쏠니취닉	петуший гребешок 뻬뚜쉬이 그리비쇽	гвоздика 그보즈지까
중	洋槐 / yánghuái 양화이	西番葵 / xīfānkuí 씨판쿠에이	鸡冠花 / jīguānhuā 지꽌화	康乃馨 / kāngnǎixīn 캉나이씬
일	アカシア 아카시아	ヒマワリ / 向日葵 히마와리	ケイトウ / 鶏頭 케-토-	カーネーション 카-네-숀

팬지	데이지	아네모네	히아신스	KOR
pansy 팬지	daisy 데이지	anemone 어네몬	hyacinth 하이어신쓰	ENG
pensée 빵세	marguerite 마르그리뜨	anémone 아네모느	jacinthe 쟈생뜨	FRA
Stiefmütterchen 슈티프뮈터헨	Gänseblümchen 갠제블륌헨	Anemone 아네모네	Hyazinthe 히아친테	GER
amor-perfeito 아모르-뻬르페이뚜	margarida 마르가리다	anêmona 아네모나	jacinto 쟈씽뚜	POR
pensamiento 뻰사미엔또	margarita 마르가리따	anemona 아네모나	jacinto 하씬또	ESP
viola del pensiero 비올라 델뻰씨에로	margherita 마르게리따	anemone 아네모네	giacinto 치아친토	ITA
πανσές 빤세스	μαργαρίτα 마르가리따	ανεμώνη 아네모니	υάκινθος 이아낀쏘스	GRE
viola tricolor 비올라 트리콜로르	Bellis perennis 벨리스 페렌니스	anemone 아네모네	hyacinthus 히아킨투스	LAT
анютины глазки 아뉴찌늬 글라스끼	маргаритка 마르가리따	анемон 아네몬	гиацинт 기아찐트	RUS
三色堇 / sānsèjǐn 싼쩌진	延命菊 / yánmìngjú 앤밍쥐	秋芍药 / qiūsháoyào 치우샤오야오	风信子 / fēngxìnzǐ 펑신쯔	CHN
パンジー 판지-	ヒナギク / 雛菊 하나기쿠	アネモネ 아네모네	ヒヤシンス 히야신수	JPN

달리아	프리지아	카틀레야	시클라멘	KOR
dahlia 달리아	freesia 프리지아	cattleya 캐틀러야	cyclamen 사이클러먼	ENG
dahlia 달리아	freesia 프리지아	cattleya 까뜰레야	cyclamen 시끌라멘	FRA
Dahlie, Georgine 달리, 게오르기네	Freesie, Fresia 프레지, 프레지아	Cattleya 카틀레야	Zyklamen 치클라멘	GER
dália 달리아	frésia 프레지아	catleia 까뜰레이아	cíclame 씨끌라미	POR
dalia 달리아	fresia 프레시아	guaria 구아리아	ciclamen 씨끌라멘	ESP
giorgina 죠르지나	fresia 프레샤	cattleya 카텔레야	ciclamino 치끌라미노	ITA
ντάλια 달리아	φρέζια 프레지아	ορχιδέα 오르히데아	κυκλάμινο 끼끌라미노	GRE
dahlia 달리아	fresia 프레시아	cattleya 카틀레야	cyclaminos 키클라미노스	LAT
георгина 계아르기나	фрезия 프레지아	кэтлея 캐틀례야	цикламен 찌끌라멘트	RUS
大丽花 / dàlihuā 따리화	香雪兰 / xiāngxuělán 시앙슈에란	洋兰 / yánglán 양란	仙客来 / xiānkèlái 시엔커라이	CHN
ダリア 다리아	フリージア 후리-지아	カトレア 카토레아	シクラメン 시쿠라멘	JPN

한	국화	백일홍	채송화	엉겅퀴꽃
영	chrysanthemum 크리샌써멈	crape myrtle *2 크레이프 머털(나무)	portulaca 폴츄라카	thistle 티슬
프	chrysanthème 끄리장뗴므	zinnia 지니아	pourpier 뿌르삐에	chardon 샤르동
독	Chrysantheme *1 크리잔테메	indischer Flieder 인디셔 플리더	Portulakröschen 포르툴라크뢰셴	Distel 디스텔
포	crisântemo 끄리장뗴무	murta de crepe 무르따 지 끄레삐	amor-crescido 아모르-끄레씨두	cardo 까르두
스	crisantemo 끄리산뗴모	zinnia 씨니아	verdolaga 베르돌라가	cardo 까르도
이	crisantemo 끄리산뗴모	zinnia 진니아	portulaca 포르툴라카	carbo 카르보
그	χρυσάνθεμο(ν) 흐리산쩨모(몬)	μυρτιά 미르티아	πορτουλάκα 뽀르뚤라까	γαϊδουράγκαθο 가이두랑가쏘
라	chrysanthemum 크리산테뭄	myrtus 미르투스	portulaca 포르툴라카	carduus 카르두우스
러	хризантема 흐리잔쩨마	индийская сирень 인제이스까야 씨롄	портулак 빠르뚤락	чертополох 췌르따빨로흐
중	菊花 / júhuā 쥐화	百日红 / bǎirìhóng 바이르훙	半支莲 / bànzhīlián 빤쯔리엔	大蓟 / dàjì 따지
일	キク / 菊 키쿠	サルスベリ / 百日紅 사루수베리	マツバボタン / 松葉牡丹 마추바보탄	ノアザミ / 野薊 노아자미

동의어: *1 Goldblume 골트블루메, *2 zinnia 지니아(꽃)

한	라일락	개나리	사루비아	접시꽃
영	lilac 라이락	forsythia 포시씨아	salvia 살비아	hollyhock 할리학
프	lilas 릴라	forsythia 포르시시아	sauge 쏘쥬	rose trémière 로즈 트레미에르
독	Flieder, Lilack 플리더, 릴락	Forsythie 포르쥐티	Feuersalbei 포이어잘바이	Stockmalve 슈톡말베
포	lilás 릴라스	forsítia 포르씨찌아	sálvia 싸우비아	malva-rosa 마우바-호자
스	lila 릴라	forsitia 포르시띠아	salvia 살비아	malva rósea 말바 로세아
이	lilla 릴라	forsizia 포르시지아	salvia 살비아	malvone 말보네
그	πασχαλιά 빠스할리아	φορσυθία 포르시씨아	σάλβια, φασκόμηλο 살비아, 파스꼬밀로	αλκέα, δενδρομολόχα 알께아, 덴드로몰로하
라	syringa 시링가	forsythia(coreana) 포르시티아(코레아나)	salvia 살비아	alcea rosea 알케아 로세아
러	сирень обыкновенная 씨롄 아븨크나볜나야	форзиция 파르지찌야	шалфей 샬페이	алтей 알떼이
중	紫丁香 / zǐdīngxiāng 쯔띵시앙	迎春花 / yíngchūnhuā 잉춘화	鼠尾草 / shǔwěicǎo 쑤웨이차오	蜀葵 / shǔkuí 수쿠웨이
일	ライラック 라이락꾸	チョウセンレンギョウ 쵸-센렌교-	サルビア 사루비아	タチアオイ / 立葵 타치아오이

496

매화	들국화	철쭉	KOR
Japanese apricot 자패니즈 애퍼캍	wild chrysanthemum 와일드 크리샌터멈	azalea 아잘리아	ENG
abricotier du Japon 아브리꼬띠에 뒤 자뽕	chrysanthème sauvage 크리장뗌므 쏘바쥬	azalée, rosage 아잘레, 로자쥬	FRA
Pflaumenblüte 플라우멘블뤼테	Crysantheme 크뤼잔테메	Azalie 아찰리	GER
albricoqueiro japonês 아우브리꼬께이루 쟈뽀네스	crisântemo silvestre 끄리장떼무 씨우베스프리	azaleia 아잘레이아	POR
ciruela 씨루엘라	crisantemo silvestre 크리산테모 실베스트레	rododendro 로도덴드로	ESP
mirto 미르토	crisantemo selvaggio 크리산떼모 셀바쬬	azalea 아잘레아	ITA
ιαπωνική δαμασκηνιά 야뽀니끼 다마스끼니아	άγριο χρυσάνθεμο(ν) 아그리오 흐리산세모(몬)	αζαλέα 아잘레아	GRE
amygdalus 아미그달루스	silvestre chrysanthemum 실베스트레 크리산테뭄	rhododendrum 로도덴드룸	LAT
абрикос японский 아브리코스 야뽄스끼	дикая хризантема 지까야 흐리잔쩨마	азалия 아잘리야	RUS
梅花 / méihuā 메이화	野菊 / yějú 예쥐	山躑躅 / shānzhízhú 싼쯔주	CHN
ウメ / 梅 우메	ノギク / 野菊 노기쿠	クロフネツツジ 쿠로후네추추지	JPN

옥잠화	봉선화	글라디올러스	과꽃	KOR
plantain lily *1 플랜튼 릴리	balsamine 볼서마인	gladiolus 글래디올러스	china aster 차이나 애스터	ENG
hosta 오스타	balsamine 발자민	glaïeul 글라이얼	aster de Chine 아스떼르 드 쉰느	FRA
Wegerich 베게리히	Springkraut *2 슈프링크라우트	Gladiole 글라디올레	chinesische Aster 히네지쉐 아스터	GER
fúnquia 풍끼아	balsâmina 바우싸미나	gladíolo 글라지올루	áster da China 아스떼르 다 쉬나	POR
Hosta undulata 오스타 운둘라타	balsamina 발사미나	gladiola 글라디올라	aster 아스떼르나	ESP
piantaggine 피안타찌네	balsamina 발사미나	gladiolo 글라디올로	astro 아스트로	ITA
χόστα 호스타	βαλσαμίνη 발사미니	γλαδιόλα 글라디올라	καλλίστεφος 깔리스떼포스	GRE
plantago 플란타고	balsamum 발사뭄	gladíolus, cypírus 글라디올루스, 퀴피루스	astrum Chinae 아스트룸 키내	LAT
функия 푼키야	бальзамин 발자민	гладиолус 글라지알루스	каллистефус китайский 칼리스쩨푸스 키따이스키	RUS
玉簪花 / yùzānhuā 위짠화	凤仙花 / fèngxiānhuā 펑시엔화	剑兰 / jiànlán 찌엔란	翠菊 / cuìjú 춰이쥐	CHN
ギボウシ / 擬宝珠 기보-시	ホウセンカ / 鳳仙花 호-센카	グラジオラス 구라지오라수	エゾギク / 蝦夷菊 에조기쿠	JPN

동의어: *1 hosta 호스타, *2 Balsamine 발자미네

한	과일	열대과일	포도	사과
영	fruit 프루트	tropical fruit 트라피칼후룰	grape 그레이프	apple 애플
프	fruit 프리	fruit tropical 프리 트로피깔	raisin 레젱	pomme 뽐므
독	Obst, Frucht 옵스트, 프루흐트	Exotenfrucht 엑조텐프루흐트	Traube 트라우베	Apfel 압펠
포	fruta 프루따	fruta tropical 프루따 뜨로삐까우	uva 우바	maçã 마쌍
스	fruta 프루따	fruta tropical 프루따 뜨로삐깔	uva 우바	manzana 만사나
이	frutta 프룻따	frutta tropicale 프루따 트로피칼레	uva 우바	mela 멜라
그	φρούτα 프루따	τροπικά φρούτα 뜨로삐까 프루따	σταφύλι 스따필리	μήλο 밀로
라	pomum 포뭄	tropicus fructus *1 트로피쿠스 프룩투스	uva 우바	malum 말룸
러	фрукты 프루크띄	тропические фрукты 뜨라삐췌스끼예 프루크띄	виноград 비나그랏	яблоко 야블러꺼
중	水果 / shuǐguǒ 쉐이구오	热带的水果 / rèdàideshuǐguǒ 려따이더 쉐이구오	葡萄 / pútáo 푸타오	苹果 / píngguǒ 핑구오
일	かじつ / 果実、くだもの / 果物 카지추, 쿠다모노	ねったいかじつ / 熱帯果実 넷따이카지추	ブドウ / 葡萄 부도-	リンゴ / 林檎 린고

동의어: *1 fructus zona tropica 프룩투스 조나 트로피카

한	배	바나나	복숭아	자두	딸기
영	pear 페어	banana 바나나	peach 피치	plum 플럼	strawberry 스트로베리
프	poire 쁘와르	banane 바나느	pêche 뻬슈	prune 쁘린느	fraise 프레즈
독	Birne 비르네	Banane 바나네	Pfirsich 피르지히	Pflaume 플라우메	Erdbeere 에어트베어레
포	pera 뻬라	banana 바나나	pêssego 뻬쎄구	ameixa 아메이샤	morango 모랑구
스	pera 뻬라	plátano 쁠라따노	durazno 두라스노	ciruela 씨루엘라	fresa 프레사
이	pera 뻬라	banana 바나나	pesca 뻬스까	prugna 쁘루냐	fragola 프라골라
그	αχλάδι 아흘라디	μπανάνα 바나나	ροδάκινο 로다끼노	δαμάσκηνο 다마스끼노	φράουλα 프라울라
라	pirum 피룸	banana 바나나	persicum 페르시쿰	prunum 프루눔	arbutus 아르부투스
러	груша 그루샤	банан 바난	персик 뻬르씩	слива 슬리바	клубника 클루브니까
중	梨 / lí 리	香蕉 / xiāngjiāo 샹지아오	桃 / táo 타오	紫李 / zǐlǐ 쯔리	草莓 / cǎoméi 차오메이
일	ナシ / 梨 나시	バナナ 바나나	モモ / 桃 모모	スモモ 수모모	いちご / 苺 이치고

무화과	살구	레몬	귤	KOR
fig 피그	apricot 애프리캇	lemon 레먼	mandarin 맨더린	ENG
figue 피그	abricot 아브리꼬	citron 시뜨롱	mandarine 망다린느	FRA
Feige 파이게	Aprikose 아프리코제	Zitrone 치트로네	Mandarine 만다리네	GER
figo 피구	albricoque 아우브리꼬끼	limão 리머웅	tangerina 땅줴리나	POR
higo 이고	arbaricoque 아르바리꼬께	limón 리몬	mandarina 만다리나	ESP
fico 피꼬	albicocca 알비꼭까	limone 리모네	mandarino 만다리노	ITA
σύκο 시꼬	βερύκοκκο 베리꼬꼬	λεμόνι 레모니	μανδαρίνι 만다리니	GRE
ficus 피쿠스	armeniacum 아르메니아쿰	malum citreum 말룸 키트레움	mandarinum [1] 만다리눔	LAT
инжир 인쥐르	абрикос 아브리코스	лимон 리몬	мандарин 만다린	RUS
无花果 / wúhuāguǒ 우화구오	甜梅 / tiánméi 티엔메이	柠檬 / níngméng 닝멍	橘子 / júzi 쮜즈	CHN
イチジク / 無花果 이치지쿠	アンズ / 杏 안주	レモン / 檸檬 레몬	ミカン / 蜜柑 미칸	JPN

동의어: [1] citrus reticulata 키트루스 레티쿨라타

오렌지	망고	석류	버찌	KOR
orange 오렌지	mango 맹고우	pomegranate 포미그래닛	cherry 체리	ENG
orange 오랑쥬	mangue 망그	grenade 그르나드	cerise 스리즈	FRA
Orange 오랑제	Mango 망고	Granatapfel 그라낫압펠	Kirsche 키르셰	GER
laranja 라랑쟈	manga 망가	romã 호망	cereja 쎄레쟈	POR
naranja 나랑하	mango 망고	granada 그라나다	ciruela roja 씨루엘라 로호	ESP
arancia 아란챠	mango 망고	melagrana 멜라그라나	ciliegia 칠례쟈	ITA
πορτοκάλι 뽀르또깔리	μάνγκο 망고	ρόδι 로디	κεράσι 께라시	GRE
malum medicum 말룸 메디쿰	mangifera indica 망기페라 인디카	malum granatum 말룸 그라나툼	cerasum 케라숨	LAT
апельсин 아삘씬	манго 만거	гранат 그라낫	вишня 비쉬냐	RUS
橙子 / chéngzi 청즈	芒果 / mángguǒ 망구오	石榴 / shíliu 스리우	櫻桃 / yīngtáo 잉타오	CHN
オレンジ 오렌지	マンゴー 만고-	ザクロ / 石榴 자쿠로	サクランボー / 桜桃 사쿠란보-	JPN

한	파인애플	멜론	땅콩	호두
영	pineapple 파인애플	melon 멜론	peanut 피넛	walnut 왈넛
프	ananas 아나나	melon 믈롱	arachide [1] 아라쉬드	noix 누와
독	Ananas 아나나스	Melone 멜로네	Erdnuß 에어트누스	Walnuß 발누스
포	abacaxi 아바까쉬	melão 멜러웅	amendoim 아멩도잉	noz 노스
스	piña 삐냐	melón 멜론	cacahuete 까까우에떼	nuez 누에스
이	ananas 아나나스	melone 멜로네	arachide 아라끼데	noce 노체
그	ανανάς 아나나스	πεπόνι 뻬뽀니	φυστίκι 피스띠끼	καρύδι 까리디
라	ananas comosus 아나나스 코모수스	melo 멜로	arachis(hypogaea) 아라키스(히포개아)	(nux)iuglans (눅스)유글란스
러	ананас 아나나스	дыня 듸냐	арахис 아라히스	грецкий орех 그례췌스끼 아례흐
중	菠萝 / bōluó 뽀루오	甜瓜 / tiánguā 티엔과	花生 / huāshēng 화성	核桃 / hétao 허타오
일	パイナップル 파이납뿌루	メロン 메론	ラッカセイ / 落花生 락까세-	クルミ / 胡桃 쿠루미

동의어: [1] cacahouète 까까우에뜨

한	견과	아몬드	밤	코코넛
영	nut 넛	almond 아몬드	chestnut 체스넛	coconut 코코넛
프	fruit à coque 프리 아 꼬끄	amande 아망드	châtaigne 샤떼뉴	noix de coco 느와 드 꼬꼬
독	Nuß 누스	Mandel 만델	Maronne 마로네	Kokonuß 코코누스
포	noz 노스	amêndoa 아멩도아	castanha 까스땅야	coco 꼬꾸
스	nuez 누에스	almendra 알멘드라	castaña 까스따냐	coco 꼬꼬
이	nocciola 노촐라	mandorla 만도를라	castagna 까스따냐	noce di cocco 노체 디 꼭꼬
그	φουντούκι 푼두끼	αμύγδαλο 아미그달로	κάστανο 까스따노	ινδική καρύδα 인디끼 까리다
라	nux 눅스	amygdala 아미그달라	(nux)castanea (눅스)카스타네아	cocos 코코스
러	орех 아례흐	миндаль 민달	каштан 카슈딴	кокос 까코스
중	坚果 / jiānguǒ 찌엔구오	扁桃 / biǎntáo 비엔타오	栗子 / lìzi 리즈	椰子果 / yēziguǒ 예쯔구오
일	ナッツ 낫추	アーモンド 아~몬도	クリ / 栗 쿠리	ココナッツ 코코낫추

채소 1	채소 2	수박	토마토	KOR
greens 그린스	vegetable 베지터블	water melon 워터 멜론	tomato 토마토	ENG
légume 레귐	légume 레귐	pastèque *1 빠스떼끄	tomate 또마뜨	FRA
Kräuter 크로이터	Gemüse 게뮈제	Wassermelone 바서멜로네	Tomate 토마테	GER
legume 레구미	verdura 베르두라	melancia 멜랑씨아	tomate 또마찌	POR
legumbre, hortaliza 레굼브레, 오르딸리자	verdura 베르두라	sandía 산디아	tomate 또마떼	ESP
verdura 베르두라	vegetali 베제탈리	anguria 앙구리아	pomodoro 뽀모도로	ITA
χόρτα, πράσινα 호르따, 프라시나	λαχανικά 라하니까	καρπούζι 까르뿌지	τομάτα 또마따	GRE
horténsia 호르뗀시아	olus, holus 올루스, 홀루스	pepo 페포	pomum aureum *2 포뭄 아우레움	LAT
зелень 젤롄	овощ 오보쉬	арбуз 아르부즈	помидор 빠미도르	RUS
菜蔬 / càishū 차이쑤	蔬菜 / shūcài 쑤차이	西瓜 / xīguā 시과	西红柿 / xīhóngshì 시훙스	CHN
やさい / 野菜 야사이	やさい / 野菜 야사이	スイカ / 西瓜 수이카	トマト 토마토	JPN

동의어: *1 melon d'eau 플롱도, *2 (Solanum)lycopersicum (솔라눔)리코페르시쿰

감자	오이	호박	당근	KOR
potato 포테이토	cucumber 큐컴버	pumpkin 펌프킨	carrot 캐럿	ENG
pomme de terre 뽐므 드 떼르	concombre 꽁꽁브르	potiron *1 뽀띠롱	carotte 까로뜨	FRA
Kartoffel 카르토펠	Gurke 구르케	Kürbis 퀴르비스	Karotte 카로테	GER
batata 바따따	pepino 뻬삐누	abóbora 아보보라	cenoura 쩨노우라	POR
patata 빠따따	pepino 뻬삐노	calabaza 깔라바사	zanahoria 사나오리아	ESP
patata 빠따따	cetriolo 체뜨리올로	zucca 죽까	carota 까로따	ITA
πατάτα 빠따따	αγγούρι 아구리	κολοκύθι 꼬로끼씨	καρότο 까로또	GRE
tuber solani 투베르 솔라니	cucumis 쿠쿠미스	cucurbita 쿠쿠르비타	pastinaca 파스티나카	LAT
картофель 까르또펠	огурец 아구레쯔	тыква 띄크바	морковь 마르코피	RUS
土豆 / tǔdòu 투떠우	黄瓜 / huángguā 황꽈	南瓜 / nánguā 난과	红萝卜 / hóngluóbo 훙루오보	CHN
ジャガイモ / じゃが芋 자가이모	キュウリ / 胡瓜 큐-리	カボチャ / 南瓜 카보챠	ニンジン / 人参 닌진	JPN

동의어: *1 citrouille 시뜨루이유 (둥글고 큰 호박), courgette 꾸르제뜨(긴호박)

한	가지	시금치	콩	완두콩
영	eggplant 에그플랜트	spinach 스피니치	bean 빈	pea 피
프	aubergine 오베르진느	épinard 에삐나르	haricot 아리꼬	petits pois 쁘띠 뿌와
독	Aubergine 오베르지네	Spinat 슈피나트	Bohne 보네	Erbse 에릅제
포	berinjela 베링쥇라	espinafre 이스삐나프리	feijão 페이쥐웅	ervilha 에르빌야
스	berenjena 베렝헤나	espinaca 에스삐나까	frijol 프리홀	guisante 기산떼
이	melanzana 멜란자나	spinacio 스삐나쵸	fagiolino 파쫄리노	pisello 삐셸로
그	μελιτζάνα 멜리자나	σπανάκι 스빠나끼	φασόλι 파솔리	αρακάς 아라까스
라	(Solanum)melongena (솔라눔)멜롱게나	spinacia 스피나키아	phaselus 파셀루스	pisum 피숨
러	баклажан 바클라좐	шпинат 슈삐낫	фасоль 파솔	горох 가로흐
중	茄子 / qiézi 치에즈	菠菜 / bōcài 뽀차이	豆 / dòu 떠우	莞豆 / wǎndòu 완떠우
일	ナス / 茄子 나수	ホウレンソウ / ほうれん草 호-렌소-	まめ / 豆 마메	エンドウマメ / 豌豆 엔도-마메

한	콩나물	양파	파	무
영	bean sprout 빈 스프라우트	onion 어니언	leek *1 리크(대파)	radish *3 래디쉬
프	germe de soja 제르므 드 소쟈	oignon 오뇽	poireau 쁘와로	radis, navet 라디, 나베
독	Sojabohnensprosse 조야보넨슈프로세	Zwiebel 츠비벨	Porree 포레	Rettich, Daikon 레티히, 다이콘
포	broto de soja 브로뚜 지 쏘자	cebola 쎄볼라	cebolinha 쎄볼링야	nabo 나부
스	malta de soja 말따 데 소하	cebolla 쎄보야	puerro 뿌에로	rábano 라바노
이	germoglio di soia 제르몰료 디 소야	cipolla 치뽈라	porro 포로	ravanello 라바넬로
그	φύτρες φασολιών 피프레스 파소리온	κρεμμύδι 끄레미디	φρέσκο κρεμμύδι *2 프레스꼬 끄렘미디	ραπανάκι 라빠나끼
라	germen soiae 게르멘 소이애	cepa 케파	porrum 포룸	raphanus 라파누스
러	бобовые ростки 바보븨예 라스트끼	лук 룩	зелёный лук 젤료늬 루크	редька 례지까
중	豆芽 / dòuyá 떠우야	洋葱 / yángcōng 양총	葱 / cōng 총	萝卜 / luóbo 루오보
일	マメモヤシ / 豆もやし 마메모야시	タマネギ / 玉葱 타마네기	ネギ / 葱 네기	ダイコン / 大根 다이콘

동의어: *1 scallion 스캘리언(쪽파), *2 πράσο 프라소, *3 daikon 다이콘

우엉	토란	양배추	꽃양배추	KOR
burdock root 버독 루트	taro 타로우	cabbage 캐비지	cauliflower 콜리플라워	ENG
bardane 바르다느	colocase 꼴로까즈	chou 슈	chou-fleur 슈 플뢰르	FRA
Klette 클레테	Taro *1 타로	Kohl 콜	Blumenkohl 블루멘콜	GER
bardana 바르다나	taro 따루	couve 꼬우비	couve-flor 꼬우비-플로르	POR
bardana 바르다나	malanga 말랑가	col 꼴	coliflor 꼴리플로르	ESP
lappola 랍뽈라	taro 타로	cavolo 까볼로	cavolfiore 까볼피오레	ITA
κολλητσίδα 꼴리치다	τάρο 따로	λάχανο 라하노	κουνουπίδι 꾸누삐디	GRE
lappa 랍파	colocasia 콜로카시아	brassica 브라시카	caulis floridus *2 카울리스 플로리두스	LAT
лопух большой 라푸흐 발쇼이	таро 따로	капуста 까뿌스따	цветная капуста 츠베트나야 까뿌스따	RUS
牛蒡 /niúbàng 니우빵	芋头 /yùtou 위터우	洋白菜 /yángbáicài 양바이차이	花椰菜 /huāyēcài 화예차이	CHN
ゴボウ/牛蒡 고보-	サトイモ/里芋 사토이모	キャベツ 캬베추	ハナキャベツ/花キャベツ 하나캬베추	JPN

동의어: *1 Wasserbrotwurzel 바서브롯부르첼, *2 brassica oleracea 브라씨카 올레라케아

상추	아스파라거스	브로콜리	파슬리	KOR
lettuce 레터스	asparagus 아스패라거스	broccoli 브로콜리	parsley 파슬리	ENG
laitue 레뛰	asperge 아스뻬르쥬	brocoli 브로꼴리	persil 뻬르씨	FRA
Kopfsalat 콥프잘라트	Spargel 슈파겔	Brokkoli, Broccoli 브로콜리	Petersilie 페테질리	GER
alface 아우파씨	espargo 이스빠르구	brócolis 브로꼴리스	salsa 싸우싸	POR
lechuga 레추가	espárrago 에스빠라고	brócoli 브로꼴리	perejil 뻬레힐	ESP
lattuga 랏뚜가	asparago 아스빠라고	broccolo 브록꼴로	prezzemolo 쁘렛쩨몰로	ITA
μαρούλι 마룰리	σπαράγγι 스빠랑기	μπρόκολο 브로꼴로	μαϊντανός 마이다노스	GRE
lactuca 락투카	asparagus 아스파라구스	brassica oleracea *1 브라씨카 올레라케아	petroselinum 페트로셀리눔	LAT
салат 쌀랏	спаржа 스빠르좌	брокколи 브로콜리	петрушка 뻬드루쉬까	RUS
莴苣 /wōjù 워쥐	芦笋 /lúsǔn 루쑨	球花甘蓝 /qiúhuāgānlán 치우화간란	和兰芹 /hélánqín 허란친	CHN
チシャ/萵苣 치샤	アスパラガス 아수파라가수	ブロッコリー 부록꼬리-	パセリ 파세리	JPN

동의어: *1 brassica italica 브라씨카 이탈리카

한	셀러리	피망	오크라	치커리
영	celery 셀러리	green pepper 그린 페퍼	okra 오크러	chicory 치커리
프	céleri 셀르리	piment doux 삐망 두	gombo 공보	chicorée 쉬꼬레
독	Sellerie 젤러리	Paprika 파프리카	Okra 오크라	Chicoree, Zichorie 치코리
포	aipo 아이뿌	pimentão 삐멩떠웅	quiabo 끼아부	chicória 쉬꼬리아
스	apio 아삐오	pimiento morrón 삐미엔또 모론	okra 오크라	escarola 에스까롤라
이	sedano 쎄다노	peperone 페페로네	ocra 오크라	cicoria 치꼬리아
그	σέλινο 셀리노	πράσινη πιπεριά 프라시니 삐뻬리아	μπάμια 바미아	ραδίκι, πικραλίδα 라디끼, 삐끄랄리다
라	apium 아피움	viride piper 비리데 피페르	hibiscus esculentus 히비스쿠스 에스쿨렌투스	cichorium 키코리움
러	сельдерей 셀제레이	перец 뻬롓츠	окра 오르카	цикорий 찌코리이
중	旱芹菜 / hànqíncài 한친차이	青椒 / qīngjiāo 칭지아오	秋葵 / qiūkuí 치우크베이	菊苣 / jújù 쥐쥐
일	セロリ 세로리	ピーマン 피-만	オクラ 오쿠라	チコリー 치코리-

한	해조	녹조류	갈조류	홍조류
영	alga 앨거	green alga 그린 앨거	brown alga 브라운 앨거	red alga 레드 앨거
프	algue 알그	algues vertes 알그 베르뜨	algues brunes 알그 브륀느	algues rouges 알그 루즈
독	Alge 알게	Grünalge 그륀알게	Braunalge 브라운알게	Rotalge 로트알게
포	alga 아우가	alga verde 아우가 베르지	alga castanha 아우가 까스땅야	alga vermelha 아우가 베르멜야
스	alga 알가	algas verdas 알가스 베르다스	algas pardas 알가스 빠르다스	algas rojas 알가스 로하스
이	alga 알가	alghe verdi 알게 베르디	alghe brune 알게 브루네	alghe rosse 알게 로쎄
그	φύκια, άλγες 피끼아, 알게스	πράσινη άλγη 쁘라시니 알기	μελαγχροινή άλγη 메랑흐로니 알기	καφέ άλγη 까페 알기
라	alga 알가	alga viridis 알가 비리디스	fusca alga 푸스카 알가	rubra alga 루브라 알가
러	водоросль 모드러슬	зелёные водоросли 젤료늬예 보드러슬리	бурые водоросли 부르늬예 보드러슬리	Красные водоросли 크라스느예 보드러슬리
중	海藻 / hǎizǎo 하이짜오	绿藻类 / lǜzǎolèi 뤼자오레이	褐藻 / hèzǎo 허짜오	海藻 / hǎizǎo 하이짜오
일	かいそう / 海藻 카이소-	りょくそうるい / 緑藻類 료쿠소-루이	かっそうるい / 褐藻類 캇소-루이	かいそう / 海藻 카이소-

김	다시마	미역	클로렐라	KOR
seaweed 씨위드	kelp 켈프	sea mustard 씨 머스타드	chlorella 클러렐러	ENG
algue séchée 알그쎄쉐	laminaire 라미네르	algue marine *1 알그마린	chlorelle 끌로렐	FRA
Seegras 제그라스	Kombu 콤부	Wakame 와카메	Chlorella 클로렐라	GER
folhas finas e secas de alga marinha 폴야스 피나스 이 쎄까스 지 아우가 마링야	alga marinha 아우가 마링야	alga castanha 아우가 까스땅야	clorela 끌로렐라	POR
alga marina 알가 마리나	kelp 켈브	alga marrón 알가 마론	clorela 크로렐라	ESP
alga 알가	alga 알가	alga marrone 알가 마로네	clorella 클로렐라	ITA
φύκι 피끼	κέλπιες 켈삐에스	φύκι 피끼	χλωρέλλη 흘로렐리	GRE
alga 알가	laminaria 라미나리아	undaria pinnatifida 운다리아 핀나티피다	chlorella 클로렐라	LAT
морская капуста 마르스까야 까뿌스따	ламинария 라미나리야	морские водоросли 마르스끼예 보드러슬리	хлорелла 흘라렐라	RUS
紫菜 / zǐcài 쯔차이	海带 / hǎidài 하이따이	裙带菜 / qúndàicài 췬따이차이	小球藻 / xiǎoqiúzǎo 샤오치우자오	CHN
ノリ / 海苔 노리	こんぶ / 昆布 콘부	ワカメ / 若布 와카메	クロレラ 쿠로레라	JPN

동의어: *1 algue brune 알그 브륀느

곡류	옥수수	쌀	찹쌀	KOR
grain 그레인	corn 콘	rice 라이스	sweet rice 스윗 라이스	ENG
grain 그랭	maïs 마이스	riz 리	riz gluant 리 글뤼앙	FRA
Getreide 게트라이데	Mais 마이스	Reis 라이스	klebrige Reis 클레브리게 라이스	GER
cereal 쎄레아우	milho 밀유	arroz 아호스	arroz glutinoso 아호스 글루찌노주	POR
cereales 쎄레알레스	maíz 마이스	arroz 아로스	arroz glutinoso 아로스 글루틴노소	ESP
cereali 체레알리	mais 마이스	riso 리소	riso glutinous 리조 글루티노우스	ITA
δημητριακά 디미트리아까	καλαμπόκι 깔람보끼	ρύζι 리지	κολλώδες ρύζι 꼴로데스 리지	GRE
granum, frumentum 그라눔, 프루멘툼	zea, frumentum 제아, 프루멘툼	oryza 오리자	glutinosa oryza 글루티노사 오리자	LAT
зерно 제르노	кукуруза 꾸꾸루자	рис 리스	клейкий рис 클레이스끼 리스	RUS
谷物 / gǔwù 구우	玉米 / yùmǐ 위미	米 / mǐ 미	糯米 / nuòmǐ 누오미	CHN
こくるい / 穀類 코쿠루이	トウモロコシ 토-모로코시	こめ / 米 코메	もちごめ / 餅米 모치고메	JPN

한	밀	보리	호밀	향신료
영	wheat 윗	barley 바알리	rye 라이	spice 스파이스
프	blé 블레	orge 오르쥬	seigle 세글	épice 에피스
독	Weizen 바이첸	Gerste 게르스테	Roggen 로겐	Gewürz 게뷔르츠
포	trigo 뜨리구	cevada 쎄바다	centeio 쎙떼이우	especiaria 이스뻬씨아리아
스	trigo 뜨리고	cebada 쎄바다	centeno 쎈떼노	especia 에스뻬씨아
이	grano 그라노	orzo 오르쪼	segale 쎄갈레	sapore 사뽀레
그	σιτάρι 시따리	κριθάρι, κριθή 끄리싸리, 끄리씨	σίκαλη 시깔리	μπαχαρικά 바하리까
라	triticum 트리티쿰	hordeum 호르데움	secale 세칼레	condimentum 콘디멘툼
러	пшеница 프쉐니짜	ячмень 야치멘	рожь 로쥐	специя 스뻬찌야
중	麦 / mài 마이	大麦 / dàmài 따마이	黑麦 / hēimài 헤이마이	香辛料 / xiāngxīnliào 샹씬리아오
일	コムギ / 小麦 코무기	むぎ / 麦 무기	ライむぎ / ライ麦 라이무기	こうしんりょう / 香辛料 코-신료-

한	후추	고추	생강	마늘
영	pepper 페퍼	capsicum 캡시컴	ginger 진저	garlic 갈릭
프	poivre 쁘와브르	piment 삐망	gingembre 쟁장브르	ail 아이유
독	Pfeffer 페퍼	Chili 칠리	Ingwer 잉그베어	Knoblauch 크놉라우흐
포	pimenta-do-reino 삐멩따-두-헤이누	pimenta 삐멩따	gengibre 쥉쥐브리	alho 알유
스	pimienta 삐미엔타	piniento 삐미엔또	jengible 헹히블레	ajo 아호
이	pepe 뻬뻬	peperoncino 뻬뻬론치노	zenzero 젠제로	aglio 알료
그	μαύρο πιπέρι 마브로 삐뻬리	κοκκινοπίπερο 꼬끼노삐뻬로	τζίντζερ, πιπερόριζα 진제르, 삐뻬로리자	σκόρδο 스꼬르도
라	piper 피페르	capsicum annuum 캅시쿰 안누움	zingiberi 징기베리	allium 알리움
러	перец 뻬롓츠	стручковый перец 스뜨루취꼬브이 뻬롓츠	имбирь 이므비리	чеснок 췌스녹
중	胡椒 / hújiāo 후지아오	辣椒 / làjiāo 라찌아오	姜 / jiāng 찌앙	大蒜 / dàsuàn 따쑤완
일	こしょう / 胡椒 코쇼-	とうがらし / 唐辛子 토-가라시	しょうが / 生姜 쇼-가	ニンニク 닌니쿠

겨자	고추냉이	계피	도토리	KOR
mustard 머스타드	horseradish 호어스레디쉬	cinnamon 씨너먼	acorn 에이콘	ENG
moutarde 무따르드	raifort 레포르	cannelle 꺄넬	gland 글랑	FRA
Senf 젠프	Meerrettich 메어레티히	Zimt 침트	Eichel 아이헬	GER
mostarda 무스따르다	raiz-forte 하이스-포르찌	canela 까넬라	bolota 볼로따	POR
mostaza 모스따싸	rábano picante 레바노 피칸테	canela 까넬라	bellota 베요따	ESP
senape 세나페	crèn 크렌	cannella 칸넬라	ghianda 기안다	ITA
σινάπι *1 시나삐	χρένο 흐레노	κανέλα 까넬라	βελανίδι 벨라니디	GRE
sinapi 시나피	ligustrum 리구스트룸	cinnamon 킨나몬	glans 글란스	LAT
горчица 가르취짜	хрен 흐롄	корица 까리짜	жёлудь 쫄루즈	RUS
春菜 / chūncài, 芥菜 / jiècài 춘차이, 지에차이	山嵛菜 / shānyúcài 싼위차이	桂皮 / guìpí 꿰이피	橡实 / xiàngshí 시앙스	CHN
からし / 芥子 카라시	ワサビ / 山葵 와사비	ケイヒ / 桂皮 케-히	ドングリ / 団栗 돈구리	JPN

동의어: *1 σινάπιον 시나삐온, μουστάρδα 무스따르다

상록수	죽순	속새	KOR
evergreen 에버그린	bamboo shoot 뱀부 슛	horsetail 호어스테일	ENG
toujours vert *1 뚜쥬르 베르	pousses de bambou 뿌스 드 방부	prêle 쁘렐	FRA
immergrüner Baum 임머그리너 바움	Bambussprosse 밤부스슈프로세	Schachtelhalm 샤흐텔할름	GER
sempre-viva 쎙쁘리-비바	broto de bambu 브로뚜 지 방부	rabo-de-cavalo 하부-지-까발루	POR
árbol de hoja perenne 아르볼 데 오하뻬레네	retoño de bambú 레또뇨 데 밤부	cola de caballo 꼴라 데 까바요	ESP
sempreverde 쎙쁘레베르데	germoglio di bambú 제르몰료 디 밤부	brusca 브루스카	ITA
αειθαλής 아이쌀리스	βλαστός μπαμπού 블라스또스 밤부	εκουιζέτο 에꾸이제또	GRE
apharce, semper florens 아파르케, 셈페르 플로렌스	germen bambusae 게르멘 밤부새	equisetum 에쿠이세툼	LAT
вечнозелёное дерево 볘취녀젤료너예 제례버	побег бамбука 빠볘그 밤부카	хвощ 흐보쉬	RUS
常绿树 / chánglǜshù 창리쑤	竹笋 / zhúsǔn 주쑨	木贼 / mùzéi 무제이	CHN
じょうりょくじゅ / 常緑樹 죠-료쿠쥬	タケノコ / 筍 타케노코	トクサ / 木賊 토쿠사	JPN

동의어: *1 arbres à feuilles persistantes 아르브르 자 푀이으 뻬르시스땅뜨

한	솔방울	올리브	선인장	안개꽃
영	Pine cone 파인 콘	olive 올리브	cactus 캑터스	gypsophila 짚서필라
프	pomme de pin *1 뽐므 드 뺑	olive 올리브	cactus 깍뛰스	gysophile 짚소필
독	Kiefernzapfen 키펀찹펜	Olive 올리베	Kaktus 칵투스	Gipskräuter 깁스크로이터
포	pinha 삥야	oliva, azeitona 올리바, 아제이또나	cacto 까끼뚜	gipsofila 쥡쏘필라
스	piña 삐냐	oliva, aceituna 올리바, 아세이뚜나	cactus 깍뚜스	velo de novia 벨로 데 노비아
이	pigna 삐냐	oliva 올리바	cactus 깍투스	gypsophila 집소필라
그	κουκουνάρι 꾸꾸나리	ελιά 엘리아	κάκτος 깍또스	γυψοφίλη 깁소필리
라	conus 코누스	oliva 올리바	cactacea 칵타케아	gypsophila(elegans) 깁소필라(엘레간스)
러	шишка 쉬쉬까	оливки 알리프끼	кактус 카크뚜스	гипсофила 기프쎄필라
중	松果 / sōngguǒ 쑹구오	橄榄 / gǎnlǎn 간란	仙人掌 / xiānrénzhǎng 시엔런짱	六月雪 / liùyuèxuě 리우위에슈에
일	まつかさ / 松毬 마추카사	オリーブ 오리-부	サボテン / 仙人掌 사보텐	カスミソウ / 霞草 카수미소-

동의어: *1 cône de pin 꼰 드 뺑

한	부레옥잠	야생화	엽록소	광합성
영	water hyacinth 워터 하이신	wildflower 와일드홀라워	chlorophyl 클로러휠	photosynthesis 포터신터시스
프	jacinthe d'eau 자생드 도	fleur sauvage 플뢰르 소바쥬	chlorophylle 클로로필	photosynthèse 포또생떼즈
독	Wasserhyazinthe 바서히아친테	Wildpflanze *1 빌트플란체	Chlorophyll *2 클로로필	Photosynthese 포토진테제
포	aguapé 아과뻬	flor silvestre 플로르 씨우베스뜨리	clorofila 끌로로필라	fotossíntese 포뚜씽떼지
스	jacinto de agua 하씬또 데 아구아	flor silvestre 플로르 실베스뜨레	clorofila 끌로로필라	fotosíntesis 포또신떼시스
이	giacinto dell'acqua 좌친토 델라꾸아	fiore selvaggio 피오레 셀바쬬	clorofilla 클로로필라	funzione clorofilliana 푼지오네 클로로필리아나
그	υάκινθος του νερού 이아낀쏘스 뚜 네루	αγριολούλουδο 아그리오룰루도	χλωροφύλλη 홀로로필리	φωτοσύνθεση 포또신세시
라	aqua hyacinthus 아쿠아 히아킨투스	silvestris flos 실베스트리스 플로스	viriditas folii 비리디타스 폴리이	compositio lucis 콤포시티오 루키스
러	водяной гиацинт 버쟈노이 기아찐트	полевые цветы 뻘례븨예 쯔볘띄	хлорофилл 흘라라필	фотосинтез 포토씬때스
중	凤眼兰 / fèngyǎnlán 펑얜란	野花 / yěhuā 예화	叶绿素 / yèlǜsù 예뤼쑤	光合作用 / guānghé zuòyòng 꽌허쭈오융
일	ほて-あおい / 布袋葵 호테-아오이	やせいのはな / 野生の花 야세-노하나	ようりょくそ / 葉緑素 요-료쿠소	こうごうせい / 光合成 코-고-세-

동의어: *1 Wildblume 빌트블루메, *2 Blattgrün 블랏그륀

3-2. 우주, 천체, 지구, 자연

대기(권)	기상	기후	기압	KOR
atmosphere 엣머스피어	weather 웨더	climate 클라이밋	atmospheric pressure 아트모스피어릭 프레쉐	ENG
atmosphère 아뜨모스페르	temps 떵	climat 끌리마	pression atmosphérique 프레시옹 아뜨모스페리끄	FRA
Atmosphäre 아트모슈패레	Wetter 베터	Klima 클리마	Luftdruck 루프트드룩	GER
atmosfera 아찌모스페라	tempo 뗑뿌	clima 끌리마	pressão atmosférica 쁘레써웅 아찌모스페리까	POR
atmósfera 아뜨모스페라	tiempo 띠엠뽀	clima 끌리마	presión atmosférica 쁘레시온 앗모스페리까	ESP
atmosfera 아트모스페라	tempo 뗌뽀	clima 끌리마	pressione atmosferica 프레씨오네 아트모스페리나	ITA
ατμόσφαιρα 아뜨모스페라	καιρός 께로스	κλίμα 끌리마	ατμοσφαιρική πίεση 아프모스페리키 삐에시	GRE
caelum, coelum 캘룸, 코엘룸	tempestas 템페스타스	caeli status 캘리 스타투스	pressio aeris 프레씨오 아에리스	LAT
атмосфера 아트마스페라	погода 빠고다	климат 클리맛	атмосферное давление 아트마스페르너예 다블례니예	RUS
大气 / dàqì 따치	气象 / qìxiàng 치샹	气候 / qìhòu 치허우	气压 / qìyā 치야	CHN
たいき (けん) / 大気(圈) 타이키(켄)	きしょう / 気象 키쇼-	きこう / 気候 키코-	きあつ / 気圧 키아추	JPN

엘리뇨	라니냐	성층권	중간권	KOR
El Nino 엘 니뇨	La Nina 라 니냐	stratosphere 스트레토스피어	mesosphere 메저스피어	ENG
El Nino 엘 니뇨	La Nina 라 니냐	stratosphère 스트라토스페르	mésosphère 메조스페르	FRA
El Niño 엘 니뇨	La Niña 라 니냐	Stratosphäre 슈트라토슈패레	Mesosphäre 메조슈패레	GER
El Niño 엘 니뇨	La Niña 라 니냐	estratosfera 이스프라뚜스페라	mesoesfera 메조에스페라	POR
el niño 엘 니뇨	la niña 라 니냐	estratosfera 에스프라또스페라	mesósfera 메소스페라	ESP
El Niño 엘 니뇨	la nina 라 니냐	stratosfera 스트라토스페라	mesosfera 메소스페라	ITA
Ελ Νίνιο 엘 니뇨	Λα Νίνια 라 니냐	στρατόσφαιρα 스프라또스페라	μεσόσφαιρα 메스페라	GRE
*1	*2	stratosphaera 스트라토스패라	mesosphaera 메소스패라	LAT
Эль-Ниньо 앨-니뇨	ля-ниньо 랴-니뇨	стратосфера 스프라파스페라	мезосфера 메자스페라	RUS
厄尼诺 / Ènínuò 어니누오	拉尼娜现象 / lānínàxiànxiàng 라니나시엔샹	平流层 / píngliúcéng 핑리우청	中间层 / zhōngjiāncéng 쭝지엔청	CHN
エルニーニョ 에루니-뇨	ラニーニョ 라니-뇨	せいそうけん / 成層圈 세-소-켄	ちゅうかんけん / 中間圈 쥬-칸켄	JPN

동의어: *1 calefactio superficiei tropicae Oceani Pacifici(= Agitatio Australis La Niña) 카레파스티오 슈퍼피시엘 트로피캐 오셔니 파시피시
　　　　*2 refrigeratio superficiei tropicae Oceani Pacifici(= Agitatio Australis El Niño) 레프리게라티오 슈퍼피시엘 트로피캐 오셔니 파시피시

한	열권	외기권	자기권	오존층
영	thermosphere 떨모스피어	exosphere 엑소스피어	magnetosphere 메그니터스피어	ozone layer 오존 레이어
프	thermosphère 떼르모스페르	exosphère 에그저스페르	magnétosphère 마녜또스페르	couche d'ozone *1 꾸슈 도존
독	Thermosphäre 테르모슈패레	Exosphäre 엑조슈패레	Magnetosphäre 마그넷슈패레	Ozonschichte 오촌시히테
포	termoesfera 떼르무에스페라	exosfera 이조스페라	magnetoesfera 마기네뚜에스페라	camada de ozônio 까마다 지 오조니우
스	termosfera 테르모스페라	exosfera 에소스페라	Magnetosfera 마그네또스페라	capa de ozono 까빠 데 오쏘노
이	termosfera 테르모스페라	esosfèra 에소스페라	magnetosfera 마니에또스페라	ozonosfera 오초노스파라
그	θερμόσφαιρα 떼르모스파라	εξώσφαιρα 엑소스파라	μαγνητόσφαιρα 마그니또스파라	στρώμα όζοντος 스또로마 오존도스
라	thermosphaera 테르모스파라	externum spatium 엑스테르눔 스파티움	magnetosphaera 마그네토스파라	ozon stratum 오존 스트라툼
러	термосфера 때르마스페라	экзосфера 이조스페라	магнитосфера 마그니떠바스페라	озонный слой 오존느이 슬로이
중	热成层 / rèchéngcéng 려청청	外大气层 / wàidàqìcéng 와이따치청	磁气圈 / cíqìquān 츠치츄엔	臭氧层 / chòuyǎngcéng 처우양청
일	ねつけん / 熱圏 넷껜	がいきけん / 外気圏 가이키껜	じきけん / 磁気圏 지키껜	おぞんそう / オゾン層 오존소-

동의어: *1 ozonosphère 오조노스페르

한	위도	경도	자연	공기
영	latitude 레터튜드	longitude 론저튜드	nature 네이처	air 에어
프	latitude 라티뛰드	longitude 롱지뛰드	nature 나뛰르	air 애르
독	Breitengrad 브라이튼그라트	Längengrad 랭엔그라트	Natur 나투어	Luft 루프트
포	latitude 라찌뚜지	longitude 롱쥐뚜지	natureza 나뚜레자	ar 아르
스	latitud 라띠뚯	longitud 롱기뚯	naturaleza 나뚜랄레사	aire 아이레
이	latitudine 라티투디네	longitudine 론지투디네	natura 나뚜라	aria 아리아
그	γεωγραφικό πλάτος 게오그라피꼬 쁠라또스	γεωγραφικό μήκος 게올라피꼬 미꼬스	φύση 피시	αέρας 아에라스
라	latitudo 라티투도	longitudo 론기투도	physis, natúra 피시스, 나투라	aer 아에르(에르)
러	широта 쉬라따	долгота 덜가따	приро́да, нату́ра 프리로다, 나뚜라	воздух 보즈두흐
중	纬度 / wěidù 웨이뚜	倾倒 / qīngdǎo 칭따오	自然 / zìrán 쯔란	空气 / kōngqì 콩치
일	いど / 緯度 이도	けいど / 経度 케-도	しぜん / 自然 시젠	くうき / 空気 쿠-키

온대성 기후	한대성 기후	열대성 기후	KOR
temperate climate 템퍼러트 클라이머트	Frigid Zone climate 후리지 죤 클라이머트	tropical climate 트로피컬 클라이머트	ENG
climat tempéré 끌리마 떵뻬레	climat polaire 끌리마 뽈레르	climat tropical 끌리마 트로삐깔	FRA
gemäßigte zone 게매시히테 초네	Polarklima 폴라클리마	tropisches Klima 트로피쉐스 클리마	GER
clima temperado 끌리마 뗑뻬라두	clima frio 끌리마 프리우	clima tropical 끌리마 뜨로삐끼우	POR
clima templado 끌리마 뗌쁠라도	clima glacial 끌리마 글라씨알	clima tropical 끌리마 뜨로삐깔	ESP
clima temperato 클리마 뗌페라또	clima frigido 클리마 프리지도	clima tropicale 클리마 트로피칼레	ITA
εύκρατο κλίμα 에브크라또 끌리마	ψυχρό κλίμα 프시흐로 끌리마	τροπικό κλίμα 트로삐꼬 끌리마	GRE
clima temperatum 클리마 뗌페라툼	frigidum clima 프리기둠 클리마	tropicum clima 트로피쿰 클리마	LAT
умеренный климат 우메렌느이 클리맛	холодный климат 할로드느이 클리맛	тропический климат 프라삐취스끼 클리맛	RUS
温带性气候 / wēndàixìngqìhòu 원따이싱치허우	寒带性气候 / hándàixìngqìhòu 한따이씽치허우	热带性气候 / rèdàixìngqìhòu 러따이씽치허우	CHN
おんたいせいきこう / 温带性気候 온타이세-키코-	かんたいせいきこう / 寒带性気候 칸타이세-키코-	ねったいせいきこう / 熱带性気候 넷따이세-키코-	JPN

구름	안개	연무	이슬	KOR
cloud 클라우드	fog 포그	mist 미스트	dew 듀	ENG
nuage 뉘아쥬	brouillard 브루이야르	brume 브륌	rosée 로제	FRA
Wolke 볼케	Nebel 네벨	Dunst 둔스트	Tau 타우	GER
nuvem 누벵	névoa 네보아	bruma 브루마	orvalho 오르발유	POR
nube 누베	neblina 네블리나	bruma 브루마	rocío 로씨오	ESP
nuvola 누볼라	nebbia 넵삐아	foschia 포스키아	rugiada 루쟈다	ITA
σύννεφο 신네포	ομίχλη 오미흘리	ομίχλη 오미흘리	πάχνη 빠흐니	GRE
nubes 누베스	nebula 네불라	nebula 네불라	ros 로스	LAT
облако 오블라꺼	туман 뚜만	туман 뚜만	poca 라싸	RUS
云 / yún 윈	雾气 / wùqì 우치	烟雾 / yānwù 앤우	露水 / lùshuǐ 루쉐이	CHN
くも / 雲 쿠모	きり / 霧 키리	えんむ / 煙霧 엔무	つゆ / 露 추유	JPN

한	이슬비	서리	우박	얼음
영	drizzle 드리즐	frost 프로스트	hail 헤일	ice 아이스
프	crachin 크라쉥	gelée(blanche) 즐레(블랑슈)	grêle 그렐	glace 글라스
독	Sprühregen 슈프뤼레겐	Reif, Frost 라이프, 프로스트	Hagel 하겔	Eis 아이스
포	garoa 가로아	geada 줴아다	granizo 그라니주	gelo 젤루
스	llovizna 요비스나	escarcha 에스까르차	granizo 그라니소	hielo 이엘로
이	pioggerella 피오쩨렐라	brina 브리나	grandine 그란디네	ghiaccio 기아쵸
그	ψιχάλα 프시할라	πάγος, παγετός 빠고스, 빠게또스	χαλάζι 할라지	πάγος 빠고스
라	pluvia lenis 플루비아 레니스	pruina 프루이나	grando 그란도	glacies 글라키에스
러	мелкий дождь 멜끼 도쥬즈	мороз 마로즈	град 그랏	лёд 룟
중	毛毛雨 / máomaoyǔ 마오마오위	霜 / shuāng 슈왕	雹子 / báozi 빠오즈	冰 / bīng 빙
일	きりさめ / 霧雨 키리사메	しも / 霜 시모	ひょう / 雹 효-	こおり / 氷 코-리

한	눈	눈보라	만년설 1	만년설(빙모, 氷帽)2
영	snow 스노우	blizzard 블리저드	neve *1 네이베이	icecap 아이스캡
프	neige 네쥬	tempête de neige 떵뻬뜨 드 네쥬	névé 네베	calotte glaciaire 깔로뜨 글라씨에르
독	Schnee 슈니	Schneesturm 슈네슈투름	Firn, Gletzer 피른, 글래쳐	Schneeberg 슈네베르크
포	neve 네비	nevasca 네바스까	neve eterna 네비 이떼르나	geleira de montanha 줼레이라 지 몽땅야
스	nieve 니에베	ventisca 벤띠스까	nevero 네베로	casquete glaciar 까스꿰떼 그라시아르
이	neve 네베	bufera di neve 부페라 디 네베	nevàio 네바이오	ghiacciàio 기아치아이오
그	χιόνι 히오니	χιονοθύελλα 히오노씨엘라	παγετώνας 빠게또나스	παγοκάλλυμα 빠고깔리마
라	nix 닉스	ventus nivalis 벤투스 니발리스	glaciarium *2 클라키아리움	planities glacialis 플라니티에스 글라키알리스
러	снег 스넥	метель 미쩰	ледниковый покров 레드니코브이 빠크롭	фирн 피른
중	雪 / xuě 슈에	暴风雪 / bàofēngxuě 빠오펑슈에	万年雪 / wànniánxuě 완니엔쉐	雪山 / xuěshān 쉐산
일	ゆき / 雪 유키	ふぶき / 吹雪 후부키	まんねんゆき / 万年雪 만넹유키	アイスキャップ 아이수캬뿌

동의어: *1 glacier 그레이서, *2 moles glacialis 몰레스 글라키알리스

512

눈꽃	비	비바람	소나기	KOR
snow on the branches *1 스노우 온 더 브랜치스	rain 레인	rain and wind *3 레인 앤 윈드	shower 샤워	ENG
neige sur les branches 네쥬 쉬르 레 브랑슈	pluie 플리	pluie et vent 플리 에 벙	averse 아베르스	FRA
Eiskristall 아이스크리스탈	Regen 레겐	Sturmwind 슈투름빈트	Gewitter 게비터	GER
neve nos ramos 네비 누스 하무스	chuva 슈바	chuva e vento 슈바 이 벵뚜	aguaceiro 아구아쎄이루	POR
nieve en las ramas 니에베 엔 라스 라마스	lluvia 유비아	temporal 뗌뽀랄	chubasco 추바스꼬	ESP
bucaneve 부카네베	pioggia 피오짜	pioggia torrenziale 피오짜 토렌지알레	acquazzone 아꾸아쪼네	ITA
χιόνι επάνω στα κλαδιά 히오니 에빠노 스따 끌라디아	βροχή 브로히	μπόρα 보라	καταιγίδα 까떼기다	GRE
nix in ramo *2 닉스 인 라모	pluvia 플루비아	imber 임베르	nimbus *4 님부스	LAT
снежинка 스녜쥔까	дождь 도쥬즈	ветер и дождь 볘쪠르 이 도쥬즈	ливень 리볜	RUS
雪花 /xuěhuā 슈에화	雨 /yǔ 위	风雨 /fēngyǔ 펑위	阵雨 /zhènyǔ 쪈위	CHN
ゆきばな /雪花 유키바나	あめ /雨 아메	ふうう /風雨 후-우	にわかあめ /にわか雨 니와카아메	JPN

동의어: *1 snowflake 스노우플래이크, *2 nivis pluma 니비스 플루마, *3 rainstorm 레인스톰, *4 pluvia repentina 플루비아 레펜티나

혹서	폭염	혹한	천둥	KOR
heat wave 히트 웨이브	scorching heat 스커칭 히트	hard winter 하드 윈터	thunder 썬더	ENG
canicule 까니뀔	fournaise 푸르네즈	froid sévère 프루와 쎄베르	tonnerre 또네르	FRA
Hitzewelle 히체벨레	Irrsinnshitze 이르진스히체	Bärenkälte 배렌캘테	Donner 도너	GER
canícula 까니꿀라	solama, solão 쏠라마, 쏠러웅	frio rigoroso 프리우 히고로주	trovão 뜨로버웅	POR
canicular 카니쿨라	ola de calor 올라 데 깔로르	frío intenso 프리오 인뗀소	trueno 뜨루에노	ESP
caldo intenso 깔도 인텐조	soffocante 소포칸테	freddo intenso 프레또 인텐조	tuono 투오노	ITA
καύσωνας 깝소나스	υπερβολική ζέστη 이뻬르볼리끼 제스띠	βαρύς χειμώνας 바리스 히모나스	βροντή 부론디	GRE
calor unda 칼로르 운다	caniculáris 카니쿨라리스	terribile frigus 테리비레 프리구스	tonitrus 토니트루스	LAT
тепловая волна 찌쁠로바야 발나	тепловая волна 찌쁠로바야 발나	суровая зима 수로바야 지마	гром 그롬	RUS
酷暑 /kùshǔ 쿠슈	热浪 /rèlàng 러랑	酷寒 /kùhán 쿠한	雷 /léi 레이	CHN
こくしょ /酷暑 코쿠쇼	もうしょ /猛暑 모-쇼	げんかん /厳寒 겐칸	かみなり /雷 카미나리	JPN

한	번개	신기루	오로라	무지개
영	lighting 라이트닝	mirage 미라쥐	aurora 오로라	rainbow 레인보우
프	éclair 에끌레르	mirage 미라쥬	aurore polaire 오로르 뽈레르	arc-en-ciel 아르깡 시엘
독	Blitz 블리츠	Luftspiegelung 루프트슈피겔룽	Polarlicht 폴라리히트	Regenbogen 레겐보겐
포	relâmpago 헬랑빠구	miragem 미라쥉	aurora 아우로라	arco-íris 아르꾸-이리스
스	relámpado 렐람빠고	espejismo 에스뻬히스모	aurora 아우로라	arcoíris 아르꼬 이리스
이	lampo 람뽀	miraggio 미라쬬	aurora 아우로라	arcobaleno 아르코발레노
그	αστραπή 아스트라삐	αντικατοπτρισμός 안디까똡트리즈모스	αυγή, σέλας 아브기, 셀라스	ουράνιο τόξο 우라니오 똡소
라	fulmen 풀멘	(falsa)imago speculi (팔사)이마고 스페쿨리	aurora 아우로라	arcus pluvius 아르쿠스 플루비우스
러	молния 몰니야	мираж 미라쥐	Opopa 아로라	радуга 라두가
중	闪电 / shǎndiàn 샨띠엔	迷水 / míshuǐ 미쉐이	极光 / jíguāng 지꽝	彩虹 / cǎihóng 차이홍
일	いなずま / 稲妻 이나주마	しんきろう / 蜃気楼 신키로-	オーロラ 오-로라	にじ / 虹 니지

한	바람	산들바람	미풍	봄바람
영	wind 윈드	gentle breeze 젠틀 브리즈	breeze 브리즈	spring wind 스프링 윈드
프	vent 벙	vent doux, brise 벙 두, 브리즈	brise 브리즈	brise printanière 브리즈 쁘랭따니에르
독	Wind 빈트	Lufthauch 루프트하우흐	Lüftchen, Brise 뤼프트헨, 브리제	Frühlingsbrise 프륄링스브리제
포	vento 벵뚜	brisa 브리자	aragem *3 아라쥉	brisa de primavera 브리자 지 쁘리마베라
스	viento 비엔또	viento fresco 비엔또 프레스꼬	brisa 브리사	brisa primaveral 브리사 쁘리마베랄
이	vento 벤또	brezza 브레짜	brezza 브레짜	brezza primaverile 브레짜 프리마베릴레
그	άνεμος 아네모스	ήπιο αεράκι 이삐오 아에라끼	αεράκι 아에라끼	ανοιξιατικός άνεμος *4 아닉시아띠꼬스 아네모스
라	ventus 벤투스	aura lenis *1 아우라 레니스	ventus lenis 벤투스 레니스	vernus ventus 베르누스 벤투스
러	ветер 베쩨르	умеренный ветер 우몌롄느이 베쩨르	ветерок 베쩨록	весенний ветер 베쏀니이 베쩨르
중	风 / fēng 펑	和风 / héfēng *2 허펑	微风 / wēifēng 웨이펑	春风 / chūnfēng 춘펑
일	かぜ / 風 카제	そよかぜ / そよ風 소요카제	びふう / 微風 비후-	はるかぜ / 春風 하루카제

동의어: *1 ventulus lenis 벤툴루스 레니스, *2 微风 / wēifēng 웨이펑, *3 vento brando 벵뚜 브랑두, 4 εαρινός άνεμος 에아리노스 아네모스

무풍	계절풍 1	계절풍(몬순) 2	높새바람(푄)	KOR
calm 캄	seasonal wind 시즈널 윈드	trade winds *1 트레이드 윈즈	foehn *3 푄	ENG
calme 깔므	vent saisonnier 벙 쎄조니에	mousson 무쏭	föhn 푄	FRA
Kalme 칼메	saisonale Wind 제조날레 빈트	Monsun 몬순	Föhn(Föhns) 푄	GER
calmaria 까우마리아	vento sazonal 벵뚜 싸조나우	monção 몽써옹	Föhn 푄	POR
calma 깔마	viento estacional 비엔또 에스따씨오날	monzón 몬쏜	Föhn 푄	ESP
calma 깔마	periodico vento 페리오디코 벤토	monsone 몬순네	Föhn 푄	ITA
νηνεμία 니네미아	εποχιακός άνεμος 에뽀히아꼬스 아네모스	μουσώνας 무소나스	– 	GRE
malacia 말라키아	ventus tempestatis 벤투스 템페스타티스	venti statarii(=etesia) *2 벤티 스타타리이(=에테시아)	favonius ventus 파보니우스 벤투스	LAT
безветрие 베즈베뜨리예	сезонный ветер 씨존느이 베쩨르	муссон 무쏜	фен 펜	RUS
无风 /wúfēng 우펑	季风 /jìfēng 찌펑	雨季 /yǔjì 위지	东北风 /dōngběifēng 동베이펑	CHN
むふう/無風 무후-	きせつふう/季節風 키세추후-	モンスーン 몬순	フェーン 훼-ㄴ	JPN

동의어: *1 Monsoon 몬순, *2 hippalus(=ventus monsonius) 힙팔루스(=벤투스 몬소니우스), *3 föhn 푄

돌풍	회오리바람	질풍	폭풍우	KOR
gust 거스트	whirlwind 월윈드	gale 게일	tempest 템피스트	ENG
rafale 라팔	tourbillon 뚜르비용	bourrasque, tornade 부라스끄, 또마드	orage 오라쥬	FRA
Windstoß 빈트슈토스	Wirbelwind 비르벨빈트	Windsturm 빈트슈투름	Unwetter 운베터	GER
rajada 하쟈다	redemoinho 헤데모잉유	vendaval 벵다바우	tempestade 뗑뻬스따지	POR
ráfaga 라파가	torbellino 또르베이노	vendaval 벤다발	tempestad 템뻬스땃	ESP
raffica 라피까	turbine 투비네	colpo di vento 꼴뽀 디 벤또	tempesta 템뻬스타	ITA
ριπή αέρα 리삐 아에라	ανεμοστρόβιλος 아네모스트로빌로스	σφοδρός άνεμος 스포드로스 아네모스	φουρτούνα, θύελλα 푸르뚜나, 씨엘라	GRE
ventus cum impetu 보누스 쿰 임페투	vortex 보르텍스	procella 프로켈라	tempestas 템페스타스	LAT
порыв 빠리프	смерч 스메르취	сильный ветер 씰느이 베쩨르	буря 부랴	RUS
飚 /biāo 비아오	旋风 /xuànfēng 슈엔펑	疾风 /jífēng 지펑	暴风雨 /bàofēngyǔ 빠오펑위	CHN
とっぷう/突風 톳뿌-	つむじかぜ/つむじ風 추무지카제	しっぷう/疾風 십뿌-	ぼうふうう/暴風雨 보-후-우	JPN

한	폭풍(스톰)	태풍(타이푼)	허리케인	토네이도
영	storm 스톰	typhoon 타이푼	hurricane 허리케인	tornado 토네이도
프	tempête, ouragan 땅뻬뜨, 우라강	typhon 띠퐁	hurricane 왜리깐	tornade 또르나드
독	Sturm 슈트름	Taifun 타이푼	Orkan 오르칸	Tornado 토르나도
포	temporal 뗑뽀라우	tufão 뚜퍼옹	furacão 푸라꺼옹	tornado 또르나두
스	tormenta 또르멘따	tifón 띠폰	huracán 우라깐	tornado 또르나도
이	tempporale 템포랄레	tifone 띠포네	uragano 우라가노	tornado 토르나도
그	καταιγίδα 까떼기다	τυφώνας 띠포나스	τυφώνας 띠포나스	ανεμοστρόβιλος *2 아네모스트로빌로스
라	áquilo 아쿠일로	typhon 티폰	huracanum *1 후라카눔	turbo 투르보
러	буря 부랴	тайфун 따이푼	ураган 우라간	торнадо 따르나도
중	暴风 / bàofēng 빠오펑	台风 / táifēng 타이펑	飓风 / jùfēng 쥐펑	龙卷风 / lóngjuǎnfēng 훙쥬엔펑
일	あらし(ストーム) / 嵐(ストーム) 아라시(수토-무)	たいふう / 台風 타이후-	ハリケーン 하리켄	たつまき / 竜巻 *3 타츠마키

동의어: *1 (tropica)tempestas (트로피카)템페스타스, *2 σίφουνας 시푸나스, *3 トルネード 토루네-도

한	재료	흙	점토	석고	진흙
영	meterial 머티리얼	soil 소일	clay 클레이	plaster 플라스터	mud 머드
프	matière 마띠에르	sol 솔	argile 아르질	plâtre 쁠라뜨르	boue 부
독	Material 마테리알	Erde 에르데	Ton 톤	Gips 깁스	Schlamm 슐람
포	material 마떼리아우	solo 쏠루	argila 아르쥘라	gesso 줴쑤	lama 라마
스	materia 마떼리아	tierra, suelo 띠에라, 수엘로	arcilla 아르씨야	yeso 예소	lodo 로도
이	meteria 마테리아	suolo 수올로	argilla 아르질라	gesso 제쏘	fango 팡고
그	ύλη 일리	χώμα 호마	πηλός 삘로스	γύψος 깊소스	λάσπη 라스삐
라	meteria 마테리아	solum, situs 솔룸, 시투스	argilla 아르길라	gypsum 깁숨	limus 리무스
러	материал 마쩨리알	земля 지믈랴	глина 글리나	гипс 깁스	грязь 그랴지
중	材料 / cáiliào 차이리아오	土 / tǔ 투	黏土 / niántǔ 니엔투	石膏 / shígāo 스까오	泥土 / nítǔ 니투
일	ざいりょう / 材料 자이료-	つち / 土 추치	ねんど / 粘土 넨도	せっこう / 石膏 섹꼬-	どろ / 泥 도로

모래	자갈	암석	화산암	KOR
sand 샌드	gravel 그래블	rock 락	volcanic rock 볼케닉 락	ENG
sable 사블	gravier 그라비에	roche 로슈	roche volcanique 로슈 볼까니끄	FRA
Sand 잔트	Kiesel 키젤	Felsen 펠젠	Gestein 게슈타인	GER
aréia 아레이아	pedregulho 뻬드레굴유	rocha 호샤	rocha vulcânica 호샤 부우까니까	POR
arena 아레나	grava 그라바	roca 로까	lava 라바	ESP
sabbia 사삐아	ghiaia 기아이아	roccia 로챠	lava 라바	ITA
άμμος 암모스	χαλίκι 할리끼	πέτρα, βράχος 뻬뜨라, 브라호스	ηφαιστειακό πέτρωμα 에파이스띠아꼬 뻬트로마	GRE
sabulum 사불룸	glarea 글라레아	rupes 루뻬스	saxum vulcanum 삭숨 불카눔	LAT
песок 삐쏙	гравий 그라비	камень 까멘	вулканическая порода 불까니췌스까야 빠로다	RUS
沙子 / shāzi 샤즈	碎石 / suìshí 쒜이스	岩石 / yánshí 얜스	火山岩 / huǒshānyán 후오샨얜	CHN
すな / 砂 수나	じゃり / 砂利 자리	がんせき / 岩石 간세키	かざんがん / 火山岩 카잔간	JPN

화성암	화강암	현무암	퇴적암	KOR
igneous rock 이그니어스 락	granite 그래닛	basalt 바샬트	sedimentary rock 쎄더맨터리 락	ENG
roche éruptive 로슈 에룁티브	granite 그라니뜨	basalte 바잘뜨	roche sédimentaire 로슈 쎄디멍뻬르	FRA
Eruptivgestein 에룹티프게슈타인	Granit 그라니트	Basalt 바잘트	Sedimentgestein 제디멘트게슈타인	GER
rocha ígnea 호샤 이기니아	granito 그라니뚜	basalto 바자우뚜	rocha sedimentar 호샤 쎄지멩따르	POR
roca ígneo 로까 이그네아	granito 그라니또	basalto 바살또	roca sedimentaria 로까 세디멘따리아	ESP
rocce ignee 로체 이그네	ganito 그라니또	basalto 바살또	sedimentario 세디멘따리오	ITA
πυριγενές πέτρωμα 삐리게네스 뻬트로마	γρανίτης 그라니띠스	βασάλτης 바살띠스	ιζηματογενές πέτρωμα 이지마또게네스 뻬트로마	GRE
saxum igneum 삭숨 이그네움	granitum 그라니툼	basaltes 바살테스	sedimentum 세디멘툼	LAT
изверженная порода 이즈베르젠나야 빠로다	гранит 그라닛	базальт 바잘트	осадочная порода 아싸더취나야 빠로다	RUS
火成岩 / huǒchéngyán 후오청얜	花岗岩 / huāgāngyán 화깡얜	玄武岩 / xuánwǔyán 슈엔무얜	沉积岩 / chénjīyán 천지얜	CHN
かせいがん / 火成岩 카세-간	かこうがん / 花崗岩 카코-간	げんぶがん / 玄武岩 겐부간	たいせきがん / 堆積岩 타이세키간	JPN

한	대리석	석회암	불	불꽃
영	marble 마블	limestone 라임스톤	fire 파이어	spark 스파크
프	marbre 마르브르	calcaire 깔께르	feu 푀	étincelle 에땅셀
독	Marmor 마르모어	Kalkstein 칼크슈타인	Feuer 포이어	Funke 풍케
포	mármore 마르모리	calcário 까우까리우	fogo 포구	faísca 파이스까
스	mármol 마르몰	caliza 깔리사	fuego 푸에고	chispa 치스빠
이	marmo 마르모	calcare 깔까레	fuoco 푸오코	scintilla 쉰띨라
그	μάρμαρο 마르마로	ασβεστόλιθος 아스베스폴리쏘스	φωτιά 포티아	σπινθήρας 스빈씨라스
라	marmor 마르모르	lapis calcarius 라피스 칼카리우스	ignis 이그니스	scintilla 스킨틸라
러	мрамор 쁘라머르	известняк 이즈베스트냑	огонь 아곤	искра 이스크라
중	大理石 / dàlǐshí 따리스	石灰岩 / shíhuīyán 스훼이앤	火 / huǒ 후오	火焰 / huǒyàn 후오얜
일	だいりせき / 大理石 다이리세키	せっかいがん / 石灰岩 섹까이간	ひ / 火 히	ひばな / 火花 히바나

한	화재	화염	화약	폭죽, 꽃불
영	fire 화이어	flame 플레임	gunpowder 건파우더	fireworks 파이어웍스
프	incendie 엥썽디	flamme 플람	poudre à canon 뿌드르 아 까농	feu d'artifice 푀 다르띠피스
독	Brand 브란트	Flamme 플라메	Strengstoff 슈트렝슈토프	Feuerwerk 포이어베르크
포	incêndio 잉쎙지우	chama 샤마	dinamite 지나미찌	rojão 호져웅
스	fuego 푸에고	llama 야마	pólvora 뽈보라	fuegos artificiales 푸에고스 아르띠피씨알레스
이	fuoco 푸오꼬	fiamma 피암마	polvere nera 뽈베레 네라	petardo 뻬따르도
그	φωτιά 포티아	φλόγα 플로가	μπαρούτι 바루띠	πυροτέχνημα 삐로뗴흐니마
라	ignis 이그니스	flamma 플람마	pulvis tormentarius [1] 풀비스 토르멘타리우스	pyrobolus [2] 피로볼루스
러	пламя 쁠라먀	пламя 쁠라먀	чёрный порох 쵸르느이 빠로흐	фейерверк 페이볘르크
중	火灾 / huǒzāi 후오자이	火焰 / huǒyàn 후오얜	火药 / huǒyào 후오야오	鞭炮 / biānpào 삐엔파오
일	かさい / 火災 카사이	かえん / 火炎 카엔	かやく / 火薬 카야쿠	ばくちく / 爆竹, ひまつり / 火祭り 바쿠치쿠, 히마추리

동의어: [1] pulvis pyrius 풀비스 피리우스, [2] spectaculum pyrotechnicum 스펙타쿨룸 피로테크니쿰

모닥불	횃불	열	온도	KOR
bonfire 본파이어	torch 토치	heat 히트	temperature 템퍼리쳐	ENG
fouée 푸에	torche 또르슈	chaleur 샬뢰르	température 떵뻬라뛰르	FRA
Wachfeuer 바흐포이어	Fackel 파켈	Hitze 히체	Temperatur 템페라투어	GER
fogueira 포게이라	tocha 또샤	calor 깔로르	temperatura 뗑뻬라뚜라	POR
hoguera 오게라	antorcha 안또르차	calor 깔로르	temperatura 뗌뻬라뚜라	ESP
falò 팔로	torcia 토르챠	calore 깔로레	temperatura 템뻬라뚜라	ITA
γιορτινή φωτιά 이오르띠니 포티아	δαυλός 다블로스	θερμότητα 쎄르모띠따	θερμοκρασία 쎄르모크라시아	GRE
ignis, pyram 이그니스, 피람	fax 팍스	calor 칼로르	gradus caloris 그라두스 칼로리스	LAT
костер 까스죠르	факел 파켈	жар 좌르	температура 쩸뻬라뚜라	RUS
篝火 / gōuhuǒ 거우후오	火把 / huǒbǎ 후오빠	热 / rè 러	温度 / wēndù 원뚜	CHN
たきび / 焚火 타키비	たいまつ / 松明 타이마추	ねつ / 熱 네추	おんど / 温度 온도	JPN

연소	점화	폭발	연기	KOR
combustion 컴버스천	ignition 이그니션	explosion 익스플로우젼	smoke 스모그	ENG
combustion 꽁뷔스피옹	allumage 알뤼마쥬	explosion 엑스쁠로지옹	fumée 퓌메	FRA
Verbrennung 페어브렌눙	Anzünden 안췬덴	Explosion 엑스플로지온	Rauch 라우흐	GER
combustão 꽁부스떠웅	ignição 이기니써웅	explosão 이스쁠로저웅	fumaça 푸마싸	POR
combustión 꼼부스피온	ignición 이그니씨온	explosión 엑스쁠로시온	humo 우모	ESP
combustione 꼼부스피오네	accensione 아첸지오네	esplosione 에스플로지오네	fumo 푸모	ITA
καύση 까브시	άναφλεξη 아나플렉시	έκρηξη 에크릭시	καπνός 까쁘노스	GRE
ardor 아르도르	inflammatio 인프라마티오	eruptio 에룹티오	fumus 푸무스	LAT
горение 가례니예	воспламенение 버스쁠라몌니예	взрыв 브즈리브	дым 딤	RUS
燃烧 / ránshāo 란샤오	点火 / diǎnhuǒ 디엔후오	爆发 / bàofā 빠오파	烟 / yān 앤	CHN
ねんしょう / 燃焼 넨쇼-	てんか / 点火 텐카	ばくはつ / 爆発 바쿠하추	けむり / 煙 케무리	JPN

한	반구	해륙	대륙	바다
영	hemisphere 헤미스피어	land and sea 래드앤씨	continent 칸티넌트	sea 시
프	hémisphère 에미스페르	continent et mer 꽁띠넝 에 메르	continent 꽁띠넝	mer 메르
독	Erdhälfte 에어트핼프테	Land und Meer 란트 운트 메어	Kontinent 콘티넌트	Meer 메어
포	hemisfério 에미스페리우	terra e mar 떼하 이 마르	continente 꽁찌넹찌	mar 마르
스	hemisferio 에미스페리오	tierra y mar 띠에라 이 마르	continente 꼰띠넨떼	mar 마르
이	emisfero 에미스페로	terra e mare 떼라 에 마레	continente 꼰띠넨떼	mare 마레
그	ημισφαίριο 이미스패리오	στεριά και θάλασσα 스떼리아 까이 쌀라싸	ήπειρος 이삐이로스	θάλασσα 쌀라싸
라	hemisphaerium 헤미스패리움	terra et mare 테라 에트 마레	continens 콘치넨스	mare 마레
러	полушарие 뻴루샤리예	земля и море 지믈랴 이 모례	континент 껀찌녠트	море 모래
중	半球 / bànqiú 빤치우	海陆 / hǎilù 하이루	大陆 / dàlù 따루	海 / hǎi 하이
일	はんきゅう / 半球 한큐-	かいりく / 海陸 카이리쿠	たいりく / 大陸 타이리쿠	うみ / 海 우미

한	대양	북극	남극	적도
영	ocean 오션	North Pole 노쓰 포울	South Pole 사우쓰 포울	equator 이퀘이터
프	océan 오세앙	pôle Nord 뽈르노르	pôle Sud 뽈르 쉬드	équateur 에꾸아뙤르
독	Ozean 오체안	Nordpol 노르트폴	Südpol 쥐트폴	Äquator 애크바토어
포	oceano 오쎄아누	pólo Norte 뽈루 노르찌	pólo Sul 뽈루 쑤우	equador 에꾸아도르
스	océano 오쎄아노	polo norte 뽈로 노르떼	polo sur 뽈로 수르	ecuador 에꾸아도르
이	oceano 오체아노	Polo Nord 뽈로 노르드	polo Sud 뽈로 수드	equatore 에쿠아토레
그	ωκεανός 오께아노스	Βόρειος Πόλος 보레이오스 뽈로스	Νότιος Πόλος 노띠오스 뽈로스	ισημερινός 이시메리노스
라	oceanus 오케아누스	axis septentrionalis 악시스 셉텐트 리오날리스	axis meridianus 악시스 메리디아누스	aequinoctialis circulus 아에쿠이녹티알리스 키르쿨루스
러	океан 아꼐안	Северный полюс 쎄볘르느이 뽈류스	Южный полюс 유쥬느이 뽈류스	экватор 애크바떠르
중	大洋 / dàyáng 따양	北极 / běijí 베이지	南极 / nánjí 난지	赤道 / chìdào 츠따오
일	たいよう / 大洋 타이요-	ほっきょく / 北極 혹꾜쿠	なんきょく / 南極 난꾜쿠	せきどう / 赤道 세키도-

열대	아열대	온대	한대	KOR
tropics 트로픽스	subtropics 써브트라픽스	temperate zone 템퍼릿 존	frigid zone 프리지드 존	ENG
zone tropicale 존 프로삐깔	zone subtropicale 존 쉬브프로삐깔	zone tempérée 존 떵뻬레	zone glaciale 존 글라시알	FRA
Tropen 트로펜	Subtropen 줍트로펜	gemäßigte Zone 게매시히테 초네	Polargebiete 폴라게비테	GER
região tropical 헤쥐어웅 프로삐까우	região subtropical 헤쥐어웅 쑤비프로삐까우	região temperada 헤쥐어웅 뗑뻬라다	região polar 헤쥐어웅 뽈라르	POR
trópico 뜨로삐꼬	zona subtropical 쏘나 숩프로삐깔	zona templada 소나 뗌쁠라다	zona glaciar 소나 글라씨아르	ESP
tropico 트로피코	regioni subtropicali 레죠니 수브트로피칼리	zona temperata 조나 뗌페라따	zona glaciale 조나 글라찰레	ITA
τροπική ζώνη 트로삐끼 조니	υποτροπική ζώνη 이쁘트로삐끼 조니	εύκρατη ζώνη 에브끄라띠 조니	πολική ζώνη 뽈리끼 조니	GRE
regiones torridae [1] 레지오네스 토리데	zona subtropica 조나 숩트로피카	orbis medius 오르비스 메디우스	regiones frigidae 조나 프리기다	LAT
тропическая зона 프라삐췌스까야 조나	субтропическая зона 숩프라삐췌스까야 조나	умеренная зона 우몌롄나야 조나	арктическая зона 아르크찌췌스까야 조나	RUS
热带 / rèdài 러따이	亚热带 / yàrèdài 야려따이	温带 / wēndài 원따이	寒带 / hándài 한따이	CHN
ねったい / 熱帯 넷따이	あねったい / 亜熱帯 아넷따이	おんたい / 温帯 온타이	かんたい / 寒帯 칸타이	JPN

동의어: [1] zona tropica 조나 트로피카

사막	빙산	빙하	해협	KOR
desert 데저트	iceberg 아이스버그	glacier 글래시어	strait 스트레이트	ENG
désert 데제르	iceberg 이스베르그	glacier 글라시에	détroit 데뜨롸	FRA
Wüste 뷔스테	Eisberg 아이스베에그	Gletscher 글레쳐	Meerenge 메어엥에	GER
deserto 데제르뚜	iceberg 아이스베르기	geleira 쥏레이라	estreito 이스프레이뚜	POR
desierto 데시에르또	iceberg 이쩨베르그	glaciar 글라씨아르	estrecho 에스프레초	ESP
deserto 데제르또	pezzo di ghiaccio 뻬쪼 디 기아쵸	ghiacciaio 기아챠이오	stretto 스트레또	ITA
έρημος 에리모스	παγόβουνο 빠고부노	παγετώνας 빠게또나스	στενό 스떼노	GRE
vastitas 바스티타스	glaciatae moles 글라키아타이 몰레스	glaciarium 그라시아리움	fretum 프레툼	LAT
пустыня 뿌스띠냐	айсберг 아이즈베르그	ледник 례드닉	пролив 쁘랄리프	RUS
沙漠 / shāmò 샤모	冰山 / bīngshān 삥샨	冰河 / bīnghé 삥허	海峡 / hǎixiá 하이시아	CHN
さばく / 砂漠 사바쿠	ひょうざん / 氷山 효-잔	ひょうが / 氷河 효-가	かいきょう / 海峡 카이쿄-	JPN

한	앞바다	해저	해류	조류, 조수
영	offing 오핑	submarine *2 서브머린	current 커런트	tide 타이드
프	mer en face 메르 엉 파스	sous-marin 수마랭	courant marin 꾸랑 마랭	marée 마레
독	Seeraum 제라움	Meeresgrund 메레스그룬트	Meeresströmung 메레스슈트뢰뭉	Flut, Tide 프루트, 티데
포	águas costeiras *1 아구아스 꼬스뻬이라스	fundo do mar 풍두 두 마르	corrente marítima 꼬헹찌 마리찌마	maré 마레
스	mar adentro 마르 아덴뜨로	submarino 숩마리노	corriente 꼬리엔떼	marea 마레아
이	largo 라르고	sottomarino 소또마리노	corrente 꼬렌떼	marea 마레아
그	ανοιχτά 아니흐따	βυθός του ωκεανού 비쏘스 뚜 오께아누	ρεύμα 레브마	παλίρροια 빨리리아
라	altum 알툼	submersus 수브메르수스	amnis 암니스	flumen 플루멘
러	взморье 브즈모리예	субмарина 수브마리나	течение 찌췌니예	волна 발나
중	前海 / qiánhǎi 치엔하이	海底 / hǎidǐ 하이띠	海流 / hǎiliú 하이리우	潮流 / cháoliú 차오리우
일	おき / 沖 오키	かいてい / 海底 카이테-	かいりゅう / 海流 카이류-	ちょうりゅう / 潮流 *3 쵸-류-

동의어: *1 mar territoral 마르 떼히또라우, *2 ocean floor 오션 플로어, *3 あさしお / 朝潮 아사시오

한	만조(밀물)	간조(썰물)	만	해안, 연안
영	high tide 하이 타이드	ebb tide 에브 타이드	bay 베이	coast 코우스트
프	marée haute 마레 오뜨	marée basse 마레 바쓰	golfe 골프	côte 꼬뜨
독	Hochwasser 호흐바서	Ebbe 에베	Bucht 부흐트	Küste 퀴스테
포	maré cheia 마레 쉐이아	maré baixa 마레 바이샤	golfo 고우푸	costa 꼬스따
스	pleamar 쁠레아마르	reflujo 레플루호	golfo 골포	costa 꼬스따
이	flusso 플루쏘	riflusso 리플루쏘	golfo 골포	costa 코스타
그	πλήμμη 쁠림미	άμπωτη *1 아보띠	όρμος, κόλπος 오르모스, 꼴뽀스	ακτή 악띠
라	aestuum accessus 아에스투움 악케쑤스	aestuum recessus 아에스투움 레케쑤스	sinus 시누스	ora 오라
러	высокий прилив 븨쏘끼 쁘릴리프	отлив 아틀리프	залив 잘리프	морской берег 마르스꼬이 볘렉
중	涨潮 / zhǎngcháo 장차오	退潮 / tuìcháo 퉤이차오	海湾 / hǎiwān 하이완	海岸 / hǎi'àn 하이안
일	まんちょう / 満潮 만쵸-	かんちょう / 干潮 칸쵸-	わん / 湾 완	かいがん / 海岸 *2 카이간

동의어: *1 κατιούσα παλίρροια 까띠우사 빨리리아, *2 えんがん / 沿岸 엔간

리아스식 해안	피오르드 해안	다도해(군도)	해변	KOR
rias coast 리아스 코스트	Fjord coast 피오르드 코스트	archipelago 아키페라고	beach 비치	ENG
côte à rias 꼬뜨 아 리아	côte du fjord 꼬뜨 뒤 피요르	archipel 아르시펠	plage 쁠라쥬	FRA
Rias Küste 리아스 퀴스테	Fiordland Küste 표르트란트 퀴스테	Archipel 아르히펠	Strand 슈트란트	GER
costa de rias 꼬스따 지 히아스	costa de fiordes 꼬스따 지 피오르지스	arquipélago 아르끼뺄라구	praia 쁘라이아	POR
costa Rias 꼬스빠 리아스	costa de Fiordland 꼬스따 데 피오르드란드	archipiélago 아르치삐엘라고	playa 쁠라야	ESP
costa Rias 꼬스따 리아스	costa fiordo 꼬스따 피오르도	arcipelago 아르치뻴라고	spiaggia 스피아짜	ITA
γαλικιανή ακτή 갈리끼아니 악띠	ακτή φιορδ 악띠 피오르드	αρχιπέλαγος 아르히뺄라고스	παραλία 빠랄리아	GRE
Rias litore 리아스 리토레	Fiordum litore 피오르둠 리토레	Archipelagus 아르키페라고스	litus 리투스	LAT
побережье Риас 뻐볘례쥐예 리아스	берег фьордов 볘롁 표르도프	архипелаг 아르히뺄라그	пляж 쁠랴쥐	RUS
里亚式海岸 / lìyàshìhǎiàn 리야스하이안	峡湾 / xiáwān 시아완	多岛海 / duōdǎohǎi 뚜오다오하이	海边 / hǎibiān 하이비엔	CHN
リアスしきかいがん / リアス式海岸 리아수시키카이간	フィヨルド 휘요루도	たとうかい / 多島海 타토-카이	かいへん / 海辺 카이헨	JPN

바닷가	심해	사구, 모래 언덕	사주(砂洲·沙洲)	KOR
shore 쇼어	deep sea 딥 씨	sand dune 쌘드 둔	sand bar 쌘드 바	ENG
rivage [*1] 리바쥬	abysse 아비스	dune 뒨	banc de sable 방 드 싸블	FRA
Küste 퀴스테	Tiefsee 티프제	Düne 뒤네	Sandbarre 잔트바레	GER
litoral 리또라우	abismo [*2] 아비즈무	duna 두나	banco de areia 방꾸 지 아레이아	POR
rivera 리베라	abismo 아비스모	duna 두나	banco de arena 방꼬 데 아레나	ESP
spiaggia 스피아짜	abisso [*3] 아비쏘	duna 두나	banco di sabbia 방코 디 삽삐아	ITA
ακτή 악띠	άβυσσος [*4] 아비쏘스	αμμόλοφος 암몰로포스	φράγμα άμμου 프라그마 암무	GRE
ripa 리파	altum mane 알툼 마네	collis sabulo [*5] 콜리스 사불로	septum arenae 셉툼 아레내	LAT
побережье 뻐볘례쥐예	большие глубины моря 발쉬예 글루빈늬 모랴	песчаная дюна 삐샨나야 듀나	песчаный бар 삐샨느이 바르	RUS
海滨 / hǎibīn 하이삔	深海 / shēnhǎi 션하이	沙丘 / shāqiū 샤치우	沙洲 / shāzhōu 샤저우	CHN
うみべ / 海辺 우미베	しんかい / 深海 신카이	さきゅう / 砂丘 사큐-	さす / 砂州 사수	JPN

동의어: [*1] bord de la mer 보르 드 라 메르, [*2] águas profundas 아구아스 쁘로풍다스, [*3] acque profonde 아쿼 프로폰데,
[*4] βαθέα ύδατα 바쎄아 이다따, [*5] ácollis arena 콜리스 아레나

한	사취(沙嘴·砂嘴)	파식대(波蝕臺)	해식애(海蝕崖)	해식동(해식동굴)
영	sand spit [1] 쌘드 스핕	wave-cut platform 웨이브 컷 플랫폼	sea cliff 씨클리프	sea cave 씨 케이브
프	cordon littoral 꼬르동 리또랄	platier [2] 쁠라띠에	falaise morte 팔레즈 모르뜨	grotte marine 그로뜨 마린
독	Sandbank 잔트방크	Steilküste 슈타일퀴스테	Kliffküste 클리프퀴스테	Meereshöhle 메어레스휠레
포	língua de areia 링구아 지 아레이아	plataforma de corte de onda 쁠라따포르마 지 꼬르찌 지 옹다	penhasco do mar 뼁야스꾸 두 마르	caverna do mar 까베르나 두 마르
스	arena punta 아레나 뿐따	plataforma conformada por las olas 쁠라따포르마 콘포르마다 포르 라 올라스	costa acantilada 꼬스따 아깐띨라다	cueva costera 꾸에바 꼬스떼라
이	punta di sabbia 뿐따 디 삽비아	la piattaforma Wave-cut 라 피아따포르마 외이브-카트	marino rupe 마리노 루페	marina caverna 마리나 카베르나
그	λωρίδα άμμου 로리다 암무	κυματοειδής πλατφόρμα 끼마또이디스 쁠라프포르마	κρημνώδης ακτή 크림노디스 악띠	θαλάσσιο σπήλαιο 쌀라시오 스삘래오
라	arenarium sputum 아레나리움 스푸툼	marinus pulvinus 마리누스 풀비누스	marina rupes 마리나 루페스	marina caverna 마리나 카베르나
러	песчаная толща 삐샨나야 뗼쉬나	волноприбойная платформа 벌나쁘리보이나야 쁠라트포르마	море скалы 모레 스칼리	морской грот 마르스꼬이 그롯
중	沙嘴 / shāzuǐ 샤쮀이	波蚀地台 / bōshídítái 뽀스띠타이	海蚀崖 / hǎishíyá 하이스야	海蚀洞 / hǎishídòng 하이스똥
일	さし / 砂嘴 사시	かいがんだんきゅう / 海岸段丘 카이간단큐-	かいしょくがい / 海食崖 카이쇼쿠가이	かいしょくどう / 海食洞 카이쇼쿠도-

동의어: [1] spit 스핕, [2] platier rocheux 쁠라띠에 로체

한	육계사주	암초	산호초	절벽, 암벽, 낭떠러지
영	tombolo 톰볼로	reef 리프	coral reef 코럴 리프	cliff 클리프
프	tombolo 똥볼로	récif 레시프	récif de corail 레시프 드 꼬라이유	falaise 팔레즈
독	Inselnehrung 인젤네룽	Riff, Bank 리프, 방크	Korallenbank 코랄렌방크	Kliff, Klippe, Bluff 클클리프, 클리페, 블루프
포	tômbolo 똥볼루	recife 헤씨피	recife de coral 헤씨피 지 꼬라우	despenhadeiro 데스뼁야데이루
스	tombolo 똠볼로	arrecife, rompiente 아레씨페, 롬피엔떼	arrecife de coral 아레씨페 데 꼬랄	acantilado 아깐띨라도
이	tombolo 톰볼로	scoglio 스꼴료	banco di coralli 방꼬 디 꼬랄리	dirupo 디루뽀
그	χερσονησίδα 헤르소니시다	ύφαλος 이팔로스	κοραλλιογενής ύφαλος 꼬랄리오게니스 이팔로스	γκρεμός 그레모스
라	tombolo 톰보로	brevia 브레비아	corallium 코랄리움	scopulus 스코풀루스
러	песчаный перешеек 삐샨느이 뼤례쉐엑	риф 리프	коралловый риф 카랄로브이 리프	утёс 우쬬스
중	陆系沙洲 / lùjishāzhōu 루지샤쩌우	裾礁 / jūjiāo 쥐지아오	珊瑚礁 / shānhújiāo 샨후지아오	绝壁 / juébì 쥬에삐
일	りくけいさす / 陸繋砂州 리쿠케-사수	あんしょう / 暗礁 안쇼-	さんごしょう / 珊瑚礁 산고쇼-	ぜっぺき / 絶壁 [1] 젭뻬키

동의어: [1] がんぺき / 岸壁 간페키

524

모래톱	간석지	갯벌	파랑(波浪)	KOR
shoal 쇼울	tideland 타이드랜드	mud flat *1 머드 플랫	Waves 웨이브스	ENG
grève 그레브	laisse de mer 레스 드 메르	estran, batture 에스트랑, 바뛰르	flots 플로	FRA
Sandbank 잔트방크	Watt 바트	Küstenvorland 퀸스텐포어란트	Woge 보게	GER
banco de areia 방꾸 지 아레이아	terra coberta pela preamar 떼하 꼬베르따 뻴라 쁘레아마르	praia lamacenta 쁘라이아 라마쎙따	ondas 옹다스	POR
bajío 바히오	marisma 마리스마	orilla de marisma 오리야 데 마리스마	oleaje 올레아헤	ESP
bassofondo 바쏘폰도	comprensòrio 콤프렌소리오	lag 레그	maroso 마로소	ITA
ξέρα, ύφαλος 윽세라, 이팔로스	παλιρροϊκή ζώνη 팔리로이끼 조니	παλιρροϊκό έλος 빨리로이꼬 엘로스	κύματα 끼마따	GRE
vadum 바둠	ripa 리파	syrtis 시르티스	undae 운대	LAT
стая 스따야	прибрежная зона 쁘리브례쥐냐야 조나	нижний пляж 니쥬니 쁠랴쥐	волна 발나	RUS
沙滩 / shātān 샤탄	海涂 / hǎitú 하이투	泥滩 / nítān 니탄	波浪 / bōlàng 뽀랑	CHN
すなはま / 砂浜 수나하마	ひがた / 干潟 히가타	ひがた / 干潟 히가타	はろう / 波浪 하로-	JPN

동의어: *1 foreshore 포쉬어

너울	파도	파고	큰 파도(경랑/鯨浪)	KOR
wave 웨이브	wave 웨이브	wave height 웨이브 하이트	billow *1 빌로	ENG
vague 바그	ressac 르삭	hauteur des vagues 오떼르 데 바그	houle 울르	FRA
Welle 벨레	Brandung 브란둥	Wellenhöhe 벨렌회에	Meereswoge *2 메레스보게	GER
onda forte 옹다 포르찌	onda 옹다	altura da onda 아우뚜라 다 옹다	vagalhão 바갈여옹	POR
olas 올라스	olas 올라스	altura de ola 알뚜라 데 올라	oleada 올레아다	ESP
onda 온다	risacca 리사까	altezza di onda 알테짜 디 온다	ondata 온다따	ITA
κύμα 끼마	κύμα 끼마	ύψος κύματος 입소스 끼마또스	πελώριο κύμα 뻴로리오 끼마	GRE
unda 운다	aestus 애스투스	altitudo undae 알티투도 운대	fluctus 플룩투스	LAT
волна 발나	прибой 쁘리보이	высота волны 븨싸따 발늬	большая волна 발샤야 발나	RUS
大浪 / dàlàng *1 따랑	波涛 / bōtāo 뽀타오	波高 / bōgāo 뽀까오	洪涛 / hóngtāo 훙타오	CHN
なみ / 波 나미	はとう / 波濤 하토-	はこう / 波高 하코-	おおなみ / 大波 오-나미	JPN

동의어: *1 涌浪 / yǒnglàng 용랑, *2 suege wave 서지 웨이브, *3 Große Welle 그로쎄벨레

한	성파(심한파도)	거친 파도	파문, 물결	소용돌이
영	raging wave 레이징 웨이브	wild waves 와일드 웨이브스	ripple 리플	maelstrom 메일스트럼
프	vague colère 바그 꼴레르	vague agitée 바그 아쥐떼	onde 옹드	tourbillon 뚜르비용
독	Riesenwelle 리젠벨레	Schwall 쉬발	Kräuseln 크로이젤른	Strudel, Wirbel 슈트루델, 비르벨
포	onda raivosa 옹다 하이보자	onda brava 옹다 브라바	onda 옹다	redemoinho 헤데모잉유
스	olas furiosas 오라스 푸리오사스	ola enojado 올라 에노하도	onda 온다	remolino 레몰리노
이	enorme onda 에노르메 온다	infuriata onda 인푸리아따 온다	increspatura 인크레스파뚜라	vortice 보르띠체
그	παλιρροϊκό κύμα 빨리로이꼬 끼마	παλιρροϊκό κύμα 빨리로이꼬 끼마	πτύχωση, κυματισμός 쁘띠호시, 끼마띠즈모스	στρόβιλος, δίνη 스트로빌로스, 디니
라	unda monstruosa 운다 몬스트루오사	unda fera 운다 페라	unda, flucus 운다, 플루쿠스	vertex, vorago 베르텍스, 보라고
러	Свирепая волна 스비례빠야 발나	Свирепая волна 스비례빠야 발나	рябь 럅	водоворот 바다바롯
중	激浪 / jīlàng 찌랑	奔涛 / bēntāo 뻔타오	波纹 / bōwén 뽀원	旋涡 / xuánwō 슈엔워
일	たかなみ / 高波 타카나미	あらなみ / 荒波 아라나미	はもん / 波、なみ / 波紋 하몬, 나미	うずまき / 渦巻き 우주마키

한	해일	쓰나미(해소)	곶, 갑	반도
영	tidal wave 타이들 웨이브	tsunami 츠나미	cape 케이프	peninsula 퍼닌설러
프	raz de marée 라 드 마레	tsunami 쓰나미	promontoire 프로몽뜨와르	péninsule *1 빼냉쒭르
독	Flutwelle 플룻벨레	Tsunami 추나미	Kap 캅	Halbinsel 할프인젤
포	marremoto 마헤모뚜	Tsunami 쭈나미	cabo 까부	península 뻬닝쑬라
스	ola sísmica 올라 시스미까	tsunami 쓰나미	cabo 까보	península 뻬닌술라
이	maremoto 마레모또	maremoto 마레모또	capo 까뽀	penisola 페니솔라
그	παλιρροϊκό κύμα 빨리로이꼬 끼마	τσουνάμι 추나미	ακρωτήριο 아크로띠리오	χερσόνησος 헤르소니소스
라	inundatio aestus 이눈다토 아에스투스	megacyma 메가키마	promontorium 프로몬투리움	paeninsula 팬인술라
러	приливная волна 쁠릴리브나야 발나	цунами 쭈나미	мыс 믜스	полуостров 뻘루오스프러프
중	海啸 / hǎixiào 하이샤오	海啸 / hǎixiào 하이샤오	岬角 / jiǎjiǎo 지아지아오	半岛 / bàndǎo 빤다오
일	つなみ / 津波 추나미	つなみ / 津波 추나미	みさき / 岬 미사키	はんとう / 半島 한토-

동의어: *1 presqu'île 쁘레스낄

지협	섬	돌섬	고도	KOR
isthmus 이스머스	island 아일런드	pebble island 페블 아일런드	solitary island 솔리터리 아일런드	ENG
isthme 이슴	île 일르	île rocheuse 일르 로쉬즈	île isolée 일르 이졸레	FRA
Isthmus, Landenge 이트무스, 란트엥에	Insel 인젤	Felseninsel 펠젠인젤	einsame Insel 아인자메 인젤	GER
istmo 이스찌무	ilha 일야	ilhota rocheosa 일요따 호쉐오자	ilha solitária 일야 쏠리따리아	POR
istmo 이스뜨모	isla 이슬라	isla rocoso 이슬라 로꼬소	isla solitaria 이슬라 솔리따리아	ESP
istmo 이스트모	isola 이졸라	isola di sasso 이졸라 디 사쏘	isola isolata 이졸라 이졸라따	ITA
ισθμός 이스쓰모스	νησί 니시	νησί με χαλίκια 니시 메 할리끼아	απομονωμένο νησί 아뽀모노메노 니시	GRE
isthmus 이스트무스	insula 인술라	insula lapilli [1] 인술라 라필리	insula exclusa [2] 인술라 엑크루스	LAT
перешеек 뻬레쉐엑	остров 오스프러프	каменный остров 카멘느이 오스프러프	высота 븨싸따	RUS
地峡 / dìxiá 띠시아	岛 / dǎo 다오	石岛 / shídǎo 스다오	孤岛 / gūdǎo 꾸다오	CHN
ちきょう / 地峡 치쿄-	しま / 島 시마	がんせきとう / 岩石島 간세키토-	ことう / 孤島 코토-	JPN

동의어: [1] insula saxosa 인술라 삭소사, [2] insula segregata 인술라 세그레가타, insula procol terra 인술라 프로콜 테라

무인도	동굴	삼각주	화산섬	KOR
desert island 데저트 아일랜드	cave 케이브	delta 델타	volcanic island 볼케닉 아일랜드	ENG
île déserte 일르 데제르프	grotte 그로프	delta 델따	île volcanique 일 볼까니끄	FRA
unbewohnte Insel 운베본테 인젤	Höhle 휠레	Delta 델타	Vulkaninsel 불칸인젤	GER
ilha deserta 일야 데제르따	caverna 까베르나	delta 데우따	ilha vulcânica 일야 부우까니까	POR
isla inhabitada 이슬라 인아비따다	gruta 그루따	delta 델따	isla volcánica 이슬라 볼까니까	ESP
isola disabitata 이졸라 디사비따따	grotta 그로따	delta 델따	isola vulcanico 이졸라 불까니코	ITA
έρημο νησί 에리모 니시	σπήλαιο 스삘래오	δέλτα 델따	ηφαιστειακό νησί 이패스띠아꼬 니시	GRE
sola insula 솔라 인술라	cavum 카붐	delta 델따	insula vulcania 인술라 눌카니아	LAT
необитаемый остров 녜아비따예므이 오스프러프	пещера 삐쉐라	дельта 델타	вулканический остров 불까니췌스끼 오스프러프	RUS
荒岛 / huāngdǎo 황다오	洞窟 / dòngkū 뚱쿠	三角洲 / sānjiǎozhōu 싼지아오쩌우	火山岛 / huǒshāndǎo 후오샨다오	CHN
むじんとう / 無人島 무진토-	どうくつ / 洞窟 도-쿠추	さんかくす / 三角州 산카쿠수	かざんとう / 火山島 카잔토-	JPN

한	오아시스	수평선, 지평선	자오선	분지	산
영	oasis 오에이시스	horizon 허라이즌	meridian 머리디언	basin 베이슨	mountain 마운틴
프	oasis 오아지스	horizon 오리종	méridien 메리디엥	bassin 바생	montagne 몽따뉴
독	Oase 오아제	Horizont 호리촌트	Meridian 메리디안	Becken, Mulde 벡켄, 물데	Berg 베르크
포	oásis 오아지스	horizonte 오리종찌	meridiano 메리지아누	depressão 데쁘레써옹	montanha 몽땅야
스	oasis 오아시스	horizonte 오리손떼	meridiano 메리디아노	meseta 메세따	montaña 몬따냐
이	oasi 오아시	orizzonte 오리존떼	meridiano 메리디아노	bacino 바치노	montagna 몬따냐
그	όαση 오아시	ορίζοντας 오리존다따스	μεσημβρινός 메심브리노스	λεκάνη 레까니	βουνό 부노
라	oasis 아아시스	horizon [1] 호리존	meridiánus 메리디아누스	alveus, alveolus 알베우스, 알베올루스	mons 몬스
러	оазис 오아지스	горизонт 거리존트	меридиáн 메리디안	бассéйн 바쎄인	горá 가라
중	绿洲 / lǜzhōu 뤼쩌우	天际线 / tiānjìxiàn 티엔지시엔	子午线 / zǐwǔxiàn 쯔우시엔	盆地 / péndì 펀띠	山 / shān 샨
일	オアシス 오아시수	すいへいせん / 水平線 [2] 수이헤-센	しごせん / 子午線 시고센	ぼんち / 盆地 본치	やま / 山 야마

동의어: [1] finiens 피니엔스, [2] ちへいせん / 地平線 치헤-센

한	봉우리(오름)	대협곡	협곡	골짜기
영	peak 피크	canyon 캐넌	ravine 러비인	valley 밸리
프	pic 삐끄	canyon 까니옹	ravine 라빈느	vallée 발레
독	Spitze 슈피체	tiefe Schlucht 티페 슐루흐트	Schlucht 슐루흐트	Tal 탈
포	pico 삐꾸	desfiladeiro 데스필라데이루	ravina 히비나	vale 발리
스	pico 삐꼬	canon 까논	valle 바예	valle 바예
이	picco 삐꼬	vallata 발라따	burrone 부로네	valle 발레
그	κορυφή 꼬리피	μεγάλο φαράγγι 메갈로 파랑기	φαράγγι, ρεματιά 파랑기, 레마띠아	κοιλάδα 낄라다
라	vertex [1] 베르텍스	fauces 파우케스	convallis 콘발리스	vallis 발리스
러	вершина 볘르쉬나	каньон 카니온	ущелье 우쉘리예	долина 달리나
중	山峰 / shānfēng 샨펑	大峡谷 / dàxiágǔ 따시아구	峡谷 / xiágǔ 시아구	谷地 / gǔdì 구띠
일	みね / 峰 미네	だいきょうこく / 大峡谷 다이쿄-코쿠	きょうこく / 峡谷 쿄-코쿠	たに / 谷 타니

동의어: [1] fcacumen 카쿠멘, summitas 숨미타스

정상	고개	산등성이	언덕	KOR
summit 서밋	pass 패스	ridge 릿지	hill 힐	ENG
sommet 소메	col 꼴르	crête 크레뜨	colline 꼴리느	FRA
Gipfel 깁펠	Pass 파쓰	Grat 그라트	Hügel 휘겔	GER
topo 또뿌	colina 꼴리나	espinhaço 이스삥야쑤	morro 모후	POR
cumbre 꿈브레	paso 빠소	cresta 끄레스따	loma 로마	ESP
cima 치마	valico 발리코	crinale 크리날레	collina 꼴리나	ITA
κορυφή 꼬리피	πέρασμα, διάβαση 뻬라즈마, 디아바시	κορυφογραμμή 꼬리포그람미	λόφος 로포스	GRE
culmen, cacumen 쿨멘, 카쿠멘	transitus 트란스	iugum 유굼	collis 콜리스	LAT
вершина 베르쉬나	перевал 뻬례발	горный хребет 고르느이 흐리볫	холм 홂	RUS
顶峰 / dǐngfēng 띵펑	峻岭 / jùnlǐng 쥔링	山背 / shānbèi 샨뻬이	丘 / qiū 치우	CHN
ちょうじょう / 頂上 쵸-죠-	とうげ / 峠 토-게	おね / 尾根 오네	おか / 丘 오카	JPN

고원	고지	경사면	산기슭	KOR
plateau 플라토	highland 하이랜드	slope 슬로프	base of the mauntain *1 베이스 오브 더 마운틴	ENG
plateau 쁠라또	hauteur 오뙤르	versant, pente 베르상, 뻥뜨	piémont 삐에몽	FRA
Hochebene 호흐에베네	Hochland 호흐란트	Abhang, Hang 압항, 항	Fuss 푸스	GER
planalto 쁠라나우뚜	região alta 헤쥐어웅 아우따	ladeira 라데이라	sopé 쏘뻬	POR
altoplano 알띠쁠라노	altura 알뚜라	vertiente 베르띠엔떼	pie del monte 삐에 델 모떼	ESP
altopiano 알또삐아노	altura 알뚜라	pendio 펜디오	piedi del monte 삐에디 델 몬떼	ITA
οροπέδιο 오로뻬디오	ορεινή περιοχή 오리니 뻬리오히	κλίση 끌리시	πρόποδας βουνού 프로뽀다스 부누	GRE
planities montana 프라니티에스 몬타나	montana 몬타나	fastigium 파스티기움	radices montis 라디케스 몬치스	LAT
плато 쁠라또	нагорье 나고리예	уклон 우클론	предгорья 쁘레드고리야	RUS
高原 / gāoyuán 까오위엔	高地 / gāodì 까오띠	倾斜面 / qīngxiémiàn 칭시에미엔	山麓 / shānlù 샨루	CHN
こうげん / 高原 코-겐	こうち / 高地 코-치	けいしゃめん / 傾斜面 케-샤멘	やますそ / 山すそ 야마수소	JPN

동의어: *1 foot hills 풋 힐스

한	화산	분화구	원류, 수원	개울	시냇물
영	volcano 볼캐이노	crater 크레이터	source 소스	brook 브룩	stream 스트림
프	volcan 볼깡	cratère 크라떼르	source 수르스	ruisselet 리슬레	ruisseau 리소
독	Vulkan 불칸	Krater 크라터	Quelle 크벨레	Bach 바흐	Strömmung 슈트뢰뭉
포	vulcão 부우꺼웅	cratera 끄라떼라	nascente 나쎙찌	riacho 히아슈	córrego 꼬헤구
스	volcán 볼깐	cráter 끄라떼르	manantial 마난띠알	arroyo 아로요	corriente 꼬리엔떼
이	vulcano 불까노	cratere 크라떼레	sorgente 소르젠떼	ruscello 루셸로	aqua di ruscello 아쿠아 디 루스첼로
그	ηφαίστειο 이패스띠오	κρατήρας 크라띠라스	πηγή 삐기	ρυάκι 리아끼	χείμαρρος 히마로스
라	vulcanus 불카누스	crater 크라테르	fons 폰스	rivus 리부스	fluxio 플룩시오
러	вулкан 불깐	кратер 크라쩨르	верховье 볘르호비예	ручей 루췌이	речка 례취까
중	火山 / huǒshān 후오샨	喷口 / pēnkǒu 펑커우	水源 / shuǐyuán 쉐이위엔	河沟 / hégōu 허거우	溪水 / xīshuǐ 시쉐이
일	かざん / 火山 카잔	ふんかこう / 噴火口 훈카코-	げんりゅう / 源流 [1] 겐류-	おがわ / 小川 오가와	ながれ / 流れ 나가레

동의어: [1] すいげん / 水源 수이겐

한	강	강가	대하	급류	폭포
영	river 리버	riverside 리버사이드	great river 그레이트 리버	rapid(s) 래피드	waterfall 워터폴
프	rivière 리비에르	rive 리브	fleuve 플뢰브	torrent 또랑	chute d'eau [1] 쉬뜨 도
독	Fluss 플루스	Ufer 우퍼	großer Fluss 그로써 플루스	Stromschnelle 슈트롬슈넬레	Wasserfall 바서팔
포	rio 히우	beira do rio 베이라 두 히우	rio grande 히우 그랑지	torrente 또헹찌	cascata 까스까따
스	rlo 리오	orilla 오리야	gran rlo 그란 리오	torrente 또렌떼	slato de agua 살또 데 아구아
이	fiume 피우메	riva 리바	grandi fiume 그란데 피우메	torrente 또렌떼	cascata 카스카파
그	ποταμός 뽀따모스	ακροποταμιά 아크로뽀따미아	μέγας ποταμός 메가스 뽀따모스	ορμητικό ρεύμα 오르미띠꼬 레브마	καταρράκτης 까따락띠스
라	fluvius 플루비우스	ripa fluminis 리파 플루미니스	grande flumen 그란데 플루멘	torrens 토렌스	deiectus aquae 데이엑투스 아쿠아이
러	река 례까	берег реки 볘렉 례끼	великая река 볠리까야 례까	пороги реки 빠로기 례끼	водопад 바다빳
중	江 / jiāng 지앙	江边 / jiāngbiān 찌앙비엔	大河 / dàhé 따허	急流 / jíliú 지리우	瀑布 / pùbù 푸뿌
일	かわ / 川 카와	かわべ / 川辺 카와베	たいが / 大河 타이가	きゅうりゅう / 急流 큐-류-	たき / 滝 타키

동의어: [1] cascade 까스까드

530

댐	둑, 제방	호수	늪	연못	KOR
dam 댐	bank *2 뱅크	lake 레이크	swamp 스웜프	pond 폰드	ENG
barrage 바라쥬	digue 디그	lac 라끄	marais 마레	étang 에땅	FRA
Damm 담	Deich 다이히	See 제	Moor, Sumpf 모어, 줌프	Teich 타이히	GER
barragem 바하젱	dique 지끼	lago 라구	pântano 빵따누	lagoa 라고아	POR
presa 쁘레사	dique 디께	lago 라고	pantano 빤따노	laguna, estanque 라구나, 에스땅케	ESP
diga 디가	argine 아르지네	lago 라고	palude 빨루데	laghetto, stagno 라겟또, 스따뇨	ITA
φράγμα 프라그마	ανάχωμα 아나호마	λίμνη 림니	έλος, βάλτος, τέλμα 엘로스, 발또스, 뗄마	λιμνούλα 림눌라	GRE
agger *1 악게르	moles *3 몰레스	lacus 라쿠스	palus 팔루스	stagnum, lacum 스타그눔	LAT
плотина 쁠라찌나	берег реки 볘롁 롁끼	озеро 오졔러	болото 발로떠	пруд 쁘룻	RUS
坝 / Bà 빠	堤堰 / dīyàn 띠앤	湖 / hú 후	池沼 / chízhǎo 츠짜오	池塘 / chítáng 츠탕	CHN
ダム 다무	つつみ / 堤 *4 추추미	みずうみ / 湖 미주우미	ぬま / 沼 누마	いけ / 池 이케	JPN

동의어: *1 claustrum undae 클라우스트룸 운대, *2 embankment 임뱅크먼트, *3 litus 리투스, ripa 리파, *4 ていぼう / 堤防 테-보-

저수지	샘	온천	우물	KOR
reservoir 레져브알	fountain 파운틴	hot spring 핫 스프링	well 웰	ENG
réservoir 레제르부아르	fontaine 퐁뗀느	eaux thermales *2 오 떼르말	puits 쀠	FRA
Reservoir 레저부아	Quelle 크벨레	heiße Quelle 하이세 크벨레	Brunnen 브루넨	GER
represa 헤쁘레자	fonte 퐁찌	fonte termal 퐁찌 떼르마우	poço 뽀쑤	POR
embalse 엠발세	fuente 푸엔떼	aguas termales 아구아스 떼르말레스	pozo 뽀소	ESP
serbatóio 세르바토이오	fontana 폰따나	terme 떼르메	pozzo 포쪼	ITA
δεξαμενή 덱사메니	κρήνη *1 크리니	θερμοπηγή 쎄르모삐기	πηγάδι, φρέαρ 삐가디, 프레아르	GRE
receptaculum 레켑타쿨룸	fons, fontána 폰스, 폰타나	fons calidus 폰스 칼리두스	puteus 푸테우스	LAT
водоём 바다욤	источник 이스또취닉	горячий источник 가랴취이 이스또취닉	колодец 깔로졧츠	RUS
水库 / shuǐkù 쉐이쿠	泉 / quán 츄엔	温泉 / wēnquán 원츄엔	水井 / shuǐjǐng 쉐이징	CHN
ちょすいち / 貯水池 쵸수이치	いずみ / 泉 이주미	おんせん / 温泉 온센	いど / 井戸 이도	JPN

동의어: *1 βρύση 브리시, συντριβάνι 신드리바니, *2 sources thermales 쑤르스 떼르말

한	큰 숲, 삼림	숲	작은 숲	잡목림
영	forest 포리스트	woods 우즈	grove 그로우브	coppice *1 코피스
프	forêt*1 포레	bois 브와	bosquet 보스께	taillis 따이이
독	Forst 포르스트	Wald 발트	Wäldchen, Gehölz 밸트헨, 게휄츠	Buschwald 부슈발트
포	floresta 플로레스따	bosque 보스끼	bosquete 보스께찌	mato 마뚜
스	bosque 보스께	bosque 보스께	floresta 플로레스따	bosquesillo 보스께시요
이	foresta 포레스따	bosco 보스꼬	boschetto 보스껫또	bosco ceduo 보스꼬 체두오
그	δασος(δάση) 다소스(다시)	δάσος, άλσος 다소스, 알소스	άλσος(σύδεντρο) 알소스(시덴드로)	λόχμη, δασύλλιο 로흐미, 다실리오
라	saltus 살투스	silva 실바	nemus 네무스	silverstris locus 실베스트리스 로쿠스
러	лес 레스	лес 레스	роща 로샤	заросли 자로슬리
중	山林 / shānlín 샨린	林 / lín 린	小林 / xiǎolín 샤오린	条通 / tiáotōng 티아오퉁
일	しんりん / 森林、さんりん / 山林 신린, 산린	もり / 森 모리	こだち / 木立 코다치	ぞうきばやし / 雑木林 조-키바야시

동의어: *1 thicket 띠킷

한	밀림	방풍림	풀숲, 덤불	수풀, 잡목 숲
영	jungle 정글	windbreak 윈드브레이크	tussock *2 텃석	bush *4 부쉬
프	jungle 쟝글	rideau d'arbres 리도 다르브르	touffe 뚜프	buisson 뷔송
독	Dschungel 중엘	Schutzwald 슈츠발트	Büschel 뷔셀	Busch, Dickicht 부슈, 딕키히트
포	selva 쎄우바	quebra-ventos 께브라-벵뚜스	moita 모이따	mata 마따
스	selva 셀바	protección contra el viento 쁘로떽시온 콘뜨라 엘 비엔또	maleza 말레사	matorral 마또랄
이	giungla 중글라	frangivènto 프란지벤토	cespuglio 체스뿔료	bosco 보스꼬
그	ζούγκλα 중글라	ανεμοφράκτης 아네모프락띠스	τούφα χόρτου *3 뚜파 호르뚜	συστάδα δέντρων *5 시스따다 덴드론
라	dumetum *1 두메툼	sepes venti 세페스 벤티	dumus 두무스	frutex 프루텍스
러	джунгли 준글리	ветрозащитное насаждение 베뜨러자쉬트너예 나사쥬제니예	туссок 뚜쏙	чаща 촤샤
중	密林 / mìlín 미린	防风林 / fángfēnglín 팡펑린	草丛 / cǎocóng 차오총	树丛 / shùcóng 수총
일	みつりん / 密林 미추린	ぼうふうりん / 防風林 보-후-린	くさむら / 草むら 쿠사무라	しげみ / 茂み 시게미

동의어: *1 loca virgultis obsita 라카 비르굴티스 오브시타, *2 bushes 부쉬스, *3 θάμνος 쌈노스, *4 thicket 띠킷, *5 θάμνων 쌈논

논	꽃밭	과수원	녹지대	KOR
paddy 패디	flower garden 플라워 가든	orchard 오쳐드	greenbelt 그린벨트	ENG
riziere 리지에르	champ de fleurs 샹 드 플뢰르	verger 베르제	ceinture verte 썽뛰르 베르뜨	FRA
Reisfeld 라이스펠트	Blumengarten 블루멘가르텐	Obstgarten 옵스트가르텐	Grüngürtel 그뤼네귀르텔	GER
arrozal 아호자우	jardim de flores 쟈르징 지 플로리스	pomar 뽀마르	cinturão verde 씽뚜러웅 베르지	POR
arrozal 아로살	compo de flores 깜뽀 데 플로레스	huerto 우에르또	zona verde 소나 베르데	ESP
risaia 리사이아	compo di fiori 깜뽀 디 피오리	frutteto 프룻떼또	zona verde 조나 베르데	ITA
ορυζώνας 오리조나스	ανθόκηπος 안소끼쁘스	περιβόλι 뻬리볼리	πράσινη ζώνη 프라시니 조니	GRE
ager oryza consitus 아게르 오리자 콘시투스	floralia 플로랄리아	pomarium 포마리움	locus viridis 론쿠스 비리디스	LAT
рисовое поле 리써버예 뽈례	цветник 쯔베트닉	фруктовый сад 프루크또브이 쌋	зелёная зона 젤료나야 조나	RUS
水田 / shuǐtián 쉐이티엔	花圃 / huāpǔ 화푸	果园 / guǒyuán 구오위엔	绿地带 / lǜdìdài 뤼띠따이	CHN
た / 田 타	はなばたけ / 花畑 하나바타케	かじゅえん / 果樹 園 카쥬엔	りょくちたい / 緑地帯 료쿠치타이	JPN

들, 들판	평지, 평야	목초지	초원	KOR
field 필드	plain 플레인	meadow *2 메도우	prairie 프레리	ENG
champs, champagne 샹, 샹빤느	plaine 플랜느	pâturage 빠뛰라쥬	prairie, pré 프레리, 프레	FRA
Feld 펠트	Ebene 에베네	Wiese *3 비제	Wiese 비제	GER
campo 깡뿌	planície 쁠라니씨이	pasto 빠스뚜	campina 깡삐나	POR
campo 깜뽀	llanura 야누라	pasto 빠스또	prado 쁘라도	ESP
campo 깜포	pianura 삐아누라	pascolo 빠스꼴로	prateria 쁘라떼리아	ITA
αγρός, χωράφι 아그로스, 호라피	πεδιάδα 뻬디아다	λειβάδι 리바디	λιβάδι 리바디	GRE
ager, campus 아게르, 캄푸스	planities 플라니티에스	pastus 파스투스	pratum 프라툼	LAT
поле 뽈례	равнина 라브니나	пастбище 빠스비쉐	прерия 쁘레리야	RUS
平原 / píngyuán, 田野 / tiányě 핑위엔, 티엔예	平地 / píngdì 핑띠	草场 / cǎochǎng 차오창	草原 / cǎoyuán 차오위엔	CHN
の / 野, のはら / 野原 노, 노하라	へいち / 平地 *1 헤-치	ぼくそうち / 牧草地 보쿠소-치	そうげん / 草原 소-겐	JPN

동의어: *1 へいや / 平野 헤-야, *2 pasture 패스쳐, *3 Wiedeland 비델란트

한	천체	우주	태양, 해	지구	달1
영	celestial 셀레스티얼	cosmos 코즈모스	sun 썬	earth 어쓰	moon 문
프	astre 아스트르	cosmos *2 꼬스모스	Soleil 쏠레이	Terre 떼르	Lune 뤼느
독	Himmelskörper 히멜스쾨르퍼	Kosmos 코스모스	sonne 조네	Erde 에어데	Mond 몬트
포	corpo celeste 꼬르뿌 쎌레스찌	cosmo 꼬즈무	Sol 쏘우	terra 떼하	Lua 루아
스	cuerpo celeste 꾸에르뽀 쎌레스떼	cosmo 꼬스모	sol 솔	tierra 띠에라	luna 루나
이	globo celestiale 그로보 쎌레티알레	cosmos 꼬스모	sole 쏠레	terra 떼라	luna 루나
그	ουράνιος 우라니오스	κόσμος 꼬즈모스	ήλιος 일리오스	γη 기	σελήνη 셀리니
라	coelestis *1 코엘레스티스	mundus 문두스	sol 솔	terra 테라	luna 루나
러	небесное тело 니베스너예 쩰러	космос 코스머스	солнце 쏜째	земля 지믈랴	луна 루나
중	天体 / tiāntǐ 티엔티	宇宙 / yǔzhòu 위쩌우	太阳 / tàiyáng 타이양	地球 / dìqiú 띠치우	月 / yuè 위에
일	てんたい / 天体 텐타이	うちゅう / 宇宙 우츄-	たいよう / 太陽 타이요-	ちきゅう / 地球 치큐-	つき / 月 추키

동의어: *1 caelestis 카일레스티스, sidus 시두스, *2 univers 위니베르

한	달2	별	항성	행성	소행성
영	Luna, Diana 루나, 다이아나	star 스타	fixed star 픽스트 스타	planet 플래닛	minor planet 마이너 플래닛
프	lune, Diane 뤼느, 디안느	étoile 에뜨왈	étoile fixe 에뜨왈 픽스	planète 플라네뜨	astéroïde 아스떼로이드
독	Mond 몬트	Stern 슈테른	Fixstern 픽스슈테른	Planet 플라네트	Asteroid 아스테로이트
포	Luna, Diana 루나, 지아나	estrela 이스프렐라	estrela fixa 이스프렐라 픽싸	planeta 쁠라네따	planetóide 쁠라네또이지
스	luna 루나	estrella 에스프레야	estrella fija 에스프레야 피하	planeta 쁠라네따	asteroide 아스떼로이데
이	luna 루나	stella 스뗄라	stella fissa 스뗄라 핏싸	pianeta 삐아네따	planetoide 플라네토이데
그	Λούνα 루나	αστέρι 아스떼리	σταθερός αστέρας 스따쩨로스 아스떼라스	πλανήτης 쁠라니띠스	μικρός πλανήτης 미끄로스 쁠라니띠스
라	Diána 다이아나	stella 스텔라	stella fixa *2 스텔라 픽사	stella errans 스텔라 에란스	asteroides *3 아스트로이데스
러	луна, Диана 루나, 디아나	звезда 즈베즈다	неподвижная звезда 니빠드비쥬냐야 즈베즈다	планета 플라네따	астероид 아스때로잇
중	卢纳 / lúnà *1 루나	星 / xīng 싱	恒星 / héngxīng 형싱	行星 / xíngxīng 싱싱	小行星 / xiǎoxíngxīng 샤오싱싱
일	ルナ 루나	ほし / 星 호시	こうせい / 恒星 코-세-	わくせい / 惑星 와쿠세-	しょうわくせい / 小惑星 쇼-와쿠세-

동의어: *1 戴安娜 / dàiānnà 다이안나, *2 astrum fixum 아스트룸 픽숨, *3 planetoides(=planeta minor) 쁠라레토이데스

534

혜성, 살별, 꼬리별	유성, 별똥별	신성	초신성	KOR
comet 코밋	meteor *1 미티어	nova 노바	supernova 슈퍼노바	ENG
comète 꼬메뜨	météore *2 메떼오르	nova 노바	supernova 쉬뻬르노바	FRA
Komet 코메트	Meteor 메테오어	Nova 노바	Supernova 주퍼노바	GER
cometa 꼬메따	meteoro 메떼오루	nova 노바	supernova 쑤뻬르노바	POR
cometa 꼬메따	meteoro 메떼오로	nova 노바	supernova 수뻬르노바	ESP
cometa 꼬메따	meteora 메떼오라	nova 노바	supernova 수뻬르노바	ITA
κομήτης 꼬미띠스	μετεωρίτης 메떼오리띠스	νεολαμπής αστέρας 네오람비스 아스떼라스	σουπερνόβα *3 수뻬르노바	GRE
cometes 코메테스	metéorum, fax, chasma 메테오룸, 팍스, 카스마	stella nova 스텔라 노바	supernova *4 수뻬르노바	LAT
комета 까몌따	метеор 몌쩨오르	новая звезда 노바야 즈볘즈다	суперновая 쑤뻬르노바야	RUS
彗星 / huìxīng 훼이싱	游星 / yóuxīng 요우싱	新星 / xīnxīng 씬싱	超新星 / chāoxīnxīng 차오씬싱	CHN
すいせい / 彗星 수이세-	りゅうせい / 流星 류-세-	しんせい / 新星 신세-	ちょうしんせい / 超新星 쵸-신세-	JPN

동의어: *1 shooting star 슈팅 스타, *2 étoile filante 에뚜왈 필랑뜨, *3 υπερκαινοφανής αστέρας 이뻴께노파니스 아스떼라스
*4 lucidissima stella 루키디씨마 스텔라, nova ingens 노바 잉겐스

성단	성운	태양계	수성	KOR
star cluster 스타 클러스터	nebula 내뷰러	solar system 솔러 시스템	Mercury 머큐리	ENG
amas stellaire 아마 스뗄레르	nébuleuse 네뷜뢰즈	systeme solaire 시스뗌 솔레르	Mercure 메르뀌르	FRA
Sternhaufen 슈테른하우펜	Nebel 네벨	Sonnensystem 조넨쥐스템	Merkur 메어쿠어	GER
constelação 꽁스뗄라써웅	nebulosa 네불로자	sistema solar 씨스떼마 쏠라르	Mercúrio 메르꾸리우	POR
cumúlo de estrellas 꾸물로 데 에스프레야스	nebulosa planetaria 네불로사 쁠라네따리아	sistema solar 시스떼마 솔라르	Mercurio 메르꾸리오	ESP
gruppo di stella 그룹뽀 디 스텔라	nebulosa 네불로사	sistema solare 씨스떼마 쏠라레	Mercurio 메르꾸리오	ITA
αστρικό σμήνος 아스트리꼬 즈미노스	νεφέλωμα 네펠로마	ηλιακό σύστημα 일리아꼬 시스띠마	Ερμής 에르미스	GRE
racemus stellae 라케무스 스텔라에	nebula astronomica 네불라 아스트로미카	ordo solaris 오르도 솔라리스	mercurius 메르쿠리우스	LAT
звёздное скопление 즈뵤즈드너녜 스까쁠례니예	туманность 뚜만너스츠	солнечная система 쏠니취나야 씨스쩨마	Меркурий 메르꾸리이	RUS
星团 / xīngtuán 싱투완	星云 / xīngyún 싱윈	太阳系 / tàiyángxì 타이양시	水星 / shuǐxīng 쉐이싱	CHN
せいだん / 星団 세-단	せいうん / 星雲 세-운	たいようけい / 太陽系 타이요-케-	すいせい / 水星 수이세-	JPN

한	금성	화성	목성	토성	천왕성
영	Venus 비너스	Mars 마스	Jupiter 쥬피터	Saturn 새턴	Uranus 유레이너스
프	Venus 베뉘스	Mars 마르스	Jupiter 쥐삐떼르	Saturne 사뛰르느	Uranus 위라뉘스
독	Venus 베누스	Mars 마르스	Jupiter 유피터	Saturn 자투른	Uranus 우라누스
포	Vênus 베누스	Marte 마르찌	Júpiter 쥬삐떼르	Saturno 싸뚜르누	Urano 우라누
스	Venus 베누스	Marte 마르떼	Júpiter 후삐떼르	Saturno 사뚜르느	Urano 우라노
이	Venere 베네레	Marte 마르떼	Giove 죠베	saturno 싸뚜르노	Urano 우라노
그	Αφροδίτη 아프로디띠	Άρης 아리스	Δίας 디아스	Κρόνος 크로노스	Ουρανός 우라노스
라	Venus 베누스	Mars 마르스	Iuppiter 읍피테르	Saturnus 사투르누스	Uranus 우라누스
러	Венера 베네라	Марс 마르스	Юпитер 유삐쩨르	Сатурн 싸뚜른	Уран 우란
중	金星 / jīnxīng 찐싱	火星 / huǒxīng 후오싱	木星 / mùxīng 무싱	土星 / tǔxīng 투싱	天王星 / tiānwángxīng 티엔왕싱
일	きんせい / 金星 킨세-	かせい / 火星 카세-	もくせい / 木星 모쿠세-	どせい / 土星 도세-	てんのうせい / 天王星 텐노-세-

한	해왕성	134340(구 명왕성)	황도	위성	궤도
영	Neptune 넵튠	Pluto 플루토	ecliptic 이클립틱	satellite 새틀라이트	orbit 오빗
프	Neptune 네쁘뛰느	Pluton 쁠뤼똥	écliptique 에클립티크	satellite 사뗄리드	orbite 오르비뜨
독	Neptun 넵툰	Pluto 플루토	Ekliptik 에클립티크	Trabant 트라반트	Orbit 오르비트
포	Netuno 네뚜누	Plutão 쁠루떠웅	eclíptica 에끌립찌까	satélite 싸뗄리찌	órbita 오르비따
스	Neptuno 넵뚜노	Plutón 쁠루똔	eclíptica 에클립티카	satélite 싸뗄리떼	orbita 오르비따
이	Nettuno 넷뚜노	Plutone 쁠루또네	eclittica 에클리티카	satellite 싸뗄리떼	orbita 오르비따
그	Ποσειδώνας 뽀시도나스	Πλούτωνας 쁠루토나스	εκλειπτικός 에끌립띠꼬스	δορυφόρος 도리포로스	τροχιά 트로히아
라	Neptunus 넵투누스	Pluto 플루토	linea ecliptica 리네아 에클립티카	satelles 사텔레스	orbita, gyrus 오르비타, 기루스
러	Нептун 네프뚠	Плутон 쁠루똔	эклиптика 애클립찌까	спутник 스뿌트닉	орбита 오르비따
중	海王星 / hǎiwángxīng 하이왕싱	冥王星 / míngwángxīng 밍왕싱	黄道 / huángdào 황따오	卫星 / wèixīng 웨이싱	轨道 / guǐdào 꿰이따오
일	かいおうせい / 海王星 카이오-세-	めいおうせい / 冥王星 메-오-세-	こうどう / 黄道 코-도-	えいせい / 衛星 에-세-	きどう / 軌道 키도-

536

공전	자전	운석	별자리	KOR
revolution 레벌루션	rotation 로테이션	meteorite 미티어라이트	constellation 칸스털레이션	ENG
révolution 레볼리시옹	rotation 로따시옹	météorite 메떼오릿프	constellation 꽁스뗄라시옹	FRA
Umlauf 움라우프	Rotation 로타치온	Meteorit 메테오리트	Sternbild 슈테른빌트	GER
revolução 헤볼루써옹	rotação 호따써옹	meteorito 메떼오리뚜	constelação 꽁스뗄라써옹	POR
revolución 레볼루씨온	rotación 로따씨온	meteorito 메떼오리또	constelación 꼰스뗄라씨온	ESP
fivoluzione 리볼루찌오네	rotazione 로타지오네	meteorite 메테오리테	costellazione 꼬스뗄라찌오네	ITA
περιστροφή 뻬리스트로피	περιστροφική κίνηση 뻬리스트로피끼 끼니시	μετεωρίτης 메떼오리피스	αστερισμός 아스떼리즈모스	GRE
revolutio *1 레볼루티오	ambitus *2 암비투스	coelestis(caelestis)lapis 코이레티스(캘레스티스)라피스	constellátio, sidus 콘스텔라티오, 시두스	LAT
переворот 뻬레바롯	вращение 브라쉐니예	метеорит 메쪠아리트	созвездие 싸즈볘즈지예	RUS
公转 / gōngzhuàn 꿍쭈안	自转 / zìzhuàn 쯔주완	陨石 / yǔnshí 윈스	星座 / xīngzuò 싱쭈오	CHN
こうてん / 公転 코-텐	じてん / 自転 지텐	いんせき / 隕石 인세키	せいざ / 星座 세-자	JPN

동의어: *1 revolutio telluris circum solem 레볼루티오 텔루리스 크르쿰 솔렘,
*2 ambitus telluris 암비투스 텔루리스, rotatio telluris circum se ipsam 로타티오 텔루리스 크르쿰 세 입삼

은하계	은하수, 미리내	별하늘	별무리	KOR
galaxy 갤럭시	Milky Way 밀키 웨이	starry sky 스타리 스카이	stardust 스타더스트	ENG
Galaxie 갈락시	Voie lactée 브와 락떼	ciel étoilé 시엘 에뜨왈레	amas d'étoiles 아마 데뜨왈	FRA
Galaxie 갈락시	Milchrstraße 밀히슈트라세	Sternhimmel 슈테른힘멜	Sternhaufen 슈테른하우펜	GER
galáxia 갈락씨아	Via Láctea 비아 락떼아	céu estrelado 쩨우 이스프렐라두	grupo de estrelas 그루뿌 지 이스프렐라스	POR
Galaxia 갈락씨아	Vía Láctea 비아 락떼아	cielo estrellado 씨엘로 에스뻬레야도	polvo de estrellas 볼보 데 에스프레야스	ESP
galassia 갈랏씨아	via lattea 비아 랏떼아	cielo stellato 치엘로 스뗄라또	polvere di stelle 뽈베레 디 스뗄레	ITA
γαλαξίας 갈락시아스	γαλαξίας 갈락시아스	έναστρος ουρανός 에나스트로스 우라노스	κοσμική σκόνη 꼬즈미끼 스꼬니	GRE
galaxias 갈락시아스	orbis lacteus *1 오르비스 락테우스	coelum cum stellis 코엘룸 쿰 스텔리스	pulvis stellae 풀비스 스텔래	LAT
галактика 갈라크찌까	Млечный Путь 믈례취늬예 뿟츠	звездное небо 즈볘즈드너예 녜버	космическая пыль 까스미췌스까야 쁠	RUS
银河系 / yínhéxì 인허시	星河 / xīnghé 싱허	星空 / xīngkōng 싱콩	群星 / qúnxīng 췬싱	CHN
ぎんがけい / 銀河系 긴가케-	あまのがわ / 天の川 아마노가와	ほしぞら / 星空 호시조라	ほしくず / 星屑 호시쿠주	JPN

동의어: *1 via lactea 비아 락테아

한	별밤	북극성	북두칠성	견우성
영	starry night 스타리 나이트	Pole Star *1 포울 스타	Big Dipper 빅 디퍼	Altair 알테어
프	nuit étoilée 뉘 에뜨왈레	Polaire 뽈레르	Grand Chariot 그랑 샤리오	Altaïr 알따이르
독	Sternennacht 슈테른나흐트	Nordstern *2 노어트슈테언	Großer Bär 그로서 배어	Altair 알타이르
포	noite estrelada 노이찌 이스프렐라다	Polar 뽈라르	Ursa Maior 우르싸 마이오르	Altair 아우따이르
스	noche estrellada 노체 에스프레야다	Estrella polar 에스프레야 뽈라르	Osa Mayor 오사 마요르	Altaír 알따이르
이	notte stellata 놋떼 스펠라따	stella pollare 스뗄라 뽈라레	Orsa maggiore 오르사 맛죠레	Altair 알따이르
그	έναστρη νύχτα 에나스프리 니흐따	πολικό αστέρι 폴리꼬 아스떼리	Μεγάλη Άρκτος 메갈리 아륵또스	Αλτάιρ 알타이르
라	nox sideribus illustris 녹스 시데리부스 일루스트리스	Polaris *3 뽈라리스	Ursa Maior 우르사 마요르	Altair *5 알테르
러	звездная ночь 즈뵤즈드나야 노취	полярная звезда 빨랴르나야 즈볘즈다	Большая Медведица 발샤야 메드볘지짜	Альтаир 알따이르
중	星夜/xīngyè 싱예	北极星/běijíxīng *4 베이지싱	北斗星/běidǒuxīng 베이떠우싱	牛郎星/niúlángxīng 니우랑싱
일	ほしづきよ/星月夜 호시주키요	ほっきょくせい/北極星 혹꾜쿠세-	ほくとしちせい/北斗七星 호쿠토시치세-	けんぎゅうせい/牽牛星 켄규-세-

동의어: *1 North Star 노쓰 스타, *2 Polarstern 폴라슈테른, *3 Alpha Ursae Minoris 알파 우르새 미노리스, *4 北辰/běichén 베이천,
*5 Alpha Aquilae 알파 아쿠일래

한	직녀성	플레이아데스성단	블랙홀	인력
영	Vega 비가	Pleiades 플리아디스	black hole 블랙홀	gravitation 그래버테이션
프	Véga 베가	Pléiade 쁠레이야드	trou noir 트루 누와르	gravitation 그라비따시옹
독	Wega 베가	Pleijaden 플레이야덴	schwarzes Loch 슈바르체스 로흐	Gravitation 그라비타치온
포	Vega 베가	Plêiades 쁠레이아지스	buraco negro 부라꾸 네그루	atração 아뜨라써옹
스	Vega 베가	Pléyades 쁠레야데스	agujero negro 아구헤로 네그로	atracción 아뜨락씨온
이	Vega 베가	Pleiadi 쁠레이아디	buco nero 부코 네로	gravitazione 그라비타지오네
그	Βέγας 베가스	Πλειάδες 쁠리아데스	μαύρη τρύπα 마브리 트리빠	βαρύτητα, έλξη 바리띠따, 엘륵시
라	Vega 베가	Pleïades 플레이아데스	foramen nigrum *1 포라멘 니그룸	attractio *2 아트락티오
러	Вега 베가	Плеяды 쁠례야듸	чёрная дыра 쵸르나야 듸라	притяжение 쁘리찌줴니예
중	织女星/zhīnǚxīng 즈뉘싱	昴星团/mǎoxīngtuán 마오싱투완	黑洞/hēidòng 헤이똥	引力/yǐnlì 인리
일	しょくじょせい/織女星 쇼쿠죠세-	すばる 수바루	ブラックホール 부락쿠호-루	いんりょく/引力 인료쿠

동의어: *1 gurges ater 구르게스 아테르, *2 gravitatis 그라비타티스

538

중력	빅뱅	황도 12궁	물병자리	KOR
gravity 그래버티	Big Bang 빅뱅	zodiac signs [*1] 조디악 싸인	Aquarius 아쿠어리어스	ENG
gravité 그라비떼	big-bang 빅 벙그	signe du zodiaque 씬느 드 조디악끄	Verseau 베르소	FRA
Schwerkraft 슈베어크라프트	Urknall 우어크날	Tierkreiszeichen [*2] 티어크라이스차이헨	Wassermann 바서만	GER
gravidade 그라비다지	Big Bang 비기 방기	Zodíaco 조지아꾸	Aquário 아꾸아리우	POR
gravedad 그라베닷	Big Bang 빅방	signo del Zodíaco 시그노 델 쏘디아꼬	Acuario 아꾸아리오	ESP
gravita' 그라비따	Big Bang 빅방	zodiaco 조디아코	Acquario 악꾸아리오	ITA
βαρύτητα 바리띠따	θεωρία της μεγάλης έκρηξης 쎄오리아 띠스 메갈리스 에크릭시스	ζωδιακός 조디아꼬스	Υδροχόος 이드로호오스	GRE
gravitátio 그라비타티오	theoria magnae eruptionis 테오리아 마그네 에룹티오니스	Zodiacus [*3] 조디아쿠스	Aquarius 아쿠아리우스	LAT
сила тяжести 씰라 쨔쥐스찌	большой взрыв 발쇼이 브즈릐브	знак зодиака 즈낙 저지아까	Водолей 바달레이	RUS
重力 / zhònglì 쫑리	大爆发 / dàbàofā 따빠오파	黄道12宫 / huángdào12gōng 황따오12공	宝瓶座 / bǎopíngzuò 바오핑쭈오	CHN
じゅうりょく / 重力 쥬-료쿠	ビッグバン 비구반	こうどう12きゅう / 黄道12宮 코-도-쥬-니큐-	みずがめざ / 水瓶座 미주가메자	JPN

참고: [*1] 황도 12궁: Aries(Ram), Taurus(Bull), Gemini(Twins), Cancer(Crab), Leo(Lion), Virgo(Virgin), Libra(Balance), Scorpio(Scorpion),
Sagittarius(Archer), Capricorn(Goat), Aquarius(Water-bearer), Pisces(Fishes),
동의어: [*2] Sternzeichen 스테른차이헨, Zodiakus 초디아쿠스, [*3] orbis sígnifer 오르비스 시그니페르

물고기자리	양자리	황소자리	쌍둥이자리	KOR
Pisces 파이시즈	Aries 에리즈	Taurus 토러스	Gemini 제미나이	ENG
Poissons 쁘와송	Bélier 벨리에	Taureau 또로	Gémeaux 제모	FRA
Fische 피셰	Widder 비더	Stier 슈티어	Zwillinge 츠빌링에	GER
Peixes 뻬이쉬스	Áries 아리에스	Touro 또우루	Gêmeos 줴미우스	POR
Pisces 삐스씨스	Aries 아리에스	Tauro 따우로	Gemelos 히멜로스	ESP
Piscis 피쉬스	Ariete 아리에떼	toro 또로	Gemelli 제멜리	ITA
Ιχθείς 이흐씨스	Κριός 크리오스	Ταύρος 따브로스	Δίδυμοι 디디미	GRE
Pisces 피스케스	Aries 아리에스	Taurus 타우루스	Gemini 게미니	LAT
Рыбы 릐븨	Овен 오벤	Телец 쩰롓츠	Близнецы 블리즈니찌	RUS
双鱼座 / shuāngyúzuò 슈왕위쭈오	白羊座 / báiyángzuò 바이양쭈오	金牛座 / jīnniúzuò 찐니우쭈오	双子座 / shuāngzǐzuò 슈왕즈쭈오	CHN
うおざ / 魚座 우오자	おひつじざ / 牡羊座 오히추지자	おうしざ / 牡牛座 오우시자	ふたござ / 双子座 후타고자	JPN

한	게자리	사자리	처녀자리	천칭자리	전갈자리
영	Cancer 캔서	Leo 리오	Virgo 버고	Libra 리브러	Scorpio 스콜피오
프	Cancer 깡세르	Lion 리옹	Vierge 비에르쥬	Balance 발랑스	Scorpion 스꼬르삐옹
독	Krebs 크렙스	Löwe 뢰베	Jungfrau 융프라우	Waage 바게	Skorpion 스코르피온
포	Câncer 깡쎄르	Leão 레어웅	Virgem 비르젱	Libra 리브라	Escorpião 이스꼬르삐어웅
스	Cáncer 깐쎄르	León 레온	Virgo 비르고	Libra 리브라	Escorpión 에스꼬르삐온
이	Cancro 깐끄로	Leone 레오네	Vergine 베르지네	Balance 빌란치아	Scorpoone 스꼬르삐오네
그	Καρκίνος 까르끼노스	Λέων 레온	Παρθένος 빠르쎄노스	Ζυγός 지고스	Σκορπιός 스꼬르피오스
라	Cancer 칸케르	Leo 레오	Virgo 비르고	Libra 리브라	Scorpius 스코르피우스
러	Рак 락	Лев 레프	Дева 제바	Весы 볘씌	Скорпион 스꺼르삐온
중	巨蟹座 / jùxièzuò 쥐시에쭈오	狮子座 / shīzizuò 스쯔쭈오	室女座 / shìnǚzuò 스뉘쭈오	天秤座 / tiānchèngzuò 티엔청쭈오	天蝎座 / tiānxiēzuò 티엔시에즈
일	かにざ / 蟹座 카니자	ししざ / 獅子座 시시자	おとめざ / 乙女座 오토메자	てんびんざ / 天秤座 텐빈자	さそりざ / 蠍座 사소리자

한	사수자리	염소자리	남십자자리	카시오페아자리
영	Sagittarius 새저테리어스	Capricorn 캐프리콘	Crux 크럭스	Cassiopeia 캐시아피아
프	Sagittaire 사지떼르	Capricorne 까쁘리꼬르느	Croix du Sud 크루와 뒤 쒸드	Cassiopée 까시오뻬
독	Schütze 쉬체	Steinbock 슈타인복	Kreuz des Südens 크로이츠 데스 쥐덴스	Cassiopeia 카씨오페이아
포	Sagitário 싸쥐따리우	Capricórnio 까쁘리꼬르니우	Cruzeiro do Sul 끄루제이루 두 쑤우	Cassiopeia 까씨오뻬이아
스	Sagitario 사히따리오	Capricornio 까쁘리꼬르니오	la Cruz del Sur 라 크루스 델 수르	Casiopea 까시오뻬아
이	Sagittario 싸깃따리오	Capricorno 까쁘리꼬르노	punto cruciale 뿐또 크루찰레	Cassiopeia 카씨오페이아
그	Τοξότης 똑소띠스	Αιγόκερως 아이고께로스	Σταυρός του Νότου 스따브로스 뚜 노뚜	Κασσιόπη 까씨오삐
라	Sagittarius 사깃타리우스(=사기타리우스)	Capricornus 카프리코르누스	Crux 크룩스	Cassiope 카씨오페
러	Стрелец 스뜨릴롓츠	Козерог 까졔록	созвездие Южного Креста 싸즈볘즈지예 유쥬너버 크례스따	Кассиопея 카씨오피야
중	人马座 / rénmǎzuò 런마쭈오	摩羯座 / mójiézuò 모지에쭈오	南十字座 / nánshízìzuò 난스쯔쭈오	仙后座 / xiānhòuzuò 시엔허우쭈오
일	いてざ / 射手座 이테자	やぎざ / 山羊座 야기자	みなみじゅうじせい / 南十字星 미나미쥬-지세-	カシオペアざ / カシオペア座 카시오페아자

거문고자리	오리온자리	백조자리	기린자리	목자자리(목동자리)	KOR
the Harp *1 더 하프	Orion 어라이언	the Swan *2 더 스완	the Giraffe *3 더 져라프	the Herdsman 더 허즈먼	ENG
Lyre 리르	Orion 오리옹	Cygne 씬느	Girafe 지라프	Bouvier 부비에	FRA
Leier 라이어	Orion 오리온	Schwan 슈반	Giraffe 기라페	Ochsentreiber 옥슨트라이버	GER
Lira 리라	Órion 오리옹	Cisne 씨즈니	Girafa 쥐라파	Boiadeiro 보이아데이루	POR
Lira, Arpa 리라, 아르빠	Orion 오리온	Cisne 씨스네	La Jirafa 라 히라파	pastor 빠스또르	ESP
Lira 리라	Orione 오리오네	Cigno 치뇨	Giraffa 지랍파	pastóre 파스토레	ITA
Λύρα 리라	Ωρίων 오리온	Κύκνος 끼끄노스	Καμηλοπάρδαλις 까미로빠르달리스	Βοώτης 보오띠스	GRE
Lyra 리라	Orion 오리온	Cycnus 킥누스(=키크누스)	Camelus 카멜루스	Pastor 파스또르	LAT
созвездие 'Лира' 싸즈볘즈지예 '리라'	созвездие 'Орион' 싸즈볘즈지예 '아리온'	созвездие 'Лебедь' 싸즈볘즈지예 '례볘지'	созвездие 'Жираф' 싸즈볘즈지예 '쥐라프'	созвездие 'Волопас' 싸즈볘즈지예 '발라파스'	RUS
天琴座 / tiānqínzuò 티엔친쭈오	猎户座 / lièhùzuò 리에후쭈오	天鹅座 / tiān'ézuò 티엔어쭈오	麒麟座 / qílínzuò 치린쭈오	牧人座 / mùrénzuò 무런쭈오	CHN
ことざ / 琴座 코토자	オリオンザ / オリオン座 오리온자	はくちょうざ / 白鳥座 하쿠쵸-자	きりんざ / 麒麟座 키린자	うしかいざ / 牛飼座 우시카이자	JPN

동의어: *1 Lyre 라이라, *2 the Cygnus 더 씨그너스, *3 the Camelopard 더 커멜러파드

마차부자리	독수리자리	안드로메다자리	뱀주인자리	KOR
Auriga 오라이가	Aquila 아쿠워라	Andromeda 앤드라매다	Ophiuchus 오피유처스	ENG
Cocher 꼬쉐	Aigle 애글	Andromède 앙드로메드	Ophiuchus 오피유퀴스	FRA
Fuhrmann 푸어만	Adler 아들러	Andromeda 안드로메다	Schlangenträger 슐랑엔트래거	GER
Auriga 아우리가	Águia 아기아	Andrômeda 앙드로메다	Ofiúco 오피우꾸	POR
auriga 아우리가	Águila 아길라	Andromeda 안드로메다	Oficuo *1 오피꾸오	ESP
auriga 아우리가	Aquila 아뀔라	Andromeda 안드로메다	Ofiuco 오피우코	ITA
Ηνίοχος 이니오호스	Αετός 아에또스	Ανδρομέδα 안도로메다	Οφιούχος 오피우호스	GRE
Carrum 카룸	Aquila 아쿠일라	Andromeda 안드로메다	Serpens 세르펜스	LAT
созвездие 'Возничий' 싸즈볘즈지예 '바즈니취'	созвездие 'Орёл' 싸즈볘즈지예 '아룔'	Андромеда 안드라메다	Змееносец 즈메이노세츠	RUS
御夫座 / yùfūzuò 위푸쭈오	天鷹座 / tiānyīngzuò 티엔잉쭈오	仙女座 / xiānnǚzuò 시엔뉘쭈오	蛇夫宮 / shéfūgōng 셔푸공	CHN
ぎょしゃざ / 御者座 교샤자	わしざ / 鷲座 와시자	アンドロメダざ / アンドロメダ座 안도로메다자	へびつかいざ / 蛇遣い座 헤비추카이자	JPN

동의어: *1 El cazador de serpientes 엘 까사도르 데 세르삐엔떼스

한	고래자리	까마귀자리	에리다누스자리	페르세우스자리
영	the Whale [*1] 더 웨일	the Crow [*2] 더 크로우	Eridanus 에리다누스	Perseus 퍼시어스
프	Baleine 발렌느	Corbeau 꼬르보	Éridan 에리당	Persée 뻬르세
독	Walfisch 발피쉬	Rabe 라베	Eridanus 에리다누스	Perseus 페어제우스
포	Baleia 발레이아	Corvo 꼬르부	Eridanos 이리다누스	Perseu 뻬르쎄우
스	Ballena 바예나	el Cuervo 엘 꾸에르보	Erídano 에리다노	Perseus 뻬르세우스
이	Balena 발레나	Corvo 코르보	Eridano 에리다노	Perseo 페르세오
그	Κήτος 끼또스	Κόραξ 꼬락스	Ηριδανός 이리다노스	Περσεύς 뻬르세브스
라	Pistris, Pistrix 피스트리스, 피스트릭스	Cornix 코르닉스	Eridanus 에리다누스	Perseus 페르세우스
러	созвездие 'Кит' 싸즈베즈지예 '키트'	созвездие 'Ворон' 싸즈베즈지예 '보론'	созвездие 'Эридан' 싸즈베즈지예 '에리단'	созвездие 'Персей' 싸즈베즈지예 '페르세이'
중	鯨座 / jīngzuò 찡쭈오	乌鸦座 / wūyāzuò 웨야쭈오	波江座 / bōjiāngzuò 뽀지앙쭈오	英仙座 / yīngxiānzuò 잉시엔쭈오
일	くじらざ / 鯨座 쿠지라자	からすざ / 烏座 카라수자	エリダヌスざ / エリダヌス座 에리다누수자	ペルセウスざ / ペルセウス座 페루세우수자

동의어: [*1] Cetus 시터스, [*2] the Raven 더 레이븐, Corvus 콜버스

한	하늘	천구	광구	흑점
영	sky 스카이	celestial sphere 세레스티얼 스피어	photosphere 풔터스피어	sunspot 썬스팟
프	ciel 씨엘	sphère céleste 스페르 세레스트	photosphère 포토스페르	tache solaire 따슈 솔레르
독	Himmel 히멜	Himmelskugel 힘멜스쿠겔	Photosphäre 포토슈패레	Sonnenflecken 존넨플렉켄
포	céu 쎄우	esfera celeste 이스페라 쎌레스찌	fotosfera 포토스페라	mancha negra 망샤 네그라
스	cielo 씨엘로	esfera celeste 에스페라 세레스뻬	fotosfera 포토스페라	mancha solar 만차 솔라르
이	cielo 치엘로	sfera celeste 스페라 첼레스테	fotosfera 포토스페라	macchia solare 마끼아 솔라레
그	ουρανός 우라노스	ουράνια σφαίρα 우라니아 스패라	φωτόσφαιρα 포토스파라	ηλιακή κηλίδα 일리아끼 낄리다
라	caelum, úranos 캘룸, 우라노스	sphaera caelestis 스파라 캘레스티스	sphaera lucis 스파라 루키스	macula solaris 마쿨라 솔라리스
러	небо 녜버	небесная сфера 녜베스냐 스페라	фотосфера 퍼따스페라	пятно на солнце 삐트노 나 쏜쩨
중	天 / tiān 티엔	天球 / tiānqiú 티엔치우	光球 / guāngqiú 꽝치우	太阳黑子 / tàiyánghēizǐ 타이양헤이즈
일	そら / 空 소라	てんきゅう / 天球 텐큐-	こうきゅう / 光球 코-큐-	こくてん / 黒点 코쿠텐

542

코로나	햇무리	채층(彩層)	홍염(紅焰)	KOR
corona 커로우나	sun halo 썬 헤일로	chromosphere 크로머스휘어	solar prominence 쏠러 프로미넌스	ENG
couronne 꾸론느	halo solaire 알로 쏠레르	chromosphère 크로모스페르	protubérance solaire 프로뛰베랑스 쏠레르	FRA
Korona 코로나	Sonnenhalo 조넨할로	Chromosphäre 크로모슈패레	Protuberanz 포투베란츠	GER
coroa 꼬로아	halo solar 알루 쏠라르	cromosfera 끄로모스페라	proeminência solar 쁘로에미넹씨아 쏠라르	POR
corona 꼬로나	aureola solar 아우레올라 솔라르	cromosfera 크로모스페라	protuberancia 쁘로투베란시아	ESP
corona 코로나	alone solare 알로네 솔라르	cromosfera 끄로모스페라	solare rilievo 솔라레 릴리에보	ITA
αστρικό στέμμα 아스트리꼬 스뗌마	ηλιακή άλως 일리아끼 알로스	χρωμοσφαίρα 호로모스파라	ηλιακή προεξοχή 일리아끼 프로엑소히	GRE
corona 코로나	halos, solari circulo 할로스, 솔라리 시르쿨로	sphaera coloris 스파라 콜로니스	protuberantia solaris 프로투베란티아 솔라리스	LAT
корона 까로나	паргелий 파르겔리	хромосфера 흐라마스페라	протуберáнец 프라뚜베라녜쯔	RUS
日冕 / rìmiǎn 르미엔	日暈 / rìyùn 르윈	色球 / sèqiú 써치우	太阳红焰 / tàiyánghóngyàn 타이양훙앤	CHN
コロナ 코로나	ひがさ / 日暈 히가사	さいそう / 採層 사이소-	こうえん / 紅炎 코-엔	JPN

자기장	일출	일몰	햇빛	KOR
magnetic field 매그네틱 휠드	sunrise 썬라이즈	sunset 썬쎌	sunshine 썬샤인	ENG
champ magnétique 샹 마그네띠끄	lever de soleil 르베 드 쏠레이으	coucher de soleil 꾸쉐 드 쏠레이으	lumière du soleil 리미에르 뒤 쏠레이으	FRA
Magnetfeld 마그넷펠트	Sonnenaufgang 조넨아우프강	Sonnenuntergang 조넨운터강	Sonnenlicht 조넨리히트	GER
campo magnético 깡뿌 마기네찌꾸	nascer-do-sol 나쎄르-두-쏘우	pôr-do-sol 뽀르-두-쏘우	raio solar 하이우 쏠라르	POR
campo magnético 깜뽀 마그네띠꼬	salida del sol 살리다 델 솔	puesta del sol 뿌에스따 델 솔	luz del sol 루스 델 솔	ESP
campo magnetico 캄포 마그네티코	alba 알바	tramonto 트라몬토	luce del sole 루체 델 솔레	ITA
μαγνητικό πεδίο 마그니띠꼬 뻬디오	ανατολή ηλίου 아나똘리 일리우	δύση ηλίου *1 디시 일리우	λιακάδα 리아까다	GRE
campus magneticus 캄푸스 마그네티쿠스	aurora 아우로라	rubor caeli vespertinus 루보르 캘리 베스페르티누스	solis lux 솔리스 룩스	LAT
магнитное поле 마그니뜨너예 뽈례	восход 바스홋	закат 자깟	солнечный свет 쏠녜취느이 스벳	RUS
磁场 / cíchǎng 츠챵	日出 / rìchū 르추	日没 / rìmò, 日落 / rìluò 르모, 르루오	阳光 / yángguāng 양꽝	CHN
じば / 磁場 지바	ひので / 日の出 히노데	にちぼつ / 日没 니치보추	にっこう / 日光 닉꼬-	JPN

동의어: *1 ηλιοβασίλεμα 일리오바실레마

한	달빛	달무리	보름달	하현달
영	moonlight 문라이트	lunar halo 루나 헤일로	full moon 풀 문	waning moon 웨이닝 문
프	clair de lune 끌레르 드 뢴느	halo lunaire 알로 뤼네르	pleine lune 쁠렌느 뢴느	dernier quartier de la lune 데르니에 까르띠에 들라 뢴느
독	Mondlicht 몬트리히트	Mondhalo 몬트할로	Vollmond 폴몬트	abnehmender Mond 압네멘더 몬트
포	raio lunar 하이우 루나르	halo lunar 알루 루나르	lua cheia 루아 쉐이아	lua minguante 루아 밍구앙찌
스	luz de la luna 루스 데 라 루나	aureola lunar 아우레올라 루나르	luna llena 루나 예나	luna menguante 루나 멩구안떼
이	chiaro di luna 끼아로 디 루나	alone di luna 알로네 디 루나	luna piena 루나 삐에나	vecchia luna 베끼아 루나
그	φεγγαρόφως 펭가로포스	σεληνιακή άλως 셀리니아끼 알로스	πανσέληνος 빤셀리노스	φεγγάρι στη μείωσή 페가리 스띠 미오시
라	lumen lunae 루멘 루내	corona lunae 코로나 루내	plenilunium 플레니루니움	luna decrescens 루나 데크레스켄스
러	лунный свет 룬느이 스벳	гало вокруг луны 갈로 바크룩 루늬	полнолуние 뻘너루니예	убывающая луна 울릭바유샤야 루나
중	月光 /yuèguāng 위에꽝	月华 /yuèhuá, 月晕 /yuèyùn 위에화, 위에윈	满月 /mǎnyuè 만위에	下弦月 /xiàxiányuè 시아시엔위에
일	げっこう /月光 겟꼬-	つきのかさ /月のかさ 추키노카사	まんげつ /満月 만게추	かげんのつき /下弦の月 카겐노 추키

한	초승달	상현달	그믐달	일식
영	crescent 크레슨트	young moon *2 영문	old moon 올드 문	eclipse 이클립스
프	croissant 크루와쌍	premier quartier *3 프르미에 까르띠에	dernier croissant 데르니에 크루와쌍	éclipse de soleil 에끌립스 드 쏠레이으
독	Mondsichel 몬트지헬	zunehmender Mond 추네멘더 몬트	Mondsichel 몬트지헬	Eklipse 에클립제
포	lua nova 루아 노바	lua crescente 루아 끄레쎙찌	quarto minguante 꽈르뚜 밍구앙찌	eclipse 에끌립씨
스	luna nueva 루나 누에바	luna creciente 루나 끄레씨엔떼	Luna vieja 루나 비에하	eclipse 에끌립세
이	mezzaluna 메짜루나	luna giovane 루나 죠바네	calante luna 칼란떼 루나	eclissi 에클리씨
그	μισοφέγγαρο *1 미소펭가로	νεαρό φεγγάρι 네아로 펭가리	φεγγάρι τελευταίας φάσης 펭가리 뗄레브따아스 파시스	έκλειψη 에끌립시
라	interlunium 인테르루니움	luna redux *4 루나 레둑스	luna fugiens 루나 푸기엔스	eclipsis 에끌립시스
러	лунный серп 룬느이 쎼르프	молодая луна 멀라다야 루나	старая луна 스따라야 루나	затмение 자트메니예
중	眉月 /méiyuè 메이위에	上弦月 /shàngxiányuè 샹시엔위에	残月 /cányuè 찬위에	日食 /rìshí 르스
일	みかづき /三日月 미카주키	じょうげんのつき /上弦の月 죠-겐노 추키	かげんのつき /下弦の月 카겐노추키	にっしょく /日食 닛쑈쿠

동의어: *1 ημισέλινος 이미셀리노스, *2 waxing moon 왁싱 문, *3 premier croissant 프르미에 크루와쌍, *4 luna crescens 루나 크레스켄스

수증기	끓기	끓는점	녹는점	KOR
steam 스팀	boil 보일	boiling point 보일링 포인트	melting point 멜팅 포인트	ENG
vapeur 바쀠르	ébullition 에뷜리시옹	point d'ébullition 뽀엥 데뷜리씨옹	point de fusion 뽀엥 드 퓌지옹	FRA
Dampf 담프	Sieden 지덴	Siedepunkt 지데풍크트	Schmelzpunkt 슈멜츠풍크트	GER
vapor 바뽀르	fervura 페르부라	ponto de ebulição 뽕뚜 지 에불리써옹	ponto de fusão 뽕뚜 지 푸저옹	POR
vapor 바뽀르	ebullición 에부이씨온	punto de ebullición 뿐또 데 에불리씨온	punto de fusión 뿐또 데 푸시온	ESP
vapore 바뽀레	ebollizione 에볼리찌오네	punto di ebollizione 뿐또 디 에볼리찌오네	punto di fusione 뿐또 디 푸지오네	ITA
ατμός 아트모스	βρασμός, βράση 브라즈모스, 브라시	σημείο βρασμού 시미오 브라스무	σημείο τήξης 시미오 띡시스	GRE
vapor 바퍼	bullitus 불리투스	punctum bullitus 풍크툼 불리투스	punctum liquationis 풍크툼 리쿠아티오니스	LAT
пар 빠르	кипение 끼뼤니예	точка кипения 또취까 끼뼤니야	точка плавления 또취까 쁠라블레니야	RUS
水蒸气 / shuǐzhēngqì 쉐이쪙치	煮开 / zhǔkāi 주카이	沸腾点 / fèiténgdiǎn 페이텅디안	熔点 / róngdiǎn 롱디엔	CHN
すいじょうき / 水蒸気 수이죠-키	ふっとう / 沸騰 훗또-	ふってん / 沸点 훗뗀	ゆうてん / 融点 유-텐	JPN

빙점	타는점	증발	증류	KOR
freezing point 후리징 포인트	burning point 버닝 포인트	evaporation 이바퍼레이션	distillation 디스틸레이션	ENG
point de congélation 뽀엥 드 꽁젤라씨옹	point de combustion 뽀엥 드 꽁뷔스띠옹	évaporation 에바뽀라시옹	distillation 디스띨라시옹	FRA
Gefrierpunkt 게프리어풍크트	Feuerpunkt 포이어풍크트	Verdampfung 페어담풍	Destillation 데스틸라치온	GER
ponto de congelamento 뽕뚜 지 꽁젤라멩뚜	ponto de fogo 뽕뚜 지 포구	evaporação 이바뽀라써옹	destilação 데스찔라써옹	POR
punto de congelación 뿐또 데 꼰헬라씨온	punto de combustión 뿐또 데 꼼부스띠온	evaporación 에바뽀라씨온	destilación 데스띨라씨온	ESP
punto di solidificazione 뿐또 디 솔리디피까찌오네	punto di bruciatura 뿐또 디 브루챠뚜라	evaporazione 에바뽀라찌오네	distillazione 디스띨란지오네	ITA
σημείο πήξης(πήξεως) 시미오 픽시스(삑세오스)	σημείο καύσης 시미오 까브시스	εξάτμιση 엑사트미시	απόσταξη 아뽀스탁시	GRE
punctum concretionis 풍크툼 콩그레티오니스	punctum combustionis 풍크툼 콤부스티오니스	exhalatio 엑스할라티오	distillatio 디스틸라티오	LAT
точка замерзания 또취까 자메르자니야	точка горения 또취까 가례니야	испарение 이스빠례니예	дистилляция 지스찔랴찌야	RUS
冰点 / bīngdiǎn 빙디엔	燃点 / rándiǎn 란디엔	蒸发 / zhēngfā 정파	蒸馏 / zhēngliú 정리우	CHN
ひょうてん / 氷点 효-텐	ねんしょうてん / 燃焼点 넨쇼-텐	じょうはつ / 蒸発 죠-하추	じょうりゅう / 蒸留 죠-류-	JPN

한	빙결	결정	승화	화합
영	congelation 컨저레이션	crystallization 크리스털리제이션	sublimation 서브리메이션	combination 컴비네이션
프	congélation 꽁젤라시옹	cristallisation 끄리스딸리자시옹	sublimation 쉬블리마시옹	combinaison 꽁비내종
독	Gefrieren 게프리어런	Kristallisation 크리스탈리자치온	Sublimation 주블리마치온	Verbindung 페어빈둥
포	congelamento 꽁젤라멩뚜	cristalização 끄리스딸리자써웅	sublimação 쑤빌리마써웅	combinação 꽁비나써웅
스	congelación 꽁헬라씨온	cristalización 끄리스딸리사씨온	sublimación 수블리마씨온	combinación 꼼비나씨온
이	congelazione 콘젤라찌오네	cristallizzazione 크리스탈리짜찌오네	sublimazione 수블리마찌오네	combinazione 콤비나찌오네
그	πήξη 삑시	αποκρυστάλλωση [1] 아뽀크리스딸로시	εξάχνωση 엑사흐노시	συνδυασμός, ένωση 신디아스모스, 에노시
라	congelatio 콩젤라티오	crystallisatio 크리스탈리사티오	sublimatio 술리마티오	coniunctio 콘윤크티오
러	замерзание 자몌르자니예	кристаллизация 크리스딸리자찌야	сублимация 쑤블리마찌야	комбинация 껌비나찌야
중	冰洁 / bīngjié 빙지에	结晶 / jiéjīng 지에징	升华 / shēnghuá 성화	化合 / huàhé 화허
일	ひょうけつ / 氷結 효-케추	けっしょう / 結晶 켓쇼-	しょうか / 昇華 쇼-카	かごう / 化合 카고-

동의어: [1] κρυστάλλωση 크리스딸로시

한	융합	반응	에너지	전기
영	fusion 퓨전	reaction 리엑션	energy 에너지	electricity 일렉트러시티
프	fusion 퓌지옹	réaction 레악시옹	énergie 에네르지	électricité 엘렉뜨리시떼
독	Verschmelzung 페어슈멜충	Reaktion 레악치온	Energie 에네르기	Elecktrizität 엘렉트리치태트
포	fusão 푸저웅	reação 헤아써웅	energia 에네르쉬아	eletricidade 일레뜨리씨다지
스	fusión 푸시온	reacción 레악씨온	energía 에네르히아	electricidad 엘렉드리씨닷
이	fusione 푸지오네	reazione 레아찌오네	energia 에네르지아	élettricitá 엘레프리치파
그	συγχώνευση, μίξη 싱호네브시, 믹시	αντίδραση 안디드라시	ενέργεια 에네르기아	ηλεκτρισμός 일렉트리즈모스
라	coctura 콕투라	mutatio 무타티오	potentia 포텐티아	electricitas 에렉트리키타스
러	расплавление 라스쁠라블례니예	реакция 레아크찌야	энергия 애내르기야	электричество 앨롁뜨리췌스트버
중	融合 / rónghé 룽허	反应 / fǎnyìng 판닝	活力 / huólì, 能量 / néngliàng 후오리, 넝량	电气 / diànqì 띠엔치
일	ゆうごう / 融合 유-고-	はんのう / 反応 한노-	エネルギー 에네루기-	でんき / 電気 뎅키

연료	석탄	석유	가솔린	KOR
fuel 퓨얼	coal 코올	petroleum 피트롤리엄	gasoline 게솔린	ENG
combustibles 꽁뷔스띠블	charbon, houille 샤르봉, 우이유	pétrole 뻬뜨롤	essence 에상스	FRA
Brennstoff 브렌슈토프	Kohle 콜레	Erdöl, Steinöl 에어트욀, 슈타인욀	Benzin 벤친	GER
combustível 꽁부스찌베우	carvão 까르버웅	petróleo 뻬뜨롤리우	gasolina 가졸리나	POR
combustible 꼼부스띠블레	carbón de piedra 까르본 데 삐에드라	petróleo 빼뜨롤레오	gasolina 가솔리나	ESP
combustibile 콤부스띠빌레	carbone 까르보네	petrolio 페트롤리오	benzina 벤지나	ITA
καύσιμη ύλη 까브시미 일리	κάρβουνο γαιάνθρακα 까르부노 개안쓰라까	πετρέλαιο 뻬뜨렐레오	βενζίνη 벤지니	GRE
alimenta ignis 알리멘타 이그니스	carbo 카르보	terrae oleum 테래 올레움	benzinum 벤찌눔(=벤지눔)	LAT
топливо 또쁠리버	каменный уголь 카멘느이 우글	нефть 네프츠	газолин 가잘린	RUS
燃料 / ránliào 란리야오	煤炭 / méitàn 메이탄	石油 / shíyóu 스요우	气油 / qìyóu 치요우	CHN
ねんりょう / 燃料 넨료-	せきたん / 石炭 세키탄	せきゆ / 石油 세키유	ガソリン 가소린	JPN

경유	등유	LPG	KOR
diesel 디젤(=디즐)	lamp oil, kerosene 램프 오일, 케러씨인	LPG 엘피지	ENG
huile légère 윌 레제르	kérosène 케로젠느	GPL(gaz de pétrole liquéfié) 제뻬엘	FRA
Gasolin, Leichtöl 가솔린, 라이히트욀	Brennöl 브렌욀	Flüssiggas 플뤼시히가스	GER
diesel 지에제우	querosene 끼로제니	GPL(Gás de Petróleo Liquefeito) 줴뻬엘리(가스 지 뻬뜨롤리우 리끼페이뚜)	POR
disel 디셀	queroseno 께로세노	gas licuado de petróleo 가스 리꾸아도 데 뻬뜨롤레오	ESP
gasolio 가솔리오	petrolio illuminante 페트롤리오 일루미난떼	LPG 엘레피쥐	ITA
βενζίνη 벤지니	φωτιστικό πετρέλαιο 포띠스띠꼬 뻬뜨렐레오	LPG 엘피지	GRE
oleum Dieseli 올레움 디셀리	oleum lanternae(laternae) 오렐움 란테르내(라테르내)	gasum liquidum 가숨 리쿠이둠	LAT
бензин 벤진	керосин 케라씬	СНГ 에스앤개	RUS
轻油 / qīngyóu 칭요우	灯油 / dēngyóu 떵요우	液化石油气 / yèhuàshíyóuqì 예화스요우치	CHN
けいゆ / 軽油 케-유	とうゆ / 灯油 토-유	ＬＰＧガス ＬＰＧ가수	JPN

한	천연가스	원자력	대체에너지
영	natural gas 내츄럴 개스	atomic energy 어토믹 에너지	alternative energy 얼터네티브 에너지
프	gaz naturel 가즈 나뛰렐	nucléaire 뉘끌레애르	énergies alternatives 에네르지 잘떼르나띠브
독	Naturgas 나투어가스	Atomenergie 아톰에네르기	altenative Energie 알터나티베 에네르기
포	gás natural 가스 나뚜라우	energia nuclear 에네르쥐아 누끌리아르	energia alternativa 에네르쥐아 아우떼르나찌바
스	gas natural 가스 나뚜랄	energía nuclear 에네르히아 누끌레아르	energía altertiva 에네르히아 알떼르띠바
이	gas naturale 가스 나뚜랄레	nucleare 누클레아레	energia alternativa 에네르지아 알테르나띠바
그	φυσικό αέριο 피시꼬 아에리오	ατομική ενέργεια 아또미끼 에네르기아	εναλλακτική ενέργεια 에날락끼 에네르기아
라	gasum naturalis 가숨 나투라리스	atomica energia 아토미카 에네르기아	alternata energia 알테르나타 에네르기아
러	натуральный газ 나뚜랄느이 가스	атомная энергия 아똠나야 애내르기야	альтернативная энергия 알떠르나찌브나야 애내르기야
중	天然气／tiānránqì 티엔란치	原子能／yuánzǐnéng 위엔즈넝	代用能源／dàiyòngnéngyuán 따이용넝위엔
일	てんねんガス／天然ガス 텐넨가수	げんしりょく／原子力 겐시료쿠	だいたいエネルギー／代替エネルギー 다이타이에네루기-

한	태양에너지	수소연료	수력
영	solar energy 솔러 에너지	hydrogen fuel 하이드로젠 퓨얼	waterpower 워터파워
프	énergie solaire 에네르지 쏠레르	combustible d' hydrogène 꽁뷔스띠블 디드로젠	énergie hydraulique 에네르지 이드롤리끄
독	Sonnenenergie 조넨에네르기	Wasserstoffenergie 바서슈토프에네르기	Wasserkraft 바서크라프트
포	energia solar 에네르쥐아 쏠라르	combustível hidrogênio 꽁부스찌베우 이드로줴니우	energia hidráulica 에네르쥐아 이드라울리까
스	solar 솔라르	combustible de hidrógeno 꼼부스띠블레 데 이드로헤노	hidráulico 이드라울리꼬
이	solare 쏠라레	idrogeno combustibile 이드로제노 콤부스티빌레	energia idraulica 에네르지아 이드라울리카
그	ηλιακή ενέργεια 일리아끼 에네르기아	υδρογονικό καύσιμο 이드로고니꼬 까브시모	υδραυλική ενέργεια 이드라블리끼 에네르기아
라	energia solaris 에네르기아 솔라리스	cibus hydrogenii [1] 키부스 히드로게니이	hydraulus 히드라울루스
러	солнечная энергия 쏠니취나야 애내르기야	водородное топливо 보다로드노예 또쁠리버	сила воды 씰라 보듸
중	太阳能／tàiyángnéng 타이양넝	氢燃料／qīngránliào 칭란리오	水力／shuǐlì 쉬이리
일	たいようエネルギー／太陽エネルギー 타이요-에네루기-	すいそねんりょう／水素燃料 수이소넨료-	すいりょく／水力 수이료쿠

동의어: [1] materia hydrogenii 마테리아 히드로게니이

조력	파력	자기력	KOR
tidal energy 타이들 에너지	wave power 웨이브 파워	magnetism 매그너티즘	ENG
énergie marémotrice 에네르지 마레모트리스	énergie des vagues 에네르지 데 바그	force magnétique 포르스 마그네띠끄	FRA
Gezeitenkraft 게차이텐크라프트	Wellenkraft 벨렌크라프트	Magnetismus 마그네티스무스	GER
energia maremotriz 에네르쥐아 마레모뜨리스	energía oceânica 에네르쥐아 오쎄아니까	magnetismo 마기네찌즈무	POR
energía de las mareomotriz 에네르히아 데 라스 마레오모뜨리스	energía de las ondulatoria 에네르히아 데 라스 온둘라또리아	magnetismo 마그네띠스모	ESP
energia di marea 에네르지아 디 마레아	energia d'onda 에네르지아 돈다	magnetismo 마그네티스모	ITA
παλιρροιακή ενέργεια 빠릴리아끼 에네르기아	ενέργεια κυμάτων 에네르기아 까마똔	μαγνητισμός 마그니띠즈모스	GRE
energia fluctus 에네르기아 플룩투스	energia undae 에네르기아 운대	magnetismus 마그네티스무스	LAT
приливные электростанции 쁘릴리브늬예 앨렉뜨라스딴찌이	энергии волн 애내르기이 볼느	магнетизм 마그네띠즘	RUS
潮力 / cháolì 차오리	波力 / bōlì 뽀리	磁力 / cílì 츠리	CHN
ちょうりょく / 潮力 쵸-료쿠	はりょく / 波力 하료쿠	じきりょく / 磁気力 지키료쿠	JPN

풍력	건전지	충전	KOR
wind power 윈드 파워	battery 배터리	charge 차지	ENG
énergie éolienne 에네르지 에올리엔느	batterie 바트리	charge 샤르쥬	FRA
Windkraft 빈트크라프트	Batterie 바테리	die elektrische Ladung [1] 디 엘렉트리쉬 라둥	GER
energía eólica 에네르쥐아 에올리까	pilha 삘야	carregamento 까헤가멩뚜	POR
fuerza del viento 푸에르싸 델 비엔또	batería 바떼리아	carga 까르가	ESP
velocita' del vento 벨로치따 델 벤또	batteria 바떼리아	caricamento 카리카멘또	ITA
ταχύτητα του ανέμου 따히띠따 뚜 아네무	μπαταρία 바따리아	φόρτιση 포르띠시	GRE
velocitas venti 벨로키타스 벤티	pila electrica 필라 엘렉트리카	accumulatio energiae electricae 악쿠물라티오 에네르기애 엘렉트키애	LAT
скорость ветра 스코로스츠 볘뜨라	батарея 바따레야	зарядка 자랴트까	RUS
风力 / fēnglì 펑리	干电池 / gāndiànchí 간디엔치	充电 / chōngdiàn 충띠엔	CHN
ふうりょく / 風力 후-료쿠	かんでんち / 乾電池 칸덴치	じゅうでん / 充電 쥬-덴	JPN

동의어: [1] Aufladen 아우프라덴

한	질량	질	중량	양	크기
영	mass 매스	quality 콸러티	weight 웨이트	quantity 쿠완터티	size 사이즈
프	masse 마쓰	qualité 꺌리떼	poids 쁘와	quantité 깡띠떼	grandeur 그랑되르
독	Masse 마세	Qualität 크발리태트	Gewicht 게비히트	Quantität 크반티태트	Größe 그뢰세
포	massa 마싸	qualidade 꽐리다지	peso 뻬주	quantidade 꽝찌다지	tamanho 따망유
스	masa 마사	calidad 깔리닷	peso 뻬소	cantidad 깐띠닷	tamaño 따마뇨
이	massa 마싸	qualitá 꽐리따	peso 뻬조	quantitá 꽌티타	grandezza 그란데짜
그	μάζα, πλήθος 마자, 쁠리쏘스	ποιότητα 삐오띠따	βάρος 바로스	ποσότητα 뽀소띠따	μέγεθος 메게쏘스
라	massa 마싸	qualitas 쿠알리타스	pondus 폰두스	quantitas 쿠안티타스	magnitudo 마그니투도
러	масса 마싸	качество 까췌스뜨버	вес 볘스	количество 깔리취스뜨버	размер 라즈몌르
중	质量 / zhìliàng 쯔량	质量 / zhìliàng 쯔량	重量 / zhòngliàng 쭝량	量 / liàng 리앙	大小 / dàxiǎo 따샤오
일	しつりょう / 質量 시추료-	しつ / 質 시추	じゅうりょう / 重量 쥬-료-	りょう / 量 료-	おおきさ / 大きさ 오-키사

한	길이	폭	높이	빠르기	속도
영	length 렝쓰	width 위트	height 하이트	fast 풰스트	speed 스피드
프	longueur 롱괴르	largeur 라르죄르	hauteur 오뙤르	rapidité 라삐디떼	vitesse 비떼스
독	Länge 랭에	Weite 바이테	Höhe 회에	Schnelligkeit 슈넬리히카이트	Geschwindigkeit 게슈빈디히카이트
포	comprimento 꽁쁘리멩뚜	largura 라르구라	altura 아우뚜라	rapidez 하삐데스	velocidade 벨로씨다지
스	longitud 롱기뚯	anchura 안추라	altura 알뚜라	rapidez 라삐데쓰	velocidad 벨로씨닷
이	lunghezza 룽게짜	larghezza 라르게짜	altezza 알테짜	velocitá 벨로치따	velocitá 벨로치따
그	μήκος 미꼬스	πλάτος 쁠라또스	ύψος 잎소스	ταχύς, γρήγορος 따히스, 그리고로스	ταχύτητα 따히띠따
라	longitudo 롱기투도	laxitas 락시타스	altitudo 알티투도	rapidus *1 라피두스	velocitas *2 벨로키타스
러	длина 들린나	ширина 쉬린나	высота 븨싸따	быстрота 븨스프라따	скорость 스코로스츠
중	长度 / chángdù 창뚜	宽度 / kuāndù 콴뚜	高度 / gāodù 까오뚜	迅速的 / xùnsùde 쉰수더	速度 / sùdù 쑤뚜
일	ながさ / 長さ 나가사	はば / 幅 하바	たかさ / 高さ 타카사	はやさ / 速さ 하야사	そくど / 速度 소쿠도

동의어: *1 celeriter 케레리테르, *2 celeritas 켈레리타스

운동	연장	활동	힘	KOR
movement 무브먼트	extension 익스텐션	action 액션	power 파워	ENG
mouvement 무브멍	extension 엑스땅시옹	action 악시옹	force 포르스	FRA
Bewegung 베베궁	Erweiterung 에어바이터룽	Aktion, Handlung 악치온, 한들룽	Kraft 크라프트	GER
movimento 모비멩뚜	extensão 이스뗑써웅	ação 아써웅	força 포르싸	POR
movimiento 모비미엔또	extensión 엑스뗀시온	acción 악씨온	fuerza 푸에르사	ESP
movimiento 모비멘또	estensione 에스뗀지오네	azione 아찌오네	forza 포르짜	ITA
κίνηση 끼니시	προέκταση 프로엑따시	πράξη, δράση 쁘락시, 드라시	δύναμη 디나미	GRE
motus 모투스	extensio 엑스텐시오	actio 악티오	vis, potentia 비스, 포텐티아	LAT
движение 드비줴니예	протяжение 쁘러찌줴니예	действие 제이스프비예	мощность 모쉬너스츠	RUS
运动 /yùndòng 윈똥	延长 /yáncháng 앤창	活动 /huódòng 후오똥	力 /lì, 力气 /lìqi 리, 리치	CHN
うんどう /運動 운도-	えんちょう /延長 엔쵸-	かつどう /活動 카추도-	ちから /力 치카라	JPN

거대한	초소형의	큰	작은	KOR
huge 휴지	micro 마이크로	big 빅	small 스몰	ENG
géant 제앙	micro 미크로	grand 그랑	petit 쁘띠	FRA
riesig 리지히	mikroskopisch klein 미크로스코피셰 클라인	groß 그로스	klein 클라인	GER
enorme 이노르미	micro 미끄로	grande 그랑지	pequeno 삐께누	POR
enorme 에노르메	micro 미끄로	grande 그란데	pequeño 뻬께뇨	ESP
enorme 에노르메	microminiatura 미크로미니아뚜라	grande 그란데	piccolo 삐꼴로	ITA
πελώριος 뻴로리오스	σούπερ μίνι 수뻬르 미니	μεγάλος 메갈로스	μικρός 미끄로스	GRE
pergrandis 페르그란디스	minimus *1 미니무스	grandis *2 그란디스	parvum 파르붐	LAT
огромный 아그롬느이	миниатюрный 미니아쮸르느이	большой 발쇼이	маленький 말린끼	RUS
巨大 /jùdà 쮜따	超小型的 /chāoxiǎoxíngde 챠오샤오씽더	大 /dà 따	小 /xiǎo 시아오	CHN
きょだいな /巨大な 쿄다이나	ちょうこがたの /超小型の 쵸-코가타노	おおきい /大きい 오-키-	ちいさい /小さい 치-사이	JPN

동의어: *1 microminimus 미크로미니무스, *2 magnus 마그누스

한	긴	네모난	굵은	가는
영	long 롱	square 스퀘어	thick 띡	fine *1 파인
프	long 롱	carré 까레	épais 에뻬	fin 펭
독	lang 랑	viereckig 피어에키히	dick 딕크	fein 파인
포	comprido 꽁쁘리두	quadrado 꽈드라두	grosso 그로쑤	fino 피누
스	largo 라르고	cuadrado 꾸아드라도	grueso 그루에소	fino 피노
이	lungo 룽고	rettangolare 레땅골라레	grosso 그라쏘	sottile 소띨레
그	μακρύς 마끄리스	τετράγωνος 떼트라고노스	παχύς 빠히스	λεπτός 렙또스
라	longum 롱굼	quadratum 쿠아드라툼	crassum 크라쑴	gracilis *2 그라킬리스
러	длинный 들린느이	квадрáтный 크바드라쁘니	толстый 똘스뜨이	тонкий 똔끼
중	长 / cháng 창	四方的 / sìfāngde 쓰팡더	粗厚 / cūhòu 추허우	细 / xì 시
일	ながい / 長い 나가이	しかくい / 四角い 시카쿠이	ふとい / 太い 후토이	ほそい / 細い 호소이

동의어: *1 thin 띤, *2 gracile 그라킬레

한	키 큰	키 작은	둥근	완만한
영	tall 톨	short 쇼트	round 라운드	gentle 젠틀
프	grand 그랑	petit 쁘띠	rond 롱	doux 두
독	groß 그로스	klein 클라인	rundig 룬디히	sanft 잔프트
포	alto 아우뚜	baixo 바이슈	redondo 헤동두	moderado 모데라두
스	alto 알또	bajo 바호	redondo 레돈도	suave 수아베
이	alto 알또	piccolo 삐꼴로	rotondo 로똔도	gentile 젠띨레
그	ψηλός 읍실로스	κοντός 꼰도스	στρογγυλός 스트롱길로스	ήπιος *1 이피오스
라	altus 알뚬	paulus 파우루스	rotundum 로툰둠	leve 레베
러	высокий 븨쏘끼	короткий 까로트끼	круглый 크루글르이	пологий 빨로기
중	个子高的 / gèzigāode 꺼즈까오더	矮的 / ǎide 아이더	圆 / yuán 위엔	缓慢 / huǎnmàn 후안만
일	せのたかい / 背の高い 세노타카이	せのひくい / 背の低い 세노히쿠이	まるい / 丸い 마루이	かんまんな / 緩慢な 칸만나

동의어: *1 ευγενικός 에브게니꼬스

552

현상	존재	원인	결과	경과	KOR
phenomenon 페노미넌	existence 이그지스턴스	cause 코즈	result 리절트	progress 프로그래스	ENG
phénomène 페노멘느	existence 에그지스멍스	cause 꼬즈	résultat 레쥘따	déroulement *1 데룰멍	FRA
Phänomen 패노멘	Existenz 엑지스텐츠	Grund 원인	Resultat 레줄타트	Verlauf 페어라우프	GER
fenômeno 페노메누	existência 이지스뗑씨아	causa 까우자	efeito 이페이뚜	progresso 쁘로그레쑤	POR
fenómeno 페노메노	existencia 엑씨스뻰시아	causa 까우사	resultado 레술따도	paso 빠소	ESP
fenomeno 페노메노	esistenza 에시스뗀짜	causa 카우자	effetto 에페또	passo 파쏘	ITA
φαινόμενο 페노메노	ύπαρξη, ον 이파릌시, 온	αιτία 에띠아	αποτέλεσμα 아뽀뗼레즈마	πρόοδος, εξέλιξη 프로오도스, 엑셀맄시	GRE
visum 비숨	exsistentia 엑시스텐티아(=엑씨스텐티아)	causa 카우사	eventus 에벤투스	progressio 프로그레씨오	LAT
явление 예블레니예	существование 수쉐스프버바니예	причина 쁘리취나	результат 레줄땃	прогресс 쁘라그레스	RUS
现象 / xiànxiàng 시엔시앙	存在 / cúnzài 춘짜이	原因 / yuányīn 위엔인	结果 / jiéguǒ 지에궈	经过 / jīngguò 찡구오	CHN
げんしょう / 現象 겐쇼-	そんざい / 存在 손자이	げんいん / 原因 겡인	けっか / 結果 켁까	けいか / 経過 케-카	JPN

동의어: *1 progrès 프로그레

계속	사실	상황	관계	KOR
continuation 콘티뉴에이션	fact 팩트	circumstances 서쿔스턴스	relation 릴레이션	ENG
continuation 꽁띠뉘아씨옹	fait, réalité 페, 레알리떼	circonstances 시르꽁스땅스	relation 를라시옹	FRA
Fortsetzung 포르트제충	Tatsache 탓자헤	Umstände 움쉬텐데	Beziehung 베치훙	GER
continuação 꽁찌누아써옹	fato 파뚜	circunstância 씨르꿍스땅씨아	relação 헬라써옹	POR
continuación 꼰띠누아씨온	hecho 에초	circunstancia 씨르꾼스딴씨아	relación 렐라씨온	ESP
continuita 콘티누이따	fatto 파또	circonstanza 치르콘스탄자	relazione 렐라찌오네	ITA
εξακολούθηση *1 엑사꼴루씨시	γεγονός *2 게고노스	περιστάσεις 뻬리스파시스	σχέση 스헤시	GRE
continuatio 콘티누아티오	factum 팍툼	circumstantia 키르쿰스탄티아	relatio 렐라티오	LAT
продолжение 쁘러달줴니예	факт 파크트	обстоятельство 압스따야쩰스프버	отношение 아트나쉐니예	RUS
继续 / jìxù 지쉬	事实 / shìshí 스스	状况 / zhuàngkuàng 쭈앙쾅	关系 / guānxi 꾸안시	CHN
けいぞく / 継続 케-조쿠	じじつ / 事実 지지추	じょうきょう / 状況 죠-쿄-	かんけい / 関係 칸케-	JPN

동의어: *1 συνέχεια 시네이아, *2 πραγματικότητα 프라그마띠꼬띠따

한	수단	방법	목적	정도	보존
영	means 민즈	method *1 메써드	purpose 퍼퍼스	degree 디그리	preservation 프레저베이션
프	moyen 무와이엥	méthode 메또드	but 뷔	degré, niveau 드그레, 니보	conservation 꽁세르바씨옹
독	Mittel 미텔	Methode 메토데	Ziel 칠	Grad 그라트	Erhaltung 에어할퉁
포	meio 메이우	método 메또두	objetivo 오비줴찌부	grau 그라우	preservação 쁘레제르바써옹
스	medio 메디오	método 메또도	propósito 쁘로뽀시또	grado 그라도	conservación 꼰세르바씨온
이	mezzo 메쪼	metodo 메토도	scopo 스꼬뽀	grado 그라도	preservazione 프레제르바찌오네
그	μέσο 메소	μέθοδος 메쏘도스	σκοπός 스꼬뽀스	βαθμός 바쓰모스	συντήρηση *2 신디리시
라	via 비아	modus 모두스	finis 피니스	gradus 그라두스	conservatio 콘세르바티오
러	средство 스렛츠스버	метод 메떳	цель 젤	степень 스쩨뻰	сохранение 써흐라녜니예
중	手段 / shǒuduàn 셔우두안	方法 / fāngfǎ 팡파	目的 / mùdì 무띠	正道 / zhèngdào 쩡따오	保存 / bǎocún 바오춘
일	しゅだん / 手段 슈단	ほうほう / 方法 호-호-	もくてき / 目的 모쿠테키	ていど / 程度 테-도	ほぞん / 保存 호존

동의어: *1 ways 웨이스, *2 διατήρηση 디아띠리시

한	분포	시행	테스트, 시험	연구	검사
영	distribution 디스트러뷰션	trial 트라이얼	test 테스트	study 스터디	examination 이그제미네이션
프	répartition 레빠르띠씨옹	essai 에세	test *2 테스트	étude 에뛰드	examen 에그자멩
독	Verbreitung 페어브라이퉁	Versuch 페어주흐	Prüfung 프뤼풍	Forschung 포어슝	Überprüfung 위버프뤼풍
포	distribuição 지스프리부이써웅	ensaio 잉싸이우	teste 떼스찌	pesquisa 뻬스끼자	exame 이자미
스	reparto 레빠르또	ensayo 엔사용	prueba 쁘루에바	investigación 인베스띠가씨온	examen 엑싸멘
이	distribuzione 디스트리부오네	operazione 오페라찌오네	prova 프로바	studio 스투디오	esame 에자메
그	διανομή 디아노미	δοκιμή *1 도끼미	δοκιμή *3 도끼미	Μελέτη, έρευνα 메레띠, 에레브나	εξέταση 엑세따시
라	distributio 디스트리부티오	temptatio 템프타티오	probatio 프로바티오	studium 스투디움	examinatio 엑사미나티오(=엑싸미나티오)
러	распределение 라스쁘례졜례니예	проба 쁘로바	тест 떼스트	изучение 이주췌니예	исследование 이슬례더바니예
중	分布 / fēnbù 펀뿌	施行 / shīxíng 스싱	試験 / shìyàn *4 스얜	研究 / yánjiū 얜지우	检查 / jiǎnchá 지안차
일	ぶんぷ / 分布 분푸	しこう / 試行 시코-	しけん / 試験 시켄	けんきゅう / 研究 켄큐-	けんさ / 検査 켄사

동의어: *1 δοκιμασία 도끼마시아, *2 épreuve 에쁘뢰브 (과학의)실험, 테스트, contrôle 꽁트롤 (행위·권리·문서의)감사, 검사, examen 에그자망, *3 εξέταση 엑세따시, *4 測验 / cèyàn 처얜

실행, 실시	실험	발견	발명	조건	KOR
execution 엑시큐션	experiment 익스페리먼트	discovery 디스커버리	invention 인벤쎤	condition 컨디숀	ENG
exécution 에그제뀌시옹	expérimentation 엑스뻬리멍따씨옹	découverte 데꾸베르뜨	invention 엥벙씨옹	conditions 꽁디씨옹	FRA
Ausführung 아우스퓌룽	Experiment 엑스페리멘트	Entdeckung 엔트덱쿵	Erfindung 에어핀둥	Bedingung 베딩웅	GER
execução 이제꾸써웅	experimento 이스뻬리멩뚜	descobrimento 지스꼬브리멩뚜	invenção 잉벵써웅	condição 꽁지써웅	POR
ejecución 에헤꾸씨온	experimento 엑스뻬리멘또	descubrimiento 데스꾸브리미엔또	invento 인벤또	condición 꼰디씨온	ESP
esecuzione 에세쿠찌오네	esperimento 에스뻬리멘또	scoperta 스코페르따	invenzione 인벤지오네	condizione 콘디찌오네	ITA
εκτέλεση 엑뗄레시	πείραμα 뻬라마	ανακάλυψη 아나깔립시	εφεύρεση 에페브레시	όρος *3 오로스	GRE
exsecutio 엑세쿠티오(=엑쩨쿠티오)	experimentum 엑스페리멘툼	repertus 레페르투스	inventio 인벤티오	condicio 콘디키오	LAT
выполнение 븨빨녜니예	опыт 오쁫	открытие 아트크리찌예	изобретение 이저브레쩨니예	условие 우슬로비예	RUS
实行 / shíxíng *1 스싱	实验 / shíyàn 스얜	发现 / fāxiàn 파시엔	发明 / fāmíng 파밍	条件 / tiáojiàn 티아오지엔	CHN
じっこう / 実行 *2 직꼬-	じっけん / 実験 직껜	はっけん / 発見 학껜	はつめい / 発明 하추메-	じょうけん / 条件 죠-켄	JPN

동의어: *1 实施 / shíshī 스스, *2 じっし / 実施 짓씨, *3 προϋπόθεση 프로이쁘쎄시

대조	통제	검증	분석	법칙	KOR
contrast 컨트라스트	control 콘트롤	verification 베리휘케이숀	analysis 어내러시스	law 로	ENG
contraste 꽁트라스프	contrôle 꽁트롤	vérification 베리피까시옹	analyse 아날리즈	règle 레글르	FRA
Gegensatz *1 게겐자츠	Kontrolle 콘트롤레	Beweis 베바이스	Analyse 아날뤼제	Gesetz 게제츠	GER
contraste 꽁뜨라스찌	controle 꽁뜨롤리	verificação 베리피까써웅	análise 아날리지	lei 레이	POR
contraste 꼰프라스떼	control 꼰뜨롤	comprobación 꼼쁘로바씨온	análisis 아날리시스	regla 레글라	ESP
contrasto 콘트라스토	controllo 콘트롤로	verificazione 베리피카찌오네	analisi 아날리지	regola 레골라	ITA
αντίθεση 안디쎄시	έλεγχος 엘렝호스	επαλήθευση *2 에빨리쎄브시	ανάλυση 아날리시	νόμος, δίκαιο 노모스, 디께오	GRE
diversitas 디베르시타스	gubernatio 구베르나티오	confirmatio 콘피르마티오	explicatio 엑스플리카티오	ius 이우스(=유스)	LAT
контраст 껀뜨라스	контроль 깐뜨롤	проверка 쁘라베르까	анализ 아날리스	закон 자꼰	RUS
对照 / duìzhào 뛔이짜오	控制 / kòngzhì 콩즈	验证 / yànzhèng 얜졍	分析 / fēnxi 펀시	规律 / guīlǜ 꿔이뤼	CHN
たいしょう / 対照 타이쇼-	とうせい / 統制 토-세-	けんしょう / 検証 켄쇼-	ぶんせき / 分析 분세키	ほうそく / 法則 호-소쿠	JPN

동의어: *1 Kontrast 콘트라스트, *2 επιβεβαίωση 에삐베베오시

한	모의(실험)	가능성	확률	통계
영	simulation 시뮬레이션	possibility 파서빌리티	probability 프로버빌러티	statistics 스테티스틱
프	simulation 시뮬라시옹	possibilité 뽀시빌리떼	probabilité 쁘로바빌리떼	statistique 스따띠스띡끄
독	Simulation 지물라치온	Möglichkeit 뫼글리히카이트	Wahrscheinlichkeit 바샤인리히카이트	Statistik 슈타티스틱
포	simulação 씨물라써웅	possibilidade 뽀씨빌리다지	probabilidade 쁘로바빌리다지	estatística 이스따찌스찌까
스	simulación 시뮬라시온	posibilidad 뽀시빌리닷	probabilidad 쁘로바빌리닷	estadística 에스따디스띠까
이	simulatóre 시물라토레	possibilità 포씨빌리따	probabilità 프로바빌리따	statistiche 스타티스티께
그	προσομοίωση 프로소미오시	δυνατότητα 디나또띠따	πιθανότητα 삐싸노띠따	στατιστική 스따띠스띠끼
라	simulátio 시물라티오	possibilitas 포씨빌리타스	probabilitas 프로바빌리타스	breviarium 브레비아리움
러	симуляция 씨물랴찌야	возможность 바즈모쥬너스츠	вероятность 볘라야트너스츠	статистика 스따찌스찌까
중	模拟 / mónǐ 모니	可能性 / kěnéngxìng 커녕씽	概率 / gàilǜ 까이뤼	统计 / tǒngjì 퉁지
일	もぎ / 模擬 모기	かのうせい / 可能性 카노-세-	かくりつ / 確率 카쿠리추	とうけい / 統計 토-케-

한	변수	우연	우연의 일치	필요, 필연
영	variable 베리어블	chance 첸스	coincidence 코인시던스	necessity 네세서티
프	variable 바리아블	hasard 아자르	coïncidence 꼬앵시덩스	nécessité 네세시떼
독	Variable 바리아블레	Zufall 추팔	Koinzidenz 코인치덴츠	Notwendigkeit 놑벤디히카이트
포	variável 바리아베우	acaso 아까주	coincidência 꼬잉씨뎅씨아	necessidade 네쩨씨다지
스	variable 바리아블레	casualidad 까수알리닷	coincidencia 꼬인씨덴씨아	necesidad 네쩨시닷
이	variabile 바리아빌레	caso 까조	coincidenza 코인치덴자	neccesitá 네체시따
그	μεταβλητή 메따블리띠	τύχη 띠히	σύμπτωση 심또시	ανάγκη 아낭기
라	inconstans 인콘스탄스	fortuna 포르투나	concrusatio 콘크루사티오	necessitas 네케씨타스
러	переменная величина 뻬례몐나야 벨리쳰나	случайность 슬루촤이너스츠	совпадение 서프빠제니예	необходимость 녜압하지머스츠
중	变数 / biànshù 삐엔쑤	偶然 / ǒurán 오우란	偶合 / ǒuhé 오우허	必要 / bìyào, 必然 / bìrán 삐야오, 삐란
일	へんすう / 変数 헨수-	ぐうぜん / 偶然 구-젠	ぐうぜんのいっち / 偶然の一致 구-젠노 잇찌	ひつよう / 必要 히추요-

일치, 조화	불일치	조화	부조화	KOR
accord 어코드	discord 디스코드	harmony 하머니	inharmony [1] 인하머니	ENG
accord 아꼬르	discorde 디스꼬르드	harmonie 아르모니	discordance 디스꼬르덩스	FRA
Übereinstimmung 위버아인슈팀뭉	Uneinigkeit 운아이니히카이트	Harmonie 하모니	Disharmonie 디스하모니	GER
acordo, harmonia 아꼬르두, 아르모니아	desacordo 데자꼬르두	harmonia 아르모니아	desarmonia 데자르모니아	POR
acuerdo 아꾸에르도	discordia 디스꼬르디아	armonía 아르모니아	falta de armonía 팔따 데 아르모니아	ESP
accordo 아꼬르도	disaccordo 디사꼬르도	armonia 아르모니아	disarmonia 디사르모니아	ITA
συμφωνία 심포니아	διαφωνία 디아포니아	αρμονία 아르모니아	δυσαρμονία 디사르모니아	GRE
consensus 콘센수스	discordia 디스코르디아	harmonia 하르모니아	inharmonia 인하르모니아	LAT
соответствие 싸아트볫스프비예	разногласие 라즈나글라씨예	гармония 가르모니야	дисгармония 지스가르모니야	RUS
一致 / yízhì, 调和 / tiáohé 이찌, 티아오허	不一致 / bùyīzhì 뿌이즈	调和 / tiáohé 티아오허	不相称 / bùxiāngchèn [2] 부시양천	CHN
いっち、ちょうわ / 調和 잇찌, 쵸-와	ふいっち / 不一致 후잇찌	ちょうわ / 調和 쵸-와	ふちょうわ / 不調和 후쵸-와	JPN

동의어: [1] mismatch 미스매치, [2] 脱节 / tuōjié 투오지에

이론	공식	변증법	뫼비우스의 띠	KOR
theory 띠오리	formula 포뮤라	dialectic 다이얼랙틱	Moebius strip 머비어스 스트립	ENG
théorie 떼오리	formule 포르뮐	dialectique 디아렉띠끄	ruban de Möbius 리방 드 뫼비우스	FRA
Theorie 테오리	Formel 포르멜	Dialektik 디알렉틱	Möbiusband 뫼비우스반트	GER
teoria 떼오리아	fórmula 포르뮬라	dialética 지알레찌까	fita de Moebius 피따 지 뫼비우스	POR
teoría 떼오리아	fórmula 포르뮬라	dialéctica 디알레띠까	tira de Mobiüs 띠라 데 모비우스	ESP
teoria 테오리아	formula 포르뮬라	dialettica 디알레띠까	Striscia Di Moebius 스트리샤 디 모에비우스	ITA
θεωρία 쎄오리아	τύπος, φόρμουλα 띠뽀스, 포르물라	διαλεκτική 디아렉띠끼	Η λωρίδα του Μέμπιους 이 로리다 뚜 메비우스	GRE
theoria 테오리아	formula 포르뮬라	dialectica 디아렉티카	taenia Moebii 태니아 모에비이	LAT
теория 찌오리야	форма 포르마	диалектик 지알렉찍	лист Мебиуса 리스트 메비우싸	RUS
理论 / lǐlùn 리룬	公式 / gōngshì 쿵시	辩证法 / biànzhèngfǎ 삐엔쩡파	莫比乌斯 带 / mòbǐwūsīdài 모비우쓰따이	CHN
りろん / 理論 리론	こうしき / 公式 코-시키	べんしょうほう / 弁証法 벤쇼-호-	メビウスのおび / メビウスの帯 메비우수노 오비	JPN

한	정반합	머피의 법칙	퍼지이론
영	thesis-antithesis-synthesis [1] 띠시스 안티떼씨스 신떼씨스	Murphy's Law 멀피스 로	fuzzy logic 퍼지로직
프	Thèse-antithèse-synthèse 떼즈 앙띠떼즈 쌩떼즈	loi de Murphy 루와 드 머피	logique floue 로직 플루
독	These-Antithese-Synthese 테제 안티테제 진테제	Murphys Gesetz 머피스 게제츠	Fuzzy-Logik 퍼지 로긱
포	tese-antitese-síntese 떼지-앙찌떼지-씽떼지	Lei de Murphy 레이 지 머르피	teoria de Fuzzy 떼오리아 지 푸지
스	tesis-antítesis-síntesis 떼시스-안띠떼시스-신떼시스	ley de Murphy 레이 데 무르피	teoría de fuzzy 떼오리아 데 푸지
이	tesi-antitesi-sintesi 테지-안티테지-신테지	Legge del Murphy 레쩨 델 무르피	teoria sfocata 테오리아 스포카타
그	θέσις-αντίθεσις-σύνθεσις 쎄시스-안디쎄시스-신세시스	Ο νόμος του Μέρφυ 오 노모스 뚜 메르피	θεωρία των ασαφών συνόλων 쎄오리아 똔 아사폰 시노론
라	trias de thesis et antithesis et synthesis 트리아스 데 테시스 에트 안티테시스 에트 신테시스	theoria Murphi [2] 테오리아 무르피	doctrina logici indistincti 독트리나 로기키 인디스팅크티
러	классическая гегелевская триада 클라씨췌스까야 계겔레프스까야 뜨리아다	Закон Мерфи 자꼰 메르피	нечёткая теория 니춋뜨까야 찌오리야
중	正反合 / zhèngfǎnhé 쩡판허	墨菲定律 / mòfēidìnglǜ 모페이띵뤼	模糊逻辑 / móhuluójí 모후루오지
일	せいはんごう / 正反合 세-한고-	マーフィーのほうそく / マーフィーの法則 마-휘-노 호-소쿠	ファジーりろん / ファジー理論 화지-리론

동의어: [1] trias of dialectic 트라이어스 오브 다이어렉틱, [2] ius Murphi 트라이

한	상대성이론	침묵의 나선이론	피타고라스의 정리
영	principle of relativity 프린스플 어브 랠러티비티	spiral of silence theory 스파이랄 어브 사일런스 티오리	Pythagorean theorem 피테거리언 티어럼
프	théorie de la relativité 떼오리 드 라 를라띠비떼	(théorie de la)spirale du silence (떼오리 드 라)스삐랄 뒤 실랑스	théorème de Pythagore 떼오렘 드 피따고르
독	Relativitätstheorie 렐라티비태츠테오리	Theorie der Schweigespirale 테오리 데어 슈바이게슈피랄레	Satz des Pythagoras 자츠 데스 퓌타고라스
포	teoria da relatividade 떼오리아 다 헬라찌비다지	teoria da espiral do silêncio 떼오리아 다 이스삐라우 두 씰렝씨우	teorema de Pitágoras 떼오레마 지 삐따고라스
스	relativismo 렐라띠비스모	Teoría la espiral del silencio 떼오리아 라 에스삐랄 델 실렌씨오	teorema de Pitágoras 떼오레마 데 삐따고라스
이	relativita 렐라티비따	Principio Silenzio spirale 프린시피오 실렌지오 스피랄레	teorema di Pitagora 테오레마 디 피타고라
그	θεωρία της σχετικότητας 쎄오리아 띠스 스헤띠꼬띠따스	θεωρία του σπιράλ της σιωπής 쎄오리아 뚜 스피랄 띠스 시오삐스	Πυθαγόριο θεώρημα 피싸고리오 쎄오리마
라	theoria relativitatis 테오리아 레라티비타티스	doctrina silentii spiralis 독트니나 실렌티이 스피랄리스	theorema Pythagorae [1] 테오레마 피타고라애
러	теория относительности 쩨오리야 앗트나씨젤너스찌	теория спирали молчания 쩨오리야 스삐랄리 말챠니야	теорема Пифагора 쩨아레마 피파고라
중	相对性原理 / xiāngduìxìngyuánlǐ 시앙두이싱위엔리	沉默的裸线理论 / hénmòdeluǒxiànlǐlùn 천모더루오씨엔리룬	勾股定理 / ōugǔdìnglǐ 오우구띵리
일	そうたいせいりろん / 相対性理論 소-타이세-리론	ちんもくのらせんりろん / 沈黙の螺旋理論 친모쿠노 라센리론	ピタゴラスのていり / ピタゴラスの定理 피타고라수노 테-리

동의어: [1] sententia Pythagorae 센텐티아 피타고래

질량보존의 법칙	만유인력의 법칙	KOR
the law of conservation of mass 더 로 어브 컨설베이션 어브 매스	the law of(universal)gravitation 더 로 어브(유니버셜)그래버테이션	ENG
loi de conservation de la masse 루와 드 꽁세르바시옹 드 라 마스	loi de la gravitation universelle 루와 들 라 그라비따씨옹 위니베르쎌	FRA
Massenerhaltungssatz 마센에어할퉁스자츠	Newtonsches Gravitationgesetz 뉴톤셰 그라비타치온스게제츠	GER
lei da conservação da massa 레이 다 꽁쩨르바써웅 다 마싸	lei da gravitação universal 레이 다 그라비따써웅 우니베르싸우	POR
ley de la conservación de la masa 레이 데 라 꼰세르바씨온 데 라 마사	ley de la gravitación universal 레이 데 라 그라비씨온 우니베르살	ESP
legge di conservazione di massa 레쩨 디 콘제르바찌오네 디 마싸	la legge di gravitazione 라 레쩨 디 그라비따찌오네	ITA
διατήρηση της μάζας 디아띠리시 띠스 마자스	ο νόμος της παγκόσμιας έλξης 오 노모스 띠스 빵고스미아스 엘륵시스	GRE
theoria conservationis massae 테오리아 콘세르바티오니스 마쎄	theoria gravitatis universalis 테오리아 그라비타티스 우니베르살리스	LAT
закон сохранения массы 자꼰 써흐라녜니야 마씌	закон(всемирного)тяготения 자꼰(프쩨미르너버)찌가쩨니야	RUS
质量保存的定律 / zhìliàngbǎocúndedìnglǜ 즈리양바오춘더띵뤼	万有引力定律 / wànyǒuyǐnlìdìnglǜ 완요우인리띵뤼	CHN
しつりょうほぞんのほうそく／質量保存の法則 시추료-호존노호-소쿠	ばんゆういんりょくのほうそく／万有引力の法則 방유-인료쿠노호-소쿠	JPN

아노미현상	증식	배양	복제	KOR
Anomie 에노미	multiplication [1] 멀티플리케이션	cultivation 컬티베이션	reproduction 리프로덕션	ENG
anomie 아노미	prolifération 쁘롤리페라시옹	culture 뀔뛰르	reproduction 르프로뒤씨옹	FRA
Anomie 아노미	Vermehrung 페어메어룽	Zucht 추흐트	Reproduktion 레프로둑치온	GER
fenômeno de anomia 페노메누 지 아노미아	proliferação 쁘롤리페라써웅	cultivo 꾸우찌부	clonagem 끌로나쥉	POR
Fenómeno Anómico 페노메노 아노미꼬	proliferación 쁘롤리페라씨온	cultivo 꿀띠보	reproducción 레쁘로둑씨온	ESP
teoria anomia 테오리아 아노미아	moltiplicazione 몰티플리카찌오네	coltura 꼴뚜라	clono 클로노	ITA
δομική ανομία 도미끼 아노미아	πολλαπλασιασμός 뽈라쁠라시아스모스	καλλιέργεια 깔리에르기아	αναπαραγωγή 아나빠라고기	GRE
theoria iniquitatis 테오리아 아노미아스	amplicatio [2] 암플리카티오	consitio [3] 콘시티오	propagatio 프로파가티오	LAT
аномия 아노미야	разведение 라즈베제니예	выращивание 븨라쉬바니예	дупликация 두쁠리까찌야	RUS
混乱 / hùnluàn 훈루안	增殖 / zēngzhí 쩡즈	培养 / péiyǎng 페이양	复制 / fùzhì 푸쯔	CHN
アノミーげんしょう／アノミー現象 아노미-겐쇼-	ぞうしょく／増殖 조-쇼쿠	ばいよう／培養 바이요-	ふくせい／複製 후쿠세-	JPN

동의어: [1] increasement 인크리스먼트, [2] incrementum 이크레멘툼, propagatio 프로파가티오, [3] consitura 콘시투라, cultura 쿨투라

한	가속	진보	발전, 전개	개선
영	acceleration 액셀러레이션	progress 프로그래스	development 디벨럽먼트	improvement 임프루브먼트
프	accélération 악셀레라시옹	progrès 프로그레	développement 데블로쁘멍	amélioration 아멜리오라시옹
독	Beschleunigung 베슐로이니궁	Fortschritt 포르트슈리트	Entwicklung 엔트빅클룽	Verbesserung 페어베서룽
포	aceleração 아쎌레라써옹	progresso 쁘로그레쑤	desenvolvimento 데젱보우비멩뚜	melhoria 멜요리아
스	aceleración 아쎌레라씨온	progreso 쁘로그레소	desarrollo 데사로요	mejoramiento 메호라미엔또
이	accelerazione 아첼레라찌오네	progresso 프로그레쏘	sviluppo 즈빌루뽀	miglioramento 밀리오라멘또
그	επιτάχυνση *1 에삐따힌시	πρόοδος 프로도스	ανάπτυξη 아납띡시	βελτίωση 벨띠오시
라	acceleratio 악켈레라티오	progressus 프로그레쑤스	augmentum *2 아우그멘툼	correctio *3 코렉티오
러	ускорение 우스까례니예	прогресс 쁘라그래스	развитие 라즈비찌예	улучшение 울룻췌니예
중	加速 / jiāsù 찌아쑤	进步 / jìnbù 찐뿌	发展 / fāzhǎn, 开展 / kāizhǎn 파쟌, 카이쟌	改善 / gǎishàn 가이산
일	かそく / 加速 카소쿠	しんぽ / 進歩 신포	はってん / 発展, てんかい / 展開 핫뗀, 텐카이	かいぜん / 改善 카이젠

동의어: *1 επίσπευση 에삐스뻬브시, *2 incrementum 인크레멘툼, prgressio 프로그레씨오, *3 emendatio 에멘다티오

한	확대	확장	진화	강화, 보강
영	enlargement 인라지먼트	extension 익스텐션	evolution 에벌루션	reinforcement 리인포스먼트
프	agrandissement 아그랑디스멍	prolongement 프롤롱쥬멍	évolution 에볼뤼시옹	renforcement 랑포르스멍
독	Vergrößerung 페어그로서룽	Verlängerung 페어랭어룽	Evolution 에볼루치온	Verstärkung 페어슈테어쿵
포	ampliação 앙쁠리아써옹	extensão 이스뗑써옹	evolução 에볼루써옹	fortalecimento 포르딸레씨멩뚜
스	agrandimiento 아그란디미엔또	expansión 엑스빤시온	evolución 에볼루씨온	fortalecimiento 포르딸레씨미엔또
이	ingrandimento 인그란디멘또	prolungamento 프롤룽가멘또	evoluzione 에볼루찌오네	rinforzamento 린포르짜멘또
그	μεγέθυνση, επέκταση 메게씬시, 에뻭따시	επέκταση, παράταση 에뻭따시, 빠라따시	εξέλιξη, ανέλιξη 엑셀릭시, 아넬릭시	ενίσχυση 에니스히시
라	amplificatio *1 암플리피카티오	extensio *2 엑스텐시오	evolutio 에볼로티오	supplementum 숩플레멘툼
러	увеличение 우벨리췌니예	продолжение 쁘라달줴니예	эволюция 애발류찌야	укрепление 우크리쁠례니예
중	扩大 / kuòdà 크오따	扩张 / kuòzhāng 꾸오장	进化 / jìnhuà 찐후아	加强 / jiāqiáng 찌아치앙
일	かくだい / 拡大 카쿠다이	かくちょう / 拡張 카쿠쵸-	しんか / 進化 신카	きょうか / 強化, ほきょう / 補強 쿄-카, 호쿄-

동의어: *1 expansio 엑스판시오, prolatio 프롤라티오, *2 porrectio 포렉티오

560

보급, 유포	완전	불완전	실현, 달성	KOR
diffusion 디퓨젼	perfection 퍼펙션	imperfection 임펄훼숀	fulfillment 풀필먼트	ENG
diffusion 디퓌지옹	perfection 뻬르펙시옹	imperfection 엥뻬르펙시옹	accomplissement 아꽁쁠리스멍	FRA
Verbreitung, Diffusion 페어브라이퉁, 디푸지온	Perfektion 페르펙치온	Unvollständigkeit 운폴슈탠디히카이트	Erfüllung 에어퓔룽	GER
disseminação 지쎄미나써웅	perfeição 뻬르페이써웅	imperfeição 잉뻬르페이써웅	cumprimento 꿈쁘리멩뚜	POR
difusión 디푸시온	perfección 뻬르펙씨온	defecto 데펙또	cumplimiento 꿈쁠리미엔또	ESP
diffusione 디푸지오네	perfezione 페르페찌오네	incompletezza 인콤플레테짜	compiutezza 콤피우테짜	ITA
εξάπλωση, δίαχυση 엑사쁠로시, 디아히시	τελειοποίηση *2 뗄리오삐이시	ατέλεια 아뗄리아	ολοκλήρωση 올로끌리로시	GRE
diffusio *1 디푸시오	perfectio 페르펙티오	imperfectio 임페르펙티오	confectio 콘펙티오	LAT
диффузия 지푸지야	совершенствование 서볘르쉔스뜨버	несовершенство 녜쎠볘르쉔스뜨버	выполнение 븨빨녜니예	RUS
普及 / pǔjí 푸지	完全 / wánquán 완츄엔	不完全 / bùwánquán 뿌완츄엔	实现 / shíxiàn, 达成 / dáchéng 스시엔, 다청	CHN
ふきゅう / 普及、るふ / 流布 후큐-, 루후	かんぜん / 完全 칸젠	ふかんぜん / 不完全 후칸젠	じつげん / 実現、たっせい / 達成 지추겐, 탓쎄-	JPN

동의어: *1 evagatio 에바가티오, *2 τελειότητα 뗄리오띠따

상식	지각	인식	반성	KOR
common sense 커먼 쎈스	perception 펄쎕션	recognition 레코그니션	reflection 리플렉션	ENG
sens commun 쌍스 꼬맹	perception 뻬르쎕시옹	cognition 코그니씨옹	réflexion 레플렉씨옹	FRA
Wissen 비쎈	Wahrnehmung 바아네뭉	Erkenntnis 에어켄트니스	Nachprüfung 나흐프뤼풍	GER
senso comum 쎙쑤 꼬뭉	percepção 뻬르쎕써웅	recognição 헤꼬기니써웅	autorreflexão 아우또헤플레써옹	POR
sentido común 센띠도 꼬문	percepción 뻬르쎕씨온	reconocimiento 레꼬노씨미엔또	reflexión 레플렉씨온	ESP
buonsenso 부온센소	percezione 페르체찌오네	riconoscimento 리코노쉬멘또	riflessione 리플레씨오네	ITA
κοινή λογική 끼니 로기끼	αντίληψη 안딜립시	αναγνώριση 아나그노리시	στοχασμός 스또하즈모스	GRE
mens sana *1 멘스 사나	perceptio 페르켑티오	recognitio 레코그니티오	contemplatio 콘템플라티오	LAT
здравый смысл 즈드라브이 스믜슬	восприятие 버스쁘리야찌예	сознание 써즈나니예	рефлексия 례플렉씨야	RUS
常识 / chángshí 챵스	知觉 / zhījué 쯔쥬에	认识 / rènshi 런스	反省 / fǎnxǐng 판싱	CHN
じょうしき / 常識 죠-시키	ちかく / 知覚 치카쿠	にんしき / 認識 닌시키	はんせい / 反省 한세-	JPN

동의어: *1 sensus communis(=intellecti commune) 센수스 콤무니스(=인텔렉티 콤무네)

한	확신	확실	불확실성	식별
영	conviction 컨빅션	certainty 썰튼티	uncertainty 언썰튼티	discernment 디썰먼트
프	conviction, certitude 꽁빅씨옹, 쎄르띠뛰드	certitude 쎄르띠뛰드	incertitude 앵쎄르띠뛰드	discernement 디쎄른느멍
독	Überzeugung 위버초이궁	Sicherheit *1 지혀하이트	unsicher 운지허	Identifizierung 이덴티피치어룽
포	convicção 꽁빅써웅	certeza 쎄르떼자	incerteza 잉쎄르떼자	discernimento 지쎄르니멩뚜
스	convicción 꼰빅씨온	cierto 씨에르또	incierto 인씨에르또	discernimiento 디쎄르니미엔또
이	assicurazione 아씨꾸라찌오네	sicuro 시꾸로	incerto 인체르또	discernimento 디셰르니멘또
그	πεποίθηση, πίστη 뻬삐씨시, 삐스띠	βεβαιότητα 뻬뻬오띠따	αβέβαιοτητα 아베뻬오띠따	οξυδέρκεια *3 옥시데르끼아
라	coargutio 코아르구티오	certitudo 케르티투도	dubitatio *2 두비타티오	distinctio 디스팅크티오
러	определённость 아쁘례젤룐너스츠	уверенность 우볘롄너스츠	неуверенность 녜우볘롄너스츠	распознавание 라스뻐즈나니예
중	确信 / quèxìn 츄에씬	确实 / quèshí 츄에스	不确实 / bùquèshí 뿌츄에스	识别 / shíbié 스비에
일	かくしん / 確信 카쿠신	かくじつな / 確実な 카쿠지추나	ふかくじつな / 不確実な 후카쿠지추나	しきべつ / 識別 시키베추

동의어: *1 Gewissheit 게비쓰하이트, *2 dubium 두비둠, incertum 잉케르툼, *3 διορατικότητα 디오라띠꼬띠따

한	평가	수긍	점검, 검사	인증
영	valuation 벨류에이션	consent 컨쎈트	inspection 인스펙션	certification 서티피케이션
프	évaluation 에발뤼아씨옹	consentement 콩쌍뜨멍	inspection 엥스펙씨옹	certification 쎄르띠피케씨옹
독	Bewertung 베베어퉁	Zustimmung 추슈팀뭉	Durchsicht *3 두르히지히트	Zertifikat *4 체어티피카트
포	avaliação 아발리아써웅	consentimento 꽁쎙찌멩뚜	inspeção 잉스뻬써웅	certificação 쎄르티피카써웅
스	valoración 발로아씨온	asentimiento 아쎈띠미엔또	inspección 인스펙씨온	certificación 쎄르띠피까씨온
이	valutazione 발루따찌오네	consenso 꼰센쏘	ispezione 인스페지오네	attestazióne *5 아떼쓰따찌오네
그	εκτίμηση 엑띠미시	συγκατάθεση *1 싱가따쎄시	επιθεώρηση 에삐쎄오리시	πιστοποίηση *6 삐스또뽀이시
라	estimatio 에스티마티오	assensio *2 아쎈시오	inspectio 인스펙티오	authénticus 아우텐티쿠스
러	оценка 아쩬까	согласие 싸글라씨예	осмотр 아스모뜨르	сертификация 쎄르찌피까찌야
중	评价 / píngjià 핑지아	首肯 / shǒukěn 소우컨	检点 / jiǎndiǎn, 检查 / jiǎnchá 지엔띠엔, 지엔차	认证 / rènzhèng 렌졍
일	ひょうか / 評価 효-카	しゅこう / 首肯 슈코-	てんけん / 點検, けんさ / 検査 뎬켄, 켄사	にんしょう / 認證 닌쇼-

동의어: *1 συναίνεση 시네네시, *2 consensus (=다수의 합의적 수긍)콘센수스, *3 Inspektion 인스펙치온, *4 Beglaubigung 베그라우비궁
*5 certificazione 체르티피카지오네, *6 βεβαίωση 베베오시

바이러스	핵산	숙주	기생충	KOR
virus 바이러스	nucleic acid 뉴크리어크 에씨드	host 호스트	parasite 패러싸이트	ENG
virus 비뤼스	acides nucléiques 악씨드 뉘끌레이끄	hôte 오뜨	parasite 빠라지뜨	FRA
Virus 비루스	Nukleinsäure 누클라인조이레	Wirt 비어트	Parasit 파라지트	GER
vírus 비루스	ácido nucleico 아씨두 누끌레이꾸	hospedeiro 오스뻬데이루	parasita 빠라지따	POR
virus 비루스	ácido nucleico 악씨도 누끌레이꼬	huésped 우에스뻿	parásito 빠라시또	ESP
virus 비루스	acidi nucleici 아치디 누끌레이치	ostia 오스티아	parassita 파라씨타	ITA
ιός 이오스	πυρηνικό οξύ 삐리니꼬 옥시	ξενιστής 윽시니스띠스	παράσιτο 빠라시또	GRE
virum 비룸	acidum nucleicum 아키둠 누크레이쿰	hospes 호스페스	parasitus 파라시투스	LAT
вирус 비루스	нуклеиновая кислота 누끌레이너바야 끼슬라따	хозяин 하쟈인	паразит 빠라짓	RUS
病毒 / bìngdú 삥두	核酸 / hésuān 허쑤안	宿主 / sùzhǔ 수주	寄生虫 / jìshēngchóng 지성충	CHN
ウイルス 우이루수	かくさん / 核酸 카쿠산	しゅくしゅ / 宿主 슈쿠슈	きせいちゅう / 寄生虫 키세-츄-	JPN

미생물	세균	박테리아	유산균	KOR
microorganism 마이크로올가니즘	bacillus *1 버씰러스	bacterium *2 벡티어리엄	lactobacillus 랙토우버씰러스	ENG
micro-organisme 미크로 올가니즘	bacille 바씰	bactérie 박떼리	lactobacille 락또바씰	FRA
Mikroorgarnismus 미크로오르가니스무스	Bazillus 바칠루스	Bakterium 박테리움	Milchsäurebakterium 밀히조이레박테리움	GER
microrganismo 미끄로르가니즈무	germe 줴르미	bactéria 박떼리아	lactobacilo 락또바씰루	POR
microorganismo 미끄로오르가니스모	germen 헤르멘	bacteria 박떼리아	lactobacilo 락또바실로	ESP
microorganismo 미크로오르가니즈모	bacillo 바칠로	batterio 바떼리오	lactobacillo 락또바칠리오	ITA
μικροοργανισμός 미끄로오르가니즈모스	βάκιλος 바낄로스	βακτηρίδιο 박띠리디오	γαλακτοβακτηρίδιο 갈락또박띠리디오	GRE
microorganismus 미크로오르가니스무스	bacillus 바킬루스	bacterium 박테리움	lactobacillus 락티오바킬루스	LAT
микроорганизм 미크러아르가니즘	микроб 미크롭	бактерия 바크떼리야	лактобацилла 라크떠바찔라	RUS
微生物 / wēishēngwù 웨이성우	细菌 / xìjūn 시쥔	微菌 / wēijūn 웨이쥔	乳酸菌 / rǔsuānjùn 루쑤안쥔	CHN
びせいぶつ / 微生物 비세-부추	さいきん / 細菌 사이킨	バクテリア 바쿠테리아	にゅうさんきん / 乳酸菌 뉴-산킨	JPN

동의어: *1 germ 젬, 참고: *2 bacteria (복수)벡티리아

한	대장균	혐기성	호기성(굴기성)	발효
영	E. coli [1] 이콜라이	anaerobe 애너로우브	aerobe 에로브	fermentation 풔멘테이션
프	colibacille 꼴리바씰	anaérobie 아나에로비	aérobie 아에로비	fermentation 페르멍따시옹
독	Kolibakterien 콜리박테리언	Anaerobier 아나에로비어	Aerobie 아에로비	Fermentation [2] 페르멘타치온
포	coliforme 꼴리포르미	anaeróbio 아나에로비우	aeróbio 아에로비우	fermentação 페르멩따써웅
스	coliforme 꼴리포르메	anaerobio 아나에로비오	aeróbico 아에로비꼬	fermentación 페르멘따씨온
이	coliforme 콜리포르메	anaerobio 아나에로비오	aerotropismo 아에로트로피즈모	fermentazione 페르멘타찌오네
그	κολοβακτηρίδιο 꼴로박띠리디오	αναερόβιος 아나에로비오스	αεροτροπισμός 아에로트로삐즈모스	ένζυμο 엔지모
라	kolobacterium 콜로박테리움	anaerobus 아내로부스	aerotropismus 아에로트로피스무스	fermentatio 페르멘타티오
러	колибацилла 콜리바찔라	анаэробный 아나애로브느이	аэробный 아애로브느이	ферментация 페르멘따찌야
중	大肠菌 / dàchángjūn 따창쥔	厌氧 / yànyǎng 앤양	好氣性 / hǎoqìxìng 하오치씽	发酵 / fājiào 파지아오
일	だいちょうきん / 大腸菌 다이쵸-킨	けんきせい / 嫌気性 켄키세-	こうきせい / 好奇性 코-키세-	はっこう / 発酵 학꼬-

동의어: [1] Escherichia coli의 약어, colon bacterium 코우런 벡티어리엄(생명공학 용어), [2] Gärung 개룽

한	효소	계량	재조합	감염
영	enzyme 엔자임	weighing 웨잉	recombination 리컴비네이션	infection 인펙션
프	enzyme 앙짐	mesure, pesage 므쥐르, 쁘자쥬	recombinaison 르꽁비네종	contagion [1] 꽁따지옹
독	Enzym 엔침	Wiegen 비겐	Rekombination 레콤비나치온	Infektion 인펙치온
포	enzima 엥지마	pesagem 뻬자쥉	recombinação 헤꽁비나써웅	infecção 잉펙써웅
스	enzima 엔시마	medida 메디다	recombinación 레꼼비나씨온	contagio 꼰따히오
이	enzima 엔지마	misura 미주라	ricombinazione 리꼼비나찌오네	infezione 인페찌오네
그	ένζυμο 엔지모	μέτρηση βάρους 메트리시 바루스	ανασυνδυασμός 아나신디아즈모스	μόλυνση 몰린시
라	férveo 페르베오	mensio ponderis 멘시오 폰데리스	recollatio 레콜라티오	contagium 콘타기움
러	фермент 페르멘트	взвешивание 브즈볘쉬바니예	рекомбинация 레깜비나찌야	инфекция 인페크찌야
중	酵素 / jiàosù 쟈오수	計量 / jìliàng, 測量 / cèliáng 지량, 처량	再组合 / zàizǔhé 짜이주허	感染 / gǎnrǎn 간란
일	こうそ / 酵素 코-소	けいりょう / 計量 케-료-	くみかえ / 組み替え 쿠미카에	かんせん / 感染 칸센

동의어: [1] infection 앵펙씨옹

564

바이패스	M커머스(이동상업)	오픈마켓	KOR
bypass 바이패스	mobile commerce 모바일 커머스	open market 오픈마켓	ENG
by-pass 바이빠스	commerce mobile [2] 꼬메르스 모빌	marché libre 마르쉐 리브르	FRA
Bypass 바이파스	Mobile Commerce [3] 모바일 커머스	freier Markt 프라이어 마크트	GER
bypass 바이패스	comércio móvel 꼬메르씨우 모베우	mercado aberto 메르까두 아베르뚜	POR
bypass 바이빠스	comercio móvil 꼬메르씨오 모빌	mercado abierto 메르까도 아비에르또	ESP
circonvallazione 치르콘발라지오네	Commercio mobile 콤메르쵸 모빌레	mercato libero 메르카토 리베로	ITA
αρτηριακή παράκαμψη [1] 아르띠리아끼 빠라깜시	κινητό εμπόριο 끼니또 엠보리오	ανοικτή οικονομία 아닉띠 이꼬노미아	GRE
praetervectio 프라테르벡티오	mobile commercium 모빌레 콤메르시움	apertus mercatus 아페르투스 메르카투스	LAT
байпас 바이파스	мобильная коммерция 마빌나야 까메르찌야	открытый рынок 아트크리드이 릐늑	RUS
直通 /zhítōng 즈퉁	移动商务 /yídòngshāngwù 이똥샹우	公开市场 /gōngkāishìchǎng 꿍카이스챵	CHN
バイパス 바이파수	Mコマース M코마-수	オープンマーケット 오-픈마-켓또	JPN

동의어: [1] μπαϊπάς 바이빠스, [2] m-commerce 엠 꼬메르스, [3] M-Commerce 엠 코머스, MC 엠체

컨버전스	유비쿼터스	인터넷	검색	KOR
convergence 컨버전스	ubiquitous [2] 유비쿼터스	Internet 인터넷	search 서치	ENG
convergence 꽁베르쟝스	ubiquitaire 유비끼떼르	internet 엥떼르네뜨	recherche 르쉐르슈	FRA
Konvergenz 콘베르젠츠	Allgegenwart 알게겐바아트	Internet 인터넷	Suchen 주헨	GER
convergência 꽁베르쎙씨아	ubíquo 우비꾸오	internet 잉떼르네찌	busca 부스까	POR
convergencia 꼰베르헨씨아	ubicuo 우비꾸오	internet 인떼르넷	busqueda 부스께다	ESP
convergenza 콘베르젠자	onnipresente 온니프레젠떼	internet 인테르넷	ricerca 리체르까	ITA
σύγκλιση 싱끌리시	ευρέως διαδεδομένος 에브레오스 디아데도메노스	διαδίκτυο 디아딕띠오	αναζήτηση 아나지띠시	GRE
appropinquatio [1] 압프로핑쿠아티오	ubiquitous 우비쿠이투스	interrete [3] 인테르레테	inquisitio [4] 인쿠이시티오	LAT
конвергенция 칸베르겐찌야	вездесущий 베즈제수쉬이	интернет 인뜨르넷	Поиск 뽀이스크	RUS
融合 /rónghé 룽허	普遍存在 /pǔbiàncúnzài 뿌삐엔춘짜이	因特网 /yīntèwǎng 인터왕	检索 /jiǎnsuǒ 지엔수오	CHN
コンバージェンス 콘바-젠수	ユビキタス 유비키타수	インターネット 인타-넷또	けんさく/検索 켄사쿠	JPN

동의어: [1] inclinatio 인클리나티오, [2] omnipresence 옴니프레젠스, [3] interreticulum 인테르레티쿨룸, [4] investigatio 인베스티가티오

한	네트워크	웹사이트	네티켓	누리꾼
영	network 넽워크	website 웹싸이트	netiquette 네티켙	netizen 네티즌
프	réseau 레조	site web 시트 웹	nétiquette 네티켙	internaute 엥떼르노프
독	Netzwerk 네츠베르크	Website 웹사이트	Netiquette, Netikette 네티케테, 네티케테	Netizen 네티즌
포	rede 헤지	website 웹싸이찌	netiqueta 네찌께따	internauta 잉떼르나우따
스	red 레드	sitio 시띠오	etiqueta de la red 에띠께따 데 라 레드	internauta 인떼르나우따
이	rete 레떼	sito web 시또 웹	netiquette 네티크베떼	netizen 네티즌
그	δίκτυο 딕띠오	δικτυακός τόπος *2 딕띠아꼬스 또쁘스	netiquette *3 네티켙	netizen *4 네티즌
라	rete *1 레테	situs interretialis 시투스 인테르레티알리스	mores retis 모레스 레티스	civis interretis 키비스 인테르레티스
러	сеть 쎗츠	веб-сайт 벱싸이트	сетикет, нетикет 쎄찌켓, 네찌켓	пользователь сети 뽈조바쩰 쎄찌
중	网络 / wǎngluò 왕루오	网站 / wǎngzhàn 왕짠	网络礼仪 / wǎngluòlǐyí 왕루오리이	网民 / wǎngmín 왕민
일	ネットワーク 넷또와-쿠	ウェブサイト 웨부사이토	ネチケット 네치켓또	ネチズン 네치준

동의어: *1 conexus(computatrorum) 코넥수스(콤푸타트로룸), *2 ιστοσελίδα 이스또셀리다,
*3 κώδικας δεοντολογικής συμπεριφοράς στο διαδίκτυο 꼬디까스 데온돌로기끼스 심베리포라스 스또 디아딕띠오,
*4 διαδικτυακός χρήστης 디아딕띠아꼬스 흐리스띠스

한	인터넷검색	배너광고	채팅방
영	internet search 인터넷 서치	banner ad *1 배너 애드	chat room 챗 룸
프	recherche sur internet 르쉐르슈 쒸르 엥떼르넷	bannière publicitaire 바니에르 쀠블리시떼르	salon de chat 쌀롱 드 샤
독	Internetsuche 인터넷주헤	Werbebanner 베르베바너	Chatroom 채트룸
포	busca na internet 부스까 나 잉떼르네찌	anúncio de banner 아눙씨우 지 배너	sala de bate-papo 쌀라 지 바찌-빠뿌
스	búsqueda en Internet 부스꿰다 엔 인테르넷	anuncio de la bandera 아눈키오 데 라 반데라	cuarto de charla 꾸아르또 데 차를라
이	navigazione 나비가찌오네	pubblicità del banner 퍼블리키따 델 배너	da chattare 다 차따레
그	αναζήτηση στο διαδίκτυο 아나지띠시 스또 디아딕띠오	διαφήμιση βαννερ 디아페미시 반넬	τσατ ρουμ *2 차뜨 룸
라	inquisitio interretialis 인쿠이시티오 인테르레티알리스	signum proscriptionis 시그눔 프로스크립티오니스	(virtualis)locus colloquiorum (비르투알리스)로쿠스 콜로쿠이오룸
러	поиск в интернете 뽀이스크 브 인뜨르네쩨	рекламные баннеры 례클람늬예 바녜릐	чат 찻
중	因特网查询 / yīntèwǎng cháxún 인터왕 차쉰	横幅广告 / héngfú guǎnggào 헝푸 광까오	聊天室 / liáotiānshì 랴오티엔스
일	インターネットけんさく / インターネット検索 인타-넷또 켄사쿠	バナーこうこく / バナー広告 바나-코-코쿠	チャットルーム 챗또루-무

동의어: *1 bookmark 북마크, *2 εφαρμογή ανταλλαγής μηνυμάτων 에파르모기 안달라기스 미니마똔

566

즐겨찾기, 북마크	백업	이모티콘, 이모지	아바타	KOR
favorites *1 페이버리츠	back up 백업	emoticon *3 이모티컨	avatar 애바타	ENG
signet *2 씨녜	sauvegarde 소브가르드	frimousse 프리무스	avatar 아바타	FRA
Lesezeichen 레제차이헨	Sicherung *2 지혀룽	Emoticon, Emoji 이모티콘, 이모지	Avatar 애바타	GER
favoritos 파보리뚜스	cópia de segurança 꼬삐아 지 쎄구랑싸	emoticon 이모찌꽁	avatar 아바따르	POR
Favoritos 파보리또스	copia de seguridad 꼬삐아 데 세구리닷	carita sonriente 까리따 손리엔떼	avatar 아바따르	ESP
Preferiti 프레페리티	sostenere 소스떼네레	emoticon 에모티콘	avatar 아바타르	ITA
αγαπημένα 아가삐메나	δημιουργία αντίγραφου 디미우르기아 안디그라푸	εμότικον 에모띠콘	άβαταρ 아바따르	GRE
signum paginarum 시그눔 파기나룸	conservatio 콘세르바티오	emoticon 에모티콘	avatara 아바타라	LAT
закладка 자클라트카	резервное копирование 레제르브노예 까삐러바니예	эмотикон 애마찌꼰	аватар 아바따르	RUS
收藏夹 / shōucángjiā 슈캉지아	备份 / bèifèn 뻬이펀	表情符号 / biǎoqíngfúhào 뱌오칭푸하오	纸娃娃 / zhǐwáwa 즈와와	CHN
おきにいり / お気に入り 오키니이리	バックアップ 박꾸압뿌	かおもじ / 顔文字 카오모지	アバター 아바타-	JPN

동의어: *1 bookmark 북마크, *2 Backup 베크업, *3 emoji 이모지

PC방	내려받기	로딩	키워드	KOR
internet café 인터넷카페	download 다운로드	loading 로우딩	keyword 키워드	ENG
cybercafé 씨베르카페	téléchargement 뗄레샤르쥬멍	chargement 샤르쥬멍	mot clé 모 끌레	FRA
Internetcafé 인터넷카페	Download *2 다운로드	Loading *4 로딩	Schlüsselwort 슐뤼셀보르트	GER
ciber café *1 씨베르 까페	download 다웅로지	carregamento 까헤가멩뚜	palavra-chave 빨라브라-샤비	POR
Sala de PC 살라 데 뻬쎄	descargar 데스까르가르	cargando 까르간도	palabra clave 빨라브라 끌라베	ESP
Stazione del pc 스타찌오네 델 피치	scaricare 스카리까레	caricamento in corso 까리까멘또 인 꼬르소	parola chiave 빠롤라 끼아베	ITA
ίντερνετ καφέ 인떼르네드 까페	λήψη αρχείου *3 립시 아르히우	φόρτωση 포르또시	λέξη κλειδί 렉키 끌리디	GRE
caupona interretialis 카우포나 인테르레티알리스	deorsum onerans data 데오르숨 오네란스 다타	onerans data 오네란스 다타	vocabulum clavis *5 보카불룸 클라비스	LAT
интернет кафе 인프르넷 카페	скачать 스카챠츠	погрузка 빠그루스까	ключевое слово 클류췌보예 슬로버	RUS
网吧 / wǎngbā 왕빠	下载 / xiàzài 시아자이	载入 / zàirù 자이루	关键词 / guānjiàncí 꽌지엔츠	CHN
インターネット カフェ 인타-넷또 카훼	ダウンロード 다운로-도	ローディング 로-딘구	キーワード 키-와-도	JPN

동의어: *1 lan house 랑 하우지, *2 Herunterladen 헤어운터라덴, *3 μεταφόρτωση 메타포르또시, *4 beladen 벨라덴,
*5 dictum significans 딕툼 시그니피칸스

한	온라인게임	캡처	로그인	로그아웃
영	online game 온라인게임	capture 캡추어	login 록인	logout 로그아웃
프	jeu en ligne 쥬 엉 린느	capture d'écran 깝뛰르 데크랑	connexion 꼬넥씨옹	déconnexion 데꼬넥시옹
독	Online-Spiele [1] 온라인-슈필레	Screenshot 스크린숏	Log-in 로그 인	Logout 로그아웃
포	game online 게이미 옹라잉	captura 깝뚜라	login 로깅	logout 로가우찌
스	juego en línea 후에고 엔 리네아	captura 깝뚜라	entrar 엔뜨라르	salir 살리르
이	gioco in rete 죠꼬 인 레떼	cattura 카뚜라	inizio attività 이니지오 아띠비따	termine attività 떼르미네 아띠비따
그	διαδικτυακό παιχνίδι 디아딕띠아꼬 빼흐니디	αποθηκεύω 아뽀씨께보	σύνδεση 신데시	αποσύνδεση 아뽀신데시
라	ludus interretialis 루두스 인테르레티알리스	comprehensio 콤프레헨시오	coniunctio 콘융크티오	dissolutio 디소루티오
러	онлайн игра 온라인 이그라	запись 자삐스	вход 프홋	выход 븨홋
중	网络游戏 / wǎngluòyóuxì 왕루오요우시	捕获 / bǔhuò 뿌후오	登录 / dēnglù 떵루	登出 / dēngchū 떵추
일	オンラインゲーム 온라인게-무	キャプチャー 캬푸챠-	ログイン 로구인	ログアウト 로구아우토

동의어: [1] Internet-Spiele 인터넷-슈필레

한	포털사이트	링크	윈도우	클러스터
영	portal site 포탈싸이트	link 링크	window 윈도우	cluster 클러스터
프	site portail 씨뜨 포르따이으	lien 리앵	Windows 윈도즈	cluster 클뤼스떼르
독	portal 포어탈	Link 링크	Microsoft Windows 마이크로소프트 윈도우즈	Cluster [1] 클러스터
포	portal 뽀르따우	link 링끼	Windows 윙도우스	cluster 끌루스떼르
스	portal 뽀르딸	enlace 엔라쎄	ventana 벤따나	clúster 끌루스떼르
이	sito portale 시또 뽀르딸레	connessione 콘네씨오네	finestra 피네스트라	cluster 클루스테르
그	διαδικτυακή πύλη 디아딕띠아끼 삘리	σύνδεσμος 신데즈모스	παράθυρο 빠라씨로	συστοιχία 시스띠히아
라	situs portae 시투스 포르타에	nexus 넥수스	fenestra 페네스트라	racemus 라케무스
러	портал 뽀르딸	ссылка 씰까	окно 아크노	блок 블록
중	入门网站 / rùménwǎngzhàn 루먼왕짠	接条 / jiētiáo 지에티아오	窗口 / chuāngkǒu 추왕커우	群集 / qúnjí 췬지
일	ポータルサイト 포-타루사이토	リンク 린쿠	ウィンドウ 윈도우	クラスタ 쿠라수타

동의어: [1] Festplatte 페스트플라테

해상도	도메인	해커	클릭	이메일	KOR
resolution 레져루숀	domain 도우메인	hacker 해커	click 클릭	e-mail 이메일	ENG
résolution 레졸뤼씨옹	domaine 도멘느	hacker *3 아께르	clic 끌릭	e-mail 이멜르	FRA
Auflösung 아우플뢰중	Domain *1 도메인	Hacker 하커	Klick 클릭	E-Mail 이메일	GER
resolução 헤졸루쩌웅	domínio 도미니우	hacker 해커	clique 끌리끼	e-mail 이-메이우	POR
resolución 레솔루씨온	dominio 도미니오	pirata informático 삐라따 인포르마띠꼬	clic 끌릭	correo electrónico 꼬레오 일렙뜨로니꼬	ESP
risoluzione 리솔루찌오네	dominio 도미니오	hacker 해커	clicca 클리까	posta elettronica 포스타 엘레뜨로니카	ITA
ανάλυση 아날리시	τομέας *2 또메아스	χάκερ 하께르	κλικ 끌릭	ηλεκτρονικό ταχυδρομείο 일렉뜨로니꼬 따히드로미오	GRE
resolutio 레솔루티오	dominium 도미니움	pirata 피라타	tinnimentum 틴니멘툼	cursus electronicus 쿠르수스 에렉트로니쿠스	LAT
разрешение экрана 라즈례쉐니예 애크라나	домен 다몐	хэкер 해깨르	клик 클릭	e-мейл 이-매일	RUS
解析度 /jiěxīdù 지에시뚜	网域 /wǎngyù 왕위	黑客 /hēikè 헤이커	点取 /diǎnqǔ 디엔취	电子邮件 /diànzǐyóujiàn 띠엔즈요우지엔	CHN
かいぞうど /解像度 카이조-도	ドメイン 도메인	ハッカー 학까	クリック 쿠릭꾸	Eメール 이-메-루	JPN

동의어: *1 Domäne 도매네, *2 δομαïν 도마인, *3 fouineur 푸위뇌르

서버	공유	허브	소프트웨어	KOR
server 써버	share 쉐어	hub 허브	software 소프트웨어	ENG
serveur 쎄르뵈르	partager 빠르따제	hub, centre 애브, 썽트르	logiciel 로지씨엘	FRA
Server 서버	teilen 타일렌	Hub 후프	software 조프트베어	GER
servidor 쎄르비도르	compartilhar 꽁빠르찔야르	hub 허브	software 쏘프찌웨어	POR
servidor 세르비도르	compartir 콤파르티르	cubo 꾸보	software 소프트웨어	ESP
server 서버	Condividi 콘디비데르	hub 우브	software 소프트웨어	ITA
διακομιστής 디아꼬미스띠스	διαμοιρασμός 디아미라즈모스	κόμβος 꼼보스	λογισμικό 로기즈미꼬	GRE
server 세르베르	pártio 파르티오	nexus centralis 넥수스 켄트랄리스	corpus programmatum 코르푸스 프로그람마툼	LAT
сервер 쎄르베르	делиться 젤릿쩌	хаб 하브	программное обеспечение 쁘라그람너예 아볘스볘췌니예	RUS
服务器 /fúwùqì 푸우치	共有 /gòngyǒu 꿍요우	集线器 /jíxiànqì 지시엔치	软件 /ruǎnjiàn 루안지엔	CHN
サーバー 사-바-	きょうゆう /共有 쿄-유-	ハブ 하부	ソフトウェア 소후토웨아	JPN

3-4. 시간, 공간

한	곧, 당장	곧, 머지않아	항상, 언제나	자주, 종종	우선
영	right away [1] 라이트 어웨이	soon [2] 순	always 올웨이즈	often 오픈	first 퍼스트
프	tout de suite 뚜 드 스위프	bientôt 비엥또	toujours 뚜쥬르	souvent 수방	d'abord 다보르
독	gleich 글라이히	bald 발트	immer 이머	oft 오프트	zuerst 추에어스트
포	imediatamente 이메지아따멩찌	em breve 잉 브레비	sempre 쎙쁘리	frequentemente 프레꿰찌멩찌	primeiro 쁘리메이루
스	enseguida 엔세기다	poco después 뽀꼬 데스뿌에스	siempre 시엠쁘레	a menudo 아 메누도	primero 쁘리메로
이	subito 수비또	presto 프레스또	sempre 셈쁘레	spesso 스페쏘	prima 프리마
그	αμέσως 아메소스	σύντομα 신도마	πάντα 빤다	συχνά 시흐나	πρώτα 프로따
라	statim 스타팀	brevi 브레비	semper 셈페르	saepe 새페	primum 프리뭄
러	сразу 스라주	вскоре 프스코례	всегда 프쎼그다	часто 촤스떠	прежде всего 쁘례쥬제 프셰보
중	立刻 / lìkè 리커	不久 / bùjiǔ 뿌지우	经常 / jīngcháng 징창	常常 / chángcháng 창창	首先 / shǒuxiān 셔우시엔
일	ただちに、すぐ 타다치니, 수구	もうすぐ、まもなく／間もなく 모-수구, 마모나쿠	いつも 이추모	しばしば、ときどき 시바시바, 토키도키	まず 마주

동의어: [1] right now 라이트 나우, [2] in the near future 인 더 니어 퓨쳐

한	벌써	아직	여전히	다시, 재차	결코
영	already 올레디	yet 옛	still 스틸	again 어게인	never 네버
프	déjà 데쟈	encore 엉꼬르	toujours 뚜쥬르	de nouveau 드 누보	jamais 쟈메
독	schon 숀	noch 노흐	immer noch 이머 노흐	wieder 비더	nie 니
포	já 쟈	ainda 아잉다	como sempre 꼬무 쎙쁘리	de novo 지 노부	nunca 눙까
스	ya 야	todavía 또다비아	aún 아운	de nuevo 데 누에보	nunca 눙까
이	già 쟈	ancora 앙꼬라	ancora 앙꼬라	di nuovo 디 누오보	mai 마이
그	κιόλας, ήδη 끼올라스, 이디	ακόμη, ακόμα 아꼬미, 아꼬마	ακόμη, ακόμα 아꼬미, 아꼬마	πάλι 빨리	ποτέ 뽀떼
라	iam 얌	adhuc 아드훅	adhuc 아드훅	rursus 루르수스	numquam 눔쿠암
러	уже 우줴	ещё 이쑈	до сих пор 도 씨흐 뽀르	опять 아뺘츠	никогда 니까그다
중	已经 / yǐjing 이징	还 / hái 하이	仍然 / réngrán 렁란	再 / zài 짜이	决 / jué, 绝 / jué 쥬에, 쥬에
일	すでに／既に 수데니	まだ 마다	あいかわらず／相変わらず 아이카와라주	もういちど／もう一度 [1] 모-이치도	けっして／決して 켓씨테

동의어: [1] さいど／再度 사이도

570

갑자기	마침내	그렇지 않으면	일찍	제때에	KOR
all at once *1 올 앳 원스	at last 앳 래스트	otherwise 어더와이즈	early 어얼리	in time *2 인 타임	ENG
tout à coup 뚜 따 꾸	enfin 엉펭	sinon 시농	tôt 또	à temps 아 떵	FRA
plötzlich 플뢰츨리히	endlich 엔틀리히	sonst 존스트	früh 프뤼	rechtzeitig 레히트차이티히	GER
de repente 지 헤뺑찌	enfim 잉핑	senão 씨너웅	cedo 쎄두	a tempo 아 뗌뿌	POR
de repente 데 레뻰떼	por fin 뽀르 핀	por lo demás 뽀르 로 데마스	temprano 뗌쁘라노	a tiempo 아 띠엠뽀	ESP
improvvisamente 임쁘로삐싸멘떼	infine 인피네	altrimenti 알트리멘티	presto 프레스토	in tempo 인 뗌뽀	ITA
ξαφνικά 윽사프니까	τελικά 뗄리까	διαφορετικά 디오포레띠까	νωρίς 노리스	εγκαίρως 엥게로스	GRE
subito, repente 수비토, 레뻰테	denique 데니쿠에	aut 아우트	mature 마투레	in tempore 인 템뽀레	LAT
вдруг 브드룩	наконец 나까녯츠	иначе 이나췌	рано 라너	вовремя 보브레먀	RUS
突然 / tūrán 투란	终于 / zhōngyú 종위	否则 / fǒuzé 퍼우저	及早 / jízǎo, 早 / zǎo 지자오, 자오	及时 / jíshí *3 지스	CHN
とつぜん / 突然 토추젠	ついに 추이니	さもなければ 사모나케레바	はやく / 早く 하야쿠	ていこくに / 定刻に 테-코쿠니	JPN

동의어: *1 suddenly 서든리, *2 right moment 라잇 모멘트, *3 按时 / ànshí 안스

때때로	가끔씩	드물게	장기간	KOR
now and then *1 나우 앤 덴	sometimes 썸타임즈	rarely 레얼리	long time 롱 타임	ENG
de temps en temps 드 떵졍 떵	parfois 빠르프와	rarement 라르멍	longtemps 롱떵	FRA
ab und zu 압 운트 추	manchmal 만히말	selten 젤텐	lange Zeit 랑에 차이트	GER
de vez em quando 지 베스 잉 꽝두	às vezes 아스 베지스	raramente 하라멩찌	longo prazo 롱구 쁘라주	POR
de vez en cuando 데 베스 엔 꾸안도	a veces 아 베쎄스	rara vez 라라 베스	mucho tiempo 무초 띠엠뽀	ESP
a volte 아 볼떼	talvolta 탈볼타	raramente 라라멘떼	lungo tempo 룽고 뗌뽀	ITA
που και που *2 뿌 께 뿌	καμιά φορά *3 까미아 포라	σπανίως *4 스빠니오스	μεγάλο διάστημα 메갈로 디아스띠마	GRE
interdum 인테르둠	non numquam 논 눔쿠암	raro, rarus 라로, 라루스	diu 디우	LAT
время от времени 브레먀 앗트 브레미니	иногда 이나그다	редко 레트꺼	долгое время 돌고예 브레먀	RUS
偶尔 / ǒuʼ ěr 오우얼	有时 / yǒushí 요우스	鲜少 / xiǎnshǎo 시엔샤오	长时间 / chángshíjiān 창스지엔	CHN
ときどき / 時々 토키도키	たまに 타마니	まれに / 稀に 마레니	ちょうきかん / 長期間 쵸-키칸	JPN

동의어: *1 occasionally 오케이셔너리, *2 κάπου κάπου 카뿌 카뿌, *3 μερικές φορές 메리께스 포레스, *4 σπάνια 스빠니아

한	단기간	순간	일순	꼭, 정확히
영	short period 숏 피어리어드	moment 모먼트	instant 인스턴트	just 저스트
프	peu de temps 쁴 드 떵	moment 모멍	instant 엥스땅	juste, exactement 쥐스뜨, 에그작뜨멍
독	kurze Zeit 쿠어체 차이트	Augenblick 아우겐블리크	augenblicklich 아우겐블릭리히	gerade, genau 게라데, 게나우
포	curto prazo 꾸르뚜 쁘라주	momento 모멩뚜	instante 잉스땅찌	justamente, sem falta 쥬스따멩찌, 쎙 파우따
스	poco tiempo 뽀꼬 띠엠뽀	momento 모멘또	instante 인스딴떼	justo 후스또
이	breve tempo 브레베 뗌뽀	momento 모멘토	istante 이스탄테	giusto 쥬스또
그	μικρό διάστημα 미끄로 디아스띠마	στιγμή 스띠그미	στιγμή 스띠그미	ακριβώς 아끄리보스
라	breve tempus 브레베 뗌프스	momentum [1] 모멘툼	statim 스타팀	commodum 콤모둠
러	короткое время 까로트꼬예 브례먀	момент 마몌트	мгновение 므그나볘니예	именно 이몐너
중	短期 / duǎnqī 두안치	瞬间 / shùnjiān 순지엔	一瞬 / yíshùn 이순	一定 / yídìng, 必准 / bìzhǔn 이띵, 삐준
일	たんきかん / 短期間 탄키칸	しゅんかん / 瞬間 슌칸	いっしゅん / 一瞬 잇쑨	ぴったり, せいかくに / 正確に 핏따리, 세-카쿠니

동의어: [1] punctum 풍크툼

한	대체로, 대강, 쯤	그때	오늘	내일	어제
영	about 어바우트	then 덴	today 투데이	tommorrow 투모로우	yesterday 예스터데이
프	environ 엉비롱	alors 알로르	aujourd'hui 오쥬르뒤	demain 드멩	hier 이에르
독	ungefähr 운게패어	dann 단	heute 호이테	morgen 모르겐	gestern 게슈턴
포	mais ou menos 마이스 오우 메누스	então 잉떠웅	hoje 오쥐	amanhã 아망양	ontem 옹뗑
스	más o menos 마스 오 메노스	entonces 엔똔세스	hoy 오이	mañana 마냐나	ayer 아예르
이	quasi 꽈지	in quel tempo 인 꿸 뗌포	oggi 오쥐	domani 도마니	ieri 이예리
그	περίπου 뻬리뿌	τότε, λοιπόν 또떼, 리뽄	σήμερα 시메라	αύριο 아브리오	εχθές 에흐쎄스
라	quasi [1] 쿠아시	tunc, tum 퉁크, 툼	hodie 호디에	cras 크라스	heri 헤리
러	около 오콜러	тогда 따그다	сегодня 씨보드냐	завтра 자프트라	вчера 프췌라
중	大概 / dàgài 따까이	那时 / nàshí [2] 나스	今天 / jīntiān 진티엔	明天 / míngtiān 밍티엔	昨天 / zuótiān 주오티엔
일	だいたい / 大体 다이타이	そのとき / その時 소노토키	きょう / 今日 쿄-	あす / 明日 [3] 아수	きのう / 昨日 키노-

동의어: [1] fere 페레, circiter 크르키타, [2] 那时候 / nàshíhou 나스허우, [3] あした / 明日 아시타

모레		글피		지금	현재	KOR
the day after tomorrow 더 데이 애프터 투머로우		three days from now 트리 데이스 후럼 나우		now 나우	present 프레즌트	ENG
après-demain 아프레 드멩		dans trois jours 당 트루와 쥬르		maintenant 맹뜨낭	présent 쁘레장	FRA
übermorgen 위버모르겐		überübermorgen 위버위버모르겐		jetzt 예츠트	Gegenwart 게겐바르트	GER
depois de amanhã 데뽀이스 지 아망양		daqui a 3 dias 다끼 아 뜨레스 지아스		agora 아고라	presente 쁘레젱찌	POR
pasado mañana 빠사도 마냐나		mañana siguiente 마냐나 시기엔떼		ahora 아오라	presente 쁘레센떼	ESP
dopo domani 도뽀 도마니		fra tre giorni 프라 뜨레 죠르니		adesso 아데쏘	presente 쁘레젠떼	ITA
μεθαύριο 메싸브리오		μετά απο τρεις μέρες 메따 아뽀 트리스 메레스		τώρα 또라	το παρόν 또 빠론	GRE
perendie 페렌디에		abhinc post tres dies 압힝크 포스트 트레스 디에스		nunc 눙크	praesens 프라센스	LAT
послезáвтра 뽀슬례자프프라		через три дня 췌레즈 쁘리 드냐		сейчас 씨촤스	настоящее время 나스떠야쉐예 브례먀	RUS
后天 / hòutiān 허우티엔		明后天 / mínghòutiān [1] 밍허우티엔		现在 / xiànzài 시엔짜이	现在 / xiànzài 시엔짜이	CHN
あさって / 明後日 아삿떼		しあさって / 明々後日 시아삿떼		いま / 今 이마	げんざい / 現在 겐자이	JPN

동의어: [1] 大后天 / dàhòutiān 따허우티엔

과거	미래	년(年)	한때	요즈음	KOR
past 패스트	future 퓨처	year 이어	once 원스	these days 디즈 데이즈	ENG
passé 빠세	avenir 아브니르	an 엉	une fois 윈느 프와	de nos jours [1] 드 노 쥬르	FRA
Vergangenheit 페어강엔하이트	Zukunft 추쿤프트	Jahr 야	einstmals 아인스트말스	in letzter Zeit 인 레츠터 차이트	GER
passado 빠싸두	futuro 푸뚜루	ano 아누	uma vez 우마 베스	nestes dias 네스찌스 지아스	POR
pasado 빠사도	futuro 푸뚜로	año 아뇨	antes 안떼스	estos días 에스또스 디아스	ESP
passato 파싸또	futuro 푸투로	anno 안노	una volta 우나 볼따	questi giorni 꾸에스띠 죠르니	ITA
το παρελθόν 또 빠렐쏜	το μέλλον 또 멜론	έτος, χρόνος 에또스, 흐로노스	κάποτε 까뽀떼	αυτές τις μέρες 아프떼스 띠스 메레스	GRE
praeteritum 프래테리툼	futurum 푸투룸	annus 안누스	olim 올림	his temporibus [2] 히스 템포리부스	LAT
прошлое 쁘로슐러예	будущее 부두쉐예	год 곳	когда-то 까그다 떠	в эти дни 브 애찌 드니	RUS
过去 / guòqù 꾸오취	未来 / wèilái 웨이라이	年 / nián 니엔	一时 / yìshí 이스	最近 / zuìjìn 쮀이찐	CHN
かこ / 過去 카코	みらい / 未来 미라이	ねん / 年 넨	ひととき / 一時 히토토키	このごろ / この頃 코노고로	JPN

동의어: [1] aujourd'hui 오쥬르뒤, [2] hodie 호디에

한	어느 날	언젠가	며칠 전, 요전에	월	일(日)
영	one day 원 데이	some day 썸 데이	the other day *3 디 어더 데이	month 먼스	day 데이
프	un jour 엉 쥬르	un jour 엉 쥬르	l'autre jour 로트르 쥬르	mois 무와	jour 쥬르
독	eines Tages *1 아이네스 타게스	einst 아인스트	vor einigen Tagen 포어 아이니겐 타겐	Monate 모나테	Tag 탁
포	um dia 웅 지아	algum dia 아우궁 지아	uns dias atrás 웅스 지아스 아뜨라스	mês 메스	dia 지아
스	un día 운 디아	algún día 알군 디아	eel otro día 엘 오쁘로 디아	mes 메스	día 디아
이	un giorno 운 죠르노	qualche giorno 꽐께 죠르노	l'altro giorno 랄트로 죠르노	mese 메제	giorno 죠르노
그	μια μέρα 미아 메라	κάποτε *2 까뽀떼	τις προάλλες 띠스 프로알레스	μήνας 미나스	ημέρα 이메라
라	unus dies 우누스 디에스	aliquando 알리쿠안도	nuper 누페르	mensis 멘시스	dies 디에스
러	однажды 아드나쥐듸	когда-нибудь 까그다 니붓즈	несколько дней назад 녜스꼴까 드녜이 나잣	месяц 몌쌰쯔	день 젠
중	哪一天 / nǎyìtiān 나이티엔	多会儿 / duōhuìr 뚜오훨	前几天 / qiánjǐtiān 치엔지티엔	月 / yuè 위에	日 / rì 르
일	あるひ / ある日 아루히	いつか 이추카	なんにちかまえ / 何日か前 난니치카마에	つき / 月 추키	ひ / 日 히

동의어: *1 einmal 아인말, *2 κάποια μέρα 까피아 메라, *3 sometime ago 썸타임 어고우

한	시간	분(分)	초(秒)	새로운	현대적인
영	time 타임	minite 미닡	second 쎄컨드	new 뉴	modern 모던
프	heure 외르	minute 미뉘뜨	seconde 스공드	nouveau 누보	moderne 모데른느
독	Stunde 슈툰데	Minute 미누테	Sekunde 제쿤데	neu 노이	modern 모던
포	hora 오라	minuto 미누뚜	segundo 쎄궁두	novo 노부	moderno 모데르누
스	hora 오라	minuto 미누또	segundo 세군도	nuevo 누에보	moderno 모데르노
이	ora 오라	minuto 미누또	secondo 세꼰도	nuovo 누오보	moderno 모데르노
그	ώρα 호라	λεπτό 렙또	δευτερόλεπτο 데프떼로렙또	νέος 네오스	σύγχρονος 싱흐로노스
라	hora 호라	minuta 미누타	momentum 모멘툼	novus 노부스	recens, novus 레켄스, 노부스
러	время 브례먀	минута 미누따	секунда 씨꾼다	новый 노브이	современный 써브리몐느이
중	时间 / shíjiān 스지엔	分 / fēn 펀	秒 / miǎo 미아오	新的 / xīnde 씬더	现代化的 / xiàndàihuàde 시엔따이화더
일	じかん / 時間 지칸	ふん / 分 훈	びょう / 秒 뵤-	あたらしい / 新しい 아타라시-	げんだいてきな / 現代的な 겐다이테키나

574

현재의	최근의	신기한	오래된, 옛날의	KOR
current 커런트	recent 리슨트	novel 노블	ancient *4 에인션트	ENG
courant *1 꾸랑	récent 레샹	étrange *3 에트랑쥬	ancien 엉시엥	FRA
gegenwärtig 게겐배어티히	kürzlich *2 퀴어츨리히	neuartig 노이아르티히	alt 알트	GER
atual 아뚜아우	recente 헤쎙찌	novo e maravilhoso 노부 이 마라빌요주	antigo 앙찌구	POR
actual 악뚜알	reciente 레씨엔떼	innovador 인노바도르	antiguo 안띠구오	ESP
corrente 꼬렌떼	recente 레첸떼	meraviglioso 메라빌리오조	antico 안띠꼬	ITA
τρέχων 트레혼	πρόσφατα 프로스파따	καινοτόμος 께노또모스	αρχαίος 아르헤오스	GRE
currens 쿠렌스	recens 레첸스	novus 노부스	antiguus *5 아티구우스	LAT
текущий 찌꾸쉬	недавний 니다브니	удивительный 우지비쩰느이	древний 드례브니	RUS
现在的 / xiànzàide 시엔짜이더	最近 / zuìjìn 쮀이진	新奇 / xīnqí 씬치	旧的 / jiùde 찌우더	CHN
げんざいの / 現在の 겐자이노	さいきんの / 最近の 사이킨노	ふしぎな / 不思議な 후시기나	おおむかし / 大昔 오-무카시	JPN

동의어: *1 actuel 악뛰엘, *2 neulich 노일리히, *3 curieux 뀌리으, *4 long time ago 롱 타임 어고우,
　　　 *5 vetus 베투스, vetustus 베투스투스, piscus 피스쿠스

고전적인	구식의	영원한	불멸의	KOR
classic 클래식	old 올드	eternal 이터널	perpetual 퍼페추얼	ENG
classique 끌라시끄	vieux, démodé 비외, 데모데	éternel 에떼르넬	perpétuel 뻬르뻬뛰엘	FRA
klassisch 클라시슈	altmodisch 알트모디슈	ewig 에비히	unvergänglich 운패어갱리히	GER
clássico 끌라씨꾸	antiquado 앙찌꽈두	eterno 이떼르누	imortal 이모르따우	POR
clásico 끌라시꼬	viejo 비에호	eterno 에떼르노	perpetuo 뻬르뻬뚜오	ESP
classico 클라씨코	vecchio 베끼오	eterno 에테르노	immortale 임모르딸레	ITA
κλασικός 끌라시꼬스	παλαιός 빨레오스	αιώνιος 에오니오스	αδιάκοπος 아디아꼬뽀스	GRE
classicus 크라시쿠스	vetus 베투스	aeternus 애테르누스	perpetuus 페르페투우스	LAT
классический 클라씨췌스끼	устаревший 우스따례프쉬	вечный 볘취느이	нескончаемый 녜스깐촤예므이	RUS
古典的 / gǔdiǎnde 구디엔더	旧式 / jiùshì *1 찌우스	永远的 / yǒngyuǎnde 용위엔더	不灭的 / bùmiède 뿌미에더	CHN
こてんてきな / 古典的な 코텐테키나	きゅうしきの / 旧式の 큐-시키노	えいえんの / 永遠の 에-엔노	ふめつの / 不滅の 후메추노	JPN

동의어: *1 老样的 / lǎoyàngde 라오양더

3_4장 시간, 공간 **575**

한	항구적인, 지속적인	보통의	한정적인	순서
영	permanent 퍼머넌트	ordinary 오디너리	limited 리미티드	order 오더
프	permanent 뻬르마넝	ordinaire 오르디네르	limitatif 리미따티프	ordre 오르드르
독	ständig 스탠디히	gewöhnlich *1 게뵌리히	beschränkt 베슈랭크트	Ordnung 오르드눙
포	permanente 뻬르마넹찌	ordinário 오르지나리우	limitativo 리미따찌부	ordem 오르뎅
스	permanente 뻬르마넨떼	ordinario 오르디나리오	limitado 리미따도	orden 오르덴
이	sempre 셈쁘레	normale 노르말레	limitato 리미따또	ordine 오르디네
그	μόνιμος 모니모스	κανονικός *2 까노니꼬스	περιορισμένος 뻬리오리즈메노스	τάξη, σειρά 딱시, 시라
라	perennis, stabilis 페레니스, 스타빌리스	usitatus *3 우시타투스	definitus 데피니투스	ordo, series 오르도, 세리에스
러	постоянный 뻐스따야느이	обыкновенный 아븨크나볜느이	отграниченный 앗그라니췬느이	порядок 빠랴덕
중	长久的 / chángjiǔde 창지우더	通常的 / tōngchángde 퉁창더	限定的 / xiàndìngde 시엔띵더	顺序 / shùnxù 쑨쉬
일	こうきゅうてきな / 恒久的な 코-큐-테키나	ふつうの / 普通の 후추-노	げんていてきな / 限定的な 겐테-테키나	じゅんじょ / 順序 준죠

동의어: *1 üblich 위블리히, *2 συνηθισμένος 시니씨스메노스, *3 guotidianus 궈티디아누스

한	신시대	처음	시작	최초의	중간
영	epoch *1 에파크	beginning *4 비기닝	beginning 비기닝	first *6 퍼스트	middle 미들
프	nouvelle ère 누벨에르	début 데뷔	commencement 꺼멍스멍	premier 쁘르미에	milieu 밀리외
독	neue Ära *2 노이에 애라	Anfang 안팡	Beginn 베긴	erst 에어스트	Mitte 미테
포	nova era 노바 에라	primeiro 쁘리메이루	começo 꼬메쑤	primeiro 쁘리메이루	meio 메이우
스	era nueva 에라 누에바	primero 쁘리메로	comienzo 꼬미엔소	primero 쁘리메로	mediado 메디아도
이	nuova epoca 누오바 에포카	primo 프리모	inizio 이니찌오	primo 쁘리모	medio 메디오
그	νεα εποχή 네아 에뽀히	αρχή, πρώτα 아르히, 프로따	αρχή 아르히	πρώτος 프로또스	μέσος 메소스
라	aetas *3 애타스	origo, primus 오리고, 프리무스	initium, origo 이니티움, 오리고	primus 프리무스	medium 메디움
러	эпоха 애뽀하	начало 나촬러	начало 나촬러	первый 뻬르브이	середина 쎼롈지나
중	新纪元 / xīnjìyuán 씬지위엔	最初 / zuìchū *5 쮀이추	开始 / kāishǐ 카이스	最初的 / zuìchūde 쮀이추더	中间 / zhōngjiān 쭝지엔
일	しんじだい / 新時代 신지다이	はじめ / 初め 하지메	はじまり / 始まり 하지마리	さいしょの / 最初の 사이쇼노	ちゅうかん / 中間 츄-칸

동의어: *1 new age 뉴 에이지, *2 Epoche 에포헤, *3 haec aetas 해크 애타스, nova tempora 노바 템포라, *4 first 퍼스트, *5 起初 / qǐchū 치추, *6 inital 이니셜

576

끝	마지막	최후의, 최종의	이번	다음	KOR
end 엔드	last 래스트	final 파이널	this time 디스타임	next 넥스트	ENG
fin 펭	fin 펭	final 피날	cette fois-ci 쎄뜨 프와 씨	suivant 쒸방	FRA
Ende 엔데	letzt 레츠트	endlich 엔틀리히	diesmal 디스말	nächst 내히스트	GER
fim 핑	último 우우찌무	último 우우찌무	esta vez 에스따 베스	próximo 쁘로씨무	POR
fin 핀	último 울띠모	final 피날	esta vez 에스따 베쓰	siguiente 시기엔떼	ESP
fine 피네	ultimo 울티모	finale 피날레	questa volta 꾸에스따 볼따	seguente 쎄구엔떼	ITA
τέλος 뗄로스	τελευταίος 뗄레브떼오스	τελικός 뗄리꼬스	αυτή τη φορά 아브띠 띠 포라	επόμενος 에뽀메노스	GRE
finis 피니스	ultimus [1] 울티무스	ultimus [3] 울티무스	eo ipso tempore [6] 에오 입소 템포레	proximus [7] 프록시무스	LAT
конец 까녜츠	последний 빠슬레드니	окончательный 아깐촤쪨느이	в этот раз 브 애떠트 라즈	следующий 슬레두유쉬	RUS
末 / mò, 终 / zhōng 모, 종	最终 / zuìzhōng [2] 쮀이종	最后 / zuìhòu [4] 쮀이허우	这次 / zhècì 저츠	下 / xià 시아	CHN
おわり / 終わり 오와리	おわり / 終わり 오와리	さいごの / 最後の [5] 사이고노	こんど / 今度 콘도	つぎ / 次 추기	JPN

동의어: [1] extremus 엑스트레무스, [2] 最后 / zuìhòu 쮀이허우, [3] extremus 엑스트레무스, [4] 最终 / zuìzhōng 쮀이종, [5] さいしゅうの / 最終の 사이슈-노,
[6] ipso tempore 입소 템포레, nunc 눙크, [7] deinde 데인데

선행하는	다가오는	동시의	긴급한	KOR
preceding 프리시딩	coming 커밍	simultaneous 시뮬테니어스	urgent 어전트	ENG
précédent 쁘레세덩	prochain 프로쉥	simultané 시뮐따네	urgent 위르쟝	FRA
vorig 포리히	kommend 코멘트	gleichzeitig 글라이히차이티히	dringend 드링겐트	GER
precedente 쁘레쎄뎅찌	vindouro 빙도우루	simultâneo 씨무우따네우	urgente 우르쥏찌	POR
precedente 쁘레쎄덴떼	próximo 쁘록씨모	simultáneo 시물따네오	urgente 우르헨떼	ESP
precedente 프레체덴떼	prossimo 프로씨모	nello stesso tempo 넬로 스테쏘 템포	urgente 우르젠떼	ITA
προηγούμενος 프로이구메노스	ερχόμενος 에르호메노스	ταυτόχρονος 따브또흐로노스	επείγων 에삐곤	GRE
prius 프리우스	propinquus 프로핑쿠우스	simul 시물	instans [1] 인스탄스	LAT
предшествующий 쁘릿쉐스프부유쉬	приближающий 쁘리블리좌유쉬	одновременный 아드너브레몐느이	срочный 스로취느이	RUS
先行 / xiānxíng 시엔싱	迫近 / pòjìn, 将近 / jiāngjìn 포진, 찌앙진	同时 / tóngshí 퉁스	紧急 / jǐnjí 진지	CHN
せんこうする / 先行する 센코-수루	ちかづく / 近づく 치카주쿠	どうじの / 同時の 도-지노	きんきゅうの / 緊急の 킨큐-노	JPN

동의어: [1] urgens 우르겐스

한	새벽, 동틀 녘	여명	아침	정오
영	daybreak 데이브레이크	dawn 돈	morning 모닝	noon 눈
프	aube 오브	aurore 오로르	matin 마땡	midi 미디
독	Tagesanbruch 타게스안브루흐	Morgendämmerung 모르겐대머룽	Morgen 모르겐	Mittag 미탁
포	madrugada 마드루가다	aurora 아우로라	manhã 망양	meio-dia 메이우-지아
스	alba 알바	amanecer 아마네쩨르	mañana 마냐나	mediodía 메디오디아
이	alba 알바	aurora 아우로라	mattina 마띠나	mezzogiorno 메쪼죠르노
그	χαράματα 하라마따	αυγή, χαραυγή 아브기, 하라브기	πρωί 프로이	μεσημέρι 메시메리
라	diluculum *1 디루쿨룸	diluculum 디루쿨룸	mane *2 마네	meridies 메리디에스
러	рассвет 라스스벳	заря 자랴	утро 우뜨러	полдень 뿔젠
중	凌晨 / língchén 링천	黎明 / límíng 리밍	早上 / zǎoshang 자오샹	中午 / zhōngwǔ *3 쭝우
일	あけがた / 明け方 아케가타	れいめい / 黎明 레-메-	あさ / 朝 아사	しょうご / 正午 쇼-고

동의어: *1 prima lux 프리마 룩스, aurora 아우로라, *2 matutiono tempore 마투티오노 템포래, *3 正午 / zhèngwǔ 쩡우

한	낮	오후	저녁	어스름
영	daytime 데이타임	afternoon 애프터눈	evening 이브닝	twilight 트와일라잇
프	journée 쥬르네	après-midi 아쁘레 미디	soir 스와르	crépuscule 끄레쀠스뀔
독	Tag 탁	Nachmittag 나흐미탁	Abend 아벤트	Dämmerlicht 대멀리히트
포	dia 지아	tarde 따르지	noite 노이찌	crepúsculo 끄레뿌스꿀루
스	día 디아	tarde 따르데	noche 노체	ccrepúsculo 끄레뿌스꿀로
이	mezzogiorno 메쪼죠르노	pomeriggio 뽀메리쬬	sera 세라	crepuscolo 크레푸스콜로
그	ημέρα 이메라	απόγευμα 아뽀예브마	βράδυ 브라디	λυκόφως *3 리꼬포스
라	interdiu *1 인테르디우	post meridiem *2 포스트 메리디엄	vesper 베스페르	crepusculum 크레푸스쿨룸
러	день 젠	время после полудня 브레먀 뽀슬례 뽈루드냐	вечер 베췌르	полумрак 뽈루므락
중	白天 / báitiān 바이티엔	下午 / xiàwǔ 시아우	晚上 / wǎnshang 완샹	淡幽幽的 / dànyōuyōude *4 딴요우요우더
일	ひる / 昼 히루	ごご / 午後 고고	ゆう / 夕 유-	うすあかり / 薄明かり 우수아카리

동의어: *1 interdius 인테르디우스, *2 postmeridianus 포스트메리디아누스, *3 σούρουπο 수루뽀, *4 朦胧 / ménglóng 멍룽

578

땅거미, 황혼	밤(夜)	한밤중	하루 종일	KOR
dusk [1] 더스크	night 나이트	midnight 미드나이트	all day long 올 데이 롱	ENG
crépuscule 끄레쀠스낄	nuit 뉘	minuit 미뉘	toute la journée 뚜뜨 라 쥬르네	FRA
Abenddämmerung 아벤트대머룽	Nacht 나흐트	Mitternacht 미터나흐트	Tag und Nacht [4] 탁 운트 나흐트	GER
anoitecer 아노이떼쎄르	noite 노이찌	alta noite 아우따 노이찌	o dia inteiro 우 지아 잉떼이루	POR
anochecer 아노체쎄르	noche 노체	medianoche 메디아노체	todo el día 또도 엘 디아	ESP
soffusa 소푸자	notte 노떼	mezzanotte 메짜노떼	tutto il giorno 뚜또 일 죠르노	ITA
σούρουπο [2] 수루뽀	νύχτα 니흐따	μεσάνυχτα 메사니흐따	όλη μέρα 올리 메라	GRE
nocte appetente 녹테 압페텐테	nox 녹스	media nox 메디아 녹스	per diem 페르 디엠	LAT
сумерки 쑤메르끼	вечер 베췌르	ночь 노취	целый день 쩰르이 젠	RUS
夜幕 / yèmù [3] 예무	夜间 / yèjiān 예지엔	半夜三更 / bànyèsāngēng 빤예싼겅	整天 / zhěngtiān 정티엔	CHN
たそがれ / 黄昏 타소가레	よる / 夜 요루	まよなか / 真夜中 마요나카	いちにちじゅう / 一日中 이치니치쥬-	JPN

동의어: [1] gloaming 글로밍, [2] δειλινό 데이리노, λυκόφως 리꼬포스, [3] 黑影 / hēiyǐng 헤이잉, [4] tagsüber 탁스위버

주간(晝間)	야간	달력	일력	KOR
daytime [1] 데이타임	nighttime [2] 나일타임	calendar 캘린더	daily date calendar 데일리 데이트 캘린더	ENG
jour, journée 쥬르, 쥬르네	nuit, soirée 뉘, 쑤와레	calendrier 깔랑드리에	calendrier éphéméride 깔랑드리에 에페메리드	FRA
Tageszeit 타게스차이트	Nachtzeit 나흐트차이트	Kalender 칼렌더	Kalendertag 칼렌더탁	GER
período diurno 뻬리오두 지우르누	período noturno 뻬리오두 노뚜르누	calendário 깔렝다리우	calendário diário 깔렝다리우 지아리우	POR
tiempo de día 티엠뽀 데 디아	noche 노체	calendario 깔렌다리오	calendario 깔렌다리오	ESP
giorno 죠르노	ore notturne 오레 노푸르네	calendario 칼렌다리오	calendario quotidiano 칼렌다리오 크보티디아노	ITA
κατά την διάρκεια της ημέρας 까따 띤 디아르끼아 띠스 이메라스	κατά την διάρκεια της νύχτας 까따 띤 디아르끼아 띠스 니흐타스	ημερολόγιο 이메롤로기오	καθημερινό ημερολόγιο 까씨메리노 이메롤로기오	GRE
tempus diei 템푸스 디에이	tempus noctis 템푸스 녹티스	calendarium [3] 카렌다리움	calendarium quotidianum 카렌다리움 쿠오티디안움	LAT
день 젠	ночь 노취	календарь 깔렌다르	ежедневный календарь 예줴드녜브늬이 깔렌다르	RUS
白天 / báitiān 바이티엔	夜间 / yèjiān, 夜晚 / yèwǎn 예지엔, 예완	月历 / yuèlì 위에리	日历 / rìlì 르리	CHN
ちゅうかん / 昼間, ひるま / 昼間 츄-칸, 히루마	やかん / 夜間 야칸	こよみ / 暦 코요미	ひめくり / 日めくり 히메쿠리	JPN

동의어: [1] by day 바이 데이, [2] by night 바이 나이트, [3] fasti 파스티

한	연초, 새해	연말	매년, 연간	계간
영	new year 뉴 이어	year-end 이어 엔드	annual 애뉴얼	quarterly 쿼털리
프	nouvelle année 누벨라네	fin de l'année 팽 드 라네	annuel 아뉘엘	trimestriel 트리메스뜨리엘
독	Neujahr 노이야	Jahresende 야레스엔데	jährlich 애얼리히	vierteljährlich 피어텔애얼리히
포	Ano Novo 아누 노부	fim de ano 핑 지 아누	anual 아누아우	trimestral 트리메스뜨라우
스	año nuevo 아뇨 누에보	fin de año 핀 데 아뇨	annual 아누알	trimestral 트리메스뜨랄
이	nuovo anno 누오보 안노	fine dell'anno 피네 델란노	annuale 안누알레	trimestrale 트리메스트랄레
그	νεο έτος 네오 에또스	τέλος του έτους 뗄로스 뚜 에뚜스	ετήσιος 에띠시오스	τριμηνιαίος 트리미니에오스
라	annus novus 안누스 노부스	extremus annus [1] 엑스트레무스 안누스	annuus [2] 안누우스	tertio quoque mense 테르티오 쿠오쿠에 멘세
러	Новый год 노브이 곳	конец года 까녜츠 고다	ежегодный 예줴고드느이	ежеквартальный 예줴크바르딸느이
중	年初 / niánchū, 新年 / xīnnián 니엔추, 씬니엔	年底 / niándǐ 니엔띠	每年 / měinián, 年间 / niánjiān 메이니엔, 니엔지엔	季刊 / jìkān 지칸
일	ねんしょ / 年初、しんねん / 新年 넨쇼, 신넨	ねんまつ / 年末 넨마추	まいねん / 毎年、ねんかん / 年間 마이넨, 넨칸	きかん / 季刊 키칸

동의어: [1] finis anni 피니스 안니, finis annuus 피니스 안누우스, [2] annivesarius 안니베르사리우스

한	월간	주간	일간	매일
영	monthly 먼쓸리	weekly 위클리	daily 데일리	everyday 에브리데이
프	mensuel 멍쒸엘	hebdomadaire 에브도마데르	quotidien 꼬띠디엥	chaque jour 샤끄 쥬르
독	monatlich 모나틀리히	wöchentlich 뵈헨틀리히	täglich 택리히	jeden Tag 예덴 탁
포	mensal 멩싸우	semanal 쎄마나우	diário 지아리우	todos os dias 또두스 우스 지아스
스	mensual 멘수알	semanal 세마날	diario 디아리오	todos los dias 또도스 로스 디아스
이	mensile 멘질레	settimanale 세띠마날레	giorno 죠르노	ogni giorno 온니 죠르노
그	μηνιαίος 미니에오스	εβδομαδιαίος 엡도마디에오스	καθημερινός [3] 까씨메리노스	κάθε μέρα 까쎄 메라
라	menstruus [1] 멘스트루움	hebdomadalis [2] 헵도마달리스	cottidianus [4] 코티디아누스	cottidianus [5] 코티디아누스
러	ежемесячный 예줴몌쌰취느이	еженедельный 예줴니젤느이	ежедневный 예줴드녜브느이	каждодневный 카쥬더드녜브느이
중	月刊 / yuèkān 위에칸	周刊 / zhōukān 쩌우칸	日刊 / rìkān 르칸	每天 / měitiān, 天天 / tiāntiān 메이티엔, 티엔티엔
일	げっかん / 月刊 젝칸	しゅうかん / 週刊 슈-칸	にっかん / 日刊 닉칸	まいにち / 毎日 마이니치

동의어: [1] singulis mensibus (매달 반복되는 경우)싱굴리스 멘시부스, [2] singulis hebdomadibus (매주 반복되는 경우)싱굴리스 헵도마디부스,
[3] ημερίσιος 이메리시오스, [4~5] cottidie 코티디에, quotidianus 쿠오티디아누스

날짜	기원전	서기	세기	KOR
date 데이트	Before Christ(B.C) 비휘 크라이스트	Anno Domini(A.D) 아노 도미니	century 쎈츄리	ENG
date 다뜨	avant Jésus-Christ 아방 제쥐크리스프	l'ère chrétienne 레르 크레띠엔느	siècle 씨에끌	FRA
Datum 다툼	vor Christi Geburt *1 포어 크리스티 게부어트	nach Christi Geburt *2 나흐 크리스티 게부어트	Jahrhundert 야훈더트	GER
data 다빠	a.C. 앙찌스 지 끄리스뚜	d.C. 데뽀이스 지 끄리스뚜	século 쎄꿀루	POR
fecha 페차	a.C(antes de Cristo) 아 쩨(안데스 데 끄리스또)	d.C(despúes de Cristo) 데 쩨(데스뿌에스 데 끄리스또)	siglo 시글로	ESP
data 다따	avanti Cristo 아반띠 크리스토	dopo Cristo 도뽀 크리스토	secolo 세꼴로	ITA
ημερομηνία 에메로미니아	προ Χριστού(π.Χ.) 프로 흐리스뚜	μετα Χριστού(μ.Χ.) 메따 흐리스뚜	αιώνας 에오나스	GRE
datum, dies 다툼, 디에스	A.C(Ante Christum) A.C(안테 크리스툼)	A.D(Anno Domini) A.D(안노 도미니)	saeculum 새쿨룸	LAT
дата 다따	до нашей эры 다 나쉐이 애릐	нашей эры 나쉐이 애릐	век 볙	RUS
日子 / rizi 르즈	公元前 / gōngyuánqián 꿍위엔치엔	公元 / gōngyuán 꿍위엔	世纪 / shìjì 쓰지	CHN
ひにち/日にち 히니치	きげんぜん/紀元前 키겐젠	せいれき/西暦 세-레키	せいき/世紀 세-키	JPN

동의어: *1 vor Christus 포어 크리스투스, *2 nach Christus 나흐 크리스투스

백일	천일	평생	KOR
hundred days 헌드레드 데이스	thousand days 따우전드 데이스	whole life 홀 라이프	ENG
cent jours 썽 주르	un mille jours 엉 밀 쥬르	toute la vie 뚜뜨 라 비	FRA
hundert Tage 훈더트 타게	tausend Tage 타우젠트 타게	zeitlebens 차잇레벤스	GER
centésimo dia de nascimento 쎙떼지무 지아 지 나씨멩뚜	mil dias 미우 지아스	vida inteira 비다 잉떼이라	POR
cien días 씨엔 디아스	mil días 밀 디아스	toda la vida 또다 라 비다	ESP
cento giorni 첸또 죠르니	mille giorni 밀레 죠르니	tutta la vita 뚜따 라 비따	ITA
εκατό ημέρες 에까또 이메레스	χίλιες ημέρες 힐리에스 이메레스	εφ'όρου ζωής 에포루 조이스	GRE
centum dies 켄툼 디에스	mille dies 밀레 디에스	aetas vitae 아에타스 비타에	LAT
сто дней 스또 드녜이	тысяч дней 띄씨취 드녜이	целая жизнь 쩰라야 쥐즌	RUS
满百天 / mǎnbǎitiān 만바이티엔	千日 / qiānrì 치엔르	一生 / yīshēng, 平生 / píngshēng 이셩, 핑셩	CHN
ひゃくにち/百日 햐쿠니치	せんにち/千日 센니치	いっしょう/一生 잇쑈-	JPN

한	1월	2월	3월	4월	5월
영	January 재뉴어리	February 휀뷰어리	March 마치	April 에이프릴	May 메이
프	janvier 쟝비에	février 페브리에	mars 마르스	avril 아브릴	mai 메
독	Januar 야누아	Februar 페브루아	März 매르츠	April 아프릴	Mai 마이
포	janeiro 쟈네이루	fevereiro 페베레이루	março 마르쑤	abril 아브리우	maio 마이우
스	enero 에네로	febrero 페브레로	marzo 마르소	abril 아브릴	mayo 마요
이	gennaio 젠나이오	febbraio 페쁘라이오	marzo 마르조	aprile 아프릴레	maggio 마쬬
그	Ιανουάριος 야누아리오스	Φεβρουάριος 페브루아리오스	Μάρτιος 마르띠오스	Απρίλιος 아쁘릴리오스	Μάϊος 마이오스
라	Ianuarius 야누아리우스	Februarius 페브루아리우스	Martius 마르티우스	Aprilis 아프릴리스	Maius 마이우스
러	январь 얀느바리	февраль 페브랄	март 마르트	апрель 아쁘렐	май 마이
중	一月 / yīyuè 이위에	二月 / èryuè 얼위에	三月 / sānyuè 싼위에	四月 / sìyuè 쓰위에	五月 / wǔyuè 우위에
일	いちがつ / 一月 이치가추	にがつ / 二月 니가추	さんがつ / 三月 산가추	しがつ / 四月 시가추	ごがつ / 五月 고가추

한	6월	7월	8월	9월	10월
영	June 준	July *1 줄라이	August *2 오거스트	September 셉템버	October 옥토버
프	juin 쥐앵	juillet 쥬이에	août 우	septembre 셉땅브르	octobre 옥토브르
독	Juni 유니	Juli 율리	August 아우구스트	September 젭템버	Oktober 옥토버
포	junho 중유	julho 쥴유	agosto 아고스뚜	setembro 쎄뗑브루	outubro 오우뚜브루
스	junio 후니오	julio 훌리오	agosto 아고스또	septiembre 셉띠엠브레	octubre 옥뚜브레
이	giugno 준뇨	luglio 룰리오	agosto 아고스토	settembre 세뗌브레	ottobre 오또브레
그	Ιούνιος 유니오스	Ιούλιος 율리오스	Αύγουστος 아브구스뽀스	Σεπτέμβριος 세프템브리오스	Οκτώβριος 옥또브리오스
라	Iunius 유니우스	Iulius 율리우스	Augustus 아우구스투스	September 셉템베르	October 옥토베르
러	июнь 이윤	июль 이율	август 아브구스트	сентябрь 씬짜브르	октябрь 악짜브르
중	六月 / liùyuè 리우위에	七月 / qīyuè 치위에	八月 / bāyuè 빠위에	九月 / jiǔyuè 지우위에	十月 / shíyuè 스위에
일	ろくがつ / 六月 로쿠가추	しちがつ / 七月 시치가추	はちがつ / 八月 하치가추	くがつ / 九月 쿠가추	じゅうがつ / 十月 쥬-가추

참고: *1 7월은 줄리어스 시저, 8월은 로마 초대황제인 오거스틴 황제에서 유래. 때문에 원래의 7, 8, 9, 10월을 뜻하는 Sept, Oct, Nov, Dec가 2개월씩 뒤로 순차적으로 밀려남. 600페이지 라틴어 참고

11월	12월	양력	음력	KOR
November 노벰버	December 디셈버	solar calendar 쏘울러 캘린더	lunar calendar 루너 캘린더	ENG
novembre 노방브르	décembre 데샹브르	calendrier solaire 깔랑드리에 쏠레르	calendrier lunaire 깔랑드리에 뤼네르	FRA
November 노벰버	Dezember 데쳄버	Sonnenkalenda 존넨칼렌더	Mondkalenda 몬트칼렌더	GER
novembro 노벰브루	dezembro 데젱브루	calendário solar 깔렝다리우 쏠라르	calendário lunar 깔렝다리우 루나르	POR
noviembre 노비엠브레	diciembre 디씨엠브레	calendario solar 깔렌다리오 쏠라르	calendario lunar 깔렌다리오 루나르	ESP
novembre 노벰브레	dicembre 디쳄브레	solare calendario 쏠라레 칼렌다리오	lunare calendario 루나레 칼렌다리오	ITA
Νοέμβριος 노엠브리오스	Δεκέμβριος 데쳄브리오스	ηλιακό ημερολογιο 일리아꼬 이메롤로기오	σεληνιακό ημερολόγιο 셀리니야꼬 이메롤로기오	GRE
November 노벰베르	December 데쳄베르	calendarium solaris 카렌다리움 솔라리스	calendarium lunaris 카렌다리움 루나리스	LAT
ноябрь 나야브르	декабрь 지까브르	солнечный календарь 쏠녜취느이 깔렌다르	лунный календарь 룬느이 깔렌다르	RUS
十一月 /shíyīyuè 스이위에	十二月 /shí'èryuè 스얼위에	公历 /gōnglì, 阳历 /yánglì 꿍리, 양리	农历 /nónglì, 阴历 /yīnlì 눙리, 인리	CHN
じゅういちがつ /十一月 쥬-이치가추	じゅうにがつ /十二月 쥬-니가추	ようれき /陽暦 요-레키	いんれき /陰暦 인레키	JPN

기간	월요일	화요일	수요일	KOR
period 피어리어드	Monday 먼데이	Tuesday 튜즈데이	Wednesday 웬즈데이	ENG
période 페리오드	lundi 랭디	mardi 마르디	mercredi 메르크르디	FRA
Frist 프리스트	Montag 몬탁	Dienstag 딘스탁	Mittwoch 밋보흐	GER
prazo *1 쁘라주	segunda-feira 쎄궁다-페이라	terça-feira 떼르싸-페이라	quarta-feira 꽈르따-페이라	POR
periodo 뻬리오도	lunes 루네스	martes 마르떼스	miércoles 미에르꼴레스	ESP
periodo 페리오도	lunedí 루네디	martedí 마르테디	mercoledí 메르꼴레디	ITA
περίοδος 뻬리오도스	Δευτέρα 데프떼라	Τρίτη 트리띠	Τετάρτη 떼따르띠	GRE
spatium *2 스파티움	dies Lunae 디에스 루내	dies Martis 디에스 마르티스	dies Mercurii 디에스 메르쿠리이	LAT
период 뻬리옷	Понедельник 뻐니젤닉	Вторник 프또르닉	Среда 스례다	RUS
期间 /qījiān 치지엔	星期一 /xīngqīyī 씽치이	星期二 /xīngqī'èr 씽치얼	星期三 /xīngqīsān 씽치싼	CHN
きかん /期間 키칸	げつようび /月曜日 게추요-비	かようび /火曜日 카요-비	すいようび /水曜日 수이요-비	JPN

동의어: *1 período 뻬리오두, *2 tempus 템푸스

한	목요일	금요일	토요일	일요일
영	Thursday 써어즈데이	Friday 프라이데이	Saturday 새터데이	Sunday 선데이
프	jeudi 죄디	vendredi 벙드르디	samedi 쌈디	dimanche 디망슈
독	Donnerstag 도너스탁	Freitag 프라이탁	Samstag 잠스탁	Sonntag 존탁
포	quinta-feira 낑따-페이라	sexta-feira 쎄스따-페이라	sábado 싸바두	domingo 도밍구
스	jueves 후에베스	viernes 비에르네스	sábado 사바도	domingo 도밍고
이	giovedí 죠베디	venerdí 베네르디	sabato 싸바또	domenica 도메니카
그	Πέμπτη 뺌띠	Παρασκευή 빠라스께비	Σάββατο 사바또	Κυριακή 끼리아끼
라	dies Iovis 디에스 요비스	dies Veneris 디에스 베네리스	dies Saturni 디에스 사투르니	dies Solis *1 디에스 솔리스
러	Четверг 췌프베르크	Пятница 빳니짜	Суббота 쑤보따	Воскресенье 버스크리쎄니예
중	星期四 / xīngqī sì 씽치쓰	星期五 / xīngqī wǔ 씽치우	星期六 / xīngqīliù 씽치리우	星期日 / xīngqīrì *2 씽치르
일	もくようび / 木曜日 모쿠요-비	きんようび / 金曜日 킹요-비	どようび / 土曜日 도요-비	にちようび / 日曜日 니치요-비

동의어: *1 Domínica 도미니카, *2 星期天 / xīngqītiān 씽치티엔

한	공휴일	휴일	계절	사계절
영	public holiday 퍼브릭 할러데이	holiday 할러데이	season 시즌	four season 포씨즌
프	jour férié 쥬르 페리에	jour férié 쥬르 페리에	saison 세종	quatre saisons 꺄뜨르 세종
독	Feiertag 파이어탁	Ruhetag 루에탁	Jahreszeit 야레스차이트	vier Jahreszeiten 피어 야레스차이텐
포	feriado público 페리아두 뿌블리꾸	feriado 페리아두	estação 이스따써옹	quatro estações 꽈뜨루 이스따쏭이스
스	fiesta nacional 피에스따 나씨오날	fiesta 피에스따	estación 에스따씨온	cuatro estaciones 꾸아뜨로 에스따씨오네스
이	giorno festivo 죠르노 페스티보	festa *2 페스따	stagione 스따죠네	quattro stagioni 꽈뜨로 스타죠니
그	αργία 아르기아	διακοπές 디아꼬뻬스	εποχή 에뽀히	τέσσερις εποχές 떼세리스 에뽀헤스
라	feriae publicae 페리에 푸블리카에	dies festus *3 디에스 페스투스	hora *4 호라	quattuor hores(tempores) 쿠아투오르 호레스(템포레스)
러	государственный праздник 거쑤다르스트벤니이 쁘라즈닉	праздник 쁘라즈닉	сезон 씨존	четыре времени года 췌띄례 브레미니 고다
중	公休日 / gōngxiūrì *1 꿍시우르	假日 / jiàrì 찌아르	季节 / jìjié 지지에	四季 / sìjì 쓰지
일	こうきゅうび / 公休日 코-큐-비	きゅうじつ / 休日 큐-지추	きせつ / 季節 키세추	しき / 四季 시키

동의어: *1 公众假期 / gōngzhòng jiàqī 꿍쫑찌아치, *2 giorno libero 죠르노 리베로, *3 feriae 페리에, *4 tempus 템푸스, tempus anni 템푸스 안니

봄	여름	가을	겨울	춘분	KOR
spring 스프링	summer 섬머	autumn *2 어텀	winter 윈터	equinox 이쿠이넉스	ENG
printemps 쁘랭땅	été 에떼	automne 오똔느	hiver 이베르	équinoxe de printemps 에뀌녹스 드 쁘렝땅	FRA
Frühling 프륄링	Sommer 조머	Herbst 헤릅스트	Winter 빈터	Frühlingstagundnachtgleich 프륄링스나흐트글라이히	GER
primavera 쁘리마베라	verão 베러옹	outono 오우또누	inverno 잉베르누	equinócio de primavera 이끼노씨우 지 쁘리마베라	POR
primavera 쁘리마베라	verano 베라노	otoño 오또뇨	invierno 인비에르노	equinoccio 에끼녹씨오	ESP
primavera 쁘리마베라	estate 에스따떼	autunno 아우뚠노	inverno 인베르노	equinozio 에키노지오	ITA
άνοιξη 아닉시	καλοκαίρι *1 깔로께리	φθινόπωρο 프씨노뽀로	χειμώνας 히모나스	ισημερία 이시메리아	GRE
ver 베르	aestas 아이스타스(=애스타스)	autumnus 아우뚬누스	hiems *3 이엠스(=히엠스)	aequinoctium 애쿠이녹티움	LAT
весна 볘스나	лето 레떠	осень 오쏀	зима 지마	равноденствие 라브나졘스프비예	RUS
春天 / chūntiān 춘티엔	夏天 / xiàtiān 시아티엔	秋天 / qiūtiān 치우티엔	冬天 / dōngtiān 뚱티엔	春分 / chūnfēn 춘펀	CHN
はる / 春 하루	なつ / 夏 나추	あき / 秋 아키	ふゆ / 冬 후유	しゅんぶん / 春分 슌분	JPN

동의어: *1 θέρος 쩨로스, *2 fall 훨, *3 bruma 브루마

하지	추분	동지	KOR
solstice 솔스티스	autumnal equinox 어텀널 이쿠이넉스	winter solstice 윈터 쏘울스티스	ENG
solstice d'été 솔스띠스 데떼	équinoxe d'automne 에뀌녹스 도똔느	solstice d'hiver 쏠스띠스 디베르	FRA
Sommersonnenwende 조머조넨벤데	Herbsttagundnachtgleich 헤릅스트나흐트글라이히	Wintersonnenwende 빈터조넨벤데	GER
solstício de verão 쏘우스찌씨우 지 베러옹	equinócio de outono 이끼노시우 지 오우또누	solstício de inverno 쏘우스찌씨우 지 잉베르누	POR
solsticio 솔스띠씨오	equinoccio de otoño 이끼노시오 데 오또노	solsticio del invierno 솔스띠씨오 델 인비에르노	ESP
solstizio 솔스티지오	giorno di equinozio d'autunno 죠르노 디 에키노지오 다우뚠노	solstizio d'inverno 솔스티지오 딘베르노	ITA
θερινό ηλιοστάσιο 쩨리노 일리오스따시오	φθινοπωρινή ισημερία 프씨노뽀리니 이시메리아	χειμερινό ηλιοστάσιο 히메리노 일리오스따시오	GRE
solstitium 솔스티티움	aequinoctium autumnale 애쿠이녹티움 아우뚬날레	aequinoctium brumale 애쿠이녹티움 브루말레	LAT
солнцестояние 쏜쩨스따야니예	осеннее равноденствие 아쎈녜예 라브나졘스프비예	зимнее солнцестояние 지므녜예 쏜쩨스따야니예	RUS
夏至 / xiàzhì 시아즈	秋分 / qiūfēn 치우펀	冬至 / dōngzhì 뚱즈	CHN
げし / 夏至 게시	しゅうぶん / 秋分 슈-분	とうじ / 冬至 토-지	JPN

한	시대	—	지질시대	선캄브리아대
영	age 에이지		geologic time scale 지오로직 타임 스케일	Precambrian 프리캠브리안
프	époque 에뽀끄		époque géologique 에뽀끄 제올로지끄	précambrien 프레깡브리엥
독	Zeitraum, Epoche 차잇라움, 에포헤		Geologisches Alter 게올로기셰스 알터	Präkambrium 프래캄브리움
포	idade 이다지		Era Geológica 에라 줴올로쥐까	Era Pré-cambriana 에라 쁘레-깡브리아나
스	época 에뽀까		tiempo geológico 띠엠뽀 헤올로히꼬	era precámbrica 에라 쁘레깜브리까
이	eta' 에타		geologico eta 제올로지코 에타	precambriano eone 프레깜브리아노 에오네
그	αιώνας, εποχή 에오나스, 에뽀히		γεωλογικός χρόνος 게오로기꼬스 흐로노스	Προκάμβριο 쁘로깜브리오
라	aetas 아이타스(=애타스)		aevum geologicum 애붐 게올로기쿰	(aevum)Praecambricum (애붐)프래캄브리쿰
러	эра 애라		геологическая эра 계알라기취스까야 애라	докембрийская эра 도켐브리스까야 애라
중	时代 / shídài 스따이		地质时期 / dìzhìshíqī 띠즈스치	太古代 / tàigǔdài 타이구따이
일	じだい / 時代 지다이		ちしつじだい / 地質時代 치시추지다이	せんかんぶりあじだい / 先カンブリア時代 센칸부리아지다이

한	고생대	중생대	신생대
영	Paleozoic 펠리어죠우익	Mesozoic 메져죠우익	Cenozoic 씨너죠익
프	paléozoïque 빨레오조이끄	mésozoïque 메조조이끄	cénozoïque 세노조이끄
독	Paläozoikum 팔래오초이쿰	Mesozoikum 메조초이쿰	Känozoikum 캐노초이쿰
포	Era Paleozóica 에라 빨레오조이까	Era Mesozóica 에라 메조조이까	Era Cenozóica 에라 쩨노조이까
스	era paleozoica 에라 빨레오쏘이까	era mesozoica 에라 메소쏘이까	era cenozoica 에라 쩨노쏘이까
이	paleozoico 팔레오조이코	era mesozoica 에라 메소조이카	era cenozoica 에라 체노조이카
그	Παλαιοζωικός Αιώνας 빠레오조이꼬스 에오나스	Μεσοζωικός Αιώνας 메소조이꼬스 에오나스	Καινοζωικός Αιώνας 께노조이꼬스 에오나스
라	(aera)Palaeozoica (애라)팔래오조이카	(aera)Mesozoica (애라)메소조이카	(aera)Caenozoica (애라)캐노조이카
러	палеозойская эра 뻴레아조이스까야 애라	мезозойская эра 몌자조이스까야 애라	кайнозойская эра 카이나조이스까야 애라
중	古生代 / gǔshēngdài 구성따이	中生代 / zhōngshēngdài 쫑성따이	新生代 / xīnshēngdài 씬셩따이
일	こせいだい / 古生代 코세-다이	ちゅうせいだい / 中生代 츄-세-다이	しんせいだい / 新生代 신세-다이

구석기	신석기	청동기시대	철기시대	KOR
paleolith 펠리어리스	neolith 니어리스	bronze age 브론즈 에이지	iron age 아이언 에이지	ENG
paléolithique 빨레오리띠끄	néolithique 네오리띠끄	âge du bronze 아쥬 뒤 브롱즈	âge du fer 아쥬 뒤 페르	FRA
Altsteinzeit 알트슈타인차이트	Jungsteinzeit 융슈타인차이트	Bronzezeit 브롱세차이트	Eisenzeit 아이젠차이트	GER
Idade Paleolítica 이다지 빨레올리찌까	Idade Neolítica 이다지 네올리찌까	Idade de Bronze 이다지 지 브롱지	Idade de Ferro 이다지 지 페후	POR
paleolítico 빨레올리띠꼬	neolítico 네오리띠꼬	edad de bronce 에닷 데 브론쎄	edad de hierro 에닷 데 이에로	ESP
paleolitico 팔레올리티코	neolitico 네올리티코	eta del bronzo 에타 델 브론조	eta del ferro 에타 델 페로	ITA
παλαιολιθική εποχή 빨라이올리씨끼 에뽀히	νεολιθική εποχή 네올리티끼 에뽀히	εποχή του χαλκού 에뽀히 뚜 할꾸	εποχή του σιδήρου 에뽀히 뚜 시디루	GRE
(aevum)Palaeolithicum [*1] (애붐)팔래오리투쿰	(aevum)Neolithicum [*2] (애붐)네오리티쿰	aetas aenea 애타스 애네아	aetas ferrea 애타스 페레아	LAT
палеолит 뻘례알릿	неолит 네알릿	бронзовый век 브론저브이 볙	железный век 쥘례즈느이 볙	RUS
旧石器 / jiùshíqì 찌우스치	新石器 / xīnshíqì 씬스치	铜器时代 / tóngqìshídài 퉁치스따이	铁器时代 / tiěqìshídài 티에치스따이	CHN
きゅうせっき / 旧石器 큐-섹끼	しんせっき / 新石器 신섹끼	せいどうきじだい / 青銅器時代 세-도-키지다이	てっきじだい / 鉄器時代 텍끼지다이	JPN

동의어: [*1] aera lapidea vetera, [*2] aera lapidea nova

방향	위치	장소	정면	KOR
direction 디렉션	position 포지션	place 플레이스	front 프런트	ENG
direction 디렉시옹	position 뽀지시옹	lieu, endroit 리유, 앙드루와	devant [*1] 드벙	FRA
Richtung 리히퉁	Position 포지치온	Stelle 슈텔레	Front 프론트	GER
direção 지레써옹	posição 뽀지써옹	lugar 루가르	frente 프렝찌	POR
dirección 디렉씨온	posición 뽀시씨온	lugar 루가스	frente 프렌떼	ESP
direzione 디레찌오네	posizione 포시찌오네	luogo 루오고	davanti 다반띠	ITA
κατεύθυνση 까떼브씬시	θέση 쎄시	τόπος 또뽀스	πρόσοψη 쁘로솝시	GRE
directio, regio 디렉티오, 레기오	positio 포시티오	locus 로쿠스	frons 프론스	LAT
направление 나쁘라블례니예	положение 뻘라줴니예	место 몌스떠	передняя сторона 뻬례드냐야 스떠라나	RUS
方向 / fāngxiàng 팡시앙	位置 / wèizhì 웨이즈	场所 / chǎngsuǒ 챵수오	正面 / zhèngmiàn 쩡미엔	CHN
ほうこう / 方向 호-코-	いち / 位置 이치	ばしょ / 場所 바쇼	しょうめん / 正面 쇼-멘	JPN

참고: [*1] façade 파싸드(건물정면)

한	측면	후면	동쪽 / 동	서쪽 / 서	남쪽 / 남
영	side 싸이드	backside 백싸이드	east /(the)East 이스트 /(더)이스트	west /(the)West 웨스트 /(더)웨스트	south /(the)South 사우쓰 /(더)사우쓰
프	côté 꼬떼	derrière 데리에르	est 에스프	ouest 웨스프	sud 쒸드
독	Seite, Flanke 자이테, 플랑케	Rückseite 뤽자이테	Osten 오스텐	Westen 베스텐	Süden 쥐덴
포	lateral 라떼라우	traseiro 뜨라제이루	leste 레스찌	oeste 오에스찌	sul 쑤우
스	lado 라도	atrás 아뜨라스	este 에스떼	oeste 오에스떼	sur 수르
이	lato 라또	dietro 디에뜨로	est 에스트	ovest 오베스트	sud 수드
그	πλευρά 쁠레브라	πίσω πλευρα 삐소 쁠레브라	ανατολή 아나똘리	δύση 디시	νότος 노또스
라	costa [1] 코스타	pars aversa [2] 파르스 아베르사	orientalis [3] 오리엔탈리스(동쪽)	occidentalis [4] 옥키덴탈리스(서쪽)	meridianus [5] 메리디안누스(남쪽)
러	сторона 스떠라나	задняя сторона 자드냐야 스떠라나	восток 바스똑	запад 자빳	юг 육
중	侧面 / cèmiàn 처미엔	后面 / hòumiàn 허우미엔	东边 / dōngbian 똥비엔	西边 / xībiān 씨비엔	南边 / nánbian 난비엔
일	そくめん / 側面 소쿠멘	こうめん / 後面 코-멘	ひがし / 東 히가시	にし / 西 니시	みなみ / 南 미나미

동의어: [1] latus 라투스, pars 파르스, [2] posticum 포스티쿰, [3] oriens (동, 동양)오리엔스, [4] occidens (서, 서양)옥키덴스, [5] meridies (남)메리디에스

한	북쪽 / 북	위	아래	오른쪽	왼쪽
영	north /(the)North 노쓰 /(더)노쓰	up 업	down 다운	right 라이트	left 레프트
프	nord 노르	haut 오	bas 바	droite 드르와뜨	gauche 고슈
독	Norden 노어덴	Oben 오벤	Unten 운텐	Rechte 레히테	Linke 링케
포	norte 노르찌	cima 씨마	baixo 바이슈	direita 지레이따	esquerda 이스께르다
스	norte 노르떼	parte superior 빠르떼 수뻬리오르	parte inferior 빠르떼 인페리오르	derecho 데레초	izquierdo 이스끼에르도
이	nord 노르드	sopra 소프라	sotto 소또	destra 데스트라	sinistra 시니스트라
그	βορράς 보라스	πάνω 빠노	κάτω 까또	δεξιά 덱시아	αριστερά 아리스떼라
라	septentrionalis [1] 셉텐트리오날리스(북쪽)	sursum 수르숨	deorsum 데오르숨	dextera 덱스테라	sinistra 시니스트라
러	север 쎄베르	верх 베르흐	низ 니즈	право 쁘라버	лево 례버
중	北边 / běibiān 베이비엔	上 / shàng [2] 샹	下 / xià [3] 시아	右 / yòu [4] 요우	左 / zuǒ [5] 주오
일	きた / 北 키타	うえ / 上 우에	した / 下 시타	みぎ / 右 미기	ひだり / 左 히다리

동의어: [1] septentriones (북)셉텐트리오네스, [2] 上面 / shàngmian 샹미엔, [3] 下面 / xiàmian 시아미엔, [4] 右边 / yòubiān 요우비엔, [5] 左边 / zuǒbiān 주오비엔

구석	구석진 곳	가장자리	내부	외부	KOR
corner 코너	back 백	margin 마진	interior 인테리어	exterior 익스테리어	ENG
coin 꾸앵	fond 퐁	bord 보르	intérieur 앵떼리외르	extérieur 엑스페리외르	FRA
Ecke 에케	Einschnitt 아인슈니트	Rand 란트	Innere 인너레	Äußere 아우서레	GER
canto 깡뚜	lugar retirado 루가르 헤찌라두	margem 마르젱	interior 잉떼리오르	exterior 이스페리오르	POR
rincón 링꼰	fondo 폰도	borde 보르데	interior 인떼리오르	exterior 엑스페리오르	ESP
angolo 앙골로	fondo 폰도	orlo 오를로	interiore 인테리오레	esteriore 에스테리오레	ITA
γωνία 고니아	πίσω 피소	περιθώριο 뻬리쏘리오	εσωτερικός 에소떼리꼬스	εξωτερικός 엑소페리꼬스	GRE
angulus 앙굴루스	penetrale 페네트랄레	margo 마르고	latus internum 라투스 인테르눔	latus externum 라투스 엑스테르눔	LAT
угол 우글	закоулок 자까울럭	край 크라이	внутренность 브누프렌너스츠	внешность 브녜슈너스츠	RUS
角落/jiǎoluò 쨔오뤄	背角/bèijiǎo 베이쨔오	边/biān 비엔	内部/nèibù 네이뿌	外部/wàibù 와이뿌	CHN
かど/角 카도	おく/奥 오쿠	はし/端 하시	ないぶ/内部 나이부	がいぶ/外部 가이부	JPN

안쪽	바깥쪽	넓은	좁은	깊은	KOR
inside 인사이드	outside 아웃사이드	broad 브로드	narrow 내로우	deep 딮	ENG
dedans 드덩	dehors 드오르	vaste 바스뜨	étroit 에뜨르와	profond 프로퐁	FRA
Innenseite 이넨자이테	Außenseite 아우센자이테	breit 브라이트	eng 엥	tief 티프	GER
interno 잉떼르누	externo 이스떼르누	extenso, largo 이스뗑쑤, 라르구	estreito 이스프레이뚜	profundo 쁘로풍두	POR
dentro 덴뜨로	fuera 푸에라	ancho, extenso 안초, 엑스뗀소	estrecho 에스프레초	profundo 쁘로푼도	ESP
interno 인테르노	esterno 에스테르노	largo 라르고	stretto 스트레또	profondo 프로폰도	ITA
μέσα 메사	έξω, εκτός 엑소, 엑또스	φαρδύς, πλατύς 파르디스, 쁠라티스	στενός 스떼노스	βαθύς 바씨스	GRE
internus, intra 인테르누스, 인트라	exter(=externus) *1 엑스테르(=엑스테르누스)	amplus, latus 암플루스, 라투스	angustus 앙구스투스	profundus 프로푼두스	LAT
внутрь 브누뜨리	наружная сторона 나루쥬나야 스프라나	широкий 쉬로끼이	узкий 우스끼	глубокий 글루보끼	RUS
里边/lǐbian 리비엔	外边/wàibian 와이비엔	宽/kuān 콴	窄/zhǎi 쟈이	深/shēn 션	CHN
うちがわ/内側 우치가와	そとがわ/外側 소토가와	ひろい/広い 히로이	せまい/狭い 세마이	ふかい/深い 후카이	JPN

동의어: *1 extra 엑스트라

한	얕은	아무데도	높은	낮은	여기
영	shallow 쉘로우	nowhere 노웨어	high 하이	low 로우	here 히어
프	peu profond, bas 쁘 프로퐁, 바	nulle part 뉠 빠르	haut 오	bas 바	ici 이씨
독	seicht 자이히트	nirgends 니르겐츠	hoch 호흐	niedrig 니드리히	hier 히어
포	raso 하주	em nenhum lugar 잉 넹웅 루가르	alto 아우뚜	baixo 바이슈	aqui 아끼
스	poco profundo 뽀꼬 프로푼도	ninguna parte 닝구나 빠르떼	alto 알또	bajo 바호	aquí 아끼
이	basso 바쏘	nessun posto 네쑨 뽀스토	alto 알또	basso 바쏘	qui 뀌
그	ρηχός 리호스	πουθενά 뿌쩨나	ψηλά 읍실라	χαμηλά 하밀라	εδώ 에도
라	humilis, vadosus 후밀리스, 바도수스	nusquam 누스쿠암	alte 알테	humilis 후밀리스	hic 히크
러	мелкий 멜끼이	нигде 니그제	высокий 븨쏘끼	низкий 니스끼	здесь 즈제스
중	浅 / qiǎn 치엔	随地 / suídì 쉐이띠	高 / gāo 까오	低 / dī 띠	这边 / zhèbiān 쩌비엔
일	あさい / 浅い 아사이	どこにも / 何処にも 도코니모	たかい / 高い 타카이	ひくい / 低い 히쿠이	ここ 코코

한	저기	거기	어딘가	모든 곳에
영	over there 오버 데어	there 데어	somewhere 섬웨어	everywhere 에브리웨어
프	là-bas 라바	là 라	quelque part 껠끄 빠르	partout 빠르뚜
독	drüben 드뤼벤	dort, da 도르트, 다	irgendwo 이르겐트보	überall 위버알
포	ali 알리	aí 아이	algum lugar 아우궁 루가르	em todo lugar 잉 또두 루가르
스	allí 아지	ahí 아이	alguna parte 알구나 빠르떼	todas partes 또다스 빠르떼스
이	lì 리	là 라	qualche parte 꽐께 빠르떼	ovunque 오붕꿰
그	εκεί πέρα 에끼 뻬라	εκεί 에끼	κάπου 까뿌	παντού 빤두
라	illic 일릭	ibi 이비	alicubi 알리쿠비	ubique 우비쿠에
러	вон там 본 땀	там 땀	где-то 그제 떠	везде 베즈제
중	那边 / nàbiān 나비엔	那里 / nàli 나리	某处 / mǒuchù 모우추	每处 / měichù, 到处 / dàochù 메이추, 따오추
일	あそこ 아소코	そこ 소코	どこか / 何処か 도코카	あらゆるところに / あらゆる所に 아라유루토코로니

590

앞에	옆에	나란히	멀리	KOR
forward 포워드	beside 비사이드	side by side 사이드 바이 사이드	far away 파 러웨이	ENG
avant 아벙	à côté 아 꼬떼	côte à côte 꼬따 꼬뜨	lointain 루앵땡	FRA
vorne 포르네	beiseite, seitwärts 바이자이테, 자잇배르츠	Seite an Seite 자이테 안 자이테	fern 페른	GER
em frente 잉 프렝찌	ao lado 아우 라두	lado a lado 라두 아 라두	longe 롱쥐	POR
adelante 아델란떼	cerca 쎄르까	juntos 훈또스	lejos 레호스	ESP
avanti 아반띠	accanto 아깐또	in linea 인 리네아	lontano 론따노	ITA
εμπρός 엠브로스	δίπλα, κοντά 디쁠라, 곤다	πλάι πλάι 쁠라이 쁠라이	μακριά 마끄리아	GRE
protinus 프로티누스	iuxta, prope 육스타, 프로페	una *1 우나(공간적)	procul 프로쿨	LAT
впереди 프뻬례지	возле 보즐례	бок о бок 복 오 벅	далеко 달례꼬	RUS
前边 /qiánbiān 치엔비엔	旁边 /pángbiān 팡비엔	并 /bìng, 并排 /bìngpái 삥, 삥파이	远远地 /yuǎnyuānde 위엔위엔더	CHN
まえに /前に 마에니	よこに /横に 요코니	ならんで /並んで 나란데	とおく /遠く 토-쿠	JPN

동의어: *1 simul 시물(시간적), una simul 우나 시물(공간적+시간적)

3-5. 도형, 수개념 (숫자)

도형	삼각형	정삼각형	사각형	KOR
figure 피겨	triangle 트라이앵글	equilateral triangle 이퀴레터럴 트라이앵글	quadrangle 쿠아드랭글	ENG
figure 피귀르	triangle 트리엉글	triangle équilatéral 트리엉글 에퀴라떼랄	rectangle 렉떵글	FRA
Figur 피구어	Dreieck 드라이엑크	gleichseitiges Dreieck 글라이히자이티게스 드라이엑크	Viereck 피어엑크	GER
figura 피구라	triângulo 뜨리앙굴루	triângulo regular 뜨리앙굴루 헤굴라르	quadrângulo 꽈드랑굴루	POR
figura 피구라	triángulo 뜨리앙굴로	triángulo equilátero 뜨리앙굴로 에낄라떼로	cuadrilátero 꾸아드릴라떼로	ESP
figura 피구라	triangolo 트리앙골로	triangolo equilatero 트리앙골로 에퀼라테로	tetragono 테트라고노	ITA
φιγούρα 피구라	τρίγωνο 트리고노	ισόπλευρο τρίγωνο 이소쁠레브로 트리고노	τετράπλευρο 떼트라쁠레브로	GRE
figura 피구라	triangulum *1 트리안굴룸	aequilaterum trigonum 애쿠일라테룸 트리고눔	tetragonum *2 테트라고눔	LAT
фигура 피구라	треугольник 뜨리우골닉	равносторонний треугольник 라브나스따론니 뜨리우골닉	четырёхугольник 쳬뜨료후골닉	RUS
图形 /túxíng 투싱	三角形 /sānjiǎoxíng 싼지아오싱	正三角形 /zhèngsānjiǎoxíng 쩡싼지아오싱	四角形 /sìjiǎoxíng 쓰지아오싱	CHN
ずけい /図形 주케-	さんかくけい /三角形 산각께-	せいさんかくけい /正三角形 세-산각께-	しかくけい /四角形 시각께-	JPN

동의어: *1 trigonum 트리고눔, *2 quadrangulus 쿠아드랑굴루스

한	정사각형	직사각형	각	원
영	square 스퀘어	rectangle 렉탱글	angle 앵글	circle 써클
프	carré 까레	rectangle 렉떵글	angle 앵글	cercle 세르끌
독	Quadrat 크바드라트	Rechteck 레히트엑크	Winkel 빙켈	Kreis 크라이스
포	quadrado regular 꽈드라두 헤굴라르	retângulo 헤땅굴루	ângulo 앙굴루	círculo 씨르꿀루
스	cuadrado 꾸아드라도	rectángulo 렉땅굴로	ángulo 앙굴로	círculo 씨르꿀로
이	quadrato 꽈드라토	rettangolo 레땅골로	angolo 앙골로	cerchio 체르끼오
그	τετράγωνο 떼뜨라고노	ορθογώνιο παραλληλόγραμμο 오르쏘고니오 빠랄릴로그람모	γωνία 고니아	κύκλος 끼끌로스
라	aequilaterum quadratum 애쿠일라테룸 쿠아드라툼	rectanglum 렉탕글룸	angulus 앙굴루스	circulus 키르쿨루스
러	квадрат 크바드랏	прямоугольник 쁘리무골닉	угол 우글	круг 크룩
중	正方形 / zhèngfāngxíng 쩡팡싱	长方形 / chángfāngxíng 창팡싱	角 / jiǎo 지아오	圆 / yuán 위엔
일	せいほうけい / 正方形 세-호-케-	ちょくほうけい / 直方形 쵸쿠호-케-	かく / 角 카쿠	えん / 円 엔

한	타원	반원	호	오각형	육각형
영	ellipse 엘립스	semicircle 세미써클	arc 아크	pentagon 팬타곤	hexagon 헥사곤
프	ellipse 엘립스	demi-cercle 드미-세르끌	arc 아르끄	pentagone 뻥따곤느	hexagone 에그자곤느
독	Ellipse 엘립세	Halbkreis 할프크라이스	Bogen *1 보겐	Pentagon 펜타곤	Hexagon 헥사곤
포	elipse 엘립씨	semicírculo 쩨미씨르꿀루	arco 아르꾸	pentágono 뻥따고누	hexágono 엑싸고누
스	elipse 엘립쩨	semi-círculo 세미-씨르꿀로	arco 아르꼬	pentágono 뻰따고노	hexágono 엑싸고노
이	ellisse 엘리쎄	semicerchio 세미체르끼오	arco 아르코	pentagono 펜타고노	esagono 에사고노
그	έλλειψη 엘립시	ημικύκλιο 이미끼끌리오	τόξο 똑소	πεντάγωνο 빤다고노	εξάγωνο 엑사고노
라	ellipsis 엘립시스	hemicyclium 헤미키클리움	arcus 아르쿠스	pentagonum 펜타고눔	hexagonum 헥사고눔
러	эллипс 앨립스	полукруг 뽈루크룩	дуга 두가	пентагон 뻰따곤	шестигранник 쉐스찌그란닉
중	椭圆 / tuǒyuán 투오위엔	半圆 / bànyuán 빤위엔	弧 / hú 후	五角形 / wǔjiǎoxíng 우지아오싱	六边形 / liùbiānxíng 리우비엔싱
일	だえん / 楕円 다엔	はんえん / 半円 항엔	こ / 弧 코	ごかくけい / 五角形 고카꿰-	ろっかくけい / 六角形 록깍꿰-

동의어: *1 Kreisbogen 크라이스보겐

팔각형	평행사변형	입체	입방체	KOR
octagon 옥타곤	parallelogram 패러렐러그램	solid(three-dimensional) 쏠리드(쓰리 다이멘셔널)	cube 큐브	ENG
octogone 옥또곤느	parallélogramme 파라렐로그람므	solide 쏠리드	cube 뀌브	FRA
Oktogon 옥타곤	Parallelogram 파라렐로그람	Kubus 쿠부스	Würfel, Kubus 뷔르펠, 쿠부스	GER
octógono 옥또고누	paralelogramo 빠랄렐루그라무	sólido 쏠리두	cubo 꾸부	POR
octágono 옥파고노	paralelogramo 빠랄렐로그라모	sólido 솔리도	cubo 꾸보	ESP
ottagono 오따고노	parallelogramma 파랄렐로그람마	solido 솔리도	cubo 쿠보	ITA
οκτάγωνο 옥따고노	παραλληλόγραμμο 빠랄릴로그람모	στερεό 스떼레오	κύβος 끼보스	GRE
octagonum 옥타고눔	parallelogrammum 파랄렐로그람뭄	corpus geometricum 코르푸스 게오메트리쿰	cubus 쿠부스	LAT
восьмигранник 바스미우골닉	параллелограм 빠랄렐라그람	трёхмерный 뜨료흐몌르느이	куб 쿱	RUS
八角形 / bājiǎoxíng 빠지아오싱	平行四边形 / píngxíngsìbiānxíng 핑형쓰비엔싱	立体 / lìtǐ 리티	立方体 / lìfāngtǐ 리팡티	CHN
はっかくけい / 八角形 학깍께-	へいこうしへんけい / 平行四辺形 헤-코-시헨케-	りったい / 立体 릿따이	りっぽうたい / 立方体 립뽀-타이	JPN

다면체	구	원통형	원기둥	KOR
polyhedron 팔리히드런	sphere *1 스피어	cylinder 실린더	column 커럼	ENG
polyèdre 폴리에드르	globe, sphère 글로브, 스페르	forme cylindrique 포름 실랭드릭끄	cylindre 실랭드르	FRA
Polyeder 폴리에더	Kugel 쿠겔	Zylinder 칠린더	Zylinder 칠린더	GER
poliedro 뽈리에드루	esfera 이스페라	cilíndrico 씰링드리꾸	cilindro 씰링드루	POR
poliedro 뽈리에드로	globo 글로보	cilindro 씰린드로	columna 꼴룸나	ESP
poliedro 폴리에드로	globo 글로보	cilindro 칠린드로	colonna 콜론나	ITA
πολύεδρο 뽈리에드로	σφαίρα 스파라	κύλινδρος 낄린드로스	κολώνα, στήλη 꼴로나, 스띨리	GRE
polyhedron 폴리헤드론	globus, sphaera 글로부스, 스패라	cylindrus 퀼린드루스	columna 콜룸나	LAT
многогранник 므너거그란닉	сфера 스폐라	цилиндр 찔린드르	колонна 깔론나	RUS
多面体 / duōmiàntǐ 뚜오미엔티	球 / qiú 치우	圆筒形 / yuántǒngxíng 위엔퉁싱	圆柱 / yuánzhù 위엔쭈	CHN
ためんたい / 多面体 타멘타이	きゅう / 球 큐-	えんとうけい / 円筒形 엔토-케-	えんちゅう / 円柱 엔츄-	JPN

참고: *1 hemisphere 헤미스피어(반구)→ 520p 참고

한	각기둥	원뿔	각뿔	달걀형
영	prism 프리즘	cone 콘	pyramid 피라미드	oval 오벌
프	prisme 프리즘	cône 꼰느	pyramide 삐라미드	ovale 오발
독	Prisma *1 프리즈마(삼각)	Kegel 케겔	Pyramide 퓌라미데	Oval 오발
포	prisma 쁘리즈마	cone 꼬니	pirâmide 삐라미지	oval 오바우
스	prisma 쁘리스마	cono 꼬노	pirámide 삐라미데	óvalo 오발로
이	prisma 프리즈마	cono 코노	piramide 피라미데	ovale 오발레
그	πρίσμα 프리즈마	κώνος 꼬노스	πυραμίδα 삐라미다	ωοειδής, οβάλ 오오이디스, 오발
라	prisma 프리스마	conus 코누스	pyramis 피라미스	ovum 오붐
러	призма 쁘리즈마	конус 꼬누스	пирамида 삐라미다	овал 아발
중	棱柱体 / léngzhùtǐ 렁쭈티	圆锥 / yuánzhuī 위엔쮀이	棱锥 / léngzhuī 렁쮀이	鸭蛋形 / yādànxíng 야딴싱
일	かくちゅう / 角柱 카쿠츄-	えんすい / 円錐 엔수이	かくすい / 角錐 카쿠수이	たまごがた / 卵型 타마고가타

동의어: *1 Kantensäule 칸텐조일레

한	원반형	체적, 용적	축	회전
영	disk 디스크	volume 볼륨	axis 액시스	rotation 로테이션
프	disque 디스끄	volume 볼륌	axe 악스	rotation 로따시옹
독	Scheibe, Diskus 샤이베, 디스쿠스	Volumen 볼루멘	Achse 악세	Drehung 드레웅
포	disco 지스꾸	volume 볼루미	eixo 에이슈	rotação 호따써웅
스	disco 디스꼬	volumen 볼루멘	eje 에헤	rotación 로따씨온
이	disco 디스코	volume 볼루메	asse 아쎄	rotazione 로타찌오네
그	δίσκος 디스꼬스	όγκος 옹고스	άξων 악손	περιστροφή 뻬리스트로피
라	discus 디스쿠스	capacitas *1 카파키타스	axis 악시스	circuitus 키르쿠이투스
러	диск 지스크	объём 아비욤	ось 오시	вращение 브라쉐니예
중	圆盘 / yuánpán 위엔판	体积 / tǐjī 티지	轴 / zhóu 쩌우	回转 / huízhuǎn *3 훼이주안
일	えんばんがた / 円盤型 엔반가타	たいせき / 体積 *2 타이세키	じく / 軸 지쿠	かいてん / 回転 카이텐

동의어: *1 volumen 볼루멘, *2 ようせき / 容積 요-세키, *3 旋转 / xuánzhuǎn 슈엔주안

형태	꼴	윤곽	마름모꼴	KOR
form 폼	shape 쉐이프	outline *1 아웃라인	diamond *2 다이아몬드	ENG
forme 포름	apparence 아빠랑스	contour 꽁뚜르	losange 로장쥬	FRA
Form 포름	Form 포오름	Kontur 콘투어	Rhombus, Raute 롬부스, 라우테	GER
forma 포르마	forma 포르마	contorno 꽁또르누	losango 로장구	POR
forma 포르마	forma 포르마	contorno 꼰또르노	diamante 디아만떼	ESP
forma 포르마	forma 포르마	contorno 콘토르노	rombo 롬보	ITA
μορφή 모르피	σχήμα 스히마	περίγραμμα 뻬리그람마	ρόμβος 롬보스	GRE
forma, figura 포르마, 피구라	forma, figura, species 포르마, 피구라, 세시에스	adumbratio 아둠브라티오	rhombus 롬부스	LAT
образ 오브라즈	форма 포르마	контур 꼰뚜르	ромб 롬브	RUS
形态 / xíngtài 씽타이	样相 / yàngxiàng 양시앙	轮廓 / lúnkuò 룬쿠오	菱形 / língxíng 링싱	CHN
けいたい / 形態 케-타이	かっこう / 格好 칵꼬-	りんかく / 輪郭 린카쿠	ひしがた / 菱形 히시가타	JPN

동의어: *1 contour 컨투어, *2 rhomb 롬

부채꼴	하트	아치형	유선형	KOR
sector 섹터	heart 하트	arch 아치	streamlined form *3 스트림라인드 폼	ENG
éventail 에방따이유	cœur 꿰르	arc 아르끄	forme aérodynamique 포름므 아에로디나미끄	FRA
Fächer 패혀	Herz 헤르츠	Bogen 보겐	aerodynamische Form 아에로뒤나미셰 포름	GER
leque 레끼	coração 꼬라써웅	arco 아르꾸	forma aerodinâmica 포르마 아에로지나미까	POR
abanico 아바니꼬	corazón 꼬라손	arco 아르꼬	forma aerodinámica 포르마 아에로디나미까	ESP
Settore circolare 세또레 치르꼴라레	cuòre 쿠오레	arco 아르코	forma aerodinamica 포르마 아에로디나미까	ITA
κυκλικός τομέας 끼끌리꼬스 또메아스	καρδιά . 까르디아	αψίδα, καμάρα 앞시다, 까마라	αεροδυναμικό σχήμα 아에로디나미꼬 스히마	GRE
flabellum *1 플라벨룸	formella cordis 포르멜라 코르디스	arcus 아르쿠스	figura dynamica liquida 피구라 디나미카 리쿠이다	LAT
сектор 쩨크떠르	сердце 쩨르쩨	арка 아르까	обтекаемый 압쩨까예므이	RUS
扇形 / shànxíng 샨싱	红心 / hóngxīn 홍신	弓形 / gōngxíng *2 꿍싱	流线型 / liúxiànxíng 리우시엔싱	CHN
おうぎがた / 扇形 오-기가타	ハート 하-토	アーチがた / アーチ形 아-치가타	りゅうせんけい / 流線型 류-센케-	JPN

동의어: *1 ventilarum 벤틸라룸, *2 弧形 / húxíng 후싱, *3 aerodynamic form 에로다이내믹 폼

한	사다리꼴	지름	반지름	대칭	비대칭
영	trapezoid *1 트래피조이드	diameter 다이애미터	radius 레이디어스	symmetry 씨메트리	asymmetry 에이씨메트리
프	trapèze 트라뻬즈	diamètre 디아메뜨르	rayon 레이옹	symétrie 씨메트리	asymétrie 아씨메트리
독	Trapez 트라페츠	Durchmesser 두르히메서	Radius *3 라디우스	Symmetrie 쥐메트리	Asymmetrie 아쥐메트리
포	trapézio 뜨라뻬지우	diâmetro 지아메뜨루	raio 하이우	simetria 씨메뜨리아	assimetria 아씨메뜨리아
스	trapecio 뜨라뻬씨오	diámetro 디아메뜨로	radio 라디오	simetría 시메뜨리아	asimetría 아시메뜨리아
이	trapezio 뜨라페찌오	diametro 디아메트로	raggio 라쬬	simmetria 심메트리아	asimmetria 아심메트리아
그	τραπέζιο 뜨라페지오	διάμετρος 디아메트로스	ακτίνα(ακτίς) 악띠나(악띠스)	συμμετρία 심메뜨리아	ασυμμετρία 아심메뜨리아
라	trapezium 트라페찌움	diametros 디아메트로스	radius 라디우스	symmetria 심메트리아	defectio symmetriae 데펙티오 시메트리아애
러	трапеция 뜨라뻬찌야	диаметр 지아메뜨르	радиус 라지우스	симметрия 씨메뜨리야	асимметрия 아씨메뜨리야
중	梯形 / tīxíng 티싱	径 / jìng *2 징	球半径 / qiúbànjìng 치우빤징	对称 / duìchèn 뛔이천	不对称 / búduìchèng 부뛔이천
일	だいけい / 台形 다이케-	ちょっけい / 直径 쵹께-	はんけい / 半径 한케-	たいしょう / 対称 타이쇼-	ひたいしょう / 非対称 히타이쇼-

동의어: *1 trapezium 트래피지엄, *2 圓径 / yuánjìng 위엔징, *3 Halbmesser 할프메서

한	점	선	면	평면	표면
영	point 포인트	line 라인	face 페이스	plane 플레인	surface 서피스
프	point 뿌엥	ligne 린뉴	face 파스	plan 쁠렁	surface 쉬르파스
독	Punkt 풍크트	Linie 리니	Seite 자이테	Fläche 플래혜	Oberfläche 오버플래혜
포	ponto 뽕뚜	linha 링야	face 파씨	plano 쁠라누	superfície 쑤뻬르피씨에
스	punto 뿐또	línea 리네아	cara 까라	plano 쁠라노	superficie 수뻬르피씨에
이	punto 뿐또	linea 리네아	faccia 파챠	piano 피아노	superficie 수페르피치에
그	σημείο 시미오	γραμμή 그람미	όψη 옵시	επίπεδο 에삐뻬도	επιφάνεια 에삐파니아
라	punctum 풍크툼	linea 리네아	area 아레아	planitia 플라니티아	superficies 수페르피키에스
러	точка 또취까	линия 리니야	сторона 스따라나	плоскость 쁠로스꺼스츠	поверхность 빠볘르흐너스츠
중	点 / diǎn 디엔	线 / xiàn 시엔	面 / miàn 미엔	平面 / píngmiàn 핑미엔	表面 / biǎomiàn 비아오미엔
일	てん / 点 텐	せん / 線 센	めん / 面 멘	へいめん / 平面 헤-멘	ひょうめん / 表面 효-멘

596

중심	직선	곡선	점선	실선	KOR
center 센터	straight linge 스트레이트 라인	curve 커브	dotted line 닽티드라인	solid line 썰리드라인	ENG
centre 썽트르	droite 드르와뜨	courbe 꾸르브	pointillé 뿌엥띠이에	ligne 린뉴	FRA
Zentrum 첸트룸	Gerade 게라데	Kurve 쿠르베	punkierte Linie 풍키어테 리니	durchgezogene Linie 두르히게초게네 리니	GER
centro 쎙뜨루	linha reta 링야 헤따	curva 꾸르바	linha tracejada 링야 뜨라쩨쟈다	linha cheia 링야 쉐이아	POR
centro 쎈뜨로	recto 렉또	curva 꾸르바	línea de puntos 리네아 데 뿐또스	línea sólida 리네아 솔리다	ESP
centro 첸뜨로	linea diretta 리네아 디레따	curva 쿠르바	linea punteggiata 리네아 뿐떼좌타	linea 리네아	ITA
κέντρο 껜드로	ευθεία γραμμή 에브씨아 그람미	καμπύλη 까빌리	στικτή γραμμή 스띡띠 그람미	γραμμή 그람미	GRE
centrum 껜트룸	linea recta 리네아 렉타	linea curva 리네아 쿠르바	puncta linea 풍크타 리네아	linea 리네아	LAT
центр 쩬뜨르	прямая линия 쁘리마야 리니야	кривая линия 크리바야 리니야	пунктир 뿐크찌르	сплошная линия 스쁠로쉬나야 리니야	RUS
中心 / zhōngxīn 쫑씬	直线 / zhíxiàn 즈시엔	曲线 / qūxiàn 취시엔	点线 / diǎnxiàn 디엔시엔	实线 / shíxiàn 스시엔	CHN
ちゅうしん / 中心 츄-신	ちょくせん / 直線 쵸쿠센	きょくせん / 曲線 쿄쿠센	てんせん / 点線 텐센	じっせん / 実線 짓쎈	JPN

사선	평행선	포물선	거리	면적	KOR
oblique line 어브릭크 라인	parallel 패럴렐	parabola 파라볼라	distance 디스턴스	area 에리어	ENG
ligne oblique 린뉴 오블리끄	parallèle 빠랄렐	parabole 빠라볼	distance 디스펑스	dimension 디멍씨옹	FRA
Diagonale *1 디아고날	Parallele 파라렐레	Parabel 파라벨	Abstand *2 압슈탄트	Flächeninhalt 플래혠인할트	GER
linha oblíqua 링야 오블리꾸아	linha paralela 링야 빠랄렐라	parábola 빠라볼라	distância 지스땅씨아	área 아리아	POR
línea oblicua 리네아 오블리꾸아	paralelo 빠랄렐로	parabola 빠라볼라	distancia 디스딴씨아	extensión 엑스뗀시온	ESP
traiettoria 트라이에또리아	parallela 파라렐라	parabola 파라볼라	distanza 디스탄자	superficie 수페르피치에	ITA
λοξή γραμμή 록시 그람미	παράλληλος 빠랄릴로스	παραβολή 빠라볼리	απόσταση 아뽀스따시	έκταση 엑따시	GRE
obliqua linea 오브리꾸아 리네아	parallelos 파랄렐로스	parabola 파라볼라	abstantia 압스탄티아	modus 모두스	LAT
наклонная линия 나클론나야 리니야	параллельная линия 빠랄렐나야 리니야	парабола 빠라벌라	расстояние 라스따야니예	площадь 쁠로샤지	RUS
斜线 / xiéxiàn 시에시엔	平行线 / píngxíngxiàn 핑싱시엔	抛物线 / pāowùxiàn 파오우시엔	距离 / jùlí 쥐리	面积 / miànjī 미엔지	CHN
しゃせん / 斜線 샤센	へいこうせん / 平行線 헤-코-센	ほうぶつせん / 放物線 호-부추센	きょり / 距離 쿄리	めんせき / 面積 멘세키	JPN

동의어: *1 Schräglinie 슈래글리니, *2 Distanz 디스탄츠

한	수	번호	어림수	숫자
영	number 넘버	number 넘버	approximate figures 어프로시메잇 피규어스	figure 피겨
프	nombre 농브르	numéro 뉘메로	nombre approximatif 쉬프르 아프락시마티프	chiffre 쉬프르
독	Zahl 찰	Nummer 누머	Rundenzahl 룬덴찰	Ziffer, Zahl 치퍼, 찰
포	número 누메루	número 누메루	número redondo 누메루 헤동두	algarismo 아우가리즈무
스	número 누메로	número 누메로	cifras aproximadas 치프라스 아쁘록시마다스	cifra 씨프라
이	numero 누메로	numero 누메로	numero tondo 누메로 톤도	cifra 치프라
그	αριθμός, νούμερο 아리쓰모스, 누메로	νούμερο 누메로	κατά προσέγγιση αριθμοί 까따 쁘로셍기시 아리쓰미	αριθμός 아리쓰모스
라	numerus 누메루스	numerus 누메루스	numerus propinguus [*1] 누메루스 프로핑우스	numerus 누메루스
러	число 취슬로	цифра 찌프라	приблизительная цифра 쁘리블리지젤나야 찌프라	число 취슬로
중	数 / shù 쑤	号码 / hàomǎ 하오마	个数 / gèshù 꺼쑤	数字 / shùzì 쑤즈
일	すう/数 수-	ばんごう/番号 반고-	こすう/個数 코수-	すうじ/数字 수-지

동의어: [*1] numerus approximatus 누메루스 압프록시마투스

한	정수	분수	홀수	짝수	상수
영	whole number [*1] 호울 넘버	fraction 프락션	odd number 오드 넘버	even number 이븐 넘버	constant 칸스턴트
프	nombre entier 농브르 엉띠에	fraction 프락시용	nombre impair 농브르 앵뻬르	nombre pair 농브르 뻬르	constante 꽁스땅뜨
독	Ganze Zahl 간체 찰	Bruchzahl 브루흐찰	ungerade Zahl 운게라데 찰	gerade Zahl 게라데 찰	Konstante 콘스탄테
포	número inteiro 누메루 잉떼이루	fração 프라써웅	número ímpar 누메루 잉빠르	número par 누메루 빠르	constante 꽁스땅찌
스	entero 엔떼로	fracción 프락씨온	número impar 누메로 임빠르	número par 누메로 빠르	constante 꼰스땅떼
이	numero intero 누메로 인테로	frazione 프라찌오네	numero dispari 누메로 디스빠리	numero pari 누메로 빠리	costante 코스딴떼
그	δεκαδικός αριθμός 데까디꼬스 아리쓰모스	κλάσμα 끌라스마	περιττός αριθμός [*2] 뻬리또스 아리쓰모스	άρτιος αριθμός [*4] 아르띠오스 아리쓰모스	σταθερά 스따쎄라
라	integer numerus 인테게르 누메루스	fractio 프락티오	(numerus)impar (누메루스)임파르	(numerus)par (누메루스)파르	constans 콘스탄스
러	целое число 쩰러예 취슬로	дробное число 드로브네예 취슬로	нечётное число 니쵸트너예 취슬로	чётное число 쵸트너예 취슬로	коэффициент 꺼애피쩬트
중	整数 / zhěngshù 쩡쑤	分数 / fēnshù 펀쑤	奇数 / jīshù [*3] 찌쑤	双数 / shuāngshù 슈왕쑤	常数 / chángshù 창쑤
일	せいすう/整数 세-수-	ぶんすう/分数 분수-	きすう/奇数 키수-	ぐうすう/偶数 구-수-	ていすう/定数 테-수-

동의어: [*1] integer 인티저, [*2] μονός 모노스, [*3] 单数 / dānshù 딴쑤, [*4] ζυγός 지고스

공약수	약수	기수	서수	KOR
common divisor 카먼 디바이저	divisor 디바이저	cardinal number 카디널 넘버	ordinal number 오디널 넘버	ENG
commun diviseur 꼬맹 디비죄르	diviseur 디비죄르	nombre cardinal 농브르 까르디날	nombre ordinal 농브르 오르디날	FRA
gemeinsamer Teiler 게마인자머 타일러	Teiler, Divisor 타일러, 디비조어	Kardinalzahl 카디날찰	Ordinalzahl 오디날찰	GER
divisor comum 지비조르 꼬뭉	divisor 지비조르	número cardinal 누메루 까르지나우	número ordinal 누메루 오르지나우	POR
común divisor 꼬문 디비소르	divisor 디비소르	número cardinal 누메로 까르디날	número ordinal 누메로 오르디날	ESP
divisore comune 디비조레 꼬무네	divisore 디비조레	numero cardinale 누메로 카르디날레	numero ordinale 누메로 오르디날레	ITA
κοινός διαιρέτης 끼노스 디애레띠스	διαιρέτης 디애레띠스	απόλυτο αριθμητικό 아뽈리또 아리쓰미띠꼬	τακτικό αριθμητικό 딱띠꼬 아리쓰미띠꼬	GRE
communis divisor 콤무니스 디비소르	divisor 디비소르	numerus cardinalis 누메루스 카르디날리스	numerus ordinalis 누메루스 오르디날리스	LAT
общий делитель 옵쉬 젤리쩰	делитель 젤리쩰	порядковое число 빠럇트꺼보예 취슬로	кардинальное число 카르지날너예 취슬로	RUS
公约数 / gōngyuēshù 꽁위에쑤	约数 / yuēshù 위에쑤	奇数 / jīshù 찌쑤	序数 / xùshù 쉬쑤	CHN
こうやくすう / 公約数 코-야쿠수-	やくすう / 約数 야쿠수-	きすう / 基数 키수-	じょすう / 序数 죠수-	JPN

1	2	3	4	5	KOR
one 원	two 투	three 쓰리	four 포	five 파이브	ENG
un 엉	deux 되	trois 트와	quatre 꺄트르	cinq 쌩끄	FRA
eins 아인스	zwei 츠바이	drei 드라이	vier 피어	fünf 퓐프	GER
um 웅	dois 도이스	três 뜨레스	quatro 꽈뜨루	cinco 씽꾸	POR
uno 우노	dos 도스	tres 뜨레스	cuatro 꾸아뜨로	cinco 씽꼬	ESP
uno 우노	due 두에	tre 뜨레	quattro 꽈뜨로	cinque 칭꾸에	ITA
ένας, μία, ένα 에나스, 미아, 에나	δύο 디오	τρεις, τρια 뜨리스, 뜨리아	τέσσερις, τεσσερα 뗏세리스, 뗏스라	πέντε 빤데	GRE
unum 우눔	duo, duae 두오	tres, tria 트리아	quattuor 쿠아투오르	quinque 쿠잉케	LAT
один 아진	два 드바	три 뜨리	четыре 췌뜨례	пять 뺫치	RUS
一 / yī 이	二 / èr 얼	三 / sān 싼	四 / sì 쓰	五 / wǔ 우	CHN
いち / 一 이치	に / 二 니	さん / 三 산	し, よん / 四 시, 욘	ご / 五 고	JPN

한	6	7	8	9	10
영	six 씩스	seven 세븐	eight 에이트	nine 나인	ten 텐
프	six 시스	sept 세프	huit 위프	neuf 뇌프	dix 디스
독	sechs 젝스	sieben 지벤	acht 아흐트	neun 노인	zehn 첸
포	seis 쎄이스	sete 쎄찌	oito 오이뚜	nove 노비	dez 데스
스	seis 세이스	siete 시에떼	ocho 오초	nueve 누에베	diez 디에스
이	sei 세이	sette 세떼	otto 오또	nove 노베	dieci 디에치
그	έξι 엑시	επτά 엡따	οκτώ 옥또	εννέα 엔네아	δέκα 데까
라	sex 섹스	septem 셉템	octo 옥토	novem 노벰	decem 데켐
러	шесть 쉐스츠	семь 셈	восемь 보솀	девять 제뱟츠	десять 제썃츠
중	六 / liù 리우	七 / qī 치	八 / bā 빠	九 / jiǔ 지우	十 / shí 스
일	ろく / 六 로쿠	しち、なな / 七 시치, 나나	はち / 八 하치	きゅう、く / 九 큐-, 쿠	じゅう / 十 쥬-

한	11	12	13	14	15
영	eleven 일레븐	twelve 트웰브	thirteen 써틴	fourteen 포틴	fifteen 피프틴
프	onze 옹즈	douze 두즈	treize 트레즈	quatorze 까또르즈	quinze 깽즈
독	elf 엘프	zwölf 츠뵐프	dreizehn 드라이첸	vierzehn 피어첸	fünfzehn 퓐프 첸
포	onze 옹지	doze 도지	treze 트레지	quatorze 꽈또르지	quinze 낑지
스	once 온세	doce 도세	trece 트레쎄	catorce 까또르쎄	quince 낀쎄
이	undici 운디치	dodici 도디치	tredici 트레디치	quattordici 꽈또르디치	quindici 뀐디치
그	ένδεκα 엔데까	δώδεκα 도데까	δεκατρείς *1 데까트레이스	δεκατέσσερις *2 데까뗏세리스	δεκαπέντε 데까뻰데
라	undecim 운데킴	duodecim 두오데킴	tredecim 트레데킴	quattuordecim 쿠아투오르데킴	quindecim 쿠인데킴
러	одиннадцать 아진나짯츠	двенадцать 드비낫짯츠	тринадцать 트리나짯츠	четырнадцать 취트르나짯츠	пятнадцать 삣나짯츠
중	十一 / shíyī 스이	十二 / shí èr 스얼	十三 / shísān 스싼	十四 / shísì 스쓰	十五 / shíwǔ 스우
일	じゅういち / 十一 쥬-이치	じゅうに / 十二 쥬-니	じゅうさん / 十三 쥬-산	じゅうし *3 쥬-시	じゅうご / 十五 쥬-고

동의어: *1 δεκατρία 데까뜨리아, *2 δεκατέσσερα 데까뗏세라, *3 じゅうよん / 十四 쥬-욘

16	17	18	19	20	KOR
sixteen 식스틴	seventeen 세븐틴	eighteen 에이틴	nineteen 나인틴	twenty 트웬티	ENG
seize 세즈	dix-sept 디-세프	dix-huit 디즈 위뜨	dix-neuf 디즈 뇌프	vingt 뱅	FRA
sechzehn 제히첸	siebzehn 집첸	achtzehn 아흐트첸	neunzehn 노인첸	zwanzig 츠반치히	GER
dezesseis 데제쎄이스	dezessete 데제쎄찌	dezoito 데조이뚜	dezenove 데제노비	vinte 빙찌	POR
dieciséis 디에씨세이스	diesisiete 디에시시에떼	dieciocho 디에씨오초	diecinueve 디에씨누에베	veinte 베인떼	ESP
sedici 세디치	diciassette 디치아쎄떼	diciotto 디쵸또	diciannove 디치안노베	venti 벤띠	ITA
δεκαέξι 데까엑시	δεκαεπτά 데까엡따	δεκαοκτώ 데까옥또	δεκαεννέα 데까엔네아	είκοσι 이꼬시	GRE
sedecim 세데킴	septendecim 셉텐데킴	duodeviginti 두오데비긴치	undeviginti 운데비긴치	viginti 비긴치	LAT
шестнадцать 쉐스나짯츠	семнадцать 셈나짯츠	восемнадцать 버쎔나짯츠	девятнадцать 제빗나짯츠	двадцать 드바짯츠	RUS
十六 / shíliù 스리우	十七 / shíqī 스치	十八 / shíbā 스빠	十九 / shíjiǔ 스지우	二十 / èrshí 얼스	CHN
じゅうろく / 十六 쥬-로쿠	じゅうしち, じゅうなな / 十七 쥬-시치, 쥬-나나	じゅうはち / 十八 쥬-하치	じゅうく, じゅうきゅう / 十九 쥬-쿠, 쥬-큐-	にじゅう / 二十 니쥬-	JPN

21	30	40	50	60	KOR
twenty-one 트웬티 원	thirty 써티	forty 포티	fifty 피프티	sixty 식스티	ENG
vingt et un 뱅 떼 엉	trente 트렁뜨	quarante 꺄렁뜨	cinquante 쌩껑뜨	soixante 스와썽뜨	FRA
einundzwanzig 아인운트츠반치히	dreißig 드라이시히	vierzig 피어치히	fünfzig 퓐프치히	sechzig 제히치히	GER
vinte e um 빙찌 이 웅	trinta 뜨링따	quarenta 꽈렝따	cinquenta 씽껭따	sessenta 쎄쎙따	POR
veintiuno 베인띠우노	treinta 뜨레인따	cuarenta 꾸아렌따	cincuenta 씽꾸엔따	sesenta 세센따	ESP
ventuno 벤뚜노	trenta 뜨렌따	quaranta 꽈란따	cinquanta 칭꾸안따	sessanta 세싼따	ITA
είκοσι ένα 이꼬시 에나	τριάντα 트리안다	σαράντα 사란다	πενήντα 뻬닌다	εξήντα 엑신다	GRE
viginti unum 비긴치 우눔	triginta 트리긴타	quadraginta 꽈드라긴타	quinquaginta 퀸꽈긴타	seazginta 섹사긴타	LAT
двадцать один 드밧짯츠 아진	тридцать 뜨리짯츠	сорок 쏘록	пятьдесят 삐지썃	шестьдесят 쉐즈지썃	RUS
二十一 / èrshíyī 얼스이	三十 / sānshí, 卅 / sà 싼스, 싸	四十 / sìshí, 卌 / xì 쓰스, 시	五十 / wǔshí 우스	六十 / liùshí 리우스	CHN
にじゅういち / 二十一 니쥬-이치	さんじゅう / 三十 산쥬-	よんじゅう / 四十 욘쥬-	ごじゅう / 五十 고쥬-	ろくじゅう / 六十 로쿠쥬-	JPN

한	70	80	90	100	1000
영	seventy 세븐티	eighty 에잇티	ninety 나인티	hundred 헌드러드	thousand 싸우전드
프	soixante-dix 스와썽(트) 디스	quatre-vingts 까프르 뱅	quatre-vingt-dix 꺄트르 뱅 디스	cent 썽	mille 밀
독	siebzig 집치히	achtzig 아흐트치히	neunzig 노인치히	hundert 훈더트	tausend 타우젠트
포	setenta 쎄뗑따	oitenta 오이뗑따	noventa 노벵따	cem 쎙	mil 미우
스	setenta 세뗀따	ochenta 온체따	noventa 노벤따	cien 씨엔	mil 밀
이	settanta 세딴따	ottanta 오딴따	novanta 노반따	cento 첸또	mille 밀레
그	εβδομήντα 엡도민다	ογδόντα 옥돈다	ενενήντα 엔에닌다	εκατό 에까또	χίλια 힐리아
라	septuaginta 셉투아긴타	octoginta 옥토긴타	nonaginta 노나긴타	centum 켄튬	mille 밀레
러	семьдесят 쎔지쌋	восемьдесят 보쎔지쌋	девяносто 제비노스따	сто 스또	тысяча 띄씨촤
중	七十/qīshí 치스	八十/bāshí 빠스	九十/jiǔshí 지우스	一百/yībǎi 이바이	一千/yīqiān 이치엔
일	ななじゅう、しちじゅう/七十 나나쥬-, 시치쥬-	はちじゅう/八十 하치쥬-	きゅうじゅう/九十 큐-쥬-	ひゃく/百 햐쿠	せん/千 센

한	100만	1억	10억	100억
영	million 밀리언	100 million 헌드레드 밀리언	billion 빌리언	10 billion 텐 빌리언
프	million 밀리옹	cent millions 썽 밀리옹	milliard 밀리아르	10 milliard 디 밀리야르
독	Million 밀리온	hundert Millionen 훈더트 밀리오넨	Milliarde *1 밀리아르데	zehn Milliarden 첸 밀리아르덴
포	milhão 밀여웅	cem milhões 쎙 밀용이스	bilhão 빌여웅	dez bilhões 데스 빌용이스
스	millón 미욘	cien millones 씨엔 미요네스	mil millones 밀 미요네스	diez mil millones 디에쓰 밀 미요네스
이	milione 밀리오네	cento milioni 첸또 밀리오니	miliardo 밀리아르도	cento miliardi 첸또 밀리아르디
그	εκατομμύριο 에까또미리오	εκατό εκατομμύρια 에까또 에까또미리아	δισεκατομμύριο 디세까또미리오	δεκα δισεκατομμύρια 데까 디세까또미리아
라	decies centena milia 테키에스 켄테나 밀리아	centies mille millia 켄티에스 밀레 밀리아	millies mille millia *2 밀리에스 밀레 밀리아	decies miliarda 데키에스 밀리아르다
러	миллион 밀리온	сто миллион 스또 밀리온	миллиард 밀리아르드	10 миллиардов 제쌋츠 밀리아르도프
중	一百万/yībǎiwàn 이바이완	一亿/yíyì 이이	十亿/shíyì 스이	一百亿/yībǎiyì 이바이이
일	ひゃくまん/百万 햐쿠만	いちおく/一億 이치오쿠	じゅうおく/十億 쥬-오쿠	ひゃくおく/百億 햐쿠오쿠

동의어: *1 tausend Millionen 타우젠트 밀리오넨, *2 miliardem 밀리아르뎀

602

1조	0	무한대	많은	수많은	KOR
100 billion 헌드레드 빌리언	zero 제로	infinity 인피니티	many 메니	numerous 뉴머러스	ENG
billion 빌리옹	zéro 제로	infini 앵피니	beaucoup de 보꾸 드	nombreux 농브뢰	FRA
Billion 빌리온	Null 눌	unendlich 운엔틀리히	viel 필	zahlreich 찰라이히	GER
trilhão 뜨릴여웅	zero 제루	infinito 잉피니뚜	muito 무이뚜	numeroso 누메로주	POR
billón 비욘	cero 쎄로	infinito 인피니또	mucho 무초	numeroso 누메로소	ESP
bilione 빌리오네	zero 제로	infinito 인피니또	tanto 딴또	numerosi 누메로지	ITA
εκατό δισεκατομμύρια 에까또 디세까또미리아	μηδέν 미덴	άπειρο 아삐로	πολλά 뽈라	πολυάριθμος 뽈리아리쓰모스	GRE
centena miliarda 켄데나 밀리아르다	nullus 눌루스	infinitum 인피니뚬	multi 물티	multa 물타	LAT
100 миллиардов 스또 밀리아르도프	ноль 놀	бесконечность 베스까네취너스츠	множество 므노줴스트버	многочисленный 므너가취슬롄느이	RUS
一兆 / yīzhào 이짜오	零 / líng 링	无穷大 / wúqióngdà 우치옹따	多 / duō 뚜오	许多 / xǔduō 쉬뚜오	CHN
いっちょう / 一兆 잇쬬-	ゼロ 제로	むげんだい / 無限大 무겐다이	たくさんの / 沢山の 타쿠산노	かずおおくの / 数多くの 카주오-쿠노	JPN

다수	셀 수 없는	경우의 수	유리수	KOR
majority 머죠러티	innumerable *1 인넘버러블	number of cases 넘버오브케이시스	rational number 래셔널 넘버	ENG
majorité 마죠리떼	innombrable 이농브라블	nombre de cas 농브르 드 까	nombre rationnel 농브르 라시오넬	FRA
Mehrheit 메어하이트	unzählbar 운챌바	Fallzahl 팔찰	rationale Zahl 라티오날레 찰	GER
maioria 마이오리아	inumerável 이누메라베우	número de casos 누메루 지 까주스	número racional 누메루 하씨오나우	POR
mayoría 마요리아	innumerable 이누메라블레	Número de casos 누메루 데 까소스	número racional 누메로 라씨오날	ESP
maggioranza 마쬬란자	innumerevole 인누메레볼레	numero dei casi 누메로 데이 까지	numero razionale 누메로 라지오날레	ITA
πλειοψηφία 쁘리옵시피아	αναρίθμητος 아나리쓰미또스	αριθμός περιπτώσεων 아리쓰모스 뻬립또세온	ρητός αριθμός 리또스 아리쓰모스	GRE
maior pars 마요르 파르스	innumerabilis 인누메라빌리스	numerus casus 누메루스 카수스	logicus arithmus 로지쿠스 아리츠무스	LAT
большинство 볼쉰스트버	бесчисленный 베스취슬롄느이	число вариантов 취슬로 바리안또프	рациональное число 라짜날너예 취슬로	RUS
多数 / duōshù 뚜오쑤	不可数 / bùkěshǔ 뿌커수	–	有理数 / yǒulǐshù 요우리쑤	CHN
たすう / 多数 타수-	かぞえきれない / 数え切れない 카조에키레나이	ばあいのすう / 場合の数 바아이노 수-	ゆりすう / 有理数 유-리수-	JPN

동의어: *1 countless 카운트리스

한	무리수	첫 번째의	두 번째의	세 번째의
영	irrational number 이레쇼널 넘버	first 퍼스트	second 세컨드	third 써드
프	nombre irrationnel 농브르 이라시오넬	premier 쁘르미에	deuxième 듀지엠므	troisième 트와지엠므
독	irrationale Zahl 이라티오날레 찰	erst 에어스트	zweit 츠바이트	dritt 드리트
포	número irracional 누메루 이하씨오나우	primeiro 쁘리메이루	segundo 쩨궁두	terceiro 떼르쩨이루
스	número irracional 누메로 이라씨오날	primero 쁘리메로	degundo 세군도	tercero 떼르쩨로
이	numero irrazionale 누메로 이라지오날레	primo 쁘리모	secondo 세꼰도	terzo 테르쪼
그	ἄρρητος ἀριθμός 아리또스 아리쓰모스	πρῶτος 프로또스	δεύτερος 데브떼로스	τρίτος 트리또스
라	inopinatus arithmus 이노피나투스 아리스무스	primum 프리뭄	secundum 세쿤둠	tertium 테르티움
러	иррациональное число 이라짜날녀예 취슬로	первый 뻬르브이	второй 프따로이	третий 트레찌
중	无理数 / wúlǐshù 우리쑤	第一 / dìyī 띠이	第二 / dìèr 띠얼	第三 / dìsān 띠싼
일	むりすう / 無理数 무리수-	いっかいめの / 一回目の 익까이메노	にかいめの / 二回目の 니카이메노	さんかいめの / 三回目の 산카이메노

한	네 번째의	다섯 번째의	여섯 번째의	일곱 번째의	여덟 번째의
영	fourth 포쓰	fifth 피프쓰	sixth 씩스쓰	seventh 세븐쓰	eighth 에잇쓰
프	quatrième 꺄트리엠므	cinquième 생끼엠므	sixième 씨지엠므	septième 세피엠므	huitième 위띠엠므
독	viert 피어트	fünft 퓐프트	sechst 젝스트	siebent 지벤트	acht 아흐트
포	quarto 꽈르뚜	quinto 낑뚜	sexto 쩨스뚜	sétimo 쩨찌무	oitavo 오이따부
스	cuarto 꾸아르또	quinto 낀또	sexto 섹쓰또	séptimo 쎕띠모	octavo 옥따보
이	quarto 꽈르또	quinto 뀐또	sesto 세스또	settimo 세띠모	ottavo 오따보
그	τέταρτος 떼따르또스	πέμπτος 뻼또스	ἕκτος 엑또스	εβδομος 엡도모스	ὄγδοος 옥도오스
라	quartum 쿠아르툼	quintum 쿠인툼	sextum 섹스툼	septimus 셉티무스	octavum 옥타붐
러	четвёртый 췌뜨뵤르프이	пятый 뺘뜨이	шестой 쉐스또이	седьмой 씨지모이	восьмой 바스모이
중	第四 / dìsì 띠쓰	第五 / dìwǔ 띠우	第六 / dìliù 띠리우	第七 / dìqī 띠치	第八 / dìbā 띠빠
일	よんかいめの / 四回目の 욘카이메노	ごかいめの / 五回目の 고카이메노	ろっかいめの / 六回目の 록까이메노	ななかいめの / 七回目の 나나카이메노	はちかいめの / 八回目の 하치카이메노

아홉 번째의	열 번째의	열한 번째의	열두 번째의	KOR
ninth 나인쓰	tenth 텐쓰	eleventh 일레븐쓰	twelfth 트웰프스	ENG
neuvième 뇌비엠므	dixième 디지엠므	onzième 옹지엠므	douzième 두지엠므	FRA
neunt 노인트	zehnt 첸트	elft 엘프트	zwölft 츠빌프트	GER
nono 노누	décimo 데씨무	décimo primeiro 데씨무 쁘리메이루	décimo segundo 데씨무 쩨궁두	POR
noveno 노베노	décimo 데씨모	undécimo 운데씨모	duodécimo 두오데씨모	ESP
nono 노노	decimo 데치모	undicesimo 운디체지모	dodicesimo 도디체지모	ITA
ἔνατος 에나또스	δέκατος 데까또스	ενδέκατος 엔데까또스	δωδέκατος 도데까또스	GRE
nonum 노눔	decimums 데키뭄스	undecimus 운데키뭄	duodecimus 두오데키무스	LAT
девятый 제뱌뜨이	десятый 제쌰뜨이	одиннадцатый 아진낫짯뜨이	двенадцатый 드비나짯뜨이	RUS
第九/dìjiǔ 띠지우	第十/dìshí 띠스	第十一/dìshíyī 띠스이	第十二/dìshíèr 띠스얼	CHN
きゅうかいめの/九回目の 큐-카이메노	じっかいめの/十回目の 직까이메노	じゅういっかいめの/十一回目の 쥬-익까이메노	じゅうにかいめの/十二回目の 쥬-니카이메노	JPN

열세 번째의	열네 번째의	열다섯 번째의	이분의 일	KOR
thirteenth 썰틴쓰	fourteenth 포틴쓰	fifteenth 피프틴쓰	half 해프	ENG
treizième 트레지엠므	quatorzième 까또르지엠므	cinquième 쌩끼엠므	moitié 므와띠에	FRA
dreizehnt 드라이첸트	vierzehnt 피어첸트	fünfzehnt 퓐프첸트	halb 할프	GER
décimo terceiro 데씨무 떼르쩨이루	décimo quarto 데씨무 꽈르뚜	décimo quinto 데씨모 낑뚜	metade 메따지	POR
décimo tercero 데씨모 떼르쩨로	décimo cuarto 데씨모 꾸아르또	décimo quinto 데씨무 낑또	mitad 미땃	ESP
tredicesimo 프레디체지모	quattordicesimo 꽈또르디체지모	quindicesimo 뀐디체지모	metà 메타	ITA
δέκατος τρίτος 데까또스 트리또스	δέκατος τέταρτος 데까또스 떼따르또스	δέκατος πέμπτος 데까또스 뻼또스	μισό, μισός 마소, 미소스	GRE
tertius decimus 테르티우스 데키무스	quartus decimus 쿠아르토스 데키무스	quintus decimus 쿠인투스 데키무스	semis 세미스	LAT
тринадцатый 프리나짯뜨이	четырнадцатый 췌뜨르나짯뜨이	пятнадцатый 삣나짯뜨이	половина 뻘라비나	RUS
第十三/dìshísān 띠스싼	第十四/dìshísì 띠스쓰	第十五/dìshíwǔ 띠스우	二分之一/èrfēnzhīyī 얼펀즈이	CHN
じゅうさんかいめの/十三回目の 쥬-산카이메노	じゅうよんかいめの/十四回目の 쥬-욘카이메노	じゅうごかいめの/十五回目の 쥬-고카이메노	にぶんのいち/二分の一 니분노이치	JPN

한	삼분의 일	사분의 일	분자	분모	2배
영	one third *1 원 써드	quarter 쿼터	numerator 뉴머레이터	denominator 디나머네이터	double 더블
프	tiers 띠에르	quart 까르	numérateur 뉘메라뛰르	dénominateur 데노미나뙤르	double 두블
독	ein drittel 아인 드리텔	ein viertel 아인 피어텔	Zähler 챌러	Nenner 네너	doppelt 도펠트
포	um terço 옹 떼르쑤	um quarto 옹 꽈르뚜	numerador 누메라도르	denominador 데노미나도르	dobro 도브루
스	un tercio 운 떼르시오	un cuarto 운 꾸아르또	numerador 누메라도르	denominador 데노미나도르	doble 도블레
이	un terzo 운 테르쪼	un quarto 운 꽈르또	numeratore 누메라토레	denominatore 데노미나토레	doppio 도삐오
그	ένα τρίτο 에나 트리또	ένα τέταρτο 에나 떼따르또	αριθμητής 아리쓰미띠스	παρονομαστής 빠로노마스띠스	διπλό, διπλάσιο 디쁠로, 디쁠라시오
라	tertia 테르티아	quarta 쿠아르타	numerator 누메라토르	index 인덱스	duplex 두플렉스
러	одна треть 아드나 프롓츠	четверть 쳇트볘르츠	числитель 취슬리쪨	знаменатель 즈나미나쪨	двойное количество 드바인노예 깔리췌스드버
중	三分之一 /sānfēnzhīyī 싼펀즈이	四分之一 /sìfēnzhīyī 쓰펀즈이	分子 /fēnzǐ 펀즈	分母 /fēnmǔ 펀무	两倍 /liǎngbèi 량베이
일	さんぶんのいち /三分の一 산분노이치	よんぶんのいち /四分の一 욘분노이치	ぶんし /分子 분시	ぶんぼ /分母 분보	にばい /二倍 니바이

동의어: *1 a third 어 써드

한	3배	다스, 12	평균	최대
영	triple 트리플	dozen 더즌	average 애버리지	maximum 맥시멈
프	triple 트리쁠르	douzaine 두젠느	moyenne 므와이엔느	maximum 막시몸
독	dreifach, dreimal 드라이파흐, 드라이말	Dutzend 두첸트	Durchschnitt 두르히슈니트	Maximum 막시뭄
포	triplo 트리쁠루	dúzia 두지아	média 메지아	máximo 마씨무
스	triple 트리쁠레	docena 도쩨나	promedio 쁘로메디오	máximo 막씨모
이	triplo 트리쁠로	dozzina 도찌나	media 메디아	massimo 마씨모
그	τριπλό 트리쁠로	δωδεκάδα, ντουζίνα 도데까다, 두지나	μέσος όρος 메소스 오로스	μέγιστο, μάξιμουμ 메기스또, 막시뭄
라	triplex 트리플렉스	duodecim 두오데킴	medium 메디움	maximum 막시뭄
러	тройное количество 트라이노예 깔리췌스드버	дюжина 쥬쥐나	средняя величина 스례드냐야 벨리취나	максимум 막씨뭄
중	三倍 /sānbèi 싼뻬이	十二个 /shíèrgè *1 스얼거	平均 /píngjūn 핑쥔	最大 /zuìdà 쮀이따
일	さんばい /三倍 산바이	ダース 다-수	へいきん /平均 헤-킨	さいだい /最大 사이다이

동의어: *1 打臣 /dǎchén 다쳔

606

최소	비율	백분율, 퍼센트	제곱	KOR
minimum 미니멈	ratio 레이쇼	percentage 퍼센티지	square 스퀘어	ENG
minimum 미니몸	ratio 라시오	pourcentage 뿌르상따쥬	carré 까레	FRA
Minimum 미니뭄	Verhältnis 페어핼트니스	Prozent, Prozentsatz 프로첸트, 프로첸트자츠	Quadrat 크바드라트	GER
mínimo 미니무	proporção 쁘로뽀르써옹	percentagem 삐르쎙따쟁	quadrado 꽈드라두	POR
mínimo 미니모	razón 라손	porcentaje 뽀르쎈따헤	cuadrado 꾸아드라도	ESP
minimo 미니모	tasso 타쏘	percentuale 뻬르첸뚜알레	quadrato 콰드라토	ITA
ελάχιστο, μίνιμουμ 엘라히스또, 미니뭄	αναλογία 아날로기아	ποσοστό, αναλογία 뽀소스또 아날로기아	τετράγωνος 떼트라고노스	GRE
minimum 미니뭄	ratio 라티오	centesima 켄테시마	potentia secunda 포텐티아 세쿤다	LAT
минимум 미니뭄	пропорция 쁘라뽀르찌야	процент 쁘라첸트	квадрат 크바드랏	RUS
最小 / zuìxiǎo 쮀이샤오	比率 / bǐlǜ 비뤼	百分率 / bǎifēnlǜ 바이펀뤼	自乘 / zìchéng 쯔청	CHN
さいしょう / 最小 사이쇼-	ひりつ / 比率 히리추	ひゃくぶんりつ / 百分率 *1 햐쿠분리추	にじょう / 二乗 니죠-	JPN

동의어: *1 パーセンテージ 파-센테-지

거듭제곱	킬로미터	미터	센티미터	밀리미터	KOR
exponentation 익스포넨테이션	kilometer 킬러미터	meter 미터	centimeter 쎈티미터	millimeter 밀러미터	ENG
puissance 쀠상스	kilomètre 낄로메트르	mètre 메트르	centimètre 썽티메트르	millimètre 밀리메트르	FRA
Potenz 포텐츠	Kilometer 킬로메터	Meter 메터	Zentimeter 첸티메터	Millimeter 밀리메터	GER
potência 뽀뗑씨아	quilômetro 낄로메뜨루	metro 메뜨루	centímetro 쎙찌메뜨루	milímetro 밀리메뜨루	POR
potencia 뽀뗀씨아	kilómetro 낄로메뜨로	metro 메뜨로	centímetro 쎈띠메뜨로	milímetro 밀리메뜨로	ESP
potenza 포텐자	chilometro 킬로메트로	metro 메트로	centimetro 첸띠메트로	millimetro 밀리메트로	ITA
δύναμη 디나미	χιλιόμετρο 히리오메트로	μέτρο 메트로	εκατοστόμετρο 에까또스또메트로	χιλιοστόμετρο 힐리오스또메트로	GRE
potentia multiplex 포텐티아 물티플렉스	chiliometrum 킬리오메트룸	metrum 메트룸	centimetrum 센티메트룸	millimetrum 밀리메트룸	LAT
степень 스쩨뻰	километр 킬라메뜨르	метр 메뜨르	сантиметр 싼찌메뜨르	миллиметр 밀리메뜨르	RUS
乘方 / chéngfāng 청팡	启罗米突 / qǐluómítū *1 치루오미투	米 / mǐ 미	厘米 / límǐ 리미	毫米 / háomǐ 하오미	CHN
るいじょう / 累乗 루이죠-	キロメートル 키로메-토루	メートル 메-토루	センチメートル 센치메-토루	ミリメートル 미리메-토루	JPN

동의어: *1 公里 / gōnglǐ 꿍리

한	마이크로미터(㎛)	나노미터(nm)	피코미터(pm)	펨토미터(fm)	인치
영	micrometer 마이크로미터	nanometer 나노미터	picometer 피코미터	femtometer 휌토우미터	inch 인치
프	micromètre 미크로메트르	nanomètre 나노메트르	picomètre 피코메트르	femtomètre 펨토메트르	pouce 뿌스
독	Mikrometer 미크로메터	Nanometer 나노메터	Pikometer 피코메터	Femtometer 펨토메터	Zoll 촐
포	micrômetro 미끄로메뜨루	nanômetro 나노메뜨루	picômetro 삐꼬메뜨루	femtômetro 펨또메뜨루	polegada 뽈레가다
스	micrómetro 미끄로메뜨로	nanómetro 나노메뜨로	picómetro 삐꼬메뜨로	femtómetro 펨또메뜨로	pulgada 뿔가다
이	micrometro 미크로메트로	nanometro 나노메트로	micromicrometro 미크로미크로메트로	femtometro 펨토메트로	pollice 폴리체
그	μικρόμετρο 미끄로메트로	νανόμετρο 나노메트로	πικόμετρο 삐꼬메트로	φεμτόμετρο 펨도메트로	ίντσα 인차
라	micrometrum 미크로메트	nanometrum 나노메트룸	picometrum 피코메트룸	femtometrum 펨토메트룸	uncia 웅키아
러	микрометр 미크라메뜨르	нанометр 나노메뜨르	пикнометр 삐크나메뜨르	фемтометр 펨따메뜨르	дюйм 쥬임
중	千分尺 / qiānfēnchǐ 치엔펀츠	纳米 / nàmǐ 나미	皮米 / pímǐ 피미	飞米 / fēimǐ 페이미	英寸 / yīngcùn 잉춘
일	マイクロメートル 마이쿠로메-토루	ナノメートル 나노메-토루	ピコメートル 피코메-토루	フェムトメートル 훼무토메-토루	インチ 인치

한	헥타르	피트	야드	마일	에이커
영	hectare 헥터	feet 휘트	yard 야드	mile 마일	acre 에이커
프	hectare 엑타르	pied 삐에	yard 야르드	mille 밀르	acre 아크르
독	Hektar 헥타	Fuß 푸스	Yard 야트	Meile 마일레	Acker 아커
포	hectare 엑따리	pé 뻬	jarda 쟈르다	milha 밀야	acre 아끄리
스	hectárea 엑따레아	pie 삐에	yarda 야르다	milla 미야	acre 아끄레
이	ettaro 에따로	fanteria 판테리아	iarda 야르다	miglio 밀리오	acro 아르코
그	εκτάριο 엑따리오	πόδι 뽀디	γιάρδα 리아르다	μίλι 밀리	έικρ 에이크르
라	hectarea 헥타레아	pes(pedes) 페스(페데스)	tres pedes 트레스 페데스	mille 밀레	iugerum 유게룸
러	гектар 계크따르	фут 푸트	ярд 야르드	миля 밀랴	акр 아크르
중	公顷 / gōngqǐng 꿍칭	英尺 / yīngchǐ 잉츠	码 / mǎ [*1] 마	英里 / yīnglǐ 잉리	英亩 / yīngmǔ [*2] 잉무
일	ヘクタール 헤쿠타-루	フィード 휘-도	ヤード 야-도	マイル 마이루	エーカー 에-카-

동의어: [*1] 立方码 / lìfāngmǎ 리팡마, [*2] 爱克 / àikè 아이커

평방야드	평방피트	평방미터	톤	KOR
square yard 스퀘어 야드	square feet 스퀘어 휘트	square meter 스퀘어 미터	ton 톤	ENG
yard carré 야르드 까레	pied carré 삐에 카레	mètre carré 메트르 까레	tonne 톤느	FRA
Quadratyard 크바드랏야트	Quadratfuß 크바드랏푸스	Quadratmeter 크바드랏메터	Tonne 토네	GER
jarda quadrada 쟈르다 꽈드라다	pé quadrado 뻬 꽈드라두	metro quadrado 메뜨루 꽈드라두	tonelada 또넬라다	POR
yarda cuadrada 야르다 꾸아드라다	pie cuadrado 삐에 꾸아드라도	metro cuadrado 메뜨로 꾸아드라도	tonelada 또넬라다	ESP
iarda quadrata 야르다 꽈드라타	fanterie quadrate 판테리에 꽈드라테	metri quadrati 메트리 꽈드라티	tono 토노	ITA
τετραγωνική γιάρδα 떼트라고니끼 이아르다	τετραγωνικα πόδια 떼트라고니까 뽀디아	τετραγωνικό μέτρο 떼트라고니꼬 메트로	τόνος 또노스	GRE
tres pedes quadrati 트레스 페데스 쿠아드라티	pedes quadrati 페데스 꽈드라티	quadratum metrum 꽈드라툼 메드룸	tonna 톤나	LAT
квадратный ярд 크바드라트늬이 야르드	квадратный фут 크바드라트늬이 푸트	квадратный метр 크바드라트늬이 몌뜨르	тонна 똔나	RUS
平方依亚 / píngfāngyīyà 핑팡이야	平方英尺 / píngfāngyīngchǐ 핑팡잉츠	方米 / fāngmǐ 팡미	吨 / dūn 뚠	CHN
へいほうヤード / 平方ヤード 헤-호-야-도	へいほうフィード / 平方フィード 헤-호-휘-도	へいほうメートル / 平方メートル 헤-호-메-토루	トン 톤	JPN

킬로그램	그램	밀리그램	그레인	온스	KOR
kilogram 킬러그램	gram 그램	milligram 밀리그램	grain 그레인	ounce 온스	ENG
kilogramme 킬로그람므	gramme 그람므	milligramme 밀리그람므	grain 그렝	once 옹스	FRA
Kilogramm 킬로그람	Gramm 그람	Milligramm 밀리그람	Gran 그란	Unze 운체	GER
quilograma 낄로그라마	grama 그라마	miligrama 밀리그라마	grão 그러웅	onça 옹싸	POR
kilogramo 낄로그라모	gramo 그라모	miligramo 밀리그라모	grano 그라노	onza 온싸	ESP
chilogrammo 킬로그람모	grammo 그람모	milligrammo 밀리그람모	grano 그라노	oncia 온치아	ITA
χιλιόγραμμο *1 힐리오그람모	γραμμάριο 그람마리오	χιλιοστόγραμμο 히리오스또그람모	γκρέιν 그레인	ουγγιά 웅기아	GRE
chiliogramma 킬리오그람마	gramma 그람마	milligramma 밀리그람마	granum 그라눔	uncia 운시아	LAT
килограмм 낄라그람	грамм 그람	миллиграмм 밀리그람	гран 그란	унция 운찌야	RUS
启罗克兰姆 / qǐluókèlánmǔ *2 치루오커란무	公分 / gōngfēn *3 꿍펀	毫克 / háokè 하오커	克冷 / kèlěng 커렁	英两 / yīngliǎng *4 잉량	CHN
キログラム 키로구라무	グラム 구라무	ミリグラム 미리구라무	グレイン 구레인	オンス 온수	JPN

동의어: *1 κιλό 낄로 낄로, *2 公斤 / gōngjīn 꿍진, *3 克 / kè 커, *4 盎司 / àngsī 앙쓰

한	파운드	배럴	씨씨	갤론
영	pound 파운드	barrel 배럴	cubic centimeter 큐빅 쎈티미터	gallon 갤른
프	livre 리브르	baril 바릴	centimètre cube 썽티메트르 뀌브	gallon 걀롱
독	Pfund 푼트	Fass 파스	Kubikzentimeter 쿠빅첸티메터	Gallone 갈로네
포	libra 리브라	barril 바히우	centímetro cúbico 쎙찌메트루 꾸비꾸	galão 갈러웅
스	libra 리브라	barril 바릴	centímetro cúbico 센띠메뜨로 꾸비꼬	galón 갈론
이	libbra 립쁘라	tamburo 탐부로	centimetrocubo 첸티메트로쿠보	gallone 갈로네
그	λίβρα 리브라	βαρέλι 바렐리	κυβικό εκατοστόμετρο 끼비꼬 에까또스또메트로	γαλόνι 갈로니
라	libra [*1] 리브라	cupa 쿠파	cubicum centesimum metrum 쿠비쿰 켄테시뭄 메트룸	congius 콩기우스
러	фунт 푼트	баррель 바렐	кубический сантиметр 쿠비취스끼 싼찌몌뜨르	галлон 갈론
중	磅 / bàng 빵	琵琶桶 / pípátǒng [*2] 피파퉁	西西 / xīxī 시시	加仑 / jiālún 찌아룬
일	パウンド 파운도	バレル 바레루	シーシー 시-시-	ギャロン 갸론

동의어: [*1] as 아스, libra romana 리브라 로마나, [*2] 把列而 / bǎliè' ér 바리에얼

한	입방야드	입방피트	입방인치	입방미터
영	cubic yard 큐빅 야드	cubic feet 큐빅 휘트	cubic inch 큐빅 인치	cubic meter 큐빅 미터
프	yard cube 야르드 뀌브	pied cube 삐에 뀌브	pouce cube 뿌스 뀌브	mètre cube 메트르 뀌브
독	Kubikyard 쿠빅야트	Kubikfuß 쿠빅푸스	Kubikzoll 쿠빅촐	Kubikmeter 쿠빅메터
포	jarda cúbica 쟈르다 꾸비까	pé cúbico 뻬 꾸비꾸	polegada cúbica 뽈레가다 꾸비까	metro cúbico 메트루 꾸비꾸
스	yarda cúbica 야르다 꾸비까	pie cúbico 삐에 꾸비꾸	pulgada cúbica 뿔가다 꾸비까	metro cúbico 메트로 꾸비꾸
이	iadra cubica 야르다 쿠비카	fanterie cubiche 판테리에 쿠비께	pollice cubica 폴리체 쿠비카	metro cubo 메트로 쿠보
그	κυβικη γυάρδα 끼비끼 기아르다	κυβικά πόδια 끼비까 뽀디아	κυβική ίντσα 끼비끼 인차	κυβικό μέτρο 끼비꼬 메트로
라	cubicus tripedalis 쿠비쿠스 트리페달리스	cubicus pes 쿠비쿠스 페스	cubica uncia 쿠비카 웅키아	cubicum metrum 쿠비쿰 메트룸
러	кубический ярд 꾸비취스끼 야르드	кубический фут 꾸비취스끼 푸트	кубический дюйм 꾸비취스끼 쥬임	кубический метр 꾸비취스끼 몌뜨르
중	立方码 / lìfāngmǎ 리팡마	立方英尺 / lìfāngyīngchǐ 리팡잉츠	立方英寸 / lìfāngyīngcùn 리팡잉춘	公方 / gōngfāng [*1] 꿍팡
일	りっぽうヤード / 立法ヤード 립뽀-야-도	りっぽうフィード / 立法フィード 랍뽀-휘-도	りっぽうインチ / 立法インチ 립뽀-인치	りっぽうメートル / 立法メートル 립뽀-메-토루

동의어: [*1] 立方米 / lìfāngmǐ 리팡미

610

리터	밀리리터	섭씨	화씨	KOR
liter 리터	milliliter 밀리리터	centigrade 쎈터그레이드	Fahrenheit 훼런하이트	ENG
litre 리트르	millilitre 밀리리트르	centigrade 썽티그라드	Fahrenheit 파레나이트	FRA
Liter 리터	Milliliter 밀리리터	Celsius 첼시우스	Fahrenheit 파렌하이트	GER
litro 리프루	mililitro 밀리리뜨루	Celsius 쎄우씨우스	Fahrenheit 파헹나이찌	POR
litro 리쁘로	mililitro 밀리리쁘로	centígrado 쎈띠그라도	Fahrenheit 파렌헤이트	ESP
litro 리트로	millilitro 밀리리트로	centigrado 첸띠그라도	Fahrenfeit 파렌파이트	ITA
λίτρα 리트라	χιλιοστόλιτρο 힐리오스또리트로	εκατονταβάθμιος 에까똔다바쓰미오스	Φαρενάϊτ 파레나이뜨	GRE
litra 리트라	milesima litra 미레시마 리트라	centigradus 켄티그라두스	[1]	LAT
литр 리쁘르	миллилитр 밀릴리쁘르	градус Цельсия 그라두스 쪨씨야	градус Фаренгейта 그라두스 폐렌게이따	RUS
升 / shēng 셩	毫升 / háoshēng 하오셩	攝氏 / shèshì 셔스	华氏 / huáshì 화스	CHN
リットル 릿또루	ミリリットル 미리릿또루	せっし / 摂氏 셋씨	かし / 華氏 카시	JPN

동의어: [1] mensura temperationis de Fahrenheiti 멘수라 템페라티오니스 데 파렌하이티

계산	더하기	빼기	곱하기	나누기	KOR
calculation 캘큘레이션	addition 어디션	subtraction 서브트랙션	multiplication 멀티플리케이션	division 디비젼	ENG
calcul 깔뀔	addition 아디시옹	soustraction 수스프락시옹	multiplication 뮐띠쁠리까씨옹	division 디비지옹	FRA
Rechnung [1] 레히눙	Addition 아디치온	Subtraktion 줍트락치온	Multiplikation 물티플리카치온	Division 디비지온	GER
cálculo 까우꿀루	adição 아지써옹	subtração 수비뜨라써옹	multiplicação 무우찌쁠리까써옹	divisão 지비저옹	POR
cálculo 깔꿀로	adición 아디씨온	sustracción 수스프락씨온	multiplicación 물띠쁠리까씨온	división 디비시온	ESP
calcolo 깔꼴로	addizione 아띠찌오네	sottrazione 소뜨라지오네	moltiplicazione 몰띠오플리카찌오네	divisione 디비지오네	ITA
υπολογισμός [2] 이뽈로기즈모스	πρόσθεση 프로스쩨시	αφαίρεση 아페레시	πολλαπλασιασμός 뽈라쁠라시아즈모스	διαίρεση 디애레시	GRE
computatio [3] 콤푸타티오	additio 아디티오	deductio 데둑티오	multiplicatio 물티플리카피오	divisio [4] 디비시오	LAT
расчет 라스숏	прибавление 쁘리바블레니예	вычитание 븨취슬례니예	размножение 라즈움나줴니예	деление 젤레니예	RUS
计算 / jìsuàn 찌쑤안	加 / jiā 찌아	减 / jiǎn 지엔	乘 / chéng 청	分 / fēn 펀	CHN
けいさん / 計算 케-산	たしざん / 足し算 타시잔	ひきざん / 引き算 히키잔	かけざん / 掛け算 카케잔	わりざん / 割り算 와리잔	JPN

동의어: [1] Kalkulation 칼쿨라치온, [2] λογαριασμός 로가리아즈모스, [3] calculo 칼쿨로, ratio 라티오, [4] distributio 디스트리부티오

한	평방근	인수	방정식, 등식	유리식
영	square root 스퀘어 루트	factor 팩터	equation 이크에이션	rational expression 래쇼널 익스프래쑨
프	racine carrée 라시느 까레	facteur 팍뙤르	équation 에끄와시옹	expression rationnelle 엑스프레씨옹 라씨오넬
독	Quadratwurzel 크바드랏부르첼	Faktor 팍토어	Gleichung 글라이훙	rationaler Ausdruck 라티오날러 아우스드룩크
포	raiz quadrada 하이스 꽈드라다	fator 파또르	equação 에꽈써옹	expressão racional 이스쁘레써옹 하씨오나우
스	raíz cuadrada 라이스 꾸아드라다	factor 팍또르	ecuación 에꾸아씨온	expresión racional 엑스프레시온 라시오날
이	radice quadrata 라디체 콰드라타	fattore 파또레	equazione 에콰찌오네	formula razionale 포르물라 라지오날레
그	τετραγωνική ρίζα 떼트라고니끼 리자	παράγων 빠라곤	εξίσωση 엑시소시	ορθολογική έκφραση 올쏘로리끼 엑프라시
라	radix numeri quadrati 라딕스 누메리 쿠아드라티	numerus multiplicans 누메루스 물치플리칸스	aequatio arithmetica 애콰티오 아리트메티카	formula rationalis 포르물라 라티오나리스
러	квадратный корень 크바드라트느이 꼬롄	делитель 젤리쩰	формула, уравнение 포르물라, 우라브녜니예	рациональное выражение 라짜날너예 브라줴니예
중	平方根 / píngfānggēn 핑팡껀	因数 / yīnshù 인쑤	方程式 / fāngchéngshì 팡청스	有理式 / yǒulǐshì 요우리스
일	へいほうこん / 平方根 헤-호-콘	いんすう / 因数 인수-	ほうていしき / 方程式 [1] 호-테-시키	ゆうりしき / 有理式 유-리시키

동의어: [1] とうしき / 等式 토-시키

한	무리식	순열	집합	행렬
영	irrational expression 이래쇼널 익스프레쑨	permutation 퍼뮤테이션	set 세트	matrix 매트릭스
프	expression irrationnelle 엑스프레씨옹 이라씨오넬	permutation 뻬르뮈따시옹	ensemble 앙상블	matrice 마드리스
독	irrationaler Ausdruck 이라티오날러 아우스드룩크	Permutation 페르무타치온	Menge 멩에	Matrix 마트릭스
포	expressão irracional 이스쁘레써옹 이하씨오나우	permutação 뻬르무따써옹	conjunto 꽁중뚜	matriz 마뜨리스
스	expresión irracional 엑스프레시온 이락시오날	permutación 뻬르무따씨온	conjunto 꽁훈또	matriz 마뜨리스
이	formula irrazionale 포르물라 이라지오날레	permutazione 뻬르무따찌오네	riunione 리우니오네	matrice 마트리체
그	μη ορθολογική έκφραση 미 올쏘로리끼 엑프라시	μετάθεση 메따쎄시	σύνολο 시놀로	πίνακας 삐나가스
라	formula inrationalis 포르물라 인라티오날리스	permutatio 페르무타티오	acervus 아케르부스	matrix 마트릭스
러	иррациональное выражение 이라짜날너예 브라줴니예	пермутация 뻬르무따찌야	набор 나보르	матрица 마뜨리짜
중	无理式 / wúlǐshì 우리스	排列 / páiliè 파이리에	集合 / jíhé 지허	行列 / hángliè 항리에
일	むりしき / 無理式 무리시키	すうれつ / 数列 수-레추	しゅうごう / 集合 슈-고-	ぎょうれつ / 行列 교-레추

수열	미분	적분	함수	KOR
progression 프러그레숀	differential 디퍼렌셜	integral 인테그럴	function 펑션	ENG
progression 프로그레씨옹	différentielle 디페랑시엘	intégrale 앵떼그랄	fonction 퐁씨옹	FRA
Progression, Reihe 프로그레시온, 라이에	Differential 디페렌치알	Integral 인테그랄	Funktion 풍크치온	GER
progressão aritmética 쁘로그레써웅 아리찌메찌까	diferencial 지페렝씨아우	integral 잉떼그라우	função 풍써웅	POR
serie 세리에	diferencial 디페펜시알	intrgral 인떼그랄	función 푼씨온	ESP
serie 세리에	differenziale 디페렌찌알레	integrale 인테그랄레	funzione 푼지오네	ITA
πρόοδος 프로도스	διαφορικός 디아포리꼬스	ολοκλήρωμα 올로끌리로마	συνάρτηση 시나르띠시	GRE
progressus 프로그레쑤스	differentialis 디페렌티알리스	integra computatio 인테그라 콤푸타티오	connexio rerum 콘넥시오 레룸	LAT
прогре́ссия 프라그레시야	дифференциал 지페렌찌알	интеграл 인때그랄	функция 푼크찌야	RUS
数列 / shùliè 쑤리에	微分 / wēifēn 웨이펀	积分 / jīfēn 지펀	函数 / hánshù 한쑤	CHN
すうれつ / 数列 수-레추	びぶん / 微分 비분	せきぶん / 積分 세키분	かんすう / 関数 칸구-	JPN

단위	증명	정리	공리	명제	KOR
unit 유닛	proof 푸루흐	theorem 띠어렴	axiom 액시엄	thesis *1 띠시스	ENG
unité 위니떼	démonstration 데몽스트라씨옹	théorème 떼오렘므	axiome 악씨옴므	proposition 쁘로뽀지씨옹	FRA
Einheit 아인하이트	Beweis 베바이스	Satz, Lehrsatz 자츠, 레르자츠	Axiom 악시옴	Behauptung *2 베하웁퉁	GER
unidade 우니다지	prova 쁘로바	teorema 떼오레마	axioma 아쉬오마	proposição 쁘로뽀지써웅	POR
unidad 우니닷	prueba 쁘루에바	teorima 떼오리마	axioma 아시오마	proposición 쁘로뽀시씨온	ESP
unità 우니따	prova 프로바	teorema 테오레마	assioma 아씨오마	proposizione 프로포지오네	ITA
μονάς, μονάδα 모나스, 모나다	απόδειξη 아뽀딕시	θεώρημα 쎄오리마	αξίωμα 악시오마	θέσις, θεωρία 쎄시스, 쎄오리아	GRE
unitas 우니타스	demonstratio 데몬스라티오	theorema 테오레마	axioma 악씨오마	propositum thesis 프로포시툼 테시스	LAT
единица 이지니짜	доказательство 더까자젤스프버	теорема 쩨아례마	аксиома 악씨오마	тезис 때지스	RUS
单位 / dānwèi 딴웨이	证明 / zhèngmíng 쩡밍	定理 / dìnglǐ 띵리	公理 / gōnglǐ 꿍리	命题 / mìngtí 밍티	CHN
たんい / 単位 탕이	しょうめい / 証明 쇼-메-	ていり / 定理 테-리	こうり / 公理 코-리	めいだい / 命題 메-다이	JPN

동의어: *1 proposition 프로퍼지션, *2 These 테제

한	가정	가설	연역	귀납
영	assumption 어썸숀	hypothesis 하이퍼터시스	deduction 디덕숀	induction 인덕숀
프	supposition 쒸뽀지시옹	hypothèse 이뽀떼즈	déduction 데뒥씨옹	induction 엥뒥씨옹
독	Annahme *1 안나메	Hypothese 휘포테제	Deduktion 데둑치온	Induktion 인둑치온
포	suposição 쑤뽀지써웅	hipótese 이뽀떼지	dedução 데두쩌웅	indução 잉두써웅
스	supuesto 수뿌에스또	hipótesis 이뽀떼시스	deducción 데둑씨온	inducción 인둑씨온
이	presupposto 프레수뽀스또	ipotesi 이뽀테지	deduzione 데두찌오네	induzione 인두찌오네
그	υπόθεση 이뽀쩨시	υπόθεση 이뽀쩨시	επαγωγή *3 에빠고기	επαγωγή 에빠고기
라	assumptio 아쑴프티오	hypothesis 히포테시스	abductio 아브두크티오	inductio 인두크티오
러	условие 우슬로비예	гипотеза 기뽀쩨자	вычитание *4 븨취따니예	введение 볘제니예
중	假定 / jiǎdìng 지아띵	假说 / jiǎshuō *2 지아슈오	演绎 / yǎnyì 앤이	归纳 / guīnà 꿰이나
일	かてい / 仮定 카테-	かせつ / 仮説 카세추	えんえき / 演繹 엥에키	きのう / 帰納 키노-

동의어: *1 Voraussetzung 포라우스제충, *2 假设 / jiǎshè 지아셔, *3 συμπέρασμα 시베라즈마, *4 доказательство 더까자쩰스뜨버

한	배각공식(倍角公式)	반각공식(半角公式)	연산자
영	multiple angles formulas 멀티플 앵글스 포뮬러스	Half-angle formulas 헬프-앵글 포뮬러스	operator 아퍼레이터
프	formules d'angle double 포르뮐 당글 두블	formules d'angle moitié 포르뮐 당글 무와띠에	opérateur 오뻬라뛰르
독	Doppelwinkelfunktionen 돕펠빙켈풍크치오넨	Halbwinkelformeln 할프빙켈포르멜른	Operation 오퍼라치온
포	fórmula do ângulo múltiplo 포르물라 두 앙굴루 무우찌쁠루	fórmula do meio-ângulo 포르물라 두 메이우-앙굴루	operador 오뻬라도르
스	ángulo doble 앙굴로 도블레	Fórmulas semiángulo 포르물라스 세미앙글루	operador 오뻬라도르
이	angoli multipli 앙골리 물티플리	Formule Half-angolo 포르물레 알프 앙골리	operatore 오페라토레
그	τύπος πολλαπλής γωνίας 띠뽀스 뽈라쁠리스 고니아스	τύπος μισής γωνίας 띠뽀스 미시스 고니아스	τελεστής 뗄레스삐스
라	multipleces anguli 물티플레세스 안굴리	Half-angulus formulae 포르물라 세미안굴리	operator 오뻬라토르
러	кратные углы 크라트늬예 우글릐	обозначение элемента множества 아브즈나췌니예 앨래맨따 므노줴스뜨바	отображение *1 아따브라줴니예
중	倍角公式 / bèijiǎogōngshì 뻬이지아오꽁스	半角公式 / bànjiǎo 반지아오	演算子 / yǎnsuànzi 앤쑤안즈
일	ばいかくのこうしき / 倍角の公式 바이카쿠노코-시키	はんかくのこうしき / 半角の公式 한카쿠노코-시키	えんざんし / 演算子 엔잔시

동의어: *1 преобразование 쁘리아브라자바니예

614

3-6. 물질

원소	원자	원자핵	전자	입자	KOR
element 엘리먼트	atom 아톰	atomic nucleus 아토믹 뉴클리어스	electron 일렉트론	particle 파티클	ENG
élément 엘레멍	atome 아톰	noyau atomique 누와이요 아또미끄	électron 엘렉트롱	particule 빠르띠뀔	FRA
Element 엘레멘트	Atom 아톰	Atomkern 아톰케른	Elektron 엘렉트론	Teilchen *1 타일헨	GER
elemento 엘레멩뚜	átomo 아또무	núcleo atômico 누끌리우 아또미꾸	elétron 일레뜨롱	partícula 빠르찌꿀라	POR
elemento 엘레멘또	átoma 아또모	núcleo 누끌레오	electrón 에렉뜨론	partícula 빠르띠꿀라	ESP
elemento 엘레멘토	atoma 아토마	nucleo 누클레오	elettro 엘레뜨로네	particella 파르티첼라	ITA
στοιχείο 스띠히오	άτομο 아또모	ατομικός πυρήνας 아또미꼬스 삐리나스	ηλεκτρόνιο 이렉트로니오	σωματίδιο 소마띠디오	GRE
elementum 엘레멘툼	atomus 아톰	nucleus atomi 누클레우스 아토미	electrum 엘렉트룸	particula 파르티쿨라	LAT
элемент 앨례맨트	атом 아떰	атомное ядро 아떰너예 예드로	электрон 앨렉뜨론	частица 취스찌짜	RUS
元素 / yuánsù 위엔쑤	原子 / yuánzǐ 위엔즈	原子核 / yuánzǐhé 위엔즈허	电子 / diànzǐ 띠엔즈	粒子 / lìzǐ 리즈	CHN
げんそ / 元素 겐소	げんし / 原子 겐시	げんしりょく / 原子力 겐시료쿠	でんし / 電子 덴시	りゅうし / 粒子 류-시	JPN

동의어: *1 Partikel 파르티켈

소립자	미립자	양성자	양전자	KOR
elementary particle 엘리멘터리파티클	corpuscle 코퍼슬	proton 프로톤	positron 포지트론	ENG
particule élémentaire 빠르띠뀔 엘레멍떼르	corpuscule 꼬르쀠스뀔	proton 프로똥	positron *1 뽀지트롱	FRA
Elementarteilchen 엘레멘타타일헨	Elementarteilchen 엘레멘타타일헨	Proton 프로톤	Positron 포지트론	GER
partícula elementar 빠르찌꿀라 엘레멩따르	corpúsculo 꼬르뿌스꿀루	próton 쁘로똥	pósitron 뽀지뜨롱	POR
partícula elemental 빠르띠꿀라 엘레멘딸	corpúsculo 꼬르뿌스꿀로	protón 쁘로똔	positron 뽀시뜨론	ESP
elementare particella 엘레멘타레 파르티첼라	corpuscolo 코르푸스콜로	protone 프로토네	positrone 포지트로네	ITA
στοιχειώδες σωματίδιο 스띠헤이오데스 소마띠디오	υποατομικό σωματίδιο 이뽀아또미꼬 소마띠디오	πρωτόνιο 쁘로또니오	ποζιτρόνιο 뽀지트로니오	GRE
elementaria particula 엘레멘타리아 파르티쿨라	corpusculum 코르푸스쿨룸	protonus 프로톤누스	positrum 포시트룸	LAT
элементарная частица 앨례멘따르나야 취스찌짜	корпускула 꼬르뿌스꿀라	протон 쁘라똔	позитрон 뻐지뜨론	RUS
元粒子 / yuánlìzǐ 위엔리즈	微粒子 / wēilìzǐ 웨이리즈	质子 / zhìzǐ 즈즈	阳电子 / yángdiànzǐ 양띠엔즈	CHN
そりゅうし / 素粒子 소류-시	びりゅうし / 微粒子 비류-시	ようし / 陽子 요-시	ようでんし / 陽電子 요-덴시	JPN

동의어: *1 positon 뽀지똥

한	중성자	중간자	동위원소	반감기	이산화물
영	neutron 뉴트론	meson 미전	isotope 아이소토프	half_life 하프라이프	dioxide 다이옥사이드
프	neutron 뇌트롱	méson 메종	isotope 이조또쁘	demi-vie 드미 비	dioxyde *1 디옥씨드
독	Neutron 노이트론	Meson 메손	Isotop 이조토프	Halbwertzeit 할프베어트차이트	Dioxyd 디옥쉬트
포	nêutron 네우뜨롱	méson 메종	isótopo 이조또뿌	período de meia-vida 뻬리오두 지 메이아 비다	dióxido 지옥씨두
스	neutron 네우뜨론	mesón 메손	isótopo 이소또뽀	media vida 메디아 비다	dióxido *2 디옥시도
이	neutrone 네우트로네	mesone 메소네	isotopo 이소토포	metà vita 메따 비따	biòssido 비옥시도
그	νετρόνιο 네트로니오	μεσόνιο 메소니오	ισότοπο 이소또뽀	χρόνος ημιζωής 흐로노스 이미조이스	διοξείδιο 디옥시디오
라	neutron 네우트론	meson 메손	isotopus 이소토푸스	semivita 세미비타	dioxidum 디옥시둠
러	нейтрон 네이론	мезон 몌존	изотоп 이자똡	период полураспада 뻬리엇 뽈루라스빠다	диоксид 지옥씨드
중	中子 / zhōngzǐ 쫑즈	介子 / jièzǐ 지에즈	同位素 / tóngwèisù 퉁웨이쑤	半衰期 / bànshuāiqī 반슈아이치	二氧化物 / èryǎnghuàwù 얼량화우
일	ちゅうせいし / 中性子 츄-세-시	ちゅうかんし / 中間子 츄-칸시	どういげんし / 同位原子 도-이겐시	はんげんき / 半減期 한겐키	ダイオキサイド 다이오키사이도

동의어: *1 bioxyde 비옥씨드, *2 bióxido 비옥시도

한	수소(1, H)	헬륨(2, He)	붕소(5, B)	탄소(6, C)	질소(7, N)
영	hydrogen 하이드러젼	helium 헬리움	boron 버런	carbon 카본	nitrogen 나이트러젼
프	hydrogène 이드로젠	hélium 엘리엄	bore 보르	carbone 까르본느	azote 아조뜨
독	Wasserstoff 바서슈토프	Helium 헬리움	Bor 보어	Kohlenstoff 콜렌슈토프	Stickstoff 슈틱슈토프
포	hidrogênio 이드로줴니우	hélio 엘리우	boro 보루	carvão 까르버웅	nitrogênio 니프로줴니우
스	hidrógeno 이드로헤노	helio 엘리오	boro 보로	carbón 까르본느	nitrógeno 니뜨로헤노
이	idrogeno 이드로제노	elio 엘리오	boro 보로	carbonio 카르보니오	azoto 아조또
그	υδρογόνο 이드로고노	ήλιον 일리온	βόριο 보리오	άνθρακας 안스라까스	άζωτο 아조또
라	hydrogenium 히드로제니움	helium 헬리움	borium *1 보리움	carbonium *2 카르보니	azoticum 아조치쿰
러	водород 바다롯	гелий 곌리이	бор 보르	углерод 우글리롯	азот 아좃
중	氢气 / qīngqì 칭치	氦 / hài 하이	硼 / péng 펑	碳素 / tànsù 탄쑤	含氮 / hándàn 한딴
일	すいそ / 水素 수이소	ヘリウム 헤리우무	ほうそ / 硼素 호-소	たんそ / 炭素 탄소	ちっそ / 窒素 칫쏘

동의어: *1 borum 보룸, *2 carboneum 카르보네움

616

산소(8, O)	불소(9, Fm)	네온(10, Ne)	소듐 / 나트륨(11, Na)	KOR
oxygen 옥시젼	fluorine 플로오린	neon 니온	sodium(Natrium) 소디움(니트리엄)	ENG
oxygène 옥씨젠느	fluor 플뤼오르	néon 네옹	sodium 소디엄	FRA
Sauerstoff 자우어슈토프	Fluor 플루어	Neon 네온	Natrium 나트리움	GER
oxigênio 옥씨줴니우	flúor 플루오르	néon 네옹	sódio 쏘지우	POR
oxígeno 옥씨헤노	fluor 플루오르	neón 네온	sodio 소디오	ESP
ossigeno 오씨제노	fluoro 플루오로	neon 네온	sodio 소디오	ITA
οξυγόνο 옥시고노	φθόριο 프쏘리오	νέον 네온	νάτριο 나트리오	GRE
oxygenium 옥쉬게니움	fluorum 플루오름	neon 네온	natrium 나트리움	LAT
кислород 끼슬라롯	фтор 프또르	неон 니온	натрий 나뜨리	RUS
氧气 /yǎngqì 양치	氟素 /fúsù 푸쑤	年红 / niánhóng, 氖 / nèi 니엔홍, 네이	钠 /nà 나	CHN
さんそ /酸素 산소	ふっそ /フッ素 훗쏘	ネオン 네온	ソジウム 소지우무	JPN

알루미늄(13, Al)	규소(14, Si)	염소(鹽素, 17, Cl)	티타늄(22, Ti)	철(26, Fe)	KOR
aluminum 알루미늄	silicon 실리콘	chlorine 클로린	titanium 타이테니움	iron 아이언	ENG
aluminium 알뤼미니엄	silicium 씰리씨엄	chlore 끌로르	titane 띠딴느	fer 페르	FRA
Aluminum 알루미늄	Silizium 실리치움	Chlor 클로어	Titan 티탄	Eisen 아이젠	GER
alumínio 알루미니우	silício 씰리씨우	cloro 끌로루	titânio 찌따니우	ferro 페후	POR
alluminio 알루미니오	silicio 실리키오	cloro 끌로로	titanio 띠따니오	hierro 이에로	ESP
alluminio 알루미니오	silicio 실리키오	cloro 클로로	titanio 티타니오	ferro 페로	ITA
αλουμίνιο 알루미니오	πυρίτιο 삐리띠오	χλώριο 흘로리오	τιτάνιο 띠따니오	σίδηρος 시디로스	GRE
aluminium 알루미니움	silicium 실리키움	chlorum 클로룸	titanium 티타니움	ferrum 페룸	LAT
алюминий 알류미니이	кремний 크레므니	хлор 흘로르	титан 찌딴	железо 쩰례저	RUS
铝 /lǚ 뤼	硅 /guī 꾸이	氯 /lǜ 뤼	钛 /tài 타이	铁 /tiě 티에	CHN
アルミニューム 아루미뉴-무	けいそ /珪素 케-소	えんそ /塩素 엔소	チタニウム 치타니우무	てつ /鉄 테추	JPN

한	구리, 동(29, Cu)	아연(30, Zn)	비소(33, As)	취소(35, Br)	크립톤(36, Kr)
영	copper 카퍼	zinc 징크	arsenic 알스닉	bromine 브로민	krypton 크립톤
프	cuivre 뀌브르	zinc 쟁그	arsenic 아르스니끄	brome 브롬	krypton 크립통
독	Kupfer 쿱퍼	Zink 칭크	Arsen 아르젠	Brom 브롬	Krypton 크륍톤
포	cobre 꼬브리	zinco 징꾸	arsênico 아르제니꾸	bromo 브로무	criptônio 끄립또니우
스	cobre 꼬브레	zinc 싱끄	arsénico 아르세니코	brome 브로모	criptón 크립똔
이	rame 라메	zinco 징코	arsénico 아르세니코	bromo 브로모	krypton 크리프톤
그	χαλκός 할꼬스	ψευδάργυρος *1 읍세브다르기로스	αρσενικό 아르세니꼬	βρώμιο 브로미오	κρυπτό 크립또
라	aes, cuprum 애스, 쿠프룸	zincum 징쿰(찡쿰)	arsénicum 아르세니쿰	bromium *2 브로미움	krypton 크립톤
러	медь 몌지	цинк 찐크	мышьяк 미시이야크	бром 브롬	криптон 크립톤
중	铜 / tóng 퉁	亚铅 / yàqiān 야치엔	砷 / shēn 션	臭素 / chòusù 처우쑤	氪 / kè 크어
일	どう / 銅 도-	あえん / 亜鉛 아엔	ひそ / 砒素 히소	しゅうそ / 臭素 슈-소	クリプトン 쿠리푸톤

동의어: *1 τσίγκος 칭고스, *2 bromum 브로뭄

한	팔라듐(46, Pd)	은(47, Ag)	주석(50, Sn)	제논/크세논(54, Xe)	백금(78, Pt)
영	palladium 팔라듐	silver 실버	tin *1 틴	xenon 제논	platinum 플래티넘
프	palladium 팔라디움	argent 아르쟝	étain 에땡	xénon 크세농	platine 쁠라띤느
독	Palladium 팔라디움	Silber 질버	Zinn 친	Xenon 크세논	Platin 플라틴
포	paládio 빨라지우	prata 쁘라따	estanho 이스땅유	xénon 쉐농	platina 쁠라찌나
스	paladio 파라디오	plata 쁠라따	estaño 에스따뇨	xenón 크세논	platino 쁠라띠노
이	palladio 팔라디오	argento 아르젠또	stagno 스타뇨	xeno 크세노	platino 플라티노
그	παλλάδιο 빨라디오	άργυρος 알기로스	κασσίτερος 까시떼로스	ξένον 윽세논	λευκόχρυσος 레프꼬흐리소스
라	palladium 팔라디움	argentum 아르겐툼	stannum 스탄눔	xenon 쩨논	platinum 프라티눔
러	палладий 빨라지이	серебро 쎼례브로	олово 올러버	ксенон 크세논	платина 쁠라찌나
중	钯 / bǎ 바	银 / yín 인	锡 / xī 시	氙 / xiān 시엔	白金 / báijīn 바이진
일	パラジウム 파라지우무	ぎん / 銀 긴	すず / 錫 수주	キセノン 키세논	はっきん / 白金 학낀

동의어: *1 Stannum 스태넘

금(79, Au)	수은(80, Hg)	납(82, Pb)	우라늄(92, U)	플루토늄(94, Pu)	KOR
gold 골드	mercury *1 머큐리	lead *2 리드	uranium 유레니엄	plutonium 플루토니엄	ENG
or 오르	mercure 메르퀴르	plomb 쁠롱	uranium 위라니윰	plutonium 쁠뤼토니윰	FRA
Gold 골트	Quecksilber 크벡질버	Blei 블라이	Uran 우란	Plutonium 플루토늄	GER
ouro 오우루	mercúrio 메르꾸리우	chumbo 슝부	urânio 우라니우	plutônio 쁠루토니우	POR
oro 오로	mercurio 메르꾸리오	plomo 쁠로모	uranio 우라니오	plutonio 쁠루토니오	ESP
oro 오로	mercurio 메르꾸리오	piombo 피옴보	uranio 우라니오	plutonio 플루토니오	ITA
χρυσός 흐리소스	υδράργυρος 이드랄기로스	μόλυβδος 몰립도스	ουράνιο 우라니오	πλουτώνιο 쁠루또니오	GRE
aurum 아우름	argentum vivum 아르겐툼 비붐	plumbum 플룸붐	uranium 우라니움	plutonium 플루토니움	LAT
золото 졸로떠	ртуть 르뚜츠	свинец 스비네쯔	уран 우란	плутоний 쁠루또니이	RUS
金 / jīn 찐	水银 / shuǐyín 쉐이인	铅 / qiān 치엔	铀 / yóu 요우	钚 / bù 뿌	CHN
きん / 金 킨	すいぎん / 水銀 수이긴	なまり / 鉛 나마리	ウラニウム 우라니우무	プルトニウム 푸루토니우무	JPN

동의어: *1 Hydrargyum 하이드라규럼, *2 Plumbum 플럼범

금속	경금속	중금속	청동	황동, 놋쇠	KOR
metal 메탈	light metal 라이트 메탈	heavy metal 헤비 메탈	bronze 브론즈	brass 브라스	ENG
métal 메딸	métal léger 메딸 레제	métal lourd 메딸 루르	bronze 브롱즈	laiton 레똥	FRA
Metall 메탈	Leichtmetall 라이히트메탈	Schwermetall 슈베어메탈	Bronze 브롱세	Messing 메씽	GER
metal 메따우	metal leve 메따우 레비	metal pesado 메따우 뻬자두	bronze 브롱지	latão 라떠옹	POR
metal 메딸	metal ligero 메딸 리헤로	metal pesado 메딸 뻬사도	bronce 브론세	latón 라똔	ESP
metallo 메탈로	metallo leggero 메탈로 레쩨로	metallo pesante 메탈로 뻬산테	bronzo 브론조	ottone 오또네	ITA
μέταλλο 메딸로	ελαφρύ μέταλλο 에라프리 메딸로	βαρύ μέταλλο 바리 메딸로	μπρούντζος *1 브룬조스	ορείχαλκος 오리할꼬스	GRE
metallum 메탈룸	metallum leve 메탈룸 레베	metallum grave 메탈룸 그라베	aes *2 아에스	orichalcum 오리칼쿰	LAT
металл 메딸	лёгкий металл 료히끼 메딸	тяжёлый металл 쯔쬴르이 메딸	бронза 브론자	латунь 라뚠	RUS
金属 / jīnshǔ 찐수	轻金属 / qīngjīnshǔ 칭찐수	重金属 / zhòngjīnshǔ 쫑찐수	青铜 / qīngtóng 칭퉁	黄铜 / huángtóng 후앙퉁	CHN
きんぞく / 金属 킨조쿠	けいきんぞく / 軽金属 케-킨조쿠	じゅうきんぞく / 重金属 쥬-킨조쿠	せいどう / 青銅 세-도-	おうどう / 黄銅 *3 오-도-	JPN

동의어: *1 ορείχαλκος 오리할고스, *2 mixtura cupri et stanni 믹스투라 쿠프리 에트 스탄니, *3 しんちゅう / 真鍮 신츄-

한	할로겐	탄화수소	물질	물체
영	halogen 할로겐	hydrocarbon 하이드로칼본	substance 서브스턴스	body 보디
프	halogène 알로젠	hydrocarbure 이드로까르뷔르	substance 쎕스땅스	corps 꼬르
독	Halogen 할로겐	Kohlenwasserstoff 콜렌바서슈토프	Materie, Substanz 마테리, 줍스탄츠	Körper 쾨르퍼
포	halogênio 알로줴니우	hidrocarboneto 이드로까르보네뚜	substância 쑤비스땅씨아	objeto 오비줴뚜
스	halógeno 알로헤노	hidrocarburo 이드로까르부로	sustancia 수스딴시아	cuerpo 꾸에르뽀
이	alogeno 알로제노	idrocarburo 이드로카르부로	materia 마테리아	oggetto 오제또
그	αλογόνο 알로고노	υδρογονάνθρακας 이드로고난쓰라까스	ύλη, υλικό 일리, 일리꼬	σώμα 소마
라	halogenia 할로게니아	hydrocarboneum 히드로카르보네움	materia 마테리아	corpus 코르푸스
러	галоген 갈라겐	гидрокарбон 기드라까르본	вещество 베쉐스뜨보	тело 쪨러
중	卤素 / lǔsù 루쑤	碳氢化合物 / tànqīng huàhéwù 탄칭화허우	物质 / wùzhì 우즈	物体 / wùtǐ 우티
일	ハロゲン 하로겐	たんかすいそ / 炭化水素 탄카수이소	ぶっしつ / 物質 붓씨추	ぶったい / 物体 붓따이

한	고체	액체	기체	순물질
영	solid 솔리드	liquid 리키드	gas 개스	pure substance 퓨어 섭스탄스
프	solide 솔리드	liquide 리뀌드	gaz 가즈	substance pure 쎕스땅스 쀠르
독	Festkörper 페스트쾨르퍼	Flüssigkeit 플뤼시히카이트	Gas 가스	reine Substanz 라이네 줍스탄츠
포	sólido 쏠리두	líq uido 리끼두	gás 가스	substância pura 쑤비스땅씨아 뿌라
스	sólido 솔리도	líquido 리끼도	gas 가스	sustancia pura 수스딴씨아 뿌라
이	solido 솔리도	liquido 리뀌도	gas 가스	materiale pura 마테리알레 푸라
그	στερεό 스떼레오	υγρό 이그로	αέριο 아에리오	καθαρή ουσία 까싸리 우시아
라	solidum 솔리둠	liquidum 리쿠이둠	gasium, gasum 가시움, 가숨	pura substantia 푸라 수브스탄티아
러	твёрдое тело 뜨뵤르더예 쪨러	жидкость 쥣트꺼스츠	газ 가스	химически чистое вещество 히미취스끼 취스쩌예 베쉐스뜨보
중	固体 / gùtǐ 꾸티	液体 / yètǐ 예티	气体 / qìtǐ 치티	醇物质 / chúnwùzhì 춘우즈
일	こたい / 固体 코타이	えきたい / 液体 에키타이	きたい / 気体 키타이	じゅんぶっしつ / 純物質 쥰붓씨추

화합물	혼합물	활성	비활성	KOR
compound 컴파운드	mixture 믹스쳐	activation 엑티베이션	inert 이너트	ENG
composé chimique 꽁뽀제 쉬믹	mixture 믹스뛰르	activation 악띠바씨옹	inertie 이네르씨	FRA
Verbindung 페어빈둥	Mischung, Mixtur 미슝, 믹스투어	Aktivität 악티비태트	Passivität 파씨비태트	GER
composto 꽁뽀스뚜	mistura 미스뚜라	atividade 아찌비다지	inatividade 이나찌비다지	POR
compuessto 꼼뿌에스또	mezcla 메즈클라	actividad 악티비다드	inerte 인에르떼	ESP
composto 콤포스토	mescolanza 메스콜란자	attività 아띠비따	inerte 이네르떼	ITA
ένωση 에노시	μίγμα 미그마	ενεργοποίηση 에네르고삐이시	αδρανής 아드라니스	GRE
compositum chemicum 콤포시툼 케미쿰	mixtura 믹스투라	efficiens 에피키엔스	iners 이네르스	LAT
соединение 써예지녜니예	смесь 스몌시	активный 아크찌브늬이	неактивный 녜아크찌브늬이	RUS
化合物 / huàhéwù 화허우	混合物 / hùnhéwù 훈허우	活性 / huóxìng 후오싱	非活性 / fēihuóxìng 페이후오싱	CHN
かごうぶつ /化合物 카고-부추	こんごうぶつ /混合物 콘고-부추	かっせい /活性 캇쎄-	ひかっせい /非活性 히캇쎄-	JPN

완전연소	불완전연소	화학반응	KOR
perfect combustion 퍼펙트 컴버스쳔	incomplete combustion 인컴플릿 컴버스쳔	chemical reaction 케미칼 리액션	ENG
combustion complète 꽁뷔스띠옹 꽁쁠레드	combustion incomplète 꽁뷔스띠옹 앵꽁쁠레드	réaction chimique 레악시옹 쉬미끄	FRA
vollkommende Verbrennung 폴코멘데 페어브렌눙	unvollständige Verbrennung 운폴스탠디게 페어브렌눙	chemische Reaktion 헤미쉐 레악치온	GER
combustão completa 꽁부스떠웅 꽁쁠레따	combustão incompleta 꽁부스떠웅 잉꽁쁠레따	reação química 헤아써웅 끼미까	POR
combustión perfecta 콤부스띠온 뻬르펙따	combustión incompleta 콤부스띠온 인꼼플레따	reacción química 레악씨온 끼미까	ESP
combustioneperfetto 콤부스티오네페르페또	urea imperfetta 우레아 임페르페따	reazione chimica 레아지오네 키미카	ITA
τέλεια καύση 뗄리아 까프시	ατελής καύση 아뗼리스 까프시	χημική αντίδραση 히미끼 안디드라시	GRE
perfecta combustio 페르펙타 콤부스티오	imperfecta combustio 임페르펙타 콤부스티오	reactio chemica 레악티오 케미카	LAT
полное сгорание 뽈너예 즈가라니예	неполное сгорание 니뽈너예 즈가라니예	химическая реакция 히미취스까야 레아크찌야	RUS
完全燃焼 / wánquánránshāo 완츄엔란샤오	不完全燃焼 / bùwánquánránshāo 뿌완츄엔란샤오	化学反应 / huàxuéfǎnyìng 화슈에판잉	CHN
かんぜんねんしょう /完全燃焼 칸젠넨쇼-	ふかんぜんねんしょう /不完全燃焼 후칸젠넨쇼-	かがくはんのう /化学反応 카가쿠한노-	JPN

한	이온상태	탄소섬유	광섬유	결정화유리
영	ionic state 아오닉 스테이트	carbon fiber 카본 파이버	optical fiber 옵티칼 파이버	crystallized glass 크리스탈라이즈드 글라스
프	ionisation 이오니자씨옹	textile de carbone 텍스틸 드 카르본느	fibre optique 피브르 옵띠끄	vitrocéramique 비트로세라믹
독	Ionenzustand 로넨추슈탄트	Carbonfaser 카본파저	Lichtwellenleiter [*1] 리히트벨렌라이터	Glaskeramik 글라스케라믹
포	estado iônico 이스따두 이오니꾸	fibra de carbono 피브라 지 까르보누	fibra ótica 피브라 오찌까	vidro cristalizado 비드루 끄리스딸리자두
스	estado iónico 에스파도 이오니꼬	fibra carbono 피브라 까르보노	fibra óptica 피브라 옵띠까	vidrio cerámico 비드리오 케라미코
이	stato ione 스타토 이오네	fibra del carbonio 피브라 델 카르보니오	fibre ottiche 피브레 오띠께	ceramica di vetro 세라미카 디 베트로
그	ιονισμένη κατάσταση 이오니즈메니 까따스따시	ανθρακονήμα 안스라꼬니마	οπτική ίνα 옵띠끼 이나	κρυσταλλοποιημένο γυαλί 크리스딸로삐이메노 기알리
라	status iontis 스타투스 이온티스	fibra carbonaria 피브러 카르보나리아	fibra optica 피브라 오프티카	crystallinum vitrum 크리스탈리눔 비트룸
러	ионное состояние 이온녜 써스따야니예	углеродное волокно 우그례로드너 벌라크노	оптоволокно 오프또볼라크노	кристаллизованное стекло 크리스딸리지로반녜 스찌클로
중	伊洪状态 / yīhóngzhuàngtài 이홍쭈앙타이	碳纤维 / tànxiānwéi 탄시엔웨이	光学纤维 / guāngxué xiānwéi 꽝슈에시엔웨이	結晶化玻璃 / jīngjīnghuàbōlí 징징화뽀리
일	イオンじょうたい / イオン状態 이온죠-타이	たんそせんい / 炭素繊維 탄소셍이	ひかりファイバー / 光ファイバー 히카리화이바-	クリスタルガラス 쿠리수타루가라수

동의어: *1 Glasfaserleiter 글라스파저라이터

한	유리섬유	파인세라믹스	바이오센서	초전도
영	glass fiber 글라스 파이버	fine ceramics 파인 세라믹스	biosensor 바이오센서	superconduction 슈퍼컨덕션
프	fibre de verre 피브르 드 베르	céramique fine 세라믹 핀느	biosenseur 비오쌍쐬르	supraconduction 쉬프라꽁뒤씨옹
독	Glasfaser 글라스파저	Feinkeramik 파인케라믹	Biosensor 비오 센소어	Supraleiter 수프라라이터
포	fibra de vidro 피브라 지 비드루	cerâmica fina 쎄라미까 피나	biossensor 비오쎙쏘르	supercondução 쑤뻬르꽁두써웅
스	fibra vidrio 피브라 비드리오	cerámica fina 케라미코 피나	biosensor 비오센소르	superconducción 수뻬르꼰두씨온
이	fibra di vetro 피브라 디 베뜨로	nuova ceramica 누오바 세라미카	bio sensore 비오 센소레	superconduttore 수페르콘두또레
그	υαλοίνες 이알로이네스	προηγμένα κεραμικά 프로이그메나 께라미까	βιοαισθητήρας 비오애스씨띠라스	υπεραγωγός 이뻬라고고스
라	fibra vitrea 피브라 비트라아	figlinum technologicum 피글리눔 테크놀로기쿰	sensorium vitale 센소리움 비탈레	superconductrum 수페르콘둑트룸
러	стекловолокнό 스쩨클라발라크노	тонкая керамика 똔까야 케라미까	биодатчик 비아다췩	сверхпроводимость 스베르흐쁘라바지머스츠
중	玻璃丝 / bōlísī 뽀리쓰	精密陶瓷 / jīngmìtáocí 징이타오츠	生物感受器 / shēngwùgǎnshòuqì 셩우간셔우치	超导 / chāodǎo 챠오다오
일	ガラスせんい / ガラス繊維 가라수셍이	ファインセラミック 화인세라믹꾸	バイオセンサー 바이오센사-	ちょうでんどう / 超伝導 쵸-덴도-

진공상태	용질	용매	극성용매	KOR
vacuum 베큠	solute 솔릇	solvent 솔번트	polar solvent 폴라 솔번트	ENG
vacuum 바뀌엄프	soluté 쏠뤼떼	solvant 쏠방	solvant polaire 쏠방 뽈레르	FRA
Vakuum 바쿰	gelöster Stoff 겔뢰스터 슈토프	Lösemittel 뢰제미텔	polares Lösemittel 폴라레스 뢰제미텔	GER
vácuo 바꾸오	soluto 쏠루뚜	solvente 쏘우벵찌	solvente polar 쏘우벵찌 뽈라르	POR
vacío 바시오	soluto 솔루또	solvente 솔벤떼	solvente polar 솔벤떼 뽈라르	ESP
stato vuoto 스타토 부오토	soluto 솔루또	solvente 솔벤떼	solvente polarita 솔벤떼 폴라리타	ITA
κενό 께노	διαλυμένη ουσία 디알리메니 우시아	διαλύτης 디알리띠스	πολικός διαλύτης 뽈리꼬스 디알리띠스	GRE
vacuum 바쿠움	materia dissolubilis *1 마테리아 디스솔루빌리스	materia solvens *2 마테리아 솔벤스	solvens polaris 솔벤스 폴라리스	LAT
вакуум 바쿠움	растворённое вещество 라스프바룐녜예 볘쉐스프보	растворитель 라스프바리쩰	полярный растворитель 빨랴르느이 라스프바리쩰	RUS
真空状态 / zhēnkōngzhuàngtài 쪈콩쭈앙타이	溶质 / róngzhì 룽즈	溶媒 / róngméi 룽메이	极性溶媒 / jíxìngróngméi 지씽룽메이	CHN
しんくうじょうたい / 真空状態 신쿠-죠-타이	ようしつ / 溶質 요-시추	ようばい / 溶媒 요-바이	きょくせいようばい / 極性溶媒 쿄쿠세-요-바이	JPN

동의어: *1 solutum 솔루툼, *2 solvens 솔벤스

무극성용매	용해	용해도	용액	KOR
nonpolar solvent 논폴라 솔벤트	dissolution 디졸루션	solubility 설루빌리티	solution 솔루션	ENG
solvant apolaire 쏠방 아뽈레르	dissolution 디쏠뤼씨옹	solubilité 쏠뤼빌리떼	solution 쏠뤼씨옹	FRA
apolares Lösemittel 아폴라레스 뢰제미텔	Auflösung 아우플뢰중	Löslichkeit 뢰슬리히카이트	Lösung 뢰중	GER
solvente apolar 쏘우벵찌 아뽈라르	dissolução 지쏠루써옹	solubilidade 쏠루빌리다지	solução 쏠루써옹	POR
solvente no polar 솔벤떼 노 폴라	solución 솔루씨온	solubilidad 솔루빌리닷	solución 솔루씨온	ESP
solvente non polarita 솔벤떼 논 폴라리타	fusione 푸지오네	solubilita 솔루빌리따	soluzione 솔루지오네	ITA
απολικός διαλύτης 아뽈리꼬스 디알리띠스	διάλυση 디알리시	διαλυτότητα 디알리또띠따	διάλυμα 디알리마	GRE
solvens apolaris 솔벤스 아폴라리스	dissolutio 디쏠루티오	capacitas solvendi 카파키타스 솔벤디	solutio 솔루티오	LAT
неполярные растворител 녜빨랴르늬예 라스프바레니예	растворение 라스프바례니예	растворимость 라스프바리머스츠	раствор 라스프보르	RUS
无极性溶媒 / wújíxìngróngméi 우지싱룽메이	熔解 / róngjiě 룽지에	溶解度 / róngjiědù 룽지에뚜	溶液 / róngyè 룽예	CHN
むきょくせいようばい / 無極性溶媒 무쿄쿠세-요-바이	ようかい / 溶解 요-카이	ようかいど / 溶解度 요-카이도	ようえき / 溶液 요-에키	JPN

한	추출	농도	포화용액	재결정법
영	extraction 엑스트랙션	density 덴시티	saturated solution 세튜레이티드 솔루션	recrystallization 리크리스탈라이제이션
프	extraction 엑스트라시옹	densité 덩씨떼	solution saturée 솔뤼씨옹 싸뛰레	recristallisation 르크리스탈리자시옹
독	Extraktion 엑스트락치온	Dichtigkeit 디히티히카이트	gesättigte Lösung 게재틱테 뢰중	Rekristallisation 레크리스탈리자치온
포	extração 이스쁘라써옹	densidade 뎅씨다지	solução saturada 쏠루써옹 싸뚜라다	método de recristalização 메또두 지 헤끄리스딸리자써옹
스	extracción 엑스프라씨온	densidad 덴시닷	solución saturada 솔루시온 사뚜라다	recristalización 레끄리스딸리싸씨온
이	estrazione 에스트라지오네	densità 덴시따	soluzione satura 솔루지오네 사뚜라	ricristallizzazione 리크리스탈리짜찌오네
그	εξαγωγή 엑사고기	πυκνότητα 삐끄노띠따	κορεσμένο διάλυμα 꼬레즈메노 디알리마	ανακρυστάλλωση 아나크리스딸로시
라	extractio 엑스트락티오	densitas 덴시타스	solutio satura 솔루티오 사투라	recrystallisatio 레크리스탈리사티오
러	экстракция 액스쁘라크찌야	концентрация 껀쩬뜨라찌야	насыщенный раствор 나씌쉔느이 라스쁘보르	рекристаллизация 레크리스딸리자찌야
중	抽出 / chōuchū 처우추	浓度 / nóngdù 눙뚜	饱和溶液 / bǎohéróngyè 빠오허룽예	再结晶 / zàijiéjīng 짜이지에징
일	ちゅうしゅつ / 抽出 쥬-슈추	のうど / 濃度 노-도	ほうわようえき / 飽和溶液 호-와요-에키	さいけつしょうほう / 再結晶法 사이켓쇼-호-

한	수용성	지용성	불용성	침전
영	water soluble 워터 솔러블	fat soluble 팻 솔러블	insoluble 인솔러블	precipitation 프리시피테이션
프	hydrosoluble 이드로쏠뤼블	liposoluble 리뽀쏠뤼블	insolubilité 앵쏠뤼빌리떼	précipitation 프레씨삐따시옹
독	Wasserlöslichkeit 바설뢰슬리히카이트	Fettlöslichkeit 펫뢰슬리히카이트	Unlöslichkeit 운뢰슬리히카이트	Fällung 팰룽
포	solubilidade aquosa 쏠루빌리다지 아꾸오자	lipossolubilidade 리뽀쏠루빌리다지	insolubilidade 잉쏠루빌리다지	precipitação 쁘레씨삐따써옹
스	solubilidad de agua 솔루빌리닷 엔 아구아	liposuluble 리뽀술루블레	insoluble 인솔루블레	precipitación 쁘레씨삐따씨온
이	idrosolubile 이드로 솔루빌레	liposolubile 리포솔루빌레	insolubilita' 인솔루빌리타	precipitazione 프레치피타찌오네
그	υδατοδιαλυτός 이다또디알리또스	λιποδιαλυτός 리뽀디알리또스	αδιάλυτος 아디알리또스	καθίζηση, καταβύθιση 까치지시, 까따비씨시
라	dissolubilis aqualis 디쏠루빌리스 아쿠알리스	dissolubilis pinguis 디쏠루빌리스 핑구이스	insolubilis 인솔루빌리스	precipitatio(crystalli) 프레키피타티오(크리스탈리)
러	растворимый в воде 라스쁘바리므이 브 바제	жирорастворимый 쥐러라스쁘바리므이	нерастворимый 니라스쁘바리므이	осадок 아싸덕
중	水溶性 / shuǐróngxing 쉐이룽싱	脂溶性 / zhīróngxing 쯔룽싱	溶性 / bùróngxing 뿌룽씽	沉淀 / chéndiàn 쳔디엔
일	すいようせい / 水溶性 수이요-세-	しようせい / 脂溶性 시요-세-	ふようせい / 不溶性 후요-세-	ちんでん / 沈殿 친뎬

624

귀금속	보석 1	보석 2	원석	KOR
jewelay *1 쥬얼리	jewel 쥬얼	gem 젬	gemstone 젬스톤	ENG
métal précieux 메딸 쁘레시외	bijou 비쥬	gemme 젬	pierre précieuse 삐에르 쁘레시외즈	FRA
Edelmetall 에델메탈	Schmuck, Juwel 슈묵, 유벨	Gemme 겜메	Edelstein 에델슈타인	GER
metal precioso 메따우 쁘레씨오주	joia 죠이아	gema 줴마	pedra bruta 뻬드라 브루따	POR
metal precioso 메딸 쁘레씨오소	joya 호야	gema 헤마	piedra preciosa 피에드라 프레시오사	ESP
gioielliere 죠이엘리에레	gioiello 죠이엘로	gemma 젬마	pietra preziosa 피에트라 프레치오자	ITA
κοσμήματα 꼬즈미마따	κόσμημα 꼬즈미마	πολύτιμος λίθος 뽈리띠모스 리쏘스	πολύτιμος λίθος *2 뽀리띠모스 리쏘스	GRE
pretiosum metallum 쁘레로숨 메탈룸	gemma 겜마	gemma 겜마	lapis rudis 라피스 루디스	LAT
драгоценный металл 드라가쪤느이 메딸	драгоценный камень 드라가쪤느이 카몌	самоцвет 싸마츠볫	*3	RUS
贵金属 / guìjīnshǔ 꿰이찐수	宝石 / bǎoshí 바오스	宝石 / bǎoshí 바오스	原矿 / yuánkuàng 위엔쾅	CHN
ききんぞく / 貴金属 키킨조쿠	ほうせき / 宝石 호-세키	ほうせき / 宝石 호-세키	げんせき / 原石 겐세키	JPN

동의어: *1 precious metal 프레셔스 메탈, *2 πετράδι 뻬뜨라디,
*3 необработанный драгоценный камень 녜아브라보딴느이 드라가쪤느이 카몌

석류석(1월의 보석)	자수정(2월의 보석)	아쿠아마린(3월의 보석)	금강석(4월의 보석)	KOR
garnet 가닛	amethyst 에미씨스트	aquamarine 아쿠아머린	diamond 다이어먼드	ENG
grenat 그르나	améthyste 아메띠스뜨	aigue-marine 에그 마린	diamant 디아멍	FRA
Granat 그라나트	Amethyst 아메튀스트	Aquamarin 아크바마린	Diamant 디아만트	GER
granada 그라나다	ametista 아메찌스따	água-marinha 아구아-마링야	diamante 지아망찌	POR
granate 그라나떼	amatista 아마띠스따	aguamarina 아구아마리나	diamente 디아멘떼	ESP
granato 그라나또	ametista 아메티스타	acquamarina 아쿠아마리나	diamante 디아만떼	ITA
γρανάτης 그라나띠스	αμέθυστος 아메씨스또스	ακουαμαρίνα 아꾸아마리나	διαμάντι 디아만디	GRE
carbunculus *1 카르붕쿨루스	amethystus 아메티스투스	aquamarina 아쿠아마리나	adamas 아다마스	LAT
гранат 그라낫	аметист 아메찌스트	аквамарин 아크바마린	алмаз 알마스	RUS
石榴石 / shíliúshí 스리우스	紫水晶 / zǐshuǐjīng 즈쉐이징	海蓝宝石 / hǎilánbǎoshí 하이란바오스	钻石 / zuànshí 쭈안스	CHN
ざくろいし / 柘榴石 자쿠로이시	むらさきずいしょう / 紫水晶 무라사키주이쇼-	アクアマリン 아쿠아마린	ダイヤモンド 다이야몬도	JPN

동의어: *1 rubinus 루비누스

한	에메랄드(5월의 보석)	진주(6월의 보석)	루비(7월의 보석)	감람석(8월의 보석)
영	emerald 에머럴드	pearl 펄	ruby 루비	peridot [3] 페리도트
프	émeraude 에므로드	perle 뻬를르	rubis 뤼비	olivine 올리빈느
독	Smaragd 스마라크트	Perle 페를레	Rubin 루빈	Peridot 페리도트
포	esmeralda 이스메랄우다	pérola 뻬롤라	rubi 후비	peridoto 뻬리도뚜
스	esmeralda 에스메랄다	perla 뻬를라	rubí 루비	peridoto 뻬리도또
이	smeraldo 즈메랄도	perla 페를라	rubino 루비노	peridoto 페리도토
그	σμαράγδι 스마라그디	μαργαριτάρι 말가리따리	ρουμπίνι 루비니	πέριντοτ 뻬린또뜨
라	smaragdus [1] 스마락두스	margaritum 마르가리툼	carbunculus 카르분쿨루스	paederos [4] 패데로스
러	изумруд 이주므룻	жемчуг 젬축	рубин 루빈	перидот 뻬리돗
중	纯绿宝石 / chúnlǜbǎoshí [2] 춘뤼바오스	珍珠 / zhēnzhū 젼주	红宝石 / hóngbǎoshí 훙바오스	橄榄石 / gǎnlǎnshí 간란스
일	エメラルド 에메라루도	しんじゅ / 真珠 신쥬	ルビー 루비-	かんらんせき / 橄欖石 칸란세키

동의어: [1] zmaragdus 즈마락두스, [2] 绿宝石 / lǜbǎoshí 뤼바오스, [3] chrysolite 크리솔라이트,
[4] chrysolithos(= chrysolithosium) 크리솔리토스(=크리솔리티움)

한	사파이어(9월의 보석)	오팔(10월의 보석)	황옥(11월의 보석)	터키석(12월의 보석)
영	sapphire 사파이어	opal 오팔	topaz 토파즈	turquoise 터쿠이즈
프	saphir 사피르	opale 오팔	topaze 토빠즈	turquoise 뛰르꾸와즈
독	Saphir 자피어	Opal 오팔	Topas 토파스	Türkis 뛰르키스
포	safira 싸피라	opala 오빨라	topázio 또빠지우	turquesa 뚜르께자
스	zafiro 사피로	ópalo 오빨로	topacio 또빠시오	turquesa 뚜르께사
이	zaffiro 자피로	opale 오팔레	topazio 토파지오	turchese 투르케제
그	ζαφείρι [1] 자피리	οπάλι 오빨리	τοπάζι 또빠지	καλλαΐτης [5] 깔라이띠스
라	sapphirus [2] 삽피루스	opalus [4] 오팔루스	topazus 토파주스	turcosa [6] 투르코사
러	сапфир 쌉피르	опал 아빨	топаз 또빠즈	бирюза 비류자
중	青玉 / qīngyù [3] 칭위	蛋白石 / dànbáishí 딴바이스	黄玉 / huángyù 후앙위	绿松石 / lǜsōngshí 뤼쑹스
일	サファイア 사화이아	オパール 오파-루	トパーズ 토파-주	トルコいし / トルコ石 토루코이시

동의어: [1] σάπφειρος 사피로스, [2] sapphyrus 삽피루스, [3] 蓝宝石 / lánbǎoshí 란바오스, [4] opallios 오팔리오스, [5] τιρκουάζ 띠르꾸아즈,
[6] lapis turchesius 라피스 투르케시우스

금광	옥, 비취	수정	상아	묘안석	KOR
gold mine 골드 마인	jade 제이드	crystal 크리스탈	ivory 아이보리	cat's-eye 캐츠 아이	ENG
mine d'or 민 도르	jade 쟈드	cristal 크리스딸	ivoire 이브와르	œil de chat 외이유 드 샤	FRA
Goldmine 골트미네	Jade 야데	Kristall 크리스탈	Elfenbein 엘펜바인	Katzenauge 카첸아우게	GER
mina de ouro 미나 지 오우루	jade 쟈지	cristal 끄리스따우	marfim 마르핑	olho-de-gato 올유-지-가뚜	POR
mina de oro 미나 데 오로	jade 하데	cristal 끄리스딸	marfil 마르필	ojo de gato 오호 데 가또	ESP
miniera d'oro 미니에라 도로	giada 쟈다	cristallo 크리스탈로	avorio 아보리오	occhio di gatto 오끼오 디 가또	ITA
χρυσωρυχείο 흐리소리히오	νεφρίτης 네프리띠스	κρύσταλλο 크리스딸로	ελεφαντόδοντο 엘레판도돈도	χρυσοβήρυλλος 흐리소비릴로스	GRE
aurifodina 아우리포디나	lapis nephriticus 라피스 네프리티쿠스	crystallum 크리스탈룸	ebur 에부르	alexandrites [1] 알렉산드리테스	LAT
золотой рудник 절라또이 루드닉	жадеит 좌제잇	кристалл 크리스딸	слоновая кость 슬라노바야 꼬스츠	кошачий глаз 까샤취 글라스	RUS
金矿 / jīnkuàng 찐쾅	玉 / yù, 翡翠 / fěicuì 위, 페이춰이	水晶 / shuǐjīng 쉐이징	象牙 / xiàngyá 시앙야	猫眼石 / māoyǎnshí 마오앤스	CHN
きんこう / 金鉱 킨코-	たま / 玉, ひすい / 翡翠 타마, 히수이	すいしょう / 水晶 수이쇼-	ぞうげ / 象牙 조-게	ねこめいし / 猫目石 네코메이시	JPN

동의어: [1] chrysoberyllus 크리소베릴루스

호박	산호	사도닉스	마노	귀갑	KOR
amber 엠버	coral 코럴	sardonyx 사더닉스	agate 에겟	tortoiseshell 토터스쉘	ENG
ambre 앙브르	corail 꼬라이유	sardonyx 사르도닉스	agate 아가트	écaille de tortue 에까이으 드 또르뛰	FRA
Bernstein 베언슈타인	Koralle 코랄레	Sardonyx 자아도닉스	Achat 아흐아트	Schildpatt 실트파트	GER
âmbar 앙바르	coral 꼬라우	sardônica 싸르도니까	ágata 아가따	carcaça de tartaruga 까르까싸 지 따르따루가	POR
ámbar 암바르	coral 꼬랄	sardónice 사르도니쩨	ágata 아가따	carey 가레이	ESP
ambra 암브라	corallo 코랄로	sardonica 사르도니카	agata 아가타	guscio di tartaruga 구쇼 디 타르타루가	ITA
ήλεκτρο [1] 이렉프로	κοράλλι 꼬랄리	σαρδόνυχας 사르도니하스	αχάτης 아하띠스	καύκαλο χελώνας 까브깔로 헬로나스	GRE
sucinum [2] 수키눔	corallium 코랄리움	sardonyx [3] 사르도닉스	achates 아카테스	testa testudonis 테스다 테스투도니스	LAT
янтарь 얀따르	коралл 카랄	сардоникс 싸르도닉스	агат 아갓	панцирь черепахи 빤찌르 췌레빠히	RUS
琥珀 / hǔpò 후포	珊瑚 / shānhú 샨후	红缟玛瑙 / hónggǎomǎnǎo 홍까오마나오	玛瑙 / mǎnǎo 마나오	龟甲 / guījiǎ 꿔이지아	CHN
こはく / 琥珀 코하쿠	さんご / 珊瑚 산고	サードニックス 사-도닛쿠수	めのう / 瑪瑙 메노-	きっこう / 亀甲 킷꼬-	JPN

동의어: [1] κεχριμπάρι 께흐리빠리, [2] glaesum 글래숨, electrum 엘렉트룸, [3] onyx Sardo 오닉스 사르도

한	빛	광선	후광	그림자	색
영	light 라이트	ray 레이	halo 헤일로	shadow 섀도우	color 컬러
프	lumière 뤼미에르	rayon 레이옹	auréole 오레올	ombre 옹브르	couleur 꿀뢰르
독	Licht 리히트	Strahl 슈트랄	Heiligenschein [1] 하일리겐샤인	Schatten 샤텐	Farbe 파르베
포	luz 루스	raio 하이우	halo 알루	sombra 쏭브라	cor 꼬르
스	luz 루스	rayo 라요	halo 알로	sombra 솜브라	color 꼴로르
이	luce 루체	raggio 라쬬	alone 알로네	ombra 옴브라	colore 콜로레
그	φως 포스	ακτίνα 악띠나	φωτοστέφανο 포또스떼파노	σκιά 스끼아	χρώμα 흐로마
라	lumen, lux 루멘, 룩스	radius 라디우스	halos [2] 할로스	umbra 움브라	color 콜로르
러	свет 스볫	луч 루취	ореол 아롈올	тень 쩬	цвет 츠볫
중	光 / guāng 꽝	光线 / guāngxiàn 꽝시엔	光环 / guānghuán 꽝환	影子 / yǐngzi 잉즈	色 / sè 써
일	ひかり / 光 히카리	こうせん / 光線 코-센	ごこう / 後光 고코-	かげ / 影 카게	いろ / 色 이로

동의어: [1] Strahlenschein 슈트랄렌샤인, [2] anulus luci 아눌루스 루키, lucida corona 루키다 코로나

한	색조	음영	명도	채도	파스텔
영	tone 톤	nuance 뉴안스	brightness 브라잇네스	chroma 크로마	pastel 파스텔
프	ton, tonalité 똥, 또날리떼	nuance 뉘앙스	luminosité 뤼미노지떼	saturation 싸뛰라씨옹	pastel 빠스텔
독	Ton 톤	Nuance [1] 뉘앙세	Helligkeit 헬리히카이트	Farbenreinheit 파르벤라인하이트	Pastellfarbe 파스텔파르베
포	tom 똥	matiz 마찌스	luminosidade 루미노지다지	cromaticidade 끄로마찌씨다지	pastel 빠스떼우
스	tono 또노	matiz 마띠스	viveza 비베싸	saturación 사뚜라씨온	pastel 빠스뗄
이	tono 토노	sfumatura 스푸마투라	luminosità 루미노시따	croma 크로마	colore pastello 콜로레 파스텔로
그	τόνος 또노스	απόχρωση 아뽀흐로시	λάμψη [2] 람시	χρώμα 흐로마	παστέλ 빠스뗄
라	tonus 토누스	decoloratio 테콜로라티오	claritas 클라리타스	saturitas coloris [3] 사투리타스 콜로리스	color tener [4] 콜로르 테네르
러	оттенок 앗쩨넉	нюанс 뉴안스	яркость 야르꺼스츠	интенсивность 인뗀씨브너스츠	пастель 빠스땔
중	色调 / sèdiào 써띠아오	阴影 / yīnyǐng 인잉	明度 / míngdù 밍뚜	色度 / sèdù 써뚜	彩色蜡笔 / cǎisè làbǐ 차이써라비
일	しきちょう / 色調 시키쵸-	いんえい / 陰影 잉에-	めいど / 明度 메-도	さいど / 彩度 사이도	パステル 파수테루

동의어: [1] Schattierung 쉐티어룽, [2] φωτεινότητα 포띠노띠따, [3] chromaticum coloris 크로마티쿰 콜로리스, [4] color albulus 콜로르 알불루스

628

원색	하늘색	무채색	KOR
primary color 프라이머리 칼라	light blue *1 라잇 블루	achromatic color 아크로메틱 칼러	ENG
couleur primaire 꿀뢰르 프리메르	bleu ciel 블뢰 씨엘	couleur achromatique 꿀뢰르 아크로마띠끄	FRA
Grundfarbe 그룬트파르베	Himmelblau 히멜블라우	unbunte Farbe 운분테 파르베	GER
cor primária 꼬르 쁘리마리아	cor do céu 꼬르 두 쎄우	cor acromática 꼬르 아끄로마찌까	POR
color primario 꼴로르 프리마리오	color de cielo 꼴로르 데 씨엘로	color acromático 꼴로르 아끄로마띠꼬	ESP
colore primario 콜로레 프리마리오	azzurro 아쭈로	colore acromatico 콜로레 아크로마티코	ITA
βασικό χρώμα 바시꼬 호로마	γαλάζιο 갈라지오	αχρωματικό χρώμα 아흐로마찌꼬 호로마	GRE
fundator color 푼다토르 콜로르	apertum(clarum)caeruleum 아페르툼(클라룸)캐룰레움	color achromaticus 콜로르 아크로마티쿠스	LAT
основной цвет 아스나브노이 츠볫	голубой цвет 걸루보이 츠볫	ахроматический цвет 아흐라마찌취스끼 츠볫	RUS
原色 / yuánsè 위엔써	天蓝色 / tiānlánsè 티엔란써	黑白 / hēibái 헤이바이	CHN
げんしょく / 原色 겐쇼쿠	そらいろ / 空色 소라이로	むさいしょく / 無彩色 무사이쇼쿠	JPN

동의어: *1 sky blue 스카이 블루, teal blue 틸 블루, baby blue 베이비 블루

유채색	흰색	검은색	빨간색	KOR
chromatic color 크로메틱 칼러	white 화이트	black 블랙	red 레드	ENG
couleur chromatique 꿀뢰르 크로마띠끄	blanc 블랑	noir 느와르	rouge 루쥬	FRA
bunte Farbe 분테 파르베	Weiß 바이스	Schwarz 슈바르츠	Rot 로트	GER
cor cromática 꼬르 끄로마찌까	branco 브랑꾸	preto 쁘레뚜	vermelho 베르멜유	POR
color cromático 콜로르 끄로마띠꼬	blanco 블랑꼬	negro 에그로	rojo 로호	ESP
colore cromatico 콜로레 크로마티코	bianco 비앙코	nero 네로	rosso 로쏘	ITA
χρωματικό χρώμα 흐로마찌꼬 호로마	λευκό 레브꼬	μαύρο 마브로	κόκκινο 꼭끼노	GRE
color chromaticus *1 꼴로르 크로마티쿠스	album 알붐	ater, niger 아테르, 니게르	ruber *2 루베르	LAT
хроматический цвет 흐라마찌취스끼 츠볫	белый цвет 벨르이 츠볫	чёрный цвет 쵸르느이 츠볫	красный цвет 크라스느이 츠볫	RUS
有色 / yǒusè 요우써	白色 / báisè 바이써	黑色 / hēisè 헤이써	红色 / hóngsè 홍써	CHN
ゆうさいしょく / 有彩色 유-사이쇼쿠	しろ / 白 시로	くろ / 黒 쿠로	あか / 赤 아카	JPN

동의어: *1 versicolor 베르시콜로르, *2 coccinus 콕키누스, coccineus 콕키네우스

한	주황색	남색	파란색	노란색
영	orange 오렌지	indigo 인디고	blue 블루	yellow 옐로우
프	orange 오랑쥬	indigo 엥디고	bleu 블뢰	jaune 죤느
독	Orange 오랑제	Indigo 인디고	Blau 블라우	Gelb 겔프
포	cor de laranja 꼬르 지 라랑쟈	índigo 잉지구	azul 아주우	amarelo 아마렐루
스	escarlata 에스까를라따	añil 아닐	azul 아술	amarillo 아마리요
이	rosso gialla(arancia) 로쏘 쫠라(아란차)	blu indaco 블루 인다코	blu 블루	giallo 쟐로
그	πορτοκάλι 뽀르또깔리	λουλακί 룰라끼	μπλε 블레	κίτρινο 끼트리노
라	flavus 플라부스	caeruleus indicus 캐룰레우스 인디쿠스	caeruleus 캐룰레우스	color citreus *1 콜로르 키트레우스
러	оранжевый цвет 아란쥐브이 츠볫	тёмно-синий цвет 쫌너-씨니 츠볫	синий цвет 씨니이 츠볫	жёлтый цвет 쫄트이 츠볫
중	朱黄色 / zhūhuángsè 주후앙써	蓝色 / lánsè 란써	青色 / qīngsè, 蓝色 / lánsè 란써	黄色 / huángsè 황써
일	だいだいいろ / 橙色 다이다이이로	あいいろ / 藍色 아이이로	あお / 青 아오	きいろ / 黄色 키이로

동의어: *1 croceus 크로케우스

한	초록색	분홍색	갈색	보라색
영	green 그린	pink 핑크	brown 브라운	violet *1 바이얼릿
프	vert 베르	rose 로즈	brun 브뼁	violet 비올레
독	Grün 그륀	Rosa 로자	Braun 브라운	violett 비올레트
포	verde 베르지	cor-de-rosa 꼬르-지-호자	cor castanha 꼬르 까스땅야	violeta 비올레따
스	verde 베르데	rosado 로사도	castaño 까스따뇨	violeta 비올레따
이	verde 베르데	rosa 로자	marrone 마로네	viola 비올라
그	πράσινο 프라시노	ροζ 로즈	καφέ 까페	βιολετί 비올레띠
라	viridis 비리디스	rosaceus, roseus 로사케우스, 로세우스	pullum, castaneus 풀룸, 카스타네우스	violaceum 비올라케움
러	зелёный цвет 젤료느이 츠볫	розовый цвет 로저브이 츠볫	коричневый цвет 카리취녜브이 츠볫	фиолетовый цвет 피알례떠브이 츠볫
중	绿色 / lǜsè 뤼써	粉红色 / fěnhóngsè 펀훙써	褐色 / hèsè, 棕色 / zōngsè 허써, 쫑써	绯紫 / fēizǐ 페이즈
일	みどり / 緑 미도리	ももいろ / 桃色 모모이로	ちゃいろ / 茶色 챠이로	むらさき / 紫 무라사키

참고: *1 491p 제비꽃을 보세요.

회색	세피아	베이지색	연두색	KOR
gray 그레이	sepia 세피아	beige 베이지	light green [1] 라이트 그린	ENG
gris 그리	sépia 쎄피아	beige 베쥬	vert amande 베르 아멍드	FRA
Grau 그라우	Sepia 세피아	Beige 베제	Gelbgrün 겔프그륀	GER
cinzento 씽젱뚜	marrom-escuro 마홍-이스꾸루	bege 베쥐	verde amarelado 베르지 아마렐라두	POR
gris 그리스	sepia 세삐아	beige 베이헤	verde amarillento 베르데 아마리옌또	ESP
grigio 그리쬬	seppia 세삐아	beige 베이지	verde leggero 베르데 레쩨로	ITA
γκρίζο, γκρι 그리조, 그리	σέπια 세삐아	μπεζ 베즈	ανοιχτό πράσινο 아니흐또 프라시노	GRE
ravum 라붐	fuscum 푸스쿰	fulvum leve 풀붐 레베	crocea viriditas 크로케아 비리디타스	LAT
серый цвет 쎼르이 츠볫	сепия 셰삐야	бежевый цвет 볘줴브이 츠볫	светло-зелёный цвет 스볘뜰러-젤료느이 츠볫	RUS
灰色 / huīsè 훼이쎠	棕黑 / zōnghēi 종헤이	米黄色 / mǐhuángsè 미후앙쎠	淡绿 / dànlǜ 딴뤼	CHN
はいいろ / 灰色 하이이로	セピア 세피아	ベージュ 베-쥬	うすみどり / 薄緑 우수미도리	JPN

동의어: [1] lawn green 런 그린

황토색	은색	투명	금색	KOR
ochre 오커	silver 실버	transparency 트랜스패런시	gold 골드	ENG
terre jaune 떼르 존느	argenté 아르정떼	transparence 트랑스파렁스	doré 도레	FRA
Ocker 옥커	Silber 질버	Transparenz 트란스파렌츠	Gold 골트	GER
ocre 오끄리	cor de prata 꼬르 지 쁘라따	transparência 뜨랑스빠렝씨아	cor de ouro [1] 꼬르 지 오우루	POR
ocre 오끄레	plata 쁠라따	transparencia 뜨란스빠렌씨아	oro 오로	ESP
giallo scuro 쨜로 스쿠로	colore argento 콜로레 아르젠토	trasparenza 뜨라스파렌자	colore d'oro 콜로레 도로	ITA
ώχρα 오흐라	ασημένιο, ασημί 아시메니오, 아시미	διαφάνεια 디아파니아	χρυσό 흐리소	GRE
obscurus flavus 옵스쿠루스 프라부스	argenteus 아르겐테우스	pelluciditas 펠루키디타스	aureus 아우레우스	LAT
цвет охры 츠볫 오흐리	серебряный цвет 쎼례브렌느이 츠볫	прозрачность 쁘라즈라취너스츠	золотистый цвет 절라찌스프이 츠볫	RUS
茶黄 / cháhuáng 차황	银色 / yínsè 인쎠	透明 / tòumíng 터우밍	金色 / jīnsè 찐쎠	CHN
おうどいろ / 黄土色 오-도이로	ぎんいろ / 銀色 깅이로	とうめい / 透明 토-메-	きんいろ / 金色 킹이로	JPN

동의어: [1] amarelo-ouro 아마렐루-오우루

한	다홍색	비취색	형광색	주홍색
영	deep red *1 딥 레드	jade green 제이드 그린	fluorescence 플로레센스	scarlet *3 스칼렛
프	rouge vif 루쥬 비프	vert jade 베르 쟈드	couleur fluorescente 꿀뢰르 플리오레성프	vermillon 베르미이옹
독	Zinnoberrot 친오버로트	Jadegrün 야데그륀	Fluoreszenz 플루오레스첸츠	Scharlach 샤라흐
포	vermelho escuro 베르멜유 이스꾸루	verde jade 베르지 쟈지	cor fluorescente 꼬르 플루오레쎙찌	escarlate 이스까를라찌
스	rojo oscuro 로호 오스쿠로	verde jade 베르데 하데	luz fluorescente 루쓰 플루오레쎈떼	escarlata 에스까를라따
이	vermiglio rosso 베리밀리오 로쏘	colore di giada 콜로레 디 좌다	colore fluorescente 콜로레 플루오레쎈떼	arancione 아란쵸네
그	πορφυρό 뽀르피로	γαλαζοπράσινο 갈라조프라시노	φωσφορίζον χρώμα 포스포리존 흐로마	άλικο *4 알리꼬
라	fuscus ruber 푸스쿠스 루베르	viridis caeruleus 비리디스 캐룰레우스	color fluorescens 콜로르 플루오레스켄스	coccum *5 콕쿰
러	тёмно-красный цвет 쫌너-크라스느이 츠벳	цвет нефрита 츠벳 네프리따	флюоресцентный цвет 플류아리스쩬트느이 츠벳	багряный цвет 바그랸느이 츠벳
중	福色 / fúsè *2 푸써	翡翠色 / fěicuìsè 페이춰이써	荧光 / yíngguāng 잉꽝	朱红色 / zhūhóngsè 쭈훙써
일	しんく / 真紅 신쿠	ひすいいろ / 翡翠色 히수이이로	けいこうしょく / 蛍光色 케-코-쇼쿠	しゅいろ / 朱色 슈이로

동의어: *1 crimson 크림슨, *2 深红色 / shēnhóngsè 션훙써, *3 vermilion 버밀리언, *4 έντονο κόκκινο 엔도노 꼭끼노, *5 coccineus(coccinus) 콕키네우스(코씨누스)

한	아이보리	녹황색	녹청색	황록색
영	ivory 아이보리	green yellow *1 그린 옐로우	green blue *2 그린 블루	yellow green *3 옐로 그린
프	ivoire 이브아르	vert-jaune 베르 존느	vert-bleu 베르 블뢰	jaune-vert 존느 베르
독	Elfenbein 엘펜바인	Olivgrün 올리프그륀	Türkis 튀르키스	Grasgrün 그라스그륀
포	cor de marfim 꼬르 지 마르핑	amarelo esverdeado 아마렐루 이스베르지아두	azul esverdeado 아주우 이스베르지아두	verde amarelado 베르지 아마렐라두
스	marfil 마르필	verde amrillo 베르데 아마리요	azul verdoso 아쑬 베르도소	verde amarillento 베르데 아마리옌또
이	avorio 아보리오	giallo verde 좔로 베르데	turchino 투르키노	verde giallo 베르데 좔로
그	ιβουάρ 이부아르	πρασινοκίτρινο 프라시노끼뜨리노	πρασινομπλέ 프라시노블레	κιτρινοπράσινο 끼트리노프라시노
라	elephantinus 엘레판티누스	viridis croceus 비리디스 크로케우스	cinerea viriditas 키네레아 비리디타스	crocea viriditas 크로케아 비리디타스
러	кремовый цвет 크레머브이 츠벳	зелёно-жёлтый цвет 젤료너-죨뜨이 츠벳	зелёно-синий цвет 젤료너-씨니이 츠벳	жёлто-зеленый цвет 죨떠-젤료느이 츠벳
중	象牙色 / xiàngyásè 시앙야써	绿黄色 / lǜhuángsè 뤼후앙써	绿青色 / lǜqīngsè 뤼칭써	葱黄 / cōnghuáng 총황
일	アイボリー 아이보리-	りょくおうしょく / 緑黄色 료쿠오-쇼쿠	あおみどり / 青緑 아오미도리	きみどり / 黄緑 키미도리

동의어: *1 lime green 라임 그린, *2 sea green 씨그린, *3 chartreuse 샤르트뤼즈

청록색	자주색	적자색	자홍색	KOR
blue green [1] 블루 그린	purple 퍼플	murex [2] 뮤렉스	magenta 마젠타	ENG
bleu-vert 블뢰 베르	pourpre, violet 뿌르프르, 비올레	bordeaux 보르도	lilas 릴라	FRA
Pfaugrün 파우그륀	Purpur 푸어푸어	fuchsrot 푹스로트	magentarot 마젠타로트	GER
verde azulado 베르지 아줄라두	púrpura 뿌르뿌라	púrpura avermelhada 뿌르뿌라 아베르멜야다	magenta 마젱따	POR
verde azulado 베르데 아쑬라도	morado 모라도	burdeos 부르데오스	magenta 마헨따	ESP
turchino 투르키노	viola 비올라	violetto rosso 비오레또 로쏘	magenta 마젠타	ITA
γαλαζοπράσινο 갈라조프라시노	μωβ 몹	πορφύρα 포르피라	φούξια 푹시아	GRE
caerulea viriditas 캐룰레아 비리디타스	purpureus 푸르푸레우스	violaceus ruber 비오라케우스 루베르	purpureus ruber 푸르푸레우스 루베르	LAT
сине-зеленый цвет 씨녜-젤료느이 츠볫	фиолетовый цвет 피알례떠브이 츠볫	багровый цвет 바그로브이 츠볫	пурпурный цвет 뿌르뿌르느이 츠볫	RUS
绿蓝色 /lǜlánsè 뤼란써	紫色 /zǐsè 쯔써	葡萄紫 /pútáozǐ 푸타오즈	紫红 /zǐhóng 쯔홍	CHN
あおみどり/青緑 아오미도리	あかむらさき/赤紫 아카무라사키	あかむらさき/赤紫 아카무라사키	しこうしょく/紫紅色 시코-쇼쿠	JPN

동의어: [1] turquoise 터쿠이즈, [2] tyrion purple 타이어린 퍼플, [3] chartreuse 샤르트뤼즈

연분홍색	감색	치자색	색동	KOR
pale pink [1] 페일 핑크	navy blue 네이비 블루	orange yellow 오렌지 옐로우	multicolored stripes 멀티칼라드 스트라입스	ENG
rose clair 로즈 끌레르	bleu foncé 블뢰 퐁세	couleur de gardénia 꿀뢰르드 드 가르데니아	couleurs variées 꿀레르 바리에	FRA
Hellrosa 헬로자	Dunkelblau 둥켈블라우	Gardeniengelb 가르데니언젤프	bunte Streifen 분테 슈트라이펜	GER
cor de cereja 꼬르 지 쩨레쟈	cor de caqui 꼬르 지 까끼	amarelo alaranjado 아마렐루 알라랑쟈두	listras de várias cores 리스뜨라스 지 바리아스 꼬리스	POR
rosa viva 로사 비바	azul oscuro 아쑬 오스꾸로	amarillo oscuro 아마리요 오스꾸로	rayas multicolores 라야스 물띠꼴로레스	ESP
rosa chiara 로자 끼아라	blu marino 블루 마리노	giallo arancio 좔로 아란쵸	multicolori 물티콜로리	ITA
ροζ 로즈	σκούρο μπλέ 스꾸로 브레	πορτοκαλοκίτρινο 뽀르또깔로끼트리노	πολύχρωμες λωρίδες 뽈리흐로메스 로리데스	GRE
rosa 로사	fuscus caeruleus 푸스쿠스 캐룰레우스	flavus croceus 플라부스 크로세우스	linei versicolores 리네이 베르시콜로레스	LAT
бледно-розовый цвет 블레드느-로조브이 츠볫	тёмно-синий цвет 쫌므느-씨니이 츠볫	оранжево-жёлтый цвет 아란쥐버-죨트이 츠볫	полоски различных цветов 빨로스끼 라즐리츠늬흐 츠볫또프	RUS
淡粉红 /dànfěnhóng 딴펀훙	绀 /gàn 간	栀子色 /zhīzisè 쯔즈서	七色彩段 /qīsè cǎiduàn 치쎠차이뚜안	CHN
うすべにいろ/薄紅色 우수베니이로	こんいろ/紺色 콩이로	くちなしいろ/くちなし色 쿠치나시이로	セットン 셋똔	JPN

동의어: [1] baby pink 베이비 핑크

부록
1장 국제상품분류표

니스(NICE) 국제상품분류표 (11판)

상품류(제1류~제34류)	
제01류	공업/과학 및 사진용 및 농업/원예 및 임업용 화학제; 미가공 인조수지, 미가공 플라스틱; 소화 및 화재예방용 조성물; 조질제 및 땜납용 조제; 수피용 무두질제; 공업용 접착제; 퍼티 및 기타 페이스트 충전제; 퇴비, 거름, 비료; 산업용 및 과학용 생물학적 제제
제02류	페인트, 니스, 래커; 녹방지제 및 목재 보존제; 착색제, 염료; 인쇄, 표시 및 판화용 잉크; 미가공 천연수지; 도장용, 장식용, 인쇄용 및 미술용 금속박(箔) 및 금속분(紛)
제03류	비의료용 화장품 및 세면용품; 비의료용 치약; 향료, 에센셜 오일; 표백제 및 기타 세탁용 제제; 세정/광택 및 연마재
제04류	공업용 오일 및 그리스, 왁스; 윤활제; 먼지흡수제, 먼지습윤제 및 먼지흡착제; 연료 및 발광체; 조명용 양초 및 심지
제05류	약제, 의료용 및 수의과용 제제; 의료용 위생제; 의료용 또는 수의과용 식이요법 식품 및 제제, 유아용 식품; 인체용 또는 동물용 식이보충제; 플래스터, 외상치료용 재료; 치과용 충전재료, 치과용 왁스; 소독제; 해충구제제; 살균제, 제초제
제06류	일반금속 및 그 합금, 광석; 금속제 건축 및 구축용 재료; 금속제 이동식 건축물; 비전기용 일반금속제 케이블 및 와이어; 소형금속제품; 저장 또는 운반용 금속제 용기; 금고
제07류	기계, 공작기계, 전동공구; 모터 및 엔진(육상차량용은 제외); 기계 커플링 및 전동장치 부품(육상차량용은 제외); 농기구(수동식 수공구는 제외); 부란기(孵卵器); 자동판매기
제08류	수동식 수공구 및 수동기구; 커틀러리; 휴대무기(화기는 제외); 면도기
제09류	과학, 항해, 측량, 사진, 영화, 광학, 계량, 측정, 신호, 검사(감시), 구명 및 교육용 기기; 전기의 전도, 전환, 변형, 축적, 조절 또는 통제를 위한 기기; 음향 또는 영상의 기록, 전송 또는 재생용 장치; 자기데이터 매체, 녹음디스크; CD, DVD 및 기타 디지털 기록매체; 동전작동식 기계장치; 금전등록기, 계산기, 정보처리장치, 컴퓨터; 컴퓨터 소프트웨어; 소화기기
제10류	외과용, 내과용, 치과용 및 수의과용 기계기구; 의지(義肢), 의안(義眼) 및 의치(義齒); 정형외과용품; 봉합용 재료; 장애인용 치료 및 재활보조장치; 안마기; 유아수유용 기기 및 용품; 성활동용 기기 및 용품
제11류	조명용, 가열용, 증기발생용, 조리용, 냉각용, 건조용, 환기용, 급수용 및 위생용 장치
제12류	수송기계기구; 육상, 항공 또는 해상을 통해 이동하는 수송수단
제13류	화기(火器); 탄약 및 발사체; 폭약; 폭죽
제14류	귀금속 및 그 합금; 보석, 귀석 및 반귀석; 시계용구
제15류	악기
제16류	종이 및 판지; 인쇄물; 제본재료; 사진; 문방구 및 사무용품(가구는 제외); 문방구용 또는 가정용 접착제; 제도용구 및 미술용 재료; 회화용 솔; 교재; 포장용 플라스틱제 시트, 필름 및 가방; 인쇄활자, 프린팅블록
제17류	미가공 및 반가공 고무, 구타페르카, 고무액(gum), 석면, 운모(雲母) 및 이들의 제품; 제조용 압출성형형태의 플라스틱 및 수지; 충전용, 마개용 및 절연용 재료; 비금속제 신축관, 튜브 및 호스
제18류	가죽 및 모조가죽; 수피; 수하물가방 및 운반용 가방; 우산 및 파라솔; 걷기용 지팡이; 채찍 및 마구; 동물용 목걸이, 가죽끈 및 의류
제19류	비금속제 건축재료; 건축용 비금속제 경질관(硬質管); 아스팔트, 피치 및 역청; 비금속제 이동식 건축물; 비금속제 기념물

제20류	가구, 거울, 액자; 보관 또는 운송용 비금속제 컨테이너; 미가공 또는 반가공 뼈, 뿔, 고래수염 또는 나전(螺鈿); 패각; 해포석(海泡石); 호박(琥珀)(원석)
제21류	가정용 또는 주방용 기구 및 용기; 조리기구 및 식기(포크 ,나이프 및 스푼은 제외); 빗 및 스펀지; 솔(페인트 솔은 제외); 솔 제조용 재료; 청소용구; 비건축용 미가공 또는 반가공 유리; 유리제품, 도자기제품 및 토기제품
제22류	로프 및 노끈; 망(網); 텐트 및 타폴린; 직물제 또는 합성재료제 차양; 돛; 하역물운반용 및 보관용 포대; 충전재료(종이/판지/고무 또는 플라스틱제는 제외); 직물용 미가공 섬유 및 그 대용품
제23류	직물용 실(絲)
제24류	직물 및 직물대용품; 가정용 린넨; 직물 또는 플라스틱제 커튼
제25류	의류, 신발, 모자
제26류	레이스 및 자수포, 리본 및 장식용 끈; 단추, 갈고리 단추(hooks and eyes), 핀 및 바늘; 조화(造花); 머리장식품; 가발
제27류	카펫, 융단, 매트, 리놀륨 및 기타 바닥깔개용 재료; 비직물제 벽걸이
제28류	오락용구, 장난감; 비디오게임장치; 체조 및 스포츠용품; 크리스마스트리용 장식품
제29류	식육, 생선, 가금 및 엽조수; 고기진액; 가공처리, 냉동, 건조 및 조리된 과일 및 채소; 젤리, 잼, 콤폿; 달걀; 우유 및 유제품; 식용 유지
제30류	커피, 차(茶), 코코아 및 대용커피; 쌀; 타피오카 및 사고(sago); 곡분 및 곡물조제품; 빵, 페이스트리 및 과자; 식용 얼음; 설탕, 꿀, 당밀; 식품용 이스트, 베이킹파우더; 소금; 겨자(향신료); 식초, 소스(조미료); 향신료; 얼음
제31류	미가공 농업, 수산양식, 원예 및 임업 생산물; 미가공 곡물 및 종자; 신선한 과실 및 채소, 신선한 허브; 살아있는 식물 및 꽃; 구근(球根), 모종 및 재배용 곡물종자; 살아있는 동물; 동물용 사료 및 음료; 맥아
제32류	맥주; 광천수, 탄산수 및 기타 무주정(無酒精)음료; 과실음료 및 과실주스; 시럽 및 음료수 제제
제33류	알코올 음료(맥주는 제외)
제34류	담배; 흡연용품; 성냥

서비스업류(제35류~제45류)

제35류	광고업; 사업관리업; 기업경영업; 사무처리업
제36류	보험업; 재무업; 금융업; 부동산업
제37류	건축물 건설업; 수선업; 설치서비스업
제38류	통신업
제39류	운송업; 상품의 포장 및 보관업; 여행알선업
제40류	재료처리업
제41류	교육업; 훈련제공업; 연예오락업; 스포츠 및 문화활동업
제42류	과학적, 기술적 서비스업 및 관련 연구, 디자인업; 산업분석 및 연구 서비스업; 컴퓨터 하드웨어 및 소프트웨어의 디자인 및 개발업
제43류	식음료제공서비스업; 임시숙박업
제44류	의료업; 수의업; 인간 또는 동물을 위한 위생 및 미용업; 농업, 원예 및 임업 서비스업
제45류	법무서비스업; 유형의 재산 및 개인을 물리적으로 보호하기 위한 보안서비스업; 개인의 수요를 충족시키기 위해 타인에 의해 제공되는 사적인 또는 사회적인 서비스업

부록
2장 **중국어 브랜드**

중국어 브랜드

	국문명	영문명	중국어 네임	Pinyin
1	GE	GE	通用电气	tōng yòng diàn qì
2	구글	Google	谷歌	gǔ gē
3	노키아	Nokia	诺基亚	nuò jī yà
4	니콘	Nikon	尼康	ní kāng
5	델 컴퓨터	Dell Computer	戴尔电脑	dài ěr diàn nǎo
6	레노버	Lenovo	联想	lián xiǎng
7	마이크로소프트	Microsoft	微软	wēi ruǎn
8	모토로라	Motorola	摩托罗拉	mó tuō luó lā
9	삽	SAP	思爱普	sī ài pǔ
10	샤프	Sharp	夏普	xià pǔ
11	소니	Sony	索尼	suǒ ní
12	스프린트	Sprint	斯普林特	sī pǔ lín tè
13	시멘스	Siemens	西门子	xī mén zǐ
14	아이비엠	IBM	国际商业机器	guó jì shāng yè jī qì
15	알토	Alto	奥拓	ào tuò
17	애플	Apple	苹果	píng guǒ
18	앱손	Epson	爱普生	ài pǔ shēng
19	야후	Yahoo	雅虎	yǎ hǔ
20	에이서	Acer	宏碁	hóng qí
21	에티앤티	AT&T	美国电话电报公司	měi guó diàn huà diàn bào gōng sī
22	엑센추어	Accenture	埃森哲	āi sēn zhé
23	엔이씨	NEC	日本电气	rì běn diàn qì
24	오라클	Oracle	甲骨文	jiǎ gǔ wén
25	올림포스	Olympus	奥林巴斯	ào lín bā sī
26	위키피디아	Wikipedia	维基百科	wéi jī bǎi kē
27	유튜브	YouTube	YouTube	YouTube
28	인터넷 익스플러	Internet Explorer	IE	
29	인텔	Intel	英特尔	yīng tè ěr
30	제네럴 일렉트릭	General Electric	通用电气	tōng yòng diàn qì
30	제록스	Xerox	施乐	shī lè
31	캐논	Canon	佳能	jiā néng
32	캐시오	Casio	卡西欧	kǎ xī ōu

33	텐센트	Tencent	腾讯	téng xùn
34	트위터	Twitter	推特	tuī tè
35	파나소닉	Panasonic	松下电器	sōng xià diàn qì
36	페이스북	Facebook	脸书	liǎn shū
37	필립스	Philips	飞利浦	fēi lì pǔ
38	하이얼	Haier	海尔	hǎi ěr
39	휴렛팩커드(HP)	Hewlett Packard	惠普	huì pǔ

통신

1	니폰 텔레그라프 앤 텔레폰	Nippon Telegraph & Telephone	日本电信电话	rì běn diàn xìn diàn huà
2	도이치 텔레콤	Deutsche Telekom	德国电信	dé guó diàn xìn
3	보다폰	Vodafone	沃达丰	wò dá fēng
4	엔티티 도코모	NTT Do Co Mo	ＮＴＴ移动通信	ＮＴＴ yí dòng tōng xìn
5	차이나 모바일	China Mobile	中国移动	zhōng guó yí dòng

자동차

1	뉴 비틀	New Beetle	新甲壳虫	xīn jiǎ ké chóng
2	닛산	Nissan	尼桑	ní sāng
3	다이하츠	Daihatsu	大发	dà fā
4	닷지	Dodge	道奇	dào qí
5	람보르기니	Lamborghini	兰博基尼	lán bó jī ní
6	랜드로버	Land Rover	陆虎	lù hǔ
7	랜드크루저	Land Cruiser	陆地巡洋舰	lu dì xún yáng jiàn
8	레전드	Legend	联想	lián xiǎng
9	렉서리	Lexus	雷克萨斯	léi kè sà sī
10	롤스로이스	Rolls-Royce	劳斯莱斯	láo sī lái sī
11	르노	Renault	雷诺	léi nuò
12	링컨	Lincoln	林肯	lín kěn
13	마세라티	Maserati	玛莎拉蒂	mǎ shā lā dì
14	마이바흐	Maybach	迈巴赫	mài bā hè
15	마즈다	Mazda	马自达	mǎ zì dá
16	메르세데스 벤츠	Mercedes-Benz	梅赛德斯奔驰	méi sài dé sī bēn chí
17	무스탕	Mustang	野马	yě mǎ
18	미니	Mini	迷你	mí nǐ
19	미스비시	Mitsubishi	三菱	sān líng
20	벤틀리	Bentley	宾利	bīn lì
21	볼보	Volvo	沃尔沃	wò ěr wò
22	부가티	Bugatti	布加蒂	bù jiā dì

23	뷰익	Buick	别克	bié kè
24	블루버드	Bluebird	蓝鸟	lán niǎo
25	비엠더블유	BMW	宝马	bǎo mǎ
26	사브	Saab	绅宝	shēn bǎo
27	새턴	Saturn	土星	tǔ xīng
28	스마트	Smart	斯玛特	sī mǎ tè
29	스바루	Subaru	斯巴鲁	sī bā lǔ
30	스즈키	Suzuki	铃木	líng mù
31	스코다	Skoda	斯柯达	sī kē dá
32	스파이커	Spyker	世爵	shì jué
33	시보레	Chevrolet	雪佛兰	xuě fó lán
34	시트	Seat	西亚特	xī yà tè
35	시트로엥	Citroen	雪铁龙	xuě tiě lóng
36	아스톤 마틴	Aston Martin	阿斯顿马丁	ā sī dùn mǎ dīng
37	아우디	Audi	奥迪	ào dí
38	아쿠라	Acura	阿库拉	ā kù lā
39	알파 로메오	Alfa Romeo	阿尔法罗密欧	ā ěr fǎ luó mì ōu
40	어코드	Accord	雅阁	yǎ gé
41	엠지	MG	美格	měi gé
42	오펠	Opel	欧宝	ōu bǎo
43	이스즈	Isuzu	五十铃	wǔ shí líng
44	인피니티	Infiniti	无限	wú xiàn
45	재규어	Jaguar	美洲豹（捷豹）	měi zhōu bào(jié bào)
46	제너럴 모터스	Genaral Motors	通用	tōng yòng
47	지리	Jili	吉利	jí lì
48	지프	Jeep	吉普	jí pǔ
49	캐딕락	Cadillac	凯迪拉克	kǎi dí lā kè
50	코닉세그	Koenigsegg	柯尼赛格	kē ní sài gé
51	코롤라	Corolla	花冠	huā guān
52	크라이슬러	Chrysler	克莱斯勒	kè lái sī lè
53	타타	Tata	塔塔	tǎ tǎ
54	토요다	Toyota	丰田	fēng tián
55	파가니	Pagani	帕格尼	pà gé ní
56	페라리	Ferrari	法拉利	fǎ lā lì
57	포드	Ford	福特	fú tè
58	포르쉐	Porsche	保时捷	bǎo shí jié
59	폭스바겐	Volkswagen	大众	dà zhòng
60	푸조	Peugeot	标致	biāo zhì
61	피아트	Fiat	菲亚特	fēi yà tè
62	혼다	Honda	本田	běn tián

1	HSBC은행	HSBC	汇丰银行	huì fēng yín
2	갤럽	Gallup	盖洛普	gài luò pǔ
3	골드만삭스	Goldman Sachs Group	高盛集团	gāo shèng jí tuán
4	도이치뱅크	Deutsche Bank	德意志银行	dé yì zhì yín xíng
5	드레스드너은행	Dresdner Bank	德累斯登银行	dé lèi sī dēng yín xíng
6	디비에스은행	DBS Bank	发展银行	fā zhǎn yín háng
7	딜로이트	Deloitte	德勤	dé qín
8	리먼 브라더스 홀딩스	Lehman Brothers Holdings	雷曼兄弟控股	léi màn xiōng dì kòng gǔ
9	맥킨지	McKinsey	麦肯锡	mài kěn xī
10	메릴린치	Merrill Lynch	美林证券	měi lín zhèng quàn
11	모건 스탠리	Morgan Stanley	摩根士丹利	mó gēn shì dān lì
12	미쓰이 스미토모 은행	Sumitomo Mitsui Banking Corp.	三井住友银行	sān jǐng zhù yǒu yín xíng
13	뱅크 어브 아메리카	Bank of America	美国银行	měi guó yín háng
14	상파올로 아이엠아이	Sanpaolo IMI	圣保罗意米银行	shèng bǎo luó yì mǐ yín háng
15	스위스 라이프	Swiss Life	瑞士人寿保险	ruì shì rén shòu bǎo xiǎn
16	스위스연방은행	UBS(Union Bank of Switzerland)	瑞士银行	ruì shì yín háng
17	시티뱅크	Citibank	花旗银行	huā qí yín háng
18	악사 그룹	AXA Group	安盛集团	ān shèng jí tuán
19	제이피모건	JP Morgan	摩根大通	mó gēn dà tōng
20	중국공상은행	ICBC	中国工商银行	zhōng guó gōng shāng yín háng
21	케세이 라이프 인슈런스	Cathay Life Insurance	国泰人寿	guó tài rén shòu
22	크레딧 스위스	Credit Suisse Group	瑞士信贷集团	ruì shì xìn dài jí tuán
23	톰슨 로이터	Thomson Reuters	汤森路透	tāng sēn lù tòu
24	항생은행	Hang Seng Bank	恒生银行	héng shēng yín háng

1	IWC	IWC	万国	wàn guó
2	갭	Gap	嘉普	jiā pǔ
3	겔랑	Guerlain	娇兰	jiāo lán
4	구찌	Gucci	古兹	gǔ zī
5	글라슈테	Glashutte	格拉苏蒂	gé lā sū dì
6	나이키	Nike	耐克	nài kè
7	뉴발란스	New Balance	纽巴伦	niǔ bā lún

8	니베아	Nivea	妮维雅	nī wéi yǎ
9	도브	Dove	多芬	duō fēn
10	돌체앤가바나	Dolce & Gabbana	真·性	zhēn·xìng
11	드봉	Debon	蝶妆	dié zhuāng
12	라 메르	La Mer	海蓝之谜	hǎi lán zhī mí
13	라프레리	La Prairie	莱珀妮	lái pò nī
14	랑콤	Lancome	兰蔻	lán kòu
15	럭스	Lux	力士	lì shì
16	레이벤	Rayban	雷朋	léi péng
17	로레알	L'Oréal	欧莱雅	ōu lái yǎ
18	로렉스	Rolex	劳力士	láo lì shì
19	론진	Longings	浪琴	làng qín
20	루이비통	Louis Vuitton	路易威登	lù yì wēi dēng
21	리갈	Regal	君威	jūn wēi
22	리바이스	Levi's	李维斯	lǐ wéi sī
23	리복	Reebok	锐步	ruì bù
24	멘소래담	Mentholatum	曼秀雷敦药业	màn xiù léi dūn yào yè
25	몽블랑	Montblanc	万宝龙	wàn bǎo lóng
26	미키모토	Mikimoto	御木本	yù mù běn
27	바쉐론 콘스탄틴	Vacheron Constantin	江诗丹顿	jiāng shī dān dùn
28	바이엘	Bayer	拜耳	bài ěr
29	바이오뎀	Biotherm	碧欧泉	bì ōu quán
30	반클리프 앤 아펠	Van Cleef & Arpels	梵克雅宝	fàn kè yǎ bǎo
31	발렌티노	Valentino	华伦天奴	huá lún tiān nú
32	밴드-에이드	Band - Aid	邦迪	bāng dí
33	베네통	Benetton	贝纳通	bèi nà tōng
34	베르사체	Versace	范思哲	fàn sī zhé
35	부쉐론	Boucheron	宝诗龙	bǎo shī lóng
36	불가리	Bvlgari	宝格丽	bǎo gé lì
37	브라운	Braun	博朗	bó lǎng
38	브레게	Breguet	宝玑	bǎo jī
39	블랑팡	Blancpain	宝铂	bǎo bó
40	비달사순	Vidal Sassoon	沙宣	shā xuān
41	비쉬	Vichy	薇姿	wēi zī
42	비오더	Biother	碧欧泉	bì ōu quán
43	비오레	Biore	碧柔	bì róu
44	살바토레 페라가모	Salvatore Ferragamo	菲拉格慕	fēi lā gé mù
45	샤넬	Chanel	香奈儿	xiāng nài ér
46	샹젤리제	Champs-Elysees	香榭丽舍	xiāng xiè lì shě
47	세이코	Seiko	精工	jīng gōng
48	셀린느	Celine	思琳	sī lín

49	쇼메	Chaumet	尚美	shàng měi
50	스워치	Swatch	斯沃琪	sī wò qí
51	시노참	Sinochem	中国化工进出口总公司	zhōng guó huà gōng jìn chū kǒu zǒng gōng sī
52	시세이도	Shiseido	资生堂	zī shēng táng
53	시슬리	Sisley	希思黎	xī sī lí
54	쓰리엠	3M	3M公司	3Mgōng sī
55	아디다스	adidas	阿迪达斯	ā dí dá sī
56	에르메네질도 제냐	Ermenegildo Zegna	杰尼亚	jié ní yà
57	에르메스	Hermes	爱马仕	ài mǎ shì
58	에스티 로더	Estee Lauder	雅诗兰黛	yǎ shī lán dài
59	에이본	Avon	雅芳	yǎ fāng
60	엘리시	Elysee	爱丽舍	ài lì shě
61	엘리자베스 아덴	Elizabath Arden	伊莉莎白·雅顿	yī lì shā bái·yǎ dùn
62	엘브이엠에이치	LVMH	路易·威登	lù yì·wēi dēng
63	예거 르꿀뜨르	Jaeger-Le Coultre	积家	jī jiā
64	오데마 피게	Audemars Piguet	爱彼	ài bǐ
65	오레이	Olay	玉兰	yù lán
66	오메가	Omega	欧米茄	ōu mǐ qié
67	오샹	Auchan	欧尚	ōu shàng
68	위스퍼	Whisper	护舒宝	hù shū bǎo
69	유니레버	Unilever	联合利华	lián hé lì huá
70	유니클로	Uniqlo	优衣库	yōu yī kù
71	이케아	IKEA	宜家	yí jiā
72	입생로랑	Yves Saint Laurent	圣罗兰	shèng luó lán
73	자라	Zara	飒拉	sà lā
74	조르지오 알마니	Giorgio Armani	乔治·阿玛尼	qiáo zhì ·ā mǎ ní
75	존슨앤존슨	Johnson & Johnson	强生	qiáng shēng
76	지아니 베르사체	Gianni Versace	范思哲	fàn sī zhé
77	질레트	Gillette	吉列	jí liè
78	찰스쥬르당	Charles Jourdan	卓丹	zhuō dān
79	카르티에	Cartier	卡地亚	kǎ dì yà
80	켄버스	Converse	匡威	kuāng wēi
81	코닥	Eastman Kodak	伊士曼柯达	yī shì màn kē dá
82	코럼	Corum	昆仑	kūn lún
83	콜게이트	Colgate	高露洁	gāo lù jié
84	크리스챤 디올	Christian Dior	克里斯汀·迪奥	kè lǐ sī tīng ·dí ào
85	클로이바테리	Kloybateri	卡洛伊巴特拉	kǎ luò yī bā tè lā
86	타겟	Target	塔吉特	tǎ jí tè
87	타미힐피거	Tommy Hilfiger	汤米·希尔费格	tāng mǐ·xī ěr fèi gé
88	티파니	Tiffany&Co	蒂芙尼	dì fú ní

89	파커	Parker	派克	pài kè
90	파텍 필립	Patek Philippe	百达翡丽	bǎi dá fěi lì
91	페라가모	Ferragamo	菲拉格慕	fēi lā gé mù
92	펜디	Fendi	芬迪	fēn dí
93	퓨마	Puma	彪马	biāo mǎ
94	프라다	Prada	普拉达	pǔ lā dá
95	프랭크 뮐러	Franck Muller	法兰克穆勒	Fǎlánkè mù lēi
96	프록터 앤 갬블	Procter & Gamble	宝洁	bǎo jié
97	피아제	Piaget	伯爵	bó jué
98	피엔지	P&G	宝洁	bǎo jié
99	해리 윈스턴	Harry Winston	海瑞温斯顿	hǎi ruì wēn sī dùn
100	화이자	Pfizer	辉瑞	huī ruì
101	후지필름	Fuji Photo Film	富士胶片	fù shì jiāo piàn
102	휠라	Fila	斐乐	fěi lè
103	휴고 보스	Hugo Boss	雨果·博斯	yǔ guǒ·bó sī

음식

1	네스카페	Nescafe	雀巢咖啡	què cháo kā fēi
2	네슬레	Nestlé	雀巢	què cháo
3	다논	Danone	达能	dá néng
4	레드불	Red Bull	红牛	hóng niú
5	립톤	Lipton	立顿红茶	lì dùn hóng chá
6	버거킹	Burger King	汉堡王	hàn bǎo wáng
7	블루마운틴	Blue Mountain	蓝山咖啡	lán shān kā fēi
8	서브웨이	Subway	赛百味	sài bǎi wèi
9	선키스트	Sunkist	新奇士	xīn qí shì
10	세븐업	7-Up	七喜	qī xǐ
11	스타벅스	Starbucks Coffee	星巴克	xing bā kè
12	스프라이트	Sprite	雪碧	xuě bì
13	시스코	Sysco	西斯科	xī sī kē
14	시에틀 베스트 커피	Seattle's Best Coffee	西雅图咖啡	xī yǎ tú kā fēi
15	아삼	Assam	阿萨姆红茶	ā sà mǔ hóng chá
16	오레오	Oreo	奥利奥饼干	ào lì ào bǐng gān
17	켄터키 프라이드 치킨	Kentucky Fried Chicken	肯德基	kěn dé jī
18	코카콜라	Coca-Cola	可口可乐	kě kǒu kě lè
19	펩시	Pepsi	百事	bǎi shì
20	피자헛	Pizza Hut	必胜客	bì shèng kè
21	하겐다즈	Haagen Dazs	哈根之达斯	hā gēn zhī dá sī
22	환타	Fanta	芬达	fēn dá

주류

1	기린	Kirin Beer	麒麟啤酒	qí lín pí jiǔ
2	돔 페리뇽	Dom Pérignon	唐·培里侬香槟王	táng ·péi lǐ nóng xiāng bīn wáng
3	로르 드 장 마르뗄	L'or De Jean Martell	至尊马爹利	zhì zūn mǎ diē lì
4	론 자카파	Ron zacapa	萨凯帕朗姆酒	sà kǎi pà lǎng mǔ jiǔ
5	루이 13세	Louis XIII	人头马路易十三	rén tóu mǎ lù yì shí sān
6	리처드 헤네시	Richard Hennessy	轩尼诗李察	xuān ní shī lǐ chá
7	맥캘란	Macallan	麦卡伦	mài kǎ lún
8	메리티지	Meritage	麦瑞泰基	mài ruì tài jī
9	버드와이저	Budweiser	百威啤酒	bǎi wēi pí jiǔ
10	산토리	Suntory	三得利	sān dé lì
11	샤또 라피트 로칠드	Chateau Lafite Roth-schild	拉菲	lā fēi
12	샤또 페트뤼스	Chateau Petrus Wine	帕图斯	pà tú sī
13	아사히 맥주	Asahi Beer	朝日啤酒	zhāo rì pí jiǔ
14	잭다니엘	Jack Daniel's	杰克丹尼	jié kè dān ní
15	칼스버그	Carlsberg	嘉士伯	jiā shì bó
16	코로나 엑스트라	Corona Extra	科罗娜	kē luó nà
17	페리에 쥬에	Perrier Jouet	巴黎之花	bā lí zhī huā
18	하이네켄	Heineken	喜力啤酒	xǐ lì pí jiǔ
19	헤네시	Hennessy	轩尼诗	xuān ní shī

담배

1	말보로	Marlboro	万宝路	wàn bǎo lù
2	알프레드 던힐	Alfred Dunhill	登喜路	dēng xǐ lù
3	재팬 타바코	Japan Tobacco	日本烟草	rì běn yān cǎo
4	카멜	Camel	骆驼	luò tuó

에너지

1	니폰오일	Nippon oil	新日本石油	xīn rì běn shí yóu
2	듀크에너지	Duke Energy	社克能源	shè kè néng yuán
3	로열더치쉘그룹	Royal Dutch Shell Group	皇家荷兰壳牌集团	huáng jiā hé lán mài pái jí tuán
4	비피 아모코	BP Amoco	英国石油阿莫科	yīng guó shí yóu ā mò kē
5	쉘	Shell	壳牌	ké pái
6	엑손모바일	Exxon Mobil	埃克森石油	āi kè sēn shí yóu
7	저팬에너지	Japan Energy	日本能源	rì běn néng yuán

| 8 | 코스모오일 | Cosmo Oil | 科斯莫石油 | kē sī mò shí yóu |

엔터테인먼트

1	21세기 폭스	21st Century Fox	二十一世纪福克斯	èr shí yī shì jì fú kè sī
2	가면라이더	Masked Rider	假面骑士	jiǎ miàn qí shì
3	게임 보이	Game Boy	手掌机	shǒu zhǎng jī
4	닌텐도	Nintendo	任天堂	rèn tiān táng
5	동키콩	Donkey Kong	大金刚	dà jīn gāng
6	드래곤퀘스트	Dragon Quest	勇者斗恶龙	yǒng zhě dǒu è lóng
7	드림웍스	DreamWorks	梦工厂	mèng gōng chǎng
8	레고	LEGO	乐高	lè gāo
9	바비인형	Barbie	芭比娃娃	bā bǐ wá wá
10	백스트리트 보이즈	Backstreet Boys	后街男孩	hòu jiē nán hái
11	사가	Sega Enterprises	世嘉	shì jiā
12	스누피	Snoopy	史努比	shǐ nǔ bǐ
13	스트리트 파이터	Street Fighter	少年街霸	shǎo nián jiē bà
14	슬램덩크	Slam Dunk	灌篮高手	guàn lán gāo shǒu
15	아쿠아	Aqua	水叮当合唱团	shuǐ dīng dāng hé chàng tuán
16	엔젤	Angel	天使	tiān shǐ
17	월트 디즈니	Walt Disney	沃特迪斯尼	wò tè dí sī ní
18	킨키 키즈	Kinki Kids	近畿小子	jìn jī xiǎo zǐ
19	타임워너	Time Warner	时代华纳	shí dài huá nà

교통 / 유통

1	TNT항공	TNT	TNT	TNT
2	까르푸	Carrefour	家乐福	jiā lè fú
3	동일본철도	East Japan Railway	东日本铁路	dōng rì běn tiě lù
4	드레곤 에어	Dragonair	港龙航空	gǎng lóng háng kōng
5	디에치엘	DHL	敦豪	dūn háo
6	루프한자	Lufthansa	德国莎汉航空	dé guó shā hàn háng kōng
7	버진 아틀랜틱 에어	Virgin Atlantic Airways	维珍航空	wéi zhēn háng kōng
8	보잉	Boeing	波音	bō yīn
9	세븐일레븐	Seven-Eleven	7-11便利店	7-11 biàn lì diàn
10	시스코	Cisco	思科	sī kē
11	아마존	amazon	亚马逊	yá mǎ xùn
12	아메리칸 익스프레스	American Express	美国运通	měi guó yùn tōng
13	왓슨스	Watsons	屈臣氏	qū chén shì
14	월마트	Walmart	沃尔玛	wò ěr mǎ

15	이베이	e-bay	电子湾	diàn zǐ wān
16	일본우정공사	Japan Post	日本邮政公社	rì běn yóu zhèng gōng shè
17	전일본공수	All Nippon Airways	全日空	quán rì kōng
18	페덱스	FedEx	联邦快递	lián bāng kuài dì

호텔

1	그랜드 하이얏트	Grand Hyatt	君悦	jūn yuè
2	메리어트 인터내셔널	Mrriott International	万豪国际	wàn háo guó jì
3	상그리라	Shangri-la	香格里拉饭店	xiāng gé lǐ lā fàn diàn
4	쉐라톤호텔	Sheraton Hotel	喜来登酒店	xǐ lái dēng jiǔ diàn
5	파크 하이얏트	Park Hyatt	柏悦酒店	bó yuè jiǔ diàn
6	포시즌스 호텔	Four Seasons Hotel	四季酒店	sì jì jiǔ diàn
7	홀리데이 인 크라운 호텔	Holidai Inn Crowne Plaza	皇冠假日饭店	huáng guān jiǎ rì fàn diàn
8	힐튼	Hilton	希尔顿	xī ěr dùn

대학

1	매사추세츠공과대학	MIT	麻省理工学院	má shěng lǐ gōng xué yuàn
2	스탠퍼드대학	Stanford University	斯坦福大学	sī tǎn fú dà xué
3	옥스포드대학	University of Oxford	牛津大学	niú jīn dà xué
4	캠브리지대학	University of Cambridge	剑桥大学	jiàn qiáo dà xué
5	하버드대학	Harvard University	哈佛大学	hā fó dà xué

타이틀

1	간계와 사랑	Kabale und Liebe	阴谋与爱情	yīn móu yǔ ài qíng
2	강철은 어떻게 단련되었는가	Как закалялась сталь(How the Steel Was Tempered)	钢铁是怎样炼成的	gāng tiě shì zěn yàng liàn chéng de
3	걸리버여행기	Gulliver's Travels	格列佛游记	gé liè fó yóu jì
4	국가	Politeia	理想国	lǐ xiǎng guó
5	그리스신화	Greek Mythology	希腊神话故事	xī là shén huà gù shì
6	꿈의 해석	Die Traumdeutung (Interpretation of Dreams)	梦的解析	mèng de jiě xī
7	노인과 바다	The Old Man and the Sea	老人与海	lǎo rén yǔ hǎi

8	노틀담의 꼽추	The Hunchback Of Notre Dame	巴黎圣母院	bā lí shèng mǔ yuàn
9	돈 후안	Don Juan	唐璜	táng huáng
10	돈키호테	Don Quixote	堂吉诃德	táng jí hē dé
11	동방견문록 (마르코 폴로 여행기)	Divisament dou monde	東方見聞錄 (马可.波罗游记)	mǎ kě .bō luó yóu jì
12	두 도시 이야기	A Tale of Two Cities	双城记	shuāng chéng jì
13	레미제라블	Les Miserables	悲惨世界	bēi cǎn shì jiè
14	로빈슨 크루소	Robinson Crusoe	鲁宾逊飘流记	lǔ bīn xùn piāo liú jì
15	몬테크리스토백작	The Count Of Monte Cristo	基督山伯爵	jī dū shān bó jué
16	바람과 함께 사라지다	Gone with the Wind	飘	piāo
17	베니스상인	The Merchant of Venice	威尼斯商人	wēi ní sī shāng rén
18	벨아미	Bel Ami	漂亮朋友	piāo liàng péng yǒu
19	변신	Die Verwandlung (The Metamorphosis)	变形记	biàn xíng jì
20	보바리부인	Madame Bovary	包法利夫人	bāo fǎ lì fū rén
21	부활	Voskresenie	复活	fù huó
22	비곗덩어리	Boule de Suif	羊脂球	yáng zhī qiú
23	삼총사	The Three Muske-teers	三个火枪手	sān gè huǒ qiāng shǒu
24	아버지와 아들	Otsy i deti	父与子	fù yǔ zǐ
25	안나 카레니나	Anna Karenina	安娜.卡列宁娜	ān nà .kǎ liè níng nà
26	안데르센 동화	Andersen's Fairy Tales	安徒生童话	ān tú shēng tóng huà
27	오만과 편견	Pride and Prejudice	傲慢与偏见	ào màn yǔ piān jiàn
28	오즈의 마법사	The Wizard of Oz	绿野仙踪	lǜ yě xiān zōng
29	유토피아	Utopia	乌托邦	wū tuō bāng
30	율리우스	Julius	尤里西斯	yóu lǐ xī sī
31	이성과 감정	Sense and Sensibility	理智与情感	lǐ zhì yǔ qíng gǎn
32	이솝 우화	Aesop's Fables	伊索寓言	yī suǒ yù yán
33	자본론	Das Kapital(Capital)	资本论	zī běn lùn
34	장 크리스토프	Jean Christophe	约翰.克里斯朵夫	yuē hàn .kè lǐ sī duǒ fū
35	적과 흑	Le Rouge et le Noir (The Red and the Black)	红与黑	hóng yǔ hēi
36	젊은 베르테르의 슬픔	Die Leiden des jungen Werthers(The Sorrows Of Young Werther)	少年维特的烦恼	shǎo nián wéi tè de fán nǎo
37	제인 에어	Jane Eyre	简爱	jiǎn ài

38	죄와 벌	Преступление и наказание(Crime and Punishment)	罪与罚	zuì yǔ fá
39	죽은 넋	Dead Souls	死魂灵	sǐ hún líng
40	카르멘	Carmen	卡门	kǎ mén
41	테스	Tess of the D'Urbervilles	苔丝	tái sī
42	파우스트	Faust	浮士德	fú shì dé
43	톰 소야의 모험	The Adventures of Tom Sawyer	汤姆. 索亚历险记	tāng mǔ .suǒ yà lì xiǎn jì
44	폭풍의 언덕	Wuthering Heights	呼啸山庄	hū xiào shān zhuāng
45	함무라비법전	Code of Hammurabi	汉穆拉比法典	hàn mù lā bǐ fǎ diǎn
46	행복한 왕자	The Happy Prince and Other Tales	快乐王子	kuài lè wáng zǐ
47	허영의 시장	Vanity Fair	名利场	míng lì chǎng
48	허클베리 핀의 모험	The Adventures of Huckleberry Finn	赫克尔贝里·芬历险记	hè kè ěr bèi lǐ ·fēn lì xiǎn jì
49	호밀밭의 파수꾼	The Catcher in the Rye	麦田守望者	mài tián shǒu wàng zhě

대한민국 브랜드

1	KEB 하나은행	KEB Hana Bank	KEB 韩亚银行	KEB hán yà yín háng
2	LG	LG	LG	(LG라고 읽음)
3	갤럭시	Galaxy	盖乐世	gài lè shì
4	국민은행	Kookmin Bank	国民银行	guó mín yín háng
5	기아	KIA	起亚	qǐ yà
6	꽃을 든 남자(소망화장품)	somang	所望	suǒ wàng
7	네이처 리퍼블릭	NATURE REPUBLIC	自然乐园	zì rán lè yuán
8	농심	Nongshim	农心	nóng xīn
9	대장금	Dae Jang Geum	大长今	dà zhǎng jīn
10	대한항공	KOREAN AIR	大韩航空	dà hán háng kōng
11	더페이스샵	The Face Shop	菲诗小铺	fēi shī xiǎo pù
12	뚜레쥬르	Tous Les Jours	多乐之日	duō lè zhī rì
13	라끄베르	LACVERT	拉格贝尔	lā gé bèi ěr
14	라네즈	Laneige	兰芝	lán zhī
15	락앤락	LOCK&LOCK	乐扣乐	lè kòu lè
16	롯데리아	Lotteria	乐天利	lè tiān lì
17	롯데마트	LOTTEMART	乐天玛特	lè tiān mǎ tè
18	리더스	LEADERS	丽得姿	lì dé zī
19	마몽드	Mamonde	梦妆	mèng zhuāng

20	미샤	Missha	谜尚 or 美思	mí shàng
21	미스터피자	Mr. Pizza	米斯特披萨	mǐ sī tè pī sà
22	바닐라코	banila co.	芭妮兰	bā nī lán
23	별에서 온 그대	Man from the stars	来自星星的你	lái zì xīng xīng de nǐ
24	삼성전자	SAMSUNG	三星电子	sān xīng diàn zǐ
25	서울	Seoul	首尔	shǒu ěr
26	설화수	SULWHASOO	雪花秀	xuě huā xiù
27	수려한	Sooryehan	秀雅韩	xiù yǎ hán
28	숨37˚	SU:M 37˚	苏秘37˚(呼吸37˚)	sū mì 37˚
29	스킨푸드	skinfood	思亲福	sī qīn fū
30	신라면	shinramyun	辛拉面	xīn lā miàn
31	신한은행	Shinhan Bank	新韩银行	xīn hán yín háng
32	아모레	AMORE	爱茉莉	ài mò lì
33	아시아나	Asiana Airlines	韩亚航空	hán yà háng kōng
34	아이오페	IOPE	亦博	yì bó
35	에뛰드하우스	ÉTUDE HOUSE	爱丽小屋	ài lì xiǎo wū
36	에버랜드	EVERLAND	爱宝乐园	ài bǎo lè yuán
37	엑센트	Accent	千里马	qiān lǐ mǎ
38	엔프라니	ENPRANI	茵芭兰	yīn ba lán
39	오리온	ORION	奥利奥	ào lì ào
40	오설록	OSULLOC	(중국이름 없음)	
41	오휘	O HUI	欧惠	ōu huì
42	올드보이	Old boy	老男孩，原罪犯	lǎo nán hái, yuán zuì fàn
43	우리은행	Woori Bank	友利银行	yǒu lì yín háng
44	이니스프리	innisfree	悦诗风吟	yuè shī fēng yín
45	이랜드	E.LAND	衣恋	yī liàn
46	이자녹스	ISA KNOX	伊诺姿	yī nuò zī
47	잇츠스킨 /이츠스킨	It'S SKIN	伊思	yī sī
48	참존	CHARMZONE	婵真	chán zhēn
49	초코파이	chocopie	巧克力派	qiǎo kè lì pài
50	코리아나	Coreana	高丽雅那	gāo lì yǎ nà
51	태양의 후예	The descendants of the Sun	太阳的后裔	tài yáng de hòu yì
52	토니모리	TONYMOLY	托尼魅力(魔法深林)	tuō ní mèi lì
53	파리바게트	PARIS BAGUETTE	巴黎贝甜	bā lí bèi tián
54	한국타이어	HANKOOK TIRE	韩泰轮胎	hán tài lún tāi
55	한스킨	HANSKIN	韩斯清	hán sī qīng
56	한율	HANYUL	韩律	hán lǜ
57	헤라	HERA	赫拉	hè lā
58	현대	Hyundai	现代	xiàn dài
59	후	Whoo	后	hòu

부록
4장 **영문 찾아보기**

INDEX

G

번역진

영 어   최지인
International school of Geneva, Switzerland 졸업
이화여자대학교 졸업
Seattle University, Tesol 수료
현) 월간조선 작가, 다애다문화학교 영어교사

프랑스어   강진희
연세대학교 불어불문학 (석사)
한국외국어대학교 불어 전공 / 교육학 부전공 (학사)
프리미엄코포레이션 Natural Mineral Water Evian / Cartier Perfume Marketing Manager
현) 윤디자인그룹 영업전략부 부장

이경숙
건국대학교 불어불문학과 졸업
KIDP 시각디자인 과정 수료
가톨릭출판사 디자이너로 10여년간 근무
현) 프리랜서 북디자이너로 활동 중

독일어   양진호
연세대학교 철학과 및 대학원 졸업
옮긴 책으로는 슈테판 츠바이크/지그문트 프로이트, 〈프로이트를 위하여〉,
데카르트 〈성찰〉, 스피노자 〈데카르트 철학원리〉 등이 있다.
현) 인문학교육연구소 대표(광주, www.paideia.re.kr).

경화 초이 아호이(Kyung-hwa Choi-ahoi)
동덕여자대학교 생활미술학과 졸업
독일 함부르크 예술대학 드로잉을 테마로 석/박사과정
함부르크 예술대학졸업시 Karl-Ditze-Preis대상 수상
2001함부르크 대형박물관에 초대 개인전
Sella Hasse Preis 수상
2011~2014년 함부르크 조형예술대학 강의
2015년~현) 브레멘 예술대학의 드로잉 정교수
함부르크와 브레멘에 거주하며 작가활동 중

포르투갈어   임은숙
한국외국어대학교 포르투갈어 전공
브라질 상파울루주 Universidade Estadual de Campinas 응용언어학 석사학위
저서로 「기초 포르투갈어」, 「국가대표 포르투갈(브라질)어 완전 첫걸음」
「주말이 행복한 브라질어 회화 첫걸음」, 「브라질어 급하신 분을 위한 표현백서」,
함께 지은 책으로는 「대학 포르투갈어(브라질어)」가 있다.
한국외국어대학교에 출강
현) 서울대학교와 고려대학교 출강 중

박원복
한국 포르투갈-브라질학회 회장직을 역임
현) 단국대학교 포르투갈(브라질)어과 학과장으로 재직 중

스페인어   Elisabet Ramirez Perez
멕시코 께레따로 주립대학교 환경공학 전공
멕시코 삼성전자 근무
현) 한국에서 스페인어 강의 중

정기주
조선대학교 스페인어 전공
멕시코 삼성전자 근무
현) 대호산업에서 중남미 사업 담당

이탈리아어   박지선
이화여자대학교 산업디자인과 졸업
Universita per stranieri di Siena 어학연수
Politecnico di milano : disegno industriale
현) 한샘도무스디자인 R&D dept. 팀장으로 근무 중

그리스어,   최자영
라틴어
경북대학교 사학과 졸업 문학사, 동 대학교 대학원 사학과 석사
그리스 이와나나 국립대학교 역사고고학 박사학위, 그리스 오나시스 재단 방문학자
부산외국어대학교 지중해지역원 부교수, 서양고대역사문화학회 회장
ATINER(Athenian Institute for Education and Research: 아테네 소재) 역사부 부장
저서로『고대 아테네 정치제도사』,『그리스 문화와 기독교』,『고대 그리스 법제사』,
『정치의 원형을 찾아서 - 고대 그리스 정치』등이 있다.

그리스어   Nikos Mantzios
그리스 아테네에서 번역가로 활동 중이다.
다양한 분야에서 번역 프로젝트 실적을 보유하고 있다.

라틴어   Jun-Seok Lee
Wichern Schule Hamburg(초,중,고 졸업, Abitur)
Hochschule für bildende Künste Hamburg(미대, 석사, Diplom)
Großes Latinum / Great Latinum 라틴어 과정 수료

러시아어   김민지
고려대학교 노어노문학과와 국제학부 졸업한 후 한국은행 입행
이후 서울대학교 국제대학원에서 국제학석사,
벨기에 뤼벤대학교에서 유럽정치정책 석사학위를 취득
미국 워싱턴 D.C.소재의 정책연구소 우드로 윌슨 센터에서
한국과 러시아의 외교정책에 관한 연구

중국어   월 영(月 玲)
중국 화남이공대학교 홍보학 전공
도서출판 이서원의 과학 그림책시리즈(방귀 뿡뿡, 큰똥 작은똥, 여자와 남자,
신기한 개미왕국, 장남감 오리의 탐험기) 5권 및 안전지킴이를 번역
현) 한국에서 한국어 등 외국어를 공부 중

권세은
조선대학교에서 중국어 전공
도서출판 이서원의 『장원신의 예술여정』 번역
현) 공립고등학교의 중국어 교사로 재직 중

일본어   경상용
재일교포3세로 1965년 일본 히로시마 태생
도서출판 이서원의 경영 도서를 번역
현) 일어 강사(한국인 대상), 한국어 강사(일본인 대상) 통역자, 번역가

데스크판

브랜드네이밍
사전 Brand Naming Dictionary

| 초판 발행 | 2018년 07월 16일 |
| 저 자 | 이서원 편집부 |

번역진

영어	최지인
프랑스어	강진희, 이경숙
독일어	양진호, 최경화
포르투갈어	임은숙, 박원복
스페인어	Elisabet Ramirez Perez, 정기주
이탈리아어	박지선
그리스어	최자영, Nikos Mantzios
라틴어	최자영, Jun-Seok Lee
러시아어	김민지
중국어	월영(月玲), 권세은
일본어	경상용

펴낸이	고봉석
디자인자문	최동신
기획·감수	윤희경
키워드개발	배수지
아트디렉터	이진이
표지디자인	이자영
편집디자인	박보슬
폰트디자인	이주영

펴낸곳	이서원
주소	서울시 서초구 신반포로 43길 23-10 서광빌딩 3층
전화	02-3444-9522
팩스	02-6499-1025
이메일	books2030@naver.com
출판등록	2006년 6월 2일 제22-2935호

이 도서의 국립중앙도서관 출판예정도서목록(CIP)은 서지정보유통지원시스템 홈페이지(http://seoji.nl.go.kr)와
국가자료공동목록시스템(http://www.nl.go.kr/kolisnet)에서 이용하실 수 있습니다. (CIP제어번호 : CIP2018019441)